SCHÜLERDUDEN

Die DUDEN-Bibliothek für den Schüler

Rechtschreibung und Wortkunde
Vom 4. Schuljahr an. 324 Seiten mit einem Wörterverzeichnis mit 15 000 Stichwörtern.

Bedeutungswörterbuch
Erklärung des deutschen Grundwortschatzes. 461 Seiten mit über 500 Abbildungen.

Grammatik
Eine Sprachlehre mit Übungen und Lö
412 Seiten.

Fremdwörterbuch
Herkunft und Bedeutung fremder Wört
478 Seiten.

Die richtige Wortwahl
Ein vergleichendes Wörterbuch sinnverwandte Ausdrücke. 480 Seiten mit rund 13 000 Wörtern.

Die Literatur
Die wichtigsten literarischen Begriffe. 480 Seiten. 2 000 Stichwörter, zahlreiche Abbildungen. Register.

Die Mathematik I
Ein Lexikon zur Schulmathematik, Sekundarstufe I (5.–10. Schuljahr). 539 Seiten mit über 1 000 meist zweifarbigen Abbildungen. Register.

Die Mathematik II
Ein Lexikon zur Schulmathematik, Sekundarstufe II (11.–13. Schuljahr). 468 Seiten mit über 500 meist zweifarbigen Abbildungen. Register.

Die Physik
Von der ersten Physikstunde bis zum Abitur. 490 Seiten. 1 700 Stichwörter, 400 Abbildungen. Register.

Die Chemie
Ein Lexikon der gesamten Schulchemie. 424 Seiten. 1 600 Stichwörter, 800 Abbildungen. Register.

Die Biologie
Das Grundwissen der Schulbiologie. 484 Seiten. 2 500 Stichwörter, zahlreiche Abbildungen.

Die Geographie
Von der Geomorphologie zur Sozialgeographie. 420 Seiten. 1 800 Stichwörter, 200 Abbildungen und Tabellen.

Die Geschichte
Die wichtigsten historischen Begriffe. 503 Seiten. 2 400 Stichwörter, 150 Abbildungen. Personen- und Sachregister.

Die Musik
Ein Sachlexikon der Musik. 464 Seiten. 2 500 Stichwörter, 350 Notenbeispiele und Bilder. Register.

Die Kunst
Der gesamte Stoff für den modernen Kunstunterricht. 528 Seiten. 3 000 Stichwörter, 96 Farbtafeln, zahlreiche Abbildungen. Register.

Die Philosophie
Ein Sachlexikon ... ür Schüler. 492 Seiten, 1 100 Stichw... erzeichnis, Übersicht über die S... egister.

Politi...
Ei... g. 468 Seiten. ... Literatur-

... für Schüler. ...rter, 200 Abbildungen.

...er Religionen der Welt. ...000 Stichwörter, 200 Abbildungen.

...Wissen von A bis Z
...n allgemeines Lexikon für die Schule. 560 Seiten. 8 000 Stichwörter, 1 000 Abbildungen und Zeichnungen im Text, davon 350 farbig auf 24 Bildtafeln.

DUDEN-Schülerlexikon
Verständliche Antwort auf Tausende von Fragen. 680 Seiten, rund 10 000 Stichwörter. 1 200 Abbildungen, Zeichnungen und Graphiken im Text.

SCHÜLERDUDEN-ÜBUNGSBÜCHER

Band 2: Aufgaben zur modernen Schulmathematik mit Lösungen II
11.–13. Schuljahr. Ausbau der Strukturtheorien – Analysis. Analytische Geometrie. 270 Seiten mit Abbildungen.

Band 3: Übungen zur deutschen Rechtschreibung I
Die Schreibung schwieriger Laute. Mit Lösungsschlüssel. 239 Seiten.

Band 4: Übungen zur deutschen Rechtschreibung II
Groß- und Kleinschreibung. Mit Lösungsschlüssel. 256 Seiten.

Band 5: Übungen zur deutschen Sprache I
Grammatische Übungen. Mit Lösungsschlüssel. 239 Seiten.

Band 6: Aufgaben zur Schulphysik mit Lösungen
Bis 10. Schuljahr. 200 vollständig gelöste Aufgaben. 208 Seiten.

Band 7: Übungen zur Schulbiologie
Mehr als 400 Aufgaben mit Lösungen. 224 Seiten mit 180 Abbildungen.

Band 8: Übungen zur deutschen Rechtschreibung III
Die Zeichensetzung. Mit Lösungsschlüssel. 205 Seiten.

Bibliographisches Institut
Mannheim/Wien/Zürich

DUDEN

Band 9

Der Duden in 10 Bänden

Das Standardwerk
zur deutschen Sprache

Herausgegeben vom Wissenschaftlichen Rat
der Dudenredaktion:
Prof. Dr. Günther Drosdowski,
Dr. Rudolf Köster, Dr. Wolfgang Müller,
Dr. Werner Scholze-Stubenrecht

1. Rechtschreibung
2. Stilwörterbuch
3. Bildwörterbuch
4. Grammatik
5. Fremdwörterbuch
6. Aussprachewörterbuch
7. Etymologie
8. Sinn- und sachverwandte Wörter
9. Richtiges und gutes Deutsch
10. Bedeutungswörterbuch

DUDEN

Richtiges und gutes Deutsch

Wörterbuch der sprachlichen Zweifelsfälle

3., neu bearbeitete und erweiterte Auflage

Bearbeitet von
Dieter Berger und Günther Drosdowski
unter Mitwirkung von Otmar Käge
und weiteren Mitarbeitern der Dudenredaktion

DUDEN BAND 9

Bibliographisches Institut Mannheim/Wien/Zürich
Dudenverlag

CIP-Kurztitelaufnahme der Deutschen Bibliothek

Der **Duden** in 10 Bd.: d. Standardwerk zur dt. Sprache/
hrsg. vom Wiss. Rat d. Dudenred.:
Günther Drosdowski... – Mannheim; Wien; Zürich:
Bibliographisches Institut.
Frühere Ausg. u.d.T.: Der große Duden
NE: Drosdowski, Günther [Hrsg.]

Bd. 9. → Duden „Richtiges und gutes Deutsch". –
3., neu bearb. u. erw. Aufl. – 1985

Duden „Richtiges und gutes Deutsch" Wörterbuch d. sprachl.
Zweifelsfälle/bearb. von Dieter Berger u. Günther Drosdowski
unter Mitwirkung von Otmar Käge u. weiteren Mitarb. d.
Dudenred. – 3., neu bearb. u. erw. Aufl. –
Mannheim; Wien; Zürich:
Bibliographisches Institut, 1985.
(Der Duden; Bd. 9)
2. Aufl. u. d. T.: Duden „Zweifelsfälle der deutschen Sprache"
ISBN 3-411-20909-7
NE: Berger, Dieter [Bearb.]; Richtiges und gutes Deutsch

Satz: Bibliographisches Institut (DIACOS Siemens)
und Mannheimer Morgen Großdruckerei und
Verlag GmbH (Digiset 40 T 30)
Druck und Bindearbeit: Klambt-Druck GmbH, Speyer
Printed in Germany
ISBN 3-411-20909-7

Vorwort

Der Dudenband „Richtiges und gutes Deutsch" ist aus der täglichen Arbeit der Dudenredaktion entstanden, die sich um die Pflege der deutschen Sprache und die Verbesserung der sprachlichen Fähigkeiten bemüht. Er enthält – als Kernstück – die Auskünfte der Sprachberatungsstelle der Dudenredaktion auf Anfragen zu grammatischen, stilistischen und rechtschreiblichen Zweifelsfällen.

Das Buch ist in erster Linie ein Ratgeber. Es bietet jedem, der beim Schreiben oder Sprechen unsicher wird, die Möglichkeit, sich über den richtigen Sprachgebrauch zu unterrichten. Darüber hinaus erfüllt es eine weitere Aufgabe: Es erlaubt dem Fachmann, sich ein Bild von den Entwicklungstendenzen und Veränderungen der deutschen Sprache zu machen. Die alphabetische Anordnung soll ein schnelles Auffinden der Antworten auf Zweifelsfragen ermöglichen. Neben Artikeln, die – vom Wort ausgehend – einen bestimmten Zweifelsfall in knapper und leichtverständlicher Form klären, enthält das Buch zusammenfassende Artikel, in denen die Zweifelsfälle noch einmal in einem größeren Zusammenhang dargestellt werden. Selbstverständlich lassen sich nicht alle Zweifelsfragen von einem Wort oder von einer Wendung her erfassen. Daher mußten auch grammatische Artikel wie Apposition, Kongruenz, Konjunktiv aufgenommen werden.

Die Frage, ob es überhaupt zulässig sei, sprachliche Normen festzulegen, hat in den letzten Jahren wiederholt im Brennpunkt sprachwissenschaftlicher Diskussionen gestanden. Mit Bestimmtheit läßt sich heute sagen, daß unsere Gesellschaft ohne eine normativ geregelte Hoch- oder Standardsprache nicht auskommt. Die Sprachwissenschaft darf sich daher nicht darauf beschränken, wertfrei nur das zu beschreiben, was ist; sie hat auch zu sagen, wie die über Mundarten, lokalen Umgangssprachen und Gruppensprachen stehende Hoch- oder Standardsprache sein soll. Für eine vernünftige Einstellung vor allem der Lehrenden und Lernenden gegenüber dieser normierten Sprache und für eine aufgeschlossenere Einschätzung der Normabweichungen zu sorgen, das ist Aufgabe der Sprachdidaktik.

Mannheim, den 1. Oktober 1985

DER WISSENSCHAFTLICHE RAT DER DUDENREDAKTION

Hinweise für den Benutzer

Dieser Band ist so angelegt, daß der Benutzer auch ohne Kenntnis der sprachwissenschaftlichen Fachausdrücke Antwort auf seine Frage findet, wenn einmal ein Zweifelsfall nicht vom Wort her erfaßt worden ist. Zwei Beispiele mögen das veranschaulichen:

1. *Wenn man z. B. wissen möchte, ob zwischen* Ratifikation *und* Ratifizierung *ein Bedeutungsunterschied besteht (und der Band enthielte kein Stichwort „Ratifikation/Ratifizierung"), so braucht man nur auf die Bildungselemente zurückzugehen. Unter dem Stichwort „-ation/-ierung" findet man eine Kurzinformation und den Verweis auf den umfassenden Artikel „Verbalsubstantiv".*

2. *Man soll z. B. entscheiden, ob es* Die Entlarvung des Generals als eigentlicher Drahtzieher ... *oder* Die Entlarvung des Generals als eigentlichen Drahtziehers ... *heißt. In diesem Fall genügt die Überlegung, daß es sich um die Frage handelt, ob ein mit* als *angeschlossenes Substantiv im Nominativ oder Genitiv stehen soll. Sowohl unter dem Stichwort „Nominativ/Genitiv" als auch unter „als" wird auf den Artikel „Apposition" (Beisatz) verwiesen. Selbstverständlich findet sich auch unter dem Stichwort „Deklination" ein Verweis auf Apposition, außerdem unter einer ganzen Reihe von Substantiven, die häufig als Bezugswort von Appositionen auftreten, z. B. „Ansehen, Bedeutung, Berufung".*

Die in diesem Buch verwendeten Abkürzungen

Abk.	Abkürzung
a. c. i.	accusativus cum infinitivo (Akkusativ + Infinitiv)
ahd.	althochdeutsch
Akk.	Akkusativ
Akt.	Aktiv
bayr.	bayrisch
Bd.	Band
bergm.	bergmännisch
bes.	besonders
bildungsspr.	bildungssprachlich
bzw.	beziehungsweise
chem.	chemisch
Dat.	Dativ
dgl.	dergleichen
d. h.	das heißt
d. i.	das ist
dt.	deutsch
Dt. Wb.	Deutsches Wörterbuch von Jacob u. Wilhelm Grimm
ebd.	ebenda
etw.	etwas
fachspr.	fachsprachlich

FAZ	Frankfurter Allgemeine Zeitung
Fem.	Femininum
franz./französ.	französisch
frühnhd.	frühneuhochdeutsch
geh.	gehoben
gemeinspr.	gemeinsprachlich
Gen.	Genitiv
Ggs.	Gegensatz
griech.	griechisch
hochspr.	hochsprachlich
i. e. S.	im eigentlichen Sinne
Ind., Indik.	Indikativ
i. S. v.	im Sinne von
ital.	italienisch
Jh.	Jahrhundert
jmd.	jemand
jmdm.	jemandem
jmdn.	jemanden
jmds.	jemandes
kaufm.	kaufmännisch
landsch.	landschaftlich
lat.	lateinisch
Mask.	Maskulinum
med.	medizinisch
Med.	Medizin
mhd.	mittelhochdeutsch
mitteld.	mitteldeutsch
mittellat.	mittellateinisch
MM	Mannheimer Morgen (Zeitung)
mundartl.	mundartlich
Naturw.	Naturwissenschaft
Neutr.	Neutrum
nhd.	neuhochdeutsch
niederd.	niederdeutsch
nordd.	norddeutsch
o. ä.	oder ähnliche[s]
oberd.	oberdeutsch
o. dgl.	oder dergleichen
österr.	österreichisch
Pers.	Person
physik.	physikalisch
Plur.	Plural
Präs.	Präsens
s.	siehe
S.	Seite
scherzh.	scherzhaft
schwäb.	schwäbisch
schweiz.	schweizerisch
selt.	selten
Sing.	Singular
s. o.	siehe oben
sog., sogen.	sogenannt
Sp.	Spalte
sprachw.	sprachwissenschaftlich
Sprachw.	Sprachwissenschaft
Sprw.	Sprichwort
standardspr.	standardsprachlich
s. u.	siehe unten
südd.	süddeutsch
svw.	soviel wie
techn.	technisch
u.	und
u. a.	und anderes, und andere
u. a.	unter anderem, unter und anderen
u. ä.	und ähnliche[s]
u. dgl.	und dergleichen
ugs.	umgangssprachlich
usw.	und so weiter
u. U.	unter Umständen
v. a.	vor allem
veralt.	veraltet
vgl.	vergleiche
weidm.	weidmännisch
z. B.	zum Beispiel
z. T.	zum Teil

a: Zur Schreibung und Deklination ↑Bindestrich (2.4) *(A-Laut);* ↑Einzelbuchstaben *(des A, zwei A);* ↑Groß- oder Kleinschreibung (1.2.5) *(von A bis Z, das a in Rad).*

à: Die aus dem Französischen übernommene Präposition wird vor allem in der Kaufmannssprache und umgangssprachlich an Stelle von *zu [je]* zur Angabe des Stückpreises, der Stückzahl o.ä. verwendet: *10 Kisten à 50 Zigarren. Das Lexikon hat 8 Bände à 1000 Seiten.* Das Substantiv, das von *à* abhängt, steht im Nominativ: *ein Karton à 40 Musterbeutel* (nicht: *Musterbeuteln*).

ä/e: 1. Schreibt man mit *ä* oder mit *e*?: Das umgelautete *a* wurde im Mittelhochdeutschen durch *e* und nicht wie heute durch *ä* wiedergegeben: *kreftig (:kraft),* heute *kräftig.* In vielen älteren Bildungen steht deshalb auch heute noch ein *e*, wo nach der jetzt geltenden Regel ein *ä* stehen müßte. Auffällig ist es besonders in den Fällen, in denen Wörter noch deutlich als umgelautete Bildungen empfunden werden, z.B.: *überschwenglich* (mhd. *überswenclich*), abgeleitet von *Überschwang* (mhd. *überswanc*); *Eltern* (mhd. *altern* und *eltern*), substantivierter Komparativ von *alt* (mhd. *alt*); in diesem Falle hat sich die Schreibung mit *e* besonders auch deshalb gehalten, weil der Begriff „alt" gegenüber der Vorstellung „Vater und Mutter" verblaßte; *behende* (mhd. *behende,* eigtl. „bei der Hand"), zu *Hand* (mhd. *hant*); *edel* (mhd. *edel[e]*), abgeleitet von *Adel* (mhd. *adel*). Anders ist die Schreibung mit *e* bei Wörtern wie *aufwendig* oder *Schenke* zu erklären. Das Adjektiv *aufwendig* ist mit großer Wahrscheinlichkeit von *aufwenden,* nicht von *Aufwand* abgeleitet, und das Substantiv *Schenke* (nicht: *Schänke*) gehört zu dem Verb *schenken* mit der ursprünglichen Bedeutung „zu trinken geben" und nicht zu *[Aus]schank.* **2.** ↑Aussprache (1).

Aachener: Die Einwohner von Aachen heißen *Aachener* (nicht: *Aacher*). Die Einwohnerbezeichnung *Aachener* wird immer groß geschrieben, auch wenn das Wort wie ein flexionsloses Adjektiv vor einem Substantiv steht: *die Aachener Zeitungen, Stadtväter, Fußballspieler.* ↑Einwohnerbezeichnungen (1).

Aas: Das Wort hat zwei Pluralformen: *die Aase* und *die Äser.* Die Form *Äser* ist umgangssprachlich; sie wird gewöhnlich nur gebraucht, wenn *Aas* als Schimpfwort verwendet wird.

ab: 1. ab unserem Werk · ab erstem/ersten Mai · ab letztem/letzten Montag: Bei Raumangaben steht die Präposition *ab* nur mit dem Dativ: *ab unserem Werk; ab welcher Station?; ab allen deutschen Flughäfen.* Bei Zeitangaben, Mengenangaben o.ä. steht *ab* auch mit dem Akkusativ: *ab erstem Mai* oder: *ab ersten Mai; ab letztem Montag* oder: *ab letzten Montag; ab Mittwoch, dem 3. April* oder: *den 3. April. Ab 50 Exemplaren* oder: *ab 50 Exemplare wird Rabatt gewährt. Dieser Film ist jugendfrei ab zwölf Jahren* oder: *ab zwölf Jahre.* Nur der Dativ ist möglich, wenn diese Angaben mit dem Artikel oder einem Pronomen auftreten: *ab dem 15. Mai; ab der dritten Runde; ab meinem 18. Lebensjahr.* **2. ab Hamburg/von Hamburg [an] · ab morgen/von morgen an:** Die räumliche Präposition *ab* ist im heutigen Sprachgebrauch, vor allem in der Kaufmanns- und Verwaltungssprache, wieder üblich geworden, nachdem sie durch *von [- an]* verdrängt worden war: *ab Werk, frei ab Hafen; ab Autobahnausfahrt Hannover; ab Flughafen Tempelhof; ab 50 Kisten.* Auch bei Zeitangaben wird *ab* – in einigen Verwendungsweisen alltags- oder umgangssprachlich wirkend – neben *von – an* gebraucht: *ab morgen/von morgen an; ab der vierten Stunde/von der vierten Stunde an; ab Ostern/von Ostern an.* Da hier mit *ab* und *von – an* immer ein zeitlich fortdauerndes Geschehen eingeleitet wird, können sie nicht in Verbindung mit Verben gebraucht werden, die ein Augenblicksgeschehen ausdrücken. Also nur: *Unser Geschäft ist ab Mai/von Mai an wieder geöffnet.* Aber nicht: *Wir eröffnen unser Geschäft ab Mai/von Mai an.* **3. ab Montag, dem/den ...:** ↑Datum. **4. der ab[b]e Knopf:** Das Adverb *ab* darf nicht attributiv (als Beifügung) gebraucht werden. Nicht korrekt: *Sie nähte den aben Knopf an.* ↑Adverb (1). **5. Rechtschreibung:** ↑absein; ↑Zusammen- oder Getrenntschreibung (1.3); ↑Bindestrich (1.1). **6. von – ab/von – an:** ↑von (6).

Abbau: Das Wort hat zwei Pluralformen: *die Abbaue* und *die Abbauten.* In der Bergmannssprache ist *die Abbaue* üblich. Der landschaftlichen Verwendung im Sinne von „abseits gelegenes Anwesen" entspricht die Pluralform *die Abbauten.*

abbuchen: ↑buchen/verbuchen/abbuchen.

Abc: ↑Alphabet[isierung].

abdanken: Dieses Verb hatte ursprünglich zwei Verwendungsweisen. Neben der heute üblichen intransitiven Verwendung im Sinne von „ein Amt niederlegen" *(er dankt ab)* stand die transitive Verwendung im Sinne von „jmdn. aus dem Dienst entlassen" *(einen Offizier abdanken).* Das 2. Partizip des transitiven Verbs *abdanken* konnte, wie alle 2. Partizipien von transitiven Verben, attributiv verwendet werden. So hat sich bis heute die richtige Fügung *der abgedankte* (= entlassene) *Offizier* erhalten, obwohl das Verb nicht mehr transitiv gebraucht wird. In Analogie hierzu wird nun gelegentlich fälschlich auch das 2. Partizip des intransitiven Verbs *abdanken* attributiv verwendet: *der freiwillig abgedankte Monarch* (Mannheimer Morgen). Die nähere Bestimmung *freiwillig* läßt hier eindeutig erkennen, daß es sich um das intransitive Verb *abdanken* handelt. ↑zweites Partizip (2.2).

Abdruck: Die Pluralform von *Abdruck* im Sinne von „das Abdrucken, Wiedergabe von Text und Bild im Druck" lautet *die Abdrucke: Von dem Bild wurden mehrere Abdrucke hergestellt.* Die Pluralform von *Abdruck* im Sinne von „Nachbildung; hinterlassene Spur" lautet *die Abdrücke: Der Zahnarzt fertigte mehrere Abdrücke an. In Kohle finden sich manchmal Abdrücke von Pflanzen und Insekten.* ↑Druck, ↑Plural (1).

-abel: Über den Ausfall des *e* bei Adjektiven auf *-abel* ↑Adjektiv (1.2.13).

abend/abends/Abend: Groß schreibt man das Substantiv: *es wird Abend, am/gegen Abend, eines Abends, guten Abend, zu Abend essen.* Klein schreibt man die Adverbien *abend* und *abends: heute/morgen abend; am Dienstag abend; von morgens bis abends, abends um 8 Uhr, montags abends* (↑Groß- oder Kleinschreibung [1.1]). Zum Unterschied von *Dienstag abend, Dienstag abends* und *Dienstagabend* ↑Dienstag (2) und ↑Adverb (3).

abendelang/Abende lang: Zusammen schreibt man das zusammengesetzte Adjektiv: *Er trieb sich abendelang in Kneipen herum. Nach abendelangem Warten sah ich sie endlich.* Getrennt und groß schreibt man, wenn *Abende* durch eine nähere Bestimmung als Substantiv zu erkennen ist: *Er trieb sich mehrere Abende lang herum. Drei Abende lang plagte er mich.* ↑Zusammen- oder Getrenntschreibung (2.3).

Abenteurerin / Abenteuerin: Zu *Abenteurer* gibt es zwei weibliche Formen: *die Abenteurerin* und *die Abenteuerin.* Beide Bildungen sind korrekt. ↑Substantiv (3).

aber: 1. Komma vor *aber*: Vor *aber* steht immer ein Komma, gleichgültig ob es Sätze oder nur Satzteile miteinander verknüpft: *gut, aber teuer; ich habe davon gehört, aber ich glaube es nicht.* **2. Wortstellung bei *aber*:** Im Gegensatz zu *und, oder, sondern* und einigen anderen Konjunktionen braucht *aber* nicht an der Spitze des Satzes zu stehen, den es mit dem vorhergehenden verbindet; *aber* hat, auch wenn es im Ablauf des Satzes eingefügt ist, keinen Einfluß auf die Wortstellung des betreffenden Satzes: *Er war ein begabter Junge, aber in der Schule versagte er/in der Schule aber versagte er.* In der Stellung hinter der finiten Verbform wirkt *aber* am wenigsten nachdrücklich: *Sie hörte Schritte, es öffnete aber niemand.* Steht *aber* jedoch unmittelbar hinter einem anderen Satzteil (Subjekt, Umstandsbestimmung o. ä.), dann verleiht es diesem besonderes Gewicht: *Sie war klein und dick, ihre Schwester aber war groß und schlank. Ich suchte ihn im Büro. Dort aber war er nicht.*

abergläubig / abergläubisch: Früher waren beide Bildungen gebräuchlich. Heute hat sich die Form *abergläubisch* durchgesetzt. ↑-ig/-isch/-lich (3).

aberkennen: Der Verbzusatz *ab-* wird in den finiten Formen gewöhnlich getrennt und nachgestellt: *Das Gericht erkannte ihm die bürgerlichen Ehrenrechte ab* (selten: *... aberkannte ihm die bürgerlichen Ehrenrechte*). ↑Tmesis (3) und ↑Verb (2.4).

abermalig / abermals: Das Adjektiv *abermalig* sollte nur attributiv (als Beifügung) beim Substantiv stehen: *eine abermalige Operation.* Nicht korrekt ist es, *abermalig* an Stelle des Adverbs *abermals* zu gebrauchen: *Sie wurde abermals* (nicht: *abermalig*) *operiert.*

Abfahrt[s]-: Bei einigen Zusammensetzungen mit *Abfahrt* ist das Fugen-s fest, bei anderen schwankt der Gebrauch. Fest mit Fugen-s: *Abfahrtshang, -lauf, -läufer, -piste, -rennen, strecke* (alle Skisport). Schwankend: *Abfahrt[s]befehl, -gleis, -signal, -tag, -zeichen, -zeit.* ↑Fugen-s.

Abfahrt[s]zeit nach ...: In Fügungen wie *die Abfahrtszeit nach Kassel* wird fälschlicherweise das Präpositionalattribut *(nach Kassel)* vom Grundwort *(-zeit)* statt vom Bestimmungswort *(Abfahrt-)* abhängig gemacht. Richtig muß es heißen: *die Zeit der Abfahrt nach Kassel* oder *die Abfahrtszeit der Züge nach Kassel.* ↑Kompositum (8).

Abflug- / Abflugs-: Die Zusammensetzungen mit *Abflug* haben kein Fugen-s: *Abfluggeschwindigkeit, -ort, -tag, -termin, -zeit* (nicht: *Abflugsgeschwindigkeit* usw.).

abfragen: Die beiden Verben *abfragen* und *abhören* gehören zu den wenigen Verben, die mit doppeltem Akkusativobjekt stehen können: *Der Lehrer fragte ihn das Einmaleins ab. Er hörte sie die französischen Vokabeln ab.* Aber auch bei diesen Verben wird häufig die sonst übliche Verbindung Dativobjekt + Akkusativobjekt gebraucht: *Der Lehrer fragt ihn das Einmaleins ab.* Beide Konstruktionen sind korrekt. Hat *abfragen* nur eine Ergänzung bei sich, dann steht diese immer im Akkusativ: *Der Lehrer fragt die Geschichtszahlen ab. Der Lehrer fragt die Klasse ab.* – Im Passiv heißt es: *Er wird die Vokabeln abgefragt* oder: *Ihm werden die Vokabeln abgefragt.*

abfrottieren: ↑Verb (3).

abgedankt: ↑abdanken.

abgenommen: Das zweite Partizip des Verbs *abnehmen* darf nicht attributiv (als Beifügung) gebraucht werden, wenn das Verb intransitiv in der Bedeutung „leichter, geringer werden" gebraucht wird. Falsch: *die abgenommenen Zuschauerzahlen, Vorräte; die abgenommene Stärke.* ↑zweites Partizip (2.2).

Abgeordnete: 1. genanntem Abge-

ordneten/Abgeordnetem · ihr als Abgeordneten/Abgeordneter: Im allgemeinen wird *Abgeordnete* wie ein attributives Adjektiv (1) dekliniert: *Er war früher Abgeordneter. Ein Abgeordneter verließ den Saal. Der Abgeordnete hat das Wort. Die Abgeordneten treten zusammen. Zwei Abgeordnete stimmten dagegen* usw. Im Genitiv Plural ist heute nach einem stark deklinierten Adjektiv die starke Beugung üblich, es wird also parallel gebeugt: *Es wurde über die Versorgung ausscheidender Abgeordneter* (veraltend: *Abgeordneten*) *gesprochen.* Ausnahmen und Schwankungen treten beim Dativ Singular auf: **a)** Nach einem stark deklinierten Adjektiv wird heute schwach gebeugt: *Besagtem Abgeordneten* (veraltet: *Abgeordnetem*) *habe ich meine Stimme gegeben.* **b)** In der Apposition (im Beisatz) kommt neben der starken Deklination häufig die schwache vor: *Mir als Abgeordneten* ... neben: *Mir als Abgeordnetem ... Ihr als Abgeordneten* ... neben: *Ihr als Abgeordneter* ... **c)** Nach *Herrn* ist heute die schwache Deklination üblich: *Ich habe mit Herrn Abgeordneten Schmidt gesprochen.* Nach *Frau* kommen schwache und starke Deklinationsformen vor: *Ich habe mit Frau Abgeordneten/Abgeordneter Schmidt gesprochen.* ↑substantiviertes Adjektiv (2.1). Fehlt *Herr* bzw. *Frau,* wird stark dekliniert: *Mit Abgeordnetem/Abgeordneter Schulze stimmt etwas nicht.* **2. einige Abgeordnete · alle Abgeordneten · solche Abgeordnete[n]:** Zur Deklination von *Abgeordnete* nach *alle, beide, einige* usw. ↑all- usw., ↑substantiviertes Adjektiv (2.1.1) und ↑Brief (7). **3. des Abgeordneten Schmidt/Abgeordneten Schmidts:** Zur Deklination des Namens nach *Abgeordnete* ↑Titel und Berufsbezeichnungen (1.2 und 1.3).

abgesagt: Entgegen der Regel, daß das 2. Partizip intransitiver Verben, die ihr Perfekt mit *haben* bilden, nicht attributiv (als Beifügung) gebraucht werden kann, kommt das zweite Partizip von *absagen* in der Fügung *ein abgesagter Feind* „ein erklärter, ausgesprochener Feind" als Attribut vor. ↑zweites Partizip (2.2).

Abgesandte: 1. genanntem Abgesandten/Abgesandtem · ihr als Abgesandten/Abgesandter: Im allgemeinen wird *Abgesandte* wie ein attributives ↑Adjektiv dekliniert: *ein Abgesandter, der Abgesandte, zwei Abgesandte, die Abgesandten des Königs* usw. Ausnahmen und Schwankungen treten beim Dativ Singular auf: **a)** Nach einem stark deklinierten Adjektiv wird heute schwach gebeugt: *genanntem Abgesandten* (veraltet: *Abgesandtem*). **b)** In der Apposition (im Beisatz) kommt neben der starken Deklination häufig die schwache vor: *mir als Abgesandten des Königs* ... neben: *mir als Abgesandtem des Königs ...; ihr als Abgesandten ihrer Herrin* ... neben: *ihr als Abgesandter ihrer Herrin* ... ↑substantiviertes Adjektiv (2.1). **2. einige Abgesandte · alle Abgesandten · solche Abgesandte[n]:** Zur Deklination von *Abgesandte* nach *alle, beide, einige* usw. ↑all- usw. und ↑substantiviertes Adjektiv (2.1.1).

abgesehen [davon], daß ...: In dieser Fügung steht vor *daß* immer ein Komma: *Abgesehen davon, daß der Strom vorübergehend ausfiel, hat es keine Störungen gegeben. Es hat keine Störungen gegeben, abgesehen davon, daß vorübergehend der Strom ausfiel. [Davon] abgesehen, daß der Strom vorübergehend ausfiel, hat es keine Störungen gegeben.* Sonst gelten für *abgesehen* die allgemeinen Kommaregeln für die Partizipialgruppe (↑Komma [4]): *Abgesehen vom Preis waren wir mit dem Hotel zufrieden.*

abhalten: Wenn von *abhalten* ein Nebensatz oder eine Infinitivgruppe abhängt, dürfen diese nicht verneint werden. Nicht korrekt: *Ich muß ihn davon abhalten, nicht noch mehr zu trinken.* Korrekt: *Ich muß ihn davon abhalten, noch mehr zu trinken.* Nicht korrekt: *Sie hielt ihn davon ab, keinen Lärm zu machen.* Korrekt: *Sie hielt ihn davon ab, Lärm zu machen.* Nicht korrekt: *Seine Frau hielt ihn davon ab, sich niemandem anzuvertrauen.* Korrekt: *Seine Frau hielt ihn davon ab, sich jemandem anzuvertrauen.* ↑Negation (1).

abhängig: Das Adjektiv *abhängig* wird gewöhnlich in der Verbindung *von jmdm./von einer Sache abhängig sein* gebraucht: *Diese Entwicklung ist vom Zufall abhängig. Er ist [finanziell] von seinen Eltern abhängig. Sie ist vom Alkohol abhängig.* Daran schließt sich die attributive Verwendung an: *Wir sind gegen eine vom Zufall abhängige Entwicklung. Man muß den vom Alkohol abhängigen Menschen helfen.*

abhauen: ↑hauen.

abheften: Nach *abheften in* steht gewöhnlich der Dativ: *Sie heftete das Schriftstück im Ordner ab.*

Abhilfe: Nach *Abhilfe* kann kein attributiver Genitiv (Genitivus obiectivus) stehen, weil dieses Verbalsubstantiv zu dem intransitiven Verb *abhelfen* gehört. Nicht korrekt also: *die Abhilfe eines Übelstandes, eines Mangels, eines Fehlers* o. ä. ↑Genitivattribut (1.5.2).

abhören: Die beiden Verben *abhören* und *abfragen* gehören zu den wenigen Verben, die mit doppeltem Akkusativ stehen können: *Der Lehrer hört die Schüler die französischen Vokabeln ab. Er fragt ihn das Einmaleins ab.* Aber auch bei diesen Verben wird häufig die sonst übliche Verbindung Dativobjekt + Akkusativobjekt gebraucht: *Der Lehrer hört den Schülern die französischen Vokabeln ab. Er fragt ihm das Einmaleins ab.* Beide Konstruktionen sind korrekt. Hat *abhören* nur eine Ergänzung bei sich, dann steht diese immer im Akkusativ: *Der Lehrer hört die Vokabeln ab. Der Lehrer hört die Klasse ab.* Im Passiv heißt es: *Er wird die Vokabeln abgehört* oder: *Ihm werden die Vokabeln abgehört.*

abisolieren: In dem Bemühen, den Wortinhalt zu verdeutlichen, wird oft ein fremdes Verb mit einem deutschen Verbzusatz versehen (vgl. *aufoktroyieren*). Diese oft pleonastischen Mischbildungen haben nur dann eine Berechtigung, wenn sie gegenüber dem einfachen Verb an Verständlichkeit gewinnen. Bei dem Verb *isolieren* ist dies jedoch nicht der Fall. Im Gegenteil: Das Verb wird durch den Zusatz *ab-*, der wohl nach dem Vorbild von *abdichten* zugefügt worden ist, nur mißverständlich. In dem Satz *Die Leitung wurde abisoliert* bleibt unklar, ob die Leitung isoliert worden ist oder ob man sie von ihrer Isolierung befreit hat. – In der Fachsprache hat sich heute die Verwendung von *abisolieren* im Sinne von „die Isolierhülle auf eine gewisse Länge von der Spitze einer Kabelader abstreifen" durchgesetzt. ↑Pleonasmus.

Abkürzungen

Abkürzungen haben die Aufgabe, ein Gespräch oder einen Text zu entlasten; sie dienen der knapperen und schnelleren Information, und man kann sie daher nicht grundsätzlich ablehnen. Es wäre überaus umständlich und zeitraubend, würden zum Beispiel Teilnehmer an einer Diskussion über Fernsehprogramme immer wieder *Arbeitsgemeinschaft der öffentlich-rechtlichen Rundfunkanstalten der Bundesrepublik Deutschland* statt *ARD* und *Zweites Deutsches Fernsehen* statt *ZDF* sagen.

Abkürzungen sollten aber immer dann vermieden werden, wenn sie die Verständigung beeinträchtigen oder gar zu Mißverständnissen führen. Man sollte stets darauf achten, daß man einen Text nicht mit Abkürzungen überlädt und damit das Verständnis erschwert, und man sollte nur Abkürzungen verwen-

den, die dem Gesprächspartner oder Adressaten vertraut sind, z. B. innerbetriebliche Abkürzungen nicht Außenstehenden zumuten.
Auch so häufig abgekürzte Wörter wie *Seite, Band, Nummer, Anmerkung* sollten in Verbindung mit dem Artikel oder bei vorangestellter Zahl ausgeschrieben werden: *die Seite 16, im 8. Band, vgl. die Nummer 14 und die 3. Anmerkung von unten.*

1 Punkt bei Abkürzungen

Steht eine Abkürzung mit Punkt am Satzende, dann ist der Abkürzungspunkt zugleich der Schlußpunkt des Satzes: *In diesem Buch stehen Gedichte von Goethe, Schiller, Heine u. a.*

1.1 Abkürzungen mit Punkt:

Der Punkt steht im allgemeinen nach Abkürzungen, die nur geschrieben, nicht aber gesprochen werden, z. B.: *betr.* (für: *betreffend, betreffs*), *Dr.* (für: *Doktor*), *Ggs.* (für: *Gegensatz*), *i. A.* (für: *im Auftrag*), *Frankfurt a. M.* (für: *Frankfurt am Main*), *a. G.* (für: *als Gast*), *ü. d. M.* (für: *über dem Meeresspiegel*), *usw.* (für: *und so weiter*), *z. T.* (für: *zum Teil*), *Ztr.* (für: *Zentner*). Das gilt auch für die Abkürzungen der Zahlwörter: *Tsd.* (für: *Tausend*), *Mio.* (für: *Million*) und *Mrd.* (für: *Milliarde*), ferner für fremdsprachige Abkürzungen in deutschem Text: *Ich werde mit Mr.* (für: *Mister*) *Smith darüber sprechen.*
Ausnahmen: Der Punkt steht auch nach einigen Abkürzungen, die heute gewöhnlich – vor allem in der Alltagssprache – nicht mehr im vollen Wortlaut gesprochen werden, z. B. *a. D.* (für: *außer Dienst*), *i. V.* (für: *in Vertretung*), *ppa.* (für: *per procura*), *h. c.* (für: *honoris causa*); auch *i. A.* wird heute häufig schon nicht mehr im vollen Wortlaut gesprochen.

1.2 Abkürzungen ohne Punkt:

Der Punkt steht im allgemeinen nicht nach Abkürzungen, die als solche auch gesprochen werden: *BGB, AG, UdSSR, Kripo, Akku, UNO.*
Besonderheiten: 1. Fachliche, innerbetriebliche u. ä. Regelungen: In vielen Fachbereichen (z. B. Verwaltung, Fernmeldewesen) erhalten Abkürzungen längerer Zusammensetzungen und Fügungen auch dann keinen Punkt (und ↑Bindestrich [2.5]), wenn sie nur geschrieben, nicht aber auch gesprochen werden: *RücklVO* (für: *Rücklagenverordnung*), *JArbSchG* (für: *Jugendarbeitsschutzgesetz*), *BStMdI* (für: *Bayerisches Staatsministerium des Innern*). Außerhalb der Fachbereiche sollten solche Abkürzungen möglichst vermieden werden. Auch die punktlosen Abkürzungen in Fernsprechbüchern, Kursbüchern und anderen Druckwerken der Deutschen Bundespost und der Deutschen Bundesbahn entsprechen nur einer internen Regelung und sind nicht allgemein verbindlich. **2. Abkürzungen für Maß- und Gewichtseinheiten, chemische Grundstoffe, Himmelsrichtungen und die meisten Münzbezeichnungen:** Die Abkürzungen der Einheiten des metrischen Systems (*m, km, kg, l* usw.) sind Symbole oder Zeichen und werden – bis auf herkömmliche Einheiten wie *Pfd.* (= Pfund) und *Ztr.* (= Zentner) – ohne Punkt geschrieben. Ohne Punkt stehen auch die Zeichen für die Himmelsrichtungen, für die chemischen Ele-

mente und für die meisten Münzbezeichnungen (↑aber 1.3): *SW* (= Südwesten), *Cl* (= Chlor), *DM* (= Deutsche Mark) usw. Alle diese Abkürzungen bleiben stets unverändert: *5 m, über 10 000 DM, die Eigenschaften des Cl.*

1.3 Schwankungsfälle:

Bei ausländischen Maß- und Münzbezeichnungen wird im Deutschen gewöhnlich die landesübliche Form der Abkürzung gebraucht: *ft.* (= Foot), *ya.* (= Yard), *L.* (= Lira), *Fr.* und *sFr.* (= Schweizer Franken). Doch kommen z. B. im Bankwesen auch andere Schreibungen vor: *Lit* (= italienische Lira), *sfr* (= Schweizer Franken).
Ein Sonderfall ist die Abkürzung *Co.* (= Compagnie/Kompanie), die heute in der Alltagssprache meist nur [ko:] ausgesprochen wird. Sie kommt fast ausschließlich in Firmennamen vor und kann je nach der Schreibung des Firmennamens mit oder ohne Punkt stehen.
Zu Abkürzungen mit Bindestrich *(UKW-Sender, Reg.-Rat)* ↑Bindestrich (2.5).

2 Groß- oder Kleinschreibung von Abkürzungen

2.1 Abkürzungen in Zusammensetzungen:

Die Groß- oder Kleinschreibung von Abkürzungen bleibt auch in Zusammensetzungen erhalten: *Tbc-krank, US-amerikanisch, km-Zahl.*

2.2 Abkürzungen am Satzanfang:

Stehen einfache Abkürzungen am Satzanfang, dann werden sie groß geschrieben, z. B.: *Vgl.* (für: *vgl.* = vergleiche!), *Ebd.* (für: *ebd.* = ebenda), *Ib.* oder *Ibd.* (für: *ib.* oder *ibd.* = ibidem). Eine Ausnahme macht die Abkürzung *v.* für das den Adel bezeichnende Verhältniswort *von,* die man auch am Satzanfang klein schreibt, um Mißverständnisse zu vermeiden: *v. Falkenstein war einverstanden.* Nicht: *V. Falkenstein war einverstanden. V.* könnte in diesem Falle als Abkürzung für den Vornamen *Victor* o. ä. mißverstanden werden. Eine mehrteilige, mit kleinem Buchstaben beginnende Abkürzung sollte am Satzanfang besser ausgeschrieben werden, da die ungewohnte Großschreibung der Abkürzung verständnishemmend wirken könnte, z. B.: *Mit anderen Worten...* (und nicht: *M. a. W.*); *Meines Erachtens...* (und nicht: *M. E.*).
Die Abkürzungen *i. A. (im Auftrag[e])* und *i. V. (in Vertretung)* werden in ihrem ersten Bestandteil groß geschrieben *(I. A., I. V.),* wenn sie nach einem abgeschlossenen Text oder allein vor einer Unterschrift stehen. Im Text, nach Grußformeln, nach dem Namen einer Firma, Behörde o. dgl. wird der erste Bestandteil dieser Abkürzungen dagegen klein geschrieben, z. B.: *Mit vorzüglicher Hochachtung i. V. Karl Müller.* ↑Brief (5).

3 Deklination

3.1 Abkürzungen, die nur geschrieben werden:

Bei diesen Abkürzungen wird die Deklinationsendung im Schriftbild oft nicht wiedergegeben: *am 2. Dezember lfd. J.* (= laufenden Jahres); *gegen Ende d.*

M. (= dieses Monats). Wird die Deklinationsendung jedoch gesetzt, gilt folgendes: Endet eine Abkürzung mit dem letzten Buchstaben der Vollform, wird die Endung unmittelbar angehängt: *Hrn.* (= Herrn), *Bde.* (= Bände); sonst steht sie nach dem Abkürzungspunkt: *mehrere Jh.e* (= Jahrhunderte), *B.s* (= Bismarcks) *Reden.*
Der Plural wird gelegentlich durch Buchstabenverdopplung ausgedrückt: *Mss.* (= Manuskripte), *Jgg.* (= Jahrgänge), *ff.* (= folgende).
Zu einem Fall wie *A.'* (= Aristoteles') *Schriften* ↑Apostroph (4.1).

3.2 Abkürzungen, die als solche auch gesprochen werden:

Grundsätzlich ist es auch bei diesen Abkürzungen (*Pkw, BGB* usw.) nicht nötig, die Deklinationsendung im Schriftbild wiederzugeben, vor allem dann nicht, wenn der Kasus durch den Artikel oder den Satzzusammenhang deutlich wird: *des Pkw* (seltener: *des Pkws*), *des BGB* (seltener: *des BGBs*). Im Plural erscheint allerdings häufiger die Endung *-s;* und zwar auch bei solchen Abkürzungen, deren Vollform im Plural nicht so ausgeht: *die Pkws* (neben: *die Pkw;* nicht: *PKWen*), *die MGs* (neben: *die MG;* nicht: *die MGe*), *die AGs* (nicht: *AGen*), *die THs* (nicht: *THen*). Bei weiblichen Abkürzungen sollte im Plural immer dann ein *-s* angefügt werden, wenn eine Verwechslung mit dem Singular möglich ist: *die GmbHs;* nicht gut, da mit dem Singular übereinstimmend: *die GmbH.* Abkürzungen, die auf Zischlaute enden, bleiben stets unverändert *(50 PS).*

Etwas anders ist es mit den Silben- und Kurzwörtern, die nicht buchstabiert, sondern als Wörter ausgesprochen werden. Bei ihnen überwiegt die Deklinationsendung *-s:*

der Akku, des Akkus, die Akkus; das Foto, des Fotos, die Fotos; die Uni, der Uni, die Unis; der Schupo, des Schupos, die Schupos; das Labor, des Labors, die Labors; die Lok, der Lok, die Loks; der Bus, des Busses, die Busse.

4 Genus

Das Genus (Geschlecht) der Abkürzungen stimmt im allgemeinen mit dem der Vollformen überein:

der LKW (*der* Lastkraftwagen), *der* Akku (*der* Akkumulator), *die* Lok (*die* Lokomotive), *die* Kripo (*die* Kriminalpolizei), *der* Bus (*der* Auto-, Omnibus), *die* Uni (*die* Universität), *das* Labor (*das* Laboratorium), *die* Flak (*die* Flugabwehrkanone) usw.
Ausnahmen: *das* Kino (obwohl: *der* Kinematograph), *das* Foto (obwohl: *die* Fotografie), *die* Taxe, *das* Taxi (obwohl: *der* Taxameter).

5 Betonung

Abkürzungen, die buchstabiert werden, haben Endbetonung: *ADAC* [a:de:a:'tse:], *UKW* [u:ka:'ve:]. Demgegenüber haben Abkürzungs-, Silben- und Kurzwörter, die wie ein Wort ausgesprochen werden, Anfangsbetonung: *APO, Schupo, Demo.* ↑Wortbetonung (2).

6 Abkürzungen als Apposition (beigefügte nähere Bestimmung)

6.1 An das/die Euro-Kreditinstitut AG:

Treten Abkürzungen wie *AG, GmbH, KG, e. V.* in einer Firmenbezeichnung o. ä. auf, handelt es sich gewöhnlich um Appositionen. Zahl und Geschlecht der Firmenbezeichnung richten sich dann nicht nach der Apposition, sondern nach dem Grundwort der Firmenbezeichnung, z. B.: *An das Euro-Kreditinstitut AG* (Grundwort: *das Institut*) und nicht: *An die Euro-Kreditinstitut AG* mit falschem Bezug auf *AG (die Aktiengesellschaft).* Liegt jedoch, was selten vorkommt, der Nachdruck auf der betreffenden Gesellschaftsform (*AG, GmbH* usw.), dann richten sich Geschlecht und Zahl des Firmennamens nach dieser; sie sollte dann allerdings besser ausgeschrieben werden: *An die Aktiengesellschaft Hüttenwerk Oberhausen; die Produktion der Dichtungsring-Gesellschaft mbH.*

Zu *Die Flottmann-Werke GmbH sucht/suchen ...* ↑Kongruenz (1.2.7 bzw. 3.6).

6.2 Zeichensetzung:

Gehören Abkürzungen als nachgestellte Appositionen zu einem Namen, dann werden sie nicht durch ein Komma abgetrennt: *Stahlwerke AG, Vereinigte Papiermühlen GmbH.* Ist die Abkürzung dagegen nicht Bestandteil des Namens, dann muß sie durch ein Komma abgetrennt oder in Klammern gesetzt werden: *Vera Müller, MdB* oder: *Vera Müller (MdB).*

Ablaut: Unter Ablaut versteht man den gesetzmäßigen Vokalwechsel in der Stammsilbe etymologisch verwandter Wörter, z. B. *werfen, warf, geworfen, Wurf* oder *singen, sang, gesungen.* Innerhalb der gesamten Sprachentwicklung kommt dem Ablaut große Bedeutung zu, weil er die Bildung zahlreicher Wörter ermöglicht hat und damit zur Vergrößerung des Wortschatzes beigetragen hat. Der Ablaut darf nicht mit dem ↑Umlaut verwechselt werden.

Ableitung: Die Ableitung ist neben der Zusammensetzung (↑Kompositum) und der Wortbildung mit Präfixen das wichtigste sprachliche Mittel zur Neubildung von Wörtern. Die Bildungsmittel der Ableitung sind ↑Ablaut und ↑Suffixe. Die Ableitung von Wörtern durch Ablaut nennt man auch innere Ableitung, z. B. *Trank* von *trinken; Wuchs* von *wachsen.* Der Ableitung mit Hilfe von Suffixen, der sogenannten äußeren Ableitung, können sowohl Einzelwörter zugrunde liegen, z. B. *Schönheit* von *schön, feindlich* von *Feind,* als auch Wortgruppen, z. B. *blauäugig* aus *mit blauen Augen.* Diese Art der Ableitung nennt man auch ↑Zusammenbildung.

ablöschen: ↑Verb (3).

abnehmen: ↑abgenommen.

Abneigung: Nach *Abneigung* wird gewöhnlich mit der Präposition *gegen* angeschlossen: *eine Abneigung gegen einen Menschen* (nicht: *vor einem Menschen*) *haben.*

abnorm/abnormal/anomal/anormal: Der Gebrauch dieser Wörter liegt nicht eindeutig fest; scharfe Abgrenzungen sind nicht möglich. Gemeinsam ist allen die Kernbedeutung „vom Normalen, von der Regel abweichend". Das Adjektiv *abnorm* ist entlehnt aus lat. *abnormis* „von der Regel abweichend". Das Wort wird im Bereich der Medizin und der Psychologie im Sinne von „krankhaft" gebraucht:

eine abnorme Persönlichkeit; abnorme Anlagen haben; abnorm veranlagt sein/reagieren. Außerhalb der Medizin und Psychologie wird *abnorm* im Sinne von „ungewöhnlich" verwendet: *abnorm große Füße, ein abnorm kalter Winter.* Das Adjektiv *abnormal* ist von *abnorm* abgeleitet. Es bedeutet „krank, nicht normal, unsinnig": *ein abnormales Kind; sein Benehmen ist abnormal; das ist völlig abnormal.* Das Adjektiv *anomal* geht auf griech.-lat. *anomalus* „ungleichmäßig, nicht regelmäßig" zurück. Es wird, wie *abnorm,* ebenfalls im Bereich der Medizin und Psychologie im Sinne von „krankhaft" gebraucht; es bezieht sich besonders auf ins Auge fallende Abweichungen im Wachstum und läßt das Mißverhältnis erkennen: *eine anomale Entwicklung; ein geistig anomales Kind; sich anomal verhalten.* Häufig wird es übertragen im Sinne von „ungewöhnlich, nicht normal" verwendet: *anomales Wirtschaftswachstum; anomale Verkehrsverhältnisse.* Das Adjektiv *anormal* beruht auf einer Zwitterbildung aus griech.-lat. *anomalus* und mittellat. *normalis.* Es bedeutet „nicht normal" und wird von allen vier Wörtern am häufigsten gebraucht: *anormal veranlagt sein; ein anormales Gedächtnis haben; anormale Zustände/Verhältnisse/Bedingungen; ein anormal kalter Juni.*

abnutzen/abnützen: Neben *abnutzen* ist landschaftlich, bes. süddeutsch und österreichisch, die umgelautete Form *abnützen* gebräuchlich.

abonnieren: Das transitive Verb *abonnieren* steht heute im allgemeinen nur noch mit dem Akkusativ der Sache, die abonniert wird: *Ich abonniere eine Zeitung.* Früher konnte *abonnieren* mit dem Akkusativ der Person verbunden werden, also im Sinne von „jmdn. für ein Abonnement gewinnen, ihn auf ein Abonnement festlegen" gebraucht werden. Die Sache, die man abonniert, wurde dabei mit der Präposition *auf* angeschlossen: *jmdn. auf eine Zeitung abonnieren.* Heute begegnet man dieser Konstruktion nur noch gelegentlich: *... wie's denn ... bis dato nicht für nötig befunden worden war, das Sicherheitsorgan des Landes ... auf die wichtigsten Erscheinungen der internationalen und auch der einheimischen Presse zu abonnieren* (Maass). Gebräuchlich ist heute noch die Form des Zustandspassivs *abonniert sein,* die sich von dieser alten Verwendungsweise herleitet: *Ich bin auf diese Zeitung seit Jahren abonniert.* Man kann also entweder sagen *Ich habe diese Zeitung abonniert* oder *Ich bin auf diese Zeitung abonniert.*

abpatrouillieren: ↑Verb (3).

abraten: Wenn von *abraten* ein Nebensatz oder eine Infinitivgruppe abhängt, dürfen diese nicht verneint werden. Korrekt: *Er riet ihm ab, allein dorthin zu gehen.* Nicht korrekt: *Er riet ihm ab, nicht allein dorthin zu gehen.* ↑Negation (1).

Abreißblock: Der Plural zu *Abreißblock* lautet *die Abreißblocks,* seltener *die Abreißblöcke.* ↑Block.

abrunden/aufrunden: Eine Zahl kann man sowohl nach oben als auch nach unten abrunden („durch Abziehen oder Hinzufügen auf die nächste runde Zahl bringen"), denn *ab-* bezeichnet hier nicht eine Richtung nach unten, wie etwa in *abfallen* oder *absteigen,* sondern verdeutlicht lediglich den Vorgang des Rundens oder Glattmachens. Obwohl deshalb *aufrunden* im Sinne von „durch Hinzufügen auf die nächsthöhere runde Zahl bringen" eigentlich überflüssig ist, hat es sich heute dennoch, bes. in der Technik, weitgehend durchgesetzt und *abrunden* auf die Bedeutung „durch Abziehen auf die nächstniedrigere runde Zahl bringen" festgelegt.

Abscheu: Es heißt sowohl *der Abscheu* als auch (seltener) *die Abscheu.*

abschildern: ↑Verb (3).

Abschluß: Das Funktionsverbgefüge *zum Abschluß bringen* ist nachdrücklicher als das einfache Verb *abschließen.* ↑Nominalstil.

Abschnittsnummern: Zu Abschnittsnummern wie *1, 1.1, 1.2* usw. ↑[1]Punkt (2).

abschrecken: ↑schrecken.

abschreiben: ↑Verb (2.4).

abschwören: ↑schwören.

absein: Zusammen schreibt man das umgangssprachliche Verb nur im Infinitiv und 2. Partizip: *Der Knopf wird bald absein. Ich bin sehr abgewesen* (= abgespannt, müde gewesen). Getrennt schreibt man bei den Personalformen: *Ich glaube, daß der Knopf bald ab ist.* ↑Zusammen- oder Getrenntschreibung (1.5).

abseits: Die Präposition *abseits* steht mit dem Genitiv: *abseits des Weges; abseits größerer Städte; abseits allen Trubels.* In Verbindung mit der Präposition *von (abseits von jeder menschlichen Behausung)* ist *abseits* Adverb.

absenden: Die Formen des Präteritums und zweiten Partizips lauten: *sandte/sendete ab* und *abgesandt/abgesendet.* Die Formen mit *-a-* sind häufiger.

absichern: ↑Verb (3).

absieben: ↑Verb (3).

absieden: ↑Verb (3).

absolut: Das Adjektiv *absolut* hat selbst schon superlativische Bedeutung. Es ist also überflüssig, um *absoluteste Ruhe* statt um *absolute Ruhe* zu bitten. ↑Vergleichsformen (3.1).

absoluter Superlativ: ↑Elativ, ↑Vergleichsformen (3.5).

absolutes Verb: ↑Verb.

abspalten: ↑spalten.

abstellen: Nach *abstellen auf/in/unter* steht gewöhnlich der Dativ: *Sie stellte das Gepäck auf dem Bürgersteig ab. Er stellte seinen Wagen in der Parkverbotszone ab.* ↑auf/in/unter.

abstempeln: ↑stempeln.

Abstraktum: Unter einem Abstraktum (Begriffswort) versteht man ein Substantiv, das nichtgegenständliche, bloß gedachte Erscheinungen, Eigenschaften, Gefühle, Vorgänge, Handlungen, Zustände, Beziehungen, Zeitangaben usw. benennt, z. B. *Grausamkeit, Leid, Treue, Nähe, Jugend, Musik.* Zur Pluralbildung bei Abstrakta ↑Plural (5).

Abszeß: Standardsprachlich heißt es *der Abszeß.* In Österreich ist *das Abszeß* gebräuchlich.

Abt/Äbtissin: Zur Anschrift ↑Brief (7).

abtauen: ↑Verb (3).

abtrocknen: Das intransitive Verb *abtrocknen* „trocken werden" gehört zu den Verben, die eine allmähliche Veränderung ausdrücken. Diese Verben können ihr Perfekt sowohl mit *sein* als auch mit *haben* bilden: *Nach dem Regen ist es schnell wieder abgetrocknet/hat es schnell wieder abgetrocknet.* Die Verbindung mit *sein* ist die häufigere. ↑haben (1).

abvermieten: ↑Verb (3).

abwägen: Das Verb *abwägen* „genau bedenken, überlegen" wird unregelmäßig (stark) und regelmäßig (schwach) gebeugt: *Er wog/wägte das Für und Wider ab. Wir haben die Gründe gegeneinander abgewogen/*(selten:) *abgewägt.* Der Konjunktiv II lautet *abwöge.* ↑wägen.

abwärts: Getrennt vom folgenden Verb schreibt man das selbständige Adverb im Sinne von „nach unten": *Wir werden den Fluß abwärts fahren. Er ist diesen Weg abwärts gegangen.* Zusammen schreibt man, wenn durch die Verbindung mit dem folgenden Verb ein neuer Begriff entsteht: *Mit ihm ist es immer weiter abwärtsgegangen.* ↑Zusammen- oder Getrenntschreibung (1.4).

Abwasser: Der Plural lautet *die Abwässer.* ↑Wasser.

abwenden: Die Formen des Präteritums und 2. Partizips lauten sowohl *wendete ab, abgewendet* als auch *wandte ab, abgewandt: Er wendete/wandte seinen Blick ab. Sie hatte sich rasch abgewendet/abgewandt.*

Abziehen/Abzug: ↑Verbalsubstantiv.

abzüglich: Die Präposition *abzüglich,* die v. a. in der Kaufmannssprache gebräuchlich ist, wird mit dem Genitiv verbunden: *abzüglich der Unkosten; abzüglich des gewährten Rabatts.* Ein folgendes alleinstehendes, stark dekliniertes Substantiv im Singular bleibt gewöhnlich ungebeugt: *abzüglich Rabatt; die Kosten abzüglich Porto.* Im Plural wird *abzüglich* mit dem Dativ verbunden, wenn der Genitiv nicht erkennbar ist: *der Preis für die Mahlzeiten abzüglich Getränken.*

abzugsfähig: ↑Kompositum (9); ↑-fähig.

ach/Ach: Klein schreibt man die Interjektion: *ach so!, ach ja!, ach je!; ach und weh schreien.* Groß schreibt man die Substantivierung: *Er hat es schließlich mit Ach und Krach geschafft.* ↑Groß- oder Kleinschreibung (1.1 und 1.2).

Ach-Laut: Der Ach-Laut ist im Gegensatz zum Ich-Laut das durch die Artikulation der Hinterzunge gegen den weichen Gaumen gesprochene *ch* z. B. in *Bach.*

Achse/axial: ↑axial.

[1]acht/Acht: Klein schreibt man das Zahlwort: *wir sind zu acht; die letzten acht; acht und acht macht sechzehn; die Zahlen von acht bis zwölf; das Mädchen ist erst acht; es war um acht [Uhr]; es schlägt eben acht; ein Viertel nach acht; Punkt acht.* Groß schreibt man das Substantiv: *die Zahl (Ziffer) Acht; eine Acht schreiben; eine Acht schießen/auf dem Eis laufen; mit der Acht* (= Straßenbahnlinie) *fahren; eine Acht im Rad haben.* ↑Groß- oder Kleinschreibung (1.2.4).

[2]acht/Acht: 1. Rechtschreibung: Klein schreibt man in stehenden Verbindungen mit Verben: *Er hat dies ganz außer acht gelassen. Wir werden uns in acht nehmen.* Groß schreibt man, wenn das Wort durch eine nähere Bestimmung (Attribut) oder durch den Artikel als Substantiv zu erkennen ist: *Du sollst das nicht aus der/außer aller Acht lassen.* Klein und zusammen schreibt man *achtgeben, achthaben: Du hast achtzugeben. Darauf habe ich leider nicht achtgehabt.* Aber: *Du mußt die größte Acht geben* (weil hier das Wort durch Attribut u. Artikel als Substantiv zu erkennen ist). ↑Groß- oder Kleinschreibung (1.1), ↑Zusammen- oder Getrenntschreibung (2.1). **2. Verneinung:** Wenn *sich in acht nehmen* in Verbindung mit der Präposition *vor* im Sinne von „sich vor etwas hüten" gebraucht wird, darf der abhängende Nebensatz oder die abhängende Infinitivgruppe nicht verneint werden: *Er nahm sich davor in acht, zu schnell zu fahren* (nicht korrekt: *... nicht zu schnell zu fahren*). Im Sinne von „aufpassen, auf etwas achten" ohne die Präposition *vor* ist die Verneinung dagegen korrekt: *Nimm dich in acht, daß du dich nicht erkältest! Er nahm sich in acht, daß er keinen Fehler machte.* ↑Negation (1).

achte/Achte: Klein schreibt man das Zahlwort: *Er ist der achte* (= der Zählung, der Reihe nach). *Nur jeder achte* (= in der Reihe) *erhielt eine Karte.* Ebenso: *Jeder achte [Bundesbürger] hat diesen Film gesehen.* Groß schreibt man das substantivierte Zahlwort (= bestimmter substantivischer Begriff): *Er ist der Achte* (= der Leistung nach) *in der Klasse. Heute ist der Achte [des Monats].* Groß schreibt man das Zahlwort in Namen: *Heinrich der Achte.* ↑Namen (4), ↑Groß- oder Kleinschreibung (1.2.4).

achtel/Achtel: Klein schreibt man, wenn *achtel* vor Maß- und Gewichtsangaben attributiv (als Beifügung) steht: *ein achtel Zentner, ein achtel Liter Milch.* Groß schreibt man die Substantivierung: *Ein Achtel des Weges haben wir zurückgelegt. Er hat zwei Achtel des Betrages gezahlt.* Zusammen schreibt man, wenn *achtel* zum Bestimmungswort allgemein gebräuchlicher Zusammensetzungen, v. a. fester Maß- und Gewichtsangaben, geworden ist: *ein Achtelliter Milch; eine Achtelnote.* ↑Groß- oder Kleinschreibung (1.2.4), ↑Zusammen- oder Getrenntschreibung (4.1).

achten: 1. auf jmdn., auf etwas achten/jmds., einer Sache achten/jmdn.,

etwas achten: Im Sinne von „achtgeben, sein Augenmerk auf jmdn. oder etwas richten" wird *achten* im heutigen Sprachgebrauch gewöhnlich mit der Präposition *auf* verbunden: *Er achtete nicht auf den Weg/auf die Schmerzen. Sie achtete auf die Kinder. Der Chef achtet auf Pünktlichkeit.* Die früher häufige Konstruktion mit dem Genitiv kommt noch in der gehobenen Sprache (im allgemeinen nur in verneinten Sätzen) vor: *Er läuft wie einer, der auf der Flucht ist und der Gefahr nicht achtet, welche ihm überall droht* (Langgässer). *Ohne zunächst der Mitfahrenden auf den überfüllten Sitzplätzen zu achten* (Kasack). An Stelle des Genitivs kommt in gehobener Sprache vereinzelt auch noch der Akkusativ vor: *Die Gefahr nicht achtend, hatte er mit zwei anderen angefangen* (Schaper). **2. achten/beachten:** *auf etwas achten* und *etwas beachten* können gleiche Bedeutung haben: *Er sprach weiter, ohne auf die Zwischenrufe zu achten/ohne die Zwischenrufe zu beachten.* In diesem Satz haben *achten* und *beachten* den Sinn „einer Sache Aufmerksamkeit schenken" und sind austauschbar. Wird *achten* jedoch transitiv gebraucht, dann hat es meist die Bedeutung von „etwas respektieren, davor Achtung haben, es ehren, schätzen", während *beachten* im Sinne von „etwas zur Kenntnis nehmen und danach handeln" verwendet wird. Man beachtet deshalb Gesetze, Vorschriften, Regeln, Hinweise usw., aber man achtet Rechte, Wünsche, Ansprüche, Beweggründe, Gesinnungen, das Alter, die Gefühle anderer usw. Die im Verkehrswesen häufig gebrauchte Verbindung *Vorfahrt achten* hieß ursprünglich *das Vorfahrtsrecht achten* und bedeutete „das Recht eines andern auf Vorfahrt respektieren". Die Verkürzung von *Vorfahrtsrecht* zu *Vorfahrt* bewirkt, daß man weniger an das Respektieren eines Rechtes als vielmehr an das Beachten, Befolgen eines Gesetzes denkt. Es ist deshalb besser, *achten* hier durch *beachten* zu ersetzen.

achtgeben: ↑[2]acht/Acht.

achthaben: ↑[2]acht /Acht.

Achtung: Richtig heißt es *Achtung vor jmdm./vor etwas haben,* also z. B. *Sie hatte keine Achtung vor ihm.* Neben der Präposition *vor* war früher auch der Anschluß mit *für* durchaus üblich: *Dazu habe ich viel zu viel Achtung für einen Offizier* (Lessing).

achtunggebietend/Achtung gebietend: Zusammen schreibt man, wenn es sich um zusammengesetzte Adjektive handelt: *eine achtunggebietende Leistung; die Leistung ist achtunggebietend.* Getrennt schreibt man, wenn *Achtung* durch eine nähere Bestimmung (Attribut) als Substantiv zu erkennen ist: *Es war eine große Achtung gebietende Leistung.* ↑Zusammen- oder Getrenntschreibung (3.1.1) und ↑Fugen-s (3.4).

achtzig/Achtzig: Klein schreibt man das Zahlwort: *die Zahlen von zehn bis achtzig; wir waren achtzig Mann; er ist achtzig; der Mensch über achtzig [Jahre]; Wein aus dem Jahre achtzig* (= eines Jahrhunderts); *wir fahren achtzig, gehen mit achtzig in die Kurve; Tempo achtzig.* Auch in den Wendungen *auf achtzig kommen* und *auf achtzig sein* („wütend werden", „wütend sein") schreibt man klein. – Groß schreibt man, wenn das Zahlwort substantiviert ist oder in Verbindung mit einer Präposition als Substantiv aufgefaßt werden kann: *die Achtzig* (= Zahl); *Ende der/Mitte der Achtzig; der Mensch über Achtzig; mit Achtzig kannst du das nicht mehr.* Groß- oder Kleinschreibung (1.2.4).

achtziger/Achtziger: Das von ↑*achtzig* abgeleitete Wort schreibt man klein, wenn es attributiv (als Beifügung) gebraucht wird: *achtziger* (in Ziffern: *80er) Jahrgang; in den achtziger Jahren* (= eines Jahrhunderts); *eine achtziger Briefmarke.* Groß schreibt man die Substantivierungen: *ein Mann um die Mitte der Achtziger; in den Achtzigern sein; eine Achtziger* (= Glühbirne) *einschrauben; einen milden Achtzi-*

ger (= Wein) *trinken; ein rüstiger Achtziger* (= Mann von 80 Jahren und darüber). Die Zusammensetzung *Achtzigerjahre* bedeutet „die Lebensjahre von 80 bis 89“. ↑Groß- oder Kleinschreibung (1.2 und 1.2.4), ↑Zusammen- oder Getrenntschreibung (4.1).

a.c.i. (accusativus cum infinitivo): ↑Akkusativ mit Infinitiv.

Ackerbauer: Das Wort kann sowohl schwach als auch stark dekliniert werden: *des Ackerbauern* neben: *des Ackerbauers; die Ackerbauern* neben: *die Ackerbauer.* In der Völkerkunde ist es üblich, *Ackerbauer* als Bildung mit *-bauer (er baut* [= bestellt] *den Acker)* aufzufassen und wie *Orgelbauer, Städtebauer* usw. stark zu deklinieren: *Die Bewohner dieses Landes sind vorwiegend Ackerbauer und Viehzüchter.*

a. D.: Nach dieser Abkürzung stehen Punkte, auch wenn *a. D.* heute häufig nicht nur *außer Dienst,* sondern auch *a de* gesprochen wird. ↑Abkürzungen (1.1).

Adelsnamen: 1. Deklination: a) die Bilder Leonardo da Vincis/Leonardos da Vinci · die Lieder Walthers von der Vogelweide/Walther von der Vogelweides Lieder: Bei Adelsnamen und ähnlich gebildeten anderen Namen wird heute meist der Familienname gebeugt: *die Werke Ludwig van Beethovens; Gerda von Falkensteins beste Freundin.* Ist der Familienname jedoch noch deutlich als Ortsname zu erkennen, dann wird der Vorname gebeugt: *die Lieder Walthers von der Vogelweide; der Parzival Wolframs von Eschenbach.* Wo Zweifel bestehen, neigt man zur Beugung des Ortsnamens: *die Erfindungen Leonardo da Vincis; der Wahlspruch Ulrich von Huttens;* daneben auch: *der Wahlspruch Ulrichs von Hutten.* Steht der Ortsname unmittelbar vor dem dazugehörigen Substantiv, dann wird heute im allgemeinen der Ortsname gebeugt, weil sonst die Beugungsendung für das Gehör zu weit voransteht: *Walther von der Vogelweides Lieder; Hoffmann von Fallerslebens Gedichte.* Als Grundregel gilt, daß der neben dem regierenden Wort stehende Name die Genitivendung erhält (↑Personennamen [2.2.1]). **b) die Memoiren Baron Grotes/des Barons Grote:** Adelsbezeichnungen sind heute keine Titel mehr, sondern Bestandteile des Namens. Ohne Artikel oder Pronomen beugt man den Familiennamen: *die Memoiren Baron Grotes; die Verdienste Graf Schönecks; das Werk Freiherr von Taubes.* Geht der Artikel oder ein Pronomen unmittelbar voraus, dann wird die Adelsbezeichnung gebeugt: *die Memoiren des Barons Grote; die Verdienste des Grafen Schöneck; das Werk des Freiherrn von Taube.* Geht der Adelsbezeichnung eine Berufsbezeichnung oder ein Titel voraus, dann bleibt sie ungebeugt: *die Memoiren des Professors Baron Grote; das Werk des Dichters Freiherr von Taube.* **2. Schreibung des *von* in Adelsnamen am Satzanfang:** Am Satzanfang schreibt man *von* groß: *Von Gruber erschien zuerst.* Klein schreibt man das abgekürzte *von,* um Verwechslungen mit abgekürzten Vornamen zu vermeiden: *v. Gruber erschien zuerst.* ↑Abkürzungen (2.2).

Ad-hoc-Entscheidung: ↑Bindestrich (3.1).

Adjektiv

Wörter wie *einsam, flott, schön, blau* und *ungeschickt,* mit denen man Lebewesen, Dinge und Begriffe, Zustände, Vorgänge und Tätigkeiten charakterisieren kann, nennt man Adjektive (Eigenschaftswörter). Sie sind deklinierbar (s. u.) und im allgemeinen zur Bildung von ↑Vergleichsformen fähig. Ein Substantiv können sie unmittelbar *(schöne Jacke, blaue Augen)* oder in Verbindung mit *sein, werden, bleiben* u. a. näher bestimmen *(Sie ist/wird krank).* Im ersten Fall spricht man von attributiver, im zweiten von prädikativer Verwendung des Adjektivs. Attributive Verwendung liegt darüber hinaus auch in Verbindung mit Adverbien *(weit draußen)* und anderen Adjektiven (*abscheulich kalt;* ↑1.2.10) vor. Adverbial nennt man demgegenüber den Gebrauch eines Adjektivs, das ein Verb näher bestimmt *(Der Motor läuft gleichmäßig).* In älteren Grammatiken wurde ein Adjektiv, wenn es zu einem Verb gehört *(Er läuft schnell. Sie spricht laut),* auch Adverb genannt. Die neueren Grammatiken tun dies zum großen Teil nicht mehr, weil die in althochdeutscher Zeit noch vorhandenen Adverbformen der Adjektive heute geschwunden sind. Wichtig für die Abgrenzung des Adjektivs vom Adverb ist es, zwischen der Einteilung der Wortarten und der syntaktischen Verwendung, d. h. der Verwendung im Satz, zu unterscheiden. Einteilung der Wortarten: Verb, Substantiv, Adjektiv (z. B. *schön, laut, schnell*), Adverb (z. B. *dort, oft, sehr*), Interjektion usw. Verwendung im Satz: attributiv: *das schöne Mädchen;* prädikativ: *das Mädchen ist schön;* adverbial: *das Mädchen singt schön.*

1 Deklination

1.1 Deklinationsarten

1.1.1 Starke Deklination

		Maskulinum	Femininum	Neutrum
Singular	Nom.	weich-er Stoff	warm-e Speise	hart-es Metall
	Gen.	(statt) weich-en Stoff[e]s	(statt) warm-er Speise	(statt) hart-en Metalls
	Dat.	(aus) weich-em Stoff	(mit) warm-er Speise	(aus) hart-em Metall
	Akk.	(für) weich-en Stoff	(für) warm-e Speise	(für) hart-es Metall
Plural	Nom.	weich-e Stoffe	warm-e Speisen	hart-e Metalle
	Gen.	(statt) weich-er Stoffe	(statt) warm-er Speisen	(statt) hart-er Metalle
	Dat.	(aus) weich-en Stoffen	(mit) warm-en Speisen	(aus) hart-en Metallen
	Akk.	(für) weich-e Stoffe	(für) warm-e Speisen	(für) hart-e Metalle

Ein Adjektiv wird stark dekliniert, wenn ihm weder Artikel, noch Pronomen, noch Zahlwort vorausgeht oder wenn das vorausgehende Pronomen oder Zahlwort endungslos ist.

1.1.2 Schwache Deklination

		Maskulinum	Femininum	Neutrum
Singular	Nom.	der schnell-e Wagen	die schnell-e Läuferin	das schnell-e Auto
	Gen.	des schnell-en Wagens	der schnell-en Läuferin	des schnell-en Autos
	Dat.	dem schnell-en Wagen	der schnell-en Läuferin	dem schnell-en Auto
	Akk.	den schnell-en Wagen	die schnell-e Läuferin	das schnell-e Auto
Plural	Nom. Gen. Dat. Akk.	die der den die schnell-en Wagen	schnell-en Läuferinnen	schnell-en Autos

Ein Adjektiv wird schwach dekliniert, wenn ihm der bestimmte Artikel oder – bis auf das Possessivpronomen (s. u.) – ein Pronomen mit Endung vorausgeht.

1.1.3 Gemische Deklination

		Maskulinum	Femininum	Neutrum
Singular	Nom.	kein schnell-er Wagen	keine schnell-e Läuferin	kein schnell-es Auto
	Gen.	keines schnell-en Wagens	keiner schnell-en Läuferin	keines schnell-en Autos
	Dat.	keinem schnell-en Wagen	keiner schnell-en Läuferin	keinem schnell-en Auto
	Akk.	keinen schnell-en Wagen	keine schnell-e Läuferin	kein schnell-es Auto
Plural	Nom.	keine		
	Gen.	keiner schnell-en	schnell-en Läuferinnen	schnell-en Autos
	Dat.	keinen Wagen		
	Akk.	keine		

Ein Adjektiv gehört zu diesem Deklinationstyp, wenn ihm der unbestimmte Artikel, *kein* oder ein Possessivpronomen vorausgeht.

Alle Pronomen und Zahlwörter, nach denen die Deklination des Adjektivs schwankt, sind in diesem Buch gesondert behandelt (↑all-, beide, solcher usw.).

1.2 Besonderheiten der Adjektivdeklination

1.2.1 nach langem, schwerem Leiden/nach langem, schweren Leiden (Deklination mehrerer attributiver Adjektive oder Partizipien): Stehen bei einem Substantiv zwei oder mehrere Adjektive oder Partizipien, dann werden diese in gleicher Weise (parallel) gebeugt: *ein breiter, tiefer Graben.* Das gilt auch für den von einer Präposition abhängenden Dativ Singular: *auf bestem, holzfreiem Papier; nach langem, schwerem Leiden.* Auch wenn das unmittelbar vor dem Substantiv stehende Adjektiv mit dem Substantiv einen Gesamtbegriff (eine sogenannte Einschließung) bildet und deshalb kein Komma zwischen dieser Fügung und dem zusätzlichen Adjektiv steht, wird parallel gebeugt: *bei dunklem bayrischem Bier; auf mit schwarzem Samt bespanntem rundem Tablett; nach anerkanntem internationalem Strafrecht.*

Die frühere Regel, daß in diesen Fällen beim Dativ Singular das zweite Adjektiv schwach gebeugt werden müsse *(bei dunklem bayrischen Bier)* gilt nicht mehr. Im Dativ Singular Maskulinum und Neutrum wird allerdings das zweite Adjektiv aus lautlichen Gründen noch öfter schwach gebeugt: *eine Flut von weißem elektrischen Licht ergoß sich breit in den Saal* (Th. Mann); *auf schwarzem hölzernen Sockel* (Carossa); *mit frischem, roten Gesicht* (Döblin).

1.2.2 frohen Sinnes/frohes Sinnes (Deklination des Adjektivs im Genitiv Singular ohne vorangehenden Artikel): Steht das Adjektiv allein, dann müßte es eigentlich im Genitiv Singular des Maskulinums und Neutrums stark dekliniert werden: *frohes Sinnes, gutes Mutes, trauriges Herzens.* Im heutigen Sprachgebrauch wird es jedoch schwach gebeugt, um die zwei S-Laute zu vermeiden. Die Ersetzung von *-es* durch *-en* beginnt schon im 17. Jahrhundert. Man dekliniert heute also: *frohen Sinnes, guten Mutes, traurigen Herzens, die Abfüllung jungen Weines.* Erhalten hat sich die starke Deklination nur noch in einigen festgewordenen Fügungen sowie innerhalb von Zusammensetzungen: *reines Herzens* (neben: *reinen Herzens*), *geradeswegs* (neben: *gerade[n]wegs*).

1.2.3 unser von mir selbst abgeschickter/abgeschickte Bericht · euer von allen unterschriebener/unterschriebene Brief (Deklination des Adjektivs oder Partizips nach einem Possessivpronomen): Das in der Deklination von einem Possessivpronomen abhängende Adjektiv oder Partizip wird stark gebeugt, wenn das voraufgehende Possessivpronomen selbst endungslos ist: *Ihr an das Finanzamt gerichtetes Schreiben.* Nicht schwach: *Ihr an das Finanzamt gerichtete Schreiben.*
Unsicherheit besteht vor allem bei den Possessivpronomen *unser* und *euer,* deren ausgehender Stamm oft auf *-er* fälschlich als starke Endung angesehen wird. Es muß richtig heißen: *unser von mir selbst abgeschickter* (nicht: *abgeschickte*) *Bericht; euer von allen unterschriebener* (nicht: *unterschriebene*) *Brief.*

1.2.4 mir jungem/jungen Menschen · wir Deutsche/Deutschen (Deklination des Adjektivs oder Partizips nach Personalpronomen): Ein [substantiviertes] Adjektiv oder Partizip, dem ein Personalpronomen vorangeht, wird im allgemeinen stark gebeugt, weil diese Pronomen keine starke Endung aufweisen: *ich altes Kamel; du großer Held; du Geliebter.*
Es treten jedoch gewisse Schwankungen im Dativ Singular aller drei Geschlechter auf: Neben *mir jungem Menschen, dir altem Mann, dir Geliebtem* stehen auch *mir jungen Menschen, dir alten Mann, dir Geliebten.* Im Dativ Femininum wird sogar weitgehend die schwache Beugung bevorzugt, wodurch der Anklang an das Maskulinum vermieden wird: *mir alten Frau, dir treuen Seele, dir Geliebten.* Selten noch: *mir alter Frau, dir treuer Seele, dir Geliebter.* Der Grund dafür ist wohl auch in dem Bestreben zu suchen, den zweimaligen gleichen Wortausgang auf *-r (mir alter Frau)* zu vermeiden (vgl. *alles Ernstes, allen Ernstes;* ↑all- [5]).
Auch im Nominativ Plural wird heute im allgemeinen schwach gebeugt: *wir alten Kameraden, ihr treulosen Verräter, wir deutschen Frauen.* Nach *wir* kommt bei substantivierten Adjektiven oder Partizipien auch die starke Beugung vor: *wir Deutschen* / (seltener stark:) *Deutsche; wir Grünen* / (seltener stark:) *Grüne; wir Fußballbegeisterten* / (seltener stark:) *Fußballbegeisterte.*
Beim Akkusativ Plural gibt es nur die starke Beugung (Akkusativ: *für uns Deutsche; für uns fortschrittliche Studenten*), wohl deshalb, weil er sich sonst nicht vom Dativ unterscheiden würde (Dativ: *von uns Deutschen, von uns fortschrittlichen Studenten*).

1.2.5 einige schöne Mädchen/alle schönen Mädchen (Deklination des Adjektivs oder Partizips nach Pronominaladjektiven wie *alle, einige, manche*): Die Deklination nach Pronominaladjektiven schwankt, je nachdem, ob diese Wörter als Pronomen oder als Adjektiv behandelt werden. Adjektive oder Partizipien werden schwach dekliniert, wenn das vorangehende Pronominaladjektiv als Pronomen behandelt wird: *alle guten Kinder.* Wird es als Adjektiv behandelt, dann werden beide parallel gebeugt: *einige schöne Mädchen.* Vgl. die einzelnen Pronominaladjektive an der jeweiligen alphabetischen Stelle. Zur Deklination des Adjektivs nach *zweier, dreier* ↑zwei.

1.2.6 ein Besuch der Stadt und deren herrlicher/herrlichen Umgebung · der Mann, auf dessen erschöpftem/erschöpften Gesicht ... (Deklination des Adjektivs oder Partizips nach *dessen* und *deren*): Nach den Demonstrativ- und Relativpronomen *dessen* und *deren* wird das folgende Adjektiv oder Partizip stark gebeugt, weil die Pronomen als attributive Genitive keinerlei Einfluß auf die Deklination ausüben: *Ein Besuch der Stadt und deren herrlicher* (nicht: *herrlichen*) *Umgebung lohnt sich. Der Mann, auf dessen erschöpftem* (nicht: *erschöpften*) *Gesicht sich Enttäuschung malte, gab das Rennen auf.*

1.2.7 in schlechtem Zustand/im schlechten Zustand (Deklination des Adjektivs oder Partizips nach einer Präposition): Wird eine Präposition mit dem bestimmten Artikel verschmolzen, dann wird das Adjektiv oder Partizip schwach gebeugt: *im schwarzen Kleid, im getrockneten Zustand, zur gewohnten Stunde.* Nach der Präposition allein (ohne Artikel) wird stark gebeugt: *in schwarzem Samt, in getrocknetem Zustand, zu früher Stunde.* – Beide Ausdrucksweisen besagen nicht das gleiche. Der Satz *Das Haus ist in schlechtem Zustand* enthält eine allgemeine Feststellung. Aber der Satz *Wir haben das Haus schon im schlechten Zustand übernommen* bezieht sich auf den bestimmten und schon bekannten Zustand des Hauses. ↑Präposition (1.2.5).

1.2.8 mir als jüngerer/jüngeren Schwester · ihm als bekanntem/bekannten Künstler (Deklination des Adjektivs oder Partizips in der Apposition): Als Grundregel gilt, daß das artikellose Adjektiv oder Partizip in einer Apposition (Beisatz) stark gebeugt wird: *ein Blatt weißes Papier; mit Herrn Meier, ordentlichem Professor an der Universität Mainz; mir als jüngerer Schwester; ihm als bekanntem Künstler.* Im Dativ wird das Adjektiv oder Partizip häufig so sehr auf den Artikel des Bezugswortes oder auf das Pronomen bezogen, daß es schwach gebeugt wird: *mir als jüngeren Schwester; ihm als bekannten Künstler; mit einer Art blauen Glasur.* Auch die schwache Deklination ist im Dativ richtig. ↑Apposition (2.2).

1.2.9 Das Urteil des Richters war ein mildes/war mild · Diese Lage war eine ungewöhnliche/war ungewöhnlich: Es ist nicht nur umständlich, sondern auch stilistisch unschön, wenn ein Adjektiv dekliniert wird, das in Verbindung mit dem unbestimmten Artikel prädikativ gebraucht wird. Also nicht: *Das Urteil des Richters war ein mildes,* sondern: *Das Urteil des Richters war mild.* Nicht: *Die Folgen für die Wirtschaft werden katastrophale sein,* sondern: *Die Folgen für die Wirtschaft werden katastrophal sein.*

Die Beugung ist jedoch möglich, wenn das Adjektiv klassifizierend gebraucht wird: *Diese Linie ist eine gerade, jene eine gekrümmte. Diese Frage ist eine politische, keine pädagogische.* Klassifizierend stehen immer prädikativ gebrauchte Adjektive, die sich auf Besitz, Herkunft, Zugehörigkeit oder Stoff beziehen. Sie gehören zu jenen Adjektiven, die sonst nur attributiv gebraucht werden können: *Der Wein ist ein spanischer, der andere ein italienischer. Dieser Teppich ist ein orientalischer, jener ein chinesischer.* Stilistisch besser: *Dies ist ein orientalischer, das ein chinesischer Teppich. Dies ist eine politische und keine pädagogische Frage* usw.

Die Beugung ist auch dort möglich, wo ein prädikativ gebrauchtes Adjektiv in Gegensatz zu einem vorangegangenen attributiven Adjektiv gestellt wird, wenn es besonderen Nachdruck erhält. Auch hier wird eine Klassifizierung empfunden: *Ein neues Buch ist nicht immer ein gutes.* Man kann aber auch sagen: *Ein neues Buch ist nicht immer gut.*

1.2.10 in einer ähnlich schwierigen Lage/in einer ähnlichen schwierigen Lage (das Adjektiv oder Partizip als Attribut eines anderen Adjektivs oder Partizips): Ein Adjektiv oder Partizip, das ein Substantiv näher bestimmt, muß normalerweise gebeugt werden: *ein altes, dürres Männchen.* Wenn es dagegen ein anderes Adjektiv oder Partizip näher bestimmt, bleibt es ungebeugt: *ein frisch gebackenes Brot; ein schneidend kalter Wind.*
Man muß also darauf achten, daß eine Aussage mit ungebeugtem Adjektiv (z. B. *in einer ähnlich schwierigen Lage*) etwas anderes beinhaltet als eine Aussage mit gebeugtem Adjektiv *(in einer ähnlichen schwierigen Lage).* In dem Satz *Ich befand mich in einer ähnlich schwierigen Lage* ist *ähnlich* ein Attribut zu *schwierig,* es wird also die Schwierigkeit der Lage als ähnlich bezeichnet. In dem Satz *Ich befand mich in einer ähnlichen schwierigen Lage* ist *ähnlich* wie *schwierig* Attribut zu *Lage* und wird genauso wie das Wort *schwierig* gebeugt. Es wird also die schwierige Lage als ähnlich bezeichnet.
Die Beugung eines Adjektivs, das ein anderes näher bestimmt, gilt standardsprachlich als nicht korrekt, z. B.: *Du hast schöne warme Hände* anstatt richtig: *Du hast schön warme Hände.* Ist ein Mensch einem anderen ausgesprochen, d. h in besonders spürbarer Weise, unsympathisch, dann kann es nur heißen *Er ist ein ausgesprochen unsympathischer Mensch* (nicht: *Er ist ein ausgesprochener unsympathischer Mensch*).

1.2.11 der chronisch/chronische Kranke: Ein ungebeugtes Adjektiv oder Partizip, das ein anderes Adjektiv oder Partizip näher bestimmt, bleibt bei dessen Umwandlung in eine Personenbezeichnung o. ä. ungebeugt:

chronisch krank - der chronisch (nicht: chronische) Kranke; geistig behindert - ein geistig Behinderter; einschlägig vorbestraft - der einschlägig Vorbestrafte; ewig nörgelnd - ewig Nörgelnder; unmittelbar vergangen - unmittelbar Vergangenes.

In diesem Sinne ist die Übersetzung von „Le malade imaginaire“ (Molière) mit „Der eingebildete Kranke“ unzutreffend, denn der Dargestellte ist eingebildet[ermaßen] krank und nicht eingebildet!

1.2.12 sich höflich Mühe geben/sich höfliche Mühe geben (das Adjektiv als Zusatz bei festen Verbindungen): Enge Verbindungen aus Substantiv und Verb *(sich Mühe geben; von etwas Kenntnis nehmen; Gefahr laufen)* können in der Regel nur als Ganzes durch ein Adjektiv erweitert werden; das Adjektiv bleibt dann ungebeugt: *Er gab sich höflich Mühe, ihr den Weg zu erklären. Sie nahm nur flüchtig Kenntnis von dem Brief.* Wenn man das Adjektiv beugt, dann kennzeichnet es nicht die Art und Weise des ganzen Geschehens, sondern nur das Substantiv. Eine *höfliche Mühe* gibt es nicht, und *flüchtige Kenntnis* kann man nur sagen, wenn das Wort in der Bedeutung „Wissen, Erfahrung“ gemeint ist. Eine solche Kenntnis kann man aber nicht nehmen, man kann sie nur haben. So kann man eigentlich auch nur sagen: *Er bezeichnete das schlicht* (= ganz einfach, unverblümt) *als Unsinn,* aber nicht: *Er bezeichnete das als schlichten* (= bloßen, reinen) *Unsinn.*

1.2.13 ein ebenes/ebnes Gelände · ein dunkeler/dunkler Gang (Ausfall des *e*): Bei den Adjektiven auf *-el* fällt das *e* dieser Buchstabenverbindung aus lautlichen Gründen in der Deklination und im Komparativ aus. Dadurch wird das Auftreten einer Häufung unbetonter Silben vermieden: *ein dunkler Gang, ein*

nobles Angebot, eine eitle Frau. Früher fiel bei solchen Adjektiven statt dessen häufig das *e* der Flexionsendung *-en* aus: *im dunkeln Hain* usw.
Auch die Adjektive auf *-abel* und *-ibel* verlieren, wenn sie dekliniert oder gesteigert werden, das *e* der Endsilbe: *eine respektable Leistung; ein flexibles Buch; eine praktikablere Lösung.*
Demgegenüber behalten die Adjektive auf *-er* und *-en* (in der geschriebenen Sprache) gewöhnlich das *e* bei: *ein finsteres Gesicht, ein ebenes Gelände.* Endet jedoch der Stamm des Adjektivs auf *-au-* oder *-eu-*, dann wird das *e* ausgestoßen: *saures Bier; teure Zeiten.* Dasselbe gilt auch für fremde Adjektive: *eine illustre Gesellschaft; integre Beamte; eine makabre Geschichte.* Früher fiel bei den Adjektiven auf *-er* häufig das *e* der Flexionsendung aus: *mit düstern Mienen, einen muntern Knaben.*
Bei den deklinierten zweiten Partizipien auf *-en* fällt aus metrischen Gründen oder zur Erleichterung des Sprechens das *e* der Endung *-en* gelegentlich weg: *gefrornes Wasser* statt *gefrorenes Wasser; zerbrochner Krug* statt *zerbrochener Krug; gezogne Linie* statt *gezogene Linie; gelungner Abend* statt *gelungener Abend.*

1.2.14 blöd/blöde · dick/dicke · mild/milde (Adjektive mit oder ohne *e* im Auslaut): Viele Adjektive hatten früher im Auslaut ein *-e.* Bei einigen ist es im Lauf der Zeit abgefallen; bei anderen kommen Formen mit *-e* neben solchen ohne *-e* vor: *blöd/blöde; irr/irre; trüb/trübe; feig/feige; zäh/zähe; mild/milde; öd/öde.* Bei manchen Adjektiven ist die Form mit dem auslautenden *e* die standardsprachlich übliche: *leise, trübe, feige,* bei anderen die Form ohne *e: dünn, dick* (gegenüber ugs. *sich dünne machen, es nicht dicke haben*). Die Form ohne *-e* kann aber auch einen kleinen Bedeutungsunterschied oder eine leichte stilistische Nuance oder aber die persönliche Anteilnahme des Sprechers mit ausdrücken: *Das Kind ist von Geburt an blöde. Sei doch nicht so blöd und laß dich ausnutzen.*

1.2.15 Steigerung des Adjektivs: ↑Vergleichsformen.

2 Wortbildung des Adjektivs

2.1 pflegeleicht · schaumgebremst · winterfest:

Die Kompositionsfreudigkeit der deutschen Sprache – d. h. ihre starke Neigung, Zusammensetzungen zu bilden – zeigt sich auch im Adjektivbereich. Viele Adjektivkomposita bleiben nur Augenblicksbildungen, andere werden lexikalisiert, d. h., sie werden zu festen Bestandteilen des Wortschatzes. Beliebte Kompositionstypen sind die Zusammensetzungen Substantiv + Adjektiv *(halsfern, preisgünstig, motivgleich, strukturelastisch, erntefrisch, säurefest, parteioffiziell, regenkühl, verkaufsoffen),* Substantiv + 1. Partizip *(wasserabweisend, spanabhebend, wetterbestimmend, abendfüllend, gesundheitsschädigend, parteischädigend, satzschließend)* und Substantiv + 2. Partizip *(sonnengereift, eisgekühlt, gasvergiftet, glasfaserverstärkt, wertgemindert, schaumgebremst, unfallgeschädigt, schulentlassen).*
Diese Flut von Adjektivkomposita ist verschiedentlich von sprachpflegerischer Seite kritisiert worden – nicht immer zu Recht, denn Bildungen dieser

Art stellen ein wirkungsvolles Mittel der Ausdruckskürzung dar *(Der Kühlschrank hat türbreite Fächer/Fächer, die so breit wie die Tür sind)* und können eine stilistische Bereicherung sein *(Diese Generation ist fernsehmüde/des vielen Fernsehens müde/vom vielen Fernsehen müde).* Nicht nur die Werbung, auch Industrie und Wissenschaft bedienen sich dieser Wortbildungsmöglichkeit, weil sie sich vor die Aufgabe gestellt sehen, komplizierte Vorgänge und Sachverhalte in knapper Form sprachlich zu bewältigen.
Im übrigen sind diese Arten der Wortbildung keineswegs neu. Neu ist nur, daß sie heute in anderen Bereichen und in sehr großer Zahl vorkommen. Früher waren sie vor allem im dichterischen Bereich üblich *(früchteschwer, unheilschwanger; herzbewegend, himmelschreiend, freudestrahlend, unheildrohend; siegestrunken, unheilgefaßt, unglückverfolgt, herzbetrübt).* Wurden früher weitgehend Stimmungen und Gefühle auf diese Art dichterisch eingefangen, so werden heute mit den gleichen Mitteln sachliche Aussagen gemacht. Selbst die Adjektivkomposita, die einen Vergleich enthalten und im allgemeinen eine schmückende Funktion erfüllen, wie z. B. *taufrisch* (= frisch wie der Tau), *hauchzart* (zart wie ein Hauch), *grasgrün* (= grün wie das Gras), werden von der Sprache der Technik zur sachlichen Aussage verwendet, z. B. *körperwarmes* (= so warm wie der Körper) *Wasser, eine handtellergroße* (= so groß wie ein Handteller) *Entzündung.*
Deshalb ist gegen solche Adjektivzusammensetzungen im allgemeinen nur dann etwas einzuwenden, wenn sie mißverständlich sind oder stilistisch unangemessen verwendet werden (etwa das besonders werbesprachliche *pflegeleicht* im Zusammenhang mit der Kinderpflege: *pflegeleichter Säugling*).

2.2 schaurig-schön · bitter-süß (gekoppelte Adjektive):

Zu den Möglichkeiten, den Adjektivbestand zu vergrößern, gehört auch die Kopplung von zwei Adjektiven. Durch die Kopplung soll eine besondere Wirkung oder Stimmung hervorgerufen werden, vor allem dann, wenn inhaltlich entgegengesetzte Adjektive miteinander verbunden werden *(schaurig-schön, bitter-süß).* Solche Kopplungen werden gern in dichterischer Sprache verwendet: *ein grausam-süßes Lächeln. Herr v. Pasenow wurde ... wie ein Vorgesetzter mit schmal-steifer Verbeugung ... begrüßt* (Broch). *Auch manche naiv-eitle Frau ...* (Strehle). Gegen solche Kopplungen – wenn sie maßvoll eingesetzt werden – ist nichts einzuwenden. Im Gegenteil: Sie können durch die Verschmelzung beider Wortinhalte eine bestimmte schillernde, schwebende Vorstellung erzeugen und dadurch die Aussage bereichern.

2.3 Verweise:

Zur Zusammenschreibung oder Schreibung mit Bindestrich *(blau-rot/blaurot, schwarzrotgold)* ↑ Farb[en]bezeichnungen (3.1). Zum Nebeneinander von Adjektiven auf *-al* und *-ell (personal/personell)* ↑ -al/-ell. Zum Bedeutungsunterschied der Adjektivbildungen auf *-ig* und *-lich (vierwöchig/vierwöchentlich)* und der Adjektive auf *-lich* und *-isch (kindlich/kindisch)* ↑ -ig/-isch/-lich. Zum Bedeutungsunterschied der Adjektivbildungen auf *-bar* und *-lich (unaussprechbar/unaussprechlich)* ↑ -bar/-lich. Zur Ableitung der Adjektive von Personennamen mit dem Suffix *-[i]sch* ↑ Personennamen (4).

3 Die Verwendung des Adjektivs im Satz

3.1 der sich im Schrank befindende/befindliche Schmuck · die ihm gehörenden/gehörigen Sachen:

Adjektive, die von einem Verb abgeleitet sind, werden gelegentlich in Anlehnung an den Gebrauch des Verbs falsch verwendet. Nicht korrekt ist z. B. die Verbindung mit dem Reflexivpronomen: *Der sich im Schrank befindliche Schmuck wurde gestohlen.* Richtig: *Der im Schrank befindliche Schmuck wurde gestohlen* oder: *Der sich im Schrank befindende Schmuck wurde gestohlen.* Nicht korrekt: *Auf das Material wird eine sich lösbare Schicht aufgetragen.* Richtig: *Auf das Material wird eine lösbare Schicht aufgetragen.* Gleichfalls nicht korrekt ist es, diese Adjektive an Stelle der ersten Partizipien der entsprechenden Verben zu verwenden, gewissermaßen verbal. Nicht: *Die Mutter räumte die in den Schrank gehörige Wäsche weg.* Richtig: *Die Mutter räumte die in den Schrank gehörende Wäsche weg.* Nicht korrekt: *Der meinem Freund gehörige Koffer wurde gestohlen.* Richtig: *Der meinem Freund gehörende Koffer wurde gestohlen.*

3.2 ein neues Paar Schuhe/ein Paar neue[r] Schuhe · ein kaltes Glas Milch/ein Glas kalte Milch:

Wenn eine Mengen- oder Maßangabe und eine Stoffbezeichnung als eine Einheit *(Paar Schuhe, Glas Wein, Tasse Kaffe)* aufgefaßt werden, dann kann das eigentlich zur Stoffbezeichnung gehörende Adjektiv auch vor dieser Einheit *(ein neues Paar Schuhe)* stehen, sofern es sich auf beide Wörter gleichermaßen beziehen kann, ohne daß dadurch der Sinn verändert wird: *ein Paar neue[r] Schuhe, ein neues Paar Schuhe, ein neues Paar; ein Glas guter Wein/guten Weines, ein gutes Glas Wein, ein gutes Glas; eine Tasse dampfender Kaffee/dampfenden Kaffees, eine dampfende Tasse Kaffee, eine dampfende Tasse.* Manchmal ergeben sich jedoch Sinnänderungen. So besteht zwischen *ein Glas frische[r] Milch* und *ein frisches Glas Milch* ein inhaltlicher Unterschied insofern, als *ein frisches Glas Milch* mehr den Sinn von „ein neues, noch ein Glas Milch" hat. Nicht sagen kann man z. B. *ein großes Dutzend Eier* für *ein Dutzend große Eier* oder *eine schwarze Tasse Kaffee* für *eine Tasse schwarzen Kaffee.*

3.3 kleines Kindergeschrei · anorganischer Chemieprofessor:

Steht ein Adjektiv als Attribut (Beifügung) vor einer Zusammensetzung, dann bezieht es sich inhaltlich auf den letzten Bestandteil (auf das Grundwort) oder auf die Zusammensetzung insgesamt. Man kann also nicht zu einer Zusammensetzung ein Adjektiv fügen, das inhaltlich lediglich zum ersten Bestandteil paßt, also z. B. nicht *kleines Kindergeschrei,* denn nicht das Geschrei ist klein, sondern es handelt sich um das Geschrei kleiner Kinder. Nicht korrekt ist auch die Fügung *anorganischer Chemieprofessor,* denn nicht der Professor ist anorganisch, sondern er lehrt anorganische Chemie. ↑Kompositum (6).

3.4 ein glitzernder goldener Ring/ein goldener glitzernder Ring (Reihenfolge attributiver Adjektive):
Das Adjektivattribut, das einem Substantiv am engsten verbunden ist, steht ihm auch am nächsten. Besonders gilt das in sachlichen Beschreibungen für klassifizierende, verschiedene Arten oder Sorten unterscheidende Adjektive: *ein glitzernder goldener Ring; herrliches weißes Mehl; buschige schwarze Haare.* Soll auf keine besondere Unterart, wie z. B. *weißes Mehl, schwarze Haare,* hingewiesen werden, sollen also nur Merkmale aufgezählt werden, von denen keines dem anderen untergeordnet ist, dann läßt sich die Reihenfolge auch vertauschen. Oder will man beispielsweise *Haar* nicht im Hinblick auf die Farbe, sondern im Hinblick auf den Wuchs betrachten und somit eine andere Unterart aufstellen, dann würde man von *schwarzen buschigen Haaren* sprechen, wobei *schwarz* nur eine weitere Kennzeichnung der buschigen Haare wäre.
Es ist aber falsch, die Adjektive dort zu vertauschen, wo sich das eine Adjektiv auf die Fügung aus Adjektivattribut und Substantiv bezieht. Wer z. B. sagen will, daß die alte Zeit gut war, kann nur von *guter alter Zeit,* aber nicht von *alter guter Zeit* sprechen.

3.5 Fußball brutal · Sport total · Urlaubssonne satt:
Das attributive Adjektiv steht in der Regel vor dem Substantiv und wird flektiert: *eine milde Herbstsonne, verrostete Nägel, die kulturelle Entwicklung.* In der Sprache der Werbung und in Fachsprachen steht das unflektierte Adjektiv auch nach dem Substantiv: *Schauma mild; Henkell trocken; Whisky pur; Aal blau; 70 Nadelfeilen rund nach DIN 8342.* Dieser Gebrauch wird vor allem in der Presse nachgeahmt: *Das war Leben pur* (Hör zu). *Sport total im Fernsehen* (Mannheimer Morgen). *Über Fußball brutal reden alle* (Hör zu).

3.6 ein starker Raucher/ein schlechter Esser:
Eine Bezeichnung für eine Person, die eine bestimmte Tätigkeit ausführt (ein Nomen agentis), kann das ursprünglich zum Verb gehörende Adjektiv als Attribut übernehmen: *Karl raucht stark/Karl ist ein starker Raucher. Klaus ißt schlecht/Klaus ist ein schlechter Esser. Peter schwimmt gut/Peter ist ein guter Schwimmer.* Attribuierungen dieser Art, bei denen das Attribut nicht die Person, sondern ihr Verhalten kennzeichnet, sind durchaus korrekt.

4 Stilistik des Adjektivs

4.1 fachliche Bildung/Fachbildung · behördlicher Erlaß/Erlaß der Behörde (Das Adjektiv an Stelle eines Bestimmungswortes oder an Stelle eines Genitivattributes):
Während auf der einen Seite in der Sprache eine Tendenz zur Kürze und Knappheit, also eine gewisse Sprachökonomie, deutlich zu erkennen ist, läßt sich auf der anderen Seite eine gegenläufige Entwicklung beobachten, und zwar die Verwendung von Adjektivattribut + Substantiv statt eines Substan-

tivkompositums: *berufliche Erfahrung* statt *Berufserfahrung, terminliche Schwierigkeiten* statt *Terminschwierigkeiten, adventliche Stunde* statt *Adventsstunde, weihnachtliche Musik* statt *Weihnachtsmusik, pflanzliche Nahrung* statt *Pflanzennahrung, abendliches Konzert* statt *Abendkonzert, kriegerische Einwirkungen* statt *Kriegseinwirkungen, gebietliche Unterschiede* statt *Gebietsunterschiede.*
Diese Fügungen aus Adjektivattribut und Substantiv wirken der Kompositionsfreudigkeit der deutschen Sprache entgegen und schaffen neue Ausdrucksmöglichkeiten. Sie wirken aber häufig gegenüber dem Kompositum gewählt oder gespreizt.
Im allgemeinen besteht zwischen den beiden Ausdrucksweisen nicht nur ein stilistischer, sondern auch ein Bedeutungsunterschied. Wer z. B. *gewebliche Veränderung* statt *Gewebeveränderung* oder *winterliche Landschaft* statt *Winterlandschaft* sagt, lenkt die Aufmerksamkeit auf das Grundwort der Zusammensetzung *Veränderung* oder *Landschaft.* Während in der Zusammensetzung das Bestimmungswort den Wortinhalt entscheidend prägt und integrierender Bestandteil ist, ist es, wenn man es in ein Adjektivattribut umwandelt, nur eine zusätzliche Charakterisierung. Dabei kann sogar noch ein wesentlicher Bedeutungsunterschied zwischen der Zusammensetzung und der Fügung bestehen: Eine *winterliche Landschaft* braucht keine *Winterlandschaft* zu sein, sie braucht nur den Anschein des Winterlichen (= wie im Winter) zu haben. Während eine *Abendstimmung* eine Stimmung ist, die am Abend herrscht, kann eine *abendliche Stimmung* auch an einem trüben Nachmittag herrschen (= wie am Abend). Oft sind diese Unterschiede sogar ganz offensichtlich: *schulische Aufgaben* sind Aufgaben, die der Schule, der Schulbehörde zukommen; *Schulaufgaben* sind Aufgaben, die die Schüler zu erledigen haben. Oft wird das Adjektivattribut auch an Stelle eines Genitivattributes gesetzt: *das väterliche Geschäft* statt *das Geschäft des Vaters* oder *polizeiliche Anordnungen* statt *Anordnungen der Polizei.* Nicht immer ist klar zu entscheiden, wofür das Adjektiv steht, ob z. B. *erzieherische Fragen* für ein Bestimmungswort *(Erziehungsfragen)* oder für ein Genitivattribut *(Fragen der Erziehung).* Gelegentlich werden solche adjektivischen Attribute für ein Genitivattribut scherzhaft gebraucht: *töchterliches Benehmen, brüderliches Fahrrad, schwesterliche Kekse.*

4.2 Stil: blutiger Ernst · hell begeistert (abgegriffene Adjektive):
Wer einen guten Stil schreiben will, muß sich davor hüten, unnötige und abgegriffene Adjektive zu verwenden. Es gibt z. B. sehr viele floskelhafte Verbindungen von Adjektiv und Substantiv, die gedankenlos gebraucht werden und deren Adjektive, mögen sie früher auch einmal Aussagekraft gehabt haben, heute nur noch klischeehaft wirken, so z. B. *blutiger Ernst, dunkle Ahnung, brennende Frage, nachtwandlerische Sicherheit, bleibende Erinnerung, wohlverdiente Ruhe, wechselvolles Schicksal.* Ohne das Attribut ist in diesen Fällen das Hauptwort oft viel wirkungsvoller. Das gilt auch für die floskelhaften Verbindungen von Adjektiv und Adjektiv (Partizip), wie z. B. *hell begeistert, diametral entgegengesetzt.*

Admiral: Neben dem Plural *die Admirale* ist heute auch die Form mit Umlaut *die Admiräle* gebräuchlich. Beide Formen sind korrekt.

Adreß-/Adressen-: Üblich ist heute die Zusammensetzung mit *Adressen-,* z. B. *Adressenänderung* oder *Adressenverzeichnis.* Auch ein Büchlein, das sich jemand mit wichtigen Adressen anlegt, heißt heute nur *Adressenbuch.* Die Zusammensetzung *Adreßbuch* für das amtliche Einwohnerverzeichnis stammt aus älterer Zeit. In der Schweiz sind Bildungen mit *Adreß-* gebräuchlich, z. B. *Adreßänderung* oder *Adreßliste.* ↑Fugenzeichen.

Adresse: ↑Brief.

A-Dur/a-Moll: ↑Dur/Moll.

Adverb

Wörter wie *hier, bald, trotzdem, eilends,* die das im Satz genannte Geschehen räumlich und zeitlich, im Hinblick auf Gründe und Folgen, Qualität und Intensität u. ä. näher bestimmen, nennt man Adverbien (Umstandswörter). Wie das Adjektiv kann auch das Adverb in Verbindung mit Substantiven *(das Haus dort),* Adjektiven *(sehr schnell),* anderen Adverbien *(besonders gern)* und Verben *(unten anstoßen)* gebraucht werden, ist aber nicht deklinierbar und im allgemeinen nicht zur Bildung von Vergleichsformen fähig.
In älteren grammatischen Darstellungen wird auch ein Adjektiv, wenn es beim Verb steht (z. B. *Er lief schnell. Sie singt schön*) Adverb genannt. In diesem Falle bezeichnet der Terminus Adverb nicht die Wortart, sondern die Verwendung im Satz (vgl. dazu die Vorbemerkung zum Artikel ↑Adjektiv).

1. eine zu[n]e Flasche · das beinahe Scheitern (attributive Verwendung von Adverbien): Adverbien können – anders als ↑Adjektive – im allgemeinen nicht als Attribut (Beifügung) einem Substantiv vorangestellt werden. Daher ist die in volkstümlicher Redeweise gelegentlich vorkommende attributive Verwendung des Adverbs nicht korrekt: *eine zu[n]e Flasche, ein aufes Fenster, ein ab[b]er Knopf, eine balde Rückantwort, die bislangen Lehren, die insgeheime Abneigung, die sogleiche Erledigung, das beinahe Zustandekommen.* Schriftsteller verwenden solche Formen manchmal zur Kennzeichnung umgangssprachlicher Ausdrucksweise oder aus besonderem Stilwillen: ... *das aber, was immer da war, ist müde von zu oftem Erinnern* (Rilke). Zur attributiven Verwendung von Adverbien, die mit *-weise* gebildet sind (*probeweise, schrittweise, teilweise* usw.) ↑-weise.

2. öfter/öfters · durchweg/durchwegs · weiter/weiters: Da viele Genitive auf *-s* als Adverbien gebraucht werden *(des Abends/abends),* wird dieses *-s* als Kennzeichen der Adverbien angesehen und oft rein mechanisch auch dort angefügt, wo es eigentlich nicht hingehört, z. B. *öfters, weiters, durchwegs.* Diese Formen gehören der Umgangssprache an oder sind landschaftliche Eigenart. So sind z. B. in Österreich die Formen *weiters* und *durchwegs* allgemein üblich.

3. Mittwoch/mittwochs · Dienstag abend/Dienstag abends/dienstags abends usw.: Ob bei Zeitangaben das Substantiv (z. B. *Mittwoch*) oder das Adverb

(z. B. *mittwochs*) gebraucht wird, hängt davon ab, was ausgedrückt werden soll. In dem Satz *Er ist Mittwoch zu Hause* ist von einem bestimmten Mittwoch die Rede, während der Satz *Er ist mittwochs zu Hause* besagt, daß der Betreffende an jedem Mittwoch zu Hause ist. Der einmalige Zeitabschnitt wird durch das Substantiv, die Wiederholung durch das Adverb ausgedrückt. Auch die Doppelformen der Tageszeitadverbien (z. B. *abends/abend, nachmittags/nachmittag*) geben in Verbindung mit einem bestimmten Tag in der Woche der Aussage jeweils einen anderen Inhalt. Ist beispielsweise ein bestimmter, einmaliger Dienstag gemeint, dann heißt es *[am] Dienstag abend.* Ist ein unbestimmter, wiederkehrender Dienstag gemeint, dann heißt es *Dienstag abends* oder *dienstags abends.* ↑abend/abends/Abend, ↑morgen (1), ↑mittag/mittags/Mittag.

4. Spätestens in einer Stunde/in spätestens einer Stunde · ungefähr nach acht Tagen/nach ungefähr acht Tagen · fast in allen Fällen/in fast allen Fällen (Stellung des Adverbs bei Präpositionalgefügen): Wenn Adverbien vor dem Präpositionalgefüge stehen, dann beziehen sie sich auf die gesamte Angabe: *(spätestens) in einer Stunde, (ungefähr) nach acht Tagen, (frühestens) in zwanzig Minuten, (fast) in allen Fällen.* Stehen sie dagegen innerhalb des Präpositionalgefüges, dann beziehen sie sich stärker auf das unmittelbar folgende [Zahl]wort: *(in) spätestens einer (Stunde); (in) frühestens zwanzig (Minuten); (nach) ungefähr acht (Tagen); (in) fast allen Fällen.*

5. Verweis: Zur Verwendung von Adverbien als Konjunktion ↑Konjunktion (1).

adverbial/adverbiell: Zwischen den beiden Formen besteht kein Bedeutungsunterschied. Die Form *adverbiell* ist weniger gebräuchlich. ↑-al/-ell.

adverbiale Bestimmung: ↑Umstandsbestimmung.

Adverbialsatz: Adverbial- oder Umstandssätze sind mit einer Konjunktion eingeleitete Nebensätze an Stelle adverbialer Bestimmungen. ↑Finalsatz, ↑Kausalsatz, ↑Komparativsatz, ↑Konditionalsatz, ↑Konsekutivsatz, ↑Konzessivsatz, ↑Lokalsatz, ↑Modalsatz, ↑Temporalsatz.

AG: 1. Deklination: Der Plural von *AG* lautet die *AGs,* nicht die *AGen.* ↑Abkürzungen (3.2). **2. *AG* in Firmenbezeichnungen:** Tritt *AG* in Firmennamen auf, dann ist die Abkürzung Bestandteil des Namens und wird nicht durch ein Komma abgetrennt. Zahl und Geschlecht der Firmenbezeichnung richten sich nicht nach *AG,* sondern nach dem Grundwort des Firmennamens: *An das Euro-Kreditinstitut AG* (nicht: *An die Euro-Kreditinstitut AG*). *An die Vereinigten Stahlwerke AG* (nicht: *An die Vereinigte Stahlwerke AG*). ↑Abkürzungen (6.1).

Ahn: Das früher nur stark gebeugte Substantiv *der Ahn* hat heute im Singular auch schwache Formen; Genitiv: *des Ahns* oder *des Ahnen,* Dativ und Akkusativ: *dem, den Ahn* oder *dem, den Ahnen.* Der Plural wird nur schwach gebeugt: *die Ahnen.* ↑Unterlassung der Deklination (2.1).

ähnlich: 1. Deklination: Das auf *ähnlich* folgende [substantivierte] Adjektiv wird in gleicher Weise (parallel) gebeugt: *ähnliche schöne Bilder, ein ähnliches großes Haus, mit ähnlichen al-*

ten Bildern; mit ähnlichem Gescheitem, ähnliche Bekannte. **2. Rechtschreibung:** Im Sinne von „solches" wird *ähnlich* auch alleinstehend klein geschrieben: *Er hat ähnliches erlebt; Zeitschriften und/oder ähnliches* (Abk.: *u.ä./o.ä.*). Substantiviertes *ähnlich* wird dagegen groß geschrieben: *Ähnliches und Verschiedenes, das/alles Ähnliche, [etwas] Ähnliches [erkennen], nichts/viel/wenig Ähnliches.* ↑Groß- oder Kleinschreibung (1.2.1).

Ahrweiler: Die Einwohner von Ahrweiler heißen *die Ahrweiler* (nicht: *Ahrweilerer*). ↑Einwohnerbezeichnungen (1).

Akkusativ: Zum Akkusativ (Wenfall, vierter Fall) ↑Kasus; ↑Akkusativobjekt; ↑Substantiv (1); ↑Unterlassung der Deklination (2.1).

Akkusativ oder Dativ: ↑Rektion. Vgl. auch die einzelnen Verben mit schwankender Rektion.

Akkusativ mit Infinitiv (lat. = accusativus cum infinitivo [a.c.i.]): Diese Konstruktion des Akkusativs mit Infinitiv, die im Lateinischen sehr verbreitet war, muß als eine Vereinigung zweier Geschehenskerne gesehen werden, bei der das Akkusativobjekt des ersten Verbs zugleich als Subjekt des zweiten Verbs auftritt: *Karl hört seine Schwester. Seine Schwester singt;* a.c.i.: *Karl hört seine Schwester singen.* Auch zwei Handlungssätze können auf diese Weise zusammengefügt werden. *Karl hört seine Schwester. Seine Schwester singt ein Lied;* a.c.i.: *Karl hört seine Schwester ein Lied singen.* Der Akkusativ mit Infinitiv ist auf die Verben *sehen, hören, fühlen, lassen, heißen, machen* und *spüren* beschränkt. Bei *finden (Man fand ihn am Boden liegen)* und *wissen (Weißt du irgendwo ein schönes Plätzchen liegen?)* ist er unüblich geworden. Zur Wortstellung beim Akkusativ mit Infinitiv ↑lassen (2).

Akkusativobjekt: Das Akkusativobjekt ist eine Ergänzung im 4. Fall (Frage: wen/was?): *Der Bauer pflügt den Acker. Sie besucht ihren Vater. Ich weiß, daß du tüchtig bist. Sie beschloß, eine kleine Atempause einzulegen.* ↑Objekt, ↑Objektsatz.

Akkusativobjekt, doppeltes: zum doppelten Akkusativobjekt ↑kosten, ↑lehren, ↑abfragen.

Akt/Akte: Als *eine Akte* bezeichnet man die schriftliche[n] Unterlage[n] in einem geschäftlichen oder gerichtlichen Vorgang. Der Plural *Akten* bezeichnet dagegen Schriftstücke ganz allgemein, auch ohne gemeinsamen Bezug auf einen besonderen Fall: *Hier ist die Akte* [zum Fall Meier]! *Hier sind die Akten* (= die Unterlagen)! Besonders in der südd. und österr. Verwaltungssprache wird gelegentlich auch *der Akt* für *die Akte* gebraucht. Mit *Akt* in den Bedeutungen „Handlung", „Teil eines Dramas" und „künstlerische Darstellung des nackten Körpers" hat dieser Ausdruck der Verwaltungssprache nichts zu tun.

[1]Aktiv: Das Wort *Aktiv* „Arbeitsgruppe zur Beratung und Erfüllung besonderer Aufgaben" hat zwei Pluralformen: *die Aktivs* und *die Aktive.* Die Pluralform auf *-e* kommt seltener vor.

[2]Aktiv: Unter dem Aktiv, der Tat- oder Tätigkeitsform des Verbs, versteht man die für den deutschen Satz charakteristische Blickrichtung, die den Träger („Täter"), den Urheber des Geschehens zum Ausgangspunkt macht und das erfaßt, was über ihn ausgesagt wird. Dabei muß das Subjekt keineswegs „tätig" im engeren Sinne sein *(Die Reiterin schlägt das Pferd. Der Hund bellt);* auch in folgenden Fällen handelt es sich um Aktivsätze: *Der Kranke leidet. Sie bekommt keine Post.* Unter dem Aktiv versteht man also eine Sehweise, die von der Bedeutung des Verbs unabhängig ist.

Aküsprache (Abkürzungssprache): ↑Abkürzungen.

Akzent: ↑Wortbetonung.

akzeptabel: Bei *akzeptabel* fällt, wenn es dekliniert oder gesteigert wird, das *e* der Endungssilbe aus: *ein akzeptabler Vorschlag.* ↑Adjektiv (1.2.13).

-al: Über den Plural der substantivischen Fremdwörter auf *-al* vgl. die einzelnen Wörter (↑Admiral, ↑General usw.).

-al/-ell: Die Adjektivsuffixe *-al* und *-ell* treten gelegentlich konkurrierend nebeneinander auf: *personal – personell; adverbial – adverbiell; virtual – virtuell.* Da die Sprache Doppelformen auf die Dauer im allgemeinen nicht bewahrt, tritt eine von beiden Formen allmählich zurück, z. B. *adverbiell* gegenüber *adverbial,* oder es tritt eine Bedeutungsdifferenzierung ein: *formal* „auf die Form bezüglich", *formell* „die [Umgangs]formen beachtend, förmlich", *rational* „vernunftgemäß", *rationell* „wirtschaftlich"; *ideal* „den höchsten Vorstellungen entsprechend, vollkommen"; *ideell,* „die Idee betreffend"; *real* „vorhanden, wirklich", *reell* „ehrlich, redlich".

Alb (falsch für: Alp): ↑Alp.

all-: 1. Rechtschreibung: Auch in Verbindung mit dem Artikel oder einem Pronomen wird *all-* immer klein geschrieben: *Dem allem setzte sie nichts entgegen* (vgl. 4). *Es kamen alle. Es geht um alle.* ↑Groß- oder Kleinschreibung (1.2.4). **2. aller übertriebene/übertriebener Aufwand · die Beteiligung aller interessierten/interessierter Kreise:** Das auf *all-* folgende Adjektiv oder Partizip wird heute gewöhnlich schwach gebeugt: *aller übertriebene Aufwand; trotz allem guten Willen; die Beteiligung aller interessierten Kreise.* Die schwache Deklination wird manchmal fälschlicherweise auch auf die starken Formen des Demonstrativ- und Possessivpronomens ausgedehnt: *alle seinen* (statt richtig: *seine*) *verzweifelten Anstrengungen.* Die starke Beugung des Adjektivs nach *all-* ist veraltet und kommt heute nur noch selten vor: *Aller übertriebener Aufwand; die Beteiligung aller interessierter Kreise.* ↑Adjektiv (1.2.5). Zur Deklination von *halb* und *solch* nach *all-* vgl. diese Wörter. **3. alle Anwesenden/Anwesende · für alle Reisenden/Reisende:** Im Singular wird das substantivierte Adjektiv oder Partizip nach *all-* immer schwach gebeugt: *alles Fremde; die Beseitigung alles Trennenden; trotz allem Schönen.* Auch im Plural wird im allgemeinen schwach gebeugt: *alle Abgeordneten, Angehörigen, Anwesenden, Beamten; aller Unzufriedenen, Beteiligten, Reisenden* usw. Starke Formen kommen nur noch selten vor: *alle Anwesende, alle Reisende, für alle Magenkranke.* **4. dem allem/allen · diesem allem/allen:** Nach Demonstrativ-, Personal-, Relativ- und Fragepronomen und nach *letztere* wird *all-* im allgemeinen stark gebeugt: *das/dieses alles; die/diese alle; ihr alle, euer aller Wohl; was alles; welche alle; letztere alle.* Nur beim Demonstrativpronomen steht im Dativ Singular Neutrum neben der starken häufig auch die schwache Form: *dem allem* oder (häufiger): *dem allen; diesem allem* oder: *diesem allen;* bei Voranstellung: *allem dem, allem diesem* (auch: *all[e]dem, all[e] diesem*). **5. die Grenzen allen/alles Wissens · trotz allen/alles Fleißes:** Vor artikellosen Substantiven wird *all-* in der Regel stark gebeugt: *alle Freude, aller Schmerz, alle guten Menschen; aller Wahrscheinlichkeit nach; aus aller Welt; wider alles Erwarten.* Eine Ausnahme bildet nur der Genitiv Singular Maskulinum und Neutrum, wo *all-* aus klanglichen Gründen heute meist schwach gebeugt wird: *allen Ernstes; die Grenzen allen Wissens; trotz allen Fleißes.* Die starke Beugung hat sich hier vor allem in alten Redewendungen und Sprichwörtern *(Geiz ist die Wurzel alles Übels)* erhalten und in solchen Fällen, in denen zwischen den Genitiv Singular von *all-* und das maskuline bzw. neutrale Substantiv ein Adjektiv tritt: *trotz allen/alles guten Willens* (vor einem substantivierten Adjektiv oder Partizip wird *all-* jedoch stark gebeugt, weil der Genitiv deutlich werden muß: *der Urheber alles Bösen*). **6. all die Mühe/alle die Mühe · all meine Freunde/alle meine Freunde:** Vor einem Substantiv mit Artikel oder Pronomen kann *all-* sowohl gebeugt als auch ungebeugt stehen. Im Plural stehen die Formen im Nominativ und Akkusativ bei allen drei Geschlechtern gleichberechtigt nebeneinander, während im Genitiv und Dativ die ungebeugte Form üblicher ist: *all/alle meine Hoffnungen, Wünsche; das Kreischen all/aller ihrer Fans; bei all/allen seinen Mißerfolgen.* Im Singular ist bei maskulinen und neutralen Substantiven heute die ungebeugte Form in allen Fällen üblich: *All der Fleiß war vergebens. All mein Zureden half nichts. Es bedurfte all meines Mutes.* Die gebeugte Form wird dagegen kaum mehr gebraucht: *Wozu alles dieses Geschwätz* (Lessing). Bei femininen Substantiven stehen im Nominativ und Akkusativ Singular beide Möglichkeiten gleichberechtigt nebeneinander *(all/alle meine Arbeit),* während im Genitiv und Dativ die ungebeugten Formen vorherrschen *(all dieser Arbeit war er überdrüssig; ich in all meiner Unschuld und Unwissenheit).* Ganz allgemein kann gesagt werden, daß im Falle einer Konkurrenz zwischen *all* und *alle* usw. die ungebeugte Form gewöhnlich persönlicher erscheint, stärker den Sprecher hervorkehrt. **7. alle zehn Schritte/aller zehn Schritte · alle drei Minuten/aller drei Minuten:** Standardsprachlich korrekt ist heute der Akkusativ: *Er drehte sich alle zehn Schritte um. Alle drei Minuten klingelte das Telefon.* Der Genitiv *(aller zehn Schritte, aller drei Minuten)* ist noch landschaftlich, bes. in Sachsen, gebräuchlich. **8. alle Schüler/alle der Schüler, alle von den Schülern:** Das Wort *all-* kann nicht mit einem Genitivus partitivus verbunden werden. Nicht korrekt: *alle der Schüler* bzw. *alle von den Schülern* (wohl Anglizismus nach englisch *all of the pupils*), sondern nur: *alle Schüler.* **9. alles, was/alles, das:** Richtig heißt es: *alles, was: Er glaubte alles, was sie ihm erzählte. Alles, was ihm gefiel, kaufte er.* Nicht korrekt: *Alles, das ihm gefiel ...* ↑Relativpronomen (4). **10. alle Kinder/die ganzen Kinder:** Der Gebrauch von *ganze* an Stelle von *alle* vor Substantiven im Plural kommt in der gesprochenen Sprache recht häufig vor. Zumindest in der geschriebenen Sprache sollte man ihn vermeiden: *alle* (nicht: *die ganzen*) *Bewohner, Kinder* usw. **11. alles Politiker von hohem Rang:** Zusammenfassendes unveränderliches *alles* hat stets den Nominativ nach sich: *Die Delegation bestand aus Schweden und Finnen, alles Politiker* (nicht: *Politikern*) *von hohem Rang.*

allein: 1. allein/alleine: Von den Doppelformen *allein* und *alleine* gehört die kürzere der standardsprachlichen Stilschicht an, während die Form *alleine* im allgemeinen als umgangssprachlich empfunden wird. **2. Zeichensetzung:** Vor *allein* im Sinne von „aber" steht immer ein Komma: *Ich hoffte darauf, allein ich wurde bitter enttäuscht.* **3. Zusammen- oder Getrenntschreibung:** Von einem folgenden Verb schreibt man *allein* immer getrennt: *allein sein, stehen, reisen, lassen, erziehen.* Aber mit dem Partizip auch zusammen: *allein reisende* oder *alleinreisende Kinder; allein erziehende* oder *alleinerziehende Väter.* ↑Zusammen- oder Getrenntschreibung (1.2). **4. Silbentrennung:** Man trennt *al-lein,* nicht: *all-ein.*

allemal/allemals: Die standardsprachlich korrekte Form ist *allemal.* ↑Adverb (2).

allerart/aller Art: Das unbestimmte Zahlwort *allerart* „allerlei, vielerlei" steht vor seinem Bezugswort *(allerart Dinge),* das getrennt geschriebene Genitivattribut *aller Art* „von vielerlei Sorte, Gattung" folgt seinem Bezugswort *(Mäntel aller Art, Tiere aller Art).* ↑Zusammen- oder Getrenntschreibung (2.3).

allerbeste/Allerbeste: Klein schreibt man das Adjektiv, wenn ihm ein Artikel vorangeht und es nur den Sinn von „sehr gut" hat: *Es ist am allerbesten, wenn ... Es ist das allerbeste, daß ...* Groß schreibt man das substantivierte Adjektiv: *Es ist das Allerbeste,* *was ich je gesehen habe.* ↑Groß- oder Kleinschreibung (1.2.1).

aller guten Dinge sind drei: Richtig ist diese Wendung nur mit dem Genitiv *aller.* Der Nominativ *alle* ist falsch, denn er würde die Aussage nicht nur verändern, sondern sogar unsinnig machen.

alles, was/alles, das: ↑all- (9).

Allgäuer: Die Einwohnerbezeichnung *Allgäuer* wird immer groß geschrieben, auch wenn das Wort wie ein flexionsloses Adjektiv vor einem Substantiv steht: *der Allgäuer Abgeordnete; die Allgäuer Berge.* ↑Einwohnerbezeichnungen (7).

allgemein: Klein schreibt man das Adjektiv: *die allgemeine Wehr-, Dienstpflicht, das allgemeine Wahlrecht, allgemeine Hinweise* usw. Klein schreibt man auch das Adjektiv in der festen Verbindung *im allgemeinen,* die im Sinne von „ganz allgemein, gewöhnlich" gebraucht wird: *Im allgemeinen geht es mir gut.* Groß schreibt man das substantivierte Adjektiv: *Er bewegte sich stets im Allgemeinen* (= ohne das Besondere zu beachten). *Er hat nur Allgemeines vorgetragen.* Groß schreibt man auch das Adjektiv, wenn es Bestandteil eines Namens ist: *Allgemeiner Deutscher Automobil-Club; Allgemeiner Studentenausschuß; Frankfurter Allgemeine Zeitung.* ↑Groß- oder Kleinschreibung (1.2.1).

Allotria: Das Wort war früher ein Plural, man sagte *die Allotria* (= Unfug, Dummheiten). Mit der Zeit ging jedoch die pluralische Vorstellung verloren, das Wort wird heute weitgehend als Neutrum im Singular aufgefaßt: *das Allotria.*

alltags/Alltags: Klein schreibt man das Adverb (Frage: wann?): *alltags wie feiertags. Du kannst diesen Rock nur noch alltags tragen.* Groß schreibt man den Genitiv des Substantivs *der Alltag: die Sorgen des Alltags.* ↑Groß- oder Kleinschreibung (1.1 und 1.2.1).

allzu: Das Adverb *allzu* schreibt man mit einem folgenden Adverb oder Adjektiv gewöhnlich zusammen: *Er beschäftigte sich allzusehr mit seinem Auto. Damit hat es nicht allzuviel auf sich. Er hätte allzugern ja gesagt.* Getrennt schreibt man nur, wenn beide Wörter durch die Betonung deutlich voneinander abgesetzt werden: *Sei nicht allzu undankbar! Der Drang zum Bösen war allzu stark in ihm. Die Sehnsucht war allzu groß.* Immer getrennt schreibt man, wenn das auf *allzu* folgende Wort gebeugt wird: *Er hatte allzu viele Bedenken. Sie hatte allzu schlechte Erfahrungen. Zuerst hatte die Sache keine allzu große Bedeutung für mich.* ↑Zusammen- oder Getrenntschreibung (3.2).

Alp: Die gleichlautenden Wörter *der Alp* (= Alpdrücken) und *die Alp* (= Bergweide) sind nicht miteinander verwandt. Die Schreibung von *der Alp* mit *p (Alpdruck, Alptraum)* beruht auf besonderen Auslautgesetzen, die heute jedoch nicht mehr wirksam sind. Da ein Laut oft verschieden gesprochen wird, je nachdem, ob er Inlaut oder Auslaut ist, wurde im Mittelhochdeutschen dieser verschiedenen Aussprache auch in der Schrift Rechnung getragen. Man schrieb: *kint, alp, tac* (Auslautsverhärtung). In der gebeugten Form trat der weiche Laut, wiederum der Aussprache gemäß, ein: *des kindes, albes, tages.* Im Neuhochdeutschen wurde dann die Schreibung des Nominativs der der übrigen Kasus angeglichen, also *Kind, Tag* usw. Diese Angleichung vollzog sich aber nicht in allen Fällen, besonders nicht dort, wo das betreffende Wort nur selten allein gebraucht wurde. Daher blieb die alte Schreibung *Alptraum* bis auf den heutigen Tag erhalten. Sie hat auch die Schreibung des Wortes *Alp* beeinflußt, sofern dieses das Gespenst bezeichnet, von dem das Alpdrücken angeblich herrührt. Dagegen spricht die Religionswissenschaft von den *Alben* (Singular selten: *der Alb*) und bezeichnet damit die niederen Naturgeister (Zwerge u. dgl.) des germanischen Volksglaubens.

Alphabet

Das deutsche Alphabet weist 26 Buchstaben in der folgenden Reihenfolge auf:

a b c d e f g h i j k l m n o p q r s t u v w x y z
A B C D E F G H I J K L M N O P Q R S T U V W X Y Z

Hinzu kommen *ß* (↑S-Laute) und die Umlautbuchstaben

ä ö ü
Ä Ö Ü

Vergleiche auch ↑Schrift.

Alphabetisierung

Die alphabetische Anordnung der Stichwörter in Wörterbüchern, Lexika, Nachschlagewerken allgemeiner Art und Registern folgt im einzelnen folgenden Grundsätzen: **1.** Bei Wörtern, die sich nur durch die Groß- bzw. Kleinschreibung des Anfangsbuchstabens unterscheiden, steht das klein geschriebene Wort voran *(mal – Mal).* **2.** Die alphabetische Anordnung gilt nicht nur für Einzelwörter, sondern auch für Abkürzungen, feste Verbindungen, Zusammensetzungen mit Bindestrich u. ä. *(abbürsten – ABC-Buch – abchecken; Achim – Ach-Laut – a. Chr.; Cherbourg – cherchez la femme – Cherry Brandy).* **3.** Die Namenzusätze *von, van, de* usw. bleiben bei der Alphabetisierung unberücksichtigt *(Stapler – Stappen – van Star),* es sei denn, sie werden groß geschrieben *(Vanbrugh – Van Buren – Vance)* oder sind Bestandteil einer Zusammensetzung *(Vanadiumstahl – Van Allen – Van-Allen-Gürtel).* **4.** Auch akademische Grade, Dienstbezeichnungen und Adelstitel sind im Zusammenhang mit Personennamen beim Alphabetisieren nicht zu berücksichtigen *(Hatz – Hatzfeld, Franz Freiherr von – Hatzrüde),* es sei denn, sie sind Bestandteil einer Zusammensetzung *(Drogerie – Dr.-Otto-Müller-Straße – Dr. paed.).* **5.** Diakritische Zeichen wie Umlautpunkte oder Akzente bleiben grundsätzlich unberücksichtigt, so daß *ä, ö, ü, äu* wie *a, o, u, au* behandelt werden *(Harke – Härlein – Harlekin);* nur in Konkurrenzfällen steht der einfache Buchstabe vor dem gleichen Buchstaben mit diakritischem Zeichen *(Bar – Bär, schon – schön).* Namenschreibungen mit *ae, oe, ue* stehen nach *ad, od, ud (Godel – Goethe – Gof).* (Hier machen Adreß- und Fernsprechbücher, Karteien und Bibliothekskataloge insofern eine Ausnahme, als sie *ä, ö, ü* wie *ae, oe, ue,* also hinter *ad, od, ud* einordnen.) **6.** *ß* wird wie *ss* eingeordnet, bei sonst gleicher Schreibung steht das Wort mit *ß* vor dem mit *ss (Neiße – Neisse).*

als: 1. Als/Wie ich das Fenster öffne ...: In einem temporalen Satzgefüge mit Vergangenheitstempus wirkt *wie* im Gegensatz zu standardsprachlichem *als* umgangssprachlich, salopp: *Als/* (ugs.:) *Wie der Köter krepiert war, liefen ...* Liegt dagegen Gegenwartstempus vor, sind beide Konjunktionen gebräuchlich: *Als/Wie ich das Fenster öffne, schlägt mir heftiger Lärm entgegen.*

2. die Verhaftung des Generals als Drahtzieher/als Drahtziehers · ihm als politischem/politischer Flüchtling: ↑Apposition (3). **3. Er betrachtet sich als großer Held/als großen Helden:** Über dem *als*-Anschluß nach *sich ansehen, sich betrachten, sich erweisen, sich zeigen* usw. vgl. die einzelnen Stichwörter und ↑Kongruenz (4.2). **4. das Vermögen dieses als eiserner Sparer/als eisernen Sparers bekannten Mannes:** ↑Attribut 1. **5. Zeichensetzung:** Vor der Konjunktion *als* steht ein Komma, wenn sie einen Nebensatz einleitet: *Sie sah das Unglück, als sie das Fenster öffnete.* Vor der Vergleichspartikel *als* steht ein Komma, wenn ein vollständiger Satz folgt *(Vera ist größer, als Wilhelm im gleichen Alter war)* oder wenn ein erweiterter Infinitiv folgt *(Du brauchst nichts zu tun, als ruhig zuzusehen).* Zu Einzelheiten der Kommasetzung bei *als* vergleiche die untenstehende Tabelle.

Kommasetzung bei *als*

1. Die Konjunktion *als* leitet einen untergeordneten Zeitsatz (Temporalsatz) ein, der durch Komma abgetrennt wird:	**1. Die Konjunktion *als* ist Teil einer Fügung, die als Einheit empfunden und nicht durch ein Komma geteilt wird:**
Wir kehrten zurück, *als* es Abend wurde.	Wir kehrten zurück, *gerade als* es Abend wurde.
Als es Abend wurde, kehrten wir zurück.	*Doch als* es Abend wurde, kehrten wir zurück.
Wir kehrten, *als* es Abend wurde, zurück.	*Erst als* es Abend wurde, kehrten wir zurück.
Damals, *als* Fritz Examen machte, war ich verreist.	
2. Die Konjunktion *als* leitet mit Komma einen untergeordneten Vergleichssatz oder eine diesem entsprechende Infinitivgruppe ein:	**2. Die Konjunktion *als* steht ohne Komma vergleichend zwischen Satzteilen:**
Er ist klüger, *als* du denkst.	Er ist klüger *als* du.
Es ging besser, *als* sie erwartet hatte/*als* [es] zu erwarten war.	Es ging besser *als* erwartet.
Das ist mehr, *als* ich brauche.	Das ist mehr *als* genug.
Sie ist reicher, *als* man angenommen hat/*als* angenommen wurde.	Sie ist reicher *als* angenommen.
Ich bleibe nicht länger hier, *als* bis sie kommt.	Ich bleibe nicht länger *als* bis zu ihrer Ankunft hier.
Er konnte nichts Besseres tun, *als* zu reisen.	Er konnte nichts Besseres tun *als* reisen.
Du brauchst nichts [anderes] zu tun, *als* ruhig abzuwarten.	Hier hilft nichts *als* ruhiges Abwarten.
Zu arbeiten ist besser, *als* in der Lotterie zu spielen.	Arbeiten ist besser *als* in der Lotterie spielen.

Es ist besser, mitzumachen, *als* sich hochmütig zurückzuhalten.	Es ist besser, mitzumachen *als* zuzuschauen. (Hier steht vor *als* kein Komma, weil beide Grundformen als eng zusammengehörig empfunden werden.)
Da das Wirtschaftswachstum niedriger ist, *als* es vorausgesagt wurde, sinkt auch die Arbeitslosenzahl langsamer.	Da das Wirtschaftswachstum niedriger ist *als* vorausgesagt, sinkt auch die Arbeitslosenzahl langsamer.
Man kann dem Frierenden keine größere Wohltat erweisen, *als* ihn in einen geheizten Raum zu führen.	Man kann dem Frierenden keine größere Wohltat erweisen *als* ihn in einen geheizten Raum führen.
Er kleidet sich, *als* wäre er ein Künstler.	
Er tut so, *als* hätte er kein Geld.	
3. Die Konjunktion *als* leitet nach einem Komma einen aufzählenden Satz ein: Was helfen uns jetzt unsere geheiligten Wohlstandsgüter, *als* da sind Auto und Fernsehgerät?	
4. Ein mit *als* angeschlossener Beisatz kann als Einschub in Kommas eingeschlossen werden: Dr. Schäfer, *als* Vertreter des Nebenklägers, beantragte die Vernehmung eines weiteren Zeugen.	**4. Die Konjunktion *als* schließt ohne Komma einen Beisatz an** (Frage: als wer/was?): Dr. Schäfer *als* Vertreter des Nebenklägers beantragte die Vernehmung eines weiteren Zeugen.
	5. Die Konjunktion *als* schließt – immer ohne Komma! – eine Umstandsbestimmung an (Frage: wie?, als was?): Frau Dr. Meier wirkte lange *als* Strafverteidigerin in Köln. Er gilt *als* unzuverlässig.

als/denn: ↑als als/denn als.

als/für/wie: Es besteht bei manchen Verben eine gewisse Unsicherheit, mit welcher dieser Partikeln ein folgendes Adjektiv oder Substantiv angeschlossen wird. Oft gibt es mehrere Möglichkeiten, doch handelt es sich dann im allgemeinen um Bedeutungsvarianten: **ansehen als** (= betrachten als): *Sie wurden zeitlebens als Fremde angesehen. Er sah diese Nachricht als verbürgt an.* **ansehen für** (= halten für): *Sehen Sie denn dieses Schreiben für echt an?* **betrachten als** (= ansehen als): *Man betrachtete es als etwas Unumgängliches. Ich betrachte die Frage als erledigt. Sie betrachtet ihn als Feind.* **betrachten wie:** *Sie betrachtete ihn wie ein unbekanntes Insekt, wie ein seltenes Tier.* **empfinden als:** *Ich empfinde das* *als Beleidigung. Er empfand den Aufwand als albern.* Als nicht korrekt gilt die Weglassung des *als: Sie haben es lächerlich empfunden, daß die Älteren am Bestehenden hingen* (Musil). **erklären als:** *Er erklärte sich höhnisch als „theoretischen Anarchisten"* (Musil). ... *in der Frage ... des Privateigentums, das jene respektvoll noch als „unverletzlich" erklärten* (St. Zweig). **erklären für:** ... *jeden für einen Trottel erklärend* (Kästner). *Der Vermißte wurde für tot erklärt. Er erklärte sich für besiegt.* In allen vorausgehenden Beispielen sagt der *als*-Anschluß aus, daß dem Bezugswort eine bestimmte Eigenschaft zukommt, und der *für*-Anschluß, daß die Eigenschaft, die dem Bezugswort zugeschrieben wird, nur die Meinung des Subjekts ist. Dagegen ist *wie* die Partikel des Vergleichs.

als/wenn: Temporale Nebensätze können mit *wenn* eingeleitet werden, wenn es sich um wiederholte Vorgänge in der Gegenwart, in der Vergangenheit und in der Zukunft oder um bestimmte einmalige Vorgänge in der Gegenwart und in der Zukunft handelt: *Wenn ich nach Hause komme, ist [gewöhnlich] niemand da.* Werden dagegen bestimmte einmalige Vorgänge in der Vergangenheitsform berichtet, dann tritt *als* ein: *Als ich nach Hause kam, war niemand da.*

als/wie: 1. Sie ist älter als/wie ich · Die Sache ist anders, als/wie er sie dargestellt hat: Die Vergleichspartikel beim Komparativ ist in der heutigen Standardsprache *als* (nicht *wie*). Es muß also heißen: *Sie ist älter als ich. Es ist schlimmer als gestern. Besser etwas als gar nichts. Ich reise lieber heute als morgen. Sie wollten lieber sterben als unfrei sein.* (In der Alltagssprache ist der Gebrauch von *wie* an Stelle von *als* allerdings weit verbreitet.) Die Vergleichspartikel *als wie* statt des bloßen *als (geschwinder als wie der Wind)* gilt ebenfalls nicht mehr als standardsprachlich. Die Vergleichspartikel *als* steht standardsprachlich auch nach *anders, niemand, keiner, nichts, umgekehrt, entgegengesetzt: Er ist anders als ich. Die Sache ist umgekehrt, als man sie dargestellt hat. Es sind nichts als fadenscheinige Ausreden. Ich habe mit keinem Menschen als ihm darüber gesprochen.* **2. so bald als/wie möglich · doppelt so groß als/wie ...:** Während in der heutigen Standardsprache *als* die Ungleichheit, das Anderssein bezeichnet, kennzeichnet *wie* die Gleichheit. Deshalb steht *wie* nach dem Positiv, besonders in Wechselbeziehung mit *so: Weiß wie Schnee. Er ist so alt wie ich. Sie ist [eben]so schön wie ihre Schwester. Die Sache ist so, wie er sie dargestellt hat. Diese Firma bietet die gleichen Aufstiegsmöglichkeiten wie die frühere.* Aber auch beim Positiv – bei der Grundstufe des Vergleichs – treten Schwankungsfälle auf. In einigen Verbindungen gelten *wie* und *als* beide als korrekt: *sowohl – als [auch]* oder *sowohl – wie [auch]; so bald wie möglich* oder *so bald als möglich; so wenig wie möglich* oder *so wenig als möglich; doppelt so ... wie ...* oder *doppelt so ... als ... (Die Ernte ist doppelt so groß wie/als im vorigen Jahr).* Landschaftlich und umgangssprachlich wird *als* auch noch außerhalb dieser Verbindungen an Stelle von *wie* gebraucht, z. B. *So schnell als möglich. Mir geht es ebenso schlecht als ihm. Er pflegte die Freundschaft so lange, als es ihm nützlich schien.* **3. Als/Wie ich im Krankenhaus war, hat sie mich oft besucht:** ↑als (1).

als/wo: ↑wo.

als als/denn als: Die Aufeinanderfolge von *als* und *als,* die nach einem Komparativ mit *als*-Anschluß eintreten kann, wird in gehobener Ausdrucksweise gern vermieden. Für das erste, vergleichende *als* wird dann das sonst veraltete *denn* eingesetzt: *Er ist als Schriftsteller bedeutender denn als Kaufmann. Lieber sterben, denn als Sklave leben.* Selten erscheint *denn* allein: *Montan-Europa scheint uns eher ein Kartenhaus denn ein wachstumsfähiges Gebilde* (R. Augstein).

als daß: Das Komma vor *als daß* steht wie vor dem einfachen *daß,* weil beide Partikeln wie eine einfache Konjunktion eingesetzt sind: *Der Plan ist viel zu einfach, als daß man sich davon Hilfe versprechen könnte.*

Als letzter Gruß/Als letzten Gruß: Beide Formulierungen sind richtig. Beschriftungen auf Kranzschleifen sind als verkürzte Sätze aufzufassen. Die vollständigen Sätze könnten also etwa lauten: *Wir bringen diesen Kranz als letzten Gruß* (= Akkusativ) und *Dieser Kranz ist als letzter Gruß gedacht* (= Nominativ). Das Adjektiv *letzter/letzten* ist hier klein zu schreiben.

als [ob]/als wenn/wie wenn: Mit *als* bei folgender Verbform *(Ihm war, als wäre er durch die Prüfung gefallen)* oder mit *als ob (Ihm war, als ob er durch die Prüfung gefallen wäre),* seltener mit *als wenn* oder *wie wenn* werden Sätze eingeleitet, in denen ein Konditionalsatz (Bedingungssatz) mit einem Vergleich gekoppelt wird. Man nennt sie irreale Vergleichssätze. Diese Sätze werden häufig in den Konjunktiv II gesetzt, um die Nichtwirklichkeit, die Irrealität des Vergleichs zu unterstreichen (↑Konditionalsatz [2]): *Nach der Prüfung war ihm, als hätte er sie nicht bestanden. Er sah aus, als ob/als wenn er krank wäre.* Neben dem Konjunktiv II wird – allerdings seltener – auch der Konjunktiv I gebraucht: *Ihm war, als habe er die Aufnahmeprüfung nicht bestanden. Er benahm sich, als ob er behext sei.* Beide Konjunktive sind standardsprachlich korrekt, ein Bedeutungsunterschied ist nicht feststellbar. ↑Konjunktiv (2.1).

Als-ob: Die zweiteilige Konjunktion *als ob* ist in Aneinanderreihungen wie *Als-ob-Philosophie* und Substantivierungen wie *Hier gibt es kein Als-ob* mit ↑Bindestrich (3.1) zu schreiben. Der Unterschied in der Schreibung zwischen *das Als-ob* (*Sowohl-Als-auch* u.ä.) und *das Entweder-Oder* erklärt sich daraus, daß *als ob (als auch)* im Satzzusammenhang eine untrennbare Einheit darstellen.

also: Vor *also* steht ein Komma, wenn es einen Nachtrag einleitet: *Das ist ein veraltetes, also ungebräuchliches Wort. Er hat alle Kinder, also auch die frechen, gern gehabt. Sie antwortete, also schien sie interessiert zu sein.* Auch das bekräftigend aus dem Satz herausgehobene *also* wird durch ein Komma abgetrennt: *Also, es bleibt dabei! Also, bis morgen!*

als wie: ↑als/wie (1).

alt: Klein schreibt man *alt* z.B. in folgender Verwendung: *Er ist immer noch der alte* (= derselbe). *Sie ist die älteste von uns Geschwistern. Ein Buch für alt und jung* (= jedermann), *beim alten bleiben, am alten hängen, aus alt neu machen.* Groß schreibt man das substantivierte Adjektiv: *die Alte* (= alte Frau), *Streit zwischen Alt[en] und Jung[en]* (= älterer und jüngerer Generation), *etwas/nichts Altes kaufen, aus Altem Neues machen, der Älteste (im Saal), meine Älteste* (= älteste Tochter). Groß schreibt man das Adjektiv auch, wenn es Bestandteil eines Namens oder festen Begriffes ist: *der Alte Bund* (= biblisch), *meine Alte Dame* (= Mutter), *der Alte Fritz, Alte Geschichte* (= Geschichte des Altertums), *mein Alter Herr* (= Vater), *Alter Herr* (= Altmitglied eines Vereins oder einer Verbindung), *das Alte Land* (= Teil der Elbmarschen), *die Alte Weser* (= Fahrwasser in der Nordsee), *das Alte Testament, die Alte Welt* (= Europa). ↑Groß- oder Kleinschreibung (1.2.1).

Altbau: ↑Bau.

älter: Als Komparativ (1. Vergleichsstufe) von *alt* braucht sich *älter* nicht immer auf dieses Adjektiv zu beziehen, sondern kann auch im Sinne von „nicht mehr ganz jung" gebraucht werden: *Er ist ein älterer Herr. Sie waren schon älter, als sie heirateten.* ↑Vergleichsformen (1).

altern: Das intransitive Verb *altern* drückt eine allmähliche Veränderung aus. Solche Verben können ihr Perfekt sowohl mit *sein* als auch mit *haben* bilden: *In letzter Zeit ist sie/hat sie stark gealtert.* Die Verbindung mit *sein* ist die häufigere. ↑haben (1).

Alternative: Das Wort wird nicht nur im Sinne von „Entscheidung zwischen zwei Möglichkeiten" *(vor die Alternative gestellt sein)* verwendet, sondern auch allgemeiner im Sinne von „Möglichkeit des Wählens zwischen zwei oder mehreren Dingen": *Es gibt verschiedene Alternativen zur Lösung dieses Problems.*

alters: Die Fügung *seit alters her* ist eine ↑Kontamination aus *seit alters* und *von alters her.* Es muß also heißen: *Seit alters* oder *Von alters her wird dieses Fest im Herbst gefeiert,* aber nicht: *Seit alters her wird dieses Fest im Herbst gefeiert.*

Altertumskunde: ↑Fugen-s (1.3).

altmodisch: ↑Vergleichsformen (2.5.2).

altsprachig/altsprachlich: ↑-sprachig/-sprachlich.

alttestamentarisch/alttestamentlich: Während *alttestamentlich* „das Alte Testament betreffend, auf ihm beruhend" bedeutet *(alttestamentliche Schriften),* drückt *alttestamentarisch* „nach Art des Alten Testaments" einen Vergleich aus: *alttestamentarische Strenge.* ↑ig/-isch/-lich (2).

altväterisch/altväterlich: Diese Wörter werden gelegentlich verwechselt. Das Adjektiv *altväterisch* bedeutet „altmodisch, altertümelnd": *altväterische Anschauungen. Er ist recht altväterisch gekleidet.* Dagegen bedeutet *altväterlich* „ehrwürdig, patriarchalisch": *Sein altväterliches Auftreten flößte allen Respekt ein.*

am/an: *sich am köstlichen Wein/an köstlichem Wein laben:* ↑Adjektiv (1.2.7), ↑Präposition (1.2.5).

am/beim/im + Infinitiv + sein: In Verbindung mit *sein* und einem substantivierten Infinitiv bilden *am, beim* und *im* die sog. Verlaufsform, die einen Vorgang oder Zustand ohne zeitliche Begrenzung erscheinen läßt („dabeisein, etwas zu tun"). Nur *beim* und *im* sind in dieser Verwendung standardsprachlich: *beim Arbeiten, Schreiben, Gemüseputzen sein, beim/im Weggehen sein; das Fieber ist im Abklingen.* Dagegen gehört die Verlaufsform mit *am* der landschaftlichen Umgangssprache (v. a. im Rheinland und in Westfalen) an: *am Arbeiten, am Weggehen sein; das Feuer ist am Ausgehen.*

am Montag (Dienstag, Mittwoch usw.), dem/den: Man kann sagen *Die Konferenz findet am Montag, dem 1. Mai 1973, statt* oder: *Die Konferenz findet am Montag, den 1. Mai 1973 statt.* Im ersten Satz ist die Datumsangabe (der Monatstag) eine nachgetragene ↑Apposition und muß durch Kommas vom übrigen Satz getrennt werden. Im zweiten Satz ist der Monatstag eine selbständige Zeitangabe im Akkusativ. Es handelt sich also um eine Aufzählung, wobei nach der Angabe des Monatstages kein Komma gesetzt werden darf. ↑Apposition (1.5), ↑Datum.

amen/Amen: Klein schreibt man *amen* als Schlußwort im Gebet *(Herr, wir danken dir, amen!)* und in den Wendungen: *amen sagen* „etwas bekräftigen" und *ja und amen sagen* „mit allem einverstanden sein". Groß schreibt man das Substantiv: *Er sagte sein Amen dazu. Das ist so sicher wie das Amen in der Kirche.*

Amerikanismen/Anglizismen

Als Amerikanismen oder Anglizismen bezeichnet man sprachliche Eigentümlichkeiten oder Wörter, die aus dem amerikanischen bzw. britischen Englisch in eine andere Sprache eingedrungen sind. Nicht immer ist jedoch genau festzustellen, ob diese Eigentümlichkeiten oder Wörter aus dem amerikanischen

oder aus dem britischen Englisch gekommen sind, ob es sich also um Amerikanismen oder um Anglizismen handelt. Englische Wörter oder vom Englischen beeinflußte Wendungen, die nach 1945 in die deutsche Sprache Eingang gefunden haben, sind in der Regel aus dem amerikanischen Englisch gekommen.
Die folgenden Beispiele erstrecken sich auch auf die Zeit vor 1945.

1 Wortschatz

1.1 Direkte (äußere) Entlehnungen aus dem Englischen finden sich in allen Lebens- und Sprachbereichen:

(Politik, Wirtschaft:) Boom, Job, Hearing, Layout, Public Relations, Homecomputer; (Forschung, Technik:) Blackout, Know-how, Recycling, Smog; (Kultur, Freizeit usw.:) Headline, Paperback, Slapstick, Surfing, Jogging, Skateboard, Drop-out, Freak, Vamp, Patchwork, Pumps, Boiler, Sideboard, Rooming-in, Groupie, Babysitter.

Manche dieser Entlehnungen kamen mit der Sache selbst ins Deutsche und füllten eine Wortlücke aus *([Blue]jeans, Surfing, Skateboard),* andere treten in Konkurrenz zu deutschen Wörtern, verdrängen diese oder aber bereichern das jeweilige Wortfeld in inhaltlicher oder stilistischer Hinsicht. Man denke etwa an *Teenager (Teenie, Teeny)* und *Backfisch, Hobby* und *Steckenpferd, Job* und *Arbeit(splatz), Jogging* und *Dauerlauf.*
Von diesen echten Entlehnungen sind die sog. Scheinentlehnungen zu unterscheiden, die zwar aus englischem Wortmaterial gebildet wurden, aber nicht Bestandteil der englischen Sprache sind *(Twen, Dressman, Showmaster, Coverboy, Pullunder).*

1.2 Innere Entlehnung (↑ Lehnbildungen) aus dem Englischen zeigt sich einmal in den deutschen Wörtern oder Wendungen, die als Lehnübersetzungen anzusprechen sind:

Gehirnwäsche (brain washing), nasse Farbe (wet paint), Geburtenkontrolle (birth-control), Kabelfernsehen (cable television), schweigende Mehrheit (silent majority), Halbleiter (semiconductor), einmal mehr (once more); (ebenso:) kalter Krieg, Flutlicht, Selbstbedienung, Moralische Aufrüstung.

Um Lehnübertragungen aus dem Englischen handelt es sich bei

Luftbrücke (airlift), Untertreibung (understatement), Titelgeschichte (coverstory), gleitende Arbeitszeit (flextime), Pferdeschwanz (ponytail), Schlafstadt (dormitory town), Marschflugkörper (cruise missile), Urknalltheorie (big bang theory).

Als Lehnschöpfungen sind Wörter anzusehen wie

Nietenhose (blue jeans), kopflastig (top-heavy), Blockfreiheit (nonalinement), Konterschlag (backlash), Dienst nach Vorschrift (work to rule), Helligkeitsregler (dimmer), Luftkissenboot (hovercraft), Wasserglätte (aquaplaning).

Als Lehnwendungen sind zu betrachten:

im gleichen Boot sitzen (to be in the same boat), jemandem die Schau stehlen (to steal the show from somebody), das Gesicht wahren (to save one's face), auf der grünen Wiese (greenfield site), das Licht am Ende des Tunnels sehen (to see the light at the end of the tunnel).

Manche Wörter haben durch Einfluß des Englischen eine weitere Bedeutung, eine Lehnbedeutung erhalten. So hat *realisieren* durch *to realize* neben seinen Bedeutungen „verwirklichen“ und „in Geld umwandeln“ noch die Bedeutung „sich etwas vorstellen, sich etwas ins Bewußtsein bringen, sich einer Sache bewußt werden" bekommen; *kontrollieren* hat über *to control* die Bedeutung „beherrschen" hinzugewonnen, *dekoriert* die Bedeutung „[militärisch] ausgezeichnet" und *feuern* die Bedeutung „entlassen". Das Adjektiv *vital* bedeutet neben „voller Lebenskraft" auch „lebenswichtig" (vgl. *vital interests*) und *häßlich* im Sinne von „böse" in Verbindung mit Nationalitätsbezeichnungen ist beeinflußt von *ugly.*

Doppelentlehnungen liegen z. B. in *Hobby* und *fashionabel* vor; das sind Wörter, die zuerst übersetzt oder eingedeutscht in die deutsche Sprache gekommen sind (*Steckenpferd [= hobby-horse]* und *fesch*) und später noch einmal, und zwar unübersetzt, im Deutschen Aufnahme gefunden haben.

2 Wortbildung

Manche (Halb)präfixe und (Halb)suffixe werden unter dem Einfluß des Englischen besonders produktiv, z. B.:

best-: bestbekannt, bestinformiert, bestbezahlt, bestgehaßt;
Ex-: Exaußenminister, Exweltmeister, Exgattin;
super/Super-: Superbombe, Supermacht, Supermarkt; superschnell, supersanft;
Mini-: Minigolf, Minikleid, Minibus, Ministaubsauger;
Monster-: Monsterprogramm, Monsterprozeß, Monsterschau, Monsterveranstaltung;
-weit (nach: *-wide*): weltweit, bundesweit;
-bewußt (nach: *-conscious*): preisbewußt, körperbewußt, modebewußt;
Top-: Toplage, Topausstattung, Topleistung.

Im Bereich der Wortzusammensetzung ist einmal auf englisch-deutsche Mischbildungen wie

Live-Sendung, Popsänger, Fußballfan, Discountladen, Werbespot, Spikesreifen, Arbeitsteam

hinzuweisen. Ferner gehen auf englischen Einfluß direkte Zusammensetzungen an Stelle präpositionaler Fügungen zurück (↑Kompositum 3):

Ministerreise/die Reise des Ministers nach Tokio, Berlin-Besuch/Besuch in Berlin, Helsinki-Konferenz/Konferenz in Helsinki, EG-Beitritt/Beitritt zur EG.

Schließlich haben auch Verbableitungen aus Substantiven wie

probefahren, leitartikeln, lichthupen, dauerparken, bausparen, not-/zwischenlanden, schutzimpfen, wahlkämpfen, wunschträumen, festreden

Parallelen in der Wortbildung des Englischen.

3 Syntax

Als Einzelerscheinung ist hier die vom Englischen beeinflußte Fügung *in* + Jahreszahl *(in 1976)* für *im Jahre* anzuführen. Auch die besonders in Pressepublikationen zu beobachtende Umstellung von Subjekt und Prädikat (↑Inversion) in Formulierungen wie *Schimpfte Dortmunds Trainer H. Z.: ... Schwärmte Regisseurin Agnes Varda schon jetzt: ...* hat Parallelen im Englischen.

Sodann wird die transitive Verwendung einiger eigentlich intransitiver Verben auf englischen Einfluß zurückgeführt *(einen Wagen fahren, jemanden boxen* [für: *gegen jmdn. boxen*]. *Was fliegen deutsche Manager?).*

Imperative wie *Fliegen Sie ...!, Lernen Sie ... kennen!, Werden Sie schöner mit ...!* oder *Gewinnen Sie ...!* für *... zu gewinnen* o. ä., die verstärkt in der Werbe-

sprache auftauchen, lassen sich ebenfalls mit englischen Vorbildern in Zusammenhang bringen.
Auch vorangestellte ↑Genitivattribute (2.1) wie *Bayerns große Familienbrauerei, Münchens beliebteste Show-Band, Roms Priester, Schalkes Pliska* wären ohne die entsprechende englische Konstruktion gewiß seltener in der deutschen Zeitungssprache anzutreffen.
Schließlich kann auch der Ersatz des ↑Passivs oder einer passivischen Ersatzkonstruktion durch das Aktiv bei einigen Verben mit der Einwirkung des Englischen erklärt werden:

Die BZ *verkauft* 160 000 Exemplare (nach: the book *sells* 10 000 copies). (Ähnlich:) Die Hose *wäscht* problemlos in der Waschmaschine. Die Zigarette *raucht* mild. Das Geschäft *öffnet* morgen. Das Musical wird am Broadway *weiterspielen*.

Ampere: ↑Personennamen.

Amsterdamer: Die Einwohnerbezeichnung *Amsterdamer* (nicht: *Amsterdammer*) wird immer groß geschrieben, auch wenn das Wort wie ein flexionsloses Adjektiv vor einem Substantiv steht: *Amsterdamer Provos, der Amsterdamer Hafen.* ↑Einwohnerbezeichnungen (5 und 7).

Amt: Zu *ein Amt bekleiden* ↑begleiten/bekleiden.

Amtmann/Amtmännin: Zu *Amtmann* gibt es die beiden Plurale *Amtmänner* und *Amtleute* (↑Mann 2). Die weibliche Entsprechung lautet *Amtmännin.* In der Anrede ist jedoch *Frau Amtmann* üblich.

Amtssprache: ↑Papierdeutsch.

an: 1. Die Präposition *an* kann mit dem Dativ oder Akkusativ verbunden werden. Der Dativ ist kennzeichnend für die Lage *Ich stehe* [wo?] *an der Tür),* der Akkusativ für die Richtung *(Ich gehe* [wohin?] *an die Tür).* Manche Verben mit *an* können sowohl mit einem Dativ als auch mit einem Akkusativ verbunden werden (↑*anbauen, anbringen, anheften, anlöten, anschließen* usw.). **2. von [-an]/ab:** ↑von (6).

an/am: *sich am köstlichen Wein/an köstlichem Wein laben* ↑Adjektiv (1.2.7), ↑Präposition (1.2.5).

an/auf: Die Berührung von oben, das Verhältnis zu einem Ganzen als Basis wird heute meist durch *auf* ausgedrückt: *auf dem Wasser, auf der Straße, auf dem Dach* usw. Mittelhochdeutsches und frühneuhochdeutsches *an* hat sich in dieser Verwendung in bestimmten Fügungen erhalten: *an der Erde, am Boden, am Lager.* Weitergehender Gebrauch von *an* für *auf* ist landschaftlich, besonders schweiz. und österr.: *... eine offene Lade, wie sie die Verkäufer an Jahrmärkten tragen* (H. Hesse). *Die Veilchen standen am Tisch und dufteten ein wenig müde* (V. Baum). *... während sie ... auf einem Bett am Rücken lag* (Musil).

an/auf/in: Bei Straßennamen mit *Straße, Gasse, Allee* wird die Wohnung oder Lage mit *in* angegeben: *Ich wohne in der Schloßstraße, mein Freund in der Brunnengasse. Das Geschäft liegt in der Frankfurter Allee.* Bei *Damm* steht *an,* seltener auch *auf: Ich wohne am* (seltener: *auf dem*) *Kurfürstendamm.* Bei *Markt* und *Platz* steht *an: Ich wohne am Altmarkt. Das Geschäft befindet sich am Herderplatz.* Tritt bei einer Ortsangabe die konkrete Ortsvorstellung zurück, dann sind oft mehrere Präpositionen möglich: *Ich arbeite auf dem/im/beim Finanzamt. Zur Frage der Mengenlehre an/auf/in der Hauptschule.*

an/auf/zu: Der Gebrauch von *an* in Verbindung mit den Namen der Feste ist regional begrenzt. Er kommt vor allem in Süddeutschland vor, während in Norddeutschland *zu* gebräuchlich ist: *an Ostern/Pfingsten* gegenüber *zu Ostern/Pfingsten, an Weihnachten* gegenüber *zu Weihnachten*. Vereinzelt wird statt *an* oder *zu* die Präposition *auf* gebraucht. Dies gilt nicht als standardsprachlich.

an [die]: Wenn *an [die]* als Adverb im Sinne von „ungefähr, etwa" gebraucht wird, übt es keinen Einfluß auf den Kasus des folgenden Substantivs aus, wie dies *an* als Präposition tut: *An die fünf Bekannten* (nicht: *Bekannte*) *bin ich begegnet. Sie half an die 50 Kindern* (nicht: *Kinder*). Dies gilt auch für *an [die]* in einem Präpositionalattribut: *Gemeinden von an die 10 000 Einwohnern* (nicht: *Einwohner;* der Dativ *Einwohnern* hängt von der Präposition *von* ab).

an einem Tag wie jeder andere/wie jedem anderen: ↑Apposition 3.5.

an einer/eine Sache rühren: ↑rühren.

an was/woran: Als standardsprachlich gilt hier das Pronominaladverb *woran: Woran hast du das erkannt? Ich frage mich, woran das liegt.* Die Verbindung *an + was (An was hast du das erkannt? Ich frage mich, an was das liegt)* kommt in der gesprochenen Sprache recht häufig vor und ist stark umgangssprachlich gefärbt. ↑Pronominaladverb (5).

Anakoluth (griech. *anakólouthon* „das [der Satzkonstruktion] nicht Folgende oder Entsprechende"): Beim Anakoluth oder Satzbruch verläßt der Sprechende die begonnene Satzkonstruktion und fährt mit einer neuen fort. Dies geschieht besonders häufig, um einem Nebensatz – besonders nach Zwischensätzen – das Gewicht eines Hauptsatzes zu verleihen: *... der Oheim habe sich durch den Abbé überzeugen lassen, daß, wenn man an der Erziehung des Menschen etwas tun wolle, müsse man sehen* (statt: *daß ... man sehen müsse*), *wohin ...* (Goethe). So auch in der Umgangssprache: *Wenn ich nach Hause komme, und der Vater ist noch da, dann ...* (statt: *Wenn ich nach Hause komme und [wenn] der Vater noch da ist, dann ...*). Schriftsteller verwenden das Anakoluth oft als Stilmittel, um Umgangssprache oder sprunghaftes Denken anzudeuten: *Da trat der Leutnant einen Schritt zurück, steckte die Daumen vorn unter das Koppel und sagte mit listigem Lächeln, das stand ihm nicht schlecht in der schmalen Visage ...* (H. Kolb). – Als Anakoluth bezeichnet man auch die Heraushebung eines Satzgliedes und dessen Wiederaufnahme oder Vorausnahme durch ein Pronomen. Solche Fügungen gelten als standardsprachlich: *Der ernste, kühle Knabe, wäre er nicht ein guter Mit- und Gegenspieler im Kreis der Kräfte?* (Carossa). *Dir helfen, das ist jetzt unsere Aufgabe* (Keyserling). *Es war gut, das Bild* (Hesse). Von diesen Satzbrüchen heben sich deutlich die ab, bei denen jemand „den Faden verloren hat", so etwa in längeren mündlichen Äußerungen oder in privaten Briefen.

analog: Nach *analog* kann ein Dativobjekt oder ein Präpositionalobjekt mit *zu* stehen: *Wir arbeiten analog [zu] den bisherigen Richtlinien.*

Analyse: Das substantivische Attribut bei *Analyse* steht im Genitiv und nicht im Präpositionalfall mit *über*. Richtig: *Die Analyse des Marktes ergab folgendes.* Falsch: *Die Analyse über den Markt ...* Auch der Anschluß mit *von* ist möglich und stilistisch einwandfrei, wenn das folgende Substantiv im Plural steht und keinen Artikel und kein Adjektivattribut bei sich hat: *die strukturelle Analyse von Wählergruppen.*

Ananas: Das Wort hat zwei Pluralformen: *die Ananas* und *die Ananasse.*

anaxial (nicht: anachsial): ↑axial.

anbauen: 1. anbauen an: Nach *anbauen an* steht im allgemeinen der Akkusativ: *eine Veranda an das Haus anbauen.* Die Verbindung mit dem Dativ ist seltener: *Die Garage, die an dem Häuschen angebaut war, ist gestern abgebrannt.* **2. anbauen/bauen:** Getreide, Weizen, Mais, Kartoffeln, Kohl, Wein, Tabak kann man sowohl *anbauen* als auch *bauen; anbauen* wird jedoch heute häufiger gebraucht.

anbaufähig: ↑-fähig.

anbei: Das Substantiv in Verbindung mit *anbei* „als Anlage, in der Anlage" kann sowohl im Nominativ als auch im Akkusativ stehen: *Anbei gewünschter Verrechnungsscheck/Anbei [übersenden wir Ihnen den] gewünschten Verrechnungsscheck. Gewünschter/* (seltener:) *Gewünschten Verrechnungsscheck anbei.* Vgl. auch ↑anliegend.

anbelangen/anlangen – anbetreffen/betreffen: *anbetreffen* ist entstanden aus *betreffen* durch Hinzufügung des Verbzusatzes *an-,* der von dem bedeutungsverwandten *anlangen* herübergenommen wurde. Man kann also sagen: *Was mich/was diese Sache betrifft, so bin ich einverstanden* oder: *Was mich/was diese Sache anbetrifft, so bin ich einverstanden; anlangen* seinerseits hat die Vorsilbe *be-* von *betreffen* übernommen, wodurch die Form *anbelangen* entstanden ist. Diese Form hat *anlangen* in der Gegenwartssprache stark zurückgedrängt. Zu der Fügung *Die letzte Lieferung [an]betreffend/an[be]langend* ↑erstes Partizip (2).

anberaumen: Der Verbzusatz *an-* wird hier in den finiten Formen meist vom Verb getrennt und nachgestellt: *Er beraumte einen Termin an.* Die Nichttrennung *(Er anberaumte einen Termin)* kommt gelegentlich vor, hat sich aber noch nicht so durchgesetzt wie z. B. bei ↑*anerkennen.* ↑Tmesis (3).

anbeten: ↑Verb (2.4).

anbetreffen/betreffen: ↑anbelangen/anlangen.

anbinden: ↑Verb (2.4).

anbringen: Nach *anbringen an* steht vorwiegend der Dativ: *Er brachte die Lampe an der Decke an.* Der Akkusativ ist jedoch auch möglich, wenn beim Sprecher die Vorstellung der Richtung (Frage: wohin?) vorherrscht: *Das Bücherbrett läßt sich an die Wand anbringen.* ↑Rektion (1).

-and/-ant: Es bestehen oft Zweifel darüber, ob Personenbezeichnungen mit dem Suffix *-and* oder *-ant* gebildet werden sollen. Das Suffix *-and* hat (entsprechend dem lateinischen Gerundiv) passivische Bedeutung. Es steht in Bezeichnungen für eine Person, mit der etwas geschehen soll: *Konfirmand, Diplomand, Habilitand, Rehabilitand* (=jemand, der konfirmiert/diplomiert/habilitiert/rehabilitiert werden soll oder der zu konfirmieren usw. ist). Das Suffix *-ant* (entsprechend dem lateinischen Partizip Präsens) hat dagegen aktivische Bedeutung: *Fabrikant, Musikant, Intrigant, Kommunikant, Duellant, Emigrant, Sympathisant* u. a. (= jemand, der etwas fabriziert usw.). Vgl. auch ↑Informand/Informant.

ander-: 1. aus anderem wertvollen/wertvollem Material · mit anderem Neuen/Neuem: Das auf *ander-* folgende [substantivierte] Adjektiv oder Partizip wird heute überwiegend in gleicher Weise (parallel) gebeugt: *anderes gedrucktes Material, bei anderer seelischer Verfassung, eine Menge anderer wertvoller Gegenstände; ein anderer Abgeordneter, die anderen Beamten, die Forderungen anderer Betroffener.* Nur im Dativ Singular Maskulinum und Neutrum wird noch überwiegend schwach gebeugt: *aus anderem wertvollen Material, zwischen anderem wertlosen Gerümpel, mit anderem Neuen.* Sonst ist die schwache Beugung veraltet und kommt nur noch selten vor: *anderes alte Zeug.* ↑Adjektiv (1.2.5). **2. wer anders/and[e]res/anderer:** In Verbindung mit *wer, jemand, niemand* wird heute überwiegend die Form *anders* (der adverbial erstarrte neutrale Genitiv) gebraucht: *wer/jemand/niemand anders; mit wem anders; sie kennt hier niemand anders als dich.* Der Gebrauch des Neutrums *and[e]res* nach *wer, jemand, niemand* veraltet allmählich. Daneben werden, vor allem im Süddeutschen, *wer, jemand, niemand* auch mit dem Maskulinum *anderer* verbunden, und zwar seltener im Nominativ, häufiger in den anderen Kasus: *wer/jemand/niemand anderer; mit je-*

mand/niemand anderem; wen/jemand/niemand anderen. ... daß niemand anderer ... erben werde als Mila (Werfel). **3. Vergleichspartikel nach *ander-*:** Nach *ander-* steht beim Vergleich die Partikel *als* (nicht: *wie*): *Es war alles andere als schön. Er konnte nichts anderes tun als rufen. Sie war ganz anders als bei unserer ersten Begegnung.* **4. falscher Bezug:** Steht *ander-* bei einem Substantiv, so muß dieses immer etwas von der gleichen Art bezeichnen wie das vorher genannte, zu dem es in Beziehung gesetzt wird. Es kann also z. B. nur gesagt werden: *Amseln und andere Singvögel,* nicht aber: *Tauben und andere Singvögel,* weil Tauben nicht zu den Singvögeln gehören. **5. Rechtschreibung:** Die verschiedenen Formen von *ander-* werden immer, auch in Verbindung mit einem Artikel, klein geschrieben: *die andere, ein anderer, alles andere, nichts anderes, keine andere, jemand anders/anderer, zum einen – zum andern.* ↑Groß- oder Kleinschreibung (1.2.4). **6. an einem Tag wie jedem anderen/wie jeder andere:** ↑Apposition (3.5).

andere/Dritte: Die Bezeichnungen *der andere* und *der Dritte* werden fälschlicherweise oft unterschiedslos gebraucht. *der andere* bedeutet „der zweite", wird also in Beziehung zu *der eine* gesetzt: *Der eine spielte Klavier, der andere Flöte, der dritte Geige.* Das groß geschriebene *der Dritte bedeutet* „der Außenstehende, Unbeteiligte": *Er ist der lachende Dritte. Sie haben sich auf Kosten eines Dritten geeinigt.* Auch der Plural *Dritte* kommt vor: *Sie hat Dritten* (= Außenstehenden) *gegenüber geäußert ...* Der Satz *Durch Verschulden eines Dritten ist er verunglückt* ist nur dann richtig, wenn beispielsweise zwei Autos wegen Sichtbehinderung, die ein Bauer durch Kartoffelfeuer verursacht hatte, zusammenstießen. Falsch ist es zu sagen: *Durch Verschulden eines Dritten ist er an einen Baum gefahren,* wenn nur eine einzige weitere Person an diesem Unfall beteiligt ist. Es muß dann heißen: *Durch Verschulden eines anderen ist er an einen Baum gefahren.*

ander[e]norts/anderorts: Beide Formen des Adverbs sind richtig; *anderorts* ist die ältere Form. In der jüngeren Bildung *ander[e]norts* ist der Genitiv Singular Maskulinum von *ander-* fest geworden (= anderen Ortes).

and[e]rerseits/anderseits: Beide Formen des Adverbs sind üblich und richtig; *anderseits* ist die ältere Form. In der jüngeren Bildung *and[e]rerseits* ist der Genitiv Singular Femininum von *ander-* fest geworden (= anderer Seite). Zum Komma ↑einerseits-andererseits.

anderes als: Wird nach *anderes* ein pluralisches Attribut mit *als* angeschlossen, dann kann das folgende Verb sowohl im Plural als im Singular stehen. Maßgebend dafür ist das Glied, das die Betonung trägt. Singular: *Anderes als leere Kartons fand sich nicht in dem Verschlag.* Plural: *Anderes als leere Kartons fanden sich nicht in dem Verschlag.* ↑Kongruenz (1.1.6).

anders: ↑ander-.

anders als: ↑ander- (3).

anderssprachig: ↑-ig/-isch/-lich (1).

anderthalbmal: Zu *anderthalb/ein[und]einhalb* ↑halb (2); zu *anderthalbmal so groß/anderthalbmal größer* ↑-mal so groß/-mal größer.

aneinander: Getrennt vom folgenden Verb schreibt man, wenn *aneinander* eine Wechselbezüglichkeit, eine Gegenseitigkeit (bei Personen) ausdrückt: *Es ist schön, daß sie aneinander denken* (= an sich gegenseitig denken). Getrennt schreibt man auch, wenn *aneinander* zu einem zusammengesetzten Verb tritt: *Sie haben die Teile aneinander angefügt.* Zusammen schreibt man, wenn *aneinander* Verbzusatz ist: *Wir wollen die Teile aneinanderfügen. Wir sind aneinandergeraten. Er hat die Zahlen aneinandergereiht.* ↑Zusammen- oder Getrenntschreibung (1.4).

Aneinanderreihungen: ↑Bindestrich (3).

anempfehlen/empfehlen: Das Verb *anempfehlen* wird gelegentlich an Stelle des einfachen *empfehlen* gebraucht, in der Absicht, einer Aussage besonderen Nachdruck zu verleihen. Dabei ist in den finiten Formen die Nichttrennung ebensohäufig wie der Gebrauch mit nachgestelltem Verbzusatz: *Er anempfahl ihm dringend/Er empfahl ihm dringend an, einen Arzt aufzusuchen.* ↑Tmesis (3), ↑Verb (2.4 und 3).

-aner: ↑Einwohnerbezeichnungen (2).

anerkennen: Das Verb *anerkennen* gehört (wie *anberaumen, anempfehlen, anvertrauen*) zu den Verben, bei denen der Verbzusatz in den finiten Formen im allgemeinen vom Verb getrennt und nachgestellt wird: *Er erkannte ihre Forderung an.* Es besteht jedoch im heutigen Sprachgebrauch die Neigung, den Verbzusatz – besonders in prägnanter Ausdrucksweise – nicht zu trennen: *Die Indios ... anerkannten Herbert sofort als ihren nächsten Herrn* (M. Frisch). *Er anerkannte damit ihr Vorhaben* (Musil). ↑Tmesis (3), ↑Verb (2.4).

anfahren: ↑Verb (3).

Anfahrts-: Die Zusammensetzungen mit *Anfahrt* sind mit Fugen-s gebräuchlich: *Anfahrtskosten, Anfahrtsstraße, Anfahrtsweg.*

anfällig: Das Adjektiv wird meist mit der Präposition *für,* seltener mit *gegen* verbunden: *Er ist anfällig für/*(seltener:) *gegen Erkältungen.*

Anfang/anfangs: Das Substantiv *Anfang* kann mit einer nicht flektierten Zeitangabe (Monatsname, Jahreszahl) oder mit einer Zeitangabe im Genitiv (z. B. *Jahr, Monat, Woche*) stehen: *Anfang Februar, Anfang 1970, Anfang des Monats Mai, Anfang des Jahres.* Das Adverb *anfangs* „zuerst, im Anfang" steht ohne weitere Zeitangabe: *Anfangs war alles gut. Sie war anfangs sehr zurückhaltend.* Nur in der Umgangssprache wird *anfangs* auch als Präposition mit dem Genitiv gebraucht und wie das Substantiv *Anfang* mit einer Zeitangabe verbunden: *Er kam anfangs des Jahres zurück. Wir werden anfangs der Woche tagen.* Standardsprachlich gilt nur: *Er kam Anfang des Jahres zurück. Wir werden Anfang der Woche tagen.*

anfangen: **1. Stellung von *an-*:** Wenn der Verbzusatz *an-* in den finiten Formen vom Verb getrennt und nachgestellt wird, dann kann der abhängige Infinitiv (mit den zugehörigen Gliedern) aus der Umklammerung herausgenommen werden: *Danach fing sie an, bitterlich zu weinen.* Neben: *Danach fing sie bitterlich zu weinen an.* Aber nicht: *Danach fing sie bitterlich an zu weinen.* Oder: *Wir fingen an, ein Haus zu bauen.* Neben: *Wir fingen ein Haus zu bauen an.* Aber nicht: *Wir fingen ein Haus an zu bauen.* Falsch ist der Verbzusatz auch im folgenden Beispiel abgetrennt: *Man wird uns entdecken, wenn der Hund an zu bellen fängt.* Richtig: *... zu bellen anfängt/... anfängt zu bellen.* **2. Perfektbildung:** Das Perfekt von *anfangen* darf standardsprachlich nur mit *haben* gebildet werden: *Ich habe bei ihm angefangen.* Falsch: *Ich bin bei ihm angefangen.* **3. Zeichensetzung:** Wenn *anfangen* mit einem erweiterten Infinitiv mit *zu* verbunden ist, kann man das Komma setzen oder weglassen. Es kommt darauf an, ob man *anfangen* als Vollverb oder als Hilfsverb auffassen will: *Er fing an, die Steine zu sortieren* oder: *Er fing an die Steine zu sortieren.* Tritt zu *anfangen* eine nähere Bestimmung, dann muß das Komma stehen, weil *anfangen* dann nur Vollverb sein kann: *Er fing augenblicklich an, die Steine zu sortieren.* ↑Komma (5.1.4).

anfliegen: ↑Verb (3).

Anfrage: **1. Präposition nach *Anfrage*:** *Anfrage* wird in der Regel mit der Präposition *wegen* verbunden: *Ihre Anfrage wegen des Termins haben wir erhalten.* In der Amts- und Kaufmannssprache wird auch mit der Präposition *bezüglich* angeschlossen: *Ihre Anfrage bezüglich der Lieferungen beantworten wir folgendermaßen ...* **2. Rechtschrei-**

bung: *eine kleine/große Anfrage* (= Interpellation) *im Parlament.* In diesen Fügungen werden die Adjektive klein geschrieben.

anfragen: Das Verb *anfragen* ist intransitiv und steht, wenn eine Person gefragt wird, mit der Präposition *bei: Sie fragte telefonisch bei ihm wegen der Bücher an.* (Nicht: *Sie fragte ihn telefonisch wegen der Bücher an.*) Das 2. Partizip *angefragt* kann nicht als Adjektiv gebraucht und nicht substantiviert werden, so daß *die angefragten Bücher* oder *der Angefragte* falsch ist. ↑zweites Partizip (2).

anführen: ↑Verb (2.2).

Anführungszeichen

1 Formen

Die Anführungzeichen (ugs. „Gänsefüßchen") haben in Hand- und Maschinenschrift folgende Formen: „ " oder " ", als halbe Anführungszeichen: ‚ ' oder ' '. Im deutschen Schriftsatz werden vornehmlich die Anführungszeichen „ " und » «, als halbe Anführungszeichen ‚ ' und › ‹ gebraucht. (Die französische Form « » ist im Deutschen weniger gebräuchlich; in der Schweiz hat sie sich für den Antiquasatz eingebürgert.)
Während bei einzelnen aus fremden Sprachen angeführten Wörtern oder Wendungen deutsche Anführungszeichen stehen, werden fremdsprachige Sätze oder Abschnitte in die in der betreffenden Sprache geltenden Anführungszeichen gesetzt.

2 Gebrauch

2.1 Direkte Rede:

Anführungszeichen stehen bei der direkten Rede und bei direkt wiedergegebenen Gedanken am Anfang und am Ende der Aussage:

„Es ist unbegreiflich, wie ich das hatte vergessen können", sagte er zu mir. „So – das war also Paris", dachte sie.

2.2 Anführung von Zitaten:

Anführungszeichen stehen bei wörtlicher Anführung einer Textstelle aus einem Buch, Schriftstück, Brief u. ä. am Anfang und am Ende des Zitates:

Über das Ausscheidungsspiel zur Fußballweltmeisterschaft berichtet ein Journalist: „Das Stadion glich einem Hexenkessel; Flaschen und faule Orangen und Tomaten flogen auf das Spielfeld, das Publikum drängte bis an den Spielfeldrand, und mit erhobenen Fäusten und wüsten Beschimpfungen drohten sie dem Schiedsrichter und dem harten Spieler."

Dies gilt auch bei der Einfügung eines Zitats in eine andere Formulierung:

Die Frage „Ist Rauchen gesundheitsschädlich?" wurde lange diskutiert.

Wird das Zitat durch einen Einschub unterbrochen, dann wird jeder der getrennten Teile in Anführungszeichen gesetzt:

„Der Mensch", so heißt es in diesem Buch, „ist ein Gemeinschaftswesen."

2.3 Anführung von einzelnen Wörtern, Buchtiteln, u. ä.:

Hervorhebende Anführungszeichen stehen bei einzelnen Wörtern, kurzen

Aussprüchen und Titeln von Büchern, Zeitungen, Kunstobjekten, Rundfunk- und Fernsehsendungen u. ä.:

Das Wort „Doktorand" wird am Schluß mit „d" geschrieben. Mit den Worten „Mehr sein als scheinen" hat Schlieffen Moltke charakterisiert. Die beste Aufführung von Mozarts „Così fan tutte" haben wir in Salzburg erlebt. „Die Zeit" ist eine Wochenzeitung. Der Film „Einer flog über das Kuckucksnest" erhielt fünf Oscars.

Wird dabei der zu dem Titel o. ä. gehörende Artikel gebeugt und verändert, muß er außerhalb der Anführungszeichen stehen:

Der Umfang des Magazins „Der Spiegel" hat zugenommen. (Aber:) Der Umfang des „Spiegels" hat zugenommen.

Auch bestimmte Arten von Eigennamen, z. B. die Namen von Gaststätten und Schiffen, können durch Anführungszeichen hervorgehoben werden:

Hotel Europäischer Hof oder Hotel „Europäischer Hof"/Forschungsschiff Meteor oder Forschungsschiff „Meteor"/die Reise der Bremen/der „Bremen".

Besondere Arten der Hervorhebung belegen die folgenden Beispiele, in denen die Anführungszeichen Ironie, Distanzierung, übertragenen oder wortspielerischen Sprachgebrauch anzeigen:

Ihr „treuster" Freund verriet sie als erster. Das hat mit „Polizei-Aktionen" nichts mehr zu tun. Der Aufschwung ist „müde" geworden. Auf der Landwirtschaftsschau gab es allerhand „Schweinereien" zu sehen.

2.4 Halbe Anführungszeichen:

Halbe Anführungszeichen werden bei der Anführung innerhalb eines bereits in Anführungszeichen stehenden Textes verwendet:

Goethe schrieb: „Wielands ‚Oberon' wird als ein Meisterwerk angesehen werden." (Oder:) „... dann verließ sie das Zimmer mit den Worten: ‚Sie werden noch von mir hören!' "

2.5 Das Fehlen der Anführungszeichen:

Anführungszeichen brauchen nicht gesetzt zu werden, wenn die hervorzuhebenden Textteile bereits auf andere Weise (durch den Zusammenhang, die Schriftart, Sperrung) kenntlich gemacht sind:

Die Klasse liest Goethes Faust. *Badetuch* ist ein dreisilbiges Wort. Was für die einen K i t s c h ist, ist den anderen K u n s t.

3 Das Zusammentreffen von Anführungszeichen und Satzzeichen

Punkt, Fragezeichen und Ausrufezeichen stehen vor dem schließenden Anführungszeichen, wenn sie selbst zu dem angeführten Textteil gehören. Nach dem Schlußzeichen wird dann kein Punkt mehr gesetzt:

Er sagte: „Diese Behauptung ist unwahr!" Die kritisierte Textstelle lautet: „Ich muß gestehen, daß mir die Nachricht über den Anschlag insgeheim Schadenfreude bereitet hat." Sagte er: „Ich will dir helfen."? Hat sie wirklich gefragt: „Kommt Monika morgen?"? Er kennt nicht den Roman „Quo vadis?"!

Sonst stehen Punkt, Fragezeichen und Ausrufezeichen n a c h dem schließenden Anführungszeichen:

Dies ist ein Zitat aus „Don Carlos". Er soll gesagt haben, die Nachricht habe ihm „insgeheim Schadenfreude bereitet".

Das Komma steht immer nach dem schließenden Anführungszeichen:

„Es ist möglich", sagte sie, „daß ich morgen verreise."

Auf einen Textteil mit Frage- oder Ausrufezeichen folgt nach dem schließenden Anführungszeichen nur dann ein Komma, wenn er Bestandteil eines Teilsatzes ist; andernfalls wird das Komma erspart:

Als sie ihn fragte: „Weshalb darf ich das nicht?", wurde er sehr verlegen. Obwohl es aus dem Lautsprecher getönt hatte: „Achtung, alles sofort zurücktreten!", rührte sich niemand von der Stelle. (Aber:) „Weshalb darf ich das nicht?" fragte sie ihn. „Achtung, alles sofort zurücktreten!" tönte es aus dem Lautsprecher.

Angebinde/Gebinde: ↑Blumenangebinde/Blumengebinde.

Angebot: Das Wort hat mehrere Bedeutungen und wird jeweils mit anderen Präpositionen verbunden. In der Bedeutung „angebotene Warenmenge" wird *Angebot* mit *von* oder *an* verbunden: *Das Angebot von/an Gemüse war gering.* In der Bedeutung „Auswahl, Sortiment" steht es mit der Präposition *in: Das Angebot in Elektrogeräten ist sehr groß.* In der Bedeutung „schriftliche oder mündliche Bekanntgabe der Bedingungen, unter denen man zu einer Warenlieferung oder Arbeitsleistung bereit ist" kann *Angebot* mit *über* oder *für* verbunden werden: *Wir bitten Sie um Ihr Angebot über/für die Lieferung von ...* Im Sinne von „Anerbieten, Preisvorschlag" kann *Angebot* die Präpositionen *auf,* seltener *für* nach sich haben: *Ich habe ein Angebot auf das Haus erhalten. Der Antiquar machte ihr ein günstiges Angebot für das seltene Buch.*

angehen: In der Bedeutung „betreffen" muß *angehen* mit dem Akkusativ der Person verbunden werden: *Das geht dich nichts an.* Die Verbindung mit dem Dativ *(Das geht dir nichts an)* ist landschaftlich, bes. norddeutsch; sie gilt standardsprachlich als falsch.

Angehörige: 1. besagtem Angehörigen/Angehörigem · ihr als Angehörigen/Angehöriger einer angesehenen Familie: Im allgemeinen wird *Angehörige* wie ein attributives ↑Adjektiv (1) dekliniert: *Er war früher Angehöriger des Betriebsrates. Ein Angehöriger dieser Adelsfamilie lebt noch. Der Angehörige der Schlichtungskommission stimmte dagegen. Die Angehörigen des Verstorbenen trafen sich beim Begräbnis. Zwei Angehörige der Bundeswehr betraten das Lokal* usw. Im Genitiv Plural ist heute nach einem stark deklinierten Adjektiv die parallele Beugung üblich: *Sie sprach sich für die Teilnahme ehemaliger Angehöriger* (veraltend: *Angehörigen) der Firma aus.* Ausnahmen und Schwankungen treten beim Dativ Singular auf: **a)** Nach einem stark deklinierten Adjektiv wird heute schwach gebeugt: *Besagtem Angehörigen* (veraltet: *Angehörigem) der Firma ist gekündigt worden.* **b)** In der Apposition kommt neben der starken Deklination häufig auch die schwache vor: *Mir als Angehörigen* (neben: *als Angehörigem) des Vereinsvorstands ... Ihr als Angehörigen* (neben: *als Angehöriger) des Betriebsrates ...* **2. einige Angehörige · alle Angehörigen · solche Angehörige[n]:** Zur Deklination von *Angehörige* nach *alle, beide, einige, manche* usw. ↑all- usw.

Angeklagte: 1. die Angeklagte Schmidt/die angeklagte Firma: Wie *Beklagte* und *Beschuldigte* wird auch *Angeklagte* in der Sprache des Gerichts und der Verwaltung als Substantiv gebraucht. Das Wort bezeichnet die Person, Firma, Behörde o. dgl., gegen die Anklage erhoben worden ist. In Verbindung mit dem Familiennamen ist nur das Substantiv üblich: *Der/Die Angeklagte Schmidt sagt aus ...* Ist eine Firma gemeint, dann heißt es: *Die Angeklagte behauptet ...* oder mit dem 2. Partizip: *Die angeklagte Firma behauptet ...* **2. der Angeklagte Schmidt/der Angeklagte, Schmidt:** In dem Satz *Der Angeklagte Schmidt behauptete ...* ist der Name *Schmidt* das betonte Subjekt, die Bezeichnung *Angeklagter* geht als ↑Apposition ohne Komma voran. Will man dagegen *Angeklagter* hervorheben, dann macht man dieses Wort zum Subjekt des Satzes und trennt den Namen als nachgetragene Apposition durch Komma ab: *Der Angeklagte, [also] Schmidt, behauptete ...* **3. genanntem Angeklagten/Angeklagtem · ihr als Angeklagten/Angeklagter:** Im allgemeinen wird *Angeklagte* wie ein attributives ↑Adjektiv (1) dekliniert: *Angeklagter behauptet ... Ein Angeklagter hat sich erhängt. Der Angeklagte leugnet weiter. Die Angeklagten wurden freigesprochen. Zwei Angeklagte konnten überführt werden* usw. Im Genitiv Plural ist heute nach einem stark deklinierten Adjektiv oder Zahlwort die parallele Beugung üblich: *die Verurteilung zweier Angeklagter* (veraltend: *Angeklagten*). Ausnahmen und Schwankungen treten beim Dativ Singular auf: **a)** Nach einem stark deklinierten Adjektiv wird heute schwach gebeugt: *Genanntem Angeklagten* (veraltend: *Angeklagtem*) *wurde mitgeteilt ...* **b)** In der Apposition kommt neben der starken Deklination häufig auch die schwache vor: *Ihm als Angeklagten ...* neben: *Ihm als Angeklagtem ... Ihr als Angeklagten ...* neben: *Ihr als Angeklagter ...* **4. einige Angeklagte · alle Angeklagten · solche Angeklagte[n]:** Zur Deklination von *Angeklagte* nach *alle, beide, einige* usw. ↑all- usw.

Angel: *Angel* ist heute nur noch als Femininum gebräuchlich: *die Angel.* Das ursprüngliche, noch im 18. Jh. übliche Maskulinum *der Angel* (Goethe: *... sah nach dem Angel ruhevoll*) ist heute veraltet.

angemessen: ↑Adjektiv (1.2.13), ↑Vergleichsformen (2.2).

angenehm enttäuscht: Die umgangssprachliche, scherzhafte Wendung *Ich bin angenehm enttäuscht* (statt: *Ich bin angenehm überrascht*), die den negativen Sinn des Verbs *enttäuschen* bewußt außer acht läßt, soll zum Ausdruck bringen, daß man in dem betreffenden günstig verlaufenen Fall eigentlich mit einer Enttäuschung gerechnet hatte.

angenommen, [daß]: Nach *angenommen* steht immer ein Komma: *Angenommen, daß morgen gutes Wetter ist, wohin wollen wir fahren? Wohin wollen wir fahren, angenommen, daß morgen gutes Wetter ist? Können wir, angenommen, [daß] er kommt, die Angelegenheit gleich klären?*

Angermünder: Die Einwohner von Angermünde heißen *Angermünder* (nicht: *Angermündener*). ↑Einwohnerbezeichnungen (3).

angesehen: ↑Adjektiv (1.2.13), ↑Vergleichsformen (2.2).

Angestellte: 1. besagtem Angestellten/Angestelltem · ihr als Angestellen/Angestellter: Im allgemeinen wird *Angestellte* wie ein attributives ↑Adjektiv (1) dekliniert: *Er war früher Angestellter. Vor der Tür stand ein Angestellter, der Angestellte der Stadtwerke. Die Angestellten demonstrierten mit den Arbeitern. Zwei Angestellte der Firma sind entlassen worden* usw. Im Genitiv Plural ist heute nach einem stark deklinierten Adjektiv die parallele Beugung üblich: *Er umriß die Aufgaben leitender Angestellter* (veraltend: *Angestellten*). Ausnahmen und Schwankungen treten beim Dativ Singular auf: **a)** Nach einem stark deklinierten Adjektiv wird heute schwach gebeugt: *Besagtem Angestellten* (veraltend: *Angestelltem*) *ist gekündigt worden.* **b)** In der Apposition kommt neben der starken Deklination häufig auch die schwache vor: *Ihm als Angestellten ...* neben: *Ihm als Angestelltem ... Ihr als Angestellten ...* neben: *Ihr als Angestellter ...* **2. eini-**

ge Angestellte · alle Angestellten · solche Angestellte[n]: Zur Deklination von *Angestellte* nach *alle, beide, einige* usw. ↑all- usw.

angewandt/angewendet: ↑anwenden.

angleichen, sich: Das Verb *sich angleichen* kann mit einem Dativobjekt oder mit einem Präpositionalobjekt verbunden werden: *Er gleicht sich sehr schnell seiner Umgebung an.* Oder: *Er gleicht sich sehr schnell an seine Umgebung an.* ↑Rektion (1).

Anglizismus: ↑Amerikanismen/Anglizismen.

angrenzen: In der Gegenwartssprache wird *angrenzen* nur noch mit der Präposition *an* verbunden: *Das Grundstück grenzt an den Garten an.* Früher konnte es mit dem Dativ konstruiert werden: *Das Grundstück grenzt dem Garten an.*

Angriff: Nach *Angriff* kann mit der Präposition *auf* oder *gegen* angeschlossen werden, die Präpositionen sind aber nicht in allen Fällen austauschbar: *Der Angriff auf* (selten: *gegen*) *die feindlichen Stellungen brach zusammen. Sie flogen Angriffe auf/gegen Nachschubwege. Der Gegner trug einen Angriff gegen die Befestigungen am Kanal vor.* Wird *Angriff* im Sinne von „heftige Kritik, Anfeindung" gebraucht, dann ist heute die Präposition *gegen* üblich: *Das sind massive Angriffe gegen das Fernsehen. Sie richtete Angriffe gegen die Opposition.*

angst/Angst: Klein schreibt man, wenn das Substantiv in stehender Verbindung mit einem Verb wie ein Adjektiv gebraucht wird (Frage: wie?): *mir ist/wird angst; angst [und bange] machen.* Groß schreibt man das Substantiv: *er hat Angst/ist in Angst; aus Angst fliehen; vor Angst fast vergehen.* ↑Groß- oder Kleinschreibung (1.1). Im übrigen heißt es: *jemandem* (nicht: *jemanden*) *angst machen.*

anhaben: Das ugs. *anhaben* „ein Kleidungsstück tragen" schreibt man im Infinitiv *(einen Mantel anhaben),* im 2. Partizip *(Wer hat meine Jacke angehabt?)* und in der Personalform im Nebensatz *(... weil sie Schuhe anhat)* zusammen. ↑Zusammen- oder Getrenntschreibung (1.3).

an Hand/anhand: Beide Schreibungen sind korrekt: *Er kam an Hand/anhand der Unterlagen zu dem Schluß, daß ...* Neben dem Genitiv ist im Plural auch der Anschluß mit *von* möglich *(an Hand/anhand von Unterlagen).* ↑Verblassen des Substantivs.

Anhang: Zu *als/im Anhang* ↑Anlage.

anhängig/anhänglich: Die Adjektive *anhängig* und *anhänglich* sind nicht gleichbedeutend. Während *anhänglich* „treu ergeben" bedeutet *(Sein anhänglicher kleiner Freund begleitete ihn. Der Hund ist sehr anhänglich),* kommt *anhängig* nur in bestimmten Verbindungen in der Rechtssprache vor: *ein anhängiges* (= schwebendes) *Verfahren; ein Verfahren ist anhängig* (= steht vor Gericht zur Entscheidung).

anheben: Wird *anheben* in gehobener Sprache im Sinne von „beginnen" gebraucht, dann lautet das Präteritum *hob an: Die Glocken hoben zu läuten an. Der Geistliche hob an zu sprechen.* Veraltet ist die Form *hub/huben an (Die Glocken huben zu läuten an).*

anheften: In Verbindung mit der Präposition *an* kann *anheften* mit dem Dativ oder mit dem Akkusativ verbunden werden, je nachdem, ob die Vorstellung des Ortes, wo etwas angeheftet wird (Frage: wo?), oder die Vorstellung der Richtung (Frage: wohin?) vorherrscht: *Sie wollte eine Schleife an das/an dem Kleid anheften. Er hatte einen Zettel an die/an der Tür angeheftet.* ↑Rektion (1).

anheischig machen, sich: Die Fügung *sich anheischig machen* im Sinne von „sich erbieten, sich verpflichten" kann sich nur auf ein in der Zukunft liegendes, nicht auf ein bereits abgeschlossenes Geschehen beziehen. Es kann also nicht heißen: *Ich mache* *mich anheischig, diese Aufgabe richtig gelöst zu haben,* sondern nur: *Ich mache mich anheischig, diese Aufgabe richtig zu lösen.*

ankaufen/kaufen: Im Unterschied zu *kaufen* „für Geld erwerben" wird *ankaufen* nur dann verwendet, wenn es sich um den Kauf von Wertobjekten oder von größeren Mengen handelt: *Grundstücke, Aktien, Getreide ankaufen. Die Galerie hat mehrere Gemälde angekauft.*

anklagen: Das Verb *anklagen* kann mit dem Akkusativ der Person + Genitivobjekt oder mit dem Akkusativ der Person + Präpositionalobjekt mit *wegen* verbunden werden: *Man hat ihn des Diebstahls angeklagt.* Oder: *Man hat ihn wegen Diebstahls angeklagt.* ↑Rektion (4).

anklagen, sich: Bei *sich anklagen als* steht heute das dem *als* folgende Substantiv gewöhnlich im Nominativ, d. h., es wird auf das Subjekt bezogen: *Er klagte sich als der eigentliche Schuldige an.* Der Akkusativ *(Er klagte sich als den eigentlichen Schuldigen an)* ist seltener. ↑Kongruenz (4.2).

anklammern: In Verbindung mit *an* kann *anklammern* sowohl mit dem Akkusativ als auch mit dem Dativ verbunden werden: *Das Kind klammerte sich ängstlich an die/an der Mutter an. Er klammerte eine Fotokopie an das/an dem Schreiben an.*

ankleben: In Verbindung mit *an* kann *ankleben* sowohl mit dem Akkusativ als auch mit dem Dativ verbunden werden: *Er klebte einen Zettel an die/an der Tür an.*

ankommen: Das Verb *ankommen* im Sinne von „befallen, überkommen" wird heute gewöhnlich mit dem Akkusativ der Person verbunden; der Dativ ist hier veraltet: *Ein unbehagliches Gefühl kam mich an* (veraltet: *kam mir an*). *Sie* (veraltet: *Ihr*) *kam die Lust zu lachen an.* ↑Rektion (1).

Anlage: 1. als Anlage/in der Anlage: Beide Formulierungen sind möglich: *Als Anlage* oder: *In der Anlage übersende ich ihnen zwei Gutachten.* **2. Kongruenz:** Bei Formulierungen wie *Anlage (Anhang) 1 bis/und [Anlage] 2* kann das Verb im Singular oder Plural stehen (↑Kongruenz 1.3.2): *Anlage 1 und 2 enthält/enthalten alles Wichtige zur Klärung dieser Frage.* Aber: *[Die] Anlagen 1 und 2 enthalten* ... ↑Brief (5). **3. Anlage/Anlegung:** ↑Verbalsubstantiv.

anlangen: ↑anbelangen.

anläßlich: Die Präposition *anläßlich* „bei Gelegenheit, aus Anlaß" wird mit dem Genitiv verbunden: *Anläßlich des Jahrestages der Befreiung waren alle Gebäude beflaggt.* Die Präposition wird besonders in der Amts- und Verwaltungssprache verwendet. Andere Möglichkeiten sind *bei, zu* und *aus Anlaß: Er sprach bei seinem Besuch auch mit dem Oppositionsführer. Zum Jahrestag der Befreiung waren alle Gebäude beflaggt. Aus Anlaß ihres Jubiläums erhielt sie ein wertvolles Buch.* Nicht korrekt ist die Vermischung von zwei Konstruktionen: *Über die uns anläßlich zu unserer Silberhochzeit übermittelten Glückwünsche haben wir uns sehr gefreut.* Richtig: ... *anläßlich unserer Silberhochzeit* ... oder: ... *zu unserer Silberhochzeit* ...

Anlaut: ↑Aussprache.

anlegen: Im Sinne von „investieren" wird *anlegen in* mit dem Dativ verbunden: *Er legte sein Geld in Wertpapieren* (nicht: *Wertpapiere) an.* Auch *anlegen an* „landen, [am Ufer] festmachen" wird gewöhnlich mit dem Dativ verbunden: *Das Boot legte am Ufer/an der Schiffsbrücke an.* Die Verbindung mit dem Akkusativ *(an die Schiffsbrükke anlegen)* ist nicht falsch, aber weniger gebräuchlich. ↑Rektion (1).

Anlegung/Anlage: ↑Verbalsubstantiv.

anleimen: Bei *anleimen an* kann sowohl der Akkusativ als auch der Dativ stehen: *Er leimte das abgeplatzte Stück an das/*(seltener:) *an dem Brett an.*

anlernen: ↑lehren/lernen.

anliefern: ↑Verb (3).

anliegen: Das Verb *anliegen,* das in gehobener Sprache noch im Sinne von „behelligen, zusetzen" vorkommt, wird mit dem Dativ und nicht mit dem Akkusativ verbunden: *Er lag dem Vater mit Bitten an.* ↑Rektion (2).

anliegend: Die im geschäftlichen Briefwechsel häufig gebrauchte Formel *Anliegend übersende ich Ihnen ...* wird vielfach als mißverständlich empfunden. Eindeutig sind z. B. *als Anlage, in der Anlage* oder *anbei.* ↑satzwertiges Partizip (1).

anlöten: Bei *anlöten an* kann sowohl der Akkusativ als auch der Dativ stehen: *Das Ende des Drahtes muß an die/an der Platte angelötet werden.*

anmahnen: ↑Verb (3).

anmieten: ↑Verb (3).

anmontieren: Bei *anmontieren an* kann sowohl der Akkusativ als auch der Dativ stehen: *Er montierte eine Steckdose an die/an der Wand an.*

anmuten: In der Bedeutung „erscheinen, vorkommen" wird *anmuten* mit dem Akkusativ der Person und nicht mit dem Dativ verbunden: *Diese Vorgänge muteten ihn* (nicht: *ihm*) *seltsam an.*

an'n: Umgangssprachlich und mundartlich für *an den.* ↑Präposition (1.2.1), ↑Apostroph (1.2).

anno/Anno: Das aus dem Lateinischen übernommene Wort für „im Jahre" kann sowohl klein (in Österreich nur so) als auch groß geschrieben werden: *anno/Anno elf, dazumal, Tobak.* Für *Anno Domini (A. D.)* ist nur die Großschreibung üblich. In der Geschichtswissenschaft kommt zur Kennzeichnung von Jahreszahlen die Abkürzung *a.* vor: *a. 1232.*

Annoncen: ↑Anzeigen.

anomal/anormal/abnorm/abnormal: ↑abnorm/abnormal/anomal/anormal.

Anrede: **1. Anredepronomen:** Die heute im Deutschen üblichen Anredepronomen sind: die Höflichkeitsanrede *Sie* (3. Person Plural des Personalpronomens) im Singular und im Plural *(Waren Sie schon einmal in Berlin, Herr Müller? Jetzt dürfen Sie alle hereinkommen)* und die Anrede *du,* im Plural *ihr,* zwischen miteinander vertrauten Personen *(Das darfst du nicht tun! Habt ihr eure Schularbeiten gemacht?).* In verschiedenen Mundarten ist es üblich, zwei oder mehr Personen mit *ihr* anzusprechen, auch wenn man sie einzeln nicht duzt. Die Anrede in der 3. Person Singular *(Schweig Er! Höre Sie!)* ist veraltet, die Anrede *Ihr/Euch* gegenüber einer einzelnen (älteren) Person *(Habt Ihr Euch wieder erholt? Kann ich Euch helfen?)* ist volkstümlich und auf den ländlichen Bereich beschränkt. **2. Groß- oder Kleinschreibung:** Die Anredepronomen *Sie,* das volkstümliche *Ihr* und die entsprechenden Possessivpronomen *Ihr* und *Euer* schreibt man immer, d. h. nicht nur in Briefen, sondern auch in der wörtlichen Rede im Prosatext, groß: *Lieber Herr Meier, ich danke Ihnen für Ihren Brief und freue mich, daß Sie ... Er sagte: „Das kann ich Ihnen nicht versprechen." Wir danken Ihnen allen und wünschen Ihnen ein gutes neues Jahr.* (Aber klein, weil keine Anrede: *Wir danken allen Freunden und wünschen ihnen ein gutes neues Jahr* oder: *Wir bitten alle Betriebsangehörigen, daß sie ihre Anträge rechtzeitig einreichen.* In diesen beiden Beispielen sind *ihnen* und *sie* 3. Person Plural.) Die Anredefürwörter *du, ihr* und die entsprechenden Possessivpronomen *dein, euer* werden nur dann groß geschrieben, wenn eine Person oder eine Gruppe unmittelbar angesprochen wird. So in Briefen, in feierlichen Aufrufen und Erlassen, in Wahlaufrufen, Grabinschriften, Widmungen, auf Kranzschleifen, in Bemerkungen des Lehrers unter Klassenarbeiten, auf Fragebogen (z. B. bei schriftlich fixierten Prüfungsfragen). Fehlt diese unmittelbare Ansprache, etwa in der schriftlichen Wiedergabe von Reden, Dialogen u. ä., in Protokollen, Lehrbüchern und Prospekten, dann wird das Anredepronomen klein geschrieben. Groß schreibt man das Pronomen bei historischen Titeln wie *Exzellenz, Hoheit, Durchlaucht* u. ä.: *Euer (Eure) Exzellenz, Euer (Eure) Hoheit, Euer (Eure) Durchlaucht;* ebenso in der 3. Person: *Seine Majestät, Seine Heiligkeit, Ihre Königliche Hoheit.* – Das Reflexivpronomen *sich* ist kein Anredefürwort und wird immer klein geschrieben: *Machen Sie sich bitte keine Mühe!* (Aber: *Erinnerst Du Dich noch?*) Auch die Pronomen *alle* und *beide* dürfen nicht groß geschrieben werden: *Ich grüße Euch alle herzlich. Ich möchte Sie beide einmal wiedersehen.* (↑Groß- oder Kleinschreibung [1.2.4]). **3. Formen der Anrede:** Die Frage, ob man eine Person mit ihrem Namen oder (auch) mit ihrem Titel, akademischen Grad o. ä. ansprechen soll, kann allgemein nicht beantwortet werden. Im Zweifelsfall entscheide man sich für die Verwendung bzw. Hinzufügung des (höchsten) Titels. Zur Beugung von Namen ↑Titel und Berufsbezeichnungen (1); zu Anreden im Brief ↑Brief (4).

Anredenominativ: Der Anredenominativ (Vokativ) ist ein stellungsfreies, weglaßbares Satzglied im Nominativ, das die angeredete Person oder die angeredeten Personen bezeichnet: *Junge, paß bloß auf! Kommst du mit, Mutter? Liebe Verwandte, es geht mir gut. Ich freue mich, Kolleginnen und Kollegen, Ihnen ...* Veraltet sind Pluralformen wie *Lieben Freunde! Lieben Brüder und Schwestern!*

Anredepronomen: ↑Anrede (1).

anrufen: In der Standardsprache wird *anrufen* nur mit dem Akkusativ verbunden. Die Verbindung mit dem Dativ ist landschaftliche Umgangssprache, besonders in Südwestdeutschland und der Schweiz. Es heißt also: *Ich rufe dich an* (nicht: *Ich rufe dir an*). ↑Rektion (2).

ans: Diese Verschmelzung aus *an* und *das* wird ohne Apostroph geschrieben. ↑Apostroph (1.2), ↑Präposition (1.2.1).

anscheinend/scheinbar: In der Alltagssprache wird der Bedeutungsunterschied zwischen *anscheinend* und *scheinbar* häufig außer acht gelassen und *scheinbar* fälschlich im Sinne von *anscheinend* gebraucht. Mit *anscheinend* bringt der Sprecher die Vermutung zum Ausdruck, daß etwas so ist, wie es erscheint: *Er ist anscheinend krank. Anscheinend ist niemand im Haus. Sie hat anscheinend Schweres erlebt.* Das Adjektiv *scheinbar* sagt, daß etwas nur dem äußeren Eindruck nach, aber nicht in Wirklichkeit so ist, wie es sich darstellt: *Die Zeit stand scheinbar still. Der Widerspruch ist nur scheinbar.* Falsch ist z. B. der Gebrauch von *scheinbar* in folgenden Sätzen: *Du hast mich scheinbar* (statt: *anscheinend*) *vergessen. In diesem Gehege sind scheinbar* (statt: *anscheinend*) *Mufflons.* – Die Unterscheidung zwischen den beiden Wörtern ist relativ jung, sie wurden erst im 18. Jh. gegeneinander abgegrenzt und differenziert.

anschließen: Bei *anschließen an* in der Bedeutung „an etwas anbringen und dadurch eine Verbindung herstellen" kann der Dativ oder der Akkusativ stehen, je nachdem, ob beim Sprecher die Vorstellung des Ortes, wo etwas angeschlossen wird, oder die der Richtung vorherrscht. Der Akkusativ ist hier allerdings häufiger: *Sie schloß den Schlauch an den*/(auch:) *am Wasserhahn an. Das Haus wurde an die Fernheizung angeschlossen.* Nur im Sinne von „mittels eines Schlosses sichern" steht gewöhnlich der Dativ: *Er schloß sein Fahrrad am Zaun/an der Wand an.* ↑Rektion (1).

anschreiben: Der Gebrauch von *anschreiben* im Sinne von „sich [mit einem Anliegen] schriftlich an jmdn. wenden" findet sich vornehmlich im Behörden- und Geschäftsbereich: *eine Behörde, eine Firma, einen Antragsteller anschreiben. 40 Prozent aller angeschriebenen Personen bejahten die Frage.* ↑Verb (3).

Anschrift: ↑Brief (1).

anschweißen: Bei *anschweißen an* kann sowohl der Akkusativ als auch der Dativ stehen: *Der Bügel wird an die/an der Schiene angeschweißt.*

anschwellen: ↑schwellen.

ansehen, sich: 1. Bei *sich ansehen als* steht heute das dem *als* folgende Substantiv gewöhnlich im Nominativ, d. h., es wird auf das Subjekt bezogen: *Er sieht sich als guter Autofahrer an.* Der Akkusativ *(Er sieht sich als guten Autofahrer an)* ist seltener. ↑Kongruenz (4.2). **2.** ↑als/für/wie.

Ansehen: Über die Apposition mit *als* nach dem Verbalsubstantiv *Ansehen* (*das Ansehen des Mannes als Kaufmann/als ehrbarer Kaufmann* oder *ehrbaren Kaufmanns/als eines ehrbaren Kaufmanns* usw.) ↑Apposition (3.2 und 3.3).

ansein (ugs.): Zusammen schreibt man im Infinitiv und 2. Partizip: *Das Licht muß immer ansein. Das Radio ist nicht angewesen.* Getrennt schreibt man bei den Personalformen: *Ich glaube, daß das Licht noch an ist/daß die Maschine an war.* ↑Zusammen- oder Getrenntschreibung (1.5).

Anspruch auf/nach/an: Es heißt *Anspruch auf etwas haben/erheben: Er hat Anspruch auf Krankengeld. Das Nachbarland erhebt Anspruch auf dieses Gebiet.* Der Gebrauch von *nach* statt *auf* ist falsch. Mit *an* wird die Person[engruppe] oder Sache angeschlossen, von der etwas gefordert oder erwartet wird: *Er hat/stellt hohe Ansprüche an seine Mitarbeiter/an das Leben.*

anstatt: 1. Rektion: Die Partikel *anstatt* kann sowohl Präposition (= an Stelle) als auch Konjunktion (= und nicht) sein. Als Präposition hat sie den Genitiv nach sich: *Anstatt des Geldes gab sie ihm ihren Schmuck. Er wies die Schwester anstatt des Stationsarztes zurecht.* (Nicht korrekt: *Anstatt dem Geld ... anstatt dem Stationsarzt.*) Nur wenn der Genitiv formal nicht zu erkennen ist oder wenn ein weiteres starkes Substantiv im Genitiv Singular hinzutritt, wird *anstatt* mit dem Dativ verbunden: *Anstatt Worten will ich Taten sehen.* Als Konjunktion regiert *anstatt* keinen Kasus, d. h., daß der folgende Kasus nicht von *anstatt,* sondern vom Verb abhängt: *Er reichte ihr anstatt ihrem Begleiter die Rechnung. Man zeichnete sie anstatt ihn aus.* – Schwankungen im Kasus erklären sich demnach daraus, daß man *anstatt* sowohl als Präposition wie als Konjunktion verwenden kann, je nachdem, ob man ein Verhältnis ausdrücken will oder Satzteile (oder Sätze) verbinden will: *Er nahm seinen Freund anstatt seiner mit* (= Präposition), aber: *Er nahm seinen Freund anstatt ihn mit* (= Konjunktion). Oder: *Er traf den Pfahl anstatt der Konservendose* (= Präposition), aber: *Er traf den Pfahl anstatt die Konservendose* (= Konjunktion). **2. Komma:** Das Komma vor *anstatt daß* steht wie vor dem einfachen *daß,* weil beide Wörter wie eine einfache Konjunktion eingesetzt sind: *Sie lobte ihn, anstatt daß sie ihn tadelte. Anstatt daß der Minister kam, erschien nur sein Staatssekretär.* Die Fügung *anstatt zu* + Infinitiv gilt als erweiterter Infinitiv und wird deshalb durch Komma abgetrennt: *Er spielte, anstatt zu arbeiten. Anstatt sich zu beeilen, bummelte sie. Er ging, anstatt nach Hause zu gehen, in eine Kneipe.*

anstelle/an Stelle: Beide Schreibungen sind korrekt: *Der Staatssekretär nahm an Stelle/anstelle der Ministerin an den Besprechungen teil.* Neben dem Genitiv ist auch der Anschluß mit *von* möglich: *Die Hausfrauen kauften Geflügel an Stelle/anstelle von Schweinefleisch.* ↑Verblassen des Substantivs.

anstoßen: Für *anstoßen* in den Bedeutungen „zufällig an etwas stoßen" und „Anstoß, Ärgernis erregen" ist die Perfektumschreibung mit *sein* und nicht mit *haben* zu wählen: *Er ist im Dunkeln an den Schrank* (alltagssprachlich auch: *am Schrank*) *angestoßen. Er ist bei seiner Abteilungsleiterin angestoßen.* In allen anderen Bedeutungen („die Gläser vor dem Trinken aneinanderstoßen", „durch einen Stoß in Bewegung setzen", „lispeln" usw.) wird *anstoßen* im Perfekt mit *haben* umschrieben. ↑haben (1).

-ant/-and: ↑-and/-ant.

antelefonieren: Das Verb *antelefonieren* ist eine unschöne ↑Kontamination aus *anrufen* und *telefonieren.*

Antonym: Ein Antonym (Gegen[satz]-, Oppositionswort) ist ein Wort, das einem anderen entgegengesetzt ist. Es gibt verschiedene Arten von Gegensätzen (kontradiktorische oder polare; konträre; korrelative oder komplementäre): *gesund/krank; schwarz/weiß; schmutzig/sauber; hell/dunkel; dick/dünn; starten/landen; ablehnen/genehmigen; hassen/lieben; Himmel/Hölle; Tag/Nacht; morgens/abends; mit/ohne; arbeitswillig/arbeitsscheu; Morgenrot/Abendrot; Mann/Frau; Bruder/Schwester; Angebot/Nachfrage.* Wörter mit mehreren Bedeutungen haben oft verschiedene Antonyme, z. B. *alt/jung, alt/frisch, alt/neu; gehen/kommen, gehen/stehen.* Die Verwendung von Gegenwörtern dient oft als Stilmittel. Es werden auch immer wieder neue Gegenwörter gebildet, zu *Landstreicher* beispielsweise *Stadtstreicher.* Der Gegensatz zum Antonym ist das ↑Synonym.

Antrag: Nach *Antrag* wird mit der Präposition *auf* (nicht *um* oder *nach*) angeschlossen: *Er stellte einen Antrag auf Fahrpreisermäßigung.*

antwortlich: Die veraltete Präposition der Amts- und Kaufmannssprache *antwortlich* regiert den Genitiv: *Antwortlich Ihres Schreibens* ... Stilistisch besser ist: *Auf Ihr Schreiben ...*

anvertrauen: Der Verbzusatz *an-* wird in den finiten Formen im allgemeinen vom Verb getrennt und nachgestellt: *Ich vertraue dir dieses Geheimnis an.* Die Unterlassung dieser ↑Tmesis ist seltener: *Ich anvertraue dir dieses Geheimnis.*

anvisieren: ↑Verb (3).

anwandeln: Das Verb wird heute nur noch mit dem Akkusativ gebraucht: *Ein Gefühl der Entmutigung wandelte ihn an.* Der Dativ *(... wandelte ihm an)* ist veraltet.

anwenden: Die Formen des Präteritums und zweiten Partizips lauten: *wendete an/wandte an* und *angewendet/angewandt.* Häufiger gebraucht werden die Formen *wandte an* und *angewandt.* ↑wenden.

Anwesende: Es muß heißen: *Geehrte Anwesende!* (nicht: *Anwesenden*). ↑substantiviertes Partizip.

Anzahl: 1. Eine Anzahl Studenten stand/standen vor dem Haupteingang: Auch wenn nach *Anzahl* das Gezählte im Plural folgt, steht in der Regel das Verb im Singular, weil das Subjekt *(Anzahl)* formal ein Singular ist: *Eine Anzahl Studenten stand vor dem Haupteingang. Eine Anzahl kostbarer Gegenstände wurde gestohlen.* Häufig wird aber auch nach dem Sinn konstruiert und das Verb in den Plural gesetzt: *Eine Anzahl Studenten standen vor dem Haupteingang. Eine Anzahl kostbarer Gegenstände wurden gestohlen.* Der Plural findet sich vor allem dann häufig, wenn das Gezählte als ↑Apposition im gleichen Kasus wie *Anzahl* steht: *Es liegen eine Anzahl Bauaufträge vor.* ↑Kongruenz (1.1.2). **2. eine Anzahl hübscher/hübsche Sachen · eine Anzahl Abgeordneter/Abgeordnete:** Nach *Anzahl* kann das Gezählte im Genitiv oder als Apposition stehen: *eine Anzahl Kinder; mit einer Anzahl Schafe. Er hat mit einer Anzahl Abgeordneter/Abgeordneten gesprochen. Eine Anzahl [steinreicher] Industrieller*/(seltener:) *[steinreiche] Industrielle stimmte dagegen. Sie hat eine Anzahl hübscher Sachen/hübsche Sachen.* ↑Apposition (2.2). **3. Anzahl/Zahl:** Die alte Unterscheidung, daß *Zahl* die Gesamtzahl, die Gesamtmenge ausdrückt, *Anzahl* dagegen einen Teil davon, ist auch im heutigen Sprachgebrauch noch nicht verlorengegangen und sollte überall da beachtet werden, wo es auf präzise Aussage ankommt. In der Alltagssprache werden beide Wörter häufig gleichbedeutend gebraucht.

Anzeigen

Der Zwang zur Kürze führt in Anzeigentexten nicht selten zu Verstößen gegen die Grammatik, zu mehrdeutigen Konstruktionen, stilistischen Entgleisungen, unverständlichen Abkürzungen u. dgl. Auf einige besonders häufige Fälle dieser Art gehen die folgenden Bemerkungen ein.

1. Preiswerter Plattenspieler gesucht/Preiswerten Plattenspieler gesucht: Anzeigen sind häufig elliptische (unvollständige) Sätze. Ergänzt man diese Sätze, dann erkennt man gewöhnlich sofort, ob z. B der Akkusativ oder der Nominativ, die 1. oder die 3. Person stehen muß. So muß es z. B. heißen:

Qualifizierter Koch gesucht.
Hotel „Continental", Braunschweig, Wallstraße 5

Oder:

Preiswerter Plattenspieler gesucht.
Franz Müller, Berlin, Bachstraße 4

In beiden Anzeigen kann nur *wird* ergänzt werden. Man fragt: Wer oder was wird gesucht? Falsch ist der Akkusativ *(Qualifizierten Koch gesucht. Preiswerten Plattenspieler gesucht).*

Schwankungen treten dann auf, wenn der unvollständige Satz auf zweierlei Art ergänzt werden kann:

Preiswerter Plattenspieler zu verkaufen.
Franz Müller, Berlin, Bachstraße 4

Plattenspieler ist in dieser Anzeige Subjekt (= ein preiswerter Plattenspieler ist zu verkaufen).

Preiswerten Plattenspieler zu verkaufen.
Franz Müller, Berlin, Bachstraße 4

In dieser Anzeige ist *Plattenspieler* Objekt (= einen preiswerten Plattenspieler habe ich zu verkaufen).

Die Anzeige

Tüchtigen Setzer stellt ein.
Reproprint AG, Hannover, Spohrstr. 4

ist nicht korrekt. Richtig muß es heißen:

Stelle tüchtigen Setzer ein.
Reproprint AG, Hannover, Spohrstraße 4

Richtig ist auch die Formulierung:

Tüchtigen Setzer stellt ein
Reproprint AG, Hannover, Spohrstraße 4

Bei dieser Anzeige handelt es sich um einen fortlaufenden Text; nach *stellt ein* darf also kein Punkt gesetzt werden.

2. Die Geburt unserer Jennifer freuen wir uns/freuen sich anzuzeigen: Auch in Anzeigentexten müssen wie in gewöhnlichen Sätzen die zusammengehörigen Satzglieder oder Gliedteile formal übereinstimmen (↑Kongruenz). Deshalb sind zwar die Formulierungen

Die Geburt *unserer* Jennifer freuen *wir uns* anzuzeigen
Die Geburt *ihrer* Jennifer freuen *sich* anzuzeigen

korrekt, nicht aber die ↑Kontamination aus beiden:

Die Geburt *unserer* Jennifer freuen *sich* anzuzeigen.

Wird die Anzeige in der 3. Person abgefaßt, dann stellt sie einen fortlaufenden Text dar; nach *anzuzeigen* darf also kein Punkt stehen:

Die Geburt ihrer Jennifer freuen sich anzuzeigen
Eva Wolf-Müller und Hans Müller

Falsch ist auch folgender Text:

Wir bieten technisch interessierten Schulabgängern,
auch *weibliche,* attraktive Ausbildungsplätze

weiblich ist, auch wenn es hier nachgestellt erscheint, wie *interessiert,* Attribut zu *Schulabgänger* und muß dieselbe Endung aufweisen, also nur:

Wir bieten technisch interessierten Schulabgängern, auch *weiblichen,* attraktive Ausbildungsplätze

3. Buchhändler[in] gesucht: Geschlechtsneutrale Stellenausschreibungen lassen sich durch die Verwendung von ↑Klammern und ↑Schrägstrich am bequemsten wie folgt gestalten:

Österreichischer Verlag sucht zum 1. April 1986 eine[n] Mitarbeiter[in], der/die ...

Spätestens zum 1. September 1986 ist die Stelle einer *Abteilungsleiterin/eines Abteilungsleiters* neu zu besetzen. *Ihr/Sein* Organisations- und Verkaufstalent ...

Auch hier ist auf die formale Übereinstimmung (↑Kongruenz) der zusammengehörenden Teile zu achten:

Wir suchen zum nächstmöglichen Termin *einen Redakteur[in]*

ist wegen der fehlenden Kongruenz zwischen *einen* und *Redakteurin* also falsch; korrekt dagegen *eine[n] Redakteur[in].*

4. Babysitter sucht F. Müller: Auch in einem Anzeigentext müssen wie in einem gewöhnlichen Satz die Beziehungen zwischen Subjekt, Prädikat und Objekt unmißverständlich ausgedrückt sein. Deshalb ist die Anzeige

Babysitter sucht
F. Müller, Berlin, Bachstraße 4

unglücklich formuliert (sucht hier der Babysitter oder F. Müller?). Besser:

Babysitter gesucht.
F. Müller, Berlin, Bachstraße 4

Ähnlich ist es mit

Boten sucht
Intertrans-Spedition, Frankenthal

Sucht die Firma einen oder mehrere Boten? Besser:

Bote gesucht.
Intertrans-Spedition, Frankenthal

5. Abgebe Waschmaschine/Gebe Waschmaschine ab: In Anzeigen (und Telegrammen; vgl. *ankomme/eintreffe morgen)* wird die Trennung (↑Tmesis) des Verbzusatzes häufig unterlassen:

Abgebe Waschmaschine ... (statt:) Gebe Waschmaschine ab ...
Anbiete Kofferradio ... (statt:) Biete Kofferradio an ...

Da der Inserent auf diese Weise nicht nur ein Wort, sondern auch Kosten spart, muß man diesen Verstoß in Anzeigentexten tolerieren, zumal viele davon überzeugt sind, durch die unterlassene Tmesis eine prägnantere Ausdrucksweise zu erreichen.

6. Todesanzeigen: In Todesanzeigen finden sich häufig Formulierungen wie

Am 13. 2. 1980 starb *mein geliebter* Mann, Vater, Bruder, Onkel ...
Letzte Nacht entschlief *meine liebe, unvergeßliche* Frau, Mutter und Schwester ...

Sie wären nur dann korrekt, wenn jede Verwandtschaftsbezeichnung nur für einen einzigen der namentlich aufgeführten Angehörigen zuträfe. Pronomen und Adjektiv[e] vor der ersten Bezeichnung könnten dann bei den übrigen erspart werden (... *mein geliebter Mann, [mein geliebter]* Vater ...). Da aber meist mehrere Kinder, Geschwister usw. genannt werden, schreibt man richtig:

... starb *mein* geliebter Mann, *unser* Vater, Bruder, Onkel ...
... entschlief *meine* liebe, unvergeßliche Frau, *unsere* Mutter und Schwester ...

In diesen Anzeigen wird die Witwe/der Witwer besonders hervorgehoben. Richtig ist auch:

... starb *unser* geliebter Mann, Vater, Bruder ...
... entschlief *unsere* liebe, unvergeßliche Frau, Mutter und Schwester ...

wenn die Leidtragenden nicht einzeln genannt werden, wenn die Anzeige also z. B. mit *Die trauernden Hinterbliebenen* unterzeichnet ist.
Zu der Fügung *nach langem, schwerem/schweren Leiden* ↑ Adjektiv (1.2.1).

7. Groß- oder Kleinschreibung: Der Artikel vor Unterschriften in Anzeigen wird mit großem Anfangsbuchstaben geschrieben, wenn die Unterschrift nach einem abgeschlossenen Text (mit schließendem Punkt) steht. Handelt es sich dagegen um einen fortlaufenden Text, in den die Schlußformel o ä. einbezogen ist, richtet sich ihre Groß- oder Kleinschreibung nach der Wortart des ersten Wortes:

Für die erwiesene Anteilnahme sagen herzlichen Dank
die trauernden Hinterbliebenen

Für die selbstlose Einsatzbereitschaft danken wir allen.
Der Vorstand

Anzug/Verzug: Die Wendungen *[Eine] Gefahr ist im Anzug* und *Es ist Gefahr im Verzug* bedeuten im heutigen Sprachgebrauch beide „[eine] Gefahr droht“. Ursprünglich meinte jedoch *Gefahr ist im Verzug* soviel wie „Im Zögern, im Hinausschieben liegt Gefahr.“

Anzug[s]-: Die Zusammensetzungen mit *Anzug* im Sinne von „Kleidungsstück“ haben kein Fugen-s, z. B. *Anzugstoff.* Sonst schreibt man mit Fugen-s: *Anzugsvermögen* (= des Motors), *Anzugskraft* usw. ↑ Fugen-s (3).

Apartment/Appartement: Die beiden Wörter unterscheiden sich nicht nur in der Schreibung, sondern auch in der Aussprache und in der Bedeutung. Das aus dem Englischen entlehnte *Apartment* wird [a'partmənt] (engl.: [ə'pa:tmənt]) ausgesprochen und bedeutet „moderne Kleinwohnung (in komfortablem Mietshaus)“. Dagegen stammt *Appartement* aus dem Französischen, wird [apart[ə]'mã:] (schweiz. auch: [...'ment]) ausgesprochen und bedeutet „Zimmerflucht in einem größeren Hotel“. Heute wird es auch im Sinne von „moderne Kleinwohnung“ gebraucht, also wie *Apartment* verwendet.

Apfelwein/Äpfelwein: Man sollte nur *Apfelwein,* nicht aber *Äpfelwein* schreiben. ↑ Kompositum (2).

Apokope: ↑ Elision.

Apostroph

Der Apostroph (das Auslassungszeichen) deutet an, daß Laute, die gewöhnlich zu sprechen oder zu schreiben sind, ausgelassen worden sind.

1 Der Apostroph beim Ausfall von Lauten am Anfang eines Wortes

1.1 Mir geht's gut · komm raus/'raus!

Der Apostroph steht, wenn Laute am Anfang eines Wortes ausgelassen werden. Dabei steht vor dem Apostroph der gewöhnliche Wortzwischenraum, außer bei geläufigen Verbindungen wie *geht's* oder *sich's*. Die verkürzten Formen sind auch am Satzanfang klein zu schreiben:

In *'s* (= des) Teufels Küche. Wirf die Decken und *'s* (= das) Gepäck ins Auto. Wer *'s* (= das) Geld hat, kann sich das erlauben. Mir geht *'s* (= es) gut. Er macht sich *'s* (= es) gemütlich. *'s* (= Es) ist nun mal nicht zu ändern. So *'n* (= ein) Blödsinn! Sie hat *'ne* (= eine) Menge erlebt. Wir steigen 'nauf (= hinauf).

Im Gegensatz zu *'nauf, 'naus, 'nein* usw. werden die mit *r-* anlautenden Kürzungen *ran, rauf, raus, rein, rüber, runter* im heutigen Sprachgebrauch als selbständige Nebenformen von *heran, herauf* usw. empfunden und ohne Apostroph geschrieben. Das gilt auch für die Schreibung am Satzanfang und für die Zusammensetzungen mit diesen Formen: *Runter vom Balkon! Er ließ ihn rauswerfen. Sie hat ihn reingelegt. Reich mir mal das Buch rüber. Er ist Rausschmeißer. War das ein Reinfall!* Nur wenn eine dieser Formen ganz bewußt als Auslassung gekennzeichnet werden soll, kann der Apostroph stehen. Auch bei ugs. *mal* (= einmal) und *was* (= etwas) steht kein Apostroph:

Kommen Sie *mal* rüber! Hast du noch *was* auf dem Herzen?

1.2 aufs · hinterm · übern

Der Apostroph steht nicht, wenn es sich um allgemein übliche Verschmelzungen aus Präposition und Artikel handelt (↑ Präposition 1.2.1):

ans, aufs, durchs, fürs, hinters, ins, übers, ums, unters, vors; am, beim, hinterm, im, überm, unterm, vorm, zum; hintern, übern, untern, vorn;

Umgangssprachliche und mundartliche Verschmelzungen, die zu unüblichen Konsonantenverbindungen führen, werden dagegen mit Apostroph geschrieben:

Er sitzt *auf'm* Tisch. Wir treffen uns *nach'm* Essen. Wir gehen *in'n* Zirkus.

Zum Apostroph bei Jahreszahlen *(Ende '84)* ↑ Jahreszahl.

2 Der Apostroph beim Ausfall von Lauten am Ende eines Wortes

2.1 Das Schluß-e bei Verben

Der Apostroph steht für das weggelassene *-e* in folgenden Formen des Verbs:

– 1. Person Singular Indikativ Präsens:

Ich *find'* das schön. Ich *lass'* es bleiben. Ich *fordr'* Revanche. Das *hab'* ich nicht getan. Ich *werd's* gern probieren. *Küss'* die Hand! *Hab'* ich nur deine Liebe!

– 1. und 3. Person Singular Indikativ Präteritum:

Ich *glaubt'* zu sterben. Ich *hatt' 'nen* Kumpel. Das Grauen *packt'* ihn und ließ ihn nicht los. Das Wasser *rauscht'*, das Wasser schwoll (Goethe).

– 1. und 3. Person Singular Konjunktiv I und II:

Hätt' ich ihn nicht gewarnt! Ich *schnitt'* es gern in alle Rinden ein. *Könnt'* sie es noch erleben! *Behüt'* dich Gott! Gott *grüß'* dich!

Kein Apostroph steht bei festen Grußformeln und bei allgemein üblichen verkürzten Imperativformen (Befehlsformen):

Grüß Gott!, *bleib!*, *geh!*, *trink!*, *laß!*, *leg* den Mantel *ab!*, *führ* den Hund *aus!*

Unübliche Imperative haben dagegen einen Apostroph: *Fordr'* ihn *auf!*, *Handl'* gefälligst *danach!*

2.2 Das Schluß-e bei anderen Wortarten

Der Apostroph steht für das weggelassene Schluß-e bei Substantiven (↑Elision) wie *Lieb', Gebirg', Näh', Freud', Hos', Treu', Sünd', Füß'*. Ausgenommen von dieser Regel sind Doppelformen wie *Bursch/Bursche, Hirt/Hirte* und Substantive in festen Verbindungen wie *auf Treu und Glauben, Hab und Gut, mit Müh und Not*.

Keinen Apostroph haben die verkürzten Formen der Adjektive und Adverbien auf *-e*, weil sie als selbständige Nebenform empfunden werden und allgemein üblich sind:

blöd, bös, fad, gern, heut, leis, öd, trüb usw.

2.3 Andere Laute am Ende eines Wortes

Der Apostroph steht,

– wenn (umgangssprachlich) Laute am Ende eines Wortes oder Beugungsendungen weggelassen werden:

Schauen *S'* (= Sie) zu, daß es klappt. Sie begehrt *kein'* (= keinen) Dank. Er ist *gericht'* (= gerichtet).

– für das weggelassene *-o* von *Santo* und für das weggelassene *-a* von *Santa* vor männlichen bzw. weiblichen italienischen Namen, die mit Vokal anlauten: *Sant' Angelo, Sant' Agata* usw.

Kein Apostroph steht dagegen bei ungebeugt verwendeten Adjektiven und Indefinitpronomen:

groß Geschrei, *gut* Wetter; ein *zart* und *zerbrechlich* Wesen; *solch* Glück, *manch* schöne Stunde, ein *einzig* Wort, *welch* Freude usw.

3. Der Apostroph beim Ausfall von Lauten im Wortinnern

3.1 einige/ein'ge · irdische/ird'sche Güter

Der Apostroph steht heute im allgemeinen für das ausgelassene *-i-* der mit *-ig* und *-isch* gebildeten Adjektive und Pronomen:

ein'ge Leute, *wen'ge* Stunden, *heil'ge* Eide, *ew'ger* Bund, *ird'sche* Güter, *märk'sche* Heimat usw.

3.2 Mozartsche Sonaten · Heussche Schriften

Kein Apostroph steht für das ausgelassene *-i-* des Suffixes *-isch* bei Ableitungen aus Eigennamen:

Mozartsche Sonate, Grimmsche Märchen, Hegelsche/Heusssche Schriften, Bosch-sche Zündkerzen, Schulze-Delitzschsches Gedankengut, Hannoversche Industrie usw.

Ausnahmen sind alte (Firmen)namen, deren Schreibung mit Apostroph traditionell ist: *Cotta'sche Buchhandlung* usw.

3.3 M'gladbach · Ku'damm

Der Apostroph wird (umgangssprachlich) gelegentlich gesetzt, wenn – der Kürze wegen – größere Lautgruppen von Namen weggelassen werden:

Lu'hafen (= Ludwigshafen), Borussia M'gladbach (= Mönchengladbach), D'dorf (= Düsseldorf), Ku'damm (= Kurfürstendamm in Berlin) usw.

3.4 stehen/stehn · gegorener/gegorner Saft · Brettl

Der Apostroph steht nicht, wenn im Wortinnern ein unbetontes *-e-* ausfällt, und die entstehende Wortform allgemein gebräuchlich ist (↑Elision):

stehn, sehn, befrein; ich wechsle, ich lindre; geschrien (= geschrieen); auf verlornem Posten, gegorner Saft; Abrieglung, Reglung, Wandrer, Englein; wacklig, wäßrig (= wässerig); finstre Gestalten, edle Menschen; ebnes Gelände; trockner, raschste; unsre, andre usw.

Dies gilt auch für Wörter und Namenformen mundartlicher Herkunft:

Brettl, Dirndl, Rosl usw.

Bei ungebräuchlichen Auslassungen dagegen muß der Apostroph stehen: *Well'n, g'nug, Bau'r.*

4. Der Apostroph bei der Bildung des Genitivs

4.1 Grass' Blechtrommel · Andrić' Romane

Der Apostroph steht zur Kennzeichnung des Genitivs von Namen, die auf *-s, -ss, -ß, -tz, -z, -x* enden:

Hans *Sachs'* Gedichte, *Aristoteles'* Schriften, *Le Mans'* Umgebung; *Grass'* Blechtrommel; *Voß'* Übersetzungen; *Leibniz'* Philosophie, *Bregenz'* Lage; *Ringelnatz'* Gedichte, *Britz'* Heimatgeschichte; *Giraudoux'* Werke, *Bordeaux'* Hafenanlagen; das Leben *Johannes'* des Täufers.

Der Apostroph steht auch dann, wenn man diese Namen abkürzt: *A.' [Aristoteles'] Schriften.*

Der Apostroph steht heute im allgemeinen auch zur Kennzeichnung des Genitivs von nichtdeutschen Namen, die in der Aussprache auf einen der oben angegebenen Zischlaute enden:

Andrić' Romane, Anatole *France'* Werke, *Mendès-France'* Politik, *George Meredith'* Dichtungen, *Cyrankiewicz'* Staatsbesuch usw.

4.2 Ingeborg Bachmanns Lyrik

Kein Apostroph steht vor dem Genitiv-s von Namen, auch nicht, wenn sie abgekürzt werden:

Ingeborg *Bachmanns* (nicht: Bachmann's) Lyrik/*I. B.s* Lyrik, *Brechts* Dramen, *Bismarcks* Politik, *Hamburgs* Hafen, *Shelleys* Briefe, Margaret *Thatchers* Europapolitik usw.

5. Der Apostroph bei der Deklination von Abkürzungen

Der Apostroph steht nicht bei Abkürzungen mit der Genitiv- oder Pluralform *-s* (↑Abkürzungen [3]):

des Jh.s, des Pkws, die Lkws, GmbHs usw.

Appartement oder Apartment: ↑Apartment/Appartement.

applaudieren: Das Verb *applaudieren* steht heute im allgemeinen nur noch mit dem Dativ: *jemandem applaudieren.* Der Akkusativ gilt als veraltet, ebenso das persönliche Passiv *(Der Künstler wurde applaudiert).*

Apposition

Unter Apposition (Beisatz) versteht man ein substantivisches ↑Attribut (Beifügung), das mit seinem Bezugswort (Substantiv, Pronomen) gewöhnlich kongruiert (↑Kongruenz), also in Genus, Numerus und Kasus übereinstimmt. Eine Apposition kann unmittelbar bei ihrem Bezugswort stehen (vor- oder nachgestellt) oder mit *als* oder *wie* angeschlossen sein, sie kann aber auch dem Bezugswort nachgetragen sein und wird dann durch ↑Komma (3.3) abgetrennt:

die *Universität* Marburg im Vergleich zur *Universität* Erlangen; der Regierungsbezirk und die Stadt *Kassel;* sein Besuch bei Katharina *der Großen;* mit mir *armem Kerl;* Rechtsanwältin Klein *als Vertreterin* des Nebenklägers; ihr Status *als Expertin;* mit einem Kandidaten *wie ihm.* Gestern habe ich mich mit Cornelius, *meinem einstigen Schulfreund,* getroffen. Die Firma Maier, *München,* behauptet ...

Zum grammatischen Zweifelsfall wird die Apposition dadurch, daß es von der oben genannten Kongruenzregel zahlreiche – teilweise standardsprachlich durchaus korrekte – Abweichungen gibt: Zu Genusabweichungen *(sie als Minister/Ministerin)* ↑Kongruenz (3.1). Im Numerus besteht meist Kongruenz, doch ist es üblich und möglich, daß auf ein pluralisches Bezugswort als Apposition eine singularische Sammelbezeichnung folgt (und umgekehrt; ↑Kongruenz 1.1.4):

Wir verdanken *den Franzosen, der großen Nation,* Werke von unschätzbarem Wert. *Die Neger, der schwarze Mittelstand,* stellen eine Minorität dar. Die *moderne Literatur,* besonders die *verschiedenen Formen* der Poesie, sind schwerer zugänglich. *Kohlehydrate, ein wichtiger Energiespender,* sollten in keiner Hauptmahlzeit fehlen.

Zahlreicher sind die Kasusabweichungen zwischen Apposition und Bezugswort. Sie werden in den folgenden Abschnitten behandelt.

1 Die nachgetragene Apposition

1.1 der Tod dieses Gelehrten, Begründer/Begründers der Strahlenheilkunde

Die nachgetragene Apposition steht häufig im Nominativ, wenn sie ohne Artikel angeschlossen wird. Dies ist besonders dann der Fall, wenn das Bezugswort der Apposition ein attributiver Genitiv ist:

das Wirken dieses Mannes, *Vorkämpfer* (seltener: *Vorkämpfers*) für die Rassengleichheit; der Tod dieses Gelehrten, *Begründer* (seltener: *Begründers*) der Strahlenheilkunde; Leitfaden der Anatomie, herausgegeben von Dr. Müller, *leitender* (seltener: *leitendem*) Arzt am Städtischen Krankenhaus; nach Meinung des Parteivorsitzenden, Bundesaußenminister *Schulze* (seltener: *Schulzes*), wurde die Konferenz ... (↑Titel und Berufsbezeichnungen [1]).

Sind jedoch Mißverständnisse möglich, muß die nachgetragene Apposition ohne Artikel Kasusgleichheit mit dem Bezugswort aufweisen:

der Sohn des Grafen, *Günstling* des Herzogs (= der Sohn ist Günstling) – der Sohn des Grafen, *Günstlings* des Herzogs (= der Graf ist Günstling).

Folgt die nachgetragene Apposition mit Artikel, dann steht sie im gleichen Kasus wie das Bezugswort:

Das Wirken dieses Mannes, *eines [mutigen] Vorkämpfers* (nicht: *ein [mutiger] Vorkämpfer*) für die Rassengleichheit; der Tod dieses Gelehrten, *des Begründers* der Strahlenheilkunde; Leitfaden der Anatomie, herausgegeben von Dr. Müller, *dem [leitenden] Arzt* am Städtischen Krankenhaus; nach Meinung des Parteivorsitzenden, des *Bundesaußenministers* Schulze, wurde ... Man ernannte eine Frau zur Richterin am Supreme Court, *einem* (nicht: *ein*) *Hort* amerikanischer Männlichkeit.

1.2 am Ufer der Enns (eines Nebenflusses/ein Nebenfluß der Donau)

Die in Klammern statt in Kommas eingeschlossene Apposition steht im gleichen Kasus wie das Bezugswort:

Am Ufer der Enns *(eines Nebenflusses der Donau)* machten sie Rast. Die Sitte, dem Gast Tee mit Kluntjes *(weißem Kandiszucker)* zu servieren ... Mit diesem Buch *(ihrem besten Werk)* hatte sie auch den größten Erfolg.

Häufig wird jedoch das Eingeklammerte nicht als Apposition, sondern als erklärender Zusatz (elliptischer Schaltsatz) aufgefaßt und in den Nominativ gesetzt. Während sich die eingeklammerte Apposition harmonisch in das Satzgefüge eingliedert, wenn man die Klammern durch Kommas ersetzt, hat der nachgestellte erklärende Zusatz keine syntaktische Bindung:

Am Ufer der Enns *([ein] Nebenfluß der Donau)* machten sie Rast. Die Sitte, dem Gast Tee mit Kluntjes *(weißer Kandiszucker)* zu servieren ... Mit diesem Buch *(ihr bestes Werk)* hatte sie auch den größten Erfolg.

Diese syntaktische Isolierung des Schaltsatzes im Nominativ wird durch Gedankenstriche an Stelle von Klammern noch stärker hervorgehoben:

Mit diesem Buch – *ihr bestes Werk* – hatte sie auch den größten Erfolg.

1.3 der Preis für Brot, dem/das Grundnahrungsmittel der Bevölkerung

Häufig wird die Apposition fälschlich in den Dativ gesetzt, obwohl das Bezugswort in einem anderen Kasus steht. Richtig muß es heißen:

Der Preis für Brot, *das* (nicht: *dem*) Grundnahrungsmittel der Bevölkerung, ist gestiegen. Der Verkauf des Grundstücks an die Künstlerin, *die spätere* (nicht: *der späteren*) Ehrenbürgerin der Stadt, hatte ein Nachspiel. Dies läßt sich am besten am Beispiel Brasiliens, *des größten Landes* (nicht: *dem größten Land*) des Subkontinents, zeigen. Die Erinnerung an den Untergang der „Titanic", *des Stolzes* (nicht: *dem Stolz*) der Meere, ist verblaßt. Es geschah unweit der alten Festung Germersheim, *jenes traditionellen Manöverfeldes* (nicht: *jenem traditionellen Manöverfeld*) der Kaiserzeit. Mit Hilfe des Allerflüchtigsten, *des Gespinstes* (nicht: *dem Gespinst*) von Klatsch und Gerüchten, versuchte er ...

Dieses nicht korrekte Ausweichen auf den Dativ, das sich übrigens schon für die erste Hälfte des 19. Jh.s belegen läßt, kommt auch bei der mit *als* angeschlossenen Apposition (↑3.3) vor:

Die Bedeutung des Rheins *als internationaler* (nicht: *internationalem*) *Handelsweg* ist bekannt.

1.4 Ein gerngesehener Gast, betraute man ihn ...

Wenn die Apposition in gehobener Sprache von ihrem Bezugswort getrennt und zur Hervorhebung vorangestellt wird, dann muß sie im Nominativ stehen:

In zahlreichen vornehmen Familien *ein gerngesehener Gast,* betraute man *ihn* mit dieser Aufgabe (statt: *Ihn, einen gerngesehenen Gast, ...*).

1.5 am Mittwoch dem .../am Mittwoch, den ...

Der Monatstag in Datumsangaben kann als nachgetragene Apposition (mit Kasusgleichheit) oder als selbständige Zeitangabe im Akkusativ behandelt werden. ↑ Datum.

2 Die unmittelbar beim Bezugswort stehende Apposition

2.1 Magistrat Berlin/Magistrat von Berlin · das Problem Gastarbeiter/der Gastarbeiter · Franz Meyer Nachfolger

In der zur Kürze drängenden Gegenwartssprache werden Namen o. ä., die eigentlich als Attribut im Genitiv oder mit einer Präposition stehen müßten, häufig als Apposition gesetzt. Sie zeigen keine Kongruenz im Kasus:

der Fall [des Hauptmanns] *Dreyfus,* Technische Hochschule [in] *Hannover,* Magistrat [von] *Berlin,* Antrag *Müller* (statt: *des [Herrn] Müller*), Streitsache *Huber–Häberle* (statt: *von Huber gegen Häberle*), der Kampf *Clay–Frazier* (statt: *zwischen Clay und Frazier*), das Problem [der] *Gastarbeiter.*

Nicht eindeutige Fälle dieser Art wie *Fotowettbewerb Berlin* (= über/in/veranstaltet von Berlin?) sollte man vermeiden.
Hierher gehört auch der in der Geschäftswelt geübte Brauch, bei Firmennamen oder Geschäftsbezeichnungen *Nachfolger/Sohn/Witwe* usw. als Apposition hinter den Eigennamen zu setzen:

Franz Meyer *Nachfolger* (= F. Meyers Nachfolger), Hans Allgaier *Söhne,* Karl Bauer sel. *Witwe* (= K. Bauers sel. Witwe).

2.2 ein Glas Wein/Weines · eine Gruppe Neugierige/Neugieriger · für 10 Jahre treue Mitarbeit/treuer Mitarbeit

Während substantivierte Adjektive und Partizipien nach Mengenangaben heute gewöhnlich im Genitiv stehen:

eine große Zahl *[klagender] Industrieller,* in einer Menge *[tanzender] Jugendlicher,* aus Rücksicht auf eine Gruppe *[raunender] Neugieriger,* den Ansturm eines Pulks *[aufgebrachter] Protestierender,*

weisen singularische Substantive nach Mengen- und Maßangaben heute gewöhnlich denselben Kasus wie diese auf (= appositionelles Verhältnis). Der früher übliche Genitiv wird nur noch vereinzelt bei solchen Substantiven im Singular verwendet, die durch ein Adjektiv näher bestimmt sind; er wird meist als gehoben oder gespreizt empfunden:

ein Glas *Wein/guter Wein/*(geh.:) *guten Wein[e]s;* von den zwei Glas *Rotwein/schwerem Rotwein/*(geh.:) *schweren Rotweins;* ein Pfund *Fleisch/schieres Fleisch/*(geh.:) *schieren Fleisches;* für einen Zentner *Weizen/kanadischen Weizen/* (geh.:) *kanadischen Weizens;* bei einer Tasse *Kaffee/duftendem Kaffee/*(geh.:) *duftenden Kaffees;* eine Schüssel *Wasser/frisches Wasser/*(geh.:) *frischen Wassers;* mit einer Menge *Geld/gro-*

ßem Geld/(geh.:) *großen Geldes;* zwei Tropfen *Öl/erstklassiges Öl*/(geh.:) *erstklassigen Öls;* bei einem Stück *Kuchen/frischem Kuchen*/(geh.:) *frischen Kuchens;* für zehn Jahre *treue*/(geh.: *treuer*) *Mitarbeit;* mit einem Strauß *weißem Flieder*/(geh.:) *weißen Flieders;* mit 30 Fässern *hochprozentigem Rum*/(geh.:) *hochprozentigen Rums;* vier Tage *absolute* (geh.: *absoluter*) *Ruhe;* auf einem Block *weißem Papier*/(geh.:) *weißen Papier[e]s.*

Zum Kasus der Apposition nach Mengen- oder Maßangaben, die im Genitiv stehen – *der Preis eines Pfundes/Pfund schieren Fleisches* – ↑Maß-, Mengen- und Münzbezeichnungen (2.1).
Pluralische Substantive nach Maß- und Mengenangaben im Dativ stehen häufig im Genitiv (oder Nominativ):

mit einem Korb *reifer (reife) Äpfel* (statt: *mit einem Korb reifen Äpfeln*), von einem Strauß *roter (rote) Rosen,* mit einem Dutzend *frischer (frische) Eier,* aus vier Zentnern *neuer (neue) Kartoffeln,* von zwei Kisten *geräucherter (geräucherte) Flundern.*

Dagegen weisen pluralische Substantive nach festen, häufig mit Zahlen gebrauchten Mengen- und Maßangaben im Nominativ, Genitiv oder Akkusativ fast immer denselben Kasus wie diese auf (= appositionelles Verhältnis):

ein Dutzend *frische* (selten: *frischer*) *Eier,* sie liefern vier Zentner *neue* (selten: *neuer*) *Kartoffeln,* wegen zweier Kisten *geräucherter Flundern.*

Nach weniger präzisen Maß- und Mengenangaben wie *Strauß, Schar, Reihe* wird allerdings auch hier der Genitiv bevorzugt:

ein Strauß *duftender* (selten: *duftende*) *Rosen,* ein Schwarm *wilder* (selten: *wilde*) *Tauben,* eine Schar *spielender* (selten: *spielende*) *Kinder,* eine Reihe wichtiger (selten: *wichtige*) *Themen,* ein Haufen *neugieriger* (selten: *neugierige*) *Menschen,* eine Menge *hübscher* (seltener: *hübsche*) *Sachen.*

3 Die mit *als* oder *wie* angeschlossene Apposition

3.1 ich als Verantwortlicher · von dir als dem Verantwortlichen · für Peter als den Verantwortlichen

Die an ein Substantiv oder Pronomen im Nominativ, Dativ (↑aber 3.4) oder Akkusativ angeschlossene *als*-Apposition (mit oder ohne Artikel) weist immer Kasuskongruenz auf:

ich als Verantwortlicher, von dir als dem Verantwortlichen, mir als Abgeordneten/Abgeordnetem (↑Abgeordnete), für Peter als den Verantwortlichen, bei ihm als einem gläubigen Christen, ihm als dem Angeklagten, mit Französisch als zweiter Fremdsprache, an Sie als Linksunterzeichneten, Ihnen als dem scheidenden Präsidenten.

Das Ausweichen auf den Nominativ *(von dir als Verantwortlicher, mit Französisch als zweite Fremdsprache)* ist hier also nicht korrekt.
Nur scheinbar weicht die Apposition im Kasus in folgenden Fällen ab:

mir als Dozent, ihm als Held, mit dem Sänger Meier als Graf von Luxemburg.

Bei diesen Appositionen handelt es sich um schwach gebeugte männliche Substantive, bei denen die Beugung im Dativ und Akkusativ Singular häufig unterlassen wird (wie z. B. auch bei *Bursch, Fürst, Geck, Soldat, Präsident, Vagabund* (↑Unterlassung der Deklination). *Dozent, Held, Graf* sind also keine Nominative, sondern Dative. Korrekt muß es auch in diesen Fällen heißen:

mir als Dozenten, ihm als Helden, mit dem Sänger Meier als Grafen von Luxemburg.

3.2 die Besteigung des Berges als des schwierigsten Gipfels des Massivs · mit der Überschreitung des Flusses als einer scharf bewachten Grenze · es schadet der Stellung des Landes als eines wichtigen Handelspartners

Die an einen attributiven Genitiv angeschlossene *als*-Apposition steht ebenfalls im Genitiv, wenn sie den Artikel bei sich hat:

Die Besteigung des Berges *als des schwierigsten Gipfels des Massivs* kam nicht in Frage. Mit der Überschreitung des Flusses *als einer scharf bewachten Grenze* war ein Wagestück gelungen. Man versuchte die Organisation zur Anerkennung des Landes *als eines selbständigen Staates zu bewegen.* Mit der Verhaftung des Generals *als des eigentlichen Drahtziehers der Erhebung* begann sich die Lage wieder zu normalisieren. Das beeinträchtigt die Stellung des Landes *als eines wichtigen Handelspartners* dieser Staatengruppe. Die Würdigung Georges *als eines großen Schauspielers;* das Auftreten des Mannes *als eines Beraters* der Regierung. Das schadet dem Ansehen des Kunsterziehers *als des beliebtesten Lehrers* der Schule.

In Fällen, in denen die *als*-Gruppe nicht (nur) als Apposition auf den attributiven Genitiv, sondern (auch) als Attribut auf das übergeordnete (Verbal)substantiv bezogen werden kann, ist statt des Genitivs auch der Nominativ möglich (↑ auch 3.4):

die völkerrechtliche Anerkennung des Landes *als eines selbständigen Staates* (= das Land als selbständiger Staat [= Apposition, Genitiv] wird völkerrechtlich anerkannt); die völkerrechtliche Anerkennung des Landes *als ein selbständiger Staat* (= das Land wird völkerrechtlich anerkannt *als ein selbständiger Staat* [= Satzglied, Nominativ]).

3.3 die Besteigung des Berges/seine Besteigung als schwierigster Gipfel des Massivs · mit der Überschreitung des Flusses/mit seiner Überschreitung als scharf bewachte/bewachter Grenze · es schadet der Stellung des Landes/seiner Stellung als wichtiger Handelspartner

Hat die an einen attributiven Genitiv angeschlossene *als*-Apposition keinen Artikel bei sich, dann steht sie heute gewöhnlich im Nominativ (nur bei Appositionen mit beigefügtem Adjektiv kommt gelegentlich auch der Genitiv vor):

Die Besteigung des Berges *als schwierigster Gipfel* des Massivs kam nicht in Frage. Mit der Überschreitung des Flusses *als scharf bewachte* (auch: *bewachter*) *Grenze* war ein Wagestück gelungen. Die Bedeutung des Passes *als wichtige* (auch: *wichtiger*) *Handelsstraße* hat sich abgeschwächt. Mit der Verhaftung des Generals *als eigentlicher Drahtzieher* der Erhebung begann sich die Lage wieder zu normalisieren. Das schadet der Stellung des Landes *als wichtiger Handelspartner* dieser Staatengruppe. Über Rolfs Einsatz *als Schauspieler* ist noch nicht entschieden. Der Ruf Jesse Owens *als Sportsmann,* das Wirken Albert Schweitzers *als Tropenarzt,* die Würdigung ihres Werkes *als Ganzes* (↑ Ganzes), die Geltung des Landes *als bedeutende* (auch: *bedeutender*) *Wirtschaftsmacht,* das Auftreten des Mannes *als Berater* der Regierung, die Berufung Müllers *als [neuer] Vorsitzender* des Vereins. Die Annahme ihres Sohnes *als Lehrling* enthob sie mancher Sorgen. Das schadet dem Ansehen des Kunsterziehers *als [beliebtester] Lehrer* der Schule.

Die *als*-Apposition steht auch dann im Nominativ, wenn statt des attributiven Genitivs ein Possessivpronomen verwendet wird:

die Besteigung des Berges/*seine* Besteigung *als schwierigster Gipfel;* mit der Überschreitung des Flusses/mit *seiner* Überschreitung *als scharf bewachte (bewachter) Grenze;* mit der Verhaftung des Generals/mit *seiner* Verhaftung *als eigentlicher Drahtzieher;* über Rolfs Einsatz/*seinen* Einsatz *als Schauspieler* ist noch nicht entschieden; das Wirken Albert Schweitzers/*sein* Wirken *als Tropenarzt;* das Auftreten des Mannes/*sein* Auftreten *als Berater;* es schadet dem Ansehen des Kunsterziehers/*seinem* Ansehen *als [beliebtester] Lehrer* der Schule.

3.4 Die Verhaftung von General Gomez als eigentlichem Drahtzieher

Wenn an Stelle des attributiven Genitivs (↑3.2 und 3.3) ein Präpositionalgefüge mit *von* steht, wird die *als*-Apposition (mit oder ohne Artikel) gewöhnlich in den Dativ gesetzt:

Die Verhaftung von General Gomez *als eigentlichem Drahtzieher* der Erhebung, die Bestrafung von Weidmann und Barns *als [den] Hauptschuldigen* des Verfahrens, die Stellung von Schweden und der Schweiz *als neutralen Ländern,* der Anbau von Reis *als dem wichtigsten Nahrungsmittel* der Bevölkerung.

In Fällen, in denen die *als*-Gruppe nicht nur auf das *von*-Gefüge, sondern auch auf das übergeordnete (Verbal)substantiv bezogen werden kann, ist statt des Dativs auch der Nominativ möglich (↑3.2):

die Einstufung von Studenten *als Intellektuellen* ins Bildungsbürgertum (= die Studenten als Intellektuelle werden ins Bildungsbürgertum eingestuft); die Einstufung der Studenten *als Intellektuelle* ist weit verbreitet (= die Studenten werden als Intellektuelle eingestuft).

das Auftreten von Bergson *als dem Schirmherrn* eines arbeitgeberfreundlichen Verbandes auf dem Gewerkschaftstag (= Bergson als Schirmherr eines arbeitgeberfreundlichen Verbandes tritt auf dem Gewerkschaftstag auf); das Auftreten von Bergson *als [der] Schirmherr* des Verbandes war ein Erfolg (= Bergson tritt erfolgreich als Schirmherr auf).
die Berufung von Dr. Radcliff *als leitendem Arzt* in den Personalrat (= Dr. Radcliff als leitender Arzt wird in den Personalrat berufen); die Berufung von Dr. Radcliff *als leitender Arzt* (= Dr. Radcliff wird durch die Berufung leitender Arzt).

3.5 An einem Tag wie jedem anderen/wie jeder andere · Es gibt nichts Schlimmeres als einen betrunkenen Mann/als ein betrunkener Mann · die Verdienste eines Politikers wie er · das Werk eines großen Dichters wie Hölderlin:

Appositionelle Glieder mit vergleichendem *wie* oder *als* werden bisweilen als elliptische Vergleichssätze empfunden. An Stelle der Kasusgleichheit mit dem Bezugswort findet sich daher auch der Nominativ:

Es geschah an einem Tag *wie jeder andere [ist]*/(statt:) *wie jedem anderen.* In Zeiten *wie die heutigen [sind]*/(statt:) *wie den heutigen* ist vieles möglich. Zwischen zweien *wie du und ich [es sind]*/(statt:) *wie dir und mir* sollte es keinen Streit geben. Das ist nichts für Leute *wie wir [es sind]*/(statt:) *wie uns.* Bei einer Frau *wie Sie [eine sind]*/(statt:) *wie Ihnen* würde ich mir das nie erlauben.

Das gleiche kann beim Komparativ auftreten:

Es gibt nichts Schlimmeres *als ein betrunkener Mann [es ist]*/(statt:) *als einen betrunkenen Mann.*

Der Nominativ steht immer, wenn das Bezugswort im Genitiv steht und das mit *wie* angeschlossene appositionelle Glied ein Personalpronomen oder ein Eigenname ist:

die Verdienste eines Politikers *wie er* (nicht: *wie seiner*); die Anteilnahme guter Bekannter *wie Sie* (nicht: *wie Ihrer*); das Werk eines großen Dichters *wie Hölderlin* (nicht: *wie Hölderlins).*

Zu einem Fall wie *Er behandelt ihn wie ein Schurke/einen Schurken* ↑Kongruenz (4.1).

4 Die Deklination des Adjektivs in der Apposition

Das Adjektiv in der Apposition ohne Artikel wird gewöhnlich stark gebeugt (↑Adjektiv [1.1.1]):

mit Frau Inge Zenz, *ordentlicher* Professorin in Mainz; ein Stück *brüchiges* Eisen; seine Ehefrau Elisabeth, *geborene* Schäfer; Herr Meier, *ordentliches* Mitglied des Fechtclubs; mit einer Art *blauer Glasur;* mit mir *alter* Frau/*armem* Kerl, bei dir *jungem* Ding; dir als *jüngerem* Bruder/*starkem* Raucher.

Lediglich im Dativ tritt gelegentlich – besonders nach einem unmittelbar vorangehenden Personalpronomen (↑Adjektiv [1.2.4]), aber auch nach einem substantivischen Bezugswort mit vorangehendem Artikel oder Pronomen – neben der starken auch die schwache Deklination mit der Endung *-en* auf:

mit *mir alter/alten* Frau, mit *dir armem/armen* Kerl; mit *einer* Art *blauer/blauen* Glasur; von *seiner* Ehefrau Elisabeth, *geborener/geborenen* Schäfer (↑geboren [2]); ihm als *notorischem/notorischen* Raucher.

5 Verweise

Zu *einem als Angsthase/Angsthasen bekannten Schüler* ↑Attribut (1); zu *Er sucht eine Stelle als technischer/technischen Zeichner* ↑Attribut (2); zur Beugung von *Herr* in der Apposition ↑Herr; zu Komma und Apposition ↑Komma (3.3).

April: ↑Monatsnamen.

Ar: Die Bezeichnung des Flächenmaßes hat gewöhnlich sächliches Geschlecht: *das Ar.* Doch kommt auch die männliche Form *der Ar* vor.

Araber: Die übliche Aussprache ist ['a:rabər] oder: ['arabər], also mit Anfangsbetonung. In der Schweiz und teilweise in Österreich gilt die Aussprache [a'ra:bər].

arabisch: Klein schreibt man das Adjektiv: *die arabischen Ziffern, die arabischen Völker, das arabische Vollblut.* Groß schreibt man das Adjektiv in ↑Namen: *das Arabische Meer, Vereinigte Arabische Republik/die Vereinigten Arabischen Emirate, die Arabische Liga.*

Architekt: Das Substantiv *Architekt* wird schwach gebeugt (↑Substantiv [1]), weist also in allen Kasus bis auf den Nominativ die Endung *-en* auf (nicht: *dem, den Architekt*). Zur Deklination in Verbindung mit *Herr* und/oder einem Namen ↑Titel und Berufsbezeichnungen (1); ↑Brief (7).

arg: Klein schreibt man das Adjektiv: *ein arger Sünder. Der Streich war sehr arg.* Ebenso: *Die Dinge lagen im argen* (= sie waren verworren, in Unordnung) und *Das ärgste* (= am schlimmsten) *war, daß ...* Groß schreibt man Substantivierungen wie *vor dem Ärgsten bewahren, das Ärgste verhüten, an nichts Arges denken, Arges im Sinne haben.* ↑Groß- oder Kleinschreibung (1.2.1).

Arg: Das Substantiv hat sächliches Geschlecht. Es heißt also: *Er fand kein* (nicht: *keinen*) *Arg daran, daß sie so spät kam.*

ärgern, sich: Nach *sich ärgern* wird heute mit der Präposition *über* angeschlossen: *sich über jmdn., über etwas ärgern.* Die Verknüpfung mit *an (sich an jmdm., an etwas ärgern)* gilt als veraltet.

Argot: Es kann sowohl *der Argot* als auch *das Argot* heißen.

arm: Klein schreibt man das Adjektiv: *arme Leute, arme Ritter* (= ein Gericht), *der arme Lazarus* usw. Das Adjektiv wird ebenfalls in der Verbindung *arm und reich* im Sinne von „jedermann" klein geschrieben: *Es hatte arm und reich an der Feier teilgenommen.* Groß schreibt man das substantivierte Adjektiv: *Reiche und Arme freuten sich darüber. Wir Armen leiden immer darunter. Die Kluft zwischen Arm und Reich* (= zwischen Armen und Reichen) *ist sehr groß.* ↑Groß- oder Kleinschreibung (1.2.1).

Arm: Der Gebrauch von *Arm* im Sinne von „Ärmel" ist aus der Fachsprache des Textilgewerbes auch in die Umgangssprache gedrungen: *ein Kleid mit halbem Arm, ein Oberhemd mit langem Arm.*

armdick, armlang: Zusammen schreibt man die adjektivische Zusammensetzung: *Der Ast ist armdick, armlang.* Getrennt schreibt man, wenn zu *Arm* noch ein Attribut tritt: *Die Schlange war einen kräftigen Arm dick; das einen Arm lange Tau.* ↑Zusammen- oder Getrenntschreibung (4.2).

Arm[e]sünderglocke: Während *Arm-* in der Variante *Armsünderglocke* in allen Deklinationsformen unverändert bleibt, kann der erste Bestandteil in *Armesünderglocke* auch durchgehend flektiert werden: *der Arme[n]sünderglocke, die Arme[n]sünderglocken* usw. ↑Kompositum (7).

Armutszeugnis: Die Zusammensetzung ist nur mit ↑Fugen-s gebräuchlich.

Armvoll: Zusammen schreibt man die Mengenangabe: *ein Armvoll Holz, zwei Armvoll Reisig.* Getrennt schreibt man, wenn ausgedrückt werden soll, daß ein Arm mit etwas beladen oder angefüllt ist: *Er hat den einen Arm voll Holz, den anderen voll Lumpen.* ↑Zusammen- oder Getrenntschreibung (4.2).

Aroma: Das Wort hat die Pluralformen *Aromen, Aromas* und (bildungssprachl., älter:) *Aromata.*

Arrhythmie: Das Wort ist mit zwei *r* zu schreiben (griech. ἀρρυθμία).

Art: An die Fügung *eine Art...* kann das folgende Substantiv mit *von* + Dativ angeschlossen werden, es kann aber auch unmittelbar als ↑Apposition oder (seltener, gehoben) im Genitiv folgen: *Es war eine Art hölzernes Gestell/von hölzernem Gestell.* Seltener und gehoben: *Es war eine Art hölzernen Gestells. Der Wirt kam mit einer Art italienischem Salat/von italienischem Salat/* (seltener, geh.:) *mit einer Art italienischen Salats.* Im Dativ wird das beigefügte Adjektiv häufig so sehr auf den unbestimmten Artikel bezogen, daß es schwach gebeugt wird: *Der Topf war mit einer Art blauen* (statt: *blauer*) *Glasur überzogen.* Auch die schwache Beugung ist korrekt (↑Apposition [4]). Zu einem Kongruenzproblem wie *welche Art Übungen zu absolvieren ist/sind* ↑Kongruenz (1.1.2).

Artangabe/-ergänzung: ↑Umstandsangabe bzw. Umstandsbestimmung.

Artikel

Der Artikel (das Geschlechtswort) stimmt mit dem Substantiv, dessen Begleiter er ist, im ↑Genus, ↑Numerus und ↑Kasus überein. Man unterscheidet den bestimmten Artikel *der, die, das* und den unbestimmten Artikel *ein, eine, ein:*

		Maskulinum	Femininum	Neutrum
Singular	Nom.	*der/ein* Tisch	*die/eine* Mütze	*das/ein* Brett
	Gen.	*des/eines* Tisch[e]s	*der/einer* Mütze	*des/eines* Brett[e]s
	Dat.	*dem/einem* Tisch	*der/einer* Mütze	*dem/einem* Brett
	Akk.	*den/einen* Tisch	*die/eine* Mütze	*das/ein* Brett
Plural	Nom.	*die* Tische/Mützen/Bretter		
	Gen.	*der* Tische/Mützen/Bretter		
	Dat.	*den* Tischen/Mützen/Brettern		
	Akk.	*die* Tische/Mützen/Bretter		

Im allgemeinen steht vor einem Substantiv der unbestimmte Artikel (im Plural die artikellose Form des Substantivs), wenn etwas zum ersten Mal genannt, etwas Unbekanntes eingeführt wird:

Stephans Mutter hat *ein* neues Auto. Vera hat mir gestern *ein* Buch geschenkt. Im Garten standen *Bäume.*

Demgegenüber ist der bestimmte Artikel dem Bekannten, dem bereits genannten Substantiv vorbehalten:

Das Buch, das sie mir geschenkt hat, ist ausgezeichnet. *Der* Monat Mai ist vielen besonders lieb. *Die* Bäume im Garten stehen in voller Blüte.

Darüber hinaus kann sowohl durch den bestimmten als auch den unbestimmten Artikel ausgedrückt werden, daß mit einem Substantiv alle Exemplare einer Gruppe von Lebewesen oder Dingen gemeint sind (generalisierende Funktion):

Der/Ein Baum ist eine Pflanze. Auch *der/ein* Mensch ist leider sterblich.

Die artikellose Verwendung des Substantivs

Im allgemeinen ohne Artikel stehen Substantive in folgenden Fällen:

- Abstrakta, die ganz allgemein eine Eigenschaft, einen Zustand oder Vorgang bezeichnen:

  Tugend besteht, *Schönheit* vergeht. *Widerstand* ist zwecklos. Er braucht *Ruhe.* Sie hatte *Geduld.*

- Zeitbegriffe mit Adjektiv, aber ohne Präposition; präpositionslose Wochentagsangaben:

  Ihre Lehre beginnt *nächstes Jahr, nächsten Herbst* (aber: *im nächsten Jahr*). *Mitte Oktober, Ende der Woche* beginnt die Tagung. *Nächsten Dienstag* bekommen wir Besuch. Es wird *Winter.* Morgen ist *Freitag.*

- feste Wendungen, Wortpaare und -gruppen, Aufzählungen, Sprichwörter:

  Fuß fassen, Widerstand leisten, Frieden schließen, Feuer machen, Atem holen, Wurzeln schlagen, Verdacht schöpfen, Vertrauen fassen, Hunger haben, Schritt fahren usw.;

höheren Orts, frohen Mutes, guter Laune sein, schnellen Schrittes über die Straße gehen usw.;
guten Tag sagen, auf Wiedersehen!, jmdm. frohe Feiertage wünschen;
Mann und Frau, Haus und Hof, Ebbe und Flut, in Form und Inhalt ungenügend, weder Baum noch Strauch, Woge auf Woge; in Büro und Werkstatt. Der Beruf ist ihr wichtiger als Privatleben, Familie, Partner und Kinder.
Not kennt kein Gebot. Zeit ist Geld. Reden ist Silber, Schweigen ist Gold.

– angeführte Wörter, Kommandos, Ausrufe, Anrufe:
Wie heißt *Auto* im Italienischen? „Liebe" hat viele Bedeutungen.
Hände hoch! Kopf hoch! Hilfe! Feuer!
Er hat gelogen, Hochwürden! Sehr wohl, gnädige Frau!
Hallo, Süße! He, Junge!

– Über- und Aufschriften, Titel, Schlagzeilen, Anzeigen, Telegramme:
Saal im Schloß (Szenenanweisung).
Elf Häuser bis *in Nacht* ohne Strom. Ladung lag *auf Straße*. Kein Freibrief *für Zukunft*. Lok wirft Intercity *aus Gleis*. Dreister Raub *an Kasse* (Schlagzeilen).
Werkswohnung in gesunder Großstadt.
Unterredung mit *Direktor* günstig verlaufen – stop – Erbitte *Weisung* für *Abschluß geplanter Verträge*.

Für weitere Einzelheiten vgl. Duden 4, Grammatik, S. 213 ff. Wörter mit schwankendem Artikel *(der/die Abscheu)* findet man im vorliegenden Band an der entsprechenden Alphabetstelle und unter ↑Fremdwort (2). Zum Gebrauch des Artikels vor ↑Verwandtschaftsbezeichnungen *([die] Tante)*, ↑Personennamen *([die] Heidrun)*, ↑Titeln *([die] Ministerpräsidentin Schneider)*, ↑geographischen Namen *([der] Iran)* und in Verbindung mit ↑Präpositionen *(auf [die] Jagd gehen, an dem/am, nach dem/nach'm)* ↑die einzelnen Stichwörter.

Arzt: *Meine beiden Töchter sind Ärztinnen/*(seltener:) *Ärztin. Alle drei sind Arzt/Ärzte geworden.* ↑Kongruenz (1.4.6). Zur Anschrift ↑Brief (7).

Asch-/Asche-/Aschen-: Die Zusammensetzungen mit *Asche* als Bestimmungswort haben teils kein Fugenzeichen, teils *-e* (Endung des Nominativs Singular) und teils das Fugenzeichen *-en:* 1. *Aschbecher, Aschkasten, aschblond* usw. 2. *Aschegehalt* (chem.), *Aschefangschieber* (techn.) usw. 3. *Aschenbecher, Aschenbahn, Aschenregen, aschenfarbig* usw. Eine alte erstarrte Form ist *Aschermittwoch.*

Assoziation/Assoziierung: ↑Verbalsubstantiv (1.5).

assoziieren: Das Verb *assoziieren* „verbinden, verknüpfen, hervorrufen" kann lediglich transitiv (mit dem Akkusativ), aber auch in Verbindung mit den Präpositionen *bei* und *mit* (seltener: *zu*) gebraucht werden: *Dieser Name assoziiert [in mir] liebe Erinnerungen. Mit/Bei der Farbe Schwarz assoziiert man oft Tod und Verwesung. Der Redakteur assoziierte zu „klammheimlich" sofort „hinterrücks".* In Verbindung mit *sich* kann *assoziieren* mit dem Dativ oder mit den Präpositionen *mit* und *an* gebraucht werden: *sich [mit] einer/an eine Gemeinschaft assoziieren; die [mit] der/an die EG assoziierten Staaten.*

AStA: Das Kurzwort für *Allgemei-*

ner Studentenausschuß hat den Genitiv *des AStA[s]* und den Plural *die AStA[s],* auch: *die ASten.*

-at: Von den Fremdwörtern auf *-at,* die aus dem Lateinischen, und zwar aus den auf *-atus* ausgehenden Maskulina, entlehnt sind, werden einige mit männlichem und sächlichem Geschlecht gebraucht, z. B. *Episkopat, Pontifikat, Primat, Prinzipat, Zölibat.*

atemberaubend/atemraubend: Von den beiden bedeutungsgleichen Wörtern ist *atemberaubend* das allgemein üblichere.

Äther/Ether: In der Fachsprache der Chemie wird – im Unterschied zu der Gemeinsprache – die Bezeichnung für eine bestimmte Verbindungsklasse häufig *Ether* geschrieben. Die Schreibung mit *e* gilt aber auch in der chemischen Fachsprache nicht für das Adjektiv *ätherisch* in der Verbindung *ätherische Öle,* da diese Öle nichts mit dem chemischen Ether zu tun haben.

-ation/-ierung: Bei den Verben auf *-ieren* stehen häufig Bildungen auf *-ation* und *-ierung* nebeneinander, teils gleichbedeutend, teils in der Bedeutung differenziert. Im allgemeinen bringen die Bildungen auf *-ierung* stärker das Geschehen zum Ausdruck als die Bildungen auf *-ation: Konzentrierung – Konzentration, Kanalisierung – Kanalisation, Restaurierung – Restauration.* ↑Verbalsubstantiv (1.5).

Atlas: Der Genitiv Singular lautet *des Atlas* oder *des Atlasses,* der Plural *die Atlasse* oder *die Atlanten.*

Attribut

Attribute (Beifügungen) sind nähere Bestimmungen zu Substantiven *(das alte Haus, das Haus dort),* Pronomen *(keine von beiden),* Adjektiven *(außerordentlich schöne Tage)* und Adverbien *(ein Schmerz tief innen).* Nach Form und Stellung handelt es sich dabei besonders um

– vorangestellte Adjektive und Partizipien:

aufgebrachte Bürger, *schreibende* Frauen, die *einzuziehenden* Steuern.

(Zu Zweifelsfragen wie *der chronisch/chronische Kranke, sich höflich/höfliche Mühe geben, in einer ähnlich/ähnlichen schwierigen Lage* ↑Adjektiv [1.2.10–12]; zum nachgestellten Adjektiv *[Fußball total]* ↑Adjektiv [3.5]).

– voran- und nachgestellte Adverbien:

nur ein Versehen, die Museen *dort,* das Wetter *heute,* du bist *sehr* zuvorkommend.

– nachgestellte Substantive:

der Süden *Europas,* ihr Ruf als *Mathematikerin,* die Museen *in München,* Katharina *die Große;* Cornelius, *mein Schulfreund.*

Zu Stellungsbesonderheiten ↑Apposition [2.1], ↑Genitivattribut (2).

– nachgestellte Infinitivkonstruktionen und Teilsätze (↑Attributsatz):

die Unfähigkeit *zu trauern;* die Schmerzen, *die ich im Rücken spüre.*

Für mehrere vorangestellte Attribute gilt die Regel „links determiniert rechts"; d. h., daß das Attribut zu einem attributiven Adjektiv/Partizip vor diesem steht:

mit *vor Freude hochrotem* Gesicht (nicht: mit hochrotem Gesicht vor Freude); der *an diesen Zuständen allein* Schuldige (kaum: der allein Schuldige an diesen Zuständen).

1. Das Vermögen dieses als eiserner Sparer/eisernen Sparers geltenden Mannes: Die im Attribut von einem Partizip abhängende *als*-Gruppe weist denselben Kasus auf wie in der entsprechenden Satzaussage:

Der Mann gilt *als eiserner Sparer.* – Das Vermögen dieses *als eiserner Sparer geltenden* Mannes.
Ein Schüler ist *als Angsthase* bekannt. – Wir haben einen *als Angsthase bekannten* Schüler in der Klasse.
Der Mensch wird *als Narr* angesehen. – Die Worte dieses *als Narr angesehenen* Menschen sind durchaus ernst zu nehmen.

Der Kasus des Bezugswortes, zu dem das gesamte Attribut gehört (hier: *[dieses] ... Mannes, [einen] ... Schüler, [dieses] ... Menschen*), ist also für die *als*-Gruppe nicht maßgebend.

2. Er sucht eine Stelle als technischer/technischen Zeichner: Die *als*-Attribute dieser Art stehen immer im Nominativ, und zwar unabhängig vom Kasus ihres Bezugsworts:

Er sucht eine Stelle *als technischer Zeichner.* Einer Position *als wissenschaftliche Hilfskraft* könnte sie nichts abgewinnen. Warum hat man dich deines Postens *als ehrenamtlicher Kassierer* enthoben?

3. Verweise: Zu *vierköpfiger Familienvater* und *Abfahrtszeit nach Kassel* ↑Kompositum (6) bzw. (8); zu *ein neues Paar Schuhe/ein Paar neue[r] Schuhe* ↑Adjektiv (3.2).

attributiv: In der Rolle eines ↑Attributs.

Attributsatz: Unter einem Attributsatz (Beifügungssatz) versteht man einen Nebensatz in der Rolle eines Attributs: *Diejenigen Hunde, die bellen, beißen nicht* (Relativsatz).
Die Ungewißheit, ob sie kommt, beunruhigt mich (indirekter Fragesatz).
Oft erschienen mir Gestalten, wie ich sie im Traum gesehen habe (Vergleichssatz).
Das geschah zu der Zeit, als man noch zu Pferde ritt (Temporalsatz).

auch wenn: Das Komma vor *auch wenn* steht wie vor dem einfachen *wenn,* wenn beide Partikeln wie eine einfache Konjunktion eingesetzt sind: *Er freut sich über jede Nachricht, auch wenn du ihm nur eine Karte schreibst.* Ist aber das *auch* betont, dann gehört es zum Hauptsatz, und das Komma steht vor *wenn: Er freut sich auch, wenn du ihm nur eine Karte schreibst.*

auf: 1. Rektion: Die Präposition *auf* kann mit dem Dativ oder mit dem Akkusativ verbunden werden, je nachdem, ob das mit dem beteiligten Verb ausgedrückte Verhalten lagebezogen (= Dativ) oder richtungsbezogen (= Akkusativ) bestimmt ist: *Ich sitze auf dem Stuhl. Ich setze mich auf den Stuhl. Er baute die Geschenke auf dem Tisch auf. Er legte die Geschenke auf den Tisch.* Manche Verben können sowohl mit dem Dativ als auch mit dem Akkusativ verbunden werden, z. B. *aufprallen: Die Maschine prallte auf dem/auf das Wasser auf.* **2. Rechtschreibung:** Getrennt schreibt man das selbständige Adverb: *Sie gingen auf und ab. ... während sie auf und ab gingen.* Zusammen schreibt man, wenn *auf* Verbzusatz ist: *Der Mond wird bald aufgehen. Wir werden heute auf- und absteigen.* Groß schreibt man die Substantivierung: *Das ständige Auf und Ab ließ ihn gleichgültig. Es war ein ewiges Auf und Nieder.* ↑Zusammen- oder Getrenntschreibung (1.3), ↑aufhaben, ↑aufsein, ↑Groß- oder Kleinschreibung (1.2).

auf/an: ↑an/auf.

auf/für/zu: ↑Aufgaben auf/für/zu.

auf/im/in Urlaub: ↑Urlaub.

auf/in/zu: Vor den Bezeichnungen von Behörden und anderen Dienststellen steht auf die Frage „wohin?" meist nicht *in,* sondern *auf* oder *zu: Ich gehe aufs/zum Rathaus, auf die/zur Post, aufs/zum Amtsgericht, auf die/zur Wache.* Aber: *Ich gehe auf/in mein Zimmer, aufs (ins) Gymnasium. Gehst du schon in die/zur Schule?* Auch auf die Frage „wo?" steht hier gewöhnlich *auf,* nicht *in: Ich habe etwas auf dem Rathaus, auf der Post, auf dem Arbeitsamt zu erledigen.* Aber: *Gefällt es dir auf dem (im) Gymnasium/in der Schule?* In Verbindung mit Länder- und Städtenamen steht auf die Frage „wo?" die Präposition *in (in England, in Paris),* bei Inselnamen, die nicht zugleich auch Ländernamen sind, steht *auf: auf/in Jamaika,* aber nur: *auf Sylt, auf der Mainau.* ↑in/nach/zu/bei.

auf/offen: Während *auf* in Verbindung mit Verben den Vorgang des Auseinandergehens, Sichöffnens oder die Tätigkeit des Öffnens ausdrückt *(aufgehen, -platzen, -brechen, -drehen),* bedeutet *offen* „geöffnet, nicht geschlossen oder verschlossen"; es drückt das Ergebnis des Öffnens aus und wird dementsprechend mit Zustandsverben verbunden: *offenstehen, offenbleiben, offenlassen, offen sein.* – In der Umgangssprache ist diese Unterscheidung allerdings weitgehend aufgegeben worden. Neben *aufgehen* und *aufmachen* werden auch *aufstehen, aufbleiben, auflassen, aufsein* usw. gebraucht, in denen *auf* wie *offen* den bleibenden Zustand bezeichnet. Diese Entwicklung ist so weit gegangen, daß *auf* in saloppe Umgangssprache (ebenso wie ↑zu) sogar als Adjektiv verwendet wird: *das Fenster/die Flasche ist auf; eine aufe Flasche, ein aufes Fenster.* ↑Adverb (1).

auf/um: Die Präposition *auf* bezieht sich auf das Ergebnis, den Endwert u. dgl., *um* bezieht sich dagegen auf das, worum etwas zu- oder abnimmt, erhöht oder gesenkt wird. *Die Dividende wurde um 5% erhöht* besagt, daß die Dividende jetzt 5% mehr beträgt als vorher. Wie hoch sie genau ist, geht daraus nicht hervor. *Die Dividende wurde auf 5% erhöht* besagt dagegen, daß die Dividende jetzt 5% beträgt, aber nicht, um wieviel Prozent sie erhöht worden ist. Falsch: *Die Gebühren wurden von 3,– DM auf 10,– DM, also auf mehr als das Doppelte erhöht.* Richtig: *Die Gebühren wurden von 3,– DM auf 10,– DM, also auf mehr als das Dreifache* (oder: *um mehr als das Doppelte*) *erhöht.*

auf bestem, holzfreiem Papier: ↑Adjektiv (1.2.1).

auf das/darauf: ↑Pronominaladverb (4 und 5).

auf es/darauf: ↑Pronominaladverb (4 und 5).

Auf und Ab: Die Substantivierung (↑auf [2]) bleibt im Genitiv meist ungebeugt: *des ewigen Auf und Ab überdrüssig sein* (selten: *des ewigen Auf und Abs* ...) ↑Unterlassung der Deklination (1.1).

auf was/worauf: Als standardsprachlich gilt hier das Pronominaladverb *worauf: Worauf stützt sich Ihre Annahme?* Die Verbindung *auf + was (Auf was stützt sich Ihre Annahme?)* kommt in der gesprochenen Sprache recht häufig vor und ist stark umgangssprachlich gefärbt. ↑Pronominaladverb (5).

aufbauen: Bei *aufbauen auf* steht heute üblicherweise der Dativ, weil beim Sprecher die Vorstellung der Lage oder des Ortes vorherrscht (Frage: wo?): *Geschenke auf dem Tisch aufbauen; ein System auf einer Annahme aufbauen.*

aufdrängen/aufdringen: ↑drängen/dringen.

Aufdruck: Der Plural lautet *die Aufdrucke.* ↑Druck.

aufeinander: Getrennt vom folgenden Verb schreibt man, wenn *aufeinander* eine Wechselbezüglichkeit, eine Gegenseitigkeit (bei Personen) ausdrückt: *Sie sollen aufeinander achten/aufeinander warten* (= auf sich gegenseitig, der eine auf den anderen). Getrennt schreibt man auch, wenn *aufeinander* als selbständiges Adverb gebraucht wird: *etwas aufeinander auflegen. Die Schallplatten müssen nebeneinander stehen, sie dürfen nicht aufeinander liegen.* Zusammen schreibt man, wenn *aufeinander* Verbzusatz ist: *Die Bücher sollen aufeinanderliegen. Wir wollen die Ballen aufeinanderlegen. Sie müssen aufeinanderfolgen.* ↑Zusammen- oder Getrenntschreibung (1.4).

auferlegen: Der Verbzusatz *auf-* in *auferlegen* wird in den finiten Formen im allgemeinen vom Verb getrennt und nachgestellt: *Man erlegte mir eine harte Prüfung auf.* Nur gelegentlich unterbleibt diese ↑Tmesis (3): *Eine zur Herrschaft gelangte Gruppe von Menschen auferlegt den anderen einfach die Vorschriften und Grundsätze* (Musil).

Auffahrts-: Die Zusammensetzungen mit *Auffahrt* sind mit Fugen-s gebräuchlich, z. B. *Auffahrtsrampe* und *Auffahrtsstraße.* ↑-fahrt[s]-.

auffallen: 1. Rechtschreibung: Da der Verbzusatz aus selbständigen Satzgliedern hervorgegangen ist, kann er gelegentlich wieder als Satzglied verwendet werden. Daher muß *auffallen* in den vor allem in der Alltagssprache beliebten Satzanfängen *Auf fällt, daß ...* getrennt geschrieben werden. ↑Verbzusatz (2). **2. Präposition:** Nach *auffallen* wird gewöhnlich mit der Präposition *durch* angeschlossen: *Er fiel durch seinen Fleiß, durch sein sonderbares Benehmen auf.* Neben *durch* ist in einigen Fällen die Präposition *mit* möglich: *Er fiel überall durch seine hohe Stimme/mit seiner hohen Stimme auf.*

Aufforderungssatz: Der Aufforderungssatz drückt eine Aufforderung oder Bitte, eine Anweisung oder einen Befehl (↑Imperativ) aus und wird gewöhnlich durch ein ↑Ausrufezeichen abgeschlossen; lediglich ohne Nachdruck gesprochene und abhängige Aufforderungssätze schließen mit einem ↑Punkt: *Folge ihr! Fangen wir jetzt an!* Aber: *Vergleiche Artikel 15. Bitte geben Sie mir das Buch. Er rief ihr zu, sie solle sich nicht sorgen.* Das Ausrufezeichen steht aber auch hier, wenn der übergeordnete Satz Aufforderungscharakter hat: *Sage ihr, sie solle sich nicht sorgen!* In aneinandergereihten Aufforderungssätzen darf das Anredepronomen *Sie* nicht erspart werden (↑Ellipse 11): *Bitte schnallen Sie sich an, und stellen Sie das Rauchen ein!* (Nicht: ... *und stellen das Rauchen ein!*). Auf das Komma vor *und* darf bei solchen Sätzen nur verzichtet werden, wenn der erste Teilsatz kurz und formelhaft ist: *Sei so gut und gib mir das Buch! Seid vernünftig und geht nach Hause!* Aber: *Setzen Sie sich dort drüben hin, und verhalten Sie sich ruhig.* ↑Satzarten.

aufführen, sich: Das Substantiv nach *sich aufführen wie* (oder *als*) steht heute im Nominativ (nicht im Akkusativ): *Er führte sich wie ein Narr auf. Er führt sich als großer Schlaumeier auf.*

Aufführung: Über die Fügung *zur Aufführung gelangen* ↑gelangen.

Aufgaben auf/für/zu: Man sagt: *Aufgaben für* oder *zu Dienstag aufhaben. Keine [Schul]aufgaben für den* oder *zum 3. Februar aufhaben* usw. Der Gebrauch von *auf* in diesem Zusammenhang ist landschaftlich.

aufgehen: Im Sinne von „seine Erfüllung finden, mit jmdm./etwas eins werden" wird *aufgehen in* mit dem Dativ verbunden: *in den Kindern, in der Familie, im Beruf aufgehen. Er wollte nicht in der Masse aufgehen.* Ebenso: *eine Zahl geht in einer anderen auf,* d. h., es bleibt kein Rest. Bedeutet aber *aufgehen in* „sich in etwas auflösen, in etwas übergehen", dann steht es mit dem Akkusativ: *in blauen Dunst, in weiße Dämpfe aufgehen. Das Pulver ging in duftenden Schaum auf.*

auf Grund/aufgrund: Beide Schreibungen sind korrekt (↑Verblassen des Substantivs). Die Präposition steht gewöhnlich mit dem Genitiv; nur ein pluralisches Substantiv ohne Artikel oder Attribut wird mit *von* angeschlossen: *Er wurde auf Grund/aufgrund zahlreicher Indizien verurteilt,* aber: *Er wurde auf Grund/aufgrund von Indizien verurteilt.*

auf Grund/durch/infolge/von/vor/wegen/zufolge: Diese kausalen Präpositionen werden häufig falsch angewendet oder verwechselt: **1. auf Grund** *(aufgrund)* gibt an, worauf etwas basiert, nennt den bewegenden Grund eines Vorgangs, einer Erkenntnis, aus dem etwas gefolgert wird, bezeichnet also eine Motivierung: *jmdn. auf Grund bestimmter Aussagen verhaften. Auf Grund der Tatsache, daß ...* Es kann daher weder einen Sachgrund direkt bezeichnen (wie *durch*), noch die Quelle für eine Angabe einführen (wie *nach, laut, gemäß*). Also nicht: *Auf Grund des Blitzschlages wurde das Haus zerstört,* sondern: *Durch den Blitzschlag ...* Nicht: *Auf Grund seiner Aussage wurden ihm 100 DM entwendet,* sondern: *Laut seiner Aussage ...* Nicht: *Auf Grund amtlicher Erhebungen wurden 10 kg Fleisch je Kopf der Bevölkerung verzehrt,* sondern: */Gemäß/Laut amtlichen Erhebungen ...* **2. durch** gibt Mittel, Werkzeug oder Ursache an. Die Verknüpfung der Vorgänge ist unmittelbar: *Durch den Blitzschlag wurde das Haus zerstört. Wir haben durch die Zeitung von dem Unglück erfahren.* Also nicht: *Durch den Kälteeinbruch ... zögert die Saison im Augenblick noch* (Süddt. Rundfunk), sondern: *Wegen/Infolge des Kälteeinbruchs ...* Nicht: *Diese Anthologie, herausgegeben durch* (sondern: *von*) *O. Meyer, hat ...* ↑Passiv (1). **3. infolge** weist mittelbar auf den zurückliegenden Grund. Das von ihm abhängende Substantiv darf nur ein Geschehen, keine Sache oder Person bezeichnen: *Infolge dichten Schneetreibens konnte die Maschine nicht starten. ... so leicht war er infolge seiner Abmagerung geworden* (Nigg). Also nicht: *Infolge* (sondern: *Wegen*) *des genossenen Weines schwankte er hin und her.* **4. von** nennt die bewirkende Ursache, den Täter oder Urheber einer Handlung oder eines Geschehens. Es steht deshalb in der Passivkonstruktion: *Er wurde von ihr gelobt. Ich bin von Eifersucht gepeinigt. Die Brücke ist von Pionieren gesprengt worden.* ↑Passiv (1). **5. vor** nennt in festen Verbindungen den Beweggrund für Zustände und Gemütslagen: *vor Kälte zittern, glänzend vor Sauberkeit, starr vor Schreck; vor Sorge keinen Schlaf finden, vor Hunger umkommen.* **6. wegen** bezeichnet den Sachgrund ganz allgemein, ohne Rücksicht auf zeitliche Verknüpfung: *Er wurde wegen Mangels an Beweisen freigesprochen. Wegen Umbaus ist das Geschäft geschlossen. Seiner Gläubigkeit wegen begegnet man ihm mit Respekt.* **7. zufolge** weist mittelbar auf die Veranlassung, gibt an, daß etwas die Folge von etwas ist: *Zufolge einer internen Regelung darf er das Fabrikgelände nicht mehr betreten. Seinem Auftreten zufolge konnte man ihn für einen reichen Amerikaner halten.*

aufhaben: Das umgangssprachliche Verb wird im Infinitiv *(den Mund aufhaben),* im 2. Partizip *(er hat den Hut aufgehabt)* und im Nebensatz *(weil der Laden noch aufhat; wenn wir Schulaufgaben aufhaben)* zusammengeschrieben. ↑Zusammen- oder Getrenntschreibung (1.3).

aufhängen: Es heißt *Ich hängte* (nicht: *hing*) *die Wäsche auf. Sie haben den Täter aufgehängt* (nicht: *aufgehangen*).

aufhauen: ↑hauen.

Aufheben: In der Wendung *[nicht] viel Aufhebens machen* ist *Aufhebens* ein alter partitiver ↑Genitiv, der heute meist vermieden und durch die einfache Nebeneinanderstellung im gleichen Kasus ersetzt wird: *Sie machten von der Rettung der Schiffbrüchigen nicht viel Aufheben[s].*

aufhören: 1. Die Verwendung von *sich* in der ugs. Wendung *Da hört [sich] doch alles auf* ist landschaftliche Ausdrucksweise, die vielleicht auf gelegentlichen reflexiven Gebrauch des spätmittelhochdeutschen *ūfhœren* zurückgeht. **2.** Wenn *aufhören* mit einem erweiterten Infinitiv mit *zu* verbunden ist, kann man das Komma setzen oder weglassen. Es kommt darauf an, ob man *aufhören* als Vollverb oder als Hilfsverb auffassen will: *Er hörte auf, den Vorgesetzten zu spielen* oder: *Er hörte auf den Vorgesetzten zu spielen.* Tritt zu *aufhören* eine nähere Bestimmung, dann muß das Komma stehen, weil *aufhören* dann nur Vollverb sein kann: *Er hörte endlich auf, den Vorgesetzten zu spielen.* ↑Komma (5.1.4).

aufladen: ↑[1]laden.

auflauern: Das Verb wird standardsprachlich mit dem Dativ verbunden: *Er hat ihm auf dem Heimweg aufgelauert.* Der Akkusativ *(jemanden auflauern)* ist landschaftlich bzw. umgangssprachlich.

auflösen, sich: Im Sinne von „sich zerteilen, zergehen" wird *sich auflösen in* mit dem Dativ verbunden: *Die Tablette löst sich in lauwarmem Wasser auf. Probleme, die sich in einer wachsenden Zuversicht auflösen.* Bedeutet aber *sich auflösen* „in etw. übergehen, sich in etw. verwandeln", steht es mit dem Akkusativ: *Wolken lösen sich in prasselnden Regen auf. Der Skandal löste sich in gezwungene Heiterkeit auf.*

auf'm, auf'n: ↑Präposition (1.2.1), ↑Apostroph (1.2).

Aufnahme-/Aufnahms-: Die standardsprachliche Art der Wortzusammensetzung ist die mit *Aufnahme-: aufnahmefähig, Aufnahmeprüfung* u. a. Die Form mit Fugen-s (*aufnahmsfähig, Aufnahmsprüfung* u. a.) ist österreichischer Sprachgebrauch.

Aufnahmefähigkeit: Zur Beurteilung von Fügungen wie *die Aufnahmefähigkeit der Luft für Wasserdampf* ↑Kompositum (8).

Aufnahmeprüfung: In Fügungen wie *die Aufnahmeprüfung ins Gymnasium* wird fälschlicherweise das Präpositionalattribut *(ins Gymnasium)* vom Grundwort *(-prüfung)* statt vom Bestimmungswort *(Aufnahme-)* abhängig gemacht. Richtig muß es heißen: *die Prüfung zur Aufnahme ins Gymnasium.* ↑Kompositum (8).

aufnehmen: Nach *jmdn./etwas aufnehmen in/unter/auf...* kann sowohl der Akkusativ (Frage: wohin?) als auch der Dativ (Frage: wo?) stehen; der Akkusativ ist häufiger: *Ich werde das Gedicht in meine* (seltener: *in meiner) Sammlung aufnehmen. In die Frachtbriefe* (seltener: *In den Frachtbriefen) ist folgender Vermerk aufzunehmen.* In bestimmten Fällen ist jedoch nur einer der beiden Kasus möglich. Während der Akkusativ im allgemeinen die innige Verschmelzung des Aufgenommenen mit dem Aufnehmenden ausdrückt, bezeichnet der Dativ eine weniger enge Bindung. Man vergleiche: *Ich nahm den jungen Mann als Schwiegersohn in meine Familie auf.* Aber: *Ich nahm ihn als Feriengast in meiner Familie auf.* In beiden Beispielen sind die Kasus nicht austauschbar. Beispiele für den Akkusativ: *jemanden in die eigenen Reihen, in einen Chor, unter die Heiligen, in den Schoß der Familie aufnehmen; Angaben in ein [Adreß]buch, in eine Liste, in einen Text, in ein Stenogramm, in die Ladepapiere aufnehmen; ein Theaterstück in das Repertoire aufnehmen; etwas in seinen Plan aufnehmen; etwas auf [ein Ton]band aufnehmen.* Beispiele für den Dativ: *in keinem Krankenhaus aufgenommen werden; einen Flüchtling in der Wohnung, im Haus aufnehmen. Tote in einem Gemeinschaftsgrab aufnehmen. Ich werde zu so später Stunde in keinem Hotel mehr aufgenommen.* ↑Rektion (1).

aufoktroyieren: Die Neigung, fremde Verben durch den Gebrauch deutscher Verbzusätze in der Bedeutung zu verdeutlichen, zeigt sich auch bei *aufoktroyieren,* das den Verbzusatz *auf-* von Verben wie *aufzwingen* und *aufdrängen* übernommen hat. Diese Mischbildung wird häufiger gebraucht als das einfache, aber schwerer verständliche fremde Verb *oktroyieren.* ↑Verb (3).

Aufprall: Nach *Aufprall auf* kann sowohl der Akkusativ als auch der Dativ stehen: *Die Maschine explodierte beim Aufprall auf das Wasser/auf dem Wasser. Der Mann war beim Aufprall auf das Pflaster/auf dem Pflaster sofort tot.* Der Dativ kommt seltener vor.

aufprallen: Nach *aufprallen auf* kann sowohl der Akkusativ als auch der Dativ stehen, je nachdem, ob beim Sprecher die Vorstellung der Stelle, wo etwas aufprallt, oder die Vorstellung der Richtung vorherrscht. *Das Flugzeug prallte auf das Wasser/auf dem Wasser auf und zerschellte.* Der Dativ kommt seltener vor.

aufrecht: Getrennt vom folgenden Verb schreibt man *aufrecht* im Sinne von „gerade, in aufrechter Haltung" und „ungebeugt, nicht mutlos". *Er soll aufrecht sitzen. Ich konnte mich nicht mehr aufrecht halten. Diese Hoffnung hat ihn bis zuletzt aufrecht gehalten.* Zusammen schreibt man, wenn *aufrecht* Verbzusatz ist und das Verb die übertragene Bedeutung „bestehen lassen, an etwas festhalten" hat: *Er wird seine Meinung aufrechterhalten. Er versuchte den Kontakt, die Verbindung, die Ordnung aufrechtzuerhalten.* ↑Zusammen- oder Getrenntschreibung (1.4).

aufrunden/abrunden: ↑abrunden/aufrunden.

aufs: Diese Verschmelzung aus *auf* und *das* wird ohne Apostroph geschrieben. ↑Apostroph (1.2); ↑Präposition (1.2.1).

Aufsatzgliederung: ↑[1]Punkt (2).

aufschlagen: 1. In der Bedeutung „sich erhöhen, teurer werden" wird *aufschlagen* meistens mit *haben,* seltener mit *sein* verbunden: *Die Preise haben*/(seltener:) *sind aufgeschlagen. Wieder hatte*/(seltener:) *war die Butter aufgeschlagen.* **2.** Bei *aufschlagen auf* kann der Dativ oder der Akkusativ stehen, je nachdem, ob beim Sprecher die Vorstellung des Ortes, wo etwas aufschlägt, oder die Vorstellung der Richtung, wohin etwas aufschlägt, vorherrscht: *Er ist beim Sturz mit dem Kopf auf die/auf der Bordkante aufgeschlagen. Das Flugzeug schlug auf der Wasseroberfläche/auf die Wasseroberfläche auf.* ↑Rektion (1).

aufschrecken: Bei dem intransitiven Verb *aufschrecken* lauten die Konjugationsformen *schreckte/schrak auf, ist aufgeschreckt: Er schreckte/schrak aus seinen Gedanken auf. Die Rehe waren aufgeschreckt.* Das transitive Verb hat die Formen *schreckte auf, hat aufgeschreckt: Ein Geräusch schreckte ihn auf. Er hatte das Wild aufgeschreckt.*

Aufschwellung: Der sprachlichen Erscheinung der Aufschwellung begegnen wir nicht nur im Satz (↑Nominalstil), sondern auch bei der Wortbildung. Meist handelt es sich hier um Vor- oder Nachsilben, die als überflüssig betrachtet werden können, weil sie zum Wortsinn nichts beitragen und einer prägnanten Ausdrucksweise entgegenstehen. Das trifft zu bei Verben wie *anempfehlen* (für: *empfehlen*), *eine Summe einbezahlen* (für: *einzahlen*), *verbescheiden* (für: *bescheiden*) oder Substantiven wie *Eiligkeit* (für: *Eile*) und *Riesenhaftigkeit* (für: *das Riesenhafte*). Die Grenze, die die Aufschwellung von der sprachlichen Verstärkung trennt, ist im einzelnen oft schwer zu ziehen (vgl. z. B. *auserlesen, auserkoren, auserwählt*). Der Rückgriff auf kürzere Bildungen kann in besonderen Fällen zu dem stilistischen Mittel werden, den Ausdruck zu straffen: *Helle* (für: *Helligkeit*), *Feuchte* (für: *Feuchtigkeit*), *Starre* (für: *Starrheit*) u. a. Man beachte aber, daß einige dieser Bildungen verschiedene Bedeutungen entwickelt haben, vgl. *Zäheit* (des Fleisches) – *Zähigkeit* (des Willens). In manchen Fällen hat die Endung *-ieren* von der kürzeren deutschen *-en* Konkurrenz erhalten: *pulsen* (für: *pulsieren*) oder *normen* (für: *normieren*). Eine unnötige Aufschwellung ist meist auch die Ersetzung eines einfachen Adverbs durch eine Wortgruppe: *zu wiederholten Malen* oder *des öfteren* (für: *oft*), *in Bälde, in Kürze* (für: *bald*), *in/zur Gänze* (für: *ganz* oder *gänzlich*) u. ä.

aufsehenerregend/Aufsehen erregend: Im allgemeinen schreibt man zusammen: *ein aufsehenerregender Fall; der Fall ist aufsehenerregend.* Getrennt schreibt man nur, wenn *Aufsehen* durch eine nähere Bestimmung oder nachdrückliche Betonung als Substantiv deutlich zu erkennen ist: *ein großes Aufsehen erregender Fall.* ↑Zusammen- oder Getrenntschreibung (3.1.1).

aufsein (ugs.): Zusammen schreibt man im Infinitiv und im 2. Partizip: *Das Fenster muß aufsein. Der Kranke ist gestern aufgewesen.* Getrennt schreibt man bei den Personalformen: *Er ist auf. Es ist kaum zu glauben, daß der Kranke schon auf war. Ich weiß nicht, ob das Fenster auf war. Ich dachte, daß sie schon auf sei.* ↑Zusammen- oder Getrenntschreibung (1.5).

aufsetzen: Bei transitivem Gebrauch steht *aufsetzen auf* üblicherweise mit dem Akkusativ, weil die Vorstellung der Richtung vorherrscht: *ein Stockwerk, den Dachstuhl auf das Haus aufsetzen. Sie setzte die Knöpfe auf das Kleid auf. Der Pilot setzte die Maschine sicher auf die Piste auf.* Bei intransitivem Gebrauch steht meist der Dativ, seltener der Akkusativ: *Das Flugzeug setzte sanft auf dem Boden auf. Das Backbordbeiboot ... setzte hart aufs Wasser auf* (Ott). ↑Rektion (1).

Aufsicht: Nach *Aufsicht* wird gewöhnlich mit der Präposition *über* angeschlossen. *Sie hat die Aufsicht über die Schulklasse. Er führt die Aufsicht über die Bauarbeiten.*

Aufsichtführender: Es heißt *Aufsichtführender,* nicht: *Aufsichtsführender.* ↑Fugen-s (3.4).

Aufsichtsrat[s]-: Das ↑Fugen-s (3) steht hier nicht in allen Zusammensetzungen. So heißt es zwar *Aufsichtsratsvorsitzende[r],* aber überwiegend *Aufsichtsratvergütung.*

aufspalten: ↑spalten.

aufspielen, sich: Bei *sich aufspielen als/wie* steht heute das dem *als* oder *wie* folgende Substantiv im Nominativ, d. h., es wird auf das Subjekt bezogen: *Er spielte sich auf wie ein Narr. Glaub nicht, daß ich mich vor dir als der Gerechte aufspielen möchte* (Musil). Der Akkusativ ist hier veraltet *(Er spielte sich als Helden auf).* ↑Kongruenz (4.2).

aufständisch/aufständig: Die Form *aufständig* ist heute veraltet. ↑-ig/-isch/-lich (3).

aufstützen: Bei *[sich] aufstützen auf* steht heute gewöhnlich der Akkusativ, selten der Dativ: *Die Ellenbogen auf den* (selten: *dem*) *Tisch aufstützen.* ↑Rektion (1).

aufteilen: Bei *aufteilen in* steht der Akkusativ (nicht der Dativ): *Die Spieler wurden in zwei große Gruppen aufgeteilt. Der Teppich ist in gleich große Felder aufgeteilt.*

Auftrag: 1. Auftrag über: Im Geschäftsverkehr ist es üblich, *Auftrag* mit der Präposition *über* zu verbinden: *ein Auftrag über Maschendraht.* Daneben kommt aber auch der Anschluß mit *auf* vor: *Wir haben Ihren Auftrag auf 30 Kühltruhen erhalten.* **2. die erteilten Aufträge:** Gelegentlich wird *Auftrag* pleonastisch mit dem zweiten Partizip *erteilt* verbunden: *Wir danken Ihnen für den erteilten Auftrag* statt: *... für den Auftrag.* ↑zweites Partizip (2.4).

auftragen: Bei *auftragen auf* kann sowohl der Akkusativ als auch der Dativ stehen. Üblicher ist heute der Akkusativ, weil die Vorstellung der Richtung (Frage: wohin?) überwiegt: *Er trug die Salbe auf die* (seltener: *auf der*) *Wunde auf.* ↑Rektion (1).

auftreffen: Nach *auftreffen auf* steht der Akkusativ (nicht der Dativ): *Kleine Meteoriten trafen auf das Raumschiff auf.*

Auftreten/Auftritt: ↑Verbalsubstantiv.

aufwärts: Getrennt vom folgenden Verb schreibt man das selbständige Adverb im Sinne von „nach oben": *Wir wollen den Fluß aufwärts fahren. Der Weg wird aufwärts führen. Wir mußten ständig aufwärts gehen.* Zusammen schreibt man, wenn durch die Verbindung mit dem folgenden Verb ein neuer Begriff entsteht: *Es wird auch mit uns wieder einmal aufwärtsgehen* (= besser werden). ↑Zusammen- oder Getrenntschreibung (1.4), ↑-wärts.

Aufweis/Aufweisung: ↑Verbalsubstantiv.

aufwenden: Die Formen des Präteritums und des zweiten Partizips lauten sowohl *wendete auf, aufgewendet* als auch *wandte auf, aufgewandt: Er wendete/wandte sein ganzes Geld auf, um ihm zu helfen. Sie hatte sehr viel Mühe dafür aufgewendet/aufgewandt.*

aufwendig: Man schreibt *aufwendig* mit *e*, weil es wahrscheinlich von *aufwenden* (nicht von *Aufwand*) abgeleitet ist. ↑ä/e (1).

aufwerfen, sich: Das reflexive Verb *sich aufwerfen* wird mit *zu* verbunden (nicht mit *als*): *sich zum Richter/zum Vormund aufwerfen.*

Aufzählung: Unter einer Aufzählung versteht man die Aneinanderreihung gleichartiger und gleichwertiger Satzteile. Zur Zeichensetzung bei Aufzählungen, Tabellen, Listen, Gliederungen u. ä. ↑Komma (3.1), ↑Punkt (2), ↑Doppelpunkt (2), ↑Semikolon (4).

Augenbank: Der Plural lautet *die Augenbanken* (nicht: *Augenbänke*). ↑Bank.

Augenblick: *In dem Augenblick, wo ...* ↑da/wo.

Augenzeuge: Wenn *Augenzeuge* Gleichsetzungsglied ist, steht es auch bei einem pluralischen Subjekt überwiegend im Singular: *Die drei Männer waren Augenzeuge* (seltener: *Augenzeugen) des seltsamen Vorfalls.* ↑Kongruenz (1.4.7).

Augsburger: Die Einwohnerbezeichnung wird immer groß geschrieben, auch wenn das Wort wie ein flexionsloses Adjektiv vor einem Substantiv steht: *die Augsburger Bevölkerung.* ↑Einwohnerbezeichnungen (7).

August: ↑Monatsnamen.

aus: 1. Rechtschreibung: Getrennt schreibt man *aus* in den Wendungen *bei jmdm. aus und ein gehen* „verkehren" und *nicht aus und ein/weder aus noch ein wissen* „ratlos sein": *Diese ständig bei dir aus und ein gehenden Typen gehen mir auf die Nerven. Dein weder aus noch ein wissender Mann ist dir wohl keine große Hilfe.* Anders ist es bei der zusammenfassenden Verbindung von Verben mit dem Verbzusatz *aus-*, wo ein ↑Bindestrich (1.1) gesetzt werden muß: *die ausgehenden und eingehenden/die aus- und eingehenden Sendungen; tief ausatmen und tief einatmen/tief aus- und einatmen* (↑Zusammen- oder Getrenntschreibung [1.3]). Groß schreibt man die Substantivierung *das Aus: Der Ball ging ins Aus/ist im Aus. Der Schiedsrichter pfiff Aus.* **2. aus ... heraus:** Verstärkendes *heraus* kann nur zu loseren Gefügen aus *aus* + Substantiv hinzutreten *(aus einer Notlage, aus einer Laune heraus),* nicht aber zu festen Verbindungen wie *aus Erfahrung, aus Liebe.* **3. aus/von:** Länder- und Städtenamen stehen als Herkunftsangaben mit der Präposition *aus,* zumal wenn mit ihnen der Lebensbereich oder Geburtsort eines Menschen gemeint ist: *Ich komme aus Stuttgart, bin aus Bayern.* Die Präposition *von (ich bin von Mannheim)* ist in dieser Verwendung landschaftlich. Jedoch wird *von* mit Städtenamen gelegentlich dann verbunden, wenn es um die Angabe eines (kürzlich) verlassenen Aufenthaltsortes geht: *Ich komme gerade aus Remscheid/von Remscheid.*

aus aller Herren Ländern/aus aller Herren Länder: Heute wird im allgemeinen die ungebeugte Form *aus aller Herren Länder* gebraucht. ↑Unterlassung der Deklination (2.3).

aus dem/daraus: ↑Pronominaladverb (4).

aus was/woraus: Als standardsprachlich gilt hier das Pronominaladverb *woraus: Woraus schließt du das? Das sind alles Dinge, woraus man schließen kann, daß ...* Die Verbindung *aus + was (Aus was schließt du das?)* kommt in der gesprochenen Sprache recht häufig vor und ist stark umgangssprachlich gefärbt. ↑Pronominaladverb (5).

ausbaufähig: ↑-fähig.

ausbedingen: Das zusammengesetzte Verb wird unregelmäßig konjugiert: *Er bedang sich einige Tage Bedenkzeit aus. Sie hat sich ausbedungen, daß nichts von den Vorfällen in die Presse gelangt.* ↑bedingen.

ausbezahlen/auszahlen: Die Bedeutungen „einen Geldbetrag aushändigen" und „finanziell abfinden" haben *ausbezahlen* und *auszahlen* gemeinsam: *Gehälter, Prämien, ein Erbteil ausbezahlen/auszahlen; Teilhaber, Erben ausbezahlen/auszahlen.* Dagegen kann im Sinne von „entlohnen" standardsprachlich nur *auszahlen* gebraucht werden: *Die Saisonarbeiter wurden ausgezahlt und entlassen.* Auch in reflexivem Gebrauch gilt nur *auszahlen: Verbrechen zahlen sich nicht aus.*

Ausbildungsplatz: Wenn eine Formulierung wie *Ausbildungsplatz (Lehrstelle) zur Erlernung des Friseurhandwerks* zu umständlich erscheint, kann man auch mit der Präposition *für* anschließen: *Er sucht einen Ausbildungsplatz für Friseure/für den Beruf des Friseurs.* ↑Kompositum (8).

ausbleiben: Wenn von einem verneinten *ausbleiben* ein Nebensatz mit *daß* abhängt, darf dieser nicht verneint werden: *Es konnte nicht ausbleiben, daß an der Stelle gelacht wurde.* Nicht: *Es konnte nicht ausbleiben, daß an der Stelle nicht gelacht wurde.* ↑Negation (1).

ausbleichen: ↑bleichen.

ausbreiten: Nach *[sich] ausbreiten auf* steht meist der Dativ, weil die Vorstellung des Ortes, wo man etwas ausbreitet, bestimmend ist: *die Decke auf dem Rasen, eine Straßenkarte auf dem Tisch ausbreiten.* Bei *[sich] ausbreiten über* kommt auch die Richtung ins Spiel, daher kommen sowohl der Dativ als auch der Akkusativ vor: *Nebel breitete sich über dem/über das Land aus.* Im Sinne von „sich über etwas weitschweifig äußern" steht *sich ausbreiten über* nur mit dem Akkusativ: *Stundenlang breitete er sich über die Schädlingsbekämpfung aus.* ↑Rektion (1).

ausdienen: ↑ausgedient.

Ausdruck: **1.** In der Bedeutung „Wort, Bezeichnung" hat *Ausdruck* den Plural *die Ausdrücke,* in der Bedeutung „fertig gedrucktes Werk, ausgedruckter Text" den Plural *die Ausdrucke.* ↑Druck, ↑Plural (1). **2.** *Zu zum Ausdruck bringen* ↑Nominalstil.

auseinander: Getrennt vom folgenden Verb schreibt man das selbständige Adverb in der Bedeutung „räumlich oder zeitlich voneinander getrennt": *weit auseinander wohnen, liegen; Schüler auseinander setzen* (= getrennt setzen), *Betten auseinander stellen, Wörter auseinander schreiben; Zähne, die auseinander stehen. Die beiden werden bald auseinander sein* (= sich getrennt haben; ugs.). Zusammen schreibt man, wenn *auseinander* Verbzusatz ist: *Sie wollen auseinandergehen* (= sich trennen). *Die Enden müssen auseinandergebogen werden. Sie hat mir das auseinandergesetzt* (= erklärt). *Ich habe mich mit ihm auseinandergesetzt* (= strittige Fragen geklärt). *Sie haben sich auseinandergelebt.* ↑Zusammen- oder Getrenntschreibung (1.4).

auserkoren: ↑kiesen/küren.

Ausfahrt[s]-: Bei einigen Zusammensetzungen mit *Ausfahrt* ist das Fugen-s fest, bei anderen schwankt der Gebrauch. Fest mit Fugen-s: *Ausfahrtsschild, Ausfahrtsstraße.* Schwankend: *Ausfahrt[s]erlaubnis, Ausfahrt[s]gleis, Ausfahrt[s]signal, Ausfahrt[s]weiche.*

Ausfall von Lauten: ↑Elision.

Ausflucht: ↑Flucht.

ausführen/durchführen: Das Verb *ausführen* bedeutet „etwas [auftragsgemäß] verwirklichen, erledigen", es betont gegenüber *durchführen* mehr, daß das erwartete Ergebnis, der weisungsgemäß herzustellende Zustand usw. erreicht wird. Dagegen richtet *durchführen* den Blick mehr auf das Organisatorische einer erforderlichen Tätigkeit, die etwas verwirklichen und zu Ende bringen will oder soll. In manchen Fällen kann man beide Verben einsetzen: *Es sind regelmäßige Messungen und Prüfungen auszuführen/durchzuführen. Die Vorschriften für die Ausführung/Durchführung der Messungen sind auf der Karte angegeben.* Ebenso kann man *ein Vorhaben, eine Aufgabe, Arbeit, Operation, Untersuchung, Analyse, einen Plan, Beschluß ausführen* oder *durchführen.* Aber *Bauten* z. B. kann man nur *ausführen, nicht durchführen lassen.* Ebenso nur: *eine Bestellung, einen Befehl, Auftrag, Entschluß, Weisungen ausführen.*

Ausführungen: 1. Gelegentlich wird *Ausführung* pleonastisch mit dem zweiten Partizip *gemacht* verbunden: *Die [vom Vorsitzenden] gemachten Ausführungen beeindruckten die Zuhörer* statt: *Die Ausführungen [des Vorsitzenden]...* ↑zweites Partizip (2.4). **2.** Zu *zur Ausführung gelangen* ↑gelangen.

ausgedient, ausgelernt: Diese Partizipien können auch attributiv gebraucht werden: *ein ausgedienter Kinderwagen, ein ausgelernter Bäcker.* Vgl. aber ↑zweites Partizip (2.2).

ausgenommen: 1. Stellung und Rektion: Das dem Wort *ausgenommen* vorangestellte Substantiv (die Bezeichnung der ausgenommenen Person oder Sache) steht meist im Akkusativ, weil *ausgenommen* bei dieser Stellung noch als zweites Partizip des Verbs *ausnehmen* betrachtet wird, das den Akkusativ regiert. Die Konstruktion entspricht dann einer gewöhnlichen Partizipialkonstruktion: *Ich muß dem ganzen Buch widersprechen, den Schluß ausgenommen.* (Entsprechend: *Sie stand da, den Arm hochgereckt.*) Der Nominativ steht bei dieser Konstruktion nur, wenn auch das zugehörige vorangehende Wort diesen Kasus aufweist: *Alle sind da, er* (veraltet: *ihn*) *ausgenommen.* Demgegenüber ist die Nachstellung des Substantivs ein Zeichen dafür, daß *ausgenommen* nicht mehr als Partizip, sondern als Konjunktion empfunden wird, die auf die Deklination des Substantivs keinen Einfluß hat. Das Substantiv wird dann vom Verb des Satzes regiert: *Ich muß dem ganzen Buch widersprechen, ausgenommen dem Schluß.* **2. Zeichensetzung:** In den Fügungen *ausgenommen, daß* und *ausgenommen, wenn* steht vor *daß* und *wenn* immer ein Komma: *Ihr Freund ist ganz nett, ausgenommen, daß er gern übertreibt. Er kommt bestimmt, ausgenommen, wenn es regnet.* Wenn *ausgenommen* als Konjunktion im Sinne von „außer" gebraucht wird, steht immer ein Komma davor: *Alle sind da, ausgenommen er. Er kommt bestimmt, ausgenommen es regnet. Ich muß dem ganzen Buch widersprechen, ausgenommen dem Schluß.* Steht die Fügung mit *ausgenommen* am Satzanfang, wird sie durch Komma vom folgenden Hauptsatz getrennt: *Ausgenommen bei Regen, ging sie täglich spazieren.*

ausgeruht: Das Wort gehört zu den zweiten Partizipien, die aktivischen Sinn bekommen haben und zu Adjektiven geworden sind, weil sie prädikativ mit *sein* verbunden werden können: *Der Wanderer hat sich ausgeruht. – Der Wanderer ist ausgeruht. – Der ausgeruhte Wanderer.* ↑zweites Partizip (2.2).

ausgiebig: 1. Schreibung: Das lange *i* in den mit *geben* zusammenhängenden Formen und Ableitungen wurde früher mit *ie* geschrieben: (*du giebst, er giebt, ausgiebig, ergiebig, nachgiebig* u. a.). Als 1901 auf der Berliner Orthographischen Konferenz die *i*-Schreibung für verbindlich erklärt wurde, nahm man die adjektivischen Ableitungen von dieser Bestimmung aus, so daß gilt: *du [um]gibst, er [um]gibt, [um]gib!,* aber: *ausgiebig, ergiebig* usw. **2. ausgiebig/ergiebig:** Ursprünglich bezeichnete *ausgiebig* etwas, was gut ausgibt, d. h. reichen Ertrag, Gewinn gibt: *eine ausgiebige Sorte. Dieses Fett ist sehr ausgiebig.* In dieser Bedeutung veraltet *ausgiebig;* an seine Stelle ist *ergiebig* getreten. Heute wird *ausgiebig* gewöhnlich verstärkend im Sinne von „reichlich, recht viel" gebraucht.

Aushängeschild: ↑Schild.

Ausklammerung

Unter Ausklammerung versteht man die sprachliche Erscheinung, daß Satzteile oder Nebensätze, die üblicherweise vor dem schließenden Prädikat oder Prädikatsteil stehen, hinter dieses rücken. Sie treten damit aus der sogenannten Satzklammer (↑verbale Klammer) heraus.

Übliche Wortstellung:

Susanne *sucht* für ihren Freund ein Geschenk *aus.* Susanne *hat* für ihren Freund ein Geschenk *ausgesucht.* ... *daß* Susanne für ihren Freund ein Geschenk *aussucht.*

Ausklammerung:

Susanne *sucht* ein Geschenk *aus für ihren Freund.* Susanne *hat* ein Geschenk *ausgesucht für ihren Freund.* ... *daß* Susanne ein Geschenk *aussucht für ihren Freund.*

Weitere Beispiele mit Ausklammerungen:

Sie *sprach* die Hoffnung *aus, bald fahren zu können.* Ich *kann* nicht *verreisen in diesem Sommer.*

Grammatisch notwendig ist diese – keineswegs auf Texte der Gegenwartssprache beschränkte – Ausklammerung nie, doch besonderer stilistischer Ausdruckswille und das Bestreben, den Satz übersichtlicher und leichter verständlich zu machen, haben ihren Gebrauch stark gefördert. Im einzelnen gilt folgendes:

1. Besonders umfangreiche Satzglieder werden gerne ausgeklammert, um dem Hörer/Leser das vollständige Prädikat nicht zu lange vorzuenthalten:

Der Einfluß der Kunst *dauert* jedoch *fort in der Gefühlsstruktur des Publikums, der großen und der kleinen Diktatoren, der demokratischen Politiker und Regierungsleute.*

2. Nebensätze (in attributiver Funktion) und satzwertige Infinitive mit besonderem Eigengewicht werden häufig ausgeklammert:

Man *ließ* die Nachricht *verbreiten, daß er gestorben sei.* Danach *fing* er *an, bitterlich zu weinen.*

Mit dem Nebensatz kann auch sein Bezugswort ausgeklammert werden:

Sie *nahm* die Hände *weg vom Gesicht, das nicht starr war.*

3. Einzelne Satzglieder können ausgeklammert werden, wenn man sie (als nebensächlich) nachtragen oder aber besonders hervorheben will:

Viel Zeit *ging verloren bei der Suche.* Ich *habe* lange *gewartet auf diesen Brief.*

4. Wie die Beispiele zeigen, handelt es sich bei den ausgeklammerten Satzgliedern vielfach um Präpositionalgefüge. Das Subjekt dagegen und die reinen Objekte (d. h. Objekte ohne Präposition) können nicht ausgeklammert werden. Man kann also nicht sagen:

Ich *habe getroffen die Chefin.* Er geht, wenn bei der Versammlung *eingebracht wird eine Resolution.*

ausklingen: In konkreter Bedeutung wird *ausklingen* im Perfekt mit *haben* oder *sein* umschrieben: *Der Ton war/hatte ausgeklungen.* Wenn das Verb übertragen im Sinne von „enden" gebraucht wird, ist dagegen nur *sein* möglich: *Alles ist in eine freundliche und versöhnliche Stimmung ausgeklungen. Seine Rede war in der Mahnung ausgeklungen ...* ↑haben (1).

Auslad: ↑Verbalsubstantiv.

Auslands-: Zusammensetzungen mit *Ausland* als erstem Glied werden im allgemeinen mit ↑Fugen-s geschrieben: *Auslandsabteilung, -beziehungen, -geschäft, -schule* usw.

Auslassung von Lauten: ↑Elision.

Auslassungspunkte: Drei Auslassungspunkte werden gesetzt, wenn eine Rede abgebrochen oder ein Gedankenabschluß verschwiegen wird: *Der Horcher an der Wand. Er sagte: „Am besten wäre es, ich würde..." „Oh, ihr verdammten Schwei..." brüllte er.* (Vor und nach den Auslassungspunkten läßt man den normalen Wortzwischenraum, wenn sie für ein oder mehrere Wörter stehen. Bei Auslassung eines Wortteils schließt man sie unmittelbar an den Rest des Wortes an.) Die Auslassungspunkte stehen ferner bei Zitaten, um die Weglassung von entbehrlichen Wortteilen, Wörtern, Satzteilen oder Sätzen zu bezeichnen. Mit Auslassungszeichen: *„Ich heiße Paul!" schloß er seinen Bericht ... und schritt ... hinaus.* Ohne Auslassungszeichen: *„Ich heiße Paul!" schloß er seinen Bericht, den er mit lexikalischer Sachlichkeit gab, lächelte gewinnend, machte einen gezierten, ironischen Diener und schritt mit steigenden, gleichwie aufgezogenen Schritten vogelartig hinaus* (Erhart Kästner). Hinter den Auslassungspunkten steht kein besonderer Satzschlußpunkt: *Ehen werden im Himmel geschlossen ...* Aber mit Klammern: *Er erinnerte sich an die Redensart (Ehen werden im Himmel geschlossen ...).* Der Schlußpunkt eines vorangehenden Satzes darf nicht in die Auslassungspunkte einbezogen werden: *Der Kontokorrentkredit wird ... als gedeckter Kredit gewährt. ... ein Kredit, der in laufender Rechnung ... zur Verfügung gestellt wird.* Dasselbe gilt für den Abkürzungspunkt: *Frankfurt a. M. ...*

Auslassung[ssatz]: ↑Ellipse.

Auslassungszeichen: ↑Apostroph.

auslaufen: Nach *auslaufen in* steht der Akkusativ, weil die Vorstellung der Richtung bestimmend ist: *Der Krug läuft in einen engen Hals aus. Jede Unterredung mit ihm läuft in bösen Streit aus.* ↑Rektion (1).

Auslaut: ↑Aussprache (4).

auslernen: ↑ausgedient, ausgelernt.

aus'm: ↑Präposition (1.2.1), ↑Apostroph (1.2).

ausmünden: Bei *ausmünden in* kann der Akkusativ oder der Dativ stehen: *Der Gang mündet in ein Gewölbe/in einem Gewölbe aus. Die Proteste waren in Krawalle/in Krawallen ausgemündet.*

ausnahmsweise: Das Adverb *ausnahmsweise* bedeutet „als Ausnahme, gegen die Regel": *Der Zug fährt ausnahmsweise vom Bahnsteig 3 ab.* Es darf nicht im Sinne von „ausnehmend, besonders, sehr" verwendet werden, also nicht: *Er trägt immer ausnahmsweise* (statt: *besonders*) *gepflegte Kleidung.* ↑-weise.

ausnutzen/ausnützen: Neben *ausnutzen* ist landschaftlich, bes. süddeutsch und österreichisch, die umgelautete Form *ausnützen* gebräuchlich.

Auspuffflamme: Diese Zusammensetzung schreibt man mit drei *f.* ↑Konsonant (1).

ausreichend: ↑Zensuren.

ausringen/auswringen: ↑auswringen/ausringen.

Ausrufesatz: Im Ausrufesatz wird ein Sachverhalt mit starker innerer Anteilnahme zum Ausdruck gebracht. Das Finitum (die Personalform des Verbs) kann dabei an zweiter, erster oder letzter Stelle stehen: *Du hast aber lange Skier! Hast du aber lange Skier! Wie schön das alles ist!* Das übliche ↑ Ausrufezeichen steht nicht, wenn der Ausrufesatz abhängig gemacht wird: *Sie rief ihm zu, wie schön es heute sei.* ↑ Satzarten.

Ausrufewort: ↑ Interjektion.

Ausrufezeichen

Das Ausrufezeichen ist ein Ton- und ein Schlußzeichen. Es macht den lebhaften Ton des Sprechers deutlich. Das Ausrufezeichen dient zur Kennzeichnung besonders eindringlich gemeinter, mit Nachdruck zu betonender Wörter und Sätze.

1. Das Ausrufezeichen steht nach Interjektionen:

Ach! Oh! Au! Na! Hallo! Pfui! Buh! Ahoi! Pst! Brr! – Na! Na! Passen Sie doch auf! Nein! Nein! Und noch einmal: Nein!

Liegt kein Nachdruck auf der einzelnen Interjektion, dann tritt das Ausrufezeichen ans Ende des Satzes:

Na, na, na! Doch, doch! Ach, das ist schade!

2. Das Ausrufezeichen steht nach Aufforderungs-, Wunsch- und Ausrufesätzen:

Komm sofort zurück! Nehmen Sie doch bitte Platz! Legen Sie ab, und fühlen Sie sich wie zu Hause! Hätte ich ihm doch nicht geglaubt! Rauchen verboten! Einfahrt freihalten! Bitte nicht stören! Einsteigen! Ruhe!

Kein Wunder! Das hätte ich nicht gedacht! Achtung! Kein Kommentar! Vertraulich! Vorsicht, bissiger Hund! Guten Tag! Guten Appetit! Alles Gute! (In Fragesatzform:) Wie lange soll ich denn noch warten! Was erlauben Sie sich!

Abhängige Aufforderungs- und Ausrufesätze und solche ohne besonderen Nachdruck werden jedoch ohne Ausrufezeichen geschrieben:

Man befahl ihm, sofort zu kommen. Sie wünschte, alles wäre vorbei.

Vergleichen Sie die Anmerkung 5 auf Seite 60. Geben Sie mir bitte das Buch.

3. Das Ausrufezeichen steht nach der Anrede bei Reden und Ansprachen (zur Anrede im Brief ↑ Brief [4]):

Liebe Mitbürgerinnen und Mitbürger!

Sie alle sind dazu aufgerufen, ...

Verehrte Frau Vorsitzende, meine Damen und Herren!

Es ist mir eine Ehre ...

4. Das Ausrufezeichen steht eingeklammert innerhalb eines Satzes nach Angaben, die man als fraglich oder beachtenswert besonders kennzeichnen will:

Er will 100 Meter in 10,2 (!) gelaufen sein. Der Einbrecher arbeitete früher als Schweißer (!).

5. Beim Zusammentreffen von Ausrufezeichen mit anderen Satzzeichen ist das folgende zu beachten:

– Ausrufezeichen und Anführungszeichen

Das Ausrufezeichen steht vor dem schließenden Anführungszeichen, wenn es zur Anführung gehört (unmittelbar danach folgen weder Komma noch Punkt):

„Komme mir nicht mehr unter die Augen!“ rief sie wütend. „Entweder der Plan wird angenommen“, rief er den Vereinsmitgliedern zu, „oder ich lege sofort mein Amt nieder!“ Du kommst immer mit deinem „Ich kann nicht!“

Das Ausrufezeichen steht nach dem schließenden Anführungszeichen, wenn es nicht zur Anführung, sondern zum ganzen Satz gehört:

Spiele doch nicht immer Franz Liszts „Ungarische Rhapsodie“!

Gehört sowohl zur Anführung als auch zum übergeordneten Satz ein Ausrufezeichen, dann müssen beide gesetzt werden:

Laß doch dieses ewige „Ich will nicht!“!

– Ausrufezeichen und Gedankenstrich

Das Ausrufezeichen steht vor dem zweiten Gedankenstrich, wenn es zu dem eingeschobenen Satz oder Satzteil gehört:

Ich fürchte – hoffentlich zu Unrecht! –, daß du krank bist.

– Ausrufezeichen und Klammern

Das Ausrufezeichen steht vor der schließenden Klammer, wenn es zum eingeklammerten Text gehört:

Der Antrag ist vollständig ausgefüllt an die Bank zurückzusenden (bitte deutlich schreiben!).

Gehört ein Ausrufezeichen zu einem Satz und nicht zu einem am Satzende in Klammern stehenden Text, dann steht das Ausrufezeichen vor dem eingeklammerten Text. Nach der schließenden Klammer steht dann noch ein Punkt:

Wie herrlich leuchtet mir die Natur! Wie glänzt die Sonne, wie lacht die Flur! (Goethe).

– Ausrufezeichen und Fragezeichen

Nach einem Fragezeichen kann noch ein Ausrufezeichen stehen, wenn der Fragesatz gleichzeitig als Ausrufesatz verstanden werden soll:

Warum denn nicht?! Das soll auch für mich gelten?!

ausruhen: ↑ausgeruht.

Aussagesatz: Der Aussagesatz gibt einen Sachverhalt einfach berichtend wieder: *Die Sonne scheint. Der Himmel ist blau. Karl trägt den Koffer zum Bahnhof. Ilse fährt morgen nach Frankfurt.* Er wird durch einen Punkt abgeschlossen und hat das Finitum (die Personalform des Verbs) an zweiter Stelle. ↑Satzarten.

Aussageweise: ↑Modus.

Ausscheid/Ausscheidung: ↑Verbalsubstantiv (1.4).

ausschenken: ↑ä/e.

ausscheren: Das Perfekt von *ausscheren* wird mit *sein* umschrieben: *Der Wagen ist/war aus der Kolonne ausgeschert.*

ausschließlich: Das Adjektiv *ausschließlich* „alleinig, uneingeschränkt“ gehört zu den Adjektiven ohne ↑Vergleichsformen (3.1); also nicht: *das ausschließlichste Recht auf etwas haben.* Das Adverb *ausschließlich* steht im Sinne von „nichts als, nur“: *Das ist ausschließlich ihr Verdienst. Er war ausschließlich Gelehrter.* Die Präposition *ausschließlich* „ohne, außer“ wird mit dem Genitiv verbunden, wenn der Kasus durch ein Begleitwort des abhängigen Substantivs deutlich wird: *die Kosten ausschließlich des genannten Betrags, die Miete ausschließlich der Heizungskosten.* Das alleinstehende starke Substantiv nach *ausschließlich* bleibt im Singular im allgemeinen ungebeugt:

die Kosten ausschließlich Porto. Im Plural weicht man bei alleinstehenden stark deklinierten Substantiven auf den Dativ aus, wenn der Genitiv nicht erkennbar ist: *der Preis für die Mahlzeiten ausschließlich Getränken* (statt: *Getränke*), *das Mobiliar ausschließlich Tischen und Stühlen* (statt: *Tische und Stühle*). ↑ Präposition (2).

Ausschließung/Ausschluß: ↑ Verbalsubstantiv.

aussein (ugs.): Zusammen schreibt man im Infinitiv und im 2. Partizip: *Das Kino wird um 23 Uhr aussein, ist um 23 Uhr ausgewesen. Wir sind gestern ausgewesen. Er wird wohl auf die Belohnung aussein.* Getrennt schreibt man bei den Personalformen: *Es ist nicht sicher, ob das Kino um 23 Uhr aus ist. Ich weiß nicht, ob er aus war, ob er auf die Belohnung aus ist.* ↑ Zusammen- oder Getrenntschreibung (1.5).

außen: Klein schreibt man das Adverb: *von außen her; eine Farbe für außen und innen; er spielt außen.* Groß schreibt man die sportsprachliche Substantivierung *der Außen: Er spielt in unserer Mannschaft als Außen.*

aussenden: Die Formen des Präteritums und zweiten Partizips lauten: *sendete aus/sandte aus* und *ausgesendet/ausgesandt.* ↑ senden.

außer: Die Präposition *außer* regiert in der Bedeutung „ausgenommen, abgesehen von" den Dativ: *Man hörte nichts außer dem Ticken der Uhr.* Auch in der Bedeutung „außerhalb" regiert *außer* gewöhnlich den Dativ: *Sie können auch außer der Zeit kommen. Der Kranke ist außer aller Gefahr. Ich bin außer mir über sein Verhalten.* Der veraltete Genitiv kommt nur noch in den Verbindungen *außer Landes gehen, außer Landes sein/leben* und *außer Hauses sein* (selten neben: *außer Haus[e] sein*) vor. In Verbindung mit Verben der Bewegung hat sich in neuerer Zeit der Akkusativ durchgesetzt: *etwas außer jeden Zusammenhang, außer jeden Zweifel stellen; jemanden außer allen Stand setzen, etwas zu tun.* Bei *geraten* allerdings steht der Dativ noch mit dem Akkusativ in Konkurrenz: *Ich geriet außer mich/außer mir vor Wut.* Wenn das Bezugswort des auf *außer* folgenden Substantivs im Nominativ, Genitiv oder Akkusativ steht, ist es möglich, dieses in den gleichen Kasus zu setzen; *außer* ist dann Konjunktion. Nominativ: *Niemand kann es herausbekommen außer ich selbst.* Genitiv: *Ich entsinne mich all dieser Vorfälle nicht mehr außer eines einzigen.* Akkusativ: *Ich kenne niemanden außer ihn. Auf Bettwäsche, außer Streifsatin und Matratzenschonbezüge, gewähren wir Rabatt.* In allen diesen Beispielen könnte man *außer* auch als Präposition (mit dem Dativ) verwenden: *Niemand kann es herausbekommen außer mir* usw.

außer daß; außer wenn; außer um u.a.: Das Komma steht wie vor dem einfachen *daß, wenn* oder *um,* weil diese Fügungen wie eine einfache Konjunktion eingesetzt sind: *Wir gehen täglich spazieren, außer wenn es regnet. Ich habe nichts erfahren können, außer daß er abgereist ist. Er ist, außer um Freunde zu besuchen, nie im Krankenhaus gewesen.*

Äußeres: Wenn *Äußeres* einem stark deklinierten Adjektiv folgt, dann wird es heute gewöhnlich ebenfalls stark gebeugt: *ein anmutiges Äußeres* (nicht: *Äußere*). Nur im Dativ Singular kommt neben der starken auch noch die schwache Beugung vor: *mit jugendlichem Äußerem/*(seltener schwach:) *Äußeren.*

außerhalb: Die Präposition *außerhalb* wird heute mit dem Genitiv (nicht mehr mit dem Dativ) verbunden: *außerhalb der Stadt, außerhalb des Bereichs, außerhalb der Landesgrenzen.* Das gilt auch für Orts- und Landesnamen: *außerhalb Bayerns, außerhalb Kölns* (oder: *außerhalb von Bayern, von Köln*). Mit der Präposition *außerhalb* und den mit ihr verbundenen Verben ist gewöhnlich die Vorstellung der Lage (Frage: wo?) verknüpft: *Der Flugplatz liegt außerhalb der Stadt. Sie möchte au-*

ßerhalb der Partei arbeiten. Zuweilen jedoch wird *außerhalb* mit Richtungsverben verbunden, die auf die Frage wohin? antworten: *Er stellte sich außerhalb der Gesellschaft.* Man kann als Erklärung für diesen korrekten Gebrauch eine Ellipse annehmen: ... *[in den Raum] außerhalb* ...

äußerst: Klein schreibt man *äußerst* auch bei vorangehendem Artikel, wenn die Verbindung für ein einfaches Adverb steht: *Er war auf das äußerste* (= sehr) *erschrocken. Er war bis zum äußersten* (= sehr) *erregt.* Groß schreibt man die Substantivierung: *Er muß das Äußerste befürchten. Er ging bis zum Äußersten. Es ist das Äußerste, was er zugestehen will. Sie war auf das Äußerste gefaßt.* ↑Groß- oder Kleinschreibung (1.2.1).

außerstande: ↑Verblassen des Substantivs.

Aussprache

Im Folgenden werden einige immer wiederkehrende Fehler und Zweifelsfälle auf dem Gebiet der Aussprache behandelt.

1. Langes *ä*: Man spreche nicht langes *e,* wenn langes *ä* gesprochen werden muß, also *Träne* nicht wie ['tre:nə], sondern wie ['trɛ:nə]. (Die Aussprache von langem *ä* wie *e* ist vor allem eine norddeutsche Eigentümlichkeit.)

2. Nasalvokale: Weil die französische Aussprache in vielen Fällen allzu gekünstelt klingt, werden die Nasalvokale in französischen Fremdwörtern heute schon vielfach, selbst in gehobener Umgangssprache, wie *-eng/-ang/-öng/-ong* gesprochen. Allerdings hat dieser Vorgang nicht alle Fremdwörter gleichmäßig und gleichzeitig ergriffen. Es sind vor allem die vielgebrauchten, stark eingedeutschten Fremdwörter, die so gesprochen werden, während seltenere Fremdwörter noch die französische Aussprache verlangen: *Beton* lautet gewöhnlich [be'tɔŋ] und würde in französischer Aussprache ([be'tõ:]) bei vielen Sprechern geziert klingen, aber *Impromptu,* das die Umgangssprache nicht kennt, kann man nur französisch aussprechen [ɛ̃prõ'ty:]. Die Grenze ist im Einzelfall schwer zu ziehen.

3. Die Aussprache von *g* als *j* oder *ch*: Nicht korrekt ist die in der Umgangssprache und in Mundarten häufig anzutreffende Aussprache von *g* als *j: Gans* wie [jans], *lege* wie ['le:jə], *Sorge* wie ['zɔrjə]. Auch die Aussprache von *g* als Ich- oder Ach-Laut ist inkorrekt: *lege* wie ['le:çə], *Waage* wie ['va:xə], *gelegt* wie [gə'le:çt], *Sarg* wie [zarç], *Zug* wie [t͜su:x].

4. Die Aussprache von auslautendem *-ng* und *-ig*: Auslautendes *-ng* wird fälschlicherweise am Ende oft mit [k] gesprochen. Also nicht ['t͜sa͜itʊŋk] *(Zeitung),* sondern ['t͜sa͜itʊŋ], nicht [rɪŋk] *(Ring),* sondern [rɪŋ]. Dasselbe gilt für die Buchstabenfolge *-ig.* Also nicht ['a͜inɪk] *(einig),* sondern ['a͜inɪç], nicht ['t͜svant͜sɪkstə] *(zwanzigste),* sondern ['t͜svant͜sɪçstə].

5. Die Aussprache von *n* vor *f*: Ein sehr häufiger, beim schnellen Sprechen unwillkürlich unterlaufender Fehler ist die Aussprache von *n* vor [f] wie [m], also [fʏmf] *(fünf)* statt [fʏnf], ebenso die Aussprache von *n* als velarer Nasal vor [k] oder [g] in Zusammensetzungen, also ['a͜iŋka͜uf] *(Einkauf)* statt richtig ['a͜inka͜uf].

6. Stimmhaftes *s* am Wortanfang und im Wortinnern: Die Standardlautung fordert ein stimmhaftes („weiches") *s* am Wortanfang vor Vokalen (*Saal* [za:l]) und im Wortinnern zwischen Vokalen (*Base* ['ba:zə]), ferner wenn ein *l/m/n/r* vor dem *s* steht (*Bremse* ['brɛmzə]), in den Ableitungssilben *-sal* und *-sam* (*Mühsal* ['my:za:l], *langsam* ['laŋza:m]) und in der Ableitungssilbe *-sel* nach Vokal sowie nach *l/m/n/ng/r (Gerinnsel, Streusel).* Das Gesagte gilt auch für eingedeutschte Fremdwörter wie *System, Satellit* u. a.
Landschaftlich (besonders im Süden des deutschen Sprachgebietes) wird das in allen diesen Fällen geforderte stimmhafte *s* allerdings meist durch ein stimmloses („hartes") *s* ersetzt.

7. Stimmhaftes *sch* in Fremdwörtern: Man achte darauf, in englischen und französischen Fremdwörtern stimmhaftes *sch* zu sprechen (in deutschen Wörtern gibt es diesen Laut nicht): Es heißt also [bla'ma:ʒe] *(Blamage),* nicht [bla'ma:ʃə].

8. Stimmhaftes *dsch* in Fremdwörtern: Ebenso wie *sch* muß *dsch* in Fremdwörtern stimmhaft sein, also ['d͜ʒʊŋkə] *(Dschunke),* nicht ['t͜ʃʊŋkə]; [d͜ʒɪn] *(Gin),* nicht [t͜ʃɪn].

9. *pf-* im Anlaut: Die Buchstabenfolge *pf-* spreche man im Anlaut nicht wie bloßes [f] aus, also nicht [fa͜il] *(Pfeil),* sondern [p͜fa͜il].

10. *ch* in [fremden] Namen und Fremdwörtern: Das *ch* in [fremden] Namen und Fremdwörtern macht oft Schwierigkeiten, besonders im Anlaut. Man spricht den Ich-Laut [ç] meist in Fremdwörtern griechischer Herkunft am Wortanfang, besonders vor *e/i/y,* also [çi'rʊrk] *(Chirurg),* nicht [ki'rʊrk]. Den K-Laut spricht man in den bekannteren Fremdwörtern griechischer Herkunft, besonders am Wortanfang vor *a/l/o/r,* also ['ko:lera] *(Cholera),* [kro:m] *(Chrom)* u. a. In deutschen geographischen Namen wie ['kɛmnɪ͜ts] *(Chemnitz),* ['ki:mze:] *(Chiemsee),* [ka:m] *(Cham)* wird ebenfalls [k] gesprochen. Man spricht dagegen ['çi:na] *(China),* nicht ['ki:na].

11. Die Aussprache von *r*: Nach den kurzen Vokalen *i, ä, a, ü, ö, u, o* spreche man *r* am Wortende oder vor Konsonant tatsächlich als [r], also [vɪr] *(wirr),* und nicht nur als abgeschwächtes *a* [ɐ], also [vɪr], und nicht [vɪɐ̯]. Völlig falsch ist die Aussprache von *r* als Ach-Laut [x]; also nicht [fɔxt] *fort),* sondern [fɔrt].

12. Die Aussprache von *v*: In deutschen Wörtern und einigen häufig gebrauchten Fremdwörtern wird der Buchstabe *v* als [f] gesprochen: *Vater, Vogel, viel, hieven; Nerven, Vers;* ebenso im Auslaut aller Wörter und vor stimmlosem Konsonant: *aktiv, Luv, hievt.* Die Aussprache [f] gilt auch in Ortsnamen wie *Hannover, Villach* (aber: *Greven* mit [v]). In den meisten Fremdwörtern wird jedoch der W-Laut [v] gesprochen: *nervös, aktive, Vokal, Malve.* Bei einigen Fremdwörtern (Namen) schwankt der Gebrauch: *Kurve* ['kʊrfə]/(selten:) ['kʊrvə], *evangelisch* [evaŋ'ge:lɪʃ]/[efaŋ'ge:lɪʃ]; *Eva* ['e:fa]/['e:va], *David* ['da:fɪt/'da:fi:t]/(seltener:) ['da:vɪt/'da:vi:t].

13. Die Aussprache von *sp/st/sk*: Anlautendes *sp-* und *st-* in deutschen Wörtern sprechen einige Norddeutsche – entgegen der Standardlautung – als [sp]/[st], nicht als [ʃp]/[ʃt]. Statt [ʃpi:l] *(Spiel)* und [ʃta͜in] *(Stein)* [spi:l] bzw. [sta͜in]. Es ist dies ein typisches Merkmal niederdeutscher Aussprache.

Bei Fremdwörtern ist es gelegentlich schwierig, zu entscheiden, ob anlautendes [sp]/[st] oder [ʃp]/[ʃt] gesprochen werden soll. Es gilt die Faustregel, daß Fremdwörter, die bei uns schon lange im Gebrauch sind und nicht mehr als fremd empfunden werden, wie deutsche Wörter behandelt werden, also [ʃpetsi̯ali'tɛ:t] *(Spezialität),* [ʃtu'dɛnt] *(Student),* aber [spi:tʃ] *(Speech),* ['strɛto] *(stretto).* Allerdings ist die Frage, ob ein Wort als völlig heimisch betrachtet werden darf, gar nicht so leicht zu entscheiden, weil hier subjektiver Auffassung ein weiter Spielraum gewährt ist. Die Folge ist, daß für viele Fremdwörter beide Aussprachen als gleich korrekt angesehen werden müssen:

['spa:hi]/['ʃpa:hi] *(Spahi),* [spɛk'tra:l]/[ʃpɛk'tra:l] *(spektral),* ['spi:na]/[*'ʃpi:na*] *(Spina),* [sple'ni:tɪs]/[ʃple'ni:tɪs] *(Splenitis),* [spɔn'de:ʊs]/[ʃpɔn'de:ʊs] *(Spondeus),* ['spʊtnɪk]/['ʃpʊtnɪk] *(Sputnik),* [sta'ka:to]/[ʃta'ka:to] *(staccato),* [ste'no:zə]/[ʃte'no:zə] *(Stenose),* ['sti:mulans]/['ʃti:mulans] *(Stimulans),* ['sto:la]/['ʃto:la] *(Stola).*

In anderen Fällen ist die eingedeutschte Aussprache schon häufiger, z. B. bei *spinal, splendid, Stil, stupid* u. a.
Man merke sich noch, daß inlautendes *-sp-/-st-* in Standardlautung nie [ʃp]/[ʃt] gesprochen wird, also nur [pro'spɛkt] *(Prospekt),* nicht [pro'ʃpɛkt], nur [kɔn'stant] *(konstant),* nicht [kɔn'ʃtant]. Auch die Buchstabenfolge *Sk-* wird in Standardlautung immer [sk], nicht [ʃk] gesprochen, also [ska:t] *(Skat),* nicht [ʃka:t], [skan'da:l] *(Skandal),* nicht [ʃkan'da:l].

austeilen: In Verbindung mit *unter* regiert *austeilen* gewöhnlich den Akkusativ: *Sie teilten die Lebensmittel unter die Flüchtlinge aus.* Der Dativ ist auch möglich, er kommt aber ganz selten vor: *Sie teilten die Lebensmittel unter den Flüchtlingen aus.* ↑Rektion (1).

auswägen: ↑wägen/wiegen.

Auswahl: Gelegentlich wird *getroffen* als überflüssiges Attribut von *Auswahl* gebraucht: *Die getroffene Auswahl ist nicht gut* statt: *Die Auswahl ist nicht gut.* ↑zweites Partizip (2.4).

auswärts: ↑-wärts.

ausweisen, sich: Bei *sich ausweisen als* steht heute das dem *als* folgende Substantiv gewöhnlich im Nominativ, d. h., es wird auf das Subjekt bezogen: *Er wies sich als Kriminalbeamter aus.* Der Akkusativ *(Er wies sich als Kriminalbeamten aus)* ist seltener. ↑Kongruenz (4.2).

ausweislich/nach Ausweis: Die im Amtsdeutsch noch vereinzelt gebrauchte Präposition *ausweislich* „wie aus den Unterlagen o. ä. ersichtlich ist" regiert wie das gleichbedeutende *nach Ausweis* den Genitiv: *Er war ausweislich/nach Ausweis der vorliegenden Akten vorbestraft.*

auswiegen: ↑wägen/wiegen.

auswringen/ausringen: Als standardsprachlich gilt heute nicht *ausringen,* sondern *auswringen.* Das Verb *wringen* „nasse Wäsche auswinden" stammt, wie andere mit *wr-* anlautende Wörter (z. B. *Wrack*), aus dem Niederdeutschen.

auszeichnen, sich: Bei *sich auszeichnen als* steht heute das dem *als* folgende Substantiv im Nominativ, d. h. es wird auf das Subjekt bezogen: *Er zeichnete sich als umsichtiger Politiker aus.* Der Akkusativ *(Er zeichnete sich als umsichtigen Politiker aus)* ist veraltet. ↑Kongruenz (4.2).

Auto fahren: ↑Zusammen- oder Getrenntschreibung (2.1).

Auto und radfahren: ↑Bindestrich (1.1).

Autobus: Der Genitiv lautet *des Autobusses,* der Plural lautet *die Autobusse.* ↑Omnibus.

Automat: Das Substantiv wird nur schwach dekliniert, es muß also bis auf den Nominativ Singular immer die Endung *-en* haben, z. B.: *Sie zog sich Zigaretten am Automaten* (nicht: *Automat*). ↑Unterlassung der Deklination (2.1.2).

Automation/Automatisierung: Während *Automatisierung* heute gewöhnlich im Sinne von „Vorgang der Umstellung auf Mechanisierung in technischen Bereichen" gebraucht wird, bezeichnet *Automation* eher den erreichten Zustand, eine Entwicklungsstufe der Mechanisierung. ↑Verbalsubstantiv (1.5).

Autor: 1. Deklination: Das Substantiv wird im Singular stark, nicht schwach gebeugt. Es heißt also *des Autors, dem Autor, den Autor,* nicht: *des Autoren, dem Autoren, den Autoren.* ↑Fremdwort (3.2). **2. Zusammensetzungen mit *Autor:*** Die Zusammensetzungen mit *Autor* als Bestimmungswort sind fast ausschließlich mit dem Fugenzeichen *-en* gebräuchlich. Es heißt: *Autorenverzeichnis, Autorenverband, Autorenregister,* aber auch: *Autorenlesung, Autorenexemplar, Autorenhonorar, Autorenabend,* auch *Autorenkorrektur.* Die unmittelbare Zusammensetzung liegt vor in *Autorkorrektur* (neben: *Autorenkorrektur*), in *Autorkollektiv* (neben: *Autorenkollektiv*) und in *Autorreferat.* ↑Fugenzeichen.

Autorenplural: ↑Plural (7).

Autotypenbezeichnungen: **1. Schreibung:** Autotypenbezeichnungen wie *VW Golf, Opel Rekord, Ford Taunus* u. a. werden ohne Bindestrich geschrieben (↑Apposition). **2. Deklination:** Auch im Genitiv Singular und im Plural stehen Autotypenbezeichnungen in der Regel ohne Deklinationsendung, also: *des Opel Kapitän, des Fiat Panda, 5 VW Golf; die Innenausstattung des Fiesta; die neuen Kadett.* **3. Genus:** Autotypenbezeichnungen bzw. Markennamen von Autos sind – von wenigen Ausnahmen (*die Dauphine* [Renault], *die Isabella* [Borgward]) abgesehen – männlich: *der Ford Taunus, der Opel Rekord, der VW, der Mercedes, der BMW.* Die Bezeichnungen von Motorradtypen bzw. Markennamen von Motorrädern sind dagegen weiblich: *die Zündapp, die Honda, eine schwere BMW 500.*

axial: Der Grund, warum wir *Achse,* aber *axial* schreiben, liegt darin, daß *Achse* ein deutsches Wort ist, das schon im Althochdeutschen als *ahsa* belegt ist, während *axial* eine fachsprachliche Bildung neuerer Zeit zu lat. *axis* „Achse" ist.

Azalee/Azalie: Die Fachleute sagen *Azalẹe* (Plural: *die Azalẹen*) entsprechend der Linneschen Form *Azalea.* Es ist zu vermuten, daß die Nebenform Azạlie (Plural: *die Azạlien*) in Analogie zu den vielen auf *-ie* endenden Blumennamen entstanden ist. Sie ist schon im 19. Jh. belegt.

B

b: Zur Schreibung und Deklination ↑Bindestrich (2.4) *(B-Laut);* ↑Einzelbuchstaben *(des B, zwei B);* ↑Groß- oder Kleinschreibung (1.2.5) *(Wer A sagt, muß auch B sagen; das b in gab).*

Baby: Der Plural von *Baby* lautet *die Babys.* ↑y.

Babysitter: ↑Amerikanismen/Anglizismen (1.1).

Backe/Backen: Standardsprachlich ist *die Backe* „Wange“. Landschaftlich - besonders in Süddeutschland - wird auch noch das männliche Substantiv *der Backen* (Genitiv: *des Backens*) gebraucht.

backen: Das ursprünglich unregelmäßige Verb *(buk; gebacken)* zeigt schwankende Konjugation. Die unregelmäßigen Präteritumsformen *buk* usw. sind durch die regelmäßigen Formen *backte* usw. fast völlig verdrängt worden. Als Folge davon werden auch in der 2. und 3. Person Singular Präsens statt der umgelauteten Formen des unregelmäßigen Verbs *du bäckst, er bäckt* immer häufiger die nicht umgelauteten Formen *du backst, er backt* gebraucht. (Die 2. und 3. Person der unregelmäßigen Verben mit dem Stammvokal *a* haben Umlaut, z. B. *du schlägst, er schlägt,* die Formen der regelmäßigen Verben haben dagegen keinen, z. B. *du sagst, er sagt.*) Diese Entwicklung ist so weit fortgeschritten, daß heute auch die nicht umgelauteten Formen anerkannt werden müssen: *Der Kuchen bäckt/backt bereits 20 Minuten. Der neue Mikrowellenherd bäckt/backt ganz hervorragend.*

backpfeifen: Die Formen von *backpfeifen* lauten: *er backpfeifte ihn; er hat ihn gebackpfeift; um ihn zu backpfeifen.*

Bad: Die Ableitungen von Ortsnamen mit vorangehendem *Bad* werden ohne Bindestrich geschrieben, z. B. *Bad Hersfelder Festspiele.*

Bad[e]-: Zusammensetzungen mit dem Verbalstamm von *baden* haben standardsprachlich den Fugenvokal *-e: Badeanstalt, Badehose, Bademeister, Badekleid.* Landschaftlich, besonders in Süddeutschland, kommen auch Formen ohne Fugen-*e* vor: *Badanstalt, Badzimmer. Noch im Badkleid sieht man ihnen an, daß sie Dollar haben* ... (Frisch).

Baden-Badener: Die Einwohnerbezeichnung *Baden-Badener* wird immer groß geschrieben, auch wenn das Wort wie ein flexionsloses Adjektiv vor einem Substantiv steht: *die Baden-Badener Rennwochen.* ↑Einwohnerbezeichnungen (7).

Badenweilerer: Die Einwohner von Badenweiler (am Schwarzwald) heißen *Badenweilerer.* ↑Einwohnerbezeichnungen (1).

Baedeker: ↑Personennamen (2.1.1, Punkt 4).

bairisch: ↑bayerisch/bayrisch/bairisch.

bald: 1. Vergleichsformen: Das Adverb hat unregelmäßige Vergleichsformen: *bald – eher – am ehesten.* Die regelmäßigen Vergleichsformen *bälder/balder – am bäldesten/am baldesten* (vgl. z. B. aus der älteren Literatur *Ich sterbe. Das ist bald gesagt und bälder noch getan* [Goethe]) kommen heute gelegentlich noch in landschaftlicher Umgangssprache vor. Sie gelten nicht mehr als korrekt. ↑Vergleichsformen (5). **2. Komma bei *bald – bald:*** Die mehrgliedrige Konjunktion *bald – bald* verbindet aufgezählte Satzteile oder Sätze. Vor dem zweiten (und jedem weiteren) *bald* steht immer ein Komma: *Bald ist er hier, bald dort. Bald lachte das Kind, bald weinte es, bald schrie es nach der Mutter.*

baldmöglichst: Das zusammengesetzte Adjektiv ist aus der Fügung *so bald wie möglich* entstanden und tritt hauptsächlich in der Amts- und Kaufmannssprache auf: *Wir bitten um baldmöglichste Stellungnahme. Antworten Sie bitte baldmöglichst.* Stilistisch besser: *Antworten Sie bitte möglichst bald.*

Balg: In der abwertenden Bedeutung „[unartiges] Kind“ hat *Balg* sächliches, seltener auch männliches Geschlecht: *das* (seltener: *der*) *Balg.* Der Plural lautet *die Bälger.* Im Sinne von „Tierhaut“ hat das Wort männliches Geschlecht: *der Balg.* Der Plural lautet *die Bälge.*

Balkon: Das Wort kann französisch [bal'kõ:], eindeutschend [bal'kɔŋ] oder eingedeutscht [bal'ko:n] ausgesprochen werden. Die eingedeutschte Aussprache ist vor allem in Süddeutschland verbreitet. Bei eingedeutschter Aussprache ist die Pluralform *die Balkone* gebräuchlich, sonst die Pluralform *die Balkons.* ↑Fremdwort (3.4).

Balletttheater: Die Zusammensetzung aus *Ballett* und *Theater* schreibt man mit zwei *t.* ↑Konsonant (1).

Balletttruppe: Die Zusammensetzung aus *Ballett* und *Truppe* schreibt man mit drei *t.* ↑Konsonant (1).

Ballon: Das Wort kann französisch [ba'lõ:], eindeutschend [ba'lɔŋ] oder eingedeutscht [ba'lo:n] ausgesprochen werden. Die eingedeutschte Aussprache ist vor allem in Süddeutschland verbreitet. Bei eingedeutschter Aussprache ist die Pluralform *die Ballone* gebräuchlich, sonst die Pluralform *die Ballons.* ↑Fremdwort (3.4).

Bamberger: Die Einwohnerbezeichnung *Bamberger* wird immer groß geschrieben, auch wenn das Wort wie ein flexionsloses Adjektiv vor einem Substantiv steht: *die Bamberger Bevölkerung.* ↑Einwohnerbezeichnung (7).

Bambino: Der Plural dieses aus dem Italienischen übernommenen Substantivs lautet *die Bambini.* In der Umgangssprache ist auch die Pluralform *die Bambinos* gebräuchlich.

Band: Im konkreten Sinne von „Gewebestreifen (zum Binden)" hat *Band* sächliches Geschlecht: *das Band.* Der Plural dazu lautet *die Bänder: ein Kleid mit Bändern und Schleifen.* Auch im übertragenen Sinne von „Bindung, enge Beziehung" hat *Band* sächliches Geschlecht: *das Band.* Der Plural dazu lautet aber *die Bande; verwandtschaftliche Bande; die Bande der Liebe.* Dieser Plural wird außerdem, vorwiegend in der älteren Literatur, als gehobener Ausdruck für „Fesseln" verwendet: *Ihn schlugen die Häscher in Bande* (Schiller). Im Sinne von „Eingebundenes, Buch" hat *Band* männliches Geschlecht: *der Band.* Der Plural dazu lautet *die Bände.* ↑Abkürzungen (3.1).

bang[e]: 1. banger/bänger · bangste/bängste: Der Komparativ und Superlativ von *bang[e]* können ohne und mit Umlaut gebildet werden. In der Standardsprache werden die nichtumgelauteten Formen *banger, bangste* vorgezogen. ↑Vergleichsformen (2.1). **2. Ich mache ihm/ihn bange:** Die Fügung *bange machen* wird in der Regel mit dem Dativ verbunden: *Ich mache ihm bange. Willst du mir bange machen?* Daneben kommt gelegentlich die Verbindung mit dem Akkusativ vor: *Ich mache ihn bange.* **3. bange/Bange:** Neben *bang[e]* existiert auch das Substantiv *die Bange* „Angst, Furcht", das aber fast nur in Verbindung mit *haben* gebraucht wird: *Hast du Bange? Ich habe keine Bange, daß ... Nur keine Bange!* Sonst schreibt man klein: *Mir ist angst und bang[e]. Ihm wird bang.* ↑angst/Angst.

bangen: In Verbindung mit der Präposition *um* wird *bangen* persönlich gebraucht (im Sinne von „in großer Sorge sein um ..."): *Wir bangen um sein Leben. Ich bange um die Flüchtlinge.* Landschaftlich kommt auch reflexiver Gebrauch vor (das Reflexivpronomen steht dabei im Akkusativ): *Ich bange mich um das Kind.* In Verbindung mit der Präposition *vor* wird *bangen* dagegen unpersönlich mit dem Dativ gebraucht (im Sinne von „Angst haben vor ..."): *Ihm bangt [es] vor der Zukunft. Es bangt mir/mir bangt vor diesem Unternehmen.* ↑Rektion (1).

Bank: Das heimische Wort *Bank* „Sitzgelegenheit" hat die Pluralform *die Bänke.* Zu dem aus dem Italienischen entlehnten Wort *Bank* „Geldinstitut" lautet der Plural *die Banken.* Moderne Zusammensetzungen wie *Blutbank, Organbank, Datenbank,* die Aufbewahrungsstellen für bestimmte auf Abruf verfügbare Dinge bezeichnen, schließen an *Bank* „Geldinstitut" an; ihr Plural lautet deshalb *die Blutbanken, Organbanken, Datenbanken.*

bankrott: 1. bankrott/Bankrott: Das Adjektiv *bankrott* bedeutet „zahlungsunfähig" und wird klein geschrieben: *Er ist, wird bankrott. Die Firma ist* *bankrott gegangen. Solche Maßnahmen machen die Wirtschaft bankrott.* Das Substantiv *der Bankrott* bedeutet „Zahlungsunfähigkeit": *Das ist betrügerischer Bankrott. Die Firma steht vor dem Bankrott.* Das Substantiv steckt auch in der Fügung *Bankrott machen: Der Kaufmann hat Bankrott gemacht.* **2. bankerott, Bankerott/bankrott, Bankrott:** Die Formen mit *-e- (bankerott, Bankerott)* sind heute veraltet.

-bar: Adjektive auf *-bar* werden heute fast ausschließlich zu transitiven, passivfähigen Verben gebildet. Das Suffix *-bar* gibt an, was mit dem im Bezugssubstantiv genannten Wesen oder Ding getan werden kann: *lieferbare Waren* sind Waren, die geliefert werden können, *befahrbare Wege* sind Wege, die befahren werden können. Die Beliebtheit solcher Bildungen rührt daher, daß sie überaus sprachökonomisch sind, z. B.: *Die Firma stellt abwaschbare Tapeten her* gegenüber *Die Firma stellt Tapeten her, die abgewaschen werden können.* Daneben gibt es eine Reihe von meist älteren oder fachsprachlichen *-bar*-Ableitungen, die zu intransitiven Verben gebildet sind: *verfügbare Mittel* sind z. B. Mittel, über die verfügt werden kann, *unverzichtbare Forderungen* sind Forderungen, auf die nicht verzichtet werden kann; teilweise haben diese Bildungen auch aktivische Bedeutungen: *brennbares Material* ist z. B. Material, das brennen kann, ein *unsinkbares Schiff* ist ein Schiff, das nicht sinken kann, ein *unentrinnbares Geschick* ist ein Geschick, dem man nicht entrinnen kann. In der Gegenwartssprache ist die Bildung von *-bar*-Adjektiven zu intransitiven Verben weitgehend blockiert, und dieses Wortbildungsmuster, das die Gemeinsprache aufgibt, sollte auch in den Fachsprachen nicht fortgeführt werden.

-bar/-fähig: Die von Verben abgeleiteten Adjektive auf ↑*-bar* haben meist passivischen Sinn, die auf ↑*-fähig* sind im allgemeinen aktivisch: *Die Ware ist nicht lieferbar* besagt, daß die Ware nicht geliefert werden kann, dagegen wird mit dem Satz *Die Firma ist nicht lieferfähig* ausgedrückt, daß die Firma nicht liefern kann. Dieser Unterschied muß beim Gebrauch der Adjektive auf *-bar* und *-fähig* beachtet werden. Man kann also z. B. nicht sagen: *ein lenkfähiger* (richtig: *lenkbarer*) Schlitten oder *ein leicht beeinflußfähiges* (richtig: *beeinflußbares*) *Kind.*

-bar/-lich: ↑-lich/bar.

Bär: Der Tiername wird nur schwach dekliniert, bis auf den Nominativ Singular müssen also alle Formen die Endung *-en* haben. Der Genitiv lautet *des Bären* (nicht: *des Bärs*), der Dativ und Akkusativ lauten *dem, den Bären* (nicht: *dem, den Bär*). ↑Unterlassung der Deklination (2.1.1); ↑Rammbär.

Barbar: Das Substantiv wird nur schwach dekliniert, es muß also bis auf den Nominativ Singular immer die Endung *-en* haben. Der Genitiv lautet *des Barbaren* (nicht: *des Barbars*), der Dativ und Akkusativ lauten *dem, den Barbaren* (nicht: *dem, den Barbar*). ↑Unterlassung der Deklination (2.1.2).

Barmer: Die Einwohner von *Barmen* heißen *Barmer* (nicht: *Barmener*). ↑Einwohnerbezeichnungen (1 und 7).

Barock: Das Substantiv kann männliches oder sächliches Geschlecht haben, sowohl *der Barock* als auch *das Barock* sind korrekt. Der Genitiv Singular von *Barock* lautet *des Barocks,* in der Kunstwissenschaft meist ohne Genitiv-s *des Barock.* ↑Unterlassung der Deklination (2.2.2).

Barometer: Standardsprachlich heißt es *das,* landschaftlich (österr., schweiz.) auch *der Barometer.*

Baron: Als Bestandteil des Familiennamens steht *Baron* hinter dem Vornamen: *Hans Baron [von] Grote.* Das Genitiv-s wird nur an den eigentlichen Namen angehängt: *der Wagen Hans Baron [von] Grotes; Baron [von] Grotes Wagen.* Nur wenn der Artikel unmittelbar vorangeht, wird *Baron* selbst gebeugt: *der Wagen des Barons [von] Grote.* – Die Frau eines Barons wird *Baronin,* eine unverheiratete Angehörige der Familie *Baronesse* genannt. Diese Bezeichnungen werden im Familiennamen wie die männliche Form eingesetzt: *Eva Baronin/Baronesse [von] Grote; Baronin/Baronesse [von] Grotes Wagen.* Die persönliche Anrede lautet (offiziell) *Herr Baron [von] Grote* oder *Herr Baron.* Die persönliche Anrede lautet (offiziell) *Herr Baron [von] Grote* oder *Herr Baron.* Jedoch läßt man das *Herr* heute gewöhnlich weg; man schreibt im Brief: *Sehr geehrter Baron Grote!* (ohne *von*) und sagt im Gespräch *Baron Grote.* ↑Brief (7).

basieren: Nach *basieren auf* im Sinne von „fußen, beruhen, sich stützen auf" steht der Dativ: *Ihre Ausführungen basierten auf genauer Kenntnis der Verhältnisse.* Im Sinne von „gründen auf, aufbauen" kann sowohl der Dativ als auch der Akkusativ stehen: *Er basierte seine Theorie auf zahlreichen Versuchen/auf zahlreiche Versuche.*

Basler: Die Einwohner von Basel heißen *Basler.* In der Schweiz gilt nur diese Form, sonst ist auch die dreisilbige Form *Baseler* gebräuchlich. Die Einwohnerbezeichnung *Basler* wird immer groß geschrieben, auch wenn das Wort wie ein flexionsloses Adjektiv vor einem Substantiv steht: *die Basler Straßenbahn; Basler Leckerli.* ↑Einwohnerbezeichnungen (7).

Bau: 1. Plural: Das Substantiv hat in der Bedeutung „Bauwerk" den Plural *die Bauten,* der eigentlich zu dem veralteten Kanzleiwort *die Baute* „das Gebäude" gehört. Es heißt daher auch: *die Neubauten, Altbauten, Hochbauten.* Im Sinne von „Erdwohnung bestimmter Tiere" lautet dagegen der Plural *die Baue; Fuchsbaue, Dachsbaue.* Auch die Fachausdrücke des Bergbaus haben diesen Plural: *die Tagebaue, die Abbaue.* ↑Bauten. **2. in/im Bau:** Beide Formen sind üblich und bedeuten das gleiche: *die Brücke ist bereits in/im Bau.* ↑in/im (1).

bauchreden: Von *bauchreden* wird im allgemeinen nur der Infinitiv gebraucht: *Er kann bauchreden.* Vereinzelt kommen auch andere Formen vor: *Es war sehr lustig, wenn er bauchredete. Er bauchredet schon wieder.* ↑Zusammen- oder Getrenntschreibung (2.1).

Baudenkmal: Der Plural lautet *die Baudenkmäler,* gehoben auch *die Baudenkmale.* ↑Denkmal.

bauen: Nach *bauen auf* im Sinne von „sich verlassen auf, sein Vertrauen setzen in" steht der Akkusativ: *Du kannst auf mein Wort bauen. Ich baue auf ihn.* ↑Rektion (1).

bauen/anbauen: ↑anbauen (2).

Bauer: In der Bedeutung „Landwirt" wird *der Bauer* im Singular im allgemeinen schwach, selten auch stark gebeugt. Im Singular lauten die Formen also *des, dem, den Bauern,* selten mit starker Deklination: *des Bauers, dem/den Bauer.* Der Plural lautet *die Bauern.* Dagegen hat *der Bauer* im Sinne von „Bauender, Erbauer" – in Zusammenbildungen wie „Städtebauer, Orgelbauer, Tiefbauer" – starke Deklination. Der Genitiv Singular lautet *des Bauers,* der Plural *die Bauer.* Auch im Sinne von „Vogelkäfig" wird *Bauer* stark dekliniert. In dieser Bedeutung hat es im allgemeinen sächliches, selten auch männliches Geschlecht: *das* (selten: *der*) *Bauer.* ↑*Ackerbauer.*

Bauklotz: Der Plural lautet *die Bauklötze,* ugs. auch *Bauklötzer.* Die ugs. Wendung *Bauklötze[r] staunen* bedeutet „sehr staunen".

Baulichkeit: ↑Gebäulichkeiten.

bausparen: Von *bausparen* wird im allgemeinen nur der Infinitiv gebraucht: *Wir wollen bausparen.* In der Sprache der Werbung kommen auch andere Formen vor: *Bausparen auch Sie! Wer bauspart, ist klug.* ↑Zusammen- oder Getrenntschreibung (2.1).

Bauten: *Bauten* ist der Plural zu *der Bau* in der Bedeutung „Gebäude" (↑Bau). Es heißt richtig: *In einem der Bauten befand sich die Verwaltung* (nicht: *in einer der Bauten*). ↑[2]ein (1).

Bayer: Der Volksname *die Bayern* wird schwach gebeugt. Es heißt darum im Singular richtig *des Bayern* (nicht: *des Bayers*), *dem, den Bayern* (nicht: *dem, den Bayer*).

bayerisch/bayrisch/bairisch: Das Adjektiv zu *Bayern* lautet *bayerisch* oder *bayrisch.* Die Form mit *-e-* wird in der Standardsprache bevorzugt und in offiziellen Namen allein verwendet: *die bayerische Regierung, der Bayerische Rundfunk, der Bayerische Wald, Bayerisch Eisenstein.* In der Sprachwissenschaft wird *bairisch* mit *-i-* verwendet, wenn es um die Sprache des Bayern und Österreich umfassenden Dialektraumes geht.

Bayerland: Eigentlich müßte es *Bayernland* heißen. Es handelt sich aber um eine ältere Bildung, die auf althochdeutsch *Baiero lant* zurückgeht und üblich geworden ist.

beachten/achten: ↑achten (2).

Beamte, der: **1. tüchtigem Beamten/Beamtem · ihm als Beamten/Beamtem:** Das Wort *Beamte* ist eine Substantivierung des 17. Jh.s von frühnhd. *beam[p]t* „mit einem Amt betraut, beamtet". Wegen dieser ursprünglichen Verwendung als substantiviertes Partizip wird *Beamte* noch heute im allgemeinen wie ein attributives ↑Adjektiv (1.1) dekliniert: *Er ist Beamter. Ein Beamter prüft den Fall. Der Beamte wurde versetzt. Die Beamten/Zwei Beamte erstatteten Bericht.* Im Genitiv Plural ist heute nach einem stark deklinierten Adjektiv die parallele Beugung üblich: *die Ernennung städtischer Beamter* (veraltend: *Beamten*). Ausnahmen und Schwankungen treten beim Dativ Singular auf: **a)** Nach einem stark deklinierten Adjektiv wird heute schwach gebeugt: *Tüchtigem Beamten* (veraltet: *Beamtem*) *wurde Auszeichnung verliehen.* **b)** In der Apposition (im Beisatz) kommt neben der starken Deklination häufig auch die schwache vor: *Ihm als Beamten ...* neben: *Ihm als Beamtem ...* ↑substantiviertes Adjektiv (2.1.3). **2. einige Beamte · alle Beamten · solche Beamte[n]:** Zur Deklination von *Beamte* nach *alle, einige, beide* usw. ↑all- usw. **3. Beamtin/Beamte:** Die weibliche Form zu *der Beamte* wird mit der Endung *-in* gebildet. Es heißt also: *die Beamtin* (nicht: *die Beamte*).

Beantwortung: Die Fügung *in Beantwortung Ihres Schreibens* gehört der Amts- und Kaufmannssprache an und gilt als stilistisch unschön. Man kann statt dessen formulieren: *Auf Ihr Schreiben* oder *Zu Ihrem Schreiben vom ... teilen wir Ihnen mit ...*

Bebraer: Die Einwohner von *Bebra* heißen *Bebraer.* Die Einwohnerbezeichnung *Bebraer* wird immer groß geschrieben, auch wenn das Wort wie ein flexionsloses Adjektiv vor einem Substantiv steht: *der Bebraer Bahnhof.* ↑Einwohnerbezeichnungen (7).

Becher: ↑Glas, ↑Apposition (2.2).

bedanken: Die passivische Form *Sei bedankt!* gehört nicht zu dem Verb *sich bedanken,* das als reflexives Verb kein persönliches Passiv bilden kann. Sie gehört vielmehr zu dem veralteten, noch landschaftlich gebräuchlichen transitiven Verb *jmdn. bedanken* (vgl. noch: *Der Künstler wurde herzlich bedankt*) und ist durchaus korrekt.

Bedarf: 1. Es heißt richtig *Bedarf an* (nicht: *für*) *etwas: Der Bedarf an Arbeitskräften ist gestiegen. Wir haben keinen Bedarf an Getränken.* In der Kaufmannssprache wird hier auch mit *in* angeschlossen: *Bedarf in Kohlen; in Schmiermitteln haben.* **2.** Das Wort wird fachsprachlich auch im Plural gebraucht: *die Bedarfe.* ↑Plural (5).

Bedenken: Ein Satz wie *Ich habe Bedenken, den Brief zu schreiben* drückt aus, daß ich den Brief lieber nicht schreiben möchte. Der Satz *Ich habe Bedenken, den Brief nicht zu schreiben* besagt dagegen, daß ich es doch für besser halte, wenn der Brief geschrieben wird. Die Verneinung der abhängigen Infinitivgruppe ist also keine Verstärkung. In der Infinitivgruppe steht immer das Gegenteil von dem, was der Zweifelnde für richtig hält.

bedeuten: 1. Diese Ernennung bedeutet schnellen Aufstieg/schneller Aufstieg: Im Sinne von „besagen, heißen, einen bestimmten Sinn haben" hat *bedeuten* gewöhnlich den Akkusativ bei sich: *Dieses Engagement bedeutete für sie den ersten Erfolg. Das bedeutet einen Eingriff in meine Rechte.* Wenn solche Sätze den bestimmten oder unbestimmten Artikel enthalten, darf nach *bedeuten* kein Nominativ stehen (also nicht: *Das bedeutet der erste Erfolg. Dieses bedeutet ein Eingriff*). Weil aber *bedeuten* auch im Sinn von „soviel sein wie" eine Gleichsetzung ausdrücken kann *(round table bedeutet „runder Tisch"),* kommen Sätze ohne Artikel auch mit dem Nominativ vor, z. B. *Mord bedeutet elektrischer Stuhl. Abitur bedeutet nicht reiner Zeitverlust. Diese Ernennung bedeutet für sie schneller Aufstieg.* Der Nominativ ist hier korrekt. **2. er bedeutete mir/er bedeutete mich ...:** Im Sinne von „zu verstehen geben" steht *bedeuten* mit dem Dativ: *Er bedeutete mir zu schweigen. Sie bedeutete ihm, er solle den Wagen holen.* Die Verbindung mit dem Akkusativ im Sinne von „belehren" ist heute veraltet: *Jedenfalls will er mich dahin bedeuten, die Myrte sei ein Opferschmuck ...* (Th. Mann).

bedeutend: Klein schreibt man *bedeutend* auch dann, wenn ihm ein Artikel vorangeht, der ganze Ausdruck aber für ein einfaches Adverb steht. *Das hat um ein bedeutendes* (= sehr) *zugenommen. Das bedeutendste* (= am bedeutendsten) *war, daß ...* Groß schreibt man das substantivierte Adjektiv: *Das Bedeutendste von allem ist dies. Er hatte etwas Bedeutendes zu bemerken.* ↑Groß- oder Kleinschreibung (1.2.1).

bedeutend/bedeutsam: Das Adjektiv *bedeutend* heißt soviel wie „bemerkenswert, groß, außergewöhnlich, hervorragend" und drückt Wertschätzung, Anerkennung und Lob aus: *Er ist ein bedeutender Verleger. Dies war ein bedeutendes Ereignis.* Das Adjektiv *bedeutsam* gebraucht man in bezug auf etwas, was sich als wichtig, bedeutungsvoll erweist. Es wird in der Regel nicht auf Personen bezogen: *Das ist eine bedeutsame Entdeckung. Die Rede des Präsidenten war für uns alle bedeutsam.*

Bedeutung: Nach *Bedeutung* mit attributivem Genitiv steht die unmittelbar mit *als* angeschlossene Apposition in der Regel im Nominativ: *die Bedeutung Gandhis als [großer] Staatsmann.* Der Genitiv *(als [großen] Staatsmannes)* ist selten. Steht aber nach dem *als* ein Artikel, dann ist nur der Genitiv zulässig: *die Bedeutung Gandhis als eines großen Staatsmannes.* Dasselbe gilt, wenn von Sachen gesprochen wird: *die Bedeutung der Krebsvorsorge als soziale* (selten: *sozialer*) *Maßnahme,* aber nur: *... als einer sozialen Maßnahme.* ↑Apposition (3.2 und 3.3).

bedienen, sich: Bei *sich jmds., einer Sache als etwas bedienen* muß das unmittelbar mit *als* angeschlossene Substantiv im Nominativ stehen: *Sie bedienten sich dieser Wiese als Flugplatz. Er bediente sich seines Bruders als Dolmetscher.* Mit Artikel und/oder adjektivischem Attribut steht es dagegen im Genitiv: *Sie bedienten sich dieser Wiese als eines Flugplatzes. Er bediente sich seines Bruders als geschickten Dolmetschers.* ↑Apposition (3). Zu einem Satz wie *Er läßt sich bedienen wie ein Fürst/wie einen Fürsten* ↑Kongruenz (4.2).

Bedienstete, der und die: **1. tüchtigem Bediensteten/Bedienstetem · ihr als Bediensteten/Bediensteter:** Im allgemeinen wird *Bedienstete* wie ein attributives ↑Adjektiv (1.1) dekliniert: *Er ist Bediensteter der Stadt. Ein [städtischer] Bediensteter, zwei Bedienstete, die Bediensteten der Bundeswehr* usw. Im Genitiv Plural ist heute nach einem stark deklinierten Adjektiv die parallele Beugung üblich: *die Einstellung verheirateter Bediensteter* (veraltend: *Bediensteten*). Ausnahmen und Schwankungen treten beim Dativ Singular auf: **a)**

Nach einem stark deklinierten Adjektiv wird heute schwach gebeugt: *Tüchtigem Bediensteten* (veraltet: *Bedienstetem) wird eine Chance geboten.* **b)** In der Apposition (im Beisatz) kommt neben der starken Deklination häufig auch die schwache vor: *Mir als Bediensteten ...* neben: *Mir als Bedienstetem ... Ihr als Bediensteten ...* neben: *Ihr als Bediensteter ...* ↑substantiviertes Adjektiv (2.1.3). **2. einige Bedienstete · alle Bediensteten · solche Bedienstete[n]:** Zur Deklination von Bedienstete nach *alle, beide, einige* usw. ↑all- usw.

Bediente, der und die: **1. Bedeutung und Gebrauch:** Im Unterschied zu ↑Bedienstete bezeichnet *Bediente* einen Diener bzw. eine Dienerin in privater Dienststellung. Obwohl das zugrundeliegende Partizip passivischen Sinn hat, wird *Bediente* in aktiver Bedeutung verwendet. Der Bediente ist also nicht jemand, der bedient wird, sondern jemand, der selbst bedient. **2. tüchtigem Bedienten/Bedientem · ihr als Bedienten/Bedienter:** Im allgemeinen wird *Bediente* wie ein attributives ↑Adjektiv (1.1) dekliniert: *Er ist Bedienter. Ein Bedienter, zwei Bediente, die Bedienten des Grafen* usw. Im Genitiv Plural ist heute nach einem stark deklinierten Adjektiv die parallele Beugung üblich: *die Versorgung kranker Bedienter* (veraltend: *Bedienten*). Ausnahmen und Schwankungen treten beim Dativ Singular auf: **a)** Nach einem stark deklinierten Adjektiv wird heute schwach gebeugt: *Tüchtigem Bedienten* (veraltet: *Bedientem) wird Chance geboten.* **b)** In der Apposition (im Beisatz) kommt neben der starken Deklination häufig die schwache vor: *Mir als Bedienten ...* neben: *Mir als Bedientem ... Ihr als Bedienten ...* neben: *Ihr als Bedienter ...* ↑substantiviertes Adjektiv (2.1.3). **3. einige Bediente · alle Bedienten · solche Bediente[n]:** Zur Deklination von *Bediente* nach *alle, beide, einige* usw. ↑all- usw.

bedingen: In den Bedeutungen „voraussetzen" und „zur Folge haben" wird *bedingen* heute nur regelmäßig konjugiert: *Diese Aufgabe bedingte Fleiß und Können. Der Produktionsausfall ist durch den Streik bedingt. Er gab nur eine bedingte* (= eingeschränkte) *Zusage.* In der veralteten Bedeutung „als Bedingung stellen, vereinbaren" wird *bedingen* dagegen unregelmäßig konjugiert. Üblich ist allerdings nur noch das 2. Partizip: *der bedungene Lohn.* Sonst wird statt des einfachen Verbs die Zusammensetzung ↑ausbedingen gebraucht.

Bedingungssatz: ↑Konditionalsatz.

bedünken: ↑dünken (2).

bedürfen: Das Verb *bedürfen* gehört zu den wenigen Verben, die ein Genitivobjekt bei sich haben: *Er bedarf der Schonung. Es bedurfte nur eines Wortes, und die Sache war geregelt.* Selten (wenn dem Objekt kein Artikel vorangeht [und in Verbindung mit *es*]) wird *bedürfen* mit dem Akkusativ verbunden: *Dazu bedarf es vor allem [viel] Geld.*

beeiden, beeidigen/vereidigen: Die Verben *beeidigen* und *beeiden* werden ohne Bedeutungsunterschied im Sinne von „durch einen Eid bekräftigen, beschwören" gebraucht. Darüber hinaus wird *beeidigen* in der österr. Amtssprache auch wie *vereidigen* „unter Eid nehmen" verwendet, allerdings meist als 2. Partizip: *einen Zeugen beeidigen; eine beeidigte Sachverständige.* Sonst ist dieser Gebrauch veraltet.

beeinflußbar oder beeinflußfähig: ↑-bar/-fähig.

beerben: Das Verb *beerben* wird heute allgemein in der Bedeutung „jemandes Erbe antreten, bekommen" gebraucht: *Der Neffe hat seinen verstorbenen Onkel beerbt.* In der Rechtssprache hat sich vereinzelt auch der ältere Gebrauch von *beerben* im Sinne von „jemanden zum Erben einsetzen" erhalten *(Der Verstorbene hat seine einzige Tochter beerbt).*

Beete: ↑Bete/Beete.

befähle/befehle: Die Form des Konjunktivs I ist *befehle.* Der Konjunktiv I steht vor allem in der indirekten Rede (↑indirekte Rede [2]). Es muß also heißen: *Er sagte, er befehle ihm mitzuhelfen. Er fragte, zu welchem Zeitpunkt er die Sprengung der Brücke befehle.* Die Form des Konjunktivs II ist *befähle.* Der Konjunktiv II steht vor allem im Konditionalsatz (↑Konditionalsatz [2–7]). Daher heißt es: *Der Vormarsch könnte gestoppt werden, wenn er ihm befähle, die Brücke zu sprengen.* – Der Konjunktiv II *befähle* bzw. *beföhle* (↑befehlen [2]) tritt auch in der indirekten Rede auf, wenn in der direkten Rede schon *befähle* bzw. *beföhle* steht oder etwas als zweifelhaft hingestellt wird. ↑indirekte Rede (3.3).

befallen: Das 2. Partizip von *befallen* darf als Beifügung (attributiv) nur in passivischem Sinn verwendet werden: *Die [von der Seuche] befallenen Schweine wurden geschlachtet.* Aktivischer Gebrauch ist falsch. Also nicht: *die ihn befallene Krankheit,* sondern: *die Krankheit, die ihn befallen hat.* ↑zweites Partizip (2.2).

befassen: Das Verb *befassen* wird heute nicht nur reflexiv gebraucht *(sich mit jemandem, mit etwas befassen),* sondern kommt nach dem Muster von *beschäftigen* auch transitiv vor: *Er befaßte die Gerichte mit Anklagen. Ein junger Beamter wurde mit dieser Aufgabe befaßt.* Die transitive Verwendung gehört der Amtssprache an und gilt als stilistisch unschön, z. B.: *das mit dem Kinderturnen befaßte Kapitel des Buches.*

befehlen: 1. befehlen/befiehl!: Im Indikativ des Präsens heißt es: *ich befehle, du befiehlst, er befiehlt.* Der Imperativ lautet: *befiehl!* (nicht: *befehle!*). ↑e/i-Wechsel. **2. beföhle/befähle:** Im Konjunktiv II werden heute sowohl *beföhle* als auch *befähle* gebraucht. Die zweite Form ist etwas seltener. ↑Konjunktiv (1.3). **3. befehle/befähle:** ↑befähle/befehle.

Befehlsform: ↑Imperativ.

Befehlssatz: ↑Aufforderungssatz.

befestigen: Nach *befestigen an ...* und *befestigen auf ...* steht heute der Dativ (Frage: wo?): *Sie befestigte die Girlande an der Wand. Die Decke muß auf dem Sattel befestigt werden.* ↑Rektion (1).

befinden/finden: Die beiden Verben kommen sich in der Bedeutung nahe, werden aber unterschiedlich gebraucht. Das Verb *befinden* bedeutet „nach eingehender Prüfung zu einer Erkenntnis kommen" und wird mit *für* oder *als* verbunden: *Der Verräter wurde für/als schuldig befunden. Man befand mich für/als würdig, in die Gemeinschaft aufgenommen zu werden.* Das Verb *finden* hat mehr den Sinn „eine bestimmte persönliche Ansicht über jemanden oder etwas haben": *Ich finde ihn langweilig. Er fand das ganz in [der] Ordnung.*

befindlich: Das Adjektiv *befindlich* gehört zwar zu *sich befinden,* es darf aber nicht wie dieses Verb mit *sich* verbunden werden. Also nicht: *der sich im Kasten befindliche Schmuck,* sondern: *der im Kasten befindliche Schmuck* oder (stilistisch weniger schön): *der sich im Kasten befindende Schmuck.* ↑Adjektiv (3.1).

befleißen/befleißigen: Statt *sich einer Sache befleißigen* „sich eifrig um etwas bemühen" kommt in der Literatur vereinzelt auch noch das unregelmäßige Verb *sich befleißen (er befliß sich, hat sich beflissen)* vor: *Und gerade dann, wenn Julika sich besonderer Zärtlichkeit befliß, erschreckte ihn wieder, was vor vielen Jahren einmal aus ihrem Mund gekommen war* (Frisch).

befriedigend: ↑Zensuren.

Befriedigung/Befriedung: *Befriedigung* entspricht in der Bedeutung dem Verb *befriedigen* „zufriedenstellen", *Befriedung* dagegen entspricht *befrieden* „einem Land den Frieden geben". Die beiden Verbalsubstantive werden gelegentlich miteinander verwechselt, so in folgendem Beispiel: *Die Glaubwürdigkeit internationaler Aussprachen ... werde gewinnen, wenn das*

Eingreifen der UN zu einer Befriedigung auch für die Zukunft führe (Wiesbadener Kurier). Richtig muß es heißen: ... *wenn das Eingreifen der UN zu einer Befriedung ... führe.*

begegnen/treffen: Bei der Verwendung von *begegnen* und *treffen* ist folgendes zu beachten: Mit *begegnen* wird immer ein zufälliges Zusammentreffen bezeichnet: *Wir begegneten uns auf der Straße. Ich bin ihm erst kürzlich begegnet.* Das Verb *treffen* kann dagegen sowohl eine zufällige als auch eine beabsichtigte Begegnung bezeichnen: *Ich habe im Urlaub einen alten Bekannten getroffen. Wo kann ich dich morgen treffen? Sie trafen sich zu einer Unterredung.*

Begehr: Es heißt sowohl *das Begehr* als auch (seltener) *der Begehr.*

beginnen: 1. Konjunktiv: Im Konjunktiv II wird heute meist die Form *begänne,* seltener *begönne* gebraucht. ↑Konjunktiv (1.3). **2. Gebrauch des zweiten Partizips:** Das zweite Partizip kann nicht in aktivischer Bedeutung verwendet werden. Man kann zwar sagen die *begonnene Arbeit* (= die begonnen worden ist; passivisch), aber nicht die *begonnene Vorstellung* (= die begonnen hat; aktivisch). Es ist also auch falsch zu sagen: *Der im April 1958 begonnene Konjunkturaufschwung* (FAZ). Man muß in diesem Fall das erste Partizip einsetzen, das sich auch auf etwas in der Vergangenheit Liegendes beziehen kann: *der im April 1958 beginnende Konjunkturaufschwung.* ↑zweites Partizip (2.2). **3. Er begann, ein Loch zu bohren/Er begann ein Loch zu bohren:** Wenn *beginnen* mit einem erweiterten Infinitiv mit *zu* verbunden ist, kann man das Komma setzen oder weglassen. Es kommt darauf an, ob man *beginnen* als Vollverb oder als Hilfsverb auffassen will. Tritt zu *beginnen* ein Adverb o. ä., dann muß das Komma stehen, weil *beginnen* dann nur Vollverb sein kann: *Er begann sofort, ein Loch zu bohren.* ↑Komma (5.1.4).

begleichen: Das Verb *begleichen* mit der Bedeutung „bezahlen" kann sich nur auf etwas beziehen, was durch die damit bezeichnete Handlung gleichgemacht oder ausgeglichen wird, also z. B. auf eine Zahlungsforderung oder eine Summe, die man für etwas entrichtet, nicht aber auf die Ware oder die Leistung, die man bezahlt: Man sagt also richtig: *eine Rechnung, einen Betrag begleichen, seine Schulden begleichen,* aber nicht: *die Lebensmittel, die Reparatur begleichen.*

begleiten: 1. jemanden auf einer Reise begleiten/auf eine Reise begleiten: Bei *begleiten* steht die Angabe des Ortes oder des Ziels gewöhnlich im Akkusativ (Frage: wohin?): *Er begleitete mich auf die Straße, vor das Tor, in den Park.* In Verbindung mit der Präposition *auf* steht jedoch meist der Dativ, wenn gesagt werden soll, daß man eine Reise o. ä. gemeinsam unternimmt: *Ich begleite ihn auf dieser* (seltener: *auf diese*) *Reise.* Das gilt besonders für bildlichen Gebrauch: *Unsere besten Wünsche begleiten ihn auf seinem ferneren Lebensweg.* In der Bedeutung „ein Solo auf einem oder mehreren Instrumenten unterstützen" ist nur der Dativ möglich: *Er begleitete den Sänger auf dem Klavier.* **2. begleiten/bekleiden:** Es heißt *ein Amt (eine Stellung, einen Posten u. ä.) bekleiden* (nicht: ... *begleiten*).

begriffliches Substantiv: ↑Abstraktum.

begründen/gründen: Zwischen beiden Verben besteht ein Bedeutungsunterschied, der vielfach nicht beachtet wird. Das Verb *begründen* hat – abgesehen von anderen Verwendungsweisen – die Bedeutung „eine Grundlage schaffen für etwas". Es wird im allgemeinen auf etwas Abstraktes bezogen: *jmds. Ruhm, Reichtum, Ansehen, Ruf, eine Theorie, Herrschaft, Schule* (= Denkrichtung) *begründen.* Dagegen hat *gründen* die Bedeutung „ins Leben rufen, etwas neu schaffen". Es wird im allgemeinen auf Einrichtungen, auf Formen menschlicher Gemeinschaft

u. ä. bezogen: *eine Stadt, ein Kloster, ein Geschäft, einen Verein, eine Familie, einen Hausstand, eine Existenz gründen.* An Stelle von *gründen* wird in diesen Fällen häufig auch *begründen* gebraucht, wobei dann die Vorsilbe *be-* nur im Sinne einer Verstärkung zu verstehen ist. So z. B.: *einen Hausstand, einen Verein gründen/begründen.*

Begründungsangabe/Begründungsergänzung: ↑ Umstandsbestimmung.

Begründungssatz: ↑ Kausalsatz.

begrüßen/grüßen: **1.** Die in Geschäftsbriefen gebräuchliche Schlußformel *Wir begrüßen Sie ...* widerspricht der Bedeutung des Verbs *begrüßen,* da dieses den Vorgang ausdrückt, der am Anfang einer Begegnung steht: *Der Hausherr begrüßte die Gäste. Sie begrüßten sich mit Handschlag.* Es kann sinngemäß am Schluß eines Briefes nur heißen: *Wir grüßen Sie ...* **2.** Bei *begrüßen als* muß das dem *als* folgende Substantiv im Akkusativ stehen, wenn es sich auf den Begrüßten bezieht: *Wir begrüßen Sie als neuen Kunden* (nicht: *als neuer Kunde*) *unseres Hauses.* ↑ Kongruenz (4.2).

behangen/behängt: Das 2. Partizip des transitiven Verbs *behängen* lautet *behängt* (nicht: *behangen*): *Sie hatten den Vorbau mit bunten Girlanden behängt* (nicht: *behangen*). *Seine Frau hatte sich mit Schmuck behängt* (nicht: *behangen*). Es gibt aber ein isoliertes 2. Partizip *behangen,* das adjektivisch im Sinne von „mit etwas Herabhängendem ausgestattet oder versehen" gebraucht wird. Man kann also z. B. sagen: *Die Wände waren mit Teppichen behangen* oder: *Die Wände waren mit Teppichen behängt,* je nachdem, was man ausdrücken will. Es kann aber z. B. nur heißen: *Die Dachrinne war mit Eiszapfen behangen* (nicht: *behängt*). *Dort stand ein über und über mit Kirschen behangener Baum* (nicht: ... *behängter Baum;* denn die Kirschen sind gewachsen und nicht aufgehängt worden). ↑ hängen.

beharren: In Verbindung mit der Präposition *auf* steht nach *beharren* nur der Dativ. Es muß also richtig heißen: *Ich beharre auf meinem Anspruch* (nicht: *Ich beharre auf meinen Anspruch).*

beheizen/heizen: Die Verwendung von *beheizen* statt *heizen* ist dann üblich, wenn angegeben wird, womit oder auf welche Art geheizt wird, oder wenn ausgedrückt werden soll, daß etwas mit Wärmeenergie versorgt wird. Es gehört also vor allem der technischen und der Verwaltungssprache an: *Der Kessel kann mit Öl oder Kohle beheizt werden. Die Stadtwerke beheizen über 5 000 Wohnungen. Es waren 13 Räume zu beheizen. Man beheizte das Haus durch Fernheizung.* Sonst ist *heizen* gebräuchlich: *Der Vater heizt den Ofen. Der Saal war schlecht geheizt.* Wo kein Objekt genannt ist, kann überhaupt nur *heizen* stehen: *Wir heizen* (nicht: *beheizen*) *elektrisch. Bei uns wird ab 15. September geheizt.*

behelfen: Während *helfen* mit dem Dativ verbunden wird *(ich helfe dir; ich helfe mir selbst),* darf bei *sich behelfen* das Reflexiv nur im Akkusativ stehen: *Ich behalf mich* (nicht: *mir*) *notdürftig mit einem alten Mantel. Kannst du dich* (nicht: *dir*) *solange behelfen?*

behend[e]: **1. Rechtschreibung:** Man schreibt *behende* mit *e,* obwohl es zu *Hand* gehört. ↑ ä/e. **2. Ausfall des *e*:** Der Superlativ von *behend[e]* lautet *behendeste, am behendesten.* Das *e* der vorletzten Silbe fällt im allgemeinen nicht aus. ↑ Vergleichsformen (2.3).

behindern/hindern/verhindern: Beim Gebrauch dieser Verben treten gelegentlich Schwierigkeiten auf. Das Verb *behindern* bedeutet „hemmen; störend aufhalten"; es drückt aus, daß etwas erschwert wird, aber nicht, daß es unmöglich gemacht wird: *Der Betrunkene behinderte den Verkehr. Die Spielerinnen behinderten sich gegenseitig.* Das Verb *verhindern* bedeutet dagegen „bewirken, daß etwas nicht geschieht oder getan wird". Wer etwas verhindert, macht es unmöglich: *Sie verhinderte ein Unglück. Der Chef war dienstlich verhindert* (= er konnte nicht kommen). Das einfache Verb *hindern* schließlich kann sowohl im Sinne von „behindern“ als auch im Sinne von „verhindern“ eingesetzt werden: *Der Verband hinderte sie sehr bei der Hausarbeit. Der Nebel hinderte ihn, schneller zu fahren.* In Verbindung mit der Präposition *an* hat *hindern* immer die Bedeutung „verhindern“: *Der Lärm hinderte mich am Einschlafen. Niemand kann mich daran hindern abzureisen.*

behufs: Die Präposition *behufs* wird mit dem Genitiv verbunden. Sie gehört der Amtssprache an und kann durch die Präposition *zu,* durch *zum Zweck,* durch eine Infinitivgruppe ersetzt werden. Statt *behufs Eintragung ins Taufregister* kann man – stilistisch besser – *zur Eintragung ..., zum Zweck der Eintragung ...* oder *um ins Taufregister eingetragen zu werden* sagen.

bei: 1. *bei* mit dem Dativ: Die Präposition *bei* regiert heute ausschließlich den Dativ. Landschaftlich und umgangssprachlich kommt noch der (früher gebräuchliche) Akkusativ vor: *Komm bei mich! Die Fliegen gehen bei die Wurst! Heute gehen wir bei Tante Emma.* Dieser Gebrauch von *bei* zur Angabe der Richtung (mit dem Akkusativ) ist in der Standardsprache nicht zulässig. Hier muß *zu* oder *an* verwendet werden: *Komm zu mir! Die Fliegen gehen an die Wurst.* ↑in/nach/zu/bei. **2. bei dem, bei der/wobei:** Bei relativischem Gebrauch steht *bei* mit dem Relativpronomen, nicht das Pronominaladverb *wobei.* Es muß also z. B. heißen: *Der Freund, bei dem* (nicht: *wobei*) *ich wohnte. Die Fahrt, bei der* (nicht: *wobei*) *er verunglückte.* ↑Pronominaladverb (4). **3. bei was/wobei:** Die Verbindung von *bei* mit *was* kommt in der gesprochenen Sprache recht häufig vor und ist stark umgangssprachlich gefärbt. Normalsprachlich ist *wobei: Wobei* (nicht: *Bei was*) *hast du dich denn verletzt?* ↑Pronominaladverb (5).

beide: 1. Deklinationsschwierigkeiten: a) wir beide/wir beiden · ihr beide/ihr beiden: Nach den verschiedenen Formen des Personalpronomens wird *beide* stark dekliniert, nur im Nominativ nach *wir* und *ihr* tritt daneben die schwache Beugung auf. Nach *wir* ist sie seltener: *Wir beide* (seltener: *wir beiden*) *werden jetzt die Sache bereinigen.* Nach *ihr* hat *beide* meist die schwache Form, besonders wenn es als Anrede herausgehoben ist: *Ihr beiden, seid ihr wieder versöhnt? Seid ihr beiden/ihr beide wieder versöhnt?* Zwischen *wir* bzw. *ihr* und einem Substantiv wird *beide* wie ein gewöhnliches Adjektiv schwach dekliniert: *wir beiden Armen, ihr beiden Diebe.* Die übrigen Formen lauten: Nominativ: *sie beide.* Genitiv: *unser, euer, ihrer beider.* Dativ: *uns, euch, ihnen beiden.* Akkusativ: *uns, euch, sie beide.* Beispiele: *Sie beide waren schuld. Mit unser beider Hilfe. Euer beider Anteilnahme wird sie getröstet haben. Der Gegenstand ihrer beider Interesses. Für uns beide allein. Euch beide unartigen Kinder kann ich nicht mitnehmen.* **b) dies[es] beides, diese beiden/alles beides, alle beide:** Nach dem Neutr. Sing. *dies[es]* und *alles* sowie nach *alle* wird *beide* stark dekliniert: *dies[es] beides, alles beides, alle beide. Man bedarf aller beider.* Nach den Pluralformen *diese, jene* wird dagegen schwach dekliniert: *Diese beiden habe ich gesehen. Jene beiden kamen zurück.* **c) beide jungen Mädchen/beide junge Mädchen · beide Abgeordneten/beide Abgeordnete:** Ein attributives (beigefügtes) Adjektiv wird nach *beide* meist schwach dekliniert: *beide jungen Mädchen; die Mitglieder beider großen Parteien.* Die starke Beugung *(beide junge Mädchen, beider großer Parteien)* ist selten. Das gleiche gilt für die substantivierten Adjektive und Partizipien. Meist wird schwach gebeugt: *beide Abgeordneten, Angestellten, Beamten, Gefangenen; beide Reisenden, Vortragenden; beider Kranken, Toten, Verstorbenen, Geistlichen* (selten stark: *beide Angestellte, Be-*

amte usw., *beider Kranker, Reisender* usw.). ↑Adjektiv (1.2.5), ↑substantiviertes Adjektiv (2.1.1). **2. a) beide/die beiden:** Sowohl *beide* wie *die beiden* bezieht sich auf zwei schon bekannte oder genannte Wesen oder Dinge. Die Form *beide* wird im Satz besonders betont und drückt aus, daß die Aussage die zwei in gleicher Weise betrifft: *Beide Brüder sind gefangen* (= alle zwei, nicht nur einer). *Es gibt darüber zwei Theorien; sie sind beide falsch.* Die Form *die beiden* ist weniger betont und faßt die Aussage über die zwei nur zusammen: *Die beiden Brüder sind gefangen* (nicht gefallen). *Ich habe die beiden* (= die zwei) *gestern gesehen.* **b) wir zwei beide[n]:** Da *zwei* und *beide* gleichbedeutend sind, sind Fügungen wie *die zwei beiden* oder *wir zwei beide[n]* eine ↑Tautologie. Sie werden manchmal verstärkend oder auch scherzhaft in der nord- und mitteldeutschen Umgangssprache gebraucht. **3. beide/beides:** In bestimmten Fällen (aber nicht, wenn es sich um Personen handelt) kann man statt der alleinstehenden Pluralform *beide* den neutralen Singular *beides* verwenden. Er betont dann die kollektive Einheit nachdrücklich: *Hut und Regenschirm, beides hatte er im Abteil liegenlassen.* Werden dagegen die betreffenden Dinge für sich gesehen, dann gebraucht man *beide: Das Werk und die Aufführung, beide gaben den Kritikern Rätsel auf.* **4. die beiden ersten/die ersten beiden:** Die Fügung *die beiden ersten* bezieht sich auf das erste Element zweier verschiedener Größen: *die beiden ersten Strophen zweier Gedichte.* Im Gegensatz dazu bezieht sich *die ersten beiden* auf die Elemente eins und zwei einer einzigen Größe: *die ersten beiden Gesänge der Odyssee; die ersten beiden Verse* (= das erste Verspaar) *eines Gedichts.* Nicht so stark ausgeprägt ist der Unterschied, wenn die zeitliche Reihenfolge gemeint ist: *die ersten beiden Besucher/die beiden ersten Besucher.* Die zweite Form drückt aus, daß die beiden Besucher etwa gleichzeitig gekommen sind, bei der ersten kann der Abstand auch größer gewesen sein. **5. Rechtschreibung:** Das Pronominaladjektiv *beide* wird auch in Verbindung mit einem Artikel immer klein geschrieben: *Es waren die beiden dort. Einer von beiden/Einer von den beiden muß es gewesen sein.* Auch bei der Anrede im Brief ist *beide* klein zu schreiben: *Ich grüße Sie beide herzlich.* ↑Groß- oder Kleinschreibung (1.2.4).

beiderseitig/gegenseitig: Das Adjektiv *beiderseitig* drückt aus, daß etwas für zwei Partner in gleicher Weise gilt, *gegenseitig* drückt aus, daß zwischen zwei Partnern eine Wechselbezüglichkeit besteht, d.h., es setzt zwei Partner unmittelbar zueinander in Beziehung. So sagt z.B. der Satz *Sie handelten in gegenseitigem Einverständnis* aus, daß zwei Partner wechselseitig mit ihrem Handeln einverstanden sind. Dagegen meint der Satz *Wir lösen den Vertrag in/mit beiderseitigem Einverständnis,* daß beide Partner mit der Lösung des Vertrages einverstanden sind; *beiderseitig* bezieht sich also auf das Verhältnis zweier Partner zu einer Sache, *gegenseitig* bezieht sich auf das Verhältnis zweier Partner zueinander in bezug auf eine Sache. Es ist zu beachten, daß *beiderseitig* im Unterschied zu *gegenseitig* nicht als Umstandsbestimmmung verwendet werden kann; in diesem Fall muß *beiderseits* gebraucht werden: *Sie beschuldigten sich gegenseitig des Verrats.* Aber: *Man war beiderseits* (nicht: *beiderseitig*) *nicht bereit nachzugeben.* ↑beiderseits.

beiderseits: Als Präposition wird *beiderseits* mit dem Genitiv verbunden: *beiderseits des Weges; die Wälder beiderseits Heidelbergs.* Nicht korrekt ist es, einen Ortsnamen ungebeugt zu lassen. Man kann aber ein *von* einschalten: *die Wälder beiderseits von Heidelberg.* In diesem Falle ist *beiderseits* Adverb. ↑geographische Namen (1.1.1), ↑beiderseitig/gegenseitig.

beieinander: Getrennt schreibt man, wenn *beieinander* als selbständiges Adverb in der Bedeutung „einer bei dem andern, zusammen" gebraucht wird. Das ist gewöhnlich nur in der Verbindung mit *sein* der Fall: *Wir werden heute beieinander sein. Sie sind beieinander gewesen.* Zusammen schreibt man aber, wenn durch die Verbindung von *beieinander* und *sein* ein neuer Begriff entsteht: *Er kann unmöglich richtig beieinandersein* (ugs. für: „bei Verstand sein"). *Ich bin früher gut beieinandergewesen* (ugs. für: „gesund und wohl gewesen"). In Verbindung mit anderen Verben schreibt man gewöhnlich zusammen: *Wir wollen gemütlich beieinandersitzen. Er sah sie beieinanderstehen. Sie werden das Geld bald beieinanderhaben. Wir wollen beieinanderbleiben.* ↑Zusammen- oder Getrenntschreibung (1.4).

Beifügung: ↑Attribut.

Beifügungssatz: ↑Attributsatz.

beige: 1. ein beige Kleid/ein beigefarbenes Kleid: Es ist standardsprachlich nicht korrekt, das Farbadjektiv *beige* zu beugen. Will man es attributiv (als Beifügung) verwenden, so kann man sich durch Zusammensetzung mit *-farben* oder *-farbig* helfen: *ein beigefarbenes Kleid, beigefarbige Schuhe.* ↑Farbbezeichnungen (2.2). **2. in Beige:** In Verbindung mit einem Artikel oder einer Präposition wird *beige* groß geschrieben: *Kostüme in Beige.* ↑Farbbezeichnungen (3.2).

beigefügt: Die in Geschäftsbriefen häufig gebrauchte Formulierung *Beigefügt erhalten Sie ...* ist zwar grammatisch nicht eindeutig, kann aber nicht in dem Sinne mißverstanden werden, daß der Empfänger beigefügt ist. Andere Formulierungen sind: *Hiermit übersende ich Ihnen ...* oder: *Anbei erhalten Sie ...* ↑satzwertiges Partizip (1).

Beilage/Beilegung: Die beiden Wörter dürfen nicht verwechselt werden. *Beilage* bedeutet „Zutat zu einem Gericht" (Gemüsebeilage) und „beigelegtes Blatt oder Heft" (Heimatbeilage einer Zeitung), österr. auch „Anlage zu einem Brief". *Beilegung* schließt sich in der Bedeutung an *beilegen* „schlichten, aus der Welt schaffen" an *(einen Streit, Meinungsverschiedenheiten beilegen).* Daher heißt es: *Die Beilegung* (nicht: *Beilage) des Streites ist gelungen.* Sonst empfiehlt es sich, als Bezeichnung des Vorgangs den substantivierten Infinitiv zu verwenden: *Das Beilegen von Briefen ist verboten.* ↑Verbalsubstantiv.

beiliegend: Die in Geschäftsbriefen häufig gebrauchte Formulierung *Beiliegend übersende ich Ihnen ...* ist zwar grammatisch nicht eindeutig, kann aber nicht in dem Sinne mißverstanden werden, daß der Absender beigefügt ist. Andere Formulierungen sind: *Hiermit/Als Anlage übersende ich Ihnen ...* ↑satzwertiges Partizip (1).

beim: Diese Verschmelzung aus *bei* und *dem* wird ohne Apostroph geschrieben. ↑Apostroph (1.2); ↑Präposition (1.2.1).

beinhalten: Das Verb *beinhalten* wird regelmäßig konjugiert. Es muß also heißen: *Der Vertrag beinhaltete den Austausch diplomatischer Vertretungen. Sein Vorschlag hat beinhaltet, daß ...* Die Bildung *beinhalten* klingt meist papierdeutsch und läßt sich im allgemeinen durch *enthalten, umfassen* oder *einschließen* ersetzen.

beisammen: Getrennt schreibt man, wenn *beisammen* als selbständiges Adverb in der Bedeutung „beieinander, zusammen" gebraucht wird. Das ist gewöhnlich nur in der Verbindung mit *sein* der Fall: *Wir werden bald beisammen sein. Sie sind beisammen gewesen.* Zusammen schreibt man, wenn durch die Verbindung von *beisammen* und *sein* ein neuer Begriff entsteht: *die Frau soll noch gut beisammensein* (ugs. für: „noch rüstig sein"). *Er kann unmöglich richtig beisammensein* (ugs. für: „bei Verstand sein"). In Verbindung mit anderen Verben schreibt man gewöhnlich zusammen: *Wir wollen gemütlich beisammensitzen. Er sah sie beisammenstehen. Wir werden das Geld beisammenhaben. Er kann sie nicht alle beisammenhaben* (ugs. für: „nicht richtig bei Verstand sein"). ↑Zusammen- oder Getrenntschreibung (1.4).

Beisatz: ↑Apposition.

beiseite: Das Adverb *beiseite* wird in einem Wort geschrieben, es bleibt aber von einem nachfolgenden Verb immer getrennt: *beiseite stehen, beiseite treten; indem er beiseite sprang.* ↑Verblassen des Substantivs.

beißen: Der Hund beißt ihm/ihn ins Bein · Der Rauch beißt mir/mich in die Augen: Wird *beißen* auf einen Körperteil bezogen, dann kann die betroffene Person im Dativ oder im Akkusativ stehen. Der Dativ ist üblicher: *Der Hund beißt dem Fremden ins Bein. Ich habe mir auf die Lippe gebissen.* Im Gegensatz zum Dativ (Dativ der Beteiligung) drückt der Akkusativ stärker aus, daß die Person unmittelbar betroffen ist. Jedoch liegt auch bei diesen Sätzen der Hauptton immer auf der Angabe des Körperteils: *Der Hund beißt den Fremden ins Bein. Ich habe mich auf die Lippe gebissen.* Auch bei bildlichem oder übertragenem Gebrauch wird überwiegend der Dativ verwendet: *Der Rauch biß mir* (selten: *biß mich*) *in die Augen.* Ähnlich wie *beißen* werden auch andere Verben der körperlichen Berührung behandelt, vgl. z. B. ↑schlagen, ↑schneiden, ↑treten.

beistehen: Das Perfekt wird mit *haben* umschrieben: *Er hat mir beigestanden.* ↑haben (1).

Beistrich: ↑Komma.

beitragen: In den Verbindungen *das Seine/das Seinige* (= seinen Teil) *beitragen* und *das Ihre/das Ihrige beitragen* schreibt man das Pronomen groß.

bekannt: 1. bekannt wegen/durch/für: Wie *berüchtigt* und *berühmt* wird *bekannt* mit der Präposition *wegen* verbunden, wenn der bloße Grund für die Bekanntheit angegeben werden soll: *Er ist wegen seines Ehrgeizes bekannt.* Die Präposition *durch* bezeichnet dagegen das Mittel oder Werkzeug, in diesem Zusammenhang das Mittel, mit dem sich eine Person bekannt gemacht hat oder durch das sie bekannt geworden ist: *Er ist durch seinen Ehrgeiz bekannt geworden, hat sich durch seinen Ehrgeiz bekannt gemacht.* Eigentlich inkorrekt steht *durch* demnach dort, wo der Zustand des Bekanntseins bereits erreicht ist. Hier muß wieder der bloße Grund des Bekanntseins eintreten: *Er ist wegen seines Ehrgeizes bekannt.* Auf diesen feinen Unterschied wird oft nicht geachtet. Auch die Präposition *für* wird bei den genannten Adjektiven häufig gebraucht: *Er ist bekannt für seine gute Ware. Sie ist bekannt dafür, daß sie geizig ist.* **2. die Maßnahmen des als harter Sparer/als harten Sparers bekannten Ministers:** ↑Attribut (1). **3. Rechtschreibung:** Getrennt vom folgenden Verb schreibt man *bekannt,* wenn beide in ursprünglicher Bedeutung gebraucht werden: *Er soll mich mit ihm bekannt machen. Ich bin bald mit ihm bekannt geworden. Der Verlag hat den jungen Schriftsteller bekannt gemacht. Diese Melodie ist durch den Rundfunk [allgemein] bekannt geworden.* Zusammen schreibt man, wenn durch die Verbindung ein neuer Begriff entsteht: *Sie haben ihre Verlobung bekanntgegeben* („öffentlich mitgeteilt"). *Das Gesetz wurde bekanntgemacht* („veröffentlicht"). *Der Wortlaut darf nicht bekanntwerden* („veröffentlicht, weitererzählt werden"). In den finiten Formen schreibt man aber *bekannt* und *werden* immer getrennt: *Wenn der Wortlaut bekannt wird ... Sobald der Inhalt der neuen Verordnungen allgemein bekannt wurde ...* ↑Zusammen- oder Getrenntschreibung (1.2 und 1.5).

Bekannte, der und die: **1. besagtem Bekannten/Bekanntem · ihr als Bekannten/Bekannter:** Im allgemeinen wird *Bekannte* wie ein attributives ↑Adjektiv dekliniert: *Ein Bekannter, zwei Bekannte, die Bekannten meiner Eltern* usw. *Er hatte dort Bekannte* (nicht: *Bekannten*). Im Genitiv Plural ist heute nach einem stark deklinierten Adjektiv die parallele Beugung üblich:

die Briefe alter Bekannter (veraltend: *Bekannten*). Ausnahmen und Schwankungen treten beim Dativ Singular auf: **a)** Nach einem stark deklinierten Adjektiv wird heute schwach gebeugt: *besagtem Bekannten* (veraltet: *Bekanntem*) *wurde gekündigt.* **b)** In der Apposition (im Beisatz) kommt neben der starken Deklination häufig auch die schwache vor: *Dir als Bekannten des Ministers* neben: *Dir als Bekanntem ... Ihr als Bekannten ...* neben: *Ihr als Bekannter ...* ↑substantiviertes Adjektiv (2.1.3). **2. einige Bekannte · alle Bekannten · solche Bekannte[n]:** Zur Deklination von *Bekannte* nach *alle, beide, einige* usw. ↑all- usw.

bekennen, sich: Bei *sich bekennen als* steht das dem *als* folgende Substantiv heute gewöhnlich im Nominativ, d.h., es wird auf das Subjekt bezogen: *Er bekannte sich als eigentlicher Urheber des Streites.* Der Akkusativ, d.h. die Beziehung auf *sich,* veraltet allmählich: *Er bekannte sich als eigentlichen Urheber.* ↑Kongruenz (4.2).

Beklagte, der und die: ↑Angeklagte.

bekleiden/begleiten: ↑begleiten (2).

bekommen: In Verbindung mit dem 2. Partizip bestimmter Verben kann *bekommen* an Stelle eines Passivs gebraucht werden: *Die Bücher wurden ihm geschenkt – Er bekam die Bücher geschenkt.* ↑Passiv (3.1).

Belag: Der Plural zu *Belag* lautet *die Beläge.*

belämmert: Falsche Schreibung für ↑belemmert.

belasten: Das transitive Verb *belasten* bedeutet „beschweren, mit einer Last versehen", in der Kaufmannssprache „mit einem Sollbetrag belegen". Man kann deshalb nicht *Wir haben diesen Betrag Ihrem Konto belastet* schreiben, denn man kann nur das Konto, aber nicht den Betrag belasten. Hier liegt eine falsche Analogie zu *gutschreiben* vor *(Wir haben diesen Betrag Ihrem Konto gutgeschrieben).* Bei *belasten* kann es nur heißen: *Wir haben Ihr Konto mit diesem Betrag, mit 200 DM belastet.*

belemmert: Das umgangssprachliche Adjektiv *belemmert* „verlegen, betreten; übel, schlimm" *(Er macht ein belemmertes Gesicht. Die Sache ist ziemlich belemmert)* hat nichts mit Lämmern zu tun und darf deshalb nicht mit *ä* geschrieben werden. Es ist eigentlich das 2. Partizip des niederdeutschen Verbs *belemmern* „hindern, in Verlegenheit bringen".

beleuchten/erleuchten: Das Verb *beleuchten* wird gelegentlich mit *erleuchten* verwechselt, etwa: *die Fenster des Hauses waren noch beleuchtet* (statt richtig: ... *erleuchtet*). Das Verb *beleuchten* bedeutet „[von außen] Licht auf etwas werfen" *(Die Bühne wird mit Scheinwerfern beleuchtet)* oder „etwas mit Licht versehen" *(ein Fahrzeug beleuchten).* Dagegen ist *erleuchten* zu verwenden, wenn man sagen will, daß etwas von innen mit Licht erfüllt wird: *Der Saal war festlich erleuchtet.* Im Unterschied zu *beleuchten* kann bei *erleuchten* nicht der Mensch, sondern nur die Lichtquelle im Subjekt stehen: Falsch: *Der Mann erleuchtete das Zimmer.* Richtig ist: *Viele Kerzen erleuchteten das Zimmer.*

belieben: es beliebt mir/ich beliebe: Das Verb *belieben* kann man persönlich *(ich beliebe)* oder unpersönlich *(es beliebt mir)* gebrauchen. Es wirkt leicht gespreizt und wird heute gewöhnlich nur noch ironisch verwendet. *Es beliebt mir* heißt soviel wie „es gefällt mir, es macht mir Spaß oder Freude" (z.B.: *Ihr könnt tun, was euch beliebt*); *ich beliebe* bedeutet dagegen „ich wünsche, ich pflege, ich lasse mich herbei" (z.B.: *Er beliebte [,] lange zu schlafen. Sie beliebte, sich meiner zu erinnern*). ↑Komma (5.1.4).

beliebig: Klein schreibt man *beliebig* (auch mit vorangehendem Artikel), wenn es wie ein Pronomen im Sinne von „irgend jemand, irgend etwas" gebraucht wird: *ein beliebiger, jeder belie-*

bige, alle beliebigen, alles beliebige. Aber: *Du kannst dir etwas Beliebiges* (= etwas nach deinem Belieben) *aussuchen* usw. ↑Groß- oder Kleinschreibung (1.2.4).

bemustern: Der kaufmannssprachliche Ausdruck wird richtig im Sinne von „etwas mit Mustern versehen" verwendet: *Sie bemusterten ihren Katalog mit verlockenden Angeboten.* Falsch ist dagegen der Gebrauch von *bemustern* in der Bedeutung „Muster einer Ware zuschicken": *Wir bemustern Ihnen den Wein. Wir bemustern Sie mit dem Wein.*

benedeien: Das zweite Partizip zu *benedeien* lautet *gebenedeit* oder *benedeit.* Als Bezeichnung für die Jungfrau Maria ist nur *die Gebenedeite* gebräuchlich.

Bengel: Standardsprachlich lautet der Plural *die Bengel.* Die Pluralform *die Bengels* ist umgangssprachlich.

Benummerung: ↑[1]Punkt (2).

benutzen: 1. benutzen/benützen: Zwischen diesen beiden Formen besteht in der Bedeutung kein Unterschied; die Form mit Umlaut *(benützen)* wird hauptsächlich in Süddeutschland und Österreich gebraucht. ↑nutzen. **2. benutzen/gebrauchen/verwenden:** Das Verb *benutzen* hat drei voneinander abweichende Bedeutungen: 1. „sich einer Sache ihrem Zweck entsprechend bedienen": *ein Handtuch benutzen; jmds. Telefon benutzen; den vorderen Eingang benutzen; die Bahn benutzen* (= mit der Bahn fahren). 2. „jemanden oder etwas für einen bestimmten Zweck einsetzen": *einen Jungen als Boten benutzen; eine Pause zum Rauchen benutzen; eine Idee für einen Film benutzen.* 3. „jemanden oder etwas für seine Zwecke ausnutzen": *eine Krankheit als Vorwand benutzen; ein Kind als Spion benutzen.* Soweit Personen das Objekt sind, stehen sich die Bedeutungen 2 und 3 sehr nahe; man sollte daher *benutzen* vermeiden, wenn nur gemeint ist, daß man eine Person für eine bestimmte Aufgabe einsetzt. Hier sagt man besser *verwenden* (oder *einsetzen*): *Er verwendete ihn als Boten.* Das Verb *verwenden* wird vor allem dann gewählt, wenn es um den Gebrauch in einem bestimmten Zusammenhang geht *(ein Buch im Unterricht verwenden)* oder wenn ein Zweck angegeben wird. Wieder anders ist es mit *gebrauchen.* Dieses Verb bezieht sich meist auf Dinge, die jemand selbst besitzt oder zur Verfügung hat. Dabei wird der Zweck jedoch nicht angegeben: *Er gebraucht einen Kugelschreiber. Sie gebrauchte ihren Verstand.* Auch: *Er gebrauchte harte Worte, als er davon sprach.* Man kann *gebrauchen* nicht mit allen Objekten verbinden, die bei *benutzen* möglich sind. Man sagt z. B. nicht: *Er gebrauchte die Bahn* oder: *Kann ich ihr Telefon gebrauchen?*

Bereich: Sowohl *der Bereich* wie *das Bereich* sind richtig. Im heutigen Sprachgebrauch überwiegt jedoch das Maskulinum: *der private, der öffentliche Bereich, der Bereich der Kunst, des Erotischen.*

bereit: Getrennt vom folgenden Verb schreibt man, wenn *bereit* als selbständiges Adjektiv im Sinne von „vorbereitet, fertig" oder „willig, entschlossen" gebraucht wird: *Wir werden bereit sein. Er hat sich bereit erklärt. Wir wollen uns bereit halten. Er wird sich nicht bereit finden.* Zusammen schreibt man, wenn ein neuer Begriff entsteht, der sich etwa mit „zurechtlegen, verfügbar machen, verfügbar sein" umschreiben läßt: *Ich habe das Buch bereitgelegt. Wir haben alles bereitgemacht. Er muß das Geld bereithalten. Er hat die Sachen bereitgestellt. Die Bücher werden bereitliegen.* ↑Zusammen- oder Getrenntschreibung (1.2).

bereit- und zur Verfügung halten: ↑Bindestrich (1.1).

bereits schon: Die Verwendung von *bereits schon* stellt, da beide Wörter dieselbe Bedeutung haben, einen ↑Pleonasmus dar. Man kann also nicht sagen: *Er ist bereits schon angekommen,* sondern nur *Er ist bereits an-*

gekommen oder *Er ist schon angekommen.*

Berg-/Berges-: In Zusammensetzungen mit dem Substantiv *Berg* schwankt bei einigen Wörtern die Bildungsweise mit oder ohne Fugenzeichen. So stehen *Berggipfel, Berghalde, Berghang, Bergkette, Bergrücken, Bergzinne* neben *Bergesgipfel, Bergeshalde* usw. Die Formen ohne *-es-* werden im allgemeinen sachlich feststellend gebraucht, während die Formen mit *-es-* dichterisch wirken. Nur mit Fugenzeichen ist *Bergeshöhe* gebräuchlich, auch das übertragen gebrauchte Substantiv *Bergeslast* wird nur mit *-es-* gebraucht. Keine Fugensilbe enthalten u. a. folgende Substantive: *Bergadler, Bergbahn, Bergbau, Bergbehörde, Bergfahrt, Bergfex, Bergführer, Berghotel, Bergknappe, Bergkrankheit, Bergkristall, Bergkuppe, Bergmann, Bergpredigt, Bergrutsch, Bergschäden, Bergsteiger, Berg-und-Tal-Bahn, Bergwacht, Bergwerk.* ↑Fugen-s.

bergab, bergan, bergauf: Diese drei Wörter sind selbständige Adverbien, sie dürfen nicht mit einem Verb zusammengeschrieben werden: *Wir sind bergab gelaufen; ... weil es hinter dem Dorf bergauf geht. Wir müssen eine halbe Stunde bergan steigen.*

bergen: 1. bergen/birg!: Im Indikativ des Präsens heißt es: *ich berge, du birgst, er birgt.* Der Imperativ lautet: *birg!* (nicht: *berge!*). ↑e/i-Wechsel. **2. Konjunktiv:** Im Konjunktiv II wird heute ausschließlich die Form *bärge* gebraucht. Die Formen *börge* und *bürge* sind veraltet. ↑Konjunktiv (1.3).

Bergmann: Als Plural wird gewöhnlich *die Bergleute* (selten: *die Bergmänner*) gebraucht. ↑Mann (2).

Bergnamen: ↑Gebirgsnamen.

bergsteigen: Von *bergsteigen* werden im allgemeinen nur der Infinitiv und das 2. Partizip gebraucht: *Wollen wir in diesem Urlaub bergsteigen? In meiner Jugend bin/habe ich auch berggestiegen.* Vereinzelt kommen auch andere Formen vor: *Wenn ich bergsteige, bekomme ich Herzklopfen.* ↑Zusammen- oder Getrenntschreibung (2.1).

Bericht: Die Person oder Sache, auf die sich ein Bericht bezieht, wird mit der Präposition *über* oder auch mit *von* angeschlossen: *Der Reporter gab einen Bericht über das Derby, von dem Derby. Er las den neuesten Bericht über die Astronauten* (seltener: *von den Astronauten*). ↑berichten (2). Nicht korrekt ist der Anschluß mit *für* oder die Verbindung mit dem Genitiv, zumal sie zu Mißverständnissen führen können. Man kann also nicht sagen: *Er gab einen Bericht für die Exkursion,* sondern nur: *... über die Exkursion.* Ebenso ist es falsch, vom *Bericht des Patienten* zu sprechen, wenn man den Bericht meint, den ein anderer über den Patienten erstattet. ↑Genitivattribut (1.5.2).

berichten: 1. Dativ oder Akkusativ?: Das Verb *berichten* kann nur mit dem Dativ der Person verbunden werden: *Er hat seinem Vater alles berichtet. Mir wurde berichtet, daß ...* Früher wurde *berichten* mit dem Akkusativ der Person verbunden: *jmdn. berichten* (= jmdn. unterrichten oder informieren). Auf diesen Gebrauch geht die Verwendung des 2. Partizips in Verbindung mit *sein* zurück: *Wenn ich recht berichtet bin, ist der Minister erkrankt. Da bist du falsch berichtet.* **2. berichten über/berichten von:** Der Unterschied im Gebrauch der beiden Präpositionen ist nur gering. Man kann sagen, daß *über jemanden, über etwas berichten* einen umfassenden, eingehenden Bericht meint, während *von jemandem, von etwas berichten* sich mehr auf Einzelheiten bezieht.

Berliner / berlinerisch / berlinisch: Die Zugehörigkeit zu Berlin und den Berlinern wird heute überwiegend mit dem Wort *Berliner* ausgedrückt, das wie ein flexionsloses attributives Adjektiv gebraucht, aber immer groß geschrieben wird: *die Berliner Verkehrsgesellschaft, der Berliner Senat, die Berliner Mundart, eine Berliner Weiße, eine Berliner Firma* (↑Einwohnerbezeichnungen [7]). Die Adjektive *berlinisch* und *berlinerisch* beziehen sich dagegen immer auf charakteristische Eigentümlichkeiten des Berliners, vor allem auf seine Sprache. Die Form *berlinisch* ist die ältere, sie wird besonders in der Sprachwissenschaft gebraucht: *Berlinisch, das Berlinische, die berlinische Mundart, ein berlinischer Ausdruck.* Allgemeiner gebräuchlich ist *berlinerisch: ein typisch berlinerisches Wort; er spricht ganz berlinerisch.*

Berner: Die Einwohner von *Bern* heißen *Berner.* Die Einwohnerbezeichnung *Berner* wird immer groß geschrieben, auch wenn das Wort wie ein flexionsloses Adjektiv vor einem Substantiv steht: *die Berner Altstadt.* ↑Einwohnerbezeichnung (7).

bersten: 1. bersten/birst: Im Indikativ des Präsens heißt es: *ich berste, du birst, er birst.* Der selten gebrauchte Imperativ lautet: *birst!* (nicht: *berste!*) ↑e/i-Wechsel. **2. Konjunktiv:** Im Konjunktiv II wird heute ausschließlich die Form *bärste* gebraucht; die Form *börste* ist veraltet.

berüchtigt: berüchtigt wegen/durch/für: Wenn der Grund für das Berüchtigtsein genannt werden soll, dann wird *berüchtigt* mit der Präposition *wegen* verbunden: *Er ist wegen seiner Brutalitäten berüchtigt.* Die Präposition *durch* kann nur stehen, wenn angegeben werden soll, wodurch jemand oder etwas berüchtigt worden ist *(Er wurde durch seine Brutalitäten berüchtigt),* aber nicht, wenn der bereits erreichte Zustand gemeint ist: *Das Viertel ist wegen seiner Kneipen* (nicht: *durch seine Kneipen*) *berüchtigt.* Statt *wegen* wird gelegentlich auch die Präposition *für* gebraucht: *Der Professor war berüchtigt für seine scharfen Fragen.*

Berufsbezeichnungen: ↑Titel und Berufsbezeichnungen.

Berufung: Zu *die Berufung des Mannes als neuer Vorsitzender/als neuen Vorsitzenden* ↑Apposition (3.3).

beruhen: In Verbindung mit der Präposition *auf* wird *beruhen* heute nur mit dem Dativ verbunden: *Seine Ansicht beruht auf einem Irrtum. Sein Aufsatz beruht auf gründlicher Kenntnis des Materials.* Früher, z. B. bei unseren Klassikern, war auch der Akkusativ gebräuchlich: *Denn die beruht ... nicht auf äußerliche Verbindungen ..., sondern auf das Gefühl gemeinschaftlich sympathisierender Geister* (Lessing).

berühmt: 1. berühmt wegen/durch/für: Wenn der Grund für das Berühmtsein genannt werden soll, dann wird *berühmt* mit der Präposition *wegen* verbunden: *Das Lokal ist wegen seiner guten Küche berühmt.* Die Präposition *durch* kann nur stehen, wenn angegeben werden soll, wodurch jemand oder etwas berühmt geworden ist *(Er wurde durch seine Romane berühmt),* aber nicht, wenn der bereits erreichte Zustand gemeint ist: *Das Lokal ist wegen seiner Küche* (nicht: *durch seine Küche*) *berühmt.* Statt *wegen* wird gelegentlich auch die Präposition *für* gebraucht: *Er war berühmt für seine treffenden Antworten.* **2.** ↑Vergleichsformen (2.3).

besagt: Das aus der Kanzleisprache stammende *besagt* wird wie ein gewöhnliches Adjektiv behandelt; das folgende Adjektiv wird deshalb parallel gebeugt: *besagter äußerer Umstand; besagte äußere Umstände; aus besagter wichtiger Ursache.* ↑Adjektiv (1.2.1).

Besäufnis: Das umgangssprachliche Substantiv *Besäufnis* kann weibliches oder sächliches Geschlecht haben. In der Bedeutung „Sauferei, Zechgelage" ist sowohl *die Besäufnis* als auch *das Besäufnis* gebräuchlich. In der selteneren Bedeutung „[Voll]trunkenheit" heißt es aber nur *die Besäufnis: In seiner Besäufnis hat er die Türen verwechselt.*

Bescheid: Das Substantiv *Bescheid* wird immer groß geschrieben, auch in Verbindungen wie *Bescheid erhalten, geben, sagen, tun, wissen: Bitte sage mir gleich Bescheid usw.*

bescheiden oder verbescheiden: ↑Aufschwellung.

bescheren: Wir bescheren den Kindern/Wir bescheren die Kinder: Das Verb *bescheren* wird in der Regel mit dem Dativ der Person und dem Akkusativ der Sache verbunden: *Das Christkind hatte dem Jungen eine Eisenbahn beschert.* In übertragener Verwendung: *Das Schicksal hat ihnen keine Kinder beschert.* Nach dem Vorbild von *beschenken* wird *bescheren* häufig auch mit dem Akkusativ der Person verbunden, jedoch wird dann das Geschenk meist nicht genannt: *Wir bescheren die Kinder um 5 Uhr.* Selten: *Die Waisenkinder wurden mit Spielsachen beschert.* Diese Verwendung ist korrekt.

beschließen/schließen: Das Verb *beschließen* bedeutet nicht nur „entscheiden", sondern wie das einfache *schließen* auch soviel wie „beenden". Die Vorsilbe *be-* verleiht dem Verb dabei besonderen Nachdruck. (Das gleiche gilt für die Substantive *Beschluß* und *Schluß*.) Man kann also durchaus sagen: *eine Versammlung beschließen; seine Tage beschließen, sein Leben beschließen.*

Beschreibung und Arbeitsweise ...: Eine Formulierung wie *Beschreibung und Arbeitsweise der Maschine* ist nicht korrekt, weil darin zwei verschiedenartige Genitivverhältnisse zusammengefaßt werden: *Beschreibung der Maschine* (= ich beschreibe die Maschine) und *Arbeitsweise der Maschine* (= die Maschine hat eine bestimmte Arbeitsweise). Richtig muß es heißen: *Beschreibung der Maschine und ihrer Arbeitsweise,* denn auch die Arbeitsweise wird ja beschrieben. ↑Ellipse (3).

Beschuldigte, der und die: ↑Angeklagte.

beschützen: Das Verb *beschützen* kann nur mit der Präposition *vor* verbunden werden: *Er beschützte ihn vor* (nicht: *von*) *seinen Feinden.*

Beschwer: Das veraltende Substantiv *Beschwer* kann weibliches oder sächliches Geschlecht haben: *die Beschwer* wie *das Beschwer* ist richtig. Das Substantiv tritt aber fast nur noch in Wendungen ohne Artikel auf: *Beschwer machen, verursachen, ohne Beschwer.*

beschweren: Gelegentlich wird die Ansicht vertreten, daß das Verb *sich beschweren* eigentlich *sich beschwerden* lauten müßte, weil man Beschwerde erhebe, wenn man sich über etwas beschwere. In Wirklichkeit ist aber *Beschwerde* von *beschweren* abgeleitet, ähnlich wie *Gebäude* zu *bauen* und *Gemälde* zu *malen* gebildet worden sind. Ein Verb *sich beschwerden* existiert also nicht.

beschwören: Die Vergangenheitsformen von *beschwören* lauten *beschwor* und *beschworen: Er beschwor sie, nicht abzureisen. Er hat seine Aussage beschworen.* ↑schwören.

besessen: Das zweite Partizip von *besitzen* „als Besitz haben, zu eigen haben" darf nicht attributiv (als Beifügung) gebraucht werden. Also nicht: *Er verkaufte das zwanzig Jahre besessene Haus,* sondern: *Er verkaufte das Haus, das er zwanzig Jahre lang besessen hatte.* Das Verb *besitzen* kann, obwohl es ein Akkusativobjekt bei sich hat, nicht passivisch gebraucht werden. ↑zweites Partizip.

besinnen: 1. Formen: Die Vergangenheitsformen von *sich besinnen* lauten *er besann sich, er hat sich besonnen.* Der Konjunktiv II lautet *besänne;* die Form *besönne* ist veraltet. ↑sinnen. **2. sich auf etwas/sich einer Sache besinnen:** Das Verb wird im allgemeinen mit der Präposition *auf* verbunden: *Ich kann mich nicht mehr auf diesen Namen besinnen.* Der Genitiv kommt nur in bestimmten Verbindungen vor: *sich eines Besseren besinnen. Jetzt besinne ich mich dessen wieder.*

besitzanzeigendes Fürwort: ↑Possessivpronomen.

besitzen: 1. zweites Partizip: ↑besessen. **2. besitzen/haben:** Die Grundbedeutung von *besitzen* ist „auf etwas sitzen". Die Bedeutungsentwicklung zu „als Eigentum, als Besitz haben" geht von Fällen aus, wo diese Grundbedeutung noch durchschimmert: *einen Hof,*

Land, ein Haus besitzen. Schließlich bezieht sich *besitzen* auf alles, was man als materiellen oder geistigen Besitz erwerben und zu eigen haben kann und worüber man mehr oder minder frei verfügen kann. Dazu gehören auch Eigenschaften meist positiver, aber auch negativer Art, sofern sie nur fest mit dem betreffenden Menschen verbunden sind und ihn für die Dauer oder wenigstens für eine gewisse Zeit charakterisieren: *viele Bücher, ein Auto, eine Waschmaschine, Wertpapiere, die Mittel besitzen, Talent, Phantasie, jemandes Vertrauen, Geschmack, die Frechheit, die Dreistigkeit besitzen.* Das Verb *haben* stellt zunächst nur ein Vorhandensein fest und sagt über den Besitz als solchen nicht aus: *Er hat Geld bei sich* (= dabei), aber: *Er besitzt viel Geld* (= er ist reich). Es tritt überall dort auf, wo die Vorstellung eines Besitzes (gleich welcher Art) nicht zutreffend ist. So sagt man nicht: *Er besitzt einen guten Posten,* sondern: *Er hat einen guten Posten.* Nicht: *Er besitzt eine nette Frau und drei reizende Kinder,* sondern: *Er hat eine nette Frau und drei reizende Kinder.* In den meisten Fällen kann *haben* für *besitzen* eintreten, wenn es auch ausdrückt, daß die Verbindung des Objekts mit dem Subjekt lockerer, weniger eng ist. Nicht korrekt ist es, *besitzen* statt *haben* zu verwenden, wenn die Vorstellung des Besitzes offensichtlich sinnwidrig erscheint oder wo nur ein zufälliges oder einmaliges Vorhandensein ausgedrückt werden soll, das nicht wesensmäßig zur Person oder Sache gehört. Man kann also nicht sagen: *Er besaß Schulden. Er besitzt blaue Augen. Er besitzt Feinde. Er besaß eine Verletzung am rechten Arm. Das Zimmer besitzt drei Fenster.* Die folgenden zwei Beispiele verstoßen ebenfalls gegen diese Auffassung: *Angeblich besaß er keine Angehörigen* (Ott). *... zum Beispiel besaß Winckler eine Schwester von elf Jahren* (Gaiser). Auch in festen Wendungen kann man *haben* nicht durch *besitzen* ersetzen. Also nicht: *Er besaß ein Ohr/kein Herz für die Not des einfachen Mannes. Er besitzt keine Ahnung.*

besondere: Klein schreibt man *besondere* auch in Verbindung mit einem Artikel und einer Präposition, wenn beide Wörter für ein einfaches Adjektiv stehen: *Wir interessierten uns im besonderen* (= vornehmlich) *für die Bilder Rubens'. Er prüfte alles bis aufs einzelne und besondere* (= ganz genau). Groß schreibt man Substantivierungen: *Sie liebt das Besondere. Es war nichts Besonderes an ihm.* ↑Groß- oder Kleinschreibung (1.2.1).

besonders: Vor *besonders* steht ein Komma, wenn es einen Zusatz einleitet: *Er liebt den Alkohol, besonders den Wein. Äpfel und Nüsse, besonders aber Feigen, ißt er gern.* Tritt zu diesem *besonders* noch ein *wenn* (*als, weil* o. ä.), dann steht zwischen *besonders wenn* im allgemeinen kein Komma: *Er geht gern spazieren, besonders wenn die Sonne scheint.* In Ausnahmefällen kann jedoch auch hier ein Komma stehen, und zwar dann, wenn *besonders* nachdrücklich hervorgehoben wird: *Ganz besonders, wenn plötzlich Nebel aufkommt, kann diese Strecke gefährlich werden.*

besorgniserregend / Besorgnis erregend: Zusammen schreibt man, wenn die Verbindung adjektivisch gebraucht wird: *eine besorgniserregende Krankheit; die Krankheit ist besorgniserregend.* Getrennt schreibt man, wenn *Besorgnis* durch eine nähere Bestimmung als Substantiv zu erkennen ist: *diese äußerste Besorgnis erregende Krankheit.* ↑Zusammen- oder Getrenntschreibung (3.1.1).

besorgt: Präpositionen, die sich mit *besorgt* „von [Für]sorge erfüllt" verbinden, sind *um, wegen,* seltener auch *für* oder *über*. Die Präposition *um* steht dann, wenn das Objekt genannt ist, auf das sich die Sorge bezieht: *Die um ihr Kind besorgten Eltern riefen einen Arzt. Er ist um das Glück seiner Tochter sehr besorgt.* Gelegentlich steht an Stelle von *um* auch *für: Wir ersuchen Sie, für* *eine baldige Regelung besorgt zu sein.* Die Präposition *wegen* steht dann, wenn der Grund der Sorge genannt wird: *Sie wich Tag und Nacht nicht von ihres Großvaters Seite, denn sie war sehr besorgt wegen seiner Krankheit. Die Eltern waren wegen der schlechten Leistungen ihres Sohnes besorgt.* An Stelle von *wegen* steht gelegentlich auch *über: Sie war besorgt über sein langes Ausbleiben.* ↑auf Grund/durch/infolge/von/vor/wegen/zufolge.

besser: 1. Rechtschreibung: a) besser gehen/bessergehen: Getrennt vom folgenden Verb schreibt man, wenn beide Wörter ihren ursprünglichen Sinn bewahren: *Mit den neuen Schuhen wirst du bestimmt besser gehen.* Zusammen schreibt man, wenn durch die Verbindung ein neuer Begriff entsteht: *Dem Kranken wird es bald bessergehen* (= sein Zustand wird sich bessern). *Mit der Gehaltserhöhung werde ich mich etwas besserstellen* (= in eine bessere finanzielle Lage kommen). ↑Zusammen- oder Getrenntschreibung (1.2). **b) das bessere/das Bessere:** Klein schreibt man *besser,* wenn ihm ein Artikel vorangeht und beide Wörter für ein einfaches Adjektiv stehen: *Es ist das bessere* (= es ist besser), *wenn* ... Groß schreibt man das substantivierte Adjektiv: *jemanden eines Besseren belehren; sich eines Besseren belehren lassen; sich eines Besseren besinnen. Das Bessere ist des Guten Feind. Ich habe etwas Besseres.* ↑Groß- oder Kleinschreibung (1.2.1). **2. bessere/beßre Pläne:** Bei den deklinierten Formen von *besser* wird das *-e-* der zweiten Silbe gewöhnlich nicht ausgestoßen. Wenn man es aber tut, muß statt *ss* ein *ß* geschrieben werden: *beßre Pläne.* ↑S-Laute (1.1.5), ↑Adjektiv (1.2.13). **3. ein besseres Buch/bessere Leute:** Die Komparativform zu *gut* braucht sich nicht immer auf dieses Adjektiv zu beziehen, z. B. *einfache Leute – bessere Leute.* Ironisch: *Diese Abhandlung ist nur ein besserer Schulaufsatz* (= nicht viel mehr als ein gewöhnlicher Schulaufsatz.

bestanden: 1. das bestandene Examen: Das zweite Partizip von *bestehen* kann nur in passivischem Sinn verwendet werden, d.h. nur im Zusammenhang mit dem transitiven *bestehen* „etwas erfolgreich hinter sich bringen": *das bestandene Examen; bestandene Kämpfe.* Falsch ist der aktivische Gebrauch: *der bestandene Kandidat* (richtig: *der Kandidat, der das Examen bestanden hat*) oder *die siegreich bestandenen Truppen* (richtig: *die Truppen, die die Kämpfe siegreich bestanden haben*). Es ist auch falsch zu sagen *der 15 Jahre bestandene Verein* oder *die bis 1960 bestandenen Verhältnisse,* weil hier das intransitive *bestehen* „existieren, vorhanden sein" zugrunde liegt. Auch in diesen Fällen muß man einen Nebensatz bilden: *der Verein, der 15 Jahre lang bestanden hat; die Verhältnisse, wie sie bis 1960 bestanden haben.* ↑zweites Partizip (2.2). **2. der mit Bäumen bestandene Weg:** In dieser Verwendung ist *bestanden* das 2. Partizip eines nicht mehr gebräuchlichen transitiven Verbs *bestehen* mit der Bedeutung „auf, an, in etwas stehen": *das mit Schilf bestandene Ufer. Der Weg ist mit Bäumen bestanden.*

bestätigen: In der Kaufmannssprache wird *bestätigen* im Sinne von „mitteilen, daß man etwas erhalten hat" verwendet: *Wir bestätigen den Eingang Ihres Briefes vom* ... Dabei ist es üblich geworden, die Bezeichnung des Vorgangs auszulassen: *Wir bestätigen dankend Ihr Schreiben vom ... Ich bitte Sie, den Auftrag zu bestätigen.*

Bestätigung: Man sagt richtig *die Bestätigung seines Bruders als [neuer] Bürgermeister* oder *die Bestätigung Vogels als [neuer] Parteivorsitzender.* Der Genitiv *(als [neuen] Bürgermeisters* bzw. *als [neuen] Parteivorsitzenden)* ist selten. Steht aber nach dem *als* ein Artikel, dann ist nur der Genitiv zulässig: *die Bestätigung seines Bruders als des neuen Bürgermeisters* oder *die Bestätigung Vogels als des neuen Parteivorsitzenden.* ↑Apposition (3.2 und 3.3).

bestbewährt: Da *bestbewährt* bereits einen Superlativ enthält, darf es nicht nochmals gesteigert werden: *die bestbewährte* (nicht: *bestbewährteste*) *Waschmaschine.* ↑Vergleichsformen (2.5.4).

bestbezahlt: Da *bestbezahlt* bereits einen Superlativ enthält, darf es nicht nochmals gesteigert werden: *der bestbezahlte* (nicht: *bestbezahlteste*) *Job.* ↑Vergleichsformen (2.5.4).

beste: das beste/das Beste: Klein schreibt man *beste* auch dann, wenn ihm ein Artikel vorangeht, beide Wörter aber im Sinne von „sehr gut, am besten" stehen: *Es ist das beste* (= am besten), *du schweigst! Es war alles auf das beste* (= sehr gut) *bestellt. Ich bin aufs beste* (= sehr gut) *vorbereitet.* Klein schreibt man auch in festen Wendungen: *jemanden zum besten halten/haben; etwas zum besten geben; nicht zum besten stehen.* Groß schreibt man das substantivierte Adjektiv: *Es ist das Beste in seiner Art. Das Beste ist für ihn gut genug. Das Beste in unserem Urlaub waren die Spaziergänge am Meer. Er ist der Beste in der Klasse. Das ist zu deinem Besten. Er hat sein Bestes getan. Es wird sich noch alles zum Besten wenden.* ↑Groß- oder Kleinschreibung (1.2.1). **2. bei weitem das Beste/das bei weitem Beste:** Die Umstandsangabe *bei weitem* (ähnlich: *weitaus, mit Abstand*) sollte nach Möglichkeit nicht zum Attribut von *das Beste* gemacht, d.h. zwischen *das* und *Beste* gestellt werden: *Das war bei weitem das Beste, was ich gesehen habe* (nicht: *das war das bei weitem Beste, was ...*). ↑weit (3). **3. Steigerung von Bildungen mit *best-* als erstem Bestandteil:** ↑Vergleichsformen (2.5.4).

beste Lösung/Bestlösung: Zum Nebeneinander von *Bestlösung* und *beste Lösung* ↑Kompositum (4).

Besteck: Der Plural lautet korrekt *die Bestecke.* Die Pluralform auf *-s (die Bestecks)* ist umgangssprachlich. ↑Plural (4).

bestehen: 1. Konjunktiv: Der Konjunktiv II von *bestehen* kann *bestünde* oder *bestände* lauten. **2. Er besteht auf seiner Forderung/auf seine Forderung:** Wer *auf etwas besteht,* der beharrt auf einem Standpunkt. Deshalb wird *bestehen auf* heute überwiegend mit dem Dativ (Frage: wo?) verbunden: *Ich bestehe auf meinem Recht. Sie bestanden auf der Erfüllung des Vertrages.* Gelegentlich, wenn es um etwas Gewolltes, Beabsichtigtes, Erstrebtes geht, wird auch der Akkusativ verwendet: *Sie bestand auf* (= drang auf, forderte, verlangte) *sofortige Entlassung des Chauffeurs.* ↑Rektion (1). **3.** ↑bestanden.

bestehenbleiben, bestehenlassen: Die Verben *bestehenbleiben* und *bestehenlassen* werden im Infinitiv, in den Partizipien und im Nebensatz mit Einleitewort immer zusammengeschrieben: *bestehenzubleiben, bestehenbleibend, bestehengeblieben; wenn die Vereinbarung bestehenbleibt* und *bestehenzulassen, bestehenlassend, bestehengelassen.* ↑Zusammen- oder Getrenntschreibung (1.1).

bestellen: Die Person oder Firma, an die man eine Bestellung richtet, kann nicht im Dativ stehen. Es heißt also nicht: *Ich bestelle Ihnen/Wir bestellen Ihnen folgende Waren,* sondern: *Ich bestelle/Wir bestellen bei Ihnen folgende Waren.* Man kann das *bei Ihnen* auch ganz weglassen. Der Dativ bei *bestellen* kann nur den Sinn haben, daß man etwas für jemanden bestellt: *Bestellst du mir* (= für mich) *auch ein paar Hemden?*

Bestellung: Das Substantiv *Bestellung* wird in der Kaufmannssprache mit den Präpositionen *auf, über* und *von,* seltener mit der Präposition *für* verbunden. Wenn vor dem Bestellten eine Zahlangabe steht, kann *für* nicht verwendet werden: *Wir danken Ihnen für Ihre Bestellung von 5000 Exemplaren. Wir haben eine Bestellung auf/über 3000 Liter Heizöl erhalten* (nicht: *für 3000 Liter*). *Es sind viele Bestellungen für Bücher eingegangen.*

Bestimmungswort: Als *Bestimmungswort* bezeichnet man das erste

Glied (Vorderglied) einer Zusammensetzung, das das Grundwort des Kompositums näher „bestimmt“: *Kraft*wagen, *Selbst*sucht, *Speise*karte, *mond*hell, *hell*gelb, *glück*bringend. ↑Kompositum.

bestmöglich: Da *bestmöglich* bereits einen Superlativ enthält, darf es nicht nochmals gesteigert werden: *mit bestmöglicher* (nicht: *mit bestmöglichster*) *Genauigkeit.* ↑möglich (1), ↑Vergleichsformen (2.5.4).

Bestrafung: Zu *die Bestrafung des Generals als eigentlicher Drahtzieher/als eigentlichen Drahtziehers* ↑Apposition (3.3).

bestreiten: Wenn von *bestreiten* ein Nebensatz oder eine Infinitivgruppe abhängt, dürfen diese nicht verneint werden; also nicht: *Sie bestritt immer wieder, diese Äußerung nicht getan zu haben* (sondern: *... diese Äußerung getan zu haben*). ↑Negation (1).

Bete/Beete: Die Bezeichnung für die Rübenart *rote Bete* schreibt man mit kleinem *r* und einem *e*. Das Wort geht auf lat. *beta* „rote Rübe“ zurück und hat nichts mit *Beet* zu tun. ↑Namen (5).

beteiligen: Nach *beteiligen* wird mit der Präposition *an* angeschlossen: *Er hat sich nicht an dem Überfall beteiligt. Wer war daran beteiligt?* Mit dem mit *an* angeschlossenen Präpositionalobjekt kann manchmal auch eine Umstandsbestimmung konkurrieren: *Der Schüler beteiligt sich nicht am Unterricht* (woran?)/ *Der Schüler beteiligt sich nicht im Unterricht* (wo?).

Beteiligte, der und die: **1. genanntem Beteiligten/Beteiligtem · ihr als Beteiligten/Beteiligter:** Im allgemeinen wird *Beteiligte* wie ein attributives ↑Adjektiv dekliniert: *ein Beteiligter, zwei Beteiligte; die an dem Unfall Beteiligten* usw. Im Genitiv Plural ist heute nach einem stark deklinierten Adjektiv die parallele Beugung üblich: *die Vernehmung genannter Beteiligter* (veraltend: *Beteiligten*). Ausnahmen und Schwankungen treten beim Dativ Singular auf: **a)** Nach einem stark deklinierten Adjektiv wird heute schwach gebeugt: *Genanntem Beteiligten* (veraltet: *Beteiligtem*) *wurde eine Blutprobe entnommen.* **b)** In der Apposition (im Beisatz) kommt neben der starken Deklination häufig die schwache vor: *Dir als Beteiligten ...* neben: *Dir als Beteiligtem ... Ihr als Beteiligten ...* neben: *Ihr als Beteiligter ...* ↑substantiviertes Adjektiv (2.1.3). **2. einige Beteiligte · alle Beteiligten · solche Beteiligte[n]:** Zur Deklination von *Beteiligte* nach *alle, beide, einige* usw. ↑all- usw. **3. die an etwas Beteiligten:** Nach *Beteiligte* wird mit der Präposition *an* angeschlossen. Es muß also heißen: *Die an dem Unfall Beteiligten wurden vernommen.* Nicht korrekt ist die Verbindung mit dem Genitiv: *Die Beteiligten des Unfalls wurden vernommen.* ↑substantiviertes Partizip (3). **4. der Beteiligte Schmidt/der beteiligte Fußgänger:** Zu der wenig gebräuchlichen Verbindung mit einem Familiennamen ↑Angeklagte (1 und 2).

Beton: 1. Aussprache: Das Wort kann französisch [be'tõ:] oder eindeutschend [be'tɔŋ] ausgesprochen werden. Die eingedeutschte Aussprache [be'to:n] ist seltener. **2. Plural:** *Beton* wird in der Gemeinsprache nur im Singular gebraucht. In den Fachsprachen kommen auch Pluralformen vor: *die Betons* oder (bei eingedeutschter Aussprache) *die Betone.* ↑Plural (5).

Betonblock: Der Plural lautet *die Betonblöcke.* ↑Block.

Betonung: ↑Wortbetonung.

Betr.: ↑Betreff.

betrachten: 1. betrachten als/betrachten wie: In Verbindung mit *als* wird *betrachten* im Sinne von „für etwas ansehen, halten“ gebraucht: *Er betrachtete sie als seine Feindin. Ich betrachte das als einen mißlungenen Versuch.* In Verbindung mit *wie* kann *betrachten* dagegen nur im eigentlichen Sinne von „ansehen, anblicken“ gebraucht werden: *Sie betrachteten ihn wie ein Wundertier* (= wie man ein Wundertier betrachtet). **2. Er betrachtet**

sich als mein Freund/als meinen Freund: Bei *sich betrachten als ...* (= sich halten für) steht heute das dem *als* folgende Substantiv gewöhnlich im Nominativ, d. h., es wird auf das Subjekt bezogen: *Er betrachtet sich als mein Freund, als großer Künstler. Er betrachtet sich als Verbündeter der Regierung.* Der Akkusativ *(Er betrachtet sich als meinen Freund, als Verbündeten)* ist seltener. ↑Kongruenz (4.2).

betrachtet: Zum Komma bei formelhaften Partizipialgruppen wie *so betrachtet* und *anders betrachtet* ↑zweites Partizip (2.5).

beträchtlich: Klein schreibt man *beträchtlich,* wenn ihm ein Artikel und eine Präposition vorangehen und die ganze Fügung für ein einfaches Adjektiv steht: *Dieser Weg ist um ein beträchtliches* (= bedeutend) *weiter.* ↑Groß- oder Kleinschreibung (1.2.1).

Betrag: Es heißt richtig *ein Betrag von* (nicht: *über*) *200,– DM.* Die Übereinstimmung der beiden Begriffe kann nicht durch *über* ausgedrückt werden. Wohl aber kann man sagen *ein Scheck über 200,– DM,* weil mit dem Scheck „über" diesen Betrag verfügt wird.

betragen: Die auf *betragen* folgende Maßangabe steht im Akkusativ: *Die Summe beträgt den vierten Teil der vorgesehenen Ausgaben.*

Betreff: Das Leitwort *Betreff* (Abkürzung: *Betr.*) ist heute für den Schriftverkehr in Wirtschaft und Verwaltung nicht mehr vorgeschrieben. Wenn es verwendet wird, dann wird es gewöhnlich nicht abgekürzt und steht ohne Doppelpunkt:

Betreff

Unser Werbetext „Autolacke"

Betreff

Ihre Bestellung vom 19. 11. 85

Das auf *Betreff* folgende Substantiv steht im Nominativ (bei dem früher üblichen *Betrifft* stand der Akkusativ: *Betrifft: Unseren Werbetext „Autolacke"*). Das erste Wort der folgenden Zeile wird groß geschrieben. ↑Brief (3).

betreffen: ↑betreffend, ↑betroffen.

betreffend: Dieses erste Partizip ist – wie *entsprechend* – auf dem Wege, eine Präposition zu werden. Kennzeichen dafür ist einmal die häufige Voranstellung im Satz: *Unser letztes Schreiben, betreffend den Bruch des Vertrages, ist ...* Die normale Wortstellung wäre: *Unser letztes Schreiben, den Bruch des Vertrages betreffend, ist ...* Zum anderen fehlt schon oft das Komma, das zu einer erweiterten Partizipialgruppe gehört: *Unser letztes Schreiben betreffend den Bruch des Vertrages ...* (vgl. untenstehende Tabelle!). Hier gewinnt *betreffend* die Bedeutung von Präpositionen wie *über, hinsichtlich* oder *in bezug auf;* es steht mit dem Akkusativ. ↑erstes Partizip (2).

Kommasetzung bei *betreffend*

Vor allem bei größerem Umfang werden die Partizipialgruppen mit *betreffend* durch Komma abgetrennt:	**Das Partizip *betreffend* kann wie eine Präposition ohne Komma gebraucht werden:**
Wir kommen zurück auf unser letztes Schreiben, *betreffend den Bruch des Vertrages.*	Wir kommen zurück auf unser letztes Schreiben *betreffend* den Bruch des Vertrages.
Ich möchte, *Ihre Wohnung betreffend,* folgenden Vorschlag machen.	Ich möchte Ihre Wohnung *betreffend* folgenden Vorschlag machen.

betreffs: Die schwerfällige Präposition des Kanzleistils und der Kaufmannssprache, die leicht durch *wegen* zu ersetzen ist, steht mit dem Genitiv: *Betreffs des Bahnbaues teilen wir Ihnen mit, daß ...*

Betrieb: in Betrieb/im Betrieb: Es heißt *in Betrieb setzen, in Betrieb nehmen, in Betrieb sein.*

Betrieb[s]-: Zusammensetzungen mit *Betrieb* als erstem Bestandteil werden überwiegend mit Fugen-s geschrieben: *Betriebsangehörige, Betriebsfest, Betriebsnudel, Betriebsverfassung; betriebsblind.* Eine Ausnahme ist etwa das behördliche *Betriebstätte* neben gemeinsprachlich *Betriebsstätte.* ↑Fugen-s (3).

betroffen: 1. Die vom Erdbeben betroffenen Gebiete: In der Bedeutung „widerfahren, heimsuchen" wird das transitive Verb *betreffen* heute nur noch in Formen mit dem 2. Partizip gebraucht: *Das Land wurde von einem schweren Erdbeben betroffen. Ein schweres Unglück hat, hatte die Familie betroffen* (nicht mehr üblich: *ein Unglück betrifft, betraf die Familie*). Dieses zweite Partizip kann nur in passivischem Sinn verwendet werden: *die vom Erdbeben betroffenen Gebiete* (aber nicht aktivisch: *das ihn betroffene Unglück,* sondern: *das Unglück, das ihn betroffen hat*). **2. ein betroffenes Gesicht; betroffen aussehen:** In der Bedeutung „bestürzt, unangenehm überrascht" hat *betroffen* keine Beziehungen zum heutigen Gebrauch des Verbs *betreffen* – es ist eine isolierte Form. Man kann deshalb *betreffen* nicht im Sinne von „betroffen machen" verwenden; also nicht: *Ein Unglück betraf mich* (= machte mich betroffen).

Betroffene, der und die: **1. genanntem Betroffenen/Betroffenem · ihr als Betroffenen/Betroffener:** Im allgemeinen wird *Betroffene* wie ein attributives ↑Adjektiv dekliniert: *ein Betroffener, zwei Betroffene; die von der Enteignung Betroffenen* usw. Im Genitiv Plural ist heute nach einem stark deklinierten Adjektiv die parallele Beugung üblich: *die Einsprüche genannter Betroffener* (veraltend: *Betroffenen*). Ausnahmen und Schwankungen treten beim Dativ Singular auf: **a)** Nach einem stark deklinierten Adjektiv wird heute schwach gebeugt: *genanntem Betroffenen* (veraltet: *Betroffenem*) *wurde mitgeteilt.* **b)** In der Apposition (im Beisatz) kommt neben der starken Deklination häufig die schwache vor: *Dir als Betroffenen ...* neben: *Dir als Betroffenem ... Ihr als Betroffenen ...* neben: *Ihr als Betroffener ...* ↑substantiviertes Adjektiv (2.1.3). **2. einige Betroffene · alle Betroffenen · solche Betroffene[n]:** Zur Deklination von *Betroffene* nach *alle, beide, einige* usw. ↑all- usw. **3. die von der Maßnahme Betroffenen:** Nach *Betroffene* muß mit *von* angeschlossen werden: *Die von der Maßnahme Betroffenen haben Einspruch erhoben.* Nicht richtig ist dagegen die Verbindung mit dem Genitiv: *Die Betroffenen dieser Maßnahme haben Einspruch erhoben.* ↑substantiviertes Partizip (3). **4. der Betroffene Dr. Meyer/der betroffene Hausbesitzer:** Zu der wenig gebräuchlichen Verbindung mit einem Familiennamen ↑Angeklagte (1 und 2).

Bett: Die heute übliche Singularform ist *Bett.* Die ältere Form *Bette* (mhd. *bette*), bei Goethe noch vorkommend, ist heute nicht mehr lebendig. ↑Substantiv (2.3). Auch der starke Plural *die Bette* ist durch die schwache Form die *Betten* verdrängt worden. In Zusammensetzungen wie *Flußbett* und *Nagelbett* hält sich neben dem schwachen Plural auch noch die starke Pluralform: *die Flußbette, die Nagelbette.*

betten: Nach *betten an/auf/in* steht gewöhnlich der Akkusativ, seltener der Dativ: *Sie betteten ihn in die Erde. Man bettete den Kranken auf das* (seltener: *dem*) Sofa. Sie bettete ihren Kopf an seine (seltener: *seiner*) Schulter.

Betttruhe: In dem Wort *Betttruhe* darf keines von den drei *t* ausgelassen werden, weil noch ein vierter Konsonant folgt. Man trennt: *Bett-truhe.* ↑Konsonant (1).

Bettuch: 1. Das aus *Bett* und *Tuch* zusammengesetzte, besonders süd- und mitteldeutsche Wort *Bettuch* „Laken" wird mit zwei *t* geschrieben, weil von drei gleichen Konsonanten vor Vokal einer ausfällt. Bei der Silbentrennung erscheint das dritte *t* wieder: *Bett-tuch.* ↑Konsonant (1). **2.** Das *Bettuch* der Juden (aus: *bet[en]* und *Tuch*) kann, wenn eine Verwechslung mit dem erstgenannten Wort möglich ist, mit einem Bindestrich geschrieben werden: *Bet-Tuch.* ↑Bindestrich (2.2).

beugen/biegen: Im heutigen Sprachgebrauch wird als deutscher grammatischer Terminus für *flektieren, deklinieren, konjugieren* das Verb *beugen* verwendet. Der früher übliche Gebrauch von *biegen* in diesem Sinne gilt nicht mehr als korrekt: *Das Substantiv beugt* (nicht: *biegt*) *stark. Das Wort wird wie ein Adjektiv gebeugt* (nicht: *gebogen*). ↑konjugieren, ↑deklinieren, ↑flektieren.

Beugung: ↑Konjugation, ↑Deklination, ↑Flexion.

Beugungsendung: ↑Deklinationsendung, ↑Konjugationsendung, ↑Flexionsendung.

Bevollmächtigte, der und die: **1. besagtem Bevollmächtigten/Bevollmächtigtem · ihr als Bevollmächtigten/Bevollmächtigter:** Im allgemeinen wird *Bevollmächtigte* wie ein attributives ↑Adjektiv dekliniert: *ein Bevollmächtigter, zwei Bevollmächtigte, die Bevollmächtigten.* Im Genitiv Plural ist heute nach einem stark deklinierten Adjektiv die parallele Beugung üblich: *die Maßnahmen erfahrener Bevollmächtigter* (veraltend: *Bevollmächtigten*). Ausnahmen und Schwankungen treten beim Dativ Singular auf: **a)** Nach einem stark deklinierten Adjektiv wird heute schwach gebeugt: *besagtem Bevollmächtigten* (veraltet: *Bevollmächtigtem*). **b)** In der Apposition (im Beisatz) kommt neben der starken Deklination häufig die schwache vor: *Dir als Bevollmächtigten ...* neben: *Dir als Bevollmächtigtem ... Ihr als Bevollmächtigten ...* neben: *Ihr als Bevollmächtigter ...* ↑substantiviertes Adjektiv (2.1.3). **2. einige Bevollmächtigte · alle Bevollmächtigten · solche Bevollmächtigte[n]:** Zur Deklination von *Bevollmächtigte* nach *alle, beide, einige* usw. ↑all- usw.

bevor: 1. bevor/bevor nicht: Die Konjunktion *bevor* drückt aus, daß etwas noch nicht ist oder geschieht, wenn ein anderes Geschehen bereits eintritt: *Ich kam nach Hause, bevor Vater da war* (d. h., Vater war noch nicht da, als ich nach Hause kam). Die Konjunktion *bevor* enthält also schon eine negative Aussage, und es ist deshalb nicht korrekt, wenn man nach einem verneinten Hauptsatz auch den *bevor*-Satz zusätzlich verneint. Also nicht: *Mutter legt sich nie zu Bett, bevor Vater nicht da ist,* sondern: *..., bevor Vater da ist.* Also nicht: *Ich treffe keine Entscheidung, bevor ich mit ihm nicht gesprochen habe,* sondern: *..., bevor ich mit ihm gesprochen habe.* Wenn der Nebensatz dem Hauptsatz vorangeht (und außer der zeitlichen Aussage auch eine Bedingung zum Ausdruck gebracht wird), wird dagegen die Negation gesetzt: *Bevor du nicht unterschrieben hast, lasse ich dich nicht fort.* (= Wenn du nicht vorher ...) ↑Negation (2). **2. drei Wochen bevor ...:** Ein mit *bevor* eingeleiteter Nebensatz wird immer durch Komma vom Hauptsatz getrennt. Zu Einzelheiten vgl. die untenstehende Tabelle.

Kommasetzung bei *bevor*

1. Die Konjunktion *bevor* leitet einen untergeordneten Temporalsatz ein, der durch Komma abgetrennt wird:	**1. Die Konjunktion *bevor* ist Teil einer Fügung, die als Einheit empfunden und nicht durch ein Komma geteilt wird:**

Ruf mich bitte an, *bevor* du kommst.	Sie rief mich an, *schon bevor* du kamst.
Er mußte sich, *bevor* er schreiben konnte, erst Papier suchen.	*Denn bevor* er schreiben konnte, mußte er sich erst Papier suchen.
2. Der Hauptsatz enthält die Angabe einer Zeitspanne, die zu dem im Nebensatz gemeinten Zeitpunkt beendet ist:	**2. Der Nebensatz enthält die Angabe einer Zeitspanne, die den im Hauptsatz gemeinten Zeitpunkt festlegt. Zeitangabe und Konjunktion bilden eine Einheit:**
Ein ganzes Jahr, *bevor* ich die Rente bekam, habe ich von meinen Ersparnissen gelebt (= Ich habe ein ganzes Jahr von meinen Ersparnissen gelebt, *bevor* ich die Rente bekam).	*Drei Wochen bevor* der Sohn zurückkehrte, starb die Mutter (= Die Mutter starb, *drei Wochen bevor* der Sohn zurückkehrte, nicht: Die Mutter starb drei Wochen, bevor ...).
	Lange bevor es Autos gab, ist diese Geschichte passiert.
Die Gurte nicht lösen, *bevor* die Maschine ausgerollt ist.	*Schon bevor* du kamst, rief sie mich an.

bewahren: Wenn von *bewahren* ein Nebensatz oder eine Infinitivgruppe abhängt, dürfen diese nicht verneint werden. Korrekt also ist: *Er bewahrte mich davor, einen falschen Schritt zu tun* (nicht aber: ..., *keinen falschen Schritt zu tun*). Ebenso: *Das Geländer bewahrte ihn davor, daß er ins Wasser fiel* (nicht: ..., *daß er nicht ins Wasser fiel*). ↑Negation (1).

bewähren, sich: Bei *sich bewähren als* steht das dem *als* folgende Substantiv heute gewöhnlich im Nominativ, d.h., es wird auf das Subjekt bezogen: *Er hat sich als zuverlässiger Mitarbeiter bewährt*. Der Akkusativ ist veraltet: *Er hat sich als zuverlässigen Mitarbeiter bewährt.* ↑Kongruenz (4.2).

bewegen: Das regelmäßig gebeugte *bewegen (bewegte, bewegt)* hat die Bedeutung „eine Orts- oder Lageveränderung bewirken oder vornehmen", übertragen „eine Gemütsbewegung hervorrufen": *Der Wind bewegte die Fahnen. Sie hatte kaum die Hand bewegt. Seine Worte bewegten uns tief.* Das unregelmäßig gebeugte *bewegen (bewog, bewogen)* hat die Bedeutung „jmdn. zu einem Entschluß bestimmen, zu etwas veranlassen": *Ihre Mahnungen bewogen ihn zum Verzicht. Diese Vorgänge haben ihn bewogen, seinen Dienst zu quittieren. Was hat dich zu diesem Urteil bewogen?* Die beiden Verben dürfen nicht verwechselt werden.

Beweis: Die Fügung *unter Beweis stellen* wird gelegentlich an Stelle des einfachen Verbs *beweisen* gebraucht, um einer Aussage mehr Nachdruck zu verleihen. ↑Nominalstil.

Bewerbung

Zu einer schriftlichen Bewerbung gehören im allgemeinen neben dem Bewerbungsschreiben selbst der ↑Lebenslauf und ein möglichst neues Lichtbild, Zeugniskopien, eventuell vorhandene Referenzen und eigene Arbeiten, sofern sie in einem Zusammenhang mit der angestrebten Position stehen.
Das Schreiben (zur äußeren Form vgl. außer den Mustern unten auch ↑Brief) nennt in der Betreffzeile üblicherweise die angestrebte Position. Im folgenden Hauptteil sollte begründet werden, warum man sich bewirbt (und den bisherigen Arbeitsplatz aufgeben will) und weshalb man glaubt, für die angebotene Stelle geeignet zu sein. Dabei kann man neben bisher ausgeübten Tätigkeiten durchaus auch persönliche Motive, Eigenschaften und Interessen anführen.

Vera Konen
Burgstraße 14
6520 Worms
Tel. (06241) 34567

Worms, 12. 11. 85

Allvogel AG
Peterstraße 15
6520 Worms

Bewerbung als Sekretärin

Sehr geehrte Damen und Herren,
ich habe Ihre Anzeige in der „Rhein-Zeitung" vom 10. November 1985 gelesen und möchte mich um die von Ihnen ausgeschriebene Stelle bewerben. Ich arbeite seit drei Jahren als Stenokontoristin im Sanitärhandel und würde mich gern beruflich verbessern. In Stenographie und Maschinenschreiben bin ich perfekt, auch mit allen Sekretariatsarbeiten bin ich vertraut. Außerdem verfüge ich über kaufmännische Kenntnisse.
Mein derzeitiges Gehalt beträgt 2200 DM. Als frühester Eintrittstermin käme der 1. Januar 1986 in Betracht. Ich wäre Ihnen sehr dankbar, wenn Sie mir Gelegenheit zu einem persönlichen Gespräch geben würden.

Mit freundlichen Grüßen

Anlagen
1 Lebenslauf
1 Lichtbild
3 Zeugniskopien

Andreas Weber
Werderplatz 5
6500 Mainz
Tel. (0 61 31) 7 92 42

Mainz, 15. 08. 84

Spedition Intertram
Postfach 4 42 28
6500 Mainz

Bewerbung als Auszubildender

Sehr geehrte Damen und Herren,
durch Zufall habe ich erfahren, daß die Spedition Intertram noch Auszubildende für den Beruf des Speditionskaufmanns einstellt. Da mich dieser Beruf sehr interessiert, möchte ich mich bei Ihnen um einen Ausbildungsplatz bewerben. Ich arbeite zur Zeit als Verkäufer in einem großen Kaufhaus, bin aber mit dieser Tätigkeit nicht zufrieden.

Ich würde mich sehr freuen, wenn ich mich bei Ihnen persönlich vorstellen dürfte. Meinen Lebenslauf, ein Lichtbild und Zeugniskopien füge ich diesem Schreiben bei.

Mit freundlichen Grüßen

Anlagen

bewohnt: Das 2. Partizip *bewohnt* hat als Attribut präsentische Bedeutung, d. h., daß die in einem Satz genannte Handlung gleichzeitig mit dem Bewohnen vor sich gehen muß. Richtig: *Das von mir bewohnte Haus wird renoviert. Das von meinen Großeltern bewohnte Haus wurde damals renoviert.* Aber nicht: *Das von dem Verstorbenen bewohnte Haus wird heute abgerissen.* Will man *bewohnt* auf eine abgeschlossene Handlung beziehen, dann muß man es zeitlich eingrenzen: *Das von dem Verstorbenen bis zu seinem Tode/lange Jahre bewohnte Haus wird heute abgerissen.* ↑zweites Partizip (2.2).

bewußtmachen, bewußt werden: Das Verb *bewußtmachen* „klarmachen, vergegenwärtigen, ins Bewußtsein bringen" schreibt man im Unterschied zu *bewußt machen* „absichtlich machen" zusammen: *Ich hoffe, du hast dir deinen Fehler bewußtgemacht* (= klargemacht). Aber: *Du willst den Fehler bewußt gemacht* (= mit Absicht) *haben?* Demgegenüber wird *(sich einer Sache) bewußt werden* immer getrennt geschrieben: *Ich bin mir der Bedeutung der Sache zu spät bewußt geworden.*

Bewunderer/Bewundrer: Die weibliche Form zu *Bewunderer* lautet *Bewunderin* oder *Bewundrin.* Läßt man beim Maskulinum das *e* der dritten Silbe ausfallen *(Bewundrer),* dann lautet die weibliche Form *Bewundrerin.* Alle diese Formen sind korrekt, das *e* der dritten Silbe bleibt jedoch meist erhalten. ↑Substantiv (3).

bezahlen/zahlen: Zwischen *bezahlen* und *zahlen* besteht ein Bedeutungsunterschied, der jedoch vielfach nicht mehr empfunden wird, so daß beide Verben weitgehend unterschiedslos gebraucht werden; *bezahlen* kann man eine Ware, eine [Arbeits]leistung o. ä., indem man einen Geldbetrag dafür hingibt: *Er hat die Bücher bezahlt. Diese Arbeit wird schlecht bezahlt.* Demgegenüber wird *zahlen* sinngemäß nur auf Wörter bezogen, die einen Geldbetrag bezeichnen, einen Preis, eine Summe o. ä.: *Er zahlte einen hohen Preis. Die Stadt zahlte Unsummen für Gemälde und Skulpturen berühmter Meister.* In manchen Fällen kommt es auf die Sehweise des Sprechers an, der etwas als zu bezahlende Leistung oder als zu zahlende Summe ansehen kann. Dann sind beide Verben möglich und zulässig: *Herr Ober, ich möchte zahlen/bezahlen. Ich habe die Steuern schon gezahlt/bezahlt. Haben wir die Miete schon gezahlt/bezahlt?* Umgangssprachlich wird *zahlen* auch gebraucht, wenn die Ware oder [Arbeits]leistung das Objekt ist: *eine Reparatur, das Taxi, seinen Kaffee zahlen.*

bezeichnen: Bei *sich bezeichnen als* steht heute das dem *als* folgende Substantiv gewöhnlich im Nominativ, d. h., es wird auf das Subjekt bezogen: *Er bezeichnete sich als der Retter der Kinder.* Der Akkusativ *(Er bezeichnete sich als den Retter ...)* ist seltener. ↑Kongruenz (4.2). Nach *sich bezeichnen* kann nur mit *als,* nicht mit *für* angeschlossen werden: *Sie bezeichnete sich als* (nicht: *für*) *unzuständig.*

bezeigen/bezeugen: Die beiden Verben werden sowohl ihrer lautlichen als auch ihrer Bedeutungsähnlichkeit wegen häufig nicht streng auseinandergehalten. Während *bezeigen* im Sinne von „zeigen, ausdrücken, zu erkennen geben" gebraucht wird, hat *bezeugen* den Sinn „Zeugnis ablegen von etwas": *jmdm. Respekt, Ehrerbietung, seine Teilnahme bezeigen* (= zeigen, erweisen); *Freude, Furcht, Respekt bezeigen* (= ausdrücken, zu erkennen geben), aber: *jmds. Unschuld, die Wahrheit, einen Tatbestand unter Eid bezeugen* (= davon Zeugnis ablegen). In einigen Fällen berühren sich *bezeigen* und *bezeugen* inhaltlich so eng, daß der Gebrauch beider Verben möglich ist: *Er bezeigte mir seine Dankbarkeit* (= gab seiner Dankbarkeit Ausdruck). *Er bezeugte* (= legte Zeugnis ab, bekundete) *auf diese Art seine Dankbarkeit.*

Beziehung/Bezug: Die beiden Substantive sind auch in der Bedeutung „wechselseitiges Verhältnis, Zusammenhang" nur bedingt austauschbar. *Beziehung* meint im allgemeinen die vorhandene oder andauernde Verbindung als solche, *Bezug* dagegen drückt stärker den Vorgang des Sichbeziehens, also die Herstellung der Beziehung, aus. Man sagt demnach: *die Beziehung* (nicht: *der Bezug*) *zwischen Angebot und Nachfrage. Er hat keine Beziehung* (nicht: *keinen Bezug*) *zur Kunst.* Ebenso nur: *In dieser Beziehung* (= was dies betrifft) *hat er recht.* Dagegen heißt es: *auf etwas Bezug nehmen* (nicht: *Beziehung nehmen*); *mit Bezug auf* (nicht: *mit Beziehung auf*) *Ihr Schreiben ...* Auch in der Bedeutung „das Beziehen, das regelmäßige Empfangen" ist nur *Bezug* zulässig: *der Bezug von Zeitungen durch die Post.* ↑Verbalsubstantiv.

beziehungsweise: 1. beziehungsweise/oder vielmehr/genauer gesagt: Die aus der Kanzleisprache stammende Konjunktion *beziehungsweise* (abgekürzt: *bzw.*) kann in den meisten Fällen – meist stilistisch besser – durch *oder, [oder] vielmehr, genauer/besser gesagt* ersetzt werden: *Er war mit ihm bekannt beziehungsweise befreundet.* Besser: *Er war mit ihm bekannt oder vielmehr befreundet. Er wohnt in Frankfurt beziehungsweise in einem Vorort von Frankfurt.* Besser: *Er wohnt in Frankfurt oder genauer gesagt in einem Vorort von Frankfurt. Die Firma Müller bzw. die Firma Meier wird die Ware liefern.* Besser: *Die Firma Müller oder die Firma Meier wird die Ware liefern.* (↑Kongruenz 1.3.12). In Fällen, wo ein wirklicher Bezug auf zwei verschiedene Substantive vorliegt, kann *beziehungsweise,* wenn man es vermeiden will, durch *und im andern Fall* oder einfach durch *und* ersetzt werden: *Die Fünf- und Zweipfennigstücke waren aus Nickel bzw. aus Kupfer/... waren aus Nickel und im andern Fall aus Kupfer. Sein Sohn und seine Tochter sind 10 bzw. 14 Jahre alt/... sind 10 und 14 Jahre alt.* **2. Komma bei *beziehungsweise:*** Die Kommasetzung bei *beziehungsweise* ist die gleiche wie bei *und* und *oder;* vgl. untenstehende Tabelle.

Kommasetzung bei *beziehungsweise*

Die Konjunktion *beziehungsweise* schließt mit Komma einen beigeordneten Satz oder einen Zusatz an:	**Die Konjunktion *beziehungsweise* verbindet ohne Komma Satzteile:**
Ich kannte ihn gut, *bzw.* (= oder vielmehr) mein Vater war mit ihm befreundet.	Er war mit ihm bekannt *beziehungsweise* (= oder vielmehr) befreundet.
	Er wohnt in Frankfurt *bzw.* (= oder vielmehr) in einem Vorort von Frankfurt.
	Die Firma Müller *bzw.* (= oder) die Firma Meier wird die Ware liefern können.

beziffern, sich: Die Fügung *sich beziffern auf* im Sinne von „betragen" sollte nicht bei unbestimmten Angaben gebraucht werden. Also: *Der Sachschaden beziffert sich auf 3000 Mark.* Aber nicht: *Der Betrag bezifferte sich auf eine große Summe.*

Bezug/Beziehung: ↑Beziehung/Bezug.

Bezug [nehmend]/in bezug: Groß schreibt man das Substantiv: *Mit Bezug auf/Bezug nehmend auf unser Schreiben* ... Klein schreibt man das verblaßte Substantiv in der Verbindung *in bezug auf: Er war in bezug auf seine Kleidung nicht sehr sorgfältig.* Weder *Bezug nehmend* noch *in bezug* dürfen zusammengeschrieben werden. ↑Zusammen- oder Getrenntschreibung (2.2.1), ↑Verblassen des Substantivs.

bezüglich: Die besonders in der Amtssprache gebräuchliche Präposition *bezüglich* „in bezug auf", die in vielen Fällen durch *wegen, in, über, nach, von* u.a. ersetzt werden kann, steht mit dem Genitiv: *Ihre Anfrage bezüglich/wegen der Bücher. Mehr kann ich bezüglich dieser Angelegenheit/in dieser Angelegenheit nicht sagen.* Zu dem korrekten Ausweichen auf den Dativ in Fällen wie *bezüglich Entwicklungsprogrammen* ↑Präposition (2).

bezügliches Fürwort: ↑Relativpronomen.

Bezugswortsatz: ↑Relativsatz.

bezweifeln/zweifeln: Das Verb *bezweifeln* bedeutet „an einem Sachverhalt Zweifel hegen, ihn in Frage stellen": *Ich bezweifle seine Angaben.* Dagegen bedeutet *zweifeln* „sich in bezug auf etwas im Zustand der Unsicherheit befinden". Nach *bezweifeln* darf ein Nebensatz nur mit *daß* (nicht mit *ob*) angeschlossen werden: *Ich bezweifle, daß er das getan hat.* Auf *zweifeln* kann dagegen sowohl ein indirekter (mit *ob* angeschlossener) Fragesatz als auch ein mit *daß* eingeleiteter Inhaltssatz folgen: *Ich zweifle daran, ob er kommt/daß er kommt.*

BGB: ↑Wortbetonung (2).

Bibliophile, der und die: Das substantivierte Adjektiv *Bibliophile* „Bücherliebhaber[in]" wird im allgemeinen wie ein attributives ↑Adjektiv gebeugt: *ein Bibliophiler, eine Bibliophile, zwei Bi-*

bliophile, die Bibliophilen usw. In der Fachsprache der Antiquare kommt jedoch auch die schwache Beugung nach dem Muster von ↑Invalide vor: *ein Bibliophile, zwei Bibliophilen.*

Bibliothekar: Das Substantiv wird stark, nicht schwach gebeugt: *der Bibliothekar, des Bibliothekars, dem, den Bibliothekar* (also nicht: *des, dem, den Bibliothekaren*). Der Plural lautet: *die Bibliothekare.* ↑Substantiv (1).

bieder: Bei *bieder* bleibt, wenn es dekliniert oder gesteigert wird, das *e* der Endungssilbe gewöhnlich erhalten: *ein biederer Mensch. Sie war noch biederer.* ↑Adjektiv (1.2.13), ↑Vergleichsformen (2.2).

Biedermann: Der Plural lautet *die Biedermänner.* ↑Mann (2).

Biedermeier: Diese kunst- und literaturwissenschaftliche Bezeichnung hat sächliches Geschlecht: *das Biedermeier.* Der Genitiv Singular lautet gemeinsprachlich *des Biedermeiers,* in der Kunstwissenschaft meist ohne Genitiv-s *des Biedermeier.*

biegen: ↑beugen.

Bielefelder: Die Einwohnerbezeichnung *Bielefelder* wird immer groß geschrieben, auch wenn das Wort wie ein flexionsloses Adjektiv vor einem Substantiv steht: *Bielefelder Leinen.* ↑Einwohnerbezeichnungen (7).

Bildbruch: Als Bildbruch, Bildmischung oder Katachrese bezeichnet man die Verquickung nicht zusammenpassender bildlicher Ausdrücke (Metaphern), wodurch die Aussage unsinnig oder zum mindesten schief wird: *Herr K. versuchte, uns einen braunen Fleck anzuhängen* (Vermischung von *jmdm. etwas anhängen* und *einen Fleck auf der Weste haben*). Der Bildbruch wird gelegentlich mit Absicht angewandt, um komische Wirkungen zu erzielen: *Der Zahn der Zeit, der schon manche Träne getrocknet hat, wird auch über diese Wunde Gras wachsen lassen.* ↑Kontamination.

Bildunterschrift: Kurze Bildunterschriften – auch wenn sie aus einem ganzen Satz bestehen – werden in bezug auf die Interpunktion wie ↑Überschriften behandelt und ohne Schlußpunkt gesetzt. Sie erhalten jedoch die erforderlichen Kommas. Bildunterschriften, die aus mehreren Sätzen bestehen, erhalten die üblichen Kommas und Schlußpunkte, sie werden also wie gewöhnlicher Text behandelt. Haben sie eine Überschrift, dann steht diese ohne Punkt.

Billett: Das Wort hat zwei Pluralformen: *die Billetts* und *die Billette.* Heute wird die Pluralform auf *-s* bevorzugt. Das Wort *Billeteur* (schweiz. für: Schaffner, östr. für: Platzanweiser) schreibt man französierend mit einem *t* (nach frz. *billet*).

Binde-s: ↑Fugen-s, ↑Fugenzeichen.

Bindestrich

Der Bindestrich stimmt in seiner Form mit dem Trennungsstrich überein (↑Silbentrennung). Muß ein mit Bindestrich geschriebenes Wort am Bindestrich getrennt werden, dann wird kein besonderer Trennungsstrich gesetzt.

1 Bindestrich zur Ergänzung

1.1 Feld- und Gartenfrüchte · rad- und Auto fahren · Geld- und andere Sorgen

Der Bindestrich steht als Ergänzungsbindestrich bei zusammengesetzten oder abgeleiteten Wörtern, wenn ein gemeinsamer Bestandteil nur einmal genannt wird:

Feld- und Gartenfrüchte, Hin- und Rückfahrt, Lederherstellung und -vertrieb, Balkon-, Garten- und Campingmöbel, Geld- und andere Sorgen, kraft- und saftlos, vor- oder rückwärts, ab- und zunehmen, drei- und mehrfach, ein- bis zweimal (in Ziffern: 1- bis 2mal), Gemeinde-(Amts-)Vorsteher (= Gemeindevorsteher oder Amtsvorsteher).

Ein solcher Bindestrich darf nicht stehen, wenn gemeinsame Wortbestandteile hinsichtlich Zusammen- oder Getrenntschreibung nicht übereinstimmen, z. B., wenn eine getrennt geschriebene Fügung (z. B. *Auto fahren*) vorliegt und diese in Verbindung mit einer Zusammensetzung (z. B. *radfahren*) vorliegt und diese in Verbindung mit einer Zusammensetzung (z. B. *radfahren*) als erste steht (↑Zusammen- oder Getrenntschreibung [2.1]). Man schreibt demnach:

Auto und radfahren, aber: rad- und Auto fahren; ebenso: Disziplin und maßhalten/maß- und Disziplin halten; die Mittel zur Verfügung und bereithalten/bereit- und zur Verfügung halten; Ski und eislaufen/eis- und Ski laufen. Wir sollten uns kennen- und verstehen lernen. (Aber nicht: Es gilt, sich kennen- und verstehen zu lernen. Sondern: ... sich kennenzulernen und verstehen zu lernen.)

Abgeleitete Wörter sollten im allgemeinen nicht mit dem Ergänzungsbindestrich verkürzt, sondern ausgeschrieben werden (↑Ellipse [7]). Man schreibe also nicht: *Bekannt- und Freundschaften, Klar- und Wahrheit,* sondern: *Bekanntschaften und Freundschaften, Klarheit und Wahrheit.* Auch Schreibungen wie *be- und verarbeiten* (statt: *bearbeiten und verarbeiten*) sollten Ausnahme bleiben.
Zu Verbindungen wie *Geld- und andere Sorgen* ↑Ellipse (8).

1.2 Textilgroßhandel und Textileinzelhandel/Textilgroß- und -einzelhandel

Stimmen bei drei- und mehrgliedrigen Zusammensetzungen die ersten und die letzten Glieder überein, so können beide erspart werden (↑Ellipse [7]). In diesem Fall muß nach dem zweiten Bindestrich klein geschrieben werden:

Textilgroß- und -einzelhandel, Mondlande- und -erkundungsfahrzeuge, Bundeswirtschafts- und -finanzminister, Zeilensetz- und -gießmaschine.

2 Der Bindestrich zur Verdeutlichung

Zusammensetzungen werden im allgemeinen zusammengeschrieben, ganz gleich, ob sie aus einfachen oder bereits zusammengesetzten Wörtern bestehen. Sieht man von unübersichtlichen Zusammensetzungen (↑2.1 ff.) ab, dann ist der Bindestrich nicht nur überflüssig, sondern in vielen Fällen auch lesehemmend:

Klimaanlage, Rotwild, Unfallversicherung, Unfallversicherungsgesetz, Windschutzscheibe, Fahrkartenschalter, Leinenjeans, Ichsucht, Jawort, Dreikönigsfest, Diplomingenieur.

Ein Bindestrich steht jedoch in folgenden Ausnahmefällen:

2.1 Stadtverwaltungs-Oberinspektorin

Bei Zusammensetzungen aus mehr als drei Wortgliedern, wenn sie unübersichtlich sind. Der Bindestrich ist in solchen Wörtern dort zu setzen, wo sich bei sinngemäßer Auflösung der Zusammensetzung die Fuge ergibt:

Stadtverwaltungs-Oberinspektorin, Haftpflicht-Versicherungsgesellschaft, Gemeindegrundsteuer-Veranlagung. (Aber, da übersichtlich:) Fußballbundestrainer, Straßenbahnfahrplan, Steinkohlenbergwerk, Eishockeyländerspiel.

2.2 Druck-Erzeugnis/Drucker-Zeugnis

Um Mißverständnisse zu vermeiden, können Grund- und Bestimmungswort voneinander getrennt werden, z. B. beim *Druckerzeugnis,* das sowohl *Druck-Erzeugnis* wie *Drucker-Zeugnis* bedeuten könnte.

2.3 Tee-Ernte · Kaffee-Ersatz

Beim Zusammentreffen von drei gleichen Vokalen in substantivischen Zusammensetzungen:

Kaffee-Ersatz, Tee-Ernte, See-Elefant, Tee-Ei, Schnee-Eifel, Hawaii-Insel.

Bei zusammengesetzten Adjektiven und Partizipien wird hier jedoch kein Bindestrich gesetzt *(seeerfahren, schneeerhellt).*
Treffen verschiedene Vokale oder nur zwei gleiche Vokale zusammen, steht ebenfalls kein Bindestrich:

Gewerbeinspektor, Seeufer, Bauausstellung, Reimport, polizeiintern, Klimaanlage, Werbeetat.

2.4 I-Punkt · n-fach · CO_2-gesättigt

Bei Zusammensetzungen und Ableitungen mit einzelnen Buchstaben und Formelzeichen:

I-Punkt, A-Dur, a-Moll, Es-Dur, fis-Moll, O-Beine, V-Ausschnitt, x-beliebig, T-förmig, n-Eck, y-Achse, pH-Wert, CO_2-gesättigt, n-fach, 2π-fach, n-tel, x-te, Fugen-s, Zungen-R.

Keinen Bindestrich haben dagegen Ableitungen und Zusammensetzungen, die Ziffern enthalten:

8tonner, 8fach, 10^6fach, 1,5fach, ⅛zöllig, 5%ig, ver307fachen, 80er Jahre, 3kant[stahl], 32eck.

Zu *5%-Klausel, ⅜-Takt* ↑3.3.

2.5 km-Zahl · Lungen-Tbc · PAL-gerecht

Bei Zusammensetzungen mit Abkürzungen:

UKW-Sender, Kfz-Papiere, NATO-Staaten, UN-Vollversammlung, Lungen-Tbc, Rohstoffverwertungs-AG, Tbc-krank, PAL-gerechtes Farbsignal, K.-o.-Schlag, Blitz-K.-o., km-Zahl, dpa-Meldung.

Keinen Bindestrich haben dagegen Ableitungen von Abkürzungen: *FDJler, FKKler.*

2.6 Ich-Laut · daß-Satz

Bei bestimmten zweigliedrigen Zusammensetzungen:

Aha-Erlebnis, Ich-Laut, Ich-Roman (aber: ichbezogen, Ichform, Ichsucht), Ist-Bestand, Soll-Stärke, Kann-Bestimmung, daß-Satz, das Als-ob.

2.7 Hochzeit/Hoch-Zeit

In Einzelfällen kann man einen Bindestrich setzen, um Teile eines Wortes besonders hervorzuheben:

die Hoch-zeit der Renaissance, Inter-esse, etwas be-greifen.

2.8 Kl.-A. · röm.-kath.

Werden Zusammensetzungen oder Teile von ihnen abgekürzt, so steht ein Bindestrich:

Reg.-Rat (Regierungsrat), Abt.-Leiter (Abteilungsleiter), Kl.-A. (Klassenaufsatz), Bestell-Nr. (Bestellnummer); röm.-kath. (römisch-katholisch), ev.-luth. (evangelisch-lutherisch).

3 Der Bindestrich zur Aneinanderreihung

3.1 September-Oktober-Heft · DIN-A4-Blatt

Wenn mehrere Wörter und/oder Buchstaben vor einem Grundwort stehen, dann wird die ganze Fügung durch Bindestriche verbunden (durchgekoppelt):

September-Oktober-Heft, Rhein-Main-Halle, Goethe-Schiller-Denkmal, Do-it-yourself-Bewegung, Mitte-links-Regierung, Frage-und-Antwort-Spiel, Hals-Nasen-Ohren-Arzt, Ad-hoc-Bildung, In-dubio-pro-reo-Grundsatz, Sankt-Josefs-Kirche, S-Bahn-Wagen (aber: S-Bahnhof), ↑DIN-A4-Blatt, A-Dur-Tonleiter, E.-T.-A.-Hoffmann-Straße, K.-o.-Schlag, Blitz-K.-o., CO-Gehalt-geführte Feuerung, Chrom-Molybdän-legiert, Vitamin-C-haltig.

Übersichtliche Aneinanderreihungen dieser Art schreibt man jedoch zusammen: *Armsünderglocke, Loseblattausgabe.*

3.2 das In-den-April-Schicken

Stehen mehrere Wörter als Bestimmung vor einem substantivisch gebrauchten Infinitiv, dann wird die ganze Fügung durchgekoppelt:

das In-den-April-Schicken, das Auf-die-lange-Bank-Schieben, das Ins-Blaue-Fahren, das Für-sich-haben-Wollen.

Übersichtliche und als Substantive geläufige Zusammensetzungen schreibt man jedoch zusammen *(das Inkrafttreten, das Außerachtlassen, das Sichausweinen).* Sehr lange Fügungen dieser Art werden besser durch eine Infinitivgruppe ersetzt:

das Gefühl, es noch nicht über die Lippen zu bringen (statt: das Gefühl des Noch-nicht-über-die-Lippen-Bringens).

3.3 2-kg-Dose · 4×100-m-Staffel · 5%-Klausel

Aneinanderreihungen mit Zahlen (in Ziffern) werden durch Bindestriche verbunden:

5%-Klausel, $^{3}/_{8}$-Takt, 10-Pfennig-Marke, 2-kg-Dose, 40-PS-Motor, 1.-Klasse-Kabine, Formel-1-Rennwagen, 4- bis 5-Zimmer-Wohnung, 4–5-Zimmer-Wohnung, 3:1-Sieg, 400-m-Lauf, 4 × 100-m-Staffel, 5-km-Gehen, $^{3}/_{4}$-Liter-Flasche (aber: $^{1}/_{2}$ Flasche, $^{1}/_{1}$ Flasche).

Zusammen schreibt man hingegen, wenn die Zahl in Buchstaben geschrieben und nicht zu unübersichtlich ist:

Dreiachteltakt, Fünfprozentklausel, Zehnpfennigmarke, Dreikaiserjahr; (aber:) Null-Komma-sieben-Liter-Flasche.

Vgl. 2.4

3.4 Verlagsnamen

Auch Verlagsnamen müssen durchgekoppelt werden: *Emil-Meyer-Verlag*. Aus typographischen Gründen unterbleibt dies jedoch häufig.

4 Der Bindestrich bei Zusammensetzungen aus Adjektiven

Bei Koppelung von Adjektiven steht der Bindestrich, wenn jedes der Adjektive seine Eigenbedeutung bewahrt, beide zusammen aber eine Gesamtvorstellung ausdrücken:

schaurig-schön, heiter-verspielt, griechisch-orthodox, südost-nordwestlich.

Es steht aber kein Bindestrich, wenn ein Fugenzeichen wie *-o-* erscheint oder das zweite Adjektiv durch das erste näher bestimmt wird:

audiovisuell, schwerkrank, bitterböse, altklug.

Zu *blaurot/blau-rot* ↑Farbbezeichnungen (3.1). Zu *original französisch/original-französisch* ↑original.

5 Der Bindestrich bei Zusammensetzungen mit einem Personennamen

5.1 Schillermuseum/Schiller-Museum

Zusammensetzungen, deren Bestimmungswort ein Personenname ist, werden im allgemeinen zusammengeschrieben (↑Kompositum [3]). Das gilt besonders, wenn es sich um üblich gewordene Bezeichnungen handelt:

Goethehaus, Schillermuseum, Hermannsdenkmal, Barbarazweige, Mozartabend, Bachkantate, Marshallplan, Brandtbesuch, Dieselmotor, Thomasmehl, Röntgenstrahlen, Litfaßsäule.

Zusammensetzungen mit Personennamen können aber mit einem Bindestrich geschrieben werden, wenn der Name hervorgehoben werden soll. Das ist besonders der Fall, wenn die ganze Zusammensetzung als Name eines Gebäudes, einer Organisation o. dgl. gebraucht wird oder wenn der Personenname zum Firmennamen geworden ist:

Schiller-Museum, Lessing-Gymnasium, Humboldt-Gesellschaft, Paracelsus-Ausgabe, Opel-Vertretung, Leitz-Ordner, Dior-Modell.

5.2 Mozart-Konzertabend

Mit Bindestrich schreibt man – um die Übersichtlichkeit zu erhöhen – eine Zusammensetzung, in der dem Personennamen als Bestimmungswort ein zusammengesetztes Grundwort folgt:

Mozart-Konzertabend, Beethoven-Festhalle.

5.3 Max-Planck-Gesellschaft

Mit Bindestrich schreibt man eine Zusammensetzung, wenn die Bestimmung zu dem Grundwort aus mehreren oder aus einem mehrgliedrigen Namen besteht:

Max-Planck-Gesellschaft, Johannes-Gutenberg-Universität, Goethe-und-Schiller-Gedenkstunde, Sankt-(St.-)Marien-Kirche, Van-Allen-Gürtel, Annette-von-Droste-Hülshoff-Ausgabe.

5.4 Möbel-Meier

Mit Bindestrich schreibt man Geschäftsbezeichnungen, in denen der Name als Grundwort steht:

Möbel-Meier, Tapeten-Weber.

Ein Bindestrich steht auch, wenn Vor- und Familienname umgestellt sind und der Artikel vorangeht *(die Hofer-Marie, der Huber-Anton).* Zu weiteren Einzelheiten ↑Personennamen (5.1).

6 Der Bindestrich bei Zusammensetzungen mit einem geographischen Namen

6.1 Nildelta · Großglocknermassiv

Im allgemeinen schreibt man Zusammensetzungen aus Grundwort und einfachem oder zusammengesetztem Bestimmungswort zusammen:

Rheinwein, Manilahanf, Nildelta, Großglocknermassiv, Rapallovertrag, Koreakrieg. Aber mit Hervorhebung des Namens: Jalta-Abkommen.

6.2 Bodensee-Interessengemeinschaft

Einen Bindestrich setzt man oft bei einem zusammengesetzten Grundwort, um die Übersichtlichkeit der Zusammensetzung zu erhöhen:

Donau-Dampfschiffahrtsgesellschaft, Bodensee-Interessengemeinschaft.

Bleibt die Übersicht gewahrt, dann schreibt man zusammen:

Weserbergland, Rheinseitenkanal.

6.3 Dortmund-Ems-Kanal

Bindestriche setzt man, wenn die Bestimmung zu dem Grundwort aus einem mehrteiligen Namen oder aus mehreren geographischen Namen besteht:

Dortmund-Ems-Kanal, Rhein-Main-Flughafen, Rio-de-la-Plata-Bucht, Sankt-(St.-)Gotthard-Gruppe, König-Christian-IX.-Land.

6.4 deutsch-schweizerisch · frankokanadisch

Einen Bindestrich setzt man bei adjektivischen Zusammensetzungen aus geographischen Namen, wenn jedes der beiden Adjektive seine Eigenbedeutung bewahrt, beide zusammen aber eine Gesamtvorstellung ausdrücken:

deutsch-amerikanische Beziehungen, deutsch-schweizerische Wirtschaftsverhandlungen.

Es steht aber kein Bindestrich, wenn ein Fugenzeichen wie *-o-* erscheint oder das zweite Adjektiv durch das erste näher bestimmt wird:

schweizerdeutsche Mundart, deutschamerikanisches Schrifttum, frankokanadische Familien; indogermanisch, baltoslawisch, finnougrisch, serbokroatisch, tschechoslowakisch.

Zu weiteren Einzelheiten ↑geographische Namen (3.2), ↑Straßennamen (1.4), ↑Völker- und Stammesnamen (4). Vgl. auch ↑Unterführung. Zum Aufeinandertreffen von Bindestrich und Fugen-s ↑Fugen-s (3.6).

Bindewort: ↑Konjunktion.

Bindewortsatz: ↑Konjunktionalsatz.

Binger: Die Einwohner von Bingen heißen *Binger* (nicht: *Bingener*). *Binger* wird immer groß geschrieben, auch wenn das Wort wie ein flexionsloses Adjektiv vor einem Substantiv steht: *das Binger Loch, ein Binger Hotel.* ↑Einwohnerbezeichnungen (1 und 7).

binnen: Die Präposition *binnen* regiert überwiegend den Dativ: *binnen wenigen Augenblicken, binnen drei Jahren, binnen kurzem.* Das gilt vor allem dann, wenn der Kasus nicht an einem Attribut deutlich werden kann. Ist dies jedoch der Fall, dann wird in gehobener Sprache gelegentlich auch der Genitiv gebraucht: *binnen knapper zwei Stunden; binnen eines Jahres.*

Biographie/Biografie: ↑f/ph.

Birma/Burma: Bei beiden Schreibungen handelt es sich um Entstellungen des einheimischen Namens *Myanma. Burma* ist die Schreibung des angelsächsischen Sprachraums, dem sich ganz Skandinavien, die Schweiz und Ungarn angeschlossen haben, *Birma* die des romanischen Sprachraums, dem u.a. die Sowjetunion, Polen und Holland folgen. Die Form *Birma* hat der Geographische Dienst des Auswärtigen Amtes auch für den deutschen amtlichen Gebrauch empfohlen. Die Einwohner von Birma heißen *Birmanen,* das zugehörige Adjektiv lautet *birmanisch.* Zu der Namensform *Burma* dagegen lautet der Einwohnername *die Burmesen,* das Adjektiv *burmesisch.*

Birne/Lampe: ↑Glühbirne/Glühlampe.

bis: 1. a) bis Berlin · bis nächsten Sonntag: Gewöhnlich steht *bis* als Adverb vor Präpositionen, die den Kasus des folgenden Substantivs bestimmen: *bis zum Abend, bis an den Hals, bis über die Mauer.* Es wird aber auch selbst in bestimmten Fällen als Präposition gebraucht, und zwar mit dem Akkusativ. Diese bestimmten Fälle sind artikellose Fügungen mit Ortsnamen *(bis Berlin),* Ortsadverbien *(bis hierher)* und Zeitbestimmungen *(bis jetzt, bis sechs Uhr, bis Ende August, bis nächsten Sonntag, von 16 bis 18 Uhr).* Der Akkusativ wird dabei nur deutlich, wenn zu einem substantivischen Zeitbegriff wie *Monat, Jahr* oder zu den Namen der Wochentage, Monate und Feste ein Attribut tritt: *bis nächste Woche, bis kommenden Sonntag, bis nächsten Monat, bis fünfzehnten Januar, bis letztes Jahr, bis vorige Ostern, bis diese Weihnachten* u.a. Die Zahl dieser substantivischen Zeitbegriffe, die sich mit *bis* verbinden können, ist jedoch begrenzt. Schon die Verbindung mit *Tag (bis diesen Tag)* ist wenig üblich. Auch eine nachgetragene Apposition bei *bis* steht, wenn es sich um eine substantivische Zeitbestimmung handelt, im Akkusativ: *bis [nächsten] Dienstag, den 3. September.* In anderen Fällen wird jedoch der Dativ vorgezogen, besonders bei Ortsnamen: *bis heute, dem 29. September 1950* (Kantorowicz); *bis 1954 (dem Jahr des Todes)* (F. Maurer); *bis Landquart, einer kleinen Alpenstation* (Th. Mann). Das einfache *bis* wird hier so empfunden, als stünde *bis zu* oder *bis nach.* **b) vom 1. bis 15. April:** In Verbindung mit *von* ist *bis* Präposition mit dem Akkusativ, wenn Anfang und Ende eines Zeitabschnitts, einer Zahlenreihe u. dgl. angegeben werden: *vom 1. (ersten) bis 15. (fünfzehnten) April; von Freitag, dem 1. Oktober, bis Montag, den 4. Oktober. Der Apparat ist regulierbar von 3 500 bis 10 000 Drucke je Stunde.* Vgl. aber das folgende. **2. Städte von 20 000 bis 100 000 Einwohnern · Artikel 22, erster bis dritter Absatz:** Keine Rektion übt *bis* aus, wenn es als nebenordnende Konjunktion (wie *und*) auftritt und einen ungefähren Wert, einen Zeitabschnitt, den Umfang eines Zitats o. ä. angibt: *Ich komme in zwei bis drei Stunden. Städte von 20 000 bis 100 000 Einwohnern. Der Baum hat eine Höhe von 4 bis 6 Metern.* (Der Dativ *Einwohnern* bzw. *Metern* ist von der Präposition *von* abhängig.) *Bündel mit 20 bis 30 Stäben* (der Dativ *Stäben* ist von der Präposition *mit* abhängig). *Deutsche Dichter des 10. bis 15. Jahrhunderts* (der Genitiv *Jahrhunderts* gehört zu *des* und bildet zusammen mit dem Artikel ein Attribut zu *Dichter*). *Artikel 22, erster bis dritter Absatz* (Nominativ bei einfacher Aufzählung). – Falsch ist es, *bis* mit *zwischen* zu verbinden. Nicht: *Die Bewerber sind zwischen 25 bis 40 Jahre alt,* sondern: *sind 25 bis 40 Jahre alt* oder: *sind zwischen 25 und 40 Jahren.* **3. bis, bis auf, bis zu: einschließend oder ausschließend?:** Da *bis* die räumliche oder zeitliche Erstreckung (wie weit?, wie lange?) ausdrückt, kann es in bestimmten Fällen zweifelhaft sein, ob der dem *bis* folgende Begriff ein- oder ausgeschlossen ist. Bei Zeitangaben ist es heute allgemein üblich, *bis* einschließend zu verstehen: *Weihnachtsferien vom 22. Dezember bis [zum] 5. Januar* (der 5. Januar ist letzter Ferientag). *Der Schloßpark ist von April bis Oktober geöffnet* (im Oktober ist er noch geöffnet). *Der Rasen muß bis Mittwoch gemäht werden* (es kann auch noch am Mittwoch geschehen). Hier treten keine Zweifel auf, jeder versteht es im angegebenen Sinn. Kaum Schwierigkeiten machen auch feste Redewendungen, deren Sinn von vornherein bekannt ist: *Sie wurden bis auf den letzten Mann niedergemacht* (auch der letzte Mann wurde niedergemacht). *Er hat alles bis auf den letzten Pfennig bezahlt. Wir wurden naß bis auf die Haut.* Es gibt aber Fälle, die durchaus zweifelhaft sind: *Das umfangreiche Gedicht ist bis auf die letzte Strophe vorzüglich gelungen.* Ist die letzte Strophe nicht gelungen? Ist das ganze Gedicht gelungen? Hier kann nur eine andere Formulierung Klarheit schaffen. Besonders bei Zeit- und Reihenfolgeangaben ist auch ein zusätzliches *einschließlich* (landsch. auch: *mit*) verdeutlichend: *Die Ausstellung ist bis einschließlich* (landsch.: *bis mit*) *15. August geöffnet. Die Fußballmannschaft ist in den Zimmern 20 bis einschließlich* (landsch.: *bis mit*) *35 untergebracht.* Der Gebrauch von *bis mit* oder einfachem *mit* in diesem Sinne kommt vor allem in Bayern vor; ↑mit (4). **4. Jugendliche bis zu 18 Jahren · bis zu 8 Mitglieder:** In Verbindung mit *zu* gibt *bis* vor Zahlen die obere Grenze einer unbestimmten Zahl an. Dabei steht gewöhnlich der Dativ, den die Präposition *zu* verlangt: *Die Lehrgänge dauerten bis zu einem Jahr. Gemeinden bis zu 10 000 Einwohnern. Jugendlichen bis zu 18 Jahren ist der Zutritt verboten. Darauf steht Gefängnis bis zu zehn Jahren.* In der Umgangssprache wird das *zu* in solchen Sätzen oft weggelassen; dann tritt der Akkusativ ein: *Kinder bis 12*

Jahre zahlen die Hälfte. – Anders steht es mit einem Satz wie: *Der Vorstand kann bis zu 8 Mitglieder umfassen.* Hier ist *bis zu* eine adverbiale Fügung, die einen nicht genau angegebenen Wert begrenzt: Es können 3, 5 oder mehr, im Höchstfall aber 8 Mitglieder sein. Der Kasus wird dann nicht von *bis zu* in seiner Eigenschaft als präpositionale Verbindung bestimmt, sondern vom Verb *umfassen.* Wenn die Unbestimmtheitsangabe wegfällt, bleibt der Satz völlig erhalten: *Der Vorstand kann 8 Mitglieder umfassen.* Gelegentlich werden auch andere Präpositionen so eingesetzt: *Die Auflage der Zeitung betrug 1981 bis über eine halbe Million Exemplare.* Weitere Beispiele mit *bis zu: Wir können nur bis zu zehn Schülern Prämien geben. Bis zu sechs Kinder schlafen in einem Zimmer. Viele Elefanten verfügen über bis zu 3 m lange Stoßzähne.* **5. bis zu ... und mehr o. ä.:** Die Wendung *bis zu* gibt schon die obere Grenze an, so daß der Anschluß mit *und mehr, und öfter* o. ä. nicht möglich ist. Unlogisch sind daher Sätze wie: *Mit dieser Rasierklinge können Sie sich bis zu 15mal und öfter perfekt rasieren.* Oder: *Bis zu fünfhundert Besucher und mehr haben in dem Saal Platz.* **6. a) *bis* steht falsch auf die Frage „wann?“:** Da *bis* immer eine Erstreckung ausdrückt, antwortet auch das zeitliche *bis* nur auf die Frage „wie lange?“: *Die Tagung dauert bis Sonnabend.* Es ist daher falsch, mit *bis* auf die Frage „wann?“ zu antworten, wie es umgangssprachlich noch geschieht: *Er hoffte, daß bis Dienstag über acht Tage die Trauung sein könnte.* **b) *bis* steht falsch für *sobald oder wenn:*** Standardsprachlich nicht korrekt ist die Verwendung von *bis* im Sinne von *sobald* oder *wenn,* wie sie umgangssprachlich in Österreich vorkommt. Es heißt also nicht: *Er soll mich anrufen, bis er wieder da ist,* sondern: ..., *wenn (sobald) er wieder da ist.* **7. bis/bis nicht:** Als unterordnende Konjunktion kennzeichnet *bis* die zeitliche Grenze, an der ein Vorgang endet: *Warte, bis ich komme.* Enthält der Hauptsatz einen verneinten Komparativ, dann wird *bis* mit *als* verbunden: *das Kind hörte nicht eher zu weinen auf, als bis es vor Müdigkeit einschlief.* Neben der zeitlichen Aussage kann *bis* aber nach einem verneinten Hauptsatz auch eine Bedingung zum Ausdruck bringen. Nur in diesem Fall ist es zulässig, aber nicht notwendig, auch den *bis*-Satz zu verneinen: *Du darfst nicht gehen, bis [nicht] die Arbeit gemacht ist.* ↑Negation (2). Vgl. auch ↑*bis*-Zeichen.

bis zu 12 Jahren/bis 12 Jahre: ↑bis (4).

Bischof: Zur Anschrift ↑Brief (7).

bisher: 1. bisher/seither, seitdem: Der Gebrauch von *seither* oder *seitdem* an Stelle von *bisher* beruht auf einer Vertauschung der verschiedenen Zeitaspekte dieser Wörter. Die Adverbien *seither* und *seitdem* verlangen den deutlichen, bestimmten Ausgangspunkt eines Geschehens in der Vergangenheit: *Ich habe ihn im April gesprochen, seitdem habe ich ihn nicht mehr gesehen.* Dagegen gibt *bisher* die Erstreckung von einem nicht näher genannten, ganz unbestimmten Ausgangspunkt bis zu einem ganz bestimmten Zeitpunkt, bis zur Gegenwart an: *alle bisher untersuchten Fälle. Sie war bisher* (nicht: *seither*) *Professorin in Münster und ist jetzt in Bonn.* Dasselbe gilt für die Adjektive *bisherig* und *seitherig: Der bisherige* (nicht: *seitherige*) *Postminister trat zurück.* So ist es auch falsch, von *seitherigen Erfolgen* zu reden, wenn gar kein Ausgangspunkt in Betracht kommt. **2. bisher/bis heute:** Da das Adverb *bisher* sich auf den Ablauf der Zeit in der Vergangenheit bezieht, sollte es nicht mit dem Präsens verbunden werden. Man sage also nicht: *Die Presse schweigt bisher zu diesen Ereignissen,* sondern: *Die Presse schwieg bisher, hat bisher zu diesen Ereignissen geschwiegen.* Will man deutlich den gegenwärtigen Zeitpunkt betonen, so sage man *bis heute: Die Presse schweigt bis heute zu diesen Ereignissen.*

bislang: Das Adverb *bislang* (= bis jetzt) darf nicht als Attribut (Beifügung) vor einem Substantiv verwendet werden; also nicht: *die bislangen Ergebnisse,* sondern: *die bisherigen Ergebnisse.* ↑Adverb (1).

bißchen: 1. Schreibung: Das Wort bedeutet eigentlich „kleiner Bissen", die heute geltende *ß*-Schreibung ist deshalb auch etymologisch gerechtfertigt. Die Kleinschreibung ist die Folge davon, daß der ursprünglich substantivische Begriff zu einem Indefinitpronomen im Sinne von „wenig" wurde. **2. Deklination:** Auch in Verbindung mit dem bestimmten und unbestimmten Artikel bleibt *bißchen* immer ungebeugt: *das/ein bißchen Stoff, des/eines bißchen Stoffes, dem/einem bißchen Stoff; wegen des bißchen schmutziger Arbeit, nur ein klein bißchen/ein kleines bißchen Geduld!; mit ein/einem bißchen Geduld.*

***bis*-Zeichen:** Das *bis*-Zeichen, ein Strich (–), kann gesetzt werden, wenn ein Zwischenwert angegeben wird: *Das Brett hat eine Länge von 6–8 Meter[n]. Er hat 4–5mal angerufen.* Wenn der *bis*-Strich an das Ende oder an den Anfang einer Zeile zu stehen käme, wird *bis* ausgeschrieben. Das *bis*-Zeichen ist nicht zulässig, wenn *bis* in Verbindung mit *von* die Erstreckung eines Zeitraumes bezeichnet: *Die Tagung dauert vom 5. bis 9. Mai* (nicht: *vom 5.–9. Mai*). *Sprechstunde von 9 bis 11 Uhr* (nicht: *von 9–11 Uhr*). Bei verkürzter Wiedergabe eines Zeitraums ohne die Präposition *von* kann dagegen der Strich gesetzt werden: *Sprechstunde täglich 8–10, 15–17.*

bitte: 1. Stellung und Komma: Das auffordernd betonte *bitte* kann als Auslassungssatz aufgefaßt werden; es ist ja aus *ich bitte* entstanden. In diesem Sinn kann *bitte* zu Beginn des Satzes, innerhalb des Satzes oder am Ende des Satzes stehen. Es wird dann durch ein Komma abgetrennt oder in Kommas eingeschlossen. Meist aber wird *bitte* als bloße Höflichkeitsformel gebraucht und steht dann ohne Komma zu Beginn des Satzes oder innerhalb des Satzes (vgl. untenstehende Tabelle). **2. *bitte* + Infinitiv mit *zu*:** Da es ganz ungewöhnlich ist, *bitte* als Verbform zu behandeln, steht in der Regel kein *zu* danach (vgl. *Ich bitte Sie, nicht zu rauchen.* Aber: *Bitte nicht rauchen*). Man sagt und schreibt also: *Nach dem Verlassen der Kabine bitte die Tür offenlassen! Bitte Adressenänderungen sofort der Zentrale melden. Bitte die Rückseite beachten!* Der Gebrauch von *zu* in solchen Sätzen ist selten: *Bitte die Rückseite zu beachten!*

Kommasetzung bei *bitte*

Betontes *bitte* wird durch Komma[s] abgetrennt:	Formelhaftes *bitte* ist ohne Komma in den Ablauf des Satzes einbezogen:
Bitte, kommen Sie einmal herüber.	Bitte kommen Sie einmal herüber.
Legen Sie, bitte, einige Entwürfe vor.	Legen Sie bitte einige Entwürfe vor.
Unterschreiben Sie, bitte!	Unterschreiben Sie bitte!
	Bitte die Rückseite beachten!
	Bitte nicht rauchen!

bitte[,] seien Sie so freundlich/bitte[,] sind Sie so freundlich: Es muß heißen: *bitte[,] seien Sie so freundlich ...* ↑Imperativ (3).

bitten: 1. doppelter Akkusativ: Gewöhnlich steht *bitten* mit der Präposition *um: Ich bitte dringend um Ruhe. Ich muß Sie um eine kleine Gefälligkeit bitten.* In bestimmten Fällen hat sich jedoch neben dem Akkusativ der Person ein Akkusativ der Sache erhalten, der an Stelle eines alten Genitivs getreten

Kommasetzung bei *bitten*

Ist *bitten* Vollverb oder wird es als Vollverb behandelt, muß das Komma stehen:	**Wird *bitten* als Hilfsverb aufgefaßt, steht kein Komma:**
Ich bitte *dringend,* die Türen zu schließen.	
Ich bitte, die Türen zu schließen.	Ich *bitte* die Türen zu schließen.
Wir bitten *Sie,* die Waren morgen abzuholen.	
Wir bitten, die Waren abzuholen.	Wir *bitten* die Waren abzuholen.
Ich *muß* bitten, Ruhe zu bewahren.	
Ich bitte, Ruhe zu bewahren.	Ich *bitte* Ruhe zu bewahren.

ist und meist aus einem Pronomen oder einer pronominalen Fügung besteht: *Ich habe dich vorhin etwas gebeten. Eines bitte ich euch inständig ... Ich bitte dich nur dies* (Goethe). **2. Zustandspassiv:** Nicht korrekt ist es, *bitten* im ↑Zustandspassiv (3) zu verwenden: *Die Herren werden* (nicht: *sind*) *gebeten, pünktlich um 20 Uhr zu erscheinen.* **3. Ich bitte[,] die Türen zu schließen:** Wenn *bitten* mit einem erweiterten Infinitiv mit *zu* verbunden ist, kann man das Komma setzen oder weglassen. Es kommt darauf an, ob man *bitten* als Vollverb oder als Hilfsverb auffassen will. Tritt zu *bitten* jedoch eine Ergänzung, eine Umstandsbestimmung oder ein Modalverb (*ich möchte, ich muß, ich darf* u. ä.), dann muß das Komma stehen, weil *bitten* dann nur Vollverb sein kann. Vgl. untenstehende Tabelle. ↑Komma (5.1.4).

bitter: Bei *bitter* bleibt, wenn es dekliniert oder gesteigert wird, das *e* der Endungssilbe gewöhnlich erhalten: *ein bitterer Geschmack, bittere Tränen; die Not wurde noch bitterer.* Nur in der deklinierten Form des Komparativs wird das erste der drei Endungs-e manchmal ausgeworfen: *eine noch bitt[e]rere Not.* ↑Adjektiv (1.2.13), ↑Vergleichsformen (2.2).

bitterböse, bitterernst, bitterkalt: Die verstärkten Adjektive *bitterböse* und *bitterernst* werden heute sowohl in attributiver Stellung als auch in der Aussage zusammengeschrieben: *ein bitterböser Blick; er ist bitterböse; eine bitterernste Situation; es ist bitterernst.* Das Adjektiv *bitterkalt* dagegen wird nur in attributiver Stellung zusammengeschrieben: *ein bitterkalter Januarmorgen.* Sonst schreibt man getrennt: *Es war bitter kalt.*

bitter Klage führen/bittere Klage führen: Die feste Verbindung *(über etwas) Klage führen* kann nur als Ganzes durch ein Adjektiv erweitert werden: *Er führte bitter* (= verbittert) *Klage über die Behandlung in der Anstalt.* In dieser festen Verbindung kann *bitter* nicht als Attribut (Beifügung) von *Klage (bittere Klage)* stehen. ↑Adjektiv (1.2.11).

bituminieren: Dieses fachsprachliche Verb geht in seiner Form auf lat. *bituminare* „mit Pech ausstreichen" zurück.

blamabel: Bei *blamabel* fällt, wenn es dekliniert oder gesteigert wird, das *e* der Endungssilbe aus: *ein blamables Ergebnis. Etwas Blamableres kann man sich kaum denken.* ↑Adjektiv (1.2.13).

blank: 1. Umlaut: Die Vergleichsformen von *blank* werden ohne Umlaut gebildet: *blanker, blankste.* ↑Vergleichsformen (2.1). **2. Rechtschreibung: a)** Getrennt vom folgenden

Verb schreibt man das selbständige Adjektiv: *Du sollst das Messer blank reiben, die Fenster blank putzen. Alles muß sauber und blank sein. Ich bin völlig blank* (ugs. für: ohne Geld) *gewesen.* Zusammen schreibt man, wenn durch die Verbindung ein neuer Begriff entsteht: *Sie haben [die Säbel] blankgezogen.* **b)** Das Adjektiv *blank* schreibt man in attributiver Stellung mit dem folgenden 2. Partizip zusammen, wenn die Verbindung in adjektivischer Bedeutung gebraucht wird (nur das erste Glied trägt Starkton): *die blankpolierte Dose.* Man schreibt getrennt, wenn die Vorstellung der Tätigkeit vorherrscht (beide Wörter tragen Starkton): *die blank polierte Dose.* Dies gilt immer, wenn die beiden Wörter in der Aussage stehen: *Die Dose ist blank poliert.* ↑Zusammen- oder Getrenntschreibung (1.2).

Blasebalg: Es heißt *der* (nicht: *das*) *Blasebalg.* Der Plural lautet *die Blasebälge.* ↑Balg.

blasen: Im Indikativ des Präsens heißt es: *ich blase, du bläst, er bläst.* Der Stammvokal *a* wird also bei diesem Verb umgelautet. ↑Verb (1). Die Form *du bläsest* ist veraltet, aber im Präteritum darf das *-e-* nicht ausfallen, hier ist nur *du bliesest* richtig. ↑Indikativ (5). Das Präteritum *blus* (statt: *blies*) wird gelegentlich scherzhaft gebraucht, es beruht aber auf mundartlichen Quellen (Obersachsen,Schleswig-Holstein u. a.).

blaß: Komparativ und Superlativ von *blaß* können ohne und mit Umlaut gebildet werden. Neben *blasser* steht die Form *blässer.* In der Standardsprache werden heute fast nur noch die Formen *blasser, blassest* gebraucht. ↑Vergleichsformen (2.1).

Bläßhuhn/Bleßhuhn: Obwohl es sich bei dem Bestimmungswort dieses Vogelnamens um das Substantiv *Blesse* „weißer [Stirn]fleck" handelt, hat sich im 18. Jh. in Anlehnung an *blaß* die Schreibung mit *ä* durchgesetzt: *Bläßhuhn.* In der Fachsprache wird allerdings *Bleßhuhn* bevorzugt.

Blatt: Nach Mengenangaben mit Zahlen hat das Substantiv die numeruslose Form *Blatt: zwanzig Blatt Schreibmaschinenpapier.* Sonst lautet der Plural *die Blätter: Er riß zwei Blätter aus dem Heft.* ↑Maß-, Mengen- und Münzbezeichnungen (1). Nach *Blatt* ist heute das appositionelle Verhältnis üblich: *100 Blatt holzfreies Papier* (ungebräuchlich: *holzfreien Papiers*). ↑Apposition (2.2).

blau: 1. der blaue Montag · der Blaue Nil · in, mit Blau: Klein schreibt man das Adjektiv *blau: sein blaues Wunder erleben, die blaue Blume der Romantik, ein blauer Brief* (Mahn- oder Kündigungsschreiben), *unsere blauen Jungs, die blaue Mauritius, der blaue Montag. Die Farbe seiner Augen ist* (wie?) *blau.* Groß schreibt man jedoch das Adjektiv, wenn es Teil eines Namens ist: *das Blaue Band des Ozeans, die Blaue Grotte von Capri, der Blaue Nil, die Blauen Berge* (Blue Mountains, in den USA und in Australien), *der Blaue Reiter, die Blaue Division, das Blaue Kreuz.* ↑Namen (4). Groß schreibt man auch die substantivierte Farbbezeichnung *Blau: ein helles Blau; Berliner Blau. Meine Lieblingsfarbe ist* (was?) *Blau. Sie trägt gern Blau. Weiße Tupfen auf Blau; Modelle in Blau und Schwarz; weißes, mit Blau abgesetztes Leder.* Ebenso *das Blaue: Die Farbe spielt ins Blau/ins Blaue. Wir fahren ins Blaue. Er lügt das Blaue vom Himmel herunter.* **2. blau machen/blaumachen:** Getrennt vom folgenden Verb schreibt man das selbständige Adjektiv: *Wir werden das Kleid blau färben. Er hat sich mit Tinte blau gemacht. Er ist blau gewesen* (ugs. für: betrunken gewesen). Zusammen schreibt man, wenn durch die Verbindung ein neuer Begriff entsteht und *blau* Verbzusatz ist: *Wir haben heute blaugemacht* (ugs. für: nicht gearbeitet). Das Adjektiv *blau* schreibt man mit dem folgenden 2. Partizip in attributiver Stellung zusammen oder von ihm getrennt, je nachdem, ob die Verbindung in adjektivischer Bedeutung gebraucht wird (nur das erste Glied trägt Starkton) oder ob die Vorstellung der Tätigkeit vorherrscht (beide Wörter tragen Starkton): *die blaugefärbten Kleider* oder *die blau gefärbten Kleider*. In der Aussage müssen beide Wörter immer getrennt geschrieben werden: *Die Kleider sind blau gefärbt.* **3. des Blaus · die beiden Blau:** Das Substantiv *das Blau* erhält nur im Genitiv Singular ein *-s: des Blaus, eines tiefen Blaus.* Alle anderen Kasus sind in der Standardsprache endungslos: *die beiden Blau, das Nebeneinander verschiedener Blau* (besser: *Blautöne*). Die Pluralform mit *-s (die beiden Blaus)* ist umgangssprachlich. ↑Farbbezeichnungen (2.3). **4. das blau-rote Kleid/die blaurote Nase:** Zusammensetzungen von *blau* mit einer anderen Farbbezeichnung werden mit Bindestrich geschrieben, wenn beide Farben unvermischt nebeneinander stehen: *ein blau-rotes Kleid* (in den Farben Blau und Rot). Sie werden zusammengeschrieben, wenn beide Farben vermischt vorkommen: *eine blaurote Nase* (mit einer bläulichen Abschattung des Rots). Zusammen schreibt man auch, wenn das Nebeneinander der beiden Farben unmißverständlich ist. Das gilt besonders in der Wappenkunde *(ein blauweißer Schild, die Fahne ist blaugelb),* aber auch für Substantive wie *Blauweißporzellan.* ↑Farbbezeichnungen (3.1).

bläuen: Falsche Schreibung von ↑bleuen.

blaurot/blau-rot: ↑blau (4).

Blauweißporzellan: ↑blau (4).

Blei: Als Bezeichnung des Metalls ist Blei sächlich: *das Blei.* Die umgangssprachliche Kurzform für ↑*Bleistift* dagegen kann männlich oder sächlich sein: *ein harter Blei/ein hartes Blei.*

bleibenlassen/bleiben lassen: Getrennt schreibt man, wenn beide Wörter in ursprünglicher Bedeutung stehen: *Er wird uns nicht länger bei sich bleiben lassen.* Zusammen schreibt man, wenn durch die Verbindung ein neuer Begriff entsteht: *Er soll das Rauchen bleibenlassen* (= unterlassen). Im 2. Partizip: *Das hat er hübsch bleibenlassen* (seltener: *bleibengelassen;* ugs. für: nicht getan). ↑Zusammen- oder Getrenntschreibung (1.1).

bleichen: Das transitive *bleichen* „bleich machen, aufhellen" wird regelmäßig gebeugt: *Man bleichte die Wäsche.* Das unregelmäßig gebeugte intransitive *bleichen* „bleich werden, Farbe verlieren" mit dem Präteritum *blich* und dem 2. Partizip *geblichen* ist heute ziemlich veraltet. Hier treten meist die regelmäßigen Formen ein: *Muschelschalen bleichten rings auf dem Gerölle* (Carossa). *Sie hatte früh gebleichtes Haar* (R. Herzog). Aber auch unregelmäßig: *Noch war das Gras ... fahl geblichen* (Viebig). Auch bei den Zusammensetzungen und Präfixbildungen mit *-bleichen* gewinnt die regelmäßige Konjugation mehr und mehr an Boden: *ausbleichen: Das Mittel bleichte die Farben aus, hat die Farben ausgebleicht.* Aber: *Der Teppich blich aus, ist ausgeblichen.* Dagegen schon regelmäßig: ... *des ausgebleichten Anstaltsanzugs* (Zuckmeyer). Bei *erbleichen* sind heute nur noch regelmäßige Formen üblich: *Der aber erbleichte wie Kalk* (Winckler). *„Was ist geschehen?" – und er war tief erbleicht* (H. Mann). *Auf ihren erbleichten Gesichtern schwankte der Flammenschein* (Doderer). Dagegen hat *verbleichen* die unregelmäßige Konjugation besser bewahrt, besonders im 2. Partizip: ... *dieser Gedanke ... verblich vor dem Scheinwerfer des Ruhms* (Thieß). *Ich sah sie liegen ... in verblichenen Soldatenröcken* (Schnabel). Das 2. Partizip *verblichen* im Sinn von „gestorben" wird in gewählter Sprache noch gern in substantivierter Form verwendet: *der liebe Verblichene.*

Bleistift: Es heißt standardsprachlich *der Bleistift,* nicht *das Bleistift,* wie mundartlich und umgangssprachlich oft, besonders in Süddeutschland, gesagt wird. Vgl. aber ↑Blei.

Bleßhuhn/Bläßhuhn: ↑Bläßhuhn/Bleßhuhn.

bleu: Das aus dem Französischen entlehnte Farbadjektiv *bleu* kann nicht dekliniert oder gesteigert werden. Will man es attributiv verwenden, so muß man sich durch Zusammensetzung mit *-farben, -farbig* helfen: *ein bleufarbenes Kleid, bleufarbige Handschuhe.* ↑Farbbezeichnungen (2.2). In Verbindung mit einem Artikel oder einer Präposition wird *bleu* groß geschrieben: *ein zartes Bleu; Stoffe in Bleu und Rosé.* ↑Farbbezeichnungen (3.2).

bleuen: Das Verb geht auf mhd. *bliuwen,* ahd. *bliuwan* „schlagen" zurück und hat mit *blau* und *blauen Flekken* nichts zu tun. Die Schreibung *bläuen* ist demnach falsch. Das gilt auch für *durchbleuen, einbleuen, verbleuen.*

blind: Getrennt vom folgenden Verb schreibt man, wenn beide Wörter in ursprünglicher Bedeutung stehen: *Er wird in wenigen Jahren blind sein. Sie ist im Alter blind geworden.* Zusammen schreibt man, wenn durch die Verbindung ein neuer Begriff entsteht und *blind* Verbzusatz ist: *Der Pilot mußte blindfliegen. Ich kann noch nicht blindschreiben.* ↑Zusammen- oder Getrenntschreibung (1.2).

blindfliegen: Das Fachwort *blindfliegen* ist ein unfest zusammengesetztes Verb: *ich fliege, flog blind, ich bin blindgeflogen; um blindzufliegen.* ↑Zusammen- oder Getrenntschreibung (1.2).

Blitzesschnelle/blitzschnell: Es heißt *Blitzesschnelle (in Blitzesschnelle war er da),* aber *blitzschnell (Er reagierte blitzschnell).* ↑Fugen-s (2.4).

Block: 1. Blöcke/Blocks: Das Substantiv hat zwei verschiedene Plurale, einen umgelauteten mit der Endung *-e (Blöcke)* und einen nichtumgelauteten auf *-s (Blocks).* Wie meist in der Sprache, werden auch hier die Doppelformen zur Bedeutungsdifferenzierung benutzt. Die Tendenz geht dahin, den Plural *Blöcke* für klotzförmige, kompakte Gegenstände oder massive Brokken, den Plural *Blocks* für zusammengesetzte, komplexe Dinge, insbesondere für zusammengeheftete, geschichtete Papiere jeder Art und (nach englisch-amerikanischem Vorbild) für Gebäudekomplexe zu verwenden. Man gebraucht also *-blöcke* vorzugsweise in Zusammensetzungen mit *Beton-, Eis-, Eisen-, Fels[en]-, Gesteins-, Granit-, Holz-, Lava-, Marmor-, Metall-, Motor-, Richt-, Stahl-, Stein-, Zylinder-* sowie in der Fügung *erratische Blöcke.* Man bevorzugt dagegen *-blocks* in Zusammensetzungen mit *Abreiß-, Brief[bogen]-, Briefmarken-, Durchschreibe-, Formular-, Kalender-, Karten-, Kassen-, Marken-, Notiz-, Papier-, Rechnungs-, Rezept-, Schreib-, Steno[gramm]-, Zeichen-,* ebenso in Zusammensetzungen mit *Gebäude-, Häuser-, Kasernen-, Miet-, Wohn-.* Schwankungen kommen gelegentlich vor, besonders aber bei einer letzten, vierten Gruppe von Zusammensetzungen, in denen *-block* die Bedeutung „Zusammenschluß politischer oder wirtschaftlicher Einheiten" angenommen hat. In Verbindung mit *Bündnis-, Macht-, Militär-, Staaten-, Währungs-, Wirtschafts-* u.a. gilt sowohl *-blöcke* als auch (seltener) *-blocks.* ↑Plural (1). **2. Fünf Block[s]/Blöcke Schreibpapier:** ↑Maß-, Mengen- und Münzbezeichnungen (1).

blöd[e]: Dieses Adjektiv kann mit oder ohne *-e* gebraucht werden. In der Bedeutung „schwachsinnig" steht aber gewöhnlich die Vollform: *Das Kind war von Geburt an blöde.* Die Form ohne *-e* ist mehr gefühlsbetont: *Sei doch nicht so blöd/so blöde und laß dich ausnutzen!* ↑Adjektiv (1.2.14).

blond: Das Adjektiv *blond* schreibt man in attributiver Stellung mit dem folgenden 2. Partizip zusammen, wenn die Verbindung in adjektivischer Bedeutung gebraucht wird (nur das erste Glied trägt Starkton): *Die blondgefärbten Haare.* Man schreibt sie getrennt, wenn die Vorstellung der Tätigkeit vorherrscht (beide Wörter tragen Starkton): *die blond gefärbten Haare.* Dies gilt immer, wenn beide Wörter in der Aussage stehen: *Die Haare sind blond gefärbt.* ↑Zusammen- oder Getrenntschreibung (1.2).

Blonde: Sowohl *der/die Blonde* „blonder Mensch" als auch ugs. *das/die Blonde* „helles Bier, [Berliner] Weißbier" werden wie ein attributives ↑Adjektiv gebeugt: *eine Blonde, zwei kleine Blonde* (nicht: *Blonden*). *Sie tanzte mit einem Blonden. Er trank ein kühles Blondes/eine kühle Blonde.* Das weibliche Genus bei der Bedeutung „Weißbier" ist von dem gleichbedeutenden Berliner Ausdruck *die Weiße* beeinflußt.

Blondine: Im Gegensatz zu *die Blonde* ist *Blondine* ein echtes Substantiv. Der Genitiv Singular lautet *der Blondine,* der Nominativ Plural *die Blondinen.* Es heißt also auch *zwei hübsche Blondinen.*

Bluejeans/Blue jeans: Beide Schreibungen für diesen Amerikanismus sind korrekt. ↑Amerikanismen/Anglizismen (1).

Blumenangebinde / Blumengebinde: Die beiden Wörter bedeuten nicht das gleiche, obwohl sie häufig dieselbe Sache bezeichnen. Der Unterschied liegt in dem jeweiligen Grundwort: *das Angebinde* ist ein Geschenk, *das Gebinde* ein [vom Gärtner] sorgfältig, fachmännisch gebundener Strauß.

Blut: Das Substantiv *das Blut* wird in der Allgemeinsprache nur im Singular gebraucht. In den Fachsprachen kommt auch der Plural *die Blute* vor. ↑Plural (5).

Blut-/Bluts-: Diejenigen Zusammensetzungen, in denen *Blut* konkret „zirkulierende Flüssigkeit in den Adern des menschlichen und tierischen Organismus" bedeutet, haben kein Fugen-s: *Blutader, Blutarmut, Blutdruck, Blutvergiftung* usw. (Ausnahme: *Blutstropfen*). Dasselbe gilt für Übertragungen und Metaphern, denen der konkrete Begriff noch zugrunde liegt: *Blutbuche, Blutreinheit, Blutsauger, blutvoll* usw. Auch in Wörtern, bei denen *blut-, Blut-* nur verstärkend gebraucht wird, steht kein Fugen-s: *blutarm* (= sehr arm), *blutjung.* Dagegen steht das Fugen-s überall dort, wo es sich um [verwandtschaftliche] Bindungen durch das Blut handelt: *Blutsbande, Blutsbrüderschaft, blutsverwandt, blutsmäßige Bande* usw. (Ausnahme: *Blutschande*).

blutiger Ernst: ↑Adjektiv (4.2).

blutstillend: Diese Zusammensetzung steht immer ohne Fugen-s. ↑Fugen-s (3.4).

Bochumer: Die Einwohner von Bochum heißen *Bochumer.* Die Einwohnerbezeichnung wird immer groß geschrieben, auch wenn das Wort wie ein flexionsloses Adjektiv vor einem Substantiv steht: *das Bochumer Rathaus.* ↑Einwohnerbezeichnungen (7).

Boden: Die nichtumgelautete ältere Pluralform *(die Boden)* ist nicht mehr üblich. Heute wird nur noch die umgelautete Form *die Böden* gebraucht, die seit dem 15. Jahrhundert belegt ist.

Bogen: Dem Substantiv kommt der Umlaut im Plural ursprünglich nicht zu. Die Form *die Bögen* ist seit dem 17. Jahrhundert belegt und heute vor allem in Süddeutschland, Österreich und der Schweiz gebräuchlich. Sie kommt auch in der Literatur vor: *durch die Bögen der Loggia* (Th. Mann); *Maria, die ... Lebensmittelmarken auf Zeitungsbögen klebte* (Grass). Die übliche Pluralform der heutigen Standardsprache ist aber *die Bogen: ... die großen Bogen auf der Via triumphalis* (Winckler). *Ein Füllhorn ... warf den krachenden Regen der Sterne in riesigen Bogen empor* (Langgässer). ↑Plural (1). Die Zusammensetzung *Ell[en]bogen* hat nur die alte Pluralform *die Ell[en]bogen.*

bohnen/bohnern: Die ältere Form *bohnen* wird heute mundartlich und umgangssprachlich im nördlichen und mittleren Deutschland gebraucht. Die ursprünglich nordostdeutsche Iterativbildung *bohnern* ist heute die standardsprachlich übliche Form: *gebohnertes Parkett. Er bohnert die Fußböden.*

Bolz/Bolzen: Die standardsprachlich übliche Form ist heute *Bolzen*. Das ältere *Bolz* wird nur noch vereinzelt als historische Bezeichnung für „Geschoß der Armbrust" verwendet.

Bonbon: Es heißt *der* oder (österr. nur) *das Bonbon*. Beides ist korrekt.

Bonner: Die Einwohnerbezeichnung *Bonner* wird immer groß geschrieben, auch wenn das Wort wie ein flexionsloses Adjektiv vor einem Substantiv steht: *das Bonner Münster; eine Bonner Firma*. ↑Einwohnerbezeichnungen (7).

Bonus: Das Wort kann in allen Kasus unverändert gebraucht werden: *des, dem, den Bonus*, Plural: *die Bonus*. Mit deutschen Endungen heißt es daneben im Genitiv Sing.: *des Bonusses*, im Plural: *die Bonusse*. Schließlich gibt es noch den aus dem Lateinischen stammenden Plural *die Boni*.

Boot: 1. die Boote/die Böte: Neben dem standardsprachlichen Plural *die Boote* kommt landschaftlich in Norddeutschland auch *die Böte* vor. **2. im gleichen Boot sitzen:** Diese Redensart ist aus dem amerikanischen Englisch entlehnt worden *(to be in the same boat)*. ↑Amerikanismen/Anglizismen (1.2).

Bord: Man unterscheidet heute *der Bord* „Schiffsrand, Schiffsdeck" und *das Bord* „Bücher-, Wandbrett". Zusammensetzungen mit dem männlichen Wort *Bord* „Schiffsrand" sind dagegen wieder sächlich: *das Steuerbord, das Backbord*.

borgen/leihen: Beide Verben werden seit langem gleichbedeutend sowohl im Sinne von „etwas mit dem Versprechen der Rückgabe von jemandem nehmen" als auch im Sinne von „etwas unter dem Versprechen der Rückgabe jemandem geben" gebraucht: *Ich habe mir das Geld für die Reise [bei ihr] geborgt/geliehen. – Kannst du mir 20 Mark leihen/borgen?* Ein Unterschied besteht lediglich insofern, als nur *leihen*, nicht aber *borgen* im übertragenen Sinn von „gewähren" gebraucht wird. Es heißt (in gehobenem Stil): *jmdm. seinen Beistand leihen, jmdm. seine Aufmerksamkeit, sein Ohr leihen* (= jmdm. zuhören).

Bosch: Das zum Namen des Erfinders Robert Bosch gebildete Adjektiv auf *-sch* wird ohne Apostroph geschrieben: *die Boschsche Zündkerze*. ↑Apostroph (3.2).

böse: 1. Rechtschreibung: Klein schreibt man das Adjektiv: *die bösen Buben, der böse Blick, böses Wetter; der böseste unter meinen Feinden. Sie ist eine böse Sieben*. Klein schreibt man das Adjektiv auch dann, wenn ein Artikel vorangeht, beide Wörter aber für ein einfaches Adjektiv stehen: *im bösen* (= böse) *auseinandergehen*. Groß schreibt man das substantivierte Adjektiv: *jmdm. [etwas] Böses wünschen; das Böseste, was mir passiert ist; nichts Böses ahnen. Er kann nicht Gut und Böse unterscheiden. Er steht jenseits von Gut und Böse*. ↑Groß- oder Kleinschreibung (1.2.1). **2. böse auf/böse mit/böse über:** Wird *böse* im Sinn von „ärgerlich" gebraucht, dann kann die Person, gegen die sich der Ärger richtet, im Dativ stehen oder mit den Präpositionen *auf, mit, über* angeschlossen werden: *Sie war ihm böse. Er ist böse auf mich, mit mir, über mich, weil ...* Richtet sich der Ärger gegen eine Sache, so ist nur die Präposition *über* möglich: *Sie war böse über mein langes Fortbleiben*.

Bösewicht: Das Wort hat zwei Pluralformen: *die Bösewichter* und (seltener) *die Bösewichte*. Es besteht kein Bedeutungsunterschied zwischen den beiden Formen.

Botschaft, Botschafter: Zur Schreibung des Adjektivs in *deutsche/Deutsche Botschaft* ↑Namen (5). Zur Anschrift eines Botschafters ↑Brief (7).

bourgeois: Das aus dem Französischen kommende Adjektiv *bourgeois* „bürgerlich" wird wie ein deutsches Adjektiv dekliniert: *Deine Ansichten sind ziemlich bourgeois! Ist die Gewaltenteilung etwa ein bourgeoises Prinzip?*

boxen: Er boxte ihm/ihn in den Ma-

gen: Wird *boxen* auf einen Körperteil bezogen, dann kann die betroffene Person im Dativ oder im Akkusativ stehen. Der Dativ ist üblicher: *Er boxte ihm in den Magen.* Im Gegensatz zum Dativ drückt der Akkusativ stärker aus, daß die Person unmittelbar betroffen ist. Jedoch liegt auch in diesem Fall der Hauptton immer auf der Angabe des Körperteils: *Er hat mich in den Magen geboxt.* Ähnlich wie *boxen* werden auch andere Verben der körperlichen Berührung behandelt, vgl. z. B. ↑schlagen, ↑schneiden, ↑treten.

Bozner: Die Einwohner von Bozen heißen *Bozner.* Das *-n-* gehört hier zum Stamm des Ortsnamens (8. Jahrhundert: *Bauzanum*). Die Einwohnerbezeichnung *Bozner* wird immer groß geschrieben, auch wenn das Wort wie ein flexionsloses Adjektiv vor einem Substantiv steht: *die Bozner Industrie.* ↑Einwohnerbezeichnungen (1 und 7).

Brandmal: Der Plural von *Brandmal* lautet *die Brandmale,* selten *die Brandmäler.* ↑[1]Mal.

braten: Im Indikativ des Präsens heißt es: *ich brate, du brätst, er brät.* Der Stammvokal *a* wird also bei diesem Verb umgelautet. ↑Verb (1).

brauchen: 1. Dazu braucht es keines Beweises/keinen Beweis: Bei der unpersönlichen Konstruktion von *brauchen* steht das Objekt im Genitiv: *Dazu braucht es keines Beweises. Es brauchte keiner weiteren Worte.* Diese Ausdrucksweise ist heute selten, sie gehört der gehobenen Sprache an. Landschaftlich kommt auch der Akkusativ vor: *Dazu braucht es keinen Wahrsager* (Frisch). *Dazu braucht es einfach wieder einen Glauben oder eine Überzeugung* (Musil). **2. Du brauchst nicht zu kommen/Du brauchst nicht kommen:** Verneintes oder durch *nur, erst* u. a. eingeschränktes *brauchen* + Infinitiv mit *zu* drückt aus, daß ein Tun oder Geschehen nicht oder nur unter bestimmten Bedingungen nötig ist: *Du brauchst nicht zu kommen* (= hast es nicht nötig zu kommen, es besteht für dich keine Notwendigkeit zu kommen). Besonders in der gesprochenen Sprache wird das *zu* vor dem Infinitiv oft weggelassen, d. h., verneintes oder eingeschränktes *brauchen* wird wie verneintes oder eingeschränktes *müssen* verwendet: *Du brauchst nicht kommen = Du mußt nicht kommen. Du brauchst erst morgen anfangen = Du mußt erst morgen anfangen.* Damit schließt sich *brauchen* an die Reihe der Modalverben *(müssen, dürfen, können, sollen, wollen, mögen)* an, die ebenfalls mit dem reinen Infinitiv verbunden werden (↑auch 3 und 4). In der geschriebenen Sprache wird das *zu* vor dem Infinitiv meistens noch gesetzt: *Du brauchst nicht zu kommen. Du brauchst erst morgen anzufangen.* **3. Das hättest du nicht zu tun brauchen/zu tun gebraucht:** Wie bei den Modalverben wird *brauchen* nach dem Infinitiv eines Vollverbs nicht im zweiten Partizip, sondern im Infinitiv eingesetzt: *Das hättest du nicht zu tun brauchen* (nicht: *gebraucht*). *Er hat nicht zu schießen brauchen.* ↑Infinitiv (4). **4. er braucht/brauch:** In der gesprochenen Sprache wird zuweilen das *-t* der 3. Person Singular *(er braucht)* weggelassen. Obwohl *brauchen* dadurch ebenfalls den Modalverben angeglichen wird (vgl. die *t*-losen Formen *er darf, er muß, er soll*), ist diese Form doch nicht zulässig. Es kann nur heißen: *Er braucht das nicht [zu] bezahlen.* **5. brauchte/bräuchte:** Da der Konjunktiv II der regelmäßigen Verben keinen Umlaut hat, sind die Formen *bräuchte, bräuchtest* usw. (statt: *brauchte, brauchtest* usw.) nicht standardsprachlich. Der (vor allem südd.) Gebrauch der umgelauteten Formen entspringt wohl dem Bestreben, den Konjunktiv II vom gleichlautenden Indikativ Präteritum abzuheben. **6. brauchen/gebrauchen:** Das Verb *brauchen* wird außer im Sinne von „nötig haben, benötigen, bedürfen“ auch im Sinne von „verwenden, benutzen, von etwas Gebrauch machen“ verwendet: *seine Ellbogen, seinen Verstand brauchen.* Nicht korrekt ist dagegen die Verwendung des Verbs *gebrauchen* im Sinne von „nötig haben, benötigen, bedürfen". Es heißt richtig: *ich brauche* (nicht: *gebrauche*) *noch etwas Geld zum Ankauf des Grundstükkes.*

braun: 1. Rechtschreibung: Man schreibt *braun* mit dem folgenden 2. Partizip zusammen, wenn die Verbindung adjektivisch gebraucht wird (nur das erste Glied trägt Starkton): *die braungefärbten Kleider.* Man schreibt getrennt, wenn die Vorstellung der Tätigkeit vorherrscht (beide Wörter tragen Starkton): *die braun* (und nicht etwa *grau*) *gefärbten Kleider.* Dies gilt immer, wenn beide Wörter aussagend stehen: *Die Kleider wurden braun gefärbt.* ↑blau (2). **2. des Brauns · die beiden Braun:** Das Substantiv *das Braun* erhält nur im Genitiv Singular ein *-s: des Brauns, eines hellen Brauns.* Alle anderen Kasus sind endungslos: *die beiden Braun, das Nebeneinander verschiedener Braun* (besser: *Brauntöne*). Die Pluralform mit *-s (die beiden Brauns)* ist umgangssprachlich. ↑Farbbezeichnungen (2.3). **3. das braun-grüne Kleid/braungrüne Blätter:** Zusammensetzungen von *braun* mit einer anderen Farbbezeichnung werden mit Bindestrich geschrieben, wenn beide Farben unvermischt nebeneinanderstehen: *ein braun-grünes Kleid* (in den Farben Braun und Grün). Sie werden zusammengeschrieben, wenn beide Farben vermischt vorkommen: *braungrüne Blätter* (mit einer bräunlichen Abschattung des Grüns). ↑Farbbezeichnungen (3.1).

Braunschweiger: Die Einwohner von Braunschweig heißen *Braunschweiger.* Die Einwohnerbezeichnung *Braunschweiger* wird immer groß geschrieben, auch wenn das Wort wie ein flexionsloses Adjektiv vor einem Substantiv steht: *der Braunschweiger Löwe, eine Braunschweiger Bürgerinitiative* ↑Einwohnerbezeichnungen (7).

Braut: Zu der Höflichkeitsform *Ihr/Ihres Fräulein Braut* ↑Fräulein (4).

Bräutigam: Der (selten gebrauchte) Plural lautet *die Bräutigame* (ugs. auch *die Bräutigams*).

Brautpaar: Die Anschrift *An das Brautpaar* sollte man nur bei einer Hochzeit und nicht bei einer Verlobungsfeier verwenden.

brav: Die Vergleichsformen von *brav* werden ohne Umlaut gebildet: *braver, bravste* (nicht: *brävste*). ↑Vergleichsformen (2.1).

brechen: 1. brechen/brich!: Im Indikativ des Präsens heißt es: *ich breche, du brichst, er bricht.* Der Imperativ lautet: *brich!* (nicht: *breche!*). ↑e/i-Wechsel. **2.** In der Wendung *den Stab über jemanden brechen* „jemanden [voreilig] verurteilen" wird heute der Akkusativ gesetzt, weil die Präposition *über* im übertragenen Gebrauch den Akkusativ regiert. In älteren Texten, wenn an die ursprüngliche Handlung des Stabbrechens als Rechtsbrauch angeknüpft wird, findet sich vereinzelt der Dativ: *den Stab über jemandem brechen.*

Breisgau: Es heißt *der* (landsch. auch: *das*) *Breisgau.*

breit: 1. Klein schreibt man *breit* auch in Verbindung mit einem Artikel, wenn beide Wörter für ein einfaches Adjektiv stehen: *Sie wollte den Vorgang des breiteren* (= ausführlich) *darlegen. Er erläuterte diesen Vorgang des langen und breiten* (= umständlich). Groß schreibt man das substantivierte Adjektiv: *ins Breite fließen.* ↑Groß- oder Kleinschreibung (1.2.1). **2.** Getrennt vom folgenden Verb schreibt man, wenn beide Wörter in urspünglicher Bedeutung stehen: *Ihr sollt den Weg breit machen. Er hat die Schuhe breit getreten. Er hat den Nagel breit geschlagen.* Zusammen schreibt man, wenn durch die Verbindung ein neuer Begriff entsteht und *breit* Verbzusatz ist: *Er ließ sich nicht breitschlagen* (= durch Überredung beeinflussen; ugs.). *Er mußte alles so breittreten* (= weitschweifig darlegen; ugs.). *Er wollte sich breitmachen* (= ungebührlich viel Platz beanspruchen; ugs.). Zusammen schreibt man *breit* mit dem folgenden 2. Partizip, wenn die Verbindung adjektivisch gebraucht wird (nur das erste Glied trägt Starkton): *ein breitgetretener Schuh.* Man schreibt getrennt wenn die Vorstellung der Tätigkeit vorherrscht (beide Wörter tragen Starkton): *ein breit getretener Schuh.* Dies gilt immer, wenn beide Wörter aussagend stehen: *die Schuhe sind breit getreten.* – ↑Zusammen- oder Getrenntschreibung (1.2); ↑fingerbreit/einen Finger breit/einen Fingerbreit.

Breite: Es heißt *Das Tor mißt 3 m in der* (nicht: *in die*) *Breite.* ↑messen (2).

Bremer: Die Einwohner von Bremen heißen *Bremer* (nicht: *Bremener*). *Bremer* wird immer groß geschrieben, auch wenn das Wort wie ein flexionsloses Adjektiv vor einem Substantiv steht: *der Bremer Senat, das Bremer Schulwesen, die Bremer Stadtmusikanten.* ↑Einwohnerbezeichnungen (1 und 7).

brennbar: ↑-bar.

brennen: 1. Beugung: Bei dem Verb *brennen* ändert sich der Stammvokal: *brennen, brannte, gebrannt.* Der Konjunktiv II lautet jedoch *ich brennte* usw. (nicht: *ich brännte* usw.). **2. Die Füße brennen mir/mich?:** Nennt das Subjekt zu *brennen* (im übertragenen Sinne von „schmerzen") einen Körperteil, dann regiert *brennen* den Dativ: *Die Füße brennen mir* (nicht: *mich*). *Mir* (nicht: *Mich*) *brennen die Augen. Ihm* (nicht: *ihn*) brannte der Kopf. **3. Der Pfeffer brennt mir/mich auf der Zunge:** Auch wenn *brennen* im übertragenen Sinne auf einen Körperteil bezogen wird, steht heute der Dativ: *Die scharfe Tunke brennt mir auf der Zunge. Der Schnaps brannte mir wie Feuer im Hals.*

brennende Frage: ↑Adjektiv (4.2).

Brennessel: Der aus *Brenn-* und *Nessel* zusammengesetzte Pflanzenname wird mit zwei *n* geschrieben, weil von drei gleichen Konsonanten immer einer ausfällt. Nur bei der Silbentrennung erscheint das dritte *n* wieder: *Brenn-nessel.* ↑Konsonant (1).

Breslauer: Die Einwohner von Breslau heißen *Breslauer.* Die Einwohnerbezeichnung wird immer groß geschrieben, auch wenn das Wort wie ein flexionsloses Adjektiv vor einem Substantiv steht: *das Breslauer Rathaus.* ↑Einwohnerbezeichnungen (7).

Brief

1 Anschrift

Die Anschrift steht heute gewöhnlich im Akkusativ. Der Dativ gilt als unüblich, er kommt noch im diplomatischen Schriftverkehr vor und hat sich bei bestimmten Ehrentiteln erhalten *(Seiner Hochwürden Monsignore ...).* Bei Anschriften, die einer einzelnen Person oder einer Familie gelten, wird heute auf *An, An den/die/das* verzichtet, in der Regel auch bei Anschriften in Schreiben an Firmen. Bei Anschriften, die einem Amt, einer Institution u. dergl. gelten, wird dagegen *An den/die/das* noch häufiger gesetzt. Titel und Berufsbezeichnungen sind in Anschriften nur zu beugen, wenn sie vor dem Namen stehen. Bis auf *Dr.* und die üblichen Abkürzungen der Diplomgrade (*Dipl.-Ing., Dipl.-Kfm.* u. ä.) sollte man Abkürzungen vermeiden:

Herrn Prokuristen Werner Müller	Herrn Werner Müller Prokurist	Frau Studienrätin Dr. Vera Scholz	Frau Abgeordnete Eva Meier-Schulze
An den Technischen Überwachungsverein Kfz-Prüfungsstelle	An das Finanzamt Mitte Kassenabteilung	Firma Werner Müller	Öffentliches Versorgungsamt Hessen

1.1 Mehrere Personen

Hans und Eva Richter

Familie
Hans [und Eva] Richter

Herrn Hans Richter
Frau [Dr.] Eva Richter

Herrn und Frau
Hans und Eva Richter

Herrn
Hans Richter
und Frau Eva

Herrn
Hans Richter
und Frau Gemahlin

Herrn Karl Meier
und Verlobte

Frau/Fräulein Inge Schulz
und Verlobten

Herren Rechtsanwälte
Dres. H. Meier und M. Schulze

Herrn Dr. H. Meier
Herrn Dr. M. Schulze
Rechtsanwälte

1.2 Firmen usw.

Firma
Dr. Anna Meier

Vereinigte Steinwerke GmbH
Berlin

Herrn Bankdirektor
Dipl.-Kfm. Wolfgang Berger
i. H. (i. Fa., c/o) Regionalbank AG

Ortmann & Philipp KG
z. H. (z. Hd.) Dr. Erika Müller

Hier kann *Firma* fehlen, wenn diese Information aus dem Namen selbst hervorgeht. Wenn der Personenname (mit dem Zusatz ↑*z. H., z. Hd.*) nach der Firmenadresse steht, darf das betreffende Schreiben auch von einem anderen als dem genannten Firmenangehörigen geöffnet werden. Durch die Voranstellung des Personennamens wird das verhindert (↑*i. H., i. Fa.* und *c/o* können dabei als funktionsgleich gelten; sie geben keine eindeutige Auskunft über die Position des Empfängers).

2 Datumsangabe

Berlin, den 10. November 1980
Berlin, am 13. 02. 50

Berlin, [den] 20. 06. 1984
Berlin, im Juni 1972

Berlin, 5. Sept. 1985

Zwischen Orts- und Zeitangabe steht ein Komma; ein Schlußpunkt wird nicht gesetzt. Der Anschluß *Berlin, dem* ... ist nicht korrekt (↑Datum). Zum Apostroph bei Jahreszahlen *(Ende '84)* ↑Jahreszahl (3).

3 Betreff

Betreff
Unser Werbetext „Autolacke"

Betreff
Ihre Bestellung vom 19. 02. 85

Der Betreff ist eine stichwortartige Inhaltsangabe, die in Geschäftsbriefen u. a. über der Anrede steht. Das Leitwort *Betreff* wird heute meist weggelassen, wenn es nicht vorgedruckt ist. Wird es verwendet, dann steht es ohne Doppelpunkt in einer eigenen Zeile. Das erste Wort der Betreffzeile wird groß geschrieben, ihr Text steht im Nominativ (bei dem früher üblichen Leitwort *Betrifft* stand es im Akkusativ: *Betrifft: Unseren Werbetext Autolacke*). Ein Schlußpunkt wird nach dem Betreff nicht gesetzt.

4 Anrede

Sehr geehrte Damen! Sehr geehrte Herren! Sehr geehrte Damen und Herren!	Firmen o. ä. mit ausschließlich weiblichem bzw. männlichem und mit gemischtem Personal
Sehr geehrte Frau Dr. Schulze, sehr geehrter Herr Schulze!	Ehepaar o. ä.
Sehr geehrte Frau Meier! Sehr geehrte gnädige Frau! Sehr geehrter Herr Meier! Sehr geehrte Frau Präsidentin! Sehr geehrte Frau Dr. Schmidt! Sehr verehrter Herr Professor!	Einzelpersonen

Statt des Ausrufezeichens kann nach der Anrede ein Komma gesetzt werden. In diesem Fall muß das erste Wort des eigentlichen Briefes klein geschrieben werden, wenn es kein Substantiv oder Anredepronomen ist:

Sehr geehrte Herren! Hiermit bestätige ich ...	Sehr geehrte Herren, hiermit bestätige ich ...
Liebe Eltern! Heute erhielt ich ...	Liebe Eltern, heute erhielt ich ...

Gegenüber dem vertrauten *Liebe[r]* und dem neutralen *Sehr geehrte[r]* wirkt die Anrede mit *Sehr verehrte[r]* besonders ehrerbietig. Veraltet ist die Anrede mit *Werte[r],* sie sollte deshalb nicht mehr verwendet werden. Gebraucht man den Titel des Adressaten, so wird der Name meist weggelassen: *Sehr geehrter Herr Professor/Herr Senator!* Der Titel darf nicht abgekürzt werden, nur der Doktorgrad wird gewöhnlich abgekürzt vor den Familiennamen gesetzt (↑ Dr.).
Man achte darauf, ein Adjektiv in der Anrede nicht auf mehrere Namen o. ä. zu beziehen, wenn es grammatisch nur zu einem paßt (↑ Ellipse 2):

Nicht:	Sondern:
Sehr geehrte Frau und Herr Müller!	Sehr geehrte Frau Müller, sehr geehrter Herr Müller!
Liebe Erika und Peter!	Liebe Erika, lieber Peter!
Liebe Tante und Cousinen!	Liebe Tante, liebe Cousinen!
Liebe[r] Klaus und Peter!	Lieber Klaus, lieber Peter!
Meine lieben Inge und Hildegard!	Meine liebe Inge, meine liebe Hildegard!

5 Briefschluß

Mit vorzüglicher Hochachtung	Mit freundlichen Grüßen	Mit den besten Grüßen
Hochachtungsvoll	Freundliche Grüße	Mit bester Empfehlung

Die Grußformel beginnt normalerweise mit einem großen Anfangsbuchstaben und steht ohne Punkt oder Ausrufezeichen. Wird sie jedoch in den Briefschluß einbezogen, gilt die reguläre Zeichensetzung und Groß- und Kleinschreibung:

Ich hoffe, Ihnen damit gedient zu haben, und grüße Sie
mit vorzüglicher Hochachtung.

Bilden Schlußsatz und Unterschrift[en] eine grammatische Einheit, ist auf die ↑Kongruenz zwischen Subjekt und Prädikat zu achten:

Ein gutes neues Jahr *wünscht* Ihnen
Fritz Müller *mit* Frau und Tochter

Ein gutes neues Jahr *wünschen* Ihnen
Eva Müller und Familie

Bei Geschäftsbriefen kann der Briefschluß folgende Form haben (der Ranghöhere unterschreibt gewöhnlich links):

Mit verbindlichen Grüßen
PRINTA
Druckerei und Verlagshaus KG
im Auftrag

Schulze

Schulze

Anlage

Mit freundlichen Grüßen
Karl Meier GmbH

ppa.	i. V.
Walter	Schneider
Walter	Schneider

6 Anlagen

Hochachtungsvoll
Buchhandlung
Thekla Schiller

gez. Dr. Thekla Schiller
(nach Diktat verreist)

i. A. Kluge

(Sekretärin)

Anlagen
Auftragserteilung
Freiumschlag

Wie in der Anrede (↑4) darf auch im Briefschluß die Ersparung von Pronomen usw. nicht zu ungrammatischen Formulierungen führen (↑Ellipse 2):

Nicht:	Sondern:
Deine Mutter und Vater	Deine Mutter und dein Vater
Eure Renate und Peter	Eure Renate und Euer Peter
Dein Klaus und Rolf	Dein Klaus, Dein Rolf
Ihre Eva Müller und Max Müller	Ihre Eva Müller und Ihr Max Müller/ (auch:) Ihre Eva und Max Müller

Wird dagegen die an zweiter Stelle genannte Person[engruppe] auf den Briefschreiber (und nicht auf den Empfänger) bezogen, gilt das Pronomen nur für diesen:

Dein Onkel Emil und Familie	(elliptisch für: ... und seine Familie)
Eure Renate und Kinder	(elliptisch für: ... und ihre Kinder)
Ihre Vera Bellmer und Sohn	(elliptisch für: ... und ihr Sohn)

6 Elliptische Formulierungen

Zu Formulierungen wie *Für Ihre Sendung danken wir und [wir] bestellen ...* ↑Ellipse (11).

7 Wichtige Adressaten in Auswahl

Die folgende alphabetische Liste (X = Vorname, Y = Familienname) kann nicht vollständig sein (vgl. dazu H. Pfeil-Braun / I. Sollwedel: Das große Anredenbuch. München [4]1977). Zusammengesetzte Titel und Berufsbezeichnungen *(Vizekonsul)* suche man unter dem Grundbestandteil *(Konsul)*. Zu ihrer

Beugung in der Anschrift ↑ 1; zu den weiblichen Formen ↑ Titel und Berufsbezeichnungen (3). Im übrigen sind in den meisten Fällen die im folgenden genannten Formen der Anschrift und der brieflichen Anrede korrekt. Soweit – etwa bei Adelstiteln – noch eine andere Form der Anrede angegeben ist, wird mit einem Sternchen (*) empfohlen, das betreffende Stichwort (z. B. *Baron*) nachzuschlagen.

Anschrift	Anrede
Herrn/Frau [akad. Grad] X Y Titel/Berufsbezeichnung im Nominativ	Sehr geehrte/r Frau/Herr + Titel/Berufsbezeichnung
Herrn ...abgeordneten X Y	Sehr geehrter Herr Abgeordneter
Sr. Gnaden dem Hochwürdigsten Herrn Abt von ...	Euer Gnaden
Wohlehrwürdige Frau Äbtissin c/o ...	Wohlehrwürdige Frau Äbtissin
Herrn Architekten (BDA) X Y	Sehr geehrter Herr Y
Herrn Dr. med. XY [Facharzt für ...]	Sehr geehrter Herr Dr. Y
Herrn X Baron von Y (↑ Freiherr)	Sehr geehrter Herr Baron [von Y] (oder: Sehr geehrter Baron von Y)*
Sr. Exzellenz dem Hochwürdigsten Herrn Bischof X Y (kath.)	Euer [Hochwürdigste] Exzellenz
Herrn [Landes]bischof X Y (evang.)	Sehr geehrter Herr [Landes]bischof
Herrn X Y Botschafter der/des ... in ...	Sehr geehrter Herr Botschafter*
Herrn Bruder X Y	Ehrwürdiger Bruder
Herrn X Y Bundeskanzler der Bundesrepublik Deutschland	Sehr geehrter Herr Bundeskanzler
Herrn Bundespräsidenten der Bundesrepublik Deutschland X Y	Sehr geehrter Herr Bundespräsident

Anschrift	Anrede
Herrn X Y Bürgermeister der Stadt ...	Sehr geehrter Herr Bürgermeister
Herrn Dekan X Y (evang.)	Sehr geehrter Herr Dekan
Dekan einer Hochschule: ↑Spektabilität	
Herrn Diakon X Y	Sehr geehrter Herr Y
Herrn Diplomingenieur X Y	Sehr geehrter Herr Y
Herrn Direktor X Y	Sehr geehrter Herr Direktor
Herrn Dr.-Ing. X Y	Sehr geehrter Herr Dr. Y
Frau X Edle von Y	Sehr geehrte Frau von Y
Erster Vorsitzender: ↑Vorsitzender	
Frau X Freifrau von Y	Sehr geehrte Frau Freifrau von Y (oder: Sehr geehrte Frau von Y/ Sehr geehrte Baronin [von] Y)*
Herrn X Freiherr von Y	Sehr geehrter Herr Freiherr von Y (oder: Sehr geehrter Herr von Y/ Sehr geehrter Baron [von] Y)*
Frau X Freiin von Y	Sehr geehrte Frau von Y/ Sehr geehrte Baronesse [von] Y)*
Herrn X Fürst/Prinz von Y	Sehr geehrter Herr Fürst/Prinz [von Y] (oder: Sehr geehrter Fürst/Prinz Y)*
Herrn General X Y	Sehr geehrter Herr General Y
Herrn X Graf von Y	Sehr geehrter Herr Graf [von Y] (oder: Sehr geehrter Graf Y)*
Herrn Hauptmann X Y	Sehr geehrter Herr Hauptmann Y
Herrn X Herzog [von] Y	Sehr geehrter Herr Herzog [von] Y (oder: Euer Hoheit)*
H. H. P. (= Hochwürdig[st]en Herrn Pater) X Y	Euer Hochwürden (oder: Hochwürdig[st]er [Herr] Pater/ Sehr geehrter Pater Y)
An den Kanzler der ... -Universität Herrn (Dr.) X Y	Sehr geehrter Herr Kanzler
H. H. (= Hochwürden Herrn) Kaplan/Vikar X Y	Sehr geehrter Herr Kaplan/Vikar

Anschrift	Anrede
Sr. E. (= Seiner Eminenz) dem Hochwürdigsten Herrn X Kardinal Y	Euer Eminenz
Herrn Konrektor X Y	Sehr geehrter Herr Y
Herrn Konsul X Y	Sehr geehrter Herr Konsul
An Seine Magnifizenz den Rektor der ... -Universität Herrn Professor Dr. X Y	Euer Magnifizenz
Herrn Major X Y	Sehr geehrter Herr Major Y
Herrn ...minister X Y	Sehr geehrter Herr Minister
Herrn X Y Ministerpräsident des Landes ...	Sehr geehrter Herr Ministerpräsident
Mönch: ↑Bruder	
Nonne: ↑Schwester	
Frau Oberin X Y	Sehr geehrte Frau Oberin
Ehrwürdige Frau/Schwester Oberin Y	Ehrwürdige Frau/Schwester Oberin
Oberstudiendirektor: ↑Studiendirektor	
Oberstudienrat: ↑Studienrat	
Ordensschwester: ↑Schwester	
Pater: ↑H. H. P., ↑Prior	
H. H. (= Hochwürdig[st]en Herrn Pfarrer) X Y (kath.)	Sehr geehrter Herr Pfarrer
Herrn Präsidenten der ... X Y	Sehr geehrter Herr Präsident
Prinz: ↑Fürst	
H. H. (= Hochwürdig[st]en) Herrn Pater Prior	Hochwürdiger [Herr] Pater Prior (oder: Sehr geehrter Herr Prior)
Herrn Professor Dr. X Y	Sehr geehrter Herr Professor
Herrn Prokuristen X Y	Sehr geehrter Herr Y
Herrn Rabbiner X Y	Sehr geehrter Herr Rabbiner

Anschrift	Anrede
Herrn Rechtsanwalt X Y	Sehr geehrter Herr Y
Herrn Rektor X Y (↑Magnifizenz)	Sehr geehrter Herr Y
Herrn X Ritter von Y	Sehr geehrter Herr von Y
Schwester X Y	Sehr geehrte Schwester X
Ehrwürdige Schwester X (kath.)	Ehrwürdige Schwester
An Seine Spektabilität den Dekan der ... Fakultät der Universität ... Herrn Professor Dr. X Y	Euer Spektabilität (oder: Sehr geehrter Herr Professor)
Herrn X Y Staatssekretär im Ministerium ...	Sehr geehrter Herr Staatssekretär
Herrn Stadtrat X Y	Sehr geehrter Herr Stadtrat
Herrn Studiendirektor X Y	Sehr geehrter Herr Studiendirektor
Herrn Studienrat X Y	Sehr geehrter Herr Y
Herrn Superintendenten X Y	Sehr geehrter Herr Superintendent
Vikar: ↑Kaplan, ↑Pfarrvikar	
Vize ...: ↑Konsul, Präsident usw.	
Herrn [Ersten] Vorsitzenden des ... X Y	Sehr geehrter Herr Vorsitzender

Brief[bogen]block: Der Plural lautet *die Brief[bogen]blocks.* ↑Block.

Briefmarkenblock: Der Plural lautet *die Briefmarkenblocks.* ↑Block.

Brigadier: Das Wort hat zwei Pluralformen: *die Brigadiers* [brigadi'e:s] und *die Brigadiere* [briga'di:rə]. Im ursprünglichen Sinne von „Befehlshaber einer Brigade" wird nur die Pluralform *Brigadiers* gebraucht. Im Sinne von „Leiter einer Arbeitsbrigade" sind beide Pluralformen gebräuchlich.

bringen: 1. Konjugation: Das Verb hat Wechsel des Stammvokals und Veränderung des Stammauslautkonsonanten: *bringen, brachte, gebracht.* **2. bringen/erbringen:** Zwischen den beiden Verben besteht ein feiner Unterschied. Das Präfixverb *erbringen* drückt besonders die Erzielung eines Ergebnisses aus und wird immer sachlich feststellend (amtlich) gebraucht: *Die Lotterie erbrachte* (= brachte als Ergebnis) *einen Reingewinn in Höhe von ... Die Untersuchung erbrachte den Nachweis* (= wies nach), *daß ...* **3. etwas zum Ab-**

schluß bringen · etwas in Erfahrung bringen: Das Verb *bringen* steht oft verblaßt in Nominalfügungen: *etwas zum Abschluß bringen* (= abschließen); *etwas zum Ausdruck bringen* (= erkennen lassen, ausdrücken); *etwas in Erfahrung bringen* (= durch Nachforschen erfahren); *etwas zur Kenntnis bringen* (= bekanntgeben). Zur stilistischen Bewertung dieser Fügungen ↑Nominalstil.

Brösel: Es heißt im Singular *der Brösel,* im Plural *die Brösel* (nicht: *Bröseln*); *das Brösel* ist landschaftlich (bes. österr.).

Brot: Der Plural lautet *die Brote.* In salopper Umgangssprache wird – meist scherzhaft – bisweilen die Pluralform *die Bröter* gebraucht.

Bruch: Das Wort *Bruch* „Sumpfland, sumpfige Niederung" kann männlich oder sächlich sein. Sowohl *das Bruch* als auch *der Bruch* sind korrekt. Der Plural lautet *die Brüche,* landschaftlich auch: *die Brücher.*

bruchlanden: Von *bruchlanden* wird im allgemeinen nur das 2. Partizip gebraucht: *Wir sind bruchgelandet; die kurz zuvor bruchgelandete Do 27.* ↑Zusammen- oder Getrenntschreibung (2.1).

bruchrechnen: Von *bruchrechnen* ist nur der Infinitiv gebräuchlich: *Ich kann gut bruchrechnen.* Vereinzelt können auch andere Formen vorkommen: *Störe sie nicht, wenn sie bruchrechnet!* ↑Zusammen- oder Getrenntschreibung (2.1).

Bruchteil: Das Wort hat nur männliches Geschlecht: *Er zögerte nur den Bruchteil* (nicht: *das Bruchteil*) *einer Sekunde. Die Einnahmen deckten nur einen Bruchteil* (nicht: *ein Bruchteil*) *der Kosten.*

Bruchzahlen: 1. ein Viertel des Weges/ein viertel Zentner: Groß schreibt man, wenn die Bruchzahl als Substantiv gebraucht wird: *ein Drittel, drei Fünftel, ein Zwanzigstel, drei Hundertstel, ein Achtel des Betrages, ein Viertel des Weges, drei Tausendstel von dieser Summe* usw. Klein schreibt man, wenn die Bruchzahl vor Maß- und Gewichtsangaben attributiv (als Beifügung) gebraucht wird: *ein viertel Zentner Mehl, ein achtel Kilo, drei tausendstel Sekunden* usw. **2. drei achtel Liter/drei Achtelliter:** Zusammen schreibt man, wenn Bruchzahlen zum Bestimmungswort allgemein gebräuchlicher fester Maßbezeichnungen geworden sind: *ein Viertelpfund, drei Achtelliter, eine Viertelstunde, drei Zehntelsekunden* usw. Die Getrenntschreibung bleibt aber immer möglich, wenn man einzelne Bruchteile zählen will: *drei achtel Liter; zwei viertel Zentner.* **3. Ein Drittel der Mitglieder stimmte/stimmten nicht ab · Zwei Drittel der Mannschaft wurden/wurde gerettet:** Wenn das Subjekt des Satzes aus einer Bruchzahl und einem Substantiv im Genitiv besteht, dann richtet sich das Verb in seinem Numerus gewöhnlich nach der Bruchzahl (der Numerus des Substantivs im Genitiv spielt keine Rolle). Es heißt also standardsprachlich: *Ein Drittel der Mitglieder stimmte nicht ab. Zwei Drittel der Mannschaft wurden gerettet. Sieben Achtel der Energie gingen verloren.* Folgt dagegen das Substantiv im Nominativ Singular, dann kann auch bei pluralischer Bruchzahl das Verb im Singular stehen: *Zwei Fünftel Kernenergie decken/deckt den Bedarf.* ↑Kongruenz (1.2.3). Zur Deklination von *Drittel, Viertel* u. a. *(mit zwei Drittel/Dritteln des Gewichtes)* ↑Drittel, Viertel usw., ↑Maß-, Mengen- und Münzbezeichnungen (1).

Bruder: 1. Ihres Herrn Bruders: In Verbindung mit *Herr* muß *Bruder* im Genitiv gebeugt werden: *der Besuch Ihres Herrn Bruders;* ↑Herr (2b). **2. Brüder/Gebrüder:** Während *Brüder* lediglich die Mehrzahl bezeichnet, bezieht sich *Gebrüder* auf die Gesamtheit der Brüder einer Familie (veraltend) bzw. (kaufm.) auf Brüder, die gemeinsam ein Unternehmen leiten. Es heißt im übrigen richtig *die Brüder* (nicht: *Gebrüder*) *Grimm,* denn Jacob und Wilhelm Grimm waren die beiden ältesten von fünf Brüdern und nannten sich selbst nur Brüder Grimm.

Bruderschaft / Brüderschaft: Die beiden Wörter werden nur selten gleichbedeutend verwendet. Im allgemeinen bedeutet *Bruderschaft* „kirchliche Körperschaft (von Geistlichen und Laien)", *Brüderschaft* wird dagegen im Sinne von „enge Freundschaft" gebraucht: *mit jemandem Brüderschaft schließen* oder *trinken, auf gute Brüderschaft anstoßen* usw. Nur landschaftlich, vor allem in Österreich, wird auch *Bruderschaft* in diesem Sinne gebraucht.

Brünette: Dieses Wort kann auf zweierlei Weise dekliniert werden. Faßt man es als Substantivierung von *brünett* auf, dann wird es wie ein attributives ↑Adjektiv gebeugt: *der* oder *die Brünette, ein Brünetter. Er tanzte mit einer Brünetten. Er sah zwei Brünette.* Gewöhnlich wird das Femininum *Brünette* jedoch wie ein echtes Substantiv behandelt und nach dem Muster von ↑Blondine im Singular endungslos, im Plural schwach dekliniert: *am Arm einer Brünette, mit einer Brünette, zwei reizende Brünetten.* ↑substantiviertes Adjektiv (2.2.2).

Brunft/Brunst: Beide Wörter bedeuten „Zeit der Paarung[sbereitschaft] bei Säugetieren". Das jägersprachliche Wort *die Brunft* (bes. vom Schalenwild) geht zurück auf mhd. *bremen,* ahd. *breman* „brummen, brüllen". Dagegen gehört *die Brunst* zu mhd., ahd. *brunst* „Brand, Glut"; dieses Wort wird auch allgemein im Sinne von „geschlechtliche Erregung" gebraucht.

brustschwimmen: Von *brustschwimmen* wird im allgemeinen nur der Infinitiv gebraucht: *Sie kann gut brustschwimmen.* Vereinzelt können auch andere Formen vorkommen: *Er ist nicht schnell genug, wenn er brustschwimmt.* ↑Zusammen- oder Getrenntschreibung (2.1).

Bub/Bube: Die beiden Nominativformen haben sich in der Bedeutung so stark differenziert, daß sie im heutigen Sprachgebrauch als zwei verschiedene Wörter empfunden werden: 1. *Bub* (südd., österr., schweiz. für:) „Junge, Knabe". 2. *Bube* (veraltend für:) „Schurke, Schuft". Allgemein üblich ist die Verwendung von *Bube* als Spielkartenbezeichnung. Auch die kürzere Form *Bub* wird aber schwach gebeugt. Es heißt richtig *dem, den Buben* (nicht: *dem, den Bub*). ↑Unterlassung der Deklination (2.1.1).

Buch führen: Man schreibt getrennt: *Buch führen* (nicht: *buchführen*). Nur das attributiv gebrauchte 1. Partizip wird gewöhnlich zusammengeschrieben: *die buchführende Geschäftsstelle.* ↑Zusammen- oder Getrenntschreibung (3.1.1).

buchen/verbuchen/abbuchen: Die Verben überschneiden sich teilweise. Sowohl *buchen* als auch *verbuchen* können im Sinne von „[in die Geschäftsbücher] eintragen, registrieren" verwendet werden: *einen Betrag auf ein Konto buchen, eine Summe im Haben verbuchen.* Dabei betont *verbuchen* stärker die (Rechts)verbindlichkeit des Vorgangs. Auch *abbuchen* wird gelegentlich in diesem Sinne verwendet; seine Hauptbedeutung ist jedoch „von einem Konto wegnehmen": *Die Bank buchte den Betrag von meinem Konto ab.* – Im Sinne von „vorbestellen, reservieren lassen" wird nur *buchen* gebraucht: *Ich habe einen Schiffsplatz gebucht. Sie hat den Flug nach Rom bereits gebucht.*

Buchfink: ↑Unterlassung der Deklination (2.1).

Buchloer: Die Einwohner der bayerischen Stadt Buchloe ['bu:xlo:ə] heißen *Buchloer.* Das Endungs-*e* des Ortsnamens fällt also aus. ↑Einwohnerbezeichnungen (3).

Buchse/Büchse: Die beiden Wortformen *(Buchse* ist eigentlich eine umlautlose oberd. Mundartform von *Büchse)* haben sich in der Bedeutung so stark differenziert, daß sie als zwei verschiedene Wörter empfunden werden. Das technische Fachwort *Buchse* bedeutet „Hohlzylinder zur Aufnahme eines Zapfens o.ä.; Steckdose" (z.B. *Lager-, Schmierbuchse,* nicht: *-büchse*). Das Wort *Büchse* wird dagegen für „verschließbares, zylinderartiges Gefäß, Dose" und für „Jagdgewehr (mit gezogenem Lauf)" gebraucht.

Buchstabe: Das Wort *Buchstabe* wird im Genitiv Singular heute meist stark *(des Buchstabens),* selten schwach *(des Buchstaben)* dekliniert. Zur Groß- und Kleinschreibung und zur Beugung einzelner Buchstaben *(des, die A[s])* ↑Einzelbuchstaben, ↑Alphabet.

Buchtitel: 1. Anführungszeichen: a) Zitierte Buchtitel werden in Anführungszeichen gesetzt, wenn sie hervorgehoben werden sollen oder in Verbindung mit einem Substantiv (*Roman, Werk* usw.) stehen: *Er kaufte sich den Roman „Der Großtyrann und das Gericht". Der Gedichtband „Die gestundete Zeit" fand viel Beachtung. Er las gerade „Billard um halb zehn". Sie schenkte ihm „Die Blechtrommel".* Bei bekannten Buchtiteln können die Anführungszeichen auch fehlen: *Goethes Faust gehört an vielen Schulen zur Pflichtlektüre. Günter Grass' Blechtrommel wurde ein Bestseller.* **b)** Der zu einem Buchtitel gehörende Artikel wird in die Anführungszeichen einbezogen, wenn er im Nominativ steht: *Anna Seghers' bekanntestes Werk ist „Das siebte Kreuz".* Er kann einbezogen oder ausgeschlossen werden, wenn Akkusativ und Nominativ des Artikels gleich lauten: *Er las „Die Blechtrommel"* oder: *Er las die „Blechtrommel".* Ändert sich der Artikel durch die Beugung des Buchtitels (↑3), dann bleibt er außerhalb der Anführungszeichen und wird klein geschrieben: *Der Verfasser des „Grünen Heinrichs" ist Gottfried Keller. Das ist ein Zitat aus dem „Zauberberg".* **2. Groß- oder Kleinschreibung:** Groß schreibt man das erste Wort eines Buchtitels, wenn er in Anführungszeichen gesetzt wird: *Sie schenkte ihm Frischs Roman „Mein Name sei Gantenbein". Wie hat dir „Auf den Marmorklippen" gefallen? Er kaufte sich „Das Glasperlenspiel" von Hermann Hesse.* Adjektive, Zahlwörter und Pronomen, die im Innern des Buchtitels stehen, werden gewöhnlich klein geschrieben: *Das siebte Kreuz, Das verlorene Paradies, Die drei Musketiere.* Fällt aber der Artikel aus und rückt dadurch das Adjektiv usw. an den Anfang des Titels, dann wird es – mit oder ohne Anführungszeichen – groß geschrieben: *Sie las das „Siebte Kreuz"* (oder: *„Das siebte Kreuz"*) *von Anna Seghers. Kennst du Miltons Verlorenes Paradies? Das ist eine Episode aus den Drei Musketieren.* **3. Deklination:** In gutem Deutsch werden die Buchtitel gebeugt, auch dann, wenn sie in Anführungszeichen stehen: *Sie las aus dem „Dreißigsten Jahr" von Ingeborg Bachmann vor. Dieser Satz findet sich in der „Neapolitanischen Legende" von Frank Thieß. Er fand das Zitat in Büchmanns „Geflügelten Worten".* **4. Kongruenz:** Ein pluralischer Buchtitel mit Artikel verlangt auch ein pluralisches Prädikat: *„Die Räuber" haben* (nicht: *hat*) *immer eine starke Wirkung ausgeübt.* Anders ist es, wenn ein Titel mehrere Einzelsubjekte enthält. Er wird dann gewöhnlich als Einheit gefaßt, und das Prädikat steht im Singular: *„Romeo und Julia" wird* (nicht: *werden*) *neu inszeniert.* ↑Kongruenz (1.2.5 und 1.3.6). **5. Zeichensetzung:** Bei der Angabe von Buchtiteln kann nach dem Verfassernamen entweder ein Komma oder ein Doppelpunkt stehen: *Franz Kafka, Das Schloß, Frankfurt a.M.[,] 1958* (oder: *Franz Kafka: Das Schloß ...*).

bummeln: Das Perfekt von *bummeln* im Sinne von „langsam, ziellos spazierengehen" kann mit *haben* oder *sein* umschrieben werden, je nachdem, ob der Sprecher stärker die durch das Bummeln entstehende Ortsveränderung oder den Vorgang, die Dauer des Bummelns sieht: 1. Veränderung in der Bewegung, Ortsveränderung mit *sein: Wir sind durch die Straßen, über den Markt gebummelt.* 2. Dauer in der Bewegung, Vorgang mit *haben: Nach dem Abendessen habe ich ein bißchen gebummelt. Weil die Kinder unterwegs gebummelt haben, haben wir den Omnibus nicht mehr bekommen.* – Der Gebrauch mit *sein* nimmt, wie bei den anderen Bewegungsverben, immer mehr zu. Daher auch schon: ... *bin ich ein bißchen gebummelt* usw. In der Bedeutung „trödeln; langsam arbeiten" kann *bummeln* nur mit *haben* verbunden werden: *Er hat bei den Schularbeiten gebummelt.* ↑haben (1).

Buna: Es heißt sowohl *der* als auch *das Buna.*

Bund: Im heutigen Sprachgebrauch werden *der Bund* und *das Bund* in der Bedeutung und in der Pluralbildung streng geschieden. **1. der Bund (Plural: die Bünde):** Dieses Wort bedeutet „enge Verbindung mit einer gleichgesinnten Person oder einer Anzahl von Personen; organisierter Zusammenschluß, Bündnis" und „das Verbindende, Bindestück, bes. oberer, fester Rand an Röcken und Hosen". Dazu gehören die gleichfalls männlichen Zusammensetzungen *Freundschafts-, Ehe-, Geheim-, Sport-, Staaten-, Völkerbund* usw. und *Hosen-, Hemden-, Rockbund.* **2. das Bund (Plural: die Bunde):** Dieses Wort bedeutet „etwas, was zu einem Bündel zusammengebunden ist", z. B. *ein Bund Stricke, ein Bund Radieschen.* Dazu gehören die sächlichen Zusammensetzungen *Reisig-, Stroh-, Garbenbund* usw. und als Ausnahme *der* und *das Schlüsselbund.* Zur Beugung des Gemessenen nach *Bund (der Preis eines Bund[e]s Rettich)* ↑Bündel.

Bündel: Das Gemessene nach *Bündel: ein Bündel Reisig* (nicht: *Reisigs*); *ein Bündel trockenes Heu* (geh.: *trockenen Heu[e]s*); *der Preis eines Bündels Heu* (nicht: *Heu[e]s*); *mit 10 Bündeln langem Stroh* (geh.: *langen Strohs*); *von einem Bündel karierter Handtücher* oder *karierte Handtücher.* ↑Apposition (2.2).

Bundeskanzler: Zur Anschrift ↑Brief (7).

Bundespräsident: ↑Präsident; ↑Brief (7).

Bundestagsabgeordnete, der oder die: ↑Abgeordnete; ↑Brief (7).

Bündnisblock: Der Plural lautet *die Bündnisblöcke* oder *die Bündnisblocks.* ↑Block.

bunt: 1. der bunte Abend · Abzüge in Bunt: Klein schreibt man das Adjektiv *bunt* auch in Fügungen wie *ein bunter Abend, der bunte Teller, bekannt wie ein bunter Hund.* Groß schreibt man die substantivierte ↑Farbbezeichnung: *Stoffe in Grau und Bunt; Abzüge, Vergrößerungen in Bunt.* **2. die buntgefärbten/bunt gefärbten Kleider:** Man schreibt *bunt* mit dem folgenden 2. Partizip zusammen, wenn die Verbindung adjektivisch gebraucht wird (nur das erste Glied trägt Starkton): *die buntgefärbten Kleider.* Man schreibt getrennt, wenn die Vorstellung der Tätigkeit vorherrscht (beide Wörter tragen Starkton): *die bunt gefärbten Kleider.* Dies gilt immer, wenn beide Wörter aussagend stehen: *Die Kleider sind bunt gefärbt.* ↑blau (2). **3. buntegste/buntste:** Das *-e-* des Superlativs fällt bei *bunt* gelegentlich aus. Es ist aber besser, die volle Form, also *bunteste,* zu verwenden. ↑Vergleichsformen (2.3).

Bürgerliches Gesetzbuch: Das Adjektiv in dieser Fügung wird groß geschrieben, weil es sich um den Namen der Gesetzessammlung handelt (Abk.: *BGB*). Vgl. auch ↑Kompositum (6).

Bürgermeister: Zu *des Bürgermeisters Schneider/Bürgermeister Schneiders* ↑Titel und Berufsbezeichnungen (1.2 und 1.3); zur Anschrift ↑Brief (7).

Burma: ↑Birma/Burma.

Büro: Das Wort wird standardsprachlich auf der zweiten Silbe betont: *Büro.*

Bursch/Bursche: Neben *der Bursche* kommt landschaftlich und studentensprachlich auch *der Bursch* vor; ↑Substantiv (2.3). Beide Formen werden schwach gebeugt: *des Burschen,* *dem/den Burschen* (nicht: *dem/den Bursch*). ↑Unterlassung der Deklination (2.1.1).

Bus: Der Genitiv der Kurzform lautet *des Busses,* der Plural *die Busse.* ↑Omnibus.

Busch: Das zum Namen des Dichters Wilhelm Busch gebildete Adjektiv auf *-sch* wird ohne Apostroph geschrieben: *Buschsche Gedichte, der Buschsche Humor.* ↑Apostroph (3.2).

bzw.: ↑beziehungsweise.

C

c: Zur Schreibung und Deklination ↑Bindestrich (2.4; *C-Schreibung*), ↑Einzelbuchstaben *(des C, zwei C),* ↑Groß- oder Kleinschreibung (1.2.5; *das c in Sauce*).

c, k oder z: 1. c in Fremdwörtern: Mit *c* schreibt man Fremdwörter wie *Café, Comics, Copyright, Comeback, comme il faut, Cornflakes, Crackers, Annonce, Service,* die oft noch andere, dem Deutschen fremde Buchstaben[verbindungen] bewahrt haben und meist auch anders als deutsche Wörter ausgesprochen werden. **2. die Aussprache des *c*: a)** wie *k* [k] vor *a, o, u* und vor den Konsonanten *l, r: Café, Clay, Clown, Comeback, Couch, Cour, Crew, Curé;* auch am Wortende: *Mac, Aurignac.* **b)** wie *ß* [s] vor *e, i, y* in englischen, französischen und spanischen Wörtern (Namen) und in der Schreibung ç (↑Cedille) vor *a, o, u: Aktrice, Aperçu, Cedille, Cent, Centésimo, Cercle, Cinéma, City, Annonce, Curaçao, Brabançonne.* **c)** wie *tsch* [tʃ] vor *e* und *i* in Fremdwörtern italienischer Herkunft: *Celesta, Cello, Cembalo, Cicerone, Cicisbeo, Cinquecento, Cipollata.* **d)** verschiedentlich wie *z* [ts] vor *ä (ae), e, i, ö (oe), y* vor allem in Wörtern (Namen), die aus dem Griechischen oder Lateinischen kommen oder nach dem Griechischen oder Lateinischen gebildet sind: *Cäsar, Cella, Cellon, Cellophan, Celsius, Ceres, Cereus, Cerumen, Cicero, Circe, Cyclonium.* **3. eingedeutschte Schreibung von Fremdwörtern:** Fremdwörter, die im Deutschen häufig gebraucht werden, werden oft schon eingedeutscht geschrieben. Das gilt besonders für deutsche Neubildungen aus fremden Stämmen. Das *c* wird dann je nach der Aussprache durch *k, z, ß* oder *ss* ersetzt. **a)** *k* für *c* vor *a, o, u* und den Konsonanten *l, r: Kaffee, Kopie, akut, Prokura, Kode, exklusiv, Kruzifix, Kompanie.* **b)** *ß* für *c* vor *e* und *i: Soße.* **c)** *z* für *c* vor *ä, e, i, ö, y: Medizin, Fazit, Partizip, Zigarette, Zirkus, Szene, Akzent, Karzinom, plazieren, Suizid.* **d)** *ss* für *ç: Fasson.* **4. Die Schreibung der Fremdwörter in den Fachsprachen:** Die Fachsprachen weichen – oft im Rahmen der Entwicklung von Nomenklaturen – häufig von der üblichen Rechtschreibung ab: *Cadmium, Calcium, Carotin.* **5. Fremdwörter und ihre Abkürzungen in verschiedener Schreibung:** Es kommt nicht selten vor, daß Abkürzungen, denen ein Fremdwort zugrunde liegt, die ursprüngliche Schreibung bewahrt haben, während die ausgeschriebenen Wörter jetzt eingedeutscht geschrieben werden: *Tbc/Tuberkulose, WC/Wasserklosett, Co./Kompanie.*

Cabrio[let]: ↑Kabrio[lett].

Café/Kaffee: Mit dem Wort *das Café* wird eine Gaststätte bezeichnet, die in erster Linie Kaffee und Kuchen anbietet (die Schreibung *das Kaffee* ist in diesem Zusammenhang nicht mehr üblich). Demgegenüber bezieht sich *der*

Kaffee (mit Betonung auf der ersten oder zweiten Silbe) auf die Kaffeepflanze bzw. deren bohnenförmigen Samen und das daraus gewonnene Getränk und auch auf die Kaffeemahlzeit am Morgen oder am Nachmittag.

Cafénamen: ↑Gebäudenamen.

Calwer: Die Einwohner von *Calw* [kalf] heißen *Calwer* ['kalvɐ]. Die Einwohnerbezeichnung *Calwer* wird immer groß geschrieben, auch wenn das Wort wie ein flexionsloses Adjektiv vor einem Substantiv steht: *die Calwer Bibel; eine Calwer Firma.* ↑Einwohnerbezeichnungen (7).

Cartoon: Es heißt sowohl *der Cartoon* als auch *das Cartoon.*

Casus obliquus: ↑Kasus.

Casus rectus: ↑Kasus.

Cedille: Die Cedille ist ein kommaähnliches ↑diakritisches Zeichen unter einem Buchstaben; vgl. franz. ç, das vor *a, o, u* als [s] gesprochen wird (↑c, k oder z), oder rumän. ş für [ʃ]. In der Internationalen Lautschrift bezeichnet das Zeichen [ç] den Ich-Laut.

Cello: Der Plural von *Cello* lautet *die Cellos* oder *die Celli* (nicht: *die Cellis*).

Celsius: ↑Grad.

ch-, Ch-: ↑Aussprache (10).

chamois: 1. chamoisfarbenes Papier: Das Farbadjektiv *chamois* „gemsfarben, gelbbräunlich" kann nicht gebeugt werden. Will man es attributiv verwenden, so kann man sich durch Zusammensetzung mit *-farben, -farbig* helfen: *ein chamoisfarbenes Leder, Papier.* ↑Farbbezeichnungen (2.2). **2. in Chamois:** In Verbindung mit einem Artikel oder einer Präposition wird *chamois* groß geschrieben: *eine Vergrößerung in Chamois.* ↑Farbbezeichnungen (3.2).

Chanson: Es heißt *das Chanson,* aber: *die Chanson de geste* (altfranzösisches episches Heldenlied).

checken: Das aus dem Engl. übernommene Verb *checken* ['tʃɛkn̩] (nicht: *schecken*) hat zwei Bedeutungen: „anrempeln, behindern" (Eishokkey) und „nachprüfen, kontrollieren" (bes. in der Technik: *Das Flugzeug wurde vor dem Start gecheckt*). In salopper Ausdrucksweise wird es auch im Sinne von „begreifen, kapieren" verwendet: *Hast du das immer noch nicht gecheckt?*

Chemie: Die Wörter *Chemie, Chemiker, chemisch, Chemikalien* usw. werden in der Standardlautung mit dem Ich-Laut [ç] ausgesprochen: [çe'mi:], ['çe:mikər] usw. Die Aussprache mit [k], also [ke'mi:] usw., ist landschaftliche, besonders oberdeutsche Eigenart.

Chemnitz: Dieser Ortsname wird mit [k] ausgesprochen: ['kɛmnɪts].

-chen/-lein: Substantive auf *-chen* und *-lein* sind Neutra und haben neben dem Bedeutungselement „klein" auch Merkmale wie „bekannt" und „vertraut", die eine besondere gefühlsmäßige Einstellung, eine persönliche Beziehung zum Ausdruck bringen *(das Häuschen, Städtchen; Lämmlein, Wässerlein).* Am häufigsten wird heute *-chen* gebraucht; das ursprünglich oberd. *-lein* (vgl. schwäb. *-le,* schweiz. *-li*) ist seltener. ↑Diminutiv.

Chersones: Es heißt *der* (seltener und fachspr. auch: *die*) *Chersones* [çɛrzo'ne:s]. ↑Peloponnes.

chic/schick: ↑schick/chic.

Chiemsee: Der Name wird anlautend mit [k] gesprochen: ['ki:mze:]. Die Schreibung des K-Lautes mit *ch, Ch* war in alt- und mittelhochdeutscher Zeit im Bairischen und Alemannischen nicht selten und hat sich in einigen Namen bis heute gehalten.

Ch-Laut: ↑Aussprache (10).

China: Die Wörter *China, Chinese* usw. werden in der Standardlautung mit dem Ich-Laut [ç] ausgesprochen: ['çi:na], ['çine:zə]. Die Aussprache mit [k], also ['ki:na] usw., ist landschaftliche, besonders oberdeutsche Eigenart.

Chinchilla: Das südamerikanische Pelztier heißt *die Chinchilla* (in Österreich nur: *das Chinchilla*). Sein Fell wird als *das Chinchilla* bezeichnet. Sächlich ist auch der Name der Kaninchenrasse *das Chinchilla.*

Chinin: Das Wort wird in der Standardlautung mit dem Ich-Laut gesprochen: [çi'ni:n]. ↑Chemie, ↑China.

Chor: Das Wort hat verschiedene Bedeutungen, die sich zum Teil auch durch den Artikel und den Plural unterscheiden: 1. „Sängergemeinschaft, zusammengehörige Gruppe; Komposition für gemeinsamen, mehrstimmigen Gesang“: *der Chor,* Plural: *die Chöre.* 2. „erhöhter Kirchenraum, Orgelempore“: *der Chor,* seltener: *das Chor;* Plural: *die Chore* oder *die Chöre.*

Chor/Korps: Die beiden Homophone (gleichlautenden Wörter) sind nach Schreibung, Bedeutung und Herkunft deutlich unterschieden. 1. *Chor* (↑Chor): Das Wort kommt von griechisch *chorós* „Tanz, Reigen“, das über lat. *chorus* ins Deutsche entlehnt wurde. Es entwickelte im Althochdeutschen aus einer erweiterten Bedeutung „singende und tanzende Schar“ ein in den sakralen Bereich übertragenes *chōr* „gemeinsamer Gesang der Geistlichen in der Kirche“. Im Mittelhochdeutschen *(kōr)* bezeichnete das Wort dann auch einerseits den Chorraum (als den Ort, an dem sich der Chor aufstellt), andererseits allgemein jede Sängerschar. 2. *Korps* (*das Korps* [ko:r], Plural: *die Korps* [ko:rs]): Das Wort ist entlehnt aus französisch *corps* „Körper; Körperschaft; Heerhaufe; Abteilung“, das auf lateinisch *corpus* „Körper“ zurückgeht. Ein Korps ist ein durch Gesetz, Beruf oder Gebräuche fest verbundener Personenkreis oder ein größerer Truppenverband: *Offizierskorps, diplomatisches Korps; Korps* (= eine Studentenverbindung); *Armeekorps.*

Choral: Der Plural lautet *die Choräle.*

Christus: Zur Beugung dieses Namens ↑Jesus Christus.

Chronometer: Es heißt *das Chronometer,* umgangssprachlich auch *der Chronometer.*

cif: Die Abkürzung *cif* (= *cost, insurance, freight* „[Verlade]kosten, Versicherung, Fracht [im Preis eingeschlossen]“) wird im Überseehandel wie eine Präposition mit dem Akkusativ gebraucht: *cif deutschen Bestimmungshafen.* ↑frei/fob.

City: Der Plural von *City* wird im Deutschen meist durch Anhängen von *-s* gebildet: *die Citys* (selten: *die Cities*). ↑-y.

ck: Bei der Silbentrennung wird *ck* in *k-k* aufgelöst: *Zuk-ker, bak-ken.* Dies gilt auch für Eigennamen: *Hakkendörfer.* Nur *ck* nach Konsonant bleibt erhalten und darf nicht getrennt werden: *Sen-ckenberg, bismar-ckisch.*

Club/Klub: Die eingedeutschte Schreibung mit *K (Klub)* ist heute üblich. Die Schreibung mit *C* ist jedoch nicht falsch. Vor allem in Vereinsnamen wird das Wort noch oft mit *C* geschrieben, weil zur Zeit der Vereinsgründung diese Schreibung üblich war. Auch in Barnamen ist die Schreibung mit *C* üblich (vgl. auch *Nightclub*).

c/o: Zu dieser engl. Abkürzung (= *care of* „[wohnhaft] bei, per Adresse“) ↑Brief (1.2).

Co./Co: Die in Firmennamen auftretende Abkürzung für *Kompanie* kann mit oder ohne Punkt geschrieben werden. ↑Abkürzungen (1.1). Die Schreibung mit *C* rührt von der alten Schreibung *Compagnie* her.

Cognac: ↑Kognac.

Cola: Es heißt *das* oder *die Cola.* Richtig ist also sowohl *ein Cola* wie *eine Cola bestellen.*

Comic: Das Wort *der Comic* (Plural: *die Comics*) ist die Kurzform zu der *Comic strip* (Plural: *die Comic strips*) und bezeichnet eine aus Bildstreifen bestehende [Fortsetzungs]geschichte.

Concerto grosso: Der Genitiv der Fügung *das Concerto grosso* lautet *des Concerto grosso,* der Plural lautet *die Concerti grossi.*

Consecutio temporum: ↑Zeitenfolge.

Constructio ad sensum: ↑Kongruenz.

Corpus/Korpus: Das sächliche Substantiv *das Corpus* bzw. (eindeutschend) *das Korpus* (Plur.: *die Corpora/Korpora*) bedeutet (Med.) „Hauptteil eines Organs oder Körperteils" und (Sprachwiss.) „Sammlung einer begrenzten Anzahl von Texten, Äußerungen o. ä. als Grundlage für sprachwissenschaftliche Untersuchungen"; nur im Singular wird das Wort auch als Bezeichnung für den Klangkörper besonders eines Saiteninstruments verwendet. Demgegenüber bedeutet das männliche Substantiv *der Korpus* (Plur.: *die Korpusse*) „menschlicher Körper" (scherzh.) und „Christusfigur am Kruzifix" (bild. Kunst); nur im Singular wird diese Form auch als Bezeichnung des Grundteils eines Möbelstücks verwendet.

Cottbusser/Cottbuser: 1. Das scharfe auslautende *s* im Ortsnamen *Cottbus* wird in der Ableitung auf *-er* (dem Einwohnernamen) mit Doppel-s geschrieben (und auch so gesprochen): *Cottbusser.* Daneben kommt auch die Schreibung mit einem *s (Cottbuser)* vor, die aber genauso gesprochen wird. **2.** *Cottbu[s]ser* wird immer groß geschrieben, auch wenn das Wort wie ein flexionsloses Adjektiv vor einem Substantiv steht: *das Cottbu[s]ser Tor; die Cottbu[s]ser Industrie.* ↑Einwohnerbezeichnungen (5 und 7).

Countdown: Es heißt *der* oder *das Countdown* und im Genitiv *des Countdown* oder *des Countdowns.*

creme: 1. ein creme Hut/ein cremefarbener Hut: Es ist standardsprachlich nicht korrekt, das Farbadjektiv *creme* zu beugen. Will man es attributiv (als Beifügung) verwenden, so kann man sich durch Zusammensetzung mit *-farben* oder *-farbig* helfen: *ein cremefarbener Hut, cremefarbige Schuhe.* ↑Farbbezeichnungen (2.2). **2. in Creme:** In Verbindung mit einem Artikel oder einer Präposition wird die Farbbezeichnung *Creme* groß geschrieben: *Handschuhe in Creme.* ↑Farbbezeichnungen (3.2).

Creme/Krem: Das Wort kommt in zwei verschiedenen Formen vor: **a)** *die Creme,* Plural: *die Cremes,* österr. und schweiz. *die Cremen.* **b)** *die Krem,* Plural: *die Krems,* (ugs. auch *der Krem,* Plural: *die Kreme* oder *Krems*). Obwohl zwischen den Schreibungen mit *C* und *K* kein grundsätzlicher Unterschied besteht, wird heute für die Bedeutung „Salbe, Paste" die Schreibung *Creme* vorgezogen, während für die Bedeutung „feine Tortenfüllung; Süßspeise" die Schreibung *Krem* bevorzugt wird. Man schreibt aber mit *C die Creme der Gesellschaft* (iron. für „die Oberschicht", nach französisch *crème* „Rahm, Sahne").

Curry: Die Bezeichnung des scharfen Gewürzpulvers hat männliches oder sächliches Geschlecht: *der Curry* oder *das Curry.*

D

d: Zur Schreibung und Deklination ↑Bindestrich (2.4) *(D-Laut);* ↑Einzelbuchstaben *(des D, zwei D);* ↑Groß- oder Kleinschreibung (1.2.5) *(das d in Rad).*

-d-: Zum Gleitlaut *-d-* ↑zweites Partizip (5), ↑Morgen, ↑morgendlich.

-d/-t: ↑-and/-ant, ↑ent-/end-, ↑seid/seit, ↑tod-/tot-.

da: 1. da bleiben/dableiben: Getrennt vom folgenden Verb schreibt man die Adverbien *da, daher, dahin* usw., wenn sie eine Ortsangabe darstellen oder hinweisend gebraucht werden:

Er wird da sein (= dort, an der bezeichneten Stelle sein). *Du sollst da bleiben* (= an dieser Stelle bleiben). *Er wird daher* (= aus dieser Richtung) *kommen. Er hat den Stein bis dahin* (= bis zu der Stelle dort) *gebracht. Es wird daher kommen, daß ...* Zusammen schreibt man, wenn durch die Verbindung ein neuer Begriff entsteht und *da, daher, dahin* usw. Verbzusätze sind: *Er ist heute dagewesen* (= er war anwesend). *Das ist noch nicht dagewesen* (= vorgekommen). *Du sollst dableiben* (= nicht weggehen). *Wie die Tage nur dahingehen! Er hat nur so dahergeredet. Sie will die Bücher dabehalten. Er muß noch etwas dahaben* (= zur Verfügung, vorrätig haben). *Wir wollen den Koffer dalassen. Sie haben faul dagelegen, untätig dagesessen.* ↑Zusammen- oder Getrenntschreibung (1.3). **2. Kommasetzung:** Als Konjunktion leitet *da* einen Kausalsatz, in gehobener Ausdrucksweise auch einen Temporalsatz ein, der durch Komma vom Hauptsatz abgetrennt wird: *Ich kann nicht laufen, da ich mich verletzt habe. Da er schon älter war, wollte ihn niemand anstellen* (↑da/weil). *Jetzt, da er* (geh. für: *wo er*) *alles verloren hat, kümmert sich niemand um ihn* (↑da/wo). **3.** ↑nun [da], ↑zumal [da]. **4. Da kann ich nichts für/Dafür kann ich nichts:** Die mit *da* zusammengesetzten Pronominaladverbien dürfen standardsprachlich nicht getrennt werden. Die Trennung kommt vor allem in der norddeutschen Umgangssprache vor. Es muß also heißen: *Dabei habe ich mir nichts gedacht* (nicht: *Da habe ich mir nichts bei gedacht*). *Dafür kann ich nichts* (nicht: *Da kann ich nichts für*). *Davon habe ich noch nichts gehört* (nicht: *Da habe ich noch nichts von gehört*). ↑Pronominaladverb (2).

da-/dar-: 1. dabei/daran: In zusammengesetzten Adverbien steht *dar-* heute nur noch, wenn der zweite Bestandteil mit einem Vokal beginnt: *daran, darein, darin, darüber* usw. Die Silbentrennung macht dies noch deutlich: *dar-an, dar-über.* Formen wie *darnach, darneben, darnieder* sind heute nicht mehr gebräuchlich. ↑Pronominaladverb (1). **2. dableiben, darbieten:** In zusammengesetzten Verben steht *da-*, wenn die Lage ausgedrückt werden soll (Frage: wo?): *dableiben, dastehen.* Es steht *dar-*, wenn eine Richtung ausgedrückt werden soll (Frage: wohin?): *darbieten, darreichen.* Diese räumliche Beziehung ist aber vielfach schon verblaßt, so bei *darlegen, dartun* „erklären“, *darstellen* „abbilden, schildern, bedeuten“.

da/weil: Zwischen den kausalen Konjunktionen *da* und *weil* bestehen im Gebrauch feine Unterschiede, die sich auch auf die Stellung der von ihnen eingeleiteten Nebensätze auswirken können. Die Konjunktion *da* wird meist verwendet, wenn das Geschehen im Nebensatz ohne besonderes Gewicht ist. Das ist besonders dann der Fall, wenn es bereits bekannt ist. Der Nebensatz ist dann oft Vordersatz: *Es ist kurz vor Mittag, und da heute Sonnabend ist, mache ich Schluß* (Remarque). *Da Fiechtner schon bald von Verlobung und Hochzeit sprach, hatte Maria ... keine Bedenken, dem Deutschen in seine Heimat zu folgen* (Jens). Durch Wörter wie *ja, doch, bekanntlich* und durch Formeln wie *wie schon gesagt* oder *wie bereits bemerkt* kann dabei auf die Bekanntheit verstärkt hingewiesen werden. Auch wenn der Hauptsatz mit *so* eingeleitet wird, steht *da: Da du einmal angefangen hast, davon zu sprechen, so kann ich dir auch alles berichten.* Die Konjunktion *weil* wird überwiegend verwendet, wenn das Geschehen im Nebensatz verhältnismäßig gewichtig und neu ist. Der Nebensatz ist dann meist Nachsatz: *Sie mußten sich melden, weil sie durch den Häuptling in Acht und Bann geworfen waren: der eine, weil er während der Liegestunde gesprochen, der andere, weil er gepetzt, der dritte, weil er den ihm ... zuerteilten Dienst ... vernachlässigt hatte* (Jens). Wenn im Hauptsatz durch Wörter wie *darum, deshalb, deswegen, be-*

sonders, vor allem auf die Gewichtigkeit des Grundes verstärkt hingewiesen wird, steht nur *weil: ... wenn man bedenkt, daß er das Französische schon deshalb beherrschen mußte, weil er das Werk Marcel Prousts im Urtext lesen wollte* (Jens). Auch auf die direkte Frage mit *warum?* antwortet man mit *weil: Warum hat er die Rechnung nicht bezahlt? Weil er kein Geld hat.*

da/wo: Beide Relativadverbien müssen sich auf ein Substantiv (oder Adverb) beziehen, das entweder Ort oder Zeit bezeichnet: *... im Meer, da es am tiefsten ist* (Matth. 18, 6; revidierter Text von 1956: *wo es am tiefsten ist*). *Kein Tag vergeht, da du nicht weinst* (Frisch). *Ein Torweg, wo Antiquare ihre Tische aufgestellt haben ...* (Koeppen). *Es kommt die Stunde, wo es keine Lösung mehr gibt* (Frisch). Das Relativadverb *da* ist allerdings im Veralten begriffen und wird nur noch in gewählter Sprache gebraucht; gelegentlich auch, weil die Meinung besteht, man dürfe *wo* nicht bei Zeitangaben verwenden. Das ist nicht richtig. Verbindungen wie *in dem Augenblick, wo ...; zu dem Zeitpunkt, wo ...; der Tag, wo ...; jetzt, wo ...* sind durchaus korrekt. Auch Schriftsteller bedienen sich ohne Scheu dieses temporalen *wo: An Abenden, wo ... der Mond seine Bahn beschrieb* (Hesse). *... als lebte er im 14. Jahrhundert, wo das Handwerkertum ...* (Th. Mann). *Nun, wo es mit dem Kunstfahren für immer vorbei war, verlor Carlo das Interesse* (Jens). *Und jetzt schreien sie, wo es zu spät ist!* (Musil). ↑wo (2).

dabehalten/da behalten: Zusammenschreibung: *Sie haben ihn gleich dabehalten* (= nicht wieder weggelassen). Getrenntschreibung: *Sie werden sie da* (= dort) *behalten, wo sie jetzt ist.* ↑da (1).

dabei: Getrenntschreibung: *Er will unter allen Umständen dabei* (= bei seiner Meinung) *bleiben. Er muß dabei* (= bei dieser Arbeit u. ä.) *sitzen/stehen.* Zusammenschreibung: *Hoffentlich kann ich dabeibleiben* (= auch weiterhin bleiben, weitermachen). *Sie wird das Geld dabeihaben* (= bei sich haben). *Er hat während der Unterhaltung dabeigesessen/dabeigestanden. Sie ist gestern dabeigewesen* (= zugegen gewesen). *Er wird wohl dabeisein* (= im Begriff sein), *den Brief zu schreiben.* ↑da (1).

dabei/da ... bei: ↑da (4), ↑Pronominaladverb (2).

dableiben/da bleiben: Zusammenschreibung: *Wir sind gleich dageblieben* (= nicht wieder weggegangen). Getrenntschreibung: *Wären wir nur da* (= dort) *geblieben!* ↑da (1).

-dachig: In Zusammenbildungen mit *Dach* (Adjektiv + *Dach* + *-ig*) ist die umlautlose Form üblich: *flachdachig* (nicht: *flachdächig*).

dadurch, daß/dadurch, weil: ↑daß (4).

dafür: 1. dafür/davor: Man verwechsle nicht die beiden Wörter, wie es in der Umgangssprache und in der Mundart häufig geschieht: *Er kann nichts davor. Was gibst du mir davor? Das ist kein Werkzeug davor.* Hier muß in der Standardsprache überall *dafür* eintreten. **2. Zeichensetzung:** Vor *dafür* steht ein Komma, wenn es Sätze verbindet: *Hans ist begabt, dafür ist Karl viel fleißiger.* Häufig steht in diesen Fällen aber auch ein Semikolon: *Anna ist ungeschickt; dafür tanzt Regine um so besser.*

dafür/da ... für: ↑da (4), ↑Pronominaladverb (2).

dafürkönnen: Neben dem ugs. *Er kann nichts dafür* gibt es landsch. (nordd.) auch *Er kann nichts dazu.*

dagegen: 1. dagegen halten/dagegenhalten: Getrenntschreibung: *Er wird dagegen sein. Sie wird nichts dagegen haben. Er wird dagegen kämpfen. Du sollst das Brett dagegen halten.* Zusammenschreibung: *Er hat mir dagegengehalten* (= erwidert), *daß ... Wir wollen uns dagegenstemmen und für unsere Freiheit kämpfen.* ↑da (1). **2. Zeichensetzung:** Vor *dagegen* steht ein Komma, wenn es Sätze verbindet: *Er* *ist leichtsinnig, dagegen läßt sich nichts machen.* Häufig steht in diesen Fällen aber auch ein Semikolon: *Er gibt sich viel Mühe; dagegen kann man nichts sagen.*

dagegen/da ... gegen: ↑da (4), ↑Pronominaladverb (2).

dahaben/da haben: Zusammenschreibung: *ich weiß nicht, ob wir noch genug Honig dahaben* (ugs. für: vorrätig haben) *... weil wir zwei Wochen lang meine Mutter dahatten* (ugs. für: zu Besuch hatten). Getrenntschreibung: *Ich habe ihn endlich da gehabt, wo ich ihn haben wollte* (ugs. für: so weit gebracht, wie ...). ↑da (1).

daher: 1. daher kommen/daherkommen: Getrenntschreibung: *Er soll auch daher* (= von dort, aus der Gegend) *sein. Sie ist daher* (= aus der Richtung) *gekommen. Es wird daher kommen, daß ...* Zusammenschreibung: *Ich sah ihn lässig daherkommen* (= sich nähern). *Eine Maschine kam dahergeflogen* (= näherte sich). *Wie er immer daherredet!* ↑da (1). **2. Zeichensetzung:** Vor *daher* steht ein Komma, wenn es Sätze verbindet: *Ich kenne ihn zu gut, daher traue ich ihm alles zu.* Häufig steht in diesen Fällen aber auch ein Semikolon: *Er war sehr müde; daher ist er verunglückt.*

daher, daß/daher, weil: ↑daß (4).

dahin: Getrenntschreibung: *Er hat den Stein bis dahin* (= bis zu der Stelle dort) *gebracht. Er wird dahin fliegen und nicht nach London. Er will morgen dahin gehen und nicht zum Feldberg. Sie hat die Leiter dahin* (= dorthin) *gestellt. Er muß dahin* (= in diese Richtung) *schießen.* Zusammenschreibung: *Er hat die Zeit nutzlos dahingebracht. Wie die Stunden dahinfliegen, wie die Zeit dahingeht. Es bleibe dahingestellt, daß ... Er sah es dahinschießen* (= sich schnell einherbewegen). ↑da (1).

dahin fahren/fliegen/gehen usw./da hinfahren/hinfliegen/hingehen usw.: An Stelle von *dahin* (Richtungsadverb) + Bewegungsverb wird umgangssprachlich häufig *da* (Lageadverb) + Bewegungsverb mit *hin-* gebraucht: *Im Engadin ist es schön. Da solltet ihr auch einmal hinfahren. Das ist eine nette Bar. Da werde ich öfter einmal hingehen.*

dahin gehend: Man schreibt getrennt: *Er äußerte sich dahin gehend, daß ...*

dahinter: Getrenntschreibung: *Dahinter* (= hinter dem eben Erwähnten) *kommen erst Wiesen. Der Besen wird dahinter* (= hinter dem Schrank) *stehen.* Zusammenschreibung: *Er wird schon noch dahinterkommen. Ich möchte wissen, was dahintersteckt.* ↑da (1).

dalassen/da lassen: Zusammenschreibung: *Sie hat ihren Mantel dagelassen* (= nicht mitgenommen). Getrenntschreibung: *Kann ich den Wagen da* (= dort) *lassen, wo er jetzt steht?* ↑da (1).

daliegen/da liegen: Zusammenschreibung: *Er hat völlig erschöpft dagelegen. Sie sollen nicht immer faul daliegen.* Getrenntschreibung: *Laß das Buch da* (= an dieser Stelle) *liegen!* ↑da (1).

damit/da ... mit: ↑da (4), ↑Pronominaladverb (2).

damit/mit ihm/mit dem: ↑Pronominaladverb (3).

danach/da ... nach: ↑da (4), ↑Pronominaladverb (2).

danach/darnach; daneben/darneben; danieder/darnieder: ↑da-/dar- (1).

Dandy: Der Plural lautet *die Dandys.* ↑-y.

daneben: Getrenntschreibung (bes. in der Bedeutung „an der [Dativ] oder die [Akkusativ] Seite von, neben"): *Er wollte daneben* (z. B. an der Seite von/neben seinem Vater) *gehen. Es wird sicher daneben* (= neben den anderen Sachen) *liegen. Das Auto soll daneben halten.* Zusammenschreibung (bes. wenn *daneben* die Bedeutung „vorbei" hat, wenn durch die Verbindung mit dem folgenden Verb ein neuer Begriff entsteht): *Er hat danebengehauen* (z. B. am Nagel vorbei). *Er hat danebengeschossen* (z. B. am Hasen/am Tor vorbei). *Der Kuchen wird danebengeraten* (= mißglücken). *Der Versuch ist danebengegangen. Er hat mit dieser Bemerkung danebengehauen/danebengegriffen. Er darf sich nicht danebenbenehmen. ... wenn man das vorjährige Ergebnis danebenhält* (= vergleicht). ↑da (1).

dank: 1. dank seinem Einfluß/dank seines Einflusses: Der Dativ bei *dank* entspringt dem besonderen syntaktischen Verhältnis, das hier zugrunde liegt: *dank sei seinem Einfluß* wurde zu *dank seinem Einfluß.* Da man aber bei einer unechten, aus einem Substantiv entstandenen Präposition den Genitiv erwartet (vgl. *kraft, laut, statt, infolge* u. a.), wird dieser vielfach auch bei *dank* angewendet: *Dank eines Zufalls ... kam ich rasch und mühelos voran* (Jens). *... dank ihres ausgezeichneten Schlußmannes.* Im Plural überwiegt heute der Genitiv: *dank sehr komplizierter Verfahren; dank der Fortschritte der Hygiene* (Fraenkel). Dieser Gebrauch gilt auch standardsprachlich als korrekt. **2. dank seiner Fehler:** Im Zusammenhang mit etwas Negativem sollte *dank* nur ironisch verwendet werden: *Dank deiner Hilfe haben wir es nicht geschafft. Wir gewannen das Fußballspiel dank deiner Abwesenheit!*

dankbar: Die Fügung *dankbar sein* kann nur dann mit einem Infinitiv mit *zu* verbunden werden, wenn das Subjekt das gleiche bleibt: *Ich bin dankbar, das erleben zu können* (= daß ich das erleben kann). Wechselt das Subjekt, dann muß man einen Nebensatz anschließen: *Wir wären Ihnen dankbar, wenn Sie uns die Unterlagen sofort übersenden würden* (nicht: *Wir wären Ihnen dankbar, uns die Unterlagen sofort zu übersenden*).

danke schön/Dankeschön: Man schreibt getrennt: *Er sagte: „Danke schön!" Ich möchte ihr nur danke schön sagen.* Man schreibt zusammen, wenn die Formel substantiviert wird: *Er läßt dir ein herzliches Dankeschön für deine Hilfe sagen.*

danksagen/Dank sagen: Getrennt schreibt man, wenn das Substantiv noch deutlich als solches empfunden wird. Das ist immer der Fall, wenn *Dank* eine nähere Bestimmung (Attribut) bei sich hat: *Ich will ihm meinen Dank sagen. Er hat mir aufrichtigen Dank gesagt.* Zusammen schreibt man, wenn die Vorstellung der Tätigkeit vorherrscht und das Substantiv verblaßt ist: *Wir müssen ihnen für die Teilnahme danksagen.* ↑Zusammen- oder Getrenntschreibung (2.1).

dann/denn: Man verwechsle nicht *denn* und *dann* in Sätzen wie *Na, dann geht es eben nicht!* (Nordd. ugs.: *Na, denn geht es eben nicht!*).

dar-/da-: ↑da-/dar.

daran: 1. daran gehen/darangehen: Getrenntschreibung: *Er soll daran gehen und nicht hieran. Wir können nichts daran machen. Er soll sich daran* (z. B. an diesen Tisch) *setzen. Er soll nicht daran rühren.* Zusammenschreibung: *Wir wollen darangehen/uns daranmachen* (= damit beginnen). *Sie hat alles darangesetzt* (= aufgeboten), *um ...* ↑da (1). **2. Silbentrennung:** Es wird *dar-an* getrennt. ↑da-/dar- (1). **3. daran/dran:** die Form *dran* ist umgangssprachlich. Das gilt auch für Verben wie *drangehen, drannehmen, dransetzen.*

darauf: 1. darauf gehen/draufgehen: In Verbindung mit Verben wird *darauf* immer getrennt geschrieben: *Das Buch wird darauf* (= auf dem eben Erwähnten) *liegen. Er soll darauf* (= auf das eben Erwähnte) *gehen. Was wird darauf folgen? Ihr Schreiben und der darauf folgende Briefwechsel;* (aber: *am darauffolgenden* [= nächsten] *Tag*). *Er wird nicht darauf* (= auf diesen Gedanken) *kommen. Er muß darauf losgehen.* Zusammen schreibt man die verkürzte umgangssprachliche Form *drauf* in Verben wie den folgenden: *Er* *muß noch etwas draufgeben/drauflegen* (= etwas hinzugeben, erhöhen; ugs.). *Er ist draufgegangen* (= zugrunde gegangen; ugs.). *Kannst du mal den Finger draufhalten? Er wird drauflosgehen/ drauflosarbeiten/drauflosschimpfen.* **2. Silbentrennung:** Es wird *dar-auf* getrennt. ↑da-/dar- (1). **3. darauf/drauf:** Die Form *drauf* ist umgangssprachlich: *Weil sie drauf und dran war, sich zu verlieben. Es kommt drauf an, was er sagt.* Das gilt auch für die Verben *draufgehen, draufknallen, draufhauen, drauflegen* usw. **4. darauf/auf dem, auf das:** ↑Pronominaladverb (4).

daraufhin: Zusammen schreibt man, wenn es sich um das Pronominaladverb (im Sinne von „unter diesem Gesichtspunkt; infolgedessen, danach") handelt: *Wir haben unsere Kartei daraufhin überprüft, ob ... Sein Vermögen sollte daraufhin beschlagnahmt werden. Daraufhin taten wir etwas anderes.* Getrennt schreibt man, wenn es sich um das Pronominaladverb *darauf* und den Verbzusatz *hin-* handelt: *Alles wird darauf hindeuten. Er soll sich darauf hinknien. Er wies darauf hin, daß das Urteil noch aussteht.*

daraus: 1. Silbentrennung: Es wird *dar-aus* getrennt. ↑da-/dar- (1). **2. daraus/draus:** Die Form *draus* ist umgangssprachlich: *Ich mache mir nichts draus.* **3. daraus, daß/daraus, wenn:** Die Verbindung von *daraus* und *wenn* ist nicht korrekt. Es kann nur heißen: *Der Streit entsteht daraus, daß die Begriffe mißverstanden werden.* ↑daß (4).

darein: 1. sich darein ergeben/sich dareinfinden: Getrenntschreibung: *Sie wollte sich nicht darein* (= in ihr Schicksal) *ergeben. Er versprach, sich noch einmal darein zu vertiefen.* Zusammenschreibung: *Er soll mir nicht dareinreden. Er wird sich schon dareinfinden. Er hat seinen Ehrgeiz dareingesetzt.* ↑da (1). **2. Silbentrennung:** Es wird *dar-ein* getrennt. ↑da-/dar- (1). **3. darein/drein:** die Form *drein* ist umgangssprachlich: *Sie hat sich drein ergeben.* Das gilt auch für Verben wie *dreinhauen, dreinschlagen, [verdutzt] dreinschauen.*

darein/darin, worein/worin: Die Adverbien *darin* und *worin* bezeichnen die Lage. Sie können nicht zur Angabe der Richtung verwendet werden, wie früher und z. T. auch noch heute in gehobener Sprache *darein* und *worein.* Man kann also nicht sagen: *Hier ist das Papier, worin* (veraltet: *worein*) ich Geld gewickelt hatte, sondern: *das Papier, in das* (geh.: *worein*) *ich Geld gewickelt hatte.* Nicht: *Das ist nun einmal mein Los. Ich muß mich darin fügen,* sondern (geh.): ... *darein fügen.* Vgl. auch: *sich dareinfinden; seinen Stolz dareinsetzen, -legen; sich dareinmengen; dareinreden* u. a.

darf: ↑ich darf/möchte/würde sagen ...

darin: 1. darinsitzen/drinsitzen: In Verbindung mit Verben wird *darin* immer getrennt geschrieben: *Wir haben darin* (z. B. im Boot, im Wagen) *gesessen. Er hat auch darin* (z. B. in dem Haus) *gewohnt.* Zusammen schreibt man die verkürzte umgangssprachliche Form *drin* in Verben wie den folgenden: *Er hat ganz schön dringesessen* (= in der Patsche gesessen). *Er hat bis über die Ohren dringesteckt* (= viel Arbeit gehabt). *Es soll ein Bericht drinstehen* (= in der Zeitung zu lesen sein). **2. Silbentrennung:** Es wird *dar-in* getrennt. ↑da-/dar- (1). **3. darin/drin:** Die Form *drin* ist umgangssprachlich: *Es ist schon jemand drin. In dem Spiel ist noch alles drin* (= noch nichts entschieden). **4. darin/in ihm/in dem:** Zum relativischen Gebrauch von *darin* ↑Pronominaladverb (3 und 4).

Darlehen/Darlehn: Die Vollform *Darlehen* ist heute üblicher als die kürzere Form *Darlehn.* Diese trifft man aber noch häufig in Zusammensetzungen: *Darlehnsvertrag, Darlehnshingabe, Spar- und Darlehnskasse* u. a. Beide Formen sind richtig.

Darmstädter: Die Einwohnerbezeichnung *Darmstädter* wird immer groß geschrieben, auch wenn das Wort wie ein flexionsloses Adjektiv vor einem Substantiv steht: *die Darmstädter Künstlerkolonie, ein Darmstädter Verlag.* ↑Einwohnerbezeichnung (7).

darnach, darneben, darnieder: ↑da-/dar.

darstellen: Bei *sich darstellen als* steht das dem *als* folgende Substantiv heute gewöhnlich im Nominativ, d. h., es wird auf das Subjekt bezogen: *Er stellt sich uns als hervorragender Fachmann dar.* Der Akkusativ veraltet, wenn er auch noch hier und da vorkommt: *Bunyan selbst hat sich ... als einen von den finsteren Mächten äußerst gefährdeten Menschen dargestellt* (Nigg). In diesem Zusammenhang hat *sich darstellen* etwa den Sinn „sich selbst schildern". ↑Kongruenz (4.2).

darüber: 1. darüber stehen/darüberstehen. Getrenntschreibung: *Darüber stehen die Bücher. Er hat darüber* (= über dieses Thema) *geschrieben. Die Räume sollen sich darüber befinden.* Zusammenschreibung: *Er hat mit seiner Anschauung weit darübergestanden. Sie hat eine Bemerkung darübergeschrieben. Ich wollte mit der Hand darüberfahren.* ↑da (1). **2. Silbentrennung:** Es wird *dar-über* getrennt. ↑da-/dar- (1). **3. darüber/drüber:** Die Form *drüber* ist umgangssprachlich: *Ich habe noch mal drüber nachgedacht.* Das gilt auch für Verben wie *drüberschreiben.*

darüber hinaus: Die Fügung *darüber hinaus* wird immer getrennt geschrieben: *Er wird längst darüber hinaus sein. Er hat darüber hinaus* (= außerdem) *viel Neues zu sagen.* Das gilt auch für zusammengesetzte Verben: *Alles, was darüber hinausweist/darüber hinausführt.*

darum: 1. darum kommen/darumkommen: In der Bedeutung „deshalb" wird *darum* immer von einem nachfolgenden Verb getrennt geschrieben: *Darum kommen sie alle.* Man schreibt auch getrennt: *Ich werde ihn darum* (z. B. um einen Gefallen) *bitten.* Man schreibt zusammen: *Er ist darumgekommen* (= hat es nicht bekommen). Ebenso: *Er hat den Verband darumgelegt/darumgewickelt.* ↑da (1) **2. Silbentrennung:** Es wird *dar-um* getrennt. ↑da-/dar- (1). **3. darum/drum:** Die Form *drum* ist umgangssprachlich. Das gilt auch für *drumlegen, drumwickeln, das ganze Drum und Dran* usw. **4. Zeichensetzung:** Vor *darum* steht ein Komma, wenn es Sätze verbindet. *Er kennt alle Wege hier, darum haben wir ihn mitgenommen.* Häufig steht in diesen Fällen aber auch ein Semikolon: *Hoffentlich schreibt er bald; darum habe ich ihn dringend gebeten.*

darum, daß/darum, weil: ↑daß (4).

darunter: 1. in verschiedenen Ländern, darunter der/darunter die Bundesrepublik: Das Pronominaladverb *darunter* übt keine Rektion aus. Das Schwanken zwischen Dativ und Nominativ in einem Satz wie *In verschiedenen Ländern, darunter der/darunter die Bundesrepublik, ist das beobachtet worden* hat also andere Gründe. Bei der ersten Form des Satzes (Dativ) wurde die Präposition *in* erspart: *In verschiedenen Ländern, darunter [in] der Bundesrepublik.* Bei der zweiten Form (Nominativ) leitet das Pronominaladverb einen elliptischen Satz (Auslassungssatz) ein, der vollständig etwa so lauten würde: *In verschiedenen Ländern, darunter [befindet sich] die Bundesrepublik ...* Beide Konstruktionen sind korrekt. Ebenso: *Mehreren Schülern, darunter zwei Zehnjährige[n], wurden Buchpreise verliehen.* **2. darunter liegen/darunterliegen:** Getrenntschreibung: *Der Ball hat darunter gelegen* (z. B. unter der Bank). *Die Arbeitsräume sollen sich darunter befinden.* Zusammenschreibung: *Du hast mit deinen Leistungen daruntergelegen. Du solltest einen Pullover darunterziehen.* ↑da (1). **3. Silbentrennung:** Es wird *dar-unter* getrennt. ↑da-/dar- (1). **4. darunter/drunter:** Die Form *drunter* ist umgangssprachlich: *Es ging alles drunter und drüber. Wir müssen druntersitzen.*

das/daß: Im Unterschied zu *das,*

der sächlichen Form des Artikels, des Demonstrativ- und Relativpronomens, wird die gleichlautende Konjunktion *daß* seit der Mitte des 16. Jahrhunderts mit *ß* geschrieben. Verwechslungsmöglichkeiten ergeben sich besonders in *daß*-Sätzen, die mit Frage- oder Relativsätzen verbunden sind: *Was glaubst du, daß sie gesagt hat? Was ratet ihr, daß ich tun soll?* Die Konjunktion *daß* wird hier undeutlich, weil das Pronomen *was* vorangeht, das der Leser oder Hörer spontan mit *das* fortsetzen will. Wer unsicher in der Schreibung ist, kann sich merken: Für *das* kann man auch *dieses* oder *welches* sagen, für *daß* nicht. Da diese Einsetzprobe bei den obengenannten Sätzen keinen Sinn ergibt, kann es dort nur *daß* heißen. Ähnlich ist es mit der bekannten Lebensregel *Was du nicht willst, daß man dir tu', das füg auch keinem andern zu* (nach Tobias 4,16). Hier entspricht dem *was* am Anfang das *das* des nachgestellten Hauptsatzes *(was du nicht willst, ... das füge ...),* und ein eingeschobener *daß*-Satz erläutert als Nebensatz 2. Grades den vorausstehenden *was*-Satz (eigentlich: *Was du nicht willst, daß man es dir tue ...*). Anders ist es in dem Satz *Was ist es, das ich tun soll?* Hier ist *das* nicht Konjunktion, sondern Pronomen. Das kann man erkennen, wenn man die Antwort gibt: *Das, was du tun sollst ...*

das/es: ↑Relativpronomen (6).

das/was: Es heißt richtig: *Das Boot, das* (nicht: *was*) gekentert ist. Aber: *Es ist das Tollste, was* (nicht: *das*) *ich je erlebt habe.* ↑Relativpronomen (6).

das gleiche/dasselbe: ↑der gleiche/derselbe.

das heißt (d. h.): Vor *das heißt* steht immer ein Komma, wenn es Zusätze einleitet: *Wir werden ihn am 27. August, das heißt an seinem Geburtstag, besuchen.* Nach *das heißt* steht dann ein Komma, wenn ein bei- oder untergeordneter Satz folgt: *Wir teilten ihm mit, daß der Teilnehmerkreis gemischt ist, das heißt, daß ein Teil bereits gute Fachkenntnisse besitzt.* Kein Komma steht nach *das heißt,* wenn nur ein erläuternder Satzteil folgt: *Wenn ich das Bild, das heißt seinen oberen Rand, betrachte ...* Zu Weiterem vgl. untenstehende Tabelle.

Kommasetzung bei *das heißt* und *das ist*

Auf *das heißt* oder *das ist* folgt ein erläuternder Satzteil, der nicht besonders abgetrennt wird:	**Auf *das heißt* (seltener *das ist*) folgt ein erläuternder bei- oder untergeordneter Satz oder eine Infinitivgruppe. Sie werden durch Komma abgetrennt:**
Am frühen Abend, *d. h. nach Büroschluß,* ist der Verkehr besonders stark.	Am frühen Abend, *d. h., sobald die Büros geschlossen haben,* ist der Verkehr besonders stark.
Wir werden ihn am 27. August besuchen, *das heißt an seinem Geburtstag.*	Wir werden ihn am 27. August besuchen, *das heißt, wenn er Geburtstag hat.*
Dies war nur ein schwacher, *d. h. untauglicher Versuch.*	
Wir werden den Vorfall nicht weitermelden, *d. h. keine Strafanzeige erstatten.*	Wir werden den Vorfall nicht weitermelden, *d. h., wir haben kein Interesse an einer Strafanzeige.*
	Er versuchte den Ball zu passen, *d. h., ihn seinem Nebenmann zuzuspielen.*
Im Juni, *das ist nach meinem Examen,* wollen wir heiraten.	Im Juni, *d. i., wenn ich mein Examen hinter mir habe,* wollen wir heiraten.

das ist (d. i.): Ein Komma steht vor *das ist,* wenn es Zusätze einleitet: *Ein Düker, das ist eine im Flußbett verlegte Rohrleitung, verbindet die Insel mit dem Ufer.* Zu Weiterem vgl. Tabelle auf Seite 170.

da sein/dasein: Getrenntschreibung: *Er soll pünktlich da* (= an der bezeichneten Stelle) *sein. Sie ist schon oft da* (= dort) *gewesen.* Zusammenschreibung: *Man muß nur dasein* (= zugegen sein). *Er ist nicht dagewesen* (= anwesend gewesen). *Das ist noch nicht dagewesen* (= vorgekommen). Aber immer getrennt: *Wenn er da ist/da war. Weil so etwas noch nicht da war.* ↑da (1); ↑Zusammen- oder Getrenntschreibung (1.3).

da sitzen/dasitzen: Getrenntschreibung: *Er soll nicht hier, sondern da sitzen. Sie hat vorher da* (= dort) *gesessen.* Zusammenschreibung: *Wie der Kerl wieder dasitzt! Er hat faul dagesessen.* ↑da (1).

dasjenige: ↑derjenige.

dasjenige, was: Dem ankündigenden Demonstrativpronomen *dasjenige* entspricht das Relativpronomen *was* (nicht: *das*): *Dasjenige, was sie am liebsten tun, ist ihnen verboten.*

daß: 1. Häufung von *daß*: Man vermeide es, Treppensätze mit der Konjunktion *daß* zu bilden, weil die mehrfache Wiederholung der gleichen Konjunktion eintönig und häßlich ist. Man schreibe also nicht: *Ich bitte dich, daß du, wenn du P. anrufst, ihm sagst, daß ich in der Zeitung gelesen hätte, daß zu befürchten sei, daß das schlechte Wetter noch länger anhält.* Besser und gefälliger wirkt hier ein Infinitiv mit *zu* oder ein Nebensatz ohne Einleitewort: *Ich bitte dich, wenn du P. anrufst, ihm zu sagen, ich hätte in der Zeitung gelesen, es sei zu befürchten, daß das schlechte Wetter noch länger anhält.* ↑Treppensatz. **2. daß/daß nicht:** ↑Negation (1). **3. daß/ob:** Die Konjunktion *ob* leitet indirekte Fragesätze ein: *Er fragt, ob es wahr ist* (für: *Er fragt: „Ist es wahr?"*). *Ich will wissen, ob es stimmt* (für: *Ich will wissen: „Stimmt es?"*). *Ich zweifle, ob er sich richtig verhalten wird* (für: *Ich zweifle: „Wird er sich richtig verhalten?"*). Die Konjunktion *daß* dagegen dient zur Einleitung von Inhaltssätzen, und zwar auch dann, wenn im Vordersatz die Tatsächlichkeit des Geschehens nur als möglich hingestellt, bezweifelt oder gar verneint wird: *Ich weiß, daß er kommt* (= er kommt). *Ich bezweifle* (= setze in Zweifel), *daß er kommt. Ich leugne, daß es so ist. Ich weiß nicht, daß er kommt.* In den Fällen nun, wo Möglichkeit, Wahrscheinlichkeit oder Zweifel vorliegen, ist der Sprecher leicht geneigt, *ob* an die Stelle von *daß* zu setzen, weil er die Unsicherheit des Geschehens mit der Frage nach dem Geschehen verwechselt (↑4). Dies ist ein Fehler. Man sage also nicht: *Für den Fall, ob er wichtige Mitteilungen zu machen hat, kannst du ... Ob man das später einmal nachweisen wird, ist nicht ganz ausgeschlossen. Ich bezweifle, ob die Erde rund ist.* In allen diesen Fällen steht korrekt *daß.* ↑bezweifeln/zweifeln. **4. daß/weil/ob/wenn:** Die Pronominaladverbien *dadurch, darum, davon* u. a. sind ein Ersatz für das Gefüge Präposition + Pronomen: *dadurch = durch das; darum = um das; davon = von dem.* Da die Verhältnisse des Mittels, des Grundes usw. bereits durch die betreffende Präposition ausgedrückt werden, würde es genügen, den folgenden durch das Korrelat angedeuteten Sachverhalt mit einem *daß*-Satz auszuführen: *Das hängt davon ab, daß das Wetter gut ist.* Es wird aber vom Sprecher oft in einer Art Pleonasmus eine Konjunktion gewählt, die den Sinn noch verstärkt, den man ausdrücken will, z. B. den Sinn des Fraglichen durch die Wahl von *ob: Das hängt davon ab, ob das Wetter gut ist.* Oft wird die Konjunktion *weil* gewählt, weil sie den kausalen Sinn verstärkt, der durch das etwas farblose *daß* nicht genügend ausgedrückt erscheint: *Dieser Schritt wird dadurch notwendig, daß/weil sich die Verhältnisse grundle-*

gend geändert haben. Seine Bemerkung gestern erhält dadurch Bedeutung, daß/weil er sie in Gegenwart aller machte. Gegen eine solche Verstärkung ist auch bei *daher* nichts einzuwenden: *Das kommt daher, daß/weil du nicht auf mich gehört hast.* Nicht korrekt ist allerdings der Ersatz von *daß* durch eine Konjunktion, die keine Verstärkung, sondern eine Verunklarung des im Pronominaladverb liegenden Sinnes bedeutet: so z. B., wenn *daraus* mit *wenn* gekoppelt wird: *Der Streit entsteht daraus, daß* (nicht: *wenn*) *die beiden Begriffe nicht scharf genug präzisiert werden* (↑daraus [3]). Kein Schwankungsfall, sondern einfach eine doppelte Möglichkeit ist die Setzung von *daß* oder *weil* besonders nach Verben der Gemütsbewegung, weil bei diesen sowohl die Tatsache als auch der Grund der Gemütsbewegung angeschlossen werden können: *Ich freue mich, daß/weil schönes Wetter ist. Er ärgerte sich, daß/weil er diesen Fehler gemacht hatte.* Der Einsatz von *wenn* für *daß* ist in den Fällen berechtigt, wo die Möglichkeit besteht, anstatt der Tatsächlichkeit des Geschehens seine bedingte Annahme zu setzen: *Das ist die Folge, wenn man so gutmütig ist.* Die Tatsache der Gutmütigkeit wird durchkreuzt von der Vorstellung: Wenn man in dieser Weise gutmütig ist, dann sind das eben die Folgen. Die Möglichkeit dieses Wechsels ist nicht gegeben, wenn das Geschehen in die Vergangenheit gerückt wird. Damit wird die Tatsächlichkeit des Geschehens so sehr außer Zweifel gesetzt, daß seine nur bedingte Annahme sinnwidrig wird. Man sage also nicht: *Es ist kaum zu verstehen, wenn X damals diese Lage nicht für sich ausnutzte.* Etwas anderes ist es, wenn in der Vergangenheit des Geschehens der temporale Aspekt überwiegt: *... und dann schliefen sie ..., und es störte sie nicht, wenn man über sie hinwegschritt* (Koeppen). Entsprechend in der Gegenwart: *Es stört mich nicht, daß/wenn man über mich redet.* **5. daß/wie:** Auch *wie* sollte nach Verben des Erkennens, Bemerkens usw. und des Mitteilens nicht für *daß* eintreten, wenn nur eine reine Tatsache festgestellt werden soll. Also nicht: *Ich bemerkte, wie in der hintersten Reihe der Galerie ein grobknochiges, lang aufgeschossenes Wesen saß.* Man kann prüfen, ob *wie* berechtigt ist, indem man es durch *auf welche Weise* ersetzt. In dem letzten Beispielsatz paßt es nicht, aber in dem folgenden Satz von St. Zweig ist das *wie* berechtigt: *Fouché hat ... zu spät bemerkt, wie in zäher, beharrlicher Selbstarbeit ... aus einem Demagogen Robespierre ein Staatsmann ... geworden ist.* Hier soll nicht die bloße Tatsache registriert werden, sondern die Art und Weise, wie Robespierre ein Staatsmann geworden ist. Ebenso: *... sie träumt, sie wäre noch einmal ein Mädchen, träumt, wie sie ihre Unschuld noch einmal verlöre* (Frisch). **6. Kommasetzung: a)** Ein mit *daß* eingeleiteter Nebensatz muß immer durch ein Komma abgetrennt werden: *Die Hauptsache ist, daß du kommst. Daß du so schnell kommst, habe ich nicht geglaubt.* **b)** Steht *daß* hinter einer beiordnenden Konjunktion (z. B. *aber, auch, denn, und*), so steht das Komma vor dieser Konjunktion: *Du sagst mir nichts Neues, denn daß er zugestimmt hat, wußte ich schon gestern. Ich habe alles gesehen, auch daß er das Geld eingesteckt hat.* **c)** Mit einigen Adverbien bildet *daß* konjunktionale Fügungen, die als Einheit empfunden werden. Das Komma steht dann gewöhnlich vor der ganzen Fügung (↑als daß, ↑ohne daß, ↑so daß, ↑geschweige[,] daß, ↑kaum[,] daß u. a.). **d)** In anderen Verbindungen dagegen behält *daß* seine Eigenständigkeit und wird durch Komma abgetrennt (↑angenommen, daß, ↑dadurch, daß, ↑in der Hoffnung, daß, ↑vorausgesetzt, daß u. a.).

dasselbe: ↑derselbe.

dasselbe/das gleiche: ↑der gleiche/derselbe.

dasselbe, was: Dem ankündigenden Demonstrativpronomen *dasselbe* entspricht das Relativpronomen *was* (nicht: *das*), also: *Er hat mir dasselbe gesagt, was du mir gesagt hast.*

daß-Satz: ↑daß.

da stehen/dastehen: Getrenntschreibung: *Er soll nicht hier, sondern da stehen. Er hat eben noch da* (= dort) *gestanden.* Zusammenschreibung: *Wie der Kerl wieder dasteht! Er hat dumm dagestanden. Das Kind hat allein dagestanden* (= ohne Angehörige). ↑da (1).

datieren: Man sagt: *Er hat den Brief auf den 4. Juli datiert,* aber: *Der Brief ist vom 4. Juli datiert, der Brief datiert vom 4. Juli.* Bei archäologischen Funden heißt es: *Die Vase wurde auf 250 n. Chr., auf/in das 3. Jahrhundert datiert. Die Vase datiert aus dem 3. Jahrhundert, aus spätrömischer Zeit, vom Jahre 250 n. Chr.* In anderer Bedeutung sagt man: *Unsere Bekanntschaft datiert* (= besteht) *seit 1945, seit Kriegsende.* ↑vordatieren/vorausdatieren; nachdatieren/zurückdatieren.

Dativ: (Wemfall, dritter Fall): Der Dativ ist bei den starken Maskulina und Neutra im Singular im allgemeinen endungslos. Nur noch selten wird er mit der Endung *-e* gebildet: *dem Tische, dem Lande.* Bei den schwachen Maskulina wird der Dativ durch die Endung *-[e]n* gekennzeichnet: *dem Menschen, dem Hasen.* Der Singular der Feminina ist in allen Kasus endungslos *(der Frau).* Im Plural endet der Dativ stets auf *-en* oder *-n,* abgesehen von den im Plural auf *-s* ausgehenden Substantiven *(den Tischen, den Ländern, den Müttern, den Menschen, den Frauen,* aber: *den Uhus, den Nackedeis).* ↑Dativ -e. Zum falschen Gebrauch des Dativs in der Apposition ↑Apposition (1.3). ↑Unterlassung der Deklination.

Dativ, freier: ↑freier Dativ.

Dativ des Interesses: ↑freier Dativ.

Dativ oder Akkusativ: Zu Fügungen wie *mir/mich schmerzen die Füße; in das/in dem Krankenhaus einliefern* ↑Rektion, ↑die einzelnen Verben mit schwankender Rektion.

Dativ oder Genitiv bzw. Nominativ: Zu Fügungen wie *die Bedeutung des Flusses, des wichtigsten Handelswegs/dem wichtigen Handelsweg; mir als leitendem Arzt/als leitender Arzt* ↑Apposition (1.1, 1.3 und 3.1).

Dativ-e: Die Endung *-e* im Dativ Singular starker Maskulina und Neutra (↑Substantiv [1.1]) ist nicht mehr erforderlich und wird auch nur selten gesetzt. In festen Redewendungen und formelhaften Verbindungen hat sie sich noch ziemlich fest gehalten: *im Grunde genommen, zustande kommen, zu Rate ziehen, zu Pferde sitzen, zu Kreuze kriechen, im Zuge sein, zu Buche schlagen* u. ä. Fast immer ohne *-e* stehen Substantive, die auf Diphthong enden *(dem Bau, dem Ei),* und mehrsilbige Substantive, die nicht auf der letzten Silbe betont werden *(dem Frühling, dem Ausflug).* Immer ohne *-e* stehen Substantive auf *-en, -em, -el, -er (dem Garten, dem Atem, dem Gürtel, dem Lehrer),* Substantive, die auf Vokal enden *(dem Hurra, dem Schnee),* die Kurzformen der Himmelsrichtungen und der danach benannten Winde *(von Nord nach Süd, vom West getrieben),* Substantive, die ohne Artikel stehen und von einer Präposition abhängen *(aus Holz, in Öl),* und stark gebeugte Fremdwörter *(dem Hotel).* In den übrigen Fällen, wo das *-e* fakultativ ist, hängt seine Setzung vom Satzrhythmus, vom rhythmischen Gefühl des Schreibers oder Sprechers ab: *dem Kind[e], im Haus[e], in seinem Sinn[e], auf demselben Weg[e], im Raum[e].* ↑Dativ.

Dativobjekt: Das Dativobjekt ist eine Ergänzung im Dativ (Frage: wem?) in Sätzen, wo sich das Geschehen einem Etwas zuwendet: *Der Sohn dankt dem Vater. Ich zürnte ihr. Sie mißtraute diesen Worten. Er hilft, wem er helfen kann.* Bei diesem „Etwas" handelt es sich überwiegend um Personen. ↑Objekt, ↑Rektion.

Dativus ethicus: ↑freier Dativ.

Datum

Die reine Datumsangabe kann folgende Formen haben (die Beispiele in Klammern entsprechen den Empfehlungen der International Organization for Standardization [ISO] für die numerische Angabe von Kalenderdaten). Zum Datum im Briefkopf ↑ Brief (2); zum Apostroph bei Jahreszahlen ↑ Jahreszahl (3):

04.08.1984 04.08.84 4. August 1984 4. Aug. 84
(19840804 840804 1984-08-04 84-08-04 1984 08 04 84 08 04)

Im Satzzusammenhang und in Verbindung mit Orts- und Uhrzeitangaben gibt es folgende Möglichkeiten:

a) Sie rief ihn am 3. Juli kurz vor 18 Uhr an. Wir haben [am] Mittwoch um 10 Uhr eine wichtige Besprechung.

b) Wir kommen am 30. Oktober, 16.15 Uhr in der Kantine zusammen. Am Freitag, dem 6. April 1984, gegen 15 Uhr fielen in der Innenstadt die Verkehrsampeln aus.

c) Meine Freundin kommt nächsten Freitag, den 17. Juli [,] an. [Spätestens] Montag, den 5. November [,] reisen wir ab. Die Tagung findet Donnerstag, 15. 4. [,] im Kongreßzentrum Rosengarten statt.

d) Am Montag, dem 10. Juli 1960, lief das Schiff vom Stapel. – Am Montag, den 10. Juli 1960 lief das Schiff vom Stapel. Die Familie kommt am Dienstag, dem 5. September, an. – Die Familie kommt am Dienstag, den 5. September an.

Nur eine zweigliedrige Tages- und Uhrzeitangabe mit Präpositionen steht gewöhnlich ohne Komma (↑ a), bei allen anderen Formen der Zeitangabe (↑ b–d) muß dieses Satzzeichen gesetzt werden; allerdings nicht zwischen die Uhrzeit als letzten Datumsbestandteil und den übrigen Satz (↑ b). Bei einer Datumsangabe im Akkusativ (ohne *am*) kann der Monat ein Komma (= Aufzählung) oder zwei Kommas (= Apposition) aufweisen (↑ c). Steht aber der Wochentag im Dativ (mit *am;* ↑ d), dann wird die Monatsangabe durch zwei Kommas abgetrennt, wenn sie ebenfalls in diesem Kasus steht (= Apposition); wird sie dagegen als Aufzählungsglied im Akkusativ verwendet, darf nur ein Komma stehen.

Dauer: Das Substantiv *die Dauer* wird in der Gemeinsprache nur im Singular gebraucht. In den Fachsprachen kommt auch der Plural *die Dauern* vor (z. B. *Vorgangsdauern, Tätigkeitsdauern*). ↑ Plural (5).

Dauphine: Es heißt *die [Renault] Dauphine.* ↑ Autotypenbezeichnungen (3).

Dauphiné: Obwohl dieser Landschaftsname im Französischen männlich ist, sagen wir *die Dauphiné,* weil auf *-e* endende Länder- und Gebietsnamen bei uns weiblich sind.

Daus: *Daus* in der Bedeutung „As" oder „zwei Augen im Würfelspiel" ist ein Neutrum und hat die Pluralformen *die Dause* und *die Däuser;* letztere Form ist die übliche und volkstümliche.

davon: Getrenntschreibung: *Er will nichts davon abgeben. Davon bleibt nichts übrig. Davon kommen alle Laster. Davon trage ich zwei Säcke auf einmal.* Zusammenschreibung: *Du sollst davonbleiben* (= etwas nicht anfassen). *Sie ist davongegangen/davongelaufen. Der Spitzbube hat sich heimlich davongemacht. Er hat den Sack davongetragen. Sie wird ihn davonjagen.*

Er ist dem Hauptfeld davongezogen. Schalke 04 ist auf 3:0 davongezogen. ↑da (1).

davon/da ... von: ↑da (4), ↑Pronominaladverb (2).

davon, daß: In der Verbindung *davon, daß* steht nach *davon* immer ein Komma: *Das hast du nun davon, daß du so lange gefaulenzt hast. Davon, daß du jammerst, kommt das verlorene Geld nicht wieder.* ↑daß (4).

davonfliehen: ↑Verb (3).

davor: Getrenntschreibung: *Der Teppich soll davor und nicht dahinter liegen. Davor stehen viele Blumen.* Zusammenschreibung: *Der Teppich hat davorgelegen. Er hat schweigend davorgestanden.* Entsprechend: *davorhalten, -legen, -schieben, -setzen, -sitzen, -stellen.* ↑da (1).

davor/dafür: ↑dafür/davor.

davor/da ... vor: ↑da (4), ↑Pronominaladverb (2).

dazu: Getrenntschreibung: *Dazu halte ich das Licht nicht hoch. Dazu komme ich nicht hierher. Sie hat mir einen langen Brief dazu* (= zu dieser Frage) *geschrieben. Was kann ich dazu tun?* Zusammenschreibung: *Er muß sich dazuhalten* (= beeilen). *Er ist endlich dazugekommen* (= hinzugekommen). *Er hat einige Zeilen dazugeschrieben* (= hinzugefügt). *Er hat viele Äpfel dazugetan* (= hinzugetan). *Sie hat sich etwas dazuverdient.* ↑da (1).

dazu/da ... zu: ↑da (4), ↑Pronominaladverb (2).

dazugehörend / dazugehörig: Beide Formen sind möglich: *die Pläne und die dazugehörenden/dazugehörigen Zeichnungen.*

dazukönnen: ↑dafürkönnen.

dazwischen: Getrenntschreibung: *Wir durften dazwischen rauchen. Dazwischen rufen immer wieder Kinder.* Zusammenschreibung: *Es ist etwas dazwischengekommen. Er hat ständig dazwischengerufen.* ↑da (1).

de: Dieser Namenszusatz (frz., ital., span. *de* „von", niederl. *de* „der") wird am Satzanfang und in substantivischen Aneinanderreihungen wie *De-Sica-Filme, De-Gaulle-Rede, De-Kooning-Ausstellung* groß geschrieben. ↑van.

Deck: Die übliche Pluralform zu *das Deck* lautet *die Decks.* Diese niederdeutsche Pluralform ist im Hochdeutschen durch die Seemannssprache bekannt geworden. Die hochdeutsche Pluralform auf *-e (die Decke),* die neben der niederdeutschen auf *-s* steht, kommt nur selten vor.

dein: 1. in Briefen: Groß schreibt man das dem Anredefürwort *du* entsprechende Possessivpronomen *dein* in Briefen, feierlichen Aufrufen, Erlassen, Grabinschriften, Widmungen, Mitteilungen des Lehrers an einen Schüler unter Schularbeiten, ferner auf Fragebogen, in schriftlichen Prüfungsaufgaben usw.: *Als ich Deinen Brief erhielt, war ich glücklich.* Mitteilungen des Lehrers unter einem Aufsatz: *Du hast auf Deine Arbeit viel Mühe verwendet.* In Fragebogen: *Was sind Deine Berufswünsche?* ↑Anrede (2), ↑Brief (5). **2. Groß- oder Kleinschreibung von *dein, deine, deinig:*** Klein schreibt man das Fürwort: *Dies war ein Streit über mein und dein. Er hat mein und dein verwechselt* (aber groß mit Artikel: *das Dein und das Mein*). *Ich gedenke deiner.* Klein schreibt man *dein, deinig* auch dann, wenn es mit dem Artikel steht, sich aber auf ein vorausgegangenes Substantiv bezieht: *Wessen Buch ist das? Es ist das dein[ig]e.* Groß schreibt man das substantivierte Pronomen: *Wie geht es den Deinen? Das Deine* (= das dir Gehörende) *habe ich zur Seite gelegt. Du mußt das Dein[ig]e dazu tun.* ↑Groß- oder Kleinschreibung (1.2).

Deine Karte/Deinen Brief habe ich erhalten und freue mich ...: Die Ersparung des Pronomens *ich* wirkt hier stilistisch unschön. Besser: *... habe ich erhalten. Ich freue mich ...* ↑Ellipse (1).

deinem Vater sein Haus: ↑Genitivattribut (1.3.2).

deiner Mutter ihr Auto: ↑Genitivattribut (1.3.2).

deinerseits / deinesgleichen / deinetwegen/deinetwillen: Bei Anreden in Briefen usw. müssen diese Wörter groß geschrieben werden. ↑Anrede (2).

deinetwegen/wegen dir: In gutem Deutsch sagt man *deinetwegen; wegen dir* ist umgangssprachlich. ↑wegen (2).

deinige/Deinige: ↑dein (2).

Dekan: Zur Anschrift ↑Brief (7).

deklinabel: Beim Adjektiv *deklinabel* fällt, wenn es dekliniert wird, das *e* der Endungssilbe aus: *ein deklinables* (= deklinierbares) *Wort.* ↑Adjektiv (1.2.13).

Deklination: Als Deklination (lat. *declinatio* „Abbiegung, Beugung") bezeichnet man die Formveränderung des Substantivs und der anderen deklinierbaren Wortarten im Zusammenhang des Satzes, die sich im heutigen Deutsch in vier ↑Kasus ausdrückt. ↑Substantiv (1), ↑Artikel, ↑Adjektiv (1), ↑Demonstrativpronomen, ↑Interrogativpronomen, ↑Personalpronomen (2), ↑Possessivpronomen (1), ↑Reflexivpronomen, ↑Relativpronomen (1), ↑Numerale.

Deklinationswechsel: ↑Unterlassung der Deklination (2.1).

deklinieren: Deklinieren (beugen) heißt ein Substantiv, Adjektiv, Pronomen oder Zahlwort in seiner Form abwandeln (↑Deklination). Vgl. auch ↑konjugieren.

Dekorateurin: Die weibliche Form zu *Dekorateur* lautet *Dekorateurin* (nicht: *Dekorateuse*). ↑Titel und Berufsbezeichnungen (3).

delegieren: 1. jemanden zu/in etwas delegieren: Eine Person wird *zu* einem Kongreß, aber *in* einen Ausschuß o. dgl. delegiert (= als Vertreter abgeordnet): *Wir haben zwei Frauen und einen Mann zu dieser Tagung delegiert. Von jeder Klasse wurden zwei Schüler[innen] in das Schülerparlament delegiert.* **2. etwas an/auf jemanden delegieren:** Eine vorgesetzte Stelle kann Teile ihres Aufgabenbereichs auf nachgeordnete Stellen oder Personen übertragen. In dieser Bedeutung wird *delegieren* gewöhnlich mit der Präposition *an* verbunden: *Der Direktor hat diese Kontrollen an die Abteilungsleiter delegiert. Bestimmte Kompetenzen sind von den Landratsämtern an die Gemeinden delegiert worden.* Der Anschluß mit *auf (auf die Abteilungsleiter, auf die Gemeinden)* ist seltener.

Delegierte: ↑Abgeordnete.

dem/den: Zu *am Montag, dem/den 5. 3. 72* ↑Datum.

dem/ihm: Zu *Das habe ich dem/ihm schon gesagt* usw. ↑Demonstrativpronomen (5).

dem/ihm: ↑Relativpronomen (5).

dem ist nicht so: Im Sinne von „so verhält es sich nicht" hört man gelegentlich die Wendung *dem ist nicht so.* Im Sinne von „damit mag es sein, wie es will" sagt man: *Dem sei, wie ihm wolle.* Der merkwürdige Dativ in diesen Wendungen ist ähnlich zu erklären wie bei *mir ist wohl, ihm war traurig zumute.* Er drückt aus, daß bestimmte Umstände sich auf eine Person oder Sache beziehen.

demjenigen: ↑derjenige.

Demonstrativpronomen

Die Demonstrativpronomen (hinweisenden Fürwörter) sind im einzelnen:

der, die, das; ↑dieser, diese, dieses; ↑jener, jene, jenes; ↑derjenige, diejenige, dasjenige; ↑derselbe, dieselbe, dasselbe.

Unter ihnen macht besonders das Pronomen *der, die, das* Schwierigkeiten, weil es mit dem Relativpronomen und dem bestimmten Artikel gleich lautet.

	Singular			Plural
	Maskulinum	Femininum	Neutrum	für alle drei Genera
Nom.	der	die	das	die
Gen.	dessen/des[1]	deren (der[1])/derer[2]	dessen/des[1]	deren/derer[2] (der[1])
Dat.	dem	der	dem	denen
Akk.	den	die	das	die

[1] Vgl. 1. [2] Vgl. 2.

1. dessen/des · deren/der · derer/der: Die kurzen Genitivformen des Demonstrativpronomens sind heute ungebräuchlich. Sie kommen aber vor einem attributiven Genitiv oder Präpositionalgefüge mit *von* noch vor:

Des freut sich das entmenschte Paar (Schiller). Wes Brot ich ess', *des* Lied ich sing' (Sprw.). Die Karosserie meines Wagens und *des* meiner Freundin. Auf Grund der Eingabe von Böll und *der* von vielen anderen Schriftstellern.

2. deren/derer: Die Formen *deren* und *derer* werden gelegentlich verwechselt. Es ist zu beachten, daß *deren* bei Rückweisung im Genitiv Singular Femininum und im Genitiv Plural aller drei Geschlechter gebraucht wird *(meine Mutter und deren Freundin; meine Freunde und deren Anschauungen),* während *derer* bei Vorausweisung im Genitiv Plural aller drei Geschlechter steht *(Sie erinnerte sich derer nicht mehr, die ihr früher so nahegestanden hatten).* Dieses vorausweisende *derer* wird heute gewöhnlich als Pluralform verstanden. Deshalb vermeidet man es besser, diese Form auch noch als Genitiv Singular zu gebrauchen, und ersetzt sie durch ein entsprechendes Substantiv mit einfachem *der:*

(Statt:) Das Schicksal *derer,* die diesen Namen trug ... (Besser:) Das Schicksal *der Frau,* die diesen Namen trug ... Ich erinnerte mich *derer*/(besser:) *der Frau* nicht mehr, die mich angesprochen hatte.

Vergleiche auch ↑Relativpronomen (2).

3. deren/ihr · dessen/sein: Die Genitivformen *deren* und *dessen* verwendet man an Stelle der Possessivpronomen *ihr* bzw. *sein,* wenn es Mißverständnisse geben könnte:

Margot verabschiedete sich von Edith und *deren* Mann (*ihrem Mann* kann sowohl Ediths als auch Margots Mann meinen). Ralf begrüßte seinen Freund und *dessen* Schwester (mit *seine Schwester* könnte auch Ralfs Schwester gemeint sein).

Hierbei beziehen sich *deren* und *dessen* immer auf die letztgenannte Person oder Sache. In unmißverständlichen Fällen ist der Ersatz des Possessivpronomens durch das Demonstrativpronomen unnötig:

Ich begrüßte Klaus und *seine* (unnötig: *dessen*) neue Freundin. Die Wahl des Studentenvertreters und *seines* (unnötig: *dessen*) Stellvertreters zog sich hin.

4. Ich sprach mit Margot und deren nettem/netten Mann: Da *deren* und *dessen* attributive Genitive sind, haben sie keinen Einfluß auf die Deklination nachfolgender Wortgruppen. Ein nachfolgendes [substantiviertes] Adjektiv oder Partizip muß deshalb stark gebeugt werden:

Ich sprach mit Margot und *deren nettem* (nicht: *netten*) Mann. Vor dem Denkmal und *dessen* mit Figuren *verziertem* (nicht: *verzierten*) Sockel ... Mit Ausnahme unserer Mitarbeiter und *deren Angehöriger* (nicht: *Angehörigen*) ...

Auch ein nachfolgendes Genitivattribut wird durch *deren* oder *dessen* nicht beeinflußt, es muß seine Beugungsendung behalten:

Er freute sich über die Auszeichnung seines Bruders und *dessen Schulfreundes* (nicht: *Schulfreund*).

5. Ich kenne sie. Die wohnt doch ...: Es gilt im allgemeinen als unhöflich oder umgangssprachlich, wenn man in bezug auf Personen die Demonstrativpronomen *der, die, das* statt der Personalpronomen *er, sie, es* im Nominativ, Dativ oder Akkusativ gebraucht, ohne daß ein Anlaß zu demonstrativer Hervorhebung vorliegt:

Meine Mutter ist sehr altmodisch. Mit *der* (statt: mit *ihr*) kann ich nicht darüber sprechen. – Ich weiß es von meinem Vater. *Der* (statt: *Er*) hat es im Betrieb gehört. – Das ist mein Bekannter. *Den* habe ich in Berlin getroffen (statt: Ich habe *ihn* in Berlin getroffen).

6. derem, dessem: Da *deren* und *dessen* Genitivformen sind, dürfen sie nicht gebeugt werden. Es ist falsch, zu diesen Genitiven die Dative *derem* und *dessem* zu bilden. Das wird aber fälschlicherweise manchmal getan, wenn eine Präposition, die den Dativ verlangt, vorangeht. Die Beugung erklärt sich aus der Neigung, die Genitivformen *deren* und *dessen* als selbständige Pronomen aufzufassen und sie wie *dieser, meiner* o. ä. zu deklinieren. Falsch: *Karl sprach mit Klaus und dessem Freund.* Richtig: *Karl sprach mit Klaus und dessen Freund.* Der Genitiv *dessen* hängt nämlich von *Freund* ab und nicht von dem vorangehenden *mit (Klaus und dessen Freund; wegen Klaus und dessen Freund; mit Klaus und dessen Freund. Er sah Klaus und dessen Freund).* Falsch: *Sie sprach mit Margot und derem Mann.* Richtig: *Sie sprach mit Margot und deren Mann.* ↑ Relativpronomen (3).

demselben: ↑ derselbe.

demunerachtet, demungeachtet: ↑ dessenungeachtet.

Demut: Das Wort *Demut* hat weibliches Geschlecht: *die Demut.* ↑ -mut.

demzufolge/dem zufolge: Zusammen schreibt man, wenn es sich um das Pronominaladverb im Sinne von „infolgedessen, deshalb" handelt: *Die Ware genügt nicht unseren Ansprüchen und wird demzufolge zurückgeschickt. Demzufolge ist die Angelegenheit geklärt.* Getrennt schreibt man, wenn es sich um den Dativ Sing. des Relativpronomens (Maskulinum und Neutrum) und die Präposition *zufolge* handelt: *Das ist der Vertrag, dem zufolge sich die Staaten verpflichten, ...*

den/ihn: Zu *Das kann ich den/ihn nicht machen lassen* usw. ↑ Demonstrativpronomen (5).

den/ihn: ↑ Relativpronomen (5).

Den Haag: ↑ Haag, Den.

denkbar: Das Adjektiv *denkbar* wird heute oft verstärkend im Sinne von „sehr" gebraucht: *Es geht ihm denkbar gut. Die Arbeiten sind denkbar schwierig.* In dieser Funktion kann *denkbar* nicht gesteigert werden. Also nicht korrekt: *Es geht ihm denkbarst gut.* Dagegen kann *denkbar* mit einem Superlativ verbunden werden und bedeutet dann soviel wie „aller-": *das denkbar solideste Unternehmen; unter den denkbar schwierigsten Verhältnissen leben.*

denken: 1. Das Verb *denken* hat trotz regelmäßiger Konjugation Wechsel des Stammvokals und Veränderung des Stammauslautkonsonanten: *denken, dachte, gedacht.* **2. Ich denke, morgen abzureisen/Ich denke morgen abzureisen:** Wenn *denken* im Sinne von „beabsichtigen" mit einem erweiterten Infinitiv mit *zu* verbunden ist, kann man das Komma setzen oder weglassen. Es kommt darauf an, ob man *denken* als Vollverb oder als Hilfsverb auffassen will. Tritt zu *denken* ein Adverb oder ein Reflexivpronomen, dann muß das Komma stehen, weil *denken* dann nur Vollverb sein kann: *Ich denke daran, morgen abzureisen. Ich denke mir, folgendes tun zu können.* ↑Komma (5.1.4).

Denkmal: 1. Plural: Seltener als der Plural *die Denkmäler* ist die Form *die Denkmale.* In Zusammensetzungen wie *Bau-, Grab-, Kunstdenkmal* kommt sie etwas häufiger vor. ↑[1]Mal. **2. Fugenzeichen:** In Zusammensetzungen mit *Denkmal* als Bestimmungswort stehen Formen mit und ohne Fugen-s nebeneinander: *Denkmal[s]kunde, -pflege, -schändung, -schutz, -sockel, -weihe.* Im allgemeinen wird die Form ohne Fugenzeichen häufiger gebraucht.

denn: 1. Zeichensetzung: Vor *denn* steht ein Komma, wenn es Sätze verbindet: *Ich machte Licht, denn es war inzwischen dunkel geworden.* Häufig steht in solchen Fällen aber auch ein Semikolon oder ein Punkt: *Er fürchtete sich sehr vor dieser Seereise; denn er traute seiner Gesundheit wenig zu. Der Kritiker hatte es leicht. Denn um solche Fehler zu sehen, brauchte man kein Fachmann zu sein.* **2. denn/als:** Als Vergleichspartikel ist *denn* veraltet, es ist fast durchweg durch *als* ersetzt worden. Lediglich in bestimmten Verbindungen und aus stilistischen Gründen in gehobener Ausdrucksweise tritt es noch gelegentlich auf: *Er benimmt sich mehr wie ein Freund denn wie ein Fremder. Sie war schöner denn je. Er ist mir mehr denn je verhaßt* (↑als/denn). Vor allem gebraucht man *denn,* um doppeltes *als* zu vermeiden. *Er ist als Forscher bedeutender denn als Dichter* (statt: *als als Dichter*). ↑als als/denn als. **3. denn/dann:** Umgangssprachlich wird *denn* manchmal temporal statt *dann* gebraucht: *Na, denn wollen wir mal!* Standardsprachlich ist dieser Gebrauch nicht korrekt. ↑dann/denn.

dennoch: 1. Zeichensetzung: Vor *dennoch* steht ein Komma, wenn es Sätze verbindet: *Der Plan schien mir aussichtslos, dennoch wollte ich nichts unversucht lassen.* Häufig steht in solchen Fällen aber auch ein Semikolon oder ein Punkt: *Niemand glaubte mehr an einen Erfolg; dennoch harrte man aus* (oder: ... *Erfolg. Dennoch harrte* ...). **2. Silbentrennung:** Man trennt *den-noch* (nicht: *denn-noch*). ↑Konsonant (2, a).

denselben: ↑derselbe.

Deodorant/Desodorant: Heute wird gewöhnlich die Form *Deodorant* (Genitiv: *-s,* Plural: *-e* oder *-s*), seltener *Desodorant* (Genitiv: *-s,* Plural: *-e* oder *-s*) gebraucht. Die Form *Desodorans* (Genitiv: *-s,* Plural: *-anzien* oder *-antia*), früher vor allem im kosmetischen Schrifttum verwendet, ist heute veraltet.

der: ↑Demonstrativpronomen, ↑Relativpronomen.

der/deren: ↑Demonstrativpronomen (6), ↑Relativpronomen (1).

der/die: Einer der vielen Studenten, die oder der ...?: Das Relativpronomen in Sätzen dieser Art bezieht sich auf die Gruppe, deren Besonderheiten erläutert werden sollen. Es muß deshalb im Plural stehen: *Ich war einer der vielen Studenten, die dort wohnten* (nicht: *der dort wohnte*). ↑Relativpronomen (7).

der/er; der/ihr: Zu *Das muß der/er doch selber wissen* oder *Das habe ich mit der/ihr verabredet* usw. ↑Demonstrativpronomen (5).

der/ihr: ↑Relativpronomen (5).

der/welcher: ↑Relativpronomen (1).

der gleiche/derselbe: Das Demonstrativpronomen *derselbe, dieselbe, dasselbe* kennzeichnet ebenso wie *der/die/das gleiche* die Identität. Es gibt aber nicht nur eine Identität des einzelnen Wesens oder Dings *(Er besucht dieselbe/die gleiche Schule wie ich. Sie wurden von demselben/dem gleichen Arzt behandelt),* sondern auch eine Identität der Art oder Gattung *(Ich* *möchte dasselbe/das gleiche Gericht, denselben/den gleichen Wein wie der Herr am Fenster).* Im allgemeinen ergibt sich aus dem Zusammenhang, welche Identität gemeint ist, so daß eine strenge Unterscheidung zwischen *derselbe* und *der gleiche* unnötig ist. Sobald aber Mißverständnisse möglich sind, ist es besser, für die Identität der Gattung *der gleiche,* für die Identität der Einzelperson und des Einzelgegenstands *derselbe* zu sagen: *Unsere beiden Monteure fahren denselben Wagen* (= den einen Firmenwagen). Aber: *Unsere beiden Monteure fahren den gleichen Wagen* (= Wagen desselben Fabrikats).

der ihr Auto: ↑Genitivattribut (1.3.2).

derartig: 1. Beugung: Das Pronominaladjektiv *derartig* und ein folgendes Adjektiv oder substantiviertes Adjektiv (Partizip) werden parallel gebeugt: *derartige schlimme Fehler; mit einem derartigen frechen Betragen; derartige [schwache] Kranke.* Die schwache Beugung des folgenden Adjektivs oder substantivierten Adjektivs (Partizips) *(die Vermeidung derartiger persönlichen Beschuldigungen; derartige Kranken)* ist heute nicht mehr üblich. Oft steht *derartig* auch, wie das Adverb *derart,* unflektiert vor einem Adjektiv: *Mit einem derart/derartig frechen Betragen.* **2. Rechtschreibung:** Wo *derartig* durch das Demonstrativpronomen *solch* ersetzt werden kann, wird es klein geschrieben: *Ich habe derartiges* (= solches) *noch nicht erlebt.* Aber: *Ich habe etwas Derartiges noch nicht erlebt. Nichts Derartiges ist mir bekannt.* ↑Groß- oder Kleinschreibung (1.2.4).

dereinst[ig]/einst[ig]: Das Adverb *einst* kann sich sowohl auf die Vergangenheit *(Er war einst einer der besten Sprinter)* als auch auf die Zukunft *(Du wirst es einst bereuen)* beziehen. Dagegen wird *dereinst* auf die Zukunft bezogen: *Dereinst wird die Menschheit in Frieden leben.* Der Bezug auf die Vergangenheit *(Ich habe sie dereinst geliebt)* ist heute nicht mehr möglich. Das Adjektiv *dereinstig* ist selten und bezieht sich ebenfalls nur auf die Zukunft. Das Adjektiv *einstig* richtet sich im Unterschied zu *einst* im allgemeinen nur auf die Vergangenheit: *Du wirst dort deinen einstigen* (= früheren) *Chef treffen. ... daß man die einstigen Züge* (= die früheren Gesichtszüge) *kaum darin wiederzufinden imstande war* (Broch).

derem: Die Form *derem* ist falsch, es gibt keinen Dativ zu *deren.* ↑Demonstrativpronomen (6), ↑Relativpronomen (3).

deren: mit deren nettem/netten Mann?: Da *deren* ein attributiver Genitiv ist, übt er keinerlei Einfluß auf die Deklination nachfolgender Wortgruppen aus. Ein nachfolgendes [substantiviertes] Adjektiv oder Partizip muß deshalb stark gebeugt werden: *Sie sprach mit Margot und deren nettem* (nicht: *netten*) *Mann. Das ist nur für die Mitglieder und deren Angehörige.* ↑Adjektiv (1.2.6), ↑Demonstrativpronomen (4).

deren/derer: ↑Demonstrativpronomen (2), ↑Relativpronomen (2).

deren/ihr: ↑Demonstrativpronomen (3).

dere[n]thalben, dere[n]twegen, dere[n]twillen: Diese Demonstrativ- bzw. Relativadverbien weisen aus Gründen der Ausspracheerleichterung ein *-t-* auf. Die sprachgeschichtlich älteren Formen ohne *-n-* sind heute wenig gebräuchlich. ↑dessenthalben usw.

derjenige, diejenige, dasjenige: Dieses Demonstrativpronomen (in Verbindung mit einem Relativsatz) ist nachdrücklicher als einfaches *der, die, das* und zur Verdeutlichung des gemeinten Sinnes gelegentlich nicht zu entbehren. Wenn man schreibt *Der Antiquar verkaufte die Bücher, die beschädigt waren, um die Hälfte ihres Wertes,* dann geht aus dem einfachen *die* nicht hervor, ob Artikel oder Demonstrativpronomen gemeint ist. Der Artikel besagt, daß es sich nur um beschädigte

Bücher und um keine anderen handelt. Das Demonstrativpronomen dagegen, das auswählende, determinierende Kraft hat, hebt die beschädigten unter anderen Büchern heraus. Meint man das letztere, dann schafft die Wahl von *diejenigen* sofort Klarheit. Die oft als etwas schwerfällig empfundene Fügung *derjenige, der* kann übrigens durch einfaches *wer,* seltener durch *der,* ersetzt werden: *Das wird nur derjenige begreifen, der es erlebt hat.* Dafür besser: *Das wird nur begreifen, wer es erlebt hat* oder: *... der es erlebt hat.* Als besonders schwerfällig wird *derjenige, welcher* empfunden, das heute nur noch ironisch etwa im Sinne von „Übeltäter" gebraucht wird: *Du bist also derjenige, welcher [das getan hat]. Sie sind derjenige, welcher, und haben immer gegen ihn gehetzt* (H. Mann).

derselbe, dieselbe, dasselbe: 1. desselben/sein, dieselbe/ihr (*derselbe* an Stelle eines Possessivpronomens): Es ist inhaltlich unnötig und stilistisch unschön, an Stelle eines Possessivpronomens das Pronomen *derselbe* zu gebrauchen: *Das höchste Bauwerk von Paris ist der Eiffelturm. Die Höhe desselben* (statt: *Seine Höhe) beträgt 300 m.* **2. derselbe/er, dieselbe/sie, dasselbe/es** (*derselbe* an Stelle eines Personalpronomens): Es ist auch inhaltlich unnötig und stilistisch unschön, *derselbe* an Stelle eines Personalpronomens zu gebrauchen: *Nachdem die Äpfel geerntet worden waren, wurden dieselben* (statt: *sie) auf Horden gelagert.* Manchmal wird *derselbe* gewählt, um ein doppeltes gleichlautendes Pronomen zu vermeiden: *Sie brachte sie* (= die Brieftasche) *ihm unter die Augen, und erst nachdem er an den Anblick des Gegenstandes gewöhnt schien, legte sie dieselbe* (statt: *sie sie) am Rande des Schreibtisches nieder* (H. Mann). Stilistisch besser ist dieser Ersatz aber nicht. **3. in demselben/im selben Verlag:** Das Pronomen *derselbe, dieselbe, dasselbe* wird immer zusammengeschrieben, auch bei besonderer Betonung darf es nicht getrennt werden. Nur wenn der in dem Wort *derselbe* enthaltene Artikel *der* mit einer Präposition verschmolzen wird, dann wird der zweite Bestandteil *(selbe)* abgetrennt: *zur selben* (= zu derselben) *Zeit, ins selbe* (= in dasselbe) *Dorf, vom selben* (= von demselben) *Verfasser.* **4. derselbe/der gleiche:** ↑der gleiche/derselbe.

derweil[en]/dieweil[en]: Die veraltenden Wörter *derweil[en]* und *dieweil[en]* werden nur noch vereinzelt in dichterischer oder altertümelnder Sprache gebraucht: *derweil[en]* ist sowohl Adverb mit der Bedeutung „inzwischen" als auch Konjunktion mit der Bedeutung „während": *Die anderen suchten derweil[en] den Park ab. Derweil sie sich umkleidete, trat er auf den Balkon hinaus.* Auch *dieweil[en]* wird als Adverb mit der Bedeutung „inzwischen, unterdessen" und Konjunktion mit der Bedeutung „während" verwendet. Es wird jedoch als Konjunktion nicht nur temporal, sondern auch noch kausal (= weil) gebraucht. Temporal: *... die Kinderlein schlafen in einem Gemüsekorb, dieweil wir oft die halbe Nacht lang schwatzen* (Frisch). Kausal: *Natürlich übten sie ihren Besuchern gegenüber keine Kirchenkritik, dieweil es ihre Aufgabe war, aufzubauen und nicht niederzureißen* (Nigg).

derzeit: Das Adverb *derzeit* wird heute weitgehend auf die Gegenwart bezogen und in der Bedeutung „augenblicklich, gegenwärtig, zur Zeit" gebraucht: *Ich habe derzeit nichts davon auf Lager.* Das trifft auch für das Adjektiv *derzeitig* zu: *Der derzeitige Direktor ist Herr Mosner.* Früher wurden *derzeit* und *derzeitig* auch auf die Vergangenheit bezogen und im Sinne von „damals, früher, seinerzeit" verwendet.

des/dessen: ↑Demonstrativpronomen (1), ↑Relativpronomen (1).

deshalb: 1. Zeichensetzung: Vor *deshalb* steht ein Komma, wenn es Sätze verbindet: *Er hatte Angst, deshalb log er.* Häufig steht in diesen Fällen aber auch ein Semikolon oder ein Punkt: *Ich* *will dir helfen; deshalb bin ich ja gekommen.* (Oder: ... *helfen. Deshalb bin ich* ...) **2. Er kommt deshalb, weil/um ...:** Das Adverb *deshalb* weist auf einen Grund, es kann sich daher nur auf einen Kausalsatz (Begründungssatz), nicht auf einen Finalsatz (Zwecksatz) beziehen: *Sie nahm deshalb daran teil, weil* ... (nicht: *um*). Sätze wie der folgende sind also nicht korrekt: *Beim Militär wird Gesang außerdem noch deshalb geübt, um das Marschieren unterhaltsamer zu gestalten* (Kirst; richtig: ..., *weil er das Marschieren unterhaltsamer macht*). **3. deshalb/dieserhalb:** In einigen Fällen kann ein hinweisendes *deshalb* durch *dieserhalb* ersetzt werden, das deutlicher den Bezug auf eine Sache ausdrückt: *Ich habe deshalb/dieserhalb* (= wegen dieser Sache) *bei ihm angefragt.* Man verwendet – wenn überhaupt – *dieserhalb* in geschriebener Sprache, weil es hier, wo die Betonung wegfällt, nachdrücklicher wirkt als *deshalb.*

Desodorant/Deodorant: ↑Deodorant/Desodorant.

desselben: ↑derselbe.

dessem: Die Form *dessem* ist falsch, es gibt keinen Dativ zu *dessen.* ↑Demonstrativpronomen (6), ↑Relativpronomen (3).

dessen: Der Mann, auf dessen erschöpftem/erschöpften Gesicht ... : Da *dessen* ein attributiver Genitiv ist, übt er keinerlei Einfluß auf die Deklination nachfolgender Wortgruppen aus. Ein nachfolgendes Adjektiv oder Partizip muß deshalb stark gebeugt werden: *Der Mann, auf dessen erschöpftem* (nicht: *erschöpften*) *Gesicht der Schweiß glänzte, ... Der Künstler, von dessen tiefempfundenem* (nicht: *tiefempfundenen*) *Spiel alle ergriffen waren, ... Vor dem Denkmal und dessen breitem* (nicht: *breiten*) *Sockel ... Für den Kranken und dessen Angehörige* ... (nicht: *Angehörigen*). ↑Adjektiv (1.2.6), ↑Demonstrativpronomen (4).

dessen/sein: ↑Demonstrativpronomen (3).

dessenthalben, dessentwegen, dessentwillen: ↑dere[n]thalben usw.

dessenungeachtet / demungeachtet/desungeachtet: ↑demungeachtet usw.

desto: ↑je (2)

deswegen: Vor *deswegen* steht ein Komma, wenn es Sätze verbindet: *Er wurde krank, deswegen mußte er den Vortrag absagen.* Häufig steht in diesen Fällen aber auch ein Semikolon oder ein Punkt: *Ich dachte mir schon, daß du später kommst; deswegen habe ich bis jetzt gewartet.* (Oder: ... *kommst. Deswegen habe ich* ...)

Detektiv: Das Substantiv *Detektiv* wird stark gebeugt. Es heißt also im Genitiv Singular: *des Detektivs* (nicht: *Detektiven*), Dativ: *dem Detektiv* (nicht: *Detektiven*), Akkusativ: *den Detektiv* (nicht: *Detektiven*). Der Plural lautet *die Detektive.* ↑Autor (1).

deucht: Die Formen *[mir] deucht, deuchte, [mir hat] gedeucht* sind alte Nebenformen von *dünken.* ↑dünken (1).

deutlich: In Verbindung mit Verben schreibt man immer getrennt: *deutlich sprechen, schreiben; jemandem etwas deutlich machen. Daraus ist deutlich geworden, daß* ...

deutsch: 1. Rechtschreibung: a) Kleinschreibung: Da das Adjektiv *deutsch* nur in echten Namen und Substantivierungen groß geschrieben wird, gilt in den folgenden Fällen Kleinschreibung: *das deutsche Recht, die deutsche Sprache, der deutsche Idealismus, die deutsche Bundesrepublik, der deutsche Schäferhund, deutscher Schaumwein, der deutsche Michel; sie ist deutsche Meisterin geworden* (als Titel auch: *Anton G., Deutscher Meister im Eiskunstlauf;* ↑Titel und Berufsbezeichnungen [2]). Kleinschreibung gilt für *deutsch* auch in Verbindung mit Verben, wenn es mit „wie?" erfragt werden kann: *Er denkt deutsch. Fühlst du so deutsch? Sie wollen sich deutsch unterhalten. Der Brief ist deutsch ge-*

schrieben. Ich kann mit ihm auch deutsch (= deutlich, grob) *reden. Das heißt auf gut deutsch* (= geradeheraus, freimütig) *Faulheit. Redet sie jetzt deutsch oder holländisch?* Auch in Verbindung mit *auf* und *in* kann *deutsch,* sofern die Fügung mit „wie?" erfragbar ist, klein geschrieben werden: *Ihre Gedichte schreibt sie auf deutsch, ihre Prosatexte auf englisch.* **b) Großschreibung:** Groß schreibt man das substantivierte Adjektiv, wenn es im Sinne von „deutsche Sprache" verwendet wird (und mit „was?" erfragbar ist): *Sie sprechen kein Wort Deutsch. Sein Deutsch ist schlecht. Im älteren Deutsch lautet der Text ... Wir mußten aus dem Deutschen ins Englische übersetzen. Er hat eine Vier in Deutsch geschrieben. Sie kann/lernt/lehrt/versteht Deutsch. Er spricht nur gebrochen Deutsch, aber er versteht es gut. Du verstehst wohl kein Deutsch* (= willst nicht hören)*? Jetzt spricht sie zwar* (wie?) *englisch, aber ihre Muttersprache ist* (was?) *Deutsch. Am Ende des Artikels steht eine Zusammenfassung in Deutsch. Der Prospekt erscheint in Deutsch und Englisch* (= in den Sprachen Deutsch und Englisch). Groß schreibt man *deutsch* auch als Bestandteil von ↑Namen (5), und zwar immer, wenn das Adjektiv am Anfang eines Namens steht: *Die Deutsche Bibliothek* (in Frankfurt), *fünf Deutsche Mark, der Deutsch-Französische Krieg* (1870/71), *das Deutsche Arzneibuch, die Deutsche Bundesbahn.* Steht das Adjektiv *deutsch* nicht am Anfang, dann wechselt die Schreibweise: *Verein Deutscher Ingenieure, Zweites Deutsches Fernsehen,* aber: *Bank deutscher Länder, Gesellschaft für deutsche Sprache, Institut für deutsche Sprache.* **2. Steigerung:** Der Superlativ von *deutsch* lautet *der deutscheste, am deutschesten.* Zum Gebrauch dieser Formen ↑Vergleichsformen (3.1).

Deutsch, das/Deutsche, das: Die endungslose Form *das Deutsch* bezeichnet immer eine besondere, näher bestimmte Art oder Form der deutschen Sprache: *Sein Deutsch ist schlecht. Es gibt viele Fremdwörter im heutigen Deutsch.* Die Form auf *-e* bezeichnet dagegen die deutsche Sprache allgemein: *Das Deutsche ist eine indogermanische Sprache. Er hat aus dem Englischen ins Deutsche übersetzt.* ↑Sprachbezeichnungen (1).

deutsche Botschaft: ↑Namen.

deutsche Schrift: ↑Schrift.

Deutscher: Im allgemeinen wird heute *wir Deutschen,* seltener *wir Deutsche* gesagt. ↑Adjektiv (1.2.4).

deutschsprachig / deutschsprachlich: Das Adjektiv *deutschsprachig* bedeutet „die deutsche Sprache sprechend" *(die deutschsprachige Schweiz)* und „in deutscher Sprache" *(deutschsprachiger Unterricht; deutschsprachige Literatur).* Dagegen bedeutet *deutschsprachlich* „die deutsche Sprache betreffend", *deutschsprachlicher Unterricht* ist also Unterricht über die deutsche Sprache, z. B. auf englisch oder französisch.

Dezember: Der Genitiv des Monatsnamens lautet *des Dezembers* oder (seltener) *des Dezember,* der Plural *die Dezember: im Laufe des Dezembers/*(seltener:) *des Dezember; die kältesten Dezember des Jahrhunderts.* Die ungebeugte Form steht dann, wenn der Monatsname ohne Artikel einem Substantiv folgt (*Anfang Dezember, Mitte Dezember* u. ä.) oder wenn er in einem appositionellen Verhältnis zu dem Wort *Monat* steht *(des Monats Dezember).* ↑Monatsnamen.

Dezimalzahlen: 1. ↑Zahlen und Ziffern (2). **2.** Zu *1,5 ml des Serums wurden/wurde vernichtet* ↑Kongruenz (1.2.3).

d. h.: ↑das heißt.

d. i.: ↑das ist.

Diagonale: Das substantivierte Adjektiv wird überwiegend wie ein echtes Substantiv gebeugt, im Singular endungslos, im Plural schwach auf *-n: die Diagonalen.* Ohne Artikel kommt im Plural auch starke Beugung vor: *zwei Diagonalen* oder *zwei Diagonale.*

Diakon: Zur Anrede und Anschrift ↑Brief (7).

Diakonat: Das Wort wird gewöhnlich als Neutrum *(das Diakonat),* von Theologen auch als Maskulinum *(der Diakonat)* gebraucht.

Diakonisse/Diakonissin: Das Suffix *-in,* das für die Bildung weiblicher Substantive zu männlichen Personenbezeichnungen verwendet wird, ist bei dem Femininum *die Diakonisse* eigentlich überflüssig. Es wird aber zur Verdeutlichung häufig gesetzt. Beide Formen gelten als korrekt. ↑Movierung.

diakritische Zeichen: Unter einem diakritischen Zeichen versteht man ein Zeichen, das die besondere Aussprache eines Buchstabens anzeigt, z. B. die Akzente (↑Akzent), die ↑Cedille und die ↑Tilde. In der deutschen Rechtschreibung werden nur die Umlautpunkte als diakritische Zeichen verwendet *(ä, ö, ü),* andere Zeichen treten ausschließlich bei bestimmten Fremdwörtern und Eigennamen auf. ↑Háček und ↑Trema.

diät/Diät: Klein schreibt man das Adjektiv: *eine diäte Lebensweise; streng diät kochen/leben.* Groß schreibt man das Substantiv: *eine strenge Diät; Diät halten; jmdn. auf Diät setzen.*

dicht: 1. dichtbehaarter/dicht behaarter Körper: Das Adjektiv *dicht* schreibt man in attributiver Stellung mit dem folgenden 2. Partizip zusammen, wenn die Verbindung in adjektivischer Bedeutung gebraucht wird (nur das erste Glied trägt Starkton): *ein dichtbehaarter Körper, ein dichtbevölkertes Land, die dichtgedrängten Zuschauer.* Man schreibt getrennt, wenn das Partizip nur näher bestimmt werden soll (beide Wörter tragen Starkton): *ein [ungewöhnlich] dicht behaarter Körper, ein [sehr] dicht bevölkertes Land, die dicht gedrängten Zuschauer.* Dies gilt immer, wenn beide Wörter in der Aussage stehen: *Der Körper ist dicht behaart. Das Land ist dicht bevölkert. Die Zuschauer sind/standen dicht gedrängt.* **2. dicht halten/dichthalten, dicht machen/dichtmachen:** Getrennt vom folgenden Verb schreibt man, wenn beide Wörter in ursprünglicher Bedeutung stehen: *Das Faß wird dicht halten. Sie haben die Isolierung dicht gemacht.* Zusammen schreibt man, wenn durch die Verbindung ein neuer Begriff entsteht und *dicht* Verbzusatz ist: *Er kann einfach nicht dichthalten* (ugs. für: schweigen). *Sie hat ihre Boutique dichtgemacht* (ugs. für: geschlossen). ↑Zusammen- oder Getrenntschreibung (1.2). **3. das am dichtesten bevölkerte/dichtbevölkertste Land:** Bei der Steigerung von *dichtbehaart, dichtbevölkert, dichtgedrängt* sollte man die Zusammenschreibung auflösen und nur das erste Wort steigern, weil beide Wörter ihre Eigenbedeutung bewahrt haben: *das am dichtesten bevölkerte* (nicht: *dichtbevölkertste) Land.* ↑Vergleichsformen (2.5.1).

dichtmaschig: Das Adjektiv *dichtmaschig* wird als Ganzes gesteigert: *dichtmaschiger, am dichtmaschigsten.* ↑Vergleichsformen (2.5.2).

dick: Klein schreibt man das Adjektiv in der unveränderlichen Verbindung *durch dick und dünn.* ↑Groß- oder Kleinschreibung (1.2.1).

die: ↑Demonstrativpronomen, ↑Relativpronomen.

die/der: Zu *Einer der vielen Studenten, die/der ...* ↑der/die.

die/sie: Zu *Das kann die/sie nicht wissen* usw. ↑Demonstrativpronomen (5).

die/welche: ↑Relativpronomen.

die gleiche/dieselbe: ↑der gleiche/derselbe.

Die Räuber: Es muß heißen *„Die Räuber" haben* (nicht: *hat) immer eine starke Wirkung auf die Jugend ausgeübt* (↑Kongruenz [1.2.5]) und *„Die Räuber" heißt ein Drama von Schiller* (↑Kongruenz [1.4.2]).

Die Verlobung (Vermählung) unserer Tochter ...: Zu *Die Verlobung (Vermählung) unserer Tochter beehren wir uns/sich anzuzeigen* ↑Anzeigen (2).

diejenige: ↑derjenige.

Dienstag: **1. Silbentrennung:** Man trennt *Diens-tag,* weil zusammengesetzte Wörter nach ihren sprachlichen Bestandteilen, also nach Sprachsilben, getrennt werden. **2. Dienstag abend/Dienstagabend:** Verbindungen aus Wochentag und Tageszeitangabe können sowohl getrennt als auch zusammengeschrieben werden, entscheidend ist nur, was mit der Zeitangabe ausgedrückt werden soll. Bei der Zeitangabe *Dienstag abend* ist das Substantiv *Dienstag* der Hauptbegriff, der durch die Tageszeitangabe *abend* genauer bestimmt wird. Die Fügung bezeichnet die Abendstunden eines ganz bestimmten Dienstags: *Nächsten Dienstag abend/Am Dienstag abend treffen wir uns.* In der Zusammensetzung *Dienstagabend* ist *Abend* das Grundwort, zu dem als Bestimmung die Angabe des Wochentages *Dienstag* tritt (= *der Abend des Dienstags*). Dieser feste Zeitbegriff kann beliebig (auf kalendarisch unbestimmte Dienstage bezogen) verwendet und auch in den Plural gesetzt werden: *Am Dienstagabend hat sie Ballettstunde, am Mittwochabend Gesangstunde, am Donnerstagabend hat sie frei. Am nächsten Dienstagabend gehen wir aus. Meine Dienstagabende sind für die nächste Zeit alle belegt.* Entsprechendes gilt für *Morgen, Mittag* und *Nacht,* nicht aber für *früh,* das als nachgetragenes Adverb nur getrennt geschrieben werden kann *([am] Dienstag früh).* Zu den Möglichkeiten *Dienstag abend/Dienstag abends/dienstags abends* ↑Adverb (3); zu *am Dienstag, dem 14. März/den 14. März* ↑Datum; zur Deklination *(des Dienstag[e]s/des Dienstag)* ↑Wochentage.

Dienstmann: Der Plural kann *die Dienstmänner* oder *die Dienstleute* heißen. Die erste Form ist üblicher. ↑Mann (2).

dienstverpflichten: Von *dienstverpflichten* werden im allgemeinen nur der Infinitiv und das 2. Partizip gebraucht: *Man wollte uns dienstverpflichten. Wir sind dienstverpflichtet worden.* Andere Formen kommen nur gelegentlich vor: *Wenn man uns dienstverpflichtet, dann ...* ↑Zusammen- oder Getrenntschreibung (2.1).

dies: ↑dieser (3).

Diesel: Wird der Eigenname *Diesel* als Kurzform für *Dieselmotor* gebraucht, dann lautet der Genitiv *des Diesels* oder seltener *des Diesel.* Beide Formen sind korrekt. ↑Personennamen (4).

dieselbe, dieselben: ↑derselbe.

dieselbe/die gleiche: ↑der gleiche/derselbe.

dieser, diese, dieses: **1. Anfang dieses/diesen Jahres:** Das Demonstrativpronomen *dieser, diese, dieses* wird immer stark gebeugt. Auch im Maskulinum und Neutrum heißt es im Genitiv Singular nur *dieses: Anfang dieses* (nicht: *diesen*) *Jahres; am 10. dieses Monats; ein Gerät dieses Typs.* **2. Überbringer dieses Schreibens/Überbringer dieses:** Das Pronomen kann alleinstehend oder attributiv gebraucht werden. Im Genitiv wird es standardsprachlich jedoch nur noch attributiv verwendet: *die Bewohner dieser Stadt; der Kragen dieses Mantels.* Der substantivische Gebrauch in *der Überbringer dieses* (= dieses Schreibens) gehört der älteren Kanzleisprache an. **3. unflektiertes *dies:*** Anstatt des Neutrums *dieses* wird häufig auch das unflektierte *dies* in gleicher Bedeutung gebraucht, vor allem wenn es alleinstehend verwendet wird. Entscheidend für die Wahl ist der Satzrhythmus: *Ich wußte, daß es dies gab. Dies alberne Geschwätz widert mich an.* **4. mit diesem seinem/seinen ersten Buch:** Das Possessivpronomen wird auch nach *dieser* immer stark gebeugt. Es heißt richtig: *Mit diesem seinem ersten Buch* (nicht: *mit diesem seinen ersten Buch*) *hatte er viel Erfolg.* Ebenso: *von dieser seiner neuesten Schöpfung; nach dieser ihrer besten Leistung.* **5. dieser – jener:** Ist in einem Satz von zwei Wesen oder Dingen die Rede, auf die man sich mit *dieser – jener* zurückbezieht, dann bezeichnet *dieser* das zuletzt genannte Wesen oder Ding, *jener* das zuerst genannte: *Mutter und Tochter kamen näher, diese trug ein Sommerkleid, jene ein Kostüm.* Da durch *dieser – jener* die Beziehungen nicht allzu deutlich klargestellt werden, treten an ihre Stelle oft ↑ersterer – letzterer, die den Vorzug der Eindeutigkeit haben.

dieserart/dieser Art: Von dem unveränderlichen Demonstrativpronomen *dieserart* „so geartet" *(Ich kann mit dieserart Leuten nicht umgehen)* und dem Adverb *dieserart* „auf diese Weise" *(Während ich dieserart weiterschrieb ...)* ist der Dativ bzw. Genitiv der Fügung *diese Art* zu unterscheiden: *Mit dieser Art von Bildern/Mit Bildern dieser Art* (nicht: *dieserart) kann ich nichts anfangen.*

diesseits: Als Präposition wird *diesseits* mit dem Genitiv verbunden: *diesseits des Flusses; die Autobahn diesseits Frankfurts.* Man kann aber auch ein *von* einschalten: *die Autobahn diesseits von Frankfurt.* In diesem Falle ist *diesseits* Adverb.

Diminutiv: Unter einem Diminutiv versteht man die Verkleinerungsform eines Substantivs. Sie wird in der Standardsprache mit Hilfe der Ableitungssilben *-chen* oder *-lein* gebildet, z. B.: *Fensterchen, Häuschen, Tüchlein, Brünnlein.* Vielfach drücken Bildungen dieser Art nicht so sehr die Verkleinerung aus, sondern sind vielmehr Koseformen, die der familiären Ausdrucksweise angehören und die emotionale Beteiligung oder enge Beziehung des Sprechers zu der betreffenden Sache oder Person kennzeichnen *(ein Bierchen trinken; ein Häuschen im Grünen haben).* Die Kleinheit, das geringe Alter o. ä. wird daher durch das Adjektiv *klein* verdeutlicht, ohne daß ↑Pleonasmen entstehen: *ein kleines Häuschen, ein kleines Bübchen, mein kleines Mäuschen.* Diminutive wie *Kindchen, Freundchen* können auch vorwurfsvoll oder warnend gegenüber Erwachsenen gebraucht werden: *Nun sei doch vernünftig, Kindchen! Na warte, Freundchen!* Von vornherein nicht als Diminutive empfunden werden einige Bildungen, die die Beziehung zu ihren Grundwörtern verloren oder eine spezielle Bedeutung erworben haben: *Kaninchen, Mädchen, Dämchen, Liebchen.*

DIN-A4-Blatt: Beim Schreiben von Aneinanderreihungen wie *DIN-A4-Blatt, DIN-C6-Umschlag* darf zwischen *A* und *4, C* und *6* usw. kein Bindestrich stehen und kein Zwischenraum gelassen werden, weil Buchstabe und Ziffer eine Einheit bilden. ↑Bindestrich (3.1).

Ding: Der standardsprachliche Plural zu *Ding* lautet *die Dinge: Das sind nützliche Dinge. Aller guten Dinge sind drei.* Der Plural *die Dinger* ist umgangssprachlich und bezieht sich entweder auf junge Mädchen oder auf bestimmte, oft abschätzig betrachtete Gegenstände: *... zwei Cousinen, die ... aus Berlin gekommen waren ... Auch hofften wir, mit den Dingern ... irgend etwas Dolles ... anstellen zu können* (Grass). *Oder waren das keine Rosinen, diese angebrannten Dinger?* (Hausmann).

dingen: Das heute veraltende Verb *dingen* „gegen Entgelt in Dienst nehmen" kann sowohl regelmäßig als auch unregelmäßig konjugiert werden. Im Präteritum ist die Form *dingte* gebräuchlicher: *Er dingte* / (seltener:) *dang einen Jungen als Führer.* Im 2. Partizip ist dagegen die unregelmäßige Form geläufiger: *Er hat einen Helfer gedungen. Ein gedungener Mörder sollte die Tat ausführen.* Bei den Zusammensetzungen und Präfixbildungen sind die Formen z. T. anders verteilt. ↑ausbedingen, ↑bedingen, ↑verdingen.

Dingwort: ↑Substantiv.

Dioxyd: ↑Oxyd/Oxid.

Diphthong: Unter einem Diphthong (Doppellaut, Zwielaut) versteht man die Verbindung zweier Vokale zu einem langen Laut, z. B. *ei* in *frei, au* in *faulen, eu* in *Freude.* Bei der Silbentrennung wird der Diphthong wie ein Laut behandelt: *Bei-ne, grau-sam, freu-en, Kai-ser, beu-gen, säu-men.*

Dipl.-Ing.: Zur Anschrift ↑Brief (7).

Diplomat: Das Substantiv wird schwach gebeugt. Der Genitiv lautet *des Diplomaten* (nicht: *des Diplomats*), der Dativ und Akkusativ lauten *dem, den Diplomaten* (nicht: *dem, den Diplomat*). ↑Unterlassung der Deklination (2.1.2).

dir als ...: ↑Apposition (4).

direkte Rede (wörtliche Rede): Im Gegensatz zur ↑indirekten Rede wird in der direkten Rede etwas wörtlich angeführt, d.h. so, wie es gesagt, gedacht, überlegt worden ist. Die direkte Rede steht in Anführungszeichen und hat, wenn sie angekündigt ist, den Doppelpunkt vor sich, z.B.: *Er sagte: „Ich komme morgen."* Der Doppelpunkt steht auch dann, wenn der Satz nach der wörtlichen Rede weitergeführt wird: *Er sagte: „Ich komme gleich zu dir" und legte den Hörer auf.* Ist die direkte Rede vorangestellt, dann wird sie durch Komma abgetrennt, wenn sie nicht durch Ausrufe- oder Fragezeichen abgeschlossen ist: *„Ich komme morgen", sagte er.* Aber: *„Wer da!" rief er. „Kommst du morgen?" fragte er.* Es steht aber weder Komma noch Doppelpunkt, wenn eine kurze direkte Rede in den Satz einbezogen ist und das Prädikat des Satzes folgt: *„Ich gehe jetzt" war alles, was sie sagte. Nachdem er „Das ist gut" gesagt hatte, war ich beruhigt.* ↑Doppelpunkt (1), ↑Anführungszeichen (2.1 und 3).

direkter Fragesatz: ↑Fragesatz.

Direktor: Zu *des Direktors Müller/Direktor Müllers* ↑Titel und Berufsbezeichnungen (1.2 und 1.3).

Dirigent: Das Substantiv wird nur schwach gebeugt. Der Genitiv lautet *des Dirigenten*, der Dativ und Akkusativ lauten *dem, den Dirigenten* (nicht: *dem, den Dirigent*). ↑Unterlassung der Deklination (2.1.2). Zu *des Dirigenten Hofmeyer/Dirigent Hofmeyers* ↑Titel und Berufsbezeichnungen (1.2 und 1.3).

Discountladen: ↑Amerikanismen/Anglizismen (2).

Diseuse: *Diseuse* „Vortragskünstlerin" ist nur in der französischen Form auf *-euse* üblich. ↑Titel und Berufsbezeichnungen (3).

Diskus: Das Substantiv hat zwei Pluralformen: *die Disken* und *die Diskusse.*

diskutabel: Bei *diskutabel* fällt, wenn es dekliniert oder gesteigert wird, das *e* der Endungssilbe aus: *ein diskutabler Vorschlag. Dieser Umstand macht den Plan auch nicht diskutabler.* ↑Adjektiv (1.2.13).

distributiver Singular: Zu Sätzen wie *Beschämt senkten sie den Kopf/die Köpfe* ↑Kongruenz (1.2.8).

Disziplin und maßhalten: ↑Bindestrich (1.1).

Divertimento: Der Plural lautet *die Divertimentos,* in der Fachsprache der Musik *die Divertimenti.* Falsch ist die Pluralform *die Divertimentis.* ↑Fremdwort (3.4).

d.M.: Die Abkürzung von *dieses Monats* ist *d.M.* (nicht: *d.M.s*). ↑Abkürzung (3.1).

DM: Die Abkürzung für Deutsche Mark in Verbindung mit Zahlen ist *DM: 250 DM/DM 250.* ↑Maß-, Mengen- und Münzbezeichnungen (4). Ohne Zahlenangaben wird in der Presse, vor allem in der Wirtschaftspresse, auch *D-Mark* verwendet.

doch: Vor *doch* steht ein Komma, wenn es Zusätze einleitet: *Er probierte es oft, doch vergebens.* Es steht auch ein Komma, wenn *doch* Sätze verbindet: *Sie versprach mir zu helfen, doch sie kam nicht.* Häufig steht in solchen Fällen aber auch ein Semikolon oder ein Punkt: *Ich hätte ihm gern geschrieben; doch ich wußte seine Anschrift nicht.* (Oder: ... *geschrieben. Doch ich wußte ...*)

doch/ja: Der Inhalt eines verneinten (Frage)satzes wird regulär mit *doch* zurückgewiesen; *ja* ist hier umgangssprachlich: *„Ich habe es nicht gesagt." – „Du hast es doch gesagt!" „Hast du es nicht gelernt?" – „Doch!"* In einem Gesprächsausschnitt wie *„Liebst du* *mich?" – „Doch!"* kann *doch* (an Stelle von *ja*) dadurch gerechtfertigt sein, daß in der Frage unausgesprochene Zweifel mitschwingen, denen mit *doch* begegnet werden soll.

doch/jedoch: Wenn *doch* oder *jedoch* an der Spitze eines beigeordneten Satzes stehen, können sie wie jedes Adverb in Spitzenstellung die ↑Inversion von Subjekt und finiter Verbform bewirken: *Er fährt gern Auto, [je]doch fliegt er nur ungern mit dem Flugzeug.* Die Inversion kann aber auch unterbleiben; dann fungieren *doch* und *jedoch* als Konjunktionen: *Er fährt gern Auto, [je]doch er fliegt nur ungern ...* Beide Wörter stehen in Sätzen wie: *Sie versprach mir zu antworten, [je]doch sie hat nicht geschrieben. Ich hoffte, daß er einwilligte, [je]doch er lehnte ab. Das ist grausam, [je]doch nicht unnütz.* Sie unterscheiden sich aber in der Möglichkeit des Stellungswechsels, wenn sie Hauptsätze miteinander verbinden. Dann tritt *doch* immer an den Anfang des Satzes: *Man ist arm, aber nicht unglücklich, der Lohn ist karg, doch man genießt die abendlichen Stunden* (Jens). Dagegen ist *jedoch* beweglicher: *Er ist fleißig, jedoch fehlt es ihm an Begabung* oder *... es fehlt ihm jedoch an Begabung.* Andererseits kann nur *doch* Konjunktionen wie *und, aber, oder* folgen: *Und doch ist es ihm nicht gelungen, die Firma vor dem Konkurs zu retten.*

Dock: Die übliche Pluralform – nach niederdeutsch-englischem Vorbild – lautet *die Docks.* Die hochdeutsche Form *die Docke* ist selten.

Dogma: Der Plural lautet die *Dogmen.* ↑Fremdwort (3.4).

Do-it-yourself-Bewegung: ↑Bindestrich (3.1).

Doktor: 1. Doktor Meiers/des Doktor Meier: Steht *Doktor* in Verbindung mit einem Familiennamen, dann bleibt das Wort ungebeugt: *der Bericht [Herrn] Doktor/Dr. Meiers. Die Praxis Frau Doktor/Dr. Müllers.* Auch wenn, was selten vorkommt, der Artikel hinzutritt, wird *Doktor* nicht gebeugt: *die Villa des Doktor Meier.* In Anrede und Anschrift wird der Doktortitel gewöhnlich mit dem Namen verbunden: *Herrn Dr. Werner Martens; Frau Dr. Scholz, Sie haben ...* Beim Schreiben wird der Doktorgrad gewöhnlich abgekürzt. Nur wer sehr höflich sein will, läßt den Namen weg; er muß dann aber *Doktor* ausschreiben: *Sehr geehrter Herr Doktor!* Ist eine Person Inhaber mehrerer Doktortitel, dann führt man diese ohne Komma hintereinander vor dem Namen auf: *Frau Dr. phil. Dr. med. Helga Berner.* Bei mehr als drei Titeln kann man sich mit *Dr. mult.* (= doctor multiplex „mehrfacher Doktor") helfen. In diesem Falle darf man nicht ↑Dres. verwenden. ↑Titel und Berufsbezeichnungen (2.2.); ↑jur./iur.

Doktoringenieur: Die Bezeichnung für den Ingenieur mit Doktor[diplom] schreibt man ohne Bindestrich in einem Wort: *Doktoringenieur.* In der Abkürzung muß der Regel entsprechend ein ↑Bindestrich (2.8) stehen: *Dr.-Ing.* (wie *Reg.-Rat* u. a.).

Dollar: Der Plural lautet *die Dollars: Auf seine Dollars kann er verzichten.* In Verbindung mit Zahlwörtern über *eins* steht *Dollar* ungebeugt: *Dieses Auto kostet 5 000 Dollar.* ↑Maß-, Mengen- und Münzbezeichnungen (1).

Dolmetsch/Dolmetscher: Die Form *Dolmetsch* ist die geradlinige Fortsetzung von mhd. *tolmetsch[e],* dessen auslautendes *e* abfiel. *Dolmetscher* ist eine jüngere Form des 15. Jahrhunderts, die wohl als Ableitung vom Verb *dolmetschen* aufzufassen ist. Beide Formen wurden lange im eigentlichen und übertragenen Sinne unterschiedslos nebeneinander gebraucht. Die Differenzierung von *Dolmetsch* „Fürsprecher, Verkünder" und *Dolmetscher* „Übersetzer" ist eine neuere Entwicklung, die noch nicht ganz abgeschlossen ist. *Dolmetsch* wird außerhalb Österreichs kaum noch im Sinne von „Übersetzer" gebraucht, während bei *Dolmetscher* der übertragene Gebrauch noch häufiger ist.

dominieren: Das Verb *dominieren* „beherrschen" wird mit dem Akkusativ verbunden: *Er dominiert die politische Szene.*

Domino: In der Bedeutung „Maskenmantel, Maskenkostüm" hat das Wort männliches Geschlecht: *der Domino;* als Bezeichnung für ein bestimmtes Gesellschaftsspiel ist es Neutrum: *das Domino.*

Dompfaff: Der Vogelname kann im Singular schwach oder stark gebeugt werden: Es heißt also: *des Dompfaffen, dem, den Dompfaffen* oder *des Dompfaffs, dem, den Dompfaff.* Der Plural wird nur schwach gebeugt. ↑Unterlassung der Deklination (2.1).

Dompteuse: Die weibliche Form zu *Dompteur* ist nur in der französischen Form auf *-euse* (nicht: *-eurin*) üblich. ↑Titel und Berufsbezeichnungen (3).

Donnerstag: **1.** Zu *Donnerstag abend/Donnerstagabend* ↑Dienstag (2). **2.** Zu *Donnerstag abend/Donnerstag abends/donnerstags abends* ↑Adverb (3). **3.** Zu *am Donnerstag, dem/den 14. März* ↑Datum. **4.** Zur Deklination *des Donnerstag[e]s/des Donnerstag* ↑Wochentage.

doof: Zu dem umgangssprachlichen Ausdruck für „dumm, einfältig" lautet der Komparativ *doofer* (nicht: *döfer*), der Superlativ lautet *doofste* (nicht: *döfste*).

doppelkohlensauer: ↑doppeltkohlensauer.

Doppellaut: ↑Diphthong.

Doppelpunkt

Der Doppelpunkt (das Kolon) ist kein Schlußzeichen, sondern ein Übergangs- und Ankündigungszeichen. Er soll den Leser zu einer Pause veranlassen und zugleich aufmerksam machen auf das, was folgt. Der Doppelpunkt hat also die Aufgabe, einen Satz oder ein Satzstück, die einen Text einleiten oder ankündigen, optisch von dem Folgenden abzuheben. Der Doppelpunkt kann zwischen zwei Sätzen stehen, aber auch innerhalb eines Satzes.

1. Direkte Rede: Der Doppelpunkt steht vor der direkten Rede, wenn diese vorher angekündigt ist:

Der Präsident sagte: „Ich werde meinem Land treu dienen." Der Vater verkündete: „Morgen machen wir einen Ausflug."

Der Doppelpunkt steht auch dann, wenn der ankündigende Satz nach der direkten Rede weitergeführt wird:

Er fragte mich: „Weshalb darf ich das nicht?" und begann zu schimpfen.

Die wörtliche Rede wird nach dem Doppelpunkt immer mit großem Anfangsbuchstaben begonnen (↑direkte Rede).

2. Aufzählungen: Der Doppelpunkt steht vor angekündigten Aufzählungen. Das erste Wort wird nur dann groß geschrieben, wenn es ein Substantiv ist:

Sie hat schon mehrere Länder besucht: Frankreich, Spanien, Polen, Ungarn. Die üblichen Leistungsnoten in der Schule lauten: sehr gut, gut, befriedigend, ausreichend, mangelhaft, ungenügend. Folgende Teile werden nachgeliefert: gebogene Rohre, Muffen, Schlauchklemmen und Dichtungen.

Der Doppelpunkt steht aber nicht, wenn einer Aufzählung Wörter wie *nämlich, d. h., d. i., z. B.* vorausgehen. In diesen Fällen steht ein Komma:

Der Teilnehmerkreis setzt sich aus verschiedenen Gruppen zusammen, nämlich Arbeitern, Angestellten und Unternehmern. Wir werden Ihnen alle durch die Dienstreise entstehenden Kosten, d. h. Fahrgeld, Auslagen für Übernachtung und Essen, ersetzen.

3. Sätze, Satzstücke, Einzelwörter: Der Doppelpunkt steht vor vollständigen Sätzen, Satzstücken oder einzelnen Wörtern, die ausdrücklich angekündigt sind. Dabei wird das Einzelwort bzw. das erste Wort des Satzstücks nur dann groß geschrieben, wenn es ein Substantiv ist:

Das Sprichwort lautet: Der Apfel fällt nicht weit vom Stamm. Rechnen: sehr gut. Nächste TÜV-Untersuchung: 30. 9. 1969.

Zweites Konzert des Staatlichen Philharmonischen Orchesters
W. A. Mozart: Symphonie in g-Moll. KV 550
J. Brahms: Konzert für Klavier und Orchester in B-Dur
Franz Liszt: Sinfonie zu Dantes „Divina Commedia"
Dirigent: Carl Schuricht
Solist: Wilhelm Backhaus
Beginn: 20 Uhr
Ende: gegen 22.30 Uhr

Auch nach Angaben in Firmenbriefköpfen wie

Ihr Zeichen, Ihre Nachricht vom, Unser Zeichen, Tag, Datum, Betreff/Betr., Bankkonto, Telefon u. a.

steht, wenn die folgende Mitteilung in der gleichen Zeile gebracht wird, ein Doppelpunkt. Dasselbe gilt für Hinweise auf Vordrucken und Formularen wie

Erfüllungsort: ... Der Direktor: ...
Lieferadresse: ... Der Erziehungsberechtigte: ...

4. Zusammenfassungen, Folgerungen, mehrfach zusammengesetzte Sätze: Der Doppelpunkt steht vor Zusammenfassungen, Folgerungen und dem abschließenden Teilsatz in mehrfach zusammengesetzten Sätzen (Perioden). Das erste Wort wird nur dann groß geschrieben, wenn es ein Substantiv ist:

Haus und Hof, Geld und Gut: alles ist verloren. Du arbeitest bis spät in die Nacht, rauchst eine Zigarette nach der anderen, gehst kaum an die frische Luft: du machst dich kaputt! Wo dir Gottes Sonne zuerst schien; wo dir die Sterne des Himmels zuerst leuchteten, wo seine Blitze dir zuerst seine Allmacht offenbarten und seine Sturmwinde dir mit heiligem Schrecken durch die Seele brausten: da ist deine Liebe, da ist dein Vaterland (E.M. Arndt).

5. Doppelpunkt und Ziffernschreibung: In der Mathematik wird der Doppelpunkt als Divisionszeichen verwendet:

16:4 = 4 1:2 = 0,5

Bei der Angabe von Sport- und Wahlergebnissen, kartographischen Angaben u. a. drückt der Doppelpunkt ein (Zahlen)verhältnis aus:

Hamburger SV – Bayern München 2:2. Durch einen klaren 5:1-Sieg übernahm der Aufsteiger die Tabellenführung. Der deutsche Tennismeister schlug den Spanier in drei Sätzen 6:2, 6:3, 7:5. Die Erfolgsaussichten stehen 50:50. Die Wahlprognosen zeigen ein Verhältnis von 60:40 für die Kandidatin der konservativen Partei. Die Karte ist im Maßstab 1:5 000 000 angelegt.

Schließlich wird der Doppelpunkt als Gliederungszeichen zwischen Stunden, Minuten und Sekunden bei genauen Zeitangaben verwendet (Sekunden und Zehntelsekunden werden durch ein Komma getrennt):

Die Zeit des Siegers im Marathonlauf beträgt 2:35:30,2 Stunden (= 2 Stunden, 35 Minuten, 30,2 Sekunden). Mit 8:41,7 Minuten (= 8 Minuten, 41,7 Sekunden) stellte sie einen neuen Rekord auf.

(An Stelle des Doppelpunktes wird hier gelegentlich auch nur ein Punkt gesetzt: *13.58 Minuten; 4.25.30,9 Stunden;* aber nicht: *4:25.30,9 Stunden.*)

6. Doppelpunkt in Verbindung mit anderen Satzzeichen: ↑Fragezeichen; ↑Gedankenstrich; ↑Klammern.

doppelt/zweifach: Die beiden Wörter werden heute meist wie folgt unterschieden: *zweifach* (gehoben auch noch: *zwiefach*) bezeichnet zweierlei Verschiedenes: *Er hat ein zweifaches Verbrechen* (z.B. Mord und Raub) *begangen.* Dagegen meint *doppelt* zweimal dasselbe: *Er muß die doppelte Summe zahlen. Der Koffer hat einen doppelten Boden.*

doppelt so ... wie/doppelt so ... als: Nach *doppelt so* kann *wie* oder *als* stehen, je nachdem, ob die (formalgrammatische) Gleichheit oder die (sachliche) Ungleichheit betont wird. Man neigt wegen des vorausgehenden *so* heute jedoch mehr zur Betonung der Gleichheit und bevorzugt *wie: Er ist doppelt so alt wie sie* (selten: *als sie*). ↑als/wie.

doppelte Negation (doppelte Verneinung): ↑Negation.

doppeltes Akkusativobjekt: Zum doppelten Akkusativobjekt ↑kosten, ↑lehren, ↑abfragen, ↑abhören.

doppeltkohlensauer: Es heißt *doppeltkohlensaures Natron* (nicht: *doppelkohlensaures Natron*). Der erste Bestandteil *doppelt* steht hier in einer Reihe mit *einfach-, dreifach-,* das *-t-* muß also sinngemäß stehen (ebenso: *doppeltwirkend*). Die Neigung, *doppel-* zu sagen, kommt daher, daß Zusammensetzungen gewöhnlich mit *doppel-* gebildet werden: *doppeldeutig, -gleisig, -reihig, -sinnig, -züngig* u.a.

Doppelzentner: ↑Zentner.

Dorado/Eldorado: *El Dorado,* wörtlich „das vergoldete [Land]", ist die spanische Bezeichnung für ein sagenhaftes Gold- und Glücksland. Das Wort *Eldorado* enhält also den spanischen Artikel *el,* der mit dem eigentlichen Substantiv verschmolzen ist. Wir kennen Ähnliches bei Fremdwörtern aus dem Arabischen *(Algebra, Alkohol, Elixier).* Man kann also neben *das Dorado* auch *das Eldorado* verwenden.

Dorn: Im Sinne von „spitzer, harter Pflanzenteil" hat *Dorn* die Pluralform *die Dornen,* als Bezeichnung für ein dornartiges Werkzeug oder Metallstück hat es die Pluralform *die Dorne* (*Drehdorne, Fräsdorne* usw.).

dorthin fahren, fliegen, gehen usw./dort hinfahren, hinfliegen: ↑dahin fahren usw.

Dotter: *Dotter* kann in der Standardsprache männliches oder sächliches Geschlecht haben. Sowohl *der Dotter* als auch *das Dotter* ist korrekt. Die weibliche Form *die Dotter,* die gelegentlich landschaftlich gebraucht wird, gilt nicht als korrekt.

Dozent: 1. Das Substantiv wird schwach gebeugt, es muß also bis auf den Nominativ Singular immer die Endung *-en* haben: *Der Vortrag des jungen Dozenten war schlecht besucht. Er sprach mit dem Dozenten.* Die Unterlassung der Beugung ist korrekt in Anschriften in Verbindung mit *Herr* und Namen: *Herrn Dozenten Dr. Müller* oder *Herrn Dozent Dr. Müller.* ↑Unterlassung der Deklination (2.1.2). **2.** Zu *des Dozenten Meyer/Dozent Meyers* ↑Titel und Berufsbezeichnungen (1.2 und 1.3).

Dpf: Neben der Abkürzung *Pf* wird gelegentlich auch *Dpf* für *Deutscher Pfennig* gebraucht. Diese Form ist aber nicht amtlich.

Dr.: ↑Doktor, ↑Dres.

Drache/Drachen: Man unterscheidet heute *der Drache* (Genitiv: *des Drachen*) „Fabeltier" und *der Drachen* (Genitiv: *des Drachens*) „Kinderspielzeug; zanksüchtige Person". Früher wurde diese Unterscheidung nicht gemacht, sie ist auch nur im Nominativ und im Genitiv Singular möglich, weil alle übrigen Kasus übereinstimmen. ↑Substantiv (2.1).

Drama: Der Plural von *Drama* heißt *die Dramen* (nicht: *die Dramas*). ↑Fremdwort (3.4).

Dramaturg: Das Substantiv wird schwach gebeugt. Der Genitiv lautet *des Dramaturgen* (nicht: *des Dramaturgs*), der Dativ und Akkusativ lauten *dem, den Dramaturgen* (nicht: *dem, den Dramaturg*). ↑Unterlassung der Deklination (2.1.2).

dran/daran: ↑daran (3).

drängen/dringen: Das Verb *dringen* ist das ältere Wort; *drängen* ist erst in mittelhochdeutscher Zeit als Veranlassungswort zu *dringen* entstanden und hat dieses unregelmäßig gebeugte Verb aus dem transitiven Gebrauch verdrängt. Der heutige Stand ist so, daß das transitive *drängen* regelmäßig gebeugt wird: *Obwohl es ihn drängte, gegen die Absonderung aufzubegehren* (Apitz). *Von allen Seiten gedrängt, ... wird Ludwig XVIII. schwankend* (St. Zweig). Das intransitive *dringen* wird dagegen unregelmäßig gebeugt: *Seine Worte, die ... aus der Finsternis drangen* (Langgässer). *Wenn sie nicht darauf gedrungen hätte, einen Spezialisten zu rufen* (Edschmid). Diese klare Trennung war früher noch nicht vorhanden, und Schwankungen bestehen bis heute fort, besonders bei *dringen auf etwas*. Hier hat sich *jmdn. zu etwas drängen* eingeschlichen, so daß man jetzt in einer Art ↑Kontamination *drängen auf etwas* sagt: *Jede Masse drängt auf Aktivierung* (Thieß). *... denn sonst hätte Lisbeth wohl ... auf Abreise gedrängt* (Brod). Diese Kontamination ist seit mehr als hundert Jahren gebräuchlich. – Von den Zusammensetzungen mit *drängen* ist besonders *aufdrängen* zu erwähnen. Neben den korrekten regelmäßigen Formen dieses Verbs kommen vereinzelt noch Formen des veralteten unregelmäßigen Verbs *aufdringen* vor (das auch dem Adjektiv *aufdringlich* zugrunde liegt): *Da kam eines Tages ein Agent und drang ihm ein paar Lose auf* (G. Fussenegger). Diese unregelmäßigen Formen gelten heute nicht mehr als korrekt. Es heißt also nicht mehr: *Diese Ansicht hat sich mir aufgedrungen,* sondern: *aufgedrängt.* Nicht: *Das Buch ist ihm aufgedrungen worden,* sondern: *aufgedrängt worden.* Nicht: *Er drang es mir auf,* sondern: *Er drängte es mir auf.*

Drangsal: Es heißt heute in der Regel *die Drangsal.* Das sächliche Geschlecht *(das Drangsal)* ist veraltet. Der Plural lautet *die Drangsale.*

drauf/darauf: ↑darauf.

draus/daraus: ↑daraus.

drei: **1. die Aussagen dreier Zeugen/dieser drei Zeugen:** Steht *drei* ohne Artikel oder vorangehendes Pronomen bei einem Substantiv, dann wird es im Genitiv gebeugt: *die Aussagen dreier [einwandfreier] Zeugen.* (Aber: *die Aussagen dieser drei Zeugen.*) ↑zwei (1). **2. der Sieg dreier englischer/englischen Reiter:** Ein auf *dreier* folgendes Adjektiv wird heute stark, d.h. parallel gebeugt: *der Sieg dreier englischer* (nicht mehr: *englischen*) *Reiter.* Folgt dagegen ein substantiviertes Adjektiv oder Partizip, dann wird dieses meist schwach gebeugt: *die Entlassung dreier Angestellten*/(seltener:) *Angestellter.* ↑zwei (2). **3. wir drei/wir dreie:** Bei substantivischem Gebrauch bleibt *drei* im Nominativ endungslos. Die Form *wir dreie* u.ä. ist umgangssprachlich. ↑Numerale (3). **4. zu dreien/zu dritt:** ↑Numerale (4), ↑zu + Zahlwort. **5. Groß- oder Kleinschreibung:** Klein schreibt man das Zahlwort: *Aller guten Dinge sind drei. Wir sind zu dreien* oder *zu dritt. Der Junge ist schon drei [Jahre]. Er kommt um drei [Uhr]. Die drei sagen, daß ...; Euch dreien viele Grüße ...* (im Brief); *nicht bis* *drei zählen können* (ugs. = nicht sehr intelligent sein); *für drei essen, arbeiten o. ä.* (= sehr viel essen usw.). Ebenso: *die drei Grazien; die drei Weisen aus dem Morgenlande* (aber als Name: *die Heiligen Drei Könige*). Groß schreibt man das Substantiv: *die Zahl Drei; eine Drei würfeln. Die Drei ist eine heilige Zahl. Er hat in Latein eine Drei geschrieben, die Note „Drei" bekommen.* ↑[1]acht, ↑Zensuren.

Drei und drei ist sechs: Es darf nicht heißen: *Drei und drei sind sechs,* sondern nur: *Drei und drei ist sechs.* ↑Kongruenz (1.2.4).

Dreikäsehoch: Der Plural kann mit oder ohne *-s* gebildet werden: *die Dreikäsehoch* oder *die Dreikäsehochs.*

Dreikönigsfest: ↑Fugenzeichen.

Dreikonsonantenregel: ↑Konsonant.

dreimal so groß/dreimal größer: ↑-mal so groß/-mal größer.

dreimal so ... wie/als: ↑doppelt so ... wie/als.

drein/darein: ↑darein (3).

dreißig: Der Grund, warum man *dreißig* mit *ß,* die anderen Zehner aber mit *z (zwanzig, neunzig)* schreibt, ist folgender: Die Zehnerzahlen werden durch Anhängen der Nachsilbe *-zig* gebildet, die auf ein germanisches mit *t* anlautendes Wort zurückgeht (vgl. got. *tigus* = „Dekade, Zehnzahl"). In den Zusammensetzungen der Grundzahlen mit diesem Wort trat das anlautende *t* normalerweise hinter einen Konsonanten (*zwan-, vier-, fünf-* usw.) und wurde dann, entsprechend den Lautgesetzen, in der hochdeutschen Lautverschiebung (6.–8. Jahrhundert n. Chr.) zu einem Verschlußlaut mit folgendem Reibelaut ([ts] = *z*) verschoben. Zwischen Vokalen trat dies nicht ein, hier wurde *t* zu einem Reibelaut, einem scharfen *s* ([s] = *ß*) verschoben, daher: *drei-ß-ig.*

dreist: Der Superlativ lautet *der dreisteste, am dreistesten.* ↑Vergleichsformen (2.3).

dreiviertel: 1. dreiviertel/drei viertel/Dreiviertel: Als Beifügung (attributiv) gebrauchte ungebeugte Form und in substantivischer Verwendung wird *dreiviertel* als Einheit empfunden und deshalb zusammengeschrieben: *in dreiviertel Länge, in [einer] dreiviertel Stunde, in Dreiviertel der Länge. Die Arbeit ist erst zu Dreiviertel getan.* Getrennt schreibt man, wenn *viertel/Viertel* gezählt wird: *ein viertel Zentner, zwei viertel Zentner, drei viertel Zentner; in drei viertel Stunden* (mit Ziffern: *¾ Stunden*) oder: *in drei Viertelstunden* (= dreimal einer Viertelstunde); *fünf Minuten vor drei Viertel zwölf. In drei Vierteln aller Lustspiele wird gehorcht* (Fontane). **2. dreiviertel/drei Viertel der Bevölkerung wohnt/wohnen ...:** ↑Kongruenz (1.2.3).

Dres.: Die Abkürzung *Dres.* steht für *doctores* und wird zusammenfassend vor eine Aufzählung mehrerer Personen gesetzt, die den Doktorgrad erworben haben. Sie wird in erster Linie in der Firmenbezeichnung von Rechtsanwaltgemeinschaften benutzt: *Dres. R. Müller und H. Otto, Rechtsanwälte.* ↑Doktor.

dreschen: 1. Formen: Im Indikativ des Präsens heißt es: *ich dresche, du drischst, er drischt.* Der Imperativ lautet: *drisch!* (nicht: *dresche!*). ↑e/i-Wechsel. Das Präteritum lautet heute *ich drosch.* Die Form *ich drasch* ist veraltet. **2. Konjunktiv:** Der Konjunktiv II – sofern er überhaupt gebraucht wird – lautet heute *drösche.* Die Form *dräsche* ist veraltet. ↑Konjunktiv (1.3).

Dresd[e]ner: Die Einwohner von Dresden heißen *Dresdener* oder *Dresdner.* Die Einwohnerbezeichnung *Dresd[e]ner* wird immer groß geschrieben, auch wenn das Wort wie ein flexionsloses Adjektiv vor einem Substantiv steht: *der Dresd[e]ner Zwinger, eine Dresd[e]ner Stolle.* ↑Einwohnerbezeichnungen (1 und 7).

drin/darin: ↑darin (3).

Dr.-Ing.: ↑Doktoringenieur.

dringen/drängen: ↑drängen/dringen.

dringlich/vordringlich: Mit

dringlich wird angegeben, was jemanden „drängt", so daß es bald erledigt werden sollte: *eine dringliche Angelegenheit; die Arbeit ist dringlich; etwas als dringlich vormerken; sich etwas dringlich wünschen.* Mit *vordringlich* wird demgegenüber das bezeichnet, was „sich vordrängt", was das Übergewicht über etwas erlangt, einer Sache vorangeht: *die vordringlichen Bedürfnisse der Wirtschaft befriedigen; unsere vordringliche Sorge muß es jetzt sein ...* Man erkennt daraus, daß die beiden Wörter zwar eine ähnliche, aber doch verschiedene Bedeutung haben und daß es eigentlich nicht ganz korrekt ist, wenn man unterschiedslos *vordringlich* für *dringlich* gebraucht. Aber *die vordringlichen Aufgaben/Fragen/Vorlagen/Anträge/Aufträge/Wohnungsgesuche* usw. sind schon so üblich geworden, daß sich kaum jemand daran stößt.

dritte: Klein schreibt man das Zahlwort (= der Zählung, der Reihe nach): *der eine, der andere, der dritte. Er ist der dritte* (= der Zählung, der Reihe nach), *von fünf Bewerbern der dritte. Nur jeder dritte erhielt die Zulassung.* Klein schreibt man auch *zum dritten* (= drittens), *zu dritt.* Groß schreibt man das substantivierte Zahlwort (= bestimmter substantivischer Begriff): *Er ist der Dritte* (= der Leistung nach) *in der Klasse. Wir warten bis zum Dritten* (= Monatstag). *Er ist der Dritte im Bunde. Verkauf an Dritte ist nicht erlaubt. Einem Dritten* (= Unbeteiligten) *gegenüber sagt man dies nicht. Es ist noch ein Drittes zu erwähnen.* Groß schreibt man das Zahlwort auch in Namen: *der Dritte Punische Krieg; die Dritte Republik; das Dritte Reich; Richard der Dritte.* ↑Namen (3), ↑Groß- oder Kleinschreibung (1.2.4), ↑jeder achte.

Dritte/andere: ↑andere/Dritte.

dritte Vergangenheit: ↑Plusquamperfekt.

drittehalb: Das veraltete Zahlwort *drittehalb* bedeutet *der, die, das dritte zur Hälfte.* Die Maßangabe *drittehalb Liter* meint also nicht dreieinhalb, sondern nur zweieinhalb Liter. ↑halb (2).

Dritteil: Man trennt *Drit-teil.* ↑Konsonant (2, a).

Drittel: 1. Deklination: Im Dativ Plural wird *Drittel* heute meist gebeugt: *mit zwei Dritteln der Summe. Ich habe die Arbeit zu zwei Dritteln geschafft.* Daneben kommt aber auch die ungebeugte Form vor: *mit/zu zwei Drittel.* ↑Maß-, Mengen- und Münzbezeichnungen (1). **2. Ein Drittel der Mitglieder stimmte/stimmten ab.** *Zwei Drittel der Mannschaft wurden/wurde gerettet:* ↑Kongruenz (1.2.3).

dritter Fall: ↑Dativ.

Dr. mult.: Diese Abkürzung steht für *doctor multiplex* „mehrfacher Doktor". ↑Doktor.

drohen: In Verbindung mit einem erweiterten Infinitiv mit *zu* kann *drohen* als Vollverb oder als Hilfsverb gebraucht werden. Als Vollverb bedeutet es „eine Drohung aussprechen": *Der Kranke drohte, sich ein Leid anzutun.* Hier muß ein Komma vor dem erweiterten Infinitiv stehen. Bei hilfszeitwörtlichem Gebrauch bedeutet *drohen* „in Gefahr sein, im Begriff sein": *Der Kranke drohte bei dem Anfall zu ersticken.* Hier steht kein Komma, weil *drohen* die Aussage des Infinitivs nur modifiziert. ↑Komma (5.1.4). Vgl. untenstehende Tabelle.

Kommasetzung bei *drohen*

Das beim Infinitiv mit *zu* stehende Verb ist vollwertige Satzaussage. Der Infinitiv wird mit Komma abgetrennt:	**Das beim Infintiv mit *zu* stehende Verb modifiziert nur die Aussage des Infinitivs. Es steht kein Komma:**
Der Kranke drohte, sich ein Leid anzutun.	Der Kranke *drohte* bei dem Anfall zu ersticken.
Sie drohte, abzureisen und nie mehr wiederzukommen.	Die Mauer *drohte* einzustürzen und die Arbeiter unter sich zu begraben.

Drohn/Drohne: Die Fachsprache der Imker kennt für das nicht arbeitende Bienenmännchen nur *der Drohn* (schwach gebeugt: *des/dem/den Drohnen*). Gemeinsprachlich ist *die Drohne* (Gen.: *der Drohne,* Plur.: *die Drohnen*), das auch die übertragene Bedeutung „Nichtstuer (der andere arbeiten läßt)" hat.

Drops: Das Wort ist eine aus dem Englischen übernommene Mehrzahlform (engl. *drops* „die Tropfen") und wurde anfänglich auch nur in der Mehrzahl gebraucht. Als man den einzelnen Bonbon bezeichnen wollte, schwankte man längere Zeit zwischen der gebräuchlichen Mehrzahlform *der Drops* und der Einzahlform *der Drop.* Die letztere Form konnte sich aber nicht durchsetzen. Heute wird auch für die Einzahl die Mehrzahlform verwendet: *der Drops* (seltener mit sächlichem Geschlecht: *das Drops*). Diese Form bleibt in allen Kasus unverändert. *Drops* schließt sich damit der gleichlaufenden Entwicklung von *Keks* an, mit dem Unterschied, daß hier schon eingedeutschte Beugungsformen gebraucht werden *(des Kekses, die Kekse).*

drüber: ↑darüber (3).

Druck: Es gibt zwei Substantive der Lautform *Druck.* Sie unterscheiden sich in der Bedeutung und in der Form des Plurals. Das erste ist zu dem Verb *drücken* gebildet und entspricht dessen konkreten und übertragenen Bedeutungen. Sein Plural lautet *Drücke* (mit Umlaut). Diese Form wird im technischen Bereich gebraucht *(Dampf-, Gas-, Über-, Unterdrücke),* im künstlerischen *(Gips-, Wachsabdrücke),* im geologischen *(Tier-, Pflanzenabdrücke)* und sonst (*Finger-, Fuß-, Gebißabdrükke, Händedrücke, Ausdrücke* [= Wörter, Wendungen], *Eindrücke* u. a.). Das andere Substantiv, mit der Pluralform *Drucke* (ohne Umlaut), entspricht in der gleichen Weise dem Verb *drucken,* das die Tätigkeit der Buchdrucker bezeichnet. Dieses Substantiv steht in Zusammensetzungen wie *Ab-, Aufdrucke, Firmen-, Preisaufdrucke, Ausdrucke* (drucktechn.), *Nachdrucke, Neudrucke, Überdrucke, Vordrucke* u. a. ↑drucken, ↑Plural (1).

drucken: In Verbindung mit der Präposition *auf* kann nach *drucken* sowohl der Akkusativ wie der Dativ stehen: Der Akkusativ bezeichnet das Papier als Ziel des Druckvorgangs, während der Dativ das Papier als die Stelle kennzeichnet, wo sich das Drucken abspielt. Der Gebrauch des Dativs überwiegt: *Die Graphik wird auf mattem (auf mattes) Papier gedruckt. ... es war ein dünnes, schlecht auf schlechtem Papier gedrucktes Jahrmarktsbüchlein* (Hesse). Das wirkt sich beim zugehörigen Verbalsubstantiv *der Druck* so aus, daß *Druck auf schlechtes Papier* mehr den Vorgang, die Tätigkeit des Druckens bezeichnet, während *Druck auf schlechtem Papier* auch die konkrete Bedeutung des Substantivs *Druck,* nämlich „Druckwerk", zum Ausdruck bringen kann.

drücken: 1. etwas drückt mir/mich auf die Schulter: Wird *drücken* auf einen Körperteil bezogen, dann kann die betroffene Person im Dativ oder im Akkusativ stehen. Der Dativ (Dativ der Beteiligung) ist üblicher: *Die Kiste drückte mir auf die Schulter.* Seltener im Akkusativ: *Der Rucksack drückt mich im Kreuz.* Zwischen Dativ und Akkusativ der Person besteht nur ein formaler, kein grundsätzlicher Unterschied. Der Hauptton liegt immer auf der Angabe des Körperteils. Ähnlich wie *drücken* werden auch andere Verben der körperlichen Berührung behandelt, vgl. z. B. ↑schlagen, ↑schneiden, ↑treten. **2. Ihn/Ihm drückt der Schuh:** Bezieht sich *drücken* unmittelbar auf eine Person, dann steht heute ausschließlich der Akkusativ: *Diese Schuhe haben mich schon immer gedrückt.* Das gilt auch für übertragenen Gebrauch: *Ich weiß, wo ihn der Schuh drückt* (= was ihn bedrückt). Hier ist der Dativ der Person veraltet. **3. sich vor/von etwas drücken:** Im Sinne von „etwas nicht mitmachen, nicht tun wollen" ist sowohl *vor* wie *von* möglich: *Er drückt sich gern vor der Arbeit/von der Arbeit.*

Druckerzeugnis/Druck-Erzeugnis: ↑Bindestrich (2.2).

drunter: ↑darunter (4).

Dschungel: Das aus dem Englischen entlehnte Substantiv hatte früher alle drei Geschlechter: *der/die/das Dschungel.* Heute sagt man gewöhnlich *der Dschungel,* das Neutrum *das Dschungel* ist selten, die weibliche Form *die Dschungel* ist veraltet.

du: ↑Groß- oder Kleinschreibung (1.2), ↑Anrede (1 und 2).

du/dich: In der Wendung *Wenn ich du wäre, ...* ist *du* Gleichsetzungsnominativ. Der Akkusativ *(dich)* ist hier nicht korrekt.

du oder wir: *Du oder wir haben das getan.* Nicht: *Du oder wir hast das getan.* ↑Kongruenz (2.2).

du und er: *Du und er [, ihr] habt euch gefreut.* Nicht: *du und er haben sich gefreut.* ↑Kongruenz (2.1).

du und ich: *Du und ich [, wir] haben uns sehr gefreut.* Nicht: *Du und ich haben sich sehr gefreut.* ↑Kongruenz (2.1).

du und sie (Plural): *Du und sie [, ihr] habt euch gefreut.* Nicht: *Du und sie haben sich gefreut.* ↑Kongruenz (2.1).

du und wir: *Du und wir [, wir] haben uns sehr gefreut.* Nicht: *Du und wir haben sich sehr gefreut.* ↑Kongruenz (2.1).

dubios/dubiös: Das Wort mit der Bedeutung „unsicher, zweifelhaft" hat zwei Formen, eine mit, eine ohne Umlaut. Die Form ohne Umlaut überwiegt. ↑-os/-ös.

dumm: Der Umlaut im Komparativ *(dümmer)* und im Superlativ *(dümmste)* zeigt sich erst im 18. Jahrhundert, ist aber heute durchgedrungen. Formen ohne Umlaut sind veraltet.

Dummejungenstreich: Die gebeugten Formen von *Dummejungenstreich* lauten entweder (mit erstarrtem *-e*): *des Dummejungenstreich[e]s, die Dummejungenstreiche, ein Dummejungenstreich* usw. oder aber (mit durchgehend flektiertem ersten Bestandteil): *des Dummenjungenstreich[e]s, die Dummenjungenstreiche, ein Dummerjungenstreich* usw. Die Formen der zweiten Art sind mehr alltagssprachlich. ↑Kompositum (7).

dumpf: Die Vergleichsformen von *dumpf* werden ohne Umlaut gebildet: *dumpfer, der dumpf[e]ste.* ↑Vergleichsformen (2.1).

Dunkelmann: Der Plural von *Dunkelmann* heißt *die Dunkelmänner.* ↑Mann (2).

dunkel: 1. Ausfall des *e*: Bei *dunkel* fällt, wenn es dekliniert oder gesteigert wird, das *e* der Endungssilbe aus: *ein dunkles Zimmer; es wurde immer dunkler.* ↑Adjektiv (1.2.13). **2. im dunkeln/Dunkeln tappen:** Klein schreibt man das Adjektiv auch bei vorangehendem Artikel, wenn es in unveränderlichen Verbindungen steht: *Sie hat mich im dunkeln* (= im ungewissen) *gelassen. Er tappte im dunkeln* (= wußte nicht Bescheid). *Sie wollen unbedingt im dunkeln* (= anonym) *bleiben.* Groß schreibt man das substantivierte Adjektiv: *Im Dunkeln ist gut munkeln. Im Dunkeln* (= in der Finsternis) *tappte er nach Hause.* ↑Groß- oder Kleinschreibung (1.2.1).

dünken: 1. dünkt/deucht: Das Verb *dünken* hat neben den jüngeren regelmäßigen Formen *dünkte, gedünkt* alte Formen mit Wechsel des Stammvokals und mit Veränderung des Stammauslautes: *deuchte, gedeucht* (z. T. auch auf das Präsens übertragen: *mir deucht*). Diese alten Formen werden heute kaum noch gebraucht. **2. mich/mir dünkt:** Neben den alten Akkusativ der Person *(mich dünkt)* trat schon früh der Dativ *(mir dünkt).* Heute sind zwar beide gleichberechtigt, aber der Dativ ist immer noch seltener: *... mit meinem finnischen Messer dünkte ich mich allen Zigeunern überlegen* (Bergengruen). *„Wenn es dich unvermeidlich dünkt!" rief Agathe* (Musil). *Mit allen ist er Freund, um ... nur einzig das zu tun, was ihm persönlich richtig und nützlich dünkt*

(St. Zweig). Bei *bedünken* wird der Dativ heute gar nicht mehr gebraucht: *... das ... den Menschen wandellos bedünken mochte* (Schröder). **3. Er dünkt sich ein Held/einen Helden:** Nach *sich dünken* steht heute der Nominativ: *Ich dünke mich/mir ein Held.* Der früher mögliche doppelte Akkusativ *(Du dünkst dich einen Helden)* ist heute ungebräuchlich.

dunkle Ahnung: ↑Adjektiv (4.2).

dünn: Klein schreibt man das Adjektiv in der unveränderlichen Verbindung *durch dick und dünn.* Getrennt vom folgenden Verb schreibt man das selbständige Adjektiv: *Du mußt dich ein bißchen dünn machen, damit alle Platz haben. Du mußt den Teig dünner machen.* Zusammen schreibt man, wenn durch die Verbindung ein neuer Begriff ensteht: *Er hat sich dünngemacht* (= ist weggelaufen; ugs). ↑Zusammen- oder Getrenntschreibung (1.2). Zu *dünnbevölkert, -bewachsen, -besiedelt* u.a. ↑dicht (1 und 3).

Dur/Moll: Die Bezeichnungen für die beiden Tongeschlechter *Dur* und *Moll* kommen im Deutschen seit dem 16./17. Jh. vor. Sie werden in den frühen Belegen zum Teil klein geschrieben, entsprechend ihrer ursprünglichen Zugehörigkeit zur Wortart Adjektiv (lat. *durus* „hart", *mollis* „weich"), z.T. aber auch groß bei substantivischer Anwendung. Da beide Wörter heute im Deutschen immer nur als Substantive und nie als adjektivische Begriffe auftreten, werden sie nach den Regeln der geltenden Rechtschreibung groß geschrieben (wobei die Durtonarten mit einem großen, die Molltonarten mit einem kleinen Buchstaben bezeichnet werden): *in Dur/Moll, [in] A-Dur/a-Moll, A-Dur-Tonleiter, a-Moll-Tonleiter.*

durch: ↑auf Grund/durch/infolge/von/vor/wegen/zufolge.

durch/von/mit: Zur Verwendung dieser Präpositionen bei der Bildung des Passivs ↑Passiv (1).

durch was/wodurch: Standardsprachlich ist in der Regel das Pronominaladverb *wodurch: Ich weiß nicht, wodurch er dazu veranlaßt wurde.* Die Verbindung *durch + was (Ich weiß nicht, durch was er dazu veranlaßt wurde)* kommt in der Umgangssprache häufig vor. Sie ist stilistisch unschön. ↑Pronominaladverb (5).

durch-: In Verbindung mit Verben kann *durch-* sowohl feste wie unfeste Zusammensetzungen bilden, z.B. *durchbeißen/durchbeißen, durchblättern/durchblättern, durchfahren/durchfahren.* Die festen Zusammensetzungen werden auf dem zweiten, dem verbalen Glied betont: *durchbrechen, ich durchbreche, durchbrach, habe durchbrochen.* Das *zu* beim Infinitiv steht frei vor dem Verb: *Er versuchte, die Absperrung zu durchbrechen.* Bei den unfesten Zusammensetzungen wird das erste Glied, also *durch,* betont: *durchbrechen, ich breche durch, brach durch, bin/habe durchgebrochen.* Das *zu* beim Infinitiv wird bei diesen Verben in den Infinitiv einbezogen: *Er versuchte, den Stock durchzubrechen.* ↑Verb (2). Das zweite Partizip der festen Zusammensetzungen mit *durch* wird ohne *-ge-* gebildet: *Er hat die Absperrung durchbrochen.* Anders bei den unfesten Zusammensetzungen: *Er hat den Stock durchgebrochen.* ↑zweites Partizip (1).

durchbleuen: ↑bleuen.

durchbohren/durchbohren: Die beiden Formen werden gewöhnlich in der Bedeutung differenziert: *ein Loch durchbohren. Er bohrte den Lauf durch. Er hat das Brett durchgebohrt.* Aber (im Sinne von „durchdringen"): *mit Blikken durchbohren. Er durchbohrte die Kastanie mit einer Nadel. Die Kugeln haben das Brett durchbohrt.* ↑Verb (2).

durchbrechen / durchbrechen: Die beiden Formen der Zusammensetzung werden gewöhnlich in der Bedeutung differenziert. Im Sinne von „entzweibrechen, eine Öffnung brechen" gilt nur die unfeste Form: *Er bricht die Schokolade durch. Er hat eine Türöffnung durchgebrochen. Der Feind ist an zwei Stellen durchgebrochen.* Im Sinne von „gewaltsam überwinden" gilt die feste Form: *Der Feind hat die Front durchbrochen.* ↑Verb (2).

durchdenken / durchdenken: Die beiden Formen berühren sich zum Teil in ihren Bedeutungen: *Er hat das Problem lange durchgedacht/durchdacht.* Aber nur: *ein gut durchdachter, ein bis ins letzte durchdachter Plan.* ↑Verb (2).

durchdiskutieren: ↑Verb (3).

durchdringen / durchdringen: Die beiden Formen sind in der Bedeutung differenziert. Die unfeste Form bedeutet „durch etwas hindurchkommen" oder „sich mit etwas durchsetzen": *Der Regen dringt durch. Mit diesem Vorschlag ist sie durchgedrungen.* Die feste Form wird im Sinne von „durch etwas dringen, etwas überwinden" gebraucht: *Die Strahlen durchdringen dickste Wände. Der Feuerschein hat die Nacht durchdrungen.* Ferner in der Bedeutung „innerlich erfüllen": *Er ist von dem Glauben durchdrungen, daß ...*

durcheinander: Getrennt vom folgenden Verb schreibt man, wenn *durcheinander* selbständige Umstandsangabe (Artangabe) ist: *Alles wird durcheinander sein. Er muß ja völlig durcheinander* (= verwirrt) *sein. Er darf nicht alles durcheinander essen und trinken.* Sonst schreibt man zusammen: *Die Sachen sind durcheinandergepurzelt. Er wird alles durcheinanderbringen. Er hat alles durcheinandergeworfen. Er sah sie durcheinanderlaufen. Ihr dürft nicht durcheinanderreden.* ↑Zusammen- oder Getrenntschreibung (1.4).

Durchfahrt[s]-: Bei einigen Zusammensetzungen mit *Durchfahrt* ist das Fugen-s fest, bei anderen schwankt der Gebrauch. Fest mit Fugen-s: *Durchfahrtshöhe, -recht, -straße, -verbot.* Schwankend: *Durchfahrt[s]gleis, -signal, -station, -zeit.* ↑-fahrt[s].

durchfiltrieren: ↑Verb (3).

durchführen/ausführen: ↑ausführen/durchführen.

durchgehen/durchgehen: Dieses Verb wird überwiegend als unfeste Zusammensetzung gebraucht (das Perfekt kann mit *haben* und mit *sein* gebildet werden; ↑haben [1]). In konkretem Sinn heißt es bei unfestem *durchgehen: Er ist durch den Wald durchgegangen.* In fester Zusammensetzung: *Er hat den Wald durchgangen.* In übertragenem Sinn: *Der Lehrer ist* (seltener: *hat*) *die Arbeiten mit seinen Schülern durchgegangen.* ↑Verb (2).

durchgehend / durchgehends: Standardsprachlich ist die Form ohne *-s: Das Geschäft ist durchgehend geöffnet.* Die Form mit *-s* kommt vor allem in Österreich vor. ↑Adverb (2).

durchkämmen/durchkämmen: In konkretem Sinn ist nur die unfeste Zusammensetzung üblich: *Sie kämmt ihr Haar durch. Ihr Haar wurde noch einmal durchgekämmt.* Bei übertragenem Sinn schwankt der Gebrauch: *Das Technische Hilfswerk hat das Waldstück sofort durchgekämmt / durchkämmt.* ↑Verb (2).

Durchkopp[e]lung: ↑Bindestrich (3).

Durchlaß: Der Plural heißt *die Durchlässe.* Die Form ohne Umlaut *die Durchlasse* ist veraltet.

Durchlaucht: Das Pronomen wird in der Verbindung mit *Durchlaucht* groß geschrieben: *Euer/Eure Durchlaucht.*

durchlüften/durchlüften: Die beiden Formen berühren sich zum Teil in ihrer Verwendung: *Ich habe das Zimmer gründlich durchgelüftet/durchlüftet.* Aber nur: *Ich habe einmal gründlich durchgelüftet.* ↑Verb (2).

durch'n: Die umgangssprachliche und mundartliche Form für *durch den* wird mit Apostroph geschrieben. ↑Präposition (1.2.1), ↑Apostroph (1.2).

durchs: Die Verschmelzung von *durch* und *das* wird ohne Apostroph geschrieben. ↑Apostroph (1.2), ↑Präposition (1.2.1).

Durchschreibeblock: Der Plural dieses Wortes lautet *die Durchschreibeblocks.* ↑Block.

durchschwimmen / durchschwimmen: Die beiden Formen sind in der Bedeutung differenziert. Die unfeste Form bedeutet „hindurchschwimmen, die ganze Zeit schwimmen“: *Er ist unter der Brücke durchgeschwommen. Er ist zwei Stunden lang durchgeschwommen.* Die feste Form bedeutet „schwimmend durchqueren“: *Er hat den See durchschwommen.* ↑Verb (2).

durchstechen / durchstechen: Die beiden Formen sind in der Bedeutung differenziert. Die unfeste Form bedeutet „hindurchstechen“: *Er hat die Nadel durch das Segeltuch durchgestochen.* Die feste Form bedeutet „stechend durchdringen, durch einen Stich öffnen“: *Er durchstach das Leder. Sein Trommelfell mußte durchstochen werden. Sie haben den Damm durchstochen.*

Durchstechung / Durchstich: Das Substantiv *Durchstechung* bezeichnet den Vorgang des Durchstechens: *die Durchstechung des Trommelfells.* Das Substantiv *Durchstich* kann ebenfalls den Vorgang bezeichnen: *ein Durchstich durch das Trommelfell.* Meist aber wird damit die hergestellte Öffnung, also das Ergebnis des Durchstechens, bezeichnet: *Der Durchstich begann zu heilen.* ↑Verbalsubstantiv.

durchweg/durchwegs: Die Form *durchwegs* ist landschaftlich, besonders süddeutsch und österreichisch. ↑Adverb (2).

durchziehen/durchziehen: Die beiden Formen sind in der Bedeutung differenziert. Die unfeste Form bedeutet vor allem „hindurchziehen“: *Wir haben das Kabel durchgezogen. Gestern sind hier Schausteller durchgezogen.* Die feste Form bedeutet „kreuz und quer durchstreifen; in Linien durchlaufen“: *Streunende Hunde durchzogen die Gegend. Viele Flüsse durchziehen die Ebene.* ↑Verb (2).

dürfen: 1. Das zweite Partizip des Vollverbs *dürfen* heißt *gedurft: Er hat es nicht gedurft.* Wenn *dürfen* als Modalverb gebraucht wird, steht nach einem Infinitiv nicht das 2. Partizip *gedurft,* sondern der Infinitiv *dürfen: Sie hätte es tun dürfen.* ↑Infinitiv (4). **2.** Man vermeide, *dürfen* zusammen mit anderen Wörtern, die eine Erlaubnis ausdrücken, in pleonastischer Weise zu gebrauchen. Man sage also nicht: *Ich bitte um die Erlaubnis, das tun zu dürfen.* Sondern entweder: *Darf ich das tun?* Oder: *Ich bitte um die Erlaubnis, das zu tun.* ↑Pleonasmus.

dürfen/können/müssen: Das Modalverb *dürfen* bedeutet „Erlaubnis haben“, *können* „vermögen, imstande sein“ und *müssen* „gezwungen sein“. Darüber hinaus kann aber auch *können* im Sinne von *dürfen* verwendet werden, besonders wenn die erlaubende Person oder Instanz genannt wird: *Meinetwegen kann* (= darf) *sie machen, was sie will. Auf Grund eines Gesetzes können* (= dürfen) *Spenden von der Steuer abgesetzt werden.* In verneinenden oder verbietenden Sätzen wurde früher auch häufig *müssen* an Stelle von *dürfen* gebraucht: *Der Ernst ... ist etwas sehr Edles und Großes, aber er muß* (= darf) *nicht störend in das Wirken im Leben eingreifen. Er bekommt sonst etwas Bitteres* (W. von Humboldt). *Man muß* (= darf) *die Leute nicht nach dem Schein beurteilen.* Das klingt noch nach in heutigen Sätzen wie *„Das mußt* (= darfst, sollst) *du nicht tun, Fritz!“* In Gesprächs- oder Briefformulierungen wie *Wir dürfen Ihnen heute mitteilen, daß ...* oder *Ich darf Ihnen verraten, daß ...* schließlich kommt weniger Erlaubnis als besondere Höflichkeit zum Ausdruck.

dursten/dürsten: In der Bedeutung „Durst haben“ ist heute *dursten* üblich: *Das Vieh durstet. Du trinkst, und ich muß dursten.* Unpersönlich und in gehobener Sprache kommt auch noch *dürsten* vor: *Weil ihn durstete/dürstete, ging er ins Haus:* In der übertragenen Bedeutung „heftiges Verlangen haben“ wird *dürsten* gebraucht: *Unser Jahrhundert dürstet nach einer Tat* (Musil). *... ich dürstete nach Gerechtigkeit*

(Roth). Bei *durstig* hat sich die umlautlose Form durchgesetzt, während sich ein altes *dürstig* in *blutdürstig* erhalten hat.

durstig/dürstig: ↑dursten/dürsten.

düster: Bei *düster* bleibt, wenn es dekliniert oder gesteigert wird, das *e* der Endungssilbe gewöhnlich erhalten: *ein düsterer Tag. Er blickte noch düsterer drein.* Nur in den deklinierten Formen des Komparativs wird das erste der drei Endungs-e manchmal ausgeworfen: *ein noch düst[e]rer Blick.* ↑Adjektiv (1.2.13), ↑Vergleichsformen (2.2).

Dutzend: 1. Rechtschreibung: *Dutzend* ist Substantiv und wird darum immer groß geschrieben. **2. zwei Dutzend Eier/Dutzende von Zuschauern:** Als Bezeichnung der Zähleinheit von 12 Stück bleibt *Dutzend* im Plural ungebeugt: *mit zwei Dutzend frischen Eiern.* Als Bezeichnung einer unbestimmten Menge wird es im Nominativ, Dativ und Akkusativ Plural gebeugt, wenn der Kasus nicht durch ein anderes Wort festgelegt ist: *Dutzende von Fehlern* (aber: *einige Dutzend Fehler*), *zu Dutzenden* usw. Im Genitiv Plural wird *Dutzend* wie ein substantiviertes Adjektiv gebeugt: *die Einsprüche Dutzender von Besuchern.* **3. Das Gezählte nach *Dutzend*:** Nach *Dutzend* steht das Gezählte in der Regel im gleichen Kasus (↑Apposition [2.2]), nicht im Genitiv: *ein Dutzend hartgekochte Eier, mit drei Dutzend frischen Eiern, für ein Dutzend holländische Eier.* Bei der Bedeutung „unbestimmte Menge" wird das Gezählte heute meist mit *von* oder im gleichen Kasus (appositionell) angeschlossen; der Genitiv ist dann seltener: *mit Dutzenden [von] kleinen Fahnen/* (seltener:) *kleiner Fahnen.* ↑Maß-, Mengen- und Münzbezeichnungen. **4. Ein Dutzend Eier kostet/kosten ...:** Bei *Dutzend* als Mengeneinheit steht das Prädikat meist im Singular, weil man vor allem die Einheit sieht: *Das/Ein Dutzend Eier kostet 3,70 DM.* Doch ist mit dem Blick auf das Gezählte auch der Plural möglich: *Ein Dutzend Eier kosten 3,70 DM.* ↑Kongruenz (1.1.2).

dutzend[e]mal/viele Dutzend Male: Getrennt (und groß) schreibt man, wenn *Mal* an der Beugung als Substantiv zu erkennen ist (↑²Mal): *viele/einige Dutzend Male.* Sonst schreibt man zusammen (und klein): *Ich habe ihn dutzendmal/dutzendemal gewarnt. Er ist ein dutzendmal/ein halbes dutzendmal/einige/viele dutzend[e]mal dort gewesen.*

dutzendweise: ↑-weise.

Dynamit: Es heißt *das Dynamit* (nicht: *der Dynamit*).

Dynamo: Da *Dynamo* eine Kurzform von *die Dynamomaschine* ist, wurde früher die weibliche Form *die Dynamo* bevorzugt. Heute jedoch ist das männliche Geschlecht standardsprachlich *(der Dynamo)*, weil sich die Kurzform von der Zusammensetzung völlig gelöst hat.

E

e: Zur Schreibung und Deklination ↑Bindestrich (2.4) *(E-Laut);* ↑Einzelbuchstaben *(des E, zwei E);* ↑Groß- oder Kleinschreibung (1.2.5) *(das e in Lerche).*

-e: 1. Zu *Geschrei/Geschreie, Geheul/Geheule* usw. ↑Substantiv (2.3). **2.** Zu *irr/irre, blöd/blöde, lang/lange* usw. ↑Adjektiv (1.2.14). **3.** Zu *Schütz/Schütze, Hirt/Hirte, Tür/Türe* usw. ↑Substantiv (2.3). **4.** Zu *im Sinn/im Sinne, im Haus/im Hause, auf dem Land/auf* *dem Lande* ↑Dativ-e. **5.** Zu den verschiedenen Formen des *e*-Ausfalls beim Verb *(gehen/gehn, schrieen/schrien, laufe/lauf, tränkest/tränkst* usw.) ↑Indikativ, ↑Imperativ, ↑Konjunktiv. Vgl. auch ↑Apostroph. **6.** Zum *e*-Ausfall beim Adjektiv *(dunkele/dunkle* usw.) ↑Adjektiv (1.2.13). **7.** Zum *e*-Ausfall bei Vergleichsformen (*finsterer/finstrer* usw.) ↑Vergleichsformen (2.2). **8.** Zum *e*-Ausfall bei Einwohnerbezeichnungen (*Tegernseer* usw.) ↑Einwohnerbezeichnungen (3). **9. Zum Ausfall des *e* bei Verben auf *-eln* und *-ern* und den dazu gebildeten Verbalsubstantiven:** Verben, deren Infinitiv auf *-eln, -ern* ausgeht *(sammeln, wandern),* werfen vor *st, t* und *n* das Endungs-e aus: *du sammelst, er, ihr sammelt; du wanderst, er, ihr wandert; wir, sie sammeln; wir, sie wandern.* In der 1. Pers. Sing. Ind. Präs. wird bei den mit *-eln* gebildeten Verben das *e* dieser Bildungssilbe häufiger ausgeworfen *(ich sammle* neben: *ich sammele)* als bei den mit *-ern* gebildeten (*ich wandre;* öfter jedoch: *ich wandere*). Die von Verben auf *-eln* abgeleiteten Verbalsubstantive auf *-ung* neigen ebenfalls zur Auswerfung des *e: Wandlung, Sammlung, Entwicklung, Abwechslung, Handlung.* Bei einigen wird die Form mit *e* allerdings vorgezogen: *Besiegelung, Bespiegelung, Gabelung, Bekrittelung, Umsegelung.* Die von Verben auf *-ern* abgeleiteten Substantive auf *-ung* haben das *e* zumeist erhalten: *Wanderung, Linderung, Teuerung, Neuerung.*

e/ä: ↑ä/e, ↑Aussprache (1).

Eau de Cologne: Der französische Ausdruck *Eau de Cologne* kann im Deutschen sächliches oder weibliches Geschlecht haben. Man sagt jedoch meist *das Eau de Cologne.*

eben: Bei *eben* bleibt, wenn es dekliniert oder gesteigert wird, das *e* in der Endungssilbe gewöhnlich erhalten: *ein ebenes Gelände. Die Landschaft ist hier ebener als im Süden.* ↑Adjektiv (1.2.13), ↑Vergleichsformen (2.2).

ebenso: 1. ebenso – wie/ebenso – als: Standardsprachlich heißt es heute *ebenso – wie* (nicht: *ebenso – als*): *Das ist ein ebenso spannendes wie lehrreiches Buch. Er ist ebenso groß wie ich. Sie ist ebenso klug wie schön.* Das gilt auch für den Vergleichssatz: *Er muß sich ebenso quälen, wie ich mich früher gequält habe.* Nicht: ... *wobei ihn der Chorgesang ebenso entzückte, als ihn die Dialektik ... völlig kalt ließ* (Nigg). ↑als/wie (2). **2. Rechtschreibung: a)** Zusammen schreibt man *ebenso* mit dem folgenden Adverb und den ungebeugten Formen der unbestimmten Zahlwörter *viel* und *wenig: ebensooft, ebensoviel, ebensowenig.* **b)** Zusammen schreibt man *ebenso* mit dem folgenden ungebeugten Adjektiv, wenn der Ton auf der ersten Silbe liegt: *Er hätte ebensogut zu Hause bleiben können. Er hat es ebensohäufig getan. Er wirft ebensoweit wie ich.* Aber getrennt schreibt man, wenn beide Wörter betont sind: *Sie spielt ebenso gut Klavier wie ich.* **c)** Getrennt schreibt man bei folgendem gebeugtem Adjektiv und bei den gebeugten Formen der unbestimmten Zahlwörter *viel* und *wenig: ebenso gute Leute, ebenso lange Beine, ebenso viele Tage, ebenso wenige Punkte.*

ebenso auch: ↑Pleonasmus.

ebensolch: Das folgende [substantivierte] Adjektiv oder Partizip wird im allgemeinen stark gebeugt (↑Adjektiv [1.1]): *mit ebensolchem verbogenem Fahrrad, nach ebensolcher exakter Zeitnahme.* (Hierbei ist im Singular der Unterschied zu *solch* zu beachten, nach dem das folgende Adjektiv zumeist schwach gebeugt wird: *in solcher angesehenen Stellung.*)

echt: Zusammen schreibt man *echt* mit einem folgenden Adjektiv, wenn die Verbindung adjektivisch gebraucht wird (nur das erste Glied trägt Starkton): *Dies ist eine echtdeutsche Eigentümlichkeit. Wir haben echtsilberne Bestecke.* Getrennt schreibt man *echt* vom folgenden Adjektiv, wenn beide Wörter ihren ursprünglichen Sinn bewahren, also noch eigenen Satzgliedwert haben (beide tragen Starkton): *Dies sind echt deutsche Eigentümlichkeiten. Wir haben versilberte und echt silberne Bestecke.* Getrennt schreibt man immer, wenn beide Wörter aussagend gebraucht werden: *Diese Eigentümlichkeiten sind echt deutsch. Unsere Bestecke sind echt silbern.* Immer zusammen schreibt man *echtblau,* weil es fachsprachlich (Chemie, Textilindustrie) klassenbildend gebraucht wird: *Der Stoff ist echtblau.* ↑Zusammen- oder Getrenntschreibung (3.2).

Eck/Ecke: Standardsprachlich hat sich heute *die Ecke* durchgesetzt; *das Eck* ist süddeutsche und österreichische Umgangssprache, tritt aber auch in Zusammensetzungen wie *Dreieck, Vieleck* auf. In der Sprache des Sports bezeichnet *das Eck* die Ecke des Tores bei Ballspielen: *Der Ball ging ins untere/ins lange Eck.*

edel: Bei *edel* fällt, wenn es dekliniert oder gesteigert wird, das *e* der Endungssilbe aus: *ein edler Tropfen, Möbel aus edlerem Holz.* ↑Adjektiv (1.2.13), ↑Vergleichsformen (2.2).

Edelmann: Der Plural von *Edelmann* lautet *die Edelleute.* ↑Mann (2).

-ee: Zu *Tegernseer* usw. ↑Einwohnerbezeichnungen (3); zu *schrie[e]n* ↑Indikativ (4); zu *Industrie[e]n* ↑-en.

Effekte/Effekten: Die starke Pluralform *die Effekte* ist der Plural von *der Effekt* und bedeutet „Wirkungen, Leistungen, Erfolge", während *die Effekten* die Bedeutung „Wertpapiere" hat und nur im Plural gebraucht wird: *Sie legten ihre Gelder in Effekten an.*

eGmbH/EGmbH: Man schreibt diese Abkürzung mit großem *E,* weil die Fügung Teil des Firmennamens ist und Partizipien in Namen groß geschrieben werden. Die Kleinschreibung kommt aber auch häufig vor, weil *eGmbH* als Zusatz, der nicht zum eigentlichen Firmennamen gehört, aufgefaßt werden kann. In vielen Fällen liegen wohl auch ältere Festlegungen von Firmennamen zugrunde. ↑E.V./e.V.

eh/eh': Wird die Konjunktion ↑ehe verkürzt, dann muß sie mit Apostroph geschrieben werden: *eh' ich nach Hause komme.* Dagegen schreibt man das Adverb *eh* in den Verbindungen *seit eh und je* und *wie eh und je* nur ohne Apostroph. ↑Apostroph (2.2).

eh., e.h., E.h.: ↑ehrenhalber.

ehe: 1. ehe/ehe nicht: Die Konjunktion *ehe* drückt aus, daß etwas noch nicht ist oder geschieht, wenn ein anderes Geschehen bereits eintritt: *Ich kam nach Hause, ehe das Gewitter begann* (d.h., das Gewitter hatte noch nicht begonnen, als ich nach Hause kam). Die Konjunktion *ehe* enthält also schon eine negative Aussage, und es ist nicht korrekt, wenn man nach einem verneinten Hauptsatz auch den Satz mit *ehe* zusätzlich verneint. Man sage also nicht: *Man darf die Wagentür nie öff-*

Kommasetzung bei *ehe*

1. Die Konjunktion *ehe* leitet einen untergeordneten Zeitsatz (Temporalsatz) ein, der durch Komma abgetrennt wird:	**1. Die Konjunktion *ehe* ist Teil einer Fügung, die als Einheit empfunden und nicht durch ein Komma geteilt wird:**
Er prüfte alle Möglichkeiten, *ehe* er sich entschied.	Er überschaute alle Möglichkeiten des Spiels, *noch ehe* der Gegner einen Zug tat.
Er prüfte, *ehe* er sich entschied, alle Möglichkeiten.	
Ehe er eine Entscheidung traf, prüfte er erst alle Möglichkeiten.	

2. Der Hauptsatz enthält die Angabe einer Zeitspanne, die zu dem im Nebensatz gemeinten Zeitpunkt beendet ist:	2. Der Nebensatz enthält die Angabe einer Zeitspanne, die den im Hauptsatz gemeinten Zeitpunkt festlegt. Zeitangabe und Konjunktion bilden eine Einheit:
Wir wohnten drei Jahre lang Haus an Haus, *ehe* wir uns kennenlernten.	*Eine halbe Stunde ehe* ihr Zug kam, fuhr der meine ab.
Wir wohnten, *ehe* wir uns kennenlernten, schon drei Jahre lang Haus an Haus.	Mein Zug fuhr ab, *eine halbe Stunde ehe* der ihre kam.
Ehe wir uns kennenlernten, wohnten wir schon drei Jahre lang Haus an Haus.	Mein Zug ist, *kurz ehe* der ihre kam, abgefahren.

nen, ehe man sich nicht umgesehen hat. Sondern: *..., ehe man sich umgesehen hat.* Will man jedoch außer dieser rein zeitlichen Aussage auch eine Bedingung zum Ausdruck bringen, dann ist es zulässig, den verneinten Nebensatz vor den gleichfalls verneinten Hauptsatz zu stellen: *Ehe ihr nicht still seid, kann ich euch das Märchen nicht vorlesen* (= wenn ihr nicht vorher ...). ↑Negation (2). **2. Komma:** Ein mit *ehe* eingeleiteter Nebensatz wird immer durch Komma vom Hauptsatz getrennt. Zu Einzelheiten vgl. die obenstehende Tabelle.

ehebrechen: Von *ehebrechen* ist nur der Infinitiv gebräuchlich: *Du sollst nicht ehebrechen.* Sonst: *ich breche/brach die Ehe/habe die Ehe gebrochen; wenn er die Ehe bricht.* ↑Zusammen- oder Getrenntschreibung (2.1).

Ehemann: Der Plural von *Ehemann* lautet *die Ehemänner.* ↑Mann (2).

eher: Es muß *eher ... als* heißen und nicht *eher ... statt.* Falsch: *... sie* (die Fama) *erhält durch Labres Beziehungslosigkeit zu seiner Zeit und seinem Land eher eine Potenzierung statt eine Erhellung* (Nigg). Richtig: *... eher eine Potenzierung als eine Erhellung.* Vgl. auch ↑nicht eher, bis ...

Ehrenbezeigung / Ehrenbezeugung: Für *Ehrenbezeigung* „militärischer Gruß gegenüber Vorgesetzten" wird gelegentlich auch *Ehrenbezeugung* eingesetzt. ↑bezeigen/bezeugen.

ehrenhalber: Im allgemeinen wird *ehrenhalber e. h.* abgekürzt, seltener *eh.* Die Abkürzung *E. h.* geht auf die früher übliche Schreibweise *Ehren halber* zurück; sie ist an den technischen Hochschulen gebräuchlich: *Dr.-Ing. E. h.* ↑Doktoringenieur.

Ehrenmal: Der Plural lautet *die Ehrenmale* oder *die Ehrenmäler.* ↑[1]Mal.

Ehrenmann: Der Plural von *Ehrenmann* lautet *die Ehrenmänner.* ↑Mann (2).

e/i-Wechsel: Die meisten unregelmäßigen Verben mit dem Stammvokal *e (ä,ö)* haben ein *i (ie)* in der 2. und 3. Person Singular Präsens (und daran angeglichen auch im Imperativ Singular). Man nennt diese Erscheinung e/i-Wechsel: *geben, du gibst, er gibt, gib!; flechten, du flichtst, er flicht, flicht!; bergen, du birgst, er birgt, birg!; gebären, du gebierst, sie gebiert; erlöschen, du erlischst, es erlischt.* Den e/i-Wechsel aufgegeben oder nie gehabt haben u. a. *bewegen, denken, gären, stecken, weben* und *gehen, stehen.* Auch die regelmäßigen Verben haben keinen e/i-Wechsel.

Eid: Man schreibt richtig: *an Eides Statt* (nicht: *statt*). ↑statt/Statt.

Eidotter: ↑Dotter.

Eigelb: 1. Eigelb/Gelbei: Standardsprachlich ist die Bezeichnung *Eigelb.* Die Bildung *Gelbei* (= gelbes Ei) ist landschaftlich, vorwiegend in Norddeutschland gebräuchlich. **2. Plural:** Das substantivierte Farbadjektiv *gelb* ist in der Zusammensetzung *Eigelb* zu einer Gegenstandsbezeichnung geworden, die wie üblich gebeugt und in den Plural gesetzt wird: *des Eigelbs, die Eigelbe, einige Eigelbe.* In Verbindung mit Kardinalzahlen bleibt *Eigelb* gewöhnlich ungebeugt: *3 Eigelb, mit 5 Eigelb.* ↑Eiweiß.

eigen: 1. Bei *eigen* bleibt, wenn es dekliniert wird, das *e* der Endungssilbe gewöhnlich erhalten: *mein eigenes Zimmer.* ↑Adjektiv (1.2.13). **2.** Klein schreibt man das Adjektiv auch in festen Verbindungen: *Er nennt dieses Land sein eigen. Dieses Haus ist mein eigen. Er macht sich diese Argumente zu eigen. Sie gab ihm das Haus zu eigen.* Groß schreibt man aber die Substantivierung und das gehobene Substantiv *das Eigen* „Besitztum, Eigentum": *Er möchte gern etwas Eigenes haben. Sein Eigen wurde ein Raub der Flammen.*

Eigennamen: ↑Personennamen.

Eigenschaft: In der Fügung *in seiner Eigenschaft als* steht nach *als* immer der Nominativ: *Ich sprach mit ihm in seiner Eigenschaft als Vorsitzender* (nicht: *als Vorsitzendem*). ↑Apposition (3).

Eigenschaftswort: ↑Adjektiv.

eilen: 1. ich bin geeilt/es hat geeilt: In der Bedeutung „laufen, sich schnell irgendwohin begeben" (mit oder ohne Angabe eines Zieles) wird *eilen* im Perfekt mit *sein* umschrieben: *Ich bin sehr geeilt. Wir sind zum Bahnhof geeilt.* Im Sinne von „drängen, dringend erledigt werden müssen" wird *eilen* demgegenüber im Perfekt mit *haben* umschrieben: *Es hat nicht geeilt. Hat die Angelegenheit sehr geeilt? Das hätte doch nicht so geeilt!* **2. eilen/sich eilen:** Bei der Verwendung von *eilen* und *sich eilen* ist folgender Bedeutungsunterschied zu beachten: Während *eilen* in bezug auf Personen unmittelbar die schnelle Fortbewegungsart ausdrückt, bezeichnet *sich eilen* allgemeiner die aus irgendeinem Grunde notwendige schnelle Verrichtung eines Tuns und entspricht dem umgangssprachlichen *schnell machen* in der Bedeutung: *Ich werde mich eilen. ... während alle Menschen sich eilen, nach Hause zu kommen, wo eine freundliche Lampe und freundliche Gesichter auf sie warten ...* (Sieburg).

[1]ein (Artikel): **1. mit lauter Stimme/mit einer lauten Stimme:** Die Erweiterung fester Attribuierungen, fester Verbindungen oder Wendungen durch den unbestimmten Artikel, die gelegentlich bewußt als Stilmittel benutzt wird, um einer Aussage Nachdruck zu verleihen, sollte zurückhaltend angewendet werden, z. B. *mit einer lauten Stimme* statt *mit lauter Stimme; eine blutige Rache nehmen* statt *blutige Rache nehmen; einen tätigen Beistand leisten* statt *tätigen Beistand leisten.* Sie wirkt – zumal gehäuft – manieriert. **2. Das Urteil war mild/ein mildes:** ↑Adjektiv (1.2.9). **3. mit ein paar Bohnen, mit ein wenig Liebe, mit ein[em] bißchen Grieß:** *ein paar* und *ein wenig* sind indeklinabel. In der Verbindung *ein bißchen* kann dagegen der unbestimmte Artikel dekliniert werden; in diesen Fällen hat *bißchen,* das ursprünglich „kleiner Bissen" bedeutet, trotz der Kleinschreibung substantivischen Charakter.

[2]ein (Indefinitpronomen): **1. der Besuch eines unserer Vertreter/einer unserer Vertreter · bei der Rückkehr eines/einer meiner Mitarbeiter:** Da der Genitiv Singular Maskulinum (und Neutrum) des Indefinitpronomens *eines* lautet, muß es heißen: *der Besuch eines unserer Vertreter* und *bei der Rückkehr eines meiner Mitarbeiter.* (Aber beim Femininum: *bei der Rückkehr einer meiner Mitarbeiterinnen.*) Nicht richtig ist der Nominativ *einer* auch im folgenden Beispiel: *Ein neuer Bestseller steht auf dem Programm einer der erfolgreichsten Verleger der Welt* (Die Zeit). Auch der Dativ *einem* ist hier falsch: *Durch den Ausfall des Abteilungsleiters sowie einem* (richtig: *eines*) *von drei*

Sachbearbeitern ... **2. Das ist einer der schönsten Filme, die/den ...:** Das Relativpronomen in Sätzen dieser Art bezieht sich nicht auf das eine genannte Beispiel, sondern auf die Gruppe, aus der das Beispiel herausgehoben werden soll: *Er war einer der schönsten Filme, die ich je gesehen habe* (nicht: *den ich je gesehen habe*). ↑Relativpronomen (7). **3. der Wagen, dessen eines Rad zerbrochen war:** *eines* (= Genitiv Singular Neutrum) steht hier deshalb, weil das vorangehende *dessen* den Kasus nicht erkennen läßt. **4. Rechtschreibung:** Das Indefinitpronomen *ein* wird immer und in allen Formen klein geschrieben. **5.** Zu *Das soll einer wissen* ↑man.

[3]**ein** (Kardinalzahl): **1. ein/eins:** Zum bloßen Zählen und Rechnen wird *eins,* das aus dem Neutrum *eines* hervorgegangen ist, verwendet: *Die Uhr schlägt eins. Eins, zwei, drei. 1,5* (gelesen: eins Komma fünf) *und 2,1* (gelesen: zwei Komma eins) *ist 3,6* (gelesen: drei Komma sechs). So auch, wenn *hundert-, tausend-* usw. vorangeht: *hundert[und]eins, tausend[und]eins* (aber: *einhundert* usw.). Dagegen wird in Verbindung mit Substantiven (attributiv) *ein* verwendet, und zwar: In Verbindung mit einer vorangehenden größeren Zahl + *und* und dem folgenden Substantiv im Singular wird *ein* gebeugt: *hundertundein Salutschuß, hundertundeine Seite, mit tausendundeinem Weizenkorn, ein Märchen aus Tausendundeiner Nacht.* Wird dagegen, was ebenfalls möglich ist, das folgende Substantiv in den Plural gesetzt, bleibt *ein* stets ungebeugt (*und* fällt dabei häufig weg): *mit hundert[und]ein Salutschüssen, mit tausend[und]ein Weizenkörnern. Es wurden hundert[und]ein Salutschüsse abgefeuert.* Auch vor Bruchzahlen, bei der Wiedergabe von Rechenvorgängen und vor dem Substantiv *Uhr* als Zeitangabe bleibt *ein* im allgemeinen ungebeugt: *Ein Sechstel multipliziert mit ein Viertel; mit $\frac{1}{5}$ (ein Fünftel) des Gewichts* (nur wenn man sich einen Bruchteil konkret vorstellt, zieht man die gebeugte Form vor: *Er ist mit einem Fünftel des Betrages beteiligt*). *Wir treffen uns nach ein Uhr.* Allgemein üblich und korrekt ist ungebeugtes *ein* zwischen Zahl und Bruchzahl in Fügungen wie *ein Weg von fünfeinhalb Kilometern, nach zweieinviertel Jahren.* Dasselbe gilt, wenn *ein* durch *oder, bis, und* u.a. an *zwei* und *ander* gekoppelt ist: *Gedulden Sie sich noch ein bis zwei Tage. Ein und dem andern kann man es schon sagen. Familien mit ein[em] oder zwei Kindern.* Ebenso in *das ist ein und dasselbe* und in der Fügung *jemandes ein und alles sein.* In Verbindung mit *mehrere* wird *ein* dagegen meist gebeugt: *für einen oder mehrere Betriebe; der Ausfall eines oder mehrerer Konsonanten.* **2. eines Jahres/dieses einen Jahres:** Das Zahlwort *ein* wird immer stark gebeugt, wenn es allein vor einem Substantiv steht; das gilt auch für den Genitiv: *die Hälfte eines Brotes, einer Wohnung; binnen eines* (nicht: *einen*) *Jahres* (vgl. die Tabelle im Abschnitt ↑Artikel). Nur wenn der Artikel oder ein stark gebeugtes Pronomen vorausgeht, wird *ein* schwach gebeugt: *der Ertrag des/dieses einen Jahres.* **3. in einem/ein Meter Höhe:** Vor Maß- und Mengenangaben wird *ein* gewöhnlich gebeugt: *mit einem Liter Milch, für einen Zentner Weizen, nach einem Kilometer. Die Öffnung ist einen Fuß breit, der Stab einen Meter lang. Der Betrag wird einen Monat nach Lieferung fällig.* Die Unterlassung der Deklination ist hier alltagssprachlich. **4. Rechtschreibung:** Bis auf *der Eine* (= Gott) wird die Kardinalzahl *ein* immer und – abgesehen von ↑eins – in allen Formen klein geschrieben.

[4]**ein** (Adverb): Das Adverb *ein* bildet – abgesehen von Verbindungen wie *bei jemandem ein und aus gehen* (= verkehren; vgl. aber ↑eingehen) und *nicht aus noch ein wissen* (= ratlos sein) – unfeste Verbzusammensetzungen, die gewöhnlich richtungsbestimmte Vorgänge bezeichnen und mit der Präposition *in* und dem Akkusativ verbunden

werden: *eintreten in ein Zimmer* (↑in/nach/zu/bei). Zum Dativ nach *in* ↑in (1).

einander gegenseitig: Die Verwendung von *einander gegenseitig* ist pleonastisch. Es kann nur heißen *Sie schadeten einander* oder *Sie schadeten sich gegenseitig* (aber nicht: *Sie schadeten einander gegenseitig*). ↑Reflexivpronomen (3); ↑Pleonasmus.

einarbeiten: Nach *einarbeiten in* steht gewöhnlich der Akkusativ, weil man dabei die Vorstellung der Richtung hat (Frage: wohin?): *Er muß sich in dieses Aufgabengebiet noch einarbeiten.* Es ist aber auch der Dativ möglich: *Er muß sich in diesem Aufgabengebiet* (= innerhalb dieses Gebietes) *noch einarbeiten.*

einbauen: Nach *einbauen in* steht überwiegend der Akkusativ, weil man dabei die Vorstellung der Richtung hat (Frage: wohin?): *Sie baute einen Widerstand in die Schaltung ein.* Seltener kommt auch der Dativ vor: *In der Tür* (statt: *in die Tür*) *wurde ein zweites Schloß eingebaut.* So besonders beim Zustandspassiv: *In diesem Modell ist die besondere Anlage bereits eingebaut.*

einbegriffen: 1. Das Wort *einbegriffen* (auch *inbegriffen*) steht nach dem Substantiv, das die Person oder Sache, die eingeschlossen werden soll, bezeichnet: *Er zahlte alles, den Schnaps des Freundes einbegriffen.* Dabei steht das Substantiv, das die Person oder Sache, die eingeschlossen werden soll, bezeichnet, im Akkusativ, wenn es an ein Objekt im Genitiv, Dativ oder Akkusativ angeschlossen wird: *Er nahm sich der Verletzten an, den Attentäter einbegriffen. Er mißtraute seiner Umgebung, seinen Diener einbegriffen. Er zahlte alles, den Schnaps des Freundes einbegriffen.* Es steht aber im Nominativ, wenn es an ein Subjekt angeschlossen wird: *Alle Menschen, der Pilot einbegriffen, kamen ums Leben. Der Hausrat wurde vernichtet, der wertvolle Bauernschrank einbegriffen.* **2.** Nach *einbegriffen in* kann sowohl der Dativ als auch der Akkusativ stehen: *In diesem Preis/in diesen Preis sind alle Extras einbegriffen.* Meist wird der Dativ gewählt: *Frühstück und Bedienung sind im Preis [mit] einbegriffen.*

einbetten: ↑eingebettet.

einbezahlen/einzahlen: ↑Aufschwellung.

ein bißchen: Zu *mit ein bißchen/mit einem bißchen Geduld* ↑bißchen (2).

einbleuen/einbläuen: Das Verb *einbleuen* bedeutet „jmdm. etwas mit Nachdruck einprägen oder einschärfen“, das Verb *einbläuen* dagegen „mit Wäscheblau behandeln“. ↑bleuen.

einbrechen: In Verbindung mit der Präposition *in* steht bei *einbrechen* der Akkusativ, wenn die Vorstellung der Richtung vorherrscht, *einbrechen* also im Sinne von „gewaltsam eindringen (in der Absicht zu stehlen)“ gebraucht wird. In diesem Falle wird das Perfekt von *einbrechen* mit *sein* umschrieben: *Sie wollen in die Bank einbrechen. Sie sind in die Bank eingebrochen.* Der Dativ steht, wenn die Vorstellung des Ortes vorherrscht und *einbrechen* im Sinne von „einen Einbruch verüben“ gebraucht wird. In diesem Falle wird das Perfekt mit *haben* umschrieben: *Sie wollen in der Bank einbrechen. Sie haben in der Bank eingebrochen.* ↑haben (1).

eindeutig/unzweideutig: Bei der Verwendung der beiden Adjektive ist folgender Bedeutungsunterschied zu beachten: Während *eindeutig* „klar, unmißverständlich“ bedeutet und ausdrückt, daß keine andere Deutung möglich ist oder für möglich gehalten wird (*Die Sachlage war mithin soweit eindeutig, und das war gut* [Broch]), verneint *unzweideutig* ausdrücklich eine mögliche andere Deutung: *Das Ministerium gab für diesen Fall unzweideutige Bestimmungen heraus. Die Erklärung betonte die Notwendigkeit einer unzweideutigen Stellungnahme* (Rothfels).

eindringen: Nach *eindringen in* steht in der Regel der Akkusativ, weil man dabei die Vorstellung der Richtung hat (Frage wohin?): *in ein Haus, in ein Dickicht eindringen. Das Wasser drang in den Keller ein.* Im Perfekt ist auch der Dativ möglich: *Der Feind ist in die* (selten: *der*) *Stadt eingedrungen.*

Eindruck: **1.** Der Plural lautet *die Eindrücke: Er konnte neue Eindrücke gewinnen.* Nur im drucktechnischen Bereich (= eingedruckter Text) lautet der Plural *die Eindrucke.* ↑Druck. **2.** Gelegentlich wird *gewonnen* als überflüssiges Attribut von *Eindruck* gebraucht: *Wie sind Ihre gewonnenen Eindrücke?* statt: *Wie sind Ihre Eindrükke?* ↑zweites Partizip (2.4).

eineinhalb: Das Zahlwort *eineinhalb* bleibt immer unverändert: *nach eineinhalb Jahren* (aber aufgelöst: *nach einem und einem halben Jahr;* diese Form ist selten). Vgl. auch ↑halb (1).

einer/eines: Es heißt: *der Besuch eines* (nicht: *einer*) *unserer Vertreter* oder *bei der Rückkehr eines* (nicht: *einer*) *meiner Mitarbeiter.* ↑²ein (1).

einer der schönsten ..., die/den: Es heißt: *Es war einer der schönsten Filme, die* (nicht: *den*) *ich je gesehen habe.* ↑²ein (2).

einerseits – and[e]rerseits/anderseits: **1. Zeichensetzung:** Das Komma steht vor *and[e]rerseits,* gleichgültig, ob Satzglieder oder Sätze gereiht werden. Im einzelnen vgl. untenstehende Tabelle. **2. einerseits – im anderen Fall:** Die Entsprechung von *einerseits* ist *andererseits,* nicht: *im anderen Fall.*

Kommasetzung bei *einerseits – and[e]rerseits*

1. Die mehrgliedrige anreihende Konjunktion verbindet aufgezählte Sätze oder Satzteile. Vor *and[e]rerseits/anderseits* steht immer ein Komma:	**1. Beide Teile der mehrgliedrigen Konjunktion können in den Ablauf ihrer Teilsätze einbezogen sein:**
Einerseits wollte sie sich nicht binden, *andererseits* lag ihr an einem schnellen Abschluß der Verhandlungen.	Sie wollte sich *einerseits* nicht binden, hatte aber *andererseits* großes Interesse an einem schnellen Abschluß der Verhandlungen.
2. Das Wort *einerseits* kann fehlen. Vor *and[e]rerseits/anderseits* steht auch dann ein Komma:	**2. Das Wort *and[e]rerseits/anderseits* ist in den Ablauf des zweiten Satzes einbezogen:**
Er ist sicher sehr fleißig, *anderseits* kann man nicht sagen, daß er sich überarbeitet.	Er ist sicher sehr fleißig. Man kann *anderseits* aber nicht sagen, daß er sich überarbeitet.

einesteils – ander[e]nteils: Das Komma steht wie bei ↑einerseits – and[e]rerseits/anderseits (1): *Es waren einesteils Fachbücher und Zeitschriften, ander[e]nteils Werke der schönen Literatur.*

Einfahrt[s]-: Die Zusammensetzungen mit *Einfahrt* können mit oder ohne Fugen-s gebildet werden: *Einfahrt[s]erlaubnis, -gleis, -weiche, -signal* (fachspr.: *Einfahrsignal*). ↑-fahrt[s]-.

Einflußnahme: Das Substantiv *Einflußnahme* klingt nach Verwaltungssprache und sollte besser durch *Einfluß, Beeinflussung* oder *Einwirkung* ersetzt werden. ↑-nahme.

einfügen: Nach *einfügen in* steht gewöhnlich der Akkusativ, weil man dabei die Vorstellung der Richtung hat (Frage: wohin?): *neue Steine in ein Mauerwerk einfügen; ein Zitat in einen Text einfügen.* Lediglich beim Zustandspassiv kommt auch der Dativ vor (Vorstellung des Ortes, der Lage; Frage: wo?): *Wieviel Steinchen sind in diesem Mosaik eingefügt?*

einführen: Nach *einführen in* kann sowohl der Akkusativ als auch der Dativ stehen. Hat man die Vorstellung, daß etwas oder jemand irgendwohin gebracht oder mitgebracht wird, dann gebraucht man den Akkusativ: *Waren, Rohstoffe in ein Land einführen; jemanden in eine Gesellschaft einführen, in ein neues Amt einführen. Der Arzt führt eine Sonde in den Magen ein.* In diesen Fällen sind der Vorgang des Einführens und die eingeführte Person oder Sache wichtig. Wird aber der Ort herausgehoben, wo etwas oder jemand eingeführt wird, wo etwas Neues üblich wird, so verbindet man *einführen in* mit dem Dativ: *In diesem Land wurde eine neue Währung eingeführt. Du hast dich im Klub sehr geschickt eingeführt. Das Buch kann erst 1988 im Lehrplan eingeführt werden.* – Vor alleinstehenden Orts- oder Ländernamen wird *in* durch *nach* ersetzt: *Diese Waren müssen nach Österreich* (aber: *in die Schweiz*) *eingeführt werden.* ↑in/nach/zu/bei.

Einführung: Zu *die Einführung dieses Werkes als verbindlichen Lehrbuchs/als verbindliches Lehrbuch* ↑Apposition (3.4).

eingebettet: Nach *eingebettet in* kann der Dativ oder der Akkusativ stehen. Bei der Konstruktion mit dem Akkusativ hat man noch die Vorstellung vom Vorgang des Einbettens, eine Richtungsvorstellung (Frage: wohin?): *Eingebettet in den weitläufigen Park des Palais Schaumburg ...* (Die Welt). Die Verbindung mit dem Dativ drückt dagegen aus, daß die betreffende Sache in dem, was sie umgibt, ihren Ort hat oder – in übertragenem Gebrauch – fest verankert ist (Vorstellung der Lage; Frage: wo?): *... eingebettet in der schönen Landschaft Oberösterreichs* (Börsenblatt). *Er ist ganz in dieser östlichen Tradition eingebettet* (Nigg).

eingehen: Als transitives Verb müßte *eingehen* eigentlich mit *haben* konjugiert werden, es wird aber – wie *eingehen* im Sinne von „hineingehen" *(Er ist in das Himmelreich eingegangen. Sie ist in die Geschichte eingegangen)* – im Perfekt mit *sein* umschrieben. Es muß also heißen: *Wir sind Verpflichtungen eingegangen.* ↑haben (1).

eingemeinden: Das Verb *eingemeinden* gehört der Verwaltungssprache an. Es kann mit dem Dativ verbunden werden oder mit *in* und dem Akkusativ: *Neckarau wurde am 1. Januar 1899 der Stadt Mannheim/in die Stadt Mannheim eingemeindet.* Vor einem alleinstehenden Ortsnamen wird *in* durch *nach* ersetzt: *Höchst ist 1928 nach Frankfurt eingemeindet worden.* ↑in/nach/zu/bei.

eingeschlossen: Nach *eingeschlossen in* kann sowohl der Dativ als auch der Akkusativ stehen: *Alle Extras sind in diesem Preis/in diesen Preis eingeschlossen.* Meist wird der Dativ gewählt: *Bedienung ist im Preis eingeschlossen.* ↑einschließen [sich].

eingetragen: Das adjektivische Partizip *eingetragen* (Hinweis auf die Eintragung in ein amtliches Register) wird klein geschrieben, wenn es allgemein die Rechtsform einer Einrichtung bezeichnet: *Beide Stiftungen sind eingetragene Vereine.* Groß schreibt man aber gewöhnlich, wenn *eingetragen* Teil eines Vereins- oder Firmennamens ist. ↑e. V./E. V., ↑eGmbH/EGmbH.

-einhalb: Zahlwörter auf *-einhalb* bleiben in allen Fällen unverändert: *mit fünfeinhalb Jahren.*

eingliedern: Das Verb kann mit dem Dativ oder mit *in* und dem Akkusativ verbunden werden: *Das Dorf wird der/in die Verbandsgemeinde eingegliedert; jemanden in einen Arbeitsprozeß eingliedern.*

einhauen: ↑hauen.

einheften: Nach *einheften in/zwischen* kann der Akkusativ oder der Dativ stehen. Der Akkusativ steht, wenn die Vorstellung der Richtung vorherrscht (Frage: wohin?): *Er heftete die Akten in den Ordner ein. Das Faksimile wurde zwischen die Seiten 124 und 125 eingeheftet.* Soll aber der Ort angegeben werden, wo etwas eingeheftet wird, dann schließt man mit dem Dativ an (Frage: wo?): *Die Akte wurde noch im alten Ordner eingeheftet. Man hatte das Faksimile zwischen den Seiten 124 und 125 eingeheftet.*

einhüllen: Nach *einhüllen in* steht gewöhnlich der Akkusativ: *Und saßen zusammengekauert, eingehüllt in ihre Fetzen* (Jahnn). *... die Kompaniechefs werden in ihre Zeltbahnen eingehüllt, Mannschaftsgrade in ihre Decken* (Plievier).

einhundert/hundert · eintausend/tausend: Soweit es nicht auf besondere Genauigkeit ankommt, läßt man bei der Wiedergabe der Zahlen von 100 bis 199 *ein-* gewöhnlich weg: *183 = hundertdreiundachtzig* oder *einhundertdreiundachtzig.* Steht aber eine größere Einheit davor, muß *ein-* mitgesprochen und auch mitgeschrieben werden: *1183 = [ein]tausendeinhundertdreiundachtzig.* Entsprechendes gilt für *[ein]tausend: 3 001 183 = drei Millionen eintausendeinhundertdreiundachtzig.*

einig: 1. [sich] einig sein: Sowohl *einig sein* als auch die reflexive Form *sich einig sein* sind sprachlich korrekt: *Über die Entstehung dieses Schimpfwortes sind sich die beiden Grenzvölker noch nicht einig geworden* (Winckler). *Denn wir waren einig darüber, daß wir Märchen nicht liebten* (Rilke). Allerdings kann *sich einig sein* nur im Hinblick auf mindestens zwei Personen gebraucht werden: *Ich bin mir noch nicht einig* (= noch nicht im klaren, noch nicht schlüssig), *wohin ich dieses Jahr in Urlaub fahre* ist umgangssprachlich. Gegen die Fügung *mit sich selbst [nicht] einig sein* ist dagegen nichts einzuwenden: *Ich war mit mir selbst noch nicht einig, ob ...* **2. Rechtschreibung:** Während man *einig sein* und *einig werden* getrennt schreibt, weil in diesen Fügungen beide Wörter in ursprünglicher Bedeutung stehen, schreibt man *einiggehen* zusammen, weil durch die Verbindung ein neuer Begriff entsteht (= einer Meinung sein, übereinstimmen). ↑Zusammen- oder Getrenntschreibung (1.3).

einige: 1. einiges altes/alte Gerümpel: Das Adjektiv nach *einige* wird im Plural in der Regel parallel (also stark) gebeugt, während die Beugung im Singular nicht einheitlich ist. Singular: Im Nom. Mask. und im Genitiv/Dativ Fem. wird das Adjektiv stark gebeugt: *einiger poetischer Geist; das Vorhandensein einiger poetischer Begabung.* Im Genitiv Mask. und Neutr. herrscht bei *einige* selbst schon schwache Beugung vor, so daß es heißt: *einigen poetischen Geistes/Verständnisses* (veraltend: *einiges poetischen Geistes/Verständnisses*). Im Nom. und Akk. Neutr. überwiegt die schwache Beugung *(einiges alte Gerümpel),* doch kommt die starke ebenfalls vor *(einiges altes Gerümpel).* Im Dativ Mask. und Neutr. herrscht schwache Beugung vor: *bei einigem guten Willen; bei einigem poetischen Verständnis.* Plural: Im Plural wird *einige* meist wie ein Adjektiv behandelt. Es wird also stark (parallel) gebeugt: *einige gute Menschen, einiger guter Menschen, einigen guten Menschen.* Nur im Genitiv erscheint noch gelegentlich schwache Beugung: *einiger guten Menschen.* Das substantivierte Adjektiv (Partizip) verhält sich im Singular und im Plural wie das attributive Adjektiv: *einiges Neue* (gelegentlich: *einiges Neues*), *mit einigem Neuen, einige Angestellte, einiger Angestellter* (gelegentlich auch noch schwache Beugung: *einiger Angestellten*). ↑Adjektiv. **2. einige hundert:** In Verbindung mit Zahlen ist *einige* doppeldeutig. Man sagt in der Umgangssprache z. B. *Es waren einige dreißig Besucher da* und meint damit „etwas mehr als dreißig, dreißig und einige". Gebraucht man diese Redeweise mit Zahlen, die als Zähleinheiten geläufig sind *(hundert, tausend),* so können Mißverständnisse entstehen. Ein Satz wie *Sie hat einige hundert Bücher* wird gewöhnlich so verstanden, daß 200 bis 300 Bücher vorhanden sind. Man sollte diese Redeweise also nicht gebrauchen, wenn man nur „100 und einige" meint.

einiges, was: Dem ankündigenden *einiges* entspricht als Relativpronomen *was,* nicht *das,* also: *Sie hat einiges, was ich unbedingt kaufen möchte.*

einiggehen: ↑einig (3).

einkalkulieren: In Verbindung mit der Präposition *in* steht bei *einkalkulieren* überwiegend der Akkusativ, weil die Vorstellung der Richtung vorherrscht (Frage: wohin?): *Aber die ... Techniker kalkulierten das in ihre Berechnungen ... ein* (Menzel). *... er hatte ihn* (= den Erfolg) *psychologisch abwägend in seine Entwicklung einkalkuliert* (Kästner). Beim Zustandspassiv steht jedoch meist der Dativ, weil sich damit stärker die Vorstellung des Ortes (Frage: wo?) verbindet: *Für Sie sind in den Nettopreisen 3 % Sonderrabatt und der Umsatzbonus einkalkuliert. Das ist im Preis einkalkuliert.*

einkehren: In Verbindung mit der Präposition *in* steht bei *einkehren* überwiegend der Dativ, weil die Vorstellung des Ortes überwiegt (Frage: wo?): *Die beiden waren in der Konditorei eingekehrt* (Musil). *Wir kehrten im „Deutschen Kaiser" ein.* Der Akkusativ ist seltener: *Wollen wir in dieses Restaurant einkehren?*

Einklang: Man kann sagen *in* oder *im Einklang stehen/sein,* aber nur: *in Einklang bringen.* ↑in/im.

Einkommen[s]steuer: Neben der amtlichen Form der Finanzbehörden *Einkommensteuer* ist auch die Form mit Fugen-s *(Einkommenssteuer)* üblich und korrekt. ↑Fugen-s (3.1).

einladen: 1. Er lud mich in sein Haus/nach Paris ein: In der Bedeutung „zum Kommen auffordern" wird *einladen in* immer mit dem Akkusativ verbunden, weil man dabei die Vorstellung der Richtung hat (Frage: wohin?): *jemanden in sein Haus/in das Theater einladen.* Ebenso: *Er hat mich auf sein Gut eingeladen.* Nach *zu einer Sache einladen* steht die Ortsangabe im Akkusativ: *Er lud mich zu einer Tasse Kaffee in seine Wohnung ein.* Der Dativ ist hier nur möglich, wenn die Ortsangabe als Beifügung behandelt wird; das muß durch die Wortstellung deutlich werden: *Wir laden Sie zu einer Besprechung in unseren Geschäftsräumen für Freitag, 10.30 Uhr ein.* – Vor alleinstehenden Orts- und Ländernamen wird *in* durch *nach* ersetzt: *Er hat mich nach Paris/nach England* (aber: *in die USA/in die Schweiz*) *eingeladen.* **2. Er lädt/er ladet uns ein:** Standardsprachlich sind die Formen mit Umlaut: *Du lädst/Er lädt uns ein. Zur Hundertjahrfeier lädt herzlich ein der Vorstand.* Die Formen ohne Umlaut *(du ladest/er ladet ein)* sind veraltet, kommen aber landschaftlich noch vor. ↑[2]laden, ↑Verb (1).

einleben, sich: Bei *sich einleben in* steht der Dativ, wenn eine konkrete Raumangabe folgt: *Ich werde mich in meiner neuen Wohnung schon einleben. Er hat sich in unserer Stadt gut eingelebt.* Bei übertragener Anwendung, wenn die Raumvorstellung verblaßt ist, steht der Akkusativ: *... es wäre mir gräßlich, wenn ich mich in ganz neue Verhältnisse einleben müßte* (Musil). *... er müsse sich erst in das Bild einleben* (Geissler).

einlenken: Im eigentlichen Sinne von „einbiegen, einschwenken" wird das Perfekt von *einlenken* mit *sein* umschrieben: *Der Karnevalszug ist gerade in die Hauptstraße eingelenkt.* In übertragener Bedeutung, wenn die Bewegungsvorstellung geschwunden ist, wird dagegen mit *haben* umschrieben. Das ist der Fall bei *einlenken* in der Bedeutung „von Falschem oder allzu scharf Geäußertem abrücken": *Sie haben sich über irgend etwas gestritten, aber dann hat er wieder eingelenkt.*

einlernen: Man kann sich selbst oder einem anderen etwas einlernen („durch mechanisches Lernen[lassen] einprägen, beibringen"): *Er hat sich die Antworten gut eingelernt. Sie lernte ihm die Regeln ein. Das sind alles nur eingelernte Phrasen.* ↑lehren/lernen.

einliefern: Nach *einliefern in* steht der Akkusativ, weil man dabei die Vorstellung der Richtung hat (Frage: wohin?): *Der Verletzte wurde ins Krankenhaus eingeliefert. Sie ist in die Charité eingeliefert worden.*

einliegend: Die im geschäftlichen Briefwechsel vorkommende Formel *Einliegend übersende ich Ihnen ...* wird vielfach als mißverständlich empfunden. Eindeutig sind z. B. *als Einlage* oder *anbei.* ↑satzwertiges Partizip (1). Vgl. auch ↑anliegend.

einmal/das eine Mal: ↑[2]Mal.

einmal – ein andermal: Es muß heißen: *einmal – ein andermal,* nicht: *einmal – ebenso.*

einmal mehr: Diese Lehnübersetzung des englischen *once more* wird – vor allem in der Journalistensprache – an Stelle von *wieder einmal, noch einmal* oder *wiederum* gebraucht: *Einmal mehr sind die „Begleitumstände" das Eigentliche* (Augstein). *... während er, die Tasse in der linken Hand, einmal mehr über Algier las* (Frisch). ↑Amerikanismen/Anglizismen (1.2).

einmarschieren: Nach *einmarschieren in* steht gewöhnlich der Akkusativ, weil man dabei die Vorstellung der Richtung hat (Frage: wohin?): *Die Olympiamannschaften marschieren in das Stadion ein. In den Saal marschierten drei Kolonnen ein.* Steht *einmarschieren in* vor einem Orts- oder Ländernamen ohne Artikel oder Attribut, dann wird dies gewöhnlich als Angabe der Lage im Dativ empfunden: *Das Söldnerheer Wallensteins marschierte 1625 in Norddeutschland ein* (Frage: wo?). Will man die Richtungsvorstellung deutlich machen, dann muß man den Namen mit dem Artikel (und einem Attribut) versehen: *Das Söldnerheer Wallensteins marschierte 1625 in das protestantische Norddeutschland ein.* Der Anschluß mit *nach* ist bei *einmarschieren* nicht korrekt.

einnähen: Nach *einnähen in* steht gewöhnlich der Akkusativ, weil man dabei die Vorstellung der Richtung hat (Frage: wohin?): *Er hat das Geld in die Jacke eingenäht.* Besonders im Passiv erscheint auch der Dativ: *Das Geld ist in der Jacke eingenäht [worden].*

einordnen: Nach *[sich] einordnen in/hinter* u. ä. kann sowohl der Akkusativ als auch der Dativ stehen. Es wird mit dem Akkusativ verbunden, wenn die Richtungsvorstellung vorherrscht (Frage: wohin?): *Bücher in einen Schrank einordnen; sich vorsichtig in den Verkehr einordnen; jemanden in eine bestimmte Kategorie einordnen.* Der Dativ betont demgegenüber den Ort, an dem sich der Vorgang des Einordnens abspielt (Frage: wo?): *Der Zettel ist hinter der Seite 10 eingeordnet. Sie kann sich nur schwer in unserer Wohngemeinschaft einordnen.*

ein paar: Die feste Verbindung *ein paar* „einige wenige, etliche" bleibt immer ungebeugt: *Vor ein paar Regentropfen mußt du dich nicht fürchten. Ein paar tausend Mark genügten.*

einpflanzen: Nach *einpflanzen in* steht gewöhnlich der Akkusativ, weil man dabei die Vorstellung der Richtung hat (Frage: wohin?): *Bäumchen in die Erde/Blumen in den Topf einpflanzen.* Will man aber ausdrücken, daß man etwas an einer bestimmten Stelle oder innerhalb eines bestimmten größeren Gebietes einpflanzt, muß man den Dativ wählen, weil jetzt die Vorstellung der Lage (Frage: wo?) ins Spiel kommt: *Er hat die Blumen im Topf eingepflanzt. Ich muß die Sträucher heute noch im Garten einpflanzen.* Wenn die Raumvorstellung verblaßt ist, schwankt der Gebrauch: *Er wollte Demut in die Herzen* oder *in den Herzen der Menschen einpflanzen.* Beides ist korrekt.

einplanieren: Das Verb ist eine ↑Kontamination aus *einebnen* und *planieren* und sollte in guter Ausdrucksweise vermieden werden.

einräumend: ↑konzessiv.

Einräumungssatz: ↑Konzessivsatz.

einreisen: Steht *einreisen in* vor einem Ländernamen ohne Artikel oder Attribut, dann wird dies gewöhnlich als Angabe der Lage im Dativ verstanden (Frage: wo?): *Die Gesellschaft ist gestern in Frankreich eingereist.* Will man die Richtungsvorstellung deutlich machen, dann muß man den Namen mit einem Attribut und dem Artikel versehen *(in das östliche Frankreich)* oder die Präposition *nach* einsetzen: *Wir sind mit dem Wagen nach Frankreich eingereist.* Bei Ländernamen mit Artikel ist *in* mit dem Akkusativ die beste Lösung: *Wir sind gestern in die Schweiz/die USA eingereist.* ↑in/nach/zu/bei.

einrichten: Nach *einrichten in* steht der Dativ, weil sich damit die Vorstellung des Ortes verbindet (Frage: wo?): *Im Bücherschrank wurde eine Hausbar eingerichtet.*

eins: Klein schreibt man das Zahlwort und das Indefinitpronomen: *Eins und eins macht/ist* (↑Kongruenz [1.2.4]) *zwei. Es schlägt eins. Es ist Viertel nach eins/halb eins/gegen eins. Sie ist eins, zwei, drei damit fertig. Vergleiche Abschnitt/Nummer/Punkt eins. Ich tue eins nach dem anderen. Wir sind mit ihm eins* (= einig). *Es ist mir alles eins* (= gleichgültig). *Zwei Begriffe in eins setzen* (= gleichsetzen). *Nur eins tut not. Sie tranken immer noch eins. Gib ihm doch eins* (= einen Schlag; ugs.). Groß schreibt man das Substantiv: *Die Eins steht oben am Rand. Sie hat in Latein eine Eins geschrieben. Er hat die Prüfung mit der Note „Eins" bestanden.* ↑[1]acht/Acht, ↑Zensuren. Zu *ein* oder *eins* ↑[3]ein (1).

einsalzen: Das 2. Partizip von *einsalzen* kann *eingesalzen* oder *eingesalzt* lauten: *eingesalzenes* oder *eingesalztes Fleisch.* Die Form mit *-t-* ist weniger gebräuchlich.

Einsatz: Zu *der Einsatz von Studenten als Wahlhelfern/als Wahlhelfer* ↑Apposition (3.4).

einschalten: Nach *sich einschalten in* steht gewöhnlich der Akkusativ, weil man dabei die Vorstellung der Richtung hat (Frage: wohin?): *Die Ministerin hat sich in die Verhandlungen eingeschaltet.* Es ist aber auch der Dativ möglich, wenn nur der Bereich gemeint ist, in dem das Einschalten geschieht: *Die Regierung hat sich in dieser Angelegenheit eingeschaltet.*

Einschaltung: ↑Apposition (1.2).

einschenken: Das Verb *einschenken* ist eine Zusammensetzung mit *schenken* „zu trinken geben", es darf deshalb nicht mit *ä* geschrieben werden. ↑ä/e.

einschlafen: Es heißt: *Er ist über seiner* (nicht: *seine*) *Arbeit eingeschlafen,* weil hier der Ort oder die Gelegenheit gemeint ist, aber nicht die Richtung. ↑über (1).

einschlagen: 1. Der Blitz schlägt in das/in dem Haus ein: In Verbindung mit der Präposition *in* steht bei *einschlagen* gewöhnlich der Akkusativ, weil die Vorstellung der Richtung vorherrscht (Frage: wohin?): *Der Blitz hat in das Haus eingeschlagen. ... wie irgendwo aus der Luft Geschosse heranpfiffen und ins Boot einschlugen* (Ott). Der Dativ steht, wenn das Ziel nicht genau definiert und dann nur der Ort, die Lage als Angabe möglich ist: *Im Haus hat es eingeschlagen. Ein Geschoß schlug in der Nähe ein* (Plievier). Man sagt deshalb auch: *Der Blitz hat irgendwo* (nicht: *irgendwohin*) *eingeschlagen.* **2. etwas in rotes/in rotem Papier einschlagen:** Der Akkusativ steht ferner meist, wenn gesagt werden soll, daß etwas in etwas eingeschlagen (= eingehüllt, eingewickelt) wird: *Auf dem Kutschbock saß, ... den ... Körper in ein schwarzes Dreieckstuch eingeschlagen, Tante Arafa* (S. Lenz). *Ein kleines, in rotes Papier eingeschlagenes Bündelchen* (G. Hauptmann). **3. Perfektumschreibung:** Das Perfekt wird überwiegend mit *haben,* seltener mit *sein* gebildet: *Der Blitz hat eingeschlagen. Die Bombe hatte in das Haus eingeschlagen. Sein neuer Roman hat gut eingeschlagen.* Aber auch: *Eine Bombe war in unmittelbarer Nähe des Hauses eingeschlagen.*

Der Artikel ist gut eingeschlagen. ↑haben (1).

einschlägig: Das Adjektiv *einschlägig* darf nicht wie eine Verbform gebraucht werden. Man kann also nicht sagen: *alle in mein Fach einschlägigen Bücher,* sondern nur: *alle einschlägigen Bücher* oder: *alle in mein Fach schlagenden Bücher.* ↑Adjektiv (3.1).

einschleichen, sich: 1. sich in ein/in einem Haus einschleichen: Nach *sich einschleichen in* steht überwiegend der Akkusativ, weil man dabei die Vorstellung der Richtung hat (Frage: wohin?): *Der Dieb schlich sich in das Haus ein. Langsam schlich es sich in sein Bewußtsein ein* (Jahnn). Der seltenere Dativ steht, wenn der Ort genannt wird, wo das Sicheinschleichen stattfindet: *Daß in einem solchen erstklassigen Hotel sich Diebe einschleichen können* (Döblin). **2. Gebrauch des zweiten Partizips:** Das zweite Partizip von *sich einschleichen* darf nicht attributiv wie ein Adjektiv verwendet werden, weder mit noch ohne *sich.* Nicht: *der [sich] während meiner Abwesenheit in das Haus eingeschlichene Dieb.* ↑zweites Partizip (2.3).

einschließen [sich]: In Verbindung mit der Präposition *in* steht bei *einschließen* der Akkusativ, wenn die Richtung ausgedrückt werden soll (Frage: wohin?), d. h., wenn etwas in einen Raum gebracht wird, der dann geschlossen wird: *In dieser Nacht wurde das Kommando in die Schlafräume eingeschlossen* (Apitz). Auch übertragen: *So schließt mich in Eure Fürbitte ein* (Schaper). Der Dativ wird gebraucht, wenn der Ort angegeben wird (Frage: wo?), wo sich das Eingeschlossene befindet: *Die Truppen der Roten Armee haben diese deutsche Heeresgruppe in einem festen Ring eingeschlossen* (Plievier). *... sie begriff es nicht mehr, warum sie in diesen Mauern eingeschlossen war* (R. Schneider). *Der Führer und das Mittagessen sind im Preis eingeschlossen* (Koeppen). Auch bei *sich einschließen* sind beide Fälle möglich und korrekt: *Sie schloß sich in ihr Zimmer/in ihrem Zimmer ein.*

einschließlich: 1. Rektion: Die Präposition *einschließlich* wird mit dem Genitiv (nicht mit dem Dativ) verbunden, wenn der Kasus durch ein Begleitwort des abhängigen Substantivs deutlich wird: *Die Aufwendungen einschließlich aller Reparaturen, einschließlich des Portos. ... Rom bei Nacht einschließlich eines spitzen Kelches Asti spumante* (Koeppen). Das gilt auch, wenn Orts- oder Ländernamen folgen: *die Bundesrepublik einschließlich Berlins, Europa einschließlich Englands.* Ein alleinstehendes, stark dekliniertes Substantiv nach *einschließlich* bleibt dagegen im Singular im allgemeinen ungebeugt (auch ↑substantivierte Infinitive [1] und Namen gehören hierher): *einschließlich Porto; einschließlich Brigitte; einschließlich Auf- und Abladen. Das Buch hat 700 Seiten, einschließlich Vorwort.* Demgegenüber weicht man im Plural bei alleinstehenden, stark deklinierten Substantiven auf den Dativ aus, weil der Genitiv undeutlich ist: *einschließlich Tischen und Stühlen* (statt: *Tische und Stühle*), *einschließlich Gläsern* (statt: *Gläser*). Die Verbindung aus *einschließlich* + Personalpronomen (*einschließlich deiner* [ugs.: *dir*]) kann man vermeiden; z. B.: *Alle meine Freunde, du eingeschlossen/auch du, waren verreist.* **2. einschließlich/zuzüglich:** Die zwei Wörter stehen sich insofern nahe, als beide etwas anschließen, was nicht als selbstverständliches Zubehör empfunden wird. Das Beispiel *ein Betrag von 10 Mark zuzüglich [der] Portokosten* zeigt aber, daß bei bestimmten, festgelegten Beträgen oder Leistungen ein wesentlicher Unterschied zu beachten ist. Denn *einschließlich* würde hier bedeuten, daß die Portokosten in dem Betrag von 10 Mark enthalten sind, während sie bei *zuzüglich* noch hinzugerechnet werden müssen. Immerhin sind Sätze denkbar, in denen beide Wörter denselben Sinn haben und gegeneinander ausgetauscht werden können: *Er beansprucht den Ersatz seiner Aufwendungen einschließlich/zuzüglich der Fahrtkosten.*

einschlummern: Es heißt: *Die Mutter ist über ihrer* (nicht: *ihre*) *Arbeit eingeschlummert,* weil hier der Ort oder die Gelegenheit gemeint ist, aber nicht die Richtung. ↑über (1).

einschreiben: In Verbindung mit der Präposition *in* steht bei *einschreiben* gewöhnlich der Akkusativ, weil die Vorstellung der Richtung vorherrscht (Frage: wohin?): *Der Wachhabende ... schrieb den Namen „Dingelstedt" in sein Notizbuch ein* (Plievier). Im Passiv tritt gelegentlich der Dativ auf, wenn man den Ort angeben will, wo das Einschreiben geschieht: *Die Assistentin wurde in die* (seltener auch: *in der*) *Liste der Teilnehmer eingeschrieben.* Aber: *Ihr Name steht in dem Buch eingeschrieben.*

einsetzen: In Verbindung mit der Präposition *in* (auch: *zwischen*) steht bei *einsetzen* der Akkusativ, wenn die Vorstellung der Richtung vorherrscht (Frage: wohin?): *Ich setzte einen Flikken in die Hose ein. Wir haben den Namen des Begünstigten in die Anträge nicht eingesetzt. ... das zweite Ehrengericht, das mich in meinen Rang wieder einsetzte* (Jünger). Wenn die Vorstellung des Ortes, wo etwas oder jemand eingesetzt wird, vorherrscht oder wenn ein größerer Tätigkeitsbereich genannt wird, dann steht der Dativ (Frage: wo?): *Wir müssen Ihnen leider mitteilen, daß wir keine Möglichkeit haben, Sie in einer anderen Abteilung einzusetzen. Aber sogleich nach der Grundausbildung bin ich in meinem Fach eingesetzt worden* (Gaiser). Beide Kasus wären möglich in einem Beispiel wie *Zwischen dem/den Zaun und dem/das Beet kann man noch einige Stangen für Bohnen einsetzen.*

einsperren: ↑einschließen [sich].

einst: ↑dereinst[ig]/einst[ig].

einstecken: Da *einstecken* „in die Tasche o. ä. stecken, um es bei sich zu haben" einen Vorgang und nicht einen Zustand bezeichnet, sagt man richtig: *Ich habe leider kein Geld eingesteckt* (= und deshalb auch [jetzt] keins bei mir). Die Form mit dem Infinitiv *(Ich habe leider kein Geld einstecken)* ist umgangssprachlich. Vgl. aber ↑stecken.

einstellen: In Verbindung mit der Präposition *in* steht bei *einstellen* entweder der Akkusativ oder der Dativ, je nachdem, ob die Vorstellung der Richtung (Frage: wohin?) oder der Lage (Frage: wo?) überwiegt: *Wir müssen den Wagen in eine/einer Garage einstellen. Ich soll die Bücher in dieses/diesem Regal einstellen. Wir sollen den Wagen hier* (nicht: *hierher*) *einstellen. Wir stellen Sie zu den vereinbarten Bedingungen ab 1. April 1986 in unserem* (seltener: *in unseren*) *Betrieb ein.*

Einstellung: Zu *die Einstellung meines Sohns als Lehrling/als Lehrlings* ↑Apposition (3.4).

einst[ig]/dereinst[ig]: ↑dereinst[ig]/einst[ig].

einstöckig: Als *einstöckiges Haus* wird im allgemeinen ein Haus mit nur einem (ebenerdigen) Geschoß bezeichnet. Vgl. aber ↑Stock.

einstufen: Nach *einstufen in* steht entweder der Akkusativ oder Dativ, je nachdem, ob die Vorstellung der Richtung (Frage: wohin?) oder der Lage (Frage: wo?) vorherrscht: *Er wurde in eine andere Gehaltsstufe eingestuft. Sie ist in einer höheren Gehaltsklasse eingestuft als ich.*

einsuggerieren: Das Verb ist eine ↑Kontamination aus *suggerieren* und *einreden,* wobei der Verbzusatz *ein* den Sinn von *suggerieren* verdeutlichen soll: *Man erzählt, daß er sich seine Mission ... erst habe einsuggerieren lassen* (Goldschmit). ↑Verb (3).

-einte: Die Ordinalzahl von eins ist in der Standardsprache *erste,* nicht *einte.* Es heißt daher *der hundertunderste Vers* usw. (nicht: *hundertundeinte*). Die Form *-einte* ist landschaftlich.

einteilen: In Verbindung mit der Präposition *in* steht bei *einteilen* nur der Akkusativ (nicht der Dativ): *Das Buch ist in 10 gleich lange Abschnitte eingeteilt.*

Eintrag/Eintragung: Die Bedeutung der beiden Substantive hat sich differenziert. *Eintrag* steht gewöhnlich im Sinne von „schriftliche Bemerkung": *Auf Seite 15 stehen zwei Einträge von seiner Hand. Der Schüler hat einen Eintrag ins Klassenbuch bekommen.* Dagegen bezeichnet *Eintragung* meist den Vorgang des Eintragens: *eine Eintragung vornehmen. Die Eintragung/das Eintragen der Zahlen in die Liste war ihre Aufgabe.* Doch kann *Eintragung* auch den Vermerk selbst bezeichnen. ↑Verbalsubstantiv.

eintragen: Nach *eintragen in* steht gewöhnlich der Akkusativ, weil man dabei die Vorstellung der Richtung hat (Frage: wohin?): *Die Hypothek wurde in das Grundbuch eingetragen. Die Maße sind in die Zeichnungen eingetragen [worden]. Außerdem muß er den Vorgang ins Logbuch eintragen* (Bamm). Seltener ist die Verbindung mit dem Dativ (Vorstellung des Ortes, wo etwas eingetragen wird; Frage: wo?): *Während er ... ihren Namen und die Adresse in einem Buch eintrug* (Brecht). Und nur: *Darin* (= in dem Notizbuch; nicht: *darein*) *steht die Uhrzeit eingetragen.*

einverleiben: Das Verb *einverleiben* gehört zu den unfest zusammengesetzten Verben, die gelegentlich auch fest auftreten: *Ich verleibte mir den restlichen Kuchen ein/einverleibte mir den restlichen Kuchen.* Beides ist korrekt. ↑Verb (2.4).

Einverständnis: Zu *Ihr Einverständnis voraussetzend ...* ↑erstes Partizip (2).

Einwaage: Dieses fachsprachliche Substantiv bedeutet einmal „Gewichtsverlust beim Wiegen". Auf Konservendosen bezeichnet es zudem die jeweils eingewogene Menge *(Einwaage 500 g).* Es wird mit *aa,* nicht mit *a* geschrieben, entsprechend der heutigen Schreibung von *Waage.*

Einwand/Einwendung: Die beiden Substantive stehen sich inhaltlich so nahe, daß sie fast immer gegeneinander ausgetauscht werden können. Dennoch enthält *Einwendung* im Unterschied zu *Einwand* noch stärker den verbalen Charakter, drückt also besonders den Vorgang des Protestierens oder Widersprechens aus und nicht nur das kritische Gegenargument selbst. Für *etwas einwenden* sagt man auch sehr oft *Einwände* oder *Einwendungen machen, vorbringen.* ↑Verbalsubstantiv (1.4).

einwandern: Steht *einwandern in* vor einem Ländernamen ohne Artikel oder Attribut, dann wird dies gewöhnlich als Angabe der Lage im Dativ verstanden (Frage: wo?): *Sein Großvater war in Kanada eingewandert.* Will man die Richtungsvorstellung deutlich machen, dann muß man den Namen mit einem Attribut und dem Artikel versehen *(in das südliche Kanada)* oder – was allerdings hier weniger üblich ist – die Präposition *nach* einsetzen. Bei Ländernamen mit Artikel steht *in* meist mit dem Akkusativ: *Sie wanderte in die Schweiz, in die USA ein.*

einwandfrei: Die Zusammensetzung hat kein ↑Fugen-s: *einwandfrei* (nicht: *einwandsfrei*).

einweihen: Nach *einweihen in* steht heute der Akkusativ: *Jemanden in ein Ritual einweihen. Daß Coax ihn nicht in den Plan eingeweiht hatte ...* (Brecht). Der Dativ ist veraltet: *Der Geist, wenn er einmal in den Geheimnissen einer höheren Wollust eingeweiht worden ist* (Wieland).

einwenden: ↑Einwand/Einwendung, ↑wenden.

ein wenig: In Verbindung mit einem Substantiv bleibt *ein wenig* „etwas" ungebeugt: *Mit ein wenig Geduld hättest du mehr erreicht; bitte ein wenig mehr Freundlichkeit.* Alleinstehend kann *wenig* auch gebeugt werden: *Meine Aufzeichnungen sollen dazu ein weniges beitragen* (Hesse).

einwickeln: ↑einschlagen (2).

Einwohnerbezeichnungen auf *-er*

1. Aacher/Aachener · Simmern–Simmerer · Geldern–Gelderner (Erhalt oder Ausstoßung der Endung von Ortsnamen auf *-en, -ern, -er* und *-eln* vor der Ableitungssilbe *-er*): Früher wurde vor der Ableitungssilbe *-er* das *-en* deutscher Ortsnamen im allgemeinen ausgestoßen (besonders Namen auf *-beuren, -brücken, -felden, -hagen, -hausen, -heiden, -hofen, -ingen, -kirchen, -leben, -stetten, -ungen, -wangen* waren davon betroffen). Man sagte also

Aacher, Binger, Göttinger, Emder, Gießer, Barmer, Nordhäuser, Saarbrücker, Ellwanger usw.

Mehr und mehr ging man jedoch dazu über, die Ortsnamen – vor allem zweisilbige – in der Ableitung auf *-er* vollständig zu erhalten. Deshalb sagt man heute außerhalb der Mundart nicht mehr *Gießer, Aacher,* sondern *Gießener, Aachener* und nur *Essener, Hagener, Münch[e]ner.* Dennoch haben sich viele Kurzformen ohne *-en* vor *-er* erhalten, besonders bei mehrsilbigen Ortsnamen, in den Mundarten und im örtlichen Sprachgebrauch:

Bremer, Lüner, Uelzer (seltener: Uelzener), Emder (seltener: Emdener); Sonthofer, Eisleber, Melsunger, Erlanger, Mühlhäuser, Kirchheimbolander, Saarbrücker, Zweibrücker; Sankt Galler (= schweiz., binnendt. oft: Sankt Gallener).

In den folgenden Fällen werden die Kurzformen durch feste Benennungen gestützt:

Binger (Loch), Barmer (Ersatzkasse), Nordhäuser (Branntwein), Steinhäger (Schnaps), Kaufunger (Wald), Badenweiler (Marsch).

Ortsnamen auf *-ingen* gehen nur gekürzt in eine Einwohnerbezeichnung auf *-er* ein *(Göttinger, Tübinger).* Bei solchen auf *-hausen, -kirchen, -hagen* u.a. treten Schwankungen auf (vgl. *Gelnhäuser* und *Oberhausener, Altenkircher* und *Euskirchener, Stadthäger* und *Langenhagener*); hier richtet man sich am besten nach den jeweils ortsüblichen Formen.

Dieselben Schwankungen zwischen gekürzten und ungekürzten Formen treten auch bei Einwohnerbezeichnungen zu Ortsnamen auf *-ern* (vgl. *Kaiserslauterer, Simmerer* und *Gelderner, Eberner, Schlüchterner*), *-er* (vgl. *Eschweiler* und *Badenweilerer, Marienwerderer* und *Lauchhammer*) und *-eln* (vgl. *Rintelner* und *Rinteler* gegenüber [nur] *Süchtelner*) auf.

In manchen Fällen sind mögliche Mißverständnisse für das Nebeneinander von gekürzten und ungekürzten Formen verantwortlich. So sagt man *Neukircher* (zu *Neukirch*), aber *Fünfkirchener* (zu *Fünfkirchen*). Dasselbe gilt teilweise für die Namen auf *-weil* und *-weiler* (vgl. *Rottweiler* zu *Rottweil,* aber *Badenweilerer* zu *Badenweiler*). Allerdings wird bei den meisten Ortsnamen auf *-weiler* auch die Einwohnerbezeichnung lediglich mit *-weiler* und nicht mit *-weilerer* gebildet *(der Eschweiler, der Ahrweiler).* Auch *-brück* und *-brücken, -ing* und *-ingen, -haus* und *-hausen* könnten so unterschieden werden, jedoch kommen diese Ortsnamentypen meist in getrennten Gebieten vor, so daß vor allem bei kleinen Orten kein Bedürfnis nach einer Unterscheidung besteht (z.B. ist *-ing* bayerisch *[Freising, Tutzing], -ingen* schwäbisch und alemannisch *[Memmingen, Villingen]*).

Ursprünglich nichtdeutsche Ortsnamen auf *-en* (meist zum Stamm gehörend) schließlich gehen immer ungekürzt in die Einwohnerbezeichnung auf *-er* ein (*Dresd[e]ner, Meiß[e]ner, Pils[e]ner, Xantener, Bozner* u.a).

2. Kasseler/Kasselaner · Badener/Badenser: Die Endungen *-aner* und *-enser* werden meist bei Ortsnamen gebraucht, deren Endsilbe ein unbetontes *e* enthält. Besonders diejenigen auf *-er* haben oft die Endung *-aner,* um doppeltes *-erer* zu vermeiden:

der Hannover-aner, Weißwasser-aner, Wetter-aner, Halver-aner, Hemer-aner, Salzgitter-aner, Jauer-aner, Jever-aner, Münster-aner, Neumünster-aner, Munster-aner; (auch:) der Kassel-aner (Kasseläner ist mundartlich), der Weimar-aner; Orleaner (zu frz. *Orléanais,* Einwohner der Stadt Orleans).

Ortsnamen auf *-e* und *-a* haben noch gelegentlich die Endung *-enser,* obwohl hier keine lautlichen Gründe vorliegen:

der Hallenser, Thalenser, Wernenser, Jenenser; (auch:) der Badenser (= Einwohner des früheren Landes Baden).

Im ganzen aber ist der Gebrauch von *-aner* und *-enser* stark zurückgegangen, unbedingt nötig ist er in keinem Fall.

3. Angermünde – Angermünder · Tegernsee – Tegernseer · Fulda – Fuldaer: Endet ein Ortsname auf *-e (-ee, -oe),* fällt bei der Bildung der Einwohnerbezeichnung mit *-er* ein *e* aus:

Angermünde – Angermünder; (ebenso:) Haller (Westfalen; ↑2), Thaler, Werner, Olper, Klever; Falkenseer, Tegernseer, Hahnenkleer; Itzehoer, Oldesloer, Buchloer, Laboer.

Bei den übrigen Vokalen besteht das Prinzip, den Ortsnamen unverändert zu lassen (*Fuldaer* [nicht mehr: *Fulder*], *Jenaer, Pirnaer, Bebraer, Chicagoer*), wenn nicht lat.-roman. Endungen gebraucht werden wie bei *Luganese* (zu *Lugano;* auch: *Luganer*).

4. Osteroder/Osteröder · Darmstädter · Neustadter: Der Umlaut in Einwohnerbezeichnungen auf *-er* geht immer mehr zurück. Auch hier ist das Bestreben zu beobachten, den Namen unverändert zu lassen (im Zweifelsfall sollte man sich stets nach dem örtlichen Sprachgebrauch richten). Man sagt z. B. *der Wernigeröder,* aber: *der Ebenroder; der Osteroder/Osteröder, der Königshöfer/Königshofener,* aber nur: *der Wörishofer; der Mühlhäuser, Nordhäuser, Gelnhäuser,* aber: *der Heiligenhauser* und *der Oberhausener; der Stadthäger, Steinhäger,* aber: *der Greifenhagener* und *der Wolfhager.*
Die Ortsnamen auf *-stadt* bilden ihre Einwohnerbezeichnung überwiegend mit Umlaut (vgl. *der Städter*): *der Darmstädter, Rudolstädter,* aber: *der Neustadter* (a. d. Weinstraße), *der Schifferstadter.*
Ohne Umlaut sind die Einwohnerbezeichnungen zu Ortsnamen auf *-walde: der Arnswalder, der Finsterwalder.*

5. Cottbus – Cottbus[s]er · Amsterdam – Amsterdamer: Konsonantenverdopplung vor *-er* ist nur bei Ortsnamen auf *-us* (mit kurzem, unbetonten *u*) üblich; aber auch hier sind neuerdings die Formen mit nur einem Konsonanten als Nebenformen zugelassen:

der Cottbus[s]er, Putbus[s]er, Schwiebus[s]er, Petkus[s]er.

Es heißt aber *der Lebuser,* weil *Lebus* mit langem, betontem *u* gesprochen wird. Darüber hinaus ist die Konsonantenverdopplung noch bei *Lissabonner* üblich, aber nicht mehr bei

Amsterdamer, Rotterdamer, Potsdamer, Nevigeser, Worbiser, Husumer, Jüterboger.

6. Tel-tow-er: Da die Buchstabenverbindung *-ow* als ein einziger Laut [o:] gesprochen wird, behandelt man sie so auch bei der Silbentrennung und trennt, wenn es sich nicht umgehen läßt, nur *Tel-tow-er* usw. (nicht: *Tel-to-wer*).

7. Münchener Oktoberfest · deutscher Michel: Ableitungen von Ortsnamen auf *-er* wie *Münch[e]ner* (zu *München*), *Berliner* (zu Berlin), *Frankfurter* (zu *Frankfurt*), *Wiener* (zu *Wien*) werden immer groß geschrieben, d.h. auch in Fügungen wie *Münch[e]ner Oktoberfest, Berliner Zeitung, Frankfurter Würstchen, Wiener Walzer.* Es handelt sich hier um Substantive in der Funktion eines (vorangestellten) Genitivattributs: *Münch[e]ner Oktoberfest – Oktoberfest der Münch[e]ner* (= Genitiv Plural der substantivischen Einwohnerbezeichnung). Diese Bildungen unterscheiden sich damit grundsätzlich von scheinbar gleich gebauten Wörtern wie *deutscher* und *österreichischer* in Fügungen wie *deutscher Michel* und *österreichischer Beitrag,* die Formen der Adjektive *deutsch* bzw. *österreichisch* darstellen und deshalb klein zu schreiben sind. Also: *eine deutsche* (zu *deutsch*), *eine österreichische* (zu *österreichisch*) und *eine Schweizer* (zu *Schweiz*) *Botschaftsangestellte.*
Wenn ein Bezug auf zwei Ortsnamen gegeben ist, gebraucht man den Bindestrich und setzt die Ableitungssilbe *-er* nur einmal: *der Köln-Bonner Flughafen, die Deutz-Mondorfer Straße.*
Einen Kasus können all diese Formen – da sie flexionslos gebraucht werden – nicht ausdrücken, deshalb sind Fügungen wie *nach Meldungen Berliner Zeitungen* eigentlich nicht korrekt, weil *Berliner* hier so gebraucht wird wie *deutscher* oder *englischer* (als ob es ein im Genitiv Plural stehendes Adjektiv wäre) und *Zeitungen* kein deutlicher Genitiv ist. Zur eindeutigen Kennzeichnung des Genitivs Plural müßte man in solchen Fällen entweder den Artikel, ein Pronomen oder *von* zu Hilfe nehmen *(nach Meldungen der/einiger/von Berliner Zeitungen).* Da diese Fügungsweise aber sehr bequem und ökonomisch ist, wird sie häufig gebraucht. (Nicht korrekt ist aber die Verwendung im Genitiv Singular Femininum *[Verlockungen Pariser Mode],* weil hier der artikellose Singular nicht in gleicher Weise wie der artikellose Plural generalisierende Kraft hat.)

Einzahl: ↑Singular.

Einzahl oder Mehrzahl?: ↑Kongruenz.

einzahlen/einbezahlen: ↑Aufschwellung.

Einzelbuchstaben: Substantivierte Einzelbuchstaben sind Neutra: *das A und das O; einem ein X für ein U vormachen.* Im Genitiv Singular und im Plural darf nicht – wie es häufig in der gesprochenen Sprache geschieht – die Endung -s angefügt werden: *des A, des O, die A, die B* (nicht: *des/die As* usw.). Vgl. auch ↑Groß- oder Kleinschreibung (1.2.5).

einzeln: 1. Groß- oder Kleinschreibung: *der/die/das einzelne* wird in der Rechtschreibung wie *andere, nämliche, jeder, jemand, keiner* zu den unbestimmten Pronomen und Zahlwörtern gerechnet, die (auch in Verbindung mit dem Artikel) klein geschrieben werden: *der andere/nämliche, ein jeder, jemand, keiner* und so auch: *der/die/das einzelne, einzelnes; einzelnes hat mir gefallen; einzelne sagen, daß ...; jede einzelne; bis ins einzelne; ein einzelner; alles einzelne, im einzelnen; zu sehr ins einzelne gehen.* Nur als substantiviertes Adjektiv (im Sinne von „Einzelform, Einzelheit") wird das Wort groß geschrieben: *vom Einzelnen ins Ganze gehen, vom Einzelnen zum Allgemeinen.* ↑Groß- oder Kleinschreibung (1.2.4). **2. Deklination des folgenden Adjektivs:** *einzeln* wird grammatisch – im Gegensatz zur Schreibung – nicht mehr als unbestimmtes Pronomen, sondern als Adjektiv betrachtet. Das folgende Adjektiv wird deshalb in gleicher Weise (parallel) dekliniert: *einzelnes verlorenes Gerät; einzelnes Gutes; einzelne mittlere Betriebe, einzelner Geistlicher.* Schwache Beugung im Genitiv Plural *(einzelner Geistlichen)* ist heute ganz selten. ↑Adjektiv (1.2.1).

Einzelteil: Das Substantiv *Einzelteil* hat sächliches Geschlecht: *das Einzelteil.* ↑Teil (1).

einziehen: Nach *einziehen in* steht der Akkusativ, weil man damit die Vorstellung der Richtung verbindet (Frage: wohin?): *Die Mannschaften zogen in das Stadion ein. Sie zogen in drei Kolonnen in den Saal ein.* Steht *einziehen in* vor einem Orts- oder Ländernamen ohne Artikel oder Attribut, dann wird dies gewöhnlich als Angabe der Lage im Dativ verstanden (Frage: wo?): *Tilly zog in Magdeburg ein.* Will man die Richtungsvorstellung deutlich machen, dann muß man den Namen mit einem Attribut und dem Artikel versehen: *Tilly zog in das eroberte Magdeburg ein.* (Der Anschluß mit *nach* ist bei *einziehen* nicht zulässig.)

Einziehung/Einzug: Die Bedeutung der beiden Substantive hat sich differenziert. *Einziehung* wird nur als Verbalsubstantiv zu „jemanden/etwas einziehen" gebraucht: *die Einziehung von Auskünften/Steuern, die Einziehung von Reservisten.* Dagegen gehört *Einzug* vor allem zu *einziehen* „einmarschieren, hereinkommen": *der Einzug der Truppen in die Stadt, der Einzug in die neue Wohnung.* Doch sagt man auch *der Einzug* (= das Einkassieren) *von Beiträgen.* In der Druckersprache bezeichnet das Wort im allgemeinen den Abstand vom linken Satzspiegelrand: *Die erste Zeile ist mit Einzug zu setzen.* ↑Verbalsubstantiv (1.4).

einzig: 1. Vergleichsformen: In seiner ursprünglichen Bedeutung „nur einmal [in seiner Art] vorhanden" darf *einzig* nicht gesteigert werden. Fügungen wie *die einzigste Möglichkeit wäre die ...* oder *das einzigste wäre, zu ...* sind deshalb falsch. Bei übertragener Bedeutung (= hervorragend, ausgezeichnet) ist die Steigerung erlaubt, aber sie bleibt auch hier besser beschränkt auf den Ausdruck besonderen Überschwangs: *Gute Nacht, Engel. Einzigstes, einzigstes Mädchen, und ich kenne ihrer viele* (Goethe). In dem Satz E. Wiecherts: *Da kniet noch immer Maria davor und weint um den einzigsten Sohn* (nach Trübner) sind beide Bedeutungen in der Superlativform vereinigt. ↑Vergleichsformen (3.1). **2. Groß- oder Kleinschreibung:** *einzig* wird zu den unbestimmten Pronomen und Zahlwörtern gerechnet und deshalb im allgemeinen (auch in Verbindung mit dem Artikel klein geschrieben: *der/die/das einzige; das einzige, was zu tun wäre ...; kein/etwas einziges; sie ist einzig in ihrer Art; er als einziger.* Eine seltene, groß zu schreibende Substantivierung ist etwa: *Sie ist unsere Einzige.* ↑Groß- oder Kleinschreibung (1.2.1).

Einzug/Einziehung: ↑Einziehung/Einzug.

Eisack: Es heißt *der Eisack* (Silbentrennung: Ei-sack). ↑Flußnamen (1).

Eisblock: Der Plural lautet *die Eisblöcke.* ↑Block.

Eisenach: Der Name wird Eisenach (nicht: *Eise-nach*) getrennt. Der zweite Bestandteil *-ach* entspricht einem alten Wort für „Gewässer, Fluß" (mhd. *ahe,* ahd. *aha*), das sich in den Flußnamen *Ache, Aa, Aach, Ach* erhalten hat. ↑geographische Namen (3.3).

Eisenblock: Der Plural lautet *die Eisenblöcke.* ↑Block.

eisern: Als stoffbezeichnendes Adjektiv *(ein eisernes Gitter)* darf *eisern* nicht gesteigert werden, wohl aber bei übertragenem Gebrauch: *mit eisernstem Fleiß. Sie war immer ein Mensch von eisernster Gesundheit.* ↑Vergleichsformen (3.1).

eiserner/Eiserner Vorhang: Der *eiserne Vorhang* als Bezeichnung für den feuersicheren Abschluß der Bühne gegen den Zuschauerraum wird klein geschrieben. Die mit W. Churchill in Verbindung gebrachte Bezeichnung *Eiserner Vorhang* für die weltanschauliche Grenze zwischen Ost und West wird dagegen groß geschrieben.

eislaufen: Das Verb *eislaufen* wird als unfeste Zusammensetzung gebraucht: *ich laufe, lief eis/bin eisgelaufen; um eiszulaufen.* ↑Zusammen- oder Getrenntschreibung (2.1).

Eisleber: Die Einwohner von Eisleben heißen *Eisleber* (nicht: *Eislebener*). ↑Einwohnerbezeichnungen (1 und 7).

eitel: Bei *eitel* fällt, wenn es dekliniert oder gesteigert wird, das *e* der Endungssilbe aus: *ein eitler/noch eitlerer Mensch.* ↑Adjektiv (1.2.13).

Eiweiß: Das substantivierte Farbadjektiv *Weiß* ist in der Zusammensetzung *Eiweiß* (entsprechend ↑Eigelb) zu einer Gegenstandsbezeichnung geworden, die wie üblich gebeugt und in die Mehrzahl gesetzt wird: *des Eiweißes, die Eiweiße, einige Eiweiße.* In Verbindung mit Kardinalzahlen bleibt *Eiweiß* gewöhnlich ungebeugt: *drei Eiweiß zu Schnee schlagen; ein Rezept mit 5 Eiweiß.*

Ekel: Man unterscheidet *der Ekel* „heftiger Widerwille" und (umgangssprachlich) *das Ekel* „widerlicher Mensch". Der Plural zu letzterem heißt *die Ekel* (nicht: *die Ekels*).

ekeln: Bei unpersönlicher Konstruktion steht die Person im Akkusativ oder im Dativ: *Mich/Mir ekelt davor! ... bis zu dem Tag, an dem es mich vor seinem Verfall zu ekeln begann* (Rinser). *Mir graute vor Scham ..., ja, mir ekelte vor dir!* (Frisch). Bei transitivem und reflexivem Gebrauch steht die Person dagegen nur im Akkusativ: *Ich hatte Hunger, aber der Hummer ekelte mich* (Frisch). *Ich ekele mich davor.*

-el: **1.** Die männlichen und sächlichen Substantive auf *-el* werden stark, alle weiblichen werden schwach gebeugt (Ausnahmen: *Stachel, Muskel, Pantoffel*). **2.** Über den Ausfall des *e* bei Adjektiven auf *-el* in attributiver Stellung *(dunkele/dunkle Mächte)* ↑Adjektiv (1.2.13). Zur Auswerfung des *e* beim Komparativ *(dunkeler/dunkler)* ↑Vergleichsformen (2.2).

Elativ: Der Elativ ist ein absoluter Superlativ (ohne Vergleich), z. B. *modernste Maschinen* (= sehr moderne Maschinen), *höflichst* (= sehr höflich). ↑Vergleichsformen (3.5).

Elb[e]-: Zu *Elb-* oder *Elbeschiffahrt* ↑Flußnamen (2).

Eldorado: ↑Dorado/Eldorado.

Elefant: Der Genitiv lautet *des Elefanten* (nicht: *des Elefants*), der Dativ und Akkusativ lauten *dem, den Elefanten* (nicht: *dem, den Elefant*). ↑Unterlassung der Deklination (2.1.2).

Elektrische: Mit Artikel wird *Elektrische* als substantiviertes Adjektiv behandelt. Genitiv: *der Elektrischen [Bahn],* Plural *die Elektrischen [Bahnen].* Ohne Artikel, in Verbindung mit einer Kardinalzahl z. B., schwankt die Beugung: Es heißt entweder *vier Elektrische [Bahnen]* (= substantiviertes Adjektiv) oder *vier Elektrischen* (= echtes Substantiv). ↑substantiviertes Adjektiv (2.2.1).

Elektrolyt: Das früher im Singular wie im Plural stark oder schwach gebeugte Wort *(des Elektrolyts/Elektrolyten, die Elektrolyte/Elektrolyten)* wird im Singular heute überwiegend schwach gebeugt (*des Elektrolyten* usw.), während der Plural überwiegend stark ist *(die Elektrolyte).*

Elen: Es heißt *das Elen,* seltener *der Elen.*

Elision: Unter Elision versteht man die Ausstoßung eines unbetonten Vokals im Inneren eines Wortes (sog. Synkope: *ew'ger* statt *ewiger, Wandlung* statt *Wandelung*) und am Ende eines

Wortes vor einem folgenden, das mit Vokal beginnt (sog. Apokope: *Freud und Leid* statt *Freude und Leid, sagt' ich* statt *sagte ich*). ↑Apostroph (2.2).

-ell/-al: ↑-al/-ell.

Elle: Das Gemessene nach *Elle: drei Ellen Stoff* (nicht: *Stoffs*), *fünf Ellen englisches Tuch* (geh.: *englischen Tuch[e]s*), *mit einer Elle feinem Samt* (geh.: *feinen Samt[e]s*). ↑Apposition (2.2). Als Längenmaß ist *Elle* heute veraltet.

Ellipse

Ellipse nennt man die Ersparung (Auslassung) von Redeteilen bzw. die davon betroffenen Sätze (Auslassungssätze). Es gibt zwei Arten der Ellipse, einmal die Ersparung von Redeteilen, die nur einmal vorkommen (*[Ich] Danke schön. [Wollen wir] Wetten, daß ich recht habe? Mein Vater ist 80 Jahre [alt]. Berühren der Ware [ist] verboten. [Du] Kannst ja mitkommen* usw.); zum anderen die Ersparung von Redeteilen, die im gleichen oder in einem benachbarten Satz mehr als einmal vorkommen (*Sie besaß kostbare Teppiche und [kostbare] Gemälde. Er schreibt an seine Freunde und [seine] Bekannten. Sie freute sich über die Blumen und [die] Geschenke*). Schwierigkeiten treten nur im zweiten Fall auf, wo die Regeln der grammatischen Übereinstimmung (↑Kongruenz) verletzt werden und Mißverständnisse entstehen können.

1. Sie schreibt [die Artikel] und er korrigiert die Artikel · Als er das Licht einschaltete und [als er] sich umblickte ... · Ihre Reklamation haben wir anerkannt und den Betrag [haben wir] überwiesen: Die gemeinsamen Satzteile von Haupt- oder gleichwertigen Nebensätzen können bis auf einen erspart werden:

Sie schreibt [die Artikel] und er korrigiert *die Artikel. Als er* das Licht einschaltete und [als er] sich umblickte ... Inge *geht* ins Theater, Werner [geht] in die Disko und Petra [geht] auf die Kirmes. Mutter *liest* den Wirtschafts-, Vater [liest] den Anzeigenteil. Wenn ich zu Mittag gegessen habe, ruhe *ich* mich aus oder [ich] mache einen Spaziergang. ... *wobei* Herr Meier verabschiedet [werden sollte] und [wobei] Frau Dr. Schneider eingeführt *werden sollte*. Ihre Reklamation *haben wir* anerkannt und den Betrag [haben wir] überwiesen.

Für das letzte Beispiel könnte man auch von einem Satz mit anderer Wortstellung ausgehen, der ohne Ellipse unbeholfen wirken würde:

Ihre Reklamation *haben wir* anerkannt und [wir haben] den Betrag überwiesen.

Nicht möglich ist die Ersparung von Satzteilen, wenn im zweiten Teilsatz die Konstruktion gewechselt wird. Also nicht: *Wir danken herzlich für die vielen Kranz- und Blumenspenden und allen, die dem Verstorbenen die letzte Ehre erwiesen haben.* Sondern: *..., und wir danken allen ...* (Wechsel zwischen *für etwas danken* und *jemandem danken*!). Zur Ersparung von Pronomen vgl. auch 11.

2. mit großem Fleiß und [großem] Geschick · in einem gestreiften Hemd und grünen/einer grünen Hose: Ein Attribut (Artikel, Pronomen, Adjektiv) zu zwei oder mehreren Substantiven braucht nur einmal gesetzt zu werden, wenn diese in Numerus (Zahl) und Genus (Geschlecht) übereinstimmen:

Sie beschäftigt sich mit *französischer* Literatur und Geschichte. *Meine* Bücher und Bilder bereiten mir Freude. *Die* Kraft und Tiefe des Gedankens.

Das gilt auch, wenn das unterschiedliche Genus des Bezugssubstantivs nicht zum Ausdruck kommt; allerdings muß Übereinstimmung im Numerus bestehen:

mit *großem* Fleiß (Mask.) und Geschick (Neutr.), die Versorgung *des* Hauses (Neutr.) und *Gartens* (Mask.), *meine* Brüder (Mask.) und Schwestern (Fem.).

Dagegen darf ein Attribut zu zwei oder mehreren Substantiven, die sich im Numerus bzw. (sichtbar) im Genus unterscheiden, nicht erspart werden:

in *einem* gestreiften Hemd und *einer* grünen Hose (nicht: ... und grünen Hose), die Reinigung *der* Gartenwege, *der* Garageneinfahrt und *der* Terrasse (nicht: ... der Gartenwege, Garageneinfahrt und Terrasse), die Einfachheit *ländlicher* Natur und *ländlicher* Sitten (nicht: ... ländlicher Natur und Sitten).

Sehr häufig kommt die falsche Ersparung in den Anrede- und Schlußformeln von Briefen vor. Es muß richtig heißen:

Sehr *geehrte* Frau Müller, sehr *geehrter* Herr Müller (nicht: Sehr geehrte Frau und Herr Müller). Mit freundlichen Grüßen *Deine* Mutter und *Dein* Vater (nicht: Deine Mutter und Vater). ↑Brief (4 und 5).

3. mit Pflanzen [im Moor] und Tieren im Moor · Beschreibung [der Maschine] und Arbeitsweise der Maschine: Ein genitivisches oder präpositionales Attribut zu zwei oder mehreren Substantiven braucht nur einmal gesetzt zu werden:

Sie beschäftigte sich mit Pflanzen [im Moor] und Tieren *im Moor.* Nur der Pilot [der Maschine], der Funker [der Maschine] und der Mechaniker *der Maschine* konnten sich retten.

Handelt es sich jedoch um verschiedene Genitivattribute, ist eine Ersparung nicht möglich. Also nicht: *die Beschreibung und Arbeitsweise der Maschine,* weil bei *Beschreibung der Maschine* der Genitiv das Objekt des zugrundeliegenden Verbs vertritt (= ich beschreibe die Maschine; Genitivus obiectivus), während bei *Arbeitsweise der Maschine* eine Zugehörigkeit ausgedrückt wird (= die Maschine hat eine bestimmte Arbeitsweise; Genitivus possessivus). Um diesen Sachverhalt richtig auszudrücken, wählt man am besten eine andere Konstruktion, etwa: *die Beschreibung der Maschine und ihre Arbeitsweise.* Auch wo sich ein genitivisches oder präpositionales Attribut nur auf eines von zwei oder mehreren Substantiven bezieht, ist eine einfache Ersparung nicht möglich. Hier muß man, um Mißverständnisse zu vermeiden, eine andere Formulierung wählen oder die Wortstellung ändern:

Er sah die Feuer *der Wachen* und die Pferde (nicht: ... die Feuer und die Pferde der Wachen). Sie wandten sich gegen die Unterdrückung und Korruption sowie gegen die Machenschaften *der Militärs* (nicht: ...gegen die Unterdrückung, die Korruption und die Machenschaften der Militärs).

4. mit Geld und [mit] guten Worten: Steht die gleiche Präposition vor zwei oder mehreren nebengeordneten Substantiven, dann braucht sie nur einmal gesetzt zu werden:

mit Geld und [mit] guten Worten; *von seinen* Eltern, [von seinen] Brüdern und [von seinen] Schwestern; *durch* Fleiß, [durch] Intelligenz und [durch] Disziplin.

Bei Substantiven und Pronomen, die durch mehrteilige Konjunktionen verbunden sind, wird im allgemeinen die Präposition nicht erspart:

sowohl für mich als auch für dich; weder mit Geld noch mit guten Worten; entweder im guten oder im bösen.

Auf keinen Fall darf die Präposition eingespart werden, wenn Mißverständnisse entstehen können. Also nicht mißverständlich: *Sie sprachen über des Ministers Abschiedsgesuch und Politik* für: *Sie sprachen über des Ministers Abschiedsgesuch und über Politik.*
Zu *vom Glanz und der Pracht des Festes* ↑Präposition (1.2.4).

5. vor [dem Haus] und hinter dem Haus · mit [Büchern] und ohne Bücher: Ein Substantiv oder Pronomen kann nach verschiedenen Präpositionen erspart werden, wenn diese den gleichen Kasus regieren:

vor [dem Haus] und *hinter* dem Haus, *auf* [dem Platz] und *neben* dem Platz, *für* [mich] und *gegen* mich.

Darüber hinaus ist die Ersparung auch möglich, wenn die Präpositionen zwar verschiedene Kasus regieren, die jeweils betroffenen Substantive oder Pronomen aber unverändert bleiben (*mit* [*Gott* = Dativ] *und für Gott* [= Akkusativ], *in und um sich*). Trifft dies nicht zu, dann dürfte strenggenommen nicht erspart werden:

mit Büchern oder *ohne* Bücher, *auf* dem Grundstück und *um* das Grundstück, *mit* ihm oder *gegen* ihn.

Diese doppelte Setzung des Substantivs oder Pronomens wirkt jedoch so schwerfällig, daß auch hier erspart wird:

mit oder *ohne* Bücher; *auf* und *um* das Grundstück; *mit* oder *gegen* ihn. Stufenlose Geschwindigkeitsregulierung *von* 3 500 [Drucken] *bis* 10 000 Drucke. ... stellt sich der Fehler erst *in* [der Untersuchung] und *durch* die Untersuchung heraus.

Diese Ersparung gilt als korrekt. Es muß aber immer der Kasus gesetzt werden, den die dem Substantiv zunächst stehende Präposition verlangt (nicht: *mit oder ohne Büchern; mit oder gegen ihr; Frauen mit und ohne Kindern*).

6. der alte [Kanzler] und der neue Kanzler · der [Täter] oder die Täter · das große [Haus] und die kleinen Häuser: Sind in einer Aneinanderreihung von Substantiven mit verschiedenen Attributen die Substantive gleich, können sie bis auf eines eingespart werden:

der alte [Kanzler] und der neue *Kanzler;* die weißen [Rosen] und die roten *Rosen;* die bunten [Steine], die weißen [Steine] und die blauen *Steine.*

Der Artikel sollte in solchen Fällen nur erspart werden, wenn es sich um dieselbe Person oder Sache handelt:

der alte und *der* neue Kanzler (= 2 Kanzler) – *der* alte und neue Kanzler (= 1 Kanzler). Nur: *Die* vordere und *die* hintere Stoßstange sind verbogen (↑Kongruenz [1.3.4]).

Eine Einsparung ist auch dann möglich, wenn die Substantive in der Form voneinander abweichen. Das erhaltene Substantiv richtet sich dann nach dem zunächststehenden Attribut:

eine *[Heldengestalt]* oder mehrere *Heldengestalten;* der *[Täter]* oder die *Täter;* das große *[Haus]* und die kleinen *Häuser,* das große *Haus* und die kleinen *[Häuser],* Bewohner des gleichen *[Hauses]* oder anderer *Häuser;* Familien mit ein*[em Kind]* oder zwei *Kindern* (↑[3]ein [3]). Der Antrag ist mit einer *[Stimme]* gegen fünf *Stimmen* abgelehnt. ... sende ich Ihnen meine *[herzlichsten Grüße]* und meiner Frau *herzlichste Grüße.*

7. Feld- und Gartenfrüchte · auf- und abladen · Wahr- oder Falschheit · en- und proklitisch: Haben aufeinanderfolgende Zusammensetzungen das Grundwort oder das Bestimmungswort gemeinsam, so wird dieses gewöhnlich nur einmal genannt:

Feld- und Gartenfrüchte, Ein- und Ausgang, Waren auf- und abladen, Lederherstellung und -vertrieb, Bundeswirtschafts- und Finanzminister, Textilgroß- und -einzelhandel.

Man vermeide aber zu starke Ersparungen, die mißverständlich klingen *(Holzbe- und -verarbeitungsanlage),* und sei (aus stilistischen Gründen) auch bei der Ersparung übereinstimmender Teile von Ableitungen und Präfixbildungen zurückhaltend:

eine dilettanten- und fehlerhafte Arbeit; eine geschmack- und niveaulose Inszenierung, stickstoff- und nicht ozonhaltig; ein Rauf- und Saufbold; sich sowohl vor Überals auch vor Unterschätzung hüten; ein Wortstamm mit mehreren pro- oder enklitischen Elementen; morgend- und abendliche Zusammenkünfte; Wahr- oder Falschheit, Arbeiter- und Angestelltenschaft.

Bei Verben mit festen Vorsilben kann die Ellipse dazu dienen, Gegensätze hervorzuheben; man vergleiche etwa – nach dem Muster von *auf- und abladen – be- und entladen.* Man sollte aber auch dieses Stilmittel nur sparsam anwenden.

8. öffentliche und Privatmittel · aus Alters- und geschlechtlichen Gründen: Das Streben nach Kürze und der Wunsch, Wortwiederholungen zu vermeiden, führen häufig zu Ersparungen der folgenden Art:

öffentliche [Mittel] und Privatmittel; Freie [Stadt] und Hansestadt Hamburg; aus Alters- und geschlechtlichen Gründen; eine Belastung für Arbeiter-, d.h. in der Regel: kinderreiche Familien.

Grammatisch sind diese besonders in wissenschaftlichen und publizistischen Texten verbreiteten Ellipsen aus attributiver Fügung und Zusammensetzung korrekt; aus stilistischen Gründen sollte man aber zurückhaltend mit dieser Form der Ersparung umgehen. Unschön sind z. B. *zahme und Wildschweine* oder *Stein- und andere Pilze, Geld- und andere Sorgen.*

9. Eine Stimme ist dafür, alle anderen [sind] dagegen · Erst wurden die Teppiche verkauft [,] und dann [wurde] der Schmuck verhökert · Sie warf einen Blick auf ihn und er [warf] das Fenster zu: In zusammengefaßten Sätzen werden Formen eines Verbs, die im Numerus voneinander abweichen, im allgemeinen nicht erspart:

Eine Stimme *ist* dafür, alle anderen *sind* dagegen. Erst *wurden* die Teppiche verkauft, und dann *wurde* der Schmuck verhökert. Peter *schläft* im ersten Stock, Ines und Heike *schlafen* im Dachgeschoß. Dann *müssen* die Fehlerquellen gesucht und es *muß* Abhilfe geschaffen werden. An die Tafel *schreibt* der Lehrer, ins Heft *schreiben* die Schüler.

Gelegentlich findet man auch hier Beispiele mit elliptischen Konstruktionen, wobei sich die erhaltene Verbform nach dem ihr am nächsten stehenden Bezugswort richtet:

Glaubst du nicht, daß ich im Vater [bin] und der Vater in mir *ist* (Joh. 14, 10)? Oder *würden* gleich die Sirenen zu heulen anfangen und das Inferno [würde] losbrechen (W. Jens)? Fleiß und Aufmerksamkeit *sind* lobenswert, die Mitarbeit [ist] meist rege.

Nicht möglich ist die Ersparung übereinstimmender Verbformen, die unterschiedlichen Konstruktionen oder festen Wendungen mit besonderer Bedeutung angehören; also nicht:

Ich *habe* genügend Geld und die Rechnung zu bezahlen (Vollverb / Modalverb). Sie *ist* Ärztin und schon oft hier gewesen (Vollverb/Hilfsverb). Sie *warf* noch einen Blick auf ihn und er das Fenster zu *(einen Blick auf jemanden werfen/etwas zuwerfen).* (Ähnlich:)

Die Uhr *schlug* Mitternacht und ich mit der Faust auf den Tisch. Sie *nahm* Seife, Schwamm und ein Bad. Er *brachte* das Gewehr in Anschlag und den Gegner um.

Bewußt eingesetzt, stellen diese Ersparungen ein Stilmittel (sog. Zeugma) zur Erzielung bestimmter (komischer) Wirkungen dar *(Nimm dir Zeit und nicht das Leben!).*

10. Es begann zu stürmen und [zu] schneien: Die Infinitivkonjunktion *zu* darf nicht erspart werden; also nur:

Es begann *zu* stürmen und *zu* schneien. Das Auto ist *zu* waschen und *zu* polieren.

11. ... die uns ablehnend gegenüberstanden, ja [uns] haßten · Seien Sie so freundlich und teilen [Sie] uns mit ... · Dafür danken wir und [wir] bestellen ...: Von gleichlautenden Pronomen kann eines nur erspart werden, wenn es mit den anderen im Kasus übereinstimmt. Es kann also nur heißen:

Das waren Menschen, die *uns* (= Dativ) ablehnend gegenüberstanden, ja *uns* (= Akkusativ) haßten. Ich suchte die Geschenke, *die* (= Akkusativ) ich versteckt hatte, aber *die* (= Nominativ) von meinen Kindern bereits entdeckt worden waren.

Es ist auch nicht möglich, bei der Reihung von Aufforderungssätzen das *Sie* der Höflichkeitsform nur einmal zu setzen. Man schreibe nur:

Bitte seien *Sie* so freundlich und teilen *Sie* uns mit ... Kommen *Sie* und versuchen *Sie* meinen neuen Kaffee.

Dagegen ist gegen die Einsparung eines Pronomens in den folgenden Fällen weder grammatisch noch stilistisch etwas einzuwenden:

Für Ihre Sendung danken *wir* und [wir] bestellen noch einmal folgendes ... An Ihrem Angebot bin *ich* interessiert und [ich] bitte um Übersendung weiterer Unterlagen.

Eine Ersparung wie in dem Satz

Für Ihren Bescheid möchten wir Ihnen verbindlichst danken und freuen uns, daß ...

kann man aus stilistischen Gründen umgehen:

Für Ihren Bescheid möchten *wir* Ihnen verbindlichst danken. *Wir* freuen uns, daß ...

12. Verweise: Zu *an einem Tag wie jeder andere [ist]/wie jedem anderen* usw. ↑Apposition (3.5); zu *Sehr geehrte Frau und [sehr geehrter] Herr Müller* ↑Brief (4); zu *Preiswerter/Preiswerten Plattenspieler gesucht* ↑Anzeigen (1).

Ellwanger: ↑Einwohnerbezeichnungen (1).

Elsaß: Der Genitiv lautet entweder *des Elsaß* oder *des Elsasses.* ↑geographische Namen (1.2).

Eltville: Die Aussprache des Ortsnamens lautet [ɛlt'vɪlə] bzw. ['ɛltvɪlə] (nicht: [...'vi:l] oder [...'vil]).

Email/Emaille: Die Form *Email* [e'ma:j/e'mai/e'mail] hat sächliches Geschlecht: *das Email.* Der Genitiv Singular und der Plural gehen auf *-s* aus. Die Form *Emaille* [e'ma:j/e'maɪ/e'maljə] hat weibliches Geschlecht: *die Emaille.* Der Singular ist endungslos, der Plural geht auf *-n* aus.

Embryo: Das Substantiv hat männliches Geschlecht: *der Embryo.* (In Österreich ist daneben auch *das Embryo* gebräuchlich.) Das Wort hat zwei Pluralformen: *die Embryos* / (selten:) *die Embryonen.*

Emder/Emdener: Neben *die Emder* ist als Bezeichnung der Einwohner von Emden auch *die Emdener* gebräuchlich. *Emd[en]er* wird immer groß geschrieben, auch wenn das Wort wie ein flexionsloses Adjektiv vor einem Substantiv steht: *der Emder/Emdener Hafen.* ↑Einwohnerbezeichnungen (1 und 7).

empfähle/empfehle: *empfehle* ist die Form des Konjunktivs I, der vor allem in der ↑indirekten Rede (2.1) steht: *Sie fragte den Kellner, welchen Wein er ihr empfehle. Er sagte, der Arzt empfehle ihm kalte Umschläge.* Demgegenüber ist *empfähle* (häufiger: *empföhle,* ↑empfehlen [2]) die Form des Konjunktivs II, der vor allem im ↑Konditionalsatz u. ä. steht: *Ich würde sofort fahren, wenn er mir das Klima empfähle. Es wäre gut für ihn, wenn er ihm eine Kur empfähle.* Der Konjunktiv II *empfähle* tritt auch in der indirekten Rede auf, wenn in der direkten Rede schon *empfähle* steht oder etwas als zweifelhaft hingestellt wird. ↑indirekte Rede (3.3), ↑empfehlen (2).

empfehlen: 1. empfehlen/empfiehl: Im Indikativ Präsens heißt es: *ich empfehle, du empfiehlst, er empfiehlt.* Der Imperativ lautet: *empfiehl!* (nicht: *empfehle!*). ↑e/i-Wechsel. **2. empföhle/empfähle:** Im Konjunktiv II werden heute sowohl *empföhle* als auch *empfähle* gebraucht. Die zweite Form ist etwas seltener. ↑Konjunktiv (1.3). **3. Er empfahl sich als geeigneter/als geeigneten Mann:** Bei *sich empfehlen als* steht heute das folgende Substantiv gewöhnlich im Nominativ, d. h., es wird auf das Subjekt bezogen: *Er empfahl sich als geeigneter Mann.* Der Akkusativ *(Er empfahl sich als geeigneten Mann)* ist seltener. ↑Kongruenz (4.2). **4. empfehlen/anempfehlen:** ↑Aufschwellung.

empfinden: 1. Er empfand sich als Begnadeter/Begnadeten: Bei *sich empfinden als* steht heute das folgende Substantiv gewöhnlich im Nominativ, d. h., es wird auf das Subjekt bezogen: *Er empfand sich als Begnadeter.* Der Akkusativ *(Er empfand sich als Begnadeten)* ist seltener. ↑Kongruenz (4.2). **2. etwas als kränkend empfinden/etwas kränkend empfinden:** Die Partikel *als,* mit der nach *empfinden* angeschlossen wird, darf nicht weggelassen werden, also nur: *Er empfand es als kränkend, daß man ihn an der Tür warten ließ.*

Empfindungswort: ↑Interjektion.

-en: Zu Ableitungen auf *-er* von Ortsnamen auf *-en* (*Emd[en]er, Bremer* usw.) ↑Einwohnerbezeichnungen (1). Zum Ausfall des *e* bei Adjektiven auf *-en (golden – gold[e]nes)* ↑Adjektiv (1.2.13). Zu Namenformen wie *Gellerten* ↑Personennamen (2.1.1).

-[e]n: Die volle Pluralendung *-en* kommt bei Substantiven vor, die auf einen Konsonanten enden (außer *-el* und *-er*): *Mensch-en, Bär-en, Bett-en, Bahn-en.* Die Kurzform *-n* steht nach Vokal (außer *-au [Frau-en]* und *-ei [Bäckerei/-en]*) und *-el, -er: Industrie-n* (nicht: *Industrieen*), *Auge-n, Achsel-n, Feder-n.*

end-: ↑ent-/end-.

-end/-ig: Zu *gehörend/gehörig* u. ä. ↑Adjektiv (3.1).

Ende: Man schreibt nur getrennt *zu Ende.* ↑Zusammen- oder Getrenntschreibung (2.2.1).

Ende dieses/diesen Jahres: ↑dieser, diese, dieses (1).

Endesunterzeichneter: ↑Unterzeichneter.

endgiltig/endgültig: ↑giltig/gültig.

Endung: ↑Flexion[sendung].

eng: 1. Groß- oder Kleinschreibung: Klein schreibt man das Adjektiv *eng* auch dann, wenn ein Artikel vorausgeht, beide aber für ein einfaches Adjektiv oder im Sinne von „sehr eng" stehen: *Sie ist auf das engste* (= nahe, sehr eng) *mit ihm befreundet. Dort ist die Straße am engsten.* Groß schreibt man das substantivierte Adjektiv: *Ich hasse alles Enge.* **2. Zusammen- oder Getrenntschreibung:** Zusammen schreibt man das Adjektiv *eng* mit dem folgenden 2. Partizip, wenn die Verbindung in adjektivischer Bedeutung gebraucht wird (nur *eng-* trägt Starkton): *zwei engbefreundete Kolleginnen; ein engbegrenztes Arbeitsgebiet.* Man schreibt sie getrennt, wenn die Vorstellung der Tätigkeit vorherrscht (beide Wörter tragen Starkton): *zwei eng befreundete Kolleginnen* (= die Kolleginnen haben sich miteinander eng befreundet); *ein eng begrenztes Arbeitsgebiet* (= das Arbeitsgebiet ist eng begrenzt worden). Dies gilt immer, wenn beide Wörter in der Aussage stehen: *Die Frauen sind eng befreundet. Mein Arbeitsgebiet ist eng begrenzt.* ↑Zusammen- oder Getrenntschreibung (3.1.2).

Engel-/Engels-: Die Zusammensetzungen mit Bestimmungswörtern auf *-el* haben in der Regel kein ↑Fugen-s (2.3). Bei Zusammensetzungen mit *Engel* zeigt sich jedoch folgende Gruppierung: **1.** Fest mit Fugen-s: *Engelsgeduld, Engelsburg, Engelshaar, Engelszungen.* **2.** Fest ohne Fugen-s: *engelschön, Engelsüß, Engelwurz.* Schwankend: *engel[s]gleich, Engel[s]kopf, Engel[s]stimme.*

englisch: Klein schreibt man das Adjektiv: *die englische Politik, das englische Volk, englischer Trab* (= Reitart), *in der Art eines englischen Gartens, die englische Krankheit, eine englische Dogge, das englische Vollblut, englische Broschur* (= ein Bucheinband), *englische Montierung, der englische Walzer, englische Woche* (= im Sport), *englischer Zug* (= halboffener Schubkasten) usw. Groß schreibt man dagegen das Adjektiv in Namen: *der Englische Garten in München, die Englischen Fräulein* (Nonnenorden). Zur Schreibung von *sich englisch unterhalten; [kein] Englisch sprechen. Der Redner spricht kein englisch. Würden Sie das bitte auf englisch wiederholen? Der Prospekt erscheint in Englisch* usw. ↑deutsch.

Englisch, das/Englische, das: ↑Sprachbezeichnungen.

englischsprachig / englischsprachlich: ↑deutschsprachig/deutschsprachlich.

Enklave/Exklave: Unter *Enklave* versteht man ein fremdstaatliches Gebiet im eigenen Staatsgebiet, unter *Exklave* ein eigenstaatliches Gebiet in fremdem Staatsgebiet.

-ens: Zu Genitiven wie *Grazens [Umgebung]* usw. ↑Ortsnamen (2); zu *Fritzens Streiche* ↑Personennamen (2.1.1).

-enser: Zu den Bildungen auf *-enser* (*Hallenser, Jenenser* usw.) ↑Einwohnerbezeichnungen (2).

ent-/end-: Das Präfix *ent-* wird immer mit *t* geschrieben: *entbehren, Entbehrung, [un]entbehrlich; entscheiden, Entscheidung, [un]entschieden; entgelten, Entgelt, [un]entgeltlich* usw. Demgegenüber werden alle Zusammensetzungen mit *Ende* und alle Ableitungen von *Ende* mit *d* geschrieben: *endgültig, [un]endlich, endlos, Endsumme* usw.

entbehren: Im Sinne von „auf jmdn./etw. verzichten" steht nach *entbehren* der Akkusativ: *Ich kann das Buch nicht länger entbehren. Ich habe in meiner Jugend viel[es] entbehren müssen.* Im Sinne von „ohne etwas sein" regiert das Verb dagegen den Genitiv: *Diese Behauptung entbehrt jeder Grundlage. Sein Verhalten entbehrt nicht einer gewissen Komik.*

entbinden: Die passivische Konstruktion *Frau X ist entbunden worden* gehört zu transitivem *jemanden entbinden* „Geburtshilfe leisten". Üblich ist heute die aktivische Form *Frau X hat entbunden,* die zu intransitivem *entbinden* „gebären" gehört.

entblöden: Im heutigen Sprachgebrauch wird *entblöden* nur noch reflexiv und verneint verwendet; *sich nicht entblöden* bedeutet „sich nicht schämen, sich erdreisten": *... der sich nicht entblödet, den Vorteil seiner Geburt ... auszunutzen* (K. Mann). *Einige entblödeten sich nicht, zu behaupten ...*

enteisen/enteisenen: Das Verb *enteisen* bedeutet „von Eis befreien" *(eine enteiste Windschutzscheibe).* Dagegen bedeutet *enteisenen* „vom Eisengehalt befreien" *(enteisentes Mineralwasser).*

entflechten: Im Indikativ des Präsens heißt es *entflechtet* oder *entflicht.* In der Fachsprache des Verkehrs und der Wirtschaft ist die Form mit *e* geläufiger. ↑e/i-Wechsel.

entgegen: Die Präposition (mit dem Dativ) steht in der Regel vor dem Substantiv: *Entgegen meinem Wunsch ist sie nicht abgereist. Ich mußte entgegen meiner Überzeugung handeln.* Die Nachstellung *(Meinem Wunsch entgegen ist sie nicht abgereist)* ist seltener.

Entgelt: 1. Schreibung: Das Substantiv *Entgelt* gehört zu dem Präfixverb *entgelten* „Ersatz leisten, entschädigen, büßen" und wird deshalb mit *t* geschrieben. ↑ent-/end-. **2. das/der Entgelt:** Ursprünglich hatte *Entgelt* männliches Geschlecht: *der Entgelt.* Da aber das Wort meist in der Fügung *ohne Entgelt,* in der das Geschlecht nicht zu erkennen ist, verwendet wurde, wurde man schwankend und gebrauchte es mit sächlichem Geschlecht: *das Entgelt.* Dieses hat sich heute in der Standardsprache durchgesetzt. **3. Entgelt[s]-:** Zusammensetzungen mit *Entgelt* als Bestimmungswort sind sowohl mit als auch ohne ↑Fugen-s gebräuchlich: *Entgelt[s]bescheinigung, Entgelt[s]forderung.*

enthalten: Wenn von *sich nicht enthalten können* eine Infinitivgruppe abhängt, darf diese nicht verneint werden: *Sie konnte sich nicht enthalten, ihn zu tadeln* (nicht: *ihn nicht zu tadeln*). ↑Negation (1).

enthalten/beinhalten: ↑beinhalten.

entheben: Das Verb *entheben* wird mit dem Akkusativ der Person und dem Genitiv der Sache verbunden: *jemanden seines Amtes entheben, sich aller* (nicht: *allen*) *Sorgen enthoben fühlen* usw.

entladen, sich: Nach *sich entladen über* steht bei eigentlichem Gebrauch der Dativ: *Das Gewitter entlud sich über dem See.* Bei übertragenem Gebrauch, wenn die Raumvorstellung verblaßt ist, kann sowohl der Dativ als auch (häufiger) der Akkusativ stehen: *Das Unglück entlud sich über die Häupter* (seltener: *den Häuptern*) *der Unbeteiligten.* Nach *sich entladen auf* steht immer der Akkusativ: *Das Gewitter entlud sich auf die Stadt. Sein Zorn entlud sich auf die Kinder.* Nach *sich entladen in* steht der Dativ: *Die Begeisterung der Zuschauer entlud sich in stürmischem Beifall.*

entlang: 1. Stellung und Rektion: Die Präposition kann entweder vor oder nach dem Substantiv stehen: *die Wand entlang/entlang der Wand; den Fluß entlang/entlang dem Fluß* usw. Im heutigen Sprachgebrauch wird *entlang,* wenn es nach dem Substantiv steht, gewöhnlich mit dem Akkusativ und nur noch gelegentlich mit dem Dativ verbunden: *die Wand/das Seil entlang. Den Fluß entlang standen Bäume. Die Grenze verlief von X nach Y den Wald entlang.* Aber: *... die dem blitzenden Strom- und Meeresufer entlang aus der Hauptstadt hinausführte nach Belem* (R. Schneider). Wenn *entlang* vor dem Substantiv steht, dann wird es heute gewöhnlich mit dem Dativ (vereinzelt noch mit dem Genitiv) verbunden: *entlang der Wand/dem Fluß/dem Wald. Sie besichtigte die Austellungspavillons entlang der Straße. Entlang den Hecken standen Neugierige.* Aber: *Als er ... durch ein dünnes Glimmerfensterchen entlang des Rohres Alphateilchen hindurchschoß* (R. Menzel). Der Akkusativ *(entlang den Wald/das Brückengeländer)* ist veraltet. **2. Rechtschreibung:** Bei *entlang* in Verbindung mit einem Verb ist sowohl Zusammen- als auch Getrenntschreibung möglich. Zusammen schreibt man, wenn (betontes) *entlang* Verbzusatz ist: *Wir werden am Ufer und nicht am Waldrand entlanglaufen.* Getrennt schreibt man, wenn *entlang* Teil einer Umstandsbestimmung ist (das Verb wird nicht schwächer betont): *Wir werden am Ufer entlang laufen und nicht fahren.* ↑Zusammen- oder Getrenntschreibung (1.3).

entnehmen: Das Verb kann sowohl mit einem Dativobjekt als auch mit einem Präpositionalobjekt gebraucht werden: *Er entnahm ihren Worten/aus ihren Worten ... Ihrem Schreiben/Aus Ihrem Schreiben entnehmen wir ... Diese Zahlen wurden einer Stati-*

stik/aus einer Statistik entnommen. Zu *entnehmen aus* ↑Pleonasmus.

entrinnen: Im Konjunktiv II wird heute im allgemeinen *entränne* gebraucht. Die Form *entrönne* ist veraltet.

entsalzen: Das 2. Partizip von *entsalzen* „vom Salzgehalt befreien" wird nur mit *-t* gebildet: *entsalztes Wasser.* ↑salzen.

Entscheid/Entscheidung: ↑Verbalsubstantiv.

entscheiden: 1. sich entscheiden für/zu: *sich entscheiden* wird bisweilen fälschlich mit der Präposition *zu* statt mit *für* verbunden: *Sie hat sich für diesen* (nicht: *zu diesem*) *Schritt entschieden* (aber: *zu diesem Schritt entschlossen*). *Ich entscheide mich für diese* (nicht: *zu dieser*) *Möglichkeit. Wir haben uns für die* (nicht: *zu der*) *Wiederwahl entschieden.* **2. entscheiden/entschließen:** Im Gegensatz zu *sich entscheiden* kann *sich entschließen* nicht auf Sachen oder Personen bezogen werden, sondern nur auf Handlungen oder etwas, was eine Handlung ausdrückt. Also nicht: *Ich entschloß mich zu diesem Buch/zu diesem Kandidaten/zu den anderen Münzen* usw. Aber: *Sie entschloß sich zum Aufbruch, zum Studium, zur Scheidung.*

Entscheidung: Es muß heißen *Entscheidung für* (nicht: *zu*) *etwas.* ↑entscheiden (1).

Entscheidungsfrage: Eine Form des Fragesatzes mit dem Finitum an erster Stelle. Im Unterschied zur Ergänzungsfrage wird ein Sachverhalt als Ganzes in Frage gestellt (auch Satzfrage): *Kommst du morgen? Hilft sie mir?*

entschließen: *sich entschließen* wird mit der Präposition *zu* verbunden: *Wir haben uns zum Ankauf* (nicht: *für den*) *des Grundstücks entschlossen.* Zu *entschließen/entscheiden* ↑entscheiden (2).

Entschließung/Entschluß: ↑Verbalsubstantiv.

entschuldigen: 1. sich entschuldigen wegen/für: Nach *sich entschuldigen* kann sowohl mit der Präposition *wegen* als auch mit *für* angeschlossen werden: *Ich möchte mich für mein Zuspätkommen/wegen meines Zuspätkommens entschuldigen. Er hat sich für sein Versehen/wegen seines Versehens entschuldigt. Ich möchte mich für das, was ich gesagt habe, entschuldigen.* **2. Entschuldigen Sie [bitte] vielmals:** Diese in der Alltagssprache häufig gebrauchte Entschuldigungsformel ist eigentlich unsinnig, denn man kann einen Menschen zwar vielmals bitten, etwas zu entschuldigen (daher korrekt: *Ich bitte vielmals um Entschuldigung*), aber nicht von ihm verlangen, daß er etwas vielmals entschuldigt.

entsenden: Die Formen des Präteritums und zweiten Partizips lauten: *entsendete/entsandte* und *entsendet/entsandt.* Die Formen mit *e* werden jedoch selten gebraucht: *Jedes Land entsandte/*(selten:) *entsendete zwei Delegierte. Man hatte sie als Beraterin nach Genf entsandt/*(selten:) *entsendet.*

entsinnen, sich: 1. entsänne/entsönne: Im Konjunktiv II wird heute im allgemeinen *entsänne* gebraucht. Die Form *entsönne* ist veraltet. **2. sich jmds./einer Sache, an jmdn./an etwas entsinnen:** *sich entsinnen* kann mit einem Genitivobjekt oder Präpositionalobjekt gebraucht werden: *Ich kann mich meines Lehrers/an meinen Lehrer, seiner/an ihn, dessen/daran nicht mehr entsinnen.*

entsprechend: Das 1. Partizip des Verbs *entsprechen* wird heute häufig wie eine Präposition mit dem Dativ (nicht: Genitiv) verwendet. Kennzeichnend für diesen Gebrauch ist einmal die mögliche Voranstellung: *entsprechend meinem Vorschlag* (nicht: *meines Vorschlags*), *entsprechend unseren* (nicht: *unserer*) *Anordnungen* usw. (statt der normalen Wortstellung: *meinem Vorschlag entsprechend, unseren Anordnungen entsprechend*). Zum anderen ist dafür die häufig vorkommende Weglassung des Kommas bezeichnend, das sonst bei einer erweiterten Partizipialgruppe gesetzt werden muß: *Ich habe ihren Anordnungen entsprechend gehandelt* (statt: *Ich habe, ihren Anordnungen entsprechend, gehandelt*). *Meinem Vorschlag entsprechend ist das Haus verkauft worden* (statt: *Meinem Vorschlag entsprechend, ist das Haus verkauft worden*).

entstammen: Zu *entstammen aus* ↑Pleonasmus.

entstehen: Der Konjunktiv II von *entstehen* kann *entstünde* oder *entstände* lauten. Die ältere Form mit *ü* ist auch heute noch die gebräuchlichere.

entweder – oder: **1. Kongruenz:** Werden zwei Subjekte durch *entweder – oder* verbunden, dann ist der Bezug auf die Gesamtheit der Subjekte nicht möglich: *Entweder Klaus oder Petra hat* (nicht: *haben*) *schuld.* Die Personalform des Verbs richtet sich nach der Person des zunächst stehenden Subjekts: *Entweder er oder ich gebe* (nicht: *gibt*) *klein bei.* ↑Kongruenz (2.2). **2. Komma:** Kein Komma steht, wenn *entweder – oder* nur Satzteile verbindet: *Er sagt jetzt entweder ja oder nein! Entweder sie ruft an oder schreibt oder läßt sonst etwas von sich hören.* Ein Komma steht aber, wenn *entweder – oder* Sätze verbindet: *Entweder kommt er sofort nach Hause, oder er geht noch ein Glas Bier trinken. Entweder sie liest ein Buch, oder sie hört Musik, oder sie träumt.*

entwenden: Präteritum und zweites Partizip lauten *entwendete* bzw. *entwendet.* ↑wenden.

Episkopat: Das Wort ist sowohl mit männlichem als auch sächlichem Geschlecht gebräuchlich: *der Episkopat* oder *das Episkopat.* Im kirchlichen Sprachgebrauch gilt nur die männliche Form: *der Episkopat.* ↑-at.

er oder ich: *Er oder ich habe das getan.* Nicht: *Er oder ich hat das getan* oder: *... haben das getan.* ↑Kongruenz (2.2).

er und du: *Er und du [, ihr] habt euch gefreut.* Nicht: *Er und du haben sich gefreut.* ↑Kongruenz (2.1).

er und ich: *Er und ich [, wir] haben uns gefreut.* Nicht: *Er und ich haben sich gefreut.* ↑Kongruenz (2.1).

er und ihr: *Er und ihr [, ihr] habt euch gefreut.* Nicht: *Er und ihr haben sich gefreut.* ↑Kongruenz (2.1).

er und wir: *Er und wir haben uns gefreut.* Nicht: *Er und wir haben sich gefreut.* ↑Kongruenz (2.1).

-er: **1.** Zu *Aacher – Aach[en]er* usw. ↑Einwohnerbezeichnungen (1). **2.** Zu *finster – finst[e]res* usw. ↑Adjektiv (1.2.13). **3.** Zu *Erober[er]in* usw. ↑Substantiv (3). Vgl. auch ↑-schafter/-schaftler.

erachten: Die zu *erachten* gehörende Ergänzung kann mit *als* oder *für* angeschlossen werden: *Ich erachte das als/für überflüssig. Er erachtete es als Zumutung/für eine Zumutung, die Werkstatt auszufegen.*

Erachten: Es heißt *nach meinem Erachten/meinem Erachten nach* oder *meines Erachtens: Nach meinem Erachten ist es für dieses Vorhaben zu spät. Meinem Erachten nach ist das Ergebnis falsch. Meines Erachtens hatte er Angst* (aber nicht: *Meines Erachtens nach hatte er Angst*).

erbarmen, sich: Das reflexive Verb *sich erbarmen* kann ein Genitivobjekt oder ein mit *über* angeschlossenes Präpositionalobjekt nach sich haben: *Niemand erbarmte sich der hungernden Flüchtlinge/* (veraltend:) *über die hungernden Flüchtlinge. Niemand erbarmt sich ihrer ...* (Jens). *Er hat sich der Kinder/* (veraltend:) *über die Kinder seines Bruders erbarmt.*

Erbe: *Der Erbe* bedeutet „Person, der ein Erbteil zufällt", *das Erbe* „ererbtes Gut".

erbleichen: Das Verb *erbleichen* wird heute regelmäßig gebeugt: *Vor Schreck erbleichte* (veraltet: *erblich*) *sie. ... er war tief erbleicht* (H. Mann). ↑bleichen.

erbringen/bringen: ↑bringen/erbringen (2).

Erbteil: In der Gemeinsprache hat *Erbteil* sächliches Geschlecht: *das Erb-*

teil, in der Rechtssprache (BGB) männliches Geschlecht: *der Erbteil.*

Erd-/Erden-: Zusammensetzungen mit dem Bestimmungswort *Erde* haben teils kein Fugenzeichen, teils das Fugenzeichen *-en-* (alte Genitivendung des schwachen Femininums). **1.** Fest ohne Fugenzeichen: *Erdball, Erdscholle, Erdrutsch, Erdöl, Erdfloh, Erdmaus, Erdapfel, Erdbeben, erdfarben, Erdgeschoß, Erdkreis, Erdkunde, erdnah* usw. **2.** Fest mit Fugenzeichen: *Erdental, Erdenrund, Erdengast, Erdenglück, Erdenbürger, Erdenwallen.* Diese Bildungen gehören im allgemeinen der gehobenen Sprache an.

erdkundliche Namen: ↑geographische Namen.

erfahren: Das Verb wird in Verbindung mit einem Substantiv (Nomen actionis) häufig an Stelle eines einfachen Verbs im Passiv gebraucht. Diese Konstruktion wirkt außerhalb der Amts- und Geschäftssprache häufig schwerfällig und stilistisch unschön, z. B. *Die Firma wird eine Erweiterung erfahren* (= wird erweitert werden). *Der Ablauf der Veranstaltung hat keine Beeinträchtigung erfahren* (= ist nicht beeinträchtigt worden). *Diese Baustoffe erfuhren keine Verwendung* (= wurden nicht verwendet). ↑Nominalstil, ↑Passiv (3.7). Zu *die erfahrenen Neuigkeiten* ↑zweites Partizip (2.2).

Erfahrung: Zu *in Erfahrung bringen* ↑Nominalstil.

erfolgen: Das Verb *erfolgen* steht häufig in Verbindung mit einem Substantiv (Nomen actionis) an Stelle des entsprechenden einfachen Verbs (im Passiv). Diese Konstruktion wirkt außerhalb der Amts- und Geschäftssprache häufig schwerfällig und stilistisch unschön, z. B. ... *sobald Ihre Zusage erfolgt ist* (= ... sobald Sie zugesagt haben). *Die Entdeckung dieser Inselgruppe erfolgte im 18. Jahrhundert* (= Diese Inselgruppe wurde ... entdeckt). *Die Verteilung der Preise erfolgt am Sonntag* (= Die Preise werden ... verteilt). In bestimmten Fällen kann die substantivische Ausdrucksweise jedoch auch als Stilmittel gelten, das der Variation des Ausdrucks dient, so z. B. in folgendem Fall: *Ein gewisser Dr. Karl Horn ... wurde von zwei Soldaten ... verhaftet, erhielt dann einen Passierschein, diese Verhaftung sei irrtümlich erfolgt* (Feuchtwanger). ↑Nominalstil.

erfolgt: Zu *nach erfolgtem Versand* ↑zweites Partizip (2.4).

erfordern/fordern: Das Verb *erfordern* hat die Bedeutung „zu seiner Verwirklichung bedürfen, notwendig machen": *Das Projekt erfordert viel Zeit. Eine solche Versicherung zu gründen, würde ... etwas Kapital erfordern* (Brecht). Dagegen bedeutet *fordern* „etwas verlangen, eine Forderung stellen". Man kann daher sagen: *Der Verkehr fordert viele Opfer,* nicht aber: *Der Verkehr erfordert viele Opfer.*

Erfordernis: Das Wort hat sächliches Geschlecht: *das Erfordernis.* ↑-nis.

erfreuen, sich: In Verbindung mit einem Präpositionalobjekt mit *an* hat das reflexive Verb *sich erfreuen* die Bedeutung „an etwas seine Freude haben": *Sie erfreute sich an der Blumenpracht. Es war mir also noch nicht gelungen, mich wunschlos an der reinen Existenz der Vögel zu erfreuen* (Hildesheimer). Dagegen bedeutet *sich erfreuen* mit Genitivobjekt „etwas genießen, im Genusse von etwas sein": *Seine Eltern ... erfreuten sich allgemeiner Wertschätzung* (Nigg). ... *die gnädige Frau erfreut sich des besten Wohlbefindens* (Geissler).

Erfurter: Die Einwohnerbezeichnung *Erfurter* wird immer groß geschrieben, auch wenn das Wort wie ein flexionsloses Adjektiv vor einem Substantiv steht: *der Erfurter Dom.* ↑Einwohnerbezeichnung (7).

Ergänzung: Vom Verb (d. h. von der Valenz des Verbs) gefordertes Satzglied, z. B. *Sie begegnet ihm* (Dativobjekt) oder *Die Sitzung dauert zwei Stunden* (adverbiale Bestimmung).

Ergänzungsbindestrich: ↑Bindestrich (1).

Ergänzungsfrage: Eine Form des Fragesatzes mit dem Finitum an zweiter und einem Fragewort an erster Stelle. Im Unterschied zur ↑Entscheidungsfrage wird ein Sachverhalt unter einem bestimmten Gesichtspunkt in Frage gestellt (auch Wortfrage): *Wann kommst du? Wer hilft mir?*

Ergänzungssatz: ↑Objektsatz.

ergeben: Bei *ergeben* bleibt, wenn es dekliniert oder gesteigert wird, das *e* gewöhnlich erhalten: *Ihr sehr ergebener Diener.* ↑Adjektiv (1.2.13), ↑Vergleichsformen (2.2).

ergeben, sich: In Verbindung mit der Präposition *in* steht nach *sich ergeben* der Akkusativ, nicht der Dativ: *sich ins Unvermeidliche* (nicht: *im Unvermeidlichen*) *ergeben.*

ergiebig: ↑ausgiebig.

erhaben: In Verbindung mit der Präposition *über* steht nach *erhaben sein* der Akkusativ, nicht der Dativ: *Sie ist über jeden Zweifel, über alles Lob erhaben. Die Menschen ... sind über Geld und bürgerliche Auszeichnung erhaben* (Musil).

erhalten: Zu *der Wagen erhielt eine gute Straßenlage bescheinigt* ↑Passiv (3.1).

erhängen: Das Verb *erhängen* wird im heutigen Sprachgebrauch im allgemeinen nur als reflexives Verb verwendet: *Heyne hatte sich mit einem Koppel erhängt* (Ott). Sind Subjekt und Objekt verschieden, dann wird *hängen,* gelegentlich auch *henken,* gebraucht: *Er hat viel erlebt ... Sie wollten ihn hängen, glaube ich* (Frisch). *Er wurde zum Tode verurteilt und gehenkt.* Das zusammengesetzte Verb *aufhängen* wird dagegen reflexiv und transitiv gebraucht: *Sie hängten die Deserteure auf. Er hatte sich aufgehängt.*

erhöht: Das adjektivisch gebrauchte 2. Partizip von *erhöhen* darf nicht gesteigert werden. Man kann also nicht sagen: *in erhöhterem Maße.*

erinnern: Der Gebrauch von *erinnern* mit dem Akkusativ *(jmdn./etwas erinnern)* statt *sich erinnern* mit dem Genitiv *(sich jmds./einer Sache erinnern)* oder mit einem Präpositionalobjekt *(sich an jmdn./an etwas erinnern)* ist landschaftlich begrenzt. Er kommt vor allem in Norddeutschland vor. Standardsprachlich also: *Erinnerst Du dich daran?* oder (in gehobener Sprache) *Erinnerst Du dich dessen?,* aber nicht: *Erinnerst du das?* Oder: *Ich erinnere mich an den Vorfall* oder *Ich erinnere mich des Vorfalles,* aber nicht: *Ich erinnere den Vorfall.* (Umgangssprachlich wird in Österreich auch *sich auf etwas, auf jemanden erinnern* verwendet.)

-erisch: Zu Ableitungen wie *mannheimerisch* ↑Ortsnamen (3).

erkältet: ↑zweites Partizip (2.2).

erkennbar/erkenntlich: Die beiden Wörter dürfen nicht miteinander verwechselt werden: *erkennbar* bedeutet „[für das Auge] wahrnehmbar“: *deutlich erkennbare Spuren. Der Fluß war im Dunkel kaum erkennbar.* Dagegen kommt *erkenntlich* (das früher auch im Sinne von *erkennbar* gebraucht wurde) heute nur noch in den Verbindungen *sich erkenntlich zeigen* und *erkenntlich sein* (= dankbar sein) vor: *Wir müssen uns für dein Entgegenkommen unbedingt erkenntlich zeigen. ... ohne ihr im geringsten erkenntlich zu sein.* ↑-lich/-bar.

erkennen: Bei *sich zu erkennen geben als* steht das folgende Substantiv heute gewöhnlich im Nominativ, d.h., es wird auf das Subjekt bezogen: *Er gab sich als Deutscher zu erkennen.* Der Akkusativ *(Er gab sich als Deutschen zu erkennen)* ist veraltet. ↑Kongruenz (4.2).

erkenntlich/kenntlich: Die beiden Wörter sind nicht austauschbar, weil *erkenntlich* heute nicht mehr im Sinne von „[für das Auge] wahrnehmbar“ gebraucht wird. Es muß also heißen: *Du bist an deiner eigentümlichen Haltung kenntlich* (nicht: *erkenntlich*).

Erkenntnis: Es heißt *die Erkenntnis* (= Einsicht); in der österr. Amtssprache kommt auch *das Erkenntnis* im Sinne von „Gerichtsbescheid" vor.

erkiesen: Von diesem Verb sind nur noch die Formen des Präteritums und des zweiten Partizips gebräuchlich: *Sie erkor ihn zu ihrem Begleiter. Er hatte diesen Platz zum Ausruhen erkoren.* ↑kiesen/küren.

erklären: ↑als/für/wie.

erklären, sich: Bei *sich erklären als* steht heute das folgende Substantiv gewöhnlich im Nominativ, d. h., es wird auf das Subjekt bezogen: *Er erklärte sich als kaisertreuer Beamter.* Der Akkusativ *(Er erklärte sich als kaisertreuen Beamten)* ist seltener. ↑Kongruenz (4.2). Vgl. auch ↑Passiv (4).

Erklärerin: ↑Substantiv (3).

erklimmen: Das Verb wird nur unregelmäßig konjugiert: *Er erklomm den Uferrand. Sie hatte die höchste Stufe des Erfolges erklommen.*

erkoren: ↑erkiesen.

erküren: ↑küren.

Erlanger: Die Einwohner von Erlangen heißen *Erlanger* (nicht: *Erlangener*). Die Einwohnerbezeichnung *Erlanger* wird immer groß geschrieben, auch wenn das Wort wie ein flexionsloses Adjektiv vor einem Substantiv steht: *die Erlanger Studenten, die Erlanger Universität.* ↑Einwohnerbezeichnungen (1 und 7).

Erlaß: Der Plural zu *Erlaß* lautet standardsprachlich *die Erlasse.* Die ältere Pluralform mit Umlaut *(die Erlässe)* ist heute nur noch in Österreich üblich.

Erlaubnis: Bei Sätzen wie *Er bat um die Erlaubnis, möglichst bald reisen zu dürfen* handelt es sich eigentlich um einen ↑Pleonasmus. Ausreichend: *Er bat um die Erlaubnis, möglichst bald zu reisen.*

erleuchten/beleuchten: ↑beleuchten/erleuchten.

erlöschen: Das intransitive Verb *erlöschen* wird (im Gegensatz zu transitivem *löschen*) unregelmäßig gebeugt: *erlöschen – erlosch – erloschen.* Im Indikativ Präsens lauten die Formen *ich erlösche, du erlischst, er erlischt;* Imperativ: *erlisch!* ↑e-/i-Wechsel.

Ermessen: Es heißt *nach meinem/unserem Ermessen* usw. und nicht *meines/unseres Ermessens [nach].* ↑Erachten.

Erneu[e]rin: Die weibliche Form zu *Erneu[e]rer* lautet *die Erneu[e]rin.* ↑Substantiv (3).

ernst: 1. Zusammen- oder Getrenntschreibung: Zusammen schreibt man *ernst* mit einem 2. Partizip, wenn die Verbindung in adjektivischer Bedeutung gebraucht wird (nur das erste Glied trägt Starkton): *Es waren ẹrnstgemeinte Vorschläge.* Man schreibt getrennt, wenn die Vorstellung der Tätigkeit vorherrscht (beide Wörter tragen Starkton): *Dies sind ẹrnst gemeinte Vorschläge.* Das gilt immer, wenn beide Wörter in der Aussage stehen: *Die Vorschläge sind ẹrnst gemeint.* Getrennt schreibt man in allen Fällen, in denen dem Adjektiv ein Verb folgt: *Diesen Fall muß ich ernst nehmen. Ich werde jetzt ernst sein.* ↑Zusammen- oder Getrenntschreibung. **2. Groß- oder Kleinschreibung:** Das Substantiv *Ernst* steht z. B. in *Ernst machen, Scherz für Ernst nehmen, es ist mir [vollkommener] Ernst damit, es wird Ernst, aus dem Spiel wurde Ernst, etwas im Ernst sagen; das Ernsteste, was mir je begegnet ist.* Das Adjektiv *ernst* steht z. B. in: *Sie nimmt ihn/die Angelegenheit nicht ernst. Die Lage wird ernst. Es wurde ernst und gar nicht lustig. Das ist das ernsteste ihrer Bücher.*

ernstlich/ernstlichen Schaden nehmen: ↑Adjektiv (1.2.12).

Eroberin: Die weibliche Form von *Eroberer* lautet *die Eroberin.* ↑Substantiv (3).

eröffnen/öffnen: Die beiden Verben haben heute verschiedene Bedeutungen und Anwendungsbereiche. Man eröffnet eine Sitzung, eine Ausstellung, einen Ball, aber man öffnet eine Tür, einen Raum, einen Brief, eine Kiste usw.: *Ein Laden wird neu eröffnet,* aber: *jeden Morgen um 8 Uhr geöff-*

net. Der früher besonders in gewählter Sprache übliche Gebrauch von *eröffnen* im Sinne von „aufmachen" ist heute nicht mehr üblich (*und wenn man Tausende und Hunderttausende von Muscheln eröffnete* [Frisch]). Vgl. aber noch die Wendung *ein Testament eröffnen.*

erretten: Das Verb *erretten* kann mit der Präposition *von* oder *vor* verbunden werden: *Sie hat ihn vom Tode/vor dem Tode errettet.* ↑auf Grund / durch / infolge / von / vor / wegen / zufolge.

Ersatzinfinitiv: ↑Infinitiv (4).

Ersatzmann: Der Plural dieses Wortes lautet *die Ersatzmänner* oder *die Ersatzleute.* ↑Mann (2).

Ersatzteil: Es kann *das Ersatzteil* oder *der Ersatzteil* heißen. Das sächliche Geschlecht ist jedoch gebräuchlicher.

erschallen: Das Verb *erschallen* wird regelmäßig und unregelmäßig konjugiert. Die Formen lauten also: *erscholl/erschallte* und *erschollen/erschallt.* Die unregelmäßigen Konjugationsformen *(erscholl, erschollen)* werden häufig als gehoben empfunden.

erscheinen/scheinen: *erscheinen* deckt sich inhaltlich nur in einem ganz bestimmten Anwendungsbereich mit *scheinen,* und zwar dann, wenn es im Sinne von „sich jmdm. in bestimmter Weise darstellen, einen bestimmten Eindruck erwecken" gebraucht wird. Die Austauschbarkeit besteht aber nur bei einer bestimmten Konstruktion, nämlich *erscheinen/scheinen* + Artergänzung [+ Dativobjekt], z. B.: *Dies erschien/schien ihr* (= Dativobjekt) *unmöglich* (= Artergänzung). Oder ohne Dativobjekt: *Eine Besserung der Lage erschien/schien aussichtslos* (= Artergänzung). Aber bei folgendem Infinitiv lediglich: *Das scheint* (nicht: *erscheint*) *mir richtig zu sein. Die Zeit scheint stillzustehen.* In Zweifelsfällen ist stets das einfache *scheinen* vorzuziehen.

erschrecken: 1. Konjugation: Das transitive *erschrecken* wird regelmäßig gebeugt *(erschreckte – erschreckt): Das erschreckte die Zuhörer. Ihr Aussehen hat mich erschreckt.* Das intransitive *erschrecken* wird dagegen unregelmäßig gebeugt *(erschrak – erschrocken): Die Kinder erschraken. Ich bin über sein Aussehen erschrocken.* Im Indikativ Präsens lauten die Formen *ich erschrecke, du erschrickst, er erschrickt;* Imperativ: *erschrick nicht!* ↑e/i-Wechsel. **2. sich erschrecken:** Der reflexive Gebrauch von *erschrecken* ist umgangssprachlich. Es treten dabei regelmäßige und unregelmäßige Beugungsformen auf: *ich erschreckte/erschrak mich; ich habe mich erschreckt/erschrocken.* Dieser Gebrauch gilt nicht als standardsprachlich. ↑schrecken.

ersinnen: Das Verb wird unregelmäßig gebeugt *(ersinnen – ersann – ersonnen): Sie hat eine Strategie ersonnen* (nicht: *ersinnt*). *Der Plan ist raffiniert ersonnen* (nicht: *ersinnt*).

Ersparnis: *Ersparnis* hat in der Standardsprache weibliches Geschlecht: *die Ersparnis* (Genitiv: *der Ersparnis*). In Österreich wird das Wort daneben auch mit sächlichem Geschlecht gebraucht: *das Ersparnis* (Genitiv: *des Ersparnisses*). ↑-nis.

erste: 1. Rechtschreibung: Klein schreibt man das Zahlwort (= der Zählung, der Reihe nach): *der/die/das erste; sie kam als erste* (= der Reihe, der Zählung nach) *ins Ziel; er war der erste, der das erwähnte; das erste, was ich höre; die ersten beiden; die erste von rechts; der erste beste; in Berlin war mein erstes* (= zuerst) *...; Verdienstorden erster Klasse; erster Klasse fahren; die erste und die letzte* (= zurückweisend für: *jene – diese*); *die beiden/drei ersten.* Klein schreibt man auch bei vorangehendem (mit einer Präposition verschmolzenen) Artikel als Ersatz für ein einfaches Adverb: *fürs erste* (= vorerst), *zum ersten* (= erstens) usw. Groß schreibt man das Zahlwort in Namen und bestimmten namenähnlichen Fügungen: *Otto der Erste; Vera*

Schmidt, die Erste Vorsitzende; der Erste Offizier, der Erste Schlesische Krieg, der Erste Mai, die Erste Hilfe, der Erste (auch: *erste*) *Weltkrieg.* Groß schreibt man das substantivierte Zahlwort (= bestimmter substantivischer Begriff): *Heute ist der Erste* (= Monatstag); *am nächsten Ersten; das Erste und das Letzte* (= Anfang und Ende); *die Erste unter Gleichen* (= dem Range nach); *sie ist die Erste in der Klasse* (= der Leistung nach); *ich wurde Erster* (= Sieger); *ging als Erster* (= Sieger) *durchs Ziel; die Ersten werden die Letzten sein.* **2. die beiden ersten/die ersten beiden:** ↑beide (4). **3. Herrn Ersten/Erster Staatsanwalt:** ↑Herr (4). **4. nach erstem überwundenem/überwundenen Schock:** ↑Adjektiv (1.2.1). **5. beim ersten Mal/erstenmal:** ↑[2]Mal.

erste Steigerungsstufe: ↑Komparativ.

erste Vergangenheit: ↑Präteritum.

erste Zukunft: ↑Futur I.

erstellen: Dieses Verb wird vorwiegend in der Amtssprache gebraucht und wird daher (in bestimmten Verbindungen) als papieren empfunden. Man kann auf *errichten, [er]bauen (Häuser, Gebäude erstellen/errichten, [er]bauen)* oder *aufstellen (Listen erstellen/aufstellen)* oder *anfertigen (ein Gutachten, einen Plan erstellen/anfertigen)* ausweichen.

erster Fall: ↑Nominativ.

Erster Vorsitzender: ↑Titel- und Berufsbezeichnungen (2).

erstere[r] – letztere[r]: *erstere[r]* und *letztere[r]* – eigentlich Komparativbildungen zu *erste* und *letzte* – werden nicht mehr auf die durch eine Zahl ausgedrückte strenge Reihenfolge beliebig vieler Dinge oder Wesen bezogen, sondern auf das Näher- oder Fernerliegen zweier Dinge oder Wesen. Sie werden wie *diese[r] – jene[r]* oder *der/die/das eine – der/die/das andere* gebraucht: *Sie besaß ein Haus in der Stadt und eins auf dem Lande.Ersteres/Jenes hatte sie gekauft, letzteres/dieses war ihr durch Erbschaft zugefallen.* Man kann *erstere[r] – letztere[r]* nicht gebrauchen, wenn von mehr als zwei Dingen oder Wesen die Rede ist. Also nicht: *Charlotte, Maria und Hans gingen spazieren. Erstere war barhäuptig, letzterer trug eine Pelzmütze.* Auch in reinen Aufzählungen, ohne gegensätzliche Betrachtungsweise, sind *erstere[r] – letztere[r]* fehl am Platze. Ebenso ist es falsch, *letztere[r]* im Sinne von „diese[r], der-/die-/dasselbe" zu verwenden: *Die Akten waren in einem Schrank eingeschlossen. Letzterer* (statt: *Dieser*) *stand in einem kleinen dunklen Raum.*

erstes Futur: ↑Futur I.

erstes Mittelwort: ↑erstes Partizip.

erstes Partizip

Das erste Partizip (erste Mittelwort) ist eine infinite Verbform, die mit Hilfe der Endung *-end* bzw. – bei Verben auf *-eln* und *-ern* – *-nd* vom Präsensstamm des Verbs abgeleitet wird: *lachend, hungernd, tadelnd.* Es gehört heute nicht mehr zum Konjugationssystem des Verbs, sondern wird wie ein Adjektiv verwendet und stellt ein Sein oder Geschehen als ablaufend, dauernd, unvollendet dar: *Das lachende Kind. Es kam lachend herein.*

1. Steigerung des ersten Partizips: Das erste Partizip kann nur gesteigert werden, wenn es eine Eigenschaft *(schreiendere Farben)*, nicht wenn es ein Geschehen ausdrückt (nicht möglich: *schreiendere Kinder*). Im Superlativ darf das *-d* der Endung nicht ausgelassen werden; also nur: *in aufopferndster Weise; das bezauberndste, entzückendste Wesen.* ↑Vergleichsformen (3.1).

2. Die letzte Lieferung betreffend, möchten wir Ihnen mitteilen ...: Von einem absoluten oder unverbundenen ersten Partizip spricht man dann, wenn sich das Partizip nicht unmittelbar auf ein Satzglied des übergeordneten Satzes bezieht. Dieser dem Kanzleistil entstammende und oft als steif empfundene Gebrauch beschränkt sich im wesentlichen auf Formen wie *[an]betreffend, an[be]langend, angehend, folgend, beginnend* u. ä. *(Die letzte Lieferung betreffend, möchten wir Ihnen mitteilen ...).* Solche Konstruktionen sind unschön und sollten vermieden werden.
Bei *Ihr Einverständnis voraussetzend, haben wir ...* handelt es sich übrigens nicht um ein absolutes erstes Partizip, denn *voraussetzend* bezieht sich auf das Subjekt des übergeordneten Satzes *(Indem wir Ihr Einverständnis voraussetzen ...).*

3. Diese Meinung ist vorherrschend/herrscht vor: Im allgemeinen wird das erste Partizip nicht prädikativ gebraucht (also nicht: *Sie ist diskutierend*). Ausgenommen davon ist eine Gruppe von ersten Partizipien, die durch Bedeutungsdifferenzierung oder durch das Absterben der übrigen Konjugationsformen isoliert sind. (Vgl. etwa *Das Buch ist spannend. Du bist reizend. Er ist leidend.* In diesen Sätzen haben die entsprechenden Verben *spannen, reizen, leiden* eine andere Bedeutung.)
Gelegentlich wird das erste Partizip auch prädikativ an Stelle der Personalform des Verbs eingesetzt. Stilistisch besser ist im allgemeinen die Personalform des Verbs:

Es liegt nahe/Es ist naheliegend, von bewußtem Betrug zu reden. Zumindest herrscht diese Meinung vor/Zumindest ist diese Meinung vorherrschend.

4. fahrende Habe · sitzende Lebensweise: In der Regel hat das erste Partizip aktive Bedeutung, d. h., es sagt etwas aus über Verhalten oder Tätigkeit des im zugeordneten Substantiv Genannten *(ein schlafendes Kind – ein Kind, das schläft).* Ausnahmen hiervon sind etwa *betreffend* „zuständig; sich auf jmdn./etw. beziehend; genannt" in Beispielen wie *die betreffende Sachbearbeiterin, die diesen Fall betreffende Regel* oder *fahrend* und *liegend* in den (veralt. rechtsprachlichen) Wendungen *fahrende* bzw. *liegende Habe* „beweglicher Besitz" bzw. „Grundbesitz".
Eine Besonderheit stellen auch Verbindungen wie *die sitzende Lebensweise, die liegende Stellung, mit spielender Leichtigkeit* dar, in denen das erste Partizip nur attributiv gebraucht werden kann. Das Partizip gibt in diesen Fällen an, welches Verhalten mit dem im Substantiv Genannten verbunden ist, aber nicht von diesem ausgeübt wird: die Lebensweise des Sitzens, die Stellung des Liegens, die Leichtigkeit des Spielens. Demgegenüber wird z. B. mit dem Ausdruck *der am Schreibtisch sitzende Mann* gesagt, daß der Mann am Schreibtisch sitzt, d. h., daß er sich in bestimmter Weise verhält. In diesem Falle ist das Partizip nicht auf die attributive Stellung beschränkt. Es kann heißen: *Er verbrachte den Tag am Schreibtisch sitzend* und *Ich fand den Mann am Schreibtisch sitzend.*

5. ein zu billigender Schritt · ärztlich zu versorgende Personen: ↑Gerundiv. Vgl. auch ↑satzwertiges Partizip.

erstklassig: Dieses Adjektiv drückt bereits einen höchsten Grad aus und kann deshalb nicht gesteigert werden: *erstklassige* (nicht: *erstklassigste*) *Ausführung*. ↑Vergleichsformen (3.1).

erstmalig/erstmals: *erstmalig* ist ein Adjektiv, das nur attributiv beim Substantiv stehen sollte *(erstmalige Aufführung)* und nicht mit dem Adverb *erstmals* verwechselt werden darf: *Das Stück wurde erstmals* (nicht: *erstmalig*) *gespielt*.

erteilt: Zu *die erteilten Aufträge* ↑zweites Partizip (2.4).

erweisen, sich: **1.** Bei *sich erweisen als* steht das dem *als* folgende Substantiv heute nur noch im Nominativ, nicht im Akkusativ: *Er erwies sich als Held. Er hat sich als treuer Freund erwiesen. Was zunächst als eine Relation ... erschien, erweist sich bei sorgfältigerer Prüfung als ein Spezialfall* (Hofstätter). ↑Kongruenz (4.2). **2.** Das zweite Partizip des reflexiven Verbs *sich erweisen* kann nicht attributiv (als Beifügung) verwendet werden. Also nicht: *die sich als dringend erwiesene Maßnahme*. ↑zweites Partizip (2.3).

erweiterter Infinitiv: ↑Infinitiv.

Erwerb/Erwerbung: Die beiden Bildungen haben sich in der Bedeutung z.T. differenziert. So kann man für „Tätigkeit, durch die man seinen Lebensunterhalt verdient" nur *Erwerb* sagen: *Er geht keinem geregelten Erwerb nach*. Auch im Sinne von „Lohn, Verdienst" ist nur *Erwerb* möglich: *Er kann von seinem Erwerb kaum leben*. Dagegen ist die Verwendung von *Erwerb* in der Bedeutung „erworbenes Stück" veraltet. Es heißt heute: *Er zeigte ihm seine neuen Erwerbungen* (nicht: *Erwerbe*). Austauschbar sind die beiden Wörter im Sinne von „das Erwerben, Sichaneignen, Kaufen": *der Erwerb/die Erwerbung eines Grundstücks; der Erwerb/die Erwerbung von Fertigkeiten*. ↑Verbalsubstantiv.

es: **1. *es* nach Präpositionen:** Das sächliche Personalpronomen *es* sollte nicht nach Präpositionen stehen, weil dem Wörtchen dadurch eine Betonung verliehen wird, die es nicht tragen kann. Für *auf/über/durch/neben es* u.ä. schreibt man besser *darauf, darüber, dadurch, daneben u.ä.*: *Das Unglück ist jetzt passiert. Ich habe schon lange darauf* (nicht: *auf es*) *gewartet*. In Fällen, in denen sich die Konstruktion Präposition + *es* nicht auf diese Weise umgehen läßt (z.B., wenn *es* eine Person vertritt oder bei der Präposition *ohne*), sollte man besser ein Synonym einsetzen oder die betreffende Sache oder Person noch einmal nennen: *Die Frau wartete immer noch auf das Kind. Sie wollte nicht ohne es/das Kleine weggehen*. **2. Es/sie ist eine tüchtige Frau:** *es* kann sich nicht nur auf ein neutrales Substantiv beziehen *(Das Kind schläft. Wecke es nicht auf!)*, sondern auch auf ein oder mehrere nicht neutrale Substantive: *Ich kannte seinen Bruder. Es war ein bedeutender Arzt*. (Oder: *Er war ein bedeutender Arzt*.) *An der Ecke standen ein Mädchen und ein Junge. Es waren seine Kinder*. (Oder: *Sie waren seine Kinder*.) **3. *es* als Objektsgenitiv:** In einigen Redewendungen ist *es* ein alter Objektsgenitiv, der heute oft für einen Akkusativ oder Nominativ gehalten wird, z.B.: *Er ist es zufrieden. Ich bin es los. Es nimmt mich wunder*.

Es gibt nichts Lustigeres als einen/als ein Karnevalsumzug: ↑Apposition (3.5).

Es ist/sind zwei Jahre [her]: Heute wird die erste Ausdrucksweise bevorzugt: *Es ist zwei Jahre her, daß er geschrieben hat*. In diesem Fall ist *zwei Jahre her* eine zweigliedrige Umstandsangabe der Zeit, in der *her* durch die Angabe *zwei Jahre* näher bestimmt wird. Demgegenüber hat der Satz *Es sind nun schon zwei Jahre [her], daß er geschrieben hat* die Form eines ↑Gleichsetzungssatzes: *zwei Jahre* wird als Gleichsetzungsnominativ verstanden und bewirkt den Plural des Verbs (*her* kann hier als zusätzliches Zeitadverb auch weggelassen werden).

es sei denn, daß: Das Komma steht wie bei *daß: Ich komme gern, es sei denn, daß ich selbst Besuch bekomme.* ↑daß (6).

Es werden acht Stunden dazu benötigt: Es heißt nicht: *Es wird acht Stunden dazu benötigt.* ↑Kongruenz (1.1.3).

-esch/-isch: ↑Ortsnamen (3), ↑Personennamen (4).

Eschweiler: Die Einwohner von *Eschweiler* heißen *die Eschweiler.* ↑Einwohnerbezeichnungen (1).

essen: Im Präsens Indikativ lauten die Formen: *ich esse, du ißt, er ißt; iß!* ↑e/i-Wechsel.

Essen[s]-: Bei Zusammensetzungen mit diesem Bestimmungswort schwankt der Gebrauch des ↑Fugen-s: *Essenholer, Essen[s]ausgabe, Essen[s]marke* (auch: *Eßmarke*), *Essen[s]geruch, Essen[s]pause* (auch: *Eßpause*), *Essenkarte, Essenbehälter, Essenempfang, Essensentzug, Essenszeit.*

Essener: Die Einwohner von *Essen* heißen *die Essener. Essener* wird immer groß geschrieben, auch wenn es wie ein flexionsloses Adjektiv vor einem Substantiv steht: *die Essener Industrie.* ↑Einwohnerbezeichnungen (7).

Eßlöffel: Zu *mit 5 Eßlöffel/Eßlöffeln Rahm* ↑Maß-, Mengen- und Münzbezeichnungen (1).

-est: ↑Vergleichsformen.

Eszet: ↑S-Laute.

Ether: ↑Äther.

Etikett/Etikette: Die weibliche Form *die Etikette* ist die ältere; sie ist seit dem 17./18. Jh. bezeugt. Die sächliche Form *das Etikett* erscheint erst im 19. Jh., und zwar ausschließlich in der Bedeutung „aufgeklebtes Schildchen, Zettel mit [Preis]aufschrift". Seitdem wurden beide Formen in dieser Bedeutung gebraucht. Heute besteht jedoch die starke Tendenz, die weibliche Form nur noch in der Bedeutung „Gesamtheit guter gesellschaftlicher Umgangsformen" zu verwenden. Auch hier ist also die Sprache bemüht, verschiedene Bedeutungen an verschiedene Formen zu knüpfen. Das Neutrum *das Etikett* hat zwei Pluralformen: *die Etikette* und *die Etiketts.* Der Plural von *die Etikette,* wenn es gelegentlich noch (in Österreich und in der Schweiz) im Sinne von „aufgeklebtes Schildchen" gebraucht wird, lautet *die Etiketten.*

etliche: Nach *etliche* (= Plural) wird das folgende [substantivierte] Adjektiv oder Partizip in der Regel in gleicher Weise gebeugt: *etliche erfolgreiche Abschlüsse, mit etlichen Verletzten.* Nur im Genitiv kommt auch noch die schwache Beugung vor: *die Behebung etlicher kleiner/*(selten:) *kleinen Mängel.* Auch im Singular gilt meist gleiche Beugung: *etlicher politischer Zündstoff.* ↑Adjektiv (1.2.5).

etwaig: *etwaig* wird heute gewöhnlich als Adjektiv, nicht als Pronomen aufgefaßt. Das folgende [substantivierte] Adjektiv oder Partizip wird daher in gleicher Weise gebeugt: *etwaiges besseres Material, etwaige verhängnisvolle Folgen, wegen etwaiger kleiner Mängel.* Nur im Dativ Singular Maskulinum und Neutrum wird auch noch schwach gebeugt: *bei etwaigem gemeinsamen Handeln.* ↑Adjektiv (1.2.1).

etwas, was: In Wechselbeziehung zu *etwas* steht in der Regel *was: Er tat etwas, was man ihm nicht zugetraut hatte. ... und plötzlich wurde Elisabeth Engel bewußt, daß es vielleicht wirklich etwas wie Liebe war, was sie für Sartorik empfand* (Sebastian). Dies gilt auch, wenn *etwas* mit einem substantivierten Adjektiv verbunden ist: *... etwas anderes, Erschütterndes, was er neulich gesehen hatte* (Th. Mann). Aus Gründen des Wohllauts, aber auch, weil der Sprecher etwas Bestimmtes, Einzelnes im Auge hat, wird gelegentlich auch *das* gesetzt: *Ich habe etwas von ihm gehört, das ich einfach nicht glauben kann.*

etwelche: Das veraltete unbestimmte Zahlwort hat die Bedeutung *einige.* Das folgende [substantivierte] Adjektiv wird stark (parallel) gebeugt: *etwelches ökonomisches Interesse* (Th. Mann); *etwelche verrückte Eingebun-*

gen; etwelche Verwandte. Die schwache Beugung ist veraltet: *etwelches kleine Geschenk* (H. Hoffmann). ↑Adjektiv (1.2.5).

Etymologie: Man beachte, daß *Etymologie* (= Wissenschaft von der Herkunft und Geschichte der Wörter und ihrer Bedeutungen) nicht mit *th* geschrieben wird, ein Fehler, dem man immer wieder begegnet.

Et-Zeichen: Das Et-Zeichen & ist gleichbedeutend mit *und* (lat. *et*), darf aber nur bei Firmenbezeichnungen angewendet werden: *Voß & Co., Mayer & Neumann.*

euer: 1. Deklination des Adjektivs oder Partizips nach *euer:* Nach *euer* wird das folgende Adjektiv oder Partizip stark gebeugt: *euer von allen unterschriebener* (nicht: *unterschriebene*) *Brief.* ↑Adjektiv (1.2.3). **2. Groß- oder Kleinschreibung:** Groß schreibt man das dem Anredepronomen *Ihr* entsprechende Possessivpronomen *euer* in Briefen, feierlichen Aufrufen, Erlassen, Grabinschriften, Widmungen o.ä. (↑Anrede [2]): *Mit herzlichen Grüßen Eure Inge. Denkt an Eure Zukunft.* Groß schreibt man *euer* auch in Titeln: *Euer Hochwürden, Euer (Ew.) Exzellenz.* Schließlich gilt die Großschreibung auch für das substantivierte Pronomen: *Ihr müßt das Eure/das Eurige tun. Habt Ihr das Eurige* (= das euch Zukommende)? *Grüßt die Euern/Euren/Eurigen* (= eure Angehörigen)! Klein schreibt man dagegen das Pronomen, wenn ein Artikel vorangeht, aber ein Substantiv zu ergänzen ist: *Wessen Bücher sind das? Sind es die euren? Wir haben unsere Sachen. Habt ihr die euren/eurigen?* ↑Groß- oder Kleinschreibung (1.2).

euer/eu[e]rer: Die richtige Genitiv-Plural-Form des Personalpronomens lautet *euer: Wir haben euer* (nicht: *eu[e]rer*) *gedacht.* ↑Personalpronomen (2).

Euer/Eure Exzellenz u.a.: Das Pronomen *euer/eure* muß in Titeln groß geschrieben werden (Abk.: *Ew.*).

euer von allen unterschriebener/unterschriebene Brief: ↑Adjektiv (1.2.3).

euere/eure: Über den Ausfall des *e* ↑Possessivpronomen (1).

euert-/euret-: Beide Formen sind gebräuchlich: *euert-/eurethalben, -wegen, -willen.* Zu *euert-/euretwegen* oder *wegen euch* ↑wegen (2).

Euphemismus: Unter einem Euphemismus versteht man eine beschönigende, verhüllende, mildernde Umschreibung für etwas Anstößiges oder Unangenehmes, z.B. *geistige Umnachtung* für Wahnsinn, *heimgehen* für sterben.

Eurer Mutter ihr Auto: ↑Genitivattribut (1.3.2).

euret-/euert-: ↑euert-/euret-.

Eurhythmie/Eurythmie: Wörter aus dem Griechischen, die mit *R-* anlauten, werden als Fremdwörter im Deutschen mit *Rh-* geschrieben, weil der griechische Buchstabe *r (ϱ)* im Anlaut stets aspiriert (behaucht) gesprochen wurde (geschrieben: ῥ): *Rhapsode, Rhetor, Rhythmus* u.a. Wenn ein solches Wort als Grundwort in einer Zusammensetzung auftrat und das *R* dadurch inlautend wurde, blieb die Behauchung erhalten, wenn sie auch im Schriftbild nicht immer ausgedrückt wurde. Es besteht also keine Veranlassung, solche Wörter wie *Eurhythmie* mit bloßem *r* zu schreiben, weil im Griechischen die Behauchung nicht ausgedrückt wurde. Schon die alte lateinische Transkription griechischer Wörter kennt in solchen Fällen die Schreibung *-rh-* im Wortinnern. So erscheint *Eurhythmie* schon bei Vitruv in der lateinischen Schreibung *eurhythmia.* Von Rudolf Steiner, dem Begründer der Anthroposophie, wurde die Schreibung *Eurythmie* ohne *h* verwendet.

eurige/Eurige: ↑euer (2).

-eurin/-euse: ↑Titel und Berufsbezeichnungen (3).

e. V./E. V.: Man schreibt diese Abkürzung mit großem *E,* weil die genannte Fügung Teil des Firmen- oder Vereinsnamens ist und Partizipien in Namen groß geschrieben werden. Die Kleinschreibung kommt auch häufig vor, weil *e. V.* als Zusatz, der nicht zum eigentlichen Firmennamen gehört, aufgefaßt werden kann. In vielen Fällen liegen wohl auch ältere Festlegungen solcher Namen zugrunde.

evangelisches Pfarrhaus: ↑Kompositum (6).

Examen: 1. Pluralformen: Das Substantiv hat zwei Plurale, einen älteren, der sich nach dem lateinischen Vorbild richtet: *die Examina,* und einen jüngeren, der der unveränderten Singularform entspricht: *die Examen.* Die letztere Form ist heute die übliche. **2. Silbentrennung:** Das Substantiv wird *Examen* (nicht: *Exa-men*) getrennt.

Exklave/Enklave: ↑Enklave/Exklave.

exklusive: Die vor allem in der Geschäftssprache gebrauchte fremde Präposition *exklusive* wird wie *ausschließlich* mit dem Genitiv verbunden, wenn der Kasus durch ein Begleitwort des abhängigen Substantivs deutlich wird: *exklusive genannter Beträge, das gesamte Inventar exklusive der erwähnten Hefte und Bücher.* Das alleinstehende starke Substantiv nach *exklusive* bleibt dagegen im allgemeinen ungebeugt: *exklusive Porto* (nicht: *Portos*), *exklusive Verpackungsmaterial* (nicht: *Verpackungsmaterials*). Im Plural wird bei alleinstehenden stark deklinierten Substantiven der Dativ gesetzt: *exklusive Probeexemplaren* (statt: *Probeexemplare*), *exklusive Gläsern* (statt: *Gläser*).

Exlibris: Das Exlibris ist ein meist künstlerisch geschmückter, auf den Buchinnendeckel geklebter Zettel mit dem Wort *Exlibris* und dem Namen des Bucheigentümers. Zugrunde liegt die lateinische Fügung *ex libris* „aus den Büchern" (oft erscheint auch die Fügung *ex bibliotheca* „aus der Bibliothek"). Das Exlibris wird graphisch in ganz verschiedener Weise gestaltet. Meist wird das Wort in Großbuchstaben ausgeführt und zusammen oder getrennt geschrieben. Der grammatische Anschluß des Namens gibt immer wieder zu Zweifeln Anlaß. Früher war es üblich, den Namen in lateinischer Weise zu beugen. Man empfand noch die grammatische Notwendigkeit, nach der Fügung *ex libris* oder *ex bibliotheca* den Namen im Genitiv folgen zu lassen. Man beugte meist den Familiennamen, z. B. *EX BIBLIOTHECA Chr. Got. JOECHERI* (= Christian Gottlieb Jöcher), aber auch den Vornamen, z. B. *EX BIBLIOTHECA Theodori Karajan.* Der Genitiv wurde auch durch *von* ersetzt, z. B. *EX LIBRIS von Peter Mannchen.* Heute empfindet man dieses Bedürfnis nicht mehr. Man fügt den Namen ohne Beugung an, z. B. *EX LIBRIS Hans Müller-Brauel* oder *EXLIBRIS L. Frobenius.*

Exponent: Der Genitiv lautet *des Exponenten,* Dativ und Akkusativ lauten *dem/den Exponenten* (nicht: *dem/den Exponent*). ↑Unterlassung der Deklination (2.1.2).

extra: Getrennt schreibt man *extra* vom folgenden Adjektiv, wenn beide Wörter eigenen Satzgliedwert besitzen. Jedes Wort trägt Starkton: *Ich habe den Schnittlauch extra fein gewiegt.* Zusammen schreibt man, wenn die Verbindung in eigenschaftswörtlicher Bedeutung gebraucht wird. Nur das erste Glied trägt Starkton: *junge Erbsen, extrafein; Heizöl, extraleicht.*

Extrakt: Gemäß der Herkunft aus dem Lateinischen (*extractum* „Herausgezogenes") wurde *Extrakt* früher mit sächlichem Geschlecht gebraucht. Das Genus wandelte sich dann (wohl nach Vorbildern wie *der Auszug* oder *der Saft*), und heute ist *der Extrakt* das übliche. Fachsprachlich aber hat sich das sächliche Geschlecht erhalten: *dickes Tollkirschenextrakt* (Hunnius, Pharmazeutisches Wörterbuch); *weingeistiges Chinaextrakt* (Deutsches Arzneibuch).

extrem: Zur Steigerung von *extrem* ↑Vergleichsformen (3.1).

Exzellenz: ↑Euer Exzellenz.

F

f: Zur Schreibung und Deklination ↑Bindestrich (2.4) *(F-Laut);* ↑Einzelbuchstaben *(des F, zwei F);* ↑Groß- oder Kleinschreibung (1.2.5) *(etwas nach Schema F ausführen; die zwei f in dem Wort Schiffahrt).*

f/ph: Die eindeutschende *f-/F-*Schreibung bei häufig gebrauchten Fremdwörtern mit *ph/Ph* bleibt im wesentlichen auf die Gruppen *Telefon* (*telefonisch, telefonieren* usw.), *Telegraf* (*telegrafisch, telegrafieren* usw.) und *Fotografie* (*fotografisch, fotografieren* usw.) beschränkt. ↑Fantasie/Phantasie.

Fabrik-/Fabriks-: Die Zusammensetzungen mit *Fabrik* als Bestimmungswort haben standardsprachlich kein Fugen-s: *Fabrikanlagen, Fabrikarbeiter, Fabrikbesitzer, Fabrikmarke, fabrikneu, Fabriksirene, Fabriktor, Fabrikzeichen* usw. (In Österreich sind diese Zusammensetzungen mit Fugen-s gebräuchlich: *Fabriksanlagen, Fabriksarbeiter, Fabriksbesitzer* usw.).

Fabrikant: **1.** Das Substantiv wird schwach gebeugt. Der Genitiv lautet *des Fabrikanten,* Dativ und Akkusativ lauten *dem/den Fabrikanten* (nicht: *dem/den Fabrikant*). ↑Unterlassung der Deklination (2.1.2). **2.** Zu *des Fabrikanten Müller/Fabrikant Müllers* ↑Titel und Berufsbezeichnungen (1.2 und 1.3).

Fachmann: Das Wort hat zwei Pluralformen: *die Fachleute* und *die Fachmänner.* ↑Mann (2).

Fachplural/-singular: ↑Plural (5).

fad[e]: ↑Adjektiv (1.2.14).

Faden: Das Wort hat zwei Pluralformen: 1. (in allgemeiner Bedeutung) *die Fäden.* 2. (als Bezeichnung eines Längenmaßes) *die Faden.*

fähig: Nach *fähig sein* kann der Genitiv oder ein Präpositionalobjekt mit *zu* stehen: *Er ist zu einer solchen Gemeinheit nicht fähig.* Oder (in gehobener Ausdrucksweise): *Er ist einer solchen Gemeinheit nicht fähig.*

-fähig: Entsprechend der Bedeutung des selbständigen Adjektivs *fähig* drücken die Bildungen mit *-fähig* aus, daß jemand über eine Fähigkeit verfügt: *arbeitsfähig* „fähig zu arbeiten", *gehfähig* „fähig zu gehen", *lebensfähig* „fähig zu leben" usw. Auf Sachen bezogen, die auf Grund bestimmter Eigenschaften oder Kräfte gewissermaßen über eine Fähigkeit verfügen, ein Vermögen haben: *leistungsfähig* (z. B. von Motoren) „fähig, Leistungen zu vollbringen", *schwimmfähig* (z. B. von Kränen) „fähig zu schwimmen" usw. Damit berühren sich eng Bildungen, in denen *-fähig* ausdrückt, daß jemand für etwas die Voraussetzungen erfüllt oder auf Grund bestimmter Gegebenheiten berechtigt oder in der Lage ist, etwas zu tun: *heiratsfähig* „die Voraussetzungen erfüllend, eine Ehe einzugehen", *eidesfähig* „berechtigt, einen Eid zu leisten", *erbfähig* „berechtigt (alt genug), ein Erbe anzutreten" usw. Alle diese Bildungen haben aktivischen Sinn. Daneben gibt es auch solche (mit einem Substantiv als Bestimmungswort), in denen *-fähig* ausdrückt, daß etwas für etwas geeignet ist, daß etwas getan werden kann oder darf: *anbaufähig* „zum Anbau geeignet", *ausbaufähig* „zum Ausbau geeignet", *abzugsfähig* „so beschaffen, daß es abgezogen werden kann oder darf", *transportfähig* „zum Transport geeignet, in einer Verfassung, die einen Transport gestattet" usw. Obwohl häufig der Einwand erhoben wird, daß in diesen Bildungen *-fähig* keine (menschliche) Fähigkeit, kein Vermögen ausdrückt, diese Bildungen also im Widerspruch zu der Bedeutung von *fähig* stehen, muß man sie doch anerkennen, denn hier handelt es sich ja kaum noch um Zusammensetzungen, sondern um Ableitungen: Das Adjektiv *fähig* ist zum Suffix verblaßt, und seine Funktion hat sich gewandelt (wie sich z. B. auch die Funktion von *-mäßig* gewandelt hat). Außerdem steht kein anderes Suffix mit vergleichbarer Funktion zur Verfügung (mit dem Suffix ↑-bar können Adjektive dieser Art nur zu Verben gebildet werden; vgl. etwa *eßbar, lieferbar, tragbar* usw.). Schwieriger ist die Frage, ob man auch *-fähig*-Bildungen mit einem Verb als Bestimmungswort gelten lassen darf, die ausgesprochen passivischen Sinn haben und mit *-bar*-Ableitungen konkurrieren; vgl. *taxierfähig* „so beschaffen, daß es taxiert werden kann", *beeinflußfähig* „beeinflußt werden könnend", *strapazierfähig* „so beschaffen, daß es strapaziert werden kann" usw. Einige dieser Bildungen sind bereits allgemein üblich, und es wäre müßig, *streichfähig* durch *streichbar* oder gar *streichsam, strapazierfähig* durch *strapazierbar* oder gar *strapaziersam* ersetzen zu wollen. Auch andere Bildungen dieser Art werden sicherlich sprachüblich werden. Nicht korrekt aber ist es, allgemein übliche Bildungen mit *-bar* durch Bildungen mit *-fähig* zu ersetzen, wie z. B. *beeinflußbar* durch *beeinflußfähig, lenkbar* durch *lenkfähig, verwechselbar* durch *verwechslungsfähig* usw.

fahl: Die Vergleichsformen von *fahl* haben keinen Umlaut: *fahler, fahlste.* ↑Vergleichsformen (2.1).

Fahr-/Fahrt-: Es gibt Zusammensetzungen sowohl mit *Fahrt-* als auch mit *Fahr-*. Zusammensetzungen mit *Fahr-* sind z. B. *Fahrausweis, Fahrdienst[leiter], Fahrgast, Fahrgeschwindigkeit, Fahrkarte, Fahrplan, Fahrrinne, Fahrwind* (= guter Segelwind). Zusammensetzungen mit *Fahrt-* sind z. B. *Fahrtrichtung, Fahrtschreiber, Fahrtunterbrechung, Fahrtwind* (= Gegenwind). Bei *Fahrkosten/Fahrtkosten* sind beide Formen üblich; bei *Fahrgeld/Fahrtgeld, Fahrtdauer/Fahrdauer* wird jeweils die erste vorgezogen.

fahren: 1. Perfekt mit *sein* oder *haben*: Transitives *fahren* wird im Perfekt mit *haben* gebildet: *Sie hat den Wagen in die Garage gefahren.* Intransitives *fahren,* bei dem die Ortsveränderung im Vordergrund steht, wird mit *sein* umschrieben: *Wir sind von Hamburg nach München gefahren. Sie ist um die Ecke gefahren. Wir sind die ganze Nacht gefahren.* In einigen Fällen kommt auch *haben* vor: *Wir sind*/(selten:) *haben eine Umleitung gefahren. Er ist*/(selten:) *hat ein gutes Rennen gefahren.* Wenn intransitives *fahren* sonst mit *haben* umschrieben wird, soll damit zum Ausdruck gebracht werden, daß jemand der Fahrer ist, nicht nur mitfährt: *Er hat gefahren* (= saß am Steuer, war der Fahrer des Wagens, des Bobs o. ä.). ↑haben (1). **2. nach Frankreich/in die Schweiz fahren:** ↑in/nach/zu/bei.

fahrende Habe: ↑erstes Partizip (4).

Fahrenheit: ↑Grad.

fahrenlassen / fahren lassen: Getrennt schreibt man *fahren* von *lassen,* wenn beide Verben in ihrer ursprünglichen Bedeutung gebraucht werden: *Sie hat ihn ihren Wagen nicht fahren lassen.* Zusammen schreibt man, wenn durch die Verbindung ein neuer Begriff entsteht: *Er hat sein Vorhaben fahrenlassen* (= aufgegeben). *Der Dieb wollte die Beute fahrenlassen* (= loslassen) *und flüchten.* ↑Zusammen- oder Getrenntschreibung (1.1). Zu *fahren[ge]lassen* ↑lassen (2).

Fahrt-/Fahr-: ↑Fahr-/Fahrt-.

-fahrt[s]-: Bei einigen Zusammensetzungen mit *Abfahrt, Durchfahrt, Vorfahrt* usw. als Bestimmungswort ist das Fugen-s fest, bei anderen schwankt der Gebrauch. Die Zusammensetzungen ohne Fugen-s sind vor allem im Bereich des Eisenbahnwesens gebräuchlich. **1. Abfahrt:** Fest mit Fugen-s: *Abfahrtshang, -lauf, -läufer, -piste, -rennen, -strecke* (alle Skisport). Schwankend: *Abfahrt[s]befehl, -geleise, -signal, -tag, -zeichen, -zeit.* **2. Anfahrt:** Fest mit Fugen-s: *Anfahrtsgebühr, -kosten, -straße, -weg.* **3. Auffahrt:** Fest mit Fugen-s: *Auffahrtsstraße.* **4. Ausfahrt:** Fest mit Fugen-s: *Ausfahrtsschild, -straße.* Schwankend: *Ausfahrt[s]erlaubnis, -gleis, -signal, -weiche.* **5. Durchfahrt:** Fest mit Fugen-s: *Durchfahrtshöhe, -recht, -straße, -verbot.* Schwankend: *Durchfahrt[s]geleise, -signal, -station, -zeit.* **6. Einfahrt:** Schwankend: *Einfahrt[s]erlaubnis, -gleis, -signal, -weiche.* **7. Überfahrt:** Fest mit Fugen-s: *Überfahrtsbrücke, -dauer, -gebühr, -geld, -kosten, -preis, -schiff, -vertrag.* **8. Vorfahrt:** Schwankend: *Vorfahrtsrecht* und *Vorfahrtrecht, Vorfahrtsregel* und *Vorfahrtregel,* entsprechend *-straße* usw. **9. Zufahrt:** Fest mit Fugen-s: *Zufahrtsgebühr, -rampe, -straße, -weg.*

Fakt: Das Wort wird mit sächlichem Geschlecht *(das Fakt),* seltener auch mit männlichem Geschlecht *(der Fakt)* gebraucht. Der Plural lautet *die Fakten* (auch: *die Fakts*).

Faktotum: Der Plural lautet *die Faktotums* oder *die Faktoten.*

Fakultät: Zusammensetzungen mit *Fakultät* als Bestimmungswort stehen immer mit Fugen-s: *Fakultätssiegel, Fakultätsbeschluß, Fakultätssitzung, Fakultätsmitglieder.* ↑Fugen-s (1.3).

Fall: ↑Kasus.

fallen: Die Formen der 2. und 3. Person Singular Indikativ Präsens haben Umlaut: *du fällst, er fällt.* ↑Verb (1).

fallen lassen/fallenlassen: In Verbindung mit *lassen* schreibt man *fallen* zusammen, wenn ein neuer Begriff entsteht: *Er hat seine Absicht fallenlassen* (= aufgegeben). *Die Ministerin hat ihren Staatssekretär fallenlassen* (= sich von ihm losgesagt). Ebenso: *eine Bemerkung fallenlassen.* Getrennt schreibt man, wenn beide Wörter in ihrer ursprünglichen Bedeutung gebraucht werden: *Das Kind hat die Teller fallen lassen.* Getrennt schreibt man auch, wenn *die Maske fallen lassen* bildlich gebraucht wird: *Er hat seine Maske fallen lassen* (= sein wahres Gesicht gezeigt). ↑Zusammen- oder Getrenntschreibung (1.1). Zu *fallen[ge]lassen* ↑lassen (2).

fallende Sucht: ↑erstes Partizip (4).

falls: Unvollständige Nebensätze, die mit *falls* eingeleitet werden (z. B. *falls möglich = falls es möglich ist*), sind häufig formelhaft geworden und wirken wie eine einfache Umstandsangabe. Das Komma braucht daher nicht gesetzt zu werden: *Ich werde, falls nötig, selbst kommen* oder: *Ich werde falls nötig selbst kommen.*

falsch: **1.** Getrennt schreibt man, wenn *falsch* und das folgende Verb in ihrer eigentlichen Bedeutung gebraucht werden: *Er hat eben falsch* (= unrichtig) *gespielt* (z. B. auf dem Klavier). Zusammen schreibt man, wenn durch die Verbindung ein neuer Begriff entsteht: *Er pflegt falschzuspielen* (= betrügerisch zu spielen). **2.** Groß schreibt man das Adjektiv in Namen: *Der Falsche Demetrius, Falsche Akazie, Falscher Safran* usw. Aber (weil kein Name): *falscher Hase* (= Hackbraten), *ein falscher Fuffziger, ein falscher Prophet, falscher Alarm.* Groß schreibt man auch die Substantivierung und das Substantiv *der Falsch: Ich habe etwas Falsches gesagt/getan. Er ist an die Falsche geraten. Es ist natürlich kein Falsch an ihm.* ↑Groß- oder Kleinschreibung (1.2.1), ↑Zusammen- oder Getrenntschreibung (2.1). **3.** Die Vergleichsformen von *falsch* haben keinen Umlaut: *falscher, falscheste.* ↑Vergleichsformen (2.1).

Falsch: Das heute kaum noch gebräuchliche Substantiv hat männliches (nicht sächliches) Geschlecht: *Wer hat keinen Falsch an sich/ist ohne Falsch?*

falten: Das 2. Partizip lautet *gefaltet* (nicht: *gefalten*): *eine gefaltete Serviette, ein gefaltetes Stück Papier* usw.

Falz: Der Plural lautet *die Falze* (nicht: *die Fälze*).

falzen: Das 2. Partizip lautet *gefalzt* (nicht: *gefalzen*): *gefalztes Blech, gefalzte Hölzer* usw.

Familie: Nicht nur gemein-, sondern auch rechtssprachlich wird unter Familie die „Gemeinschaft der Eltern und ihrer Kinder" (Kleinfamilie) bzw. die „Gruppe aller miteinander [bluts]verwandten Personen" (Großfamilie, Sippe) verstanden. Danach ist es nicht üblich, z. B. ein Ehepaar ohne Kind[er] oder eine Gemeinschaft lediglich aus Vater oder Mutter und Kind[ern] als Familie zu bezeichnen. (Dies sollte man auch bei der Anschrift an [kinderlose] Ehepaare beachten; ↑Brief [1.1].)

Familienanzeigen: ↑Anzeigen.

Familiennamen: Zur Deklination und zum Artikelgebrauch ↑Personennamen. Zur Groß- oder Kleinschreibung der zu Familiennamen gebildeten Adjektive ↑Groß- oder Kleinschreibung (1.2.2). Zur Alphabetisierung von Namenzusätzen wie *von, van* ↑Alphabetisierung.

Famulus: Neben dem deutschen Plural *die Famulusse* ist auch noch der ursprüngliche lateinische Plural *die Famuli* gebräuchlich.

fangen: Die Formen der 2. und 3. Person Singular Indikativ Präsens haben Umlaut: *du fängst, er fängt.* ↑Verb (1).

Fantasie/Phantasie: Als Bezeichnung für ein frei improvisiertes Musikstück wird heute im allgemeinen nicht *Phantasie,* sondern das aus dem Italienischen *(fantasia)* entlehnte *Fantasie* gebraucht. Aber auch *Phantasie* im Sinne von „Vorstellungskraft, Erfindungsgabe" (aus griech.-lat. *phantasia*) wird heute vereinzelt schon eindeutschend *Fantasie* geschrieben (entsprechend auch das Adjektiv *phantastisch/fantastisch*).

Farbbezeichnungen

1 Steigerung

Da es keine absoluten Farben, sondern nur verschiedene Abstufungen und Helligkeitsgrade gibt, die man miteinander vergleichen kann, können Farbadjektive – auch in übertragener Bedeutung – im allgemeinen durchaus gesteigert werden:

Inges Kleid ist röter als Renates Bluse. Das Meer wirkte noch blauer als am Vortag. Mit dem neuen Waschmittel wird ihre Wäsche noch weißer. Peter hat das röteste Haar. Das ist der schwärzeste Undank. Du bist ja noch blauer (= betrunkener; ugs.) als neulich.

Nicht steigerungsfähig sind *lila, beige* usw. (↑2.2) und im allgemeinen auch zusammengesetzte Farbadjektive wie *dunkelrot* (↑Vergleichsformen [3.1]).

2 Deklination

2.1 mit blauroter Nase

Bei den zusammengesetzten oder den durch Bindestrich verbundenen Farbadjektiven wird nur der letzte Bestandteil gebeugt:

mit einer blauroten Nase, ein grüngelbes Hemd, die schwarzrotgoldene Fahne.

2.2 ein rosa/rosaes Kleid · die lila/lilanen Hüte

Neben den Bezeichnungen für die Grundfarben gibt es mehrere Farbadjektive, die fast alle aus Substantiven hervorgegangen sind und aus anderen Sprachen stammen:

rosa, lila, orange, beige, bleu, creme, chamois, oliv, ocker, pensee, reseda[grün], cognac, türkis usw.

Diese Adjektive können nicht gesteigert werden und dürfen standardsprachlich nicht gebeugt werden:

ein rosa (nicht: rosa[n]es) Kleid, die lila Hüte, ein orange Chiffontuch, die beige Schuhe usw.

In der Standardsprache werden diese Adjektive, abgesehen von *rosa* und *lila,* nur selten attributiv gebraucht; gewöhnlich hilft man sich durch Zusammensetzungen mit *-farben* oder *-farbig,* um die ungebeugten Formen zu vermeiden:

ein orange[n]farbenes/orange[n]farbiges Kleid, die cremefarbigen/cremefarbenen Hüte, ein beigefarbenes Kleid, die olivfarbenen Schuhe usw.

Bildungen wie *die lilanen Hüte, die beigen Schuhe* sind umgangssprachlich.

2.3 des Blaus · die beiden Blau

Substantivierte Farbbezeichnungen erhalten heute im Genitiv Singular gewöhnlich die Endung *-s.* Alle anderen Kasus sind standardsprachlich endungslos:

des Blaus, des Grüns, des Rots, des Schwarzes (auch: des Schwarz), des Weißes (auch: des Weiß), des Brauns; die beiden Blau (nicht: Blaus), verschiedene Grün, diese Rot.

Pluralformen mit *-s* (*die beiden Blaus* usw.) sind umgangssprachlich.

3 Rechtschreibung

3.1 eine blaurote Nase · ein grün-gelber Dreß

Durch die Zusammenschreibung oder durch die Setzung des Bindestrichs werden Farbbezeichnungen aus zwei oder mehr Adjektiven in der Bedeutung unterschieden. Durch die Zusammenschreibung wird ausgedrückt, daß die Farben vermischt vorkommen, daß es sich also um einen einzigen Farbton handelt:

eine *blaurote* Nase (= eine einzige Farbe mit einer bläulichen Abschattung des Rots); das Kleid ist *gelbgrün* (= eine einzige Farbe mit einer gelblichen Abschattung des Grüns).

Dagegen wird durch die Schreibung mit Bindestrich ausgedrückt, daß die Farben unvermischt nebeneinander vorkommen, daß es sich also um zwei oder mehr Farben handelt:

ein *blau-roter* Stoff (= mit den beiden Farben Blau und Rot selbständig nebeneinander); der Dreß ist *grün-gelb* (= mit den beiden Farben Grün und Gelb selbständig nebeneinander).

Wenn allerdings das Nebeneinander der Farben unmißverständlich ist, schreibt man zusammen. Das gilt besonders für die wappenkundlichen Farben, bei denen es keine Abschattungen gibt, und für Substantive mit Farbbezeichnungen als Bestimmungswort:

die schwarzrotgoldene Fahne, ein schwarzweiß verzierter Rand, ein blaugelbes Emblem, Schwarzweißfilm, Schwarzweißkunst, Grünrotblindheit, Blauweißporzellan.

Nur wenn man die Farbbezeichnung besonders hervorheben will, setzt man auch hier den Bindestrich *(die Fahne Schwarz-Rot-Gold).*

3.2 Die Farbe ist blau · die Farbe Blau

Klein schreibt man die der Wortart Adjektiv angehörenden Farbbezeichnungen in Fällen wie

ein blaues/grünes/rotes Kleid, blau/rot/grün färben/machen/streichen/werden, jmdm. blauen Dunst vormachen, grau in grau, er ist mir nicht grün (= nicht gewogen), der Stoff ist rot gestreift, der Stoff ist rot/blau/grün, schwarz auf weiß, aus schwarz weiß machen wollen; Augenfarbe: blau.

Groß schreibt man substantivierte Farbbezeichnungen und solche, die Teil eines Namens sind:

bis ins Aschgraue (= bis zum Überdruß), Berliner Blau, ins Blaue reden, Fahrt ins Blaue, die Farbe Blau, mit Blau bemalt, Stoffe in Blau, das Blau des Himmels, die/der Blonde (= Person), die Farben Gelb und Rot, bei Gelb ist die Kreuzung zu räumen, dasselbe in Grün, ins Grüne fahren, bei Grün darf man die Straße überqueren, die Ampel steht auf/zeigt Grün/Gelb/Rot, das erste Grün, er spielt Rot aus, bei Rot ist das Überqueren der Straße verboten, Rot auflegen, ins Schwarze treffen, beim Anschluß Farbe beachten (Rot an Rot, Gelb an Gelb), Farbumschlag von Rot auf Gelb; die Blaue Grotte von Capri, das Rote Kreuz, das Schwarze Meer.

In einigen Fällen ist sowohl Groß- als auch Kleinschreibung möglich:

Die Farben der italienischen Flagge sind Grün, Weiß, Rot/grün, weiß, rot.

farbig/farblich/-farben: Das Adjektiv *farblich* wird im Sinne von „die Farbe betreffend" gebraucht: *Die Dekorationen müssen farblich aufeinander abgestimmt werden. Die Sachen passen farblich nicht zusammen. farbig* wird sowohl im Sinne von „mehrere Farben aufweisend, bunt" als auch im Sinne von „Farbe aufweisend, nicht schwarzweiß" gebraucht: *farbige Abbildungen, farbige Flecke; ein farbiger Einband.* An den letzteren Wortgebrauch schließt sich die Verwendung von *-farbig* in Zusammensetzungen an: *orange[n]farbig, cremefarbig* usw. Für Zusammensetzungen wird heute aber im allgemeinen *-farben* gewählt, das ausdrückt, daß etwas die durch das Bestimmungswort bezeichnete Farbe aufweist: *orange[n]farben, beigefarben, fliederfarben, karmesinfarben, türkisfarben* usw.

farblos: ↑Vergleichsformen (3.1).

Fasan: Das Wort hat zwei Pluralformen: *die Fasane* (stark) und *die Fasanen* (schwach). ↑Fremdwort (3.1).

fashionabel: ↑Amerikanismen/Anglizismen (1.2).

Faß: 1. Als Maßbezeichnung bleibt *Faß* häufig ungebeugt: *3 Fässer/Faß Bier.* ↑Maß-, Mengen- und Münzbezeichnungen (1). **2.** Das Gemessene nach *Faß: ein Faß Teer* (nicht: *Teers*); *ein Faß spanischer Wein* (geh.: *spanischen Wein[e]s*); *der Preis eines Fasses Wein* oder *eines Faß Wein[e]s; mit dreißig Fässern hochprozentigem Rum* (geh.: *hochprozentigen Rums*); *mit einem Faß grüner Heringe/grüne Heringe.* ↑Apposition (2.2).

fassen: Die 2. und 3. Person Singular Präsens Indikativ haben keinen Umlaut: *du faßt, er faßt.* Im übrigen heißt es: *Ich fasse mir* (seltener: *mich*) *an den Kopf.*

Fasson: Im heutigen Sprachgebrauch unterscheidet man zwischen *die Fasson* „Form, Muster, Art" und *das*

Fasson „Revers [an Kleidungsstükken]“.

fast: Zu *fast in allen Fällen/in fast allen Fällen* ↑Adverb (4).

Fatzke: Der umgangssprachliche Ausdruck für „von sich eingenommener Mensch, Geck“ kann stark und schwach gebeugt werden. Stark: Genitiv Singular: *des Fatzkes,* Plural: *die Fatzkes;* schwach: Genitiv Singular: *des Fatzken,* Plural: *die Fatzken.*

Februar: ↑Monatsnamen.

fechten: Im Indikativ Präsens heißt es: *ich fechte, du fichtst* (ugs. Erleichterungsform: *fichst*), *er ficht.* Der Imperativ lautet: *ficht!* (nicht: *fechte*). ↑e/i-Wechsel.

Federlesen: In den Wendungen *nicht viel Federlesens machen* und *ohne viel Federlesens* kann statt des Genitivs auch der Akkusativ stehen: *nicht viel Federlesen machen* und *ohne viel Federlesen.* ↑Aufheben.

fehlschlagen: Das Perfekt von *fehlschlagen* wird mit *sein* umschrieben: *Der Versuch ist* (nicht: *hat*) *fehlgeschlagen.*

fein: Zusammen schreibt man das Adjektiv *fein* mit dem folgenden 2. Partizip, wenn die Verbindung in adjektivischer Bedeutung gebraucht wird (nur *fein-* trägt Starkton): *Dies ist feingemahlenes Mehl.* Man schreibt getrennt, wenn die Vorstellung der Tätigkeit vorherrscht (beide Wörter tragen Starkton): *Dieses fein gemahlene Mehl ist zu empfehlen.* Dies gilt immer, wenn beide Wörter in der Aussage stehen: *Das Mehl ist fein gemahlen.* ↑Zusammen- oder Getrenntschreibung (1.2 und 3.1.2).

feind/Feind: Groß schreibt man das Substantiv: *Wer soll mein Feind sein? Ich war ein Feind alles Stillosen.* Klein schreibt man dagegen in stehenden Verbindungen wie *jemandem feind werden/sein/bleiben: Wer soll mir feind sein? Ich war allem Stillosen feind.* ↑Groß- oder Kleinschreibung (1.1).

Feindschaft: Es heißt: *Feindschaft gegen ...* (nicht: *für* oder *zu*).

feinverteilt: Der Superlativ lautet *feinstverteilt.* ↑Vergleichsformen (2.5.1).

Fels/Felsen: Das Substantiv *der Fels* „feste Masse harten Gesteins“ wird in der Regel ungebeugt gebraucht: *brüchiger Fels, der nackte Fels, beim Graben auf Fels stoßen, das Klettern im Fels;* dagegen wird *der Felsen (des Felsens; die Felsen)* im Sinne von „vegetationslose Stelle, schroffe Gesteinsbildung“ verwendet: *ein steiler Felsen, auf einen Felsen klettern.* Das schwach deklinierende *der Fels (des Felsen; die Felsen)* wirkt hier gehoben oder stellt übertragenen Gebrauch dar: *wie ein Fels* (= unerschütterlich) *dastehen.* ↑Substantiv (2.2).

Felsblock: Der Plural lautet *die Felsblöcke* (nicht: *die Felsblocks*). ↑Block.

Femininum: Substantiv mit dem Artikel *die: die Frau, die Tasse, die Beere* (↑Genus).

Fensterladen: Das Wort hat zwei Pluralformen: *die Fensterläden* und *die Fensterladen.* Die Form ohne Umlaut ist selten. ↑Lade/Laden.

fern: **1.** Klein schreibt man das Adjektiv: *ferne Länder, von fern beobachten, von nah und fern, von fern her.* Groß schreibt man das substantivierte Adjektiv: *Wir suchen das Ferne.* Groß schreibt man auch das Adjektiv in ↑Namen: *der Ferne Osten, der Ferne Orient.* ↑Groß- oder Kleinschreibung (1.2.1). **2.** Die Präposition *fern* steht mit dem Dativ *(fern den Meinen)* und nicht mit dem Genitiv (nicht: *fern der Meinen*).

ferner: Die ugs. Wendung *unter „ferner liefen“* bedeutet „nimmt einen untergeordneten Platz ein“: *Das rangiert nur unter „ferner liefen“!*

ferner noch: ↑Pleonasmus.

ferners: Ugs. für *ferner* „in Zukunft; außerdem“. ↑Adverb (2).

fernsehen: Das Verb *fernsehen* ist eine unfeste Zusammensetzung: *ich sehe fern/habe ferngesehen, um fernzusehen* usw. ↑Zusammen- oder Getrenntschreibung (1.2).

Fernseher: Das Substantiv *Fernse-*

her wird sowohl für das Fernsehgerät als auch für denjenigen, der fernsieht, gebraucht.

fertig: Getrennt schreibt man immer von *sein* und *werden,* in der Verbindung *fix und fertig* und in der Bedeutung „im endgültigen Zustand“: *mit einer Arbeit fertig sein, einem Problem fertig werden; ein fix und fertig formulierter Text; den Kuchen bereits fertig bringen.* Sonst schreibt man zusammen (nur *fertig-* trägt Starkton): *Wir müssen es fertigbringen, daß sie kommt. Wie hat er das fertigbekommen? Willst du das Essen nicht erst fertigkochen? Sie muß die Arbeit erst fertigmachen. Ich glaube, die wollten mich fertigmachen. Das Haus wird im Herbst fertiggestellt.* Ebenso beim adjektivischen 2. Partizip: *der fertiggebackene Kuchen.* ↑Zusammen- oder Getrenntschreibung (1.2).

fesch: ↑Vergleichsformen (2.3).

fest: 1. festangestellt/fest angestellt: Zusammen schreibt man das Adjektiv *fest* mit dem folgenden zweiten Partizip, wenn die Verbindung in adjektivischer Bedeutung gebraucht wird (nur *fest-* trägt Starkton): *ein festangestellter Beamter; die festgeschnürte Schlinge.* Man schreibt getrennt, wenn die Vorstellung der Tätigkeit vorherrscht (beide Wörter tragen Starkton): *die fest geschnürte Schlinge.* Dies gilt immer, wenn beide Wörter in der Aussage stehen: *Der Beamte ist fest angestellt. Die Schlinge ist fest geschnürt.* **2. fest backen/festbacken:** Getrennt schreibt man *fest* vom folgenden Verb, wenn beide Wörter in ihrer ursprünglichen Bedeutung gebraucht werden: *Der Kuchen ist fest gebacken. Sie hat das Band fest gebunden.* Zusammen schreibt man, wenn ein neuer Begriff entsteht und *fest* Verbzusatz ist: *Der Stein ist festgebacken* (= angeklebt). *Wer hat die Haussuchung festgelegt* (= angeordnet)? *Er hat sich festgelegt* (= gebunden). *Es hat festgestanden* (= war sicher), *daß...* ↑Zusammen- oder Getrenntschreibung (1.2).

festbinden: Nach *festbinden an* steht der Dativ: *Er band die Ziege an dem Pfahl fest.*

Fest-/Festes-: Die Zusammensetzungen mit *Fest* als Bestimmungswort haben im allgemeinen kein Fugenzeichen: *Festessen, Festfreude, Festsaal, Feststimmung, Festtag* usw. Zusammensetzungen mit der Endung des Genitivs Singular, wie *Festesfreude* und *Festesstimmung,* werden nur in gehobener Ausdrucksweise gebraucht.

festhalten: Nach *sich festhalten an* steht der Dativ: *Er hielt sich an ihm* (nicht: *ihn*) *fest. Halte dich an mir* (nicht: *mich*) *fest! Wir werden an diesen* (nicht: *diese*) *Vereinbarungen festhalten.*

festrennen: Nach *sich festrennen in* steht der Dativ: *Ich habe mich in dieser Sache festgerannt.*

festsetzen, sich: In Verbindung mit Präpositionen (*in, an, auf* usw.) steht nach *sich festsetzen* im Sinne von „haften, sich einnisten, bleiben“ der Dativ: *In den Rillen* (nicht: *In die Rillen*) *setzt sich Schmutz fest. Sie hatten sich an dieser Stelle* (nicht: *an diese Stelle*) *festgesetzt.*

feststehen: Der Verbzusatz *fest-,* aus einem selbständigen Satzglied hervorgegangen, bekommt in Wendungen wie *Fest steht bisher nur ...; Fest steht, daß ...* diese Selbständigkeit wieder und wird getrennt geschrieben.

fett: 1. Rechtschreibung: Zusammen schreibt man das Adjektiv *fett* mit dem folgenden zweiten Partizip, wenn die Verbindung in adjektivischer Bedeutung gebraucht wird (nur *fett-* trägt Starkton): *die fettgedruckten Buchstaben.* Man schreibt sie getrennt, wenn die Vorstellung der Tätigkeit vorherrscht (beide Wörter tragen Starkton): *Das waren fett gedruckte Buchstaben.* Dies gilt immer, wenn beide Wörter in der Aussage stehen: *Die wichtigsten Stellen sind fett gedruckt.* ↑Zusammen- oder Getrenntschreibung (1.2 und 3.1.2). **2. fett/fettig:** Das Adjektiv *fett* wird im Sinne von „dick, feist“, übertragen im Sinne von „üppig, fruchtbar, ergiebig" gebraucht; *fettig* dagegen bedeutet „mit Fett besudelt, schmierig, fettartig". Man kann daher einerseits nur von *fettigem* (nicht: *fettem*) *Papier,* andererseits nur von *fetter* (nicht: *fettiger*) *Ackererde* sprechen. Und *fette Finger* sind dicke, feiste Finger, *fettige Finger* dagegen mit Fett besudelte, schmierige Finger.

Fett: ↑schwimmendes Fett.

Fetttropfen: Die Zusammensetzung aus *Fett* und *Tropfen* schreibt man mit drei *t.* ↑Konsonant (1).

Fetus: Gemeinsprachlich ist die Pluralform *die Fetusse.* In der medizinischen Fachsprache wird auch die Pluralform *die Feten* gebraucht.

feuern: ↑Amerikanismen/Anglizismen (1.2).

Feuerwehrmann: Das Wort hat zwei Pluralformen: *die Feuerwehrleute* und *die Feuerwehrmänner.* ↑Mann (2).

Fex: Die starke Beugung *(des Fexes, die Fexe)* ist heute gebräuchlicher als die schwache *(des Fexen, die Fexen).*

Fidel/Fiedel: Die Form *die Fidel* ohne *e* ist die Bezeichnung für eine Vorform der Geige, *die Fiedel* mit *e* ein umgangssprachlicher, leicht abschätziger Ausdruck für die Geige selbst.

Fidibus: Der Genitiv Singular lautet *des Fidibus* oder *des Fidibusses;* der Plural lautet *die Fidibus* oder *die Fidibusse.*

Fiedel/Fidel: ↑Fidel/Fiedel.

Filius: Der Plural lautet *die Filii* oder *die Filiusse.*

Filter: Das Wort wird sowohl mit männlichem Geschlecht *(der Filter)* als auch mit sächlichem Geschlecht *(das Filter)* gebraucht. In der Technik wird *das Filter* bevorzugt.

Finalsatz: Der Final- oder Absichtssatz ist ein Teilsatz, in dem ein Zweck, Motiv oder Ziel oder eine angestrebte Wirkung des im anderen Teilsatz genannten Geschehens oder Sachverhalts angegeben wird. Er wird mit den Konjunktionen *damit, daß, auf daß* angeschlossen: *... stutzte ihr der Knecht die Flügel, damit sie nicht fortfliegen konnte* (Rosegger). *Aber ich mußte mich bändigen, daß ich mich nicht verriet* (Raabe).

Finanzverwalter dieser Gesellschaft: ↑Kompositum (8).

finden: Es heißt: *etwas gut/nötig/richtig/schön finden: ... daß sie jegliche literarische Beschäftigung eines ernsthaften Christen unwürdig und unpassend fanden* (Nigg). *... er fand es vernünftig* (Johnson). Dagegen gilt *finden* in Verbindung mit *für* nicht als standardsprachlich: *... der unvergleichlich mächtigere Dichter, der sich selbst für würdig fand* (Nigg). *... wenn er es für vorteilhaft fand* (Musil). Zu *Dieser Wunsch fand eine Erfüllung* statt *Dieser Wunsch wurde erfüllt* ↑Passiv (3.7).

finden/befinden: ↑befinden/finden.

fingerbreit/einen Finger breit/einen Fingerbreit: Alle drei Schreibweisen sind möglich. Zusammen und klein schreibt man, wenn es sich um die adjektivische Zusammensetzung handelt: *Das ist ein fingerbreiter Saum. Der Saum ist fingerbreit. Die Tür steht fingerbreit offen.* Getrennt schreibt man, wenn *breit* durch *Finger* (mit vorangehendem Artikel, Zahlwort o. ä.) näher bestimmt wird: *Das ist ein einen Finger breiter Saum. Der Saum ist zwei Finger breit. Die Tür stand kaum einen Finger breit offen.* Zusammen und groß schreibt man die Maßangabe *der Fingerbreit: Die Tür stand einen Fingerbreit offen. Es ist nur zwei/keinen Fingerbreit davon entfernt.* ↑Zusammen- oder Getrenntschreibung (4.2).

Finitum: Das Finitum (finite Verbform, Personalform) ist die nach Person, Numerus, Modus und Tempus bestimmte Verbform (z. B. *du erwachtest*); und zwar im Unterschied zur ↑infiniten (unbestimmten) Verbform (z. B. *erwachen, erwachend*).

Fink: Der Vogelname wird schwach gebeugt. Genitiv: *des Finken,* Dativ: *dem Finken,* Plural: *die Finken.* ↑Unterlassung der Deklination (2.1.1).

finster: 1. Klein schreibt man *fin-*

ster in der festen Verbindung *im finstern tappen* „ungewiß sein“: *Die Polizei tappt noch immer im finstern.* Groß schreibt man, wenn die Substantivierung im eigentlichen Sinne gebraucht wird: *Sie tappten im Finstern* (= im Dunkel, ohne Licht) *zum Ausgang.* ↑Groß- oder Kleinschreibung (1.2.1). **2.** Bei *finster* bleibt, wenn es dekliniert oder gesteigert wird, das *e* der Endungssilbe gewöhnlich erhalten: *ein finsteres Zimmer; noch finsterer dreinblicken.* Nur in den deklinierten Formen des Komparativs wird das erste der drei Endungs-e manchmal ausgeworfen: *eine noch finst[e]rere Höhle.* ↑Adjektiv (1.2.13), ↑Vergleichsformen (2.2).

Finsterwalder: Die Einwohner von Finsterwalde heißen *die Finsterwalder.* ↑Einwohnerbezeichnungen (4 und 7).

Firma: ↑Brief (1.2).

Firmennamen: 1. Beugung: Firmennamen sind auch in Anführungszeichen zu beugen: *die Verwaltung der „Deutschen Bank“, die Leistungen des Rheinisch-Westfälischen Elektrizitätswerkes, die Mitarbeiter des Euro-Kreditinstituts AG.* Soll der Firmenname unverändert wiedergegeben werden, dann muß mit einem entsprechenden Substantiv umschrieben werden: *die Maschinen der Luftverkehrsgesellschaften „Deutsche Lufthansa AG“ und „Swissair“; die Aktien der Firma Badische Anilin- & Soda-Fabrik AG.* **2.** Zu *An das* (nicht: *die*) *Euro-Kreditinstitut AG* ↑Abkürzungen (6.1). Zu *Die Flottmann-Werke GmbH sucht/suchen ...* ↑Kongruenz (1.2.7 und 3.6).

Fischotter: ↑Otter.

Fisimatenten: Die Herkunft des seit dem 16. Jh. in zahlreichen Formen bezeugten Wortes *Fisimatenten* „leere Flausen, Ausflüchte, Faxen“ ist umstritten. Möglicherweise geht es auf mittellat. *visae patentes [literae]* (= ordnungsgemäß erworbenes, geprüftes [Dokument]) zurück, mit dem sich die Einschätzung alles Bürokratischen als spitzfindig und gewunden verband; dazu mag der Einfluß von mhd. *visament[e]/visimente* „Modellierung, Zierat“ gekommen sein.

flachsen: Das (ugs.) Wort für „nekken, spotten, scherzen“ ist nur mit *ch* zu schreiben *(du flachs[es]t);* also nicht: *flaxen.*

Flasche: Das Gemessene nach *Flasche: eine Flasche Bier* (nicht: *Bier[e]s*); *eine Flasche spanischer Wein* (geh.: *spanischen Wein[e]s*); *mit drei Flaschen hochprozentigem Rum* (geh.: *hochprozentigen Rums*). ↑Apposition (2.2).

flattern: Das Verb *flattern* kann im Perfekt sowohl mit *haben* als auch mit *sein* umschrieben werden, je nachdem, ob man den Vorgang, das Geschehen in seiner Dauer *(haben)* oder aber die Ortsveränderung *(sein)* sieht: *Der Vogel hat aufgeregt geflattert. Der Schmetterling ist aus der Stube geflattert.* ↑haben (1).

flattieren: Das heute veraltete Fremdwort *flattieren* „schmeicheln“ kann mit dem Dativ oder Akkusativ der Person verbunden werden: *man flattiert ihr/sie.*

flaxen: ↑flachsen.

flechten: Es heißt: *du flichtst, er flicht; flicht!* (↑e/i-Wechsel). Die Form *du flichst,* also ohne *t* nach dem *ch,* ist eine umgangssprachliche Erleichterungsform, die der Aussprache folgt (↑entflechten).

Fleck/Flecken: Für „beschmutzte oder andersfarbige Stelle“ bzw. „Flikken“ kann man sowohl *der Fleck (des Fleck[e]s, die Flecke)* als auch *der Flekken (des Fleckens, die Flecken)* verwenden. ↑Substantiv (2.2).

Fleisch-/Fleisches-: Zusammensetzungen mit *Fleisch* als Bestimmungswort stehen im allgemeinen ohne Fugen-s, also: *Fleischbank, Fleischbeschau, Fleischbrühe, fleischfarben, fleischfarbig, Fleischgericht, Fleischhakker, Fleischhauer, Fleischklößchen, Fleischlaibchen, fleischlos, Fleischsalat.* Aber: *Fleischeslust.* ↑Fugen-s (2.4).

Fleisch und Blut: Zu *meines eigenen Fleisch und Blutes* ↑Wortpaar.

flektieren (beugen): Der Ausdruck *flektieren* wird als Oberbegriff für „deklinieren" und „konjugieren" gebraucht.

flexibel: Bei *flexibel* fällt, wenn es dekliniert oder gesteigert wird, das *e* der Endungssilbe aus: *ein flexibler Kunststoff; eine flexiblere Wirtschaftspolitik.* ↑Adjektiv (1.2.13), ↑Vergleichsformen (2.2).

Flexion (Beugung): Der Ausdruck *Flexion* wird als Oberbegriff für „Deklination" und „Konjugation" gebraucht.

fliegen: 1. Perfekt mit *sein* oder *haben*: Transitives *fliegen* wird im Perfekt mit *haben* gebildet: *Er hat die Maschine geflogen. Sie hat das Sportflugzeug nach London geflogen.* Intransitives *fliegen,* bei dem die Ortsveränderung im Vordergrund steht, wird mit *sein* umschrieben: *Wir sind von London nach New York geflogen. Wir sind fünf Stunden geflogen.* Vereinzelt kommt auch *haben* vor: *Der Pilot ist/*(selten:) *hat eine große Schleife geflogen.* Wenn intransitives *fliegen* sonst mit *haben* umschrieben wird, soll damit zum Ausdruck gebracht werden, daß jemand der Pilot ist, nicht nur mitfliegt: *Er hat geflogen* (= saß am Steuerknüppel, war der Pilot). *Für den Pilotenschein habe ich über 800 Stunden geflogen.* ↑haben (1). **2. nach Amerika/in die USA fliegen:** ↑in/nach/zu/bei.

fliehen: Intransitives *fliehen* „die Flucht ergreifen, davonlaufen" wird im Perfekt mit *sein* umschrieben: *Zwei Häftlinge sind geflohen.* Transitives *fliehen* „meiden" wird dagegen mit *haben* umschrieben: *Der Schlaf hatte ihn geflohen.* ↑haben (1).

Flitter: Das Substantiv ist nur noch mit männlichem Geschlecht gebräuchlich: *der Flitter,* Plural: *die Flitter.*

Flor: Der Plural zu *das Flor* „dünnes Gewebe" lautet *die Flore,* selten *die Flöre.*

flötengehen: Man schreibt zusammen, weil durch die Verbindung ein neuer Begriff entstanden ist: *Mein ganzes Vermögen ist flötengegangen* (= verlorengegangen; ugs.) ↑Zusammen- oder Getrenntschreibung (1.1).

flott: 1. Zusammen schreibt man das Adjektiv *flott* mit dem folgenden zweiten Partizip, wenn die Verbindung in adjektivischer Bedeutung gebraucht wird (nur *flott-* trägt Starkton): *Dies ist ein flottgeschriebenes Buch.* Man schreibt getrennt, wenn die Vorstellung der Tätigkeit vorherrscht (beide Wörter tragen Starkton): *Es handelt sich hier um ein flott geschriebenes Buch.* Dies gilt immer, wenn beide Wörter in der Aussage stehen: *Dies Buch ist flott geschrieben.* **2.** Getrennt schreibt man *flott* vom folgenden Verb, wenn beide Wörter in ihrer ursprünglichen Bedeutung gebraucht werden: *Sie hatte die Arbeit flott* (= flink, schnell) *gemacht.* Zusammen schreibt man, wenn ein neuer Begriff entsteht und *flott* Verbzusatz ist: *Das Schiff wurde flottgemacht* (= zur Fahrt fertiggemacht). ↑Zusammen- oder Getrenntschreibung (1.2).

Flucht: Der Plural lautet *die Fluchten* (entsprechend: *Zimmerfluchten*). Es heißt aber: *die Ausflüchte.* Das Wort *Zuflucht* wird im allgemeinen nur im Singular gebraucht. Selten: *die Zuflüchte,* dafür eher noch: *die Zufluchtsorte.*

Flugzeugnamen: 1. Genus: Man muß hier unterscheiden zwischen individuellen Namen und Gattungsbezeichnungen (Flugzeugtypen). Wo überhaupt noch individuelle Namen gebraucht werden, ist das Geschlecht weiblich: *die Adler, die Pfeil.* Weiblich sind auch die meisten Gattungsbezeichnungen (nach dem Hersteller), wobei wohl das Grundwort *-maschine* weggelassen worden ist: *die Ju[nkers] 52, die Do[rnier] X, die Comet, die Boeing 727, die Caravelle, die Britannia.* Bestimmte Gattungsbezeichnungen, denen ein gewöhnliches Substantiv zugrunde liegt, haben dessen Genus: *der [Fieseler-] Storch, der Condor,* *der Starfighter* (analog zu: *der Jäger*), *der PAN-AM-Clipper* (analog zu: *der Segler*). Es heißt aber *der Stuka,* obwohl es sich dabei um die Abkürzung für *Sturzkampfflugzeug* handelt (volkstümlich allerdings = *Sturz[kampf]bomber*). **2. Deklination:** Flugzeugnamen sind auch in Anführungszeichen zu beugen: *die Geschwindigkeit des „Condors".*

Fluidum: Der Plural lautet *die Fluida.*

Flur: Das männliche Substantiv *der Flur* (Plural: *die Flure*) bedeutet „Hausgang, Korridor". Das weibliche Substantiv *die Flur* (Plural: *die Fluren*) wird als gehobener Ausdruck für „Feld und Wiese" gebraucht.

Flußbett: Der Plural lautet *die Flußbetten,* seltener *die Flußbette.* ↑Bett.

flüssig: Getrennt vom folgenden Verb schreibt man das Adjektiv *flüssig,* wenn beide Wörter in ihrer ursprünglichen Bedeutung gebraucht werden: *Man hat das Eisen flüssig gemacht* (= geschmolzen). Zusammen schreibt man, wenn ein neuer Begriff entsteht und *flüssig* Verbzusatz ist: *Man hat das Kapital flüssiggemacht. Er wird das Geld flüssigmachen* (= bereitstellen). ↑Zusammen- oder Getrenntschreibung (1.2).

Flußnamen: 1. Genus: Deutsche Flußnamen haben im allgemeinen weibliches Geschlecht: *die Weser, die Werra, die Fulda, die Donau, die Oder, die Elbe, die Neiße, die Spree, die Havel, die Panke, die Lahn, die Mosel, die Nahe.* Die wenigen männlichen Flußnamen sind meist vorgermanischen Ursprungs: *der Rhein, der Main, der Lech, der Inn, der Neckar, der Regen, der Eisack.* Als Erklärung wird dafür angegeben, daß in vorgermanischer Zeit die Flüsse als verkörperte Götter (nicht als Göttinnen) betrachtet wurden. Manche dieser vorgermanischen Flußnamen sind später unter germanischem oder slawischem Einfluß Feminina geworden (z. B. *die Elbe, die Oder, die Drau*), enthielten doch die Flüsse in germanischer Zeit oft einen erläuternden Zusatz, der den Begriff „fließendes Wasser" enthielt und sowohl im Lateinischen wie im Gotischen und Althochdeutschen (*aha* „Fluß") ein Femininum war. (Teilweise hat sich dieser im allgemeinen wieder geschwundene Zusatz noch in der Endung *-ach* erhalten.) Ausländische Flußnamen haben überwiegend männliches Geschlecht: *der Nil, der Kongo, der Amazonas, der Orinoko, der Paraná, der Uruguay, der Jenissei, der Mississippi, der Jangtsekiang, der Ganges, der Indus, der Euphrat, der Tigris, der Don, der Bug, der Ebro, der Tiber, der Po, der Ogowe, der Okano, der Iwindo.* Weiblich sind die meisten auf *-a* oder *-e* endenden Flußnamen: *die Wolga, die Lena, die Moskwa, die Adda* (aber: *der Paraná*); *die Loire, die Rhone, die Seine, die Themse.* **2. Zusammensetzungen mit *Saal[e]-, Elb[e]-*:** Wenn früher *Saale* als Bestimmungswort einer Zusammensetzung gebraucht wurde, entfiel das Auslaut-e: *Saalburg, Saalfeld;* auch: *Saalbrücke, Saaltal.* Heute besteht jedoch die Neigung, das *-e* nicht auszustoßen: *Saaletalsperre, Saaletal, Saalestrand.* Diese Tendenz, das Auslaut-e in Zusammensetzungen zu erhalten, findet sich dagegen nicht so stark bei *Elbe.* Man sagt: *Elbmündung, Elbtunnel, Elbschiffahrt, elbabwärts* usw. Eine feste Regel gibt es jedoch nicht, so daß man z. B. neben *Elbufer* auch *Elbeufer* bilden kann, wobei allerdings feine Bedeutungsnuancen festgestellt werden können. *Elbufer* hat mehr den Charakter einer festen Zusammensetzung, die man besonders in fachsprachlichen oder amtlichen Texten wählen würde. In *Elbeufer* wird das Bestimmungswort noch stärker hervorgehoben und in Opposition zu anderen Flußnamen gebracht. **3. Deklination:** ↑geographische Namen (1.2 und 2.2).

fob: ↑frei.

Föhn/Fön: Das Wort für den warmen, trockenen Fallwind wird mit *h* geschrieben. Entsprechend schreibt man:

es föhnt, föhnig. Die Bezeichnung für „Heißluftdusche" schreibt sich dagegen ohne *h;* daher auch: *die Haare fönen.*

folgen: 1. Perfekt: In den Bedeutungen „nachgehen, nachfahren; danach kommen; später nachkommen" und „zuhören" und „sich nach jmdm. richten" wird *folgen* im Perfekt mit *sein* umschrieben: *Er ist ihm heimlich gefolgt. Er war ihr zwei Wochen später in den Tod gefolgt. Sie ist ihrem Vater in der Regierung gefolgt. Das Kind ist dem Unterricht aufmerksam gefolgt. Er war ihr in allen Stücken gefolgt.* In der Bedeutung „gehorchen" wird mit *haben* umschrieben: *Warum hast du [mir] nicht gefolgt?* **2. gefolgt von:** Zu dem intransitiven *folgen* ist – wohl nach französischem Vorbild – das passivische zweite Partizip *gefolgt von* gebildet worden. Diese Verwendung entspricht zwar nicht den grammatischen Regeln, sie hat sich jedoch aller Kritik zum Trotz durchgesetzt. ↑zweites Partizip.

folgend: 1. Deklination des [substantivierten] Adjektivs/Partizips nach *folgend:* Nach *folgend* wird das [substantivierte] Adjektiv oder Partizip im Singular im allgemeinen schwach gebeugt (*folgend* gilt hier also als Pronomen): *folgender überraschende Anblick* (Werfel); *folgender Angestellte; nach folgendem wirksamen Prinzip* (Kirst). Im Plural wird überwiegend stark gebeugt (*folgend* wird hier also als Adjektiv aufgefaßt): *folgende auffallende Fakten* (Bergengruen); *wegen folgender beleidigender Äußerungen; mit folgenden Abgeordneten.* Die schwache Beugung kommt aber noch vor, besonders im Genitiv; *folgende interessanten Sätze* (Kesten); *wegen folgender wichtigen Ereignisse; wegen folgender Abgeordneten.* ↑Adjektiv (1.2.5). **2. Rechtschreibung:** Klein schreibt man *folgend* (auch in Verbindung mit dem Artikel), wenn es wie ein Pronomen gebraucht wird: *Wir möchten Ihnen folgendes* (= dieses) *mitteilen. Alle folgenden* (= anderen) *werden nicht mehr abgefertigt. Jeder folgende* (= weitere) *erhält dieselbe Summe. Mit folgendem* (= hiermit) *teilen wir Ihnen mit, daß ...* Groß schreibt man, wenn das Partizip in rein substantivischer Bedeutung gebraucht wird: *Die Folgenden* (= hinterhergehenden Personen) *wichen entsetzt zurück. Wir konnten das Folgende* (= das spätere Geschehen) *nicht voraussehen.* In einigen Fällen ist sowohl Klein- als auch Großschreibung möglich: *das folgende* (= dies), aber: *das Folgende* (= das später Erwähnte, Geschehende; die folgenden Ausführungen); *alles folgende* (= alles andere), aber: *alles Folgende* (= alles später Erwähnte, Geschehende; alle späteren Ausführungen); *aus/in/mit/nach/von/zu folgendem* (= diesem), aber: *aus/in/mit/nach/von/zu dem Folgenden, im/vom/zum Folgenden* (= dem später Erwähnten, Geschehenden; den folgenden Ausführungen): *Aus folgendem/Aus dem Folgenden geht hervor, daß ... Wir werden in folgendem/im folgenden* (= weiter unten)/*in dem Folgenden/im Folgenden* (= in den nachstehenden Ausführungen) *die wichtigsten Punkte erläutern.* ↑Groß- oder Kleinschreibung (1.2.4).

folgendes, was: Dem Ankündigungswort *folgendes* entspricht das Relativpronomen *was* (nicht: *das*), also: *Er hat mir folgendes gesagt, was du übrigens für dich behalten sollst.* ↑Relativpronomen (4).

Folgesatz: ↑Konsekutivsatz.

Fön/Föhn: ↑Föhn/Fön.

Fond/Fonds: Die Form *der Fond* [fõ:] (*des/die Fonds* [fõ:s]) bedeutet neben „Rücksitz im Wagen", „Hinter-, Untergrund" auch „Bratensaft". Die Form *der Fonds* [fõ:] (*des Fonds* [fõ:(s)], *die Fonds* [fõ:s]) hat dagegen die Bedeutung „(finanzielle und materielle) Reserve, Mittel". In der übertragenen Bedeutung „[geistige] Grundlage, Basis" berühren sich beide Wörter.

Förder[er]-: Zusammensetzungen wie *Förderkurs, -stufe, -preis, -kreis, -verein* liegt das Verb *fördern* „unterstützen, verstärken" zugrunde (= Kurs, der fördern soll usw.). Für Zusammensetzungen wie *Fördererkreis* oder *Fördererverein* ist dagegen von *Förderer* auszugehen (= Kreis von Förderern usw.). Diese Bildungen sind aber wenig gebräuchlich.

Förderin: Die weibliche Form von *Förderer* lautet *die Förderin.* ↑Substantiv (3).

fordern/erfordern: ↑erfordern/fordern.

Forderung: 1. Forderungen an/gegen jmdn.: Nach *Forderung* wird gewöhnlich mit der Präposition *an* angeschlossen: *Forderungen an die Gläubiger. Sie stellten Forderungen an die Atommächte. Die phantastische Forderung an die Welt* (Schneider). ... *das Recht auf Forderungen ans Leben* (Thieß). Im juristischen Sprachgebrauch wird auch *gegen* verwendet, wodurch eine Rechtsbeziehung deutlicher, d. h. weniger neutral, ausgedrückt werden soll und das Ziel, die Richtung auf eine andere Partei stärker betont wird: *Forderungen gegen die Gläubiger.* **2. Forderung nach Selbstbestimmung/der Selbstbestimmung:** Es kann nur heißen: *Wir unterstützen die Forderung nach Selbstbestimmung.* Der von *Forderung* abhängende Genitiv darf nicht ein Objekt *(Selbstbestimmung fordern)* bezeichnen. ↑Genitivattribut (1.5.1).

Ford Taunus: ↑Autotypenbezeichnungen.

formal/formell: Das Adjektiv *formal* bedeutet „die Form betreffend": *Die Arbeit bereitet ihm manche formale Schwierigkeiten.* Dagegen bedeutet *formell* „den äußeren Formen gemäß; förmlich": *Er hat sich formell entschuldigt. Sie ist immer sehr formell.* ↑-al/-ell.

Formel-1-Rennen: ↑Bindestrich (3.3).

Formular: Zu *Die Antragsteller werden gebeten, ihr Formular/ihre Formulare rechtzeitig einzureichen* ↑Kongruenz (1.2.8).

Formularblock: Der Plural lautet *die Formularblocks.* ↑Block.

forsch: ↑Vergleichsformen (2.3).

Forschung: Zu *Forschung [nach] der Wahrheit* ↑Genitivattribut (1.5.1).

fort/weg: In der Bedeutung „von einer Stelle weg [und auf ein Ziel zu]" kann *fort* gewöhnlich mit *weg* ausgetauscht werden; *fort* klingt in den meisten Fällen gewählter: *Wir müssen schnell weg/fort. Ich muß noch die Post wegbringen/fortbringen. Er ist aus Angst weggelaufen/fortgelaufen. Das Hochwasser riß die Brücke weg/fort. Sie schickte die anderen weg/fort. Die Männer räumten die Hindernisse weg/fort. Er warf achtlos den Stummel weg/fort. Sie wischte die Zeichnung wieder weg/fort* usw. Auch wenn das Entferntsein, die Abwesenheit ausgedrückt werden soll, kann *fort* an Stelle von *weg* verwendet werden: *Er ist schon drei Tage weg/fort. Sie war lange weggeblieben/fortgeblieben.* Dagegen sollte *fort* nicht für *weg* im Sinne von „zur Seite, beiseite" gebraucht werden, wie es bisweilen in gewählter Ausdrucksweise geschieht: *Sie blickte schnell weg* (nicht: *fort*). *Er wendete errötend den Kopf weg* (nicht: *fort*). Auch in den Bedeutungen „vorwärts, voran" und „weiter, auch in Zukunft" ist *fort* nicht mit *weg* austauschbar. Es kann also nur heißen: *Sie ist im Beruf gut fortgekommen. Die Bauarbeiten schreiten zügig fort. Er hat das Werk des Vaters fortgeführt* usw.

Forum: Das Wort hat drei Pluralformen: *die Forums, die Foren* und *die Fora.*

Foto-/Photo-: ↑f/ph.

Fötus: ↑Fetus.

Frack: Dieses Wort hat zwei Pluralformen: *die Fräcke* und *die Fracks.*

Fragefürwort: ↑Interrogativpronomen.

fragen: 1. doppelter Akkusativ: Das Verb *fragen* kann doppelten Akkusativ (Person und Sache) bei sich haben: *Er hat mich etwas gefragt. Darf ich Sie etwas fragen?* Im Passiv muß die Sache im Akkusativ stehenbleiben: *Das wurde ich auch gefragt.* **2. fragst/frägst; fragte/frug:** die Formen des regelmäßigen Verbs lauten *fragen, fragte, gefragt.* Die aus dem niederdeutschen stammende Form *frug,* die im 19. Jahrhundert vorübergehend auch in der Literatur häufiger auftrat, wird heute nur noch selten – vor allem landschaftlich – gebraucht. Dasselbe gilt für die Formen *frägst* und *frägt:* Auch sie sind nicht standardsprachlich. ↑Verb (1). **3. eine gefragte Ware:** *gefragt* ist hier nicht mehr zu beanstanden, denn aus dem eigentlichen *fragen nach* hat sich im Laufe der Zeit *gefragt [sein]* in der Bedeutung „begehrt [sein]" entwickelt.

Fragesatz: Satz, der einen Sachverhalt insgesamt (↑Entscheidungsfrage) oder unter einem bestimmten Gesichtspunkt (↑Ergänzungsfrage) in Frage stellt. Neben dem selbständigen oder direkten Fragesatz steht als Nebensatz der ↑indirekte Fragesatz. Zu *nicht* im Fragesatz ↑nicht (2); zur Interpunktion ↑Fragezeichen, ↑[1]Punkt (1).

Frage-und-Antwort-Spiel: ↑Bindestrich (3.1).

Fragezeichen

Das Fragezeichen hat die Aufgabe, einen Satz als Fragesatz zu kennzeichnen. In den meisten Fällen folgt auf den Fragesatz eine entsprechende Antwort in Form eines Satzes oder eines einzelnen Wortes. Das Fragezeichen kennzeichnet jedoch auch Sätze in Frageform, auf die eine Antwort nicht erwartet wird. Gewöhnlich steht das Fragezeichen als Schlußzeichen am Ende eines Satzes, es kann aber in bestimmten Fällen auch innerhalb eines Satzes stehen.

1 Sätze, Satzstücke und Wörter mit Fragezeichen

1.1 Das Fragezeichen nach direkten Fragesätzen

Das Fragezeichen steht nach jedem direkten Fragesatz, gleichgültig, ob auf die Frage eine Antwort erwartet wird oder nicht:

Willst du dieses Kleid kaufen? Können Sie mir bitte sagen, wie ich zum Bahnhof komme? Wer von euch fährt mit? Womit kann ich Ihnen dienen? Woher soll ich wissen, daß er krank ist? Würden Sie mir bitte sagen, ob ich den Patienten besuchen kann?

Das Fragezeichen muß auch nach rhetorischen Fragen stehen, auf die keine Antwort erwartet wird:

Wirst du denn nie vernünftig? Darf ich Ihnen meinen Mann vorstellen? Wer wird sich darüber noch aufregen?

Das Fragezeichen muß auch nach Sätzen mit der Wortstellung des Aussagesatzes stehen, bei denen die Frage allein durch die Betonung zum Ausdruck kommt:

Du kommst morgen? [Ich dachte, erst übermorgen.] Eine Ölspur hat den schweren Unfall ausgelöst? [Wir nahmen an, die Raserei des jungen Fahrers.]

Das Fragezeichen steht in der Überschrift und in Buchtiteln zur Kennzeichnung eines direkten Fragesatzes:

Keine Chance für eine diplomatische Lösung?
Stehen neue Verhandlungen bevor?
Wo warst du, Adam? (Romantitel).

1.2 Das Fragezeichen nach Fragewörtern

Das Fragezeichen steht nach Fragewörtern, die allein oder innerhalb eines Satzes stehen:

Wie? Wo? Warum? Wieso? Wieviel? Auf die Fragen „wem?“ und „wo?“ steht der dritte, auf die Fragen „wen?“ und „wohin?“ der vierte Fall. Mit den Fragen wo?, wann?, wie?, warum? werden Umstandsangaben in deutschen Sätzen erfragt.

Stehen mehrere Fragewörter nebeneinander, die nicht besonders betont werden, dann werden sie durch Kommas getrennt, und das Fragezeichen steht nur nach dem letzten Fragewort:

Warum, weshalb, wieso?

Werden aber alle Fragewörter mit besonderem Nachdruck gesprochen, dann steht nach jedem von ihnen das Fragezeichen, und es wird kein Komma gesetzt:

Warum? Weshalb? Wieso?

Wird ein Fragewort am Anfang eines Satzes nicht besonders hervorgehoben, dann setzt man ein Komma dahinter, und das Fragezeichen steht erst am Satzende:

Was, du hast gekündigt? Wie, du wohnst nicht mehr in Mannheim?

Ist ein Satz, zu dem eine listenmäßige Aufzählung von Einzelwörtern gehört, in Frageform abgefaßt, dann steht das Fragezeichen gewöhnlich am Ende des eigentlichen Satzes und nicht nach jedem Einzelwort der Aufzählung:

Mit welchem Motor wird das Spezialfahrzeug geliefert?
Dieselmotor
Benzinmotor
Elektromotor

1.3 Das (eingeklammerte) Fragezeichen nach Einzelwörtern und Satzstücken

Das Fragezeichen steht nach einzelnen Wörtern, die einen Fragesatz vertreten, und nach Satzstücken, die sich im Dialog ergeben:

Fertig (= Bist du/Seid ihr fertig?)? Wirklich (= Stimmt das wirklich?)? Verstanden (= Hast du/Haben Sie verstanden?)?

Das hat doch keinen Sinn. – Wieso, warum denn?
Bitte ein Stück Obsttorte. – Ohne Sahne?
Zweimal Stuttgart und zurück. – Schnellzug oder Eilzug?

Ein eingeklammertes Fragezeichen innerhalb eines Satzes weist auf Unbewiesenes, Fragliches oder Unglaubwürdiges hin:

Die schönsten (?) Bilder der Ausstellung wurden prämiiert. Friedrich I. Barbarossa, geboren in Waiblingen (?) 1122 oder um 1125.

2 Fragesätze ohne Fragezeichen

2.1 Indirekte Fragesätze

Das Fragezeichen steht nicht nach indirekten Fragesätzen:

Er fragte sie, wann sie kommen könne. (Als direkter Fragesatz: Wann können Sie kommen?)
Ich möchte wissen, ob ich mit einer baldigen Lieferung der Möbel rechnen kann. (Als direkter Fragesatz: Kann ich mit einer baldigen Lieferung der Möbel rechnen?)

2.2 Ausrufesätze in Form eines Fragesatzes

Nicht das Frage-, sondern ein Ausrufezeichen steht nach Fragesätzen, die einen Ausruf des Erstaunens oder eine Aufforderung darstellen:

Kannst du nicht endlich deinen Mund halten! Was sind denn das für Sachen! Wie lange ist das schon her!

3 Das Fragezeichen in Verbindung mit anderen Satzzeichen

3.1 Anführungszeichen und Fragezeichen

Gehört das Fragezeichen zur Anführung, steht es vor dem schließenden Anführungszeichen. Danach steht weder Komma noch Punkt:

„Wie geht es dir?“ redete sie ihn an. Sie fragte mich: „Weshalb darf ich das nicht?“

Das Fragezeichen steht nach dem schließenden Anführungszeichen, wenn es nicht zur Anführung, sondern zum ganzen Satz gehört:

Wer kennt das Gedicht „Der Erlkönig“? Haben Sie noch zwei Karten für „Die Hochzeit des Figaro“?

Gehört sowohl zur Anführung als auch zum übergeordneten Satz ein Fragezeichen, dann müssen beide gesetzt werden:

Kennst du den Roman „Quo vadis?“?

3.2 Gedankenstrich und Fragezeichen

Das Fragezeichen steht vor dem zweiten Gedankenstrich, wenn es zu dem eingeschobenen Satz oder Satzteil gehört:

Sie empfahl uns immer – erinnern Sie sich noch? –, nachsichtig gegen andere zu sein.

3.3 Klammern und Fragezeichen

Das Fragezeichen steht vor der schließenden Klammer, wenn es zum eingeklammerten Text gehört:

Es herrschte damals eine furchtbare Aufregung (erinnerst du dich noch?).

Gehört ein Fragezeichen zu einem Satz und nicht zu einem am Satzende in Klammern stehenden Text, dann steht das Fragezeichen vor dem eingeklammerten Text. Nach der schließenden Klammer steht dann noch ein Punkt:

Hunde, wollt ihr ewig leben? (ein Filmtitel).

3.4 Fragezeichen und Ausrufezeichen

Nach einem Fragezeichen kann noch ein Ausrufezeichen stehen, wenn der Fragesatz gleichzeitig als Ausrufesatz verstanden werden soll:

Auch du, mein Sohn?! Warum denn nicht?!

3.5 Fragezeichen und Doppelpunkt

Das Fragezeichen macht den Doppelpunkt überflüssig, wenn ein Fragesatz gleichzeitig die Ankündigung einer listenmäßigen Aufzählung ist:

Mit welchem Motor wird das Spezialfahrzeug geliefert?
a) Dieselmotor
b) Benzinmotor

In welcher Stadt steht das abgebildete Gebäude?
Wien
Rom
Paris

Frankfurter: Die Einwohnerbezeichnung *Frankfurter* wird immer groß geschrieben, auch wenn das Wort wie ein flexionsloses Adjektiv vor einem Substantiv steht: *Frankfurter Würstchen, die Frankfurter Bevölkerung.* ↑Einwohnerbezeichnungen (7).

franko: Das kaufmannssprachliche Adverb *franko* „portofrei" veraltet: *Die Ware wird franko geliefert; franko deutsch-dänische Grenze.* ↑frei/fob.

französisch: Klein schreibt man das Adjektiv: *französische Broschur* (= ein Bucheinband), *der französische Franc, die französische* (= französischsprachige) *Schweiz, französische Weine* usw. Groß schreibt man das Adjektiv in Namen: *die Französische Revolution, die Französische Republik, die Französische Union.* Zur Schreibung von *sich französisch unterhalten; [kein] Französisch sprechen. Die Rednerin spricht französisch. Würden Sie das bitte auf französisch wiederholen? Der Prospekt erscheint in Französisch* usw. ↑deutsch.

Französisch, das / Französische, das: ↑Sprachbezeichnungen.

französischsprachig / französischsprachlich: ↑deutschsprachig/deutschsprachlich.

Frau: 1. Frau Minister/Frau Ministerin: Bei Titeln und Berufsbezeichnungen sind in der Anrede teils die männlichen Bezeichnungen üblich (z. B. *Frau Professor, Frau Doktor*), teils werden männliche und weibliche Bezeichnungen nebeneinander gebraucht (z. B. *Frau Minister/Frau Ministerin, Frau Staatssekretär/Frau Staatssekretärin, Frau Rechtsanwalt/Frau Rechtsanwältin*), teils sind nur die weiblichen Entsprechungen gebräuchlich (z. B. *Frau Kammersängerin*). **2. Frau/Gattin/Gemahlin:** Wenn man von der eigenen Frau spricht, sagt man *meine Frau* (nicht: *meine Gattin* oder gar *meine [Frau] Gemahlin*). Das Wort *Gattin* gehört der gehobenen Stilschicht an und wird nur auf die Ehefrau eines anderen angewandt und auch dann nur, wenn man sich höflich-distanziert ausdrücken will: *seine/Ihre Gattin. Frau Gemahlin* (meist in dieser Verbindung) ist ebenfalls gewählt und bekundet förmliche Ehrerbietung und Hochschätzung. Im Unterschied zu *Gattin* wird *[Frau] Gemahlin* im allgemeinen nur von der Ehefrau des Gesprächspartners, nicht von der Ehefrau eines abwesenden Dritten gesagt, also: *Grüßen Sie bitte Ihre Frau Gemahlin!* Auch *Frau Mutter* ist gehoben und nicht im Zusammenhang mit der eigenen Mutter zu gebrauchen. **3. Frau/Fräulein:** Bei der Anrede für eine erwachsene weibliche Person setzt sich *Frau* gegenüber *Fräulein* heute immer stärker durch, und zwar unabhängig von Alter und Familienstand. **4.** Zu *Frau Abgeordnete/Abgeordneter Eva Meier* ↑Brief (1), zu *seitens Frau Meyer/Meyers* ↑seitens. **5.** Zu *Frau Müllers Auto/das Auto von Frau Müller* ↑Genitivattribut (1.3.3).

Fräulein: 1. Fräulein/Frau: ↑Frau (3). **2. Das Fräulein Müller, das/die...:** *Fräulein* (Plur.: *die Fräulein*) ist ein sächliches Substantiv, die weibliche Form kommt heute nur noch in einigen Mundarten vor: *das* (nicht: *die*) *bei uns beschäftigte Fräulein Müller. Sehr geehrtes* (nicht: *geehrte*) *Fräulein Müller.* Steht *Fräulein* ohne Namen, wird von einem entsprechenden Pronomen im allgemeinen die sächliche Form gebraucht: *Das Fräulein, das* (nicht: *die*) *im 1. Stock wohnt... Ihr Fräulein Braut, das ich gestern getroffen habe...* (Nur bei größerem Abstand zwischen *Fräulein* und zugehörigem Pronomen wird entsprechend dem natürlichen Geschlecht dessen weibliche Form gewählt; ↑Kongruenz [3.2].) Die sächliche Form des Pronomens steht gewöhnlich auch nach der Konstruktion Artikel + *Fräulein* + Name: *Das* (nicht: *Die*) *bei uns beschäftigte Fräulein Müller hat seine* (nicht: *ihre*) *Aufgaben mit Bravour erledigt.* Ohne Artikel setzt sich jedoch das natürliche Geschlecht durch: *Fräulein Müller erledigte ihre* (nicht: *seine*) *Aufgaben mit Bravour.* **3. Deklination von *Fräulein***

[+Name]: In Verbindung mit *Tochter, Schwester, Braut* usw. bleibt *Fräulein* ungebeugt: *die Adresse Ihres Fräulein Tochter; die Benachrichtigung Ihres Fräulein Braut.* Tritt *Fräulein* in Verbindung mit einem Namen auf, dann wird nur der Name gebeugt: *Fräulein Müllers verpaßte Emanzipation; die Adresse Fräulein Heidis.* Bei vorangehendem Artikel oder Pronomen wird weder *Fräulein* noch der Name gebeugt: *das Schreiben des Fräulein Müller.* **4. Ihr/Ihre Fräulein Tochter:** Heute ist es üblich, *Ihr Fräulein Tochter* zu sagen und damit das Possessivpronomen *Ihr* auf den bloßen Höflichkeitszusatz, also auf die beim Bezugswort stehende Apposition *Fräulein,* zu beziehen und nicht auf *Tochter.* Dies gilt auch für andere Verbindungen, z. B. *Ihr Fräulein Braut, Ihr Fräulein Schwester.* Der Bezug auf die Person selbst (*Ihre Fräulein Tochter, Ihre Fräulein Braut* usw.) ist veraltet und klingt gespreizt. **5. Fräulein/Frl.:** die Abkürzung *Frl.* in Briefanschriften gilt als unhöflich. ↑Brief (1). **6.** Zu *seitens Fräulein Meyer[s]* ↑seitens. **7.** Zu *Fräulein Inges Kleid/das Kleid von Fräulein Inge* ↑Genitivattribut (1.3.3).

frei: 1. Groß- oder Kleinschreibung: Klein schreibt man das Adjektiv: *freie Liebe, freie Marktwirtschaft, freie Wahlen. Sie ist freie Mitarbeiterin. Das Signal steht auf „frei".* Groß schreibt man das Adjektiv *frei* in Namen: *die Freie Demokratische Partei; Freie und Hansestadt Hamburg; Freie Hansestadt Bremen; die Sieben Freien Künste* (im Mittelalter); *Freie Deutsche Jugend; die Freie Universität [Berlin]* usw. ↑Namen (4). Groß schreibt man auch die Substantivierung: *etwas Freies und Ungezwungenes; Freie und Sklaven; im Freien übernachten. Es gibt nichts Freieres als sie.* **2. Zusammen- oder Getrenntschreibung:** Getrennt von einem folgenden Verb schreibt man das Adjektiv *frei,* wenn es in den Bedeutungen „nicht abhängig", „nicht gestützt", „nicht besetzt", „unbedeckt" usw. als selbständiges Satzglied steht (beide Wörter tragen dann gewöhnlich Starkton): *Er wird bald frei sein, werden, bleiben. Er hat das schwere Gewicht frei gehalten. Sie hat einen Platz frei gelassen. Würden Sie bitte die Stühle wieder frei machen? Für die Untersuchung den Oberkörper frei machen. Sie hat bei ihrem Vortrag frei gesprochen. Der Pfahl bleibt frei stehen.* Zusammen schreibt man, wenn *frei* Verbzusatz ist (und die Hauptbetonung trägt): *Ich werde dich freihalten* (= für dich bezahlen). *Du sollst ihm einen Stuhl freihalten. Die Einfahrt muß freigehalten werden. Die Gefangene wurde freigelassen. Er hat nach längerem Graben die Wurzeln freigelegt. Er hat die Briefe bereits freigemacht* (= frankiert). *Ich kann mich für zwei Stunden freimachen. Der Angeklagte wurde freigesprochen. Das soll ihr freistehen. Ich will mich freischwimmen* (= die Schwimmprüfung ablegen). *Was heißt hier Arbeitskräfte „freisetzen"? Man hat ihn für den Kurs freigestellt.* ↑Zusammen- oder Getrenntschreibung (1.2), ↑Vergleichsformen (2.3).

frei/fob: Nach kaufmannssprachlich *frei* und *fob* (= *free on board* „frei an Bord") im Sinne von „ohne Beförderungskosten" steht der Akkusativ: *frei/fob deutschen Ausfuhrhafen; frei/fob deutsche Grenze* usw. (Diese Verwendungsweise beruht auf einer Kürzung aus *frei bis an den deutschen Ausfuhrhafen* usw.) ↑cif.

Freiburger: Die Einwohnerbezeichnung *Freiburger* wird immer groß geschrieben, auch wenn das Wort wie ein flexionsloses Adjektiv vor einem Substantiv steht: *das Freiburger Münster.* ↑Einwohnerbezeichnungen (7).

freigebig/freigiebig: Sprachgeschichtlich gerechtfertigt ist nur *freigebig,* eine seit dem 16. Jh. belegte Zusammensetzung mit dem alten Adjektiv *gebig/gäbig* „gerne gebend" zu *Gabe.* Demgegenüber ist *freigiebig* in eigentlich falscher Analogie zu *ergiebig, ausgiebig, nachgiebig* usw. gebildet (eigentlich falsch deshalb, weil zwar zu *ergiebig das Verb ergeben* existiert, aber kein *freigeben* „gern, reichlich geben" für eine Form *freigiebig*).

frei halten/freihalten: ↑frei (2).

Freiherr, Freifrau, Freiin: Als Bestandteil des Familiennamens steht *Freiherr* usw. hinter dem Vornamen: *Peter Freiherr von Hartog; Eva Freifrau/Freiin von Hartog.* Das Genitiv-s wird nur an den eigentlichen Namen angehängt: *der Besitz Peter Freiherr von Hartogs* (aber: *der Besitz der Freiin von Hartog*). Die persönliche Anrede lautet (offiziell) *Herr Freiherr von Hartog* oder *Herr Baron.* Jedoch läßt man den Titel *Freiherr* heute gewöhnlich weg; man schreibt im Brief *Sehr geehrter Herr von Hartog!* Im Gespräch gebraucht man die Anrede *Herr von Hartog* oder *Baron Hartog.* Für *Freifrau* und *Freiin* gilt Entsprechendes. Vgl. auch ↑Brief (7).

frei lassen/machen · freilassen/freimachen: ↑frei (2).

Freimut: ↑-mut.

Freisprechung / Freispruch: ↑Verbalsubstantiv.

Freitag: Zu *Freitag abend/Freitagabend* ↑Dienstag (2). Zu *Freitag abend/Freitag abends/freitags abends* ↑Adverb (3). Zu *Am Freitag, dem/den 14.1. ...* ↑Datum; zur Deklination ↑Wochentage.

fremdsprachig / fremdsprachlich: Die Bildung *fremdsprachig* bedeutet „sich in einer fremden Sprache bewegend": *fremdsprachiger Unterricht, fremdsprachige Bevölkerungsteile, Literatur, Wörterbücher.* Die Bildung fremdsprachlich bedeutet „eine fremde Sprache betreffend": *Der muttersprachliche Unterricht findet im Raum 106 statt, der fremdsprachliche im Sprachlabor.* Außerdem wird *fremdsprachlich* im Sinne von „zu einer fremden Sprache gehörend, daraus kommend" gebraucht: *fremdsprachliche Wörter, Wendungen im Deutschen, fremdsprachliche Wortbildungsmuster, Bewahrung der fremdsprachlichen Schreibung eines Wortes.* ↑-ig/-isch/-lich (1).

Fremdwort

1 Allgemeines

Ein Fremdwort ist ein aus einer Fremdsprache übernommenes Wort, das sich in Aussprache und/oder Schreibweise und/oder Flexion der übernehmenden Sprache nicht angepaßt hat. Im Gegensatz zum Lehnwort, das ohne besondere Fachkenntnis nicht mehr als fremdes Wort erkannt wird, trägt das Fremdwort noch deutlich sichtbare Spuren seiner fremdsprachlichen Herkunft. Historisch betrachtet, unterscheidet man zwischen Erbwörtern (heimischen Wörtern) einerseits und Lehn- und Fremdwörtern andererseits. Die Grenze zwischen Fremdwort und Lehnwort ist dabei nicht eindeutig zu ziehen. Als Kriterium für ein Fremdwort gilt nur die Angleichung in der Aussprache, Schreibung und Flexion, die Zeit der Übernahme spielt keine Rolle. Haben sich Wörter, auch wenn sie erst in neuerer Zeit entlehnt worden sind, angepaßt, gelten sie als Lehnwörter, z. B. *Film* und *Sport.*
Wörter aus fremden Sprachen sind schon immer und nicht erst in der jüngsten Vergangenheit und in der Gegenwart in die deutsche Sprache aufgenommen worden. Im Laufe der Jahrhunderte sind sie ihr jedoch meist in solch einem Maße angeglichen worden, daß man ihnen die fremde Herkunft heute gar nicht mehr ansieht. Das sind beispielsweise Wörter wie *Mauer* (lat. *mūrus*), *Fenster* (lat. *fenestra*), *Ziegel* (lat. *tēgula*), *Wein* (lat. *vīnum*), die man als Lehnwörter bezeichnet. Der Grad der Eindeutschung fremder Wörter hängt aber

nicht oder nur zum Teil davon ab, wie lange ein fremdes Wort schon in der Muttersprache gebraucht wird. Das bereits um 1500 ins Deutsche aufgenommene Wort *Bibliothek* beispielsweise hat seinen fremden Charakter bis heute beibehalten, während Wörter wie *Streik* (engl. *strike*) und *Keks* (engl. *cakes*), die erst im 19. bzw. 20. Jahrhundert aus dem Englischen ins Deutsche gekommen sind, schon völlig eingedeutscht sind.

Die wichtigste Ursache für die Übernahme eines Fremdwortes ist die Übernahme der bezeichneten Sache. Daher spiegeln sich in den Fremdwörtern und Lehnwörtern die Kulturströmungen, die auf den deutschsprachigen Raum gewirkt haben; z. B. aus dem Italienischen Wörter des Geldwesens *(Giro, Konto, Porto)* und der Musik *(adagio, Sonate, Violine),* aus dem Französischen Ausdrücke des Gesellschaftslebens *(Kavalier, Renommee, Cousin)* oder des Kriegswesens *(Offizier, Leutnant, Patrouille),* aus dem Englischen Wörter des Sports *(Favorit, Outsider, Derby)* sowie der Wirtschaft *(Manager, Floating).*

Der Anteil der Fremdwörter am deutschen Wortschatz ist nicht gering, was man in Fernsehen, Rundfunk und Presse beobachten kann. Der Fremdwortanteil beläuft sich in fortlaufenden Zeitungstexten beispielsweise auf 8–9 %. Zählt man nur die Substantive, Adjektive und Verben, so steigt der prozentuale Anteil des Fremdworts sogar auf 16–17 %. In Fachtexten liegt der prozentuale Anteil des Fremdworts wesentlich höher. Man schätzt, daß auf das gesamte deutsche Vokabular von etwa 400 000 Wörtern rund 100 000 fremde Wörter kommen, d. h., daß auf drei deutsche Wörter ein aus einer fremden Sprache übernommenes kommt. Den größten Anteil am Fremdwort hat das Substantiv, an zweiter Stelle steht das Adjektiv, dann folgen die Verben und schließlich die übrigen Wortarten, wobei die Adjektive auf Grund ihrer stilistischen Funktion inhaltlich am meisten dem Wandel ausgesetzt zu sein scheinen.

Stärker als die heimischen Wörter sind Fremdwörter der Vergänglichkeit ausgesetzt. Es kommen nämlich fast ebensoviel Fremdwörter aus dem Gebrauch wie neue in Gebrauch. Die alten Fremdwörterbücher machen bei einem Vergleich mit dem gegenwärtigen Fremdwortgut das Kommen und Gehen der Wörter oder ihren Bedeutungswandel genauso deutlich wie die Lektüre unserer Klassiker oder gar die Durchsicht alter Verordnungen und Verfügungen aus dem vorigen Jahrhundert. In einem Anhang zu Raabes Werken werden beispielsweise folgende Wörter, die heute weitgehend veraltet oder aber in anderer Bedeutung üblich sind, aufgeführt und erklärt: *Utilität* (Nützlichkeit), *prästieren* (an den Tag legen), *Kollaborator* (Hilfslehrer), *subhastieren* (zwangsversteigern), *Subsellien* (Schulbänke), *Molestierung* (Belästigung), *quiesziert* (in den Ruhestand versetzt), *Onus* (Verbindlichkeit), *Cockpit* (Kampfplatz, [Zirkus]arena).

Heute, in einer Zeit, in der Entfernungen keine Rolle mehr spielen, in der die Kontinente einander nähergerückt sind, ist die gegenseitige kulturelle und somit sprachliche Beeinflussung der Völker besonders stark. So findet grundsätzlich ein Geben und Nehmen zwischen allen Kultursprachen statt, wenn auch gegenwärtig der Einfluß des Englisch-Amerikanischen dominiert. Das bezieht sich nicht nur auf das Deutsche, sondern ganz allgemein auf die nichtenglischen europäischen Sprachen. Gelegentlich werden Wörter auch nur

nach englischem Muster gebildet, ohne daß es sie im englischsprachigen Raum überhaupt gibt. Man spricht dann von Scheinentlehnungen *(Twen, Dressman, Showmaster)*. Es gibt jedoch auch den umgekehrten Prozeß, daß deutsche Wörter in fremde Sprachen übernommen und dort allmählich angeglichen werden, wie z. B. im Englischen *bratwurst, ersatz, gemütlichkeit, kaffeeklatsch, kindergarten, kitsch, leberwurst, leitmotiv, ostpolitik, sauerkraut, schweinehund, weltanschauung, weltschmerz, wunderkind, zeitgeist, zinc.*
Eine besondere Gattung der Fremdwörter bilden die sogenannten Bezeichnungsexotismen, Wörter, die auf Sachen, Personen und Begriffe der fremdsprachigen Umwelt beschränkt bleiben, wie *Geisha, Bagno, Iglu, College.* Viele Fremdwörter sind international verbreitet, man nennt sie Internationalismen. Das sind Wörter, die in gleicher Bedeutung und gleicher oder ähnlicher Form in mehreren europäischen Sprachen vorkommen, wie z. B. *Medizin, Musik, Nation, Radio, System, Telefon, Theater.* Hier allerdings liegen auch nicht selten die Gefahren für falschen Gebrauch und Mißverständnisse, nämlich dann, wenn Wörter in mehreren Sprachen in lautgestaltlich oder schriftbildlich zwar identischer oder nur leicht abgewandelter Form vorkommen, inhaltlich aber mehr oder weniger stark voneinander abweichen (deutsch *sensibel* = engl. *sensitive;* engl. *sensible* = deutsch *vernünftig*). Die Sprachpflege (Sprachgesellschaften, Sprachvereine) hat dem Fremdwort immer besondere Aufmerksamkeit gewidmet. Hand in Hand mit der Kritik am fremden oder ausländischen Wort ging die Suche nach neuen deutschen Wörtern als Entsprechung. Viele an die Stelle fremder Wörter gesetzte deutsche Wörter setzten sich durch (*Bahnsteig* für *Perron, Abteil* für *Coupé, Bürgersteig, Gehweg* für *Trottoir* usw.), während andere wirkungslos blieben oder wegen ihrer Skurrilität der Lächerlichkeit preisgegeben waren (*Meuchelpuffer* für *Pistole, Dörrleiche* für *Mumie, Lusthöhle* für *Grotte* oder *Lotterbett* für *Sofa* usw.). Nicht selten trat aber auch das deutsche Wort neben das fremde oder bereicherte auf diese Weise das entsprechende Wortfeld inhaltlich oder stilistisch. Fest zum deutschen Wortschatz gehören solche Bildungen wie *Anschrift* (Adresse), *Ausflug* (Exkursion), *Bücherei* (Bibliothek), *Emporkömmling* (Parvenu), *Fernsprecher* (Telefon), *fortschrittlich* (progressiv), *Leidenschaft* (Passion), *Rechtschreibung* (Orthographie), *Stelldichein* (Rendezvous), *Weltall* (Universum).
Man kann über Fremdwörter nicht pauschal urteilen. Ein Fremdwort ist immer dann gut und nützlich, wenn man sich damit kürzer und deutlicher ausdrücken kann. Solche Fremdwörter gibt es in unserer Alltagssprache in großer Zahl, und diese werden im allgemeinen auch ohne weiteres verstanden. Gerade das ist auch ausschlaggebend, nämlich daß ein fremdes Wort verständlich ist, daß es nicht das Verständnis unnötig erschwert oder gar unmöglich macht.

Fragwürdig wird der Gebrauch von Fremdwörtern jedoch immer da, wo diese zur Überredung oder Manipulation, z. B. in der Sprache der Politik oder der Werbung, mehr oder weniger bewußt verwendet werden oder wo sie ohne besondere stilistische, syntaktische oder inhaltliche Funktion, lediglich als intellektueller Schmuck, zur Imagepflege, aus Bildungsdünkel oder Prahlerei benutzt werden, wo also außersprachliche Gründe den Gebrauch bestimmen. Daß ein Teil der Fremdwörter vielen Sprachteilhabern Verständnisschwierigkeiten bereitet, liegt – wie bereits erwähnt – daran, daß sie nicht in eine Wortfamilie eingegliedert sind und folglich durch verwandte Wörter inhaltlich nicht ohne weiteres erkärt oder erschlossen werden können. Fremde Wörter bereiten aber nicht nur Schwierigkeiten beim Verstehen, sie bereiten nicht selten auch Schwierigkeiten beim Gebrauch, in bezug auf die grammatische Einfügung in das deutsche Sprachsystem. Es gibt verschiedentlich Unsicherheiten vor allem hinsichtlich des Genus (*der* oder *das Curry; das* oder *die Malaise*) und des Plurals (*die Poster* oder *die Posters, die Regime* oder *die Regimes*). Neben vom Deutschen abweichende Flexionsformen *(Atlas/Atlanten; Forum/Fora)* treten im Laufe der Zeit nach deutschem Muster gebildete *(Atlasse, Forums)*. Aus dieser Unsicherheit heraus ergeben sich in diesen Bereichen besonders häufig Doppelformen, bis das jeweilige fremde Wort endgültig seinen Platz im heimischen Sprachsystem gefunden hat. Zusammenfassend läßt sich sagen: Ein Fremdwort kann dann nötig sein, wenn es mit deutschen Wörtern nur langatmig oder unvollkommen umschrieben werden kann. Sein Gebrauch ist auch dann gerechtfertigt, wenn man einen graduellen inhaltlichen Unterschied ausdrücken, die Aussage stilistisch variieren oder den Satzbau straffen will. Es sollte aber überall da vermieden werden, wo Gefahr besteht, daß es der Hörer oder Leser, an den es gerichtet ist, nicht oder nur unvollkommen versteht, wo also Verständigung und Verstehen erschwert werden. Abzulehnen ist der Fremdwortgebrauch da, wo er nur zur Erhöhung des eigenen sozialen bzw. intellektuellen Ansehens oder zur Manipulation anderer angewendet wird.

2 Genus

Für die Festlegung des Genus eines Fremdwortes im Deutschen gibt es keine feste Regel. Bestimmend sind vor allem zwei Faktoren:

1. Das Genus des deutschen Übersetzungswortes bzw. eines sinnverwandten deutschen Wortes:

   das Chanson (franz. *la* chanson) nach *das* Lied; *das* Souvenir (franz. *le* souvenir) nach *das* Andenken; *die* High-society nach *die* Gesellschaft; *der* Star „Berühmtheit" nach *der* Stern.

2. Die Bildungsweise des Wortes. Es besteht die Tendenz, allen Wörtern mit derselben Endung auch das gleiche Genus zu geben:

   -age: *die* Menage, Kartonage, Jumelage usw.; **-ing:** *das* Happening, Petting, Aquaplaning usw.; **-ion:** *die* Eskalation, Diversifikation, Frustration usw.

Bei einer Reihe von Fremdwörtern lassen sich für die Festlegung des Genus jedoch weder formale noch inhaltliche Kriterien ermitteln; daraus ergeben sich dann häufig Unsicherheiten im Artikelgebrauch *(die/der [?] Couch, der/die/das [?] Joghurt, der/die/das [?] Dschungel)*. Genusschwankungen treten auch dann auf, wenn es zwei sinnverwandte deutsche Wörter mit verschiedenem Genus gibt (z. B. *der* oder *das Match* nach *der Wettkampf* oder *das Wettspiel*) oder wenn Zweifel bestehen, ob man das fremde Genus beibehalten oder das des entsprechenden deutschen Wortes wählen soll. So heißt es trotz des franz. Femininums *la place* neben *die Place de la Concorde* auch *der Place* ... nach *der Platz*. Ähnlich: *die Banco di Credito* nach *die Bank* neben *der Banco* ... nach dem ital. Maskulinum *il banco*.

3 Deklination

3.1 Starke oder schwache Deklination

Manche Fremdwörter können im Singular wie im Plural sowohl stark als auch schwach dekliniert werden:

des Papageis/Papageien, die Papageie/Papageien; des Tribuns/Tribunen, die Tribune/Tribunen; des Magnets/Magneten, die Magnete/Magneten.

Fremdwörter, die ihr auslautendes Nominativ-e erhalten haben, werfen es heute selten ab, weil durch dieses *-e* die schwache Beugung deutlich wird (früher wurden die gekürzten Formen häufig gebraucht):

Pädagoge/(früher:) Pädagog; (entsprechend:) Psychologe/Psycholog, Theologe/Theolog, Demagoge/Demagog; (außerdem:) Invalide, Rivale, Matrose, Sklave, Halunke, Stratege, Rhapsode.

Der Plural der Fremdwörter hat vielfach zwischen der starken und schwachen Deklination geschwankt bzw. tut das noch heute *(die Atlasse/Atlanten, die Globusse/Globen, die Fasane/Fasanen).* Bei anderen alten Schwankungsfällen *(die Synonyme/Synonymen, die Kataloge/Katalogen)* ist heute die starke Deklination vorherrschend geworden *(die Synonyme, die Kataloge).* Wieder andere Wörter verbinden mit den verschiedenen Pluralformen auch verschiedene Bedeutungen (*die Effekte* „Wirkungen" / *die Effekten* „Wertpapiere, Besitzstücke").

Zur Weglassung der Deklinationsendung bei schwach gebeugten Fremdwörtern *(des Präsident[en])* ↑Unterlassung der Deklination (2.1.2).

3.2 Fremdwörter auf *-or, -ismus, -us*

Unsicherheit in der Deklination besteht bei den zahlreichen Fremdwörtern mit der Endung *-or.* Werden sie auf der vorletzten Silbe betont, gehören sie zur gemischten Deklination, werden also im Singular stark und im Plural schwach dekliniert: *der Autor, des Autors, dem, den Autor;* Plural: *die, der, den, die Autoren.* Werden sie jedoch auf der letzten Silbe betont, hat auch der Plural starke Formen: *der Major, des Majors, dem, den Major;* Plural: *die Majore, der Majore, den Majoren, die Majore.*

Die Fremdwörter auf *-ismus* und (bis auf wenige Ausnahmen) *-us* werden im Singular nicht dekliniert:

des Egoismus, Imperialismus, Dualismus; des Rhythmus; (aber:) des Omnibusses.

3.3 Genitiv und Dativ Singular

Bei seltener gebrauchten stark deklinierten Fremdwörtern wird das Genitiv-s häufig weggelassen (besser ist die Form mit *-s: die Schreibung des griechischen Beta[s]*). Endet das Fremdwort auf *-s, -ß, -x* oder *-st,* dann wird der Genitiv nur bei Eindeutschung mit *-es* gebildet: *des Prozesses, Komplexes.* In anderen Fällen stehen eingedeutschte gebeugte Formen neben ungebeugten: *des Atlas/Atlasses, des Globus/Globusses.*

Ein Dativ-e haben Fremdwörter im allgemeinen nicht *(dem Omnibus, dem Team).*

3.4 Besonderheiten der Pluralbildung

Viele Fremdwörter haben dieselben Pluralendungen wie deutsche Wörter:

-e: die Plurale, Telefone; *-(e)n:* die Instanzen, Nationen; *-er:* die Hospitäler, Regimenter; *-s:* die Haziendas, Metros, Ponys.

Andere weisen Ersatz der fremden durch eine deutsche Pluralendung auf:

Museum – Museen, Firma – Firmen, Praxis – Praxen, Spirans – Spiranten, Tripus – Tripoden.

Manche Fremdwörter haben auch ihre fremden Endungen bewahrt:

Appendix – Appendizes, Frater – Fratres, Cello – Celli.

Es ist darauf zu achten, an eine fremde Pluralendung nicht noch eine deutsche anzufügen:

die Soli, Kolli, Porti, Divertimenti (nicht: Solis, Kollis usw.); die Themata, Lexika (nicht: Thematas, Lexikas).

Schließlich kommen (besonders bei weitgehend eingedeutschten Fremdwörtern) Doppelformen vor:

die Themen/Themata, die Synonyme/Synonyma, die Ballons/Ballone, die Balkons/Balkone.

Speziell die Fremdwörter auf *-ma* werden im Plural gewöhnlich schwach dekliniert: *Dramen, Dogmen, Themen;* es kommen jedoch auch (starke) *s*-Formen *(Kommas, Aromas)* oder fremde Endungen vor *(Kommata, Aromata, Themata).*
Zum Plural der Fremdwörter auf *-al* vgl. die Stichwörter (*Admiral, Choral* usw.).

4 Rechtschreibung

Häufig gebrauchte Fremdwörter, vor allem solche, die keine dem Deutschen fremden Laute enthalten, gleichen sich nach und nach der deutschen Schreibweise an:

Friseur/Frisör, Photographin/Fotografin, Telephon/Telefon.
Bluse (für: Blouse), Fassade (für: Façade), Likör (für Liqueur).

Selten gebrauchte Fremdwörter behalten ihre fremde Schreibweise bei. Nur Substantive werden, sofern sie nicht in Klammern oder zwischen Anführungszeichen stehen, groß geschrieben:

Aber sie ist wirklich *happy!* Das ist nur eine *Terra incognita.* (Aber:) Was uns das „Wohnzimmer“ ist, ist den Engländern der *„sitting room“.*
Milieu, Jalousie, Jeans, Moiré, Computer.

Besondere Schwierigkeiten bereitet die Schreibung mehrgliedriger fremdwörtlicher Substantive. Häufig gebrauchte Zusammensetzungen (meist Substantiv + Substantiv) werden in der Regel groß und zusammengeschrieben:

Bulldozer, Teamwork, Worldcup, Showdown, Folkmusic, Brainstorming, Swimmingpool (auch noch: Swimming-pool).

Wird bei Bindestrichschreibungen auch der letzte Bestandteil groß geschrieben, kommt er meist auch als selbständiges Fremdwort im Deutschen vor; andernfalls gilt überwiegend Kleinschreibung:

Happy-End, Harris-Tweed, Brain-Trust, Wagon-Lit, Full-time-Job.
Aide-mémoire, Job-sharing, Know-how, Science-fiction, Non-foods, Sit-in, Go-in, Rooming-in, Take-off.

Besonders attributive Fügungen (z. B. Adjektiv + Substantiv + attributiver Genitiv) stehen aber auch (bei groß geschriebenem Erstglied) unverbunden nebeneinander. Ein substantivischer letzter Bestandteil wird in der Regel nur dann groß geschrieben, wenn er auch selbständig als Fremdwort im Deutschen vorkommt oder nicht weitgehend unvertraut ist:

Public Relations, Stock Exchange, Big Business, New Look, Cherry Brandy, Member of Parliament.

Hot dog, Mouches volantes, Floppy disk, Frutti di mare, Chambre séparée, Corned beef.

Da hier aber u. a. auf Grund des unterschiedlichen Eindeutschungsgrades sonst vergleichbarer Bildungen oder infolge fachsprachlicher Besonderheiten zahlreiche rechtschreibliche Irregularitäten auftreten, richte man sich im Einzelfall stets nach der in Duden 1 (Rechtschreibung) festgelegten Schreibung. Zur Schreibung von *c, k,* oder *z* in Fremdwörtern ↑c/k/z. Darüber hinaus vergleiche man ↑f/ph, ↑Silbentrennung (2), ↑Aussprache, ↑Wortbetonung.

fressen: Im Indikativ Präsens heißt es: *ich fresse, du frißt, er frißt.* Der Imperativ lautet *friß!* (nicht: *fresse!*). ↑e/i-Wechsel. Zu *du frißt/frissest* ↑Indikativ (2).

-freudig: Zu *-freudig* als Bestandteil einer Zusammensetzung ↑Kompositum (9).

freuen, sich: Statt *sich freuen über* kommt in gehobener Ausdrucksweise auch *sich freuen* + Genitiv vor: *Ich freute mich über das Geschenk/*(geh.) *des Geschenks. Klenk ... freute sich seiner Besucher* (Feuchtwanger). Bezieht sich die Freude auf etwas Zukünftiges, dann wird die Präposition *auf* gebraucht: *Die Kinder freuen sich auf Weihnachten/auf die Ferien.* Die Verwendung von *zu* ist nicht korrekt. Zu *Mein Mann und ich würden sich/uns freuen ...* ↑Kongruenz (2.1).

freund/Freund: Klein schreibt man, wenn das Substantiv in stehender Verbindung mit einem Verb in verblaßter Bedeutung gebraucht wird: *Er ist/bleibt mir freund* (= freundschaftlich gesinnt). Groß schreibt man das Substantiv: *Er ist mein Freund. Wir bleiben gut Freund.* ↑Groß- oder Kleinschreibung (1.1).

freundlich: Das von *freundlich* abhängende Substantiv wird heute im allgemeinen mit der Präposition *zu* angeschlossen. Der Anschluß mit *gegen[über]* oder *mit* ist veraltet: *Sie war freundlich zu den Fremden. ... sollte man zueinander freundlich sein* (Koeppen). ↑gegen/gegenüber. Zu *-freundlich* als Bestandteil einer Zusammensetzung ↑Kompositum (9).

Friede/Frieden: Beide Nominativformen (von denen *der Friede* älter und heute seltener und gehoben ist; ↑Substantiv [2.1]) sind korrekt. Der Genitiv lautet für beide Formen *des Friedens: Noch bestand Friede zwischen den beiden Ländern* (Rothfels). *... bei der Absperrung marschierenden Truppen gegenüber war dort auch tiefster Frieden* (Plievier).

Friedhof[s]-: ↑Fugen-s (3.5).

frieren: Das Verb *frieren* wird persönlich *(ich friere)* und unpersönlich *(mich friert/es friert mich)* gebraucht. Wird ein Objekt mit *an* angeschlossen, dann steht es im Dativ: *Ich friere an den Füßen.* Falsch: *Ich friere an die Füße.* Ist eine Körperteilbezeichnung Subjekt des Satzes, dann steht das Objekt gewöhnlich im Dativ: *Mir frieren die Füße. Die Nasenspitze friert ihm.* Landschaftlich kommt, wenn das Subjekt nicht in Anfangsstellung steht, auch der Akkusativ vor: *Mich frieren die Füße.*

frisch: 1. Rechtschreibung: In Verbindung mit einem zweiten Partizip schreibt man im allgemeinen getrennt (beide Wörter tragen Starkton): *die frisch gewaschene Wäsche; die frisch getünchte Wand; das frisch gebackene Brot* (auch möglich: *das frischgebackene Brot;* aber immer: *das frischbackene Brot* und die scherzh. Fügung *ein frischgebackenes Ehepaar*). Getrennt schreibt man auch vom folgenden Verb: *Wo kann ich mich frisch machen? Wir werden die Lebensmittel in der Kühltruhe frisch halten.* Groß schreibt man das Adjektiv in Namen: *die Frische Nehrung, das Frische Haff.* **2. Steigerung:** Der Superlativ von *frisch* lautet *frischeste.* ↑Vergleichsformen (2.3).

Friseur/Frisör, Friseurin/Frisörin, Friseuse/Frisöse: Alle Schreibweisen dieser Berufsbezeichnung sind korrekt. ↑Fremdwort (4).

Friseurin/Friseuse: Beide weiblichen Bildungen zu *Friseur* sind gebräuchlich. In Deutschland wird überwiegend die Form *Friseuse,* in Österreich meist *Friseurin* gebraucht. ↑Titel und Berufsbezeichnungen (3).

Frl./Fräulein: ↑Fräulein (5).

froh: 1. Standardsprachlich heißt es *über etwas froh sein,* süddeutsch und schweizerisch auch *um etwas froh sein: Ich war unendlich froh über den Erfolg. ... sie war froh um unser Wiedersehen* (Frisch). Die Verbindung mit dem Genitiv *(Ich war des Erfolges unendlich froh)* ist weitgehend veraltet. **2.** Es heißt heute richtig: *frohen Mutes, frohen Sinnes sein* (nicht: *frohes Mutes, frohes Sinnes sein*). ↑Adjektiv (1.2.2). Vgl. auch ↑Vergleichsformen (2.3).

fromm: Komparativ und Superlativ von *fromm* können mit und ohne Umlaut gebildet werden: *frommer/frommste* und *frömmer/frömmste.* Die nichtumgelauteten Formen werden jedoch heute den älteren, umgelauteten im allgemeinen vorgezogen. ↑Vergleichsformen (2.1).

Fron, frönen: Man schreibt diese Wörter ohne *h.*

fruchten: Die Verneinung kann mit *nicht* oder *nichts* ausgedrückt werden: *Alle Ermahnungen haben nichts*/(seltener:) *nicht gefruchtet.*

frugal: Die Bedeutung von *frugal* ist „einfach, mäßig, kärglich, bescheiden": *sich mit einem frugalen Mahl begnügen; frugal leben.* (In der Umgangssprache wird das Adjektiv gelegentlich fälschlich im Sinne von „üppig" gebraucht.)

früh: Immer getrennt schreibt man *früh* vom Wochentagsnamen, da *früh* im Gegensatz zu *Morgen, Vormittag, Abend* usw. kein Substantiv ist: *Dienstag früh* usw. Vgl. auch ↑Vergleichsformen (2.3).

Frühling-/Frühlings-: Zusammensetzungen mit *Frühling* als Bestimmungswort haben im allgemeinen das Fugen-s: *Frühlingssturm, Frühlingsahnung, Frühlingsanfang, Frühlingsfest, Frühlingsmonat, Frühlingstag, Frühlingslied.* Doppelformen liegen bei der Ableitung mit *-haft* vor: *frühlingshaft* neben *frühlinghaft.* ↑Fugen-s (1.3).

Fugen-s

Zur grammatischen Einschätzung des Fugen-s ↑Fugenzeichen.

1 Zusammensetzungen mit Fugen-s

In folgenden Gruppen von Zusammensetzungen steht im allgemeinen (!) das Fugen-s:

1.1 Zusammensetzungen mit besonderen Bestimmungswörtern

Zusammensetzungen mit z. B. *Armut, Bahnhof, Liebe, Hilfe, Geschichte* stehen im allgemeinen mit Fugen-s:

Armutszeugnis, Bahnhofshalle, Liebesgabe, Hilfsarbeiter, Geschichtsbuch.

Zu den Ausnahmen ↑Hilf-/Hilfe-/Hilfs-, ↑Lieb-/Liebe-/Liebes-, ↑Geschichts-/Geschichten-.

1.2 Substantivierter Infinitiv als Bestimmungswort

Steht als Bestimmungswort der Zusammensetzung ein substantivierter Infinitiv, wird das Fugen-s gesetzt *(Schlafenszeit; sehenswert).*

1.3 Bestimmungswörter auf *-tum, -ling, -ion, -tät* usw.

Bestimmungswörter auf *-tum, -ing, -ling, -heit, -keit, -schaft, -ung, -ion, -tät, -at, -um* haben im allgemeinen das Fugen-s:

Altertumskunde, Heringssalat, Frühlingssturm, Schönheitskönigin, Heiterkeitserfolg, Mannschaftskampf, hoffnungsvoll, Konfessionsstatistik (aber: ↑Kommunion), Fakultätssiegel, sensationslüstern, Magistratsbeamter, Museumsleiterin.

2 Zusammensetzungen ohne Fugen-s

In folgenden Gruppen von Zusammensetzungen steht im allgemeinen (!) kein Fugen-s:

2.1 Einsilbige weibliche Bestimmungswörter und zweisilbige auf *-e*

Hier wird in der Regel (Ausnahmen ↑1.1) kein Fugen-s gesetzt:

Nachtwächter, Jagdhund; Wärmeleiter, säurefest.

2.2 Weibliche Bestimmungswörter auf *-ur* und *-ik*

Weibliche Fremdwörter auf *-ur* oder *-ik* haben kein Fugen-s:

Kulturfilm, Naturkunde, Musiklehre, kritiklustig.

2.3 Bestimmungswörter auf *-er* und *-el*

Auch hier wird im allgemeinen kein Fugen-s gesetzt:

Bäckerladen, Marterpfahl, Pendeluhr, spindeldürr, engelschön (aber: ↑Engel[s]-).

Ausnahmen sind hier altertümliche Bildungen wie *Reiters-/Wandersmann* und Zusammensetzungen mit *Henker, Feier, Müller* (*Henkersmahlzeit* u. a.).

2.4 Bestimmungswörter auf *-sch, -[t]z, -s, -ß, -st*

Hier steht im allgemeinen kein Fugen-s:

Platzkarte, Fleischgericht, blitzschnell, Blitzstrahl, Preisliste, Flußbett, Verdienstausfall, Herbstanfang.

3 Zusammensetzungen mit schwankendem Gebrauch des Fugen-s

Den Gruppen 1 und 2 steht eine große Zahl von Zusammensetzungen gegenüber, in denen der Gebrauch des Fugen-s schwankt, ohne daß sich eine allgemeine Bildungsregel angeben ließe. Im Zweifelsfalle richte man sich nach Bildungen mit demselben Bestimmungswort.

3.1 Zusammensetzungen mit *-steuer* als Grundwort

Durch behördliche Sprachregelung ist in diesen Zusammensetzungen das Fugen-s getilgt worden: *Einkommen-, Grunderwerb-, Körperschaft-, Vermögen-, Versicherungsteuer* u. a. Neben diesem amtlichen Gebrauch sind aber die Formen mit Fugen-s (*Einkommenssteuer* usw.) üblich und berechtigt. (Vgl. auch ↑Schaden[s]ersatz.)

3.2 Zusammensetzungen mit *-straße* als Grundwort

Obwohl hier im allgemeinen die unter 1 und 2 genannten Bedingungen für die Setzung des Fugen-s gelten, begegnen wegen des Anlauts von *-straße* auch (korrekte) Schwankungsfälle:

Bahnhof[s]straße, Frieden[s]straße, König[s]straße, Freiheit[s]straße.

3.3 Verbalsubstantiv als Grundwort

In Zusammensetzungen mit einem ↑Verbalsubstantiv als Grundwort wirkt das Verb oft nach, so daß häufig kein Fugen-s gesetzt wird (aber: *Beitragszahlung*):

Hilfeleistung (aus: Hilfe leisten), Kriegführung (aus: Krieg führen; aber: Kriegserklärung), Stellungnahme (aus: Stellung nehmen; nicht: Stellungsnahme).

3.4 staat[s]erhaltend · beitrag[s]zahlend

Bei Zusammensetzungen aus einem Substantiv als Bestimmungswort und einem Partizip als Grundwort wird das Fugen-s häufig ausgelassen, weil das Objektverhältnis der verbalen Fügung auch in der Zusammensetzung noch deutlich gespürt wird:

kriegführend (aus: Krieg führen), blutstillend (aus: Blut stillen), achtunggebietend, hilfesuchend, verfassunggebend, richtungweisend/-gebend; (substantiviert:) Vertragschließender; Aufsichtführender.

Ausnahmen kommen vor *(kriegsentscheidend, staatserhaltend).*

3.5 Mehrgliedrige Zusammensetzungen

Hier wird häufig, aber nicht immer die Hauptfuge durch das Fugen-s gekennzeichnet. So heißt es *Friedhofstor* gegenüber der zweigliedrigen Bildung *Hoftor, Mitternachtsstunde* gegenüber *Nachtstunde.* Aber ohne Fugen-s: *Fußballmeister, Kindbettfieber* u. a.

3.6 Fugen-s und Bindestrich

Bei (mehrgliedrigen) Zusammensetzungen, die durch ein Fugen-s gegliedert werden, erübrigt sich im allgemeinen ein Bindestrich: *Schulspartagsverlosung* (nicht: *Schulspartags-Verlosung*). Grundsätzlich unvereinbar sind Fugen-s und Bindestrich jedoch nicht *(Bauunternehmungs-GmbH).*

Fugenzeichen: Die Fugenzeichen *-[e]s-, -e-, -[e]n-, -er-* usw. kennzeichnen die Verbindungsstelle von Zusammensetzungen (Ableitungen): *Hundehütte, Rosenblatt, Instrumentenbau, Götterspeise, Armutszeugnis, Bundeskanzler, frühlingshaft* u.a. Oft handelt es sich dabei um (erstarrte) Flexionsendungen syntaktischer Fügungen: *Bundeskanzler* aus: *des Bundes Kanzler, Hirtenstab* aus: *des Hirten Stab, Sonnenstrahl* aus: *der Sonnen* (= alter Genitiv Singular) *Strahl* u.a. In vielen Fällen jedoch werden die Zusammensetzungen unabhängig von entsprechenden syntaktischen Konstruktionen lediglich in Analogie zu bereits bestehenden Mustern gebildet: *Bischofskonferenz* (= Konferenz mehrerer Bischöfe) nach *Bischofsmütze.* Ähnlich: *Dreikönigsfest, Liebesdienst* u.a. Hier haben die Fugenzeichen nur Gliederungs-, aber keine grammatische oder inhaltliche Funktion.

fühlen: 1. sich als Held/als Helden fühlen: Bei *sich fühlen als/wie* steht das dem *als* oder *wie* folgende Substantiv im Nominativ, d.h., es wird auf das Subjekt des Satzes bezogen: *Er fühlt sich als Held. Sie fühlte sich wie ein Fisch im Wasser.* Der Akkusativ, d.h. der Bezug auf das Reflexivpronomen *(Er fühlt sich als Helden/wie einen Fisch)* ist veraltet. ↑Kongruenz (4.2). **2. Er hat sein Ende kommen fühlen/gefühlt:** Nach einem Infinitiv ohne *zu* können heute sowohl der Infinitiv *fühlen* als auch das zweite Partizip *gefühlt* gebraucht werden: *Er hat sein Ende kommen fühlen/gefühlt.* ↑Infinitiv (4). **3.** Zu *Sie ließ mich ihre Abneigung fühlen* ↑lassen (5).

Führerin: ↑Substantiv (3).

Fuhrmann: Das Wort hat zwei Pluralformen: *die Fuhrleute* und *die Fuhrmänner.* ↑Mann (2).

Führung: Zu *Führung der Museumsleiterin/Führung des Staates* ↑Genitivattribut (1.5.1).

Fuldaer: Die Einwohner von Fulda heißen *die Fuldaer.* Die Einwohnerbezeichnung wird immer groß geschrieben, auch wenn das Wort wie ein flexionsloses Adjektiv vor einem Substantiv steht: *die Fuldaer Stadtmauern.* ↑Einwohnerbezeichnungen (3 und 7).

Fülle: Auch wenn nach *Fülle* das Gezählte im Plural folgt, steht das Verb gewöhnlich im Singular, weil ja das Subjekt *(Fülle)* formal ein Singular ist: *Eine Fülle von Modellen wurde angeboten.* Es kann aber auch nach dem Sinn konstruiert und das Verb in den Plural gesetzt werden: *Eine Fülle von Modellen wurden angeboten.* ↑Kongruenz (1.1.2).

Fund: Der Plural heißt heute nur noch *die Funde;* die ältere Pluralform *die Fünde* ist nicht mehr gebräuchlich.

fünf: Klein schreibt man das Zahlwort: *die ersten fünf. Wir sind heute zu fünfen/zu fünft. Das Mädchen ist erst fünf [Jahre]. Es ist fünf [Uhr]/schlägt eben fünf. Er hat fünf gerade sein lassen.* Groß schreibt man das Substantiv: *die Zahl Fünf. Sie hat eine Fünf gewürfelt/geschossen. Ich habe in Latein eine Fünf/die Note „Fünf" bekommen.* ↑[1]acht. Zu *Fünf weniger drei ist* (nicht: *sind*) *zwei* ↑Kongruenz (1.2.4).

Fünfjahrplan / Fünfjahre[s]plan: Alle drei Bildungen sind möglich. *Fünfjahreplan* ist jedoch weniger gebräuchlich als die beiden anderen Formen.

Fünfprozentklausel: Möglich sind auch die Schreibungen *5-Prozent-Klausel, 5%-Klausel.* ↑Bindestrich (3.3).

fünfte: Klein schreibt man das Zahlwort: *die fünfte Kolonne. Du bist die fünfte von vorne.* Groß schreibt man das Zahlwort in Namen: *die Fünfte Republik* (= in Frankreich). Groß schreibt man auch das substantivierte Zahlwort (= bestimmter substantivischer Begriff): *Er ist der Fünfte* (= der Leistung nach) *in der Klassse. Sie spielten die Fünfte* (= 5. Sinfonie). ↑achte.

Fünftel: Im Dativ Plural wird *Fünftel* heute meist gebeugt: *mit drei Fünfteln der Summe. Ich habe die Arbeit zu drei Fünfteln geschafft.* Daneben kommt aber auch die ungebeugte Form vor: *mit/zu drei Fünftel.* ↑Maß-, Mengen- und Münzbezeichnungen (1).

Funke/Funken: Von den beiden Nominativformen ist *der Funken* heute gebräuchlicher. Nur in übertragener Bedeutung (*göttlicher Funke* usw.) wird die ältere Form *der Funke* häufiger gebraucht. Der Genitiv zu beiden Formen lautet *des Funkens.* ↑Substantiv (2.1).

funktional/funktionell: Die Bedeutung „auf die Funktion bezogen" haben beide Wörter gemeinsam: *nach funktionalen/funktionellen Prinzipien.* Im Sinne von „wirksam" und (med.) „die Leistungsfähigkeit eines Organs betreffend" kann jedoch nur *funktionell* verwendet werden: *funktionelle Störungen, Erkrankungen.* ↑-al/-ell.

Funktionsverben: ↑Nominalstil.

für/als/wie: ↑als/für/wie.

für/gegen: Die Verwendung von *für* in der Bedeutung „zum Schutze gegen, wider", die schon bei Adelung und Grimm belegt ist, gehört heute der Umgangssprache an: *Ich brauche ein Mittel für den Husten.* In gutem Deutsch heißt es: *Ich brauche ein Mittel gegen den Husten.* ↑gut (2).

für das (es)/dafür: ↑Pronominaladverb (3).

für was/wofür: Standardsprachlich ist in der Regel das Pronominaladverb *wofür: Wofür hast du dich entschieden?* Die Verbindung *für + was (Für was hast du dich entschieden?)* kommt in der Umgangssprache recht häufig vor; sie ist stilistisch unschön. ↑Pronominaladverb (5).

für einen Mann o. ä. wie ihn/wie er: ↑Apposition (3.5).

Für 25 Jahre treue Mitarbeit/treuer Mitarbeit: Beide Formulierungen sind korrekt. Normalsprachlich ist *Für 25 Jahre treue Mitarbeit* (= Apposition), während *Für 25 Jahre treuer Mitarbeit* (= Genitiv) der gehobenen Stilschicht angehört. ↑Apposition (2.2).

Furcht: Zu *Furcht des Kindes/Furcht vor dem Tode* ↑Genitivattribut (1.5.1).

fürchten: Wenn *fürchten* mit einem erweiterten Infinitiv mit *zu* verbunden ist, kann man das Komma setzen oder weglassen. Es kommt darauf an, ob man *fürchten* als Vollverb oder als Hilfsverb auffassen will: *Er fürchtete[,] den Arbeitsplatz zu verlieren.* Tritt zu *fürchten* ein Adverb o. ä., dann muß das Komma stehen, weil *fürchten* dann nur Vollverb sein kann: *Er fürchtete sehr, den Arbeitsplatz zu verlieren.* ↑Komma (5.1.4).

füreinander: Man schreibt vom folgenden Verb immer getrennt, weil *füreinander* eine Wechselbezüglichkeit, eine Gegenseitigkeit (bei Personen) ausdrückt: *Sie wollen füreinander* (= für sich gegenseitig) *leben, einstehen.* ↑Zusammen- oder Getrenntschreibung (1.4).

für'n: Die umgangssprachliche und mundartliche Verschmelzung von *für den* und *für einen* wird mit Apostroph geschrieben. ↑Präposition (1.2), ↑Apostroph (1.2).

fürs: Diese Verschmelzung aus *für* und *das* wird ohne Apostroph geschrieben. ↑Präposition (1.2.1), ↑Apostroph (1.2).

Fürst: **1.** Das Substantiv wird schwach gebeugt, Genitiv: *des Fürsten,* Dativ und Akkusativ: *dem/den Fürsten,* Plural: *die Fürsten.* ↑Unterlassung der Deklination (2.1.1). **2.** Als Bestandteil des Familiennamens steht *Fürst* hinter dem Vornamen: *Heinrich Fürst [von] Sorden.* Das Genitiv-s wird nur an den eigentlichen Namen angehängt: *der Besitz Heinrich Fürst Sordens* (aber: *der Besitz des Fürsten Sorden*). Die Frau eines Fürsten wird *Fürstin* genannt. Diese Bezeichnung wird im Familiennamen wie die männliche Form eingesetzt: *Amalie Fürstin [von] Sorden.* Die persönliche Anrede lautet (offiziell) *Herr Fürst von Sorden.* Jedoch läßt man das *Herr* heute gewöhnlich weg; man schreibt im Brief *Sehr geehrter Fürst Sorden!* (ohne *von*) oder *Euer Durchlaucht* und sagt im Gespräch *Fürst Sorden* oder *Durchlaucht.* Für

Fürstin gilt Entsprechendes. Vgl. auch ↑Brief (7) und ↑Personennamen.

Furunkel: Das Wort wird sowohl mit männlichem Geschlecht *(der Furunkel)* als auch mit sächlichem Geschlecht *(das Furunkel)* gebraucht.

Fürwort: ↑Pronomen.

Fuß: 1. Rechtschreibung: Zusammen schreibt man, wenn es sich um eine adjektivische Zusammensetzung handelt: *fußhohes Gras, ein fußlanges Kleid, ein fußtiefes Loch, ein fußbreiter Pfad. Der Pfad ist fußbreit.* Getrennt schreibt man, wenn *breit, hoch, tief, lang* durch *Fuß* (mit vorangehendem Artikel, Zahlwort o. ä.) näher bestimmt wird: *ein drei Fuß tiefes Loch. Der Pfad war nur zwei Fuß breit.* Zusammen und groß schreibt man das männliche Substantiv *der Fußbreit: Sie wichen keinen Fußbreit.* **2. Beugung:** Als Maßbezeichnung bleibt *Fuß* ungebeugt: *drei Fuß lang, 8 000 Fuß hoch.* ↑Maß-, Mengen- und Münzbezeichnungen (1).

Fußboden: Der Plural heißt heute *die Fußböden;* die nichtumgelautete Form *die Fußboden* ist veraltet. ↑Boden.

Fussel: Das Wort wird sowohl mit weiblichem Geschlecht *(die Fussel)* als auch mit männlichem Geschlecht *(der Fussel)* gebraucht.

fußen: Nach *fußen auf* steht heute nur noch der Dativ: *Das Urteil fußt auf ihrer* (nicht: *ihre*) *langjährigen Erfahrung.*

Fußnoten

Als Fußnoten- und Anmerkungszeichen sind hochgestellte Ziffern (mit nach links offener Klammer) anderen Möglichkeiten wie Sternen oder Kreuzen vorzuziehen:

Die verschiedenen Holzsorten[1] werden mit Spezialklebern[2] verarbeitet und später längere Zeit[3] getrocknet.

[1] Zum Beispiel Fichte, Eiche, Buche.
[2] Vorwiegend Zwei-Komponenten-Kleber.
[3] Etwa 4 bis 6 Wochen.

Treffen Fußnotenziffern mit Satzzeichen zusammen, gilt folgendes: Wenn sich die Fußnote auf den gesamten Abschnitt vor einem Satzzeichen bezieht, steht die Ziffer nach dem Satzzeichen:

In dem Tagungsbericht heißt es, der Vortrag behandele „einige neue Gesichtspunkte der Heraldik“.[1]

[1] Ein ergänzendes Referat wurde von Frau Dr. Schneider gehalten.

Bezieht sich die Fußnote dagegen nur auf das dem Satzzeichen unmittelbar vorangehende Wort (die unmittelbar vorangehende Wortgruppe), steht die Ziffer vor dem Satzzeichen:

In dem Tagungsbericht heißt es, der Vortrag behandele „einige neue Gesichtspunkte der Heraldik“[1].

[1] a. a. O., S. 15.

Oder:

In dem Tagungsbericht heißt es, der Vortrag behandele „einige neue Gesichtspunkte der Heraldik[1]".

---

[1] *Heraldik* = Wappenkunde.

Fußnoten können ohne Schlußpunkt stehen, wenn sie nur einzelne Wörter umfassen. Man faßt sie aber besser als Auslassungssätze auf und setzt einen Punkt (besonders wenn Fußnoten mit ganzen Sätzen und Schlußpunkt danebenstehen). Vgl. auch ↑Literaturangaben.

Fußstapfe[n]: ↑Stapfe/Stapfen.

Futur I: Unter dem Futur I (unvollendete Zukunft) versteht man die mit *werden* + Infinitiv umschriebenen Formen des Verbs und ihr Passiv: *Ich werde lesen. Das Kind wird gelobt werden.* Das Futur I drückt aus, daß ein Geschehen vom Standpunkt des Sprechers/Schreibers aus noch nicht begonnen hat oder vermutlich später eintreten wird.

Futur II: Unter dem Futur II (vollendete Zukunft) versteht man die mit *werden* + 2. Partizip + *haben* oder *sein* umschriebenen Formen des Verbs und ihr Passiv: *Ich werde gelesen haben. Du wirst gelaufen sein. Wir werden gefahren worden sein.* Das Futur II drückt aus, daß ein Geschehen in der Zukunft abgeschlossen sein wird oder daß ein Geschehen vermutlich vergangen und abgeschlossen ist. ↑Infinitiv (4).

G

g: Zur Schreibung und Deklination ↑Bindestrich (2.4) *(G-Laut);* ↑Einzelbuchstaben *(des G, zwei G);* ↑Groß- oder Kleinschreibung (1.2.5) *(das g in Weg);* ↑Aussprache (3, 4 und 7).

Gabardine: *Gabardine* wird meist mit männlichem Geschlecht *(der Gabardine),* selten mit weiblichem Geschlecht *(die Gabardine)* gebraucht.

gäbe/gebe: Der Konjunktiv I *gebe* steht vor allem in der ↑indirekten Rede (2.1): *Sie sagte, es gebe keine andere Möglichkeit. Sie fragte, was es zu essen gebe.* Demgegenüber steht der Konjunktiv II *gäbe* vor allem im ↑Konditionalsatz (2–7): *Gäbe sie mir das Geld, könnte ich verreisen. Ich wäre sofort bereit, wenn es eine andere Möglichkeit gäbe.* Der Konjunktiv II tritt auch in der indirekten Rede auf, wenn in der direkten Rede schon *gäbe* steht oder etwas als zweifelhaft hingestellt wird. ↑indirekte Rede (3.3).

galoppieren: Das Verb *galoppieren* bildet das Perfekt mit *sein,* wenn die Ortsveränderung ausgedrückt wird: *Sie sind durch das Dorf galoppiert.* Sieht man dagegen den Vorgang, das Geschehen in seiner Dauer, dann wird *galoppieren* im Perfekt mit *haben* umschrieben: *Wir haben fast eine Stunde galoppiert.* Statt *haben* wird aber auch in diesen Fällen häufig schon *sein* verwendet: *Wir waren einige Minuten galoppiert.* ↑haben (1).

gang und gäbe: *gang und gäbe* kann nur in Verbindung mit *sein* verwendet werden: *Das war damals gang* *und gäbe.* Nicht korrekt: ... *über die jetzt noch bei sämtlichen primitiven Völkern gang und gäbene Zauberei ...* (Bloch).

Gänsefüßchen: ↑Anführungszeichen.

ganz: 1. Rechtschreibung: a) Klein schreibt man das Adjektiv, auch in der Verbindung *im [großen und] ganzen: ganze Zahlen, ein ganzer Idiot, auf der ganzen Welt; im [großen und] ganzen mit einer neuen Stelle zufrieden sein.* Groß schreibt man das substantivierte Adjektiv: *das Ganze, nichts Halbes und nichts Ganzes, aufs Ganze gehen, es geht ums Ganze, das große Ganze, ein Ganzes.* ↑Groß- oder Kleinschreibung (1.2.1). **b)** Zusammen schreibt man *ganz* mit einem folgenden Adjektiv, wenn beide das Bezugssubstantiv klassifizieren: *ein ganzleinenes Bettuch* (Gegensatz: *halbleinen*), *eine ganzseidene Krawatte, ein ganzwollenes Tuch, ein ganzlederner Einband.* ↑Zusammen- oder Getrenntschreibung (3.2). **2. die Kirche als Ganzes/als ganze:** Um etwas in seiner Gesamtheit, die natürliche Einheit einer Sache auszudrücken, setzt man heute die Substantivierung *das Ganze* in die Apposition. Es heißt also: *die Kirche als Ganzes* (nicht: *als ganze [Kirche]*); *von der Schule als Ganzem* (nicht: *als Ganzes).* **3. ein ganz kleines Bißchen/ein ganzes kleines Bißchen:** Wenn *ganz* Attribut (Beifügung) zu einem Adjektiv ist, darf es nicht gebeugt werden: *ein ganz* (nicht: *ganzes) kleines Bißchen.* **4. ganze/alle:** Zu *die ganzen/alle Bewohner des Hauses stürzten auf die Straße* ↑all- (10).

Ganzes: ↑Äußeres.

[1]gar: Das Adverb *gar* „ganz, sehr, sogar" schreibt man von *kein* und *nicht[s]* immer getrennt: *Das hat gar keinen Wert. Er hat zu Hause gar nichts zu sagen. Sie ist mit ihrer neuen Stellung gar nicht zufrieden.*

[2]gar: Zusammen schreibt man *gar* „fertiggekocht" mit dem folgenden zweiten Partizip, wenn beide Wörter adjektivisch gebraucht werden (nur *gar-* trägt Starkton): *das gargekochte Fleisch.* Man schreibt sie getrennt, wenn die Vorstellung der Tätigkeit vorherrscht (beide Wörter tragen Starkton): *das gar gekochte Fleisch.* Dies gilt immer, wenn beide Wörter in der Aussage stehen. *Das Fleisch ist gar gekocht.* ↑Zusammen- oder Getrenntschreibung (3.1.2).

gären: 1. Konjugation: *gären* gehört zu den Verben mit schwankender Konjugation: *gärte/gor* und *gegärt/gegoren.* In der konkreten Bedeutung werden in der Regel die unregelmäßigen Formen verwendet *(In den Fässern gor der Wein. Der Saft ist gegoren),* in der übertragenen Bedeutung die regelmäßigen *(Es gärte in der Menge. Im Volk hatte es gegärt).* **2. Perfekt:** Das Perfekt von *gären* kann sowohl mit *sein* als auch mit *haben* umschrieben werden, je nachdem, ob man den Vorgang, das Geschehen in seiner Dauer darstellen will oder ob man die Zustandsveränderung, einen neuen erreichten Stand kennzeichnen will: *Der Wein ist* oder *hat gegoren.* ↑haben (1).

Gasthaus: Zu *Gasthaus zum Schwanen/zum Hirschen* ↑Schwan.

Gastmahl: ↑[1]Mahl.

Gattin/Frau: ↑Frau/Gattin/Gemahlin.

Gattungsbezeichnung: Eine Gattungsbezeichnung (Gattungsname, Appellativ) ist eine substantivische Bezeichnung für eine ganze Gattung gleichgearteter Dinge oder Lebewesen und zugleich für jedes einzelne Wesen oder Ding dieser Gattung, z. B. *Handwerker, Vogel, Rose, Tisch.*

Gattungszahlwort: Gattungszahlwörter geben die Zahl der Gattungen oder der Arten an, aus denen etwas besteht; sie sind zusammengesetzt aus dem Genitiv einer Kardinalzahl oder eines unbestimmten Zahlwortes und *-lei* (mhd. *lei[e]* „Art") und sind indeklinabel: *zweierlei, mancherlei, vielerlei, tausenderlei.*

Gau: Neben standardsprachlich *der Gau* ist mundartlich *das Gäu* gebräuchlich (vgl. z. B. den Landschaftsnamen *das Allgäu*).

Gauß: Man schreibt z. B. *Gaußsches Prinzip* oder, wenn in einer Schrift kein *ß* vorhanden ist, *Gausssches Prinzip.* ↑S-Laute.

ge-: ↑zweites Partizip (1).

Ge-: Zu *Gewühl/Gewühle, Geschrei/Geschreie, Geheul/Geheule* usw. ↑Substantiv (2.3).

geb.: Bei der Verwendung dieser Abkürzung wird in der Regel kein Komma gesetzt: *Maria Schmidt geb. Schulze.* ↑geboren (3).

Kommasetzung bei Zusätzen mit *geb., verh., verw., gesch.*

1. Der zweite Name kann als nachgestellter Beisatz behandelt und mit Komma abgetrennt werden:	**1. Der zweite Name wird in der Regel als Bestandteil des Gesamtnamens behandelt und ohne Komma angeschlossen:**
Frau Martha Schneider, geb. Kühn, wurde als Zeugin vernommen.	Frau Martha Schneider geb. Kühn wurde als Zeugin vernommen.
Der Geburtsort seiner Ehefrau Katharina, geborener (geb.) Krüger, ist unbekannt.	Der Geburtsort seiner Ehefrau Katharina geb. Krüger ist unbekannt.
Seine Tochter Maria, verheiratete (verh.) König, starb 1856.	Seine Tochter Maria verh. König starb 1856.
2. Zwei oder mehrere nachgestellte Namen werden immer als Beisätze behandelt und mit Komma abgetrennt:	
Frau Martha Schneider, geb. Kühn, verw. Schulz, wurde als Zeugin vernommen.	

gebärden, sich: Das *sich gebärden als* folgende Substantiv steht heute gewöhnlich im Nominativ, d. h., es wird auf das Subjekt bezogen: *... wo er noch einen Monat zuvor ehrerbietig vor seinem Kaiser Napoleon als der Treueste sich gebärdet ...* (St. Zweig). Der Akkusativ, d. h. die Beziehung auf das Reflexivpronomen, veraltet allmählich. ↑Kongruenz (4.2).

gebären: 1. Formen: Statt der unregelmäßigen Formen *du gebierst, sie gebiert; gebier!* werden heute im Indikativ Präsens gewöhnlich die regelmäßigen Formen *gebärst, gebärt; gebäre!* verwendet. **2. Tempus** (Zeit): Man fragt *Wann bist du/sind Sie geboren?* (Nicht: *Wann wurdest du/wurden Sie geboren?*) Entsprechend heißt es in der Antwort: *Ich bin am ... geboren.* Bei einer Schilderung in der Vergangenheit, z. B. im Lebenslauf, kann es heißen: *Ich wurde am 23. April 1965 geboren* (nicht: *Ich bin am 23. April 1965 geboren worden*). ↑geboren (4).

Gebäudeblock: ↑Block.

Gebäudenamen: 1. Genus: Bezeichnungen, mit denen sich zunächst kein Genus verbindet und die als Namen für Hotels, Kaffeehäuser, Kinos verwendet werden, sind – entsprechend dem Genus dieser drei Wörter – meist Neutra: *das Continental, das Gloria, das Hilton; ich gehe ins Kranzler/ins Blum; das Royal, das Rex.* Aber: *die Schauburg* (weil: *die Burg*), *das Abendstudio* (weil: *das Studio), die Kurbel, die Filmbühne.* **2. Deklination:** In gutem

Deutsch ist die Beugung des Gebäudenamens notwendig, auch dann, wenn er in Anführungszeichen steht: *die Bilder des Louvres, die Köche des „Mannheimer Hofs"*. Soll der Gebäudename unverändert bleiben, dann muß umschrieben werden: *im Gasthof „Alte Post", die Köche des Hotels „Mannheimer Hof"*.

Gebäulichkeiten: *Gebäulichkeiten* ist eine fehlerhafte Wortmischung aus *Gebäude* und *Baulichkeiten*. ↑Kontamination.

gebe/gäbe: ↑gäbe/gebe.

geben: 1. geben/gib: Im Indikativ Präsens heißt es: *ich gebe, du gibst, er gibt.* Der Imperativ lautet: *gib!* ↑e/i-Wechsel. **2. Er gab sich als ein Kavalier/als einen Kavalier der alten Schule:** Bei *sich geben als* steht das dem *als* folgende Substantiv heute im Nominativ, d. h., es wird auf das Subjekt bezogen: *Er gab sich als ein Kavalier der alten Schule.* Der Akkusativ, d. h. die Beziehung auf das Reflexivpronomen, ist veraltet: *Er gab sich als einen Kavalier der alten Schule.* ↑Kongruenz (4.2). **3. Es gibt nichts Schlimmeres als ein betrunkener/einen betrunkenen Mann:** ↑Apposition (3.5). **4. Es geben viele Äpfel:** Diese mundartliche Ausdrucksweise ist sprachlich nicht korrekt. Es muß heißen: *Es gibt viele Äpfel.* **5.** Zu *Es gibt viel zu tun* (für: *Vieles muß getan werden*) ↑Passiv (3.4).

Gebetbuch: Die Bildung ist ohne Fugen-s gebräuchlich (nicht: *Gebetsbuch*). ↑Fugen-s.

Gebietsnamen: ↑geographische Namen.

Gebinde/Angebinde: ↑Blumenangebinde/Blumengebinde.

Gebirgsnamen: 1. Bergnamen: Bergnamen sind im allgemeinen Maskulina, weil *der Berg* im Bewußtsein mitschwingt: *der Brocken, der Großglockner, der Große Arber, der Kyffhäuser, der Säntis, der Ortler, der Piz Palü, der Monte Rosa, der Montblanc, der Olymp, der Vesuv, der Kilimandscharo, der Popocatepetl, der Nanga Parbat.* Einige auf *-a* endende Bergnamen sind Feminina: *die Schesaplana, die Marmolata;* aber: *der Ätna.* **2. Gebirgsnamen:** Gebirgsnamen sind Maskulina, seltener Feminina: *der Harz, der Taunus, der Hunsrück, der Spessart, der Jura, der Himalaja;* aber: *die Rhön, die Hardt, die Eifel, die Silvretta, die Sierra Nevada.* Viele Gebirgsnamen kommen nur im Plural vor: *die Pyrenäen, die Dolomiten, die Alpen, die Ardennen, die Kordilleren, die Anden, die Rocky Mountains, die Cevennen, die Vogesen, die Karpaten.* **3.** Zur Deklination der Gebirgsnamen ↑geographische Namen (1.2).

gebogen: Zu *gebogene/gebogne Stäbe* ↑Adjektiv (1.2.13).

geboren: 1. In Hamburg geboren, erhielt er seine Ausbildung in Berlin: Diese in kurzen Lebensabrissen häufig anzutreffende Formulierung ist nicht korrekt, weil satzwertiges Partizip *(in Hamburg geboren)* und Hauptsatz *(Er erhielt seine Ausbildung in Berlin)* inhaltlich in keinem logischen Zusammenhang stehen. ↑satzwertiges Partizip. **2. von seiner Ehefrau Lisa, geborene/geborener/geborenen Wenzel:** Alle drei Möglichkeiten sind grammatisch vertretbar. Der am häufigsten vorkommende Nominativ *geborene* ist als Ellipse (Auslassung) aus einem Nebensatz zu erklären: *von seiner Ehefrau Lisa, [die eine] geborene Wenzel [ist].* In den beiden anderen Fällen faßt man *geboren* als nachgetragene Apposition auf. Steht das artikellose attributive Adjektiv in einer Apposition, dann muß regelgemäß stark gebeugt werden: *von seiner Ehefrau Lisa, geborener Wenzel.* Gelegentlich wird aber im Dativ das attributive Adjektiv so sehr auf das Pronomen bezogen, daß es schwach dekliniert wird: *von seiner Ehefrau Lisa, geborenen Wenzel.* **3. Frau Martha Schneider, geb. Kühn/Frau Martha Schneider geb. Kühn:** Der dem Familiennamen einer Ehefrau mit der Abkürzung *geb.* hinzugefügte Geburtsname (Mädchenname) wird heute gewöhnlich als Bestandteil ihres Namens aufgefaßt und ohne Komma angeschlossen. Er kann aber auch als nachgestellte Apposition behandelt und mit Komma abgetrennt werden. (Das gleiche gilt für Männer, die den Familiennamen ihrer Frau angenommen haben.) Auf gleiche Weise werden die mit *verh.* (= verheiratet[e]), *verw.* (= verwitwet[e]), *gesch.* (= geschieden[e]) angeschlossenen Zusätze behandelt. Vgl. die Tabelle auf S. 275. **4. ich bin/wurde geboren:** Beide Formen sind möglich: In (detaillierten) Lebensläufen wird gewöhnlich *Ich wurde geboren* verwendet, weil damit außer der Angabe des Ortes auch noch andere Angaben gemacht werden können. *Am 1. Juni 1950 wurde ich als zweites Kind der Eheleute ... in Berlin geboren.* Dagegen kann man bei *Ich bin geboren* nur den Ort angeben, also *Ich bin in Berlin geboren,* aber nicht: *Ich bin am 1. Juni 1950 in Berlin geboren* oder *Ich bin als zweites Kind der Eheleute ... geboren.* **5. geboren/gebürtig:** Es heißt: *geboren in Berlin,* aber *gebürtig aus Berlin,* wobei *gebürtig* die Bedeutung „stammend aus" hat. Beachte: Wer in München lebt und auch dort geboren ist, ist im Unterschied zu dem in München lebenden, aber dort nicht geborenen Münchner ein geborener Münchner. Wer in München geboren ist, aber nicht mehr dort lebt, ist ein gebürtiger Münchner.

gebrauchen: ↑benutzen/gebrauchen/verwenden, ↑brauchen (5).

Gebrüder/Brüder: ↑Brüder/Gebrüder.

gebürtig/geboren: ↑geboren/gebürtig.

Geburtstag: 1. Bedeutung: *Geburtstag* bedeutet nicht, abgesehen von der gelegentlichen Verwendung in der Verwaltungssprache, „Tag der Geburt", sondern „Gedenktag der Geburt". Seinen ersten Geburtstag feiert man also, wenn man ein Jahr alt wird. Der Tag, an dem jemand 50 Jahre alt wird, ist dessen 50. Geburtstag. **2. fünfzigster Geburtstag/fünfzigjähriger Geburtstag:** Man kann korrekt nur sagen: *mein fünfzigster Geburtstag.* ↑Numerale (5).

Geck: Der Genitiv lautet *des Gekken* (nicht: *des Gecks*), der Dativ und Akkusativ lauten *dem/den Gecken* (nicht: *dem/den Geck*). ↑Unterlassung der Deklination (2.1.1).

gedacht: Das auf *gedacht* folgende [substantivierte] Adjektiv wird parallel gebeugt: *ein gedachter geometrischer Ort.* Nur im Dativ Singular Maskulinum und Neutrum und im Genitiv Plural tritt gelegentlich noch schwache Beugung auf: *an gedachtem geometrischen Ort.*

Gedanke/Gedanken: Als Nominativform wird heute gewöhnlich *der Gedanke* gebraucht; *der Gedanken* ist seltener und gehoben. Der Genitiv zu beiden Nominativformen lautet *des Gedankens.* ↑Substantiv (2.1).

Gedankenstrich

Der Gedankenstrich dient einmal zur Kennzeichnung einer größeren Pause zwischen einzelnen Wörtern oder innerhalb eines Satzes. Weiterhin dient er zur Abgrenzung eines eingebetteten Satzes oder Satzteiles, der Gesagtes unterstreichen soll oder der sich im Satzbau deutlich vom einbettenden Satz abhebt. Schließlich kann der Gedankenstrich auch einen gedanklichen oder thematischen Übergang zwischen Sätzen anzeigen. Eine Häufung von Gedankenstrichen ist zu vermeiden.

1 Der Gedankenstrich zwischen Sätzen und Einzelwörtern

Der Gedankenstrich
– zeigt Themen- oder Gedankenwechsel an und ersetzt so den Absatz:

... weswegen wir leider nicht in der Lage sind, Ihren Wunsch zu erfüllen. – Der begonnene Bau des neuen Zweigwerkes muß vorerst gestoppt werden, weil ...

– zeigt Sprecherwechsel an:

„Komm bitte einmal her!“ – „Ja, sofort.“ „Wir haben keine Chance“, prophezeite er. – „Sei nicht so pessimistisch“, drängte seine Frau. „Mein Sohn, was birgst du so bang dein Gesicht?“ – „Siehst, Vater, du den Erlkönig nicht?“ (Goethe).

– trennt Themen in einer Inhaltsangabe:

Inhalt: Rechnungsarten – Zinsrechnung – Rechenhilfe – Zahlenspielereien.

2 Der Gedankenstrich innerhalb eines Satzes

2.1 Der Gedankenstrich bei Kommandos

Der Gedankenstrich steht zwischen Ankündigungs- und Ausführungskommando sowie zwischen den einzelnen Teilen eines Kommandos:

Rumpf vorwärts beugen – beugt! Auf die Plätze – fertig – los!

2.2 Der Gedankenstrich bereitet auf etwas Unerwartetes vor

Der Gedankenstrich steht zur Kennzeichnung einer Pause, die die Erwartung oder Spannung gegenüber dem Folgenden erhöhen soll. Er ersetzt in diesen Fällen das Verb und gibt dem Satz einen schlagwortartigen Charakter:

Plötzlich – ein vielstimmiger Schreckensruf! Rotchina – Gefahr für die Welt? Zwei Worte – ein Bier!

Der Gedankenstrich steht vor dem Schlußteil eines Satzes, der als überraschender Abschluß oder als Satzschluß mit besonderem Nachdruck gedacht ist:

Zuletzt tat sie das, woran niemand gedacht hatte – sie beging Selbstmord. Ich werde in dieser Sache nichts unternehmen – um keinen Preis.

2.3 Der Gedankenstrich bei Gegenüberstellungen

Der Gedankenstrich steht bei der Gegenüberstellung gegensätzlicher oder zusammengehörender Wörter:

bald hier – bald dort, diesseits – jenseits, einerseits –andererseits, arm – reich, jung – alt, nicht nur – sondern auch, entweder – oder.

2.4 Der Gedankenstrich beim Abbruch der Rede

Der Gedankenstrich kennzeichnet den Abbruch der Rede oder das Verschweigen eines Gedankenabschlusses, wenn keine Auslassungspunkte gesetzt werden:

„Schweig, du – !“ schrie er ihn an. Sie können mich mal –

2.5 Der Gedankenstrich bei eingeschobenen Satzteilen oder Sätzen

Der Gedankenstrich steht vor und nach eingeschobenen Satzteilen und Sätzen, die den Nachdruck des Gesagten erhöhen oder das Gesagte näher erklären oder beschreiben sollen. Da dieser Gedankenstrich zum Einschub gehört, sollte er am Zeilenende nicht von diesem getrennt werden:

Wir traten aus dem Wald, und ein wunderbares Bild – die Sonne kam eben durch die Wolken – breitete sich vor uns aus. Aus diesem Grunde glaube ich, an dieser – für meine weitere Untersuchung sehr wichtigen – Stelle nicht mehr der bisherigen Regelung folgen zu können.

3 Der Gedankenstrich in Verbindung mit anderen Satzzeichen

In einem Satz, in den ein vollständiger oder unvollständiger Satz mit Gedankenstrichen eingeschoben ist, müssen die Satzzeichen des einschließenden Satzes genauso stehen, wie wenn der mit Gedankenstrichen eingeschlossene Satz nicht vorhanden wäre.

3.1 Gedankenstrich und Komma

Das Komma steht nach oder vor einem eingeschobenen Satzteil oder Satz außerhalb der Gedankenstriche, wenn es auch ohne den eingeschobenen Satzteil oder Satz stehen muß:

Sie wundern sich – schreiben Sie –, daß ich so selten von mir hören lasse. Der naturreine Saft sonnengereifter Orangen, konzentriert, – mit frischem Wasser und reinem Kristallzucker zu einem hochwertigen Fruchtsaftgetränk gut verrührt – das ist unser Geheimrezept.

Beginnt oder schließt der eingeschobene Satz mit einem Nebensatz, dann steht weder nach dem ersten noch vor dem zweiten Gedankenstrich ein Komma, weil die Gedankenstriche bereits die Trennung vom Hauptsatz übernehmen:

Deshalb ist der Triumph so groß, weil nichts anderes den Ausgangspunkt für die Forscher bildete als ein paar Bibelworte – abgesehen von den verstreuten Hügeln, die wenig in die Staubebene zwischen den Flüssen paßten – und einige Tonscherben vielleicht ... Wenn aber Prescott sagt: „Das alles ist ein Geheimnis, über das die Zeit einen undurchdringlichen Schleier geworfen hat ...“ – und wenn er dann hinzufügt: „... einen Schleier, den keine sterbliche Hand zu lüften vermag“ –, so zeigt sich der Historiker ... allzusehr entmutigt (C. W. Ceram).

3.2 Gedankenstrich und Doppelpunkt

Der Doppelpunkt steht nach dem zweiten Gedankenstrich, wenn eine direkte Rede einen Doppelpunkt fordert, dem ein in Gedankenstriche gesetzter eingeschobener Satz vorausgeht:

Verächtlich rief sie ihm zu – sie wandte kaum den Kopf dabei –: „Was willst du hier?“

3.3 Gedankenstrich und Punkt

Wird ein vollständiger Satz mit Gedankenstrichen in einen Satz eingeschoben, dann wird der eingeschobene Satz ohne Punkt geschrieben:

Wir traten aus dem Walde, und ein wunderbares Bild – die Sonne kam eben durch die Wolken – breitete sich vor uns aus.

3.4 Gedankenstrich und Ausrufe- oder Fragezeichen

Das Ausrufe- oder Fragezeichen steht vor dem zweiten Gedankenstrich, wenn es zu dem eingeschobenen Satz oder Satzteil gehört:

Ich fürchte – hoffentlich zu unrecht! –, daß du krank bist. Man empfahl uns immer – erinnern Sie sich noch? –, unerbittlich gegen uns selbst, aber nachgiebig gegen andere zu sein.

4 Der Gedankenstrich an Stelle eines anderen Satzzeichens

4.1 Der Gedankenstrich an Stelle des Punktes

Der Gedankenstrich kann an Stelle eines Punktes stehen, wenn das im Satz Gesagte gedanklich weitergeführt werden soll:

Überlege dir einmal, was das alles für Folgen haben kann –

4.2 Der Gedankenstrich an Stelle des Kommas

Der Gedankenstrich kann statt des zu schwachen Kommas bei besonderer Betonung eines Gegensatzes oder einer Entsprechung stehen:

Komme bald – aber mit ihm. Die Wahl zwischen Gehorsam und Ungehorsam – zwischen Leben und Tod.

4.3 Der Gedankenstrich an Stelle des Doppelpunktes

Der Gedankenstrich kann an Stelle eines Doppelpunktes stehen, wenn dieser als zu schwach erscheint:

Haus und Hof, Geld und Gut – alles ist verloren. Hier hilft nur noch eins – sofort operieren.

gedeihen: Das Verb *gedeihen* gehört zu den Verben mit unregelmäßiger Konjugation. Präteritum und 2. Partizip heißen also nicht *gedeihte, gedeiht,* sondern *gedieh, gediehen.*

gedenken: 1. Wenn *gedenken* mit einem erweiterten Infinitiv mit *zu* verbunden ist, kann man das Komma setzen oder weglassen. Es kommt darauf an, ob man *gedenken* als Vollverb oder als Hilfsverb auffassen will: *Sie gedachte, ein Geschäft zu eröffnen* oder: *Sie gedachte ein Geschäft zu eröffnen.* Tritt zu *gedenken* ein Adverb o. ä., dann muß das Komma stehen, weil *gedenken* dann nur Vollverb sein kann: *Seine Frau gedachte nach langem Zögern, ein Geschäft zu eröffnen.* ↑Komma (5.1.4). **2.** Die Konstruktion *es gedenkt mir* o. ä. für *ich erinnere mich* ist mundartlich; sie ist standardsprachlich nicht korrekt.

Gedichtband, -form, -sammlung: Die Zusammensetzungen mit *Gedicht* als erstem Bestandteil sind ohne Fugen-s gebräuchlich (nicht: *Gedichtsband* usw.). ↑Fugen-s.

gedient: In der (korrekten) Verbindung *ein gedienter Soldat* hat sich das 2. Partizip des intransitiven Verbs *dienen* isoliert. Vgl. dazu: *Er hat acht Jahre [im Heer] gedient.*

geehrt/verehrt/wert: In Anreden wird heute im allgemeinen als Höflichkeitsausdruck *geehrt* verwendet: *Sehr geehrter Herr ... Meine sehr geehrten Damen und Herren!* usw. Demgegenüber sollte *verehrt* nur dann gebraucht werden, wenn man einem Menschen, den man persönlich kennt und schätzt, seine besondere Ehrerbietung ausdrücken will: *Sehr verehrter Herr Professor! Sehr verehrte [und liebe] gnädige Frau!* usw. Veraltet und nicht mehr angebracht ist *wert* als Höflichkeitsausdruck in Anreden. ↑Brief (4).

geeignet: ↑zweites Partizip (2.2).

Gefahr: Man schreibt *Gefahr* und *laufen* getrennt, weil beide Wörter eigenen Satzgliedwert haben: *Wir wollen nicht Gefahr laufen* ... Zusammen schreibt man aber *gefahrbringend, gefahrdrohend.* ↑Zusammen- oder Getrenntschreibung (3.1.1).

Gefallen: 1. der/das Gefallen: Das männliche Substantiv hat die Bedeutung „Gefälligkeit, Freundschaftsdienst"; das sächliche Substantiv wird im Sinne von „Freude, Wohlgefallen" verwendet. **2. der Gefallen/Gefalle:** Heute hat sich allgemein die Nominativform *der Gefallen* durchgesetzt; *der Gefalle* ist veraltet. Der Genitiv lautet zu beiden Formen: *des Gefallens.* ↑Substantiv (2.1).

gefalten/gefaltet: ↑falten.

gefangen: Man schreibt *gefangen* mit den Verben *halten, nehmen, setzen* zusammen: *Er wurde gefangengehalten, gefangengenommen, gefangengesetzt.* ↑Zusammen- oder Getrenntschreibung (1.2).

gefolgt von: ↑folgen, ↑zweites Partizip.

gefragt: Zu *die gefragte Ware* ↑fragen (3).

Gefreite: 1. ihm als Gefreitem/Gefreiten: Im allgemeinen wird *Gefreiter* wie ein attributives ↑Adjektiv dekliniert: *Er ist Gefreiter. Ein Gefreiter betrat die Wachstube. Der Gefreite ließ die Soldaten antreten. Die Gefreiten/Zwei Gefreite mußten das Waffenreinigen beaufsichtigen* usw. Im Genitiv Plural ist heute nach einem stark deklinierten Adjektiv die starke Beugung üblich: *die Beförderung erfahrener Gefreiter* (veraltend: *Gefreiten*). Ausnahmen und Schwankungen treten beim Dativ Singular auf: **a)** Nach einem stark deklinierten Adjektiv wird heute schwach gebeugt: *Besagtem Gefreiten wurde die Auszeichnung verliehen.* **b)** In der Apposition (im Beisatz) kommt neben der starken Deklination häufig auch die schwache vor: *Ihm als Gefreiten* ... neben: *Ihm als Gefreitem* ... **2. einige Gefreite · manche Gefreiten · solche Gefreite[n]:** Zur Deklination von *Gefreite* nach *alle, beide, einige* usw. ↑all- usw. **3. des Gefreiten Schmidt/Gefreiten Schmidts:** Zur Deklination des Namens nach *Gefreite* ↑Titel und Berufsbezeichnungen (1.2 und 1.3).

gegeben: Klein schreibt man *gegeben* auch dann, wenn ein Artikel vorangeht, beide Wörter aber für ein Partizip stehen: *Es ist das gegebene* (= gegeben) ... Groß schreibt man das substantivierte Partizip: *Ich nahm das Gegebene gern.* ↑Groß- oder Kleinschreibung (1.2.1).

gegen: 1. gegen/für: ↑für/gegen. **2. gegen/gegenüber:** Statt *gegen* (+ Akkusativ) im Sinne von „zu jmdm., in bezug auf jmdn., im Vergleich zu" wird heute häufig *gegenüber* (+ Dativ) gebraucht: *Er benahm sich sehr höflich uns gegenüber,* statt: *gegen uns. Gegenüber ihrem Leid ist dein Kummer doch gering,* statt: *gegen ihr Leid* ... Die Bevorzugung von *gegenüber* läßt sich dadurch erklären, daß man die schärfere Formulierung mit *gegen,* das die Vorstellung des Gegeneinanderstehens enthält, vermeiden möchte. Von vielen Sprechern wird *gegen* auch als gehoben empfunden. **3. gegen/in:** Mit *in eine Bahn, einen Wagen, ein Fahrrad o.ä.*

laufen drückt man aus, daß sich das betreffende Fahrzeug in Bewegung befindet und man an- oder umgefahren wird. (Man kann also nicht sagen, man sei in ein parkendes Auto gelaufen.) Mit *gegen eine Bahn/einen Wagen/ein Fahrrad o. ä. laufen* gibt man dagegen an, daß man im Laufen oder Gehen gegen ein Fahrrad usw. gestoßen oder geprallt ist. **4. gegen das (es)/dagegen:** ↑Pronominaladverb (3). **5. gegen jemanden wie dich/wie du:** ↑Apposition (3.5). **6. gegen was/wogegen:** Standardsprachlich ist in der Regel das Pronominaladverb *wogegen: Wogegen wendest du dich?* Die Verbindung *gegen + was (Gegen was wendest du dich?)* kommt in der Umgangssprache recht häufig vor; sie ist allerdings stilistisch unschön. ↑Pronominaladverb (5).

gegeneinander: Getrennt vom folgenden Verb schreibt man *gegeneinander,* wenn es eine Wechselbezüglichkeit, eine Gegenseitigkeit (bei Personen) ausdrückt: *Sie wollten gegeneinander kämpfen.* Zusammen schreibt man, wenn *gegeneinander* Verbzusatz ist: *Wir werden die Bretter gegeneinanderstellen. Wir sind an der Tür gegeneinandergeprallt.* ↑Zusammen- oder Getrenntschreibung (1.4).

gegen's: Diese umgangssprachliche und mundartliche Verschmelzung von *gegen das* wird mit Apostroph geschrieben. ↑Präposition (1.2.1), ↑Apostroph (1.2).

Gegen[satz]wort: ↑Antonym.

gegenständliches Substantiv: ↑Konkretum.

Gegenstandssatz: ↑Subjektsatz.

gegenüber: 1. Rektion: Standardsprachlich wird *gegenüber* mit dem Dativ, nicht mit dem Genitiv verbunden: *Gegenüber dem Bahnhof* (nicht: *des Bahnhofs*) *befindet sich das Reisebüro.* Bei Ortsnamen kann auch mit *von* angeschlossen werden: *Ludwigshafen liegt gegenüber von Mannheim.* Umgangssprachlich wird auch in anderen Fällen mit *von* angeschlossen: *Gegenüber vom Bahnhof befindet sich das Reisebüro* usw. Stilistisch unschön ist dieser Anschluß bei Pronomen: *Dieser Mann wohnt gegenüber von uns. Sie sitzt gegenüber von mir.* **2. Stellung:** *gegenüber* kann einem Substantiv voran- oder nachgestellt werden: *Gegenüber dem Bahnhof/Dem Bahnhof gegenüber befindet sich das Reisebüro. Man ist allen Reformen gegenüber/gegenüber allen Reformen sehr zurückhaltend.* Bei Pronomen wird *gegenüber* jedoch immer nachgestellt: *Mir gegenüber wagt man das nicht zu sagen.* **3. Rechtschreibung:** Getrennt schreibt man *gegenüber* vom folgenden Verb, wenn es im Sinne von „dort drüben, auf der anderen Seite“ gebraucht wird: *Gegenüber stehen zwei Häuser. Das Schloß soll gegenüber liegen.* Sonst schreibt man zusammen: *Die feindlichen Truppen werden sich bald gegenüberstehen/haben sich gegenübergelegen. Sie pflegt ihren Geschäftspartnern selbstbewußt gegenüberzutreten.* ↑Zusammen- oder Getrenntschreibung (1.4).

Gegenwart: ↑Präsens.

gegenzeichnen: Das Verb *gegenzeichnen* bildet die Formen *ich zeichne gegen* (nicht: *ich gegenzeichne*)/*habe gegengezeichnet* (nicht: *habe gegegenzeichnet*). Beim Infinitiv mit *zu* sind sowohl *zu gegenzeichnen* als auch *gegenzuzeichnen* möglich.

Gehabe/Gehaben: *Gehaben* wird in der Gegenwartssprache im allgemeinen nur noch im Sinne von „Benehmen, Verhalten“ gebraucht: *Plötzlich ... fiel mir das bedrückte Gehaben des Burschen auf* (Broch). *Ein ähnliches Gehaben finden wir jedoch bei der Amsel zur Zeit der Abenddämmerung* (Lorenz). *Gehabe* hat heute immer einen leicht negativen Akzent und wird gewöhnlich in der Bedeutung „Getue, auffälliges Gebaren“ verwendet: *Der andere war ihm ähnlich ... mit dem gleichen herausfordernden mokanten Gehabe* (Feuchtwanger). *... auch sein Gehabe war unverändert, elegant und ein bißchen übertrieben* (Härtling). ↑Substantiv (2.1).

gehabt

Die Doppelumschreibung von Perfekt und Plusquamperfekt durch zusätzliches *gehabt (Ich habe/hatte dir das doch gesagt gehabt* statt: *Ich habe/hatte dir das doch gesagt)* kommt vor allem in der Umgangssprache und in den Mundarten vor; sie steht außerhalb des üblichen Konjugationssystems. (Hiervon zu unterscheiden sind die korrekten Formen des Vollverbs *haben: Ich habe/hatte ein Haus gehabt.*) Folgende Einzelheiten sind zu beachten:

1. Zusatzumschreibung des Perfekts: Nicht zulässig ist die Zusatzumschreibung des Perfekts als Ersatz des Plusquamperfekts. Also nicht: *Als er kam, haben wir schon gegessen gehabt. Er legte seinen Mantel ab und setzte sich. Er sagte ...* Korrekt müßte das Beispiel lauten: *Als er kam, hatten wir schon gegessen ...,* denn wenn im Präteritum erzählt wird, muß die Vorvergangenheit durch das Plusquamperfekt ausgedrückt werden.
Besonders im Süden des deutschen Sprachgebietes, wo häufig das Perfekt als Erzähltempus verwendet wird, tritt die Zusatzumschreibung des Perfekts als Ausdruck der Vorvergangenheit in Opposition zum Perfekt als Erzähltempus. Innerhalb dieses eigenen, nichtstandardsprachlichen Tempussystems hat sie ihre Berechtigung:

„Wir *haben* uns alle schon so daran *gewöhnt gehabt,* daß nichts geschieht, aber immer etwas geschehen soll" erzählte Stumm. „Und da hat auf einmal jemand ... die Nachricht gebracht ..." (Musil).

2. Zusatzumschreibung des Plusquamperfekts: Diese Konstruktion wird gelegentlich dann gebraucht, wenn das Plusquamperfekt das Zeitverhältnis der Vorvergangenheit nicht eindeutig bestimmt:

Als Bressand seine Operntexte schrieb, hatte Herzog Anton das Opernhaus gebaut und Musiker und Sänger berufen *gehabt.* ... unter dieser Bewegung schloß Amadeus langsam die Augen. Er hatte sie in das Gesicht des Bruders gerichtet *gehabt* (E. Wiechert).

Die Verdeutlichung mit Adverbien wie *bereits, vorher, bis dahin, bis zuletzt* u. a. ist hier vorzuziehen:

Als Bressand seine Operntexte schrieb, hatte Herzog Anton das Opernhaus *bereits* gebaut und Musiker und Sänger berufen.

Grammatisch zulässig ist die Zusatzumschreibung des Plusquamperfekts dagegen, wenn ausgedrückt werden soll, daß ein Geschehen zeitlich vor einem andern liegt, das seinerseits bereits im Plusquamperfekt geschildert ist:

Ditte war wieder zurückgekommen. ... [Sie] hatte schon ein gutes Ende zurückgelegt *gehabt* (A. Nexö).

3. Zusatzumschreibung beim Konjunktiv: Häufiger kommen die Zusatzumschreibungen beim Konjunktiv vor, weil hier im allgemeinen der Ausdruck der Zeitverhältnisse völlig zurückgetreten ist:

Wäre gerade jemand unter dem Baum gewesen, er hätte bestimmt sein letztes Brot gegessen *gehabt.* Er sagte, daß der Polizist sofort auf den Mann eingeschlagen habe, nachdem er ihn eingeholt *gehabt* hätte.

Aber auch hier kommt man meist mit den üblichen Sprachmitteln aus *(... nachdem er ihn eingeholt habe/hatte).*

Gehalt: *Gehalt* in der Bedeutung „Arbeitsentgelt, Besoldung" ist sächliches Substantiv und hat den Plural *die Gehälter;* in der Bedeutung „Inhalt, Wert" ist *Gehalt* männliches Substantiv und hat den Plural *die Gehalte.*

geheim: 1. Klein schreibt man das Adjektiv: *geheime Wahlen, ein geheimer Nachrichtendienst* usw. Klein schreibt man *geheim* auch in Verbindung mit dem Artikel, wenn die Kombination für ein einfaches Adjektiv steht: *Ich tat dies im geheimen* (= heimlich). Groß schreibt man *geheim* in Titeln und Namen: *Geheimer Rat, Geheimes Staatsarchiv, Geheime Staatspolizei.* ↑Groß- oder Kleinschreibung (1.2.1), ↑Titel und Berufsbezeichnungen (2). **2.** Getrennt vom folgenden Verb schreibt man, wenn beide Wörter ihre selbständige Bedeutung bewahren und eigenen Satzgliedwert haben: *Wir müssen es geheim erledigen. Das Unternehmen soll geheim bleiben.* Zusammen schreibt man, wenn durch die Verbindung eine Bedeutungsschattierung entsteht oder wenn beide Wörter als Einheit empfunden werden: *Wir müssen den Plan geheimhalten. Er soll nicht immer so geheimtun* (= geheimnisvoll tun). ↑Zusammen- oder Getrenntschreibung (1.2).

geheißen/gehießen: ↑heißen (1).

gehen: 1. Imperativ: Nur in gehobener Ausdrucksweise lautet der Imperativ *gehe!* Die allgemein gebräuchliche Imperativform ist *geh!* **2. Perfekt:** *gehen* wird immer, auch in übertragener Bedeutung, mit *sein* im Perfekt umschrieben: *Das ist* (nicht: *hat*) *noch einmal gut gegangen.* **3.** Zu *zu gehen/zugehen* ↑zu (11); zu *nach Frankreich/in die Schweiz gehen* ↑in/nach/zu/bei; zu *Das Bild geht nicht zu befestigen* (ugs. für: *Das Bild kann nicht befestigt werden*) ↑Passiv (3.4).

gehen lassen / gehenlassen: Getrennt schreibt man *gehen* und *lassen,* wenn beide Verben in ihrer ursprünglichen Bedeutung gebraucht werden: *Du sollst ihn nach Hause gehen lassen* und in der Verbindung *den Teig gehen lassen.* Zusammen schreibt man, wenn durch die Verbindung ein neuer Begriff entsteht: *Du sollst ihn gehenlassen* (= in Ruhe lassen). *Er hat sich gehenlassen* (= sich vernachlässigt, sich zwanglos verhalten). ↑Zusammen- oder Getrenntschreibung (1.1).

geherrscht: Das zweite Partizip von *herrschen* darf nicht attributiv verwendet werden *(die geherrschte Seuche).* ↑zweites Partizip (2.3).

geholfen: Zu der falschen (passivischen) Verwendung des zweiten Partizips von *helfen (Von den Umstehenden geholfen, suchten wir ...)* ↑helfen (6), ↑zweites Partizip (2.3).

gehören: 1. gehören/sein: Standardsprachlich korrekt sind nur die Fügungen *Das Buch (o. ä.) gehört mir* oder *Das Buch (o. ä.) ist mein,* aber nicht die Vermischungen (↑Kontamination) *Das Buch gehört mein* und *Das Buch ist mir.* **2. eingesperrt/aufgehängt gehören:** In der Umgangssprache wird an Stelle des Passivs gelegentlich die Konstruktion *gehören* + 2. Partizip verwendet: *Dem Kerl gehört das Handwerk gelegt* statt: *Dem Kerl muß das Handwerk gelegt werden.*

gehörend/gehörig: Das Adjektiv *gehörig* kann nicht wie das erste Partizip *gehörend* verwendet werden. Standardsprachlich korrekt heißt es: *Sie räumte die in den Schrank gehörende* (nicht: *gehörige*) *Wäsche weg. Ich werde die mir gehörenden* (nicht: *gehörigen*) *Bücher zurückfordern.* ↑Adjektiv (3.1).

Gehörsinn: Bei diesem Wort hat sich die Schreibung ohne Fugen-s allgemein durchgesetzt (also nicht: *Gehörssinn*). ↑Fugen-s.

gehört/hören: ↑hören.

gehuldigt: Das zweite Partizip von *huldigen* darf nicht attributiv gebraucht werden *(der gehuldigte Fürst).* ↑zweites Partizip (2.2).

Geisel: Das Wort kann sowohl mit männlichem Geschlecht *(der Geisel)* als auch mit weiblichem Geschlecht *(die*

Geisel) gebraucht werden. Heute wird überwiegend *die Geisel* verwendet.

geistig/geistlich: Die beiden Adjektive dürfen nicht miteinander verwechselt werden: *geistig* bedeutet „den Geist betreffend, gedanklich" *(geistige Arbeit, geistiger Diebstahl)* und hat daneben die Bedeutung „alkoholisch" (da *Geist* auch „Essenz, Alkohol" bedeutet; *geistige Getränke*); *geistlich* dagegen bedeutet „die Religion betreffend, theologisch, kirchlich, gottesdienstlich": *geistliche Schriften/Musik, geistliche Tracht.*

Geistliche: 1. besagtem Geistlichen/Geistlichem · ihm als Geistlichen/Geistlichem: Im allgemeinen wird *Geistliche* wie ein attributives ↑Adjektiv dekliniert: *Er ist Geistlicher. Ein Geistlicher saß am Bett des Kranken. Der Geistliche verließ die Kirche. Die Geistlichen protestierten gegen diese Maßnahmen. Zwei Geistliche wurden verhaftet* usw. Im Genitiv Plural ist heute nach einem stark deklinierten Adjektiv die starke Beugung üblich: *die Verhaftung katholischer Geistlicher* (veraltend: *Geistlichen*). Ausnahmen und Schwankungen treten beim Dativ Singular auf: **a)** Nach einem stark deklinierten Adjektiv wird heute schwach gebeugt: *Mit besagtem Geistlichen* (veraltet: *Geistlichem*) *habe ich gesprochen.* **b)** In der Apposition (im Beisatz) kommt neben der starken Deklination häufig die schwache vor: *Ihm als Geistlichen ...* neben: *Ihm als Geistlichem ...* **2. Einige Geistliche · alle Geistlichen · solche Geistliche[n]:** Zur Deklination von *Geistliche* nach *alle, beide, einige* usw. ↑all- usw.

Geistlicher Rat: ↑Titel und Berufsbezeichnungen (2).

gekündigt: ↑kündigen.

gelangen: Die Konstruktion *gelangen + zu +* Substantiv wird zur Umschreibung des Passivs verwendet: *Die Lebensmittel gelangten zur Verteilung* (= wurden verteilt). *Die Beschlüsse gelangten zur Ausführung* (= wurden ausgeführt). *Das Geld soll in den nächsten Tagen zur Auszahlung gelangen* (= ausgezahlt werden). Diese Fügungen kommen hauptsächlich im Amts- und Geschäftsdeutsch und in der Zeitungssprache vor. Sie haben dort ihre Berechtigung, wenn sie der besonderen Verstärkung einer Aussage dienen. Lediglich als Ersatz des Verbs im Passiv sind sie stilistisch unschön: *Dieser Punkt ist noch nicht zur Erörterung gelangt.* ↑Papierdeutsch.

gelassen/lassen: ↑lassen (2).

gelaunt: Man schreibt *gelaunt* mit dem Adjektiv, das das Gelauntsein näher bestimmt, zusammen, wenn beide adjektivisch gebraucht werden (das erste Glied trägt Starkton): *der gutgelaunte / schlechtgelaunte / übelgelaunte Vater.* Getrennt schreibt man dann, wenn das Adjektiv näher bestimmt wird (beide Wörter tragen Starkton): *der gut gelaunte Vater.* Getrennt schreibt man immer, wenn beide Wörter aussagend stehen: *Der Vater ist gut/schlecht/übel gelaunt.* ↑Zusammen- oder Getrenntschreibung (3.1.2).

gelb: 1. Rechtschreibung: a) Klein schreibt man das Adjektiv: *die gelbe Rübe* (südd. für: *Mohrrübe*), *das gelbe Fieber, die gelbe Gefahr, die gelben Engel* (= Straßenwacht des ADAC), *das gelbe Trikot* (= Radsport). Groß schreibt man das Adjektiv in Namen: *der Gelbe Fluß, das Gelbe Meer.* Groß schreibt man auch das substantivierte Adjektiv: *die Farbe Gelb, eine Tapete in Gelb, gerne Gelb tragen. Bei Gelb ist die Kreuzung zu räumen. Die Ampel steht auf Gelb* usw. **b)** Zusammen schreibt man das Adjektiv mit dem folgenden zweiten Partizip, wenn die Verbindung adjektivisch gebraucht wird (nur *gelb-* trägt Starkton): *die gelbgefärbten Kleider.* Getrennt schreibt man, wenn die Vorstellung der Tätigkeit vorherrscht (beide Wörter tragen Starkton): *die gelb [und nicht etwa blau] gefärbten Kleider.* Dies gilt immer, wenn beide Wörter aussagend stehen: *Die Kleider sind gelb gefärbt.* **2. ein gelbgrüner Dreß/ein gelb-grüner Dreß** (Zusammenschreibung oder Bindestrich): Die Zusammenschreibung drückt aus, daß die Farben vermischt vorkommen, daß es sich um einen Farbton handelt: *ein gelbgrüner Dreß* (= eine Farbe mit einer gelblichen Abschattung des Grüns). Der Bindestrich drückt aus, daß beide Farben unvermischt nebeneinander vorkommen: *ein gelb-grüner Dreß* (= mit den beiden Farben Gelb und Grün selbständig nebeneinander). ↑Farbbezeichnungen (3.1). **3. des Gelb/des Gelbs:** Das Substantiv *das Gelb* erhält nur im Singular ein *-s.* Alle anderen Kasus sind standardsprachlich endungslos: *der Schimmer des Gelbs; die Leuchtkraft der beiden Gelb.* Die Pluralform mit *-s (die beiden Gelbs)* ist umgangssprachlich. ↑Farbbezeichnungen (2.3). **4.** Zur Steigerung von *gelb* ↑Farbbezeichnungen (1).

Geld- und Münzbezeichnungen: ↑Maß-, Mengen- und Münzbezeichnungen.

Gelee: Das Wort wird sowohl mit sächlichem Geschlecht *(das Gelee)* als auch mit männlichem Geschlecht *(der Gelee)* gebraucht.

gelegentlich: Die Präposition *gelegentlich* steht mit dem Genitiv und gibt an, daß etwas bei einer bestimmten Gelegenheit geschieht, z. B.: *... ich erfuhr das schon am ersten Tage gelegentlich eines Besuchs auf dem Einwohnermeldeamt* ... (Jens). Das Wort wird als schwerfällige, amtssprachliche Präposition empfunden; stilistisch besser ist *bei: Ich erfuhr es bei meinem Besuch in München.*

Gelehrte: 1. besagtem Gelehrten/Gelehrtem · ihm als Gelehrten/Gelehrtem: Im allgemeinen wird *Gelehrte* wie ein attributives ↑Adjektiv dekliniert: *Er ist Gelehrter. Es sprach ein Gelehrter von internationalem Rang. Der Gelehrte erläuterte die Bedeutung der Raumfahrt. Die Gelehrten diskutierten über Probleme der Umweltverschmutzung. Zwei Gelehrte sprachen sich gegen die Vorschläge aus* usw. Im Genitiv Plural ist heute nach einem stark deklinierten Adjektiv die starke Beugung üblich: *die Auszeichnung namhafter Gelehrter* (veraltend: *Gelehrten*). Ausnahmen und Schwankungen treten beim Dativ Singular auf: **a)** Nach einem stark deklinierten Adjektiv wird heute schwach gebeugt: *Besagtem Gelehrten* (veraltet: *Gelehrtem*) *ist die Auszeichnung verliehen worden.* **b)** In der Apposition (im Beisatz) kommt neben der starken Deklination häufig die schwache vor: *Ihm als Gelehrten ...* neben: *Ihm als Gelehrtem ...* **2. einige Gelehrte · alle Gelehrten · solche Gelehrte[n]:** Zur Deklination von *Gelehrte* nach *alle, beide, einige* usw. ↑all- usw.

Geleise/Gleis: Beide Formen stehen gleichberechtigt nebeneinander. Im allgemeinen wird heute die kürzere Form *Gleis* bevorzugt; *Geleise* ist österr. bzw. gehoben. ↑Substantiv (2.3).

gelernt: Die attributive Verwendung des zweiten Partizips von *lernen* in Fügungen wie *ein gelernter Schlosser* „jemand, der das Schlosserhandwerk gelernt hat" steht eigentlich im Widerspruch zu der Regel, daß das zweite Partizip transitiver Verben passivischen Sinn hat (↑zweites Partizip [2.2]). Sie erklärt sich aus der alten Verwendung von *lernen* im Sinne von „lehren": *ein gelernter Schlosser* ist also ursprünglich „jemand, der das Schlosserhandwerk gelernt (= gelehrt) worden ist".

Geliebte, der und die: **1. ihr als Geliebten/Geliebter:** Im allgemeinen wird *Geliebte* wie ein attributives ↑Adjektiv dekliniert: *ein Geliebter, der Geliebte, die Geliebten, zwei Geliebte* usw. Im Genitiv Plural ist heute nach einem stark deklinierten Adjektiv die starke Beugung üblich: *wegen treuloser Geliebter* (veraltend: *Geliebten*). Ausnahmen und Schwankungen treten beim Dativ Singular auf: **a)** Nach einem stark deklinierten Adjektiv wird heute schwach gebeugt: *Von treulosem Geliebten* (veraltet: *Geliebtem*) *verlassen ...* **b)** In der Apposition (im Beisatz) kommt neben der starken Deklination häufig die schwache vor: *Ihm als Geliebten ...* neben: *Ihm als Geliebtem ... Ihr als Geliebten ...* neben: *Ihr als Geliebter ...* **2. einige Geliebte · alle Geliebten · solche Geliebte[n]:** Zur Deklination von *Geliebte* nach *alle, beide, einige* usw. ↑all- usw.

gelten: 1. gelten als/für: Beide Anschlüsse sind möglich, der *für*-Anschluß ist allerdings wenig gebräuchlich: *Sie gilt als klug/*(selten:) *für klug.* In Verbindung mit *als* steht das folgende Substantiv – mit oder ohne bestimmten oder unbestimmten Artikel – im Nominativ: *Zapparoni konnte als das Paradepferd des technischen Optimismus gelten* (Jünger). *... als ein Unnützer galt er ...* (Nigg). *... Hauptlehrer Kuhn, der als Experte galt ...* (Kirst). In der Verbindung mit *für* steht das folgende Substantiv – stets mit bestimmtem oder unbestimmtem Artikel – im Akkusativ: *Er galt für den witzigsten Kopf seiner Zeit. Er galt für einen Dummkopf.* **2. gelten/gilt · gälte/gölte:** Im Indikativ Präsens heißt es: *ich gelte, du giltst, er gilt.* ↑e-/i-Wechsel. Im seltenen Konjunktiv II werden heute sowohl *gälte* als auch *gölte* gebraucht. ↑Konjunktiv (1.3). **3. geltende/gültige/gegoltene Bestimmungen:** Man kann nicht sagen *Er berief sich auf die bis 1945 geltenden/gegoltenen Bestimmungen. Die bis gestern geltende/gegoltene Bestimmung; geltend* ist hier aus inhaltlichen Gründen nicht möglich, weil sich das erste Partizip auf etwas bezieht, was zu dem Zeitpunkt, in dem es erwähnt wird, noch gilt. Das zweite Partizip *gegolten* kann überhaupt nicht attributiv verwendet werden, weil *gelten* sein Perfekt mit *haben* bildet (↑zweites Partizip [2.2]). Man kann also nur sagen: *Er berief sich auf die bis 1945 gültigen Bestimmungen.*

Gelüst/Gelüste/Gelüsten: Allgemein gebräuchlich ist heute nur noch die Form *das Gelüst.* ↑Substantiv (2.2).

gelüsten: Das Verb *gelüsten* wird mit dem Akkusativ (nicht mit dem Dativ) der Person verbunden: *jemanden* (nicht: *jemandem*) *gelüstet [es] nach etwas; ... sie schien nun die Antwort zu haben, nach der es sie gelüstete* (Musil).

Gemach: Das Wort hat zwei Pluralformen: *die Gemächer* und *die Gemache.* Die Form ohne Umlaut *die Gemache* ist veraltet.

gemacht: Gelegentlich wird *gemacht* pleonastisch mit *Ausführung* verbunden: *Die Ausführungen der Vorsitzenden beeindruckten die Zuhörer* (nicht: *Die gemachten Ausführungen ...*). ↑zweites Partizip (2.4).

gemahlen/gemalt: ↑mahlen/malen.

Gemahlin: ↑Frau/Gattin/Gemahlin.

gemäß: Die Präposition *gemäß* verlangt den Dativ (nicht den Genitiv) und steht meist nach, seltener vor dem Substantiv: *seiner Anweisung gemäß, ihrem Wunsche gemäß;* seltener: *gemäß ihrem Wunsche.*

-gemäß/-mäßig: Bei der Verwendung von *-gemäß* und *-mäßig* ist folgendes zu beachten: Das Suffix *-mäßig* wird in der Großzahl der Bildungen in zwei Bedeutungen verwendet: **1.** „in bezug auf; was ... betrifft": *qualitätsmäßige Verbesserung; arbeitsmäßig, wohnungsmäßig* usw. **2.** „in der Art von, wie": *robotermäßiges Arbeiten; lehrbuchmäßig, fabrikmäßig* usw. Im Gegensatz dazu hat *-gemäß* die Bedeutung „wie ... verlangt, [genau] entsprechend": *programmgemäß ablaufen; standesgemäß, wahrheitsgemäß* usw. Deutlich wird dieser Bedeutungsunterschied von *-mäßig* und *-gemäß* etwa bei folgenden Beispielen: *Wir rechnen terminmäßig* (= was den Termin betrifft) *mit keinerlei Schwierigkeiten.* Aber: *Die Arbeiten werden termingemäß* (= wie es der Termin verlangt, dem Termin entsprechend) *abgeschlossen. Laß den befehlsmäßigen Ton* (= in der Art eines Befehls). Aber: *Niemand führte den Auftrag befehlsgemäß* (= wie es der Befehl verlangt, dem Befehl entsprechend) *aus!* Bei einigen Bildungen ist diese Unterscheidung nicht gewahrt, tritt *-mäßig* in der Bedeutung von *-ge-*

mäß auf: *fahrplanmäßig, kalendermäßig, rechtmäßig, verfassungsmäßig* (= konstitutionell), *vorschriftsmäßig, zweckmäßig.* Diese Bildungen haben keine *-gemäß*-Bildungen neben sich und sind sprachüblich. In einigen Fällen treten aber Bildungen mit *-mäßig* konkurrierend neben *-gemäß*-Bildungen auf, z. B. *ordnungsmäßig* neben *ordnungsgemäß, pflichtmäßig* neben *pflichtgemäß, turnusmäßig* neben *turnusgemäß.* In gutem Deutsch, besonders wenn man Wert auf Eindeutigkeit legt („wie ... verlangt, [genau] entsprechend"), sollte man in diesen Fällen unbedingt die Bildungen mit *-gemäß* verwenden: *ich habe das ordnungsgemäß* (nicht: *ordnungsmäßig) erledigt. Die pflichtgemäße* (nicht: *pflichtmäßige) Benachrichtigung blieb aus. Der nächste Lehrgang findet turnusgemäß am 22. 2. statt.* ↑-mäßig.

Gemeinde/Gemeine: Von den beiden gleichbedeutenden Formen ist *die Gemeine* veraltet bzw. nur noch landschaftlich verbreitet (Ausnahme: *Brüdergemeine*).

Gemeinderätin: ↑Titel und Berufsbezeichnungen (3).

gemischte Deklination: ↑Substantiv (1.3), ↑Adjektiv (1.1.3).

genannt: Folgt auf *genannt* ein Adjektiv, dann werden beide Wörter parallel, d. h. in gleicher Weise, gebeugt, z. B.: *die genannten neuen Bücher; die Umschläge genannter neuer* (nicht: *neuen) Bücher; genanntes neues* (nicht: *neue) Buch; genanntem neuem* (aus lautlichen Gründen auch noch: *neuen) Buch.* ↑Adjektiv (1.2.1).

genau: 1. falscher Gebrauch: Im Sinne von „gerade" darf *genau* nicht attributiv verwendet werden. Es kann nur heißen: *Genau das Gegenteil ist der Fall,* aber nicht: *Das genaue Gegenteil ist der Fall.* Man kann auch nur sagen: *der genau zulässige Druck,* aber nicht: *der genaue zulässige Druck.* **2. Modewort:** *genau!* als Ausdruck der Zustimmung (an Stelle von *stimmt!* oder *ja!*) ist ein in den letzten Jahren aufgekommenes ↑Modewort, dessen Gebrauch nicht zu empfehlen ist. **3. Rechtschreibung: a)** Das Adjektiv *genau* schreibt man auch dann klein, wenn ein Artikel vorangeht, die Verbindung aber für ein einfaches Adverb steht: *Wir haben uns auf das genau[e]ste/aufs genau[e]ste* (= genau[e]stens) *erkundigt.* Groß schreibt man die Substantivierung: *Er teilte uns mit, daß er nichts Genaues wisse.* ↑Groß- oder Kleinschreibung (1.2.1). **b)** Man schreibt *genau nehmen* in zwei Wörtern: *Sie nimmt es sehr genau/hat es nicht so genau genommen.* Zusammen schreibt man aber *genaugenommen* im Sinne von „recht betrachtet, eigentlich": *Sie hat genaugenommen recht.* ↑genaugenommen.

genaugenommen: Das Adverb *genaugenommen* steht ohne Komma im Satz: *Sie hat genaugenommen ganz recht. Genaugenommen ist das gar kein Kaffee.* ↑Komma (4.2), ↑zweites Partizip (2.5); vgl. auch ↑genau (3, b).

genauso: 1. genauso/genau so: Wird das (betonte) Adverb *so* „auf diese Art, Weise" durch *genau* „exakt, gerade, eben" näher bestimmt, schreibt man getrennt: *Um dieses Pulverfaß zur Explosion zu bringen, genügte ein Funke. Genau so wirkte ...* Sonst (nur *genau-* ist betont) gilt Zusammenschreibung: *Dieser Schnupfenspray wirkt genauso wie jener.* **2.** Zusammen schreibt man *genauso* mit dem folgenden Adverb und den ungebeugten Formen der unbestimmten Zahlwörter *viel* und *wenig: genausooft, genausogern, genausoviel, genausowenig.* Zusammen schreibt man auch mit dem folgenden ungebeugten Adjektiv, wenn der Ton auf *genau-* liegt: *Er hätte genausogut mich treffen können.* Getrennt schreibt man dagegen, wenn beide Wörter betont sind: *Er spielt genauso gut Klavier wie sein Bruder.* Immer getrennt schreibt man bei folgendem gebeugtem Adjektiv und den gebeugten Formen der unbestimmten Zahlwörter *viel* und *wenig: Selbstverständlich liefert sie genauso intelligente Beiträge wie er! Wir* *waren genauso viele Tage unterwegs. Man bekommt hier genauso gute Weine.*

Gendarm: Der Genitiv lautet *des Gendarmen,* Dativ und Akkusativ lauten *dem/den Gendarmen* (nicht: *dem/den Gendarm*). ↑Unterlassung der Deklination (2.1.2).

General: **1.** Das Wort hat eine umgelautete und eine nichtumgelautete Pluralform: *die Generale* und *die Generäle.* Beide Formen stehen gleichberechtigt nebeneinander. **2.** Zur Deklination des Namens nach *General (des Generals Steuben/General Steubens)* ↑Titel und Berufsbezeichnungen (1.2 und 1.3); zur Anschrift ↑Brief (7).

generalüberholen: Von *generalüberholen* werden nur der Infinitiv und das zweite Partizip gebraucht: *Ich lasse den Wagen generalüberholen. Der Wagen wurde generalüberholt. ... weil er eigentlich in einer ruhigen Gegend seine Motoren generalüberholen ... wollte* (Carell).

genesen: Die 2. Person Indikativ Präsens lautet im allgemeinen *du genesest;* die verkürzte Form *du genest* wird seltener gebraucht. In der 3. Person dagegen ist heute nur die verkürzte Form *er/sie/es genest* üblich. Der Imperativ Singular lautet *genese!*

Genitiv: Zum Genitiv (Wesfall, zweiter Fall) vgl. allgemein ↑Kasus; zur Bildung ↑Substantiv (1), ↑Genitiv-s. Zu *ein Strauß rote/roter Rosen* ↑Apposition (2.2); zu *die Verhaftung des Generals als eigentlicher Drahtzieher/eigentlichen Drahtziehers* ↑Apposition (3.3).

Genitivattribut

Unter einem Genitivattribut versteht man ein Substantiv im ↑Genitiv, das einem anderen, dem Bezugswort, als nähere Bestimmung zugeordnet ist. Nach der inhaltlichen Leistung lassen sich folgende Typen unterscheiden:

1 Die verschiedenen Typen des Genitivattributs

1.1 Genitivus explicativus

Beim Genitivus explicativus (definitivus, Genitiv der Identität) stellt das Genitivattribut eine nähere Bestimmung zum allgemeineren Bezugswort dar. Es liegt gleichsam ein „Bedeuten-Verhältnis" vor:

Irrsinn des Krieges (= Krieg bedeutet Irrsinn), Laster der Trunksucht, Verdienst der Befreiung.

Zum Genitivus explicativus wird auch der Genitiv der Steigerung *(Buch der Bücher)* gerechnet.

1.2 Genitivus partitivus

Beim Genitivus partitivus bezeichnet das Bezugswort gewöhnlich ein Maß oder eine (Teil)menge, während das Genitivattribut zweierlei ausdrücken kann:

1. Das Genitivattribut nennt ein bestimmt umgrenztes, umfassendes Ganzes; als Bezugswort können auch Indefinitpronomen und Zahlwörter stehen:

die Hälfte meines Vermögens, die älteste der Schwestern, 10% des Gewinns; einige meiner Freunde.

Hierher gehören auch Fälle wie *wir waren [unser] vier, sie waren [ihrer] sieben,* in denen das Pronomen jedoch entbehrlich ist. Dieser Genitiv wird heute häufig durch präpositionale Gefüge mit *von* und *unter* ersetzt *(die Hälfte von meinem Vermögen; die älteste unter den Schwestern; 10% vom Gewinn; einige von meinen Freunden).*

2. Das Genitivattribut nennt die Art des umfassenden Ganzen:
   ein Glas [edlen] Wein[e]s, mit einer Schar [fröhlicher] Kinder.

Dieser Genitiv wird heute als gehoben oder gespreizt empfunden. Er wird einmal durch präpositionale Fügungen ersetzt *(ein Glas mit [edlem] Wein, mit einer Schar von [fröhlichen] Kindern).* Daneben wählt man heute sehr häufig die Nebeneinanderstellung von Bezugswort und Attribut in Form der ↑ Apposition (2.2): *ein Glas [edler] Wein, mit einer Schar [fröhlichen] Kindern.*

1.3 Genitivus possessivus

Der Genitivus possessivus drückt ein Besitz- oder allgemeiner ein Zugehörigkeitsverhältnis aus:

das Auto meines Vaters; die Häuser der Stadt, die Tiere des Waldes.

Er steht in Konkurrenz mit verschiedenen anderen Konstruktionen:

1.3.1 Genitivus possessivus und freier Dativ:

Er trägt den Koffer *des Freundes* zum Bahnhof. – Er trägt *dem Freund* den Koffer zum Bahnhof.

Sie rettete das Leben *des Verunglückten.* – Sie rettete *dem Verunglückten* das Leben.

Während der Genitivus possessivus lediglich sachlich das Besitz- bzw. Zugehörigkeitsverhältnis feststellt, rückt der freie (= grammatisch nicht notwendige) Dativ die genannte Person stärker in den Vordergrund des Interesses und der Teilnahme.

1.3.2 Genitivus possessivus und Dativ + Possessivpronomen:

Das Zimmer *meines Bruders/Meinem Bruder sein* Zimmer ist groß. Das Auto *meiner Tante/Meiner Tante ihr* Auto ist gestohlen worden. *Des einen* Kneipe/ *Dem einen seine* Kneipe ist *des anderen/dem andern sein* Sterbelager. *Des Teufels* Handwerk/ *Dem Teufel* sein Handwerk...

Die Ersetzung des Genitivus possessivus durch einen Dativ in Verbindung mit einem Possessivpronomen, wie sie in salopper Umgangssprache vorkommt, gilt standardsprachlich als falsch. Es heißt also: *Das Zimmer meines Bruders ist groß,* aber nicht: *Meinem Bruder sein Zimmer ist groß.* Oder: *Das Auto meiner Tante ist gestohlen worden,* aber nicht: *Meiner Tante ihr Auto ist gestohlen worden.*

Das Possessivpronomen ruft in einigen Fällen den Eindruck hervor, daß der Dativ als Ersatz für den Genitivus possessivus steht, obwohl er in Wirklichkeit als Dativ des Interesses zum Verb gehört. Aus diesem Grunde ist der Dativ in Verbindung mit einem Possessivpronomen abzulehnen:

Er holte dem Kind seine Puppe aus dem Wasser. (Statt: *Er holte dem Kind die Puppe aus dem Wasser* oder: *Er holte die Puppe des Kindes aus dem Wasser.*) *Er baute dem Bürgermeister sein neues Haus.* (Statt: *Er baute dem Bürgermeister ein neues Haus* oder: *Er baute das neue Haus des Bürgermeisters.*)

Tritt an die Stelle des Substantivs im Dativ ein Personalpronomen, dann kann der Dativ nicht mehr als Ersatz für den Genitivus possessivus stehen. Diese Sätze sind daher korrekt: *Er holte ihm seine Puppe aus dem Wasser. Er baute ihm sein neues Haus.*

1.3.3 Genitivus possessivus und Präpositionalgefüge:
Vor allem in der Umgangssprache ist das Präpositionalgefüge mit *von* an Stelle eines Genitivus possessivus sehr beliebt. Man sollte es vermeiden, wenn der Genitivus possessivus eindeutig und üblich ist:

das Haus meiner Eltern/von meinen Eltern,
das Gefieder der Vögel/von den Vögeln.

In einigen Fällen ist jedoch die *von*-Konstruktion üblich und notwendig; etwa wenn vor dem attributiven Substantiv ein gebeugtes Zahlwort ohne Artikel steht: *der Preis von sechs Häusern.* Aber mit Artikel: *der Preis der sechs Häuser.* Und in Verbindung mit einem Adjektiv: *der Preis sechs stattlicher Häuser/von sechs stattlichen Häusern.*
Auch wenn das attributive Substantiv ein geographischer Name oder aber ein Personenname in Verbindung mit *Herr, Frau, Fräulein* ist, wird häufig die Konstruktion mit *von* gewählt:

Münchens Museen (die Museen Münchens)/die Museen von München; Englands Königin (die Königin Englands)/die Königin von England; Herrn Meyers Antrag, der Antrag des Herrn Meyer/der Antrag von Herrn Meyer; Frau Müllers Auto/das Auto von Frau Müller; Fräulein Inges Kleid/das Kleid von Fräulein Inge.

Auch um die Aneinanderreihung mehrerer voneinander abhängiger Genitivattribute (↑3) zu vermeiden, weicht man häufig auf die Konstruktion mit *von* aus *(das Jahr des Todes des Wilhelm/das Jahr von Wilhelms Tod).*

Neben der *von*-Konstruktion stehen auch andere präpositionale Fügungen in Konkurrenz mit dem Genitivus possessivus:

die Brücken des Rheins/die Brücken über den Rhein; die Keller des Hauses/die Keller im Haus; die Museen Münchens/die Museen in München.

1.4 Genitivus qualitatis

Der Genitivus qualitatis bezeichnet eine Eigenschaft oder Beschaffenheit des im Bezugswort Genannten und kommt – von einigen festen Verbindungen wie

eine Person *mittleren Alters,* Kunstschätze *aller Art,* ein Mensch *guten Willens*

abgesehen – hauptsächlich in gehobener Sprache vor. Gewöhnlich wird er durch präpositionale Fügungen ersetzt: *eine Frau intelligenten Aussehens/von intelligentem Aussehen;* vor allem dann, wenn der Genitiv den Stoff nennt, aus dem die im Bezugswort genannte Sache besteht: *ein Becher edlen Goldes/aus edlem Gold.* Die präpositionale Ersatzkonstruktion muß stehen, wenn das attributive Substantiv ohne nähere Bestimmung oder ohne Artikel steht: *eine Frau von Geist.*

1.5 Genitivus subiectivus/Genitivus obiectivus

Der Genitivus subiectivus nennt den Träger des im Bezugswort genannten Geschehens oder Zustands: *die Ankunft des Zuges; die Behauptung der Angeklagten.* Formt man die Konstruktion in einen entsprechenden Satz um, wird aus dem Genitivattribut das Subjekt des Satzes: *der Zug kommt an; die Angeklagte behauptet ...*
Demgegenüber nennt der Genitivus obiectivus das Ziel bzw. den Betroffenen

des im Bezugswort genannten Geschehens: *die Befreiung der Geiseln; die Verteilung der Medikamente.* Formt man die Konstruktion in einen entsprechenden Satz um, wird aus dem Genitivattribut das Objekt des Satzes: *man befreit die Geiseln/verteilt die Medikamente.*

1.5.1 Von einigen Verbalsubstantiven, die als Nomen actionis zu einem transitiven Verb gehören, kann sowohl ein Genitivus subiectivus als auch ein Genitivus obiectivus abhängen:

die Regierung *der Präsidentin* (= die Präsidentin regiert; Genitivus subiectivus)/die Regierung *des Landes* (= man regiert das Land; Genitivus obiectivus); die Führung *der Museumsleiterin*/die Führung *des Staates;* die Besorgung *der Mutter*/die Besorgung *des Buches;* die Beobachtung *der Physikerin*/die Beobachtung *des Unglücks.*

Der Umstand, daß von einem Verbalsubstantiv zwei verschiedene Genitive abhängen können, führt häufig zur Mehrdeutigkeit, vor allem dann, wenn das Genitivattribut eine Person nennt. In dem Satz *Trotz aller Verleumdungen ihres Mannes ... kehrt sie heim* (Börsenblatt) soll z. B. gesagt werden, daß der Mann verleumdet worden ist (= Genitivus obiectivus), doch wird der Satz leicht so verstanden, als habe der Mann verleumdet (= Genitivus subiectivus). In allen mißverständlichen Fällen sollte man deshalb die Genitivkonstruktion vermeiden und auf andere Formulierungen ausweichen: *trotz aller Verleumdungen durch ihren Mann* (= statt Genitivus subiectivus); *trotz aller Verleumdungen, die ihr Mann hatte erdulden müssen* (= statt Genitivus obiectivus).

Bei einer Reihe von Verbalsubstantiven ist heute nur der Genitivus obiectivus üblich, während an Stelle des Genitivus subiectivus zumeist ein präpositionales Gefüge gewählt wird:

die Belagerung *der Stadt* / (aber:) die Belagerung *durch die Römer* (kaum: *der Römer,* es sei denn, die Römer würden belagert); der Verkauf *des Hauses*/ (aber:) der Verkauf *durch die* (nicht: *der) Eigentümerin;* die Befragung *des Orakels*/ (aber:) die Befragung *durch den Kommissar* (nicht: *des Kommissars,* es sei denn, dieser würde befragt); der Raub *der Helena*/ (aber:) der Raub *durch Paris.*

Andererseits gibt es eine Reihe von Verbalsubstantiven, die heute im allgemeinen nur mit dem Genitivus subiectivus stehen. Der Genitivus obiectivus wird zumeist durch ein präpositionales Gefüge ersetzt; wobei als Präposition gewöhnlich die des zugrundeliegenden Verbs auftritt:

die Furcht *des Kindes* (= das Kind fürchtet sich)/ (aber:) die Furcht *vor dem Tode;* der Rat *des Freundes*/ (aber:) der Rat *zum Ausgleich;* die Liebe *des Kindes*/ (aber:) die Liebe *zu dem Kind;* der Haß *des Feindes*/ (aber:) der Haß *gegen den Feind.*

1.5.2 Gehört ein Verbalsubstantiv als Nomen actionis zu einem intransitiven Verb, dann ist gewöhnlich nur ein Genitivus subiectivus daneben möglich: *die Tagung der Beamten, die Abdankung der Königin.* Gelegentlich findet man, daß ein Genitivus obiectivus gebildet wird, der nicht einem Akkusativobjekt, sondern einem Genitiv-, einem Dativ- oder einem Präpositionalobjekt entspricht. Diese Konstruktion ist nicht korrekt:

die Entsagung jeder Politik, die Steuerung des Unfugs, die Beiwohnung des Zweikampfes, die Forschung der Wahrheit, der Bericht des Patienten (für: über den Patienten), das Zuvorkommen ihres Wunsches, eine wirksame Behandlung oder Vorbeugung solcher Erkrankungen, die Abhilfe des Übelstandes.

2 Stellung des Genitivattributs

2.1 der Hut des Vaters/Vaters Hut

Der attributive Genitiv steht heute gewöhnlich nach dem Bezugswort (nur diese Stellung ist möglich, wenn dem Bezugswort ein Artikel oder Pronomen vorangeht):

der Hut *des Vaters,* der Wahnsinn *des Krieges,* das Haus *meiner Schwester,* das Abhören *der Sendung.*

Die Voranstellung des Genitivattributs ist im allgemeinen nur bei Namen oder namenähnlichen Substantiven und in festen Wendungen gebräuchlich:

Ingeborg Bachmanns Lyrik, *[des] Vaters* Hut, *Teddybärs* Wohnung; *aller Laster* Anfang, *des Tages* Mühen.

Tritt ein Artikel oder ein Pronomen zum Bezugswort, dann wird das Genitivattribut jedoch wieder nachgestellt: *die Lyrik Ingeborg Bachmanns, der Hut des Vaters* usw. Die Voranstellung des namenähnlichen Substantivs wird vor allem dann bevorzugt, wenn das Bezugswort selbst noch durch Appositionen, Präpositionalgefüge u. ä. näher bestimmt ist, wodurch ein nachgestelltes Genitivattribut zu weit vom Bezugswort getrennt würde:

Nicht: die Nichte Susanne des Vaters, sondern: Vaters Nichte Susanne. Nicht: die Ministerin für Entwicklungshilfe des Bundeskanzlers, sondern: des Bundeskanzlers Ministerin für Entwicklungshilfe.

Die Voranstellung von Substantiven, die nicht Namen usw. sind, kommt [hervorhebend] besonders in der literarischen Sprache vor: *Das Wunder ist des Glaubens liebstes Kind* (Goethe).

2.2 Deines Geistes hab' ich einen Hauch verspürt

Gleichfalls der Hervorhebung dient die Trennung von Attribut und Bezugswort. In diesen Fällen wird auch die Umschreibung mit *von* gewählt:

Deines Geistes hab' ich einen Hauch verspürt (Uhland). Bela hat mir die Hand geboten von seinem Enkelkind (Grillparzer).

Besonders wo Mißverständnisse möglich sind, sollte man auf diese Wortfolge verzichten. Nicht: *die Verdienste um den Wiederaufbau des Vorsitzenden* für: *die Verdienste des Vorsitzenden um den Wiederaufbau.*

3 Häufung voneinander abhängiger Genitivattribute

3.1 der Rand des Hutes des Vaters

Von einem attributiven Genitiv kann ein zweiter, von diesem ein dritter abhängen usw. Aus stilistischen Gründen sollte man jedoch nicht mehr als zwei voneinander abhängige Genitivattribute hintereinanderstellen. Also nicht: *die Anerkennung des Beschlusses des Ausschusses des Bundestages.* Zumeist kann man die Häufung der Genitivattribute durch Präpositionalgefüge umgehen: *die Schilderung des Charakters der Personen in diesem Drama, der Rand von Vaters Hut* statt: *der Rand des Hutes des Vaters.* Läßt sich dies nicht vermeiden, dann wähle man, wenn irgend möglich, ungleiche Artikel oder Pronomen: *die Schilderung des Charakters der Personen dieses Dramas.*

Die Aneinanderreihung zweier attributiver Genitive ist grundsätzlich möglich: *die Anerkennung des Beschlusses des Ausschusses.* Doch sollte man auch hier nach Möglichkeit ungleiche Artikel und Pronomen setzen.

3.2 das Haus des Vaters meines Freundes/meines Freundes Vaters Haus/das Haus meines Freundes Vaters

Aus Gründen der Verständlichkeit ist es nicht üblich, einen attributiven Genitiv einem übergeordneten Genitivattribut voranzustellen:

Nur: das Haus des Vaters meines Freundes. Nicht: die Tat seines Bruders Mörders/seines Bruders Mörders Tat, sondern: die Tat des Mörders seines Bruders. Nicht: Monikas Schwesterchens Puppe, sondern (mit Präposition): die Puppe des Schwesterchens von Monika.

4 Genitivattribute verschiedener Art neben demselben Bezugswort

Man sollte verschiedene Genitivattribute neben demselben Bezugswort vermeiden und z. B. nicht schreiben: *die Bilder des Museums aller Art,* weil hier ein Genitivus possessivus *(des Museums)* und ein Genitivus qualitatis *(aller Art)* von dem Bezugswort *Bilder* abhängen.
Zuweilen finden sich aber ein Genitivus obiectivus und ein Genitivus subiectivus nebeneinander. Dies ist durchaus korrekt, doch muß der letztere dem Bezugswort vorangehen:

Nicht: die Beobachtung des Vaters dieses Vorgangs, sondern: Vaters/seine Beobachtung dieses Vorgangs. Nicht: die Entdeckung Röntgens dieser Strahlen, sondern: Röntgens Entdeckung dieser Strahlen.

Auch präpositionale Gefüge dienen oft als Ersatzkonstruktion für den Genitivus subiectivus *(die Entdeckung der Strahlen durch Röntgen).*
Korrekt ist auch die Verbindung zweier Genitivattribute im folgenden Fall: *Schillers Geschichte des Dreißigjährigen Krieges,* weil hier der Titel als Einheit gefaßt ist. Ebenso: *Goethes Gesang der Geister über den Wassern.*

5 Verweise

Zu *die Meldepflicht der Berufskrankheiten/die Pflicht zur Meldung der Berufskrankheiten* ↑Kompositum (8); zu *Beschreibung [der Maschine] und Arbeitsweise der Maschine* ↑Ellipse (3); zu *behördlicher Erlaß/Erlaß der Behörde* ↑Adjektiv (4.1); zu *die Niederlage von Drusus und seinen/seiner Soldaten* ↑Präpositionalattribut.

Genitivobjekt: Das Genitivobjekt ist eine Ergänzung im Genitiv (Frage: wessen?): *Wer nimmt sich des Problems an? Er bedarf dringend meiner Hilfe.* Die Zahl der Verben mit einem Genitivobjekt ist klein; manche können auch mit einem anderen Objekt, etwa einem Präpositionalobjekt, verbunden werden: *Ich erinnere mich des Vorfalls/an den Vorfall nicht.* ↑Objekt.

Genitiv-s

Bei der Bildung des Genitivs Singular der starken männlichen und sächlichen Substantive (die weiblichen sind endungslos) entstehen besonders deshalb Schwierigkeiten, weil sich über den Gebrauch der Endungen *-es* und *-s* keine allgemeinen Regeln aufstellen lassen.

1. Fester Gebrauch der Endung *-es* oder *-s*: Die volle Form *-es* steht immer bei Substantiven, die auf den Zischlaut *-s, -ß, -x, -z, -tz* und (mit Ausnahmen) auf *-sch* und *-st* ausgehen:

des Glases, des Überflusses, des Reflexes, des Gewürzes, des Sitzes; des Busches, des Zwistes.

Die kürzere Form *-s* wird immer gesetzt bei Substantiven auf *-en, -em, -el, -er:*

des Wagens, des Lesens, des Atems, des Gürtels, des Lehrers

und in festen formelhaften Wendungen wie

tags darauf, höheren Orts, von Rechts wegen, Manns genug.

Weiterhin findet sich die kürzere Form bei Farb- und stark gebeugten Sprachbezeichnungen, sofern sie nicht überhaupt endungslos stehen (↑ Unterlassung der Deklination [1.5]):

des Schweinfurter Grüns; die Eigenart seines Deutschs.

2. Schwankender Gebrauch der Endung *-es* oder *-s*: Die volle Form *-es* wird – besonders bei Voranstellung des Genitiv(attribut)s – bei einsilbigen und endbetonten deutschen Substantiven bevorzugt (sofern sie nicht auf Zischlaut enden; ↑ 1):

des Gemütes, des Ertrages, des Leibes, des Tages [Hitze], dieses Mannes [Zögern].

Auch bei Zusammensetzungen mit Fugen-s und Substantiven auf mehr als einen Konsonanten wird aus lautlichen Gründen häufiger die *-es*-Form gewählt:

des Kriegsjahres, des Blutsfreundes; des Feldes, des Erfolges, des Kampfes; (aber:) des Lärms, des Quarks, des Ulks.

Die kurze Form *-s* wird bei Substantiven mit unbetonter Endsilbe bevorzugt; besonders bei Zusammensetzungen, sofern sie nicht auf einen Zischlaut enden oder Fugen-s aufweisen (s. o):

des Urteils, des Urlaubs, des Vortrags, des Abends, des Königs; des Dornstrauchs.

Auch Substantive, die auf Vokal (Diphthong) oder auf Vokal + *h* enden, neigen sehr stark zu der kurzen Form *-s:*

des Schnees, des Sees, des Knies; des Uhus, des Mais, des Sofas, des Baus; des Flohs, des Schuhs.

Grundsätzlich ist aber zu beachten, daß die genannten Stellungsbedingungen für *-es* bzw. *-s* aus rhythmischen oder stilistischen Gründen nicht selten außer acht gelassen werden.

3. Irreguläre Verwendung des Genitiv-s: Manche weibliche Substantive zeigen in festen Wendungen im Genitiv Singular ein *-s;* entgegen ihrem Deklinationsmuster, aber in Analogie zu ähnlichen Fügungen mit einem starken Maskulinum/Neutrum auf *-s.* Die Feminina verhalten sich in diesen Fällen wie Bestimmungswörter von Zusammensetzungen:

an Zahlungs Statt (analog zu: an Kindes Statt), von Obrigkeits wegen (analog zu: von Amts/Rechts wegen).

Zu den irregulären Formen *(Groß)mutters/Tantes Geburtstag* ↑Verwandtschaftsbezeichnungen. In der Umgangssprache wird die *-s*-Form gelegentlich für alle Singularkasus gebraucht; standardsprachlich ist diese Verwendung nicht zulässig:

das/dem/das Dings [da]; dieses/diesem/dieses Zeugs [da].

4. Besonderheiten: Allgemein zur [un]zulässigen Einsparung des Genitiv-s ↑Unterlassung der Deklination (1.5; 2). Zum Genitiv-s oder dem Apostroph bei Namen ↑Apostroph (4), ↑Personennamen (2.1.1; 2.2). Weiter: ↑Fremdwort (3.3), ↑geographische Namen (1.1.2), ↑Monatsnamen (1).

Genosse: Es kann sowohl *Wir bedauern Genossen Meiers Austritt aus der Partei* als auch *Wir bedauern Genosse Meiers Austritt aus der Partei* heißen. ↑Personennamen (2.2.2).

Genossenschafter / Genossenschaftler: Im allgemeinen wird heute *Genossenschaftler* verwendet. In Österreich wird die Form *Genossenschafter* vorgezogen. ↑-schafter/-schaftler.

genug: 1. Stellung: *genug* steht nicht vor, sondern hinter einem Adjektiv: *Er ist alt genug. Man kann nicht vorsichtig genug sein.* Beim Substantiv kann es voran- und nachgestellt werden: *Es gibt genug Brot/Brot genug.* **2. Rechtschreibung:** Getrennt schreibt man *genug* vom folgenden Verb, wenn beide Wörter in ihrer ursprünglichen Bedeutung gebraucht werden: *Ich habe jetzt genug* (= genügend, ausreichend) *getan.* Zusammen schreibt man, wenn ein neuer Begriff entsteht: *Er soll mir genugtun* (= Genugtuung gewähren). *Sie konnte sich nicht genugtun, den Film zu loben.* ↑Zusammen- oder Getrenntschreibung (1.3). **3. Kongruenz:** Zu *Genug [Menschen] waren* (nicht: *war*) *dort versammelt* ↑Kongruenz (1.1.7).

Genus: Man unterscheidet drei Genera (grammatische Geschlechter): Maskulinum (männlich), Femininum (weiblich), Neutrum (sächlich). Das im allgemeinen mit jedem Substantiv verbundene Genus (Ausnahmen s. u.) wird vor allem durch den Artikel angezeigt: *der Kopf, die Nase, das Ohr.* Von dem grammatischen Geschlecht ist das natürliche Geschlecht (Sexus; männlich, weiblich) zu unterscheiden. Eine durchgehende Üereinstimmung zwischen beiden besteht nicht: *der Bruder, die Schwester;* aber: *das Mädchen, die Wache.* Eine Reihe von Substantiven zeigt bei gleicher Bedeutung schwankendes Genus: *der/die Abscheu, das/der Barock, der/das/die Dschungel* usw.; bei anderen ist das schwankende Genus mit einer Differenzierung der Bedeutung verbunden: *der/das Band, der/das Bauer* usw.; eine dritte Gruppe schließlich zeigt neben dem unterschiedlichen Genus auch eine leicht abweichende Form [und verschiedene Bedeutung]: *der Akt/die Akte, die Bakke/der Backen* usw. Zu Besonderheiten beim Genus ↑Fremdwort (2), ↑Einzelbuchstaben, ↑Flugzeugnamen (1), ↑Schiffsnamen (1), ↑Titel und Berufsbezeichnungen (1 und 3). Zu *Sie ist Helfer/Helferin* u. ä. ↑Kongruenz (3).

Genus verbi: Man unterscheidet beim Verb zwei Genera: das „täterzugewandte" ↑Aktiv und das „täterabgewandte" ↑Passiv.

Genuß: Zu *Genuß der Pilze/von Pilzen* ↑von.

genußfähig: ↑-fähig.

Geographie/Geografie: ↑f/ph.

geographische Namen

Für weitere Informationen vergleiche man auch ↑Ortsnamen.

1 Deklination

1.1 Ohne Artikel stehende geographische Namen

Die ohne Artikel gebrauchten Länder- und Ortsnamen sind Neutra; sie erhalten im Genitiv die Endung *-s,* im übrigen sind sie endungslos:

Preußens Porzellanmanufaktur, Deutschlands Verfassung; die Verhandlungen mit Frankreich, das Gründungsmitglied der Vereinten Nationen ist. An den Gesprächen nahm auch Jordanien teil; es war das erste Mal dabei.

1.1.1 einschließlich Berlins/einschließlich Berlin · südlich Kölns/südlich Köln: Nach ortsangebenden Präpositionen und (seltener) nach den Adjektiven, die eine Himmelsrichtung bezeichnen (im allgemeinen wird nach diesen der Name mit der Präposition *von* angeschlossen), haben Orts- und Ländernamen ein Genitiv-s; die endungslose Form ist nicht korrekt:

einschließlich Berlins, innerhalb Deutschlands, oberhalb Straßburgs, südlich Kölns.

1.1.2 Florenz' Geschichte/Geschichte von Florenz/Florenzens Geschichte: Bei Länder- oder Ortsnamen, die auf einen Zischlaut *(s, ß, z, tz, x)* ausgehen, wird die Genitivform zumeist umgangen, d.h., an Stelle des durch Apostroph gebildeten Genitivs bei vorangehendem Namen *(Paris' Museen, Florenz' Geschichte)* gebraucht man entweder die Umschreibung mit *von (die Museen von Paris, die Geschichte von Florenz)* oder die Voranstellung der Gattungsbezeichnung vor den Namen: *die Museen der Stadt Paris, die Fabriken der Stadt Chemnitz.* Die Bildung des Genitivs durch die Endung *-ens (Florenzens Paläste, Chemnitzens Fabriken)* ist als veraltet zu betrachten.

1.2 Mit dem Artikel [und Adjektiv] stehende geographische Namen

Die mit dem Artikel gebrauchten geographischen Namen, soweit es sich um Maskulina und Neutra handelt, erhalten im Genitiv meist die Endung *-s: des Balkans, des Engadins, des Rheins, des Brockens;* es kommen jedoch, besonders bei fremden Namen, auch endungslose Formen vor: *des Inn[s], des Rigi[s], des Kongo[s], des Sudan[s], des Jemen[s].*

Bei den Namen, die auf Zischlaut ausgehen, gibt es solche, die gebeugt werden, andere, die ungebeugt bleiben, und eine dritte Gruppe, die zwischen beiden Möglichkeiten schwankt: *des Harzes, des Rieses; des Taunus; des Elsaß/Elsasses.*

Zusammensetzungen mit *-see, -fluß, -strom, -bach, -berg, -gebirge, -wald* u.a. müssen immer gebeugt werden: *des Kochelsees, des Riesengebirges, des Schwarzwald[e]s.*

In der Verbindung Artikel + Adjektiv + geographischer Name ist das Genitiv-s beim Namen korrekt, daneben gilt aber die endungslose Form, besonders bei Ortsnamen, bereits als gleichberechtigt: *die Länder des heutigen Europa[s], des zerstörten München[s], ein lebendiges Bild des modernen Holland[s].*

1.3 Der Plural von Ländernamen

Gelegentlich wird ein Plural von einem Ländernamen gebildet (mit oder ohne Plural-s), wenn er in irgendeiner Hinsicht als Zweiheit gesehen wird: *die beiden Amerika[s], die zwei Deutschland[s], Gespräche zwischen den beiden Koreas.*

2 Der Artikel bei geographischen Namen

2.1 Länder-, Gebiets- und Ortsnamen

Länder-, Gebiets- und Ortsnamen haben im allgemeinen keinen Artikel: *Deutschland, Europa, Thüringen, Mannheim.* Es gibt jedoch eine ganze Reihe Ausnahmen. Dabei handelt es sich vielfach nicht um politische Bezeichnungen, sondern um Landschaftsnamen:

Männliche Substantive: der Peloponnes, der Balkan, der Sudan.

Weibliche Substantive: die Türkei, die Tschechoslowakei, die Normandie, die Pikardie, die Bretagne, die Riviera, die Dobrudscha; (ferner:) die Schweiz, die Pfalz, die Lausitz u. a.

Sächliche Substantive: das Elsaß, das Engadin, das Tessin u. a.

Mit Artikel stehen pluralische und einige zusammengesetzte geographische Namen:

die USA, die Niederlande, die Azoren, die Alpen, die Bermudas; die Sowjetunion, die Steiermark, die Wetterau, das Vogtland.

Manche Namen werden sowohl mit als auch ohne Artikel gebraucht: *[der] Jemen, [der] Iran, [der] Irak, [der] Libanon, [der] Sudan, [der] Kongo.* Entsprechend schwankt der Gebrauch von *in* (Ländername ohne Artikel) und *im* (Ländername mit Artikel): *im/in Jemen, im/in Sudan.* Da diese Ländernamen heute überwiegend mit Artikel gebraucht werden, überwiegt auch der Gebrauch von *im.*

Der bestimmte Artikel steht ferner, wenn Länder- oder Ortsnamen mit einem flektierten Adjektiv oder einem Genitivattribut verbunden oder sonst näher bestimmt sind: *das schöne Thüringen, das ganze Deutschland* (aber: *ganz Deutschland*), *das halbe Europa* (aber: *halb Europa*), *das Frankreich Ludwigs XIV., das Berlin von heute.* Geht bei Ortsnamen die Apposition jedoch voran, dann steht meist kein Artikel: *Schloß Wilhelmshöhe, Burg Stolzenfels, Kap Hoorn.*

Ländernamen, die gewöhnlich einen Artikel haben, stehen ohne ihn, wenn sie in Koppelungen auftreten: *das Rheinland, die Pfalz,* aber: *Rheinland-Pfalz.*

Die Mundart gebraucht manchmal den Artikel, wo ihn die Standardsprache nicht kennt: *ins Tirol, ins Österreich.*

In Aufzählungen, Listen u. ä. können geographische Namen, die gewöhnlich einen Artikel bei sich haben, auch ohne den Artikel stehen:

Gewinner waren: Frankreich, Schweiz, Türkei. Fulda und Werra. Harz und Schwarzwald.

2.2 Berg-, Fluß-, Seenamen

Die Namen der Berge, Gebirge, Flüsse, Seen und Meere haben einen Artikel:

der Harz, das Rothaargebirge, der Rhein, die Nordsee, der Bodensee.

3 Rechtschreibung

3.1 Groß- oder Kleinschreibung

Während man die von geographischen Namen abgeleiteten Wörter auf *-er* immer groß schreibt:

das Ulmer Münster, der Köln-Bonner Flughafen, das Wiener Schnitzel, die Frankfurter Verkehrsverhältnisse, die Schweizer Industrie, der Holländer Käse,

gilt für Adjektive (auch die von geographischen Namen abgeleiteten auf *-isch*) und Partizipien die Großschreibung nur dann, wenn sie Bestandteil eines geographischen Namens sind:

das Rote Meer, die Hohen Tauern, das Mittelländische Meer, die Holsteinische Schweiz. (Aber:) böhmische Dörfer, chinesische Seide, westfälischer Schinken.

3.2 Zusammen- oder Getrenntschreibung oder Bindestrich

3.2.1 Nildelta · Poebene · Schnee-Eifel: Zusammen schreibt man im allgemeinen Zusammensetzungen aus Grundwort und einfachem oder zusammengesetztem geographischem Namen. Es sei denn, drei gleichlautende Vokale treffen zusammen; dann setzt man einen Bindestrich:

Nildelta, Rheinfall, Großglocknermassiv, Galapagosinseln. (Aber:) Schnee-Eifel, Hawaii-Insel.

3.2.2 Donau-Dampfschiffahrtsgesellschaft: Mit Bindestrich schreibt man eine Zusammensetzung aus einem geographischen Namen und einem zusammengesetzten Grundwort, wenn die Zusammensetzung unübersichtlich ist oder wenn der Name hervorgehoben werden soll: *Donau-Dampfschiffahrtsgesellschaft.* Bleibt die Übersichtlichkeit gewahrt, dann schreibt man zusammen: *Weserbergland, Alpenvorland.*

3.2.3 Dortmund-Ems-Kanal · Rhein-Main-Flughafen: Bindestriche setzt man, wenn die Bestimmung zu dem Grundwort aus mehreren geographischen Namen besteht: *Dortmund-Ems-Kanal, Rhein-Main-Flughafen.* Durchgekoppelt wird auch, wenn die Bestimmung zu einem Grundwort aus mehreren Wörtern besteht: *Kaiser-Franz-Joseph-Land, König-Christian-IX.-Land.*

3.2.4 Wörther See/Wörthersee: Getrennt schreibt man im allgemeinen, wenn eine Ableitung auf *-er* von einem geographischen Namen die geographische Lage bezeichnet: *Tiroler Alpen, Schweizer Alpen, Vierwaldstätter See.* Es kommt aber auch Zusammenschreibung vor: *Böhmerwald, Wienerwald.* Besonders in der Schweiz ist die Zusammenschreibung üblich, daher schreibt man dort auch *Vierwaldstättersee* usw.

3.2.5 Südafrika · Nordkorea/Nord-Korea · West-Berlin: Zusammen schreibt man im allgemeinen Zusammensetzungen aus ungebeugten Adjektiven (*groß, klein, alt, neu* u. a.) oder den Bezeichnungen der Himmelsrichtungen und geographischen Namen:

Großbritannien, Kleinasien, Mittelfranken, Hinterindien, Oberammergau, Niederlahnstein, Ostindien, Südafrika, Nordkorea, Westdeutschland.

Bezeichnungen politisch geteilter Staaten werden gelegentlich auch mit Bindestrich geschrieben: *Nord-Korea, Süd-Vietnam.*

Zusammensetzungen mit nichtamtlichen Zusätzen werden dagegen mit Bin-

destrich geschrieben: *Groß-London, West-Berlin, Alt-Heidelberg;* das gilt aber nicht für die Ableitungen: *Westberliner, altheidelbergisch.*
Für einige Ortsnamen gibt es eine behördliche Schreibung, die vielfach nicht den oben angegebenen Regeln entspricht, die aber trotzdem verbindlich ist. Beispiele hierfür: *Groß-Gerau, Neuwied, Groß Räschen.*

3.2.6 Spanisch-Guinea · Bayrischzell · Schwäbisch Hall: Ein Bindestrich steht bei Zusammensetzungen aus endungslosen Adjektiven auf *-isch,* die von Orts-, Länder- und Völkernamen abgeleitet sind, und geographischen Namen: *Spanisch-Guinea, Britisch-Kolumbien, Französisch-Indochina* usw. (Auch hier weicht die behördliche Schreibung vielfach ab: *Bayrischzell, Bergisch Gladbach, Schwäbisch Hall.*)

3.2.7 Sankt Gallen · Bad Ems · Stuttgart-Bad Cannstatt: Ein Bindestrich steht nicht, wenn *Sankt/St.* Teil eines geographischen Namens oder einer Ableitung desselben auf *-er* ist: *Sankt/St. Gallen, Sankt/St. Galler, Sankt/St. Goarshausen.* Ein Bindestrich steht auch nicht bei Ortsnamen und ihren Ableitungen, denen die Bezeichnung *Bad* vorangeht: *Bad Ems, Bad Kreuznach[er Saline].* Auch bei Kopplung mit einem anderen Ortsnamen wird gewöhnlich nur ein Bindestrich zwischen beide Namen gesetzt: *Stuttgart-Bad Cannstatt.*

3.2.8 Cookinsel/Cook-Insel · Victorialand/Victoria-Land: Soll bei einer Zusammensetzung mit einem Familiennamen oder einem Vornamen als Bestimmungswort der Name hervorgehoben werden, dann schreibt man mit Bindestrich; sonst gilt die Zusammenschreibung: *Cook-Insel/Cookinsel, Victoria-Land/Victorialand.* Bei manchen Zusammensetzungen ist die eine oder andere Form der Schreibung fest geworden, so z. B. *Beringmeer, Magellanstraße.*

3.2.9 Berlin-Schöneberg · Hamburg-Altona: Ein seinerseits aus geographischen Namen zusammengesetzter geographischer Name wird mit Bindestrich geschrieben; das gilt auch für entsprechende Ableitungen:

Berlin-Schöneberg; Hamburg-Altona; Rheinland-Pfalz; Hessen-Nassau; Schleswig-Holstein, Schleswig-Holsteiner, schleswig-holsteinisch.

3.2.10 Frankfurt-Stadt · Wiesbaden Süd: Einen Bindestrich setzt man im allgemeinen bei Bestimmungen, die einem Ortsnamen nachgestellt sind: *Frankfurt-Stadt, Frankfurt-Land, Frankfurt-Stadt und -Land.* Aber auch ohne Bindestrich: *Wiesbaden Süd, Mannheim Stadtmitte.*

3.2.11 moskaufreundlich · pekinghörig: Zusammen schreibt man die Verbindung geographischer Name + Adjektiv: *moskaufreundlich, pekinghörig, washingtontreu.*

3.2.12 hallisch/hallesch · friedenauisch/friedenausch: ↑Ortsnamen (3).

3.3 Silbentrennung

Geographische Namen werden nach den allgemeinen Richtlinien getrennt (↑Silbentrennung). Im übrigen werden zusammengesetzte geographische Namen nur dann nach Sprachsilben getrennt, wenn ihre Bestandteile erkennbar sind *(Main-au, Schwarz-ach);* sonst trennt man nach Sprechsilben *(Norder-ney).*

gepaart: Zu *Pflege der Pflanzenwelt, gepaart mit Schädlingsbekämpfung, macht* (nicht: *machen*) ... ↑Kongruenz (1.1.5).

gerade: Zusammen schreibt man *gerade* mit dem folgenden Verb, wenn es im Sinne von „nicht krumm, aufrecht, in gerade[r] Richtung" steht oder wenn durch die Verbindung ein neuer Begriff entsteht: *etwas geradebiegen* (= in gerade Form bringen; einrenken), *sich geradehalten* (= sich aufrecht halten), *etwas geraderichten* (= in gerade Lage bringen), *geradesitzen* (= aufrecht sitzen), *geradestehen* (= aufrecht stehen; die Konsequenzen auf sich nehmen), *geradestellen* (= aufrecht stellen; richtigstellen). Getrennt schreibt man dagegen, wenn *gerade* im Sinne von „soeben, vor wenigen Augenblicken" gebraucht wird: *Ich habe mich gerade* (= soeben) *gesetzt.* Getrennt vom folgenden Verb schreibt man auch dann, wenn dieses selbst schon zusammengesetzt ist: *Du sollst das Tischtuch gerade hinlegen. Er soll sich gerade hinstellen.* ↑Zusammen- oder Getrenntschreibung (1.3).

Gerade: Mit Artikel wird *Gerade* nur schwach (wie ein Adjektiv) gebeugt. Genitiv: *der Geraden,* Plural: *die Geraden.* Ohne Artikel (in Verbindung mit einer Kardinalzahl z. B.) kommt im Plural auch starke Beugung vor: *zwei Geraden/Gerade.* ↑substantiviertes Adjektiv (2.2.1).

geradewegs / geradenwegs / geradeswegs: Alle drei Formen sind gebräuchlich; *geradeswegs* ist die ältere Form, in der sich die starke Deklination des Adjektivs vor dem artikellosen Substantiv erhalten hat. ↑Adjektiv (1.1.1).

geradezu: *In geradezu infamer Weise/geradezu in infamer Weise:* Steht *geradezu* nach der Präposition *in,* dann modifiziert es das Adjektiv. Steht es am Anfang des Präpositionalgefüges, dann bezieht es sich auf die ganze Aussage. ↑Adverb (4).

geraten: Es muß heißen: *Ich bin außer mir* (nicht: *mich*) *geraten.* ↑außer.

Geratewohl: Es heißt *aufs Geratewohl* (aus dem Imperativ *gerat[e] wohl!*), nicht: *aufs Geradewohl.*

geräucherter Fischladen: Zum falschen Bezug eines Attributes bei einer Zusammensetzung ↑Kompositum (6).

gerechnet: Adverbial gebrauchte Fügungen wie *grob gerechnet, hoch gerechnet, rund gerechnet* können ohne Komma in einem Satz stehen: *Das sind grob/hoch/rund gerechnet 60% der Wähler.* Man kann aber Kommas setzen, wenn man die Fügung als Vertretung eines vollständigen Nebensatzes auffaßt: *Das sind, grob/hoch/rund gerechnet, 60% der Wähler.* ↑Komma (4.2), ↑zweites Partizip (2.5).

gering: **1.** Klein schreibt man das Adjektiv: *eine geringe Höhe, ein geringer Hirsch* (Jägerspr.) usw. Klein schreibt man *gering* auch dann, wenn ein Artikel vorangeht, die Verbindung aber für ein einfaches Adjektiv oder Adverb steht: *ein geringes* (= wenig) *tun. Das geht dich nicht das geringste* (= gar nichts) *an. Die Preise wurden um ein geringes* (= wenig) *erhöht. Ich denke nicht im geringsten* (= gar nicht) *daran.* Groß schreibt man die Substantivierung: *Auch der Geringste hat Anspruch darauf. Es war kein Geringerer als ... Etwas Geringeres konntest du nicht mehr anbieten. Er beachtet auch das Geringste. Es entgeht mir nicht das Geringste. Man muß auch im Geringsten treu sein. Es ist das Geringste, was sie tun kann.* ↑Groß- oder Kleinschreibung (1.2.1). **2.** Getrennt vom folgenden Verb *schätzen* schreibt man *gering,* wenn beide zusammen die Bedeutung „niedrig veranschlagen" haben: *Es kostet, gering geschätzt, zehn Mark.* Zusammen schreibt man, wenn ein neuer Begriff entsteht: *Man soll das nicht geringschätzen* (= verachten). Entsprechend schreibt man auch das Verb *geringachten* immer zusammen.

gern[e]: **1.** Das Adverb *gern* hat die

Vergleichsformen *lieber, am liebsten.* ↑Vergleichsformen (5). **2.** Von den beiden Formen *gern* und *gerne* wird heute überwiegend die kürzere gebraucht. **3.** ↑Apostroph (2.2).

Gernegroß: Der Plural lautet *die Gernegroße.*

Geruch-/Geruchs-: Die Zusammensetzungen mit *Geruch* als Bestimmungswort stehen mit Ausnahme von *geruchlos, Geruchlosigkeit* und *geruchtilgend* mit dem Fugen-s: *Geruchsorgan, Geruchssinn, Geruchsvermögen.* In beiden Formen kommt *geruchfrei/geruchsfrei* vor. ↑Fugen-s.

Gerundiv[um]: Unter dem Gerundiv[um] versteht man Formen wie *zu billigend, zu veranlagend, anzuerkennend* usw.: *Das ist ein zu billigender Schritt. Das Finanzamt erfaßt alle zu veranlagenden Personen.* Diese Formen (1. Partizip + *zu*) bezeichnen ein beginnendes Geschehen und drücken in passivischer Bedeutung stets dessen Möglichkeit oder Notwendigkeit aus. *Dieser Schritt kann/muß gebilligt werden. Diese Personen können/müssen veranlagt werden.* Das Gerundiv[um] kann nur zu Handlungsverben gebildet werden. Seine Flexion deckt sich mit der des attributiv gebrauchten ersten Partizips. Zu Fällen wie *der zu Versichernde, der Aufzunehmende* ↑zu (5).

gesagt: Adverbial gebrauchte oder formelhaft in den Satz eingeflochtene Fügungen wie *offen gesagt, wie gesagt* können ohne Komma stehen: *Das ist offen gesagt Betrug. Wie gesagt habe ich keine Zeit.* Man kann aber auch Kommas setzen, wenn man die Fügung als Vertretung eines vollständigen Nebensatzes auffaßt: *Das ist, offen gesagt, Betrug. Wie gesagt, habe ich keine Zeit.* ↑Komma (4.2), ↑zweites Partizip (2.5).

gesalzen/gesalzt: Es gibt beide Formen des Partizips. *Gesalzt* ist jedoch selten und wird nicht übertragen gebraucht: *Das Essen/Die Strafe war gesalzen; gesalzenes/*(selten:) *gesalztes Fleisch. Die Suppe ist stark gesalzen/*(selten:) *gesalzt. Sie gab mir eine gesalzene Ohrfeige. Die Preise waren gesalzen.*

gesamtdeutsch: Zu *Bundesministerium für gesamtdeutsche Fragen* gegenüber *Gesamtdeutscher Block (BHE), Gesamtdeutsche Partei* ↑Namen (5).

gesandt/gesendet: ↑senden.

Gesandte: 1. besagtem Gesandten/Gesandtem · ihm als Gesandten/Gesandtem: Im allgemeinen wird *Gesandte* wie ein attributives ↑Adjektiv dekliniert: *ein Gesandter, der Gesandte, zwei Gesandte, die Gesandten* usw. Im Genitiv Plural ist heute nach einem stark deklinierten Adjektiv die starke Beugung üblich: *die Entführung deutscher Gesandter* (veraltend: *Gesandten*). Ausnahmen und Schwankungen treten beim Dativ Singular auf: **a)** Nach einem stark deklinierten Adjektiv wird heute schwach gebeugt: *Besagtem Gesandten* (veraltet: *Gesandtem) ist der Orden verliehen worden.* **b)** In der Apposition (im Beisatz) kommt neben der starken Deklination häufig die schwache vor: *Ihm als Gesandten ...* neben: *Ihm als Gesandtem ...* ↑substantiviertes Adjektiv (2.1.3). **2. einige Gesandte · alle Gesandten · solche Gesandte[n]:** Zur Deklination von *Gesandte* nach *alle, beide, einige* usw. ↑all- usw.

Gesang-/Gesangs-: Standardsprachlich werden die meisten der Zusammensetzungen mit *Gesang* als Bestimmungswort ohne Fugen-s gebraucht: *gesangartig, Gesangbuch, Gesangschule, Gesangstück, Gesangstunde, Gesangunterricht, Gesangverein.* Eine Ausnahme bildet *Gesangskunst.* In Österreich wird abweichend von diesem Gebrauch häufig ein Fugen-s gesetzt: *Gesangsbuch, Gesangsstunde, Gesangsverein.* ↑Fugen-s.

Geschädigte, der und die: **1. besagtem Geschädigten/Geschädigtem · ihr als Geschädigten/Geschädigter:** Im allgemeinen wird *Geschädigte* wie ein attributives ↑Adjektiv dekliniert: *ein Geschädigter, zwei Geschädigte, die Geschädigten* usw. Im Genitiv Plural ist heute nach einem stark deklinierten

Adjektiv die starke Beugung üblich: *die Forderungen besagter Geschädigter* (veraltend: *Geschädigten*). Ausnahmen und Schwankungen treten beim Dativ Singular auf: **a)** Nach einem stark deklinierten Adjektiv wird heute schwach gebeugt: *Besagtem Geschädigten* (veraltet: *Geschädigtem*) *wurde zuerkannt ...* **b)** In der Apposition (im Beisatz) kommt neben der starken Deklination häufig die schwache vor: *Ihm als Geschädigten ...* neben: *Ihm als Geschädigtem ... Ihr als Geschädigten ...* neben: *Ihr als Geschädigter ...* ↑substantiviertes Adjektiv (2.1.3). **2. einige Geschädigte · alle Geschädigten:** Zur Deklination von *Geschädigte* nach *alle, beide, einige* usw. ↑all- usw. **3. Groß- oder Kleinschreibung:** ↑Angeklagte (1).

geschaffen/geschafft: ↑schaffen (2).

geschäftig/geschäftlich: Das Adjektiv *geschäftig* bedeutet „unentwegt tätig": *geschäftiges Treiben; geschäftig sein, geschäftig hin und her laufen. Ich gab mich sehr geschäftig.* Dagegen wird *geschäftlich* im Sinne von „das Geschäft betreffend, dienstlich" gebraucht: *eine geschäftliche Miene; geschäftlich unterwegs sein. Sie hat geschäftlich hier zu tun.* ↑-ig/isch/-lich (1).

Geschäftsanzeigen: ↑Anzeigen.

Geschäftsbrief: ↑Brief.

Geschäftsinhaberin modischer Artikel: ↑Kompositum (8).

Geschäftsmann: Als Pluralform wird gewöhnlich *die Geschäftsleute,* selten *die Geschäftsmänner* gebraucht. ↑Mann (2).

geschehen: Die 3. Person Singular Indikativ Präsens lautet: *es geschieht.* ↑e/i-Wechsel.

gescheint/geschienen: ↑scheinen.

Geschichts-/Geschichten-: Die Zusammensetzungen mit *Geschichte* als Bestimmungswort stehen mit *-en-,* wenn *Geschichte* die Bedeutung „Erzählung" hat: *Geschichtenerzähler, Geschichtenbuch* (= Buch, das Erzählungen enthält). Dieser Bildung steht die Form mit Fugen-s gegenüber: *Geschichtsbuch* meint ein Werk, das sich mit geschichtlichen (historischen) Vorgängen befaßt. Zu diesem Typus gehören *Geschichtsauffassung, Geschichtsforscher, Geschichtsklitterung, Geschichtskunde, Geschichtsschreiber, Geschichtsschreibung, Geschichtsunterricht, Geschichtswerk, Geschichtswissenschaft* u.a. Der Gebrauch ohne Fugen-s *(Geschichtbuch, Geschichtschreibung, Geschichtschreiber)* ist veraltet. ↑Fugen-s (1.1).

Geschichtsschreiber Karls des Großen: ↑Kompositum (8).

geschieden: ↑geboren (2 u. 3).

geschienen/gescheint: ↑scheinen.

Geschlecht: ↑Genus.

Geschlecht der Fremdwörter: ↑Fremdwort (2).

-geschlechtig / -geschlechtlich: Die beiden Ableitungen von *Geschlecht* haben verschiedene Bedeutungen. Die Form *-geschlechtig,* die nicht als selbständiges Wort auftritt, bedeutet „ein Geschlecht habend", sie wird besonders in der Biologie gebraucht: *zweigeschlechtig, getrenntgeschlechtig, andersgeschlechtig.* Die Form *geschlechtlich* tritt als selbständiges Adjektiv auf und bedeutet „das Geschlecht betreffend, sexuell": *geschlechtliche Liebe.* Als Grundwort einer Zusammensetzung steht sie z.B. in *gleichgeschlechtlich* „auf das eigene Geschlecht bezogen, homosexuell". Die beiden Bildungsweisen werden nicht immer auseinandergehalten.

Geschlechtsteil: Das Wort wird meistens im Plural gebraucht: *die Geschlechtsteile.* Der Singular lautet *das* (auch: *der*) *Geschlechtsteil.*

Geschlechtswort: ↑Artikel.

geschleift/geschliffen: ↑schleifen.

Geschmack: Die standardsprachliche Pluralform lautet *die Geschmäcke.* In umgangssprachlich scherzhafter Ausdrucksweise kommt die Form *die*

Geschmäcker vor: *Die Geschmäcker sind verschieden.*

Geschmack- / Geschmacks-: Die Zusammensetzungen mit *Geschmack* als Bestimmungswort sind teils mit Fugen-s, teils ohne Fugen-s gebräuchlich. Fest ohne Fugen-s: *geschmacklos, Geschmacklosigkeit* und *geschmackvoll.* Fest mit Fugen-s: *Geschmacksrichtung, Geschmacksverirrung.* Die Zusammensetzungen *Geschmack[s]sache* und *Geschmack[s]sinn* werden mit und ohne Fugen-s gebraucht. Zu *geschmackbildend* ↑Fugen-s (3.4).

geschmeichelt: Die Verwendung von *geschmeichelt* in Beispielen wie *ein geschmeicheltes Bild, sich geschmeichelt fühlen* geht auf den früher üblichen transitiven Gebrauch von *schmeicheln* zurück. ↑zweites Partizip (2.2).

geschmolzen oder geschmelzt: ↑schmelzen (1).

-geschossig: Zu *ein eingeschossiges/dreigeschossiges Haus* ↑Stock.

geschweige: 1. *geschweige [denn]* in der Bedeutung „noch weniger" darf nur nach einer vorangegangenen verneinten oder eingeschränkten Aussage stehen, auf die es sich verstärkend bezieht: *Ich habe sie nicht sehen, geschweige [denn] sprechen können. Er kann kaum gehen, geschweige denn laufen.* **2.** Ein Komma muß vor *daß* in der Fügung *geschweige denn, daß* stehen: *Ich glaube nicht einmal, daß sie anruft, geschweige denn, daß sie vorbeikommt.* Die Fügung *geschweige daß* wird dagegen gewöhnlich als Einheit empfunden. Vor *daß* steht kein Komma: *Ich glaube nicht einmal, daß sie anruft, geschweige daß sie vorbeikommt.* Das Komma kann gesetzt werden, wenn *geschweige* als Auslassungssatz *(ich geschweige dessen)* angesehen und daher besonders betont werden soll: *Ich habe ihn nicht gesehen, geschweige, daß ich ihn sprechen konnte.* Bei der Fügung *geschweige denn* wird das Komma nicht gesetzt: *Diese Leute können ja nicht einmal eine diplomatische Note schreiben, geschweige denn eine Provinz verwalten* (Sieburg).

geschwellt / geschwollen: ↑schwellen.

Geschwister: Das Wort wird überwiegend im Plural verwendet: *die Geschwister* „[männliche und weibliche] Kinder gleicher Eltern". Besonders fachsprachlich ist der Singular *das Geschwister* „ein [männlicher oder weiblicher] Geschwisterteil".

geschworen: Im Sinne von „überzeugt" ist *geschworen* ein vom Verb *schwören* isoliertes, selbständiges Wort, das nicht mehr mit dem 2. Partizip *geschworen* gleichgesetzt werden kann. Es darf daher attributiv gebraucht werden: *ein geschworener Feind des Alkohols.* ↑zweites Partizip (2.2).

gesehen: Die adverbial gebrauchte Fügung *so gesehen* wird ohne Kommas in den Satz eingefügt: *So gesehen hat er ganz vernünftig reagiert.* ↑Komma (4.2), ↑zweites Partizip (2.5).

Gesell / Geselle: Von den beiden Nominativformen wird heute im allgemeinen *Geselle* gebraucht, das neben „Bursche, Kerl" auch die Bedeutung „Handwerksgeselle" hat. ↑Substantiv (2.3).

gesendet / gesandt: ↑senden.

gesetzt: 1. In der Fügung *gesetzt den Fall* darf nur der Akkusativ, nicht der Nominativ stehen: *Gesetzt den* (nicht: *der*) *Fall, es machte mir jemand ein Angebot ...* **2.** Nach *gesetzt [den Fall]* muß ein Komma stehen: *Gesetzt, daß er kommt, wie wollen wir uns dann verhalten? Wann brechen wir auf, gesetzt den Fall, daß sich der Nebel auflöst? Gesetzt den Fall, dieses Buch ist vergriffen, dann schenken wir ihr eine Reproduktion.*

Gesicht: In den Bedeutungen „Vorderseite des Kopfes; Miene; charakteristisches Aussehen" hat *Gesicht* die Pluralform *die Gesichter;* im Sinne von „Vision" lautet der Plural *die Gesichte.*

gesinnt: 1. Rechtschreibung: Das Partizip *gesinnt* schreibt man mit einem vorangehenden Adjektiv zusammen, wenn die Verbindung adjektivisch gebraucht wird (nur das erste Glied trägt Starkton): *die gutgesinnten, gleichgesinnten, übelgesinnten, deutschgesinnten, andersgesinnten Menschen.* Man schreibt jedoch getrennt, wenn das Adjektiv näher bestimmt wird (beide Wörter tragen Starkton): *Dies sind alles gut gesinnte, gleich gesinnte Menschen.* Getrennt schreibt man immer, wenn beide Wörter in der Aussage stehen: *Der Mann ist mir gut, übel, schlecht gesinnt.* Vgl. aber ↑wohlgesinnt. ↑Zusammen- oder Getrenntschreibung (3.1.2). **2. gesinnt/gesonnen:** Die beiden Partizipien dürfen nicht verwechselt werden: *gesinnt* bedeutet „von einer bestimmten Gesinnung": *Ein gleichgesinnter, andersgesinnter, übelgesinnter* (nicht: *gleichgesonnener* usw.) *Mensch. Er ist mir treu gesinnt* (nicht: *treu gesonnen*). *Er ist gut gesinnt* (nicht: *gut gesonnen*); demgegenüber bedeutet *gesonnen* „willens, gewillt" und wird nur in Verbindung mit *sein* gebraucht (*gesonnen sein* „willens, gewillt sein"): *Ich bin nicht gesonnen* (falsch: *gesinnt*), *das zu tun.*

gespalten/gespaltet: ↑spalten.

gespenstig/gespenstisch: Die beiden Bildungen sind gleichbedeutend. Die Form auf *-ig* kommt allmählich außer Gebrauch: *ein gespenstiger Nebelfaden* (Musil); *eine gespenstige Melodie; eine gespenstische Landschaft. Gespenstische Sache, wie?* (Langgässer). ↑-ig/-isch/-lich (3).

gespreizt: ↑Vergleichsformen (2.3).

-gestalt/-gestaltet: Das Wort *gestalt* ist ein altes adjektivisch gebrauchtes zweites Partizip von *stellen* mit der Bedeutung „beschaffen", das sich in einigen Bildungen wie *wohlgestalt, mißgestalt, ungestalt, schöngestalt* u.a. erhalten hat. Daneben stehen die Bildungen mit dem zweiten Partizip von *gestalten: wohlgestaltet, mißgestaltet, schöngestaltet* u.a. Beide Formen werden in der Weise unterschieden, daß im allgemeinen – jedoch nicht durchgängig – die Bildungen mit *gestalt* in der Bedeutung „von Natur aus in bestimmter Weise beschaffen und gewachsen" und die Bildungen mit *-gestaltet* in der Bedeutung „von Menschenhand geschaffen" gebraucht werden.

gestanden: Das Wort hat im Sinne von „erfahren, erprobt" keinen Zusammenhang mit *stehen* und kann attributiv gebraucht werden: *Sie ist eine gestandene Unternehmerin.*

gestehen: Der Konjunktiv II, wenn er überhaupt gebraucht wird, lautet *gestände,* seltener *gestünde.*

Gesteinsblock: Der Plural lautet *die Gesteinsblöcke.* ↑Block.

gestern: Das Adverb *gestern* wird bei der Erzählung oder Darstellung im Präteritum gelegentlich so gebraucht, daß ein falscher Zeitbezug entsteht: *Sie kamen zu dem Lager, das die Expedition am Vortage/am Tag vorher* (nicht: *gestern*) *verlassen hatte.*

gestreift: Über die Zusammen- oder Getrenntschreibung von *schwarz gestreift/schwarzgestreift* usw. ↑blau (2).

gesund: 1. Umlaut: Komparativ und Superlativ von *gesund* können mit und ohne Umlaut gebildet werden: *gesünder/gesunder* und *gesündeste/gesundeste.* Die umgelauteten Formen sind jedoch üblicher. ↑Vergleichsformen (2.1). **2. Rechtschreibung: a)** Man schreibt *gesund* mit dem folgenden Verb zusammen, wenn ein neuer Begriff entsteht: *Er hat sich daran gesundgemacht* (= hat daran viel verdient; ugs.). *Sie wird sich daran gesundstoßen* (= wird daran viel verdienen; ugs.). Man schreibt getrennt, wenn beide Wörter in ihrer ursprünglichen Bedeutung gebraucht werden: *Er hat den Kranken gesund gemacht.* ↑Zusammen- oder Getrenntschreibung (1.2). **b)** Klein schreibt man *gesündeste* auch dann, wenn ihm ein Artikel vorangeht, beide Wörter aber im Sinne von „sehr gesund, am gesündesten" stehen: *Es ist das gesündeste, jeden Tag zu schwimmen.*

getagt: Das zweite Partizip des intransitiven Verbs *tagen,* dessen Perfekt mit *haben* umschrieben wird, kann nicht als attributives Adjektiv gebraucht werden. Falsch also: *Die im April getagte Versammlung beschloß, diese Mitglieder auszuschließen.* ↑zweites Partizip (2.2).

getrauen, sich: Das reflexive Verb *sich getrauen* wird heute im allgemeinen mit dem Akkusativ verbunden. Der Gebrauch des Dativs ist zwar auch korrekt, ist heute aber seltener: *Ich getraue mich/* (seltener:) *mir, das zu tun.* Hängt aber von *sich getrauen* ein Akkusativ der Sache ab, dann muß das Reflexivpronomen im Dativ stehen: *Ich getraue mir* (nicht: *mich*) *diesen Schritt nicht.*

Getrennt- oder Zusammenschreibung: ↑Zusammen- oder Getrenntschreibung.

getreu: Das bei *getreu* stehende Substantiv muß im Dativ stehen: *getreu meinem Vorsatz, ihrem Versprechen getreu.*

getroffen: Zu *die getroffene Auswahl* ↑zweites Partizip (2.4).

Getto/Ghetto: Beide Schreibungen des Wortes, dessen Herkunft nicht gesichert ist, gelten als korrekt.

Gevatter: Eine ältere Form des Genitivs lautet: *des Gevattern,* heute üblicher ist: *des Gevatters.* Der Plural lautet *die Gevattern.*

gewahr werden: Bei *gewahr werden* kann das Objekt im Genitiv oder im Akkusativ stehen: *Ich ging an ihr vorüber, ohne sie/ihrer gewahr zu werden. ... daß die Insekten die Blumen schon von weitem gewahr werden* (Friedell). *... ohne des Inhalts recht gewahr zu werden* (Sieburg).

Gewähr/Gewährung: Die beiden Wörter kann man nicht austauschen: *Gewähr* bedeutet „Garantie“, *Gewährung* ist Verbalsubstantiv zu *gewähren* „geben, bewilligen, erlauben“: *Man rechnete mit der Gewährung* (nicht: *Gewähr*) *eines Zuschusses.*

Gewähr leisten / gewährleisten: *Gewähr leisten* und *gewährleisten* werden heute im allgemeinen ohne Bedeutungsunterschied gebraucht. Ein Unterschied besteht allerdings in der Konstruktion. Bei *Gewähr leisten* wird das Objekt mit *für* angeschlossen; *gewährleisten* hat ein Akkusativobjekt, also keine Präposition nach sich. Es darf deshalb nicht heißen: *Man gewährleistet für etwas,* sondern: *Man gewährleistet das ...* oder: *Man leistet Gewähr dafür, daß ...*

Gewährsmann: Das Substantiv hat die beiden Plurale *die Gewährsmänner* und *die Gewährsleute.* ↑Mann (2).

Gewand: Der Plural heißt *die Gewänder,* selten auch noch *die Gewande.*

gewandt/gewendet: ↑wenden.

Gewebe-/Gewebs-: Die Zusammensetzungen mit *Gewebe* als Bestimmungswort werden im Textilwesen ohne Fugenzeichen, in der Medizin teils mit, teils ohne Fugenzeichen gebraucht. Textilwesen: *Gewebebreite* (= Stoffbreite), *gewebeschonend* (= den Stoff schonend) usw. Medizin: *Gewebebank, Gewebeentzündung, Gewebeerkrankung, Gewebeflüssigkeit, Gewebelehre, Gewebetherapie;* aber: *Gewebstrümmer, Gewebsveränderung, Gewebsverpflanzung, Gewebszerfall* usw.

gewerbetreibend / Gewerbe treibend: Zusammen schreibt man, wenn die Verbindung adjektivisch gebraucht wird: *die gewerbetreibende Bevölkerung.* Getrennt schreibt man, wenn *Gewerbe* durch eine nähere Bestimmung (Attribut) als Substantiv zu erkennen ist: *diese ein eigenartiges Gewerbe treibenden Menschen.* ↑Zusammen- oder Getrenntschreibung (3.1.1).

Gewerkschafter / Gewerkschaftler: Beide Formen sind korrekt. Obwohl die Gewerkschaften selbst meist von *Gewerkschaftern* sprechen, wird – von Österreich abgesehen – im allgemeinen die Form *Gewerkschaftler* gebraucht. ↑-schafter/-schaftler.

gewesen: Im heutigen Sprachgebrauch, vor allem in der Umgangssprache und in den Mundarten, findet sich neben der Zusatzumschreibung (Doppelumschreibung) der verbalen Zeitformen des Perfekts und Plusquamperfekts mit *gehabt* auch die seltenere mit *gewesen: Ich habe dir das gesagt gehabt. Ich bin eingeschlafen gewesen.* Diese Formen stehen außerhalb des üblichen Konjugationssystems und sind wie die entsprechenden Fälle der Umschreibung mit *gehabt* zu beurteilen (↑gehabt). Von ihnen zu unterscheiden sind die (korrekten) Formen des Vollverbs *sein: Er ist verrückt gewesen.*

Gewicht-/Gewichts-: Entsprechende Zusammensetzungen werden überwiegend mit Fugen-s gebildet: *gewichtslos, Gewichtskontrolle, -satz, -verlust, -zoll;* aber: *Gewichtheber.*

gewiegt: ↑wiegen.

gewinnen: Der Konjunktiv II kann sowohl *gewänne* als auch *gewönne* heißen. ↑Konjunktiv (1.3).

gewiß: Das folgende [substantivierte] Adjektiv oder Partizip nach *gewiß* wird heute in gleicher Weise (parallel) gebeugt: *gewisse lebensnotwendige* (veraltet: *lebensnotwendigen*) *Einrichtungen; die Wünsche gewisser Kranker* (veraltet: *Kranken*); *gewisse auf den Universitätsbetrieb beschränkte* (veraltet: *beschränkten*) *Vorkommnisse; die Einstellung gewisser national gesinnter* (veraltet: *gesinnten*) *Kreise.*

gewogen: ↑wägen/wiegen.

gewöhnlich pflegen: In Sätzen wie *Sie pflegte gewöhnlich zu sagen: „Berlin ist doch kein Dorf!"* ist das Wort *gewöhnlich* überflüssig, denn *pflegen* dient in diesem Zusammenhang bereits – im allgemeinen mit dem Infinitiv mit *zu* – zur Umschreibung des üblicherweise, gewöhnlich, in der Regel Geschehenden; *gewöhnlich pflegen* ist also eine pleonastische Ausdrucksweise, die zu vermeiden ist. ↑Pleonasmus.

gewohnt/gewöhnt: Diese beiden Wörter werden heute im allgemeinen folgendermaßen unterschieden: *gewohnt* bedeutet „durch [zufällige] Gewohnheit mit etwas vertraut" und wird nur noch in gehobener Sprache mit dem Genitiv, sonst mit dem Akkusativ verbunden (vor allem ist die Konstruktion mit *zu* + Infinitiv üblich): *Mister Lewin wurde geradezu amüsant, da er Wein nicht gewohnt war (Frisch). ... schon die Frage, wie ich geschlafen habe, verdrießt mich, weil ich in Gedanken schon weiter bin, gewohnt, voraus zu denken* (Frisch). *... dem Ton seiner Stimme war nur anzumerken, daß sie ... zu befehlen gewohnt war* (Ott). Demgegenüber bedeutet *gewöhnt* „durch [bewußte] Gewöhnung mit etwas vertraut", womit meist ausgedrückt wird, daß etwas auf jemanden einwirkt, daß etwas bewirkt wird. Heute verbindet man *gewöhnt* mit der Präposition *an: ... ich bin an solche Sprache nicht gewöhnt* (Maass). *Belisar ..., der von Constantinopel her an manches gewöhnt war* (Thieß). Nicht korrekt ist es, *gewöhnt* – wie *gewohnt* – mit einem Infinitiv zu verbinden oder mit dem Genitiv oder Akkusativ. Ebenso inkorrekt ist es, *gewohnt* mit der Präposition *an* zu verbinden. Man unterscheidet heute also: *Er ist gewohnt* (= es ist seine Gewohnheit, es ist Brauch bei ihm)/ *daran gewöhnt* (= regelmäßige Wiederholung hat eine Vertrautheit damit bewirkt), *sich regelmäßig die Zähne zu putzen.* Ferner: *Sie ist an schwere Arbeit gewöhnt (worden)/ist schwere Arbeit gewohnt* (= hat Übung, Erfahrung darin).

gewonnen: Zu *die gewonnenen Eindrücke* ↑zweites Partizip (2.4).

geworden/worden: ↑werden.

Ghetto: ↑Getto/Ghetto.

Gießener: Die Einwohner von Gießen heißen *Gießener.* Die Einwohnerbezeichnung *Gießener* wird immer groß geschrieben, auch wenn das Wort wie ein flexionsloses Adjektiv vor einem Substantiv steht: *Gießener Studenten.* ↑Einwohnerbezeichnungen (7).

giltig/gültig: Die Form *giltig* ist veraltet, aber noch mundartlich für heute in der Standardsprache übliches *gültig* gebräuchlich. Das gilt auch für *endgiltig/endgültig.*

Gischt: Das Wort wird sowohl mit männlichem als auch mit weiblichem Geschlecht gebraucht: *der Gischt,* Genitiv: *des Gischtes,* Plural: *die Gischte* oder *die Gischt,* Genitiv: *der Gischt,* Plural: *die Gischten.*

glänzend: Zusammen schreibt man *glänzend* mit einem folgenden Adjektiv, wenn die Verbindung adjektivisch gebraucht wird (nur das erste Glied trägt Starkton): *Sie hat glänzendschwarze Haare.* Getrennt schreibt man, wenn beide Wörter ihren ursprünglichen Sinn bewahren (beide Wörter tragen Starkton): *Das Kind hat glänzend schwarze Haare.* Dies gilt immer, wenn beide Wörter aussagend stehen: *Ihre Haare sind glänzend schwarz.* ↑Zusammen- oder Getrenntschreibung (3.2).

Glas: 1. Als Maßbezeichnung bleibt *Glas* meist ungebeugt: *Herr Ober, zwei Glas Bier bitte! Ich habe drei Glas Sekt* oder *drei Gläser Sekt getrunken.* ↑Maß-, Mengen- und Münzbezeichnungen. **2.** Das Gemessene nach *Glas: ein Glas Wein* (nicht: *Wein[e]s*); *ein Glas edler Wein* (geh.: *edlen Wein[e]s*); *der Preis eines Glases Wein* (nicht: *Wein[e]s*); *mit mehreren Gläsern hochprozentigem Rum* (geh.: *hochprozentigen Rums*). ↑Apposition (2.2). **3.** Wenn *Glas* mit einer Stoffbezeichnung eine Einheit bildet, dann kann das eigentlich zur Stoffbezeichnung gehörende Adjektiv auch vor der Einheit stehen, sofern es sich auf beide Wörter beziehen kann. Man kann also nicht nur *ein Glas frisches Wasser,* sondern auch *ein frisches Glas Wasser* sagen. ↑Adjektiv (3.2).

glatt: glatter/glätter: Die Vergleichsformen von *glatt* werden sowohl ohne als auch mit Umlaut gebildet: *glatter/glätter; glatteste/glätteste.* Die Standardsprache bevorzugt heute allerdings die nichtumgelauteten Formen: *Je glatter die Lösungen, um so ferner das Leben* (Sieburg). ↑Vergleichsformen (2.1).

Glaube/Glauben: Das Substantiv hat zwei Nominativformen; *der Glaube* und *der Glauben.* Der Genitiv zu beiden lautet *des Glaubens.* Heute wird im allgemeinen die ältere Bildung *Glaube* gebraucht. ↑Substantiv (2.1).

glauben: 1. Komma: Wenn *glauben* mit einem erweiterten Infinitiv mit *zu* verbunden ist, kann man das Komma setzen oder weglassen. Es kommt darauf an, ob man *glauben* als Vollverb oder als Hilfsverb auffassen will: *Er glaubte den Mann zu kennen* oder: *Er glaubte, den Mann zu kennen.* Tritt zu *glauben* ein Adverb o.ä., dann muß das Komma stehen, weil *glauben* dann nur Vollverb sein kann: *Er glaubte felsenfest, den Mann zu kennen.* ↑Komma (5.1.4). **2. Konjunktiv:** Zu *Er glaubte, daß er krank sei. Sie glaubte, daß ich käme/kommen würde* ↑Konjunktiv (2). **3. glauben machen:** *glauben machen* verlangt stets den Akkusativ (nicht den Dativ): *Man will die Welt glauben machen, es handele sich um harmlose Versuche. Sie ist böse, ich hasse sie! – und würde doch keinen Menschen so gern an mich glauben machen wie sie!* (H. Mann). **4. glauben lassen:** *glauben lassen* verlangt den Akkusativ: *Sie ließ ihn glauben, daß sie noch ein Kind sei.* ↑lassen (5).

Gläubige/Gläubiger: Der Gläubige ist jemand, der an etwas glaubt, der Gläubiger ist jemand, der von einem anderen etwas zu bekommen hat, dem also jemand etwas schuldet. Während *der Gläubige* – wie die meisten substantivierten ↑Adjektive – adjektivisch dekliniert wird *(die Hoffnung der Gläubigen),* wird *der Gläubiger* substantivisch dekliniert: *Die Hoffnung der Gläubiger, daß sie zahlen würde, wurde bald zunichte.* In dem Satz *Eine große Anzahl Gläubiger hatte sich dort versammelt* kann es sich sowohl um Gläubige als auch um Gläubiger handeln, daher muß man eine Konstruktion wählen, die keine Verwechslung zuläßt; z.B.: *Eine große Anzahl von Gläubigen/von Gläubigern ...* ↑substantiviertes Adjektiv (2.2.2).

gleich: 1. Groß- oder Kleinschreibung: Klein schreibt man *gleich* auch dann, wenn ein Artikel vorangeht, beide aber wie ein Pronomen gebraucht sind: *der/die/das gleiche* (= der-/die-/

dasselbe). *Er ist der gleiche geblieben. Wenn zwei das gleiche* (= dasselbe) *tun ... Es kommt auf das gleiche/aufs gleiche* (= dasselbe) *hinaus. Das gleiche* (= dasselbe) *gilt auch für dich!* Klein schreibt man auch in unveränderlichen Verbindungen: *etwas ins gleiche bringen, gleich und gleich gesellt sich gern.* Groß schreibt man die Substantivierung: *Gleiches mit Gleichem vergelten. Es kann uns Gleiches begegnen. Ich lebe als Gleicher unter Gleichen. Gleiches von Gleichem bleibt Gleiches. Ich wünsche Ihnen das Gleiche/ein Gleiches. Wir werden ein Gleiches tun.* ↑Groß- oder Kleinschreibung (1.1 und 1.2.1). **2. Zusammen- oder Getrenntschreibung:** Getrennt schreibt man *gleich* – von einigen Ausnahmen (Typ: *gleichgeschlechtlich*) und Zusammenbildungen (Typ: *gleichartig, gleichförmig*) abgesehen – vom folgenden Adjektiv: *gleich groß, gut, schnell, verteilt, wahrscheinlich, weit* u.a. *Die gleich großen Kinder standen in einer Reihe. Der finanzielle Aufwand ist gleich groß* usw. Zusammen schreibt man *gleich* mit einem folgenden zweiten Partizip, wenn die Verbindung adjektivisch gebraucht wird (nur das erste Glied trägt Starkton): *die gleichgesinnten Männer, zwei gleichgestimmte Seelen.* Getrennt schreibt man, wenn die Vorstellung der Tätigkeit vorherrscht (beide Wörter tragen Starkton): *Es waren gleich gesinnte Männer, gleich gestimmte Seelen.* Dies gilt immer, wenn beide Wörter aussagend stehen: *Die Männer sind gleich gesinnt. Die Seelen sind gleich gestimmt.* Dagegen schreibt man die Wörter *gleichbedeutend, gleichberechtigt, gleichlautend* wegen ihres klassifizierenden Charakters immer zusammen: *Zwei gleichbedeutende Wörter. Die Wörter sind gleichbedeutend.* Getrennt schreibt man *gleich* vom folgenden Verb, wenn *gleich* in der Bedeutung von „sogleich, sofort" gebraucht wird: *Du sollst gleich kommen. Sie ist gleich geblieben, als wir sie darum baten. Das wollen wir gleich machen.* Zusammen schreibt man dagegen bei übertragener Bedeutung: *Er ist sich gleichgeblieben* (= unverändert geblieben). *Sie will alles gleichmachen* (= angleichen). Entsprechend: *gleichschalten* „parallel schalten; vereinheitlichen, einheitlich durchführen", *gleichkommen* „entsprechen, gleichwertig sein", *gleichsehen* „ähneln", *gleichstehen* „gleich sein", *gleichstellen* „gleichmachen", *gleichtun* „erreichen", ugs. *gleichziehen* „in gleicher Weise handeln". **3. Rektion:** Wenn *gleich* bei Vergleichen wie eine Präposition verwendet wird, regiert es den Dativ: *Die Sonne ging gleich einem roten Ball/einem roten Ball gleich unter.*

gleiche: ↑der gleiche/derselbe.

Gleichmut: Das Wort wird standardsprachlich mit männlichem Geschlecht *(der Gleichmut)* gebraucht. Landschaftlich kommt auch *die Gleichmut* vor: *Mit mühsam gespielter Gleichmut häufte Maria den Rest des Waldmeisterbrausepulvers in ihrem ... Handteller* (Grass). ↑-mut.

gleichsam als [ob]/[wenn]: Die Fügung wird gewöhnlich als Einheit empfunden. Vor *als* steht kein Komma: *Ich hob die Hand, gleichsam als ob ich einen Schlag abwehren wollte.* Das Komma kann gesetzt werden, wenn *gleichsam* als Auslassungssatz *(es ist/war gleichsam)* angesehen und besonders betont werden soll: *Ich hob die Hand, gleichsam, als ob ich einen Schlag abwehren wollte.*

Gleichsetzungsakkusativ: Satzglied im Akkusativ in besonders enger Beziehung zum Akkusativobjekt; fast ausschließlich nach den Verben *nennen, schelten, schimpfen, schmähen, heißen* (trans.): *Man nennt sie eine Kapazität auf ihrem Arbeitsgebiet.*

Gleichsetzungsnominativ: Satzglied im Nominativ in besonders enger Beziehung zum Subjekt, das vor allem nach den Verben *sein, scheinen, bleiben, werden, sich dünken* steht: *Du bist ein Nervenbündel!*

Gleichsetzungssatz: Satz mit einem ↑Gleichsetzungsnominativ oder

-akkusativ. Zu *Zorn und Ungeduld sind schlechte/ist ein schlechter Ratgeber* ↑Kongruenz (1.4, 3.1 und 3.2).

gleichviel[,] ob/wo: Ein Komma kann gesetzt werden, wenn *gleichviel* als Auslassungssatz angesehen und deshalb besonders betont werden soll: *Ich werde dies tun, [es ist] gleichviel, ob er darüber böse ist.* Das Komma wird gewöhnlich nicht gesetzt, weil *gleichviel ob* usw. als Einheit empfunden wird: *Ich werde Dir schreiben, gleichviel wo ich auch bin. Ich werde in der nächsten Woche abreisen, gleichviel ob du mitkommst oder nicht.*

gleichzeitig/zugleich: Das Adjektiv *gleichzeitig* bedeutet eigentlich nur „zur gleichen Zeit *(Sie redeten gleichzeitig)*, während *zugleich* darüber hinaus – ohne zeitliche Komponente – „in gleicher Weise, ebenso, auch noch" bedeutet: *Diesen Teller können Sie zugleich als Untersatz verwenden.* Im heutigen Sprachgebrauch wird aber auch *gleichzeitig* öfter in dieser nichtzeitlichen Bedeutung verwendet: *Das Rauchertischchen ist gleichzeitig* (für: *zugleich*) *ein Schachspiel.*

Gleis/Geleise: ↑Geleise/Gleis.

gleiten: Das Verb *gleiten* gehört zu den unregelmäßigen Verben; es muß also heißen: *glitt, geglitten.* Die regelmäßigen Formen *gleitete, gegleitet* sind in der Literatur des 18. und 19. Jahrhunderts (auch bei Goethe und Schiller) anzutreffen; sie gelten heute nicht mehr als standardsprachlich.

Gliedersatz: ↑Periode.

Gliederung: Zur Groß- und Kleinschreibung und Zeichensetzung ↑[1]Punkt (2).

Gliedsatz: ↑Nebensatz.

Gliedsatzreihe: ↑Satzreihe.

glimmen: Das ursprünglich unregelmäßige Verb *(glomm, geglommen)* wird heute auch regelmäßig *(glimmte, geglimmt)* konjugiert: ... *die Zündschnur glomm weiter* (Broch). ... *das letzte Endchen der Zündschnur glimmte gefährlich auf* (Langgässer). Im übertragenen Gebrauch herrschen die unregelmäßigen Formen vor, die heute übrigens schon weitgehend als gehoben empfunden werden: ... *seine Augen glommen gefährlich* (Seidel). *Stacheldraht, hinter dem ein Streifen Abendrot unter schweren Regenwolken glomm* (Remarque). *In ihren prüfenden Blicken, die über die kahlen Köpfe hinwegstrichen, glommen verborgene Gedanken* (Apitz). *Der Gefreite, in dessen scheinbar gelassenem Blick eine Kleinigkeit Tücke glomm* ... (Gaiser).

Globus: Im Genitiv Singular ist neben der ungebeugten Form *des Globus* auch die gebeugte Form *des Globusses* gebräuchlich. Im Plural wird meist die Form *die Globusse,* seltener *die Globen* gebraucht. ↑Fremdwort (3.1).

Glosse: Als mhd. *glōse,* aus lat. *glōssa* entlehnt (beide mit langem *o*), die *ss*-Schreibung übernahm, trat in der Folge die auch sonst im Deutschen übliche Kürzung des *o* ein (z. B. *Flosse, Genosse*). *Glosse* wird daher heute überwiegend mit kurzem *o* gesprochen; nur fachsprachlich – in bezug auf alte Texte – ist langes *o* häufiger.

Glücksache/Glückssache: Im heutigen Sprachgebrauch wird im allgemeinen die Form mit Fugen-s *(Glückssache)* verwendet.

Glühbirne/Glühlampe: In der Gemeinsprache wird weitgehend *Glühbirne* gesagt. In der Fachsprache gilt nur *Glühlampe.*

GmbH: 1. Deklination: Grundsätzlich ist es nicht notwendig, die Abkürzung *GmbH* mit Beugungsendungen zu versehen. Es empfiehlt sich aber, ein *-s* anzufügen, wenn der Plural gemeint ist, eine Verwechslung mit dem Singular jedoch möglich ist: *das Stammkapital der GmbHs* ... ↑Abkürzungen (3.2). **2. GmbH in Firmenbezeichnungen:** Tritt *GmbH* in Firmennamen auf, dann ist die Abkürzung Bestandteil des Namens und wird nicht durch ein Komma abgetrennt. Zahl und Geschlecht der Firmenbezeichnung richten sich nicht nach *GmbH: das Deutsche Reiseunternehmen GmbH; mit den Vereinigten*

Stahlwerken GmbH. ↑Abkürzungen (6.1).

-gn-: ↑Silbentrennung (2.1.2).

Gnom: Die Formen lauten *des, dem, den Gnomen,* Plural: *die Gnomen.* ↑Unterlassung der Deklination (2.1.2).

goethisch / Goethisch / Goethesch: ↑Personennamen (4), ↑Groß- oder Kleinschreibung (1.2.2).

Go-go-Girl: ↑Fremdwort (4).

Go-in: ↑Fremdwort (4).

golden: Klein schreibt man das Adjektiv: *eine goldene Krone, die goldene Hochzeit, die goldene Medaille.* Groß schreibt man das Adjektiv in Namen: *die Goldene Aue, das Goldene Buch* (= Ehrenbuch), *das Goldene Horn, das Goldene Tor, der Goldene Plan, der Goldene Schnitt, der Goldene Sonntag, die Goldene Bulle, die Goldene Rose, das Goldene Kalb, das Goldene Vlies, das Goldene Zeitalter.* ↑Namen (4 und 5).

Gondoliere: Der Genitiv lautet *des Gondolieres,* der Plural *die Gondolieri.*

Gong: Das Substantiv wird meist mit männlichem Geschlecht *(der Gong),* selten mit sächlichem Geschlecht *(das Gong)* gebraucht.

Gott: Die Fügung *Gott[,] der Herr/Allmächtige[,] hat ...* kann mit oder ohne Kommas stehen. Aber nur mit Kommas: *Gott, der Herr über Leben und Tod, hat ...* ↑Komma (3.3.2). Zu *Gott ein guter/einen guten Mann sein lassen* ↑Kongruenz (4.3).

Göttinger: Die Einwohnerbezeichnung *Göttinger* wird immer groß geschrieben, auch wenn das Wort wie ein flexionsloses Adjektiv vor einem Substantiv steht: *die Göttinger Studenten.* ↑Einwohnerbezeichnungen (7).

graben: Die Formen der 2. und 3. Person Singular Indikativ Präsens haben Umlaut: *du gräbst, er, sie, es gräbt.* ↑Verb (1), ↑Umlaut (1.1).

Grabmal: Die normalsprachliche Pluralform ist *die Grabmäler.* In gehobener Sprache kommt auch die Form *die Grabmale* vor. ↑[1]Mal.

Grabscheit: Das landschaftliche Wort für *Spaten* hat den Plural *die Grabscheite;* veraltet, aber noch mundartlich: *die Grabscheiter.*

Grad: 1. Bei Temperaturangaben ist zwischen der Zahl und dem Gradzeichen ein Zwischenraum zu setzen; der Kennbuchstabe der Temperaturskala folgt dem Zwischenraum: *– 3 °C; + 17 °C* (gemeinsprachlich auch noch: *+ 17° C*). Bei anderen Gradangaben wird das Gradzeichen ohne Zwischenraum an die Zahl angeschlossen: *ein Winkel von 30°; 50° nördlicher Breite.* **2.** Bei einer pluralischen Gradangabe muß auch das Verb im Plural stehen: *Es herrschten* (nicht: *herrschte*) *30 Grad [Wärme].*

gradeswegs/grade[n]wegs: ↑geradeswegs / geradenwegs / geradewegs.

Graf: 1. Deklination: Das Substantiv wird schwach gebeugt, Genitiv: *des Grafen* (nicht: *des Grafs*), Dativ: *dem Grafen* (nicht: *dem Graf*). **2.** Als Bestandteil des Familiennamens steht *Graf* hinter dem Vornamen: *Manfred Graf [von] Senden.* Das Genitiv-s wird nur an den eigentlichen Namen angehängt: *der Besitz Manfred Graf Sendens* (aber: *der Besitz des Grafen Senden*). Die Frau eines Grafen wird *Gräfin,* eine unverheiratete Angehörige der Familie *Komtesse* genannt. Diese Bezeichnungen werden in Familiennamen wie die männliche Form eingesetzt: *Hilda Gräfin [von] Senden.* Die persönliche Anrede lautet (offiziell) *Herr Graf [von] Senden* oder *Herr Graf.* Jedoch läßt man *Herr* heute gewöhnlich weg; man schreibt im Brief *Sehr geehrter Graf Senden!* (ohne *von*) und sagt im Gespräch *Graf Senden.* ↑Brief (7).

Grafik, Grafiker, grafisch: Eindeutschende Schreibweisen für *Graphik* usw. ↑f/ph.

Grafit/Graphit: ↑f/ph.

gram/Gram: Groß schreibt man das Substantiv: *Ich bin von Ekel und Gram erfüllt. Er verging fast vor Gram.* Klein schreibt man das alte Adjektiv, das heute nur noch als Artangabe verwendet wird: *Er ist mir gram.* ↑Groß- oder Kleinschreibung (1.1).

Gramm: 1. Beugung: In Verbindung mit Zahlwörtern bleibt *Gramm* im Plural ungebeugt: *Zwei Gramm dieses Pulvers genügen. Der Brief ist um acht Gramm zu schwer.* ↑Maß-, Mengen- und Münzbezeichnungen. **2. Das Gemessene nach Gramm:** *ein Gramm reines Heroin* (geh.: *reinen Heroins*); *der Preis eines Gramms Heroin* oder *eines Gramm Heroins; mit 20 Gramm mild gewürztem Tabak* (geh.: *mild gewürzten Tabaks*); *aus einem Gramm pulverisierter Kristalle/pulverisierte Kristalle.* ↑Apposition (2.2). **3. 100 Gramm Speck werden/wird in kleine Würfel geschnitten:** Bei einer pluralischen Grammangabe steht das Verb heute gewöhnlich ebenfalls im Plural: *100 g Speck werden* (selten: *wird*) *in feine Würfel geschnitten.* ↑Kongruenz (1.2.2). Steht *Gramm* im Plural ohne Angabe des Gewogenen, dann ist nur der Plural des Verbs möglich: *Zehn Gramm sind* (nicht: *ist*) *zuwenig.*

grammatikalisch/grammatisch: Beide Wörter werden heute in gleicher Bedeutung verwendet. Im allgemeinen wird das kürzere Wort vorgezogen.

grammatisches Geschlecht: ↑Genus.

Granitblock: Der Plural lautet *die Granitblöcke.* ↑Block.

Graph: Das Substantiv *der Graph* hat in der Naturwissenschaft den Genitiv *des Graphen* und den Plural *die Graphen.* Das in der Sprachwissenschaft gebräuchliche *das Graph* hat den Genitiv *des Graphs* und den Plural *die Graphe.*

grau: Klein schreibt man das Adjektiv: *ein graues Kleid, der graue Markt, der graue Star, grau in grau malen* usw. Groß schreibt man das Adjektiv in Namen: *die Grauen Schwestern* (= katholische Kongregation), *das Graue Kloster* (= Schule in Berlin), *die Graue Eminenz* (= F. v. Holstein). Groß schreibt man das substantivierte Adjektiv: *die Farbe Grau, in Grau.* ↑blau (1).

grauen: Das unpersönlich oder subjektlos *(mir/mich graut)* gebrauchte Verb wird meist mit dem Dativ, seltener mit dem Akkusativ verbunden: *Es graut mir/*(seltener:) *mich; mir/*(seltener:) *mich graut vor ...*

grauenerregend/Grauen erregend: Zusammen schreibt man, wenn die Verbindung adjektivisch gebraucht wird: *ein grauenerregender Fall, der Fall ist grauenerregend.* Getrennt schreibt man, wenn *Grauen* durch eine nähere Bestimmung als Substantiv zu erkennen ist: *ein heftiges Grauen erregender Anblick.* ↑Zusammen- oder Getrenntschreibung (3.1.1).

gräulich/greulich: Das Adjektiv *gräulich* ist von *grau* abgeleitet und bedeutet „etwas grau"; die Bildung *greulich* dagegen gehört zu *Greuel* und bedeutet „entsetzlich, schaudererregend, abscheulich".

grausen: Das unpersönlich oder subjektlos gebrauchte Verb kann sowohl mit dem Dativ als auch mit dem Akkusativ verbunden werden: *Mir/Mich graust, wenn ich an die Prüfung denke. Zudem graust ihm ein wenig vor den Schwierigkeiten mit der Hafenbehörde* (Bamm). *Es grauste sie, wenn von Menschenfressern die Rede war* (K. Edschmid).

Graveurin: ↑Titel und Berufsbezeichnungen (3).

Greif: Das Wort kann sowohl stark *(des Greif[e]s, die Greife)* als auch schwach *(des Greifen, die Greifen)* gebeugt werden.

greifen: Zu *ich greife mir an den Kopf* ↑fassen.

Greifenhagener: Die Einwohner von Greifenhagen heißen *die Greifenhagener.* ↑Einwohnerbezeichnungen (4 und 7).

Greis: *Greis* wird heute nur noch stark dekliniert (Genitiv: *des Greises,* Plural: *die Greise*): *die schlaffe Maske eines hilflosen Greises* (Feuchtwanger). *Sie meinen den Greis, der nicht hört?*

(Frisch). ... *die hilflosen Greise* (Wiechert).

grenzend: In Sätzen wie *Mit an Sicherheit grenzender Wahrscheinlichkeit* ... ist *grenzend* Attribut zu *Wahrscheinlichkeit* und muß dementsprechend auch im Dativ stehen, den die Präposition *mit* verlangt. Der Akkusativ mit Bezug auf die Präposition *an (mit an Sicherheit grenzende Wahrscheinlichkeit)* ist falsch.

greulich/gräulich: ↑gräulich/greulich.

Grieß: Man schreibt das Wort mit *ß*, nicht mit *s*.

grob: Komparativ und Superlativ von *grob* werden mit Umlaut gebildet: *gröber, gröbste.* ↑Vergleichsformen (2.1).

grob gerechnet: Zur Kommasetzung ↑gerechnet.

Groll: In Verbindung mit bestimmten Verben wird *Groll* mit der Präposition *gegen* verbunden: *Er hegt keinen Groll gegen dich. Simon fühlt einen leisen Groll in sich aufsteigen, den krampfhaften Groll des Alters gegen seinen Erben* (Waggerl). ... *von einem schwermütigen Groll gegen den seiner selbst Frohen erfüllt* (Seidel). Üblicherweise wird nach *Groll* mit *über* (Sachen und Personen) oder auch mit *auf* (Personen) angeschlossen: *Der Groll der Lehrerin auf/über die Schüler war verschwunden.* ... *und selbst wenn ihn eine Kampfabstimmung auf der bürgerlichen Seite sah, empfand man auf der anderen Seite keinen Groll darüber* (Musil). ... *(ich) tat allen Groll über seine schnöde Vergeßlichkeit beiseite* (Hartung).

Gros: Zu *Ein Gros Schreibfedern lag/lagen auf dem Tisch* ↑Kongruenz (1.1.2). Vgl. auch ↑Maß-, Mengen- und Münzbezeichnungen.

groß: **1. Steigerung:** Der Superlativ heißt *größte*, nicht: *größeste.* **2. Groß- oder Kleinschreibung:** Klein schreibt man das Adjektiv: *die große Anfrage* (= im Parlament), *das große Einmaleins, das große Latinum, die große Koalition* usw. Klein schreibt man das Adjektiv auch dann, wenn ihm ein Artikel vorangeht, beide Wörter aber für ein Pronomen stehen: *um ein großes* (= viel) *verteuert.* Klein schreibt man *groß* auch in unveränderlichen Verbindungen: *im großen und ganzen, im großen und im kleinen betreiben, groß und klein* (= jedermann). Groß schreibt man dagegen das substantivierte Adjektiv: *Große und Kleine, die Großen und die Kleinen, ein Zug ins Große, im Großen wie im Kleinen treu sein, etwas/nichts/viel/wenig Großes.* Groß schreibt man das Adjektiv auch in Namen: *Katharina die Große; der Große Wagen* (= Sternbild); *das Große Los; der Große Krach von Wien* (= 1873); *der Große Belt, der Große Ozean.* ↑Namen. **3. Zusammen- oder Getrenntschreibung:** Vom folgenden Verb getrennt schreibt man *groß,* wenn es in ursprünglicher Bedeutung gebraucht wird: *groß sein/werden/schreiben* (= mit großem Anfangsbuchstaben). Zusammen schreibt man, wenn ein neuer Begriff entsteht: *großschreiben (Ordnung wird hier großgeschrieben), großtun* „prahlen", *großziehen* „ein Lebewesen aufziehen". Zusammen schreibt man *groß* mit dem folgenden zweiten Partizip, wenn die Verbindung adjektivisch gebraucht wird (nur das erste Glied trägt Starkton): *ein großangelegter Plan.* Getrennt schreibt man, wenn die Vorstellung der Tätigkeit vorherrscht (beide Wörter tragen Starkton): *ein groß angelegter Plan.* Dies gilt immer, wenn beide Wörter aussagend stehen: *Der Plan ist groß angelegt.* ↑Zusammen- oder Getrenntschreibung (3.1.2). **4.** Zu *größeres/größres Vertrauen* ↑Adjektiv (1.2.13), Vergleichsformen (2.2).

größer: ↑groß. Zu *größ[e]re Hälfte* ↑Vergleichsformen (2.2), ↑Hälfte.

großmaßstäbig/großmaßstäblich: Neben *großmaßstäblich* kommt gelegentlich auch *großmaßstäbig* (seltener: *großmaßstabig*) vor. ↑-ig/-isch/-lich (1).

Großmut: **1. Präposition nach Großmut:** Nach *Großmut* wird mit der

Präposition *gegen* (oder *gegenüber*), nicht mit *für* oder *zu* angeschlossen: *Vor allem aber zeigte er ... stets Großmut gegen den Besiegten* (Thieß). *Sie zeigten uns gegenüber Großmut.* **2. Genus:** Im Gegensatz zu *der Mut* hat *Großmut* weibliches Geschlecht: *Unsere Liebe ist also ein Akt der Großmut gegen die Gottheit* (Langgässer). ↑-mut.

Großmutter: Zu *Großmutters Geburtstag* ↑Verwandtschaftsbezeichnungen.

Groß- oder Kleinschreibung

1 Zweifelsfälle, die sich aus dem Austausch zwischen den Wortarten ergeben

Die Zweifelsfälle, die sich aus der Groß- oder Kleinschreibung unserer Wörter ergeben, bestanden früher nicht, weil man erst vom 16. Jahrhundert an in verstärktem Maße dazu überging, Substantive und Wörter in der Rolle eines Substantivs *(das Gute, das Lesen und Schreiben, das Weh und Ach)* groß zu schreiben. Seit dem 18. Jahrhundert ist diese Großschreibung in der Orthographie zur Regel geworden, und seitdem fällt unserer Schrift die Aufgabe zu, eine Wortart, nämlich die Wortart der Substantive, durch einen Großbuchstaben auszuzeichnen. Da nun aber die Wortarten keine in sich abgeschlossenen Einheiten darstellen, sondern in ständigem Austausch untereinander stehen, muß die Schrift dieser Bewegung zwischen den Wortarten folgen, d. h., der Schreiber ist gezwungen, in jedem Einzelfall des sich vollziehenden Austausches zu interpretieren, ob er vor einem Substantiv steht oder nicht.

1.1 Der Übergang vom Substantiv zu den anderen Wortarten

Substantive können als Adverbien *(kreuz [und quer], morgen, anfangs),* als Präpositionen *(dank, statt, trotz),* als unbestimmte Zahlwörter *(ein bißchen, ein paar)* und wie Adjektive in der Rolle von Artangaben *(mir ist angst, er ist mir feind, er ist schuld, das ist schade)* verwendet werden. In allen diesen Fällen werden sie klein geschrieben.

Klein schreibt man auch, wenn ein Substantiv (in verblaßter Bedeutung) in fester Verbindung mit einem Verb steht (↑Verblassen des Substantivs):

etwas außer acht lassen, sich in acht nehmen, jemandem angst machen, recht behalten, schuld geben, not tun, ernst nehmen.

Klein schreibt man auch *bang[e], gram, leid, weh* in festen Verbindungen mit Verben, wo es sich nicht um die Substantivierungen *die Bange* usw., sondern um alte Adjektive (Adverbien) handelt:

Das macht ihm bange. (Aber: Er hat Bange.) Sie ist mir gram. (Aber: Sein Gram war groß.) Es tut ihm leid. (Aber: Ihm soll kein Leid geschehen.) Es ist mir weh ums Herz. (Aber: Es ist sein ständiges Weh und Ach.)

1.2 Der Übergang von den anderen Wortarten zum Substantiv

Groß schreibt man Wörter anderer Wortarten, wenn sie als Substantiv gebraucht werden:

das Ja und Nein, das Meine, eine Sechs, das Sichausweinen, das In-den-Tag-hinein-Leben, das Schöne, das Gewollte, Großes erleben, Neues berichten, das Lesen, das vertraute Du.

Es gibt aber zahlreiche Fälle (vor allem bei Adjektiven, Pronomen, Zahlwörtern und Infinitiven), wo Zweifel auftreten können, ob ein Wort als Substantiv gebraucht wird oder nicht:

1.2.1 Adjektive, Partizipien und Adverbien (↑substantiviertes Adjektiv, ↑substantiviertes Partizip): Nicht als Substantive werden Adjektive in unveränderlichen Wortpaaren angesehen, weil sie wie Pronomen oder wie Adverbien verwendet werden:

alt und jung, arm und reich, groß und klein (= jedermann), durch dick und dünn (= überall durch), über kurz oder lang (= bald), im großen und ganzen (= fast vollständig).

Das gleiche gilt für Adjektive oder Partizipien, die in fester Verbindung mit einem Verb stehen:

den kürzeren ziehen, im argen liegen, im reinen sein, auf dem laufenden bleiben, ins gleiche bringen.

Bei einigen dieser stehenden Verbindungen wird jedoch das Adjektiv noch groß geschrieben, weil der substantivische Charakter überwiegt *(ins Schwarze treffen, ins Blaue reden, ins Lächerliche ziehen).*

Auch jene Adjektive oder Partizipien gelten nicht als Substantiv, denen zwar ein Artikel oder Pronomen vorausgeht, die aber für ein Adjektiv, Partizip oder Adverb ohne Artikel oder Pronomen stehen:

des weiteren (= weiterhin), aufs neue (= wiederum), um ein beträchtliches (= beträchtlich), es ist das gegebene (= gegeben), du tust alles mögliche (= viel, allerlei).

Wichtig ist, daß man den Unterschied zwischen festen, unveränderlichen Verbindungen *(Ich bin im allgemeinen gutmütig)* und freien Fügungen *(Alle Redner bewegten sich nur im Allgemeinen)* beachtet.

Schließlich wird ein Adjektiv mit vorangehendem Artikel auch dann klein geschrieben, wenn es sich auf ein vorangehendes oder nachstehendes Substantiv bezieht:

Alle Kinder fanden ihre Zuneigung; besonders aber liebte sie die aufgeweckten. Er war der aufmerksamste meiner Zuhörer. Wer war die netteste von allen anwesenden Personen? Sie war die schönste der Schönen.

Auch der Superlativ mit vorangehendem Artikel wird klein geschrieben, wenn dafür die entsprechende Form mit *am* oder ein entsprechendes Adverb gesetzt werden kann:

Es ist das beste (= am besten), wenn du dich entschuldigst. (Aber: es ist das Beste, was ich je gegessen habe.) Es ist das klügste (= am klügsten), sofort zu verschwinden. (Aber: Es ist das Klügste, was sie tun konnte.) Er war auf das äußerste (= sehr) erschrocken. (Aber: Er mußte das Äußerste befürchten.) Du tatest nicht das geringste (= [gar] nichts). (Aber: Das war das Geringste.)

Klein schreibt man auch den Superlativ mit *am,* wenn er durch den entsprechenden Positiv mit *sehr* ersetzt werden kann:

Es ist am nötigsten (= sehr nötig), den Motor wieder in Gang zu bringen. (Aber: Es fehlt am Nötigsten.)

Auch Adverbien, die mit Präpositionen verbunden sind, werden dadurch nicht zu Substantiven:

die Frau von heute, zwischen gestern und morgen, Farbe für außen und innen.

Groß schreibt man Adjektive und Partizipien, wenn ihnen – außer dem Artikel (↑1.2) – ein Pronomen oder ein Indefinitpronomen oder ein unbestimmtes Zahladjektiv vorangeht:

allerlei Schönes, etwas Wichtiges, nichts Genaues, wenig Angenehmes, genug Eßbares.

1.2.2 Von Personennamen abgeleitete Adjektive: Die von Personennamen abgeleiteten Adjektive werden nur dann groß geschrieben, wenn sie sich unmittelbar auf die genannte Person beziehen und etwa deren persönliche Leistung ausdrücken. Sie werden aber klein geschrieben, wenn sie lediglich zum Ausdruck bringen, daß etwas nach der angesprochenen Person benannt worden ist, ihrer Art oder ihrem Geist entspricht (die Adjektive antworten dann auf die Frage: was für ein?, nach welcher Art?):

das Müllersche Grundstück (= von Müller); die Heinischen „Reisebilder" (= von Heine); aber: eine fast heinische Ironie (= nach der Art von Heine); die Goethischen Gedichte (= von Goethe); aber: Gedichte von goethischer Klarheit (= nach der Art von Goethe); das Ohmsche Gesetz (= von Ohm selbst stammend); aber: der ohmsche Widerstand (= nach Ohm benannt); die Einsteinsche Relativitätstheorie (= von Einstein); aber: fast einsteinsche Theorien (= nach der Art von Einstein); die Platonischen Schriften (= von Platon); aber: die platonische Liebe (= nach den von Platon vertretenen Ansichten benannt); die Drakonische Gesetzgebung (= von Drakon); aber: drakonische Gesetzgebung, Maßnahmen (= nach der Art von Drakon, sehr streng); das Elisabethanische England (= unter der Regierung Elisabeths); aber: das elisabethanische Drama (= in der Regierungszeit Elisabeths); die Mozartschen Kompositionen (= von Mozart); aber: die Kompositionen wirken mozartisch (= wie Kompositionen Mozarts); die Kopernikanischen „Sechs Bücher über die Umläufe der Himmelskörper" (= von Kopernikus); aber: das kopernikanische Weltsystem (= nach Kopernikus benannt) usw.

Immer klein schreibt man die von Personennamen abgeleiteten Adjektive auf *-istisch, -esk, -haft,* weil sie stets auf die Frage „nach welcher Art?" antworten:

darwinistische Auffassungen (= nach der Art von Darwin), kafkaeske Gestalten, rilkehafte Metaphern.

1.2.3 Infinitiv: Hier ist die Unsicherheit besonders groß (↑[substantivierter] Infinitiv). Groß schreibt man den substantivierten Infinitiv. Er ist meist durch den Artikel, durch ein Attribut (voran- oder nachgestellt) oder durch eine Präposition gekennzeichnet:

das Lesen und Schreiben, beim Verlegen von Rohren, für Hobeln und Einsetzen der Türen, lautes Schnarchen, sein Schluchzen.

Fehlen Artikel, Attribut oder Präposition, dann ist oft nicht zu entscheiden, ob ein substantivierter Infinitiv oder ein Verb vorliegt *(F. lernt gehen/Gehen. ... weil Geben/geben seliger denn Nehmen/nehmen ist).* In diesen Fällen sind beide Schreibweisen gerechtfertigt.

1.2.4 Pronomen und Zahlwörter: Sie werden auch bei vorangehendem Artikel klein geschrieben, wenn sie nicht als Bezeichnung für einen bestimmten substantivischen Begriff gebraucht werden:

der eine, der andere, ein jeder, der nämliche, der erste (= der Zählung, der Reihe nach), die drei, die beiden. (Aber:) das eigene Ich, ein Er und eine Sie, ein gewisser

Jemand, eine Eins (= Zensur, Note), eine Sechs malen, in der Klasse der Erste (= der Leistung nach), einem Dritten (= Unbeteiligten) gegenüber, der Letzte [des Monats], das Hundert (= Maßangabe für hundert Einheiten), das Folgende (= das später Geschehende).

Das gilt auch für die pronominal gebrauchten Adjektive und Partizipien:

das gleiche (= dasselbe), der folgende (= dieser), ein beliebiger (= irgendeiner), der nächste (= der Zählung, der Reihe nach).

Pronomen und Zahlwörter (sowie die pronominal gebrauchten Adjektive und Partizipien) werden auch klein geschrieben, wenn ihnen ein bestimmtes Pronomen oder ein unbestimmtes Pronomen oder Zahlwort vorangeht:

wir beide, ihr drei, alle anderen, nichts anderes, etwas [ganz] anderes, diese fünf, alle übrigen, jeder beliebige.

Das gilt auch, wenn sich ein Pronomen z. B. auf den Empfänger eines Briefes bezieht *(Ich grüße Euch beide. Seid alle herzlich gegrüßt).*

Groß schreibt man aber die nicht pronominal gebrauchten Adjektive und Partizipien, wenn ihnen ein Pronomen oder ein Indefinitpronomen oder ein unbestimmtes Zahladjektiv vorangeht:

wir Schönen, ihr Hübschen, etwas Schönes, nichts Gutes, viel Neues, alles Gekünstelte, wenig Angenehmes, allerlei Nettes.

1.2.5 Einzelbuchstaben und Einzelwörter: Substantivierte Einzelbuchstaben schreibt man im allgemeinen groß:

das A, jemandem ein X für ein U vormachen, das Zäpfchen-R, die S-Laute, ein großes T schreiben.

Das gilt auch dann, wenn die Form des Großbuchstabens gemeint ist *(S-förmig, T-förmig, T-Eisen, X-beinig).*

Meint man aber den Kleinbuchstaben, wie er im Schriftbild vorkommt, schreibt man klein:

der Punkt auf dem „i"; das *n* in *Land;* das Dehnungs-h, Schluß-s; ein kleines *t* schreiben.

Zu *A-Dur,* aber *a-Moll* ↑Dur/Moll.

Auch nur zitierte nichtsubstantivierte Wörter sind klein zu schreiben:

Du hast das „und" in diesem Satz übersehen.

1.2.6 Verweise: Zur Schreibung der Anredepronomen in Briefen, Aufrufen usw. ↑Anrede (2); zur Groß- oder Kleinschreibung von Abkürzungen *(Tbc-krank)* ↑Abkürzungen (2); zur Schreibung apostrophierter Wörter am Satzanfang ↑Apostroph (1.1); zur Schreibung von nichtsubstantivierten Wörtern in Namen und Titeln ↑Titel und Berufsbezeichnungen (2).

2 Groß- oder Kleinschreibung nach bestimmten Satzzeichen

2.1 Doppelpunkt

Groß schreibt man nach einem Doppelpunkt das erste Wort einer direkten Rede oder eines selbständigen Satzes:

Sie rief mir zu: „Der Versuch ist gelungen". Gebrauchsanweisung: Man nehme alle 2 Stunden eine Tablette.

Klein schreibt man nach einem Doppelpunkt, der vor einer angekündigten Aufzählung, einem angekündigten Satzstück oder einer Zusammenfassung steht:

Er hat alles verloren: seine Frau, seine Kinder, seine Habe. Die Kinder mußten schreiben: der treue Hund. Rechnen: sehr gut. Das Haus, das Wirtschaftsgebäude, die Stallungen: alles war den Flammen zum Opfer gefallen.

2.2 Anführungszeichen

Groß schreibt man das erste Wort eines angeführten selbständigen Satzes sowie die in Anführungszeichen gesetzten Titel von Büchern, Gedichten u. dgl.:

Sie hatten sich dahin geeinigt, „Tue recht und scheue niemand!" als Sinnspruch zu wählen. Welche Schulklasse kennt heute noch „Die Kraniche des Ibykus", das Gedicht Schillers?

2.3 Frage- und Ausrufezeichen

Nach Frage- und Ausrufezeichen wird klein geschrieben, wenn diese innerhalb des Satzganzen stehen:

„Wohin des Wegs?" erschallt des Wächters Ruf. „Gott grüß' dich!" rief sie mir zu.

größte: ↑groß (1).

größtmöglich: ↑möglich (1), ↑Vergleichsformen (2.5.4).

Großvater: Zu *Großvaters Geburtstag* ↑Verwandtschaftsbezeichnungen.

grün: 1. Groß- oder Kleinschreibung: Klein schreibt man das Adjektiv: *das grüne Kleid; am grünen Tisch; der grüne Star, die grüne Grenze; die grüne Welle, grüne Bohnen, grüne Heringe, die grüne Hochzeit, die grüne Hölle* (= Urwald), *die grünen Lungen* (= Grünflächen) *der Großstadt, die grüne Minna* (= Polizeiauto; ugs.) usw. Groß schreibt man das substantivierte Adjektiv: *die Farbe Grün, in Grün, bei Grün die Straße überqueren, die Ampel zeigt Grün/steht auf Grün.* Groß schreibt man auch das Adjektiv in Namen: *der Grüne Donnerstag; die Grüne Insel* (= Irland); *die Grüne Woche; das Grüne Gewölbe* (= Kunstsammlung in Dresden); *das Grüne Herz Deutschlands* (= Thüringen); *der Grüne Plan* (= staatl. Plan zur Unterstützung der Landwirtschaft); *„Der Grüne Heinrich"* (Roman von G. Keller). ↑Namen. **2. Zusammen- oder Getrenntschreibung:** Zusammen schreibt man das Adjektiv mit dem folgenden zweiten Partizip, wenn die Verbindung adjektivisch gebraucht wird (nur das erste Glied trägt Starkton): *die grüngefärbten Kleider.* Getrennt schreibt man, wenn die Vorstellung der Tätigkeit vorherrscht (beide Wörter tragen Starkton): *die grün* (und nicht etwa: *blau*) *gefärbten Kleider.* Dies gilt immer, wenn beide Wörter aussagend stehen: *die Kleider sind grün gefärbt.* ↑Zusammen- oder Getrenntschreibung (3.1.2). **3. Zusammenschreibung oder Bindestrich:** Die Zusammenschreibung mit einem anderen Farbadjektiv drückt aus, daß die Farben vermischt vorkommen, daß es sich um einen Farbton handelt: *eine grünblaue Krawatte* (eine Farbe mit einer grünlichen Abschattung des Blaus). Der Bindestrich drückt aus, daß beide Farben unvermischt nebeneinander vorkommen: *eine grün-blaue Krawatte* (zwei Farben Grün und Blau selbständig nebeneinander). ↑Farbbezeichnungen (3.1). **4. des Grün/des Grüns:** Das Substantiv *das Grün* hat nur im Gen. Singular ein *-s.* Alle anderen Kasus sind standardsprachlich endungslos: *der Schimmer des Grüns; die*

Leuchtkraft der beiden Grün. Die Pluralform mit *-s (die beiden Grüns)* ist umgangssprachlich. **5.** Zur Steigerung von *grün* ↑Farbbezeichnungen (1).

Grund: Zu *Der Wert meines Grund und Bodens ...* ↑Wortpaar. Vgl. auch ↑auf Grund/aufgrund.

gründen: Gewöhnlich wird *etwas/sich auf etwas gründen* mit dem Akkusativ verbunden: *Auf diese Einsichten gründen wir unseren Heilungsplan* (S. Freud). *Ist es doch eine verhängnisvolle Verwechslung, die Gesundheit auf den tierischen Teil des Menschen zu gründen* (Musil). *... die Tatsachen, auf die diese Kenntnis sich gründete* (Rothfels). Beim Zustandspassiv *(gegründet sein auf etwas)* kommt neben dem üblichen Akkusativ auch der Dativ vor. Akkusativ: *Gesetze, die auf die Ehre gegründet waren* (Gaiser). *... als daß sie auf äußere Tatsachen gegründet gewesen wäre* (Th. Mann). Dativ: *Diese aber sind gegründet auf der Überzeugung vom Menschen als dem Eigentum Gottes* (Thieß). *Die europäische Ordnung stirbt und mit ihr die Gesellschaft, die auf ihr gegründet ist* (Langgässer).

gründen/begründen: ↑begründen/gründen.

Grunderwerb[s]steuer: ↑Fugen-s (3.1).

Grundform: ↑Infinitiv; zur Grundformgruppe ↑satzwertiger Infinitiv.

grundsätzlich: Das Adjektiv *grundsätzlich* wird in zwei Bedeutungen verwendet: 1. „einem Grundsatz entsprechend, ihn betreffend; ohne Ausnahme“: *Es ist grundsätzlich* (= ohne Ausnahme) *verboten, auf dem Schulhof zu rauchen.* 2. „im großen und ganzen, meist, eigentlich, im allgemeinen“ (oft in Verbindung mit einer Einschränkung [mit *aber*]): *Ich habe grundsätzlich [zwar] nichts dagegen, möchte aber darauf hinweisen, daß ... Ich bin grundsätzlich auch dafür, will aber nicht verschweigen, daß Schwierigkeiten zu überwinden sind. Dagegen ist grundsätzlich nichts zu sagen, wenn die anderen einverstanden sind. Ich bin grundsätzlich bereit, Sie bei mir einzustellen, muß aber zur Bedingung machen, daß ...* Eine Rolle spielt im übrigen auch die Betonung des Wortes: *Ich habe grundsätzlich nichts dagegen* kann heißen „Ich habe im großen und ganzen nichts dagegen, gewisse Vorbehalte sind jedoch nicht ausgeschlossen“ (Betonung: *grundsätzlich*). Es kann aber auch bedeuten „Ich habe prinzipiell, aus Grundsatz nichts dagegen, z. B. um mir keinen Ärger zu machen“ (Betonung: *grundsätzlich*).

Grundstufe: ↑Vergleichsformen.

Grundwort: ↑Kompositum.

Grundzahl: ↑Kardinalzahl.

Gruppe: 1. eine Gruppe Halbstarker/Halbstarke · mit einer Gruppe diskutierender/diskutierenden Studenten: Nach *Gruppe* kann die Angabe, woraus die Gruppe besteht, im Genitiv oder als Apposition stehen: *eine Gruppe Halbstarker* (ungewöhnlich: *Halbstarke*); *eine Gruppe meuternder Sträflinge*/(selten:) *meuternde Sträflinge. Er sprach mit einer Gruppe diskutierender Studenten*/(selten:) *diskutierenden Studenten. Die Polizei verhaftete eine Gruppe randalierender Jugendlicher*/(selten:) *randalierende Jugendliche.* ↑Apposition (2.2). **2. Eine Gruppe Reisender stieg/stiegen aus dem Zug:** Auch wenn nach *Gruppe* die Angabe, woraus die Gruppe besteht, im Plural folgt, steht in der Regel das Verb im Singular, weil ja das Subjekt *(Gruppe)* formal ein Singular ist: *Eine Gruppe Reisender stieg aus.* Oft wird aber auch nach dem Sinn konstruiert und das Verb in den Plural gesetzt: *Eine Gruppe Reisender stiegen aus.* Der Plural findet sich vor allem dann, wenn das appositionelle Verhältnis gewählt wird: *Eine Gruppe englische Reisende* (statt des üblichen Genitivs: *englischer Reisender*) *betraten den Abfertigungsraum.* ↑Kongruenz (1.1.2). Vgl. auch ↑Maß-, Mengen- und Münzbezeichnungen (2.2).

gruseln: Das unpersönlich oder subjektlos gebrauchte Verb kann sowohl mit dem Dativ als auch mit dem Akkusativ stehen: *In der Dunkelheit* *gruselte es ihm/ihn. Mir/Mich gruselte vor dem dunklen Friedhof.*

grüßen/begrüßen: ↑begrüßen/grüßen.

Guerilla: Das Fremdwort *die Guerilla* ([ge'rılja]; über frz. *guérilla* aus span. *guerrilla*) bedeutet einerseits „Guerillakrieg" und andererseits „einen Guerillakrieg führende Einheit". Dagegen wird *der Guerilla* (meist Plural: *die Guerillas*) im Sinne von „Angehöriger einer Guerilla, Partisan" verwendet; diese Bedeutung hat auch das Fremdwort *der Guerillero* ([...je:ro]).

Gulasch: Es heißt *das Gulasch* oder *der Gulasch*. Das sächliche Geschlecht wird häufiger gebraucht. In Österreich sagt man nur *das Gulasch*. Dort ist neben der eingedeutschten Schreibung auch die ungarische Schreibung *Gulyas* üblich.

gültig/giltig: ↑giltig/gültig.

Gummi: *Gummi* in der Bedeutung „vulkanisierter Kautschuk, Klebstoff" ist sächliches *(das Gummi)*, aber auch männliches Substantiv *(der Gummi)*; der Genitiv lautet *des Gummis*, der Plural *die Gummi* oder *die Gummis*. In der Bedeutung „Radiergummi" hat das Wort männliches Geschlecht *(der Gummi)*; der Genitiv lautet *des Gummis;* der Plural *die Gummis*. Die umgangssprachliche Kurzform von *Gummiband* hat sächliches Geschlecht: *das Gummi.*

Gurt: Standardsprachlich heißt es *der Gurt* (Plural: *die Gurte*), landschaftlich auch *die Gurte* (Plural: *die Gurten*): *... und legt sich in die Gurten* (Waggerl).

gut: 1. Vergleichsformen: Die Vergleichsformen lauten: *gut – besser – am besten.* **2. gut gegen/für etwas:** Der Anschluß mit *für* (im Sinne von „zum Schutz gegen, wider") ist heute umgangssprachlich: *Das Mittel ist gut für den Husten.* In gutem Deutsch muß es heißen: *Das Mittel ist gut gegen den Husten.* ↑für/gegen. **3. Seien Sie so gut/Sind Sie so gut:** Personen gegenüber, die man siezt, verwendet man die Höflichkeitsform, d.h. die dritte Person Plural des Konjunktivs Präsens: *Seien Sie so gut.* Falsch ist der Gebrauch des Indikativs *(Sind Sie so gut).* ↑Imperativ (3). **4. Sei so gut, mir das Buch zu geben/Sei so gut und gib mir das Buch:** ↑Infinitiv (5). **5. Groß- oder Kleinschreibung:** Klein schreibt man *gut* auch dann, wenn ein Artikel vorangeht, beide aber für ein einfaches Adjektiv oder Adverb stehen: *um ein gutes* (= viel, sehr). Klein schreibt man *gut* auch in unveränderlichen Verbindungen: *etwas im guten sagen.* Groß schreibt man die Substantivierung: *ein Guter; Gutes und Böses; jenseits von Gut und Böse; des Guten zuviel tun; vom Guten das Beste; etwas zum Guten lenken; etwas/nichts/viel/wenig Gutes; alles Gute.* Groß schreibt man *gut* auch in Namen: *der Gute Hirt[e]* (= Christus); *das Kap der Guten Hoffnung.* ↑Namen. **6. Zusammen- oder Getrenntschreibung:** Getrennt schreibt man das Wort *gut* vom folgenden Verb, wenn *gut* im ursprünglichen Sinne gebraucht wird: *Er will gut sein. Er wird es gut haben. Er wird mit ihm gut auskommen. Er will gut leben.* Zusammen schreibt man bei übertragener Bedeutung: *gutgehen* (= in guter gesundheitlicher Verfassung sein; in guten Verhältnissen leben; einen guten Verlauf nehmen); *etwas guthaben* (= zu fordern haben); *etwas gutheißen* (= billigen); *etwas gutmachen* (= in Ordnung bringen; Überschuß erzielen); *für jmdn. gutsagen* (= bürgen); *etwas gutschreiben* (= anrechnen); *für jmdn. gutsprechen* (= bürgen); *jmdm. guttun* (= wohltun). Zusammen schreibt man *gut* mit dem folgenden zweiten Partizip, wenn die Verbindung adjektivisch gebraucht wird (nur das erste Glied trägt Starkton): *der gutgelaunte Vater, gutgemeinte Ratschläge, gutgepflegtes Vieh.* Getrennt schreibt man, wenn die Vorstellung der Tätigkeit vorherrscht (beide Glieder tragen Starkton): *gut gemeinte Ratschläge, gut gepflegtes Vieh.* Getrennt schreibt man auch, wenn das Adjektiv näher bestimmt wird (beide Wörter tragen Starkton): *der sehr gut* *gel<u>au</u>nte Vater.* Immer getrennt schreibt man, wenn beide Wörter aussagend stehen: *Der Vater ist gut gel<u>au</u>nt.* ↑Zusammen- oder Getrenntschreibung (1.2 und 3.2).

gut/schön: Der Gebrauch von *schön* an Stelle von *gut* bei Geschmacks- und Geruchsempfindungen ist landschaftlich umgangssprachlich (vor allem in Norddeutschland): *Es riecht (schmeckt) gut/*(landsch.:) *schön.*

Güte: 1. *Güte* wird mit der Präposition *gegen* (oder *gegenüber*), nicht mit *für* oder *zu* verbunden: *Deine Güte (gegen mich/mir gegenüber) war groß.* **2.** Zu *Güte/Gütigkeit* ↑Aufschwellung. **3.** Zu *Haben Sie die Güte und ... /Haben Sie die Güte, zu ...* ↑Infinitiv (5), ↑gut (4).

guten Mut[e]s: ↑Adjektiv (1.2.2).

gütig/gütlich: Das Adjektiv *gütig* bedeutet „voller Güte; freundlich": *ein gütiger Mensch, gütig sein, mit Ihrer gütigen Erlaubnis;* dagegen wird *gütlich* im Sinne von „ohne Streit, im guten" verwendet: *eine gütliche Einigung, einen Streit gütlich beilegen.* Die Wendung *sich* (Dativ) *an etwas gütlich tun* bedeutet „von etwas mit Genuß und reichlich essen oder trinken". ↑-ig/-isch/-lich (1).

gutschreiben: Das Verb *gutschreiben* wird gewöhnlich mit einem Dativ- und Akkusativobjekt verbunden: *Wir werden Ihnen den Betrag gutschreiben* oder: *Wir werden den Betrag Ihrem Konto gutschreiben.* Neben dieser im Bankwesen üblichen Verwendungsweise kommt auch *etwas auf etwas gutschreiben* vor: *Wir werden den Betrag auf Ihr Konto/*(seltener:) *auf Ihrem Konto gutschreiben.*

H

h: Zur Schreibung und Deklination ↑Bindestrich (2.4) *(H-Laut);* ↑Einzelbuchstaben *(des H, zwei H);* ↑Groß- oder Kleinschreibung (1.2.5) *(das h in Föhn; Dehnungs-h).*

Haag, Den: Der niederländische Name der Residenzstadt ist *Den Haag.* In Deutschland ist daneben auch *der Haag* gebräuchlich. Mit der Präposition *in* kann man also *in Den Haag* oder *im Haag* (auch: *in Haag*) sagen.

habe/hätte: Die Form des Konjunktivs I von *haben (habe)* steht vor allem in der ↑indirekten Rede (2.1): *Er sagte, daß er kein Geld habe. Sie fragte, ob er schon Antwort bekommen habe.* Wenn sich die Formen des Konjunktivs I nicht von den Formen des Indikativs Präsens unterscheiden oder wenn sie nicht üblich sind, wird *hätte* als Ersatzform für *habe* gebraucht: *Er sagte, daß sie kein Geld hätten* (für: *haben*). *Sie fragte, ob sie schon Antwort bekommen hätten* (für: *haben*). Die Form des Konjunktivs II von *haben (hätte)* steht vor allem im ↑Konditionalsatz (2–7) und im Wunschsatz: *Hätte ich Geld, würde ich verreisen. Hätte er doch schon unsere Nachricht erhalten!* Der Konjunktiv II tritt auch in der indirekten Rede auf, wenn in der direkten Rede schon ein Konjunktiv II steht oder etwas als zweifelhaft hingestellt wird. ↑indirekte Rede (3.1).

Habe: Zu *fahrende, liegende Habe* ↑erstes Partizip (4).

haben

1. Perfektumschreibung mit *haben* oder *sein:* Das Perfekt der transitiven Verben wird mit *haben* gebildet: *Ich habe [die Skulptur] gesehen. Ich habe [den Wein] getrunken.* Auch das Perfekt der reflexiven Verben wird mit *haben* gebildet, gleichgültig ob sie transitiv oder intransitiv sind: *Ich habe mich geärgert. Ich habe mich geschämt.* Schließlich werden auch diejenigen intransitiven Verben, die ein Geschehen in seinem unvollendeten Verlauf, in seiner Dauer ausdrücken, mit *haben* umschrieben:

Ich habe lange geschlafen. Die Sonne hat nicht geschienen. Ich habe geschwommen.

Intransitive Verben, die eine Zustands- oder Ortsänderung, einen neuen, erreichten Stand bezeichnen, bilden dagegen ihr Perfekt mit *sein:*

Der Brief ist angekommen. Das Lied ist verklungen. Ich bin über den See geschwommen.

Bei der Perfektumschreibung der intransitiven Verben treten jedoch Schwankungen auf, und zwar deshalb, weil über die Zuordnung einiger Verben zu einer der beiden möglichen Gruppen Unsicherheit besteht (z. B. bei Verben wie *abtrocknen, altern, gären,* die eine allmähliche Veränderung ausdrücken) oder aber weil sich die Auffassung der Sprachgemeinschaft über diese Zugehörigkeit wandelt (*liegen, sitzen, stehen* usw.). In besonderem Maße gilt dies für die Verben der Bewegung, bei denen ja zwei Sehweisen möglich sind: Wird die Veränderung in der Bewegung, die Ortsveränderung gesehen, dann wird das Perfekt mit *sein* umschrieben:

Wir sind über das Haff gesegelt. Ich bin über die Felder geritten. Er ist vor Freude durch alle Zimmer getanzt.

Wird dagegen der Vorgang, das Geschehen in seiner Dauer gesehen, wird das Perfekt mit *haben* umschrieben:

Wir haben gestern gesegelt. Ich habe zu lange geritten. Danke, ich habe eben getanzt.

Insgesamt gesehen nimmt bei den Bewegungsverben die Perfektumschreibung mit *sein* immer mehr zu, und zwar offenbar nicht nur, weil die Ortsveränderung stärker als das Geschehen in seiner Dauer empfunden wird, sondern weil überhaupt eine Neigung besteht, einige Bewegungsverben auch dann nur mit *sein* zu umschreiben, wenn gar keine Ortsveränderung ausgedrückt werden soll. Diese Entwicklung hängt zum Teil mit Bedeutungsdifferenzierungen zusammen. Statt *Wir haben den ganzen Tag geklettert* oder *Wir haben mehrere Stunden geschwommen* wird heute schon häufig *Wir sind den ganzen Tag geklettert* bzw. *Wir sind mehrere Stunden geschwommen* gesagt. Bei *fahren* und *fliegen* stellt sich bei der Perfektumschreibung mit *sein (Ich bin gefahren/geflogen)* die Nebenvorstellung ein, daß der Betreffende als Fahrgast gefahren bzw. geflogen ist, während man bei der Perfektumschreibung mit *haben (Ich habe gefahren/geflogen)* eher an einen Fahrer bzw. einen Piloten denkt. Das Verb *bummeln* „langsam, ziellos spazierengehen" wird heute im Perfekt auch schon mit *sein* umschrieben, wenn keine Ortsveränderung empfunden wird: *Wir sind ein bißchen gebummelt.* Dadurch wird eine Verwechslung mit *bummeln* „trödeln, langsam arbeiten" vermieden, das im Perfekt nur mit *haben* umschrieben wird: *Wir haben ein bißchen gebummelt* (= getrödelt).

Das Perfekt von *gehen* und *reisen* wird heute nur noch mit *sein* umschrieben; bei *laufen* und *springen* besteht die Neigung dazu (vgl. auch *schwimmen, segeln, springen, tanzen*).

2. Es gibt/hat viele Fische: Die Verwendung von unpersönlichem *es hat* für *es gibt* ist nur landschaftlich (vor allem süddeutsch):

Es gibt (landsch.: hat) hier noch eine alte Mühle. In diesem See gibt (landsch.: hat) es viele Fische.

3. Verweise: Zu *ich habe etw. zu liegen, stehen* usw. ↑zu (1); zu *ich habe kein Geld einstecken/eingesteckt* ↑einstecken; zu *haben/besitzen* ↑besitzen/haben; zu *haben/verfügen* ↑verfügen/haben.

Habenichts: Das Wort hat zwei Genitivformen: *des Habenichts* und *des Habenichtses.*

habilitieren: Das Verb *habilitieren* „die Lehrberechtigung an einer Hochschule erwerben" kann auch reflexiv gebraucht werden: *[sich] in München/bei Prof. X habilitieren; sich für Kunstgeschichte habilitieren.* Transitiv verwendet *(Sie wurde 1960 habilitiert),* bedeutet *habilitieren* „jemandem die Lehrberechtigung erteilen".

Hackblock: Der Plural lautet *die Hackblöcke.* ↑Block.

Háček: Unter einem Háček (['ha:tʃɛk]; tschech. „Häkchen"; eingedeutscht: *Hatschek*) versteht man das diakritische Zeichen in Form eines Häkchens, das, besonders in den slawischen Sprachen, einen Zischlaut oder einen stimmhaften Reibelaut angibt, z. B. tschech. *č [tsch]* oder *ž [~~sch~~].*

Hacke/Hacken: Die landsch. Entsprechung zu *die Ferse* ist *die Hacke* oder (seltener) *der Hacken;* gemeinsamer Plural: *die Hacken.*

Häcksel: Das Substantiv wird sowohl mit sächlichem Geschlecht *(das Häcksel)* als auch mit männlichem Geschlecht *(der Häcksel)* gebraucht.

Hafen: Der Plural hat Umlaut: *die Häfen.*

Haff: Die heute übliche, aus dem Niederdeutschen stammende Pluralform ist *die Haffs.* Die hochdeutsche Pluralform *die Haffe* wird selten gebraucht. Beide Formen sind korrekt.

Hahn: Neben der gemeinsprachlichen Pluralform *die Hähne* kommt in der Fachsprache der Technik auch der schwache Plural *die Hahnen* vor.

Hahnenkleer: ↑Einwohnerbezeichnungen (3).

halb: 1. Deklination: *halb* wird wie ein Adjektiv gebeugt: *ein halbes Brot, in einer halben Stunde, zum halben Preis, mit halber Kraft.* Nach *alle* wird *halb* schwach oder stark gebeugt: *alle halbe[n] Jahre, alle halbe[n] Stunden* (oder Singular: *alle halbe Stunde*), *alle halbe[n] Meter.* Steht *halb* nach dem Zahlwort *ein,* dann wird es entsprechend *ein* entweder gebeugt oder nicht gebeugt, also: *vor zwei und einer halben Stunde, mit drei und einem halben Brot, zwei und ein halber Monat; vor zwei[und]einhalb Stunden, ein Gewicht von drei[und]einhalb Zentner, vier mit ein halb multipliziert.* Auch in formelhaften Wendungen wird *halb* nicht gebeugt: *ein halb Dutzend* (neben: *ein halbes Dutzend*). **2. drittehalb · anderthalb:** Die Zusammensetzungen *drittehalb* (= das dritte nur halb, d. h. zweieinhalb), *viertehalb* usw. sind veraltet. Man gebraucht dafür heute *zweieinhalb, dreieinhalb* usw. Dagegen ist *anderthalb* (= das zweite [andere] nur halb) neben *ein[und]einhalb* gebräuchlich. **3. halb/halber:** die erstarrte Form *halber* ist heute noch in Süd- und Südwestdeutschland gebräuchlich: *Wir treffen uns um halb* (landsch.: *halber*) *acht.* **4. Groß- oder Kleinschreibung:**

Klein (und getrennt) schreibt man *halb* vor Zeitbestimmungen und Maßangaben: *Es ist/schlägt halb eins; alle halbe Stunden; eine viertel und eine halbe Stunde; eine halbe und eine dreiviertel Stunde; [um] voll und halb jeder Stunde; ein halbes hundertmal; ein halbes dutzendmal; drei[und]einhalb Prozent,* aber: *drei und ein halbes Prozent.* Groß schreibt man die Substantivierung: *ein Halbes* (= Glas), *einen Halben* (= Schoppen), *eine Halbe* (= halbe Maß, bayr.); *das ist nichts Halbes und nichts Ganzes.* **5. Zusammen- oder Getrenntschreibung:** Zusammen schreibt man, wenn die Verbindung in adjektivischer Bedeutung gebraucht wird (nur das erste Glied trägt Starkton): *das halboffene Fenster.* Getrennt schreibt man, wenn beide Wörter ihren ursprünglichen Sinn bewahren (beide Wörter tragen Starkton): *das halb offene Fenster.* Dies gilt immer, wenn beide Wörter in der Aussage stehen: *Das Fenster ist halb offen.* Entsprechend schreibt man: *halbamtlich, halbfett, halbgar, halbleinen, halbrund, halbseiden, halbtot, halbvoll, halbwollen.* Immer zusammen schreibt man, wenn die Zusammensetzung eine Eigenschaft bezeichnet, die vielen Dingen in gleicher Weise eigen ist, d.h., wenn sie klassenbildend gebraucht wird: *eine halbamtliche Nachricht; die Nachricht ist halbamtlich* (aber nicht klassenbildend: *Der Besuch ist halb amtlich, halb privat*). – Getrennt schreibt man auch, wenn *halb* vor den Richtungsadverbien *links, rechts* steht: *Das Haus liegt halb links.* Nur getrennt schreibt man *halb* in der Bedeutung „teils": *Er machte ein halb freundliches, halb ernstes Gesicht.* **6. halb so ... wie/halb so ... als:** ↑doppelt so ... wie/doppelt so ... als.

halber: 1. Kasus und Stellung: Die Präposition *halber* verlangt den Genitiv und wird dem Substantiv, auf das es sich bezieht, immer nachgestellt: *der Ordnung halber, wichtiger Restaurationsarbeiten halber, der politischen Umstände halber* usw. **2. Getrennt- oder Zusammenschreibung:** Zusammen schreibt man, wenn *halber* mit einem vorausgehenden Substantiv eine feste Verbindung eingeht und wenn diese Verbindung adverbial gebraucht wird: *Nehmen wir also beispielshalber an ... Ich konnte umständehalber nicht kommen.* Getrennt schreibt man, wenn es sich um die nachgestellte Präposition *halber* handelt: das vorangehende Wort ist durch eine nähere Bestimmung (Attribut) als Substantiv zu erkennen: *Ich konnte gewisser Umstände halber/dringender Geschäfte halber nicht kommen. Er tat es seiner Ehre halber.*

halbjährig/halbjährlich: Zum Beispiel bedeutet *halbjährige Kündigung,* daß die Kündigungsfrist ein halbes Jahr beträgt; *halbjährliche Kündigung* besagt dagegen, daß sich die Möglichkeit der Kündigung jedes halbe Jahr wiederholt. ↑-ig/-isch/-lich (1).

Halbstarke: 1. gewalttätigem Halbstarken/Halbstarkem: Im allgemeinen wird *Halbstarke* wie ein attributives ↑Adjektiv dekliniert. ↑substantiviertes Adjektiv. **2. einige Halbstarke · alle Halbstarken · solche Halbstarke[n]:** Zur Deklination von *Halbstarke* nach *alle, beide, einige* usw. ↑all- usw.

Hälfte: 1. die größere (kleinere) Hälfte/der größere (kleinere) Teil: Obwohl *Hälfte,* rein logisch betrachtet, nur den halben Teil (50%) eines Ganzen bezeichnet, wird es im heutigen Sprachgebrauch auch allgemeiner im Sinne von „Teil, Stück" verwendet: *die größere/kleinere Hälfte; zwei ungefähr gleiche Hälften* usw. **2. Die Hälfte der Bücher lag/lagen auf dem Boden:** Auch wenn nach *Hälfte* das Gezählte oder Gemessene im Plural folgt, steht das Verb in der Regel im Singular, weil ja das Subjekt *(Hälfte)* formal ein Singular ist: *Die Hälfte der Bücher lag auf dem Boden.* Häufig wird aber auch nach dem Sinn konstruiert und das Prädikat in den Plural gesetzt: *Die Hälfte der Bücher lagen auf dem Boden.* ↑Kongruenz (1.1.2).

Halfter: Im Sinne von „Zaum ohne Gebiß“ ist *Halfter* sowohl als männliches Substantiv *(der Halfter)* als auch als sächliches Substantiv *(das Halfter)* gebräuchlich. Dagegen ist *die Halfter,* obwohl das Wort früher nur weibliches Geschlecht hatte, heute veraltet. Im Sinne von *Pistolentasche* kommt das Femininum *die Halfter* noch vor, aber in dieser Bedeutung setzt sich immer stärker das sächliche Geschlecht durch: *das [Schulter]halfter umschnallen/abnehmen; die Pistole ins [Schulter]halfter stecken.*

Hallenser: Die Einwohner von Halle (Saale) heißen *die Hallenser.* ↑Einwohnerbezeichnungen (2).

Haller: Die Einwohner von Halle (Westf.) heißen *die Haller.* ↑Einwohnerbezeichnungen (2).

hallesch/hallisch: ↑Ortsnamen (3).

Hals-Nasen-Ohren-Arzt: ↑Bindestrich (3.1).

halten: 1. Umlaut: Die Formen der 2. und 3. Person Singular Indikativ Präsens haben Umlaut: *du hältst, er hält.* **2. Kasus nach *halten*:** Beim Gebrauch von *halten* mit Präpositionen, die sowohl mit dem Akkusativ als auch mit dem Dativ stehen können, treten Schwankungen auf. Soll das Bringen in eine Lage, in einen Zustand (und dann das Bewahren darin) ausgedrückt werden, dann steht der Akkusativ: *Sie hielt die Zeitung vor das Gesicht/die Hand über das Licht/das Schriftstück hinter den Rücken.* Soll das Bewahren in einer bereits bestehenden Lage, in einem bereits bestehenden Zustand ausgedrückt werden, dann steht der Dativ: *Der Pilot hielt die Maschine auf einer Höhe von 800 m. Das Wasser ist auf einer Temperatur von 60 Grad Celsius zu halten. Ich hielt die Hände vor dem Bauch gefaltet. Sie hielt das Schriftstück hinter dem Rücken versteckt.* – In Fällen, wo theoretisch der Akkusativ oder der Dativ stehen könnte, hat sich heute weitgehend der Akkusativ durchgesetzt: *Ich hielt das Kind über die* (früher auch: *über der*) *Taufe. Gott hält seine Hand über mich* (früher auch: *über mir*). *Die ganze Zeit über hielt er die Zeitung vor das* (nicht: *vor dem*) *Gesicht.*

Hamburger: Die Einwohnerbezeichnung *Hamburger* wird immer groß geschrieben, auch wenn das Wort wie ein flexionsloses Adjektiv vor einem Substantiv steht: *der Hamburger Hafen.* ↑Einwohnerbezeichnungen (7).

Hammel: Das Wort hat zwei Pluralformen. Die Form *die Hammel* wird hauptsächlich in Norddeutschland, die umgelautete Form *die Hämmel* hauptsächlich in Süddeutschland gebraucht. Beide Plurale gelten als standardsprachlich.

Hampelmann: Der Plural lautet: *die Hampelmänner.* ↑Mann (2).

Hand: 1. eine Hand voll/eine Handvoll: Getrennt schreibt man, wenn ausgedrückt werden soll, daß eine Hand mit etwas gefüllt ist: *eine Hand voll Muscheln; ich hatte die eine Hand voll Bonbons, die andere voll Nüsse.* Zusammen schreibt man, wenn es sich um eine Mengenangabe handelt: *eine Handvoll Salz, zwei Handvoll Erde, ein paar Handvoll Reis.* ↑Zusammen- oder Getrenntschreibung (4.2), ↑Kongruenz (1.1.2). **2. zu Händen von/des:** Heute wird überwiegend *zu Händen von Herrn/Frau X* gebraucht; der Genitiv *(zu Händen des Herrn/der Frau X)* gilt vielfach als gekünstelt. Möglich ist auch die Verbindung mit dem Dativ: *zu Händen Herrn/Frau X.* **3. an Hand/anhand:** Beide Schreibungen sind korrekt: *Ich kam an Hand/anhand der Unterlagen/von Unterlagen zu dem Schluß, daß ...* **4. an die/der Hand nehmen:** Wenn ich jemanden an d i e Hand nehme, bezieht sich das auf meine eigene Hand; das ist nicht so, wenn ich jemanden an d e r Hand nehme. **5.** Zu *alle hoben die Hand/Hände* ↑Kongruenz (1.2.8).

handarbeiten: Von *handarbeiten* wird im allgemeinen nur der Infinitiv gebraucht: *Ich lerne handarbeiten.* Sonst: *Ich machte Handarbeiten/habe*

Handarbeiten gemacht. Selten z.B: *Ich habe gehandarbeitet.* ↑Zusammen- oder Getrenntschreibung (2.1).

handbreit/eine Hand breit/eine Handbreit: Alle drei Schreibweisen sind möglich. Zusammen schreibt man, wenn es sich um die adjektivische Zusammensetzung handelt: *Das ist ein handbreiter Saum. Der Saum ist handbreit. Die Tür steht handbreit offen.* Getrennt schreibt man, wenn *breit* durch *Hand* (mit vorangehendem Artikel, Zahlwort o.ä.) näher bestimmt wird: *Das ist ein eine Hand breiter Saum. Der Saum ist zwei Hand breit. Die Tür stand kaum eine Hand breit offen.* Zusammen und groß schreibt man, wenn es sich um das weibliche Substantiv handelt, das als Maßangabe steht: *Die Tür stand eine Handbreit offen. Sie stand nur zwei Handbreit, keine Handbreit von ihm entfernt.* ↑Zusammen- oder Getrenntschreibung (4.2).

Händedruck: Der Plural von *Händedruck* lautet *die Händedrücke.* ↑Druck.

Handel, handeln: Nach *Handel* und *handeln* schließt man gewöhnlich mit der Präposition *mit* an: *Handel/handeln mit Textilien.* Kaufmännisch wird auch die Präposition *in* verwendet *(Handel/handeln in Textilien).*

handeltreibend: Man schreibt zusammen, wenn die Verbindung in adjektivischer Bedeutung gebraucht wird (nur das erste Glied trägt Starkton): *die handeltreibenden Kreise.* Man schreibt getrennt, wenn die Vorstellung der Tätigkeit überwiegt (beide Wörter tragen Starkton): *[einen ausgedehnten] Handel treibend.* ↑Zusammen- oder Getrenntschreibung (3.1.1).

handgearbeitet: Man schreibt: *ein handgearbeitetes Möbelstück.*

handgroß/Hand groß: Zusammen schreibt man, wenn es sich um die adjektivische Zusammensetzung handelt: *ein handgroßer Fleck; der Fleck ist handgroß.* Getrennt schreibt man, wenn *groß* durch *Hand* (mit vorangehendem Artikel, Zahlwort o.ä.) näher bestimmt wird: *ein zwei Hand großer Fleck; der Fleck ist kaum eine Hand groß.* ↑Zusammen- oder Getrenntschreibung (4.2)

handhaben: Bei *handhaben* handelt es sich um ein fest zusammengesetztes Verb. Es muß also heißen: *ich handhabe/habe gehandhabt; um zu handhaben.* ↑Zusammen- oder Getrenntschreibung (2.1).

handlang/Hand lang: Zusammen schreibt man, wenn es sich um die adjektivische Zusammensetzung handelt: *ein handlanger Schnitt; der Schnitt ist handlang.* Getrennt schreibt man, wenn *lang* durch *Hand* (mit vorangehendem Artikel, Zahlwort o.ä.) näher bestimmt wird: *ein zwei Hand langer Schnitt; der Schnitt ist knapp eine Hand lang.* ↑Zusammen- oder Getrenntschreibung (4.2).

Hang: Nach *Hang* wird mit der Präposition *zu* (nicht: *nach*) angeschlossen: *einen Hang zur Übertreibung/zur Einsamkeit/zum Nichtstun haben.*

hängen: 1. hängen/hangen: Die Präsensform *hängen* wird heute sowohl intransitiv als auch transitiv verwendet: *Das Bild hängt an der Wand. Sie hängt das Bild an die Wand.* Dagegen wird die weitgehend veraltete und nur noch süddeutsch mundartlich und schweizerisch gebrauchte Präsensform *hangen* nur intransitiv verwendet: *Der Mond hangt wie ein goldener Gong über dem Meer. ... ob ich noch immer an dir hange?* (Frisch). **2. hing/hängte:** In der Umgangssprache werden die Vergangenheitsformen des regelmäßigen und unregelmäßigen Verbs häufig durcheinandergebracht: *Sie hing* (statt: *hängte*) *das Bild an die Wand. Er hat die Wäsche auf die Leine gehangen* (statt: *gehängt*). *Der Mantel hat lange im Schrank gehängt* (statt: *gehangen*). Für die Standardsprache sind die unregelmäßigen Vergangenheitsformen *hing, gehangen* auf den intransitiven Gebrauch, die regelmäßigen Vergangenheitsformen *hängte, gehängt* auf den transitiven Gebrauch festgelegt: *Sie* *hängte das Bild an die Wand* (= transitiv). Aber: *Das Bild hing an der Wand* (= intransitiv). *Er hat die Wäsche auf die Leine gehängt* (= transitiv). Aber: *Die Wäsche hat auf der Leine gehangen* (= intransitiv). *Ich habe den Mantel in den Schrank gehängt* (transitiv). Aber: *Der Mantel hat lange im Schrank gehangen* (= intransitiv). *Die Blumen hängten* (nicht: *hingen*) *das Köpfchen* (= transitiv). Diese Regelung gilt auch für die zusammengesetzten Verben und Präfixverben: *Er hängte* (nicht: *hing*) *das Bild ab. Sie hat die anderen Läuferinnen abgehängt* (nicht: *abgehangen*). Aber: *Das hing nur von mir ab. Er hat von ihr finanziell abgehangen. Er hängte* (nicht: *hing*) *die Wäsche auf. Man hat den Täter aufgehängt* (nicht: *aufgehangen*). *Die Kinder behängten* (nicht: *behingen*) *den Weihnachtsbaum mit Lametta. Du hast dich aber mit Schmuck behängt* (nicht: *behangen*)! Aber: *Der Baum war über und über mit Äpfeln behangen. Sie verhängten* (nicht: *verhingen*) *die Fenster mit Decken. Man hat den Spiegel verhängt* (nicht: *verhangen*). Aber: *Der Himmel war mit Wolken verhangen* usw. **3. hängen/henken:** Das Verb *henken,* zu dem das Substantiv *Henker* gebildet ist, veraltet allmählich. Es wird heute nur noch vereinzelt im Sinne von „durch den Strang hinrichten" gebraucht: *Die Anführer des Putsches wurden im Hof des Staatsgefängnisses gehenkt.* (Früher bedeutete es auch „schwebend an etwas befestigen, hängen [machen]"; vgl. dazu *Henkel.*) Im heutigen Sprachgebrauch wird für „durch den Strang hinrichten" im allgemeinen das Verb *hängen* gebraucht: *Darum verbrennt der Bürger heute den als Ketzer, hängt den als Verbrecher, dem er übermorgen Denkmäler setzt* (Hesse).

hängen bleiben / hängenbleiben: Bei ursprünglicher Bedeutung wird getrennt geschrieben: *Das Bild soll hängen bleiben.* Zusammen schreibt man, wenn durch die Verbindung ein neuer Begriff entsteht: *Sie ist [mit der Hose] an einem Nagel hängengeblieben. Er ist zweimal hängengeblieben* (= sitzengeblieben; ugs.). *Von dem Gehörten ist wenig bei ihm hängengeblieben* (= hat er wenig im Gedächtnis behalten; ugs.). ↑Zusammen- oder Getrenntschreibung (1.1).

hängen lassen/hängenlassen: Getrennt schreibt man, wenn beide Wörter ihren ursprünglichen Sinn bewahrt haben: *Man hat den Verräter vor Sonnenaufgang hängen lassen.* Zusammen schreibt man, wenn durch die Verbindung ein neuer Begriff entsteht: *Er hat seinen Hut hängenlassen* (= vergessen). ↑Zusammen- oder Getrenntschreibung (1.1).

Hannoveraner: Die Einwohner von Hannover heißen *die Hannoveraner.* ↑Einwohnerbezeichnungen (2).

Harmonium: Das Wort hat zwei Pluralformen: *die Harmonien* und – besonders fachsprachlich – *die Harmoniums.*

harren: Das der gehobenen Sprache angehörende Verb *harren* steht gewöhnlich mit einem Genitivobjekt: *Er harrte der Dinge, die da kommen sollten.* Gelegentlich wird es auch mit einem Präpositionalobjekt mit *auf* gebraucht: *Er harrte auf ein Wort von ihr.*

hart: Zusammen schreibt man das Adjektiv *hart* mit dem folgenden zweiten Partizip, wenn die Verbindung in adjektivischer Bedeutung gebraucht wird (nur das erste Glied trägt Starkton): *das hartgewordene Brot.* Man schreibt sie getrennt, wenn die Vorstellung der Tätigkeit vorherrscht (beide Wörter tragen Starkton): *das hart gewordene Brot.* Dies gilt immer, wenn beide Wörter in der Aussage stehen: *Das Brot ist hart geworden.* Entsprechend schreibt man: *hartgebrannt, hartgesotten* (in eigtl. Bedeutung). ↑Zusammen- oder Getrenntschreibung (3.1.2).

Hartbrandziegel / Hartbranntziegel: In den Fachwörterbüchern kommen beide Schreibungen vor. Vom sprachlichen Standpunkt aus läßt sich nur die Schreibung *Hartbrandziegel* rechtfertigen, weil es sich nur um eine Zusammensetzung aus *hart* + *Brand* + *Ziegel* handeln kann. Die Bildung ist zu jung, um sie – wie z. B. *Branntwein* zu mhd. *gebranter wīn* – auf „hart gebrannter Ziegel" zurückzuführen und dementsprechend *Hartbranntziegel* zu schreiben.

hartgesotten: Im eigentlichen Sinne von „hartgekocht" (in dem das Adjektiv aber kaum noch gebraucht wird) steigert man *härter gesotten, härtestgesotten: Dieses Ei ist härter gesotten. Das sind die härtestgesottenen Eier, die ich je gegessen habe.* Im übertragenen Sinne von „abgebrüht, verstockt" steigert man *hartgesottener, hartgesottenste: Er ist ein noch hartgesottenerer Sünder. Das ist die hartgesottenste Person.* ↑Vergleichsformen (2.5.3).

Harz: Das Wort für das Stoffwechselprodukt verschiedener Pflanzen hat sächliches Geschlecht: *das Harz.* Der Gebirgsname hat männliches Geschlecht: *der Harz.* Die gleichlautenden Wörter sind etymologisch nicht miteinander verwandt.

Haspel: Das Substantiv wird überwiegend mit weiblichem Geschlecht *(die Haspel),* seltener mit männlichem Geschlecht *(der Haspel)* gebraucht.

Haß: Nach *Haß* wird mit der Präposition *auf* oder *gegen* (nicht: *für* oder *zu*) angeschlossen: *Haß auf/gegen jemanden schüren.* Zu *Haß des Feindes/Haß gegen den Feind* ↑Genitivattribut (1.5.1).

hat/haben: ↑Kongruenz (1.1).

hätte/habe: ↑habe/hätte.

hatte gehabt: ↑gehabt.

hauen: 1. hieb/haute: Die unregelmäßige Form *hieb* wird heute im allgemeinen nur noch in der geschriebenen Sprache verwendet: **a)** wenn es sich um das Schlagen mit einer Waffe (Säbel, Schwert) oder um das Verwunden im Kampf handelt: *Er hieb um sich, hieb mit dem Schwert auf den Angreifer, hieb ihm tiefe Wunden.* (Entsprechend bei den Präfixverben und zusammengesetzten Verben: *Sie hieb ihm das Ohr ab. Sie hieben auf die Verfolger ein. Er zerhieb mit einem Streich die Rüstung.*) **b)** vereinzelt als gehobene Form für *haute,* wenn es sich nicht um das Schlagen mit einer Waffe oder um das Verwunden im Kampfe handelt: *Er hieb mit den Fäusten aufs Wasser* (Ott). *Die derbe Schwarze hieb einem halb Betrunkenen, der sie betastete, den Fächer um den Kopf* (H. Mann). *Während er wie ein Wilder in das knallende Segel hieb ...* (Hausmann). Oft wirkt *hieb* hier aber so gespreizt, daß es besser ist, es durch *schlug* o. ä. zu ersetzen (wenn man das umgangssprachlich gefärbte *haute* vermeiden will). – Von den Verwendungsweisen a und b abgesehen, wird heute die regelmäßige Form *haute* gebraucht: *Er haute* (= schlug) *mit der Faust auf den Tisch. Sie haute* (= schlug) *alles kurz und klein. Sie hauten* (= schlugen, hackten) *ein Loch ins Eis. Ich haute* (= schlug, stieß) *mit dem Knie gegen den Stuhl. Der Junge haute* (= schlug) *das kleine Mädchen. Die Schüler hauten* (= prügelten) *sich.* Durchweg in Redewendungen: *Man haute mich übers Ohr* (= betrog mich). *Sie hauten auf die Pauke* (= waren ausgelassen, prahlten). *Ich haute mich aufs Ohr, ins Bett* (= legte mich zum Schlafen hin). *Das haute ihn um* (= versetzte ihn in Erstaunen) usw. Auch wenn es sich um handwerkliche Tätigkeiten, um das [Be]arbeiten mit einem Werkzeug handelt, wird landschaftlich und fachsprachlich heute *haute* gebraucht: *Sie hauten* (= hackten los; bergmänn.) *Erz. Er haute* (= mähte; landsch.) *Gras.* Auch bei den Präfixverben und zusammengesetzten Verben wird heute, wenn es sich nicht um das Schlagen mit einer Waffe handelt, im allgemeinen nur noch *haute* gebraucht: *Die Maurer hauten den Putz ab. Der Steinmetz haute die Inschrift auf dem Grabstein aus. Sie hauten die Fensterscheiben ein.* Bei einigen Verben (z. B. *aufhauen, behauen, verhauen*) ist überhaupt nur das regelmäßige Präteritum gebräuchlich. **2. gehaut/gehauen:** Die Form *gehaut* ist nur noch in landschaftlicher Umgangssprache gebräuchlich. Unabhängig davon, ob im Präteritum *hieb* oder *haute* verwendet wird, wird heute im allgemeinen *gehauen* gebraucht: *In den Marmor gehauen eine Höhle* (Jahnn). *... wenn sie einander vom Pferd gehauen hatten* (Gaiser). *Sie hätten dann nicht das Gefühl gehabt, übers Ohr gehauen zu werden* (Brecht). **3. Sie haut ihm/ihn auf die Schulter:** Wird *hauen* auf einen Körperteil bezogen, dann steht die betroffene Person in der Regel im Dativ: *Sie haute ihm auf die Schulter.* Der Akkusativ ist selten: *Zum Beispiel würde es doch eigentlich Patricks Art entsprochen haben, den Mann auf die Schulter zu hauen und laut zu begrüßen* (Nossack).

Haufen: 1. Haufe/Haufen: Zwischen diesen beiden Nominativformen besteht kein Bedeutungsunterschied; *Haufe* ist aber wenig gebräuchlich. **2. Ein Haufen Kartoffeln lag/lagen auf dem Boden:** Auch wenn nach *Haufen* das Gezählte oder Gemessene im Plural folgt, steht in der Regel das Verb im Singular, weil ja das Subjekt *(Haufen)* formal ein Singular ist: *Ein Haufen Kartoffeln lag auf dem Boden.* Oft wird aber auch nach dem Sinn konstruiert und das Verb in den Plural gesetzt: *Ein Haufen Kartoffeln lagen auf dem Boden.* Der Plural findet sich vor allem dann, wenn das appositionelle Verhältnis gewählt wird: *Ein Haufen meuternde Häftlinge blockierten den Eingang.* ↑Kongruenz (1.1.2). **3. Ein Haufen randalierende Halbstarke/randalierender Halbstarker:** Nach *Haufen* kann die Angabe, woraus der Haufen besteht, im Genitiv oder als Apposition stehen: *ein Haufen Neugieriger*/(selten:) *Neugierige; ein Haufen randalierender Halbstarker*/(selten:) *randalierende Halbstarke. Die Polizei setzte gegen den Haufen johlender Jugendlicher*/(selten:) *johlende Jugendliche Wasserwerfer ein.* ↑Apposition (2.2).

Hauptmann: Der Plural lautet *die Hauptleute.* ↑Mann (2). Zu *die Beschwerde des Hauptmanns Rössler/Hauptmann Rösslers* ↑Titel und Berufsbezeichnungen (1.2 und 1.3). Zur Anschrift ↑Brief (7).

hauptsächlich: Das Adjektiv *hauptsächlich* darf nicht gesteigert werden (falsch: *das hauptsächlichste Argument*). ↑Vergleichsformen (3.1).

Hauptsatz: In einem Satzgefüge der dem ↑Nebensatz übergeordnete Satz.

Hauptwort: ↑Substantiv.

hauptwörtlich gebrauchtes Eigenschaftswort/Mittelwort: ↑substantiviertes Adjektiv bzw. ↑substantiviertes Partizip.

Haus: Die präpositionalen Fügungen mit *Haus* werden getrennt geschrieben: *außer Haus[e], nach Hause, von Hause, von Haus[e] aus, zu Haus[e]* (aber: *das Zuhause*), *sich auf einem Gebiet zu Haus[e] fühlen* usw. ↑Zusammen- oder Getrenntschreibung (2.1).

-häuser/-hausener: ↑Einwohnerbezeichnungen (1 und 4).

Häuserblock: Der Plural von *Häuserblock* lautet *die Häuserblocks.* ↑Block.

Haushalt[s]-: Die Zusammensetzungen mit *Haushalt* als Bestimmungswort sind sowohl mit als auch ohne Fugen-s gebräuchlich: *Haushalt[s]jahr, Haushalt[s]mittel, Haushalt[s]plan* usw. Im amtlichen Bereich werden überwiegend die Formen ohne Fugen-s gebraucht. ↑Fugen-s (3).

haushalten: Bei *haushalten* handelt es sich um ein unfest zusammengesetztes Verb. Es muß also heißen: *ich halte/hielt haus; ich habe hausgehalten; um hauszuhalten.* ↑Zusammen- oder Getrenntschreibung (2.1).

hausschlachten: Von *hausschlachten* werden im allgemeinen nur der Infinitiv und das zweite Partizip gebraucht: *Wir dürfen nicht hausschlachten. Wir haben gerade hausgeschlachtet.* ↑Zusammen- oder Getrenntschreibung (2.1).

Hawaii-Insel: ↑Bindestrich (2.3).

heben: Die Vergangenheitsformen lauten *hob* (Konjunktiv: *höbe*) und *ge-*

hoben. Die Form *hub* (Konjunktiv: *hübe*) ist heute nicht mehr gebräuchlich. Sie hat sich nur noch bei dem zusammengesetzten Verb *abheben* im Sinne von „anfangen, beginnen" gehalten: *... da hub unter ihnen ein großes Trauern an* (Döblin). *Glocken huben zu läuten an* (Seidel). *... was so blutig anhub, wird kaum mit frommen Gesängen enden* (Thieß).

Heer: 1. ein Heer grünlicher/grünliche Fliegen: Nach *Heer* kann die Angabe, woraus das Heer besteht, im Genitiv oder als Apposition stehen: *ein Heer Bediensteter* (selten: *Bedienstete*); *ein Heer grünlicher Fliegen*/(selten:) *grünliche Fliegen; der Wirt mit einem Heer schwitzender Kellner*/(selten:) *schwitzenden Kellnern.* ↑Apposition (2.2). **2. Ein Heer von Ameisen krabbelte/krabbelten quer über den Weg:** Auch wenn nach *Heer* die Angabe, woraus das Heer besteht, im Plural folgt, steht in der Regel das Verb im Singular, weil ja das Subjekt *(Heer)* ein Singular ist: *Ein Heer von Ameisen krabbelte quer über den Weg.* Oft wird aber auch nach dem Sinn konstruiert und das Verb in den Plural gesetzt: *Ein Heer von Ameisen krabbelten quer über den Weg.* Der Plural findet sich vor allem dann, wenn das appositionelle Verhältnis gewählt wird: *Ein Heer schwitzende Kellner* (statt des üblichen Genitivs: *schwitzender Kellner*) *bedienten die Gäste.* ↑Kongruenz (1.1.2).

Hefe[n]-: Die Zusammensetzungen mit *Hefe* als Bestimmungswort werden heute gewöhnlich ohne Fugenzeichen gebraucht: *Hefekuchen, Hefepräparat, Hefestück, Hefeteig.* Veraltet, aber noch landsch.: *Hefenkuchen, Hefenpräparat* usw.

Hehl: Das Wort, das nur noch in festen Wendungen vorkommt, wird sowohl mit sächlichem als auch mit männlichem Geschlecht gebraucht: *kein* (auch: *keinen*) *Hehl aus etwas machen.*

Heide: Es heißt *der Heide* im Sinne von „Nichtchrist", aber *die Heide* im Sinne von „unbebautes Land, Ödland". Die gleichlautenden Wörter sind etymologisch nicht miteinander verwandt.

heikel: Bei *heikel* fällt, wenn es dekliniert oder gesteigert wird, das *e* der Endungssilbe aus: *eine heikle Frage; dieser Fall ist noch heikler.* ↑Adjektiv (1.2.13).

heilig: 1. Klein schreibt man das Adjektiv: *der heilige Paulus, das heilige Abendmahl, die heilige Taufe* usw. Groß schreibt man das Adjektiv als Teil eines Namens: *der Heilige Abend, die Heilige Allianz, die Heilige Dreifaltigkeit, die Heilige Familie, der Heilige Geist, das Heilige Grab, die Heilige Jungfrau, die Heiligen Drei Könige, der Heilige Krieg, das Heilige Land, die Heilige Nacht, der Heilige Rock, das Heilige Römische Reich Deutscher Nation, die Heilige Schrift, die Heilige Stadt* (= Jerusalem), *der Heilige Vater* (= der Papst in Rom). ↑Namen. **2.** Zusammen schreibt man *heilig* mit den Verben *sprechen* und *halten: Das Mädchen wurde heiliggesprochen. Sie wollten diesen Tag heilighalten.* ↑Zusammen- oder Getrenntschreibung (1.2).

heimleuchten: Da *heimleuchten* ein intransitives Verb ist, kann dazu kein persönliches Passiv gebildet werden: *Ihm* (nicht: *Er*) *ist heimgeleuchtet worden.*

heimwärts: ↑-wärts.

heiser: Bei *heiser* bleibt, wenn es dekliniert oder gesteigert wird, das *e* der Endungssilbe gewöhnlich erhalten: *ein heiseres Krächzen; er ist noch heiserer.* Nur in den deklinierten Formen des Komparativs wird das erste der drei Endungs-e manchmal ausgeworfen: *ein noch heis[e]rerer Tenor.* ↑Adjektiv (1.2.13), ↑Vergleichsformen (2.2).

heißen: 1. geheißen/gehießen: Die Vergangenheitsformen lauten standardsprachlich *hieß* und *geheißen.* In landschaftlicher Umgangssprache wird statt *geheißen* häufig *gehießen* gebraucht. **2. Sie hat ihn kommen heißen/geheißen:** Nach einem Infinitiv ohne *zu* steht *heißen* überwiegend ebenfalls im Infinitiv: *Sie hat mich kommen heißen* (seltener: *geheißen*). *Sie hat es mich tun heißen* (seltener: *geheißen*). ↑Infinitiv (4). **3. Er hieß ihn[,] den Raum [zu] verlassen:** Nach *heißen* steht, wenn das Verb allein folgt, der Infinitiv ohne *zu: Er heißt mich kommen* (nicht: *zu kommen*). *Sie heißt ihn gehen* (nicht: *zu gehen*). Der Gebrauch schwankt, wenn zu dem Verb eine Ergänzung oder eine Umstandsangabe tritt: *Er hieß ihn den Raum verlassen.* Oder: *Er hieß ihn, den Raum zu verlassen. Sie hieß ihn das Pferd satteln.* Oder: *Sie hieß ihn, das Pferd zu satteln.* Treten mehrere Glieder zu dem Verb, so daß der Infinitiv satzwertig wird, dann steht im allgemeinen der Infinitiv mit *zu: Sie hieß ihn, das Pferd sofort in den Stall zu führen. Er hieß ihn, den Raum auf der Stelle zu verlassen. Sie hieß ihn, das Geschirr abzuräumen und den Kaffee zu servieren. Wasser verschmutzen heißt, dem Menschen und allen anderen Lebewesen Schaden zuzufügen. Ein guter Christ sein heißt, allen armen Menschen ein stets bereiter Helfer zu sein.* ↑zu (2). **4. Er hieß ihn einen anständigen Menschen/ein anständiger Mensch werden:** Man kann sowohl sagen *Er hieß ihn einen anständigen Menschen werden* als auch *Er hieß ihn ein anständiger Mensch werden.* Die Kasusangleichung bei der Gleichsetzung in der a.-c.-i.-Konstruktion ist heute aber im Veralten begriffen. ↑Kongruenz (4.3).

heiter: Bei *heiter* bleibt, wenn es dekliniert oder gesteigert wird, das *e* der Endungssilbe gewöhnlich erhalten: *ein heiteres Gemüt; er wurde immer heiterer.* Nur in den deklinierten Formen des Komparativs wird das erste der drei Endungs-e manchmal ausgeworfen: *Sie erzählte eine noch heit[e]rere Geschichte.* ↑Adjektiv (1.2.13), ↑Vergleichsformen (2.2).

heizen/beheizen: ↑beheizen/heizen.

Hektar: Es heißt *das* und (schweiz. nur so:) *der Hektar.* Vgl. auch ↑Maß-, Mengen- und Münzbezeichnungen.

Hektoliter: ↑Maß-, Mengen- und Münzbezeichnungen.

Held: Dativ und Akkusativ Singular lauten *dem, den Helden* (nicht: *dem, den Held*). ↑Unterlassung der Deklination (2.1.1).

helfen: 1. e/i-Wechsel: Die 2. und 3. Person Singular Indikativ Präsens und der Imperativ Sing. lauten: *du hilfst, er/sie/es hilft, hilf!* **2. hülfe/hälfe:** Im Konjunktiv II wird heute überwiegend die Form *hülfe,* seltener die Form *hälfe* gebraucht. ↑Konjunktiv (1.3). **3. Das hilft mir/mich nichts:** Standardsprachlich regiert *helfen* nur den Dativ: *Das hilft mir nichts. Was hilft es ihr?* Früher wurde bei unpersönlichem Subjekt *helfen* außer mit dem Dativ auch mit dem Akkusativ verbunden: *Was helfen mich tausend beßre Empfindungen?* (Schiller). *Was hilft's mich, daß Sie in der Welt sind* (Goethe). Dieser Gebrauch, der heute noch landschaftlich vorkommt, gilt standardsprachlich als falsch. **4. Sie hat ihm waschen helfen/geholfen:** Nach einem Infinitiv ohne *zu* werden heute sowohl der Infinitiv *helfen* als auch das zweite Partizip *geholfen* gebraucht: *Ich habe ihm waschen helfen.* Oder: *Ich habe ihm waschen geholfen. Sie hat mir aufräumen helfen.* Oder: *Sie hat mir aufräumen geholfen.* ↑Infinitiv (4). **5. Sie half ihm[,] das Gepäck [zu] verstauen:** Nach *helfen* steht, wenn das Verb allein folgt, der Infinitiv ohne *zu: Er hilft mir waschen. Sie hilft ihm aufräumen.* Der Gebrauch schwankt, wenn zu dem Verb eine Ergänzung oder eine Umstandsangabe tritt: *Er half ihr das Feuer anfachen.* Oder: *Er half ihr, das Feuer anzufachen. Sie half ihm das Gepäck verstauen.* Oder: *Sie half ihm, das Gepäck zu verstauen. Ich denke an alle, die mir halfen, meine Aufgabe zu lösen* (Jens). Treten mehrere Glieder zu dem Verb, so daß der Infinitiv satzwertig wird, dann steht im allgemeinen der Infinitiv mit *zu: Sie half ihm, das Gepäck und den*

Proviant im Wagen zu verstauen. ... seine Flinte würde ihm helfen, sich zu nähren und Vögel zu schießen (Gaiser). Zur Kommasetzung gilt: Wenn *helfen* mit einem erweiterten Infinitiv mit *zu* verbunden ist, kann man das Komma setzen oder weglassen. Es kommt darauf an, ob man *helfen* als Vollverb oder als Hilfsverb auffassen will. Tritt zu *helfen* ein Adverb o. ä., dann muß das Komma stehen, weil *helfen* dann nur Vollverb sein kann: *Er half mit allen Kräften, den Schrank in die Wohnung zu tragen.* ↑Komma (5.1.4). **6. ein geholfenes Waisenkind:** Das zweite Partizip des intransitiven Verbs *helfen* darf nicht im passivischen Sinn gebraucht werden. Man kann also nicht sagen *ein geholfenes Waisenkind* oder: *Von den Umstehenden geholfen, konnte er flüchten.* ↑zweites Partizip (2.3).

Helle/Helligkeit: ↑Aufschwellung.

helleuchtend: 1. Rechtschreibung: Zusammen schreibt man, wenn die Verbindung in adjektivischer Bedeutung gebraucht wird (nur das erste Glied trägt Starkton): *die helleuchtenden Sterne.* Getrennt schreibt man, wenn die Vorstellung der Tätigkeit vorherrscht (beide Wörter tragen Starkton): *Es gibt einige [sehr] hell leuchtende Sterne.* Dies gilt auch für die Adjektive *hellodernd, hellstrahlend.* ↑Zusammen- oder Getrenntschreibung (3.1.2). **2. Silbentrennung:** Bei der Silbentrennung tritt bei *helleuchtend* und *hellodernd* der ausgefallene Konsonant wieder ein: *hell-leuchtend, hell-lodernd.* ↑Konsonant (1).

henken/hängen: ↑hängen (3).

her: Getrennt vom folgenden Verb schreibt man das selbständige Adverb: *Wenn es vom Fenster her zieht.* Zusammen schreibt man, wenn *her* Verbzusatz ist: *Du sollst nicht über ihn herziehen* (= schlecht von ihm sprechen; ugs.). *Er hat den Sack hinter sich hergezogen. Er mußte hinter ihm herlaufen. Wir werden hinter dem Wagen herfahren. Sie wollte noch etwas hinter ihm herrufen.* ↑Zusammen- oder Getrenntschreibung (1.3).

her/hin: Mit *her* wird im allgemeinen die Richtung auf den Standpunkt des Sprechers zu ausgedrückt: *Her zu mir! Das Geld muß sofort her! Bier her!* Auch in Verbindung mit Verben: *Komm her! Sie sollen das Gepäck herbringen. Man hat die anderen schon hergeholt.* Das gilt natürlich nicht, wenn die Verben im übertragenen Sinne gebraucht werden: *Sie zogen über ihn her* (= redeten über ihn). *Er fiel über ihn her* (= griff ihn an, überfiel ihn). Im Gegensatz zu *her* drückt *hin* die Richtung vom Standpunkt des Sprechers weg aus: *Zu ihr hin! Wo wollen wir hin?* Auch in Verbindung mit Verben: *Kommst du auch hin? Wir werden nicht hingehen. Er hat ihr das Buch hingehalten. Bring ihr das Geld hin!* Bei den mit *-ab, -aus, -unter* usw. zusammengesetzten Adverbien wird an dieser Unterscheidung häufig (selbst in der Standardsprache) nicht festgehalten. Die Richtung auf den Sprecher zu oder vom Sprecher weg wird nicht deutlich empfunden, weil die Bedeutung des zweiten Bestandteils dieser zusammengesetzten Adverbien dominiert: *Ich würgte den Bissen herunter/versuchte ihn herauszudrängen. Wir stießen es die Treppe herunter. Ich mußte ihm das Werkzeug heraufreichen.* Im übertragenen Gebrauch ist fast nur *her-* üblich: *Das Buch wird herausgegeben. Sie wollen die Preise herabsetzen. Du bist völlig heruntergekommen.* – In der norddeutschen Umgangssprache werden nur die verkürzten Formen von *her-* gebraucht: *Geh mal rüber* (= herüber)! *Ich klettere rauf* (= herauf). *Wir laufen in das Haus rein* (= herein). Demgegenüber wird in der süddeutschen Umgangssprache selbst bei den verkürzten Formen an der Unterscheidung zwischen *her-/hin-* weitgehend festgehalten: *Wir steigen 'nauf* (= hinauf). *Komm rüber* (= herüber). *Ich geh' 'naus* (= hinaus).

herausbilden, sich: Das zweite Partizip des reflexiven Verbs *sich her-*

ausbilden darf nicht attributiv verwendet werden *(die sich herausgebildeten Tendenzen).* ↑zweites Partizip (2.3).

herauseliminieren: ↑Verb (3).

herausgeben: Es muß heißen *herausgegeben von* (nicht: *durch*). ↑auf Grund/durch/infolge/von/vor/wegen/zufolge.

herausstellen, sich: Nach *sich herausstellen* wird heute das dem *als* folgende Substantiv im Nominativ angeschlossen, d. h., es wird auf das Subjekt bezogen: *Die Rede stellte sich als ein übler Angriff auf die Opposition heraus.* Der Akkusativ, d. h. die Beziehung auf das Reflexivpronomen, ist veraltet. Also nicht: *Die Rede stellte sich als einen üblen Angriff auf die Opposition heraus.* ↑Kongruenz (4.2).

Herbst-/Herbstes-: Die Zusammensetzungen mit *Herbst* als Bestimmungswort werden im allgemeinen ohne Fugenzeichen gebraucht: *Herbstanfang, Herbstblume, Herbstfreude* u. a. Die Bildung mit *-es-* ist ungewöhnlich: *Herbstesanfang, Herbstesfreude* u. a. ↑Fugen-s (3).

herhaben: Man schreibt das Wort in allen Formen zusammen: *Wo sie es wohl herhat?*

Herings-: Zusammensetzungen mit *Hering* als Bestimmungswort stehen immer mit Fugen-s: *Heringsfang, Heringssalat, Heringsfilet, Heringsmilch, Heringsrogen, Heringsladen, Heringstonne, Heringslake.* ↑Fugen-s (1.3).

Heros: Der Plural von *Heros* lautet *die Heroen.*

Herr: 1. Deklination: Im Singular lauten die Formen *des, dem, den Herrn* (nicht: *Herren*). Der Plural lautet *die Herren* (nicht: *Herrn*). **2. Deklination in Verbindung mit Namen, Titeln, Berufsbezeichnungen:** *Herr* wird vor Namen und Titeln immer gebeugt: *Wir rechnen mit Herrn Müllers Einverständnis. Wir haben das Schreiben Herrn Müller gegeben. Wir werden Herrn Müller anrufen.* **a)** Bei *Herr* + Name wird neben *Herr* auch der Name gebeugt: *Wir erwarten Herrn Müllers Besuch. Wir feiern Herrn Meyers Geburtstag.* Das gilt auch für Appositionen: *Die Anordnung des Gerichtsvollziehers, Herrn Müllers, wurde nicht befolgt.* **b)** Bei Artikel (Pronomen) + *Herr* + Name wird der Name nicht gebeugt: *Wir erwarten den Besuch des Herrn Müller. Wir feiern den Geburtstag unseres [lieben] Herrn Meyer.* Dies gilt nur für Namen, nicht aber für Titel und Verwandtschaftsbezeichnungen: *Zum Tode Ihres Herrn Vaters* (nicht: *Vater*)... *Über den Besuch Ihres Herrn Sohnes* (nicht: *Sohn*) *haben wir uns sehr gefreut. Der Brief des Herrn Ministers, des Herrn Oberbürgermeisters.* **c)** Bei *Herr* + Titel + Name wird außer *Herr* nur der Name gebeugt: *Wir erwarten Herrn Professor Müllers Besuch. Wir feiern Herrn Regierungsrat Professor Meyers Geburtstag. Wir stützen uns auf Herrn Rechtsanwalt Dr. Lehmanns Gutachten.* Das gilt auch für Appositionen: *Die Rede des Rektors, Herrn Professor Meyers, wurde beifällig aufgenommen. Die Einführung des neuen Leiters, Herrn Regierungsrat Müllers, findet morgen statt.* Enthält aber der Titel ein attributives Adjektiv, wird auch er gebeugt: *Anläßlich der Verabschiedung von Herrn Leitendem Regierungsvermessungsdirektor Meier ...* **d)** Bei Artikel (Pronomen) + *Herr* + Titel + Name wird der Titel überwiegend gebeugt: *Die Rede des Herrn Ministers Müller war sehr eindrucksvoll* (weniger häufig: *... des Herrn Minister Müller ...*). *Die Verhandlungen des Herrn Rechtsanwalts Dr. Meyer waren ergebnislos* (weniger häufig: *... des Herrn Rechtsanwalt Dr. Meyer ...*). In der Apposition: *Die Rede des Herrn Präsidenten, Professor Müller[s], wurde beifällig aufgenommen.* – Substantivierte Partizipien müssen gebeugt werden: *Das Auftreten des Herrn Abgeordneten Müller war skandalös.* Beachte: *Doktor (Dr.)* wird als Bestandteil des Namens nicht gebeugt: *Der Vortrag des Herrn Dr. Meyer war schlecht.* ↑Personennamen (2.2). **3. Guten Tag, die Herren:** In salopper Redeweise wird statt der korrekten Anrede *mein Herr* und *meine Herren* gelegentlich *der Herr* und *die Herren* gebraucht: *Guten Tag, die Herren. Vielen Dank, der Herr.* Diese Anrede ist vertraulich und wirkt oft plump oder etwas leutselig. **4. Briefanschrift:** Hier wird der auf *Herrn* (= Akkusativ) folgende Titel gewöhnlich gebeugt: *Herrn Ersten Vorsitzenden Müller; Herrn Technischen Direktor Schneider; Herrn Regierenden Bürgermeister.* ↑Brief (1). **5. Herren Eltern:** Diese Höflichkeitsfloskel *(Wie geht es Ihren Herren Eltern? Grüßen Sie bitte Ihre Herren Eltern!)* wird heute überwiegend als gespreizte oder scherzhafte Ausdrucksweise empfunden. **6. seiner Sinne/seinen Sinnen nicht mehr Herr sein:** Die Wendung *Herr sein/werden* steht mit dem Genitiv, nicht mit dem Dativ: *Er war seiner Sinne* (nicht: *seinen Sinnen) nicht mehr Herr.* **7. Kongruenz:** Zu *Wir waren Herr* (nicht: *Herren*) *der Lage* ↑Kongruenz (1.4.7). **8.** Zu *der Antrag des Herrn Meyer/von Herrn Meyer* ↑Genitivattribut (1.3.3). Vgl. auch ↑aus aller Herren Länder[n]. Zu *seitens Herrn Meyer[s]* ↑seitens.

herrschen: 1. zweites Partizip: Das zweite Partizip darf nicht attributiv verwendet werden *(die geherrschte Seuche).* ↑zweites Partizip (2.3). **2. herrschen über:** *herrschen über* wird mit dem Akkusativ verbunden, wenn das Verb im Sinne von „regieren" gebraucht wird: *Sie herrschte über ein großes Reich/über viele Völker.* Es wird mit dem Dativ verbunden, wenn das Verb im Sinne von „vorhanden sein, sich befinden, liegen, ruhen" verwendet wird: *Der hohe Sommer herrscht über dem Land. Strenger Frost herrschte über der Taiga.*

Herrschernamen: Zur Deklination (z. B. *die Feldzüge Gustavs II. Adolfs*) ↑Personennamen (2.2.6).

hersein: ↑Es ist/sind zwei Jahre [her].

herum/umher: Eine scharfe Unterscheidung zwischen *herum* und *umher* ist nicht immer möglich; *herum* bedeutet „rundherum, im Kreise, ringsum": *Um das Lager herum stellten sie Posten auf. Sie wickelte das Isolierband darum herum. Ich lief um den Baum herum.* Dagegen bedeutet *umher* „kreuz und quer, dahin und dorthin, nach dieser und jener Richtung": *Ich blickte umher. Sie irrten im Walde umher. Er lief ein bißchen in dem Städtchen umher.* In der Alltagssprache – aber auch in der Standardsprache (zumal dann, wenn die Richtung einer Bewegung o. dgl. nicht deutlich wird) – wird an dieser Unterscheidung oft nicht festgehalten und *herum* statt *umher* gebraucht: *Sie tollten auf der Wiese herum. Er fuchtelte vor seinem Gesicht herum. Finstere Gestalten lungerten unter den Brücken herum. In Paris irrt ... ein ehrlicher, leidenschaftlicher Republikaner herum* (St. Zweig). *Unsere neapolitanischen Jungen sind daran gewöhnt, viele Stunden mit leerem Magen herumzulaufen* (Thieß). *... den er im Haus herumführen mußte* (Plievier). *Die Ziegel da lagen alle auf dem Boden herum* (Gaiser). Wenn es sich um eine erfolglose oder unnütze, aber anhaltende Beschäftigung handelt, wird auch in der Standardsprache heute nur noch *herum* gebraucht: *Er fingerte eine Zeitlang an mir herum* (Bergengruen). *Vergeblich kramte er in seiner Brieftasche herum* (Ott). *... wenn er in seinen Akten herumwühlte* (Gaiser).

herumflanieren: ↑Verb (3).

hervortun, sich: Nach *sich hervortun als* steht heute das dem „als" folgende Substantiv gewöhnlich im Nominativ, d. h., es wird auf das Subjekt bezogen: *Er tut sich wirklich nicht als Klassenbester hervor.* Der Akkusativ, d. h. die Beziehung auf das Reflexivpronomen *(als Klassenbesten)* veraltet allmählich. ↑Kongruenz (4.2).

Herz: Die Formen im Singular lauten: Genitiv: *des Herzens,* Dativ: *dem Herzen,* Akkusativ: *das Herz.* Im Plural wird schwach gebeugt: *die Herzen.* In der Umgangssprache und im Bereich der Medizin besteht Tendenz zu starker Beugung: *des Herzes; mit künstlichem*

Herz; er hat es am Herz, hat mit dem Herz zu tun (= ist herzkrank; ugs.), *zwei Herze aus Kunststoff.* Zu *reines/reinen Herzens* ↑Adjektiv (1.2.2). Zu *Der Kummer brach ihnen das Herz* (nicht: *die Herzen*) ↑Kongruenz (1.2.8).

herzerfreuend/Herz erfreuend: Diese und andere Verbindungen mit *Herz* schreibt man zusammen, wenn sie in adjektivischer Bedeutung gebraucht werden: *ein herzerfreuender Anblick; ein herzerfrischender Ulk; die Tropfen sind herzstärkend; die Szene war herzzerreißend.* Getrennt schreibt man, wenn *Herz* durch eine nähere Bestimmung (vorangehender Artikel, Pronomen u.ä.) als Substantiv zu erkennen ist: *ein mein Herz erfreuender Anblick; ein dein schwaches Herz stärkendes Mittel.* ↑Zusammen- oder Getrenntschreibung (3.1.1).

Herzog: Heute wird meist die umgelautete Pluralform *die Herzöge,* selten die umlautlose Form *die Herzoge* gebraucht. Zu *Des Herzogs Heinrich des Löwen/Herzog Heinrichs des Löwen* ↑Titel und Berufsbezeichnungen (1.2 und 1.3). Über Anschrift und Anrede eines Herzogs (Hoheit, Königliche Hoheit) sollte man sich im Einzelfall erkundigen. Vgl. auch ↑Brief (7).

Heußsche/Heussche Schriften: ↑Konsonant (1).

heute: 1. heut/heute: Standardsprachlich ist die Form *heute: Meine Freunde kommen heute abend, heute mittag.* Die Nebenform *heut* ist in der Umgangssprache gebräuchlich, vor allem in festen Fügungen oder in Verbindung mit anderen Zeitadverbien: *von heut an, heut früh, heut nacht* usw. **2. heute/an diesem Tag:** Das Zeitadverb *heute* wird bei der Erzählung oder Darstellung im Präteritum gelegentlich so gebraucht, daß ein falscher Zeitbezug entsteht: *Die Bergsteiger brachen in aller Frühe auf, um heute* (statt: *an diesem Tag*) *den Gipfel zu bezwingen. Der Kommissar packte nicht einmal die Koffer aus, weil er noch heute* (statt: *am gleichen/selben Tage*) *die Untersuchungen einleiten wollte.*

Heute starb mein herzensguter Mann/meine herzensgute Frau: ↑Anzeigen (6).

heutig: Es heißt *heutigentags* und nicht (mehr) *heutigestags.* ↑Adjektiv (1.2.2).

hie[-]/hier[-]: Gegenüber *hier[-]* ist *hie[-]* veraltet bzw. landschaftlich (südd. und österr.): *hie und da, hiefür, hienach* usw.

hier[her, -hin]: Getrennt vom folgenden Verb schreibt man *hier, hierher, hierhin,* wenn sie den Umstand des Ortes bezeichnen und hinweisend gebraucht werden: *Sie wird hier* (= an dieser Stelle) *sein. Er soll hier* (= an dieser bezeichneten Stelle) *bleiben. Er soll die Meßlatte hier* (= an dieser bezeichneten Stelle, nicht dort) *lassen. Vera wird bis hierhin* (= bis an diese bezeichnete Stelle) *kommen, wenn sie springt. Er hat den Stein bis hierher gebracht.* Zusammen schreibt man, wenn *hier, hierher, hierhin* Verbzusätze sind: *Er ist heute hiergewesen* (= zugegen gewesen). *Du sollst hierbleiben* (= nicht weggehen)! *Du kannst die Sachen hierlassen* (bei uns lassen, brauchst sie nicht mitzunehmen). *Sie wird hierherkommen. Sie ist hierhingelaufen.* ↑Zusammen- oder Getrenntschreibung (1.3–1.5).

hieran/-auf ... hierzu: ↑Pronominaladverb.

hierein/hierin: ↑darein/darin.

Hi-Fi: *Hi-Fi* ['hai̯fi, auch: 'haɪ'faɪ] ist die Kurzform für *High-Fidelity* [-fɪ'dɛlɪtɪ, auch: -faɪ...], die Gütebezeichnung für hohe Wiedergabetreue bei Schallplatten und elektroakustischen Geräten *(Hi-Fi-Anlage, Hi-Fi-Turm).*

hierzulande: ↑Verblassen des Substantivs.

Hilf-/Hilfe-/Hilfs-: Zusammensetzungen mit *Hilfe* als Bestimmungswort haben in der Regel das Fugen-s: *Hilfsaktion, Hilfsarbeiter, hilfsbedürftig, hilfsbereit, Hilfsbereitschaft, Hilfskraft, Hilfslehrer, Hilfsmittel, Hilfsprediger,*

Hilfsquelle, Hilfsschiff, Hilfsschule, Hilfszeitwort. Ausnahmen sind die Komposita *hilflos* und *hilfreich.* Zu *hilfebringend, hilfesuchend* u. ä. ↑Fugen-s (3.4), zu *Hilfeleistung, Hilfestellung.* ↑Fugen-s (3.3).

Hilfe: Es heißt *zu* (nicht: *zur*) *Hilfe kommen/eilen/rufen.*

hilfebringend/Hilfe bringend: Zusammen schreibt man, wenn die Verbindung eigenschaftswörtlich gebraucht wird: *die hilfebringenden Truppen.* Getrennt schreibt man, wenn *Hilfe* durch eine nähere Bestimmung als Substantiv zu erkennen ist: *die langersehnte Hilfe bringenden Truppen.* Das gilt auch für: *hilfeflehend, hilfesuchend* usw.: *die hilfesuchenden, verzweifelten Menschen.* Aber: *die keine Hilfe suchenden Menschen; er hat sich nach Hilfe suchend umgeblickt.* ↑Zusammen- oder Getrenntschreibung (3.1.1).

Hilfsverb: Hilfsverben (-zeitwörter) sind *haben, sein* und *werden* als Bestandteil der umschriebenen Verbformen (↑Konjugation [2]): *Ich habe geschlafen. Ich war gekommen. Wir werden gehen. Ich würde gehen. Sie wird gewählt werden.* In gehobener Sprache wird – hauptsächlich um des Wohlklangs willen – das Hilfsverb gelegentlich ausgelassen: *Als das Schild seine Wirkung getan [hatte] und niemand ihn mehr beschäftigte, hatte er es wieder entfernt* (Th. Mann). *... dennoch stand es keinen Augenblick in Zweifel für ihn, daß das persönliche Unbehagen, das ihm zugefügt worden [war], mit Arnheim zusammenhängen müsse* (Musil). Auch das hilfszeitwörtliche *sein* (Kopula) kann erspart werden: *Aber im Traum ahnen wir zitternd, wie herrlich eine Welt [ist], die ganz aus Verschwendung besteht!* (Musil). Die Ersparung des Hilfsverbs ist zu vermeiden, wenn Mißverständnisse entstehen; etwa wenn das übrigbleibende zweite Partizip mit der 3. Person Singular Präsens übereinstimmt: *Der Tierarzt ließ sich das Tier, das sein Assistent bereits untersucht [hatte], noch einmal bringen.* Die Ersparung ist gleichfalls zu vermeiden, wenn noch ein anderes Hilfsverb vorkommt, weil das zu der Annahme verleitet, daß eins von zwei gleichlautenden Hilfsverben erspart worden sei: *Er begab sich, nachdem er den Auftrag erhalten [hatte] und in den Besitz der Unterlagen gekommen war, zum Bahnhof.*

Himmelfahrts-: Die Zusammensetzungen mit *Himmelfahrt* als Bestimmungswort haben ein Fugen-s: *Himmelfahrtsfest, Himmelfahrtsnase, Himmelfahrtstag.* ↑-fahrt[s]-.

hin: Getrennt vom folgenden Verb schreibt man *hin,* wenn es den Umstand des Ortes bezeichnet: *Diese Meinung ist über die ganze Welt hin verbreitet. Er soll bis zur Mauer hin Blumen pflanzen. Er pflegt vor sich hin zu murmeln. Er hat ihm das auf ihr Geheiß hin gegeben. Du sollst nicht immer vor dich hin träumen!* Zusammen schreibt man, wenn durch die Verbindung ein neuer Begriff entsteht, d. h., wenn *hin* Verbzusatz ist: *Sie hat darauf hingearbeitet. Er hat sein Herz hingegeben. Er hat ihm das Paket hingebracht.* Der ↑Bindestrich (1.1) steht, wenn man sagt: *Ich bin hin- und hergelaufen* (= hin- und wieder zurückgelaufen), er steht nicht, wenn es heißt: *Ihr sollt nicht immer hin und her laufen* (= ohne Ziel laufen). Groß schreibt man das substantivische Wortpaar *das Hin und Her: Alles Hin und Her war überflüssig; nach längerem Hin und Her; es gab noch einiges/etwas Hin und Her.*

hin/her: ↑her/hin.

hinaus: ↑darüber hinaus.

hinausschießen: ↑schießen (2).

hindern: **1.** Wenn von *hindern* ein Nebensatz oder eine Infinitivgruppe abhängt, dürfen diese nicht verneint werden: *Der Nebel hinderte sie nicht, noch schneller zu fahren* (nicht korrekt: *... nicht noch schneller zu fahren*). *Ich hinderte ihn daran, noch mehr zu trinken* (nicht korrekt: *... nicht noch mehr zu trinken*). ↑Negation (1). **2.** ↑behindern/hindern/verhindern.

hinken: Wird der Vorgang, das Geschehen in seiner Dauer gesehen, dann wird *hinken* im Perfekt mit *haben* umschrieben: *Er hat auf dem rechten Fuß gehinkt.* Wird dagegen die Ortsveränderung ausgedrückt, dann umschreibt man mit *sein: Die Sportlerin ist vom Platz, zum Arzt gehinkt.* ↑haben (1).

hinnehmen: Nach *hinnehmen* kann das folgende Adjektiv oder Substantiv mit *als* oder mit *wie* angeschlossen werden: ... (der Hungerkünstler) *nahm es als selbstverständlich hin* (Kafka). *Wir müssen ja als Erlebnis hinnehmen, was uns zugeteilt wird* (Jahnn). *„Respektieren nicht", widersprach sie, „doch hinnehmen wie ein Schicksal"* (Thieß). Der Anschluß mit *für (es für selbstverständlich hinnehmen)* ist veraltet. ↑als/für/wie.

hinsichtlich: Die Präposition *hinsichtlich* steht mit dem Genitiv: *Hinsichtlich des Preises, der Bedingungen wurde keine Einigung erzielt.* Aber: *Hinsichtlich Angeboten und Preisen* (= Dativ) *wurde ...* ↑Präposition (2).

hinstellen [sich]: Nach *sich hinstellen als* wird heute das dem *als* folgende Substantiv gewöhnlich im Nominativ angeschlossen, d.h., es wird auf das Subjekt bezogen: *Wer stellt sich schon gern als ein Streber hin?* Der Akkusativ, d.h. die Beziehung auf das Reflexivpronomen *(einen Streber)* ist seltener. Nach *[sich] hinstellen vor* steht in der Regel der Akkusativ (Richtungsvorstellung): *Ich stellte die Schüssel vor sie hin. Der Polizist stellte sich vor mich hin.*

hinter: Die Präposition *hinter* kann mit dem Dativ oder mit dem Akkusativ verbunden werden, je nachdem, ob das durch das Verb ausgedrückte Verhalten lagebezogen (= Dativ) oder richtungsbezogen (= Akkusativ) bestimmt ist: *Ich stehe hinter dem Haus. – Ich gehe hinter das Haus. Diese Arbeit habe ich bald hinter mir. – Diese Arbeit habe ich bald hinter mich gebracht.* Bei einigen Verben hat sich ein Kasus stärker durchgesetzt, so z.B. bei *verstecken* der Dativ: *Ich versteckte die Sachen hinter dem* (veraltend: *hinter den*) *Schrank.* ↑Rektion (1).

hintereinander: Getrennt vom folgenden Verb schreibt man, wenn *hintereinander* als selbständiges Adverb gebraucht wird: *Er soll die Briefe hintereinander* (= in einem Zuge, sofort) *schreiben. Die Schüler sollen hintereinander stehen* (nicht *sitzen*). Zusammen schreibt man, wenn *hintereinander* Verbzusatz ist: *Die Wagen sollen hintereinanderfahren. Du sollst die Namen in der Liste hintereinanderschreiben. Die Schüler sollen hintereinanderstehen* (= in einer Reihe). ↑Zusammen- oder Getrenntschreibung (1.4).

hinterm/hintern/hinters: Diese Verschmelzungen werden ohne Apostroph geschrieben. ↑Apostroph (1.2), ↑Präposition (1.2.1).

Hintermann: Der Plural lautet *die Hintermänner.* ↑Mann (2).

Hinterteil: *Das Hinterteil* bedeutet heute zuerst „Gesäß"; die Bedeutung „hinterer Teil" ist selten (dafür veraltet auch: *der Hinterteil*).

hinweisendes Fürwort: ↑Demonstrativpronomen.

hinzukommen: Da der Verbzusatz aus selbständigen Satzgliedern hervorgegangen ist, kann er gelegentlich wieder als Satzglied verwendet werden. Deshalb muß *hinzukommen* in den vor allem in der Alltagssprache beliebten Satzanfängen *Hinzu kommt, daß* ... getrennt geschrieben werden.

Hirsch: Über die schwache Beugung dieses Wortes in alten Gasthausnamen *(Gasthaus zum Hirschen)* ↑Schwan.

Hirt/Hirte: Von den beiden Formen veraltet die kürzere; nur in Zusammensetzungen überwiegt sie: *Schafhirt, Kuhhirt.* Fest ist das *-e* in der Fügung *der Gute Hirte* (= Christus). Der Genitiv lautet für beide Formen *des Hirten* (nicht: *des Hirts*), der Dativ und Akkusativ *dem, den Hirten* (nicht: *dem, den Hirt*). ↑Unterlassung der Deklination (2.1.1).

hitzefrei/Hitzefrei: Klein schreibt

man das Adjektiv *hitzefrei: Wir haben hitzefrei. Heute bekommen wir nicht hitzefrei.* Groß schreibt man dagegen das Substantiv *das Hitzefrei: ganztägiges Hitzefrei; Verordnung über Hitzefrei; die Schulleitung erteilt kein Hitzefrei.* In einigen Fällen ist sowohl die Groß- als auch die Kleinschreibung möglich: *Habt ihr [nicht] hitzefrei/[kein] Hitzefrei? Heute bekommen wir bestimmt [nicht] hitzefrei/[kein] Hitzefrei!*

Hobby: Der Plural von *Hobby* lautet: *die Hobbys.* ↑-y, ↑Amerikanismen/Anglizismen (1.1).

hoch: 1. Steigerung: Die Steigerungsformen lauten: *höher, höchst.* **2. hoch-:** Die Verwendung von *hoch-* in Verbindung mit Verben ist korrekt, wenn es im Sinne von „in die Höhe" gebraucht wird: *Sie hob den Deckel hoch. Die Tauben sind plötzlich hochgeflogen. Er versuchte sich hochzustemmen. Die Fahne stieg am Mast hoch. Sie rissen die Arme hoch. Sie hat sich hochgearbeitet* usw. Nicht als standardsprachlich gilt der Gebrauch von *hoch* im Sinne von „herauf, hinauf": *Würden Sie mir bitte eine Flasche Wein aus dem Keller hochhohlen?* (korrekt: *heraufholen*). *Ich gehe mal schnell hoch* (korrekt: *hinauf*) *und hole den Schirm.* **3. Groß- oder Kleinschreibung:** Klein schreibt man das Adjektiv: *ein hoher Berg; auf hoher See; das hohe C* (= Tonstufe); *die hohe Jagd* (= Jagd auf Hochwild). *Er sitzt immer auf dem hohen Roß.* Groß schreibt man aber das Adjektiv in Namen und Titeln: *die Hohe Tatra; die Hohen Tauern; das Hohe Haus* (= Parlament), ferner in dem Fachbegriff *die Hohe Schule* (= beim Reiten). ↑Namen. **4. Zusammen- oder Getrenntschreibung in Verbindung mit Zeitwörtern:** Getrennt schreibt man, wenn *hoch* im Sinne von „nicht tief, nicht niedrig" gebraucht wird: *hoch liegen. Man hat den Ertrag hoch eingeschätzt.* Zusammen schreibt man, wenn *hoch* bedeutet „in die Höhe": *Sie hat den Pokal hochgehalten. Du sollst die Kiste hochheben!* Zusammen schreibt man auch, wenn *hoch* in übertragenem Sinne gebraucht wird: *Er hat diese Dinge hochgehalten* (= geschätzt). **5. Zusammen- oder Getrenntschreibung in Verbindung mit dem 1./2. Partizip:** Zusammen schreibt man, wenn die Verbindung in adjektivischer Bedeutung gebraucht wird (nur das erste Glied trägt Starkton): *hochfliegende Pläne, eine hochbegabte Person.* Getrennt schreibt man, wenn die Vorstellung der Tätigkeit vorherrscht oder wenn *hoch* und das folgende [isolierte] Partizip ihren ursprünglichen Sinn bewahrt haben (beide Wörter tragen Starkton): *mehrere hoch fliegende Flugzeuge, eine hoch begabte, hoch geehrte Persönlichkeit.* Dies gilt immer, wenn beide Wörter in der Aussage stehen: *Diese Person ist hoch begabt, hoch geehrt.* Entsprechend schreibt man: *hochfahrend, hochliegend, hocherfreut, hochgebildet, hochgestellt, hochgewachsen, hochverehrt.* Vgl. aber ↑hochbetagt. ↑Zusammen- oder Getrenntschreibung (1.2 und 3.1.2).

Hoch: Der Plural lautet *die Hochs.*

hochachtungsvoll / Hochachtungsvoll: Die Grußformel am Schluß eines Briefes wird groß geschrieben, wenn sie allein steht. Steht sie dagegen im Zusammenhang des Schlußsatzes, dann wird sie klein geschrieben: *... und erwarten Ihre Antwort. Hochachtungsvoll ...* Aber: *... und verbleiben hochachtungsvoll ...* Nach *hochachtungsvoll* steht weder ein Ausrufezeichen noch ein Punkt. ↑Brief (5).

hochbetagt: Das Adjektiv *hochbetagt* „sehr alt" wird immer zusammengeschrieben: *eine hochbetagte Person. Diese Person ist hochbetagt.* ↑Zusammen- oder Getrenntschreibung (3.1.2).

hochfliegend/hoch fliegend: Im eigentlichen Sinne wird der Ausdruck gewöhnlich getrennt, aber bisweilen auch zusammengeschrieben: *hoch fliegende* (auch: *hochfliegende*) *Flugzeuge* (↑hoch [5]). Man steigert dann: *höher fliegend/höherfliegend, am höchsten fliegend: Die höher fliegen-*

den/höherfliegenden Flugzeuge befanden sich über der Wolkendecke. Der am höchsten fliegende Ballon explodierte plötzlich. Im übertragenen Sinne von „ehrgeizig, überspannt" wird das Wort immer zusammengeschrieben: *hochfliegender, hochfliegendste; noch hochfliegendere Pläne, die hochfliegendsten Pläne haben.* ↑Vergleichsformen (2.5.3).

hochgehen: ↑hoch (2).

hochgelegen: Man steigert: *höher gelegen/höhergelegen, höchstgelegen: Die höher gelegenen Ortschaften wurden von dem Unwetter besonders schwer betroffen. Dürrheim ist das höchstgelegene* (falsch: *höchstgelegenste*) *Solbad Deutschlands.* ↑Vergleichsformen (2.5.1).

hochgestellt: Man steigert: *höhergestellt, höchstgestellt: die höhergestellten Persönlichkeiten begrüßen; auch die höchstgestellten Persönlichkeiten der Stadt einladen.* ↑Vergleichsformen (2.5.1).

hochkommen: ↑hoch (2).

hochliegend / hoch liegend: Man steigert: *höher liegend/höherliegend, am höchsten liegend: Metalle mit höherliegendem, noch höher liegendem Schmelzpunkt. Dies sind die in der Brechung am höchsten liegenden Kristalle.* ↑Vergleichsformen (2.5.3).

Hochmut: Das Wort *Hochmut* hat männliches Geschlecht: *der Hochmut.* ↑-mut.

hochschrecken: Zur Konjugation ↑schrecken.

hochstapeln: Das Verb *hochstapeln* ist eine unfeste Zusammensetzung: *ich staple hoch, ich habe hochgestapelt; um hochzustapeln.* ↑Zusammen- oder Getrenntschreibung (1.2).

höchste: Klein schreibt man *höchste* auch dann, wenn ihm ein Artikel vorangeht, beide Wörter aber für ein einfaches Adverb stehen: *Er war auf das höchste/aufs höchste* (= sehr) *überrascht.* Groß schreibt man aber die Substantivierung: *den Sinn auf das Höchste/aufs Höchste richten; immer nach dem Höchsten streben.* ↑Groß- oder Kleinschreibung (1.2.1).

hochstehend: Man steigert: *höherstehend, höchststehend: Immer diese sogenannten höherstehenden Mitarbeiter! Auf die höchststehenden Persönlichkeiten können wir gut verzichten.* ↑Vergleichsformen (2.5.1).

höchstens: Man kann sagen: *Das trifft in höchstens drei Fällen zu* oder: *Das trifft höchstens in drei Fällen zu.* Im ersten Satz ist *höchstens* Beifügung (Attribut) zu *drei* (= es sind höchstens drei Fälle), im zweiten Satz bezieht es sich (im Sinne von „allenfalls", „bestenfalls") auf das ganze Präpositionalgefüge *in drei Fällen.* ↑Adverb (4).

höchstens nur: ↑Pleonasmus.

höchstmöglich: Es heißt *höchstmöglich,* nicht: *höchstmöglichst.* ↑möglich (1).

Höchststufe: ↑Vergleichsformen.

hochtrabend: Man steigert: *hochtrabender, hochtrabendste: Sie sprach durchaus nicht hochtrabender als ihr Vorredner. Er gebrauchte die hochtrabendsten Redensarten.* ↑Vergleichsformen (2.5.2).

Hode/Hoden: Die übliche Singularform ist *der Hoden* (Genitiv: *des Hodens*). Seltener sind die Formen *der Hode* (Genitiv: *des Hoden*) und *die Hode* (Genitiv: *der Hode*). Das Wort wird überwiegend im Plural gebraucht, der *die Hoden* lautet. ↑Substantiv (2.1).

hoffen: 1. Komma: Wenn *hoffen* mit einem erweiterten Infinitiv mit *zu* verbunden ist, kann man das Komma setzen oder weglassen. Es kommt darauf an, ob man *hoffen* als Vollverb oder als Hilfsverb auffassen will. Tritt zu *hoffen* ein Adverb o. ä., dann muß das Komma stehen, weil *hoffen* dann nur Vollverb sein kann: *Ich hoffe sehr, dir bald schreiben zu können.* Ein Komma muß auch stehen, wenn der erweiterte Infinitiv als Zwischensatz steht: *Wir hoffen, Ihnen damit gedient zu haben, und verbleiben ...* ↑Komma (5.1.4). **2. Ich hoffe Sie einverstanden:** Diese Konstruktion von *hoffen* mit dem persönlichen Akkusativ ist heute veraltet. Statt dessen: *Ich hoffe, daß Sie einverstanden sind.*

Hoffnung: Üblich ist *Hoffnung[en] auf jemanden, etwas setzen.* Zu *die Hoffnung der Seeleute/die Hoffnung auf Rettung* ↑Genitivattribut (1.5.1).

Hoffnungs-: Zusammensetzungen mit *Hoffnung* als Bestimmungswort stehen immer mit Fugen-s: *hoffnungslos, Hoffnungsschimmer, Hoffnungsstrahl, hoffnungsvoll, hoffnungsfroh.* ↑Fugen-s (1.3).

hofieren: Das Verb *hofieren* wurde früher nur mit dem Dativ verbunden: *Man hofiert mir. Sie hofieren der Jugend.* Im heutigen Sprachgebrauch wird *hofieren* überwiegend mit dem Akkusativ verbunden: *Man hofiert mich/die Jugend.* Beides ist korrekt.

Höflichkeitsform: ↑Anrede.

Höhe: Zu *etwas mißt in der/die Höhe* ↑messen (2).

Hoheit: Zur Großschreibung von *Eure/Euer Hoheit* ↑Anrede (2).

Hohelied/-priester: Der erste Bestandteil wird im allgemeinen gebeugt: *das Hohelied, ein Hohe[s]lied, des Hohenlied[e]s, im Hohenlied[e], in Salomos Hohemlied[e]* usw.; *der Hohepriester, ein Hoherpriester, des Hohenpriesters, dem Hohenpriester* usw. ↑Kompositum (5).

höher: Klein schreibt man *höher* auch in festen Begriffen: *das höhere Lehramt, höhere Gewalt, die höhere Mathematik, die höhere Schule.* Aber als Name: *die Höhere Handelsschule II, Mannheim.* Zur Getrennt- oder Zusammenschreibung ↑hochfliegend/hoch fliegend usw.

Höherstufe: ↑Vergleichsformen.

hohnlachen: Das Verb *hohnlachen* wird teils wie ein fest zusammengesetztes, teils wie ein unfest zusammengesetztes Verb gebraucht: *ich hohnlache/ich lache hohn; sie hohnlachte ihm/lachte ihm hohn; ich habe hohngelacht; um hohnzulachen.* Entsprechendes gilt von *hohnlächeln,* das aber im allgemeinen nur im Infinitiv gebraucht wird. ↑Zusammen- oder Getrenntschreibung (2.1).

hohnsprechen: Das Verb *hohnsprechen* ist eine unfeste Zusammensetzung: *das spricht, sprach allem Recht hohn; das hat allem Recht hohngesprochen; um hohnzusprechen.* ↑Zusammen- oder Getrenntschreibung (2.1).

hold: Der Superlativ lautet *holdeste.* ↑Vergleichsformen (2.3).

Holzblock: Der Plural lautet *die Holzblöcke.* ↑Block.

Holzscheit: ↑Scheit.

Homonym: Homonyme sind nach Herkunft und Bedeutung verschiedene, aber in Schreibung und Lautung übereinstimmende Wörter: *der Heide* „Nichtchrist" – *die Heide* „unbebautes Land"; *kosten* „schmecken" – *kosten* „wert sein".

Horde: 1. eine Horde Halbstarker/Halbstarke · mit einer Horde lärmender Kinder/lärmenden Kindern: Nach *Horde* kann die Angabe, woraus die Horde besteht, im Genitiv oder als Apposition stehen: *eine Horde Halbstarker/*(selten:) *Halbstarke; eine Horde plündernder Landsknechte/*(selten:) *plündernde Landsknechte. Sie lief mit einer Horde lärmender Kinder/*(selten:) *lärmenden Kindern durchs Dorf.* ↑Apposition (2.2). **2. Eine Horde Halbstarker kam/kamen herein:** Auch wenn nach *Horde* die Angabe, woraus die Horde besteht, im Plural folgt, steht das Verb in der Regel im Singular, weil ja das Subjekt *(Horde)* formal ein Singular ist: *Eine Horde Halbstarker kam herein.* Häufig wird aber auch nach dem Sinn konstruiert und das Verb in den Plural gesetzt: *Eine Horde Halbstarker kamen herein.* Der Plural findet sich vor allem dann, wenn das appositionelle Verhältnis gewählt wird: *Eine Horde lärmende Kinder* (statt des üblichen Genitivs: *lärmender Kinder*) *tobten durch den Garten.*

hören: Nach einem Infinitiv ohne *zu* werden heute sowohl der Infinitiv *hören* als auch das 2. Partizip *gehört* gebraucht: *Ich habe sie nicht kommen* *hören/gehört. Ich habe ihn in der Küche rumoren hören/gehört.* ↑Infinitiv (4).

Horizontale: Das substantivierte Adjektiv wird überwiegend wie ein echtes Substantiv gebeugt, im Singular endungslos, im Plural schwach auf *-n (die Horizontalen).* Ohne Artikel (in Verbindung mit einer Kardinalzahl z. B) kommt im Plural auch starke Beugung vor: *zwei Horizontalen/Horizontale.* ↑substantiviertes Adjektiv (2.2.1).

Horn: Das Wort hat zwei Pluralformen, die sich in der Bedeutung unterscheiden. Wenn *Horn* im Sinne von „Hornart" (= Stoffbezeichnung) gebraucht wird, lautet der Plural *die Horne,* in allen anderen Bedeutungen *die Hörner.* Entsprechend werden die Zusammensetzungen behandelt: *die Naturhorne, die Kunsthorne,* aber: *die Jagdhörner, Nebelhörner, Pulverhörner, Stierhörner, die Nashörner, Einhörner* usw.

horribel: Bei *horribel* fällt, wenn es dekliniert oder gesteigert wird, das *e* der Endungssilbe aus: *wegen horribler Zustände.* ↑Adjektiv (1.2.13), ↑Vergleichsformen (2.2).

Hosenbund: Das Wort hat männliches Geschlecht: *der Hosenbund.* Der Plural lautet *die Hosenbünde.* ↑Bund (1).

Hospital: Das Wort hat zwei Pluralformen: *die Hospitale* und *die Hospitäler.* Silbentrennung: *Hos-pi-tal.*

Hotelnamen: ↑Gebäudenamen.

Hrn.: Zu dieser Abkürzung für *Herrn* ↑Abkürzungen (3.1).

hübsch: Der Superlativ lautet *hübscheste.* ↑Vergleichsformen (2.3).

huldigen: Das 2. Partizip des intransitiven Verbs darf nicht attributiv (als Beifügung) verwendet werden *(der gehuldigte Fürst).* ↑zweites Partizip (2).

Hummer: Der Plural lautet *die Hummer* (nicht: *die Hummern*).

hundert/Hundert: 1. Groß- oder Kleinschreibung (das Folgende gilt auch für *tausend/Tausend;* vgl. auch ↑achtzig/Achtzig): **a)** Klein schreibt man das Zahlwort, das immer ungebeugt (und meist in attributiver Stellung) auftritt: *hundert Zigaretten, tausend Grüße, mehr als hundert Bücher, an die tausend Motorräder, der dritte Teil von hundert. Wer wird schon hundert [Jahre alt]? Sie fuhr hundert [Kilometer pro Stunde].* Nach unbestimmten Zahlwörtern: *viel[e] hundert Lampions, mehrere hundert Menschen, einige tausend Flaschen, ein paar tausend Zuschauer.* **b)** Groß schreibt man, wenn das Zahlwort als Substantiv gebraucht wird, z. B. *die Hundert* (= Alter) *erreichen, mit der Hundert* (= Straßenbahnlinie 100) *fahren.* Insbesondere gilt die Großschreibung, wenn das Zahlwort als Maßangabe für hundert (tausend) Einheiten oder (im Plural) als Bezeichnung für eine unbestimmte Zahl von Hunderten (Tausenden) gebraucht wird: *ein halbes Hundert, vier vom Hundert* (Abkürzung: *v. H.*), *das zweite Tausend. Wir haben einige Hundert Büroklammern* (= Packungen von je hundert Stück) *geliefert. Das dritte Tausend dieser Lieferung wurde beanstandet.* Gebeugte Formen (*des Hunderts, des Tausends, Hunderte* usw.) weisen das Wort immer als Substantiv aus: *Die Summe geht in die Tausende. Viele Hunderte fanden keinen Einlaß. Einige Tausende säumten die Straßen. Sie lagerten zu Tausenden auf der Wiese. In die Abhänge sind Hunderte bunt ausgemalte Grabkammern eingetieft.* Groß schreibt man auch, wenn das Zahlsubstantiv im Genitiv adjektivisch gebeugt wird (↑3): *Trotz des Einsatzes Tausender Freiwilliger brachen die Dämme. Man hörte das Brüllen Hunderter von verdurstenden Rindern.* **2. Zusammen- oder Getrenntschreibung: a)** Getrennt schreibt man nach unbestimmten Zahlwörtern und nach *aber* (= abermals): *ein paar hundert Menschen, mehrere tausend Personen, hundert und aber hundert* (aber zusammen: *Er sah aberhundert* [= viele hundert] *Sterne*). **b)** Zusammen schreibt man die mit bestimmten Zahlwörtern gebildeten Grund- und Ordnungszahlen: *einhundert, zweihundert,*

hundert[und]fünfzig, eintausend, zweitausend, [ein]tausenddreihundert[und]-zwanzig, anderthalbtausend, zwei[und]-einhalbtausend, hundertunderster Tag, tausendunddritter Besucher. **3. Beugung: a) Nominativ und Akkusativ:** Die Zahlsubstantive *Hundert* und *Tausend* werden im Nominativ und Akkusativ Plural auch unflektiert gebraucht, wenn der Kasus durch ein anderes Wort kenntlich gemacht ist: *Viele Hundert[e] kamen zu der Veranstaltung. Einige Tausend[e] standen vor den Fabriktoren.* **b) Genitiv:** Die Zahlsubstantive *Hundert* und *Tausend* werden im Genitiv Plural substantivisch gebeugt, wenn der Fall durch ein anderes Wort kenntlich gemacht ist: *Sie erwarteten die Beteiligung vieler Tausende. Der Protest einiger Hunderte störte sie nicht. Der Abschluß der Hunderte von komplizierten Versuchsreihen steht bevor.* Wird der Kasus durch ein anderes Wort nicht kenntlich gemacht, dann wird das Substantiv adjektivisch gebeugt: *Sie erwarteten die Beteiligung Tausender. Der Protest Hunderter randalierender Zuschauer störte sie nicht. Der Abschluß Hunderter von komplizierten Versuchsreihen steht bevor.* **4. Hunderte Jugendliche / Jugendlicher:** Das Gezählte kann im Genitiv (Genitivus partitivus) stehen, wenn es durch ein Adjektiv näher bestimmt ist: *Wir befragten Hunderte berufstätiger Jugendlicher. Man hörte das Brüllen von Hunderten verdurstender Rinder. Der Protest einiger Hunderte randalierender Zuschauer störte sie nicht. Sie erwarteten die Beteiligung vieler Tausende ausländischer Studenten.* Diese Konstruktion ist heute jedoch selten. Im allgemeinen wird der Genitiv durch den Dativ mit *von* umschrieben, gleichgültig ob das Gezählte durch ein Adjektiv näher bestimmt ist oder nicht: *Wir befragten Hunderte von [berufstätigen] Jugendlichen. Man hörte das Brüllen von Hunderten von [verdurstenden] Rindern. Der Protest einiger Hunderte von [randalierenden] Zuschauern störte sie nicht. Sie erwarteten die Beteiligung vieler Tausende von [ausländischen] Studenten.* Häufig wird auch das appositionelle Verhältnis gewählt. Das Gezählte steht dann im gleichen Fall wie das Zahlsubstantiv: *Wir befragten Hunderte [berufstätige] Jugendliche. Man hörte das Brüllen von Hunderten [verdurstenden] Rindern. Der Protest von Hunderten [randalierenden] Zuschauern störte sie nicht. Es beteiligten sich Tausende [ausländische] Studenten.*

hundertjährig: Das Adjektiv wird nur in Namen groß geschrieben: *der Hundertjährige Kalender, der Hundertjährige Krieg.* Zu *hundertjähriges Jubiläum* ↑Jubiläum.

hundertste: Klein schreibt man das Zahlwort *der, die, das hundertste* (= der Zählung, der Reihe nach): *Er kam als der hundertste/als hundertster ins Ziel. Wer war der hundertste?* Groß schreibt man das substantivierte Zahlwort (= bestimmter substantivischer Begriff): *Das weiß auch der Hundertste nicht* (= kaum ein Mensch); *vom Hundertsten ins Tausendste kommen* (= abschweifen).

hundert[und]ein[s]: ↑[3]ein (1).

hundert[und]einte / -erste: ↑-einte.

hungern: Zu *ich hungere/mich hungert* ↑unpersönliche Verben.

Hurrikan: Das Wort wird heute gewöhnlich englisch ausgesprochen: ['hʌrɪkən], der Plural lautet dann *die Hurrikans.* Bei der weniger üblichen deutschen Aussprache ['hʊrɪkan] lautet der Plural *die Hurrikane.*

Husumer: Die Einwohner von Husum heißen *Husumer.* ↑Einwohnerbezeichnungen (5 und 7).

Hut: Im Sinne von „Kopfbedekkung“ hat *Hut* männliches Geschlecht: *der Hut.* Der Plural lautet *die Hüte.* Im Sinne von „Schutz, Aufsicht“ hat *Hut* weibliches Geschlecht und wird ohne Plural gebraucht: *die Hut (auf der Hut sein).*

hüten: Nach *sich vor etwas hüten* darf ein Nebensatz oder eine Infinitivgruppe nicht verneint werden: *Sie hüte-*

te sich davor, zu schnell zu fahren/daß sie zu schnell fuhr (nicht: ... *nicht zu schnell zu fahren/daß sie nicht zu schnell fuhr*). Die Infinitivgruppe darf auch nicht verneint werden, wenn in solchen Sätzen *davor* ausgelassen wird: *Hüte dich, zu schnell zu fahren.* Wird aber *sich hüten* ohne *davor* mit einem *daß*-Satz verbunden, dann ist die Verneinung korrekt: *Hüte dich, daß man dich nicht übervorteilt. Hüte dich, daß du keinen Fehler machst.* ↑Negation (1).

Hydrometer, Hygrometer: Beide Wörter haben sächliches Geschlecht: *das Hydrometer* und *das Hygrometer.*

Hypotaxe: Unter Hypotaxe versteht man die Unterordnung von Satzgliedern oder Sätzen (im Gegensatz zur Nebenordnung oder ↑Parataxe).

I

i: Zur Schreibung und Deklination ↑Bindestrich (2.4) *(I-Punkt);* ↑Einzelbuchstaben *(des I, zwei I);* ↑Groß- oder Kleinschreibung (1.2.5) *(das i in Lid).*

i. A./I. A.: 1. Groß- oder Kleinschreibung: Die Abkürzung für *im Auftrag[e]* wird mit kleinem *i* geschrieben, wenn sie der Bezeichnung einer Behörde, Firma u. dgl. folgt:

Der Oberbürgermeister
i. A. Meyer

Sie wird mit großem *I* geschrieben, wenn sie nach einem abgeschlossenen Text oder allein vor einer Unterschrift steht:

Ihre Unterlagen erhalten Sie mit
gleicher Post zurück.
I. A. Meyer

(↑Brief [5]). **2. Zeichensetzung:** Nach *i. A./I. A.* stehen Abkürzungspunkte, auch wenn diese Abkürzung heute gewöhnlich nicht mehr im vollen Wortlaut gesprochen wird (↑Abkürzungen [1.1]).

-ia: Weibliche Substantive auf *-ia* bilden im allgemeinen den Plural mit *-ien (Tertia–Tertien, Intarsia–Intarsien).* Vereinzelt findet sich auch der Plural auf *-s,* und zwar entweder ausschließlich *(Virginia–Virginias)* oder wahlweise neben dem Plural auf *-ien, (Razzia–Razzien/*[seltener:] *Razzias).*

-ibel: Zum Ausfall des *e* bei den Adjektiven auf *-ibel* ↑Adjektiv (1.2.13).

ich: 1. Auslassung: In der Umgangssprache spart man *ich* gern ein: *Weiß schon Bescheid. Habe bereits davon gehört.* Die besonders in Geschäftsbriefen übliche Auslassung von *ich,* um nicht mit der ersten Person des Pronomens zu beginnen, ist jedoch veraltet und stilistisch unschön. Man schreibe also nicht: *Bestätige hiermit dankend den Eingang Ihres Auftrages,* sondern: *Ich bestätige dankend* ... Auch in Privatbriefen schreibe man nicht: *Bitte zu entschuldigen, daß* ..., *sondern: Ich bitte zu entschuldigen, daß* ... Auch Lebensläufe dürfen mit *ich* eingeleitet werden: *Ich wurde am* ... *geboren* (statt: *Am* ... *wurde ich geboren*). **2. Ich, der/die ...:** Die Personalform des Verbs eines an *ich* angeschlosssenen Relativsatzes steht in der 3. Person Singular, wenn das Personalpronomen nicht wiederholt wird: *Ich, der/die sich immer um Ausgleich bemüht,* ... Wird das Personalpronomen dagegen im Relativsatz wiederholt, dann erscheint das Verb in der 1. Person Sing.: *Ich, der/die ich mich immer um Ausgleich bemühe* ...

Ich: Der Plural lautet *die Ichs,* gelegentlich auch noch *die Ich.* Beide Pluralformen sind korrekt.

ich darf/möchte/würde sagen: Diese besonders in Diskussionen o. ä. gebrauchten Floskeln mögen unter inhaltlichem Aspekt entbehrlich und in stilistischer Hinsicht blaß sein. Da sie eine Äußerung entgegenkommender und weniger selbstsicher erscheinen lassen, sind sie jedoch nicht immer überflüssig.

ich oder du: *Ich oder du hast das getan.* Nicht: *Ich oder du habe das getan.* ↑Kongruenz (2.2).

ich oder er: *Ich oder er wird* (nicht: *werde*) *daran teilnehmen.* ↑Kongruenz (2.2). Nicht: *Ich oder er werden daran teilnehmen.* ↑Kongruenz (1.3.12).

ich und du: *Ich und du [, wir] haben uns sehr gefreut.* Nicht: *Ich und du haben sich sehr gefreut.* ↑Kongruenz (2.1).

ich und er: *Ich und er [, wir] haben uns sehr gefreut.* Nicht: *Ich und er haben sich sehr gefreut.* ↑Kongruenz (2.1).

ich und ihr: *Ich und ihr [, wir] haben uns sehr gefreut.* Nicht: *Ich und ihr haben sich sehr gefreut.* Nicht: *Ich und ihr habt euch sehr gefreut.* ↑Kongruenz (2.2).

ich und sie (Plural): *Ich und sie [, wir] haben uns sehr gefreut.* Nicht: *Ich und sie haben sich sehr gefreut.* ↑Kongruenz (2.2).

Ich-Laut: Der Ich-Laut (im Unterschied zum ↑Ach-Laut) ist das im vorderen Mund am harten Gaumen gesprochene *ch.* ↑Aussprache (3 und 10).

-id: ↑Oxyd/Oxid.

ideal/ideell: Die beiden Wörter dürfen nicht verwechselt werden. Das Adjektiv *ideal* bedeutet „vollkommen, musterhaft“: *ein idealer Partner, ideale Voraussetzungen, die ideale Waschmaschine. Diese Waschmaschine ist ideal.* Das Adjektiv *ideell* (Ggs.: *materiell*) bedeutet dagegen „auf einer Idee beruhend, geistig“: *ideelle Ziele, Bedürfnisse, die ideelle Grundlegung eines Systems.* In Zusammensetzungen tritt nur *Ideal-* auf: *Idealbild* usw. ↑-al/-ell.

Idyll/Idylle: Das sächliche Substantiv *das Idyll* wird in der Bedeutung „friedliche, anheimelnde [ländliche] Szene“ verwendet, während das weibliche Substantiv *die Idylle* im allgemeinen eine bestimmte Dichtungsform bezeichnet (aber auch für *das Idyll* eingesetzt werden kann).

-ieren: 1. zweites Partizip: Das zweite Partizip der mit dem fremden Suffix *-ieren* gebildeten Verben wird ohne das Präfix *ge-* gebildet: *addieren – addiert, polieren – poliert.* **2. -ieren/-en:** Einige Verben auf *-ieren,* besonders in den technischen Fachsprachen, haben gleichbedeutende kürzere Formen auf *-en* neben sich: *filtrieren – filtern, lackieren – lacken, schraffieren – schraffen, normieren – normen.* ↑Aufschwellung. **3. -ieren/-isieren:** Statt der Endung *-ieren* tritt bei einigen Verben die Erweiterung *-isieren* auf. Verben mit dieser Endung sind gewöhnlich transitiv: *amerikanisieren* „nach amerikanischem Vorbild einrichten“, *pulverisieren* „zu Pulver zerreiben, zerstäuben“, *magnetisieren* „magnetisch machen“ usw.; intransitiv sind z. B. *polemisieren, spintisieren, rivalisieren.*

-ierung/-ation: Zu *Restaurierung/Restauration* usw. ↑Verbalsubstantiv (1.5).

i. F., i. Fa.: Zur Abkürzung *i. F./ i. Fa.* für *in Firma* ↑Brief (1.2).

-ig: Zur Aussprache der Endsilbe *-ig* in *König, gütig, königlich* usw. ↑Aussprache (4).

-ig/-end: Zu *gehörig/gehörend* usw. ↑Adjektiv (3.1).

-ig/-isch/-lich: 1. -ig/-lich: Die Doppelbildungen mit *-ig* und *-lich* sind in der Bedeutung differenziert. Das zeigt sich besonders bei den Zeitangaben. Die Zeitangaben auf *-ig* drücken die Dauer aus, die auf *-lich* dagegen die Wiederholung eines Vorgangs nach Ablauf einer bestimmten Frist: *dreistündig* = drei Stunden lang (Dauer), *dreistündlich* = alle drei Stunden (Wiederholung); *eine vierwöchige* (= vier Wochen dauernde) *Urlaubsreise, ihre vierwöchentliche* (= alle vier Wochen

stattfindende) *Reise nach Bonn; eine vierzehntägige Sendung* (= eine Sendung, die vierzehn Tage lang zu einer bestimmten Zeit ausgestrahlt wird), *eine vierzehntägliche Sendung* (= eine Sendung, die in einem Abstand von jeweils vierzehn Tagen gesendet wird). Entsprechend bedeutet *halbjährige Kündigung,* daß die Kündigungsfrist ein halbes Jahr dauert, *halbjährliche Kündigung* dagegen, daß die Möglichkeit der Kündigung sich jedes halbe Jahr wiederholt (wobei die Kündigungsfrist auch länger oder kürzer als ein halbes Jahr sein kann; ↑-jährig/jährlich). Zu *-sprachig/-sprachlich* ↑deutschsprachig / deutschsprachlich, ↑fremdsprachig/fremdsprachlich.
Auch andere Doppelbildungen sind in der Bedeutung differenziert. Die Bildungen auf *-ig* drücken im allgemeinen eine Eigenschaft, die Bildungen auf *-lich* einen Bezug aus: *ein verständiges Kind* (= ein Kind, das etwas versteht, einsieht), *ein verständlicher Text* (= ein zu verstehender Text); *sie war sehr geschäftig* (= hatte zu tun und war in entsprechender Eile), *geschäftliche Erfolge* (= Erfolge in bezug auf das Geschäft); *ungeschlechtige Lebewesen* (= Lebewesen ohne Geschlecht), *ungeschlechtiges Pronomen* (= Pronomen, bei dem das Genus [Geschlecht] nicht ausgedrückt wird), *ungeschlechtliche Fortpflanzung* (= Fortpflanzung ohne geschlechtliche Befruchtung); *eine unförmige Person* (= eine Person mit plumpem Körperbau), *eine unförmliche Ausdrucksweise* (= eine Ausdrucksweise, die auf die konventionelle oder angemessene Form verzichtet). Kein Bedeutungsunterschied besteht dagegen zwischen *großmaßstäblich* und dem selteneren *großmaßstäbig* (auch: *großmaßstabig*). **2. -lich/-isch:** Bei Doppelformen drükken im allgemeinen die mit *-lich* gebildeten Adjektive die Zugehörigkeit, die Formen auf *-isch* Abwertung und Tadel aus: *bäuerlich – bäurisch, kindlich – kindisch, dörflich – dörfisch.* Doch gibt es Ausnahmen. Zum Beispiel steht *heimisch* „aus der Heimat stammend, bodenständig" ohne abwertenden Sinn neben dem ganz anders gebrauchten Wort *heimlich* „insgeheim". Vgl. ferner ↑seelsorgerisch/seelsorgerlich/seelsorglich. **3. -ig/-isch:** Doppelformen mit *-ig* und *-isch* sind selten (*rassisch* „die Rasse betreffend" – *rassig* „von edler Art, aus edler Zucht"). Vgl. auch ↑abergläubig/abergläubisch.

i. H.: Zur Abkürzung *i. H.* für *im Haus[e]* ↑Brief (1.2).

ihm/ihr als ...: ↑Apposition (4).

ihr/Ihr: 1. Anrede: Als Anredepronomen bezeichnet *ihr* den Nominativ der 2. Person Plural: *Das müßt ihr wissen.* Ein folgendes substantiviertes Adjektiv oder Partizip wird heute schwach gebeugt: *ihr Getreuen, ihr Angestellten* (nicht mehr: *ihr Getreue, ihr Angestellte;* ↑Adjektiv [1.2.4]). Dieses pluralische *ihr* wird in Briefen u. ä. (↑Anrede [2]) groß geschrieben: *Ihr Lieben! Wann besucht Ihr uns einmal?* Als Höflichkeitsanrede an eine einzelne Person (statt: *Sie*) ist *Ihr* (immer groß geschrieben) heute veraltet und kommt nur noch in landschaftlicher Umgangssprache vor: *Kommt Ihr auch, Großvater?* **2. possessives ihr/Ihr:** Als Possessivpronomen bezieht sich *ihr* auf die 3. Person Singular Femininum *(der Wagen meiner Schwester – ihr Wagen)* oder auf die 3. Person Plural *(die Integration der Gastarbeiter – ihre Integration).* In dieser Verwendung wird *ihr* – ausgenommen am Satzanfang – immer klein geschrieben. Bezieht sich aber das Possessivpronomen *ihr* auf die Höflichkeitsanrede *Sie,* wird es immer (nicht nur in Briefen!) groß geschrieben. *Ich bitte Sie, Ihre Uhr morgen abzuholen. Darf ich Ihren Ausweis sehen?* – Manchmal muß man besonders darauf achten, ob dieser Bezug auch wirklich gegeben ist. Im folgenden Satz z. B. bezieht sich *ihrer* auf *die meisten* und wird deshalb klein geschrieben: *Dieser Vorgang, den die meisten von Ihnen aus ihrer Tätigkeit bei der Firma kennen ...* Anders, wenn es heißt: ... *den Sie alle aus*

Ihrer Tätigkeit bei der Firma kennen ... Hier ist nur der Bezug auf *Sie* möglich. **3. Ihre Majestät:** Auch bei Titeln in der 3. Person wird das Possessivpronomen *ihr* groß geschrieben: *Ihre Exzellenz; für Ihre Majestät die Königin.* **4.** Zu *Ihre Eva und Max Müller* ↑Brief (5).

ihr oder sie (Plural): *Ihr oder sie haben das getan.* Nicht: *Ihr oder sie habt das getan.* ↑Kongruenz (2.2).

ihr und er: *Ihr und er [, ihr] habt euch gefreut.* Nicht: *Ihr und ich haben sich sehr gefreut.* ↑Kongruenz (2.1).

ihr und ich: *ihr und ich [,wir] haben uns sehr gefreut.* Nicht: *Ihr und ich haben sich sehr gefreut.* ↑Kongruenz (2.1).

ihr und sie (Plural): *Ihr und sie [, ihr] habt euch gefreut.* Nicht: *Ihr und sie haben sich gefreut.* ↑Kongruenz (2.1).

ihr und wir: *Ihr und wir [, wir] haben uns sehr gefreut.* Nicht: *Ihr und wir haben sich sehr gefreut.* ↑Kongruenz (2.1).

Ihr Fräulein Schwester: ↑Fräulein (4).

ihr/sein: Zum Gebrauch der männlichen, weiblichen oder sächlichen Form *(sein/ihr Vater)* ↑Possessivpronomen (2). Zu *Fräulein Müller hängt an ihrem* (nicht: *seinem*) *Beruf. Fräulein Müller kam mit ihrem* (nicht: *seinem*) *Verlobten* ↑Fräulein (2), ↑Kongruenz (3.2).

ihre, ihrige: Klein schreibt man diese Wörter auch dann, wenn ein Artikel vorangeht, der sich aber auf ein vorausgegangenes Substantiv bezieht: *Wessen Garten ist das? Es ist der ihre/ihrige. Das ist nicht mein Problem, sondern das ihre/ihrige.* Groß schreibt man das substantivierte Pronomen: *Alle Mitglieder müssen das Ihre/Ihrige beitragen. Es war einer der Ihren/Ihrigen* (= ihrer Angehörigen). *Sie nahm alles Ihre/Ihrige* (= alles ihr Gehörende) *mit.*

Ihren Brief/Ihr Schreiben haben wir erhalten und freuen uns ...: Die Ersparung des Pronomens *wir* wirkt hier stilistisch unschön. Besser: *... haben wir erhalten. Wir freuen uns ...* ↑Ellipse (11).

ihrer/unser: Es ist falsch zu sagen: *Wir waren ihrer drei.* Es muß richtig heißen: *Wir waren unser drei.*

ihrerseits / ihresgleichen / ihrethalben / ihretwegen / ihretwillen: Bei Anreden in Briefen usw. schreibt man diese Wörter groß.

Ihretwegen/wegen Ihnen: In gutem Deutsch sagt man *Ihretwegen; wegen Ihnen* ist umgangssprachlich. ↑wegen (2).

ihrige: ↑ihre, ihrige.

illuster: Bei *illuster* fällt, wenn es dekliniert oder gesteigert wird, das *e* der Endungssilbe aus: *illustre Gäste; diese Gesellschaft war noch illustrer als die gestrige.* ↑Adjektiv (1.2.13).

Illustrierte: 1. Wir kauften Illustrierte/Illustrierten: Im allgemeinen wird *Illustrierte* wie ein attributives ↑Adjektiv dekliniert: *Wir kauften Illustrierte. Zwei Illustrierte berichteten über die Katastrophe. Das Titelbild dieser Illustrierten.* Im Plural tritt die schwache Beugung gelegentlich auch dann auf, wenn kein Artikel oder stark gebeugtes Attribut vorangeht: *Wir kauften Illustrierten. Zwei Illustrierten ...* ↑substantiviertes Adjektiv (2.2.1). Im Genitiv Plural überwiegt ebenfalls die schwache Beugung nach einem stark deklinierten Adjektiv: *die Aufmachung verschiedener Illustrierten* (auch: *Illustrierter*). Ebenso im Dativ Singular: *mit aufgeschlagener Illustrierten* (auch: *Illustrierter*). In der Apposition (im Beisatz) herrscht im Dativ ebenfalls die schwache Deklination vor: *Sie hat diesem Blatt als einziger Illustrierten* (seltener: *Illustrierter*) *den Vorabdruck gestattet.* **2. einige Illustrierte · alle Illustrierten · solche Illustrierte[n]:** zur Deklination von *Illustrierte* nach *alle, beide, einige* usw. ↑all- usw.

im: Zur Verschmelzung aus *in* und *dem* ↑Präposition (1.2.1), ↑Apostroph (1.2).

im/beim/am: Zu *im/am Abklingen sein* ↑am/beim/im + Infinitiv + sein.

im allgemeinen/im Allgemeinen: ↑allgemein.

im Auftrag[e]: ↑i. A./I. A.

im Fall[e], daß/im Fall[e] daß/im Fall[e]: Bei dieser Wortverbindung gehört *im Fall[e]* gewöhnlich zum Hauptsatz, der *daß*-Satz wird durch Komma abgetrennt: *Ich komme nur im Fall[e], daß ich eingeladen werde. Im Fall[e], daß du kommst, gehen wir ins Theater.* Empfindet man aber die Wortverbindung als Einheit, dann tritt *im Fall[e]* in den Nebensatz über, und das Komma steht davor: *Ich komme nur, im Fall[e] daß ich eingeladen werde. Im Fall[e] daß du kommst, gehen wir ins Theater.* Wenn *daß* wegfällt, leitet *im Fall[e]* allein den Nebensatz ein: *Ich komme nur im Fall[e] ich eingeladen werde. Im Fall[e] du kommst, gehen wir ins Theater.*

im folgenden/im Folgenden: ↑folgend (2).

im/in: ↑in/im.

im/in Frieden: Die übliche Form ist *in Frieden: Sie sind in Frieden miteinander ausgekommen, auseinandergegangen. Laß mich in Frieden! Ruhe in Frieden!* Ebenso sagt man: *Er ist in Frieden heimgegangen* (= friedlich gestorben). Wird das Wort *Friede* näher bestimmt, dann kann auch *im* verwendet werden: *Er starb im Frieden mit seiner Familie.* ↑in/im.

im [großen und] ganzen/im Ganzen: ↑ganz.

im Grunde genommen: Bei der Fügung *im Grunde genommen* wird kein Komma gesetzt: *Du hast im Grunde genommen völlig recht.* ↑Komma (4.2).

im Hause/in Firma: ↑Brief (1.2).

im nachhinein: ↑nachhinein.

im Rahmen: In Fällen, in denen man nicht die bildliche Vorstellung eines Rahmens hat, in den etwas eingepaßt wird, ersetzt man *im Rahmen* besser durch die Präpositionen *bei, auf* oder *in,* z. B.: *Auf dem letzten Katholikentag sprach ...* statt: *Im Rahmen des letzten Katholikentages sprach ...* Dagegen: *Wenn sie die Beschäftigung mit Platon und Aristoteles zuließ, geschah dies teils im Rahmen ihrer dogmatischen Lehrsätze, teils weil sie ...* (Thieß). ↑Modewort.

im voraus: ↑voraus.

im vorhinein: ↑vorhinein.

Imperativ

Als eine der drei Aussageweisen (↑Modus) des Verbs drückt der Imperativ (die Befehlsform) eine Aufforderung, einen Befehl, eine Bitte, eine Mahnung oder Warnung u. ä. aus. Er ist unmittelbar an eine Person oder an mehrere gemeinsam angesprochene Personen gerichtet und wird vom Präsensstamm des Verbs gebildet: *grüße!, gehe!, grüßt!, geht!* Der Imperativ des Passivs wird gewöhnlich mit *sei, seid* gebildet: *sei gegrüßt!, seid gewarnt!* Der Gebrauch aller dieser Formen setzt im allgemeinen voraus, daß man die angesprochenen Personen duzt. Zur Höflichkeitsform *(Schweigen Sie! Nehmen Sie Platz!)* vgl. Punkt 3.

1 Imperativ Singular

1.1 trink[e]! · hand[e]le! · binde! · atme!

Abgesehen von der gehobenen Sprache *(Reiche mir das Glas! Ziehe dich an!)* wird heute bei den meisten Verben die Form ohne Endungs-e bevorzugt. Sie wird o h n e Apostroph geschrieben (↑Apostroph [2.1]):

Wasch deine Hände! Steig ein! Sag die Wahrheit!

Geh, ich bitte dich, gehe und quäle mich nicht länger! (Raabe).

Bei den Verben auf *-ern* und *-eln* sind jedoch die Formen mit *-e* verbindlich (wobei das *e* der Bildungssilbe – besonders bei *-eln* – auch wegfallen kann):

förd[e]re!, hand[e]le!, samm[e]le!, trau[e]re nicht!

Formen wie *handel!/handl'!, förder!/fördr'!* sind unüblich (↑ Apostroph [2.1]). Auch Verben, deren Stamm auf *-d* oder *-t* endet, haben im allgemeinen das Endungs-*e:*

Achte sie! Binde die Schnur! Biete/(auch:) Biet nicht zuviel!

Schließlich stehen auch Verben mit einem Stamm auf Konsonant + *m* oder *n* im allgemeinen mit dem Imperativ-*e:*

Atme langsam! Widme ihm das Buch! Rechne sorgfältig!

Ausnahmen sind hier diejenigen Verben, bei denen dem *m* oder *n* ein *m, n, r, l* oder *h* vorausgeht:

Kämm[e] dich! Qualm[e] nicht so! Lern[e] fleißig! Rühm[e] dich nicht selbst!

1.2 lies!/lese!

Unregelmäßige Verben mit ↑ e/i-Wechsel bilden den Imperativ Singular, indem sie das *e (ä,ö)* des Präsensstamms gegen *i (ie)* auswechseln; ein *-e* wird nicht angehängt (die Ausnahme *siehe* findet sich nur als Ausruf oder als Verweis in Büchern: *siehe S. 50*):

lies!, wirf!, birg!, stirb!, verdirb!, iß!, miß!, sprich!, vergiß!, hilf!, quill!, wirf!

Mit Ausnahme von *werde!* (nicht: *wird!*) und dem Imperativ derjenigen unregelmäßigen Verben, die den e/i-Wechsel aufgegeben haben (z. B. *scheren – schere!, melken – melke!*), sind also Formen wie *les[e]!, werf[e], sprech[e]!* nicht standardsprachlich.

1.3 Erschrick nicht!/Erschrecke ihn nicht!

Verben, die sowohl regelmäßig als auch unregelmäßig konjugieren, haben verschiedene Imperativformen, die auseinanderzuhalten sind:

Erschrick nicht! – Erschrecke mich nicht so! Quill empor! – Quelle die Bohnen! Schwill! – Schwelle den Umfang nicht so auf! Lisch aus, mein Licht! (Bürger) – Lösche das Feuer!

2 Imperativ Plural

Der Imperativ Plural stimmt mit der 2. Person Plural Indikativ Präsens Aktiv überein:

ihr trinkt – trinkt!; zeigt!, wascht!, ruft!, bindet!

Das Endungs-*e* gilt hier als veraltet, außer bei einigen Verben mit schwer aussprechbaren Buchstabenverbindungen *(Atmet durch! Wappnet Euch!)* und *-d-* oder *-t-*Stamm *(gründet!, rettet!)* und bis auf einige österreichische Besonderheiten *(Leset das neue Bergland-Buch!).*

3 Imperativ in der Höflichkeitsform: Seien Sie/Sind Sie so nett

Einer Person oder mehreren Personen gegenüber, die man siezt, verwendet man die Höflichkeitsform, d. h. die dritte Person Plural des Konjunktivs Präsens:

Schweigen Sie! Nehmen Sie Platz! Seien Sie so nett und helfen Sie mir.

Da sich diese Formen – außer bei *sein* – nicht von den entsprechenden Formen des Indikativs Präsens unterscheiden, empfindet man sie hier nicht mehr als Konjunktive. Dies führt dazu, daß bei dem Verb *sein* nicht die Form des 1. Konjunktivs *(seien),* sondern die des Indikativs Präsens *(sind)* gebraucht wird. Dies gilt jedoch nicht als korrekt. Falsch: *Bitte[,] sind Sie so freundlich und schreiben Sie uns ...* Richtig: *Bitte[,] seien Sie so freundlich und schreiben Sie uns.* ↑Wunsch- und Begehrenssatz.

4 Ersatzformen des Imperativs

Neben den eigentlichen Imperativformen gibt es zahlreiche andere sprachliche Möglichkeiten, eine Aufforderung auszudrücken, z. B.:

(Infinitiv:) Vorsehen! Langsam fahren! Einsteigen! (2. Partizip:) Vorgesehen! Stillgestanden! (Indikativ Präsens:) Ich bekomme Rumpsteak mit Salat! Du siehst dich vor! Wir tun das nicht wieder, Hans! (Auch als Frage:) Kommt ihr bald? (Indikativ Futur:) Wirst du still sein! Ihr werdet Euch hüten! (Verb des Aufforderns:) Ich wünsche, fordere, verlange, daß das geschieht! (Modalverb:) Ihr müßt sofort aufstehen! Du sollst schweigen! (Konjunktiv:) Man nehme täglich dreimal eine Tablette! Man nehme fünf Eier und ...

Imperativsatz: ↑Aufforderungssatz.

Imperfekt: ↑Präteritum.

Impersonalia: ↑unpersönliche Verben.

Import/Importe: Das männliche Substantiv *der Import* bedeutet „Einfuhr" (Plural: *Importe*), das weibliche *die Importe* (Plural: *die Importen*) bedeutet „Importware" und (veraltend) „im Ausland hergestellte Zigarre".

in: 1. Rektion: Die Präposition *in* kann mit dem Dativ oder mit dem Akkusativ verbunden werden, je nachdem, ob das durch das Verb ausgedrückte Verhalten lagemäßig (Dativ) oder richtungsmäßig (Akkusativ) bestimmt ist: *Ich sitze im Sessel. Ich setze mich in den Sessel. Die Punkte sind noch in die/in der Zeichnung einzutragen.* Im Sinne von „einen bestimmten Weg einschlagen" heißt es gewöhnlich *in die Richtung gehen: Sie müssen in diese Richtung gehen. Sie erklärte mir, in welche Richtung ich gehen müsse.* Man sagt dagegen gewöhnlich *in der Richtung gehen,* wenn sich jemand bereits auf einem bestimmten Weg befindet: *Er ging mit uns in der gleichen Richtung. Wir wollen lieber in dieser Richtung weitergehen.* Bei einigen Verben hat sich ein Kasus bereits stärker durchgesetzt, so z. B. bei *einkehren* oder *aufnehmen: Wir kehrten in einem* (selten: *in ein*) *Gasthaus ein. Er wurde sofort in das* (seltener: *im*) *Krankenhaus aufgenommen.* Vgl. dazu ↑aufgehen, ↑auflösen, sich, ↑aufnehmen und die einzelnen Verben mit *ein-*. **2. in Blau · in Birke Natur:** In Bearbeitungs- und Farbangaben zu Möbeln u. dgl. werden nach *in* Substantive groß, die ihnen vor- oder nachgestellten attributiven Adjektive klein geschrieben: *in Blau, in Birke Natur, in dunkel Ahorn, in Ahorn dunkel.* Steht an Stelle eines Substantivs ein Adjektiv (das also – im Gegensatz zu *in dunkel Ahorn* – nicht attributiv gebraucht wird), dann wird es nach *in* ebenfalls groß geschrieben: *in Hell Natur, in Matt Natur; Glasscheiben in Gelb, in Klar.* Man sollte in diesen Fällen jedoch besser die Präposition *in* einsparen und das Adjektiv in seiner Rolle belassen: *Schlafzimmer, hell* (oder: *matt, dunkel*), *Natur. Das Schlafzimmer ist hell* (oder: *matt, dunkel*), *Natur.* Erste oder zweite Partizipien können nicht mit *in* angeschlossen, sondern nur durch Komma abgetrennt werden: *Schlafzimmer, naturmattiert; Glasscheiben, getönt; Schlafzimmer in Natur, hochglänzend.* **3. in 1985:** Die Präposition *in* wird nach englischem Vorbild – vor allem in der Journalistensprache – öfter mit einer Jahreszahl gebraucht: *In 1985 wird das Waldsterben weiter zunehmen.* Standardsprachlich ist die Jahreszahl ohne Präposition oder die Fügung *im Jahre* + Jahreszahl: *Das Waldsterben wird [im Jahre] 1985 weiter zunehmen.* ↑Amerikanismen/Anglizismen (3).

-in: Zu weiblichen Berufsbezeichnungen und Titeln wie *Professorin, Amtmännin* ↑Movierung, ↑Titel und Berufsbezeichnungen (3); zu *Ruderin/Rudrerin* ↑Substantiv (3); zu *Buchhändler[in] gesucht* ↑Anzeigen (3).

in/an: ↑an/auf/in.

in/auf: ↑auf/in/zu.

in/im: 1. in/im Familienbesitz · in/im Urlaub sein: Man kann sowohl sagen: *Die Firma ist seit 1830 in Familienbesitz* als auch: *... im Familienbesitz.* Im ersten Fall wird nur festgestellt, daß die Firma seit 1830 ununterbrochen einer Familie gehört, während die zweite Ausdrucksweise mit *im* die Familie stärker hervorhebt und hauptsächlich dann gebraucht wird, wenn die Aussage sich auf eine bereits erwähnte Familie bezieht: *Damals war er Lehrling bei Wilhelm Müller, dem Großvater des jetzigen Inhabers. Das Geschäft ist seit 80 Jahren im Familienbesitz* (= im Besitz der Familie Müller). – Der Satz *Sie ist in Urlaub* sagt allgemein aus, daß sie nicht arbeitet, daß sie Urlaub hat. *Sie ist im Urlaub* bedeutet dagegen, daß sie in ihrem Urlaub ist, ihren Urlaub genommen hat. In vielen Fällen wird allerdings ein Unterschied zwischen *in* und *im* kaum empfunden, so daß beide Formen üblich sind (*in/im Bau sein;* ↑Betrieb, ↑Umlauf). Bei Stoffbezeichnungen zieht man das allgemeinere *in* vor: *eine Tablette in Wasser, in Saft auflösen; Salat in Sand vergraben.* Doch ist *im* auch hier nicht falsch. **2. in schlechtem Zustand/im schlechten Zustand:** ↑Präposition (1.2.5). **3. in/im Jemen:** ↑geographische Namen (2.1).

in/nach/zu/bei: Bei der Verwendung dieser Präpositionen (mit dem Akkusativ) zur Angabe einer Richtung treten gelegentlich Schwankungen auf. Die Präposition *in* bedeutet „in etwas hinein" und steht vor Substantiven (und Namen) mit Artikel: *in den Wald gehen, in die Stadt fahren, in die Schweiz reisen, in die USA fliegen, in den Jemen fahren.* – Da *in* jedoch vor artikellosen Siedlungs- und Ländernamen die Ruhelage (Frage: wo?) bezeichnet, tritt bei Richtungsangabe dafür *nach* in der Bedeutung „in eine bestimmte Richtung hin" (eigentlich „in die Nähe von") ein: *nach Frankfurt fahren, nach Italien reisen, nach Amerika, nach Jemen fliegen.* – Die Präposition *zu* bedeutet „auf ein bestimmtes Ziel zu" und steht zur Kennzeichnung einer Hinwendung vor allem bei Personennamen und -bezeichnungen: *zum Arzt gehen. Michael geht zu seiner Freundin Petra. Die Straßenbahn fährt zum Zoo.* – Landschaftlich, vor allem im Norddeutschen, findet sich *nach,* wo heute standardsprachlich bei Personenbezeichnungen *zu,* sonst *zu* oder *in* u. ä. stehen müssen: nach dem Fleischer, nach Hagenbeck gehen. *Er hat sich nach seiner Schwester in Rendsburg ... begeben* (Niebuhr). *..., als wir in der Finsternis nach der Bahn gingen* (Gaiser). In diesem Sinne muß es auf Hinweisschildern u. dgl. auch *Zum* (nicht: *Nach dem*) *Bahnhof, Aussichtsturm* heißen. Man sagt allerdings *nach Hause,* um es so als Richtungsangabe von *zu Hause,* das die Ruhelage (= im Hause) bezeichnet, zu unterscheiden. – In salopper Umgangssprache kommt landschaftlich in bezug auf Personen auch *bei* statt *zu* vor: *Die Kinder sind bei Tante Else gegangen. Soll ich morgen bei dich kommen?* Vgl. auch ↑auf/in/zu.

in Ahorn dunkel: ↑in (2).

in Bälde: Diese stilistisch unschöne Fügung läßt sich in den meisten Fällen durch einfaches *bald* ersetzen. ↑Aufschwellung.

in Beantwortung · in Erwartung: Fügungen dieser Art, bei denen *in* mit einem artikellosen Verbalsubstantiv auf *-ung* verbunden wird, gehören der Amts- und Kaufmannssprache an: *In Beantwortung Ihres Schreibens vom ... teilen wir Ihnen mit .... In Erwartung Ihrer Zusage verbleiben wir ... In Erledigung Ihres Auftrags haben wir ...* Sie stehen gewöhnlich am Satzanfang und vertreten Sätze wie *Wir beantworten hiermit ...* oder *Indem wir Ihre Zusage erwarten ...* Da sie der Straffung des Ausdrucks dienen, haben sie eine gewisse Berechtigung; man sollte sie aber nicht außerhalb der Geschäfts- und Amtssprache anwenden. Auf keinen Fall dürfen wesentliche Mitteilungen auf diese Weise zur Nebensache gemacht werden. Also nicht: *In Ablehnung Ihres Gesuches teilen wir Ihnen mit, daß ...,* sondern etwa: *Ihr Gesuch mußte leider abgelehnt werden. Sie können aber ...*

in betreff: Die Fügung *in betreff* gehört wie ↑betreffs der Kanzleisprache an und sollte besser durch *wegen* oder *zu* ersetzt werden. Sie wird mit dem Genitiv verbunden: *in betreff des Bahnbaues.* ↑Verblassen des Substantivs, ↑Zusammen- oder Getrenntschreibung (2.2).

in bezug auf: ↑Bezug/in bezug

in Birke Natur: ↑in (2).

in Blau: ↑in (2).

in das/darein/worein: ↑Pronominaladverb (4).

in dem/darin/worin: ↑Pronominaladverb (4).

in dem Augenblick, wo ...: ↑wo (2).

in Den Haag/im Haag: Neben der offiziellen Schreibweise *in Den Haag* gibt es auch die eingedeutschte *im Haag.* ↑Haag, Den.

in der Annahme/Erwartung/Hoffnung, daß: In diesen Fügungen steht vor *daß* immer ein Komma: *In der Annahme/Erwartung/Hoffnung, daß du am Wochenende kommst, habe ich ein Zimmer bestellt. Ich habe in der Annahme/Erwartung/Hoffnung, daß du kommst, ein Zimmer bestellt.* ↑daß (6, d).

in der Regel/regelmäßig: ↑regelmäßig/in der Regel.

in dunkel Ahorn: ↑in (2).

in einem Fall wie diesem/wie dieser: ↑Apposition (3.5).

in Erwartung: ↑in Beantwortung · in Erwartung.

in etwa: Bei der Verwendung des heute in Mode gekommenen *in etwa* ist folgendes zu beachten: Es kann nicht bei Zahlenangaben stehen. Man kann also nicht sagen: *Das Gespräch dauerte in etwa fünf Stunden. Sie waren in etwa 40 km vom nächsten Ort entfernt.* Hier kann es nur *etwa* oder *ungefähr* heißen. In Verbindung mit Verben kann *in etwa* dagegen nicht immer durch *etwa* oder *ungefähr* ersetzt werden: *Die Angaben der Zeugen stimmten in etwa überein. Das ist in etwa das, was ich auch sagen wollte.* In diesen Fällen drückt *in etwa* im Unterschied zu *etwa* und *ungefähr* stärker die Einschränkung oder den Vorbehalt aus.

in Firma/im Hause: ↑Brief (1.2).

in Frage kommen/stellen: In Fügungen dieser Art wird *in Frage* immer getrennt und mit großem *F* geschrieben: *Dieser Vorschlag kommt überhaupt nicht in Frage. Ich muß seine Ehrlichkeit in Frage stellen.* Die Zusammenschreibung *infrage* ist also falsch. ↑Zusammen- oder Getrenntschreibung (2.2).

in frühestens 20 Minuten/frühestens in 20 Minuten: ↑Adverb (4).

in/zur Gänze: Diese stilistisch unschöne Fügung läßt sich in den meisten Fällen durch einfaches *ganz* oder *gänzlich* ersetzen. ↑Aufschwellung.

in Hell Natur: ↑in (2).

in Kraft treten/sein: In Fügungen dieser Art wird *in Kraft* immer getrennt und mit großem *K* geschrieben: *Die Verfügung tritt sofort in Kraft.* Die Zusammenschreibung *inkraft* ist also falsch. ↑Zusammen- oder Getrenntschreibung (2.2).

in Kürze: Diese stilistisch unschöne Fügung läßt sich in den meisten Fällen durch einfaches *bald* oder *demnächst* ersetzen. ↑Aufschwellung.

in längstens zwei Jahren/längstens in zwei Jahren: ↑Adverb (4).

in memoriam: Der auf *in memoriam* (= zum Gedächtnis) folgende Name bleibt stets ungebeugt, z. B.: *in memoriam Thomas Mann* (nicht: *in memoriam Thomas Manns*).

in Natur, hochglänzend: ↑in (2).

in spätestens einer Stunde/spätestens in einer Stunde: ↑Adverb (4).

in was/worin/worein: ↑Pronominaladverb (4).

in Zeiten wie den heutigen/wie die heutigen: ↑Apposition (3.5).

inbegriffen: ↑einbegriffen.

Inch: Es heißt *3 Inch* oder *3 Inches.* ↑Maß-, Mengen- und Münzbezeichnungen (1).

Indefinitpronomen: Zu den Indefinitpronomen oder unbestimmten Für- und Zahlwörtern gehören Wörter wie *jemand, etwas, alle, kein, man, niemand; viel, wenig, etliche.* Mit ihnen kann man sich allgemein, unbestimmt auf ein[e Gruppe von] Lebewesen oder Ding[en] beziehen.

indeklinabel: Als indeklinabel bezeichnet man Wörter, die nicht gebeugt werden können: *bald, nichts, quitt* usw.

indem: 1. Zeichensetzung: Die Konjunktion *indem* leitet einen untergeordneten Modalsatz oder Temporalsatz ein, der durch Komma abgetrennt wird: *Er trat zurück, indem er erblaßte. Indem sie mich scharf ansah, fragte sie mich nach dem Gelde. Ich ordnete, indem* (= während) *ich das sagte, die Blumen in der Vase.* **2. indem/weil:** Modales *indem* wird oft im Sinne von „dadurch, daß" gebraucht: *Man ehrte die Autorin, indem man sie in die Akademie aufnahm.* Es kann aber nicht in rein kausalem Sinn für *weil* eingesetzt werden: *Weil* (nicht: *indem*) *er keinen Versicherungsschein vorweisen konnte, wurde ihm die Weiterfahrt verweigert.*

indes: Das Wort *indes* ist ein Ad-

Kommasetzung bei *indes*

1. Als vorangestelltes Adverb schließt *indes* einen beigeordneten Satz oder Satzteil an, der durch Komma oder Semikolon abgetrennt wird:	
Der Alte versuchte zu lächeln, *indes* brachte er nur ein Grinsen zustande.	
2. Das Adverb *indes* kann betont aus dem Satz herausgehoben werden. Dann steht ein Komma dahinter:	**2. Das Adverb *indes* ist ohne Komma in den Ablauf des Satzes einbezogen:**
Indes, er brachte nur ein Grinsen zustande.	Er brachte *indes* nur ein Grinsen zustande.
3. Als Konjunktion leitet *indes* einen untergeordneten Temporalsatz (auch entgegensetzend) ein, der durch Komma abgetrennt wird:	**3. Die Konjunktion *indes* ist Teil einer Fügung, die als Einheit empfunden und nicht durch ein Komma geteilt wird:**
Inge betrat das Zimmer, *indes* ihr Freund draußen wartete.	
Indes Inge eintrat, blieb ihr Freund vor der Tür stehen.	Aber *indes* Inge eintrat, blieb ihr Freund vor der Tür stehen.

verb, es kann aber auch als unterordnende Konjunktion im Sinne von „während" gebraucht werden. Vgl. die untenstehende Tabelle.

indessen: Das Wort *indessen* wird wie *indes* gebraucht, tritt aber als unterordnende Konjunktion seltener auf (↑indes).

Index: Der Genitiv Singular lautet *des Index* oder *des Indexes;* der Plural *die Indexe* oder *die Indizes.* ↑Fremdwort (3.4).

Indikativ

Der Indikativ (Wirklichkeitsform) ist die allgemeine, normale und neutrale Aussageweise (↑Modus). Er drückt gewöhnlich in allen Zeitstufen aus, daß das mit den entsprechenden Verbformen genannte Geschehen oder Sein tatsächlich ist oder doch als tatsächlich und wirklich hingestellt, als gegeben angesehen und ohne Bedenken anerkannt wird:

Inge hat das Abitur bestanden. Rotkäppchen ging in den Wald. Das Flugzeug wird um 18 Uhr landen.

Zum Indikativ in Aufforderungsfunktion ↑Imperativ (4).

1. ich schreibe/ich schreib': Ausfall des Endungs-*e* in der 1. Person Singular Präsens Aktiv findet sich vor allem in der Mundart, in der Umgangssprache und in literarischen Texten: *Ich schreib' dir. Ich wohn' in einem steinernen Haus* (Schiller). Sonst bleibt das *e* im allgemeinen erhalten *(Ich schreibe einen Brief).* Sein Ausfall wird durch einen Apostroph angezeigt; ↑Apostroph (2.1).

2. du beweist/beweisest; er, ihr beweist/beweiset: Der Wegfall des *e* in der 2. und 3. Person Singular und in der 2. Person Plural Präsens Aktiv ist heute die Regel:

du trinkst, er (ihr) trinkt; du liebst, er (ihr) liebt.

Ein Apostroph darf hier nicht gesetzt werden; ↑Apostroph (3.4). Das *e* in diesen Formen ist veraltet oder dichterisch und wird als geziert empfunden: *... doch nur die Anmut sieget* (Schiller). *... ihr kehret nun ein* (Greif). Dies gilt auch bei Verben, deren Stamm auf Zischlaut endet: das *e* bzw. das *es* fällt gewöhnlich weg. Veraltet lautet es: *Wer allzu eiferig bekräftigt sein Versprechen, beweiset dir damit den Willen, es zu brechen* (Rückert). Heute heißt es:

du beweist, ihr reißt, er beherrscht, du sitzt. Nicht: du beweisest, ihr reißet, er beherrschet, du sitzest (auch nicht: du sitzst).

Endet der Verbstamm jedoch auf *-d* oder *-t,* dann bleibt das *e* erhalten (es sei denn, ein Vokalwechsel liegt vor):

du findest, er/ihr findet; du bietest, er/ihr bietet; (aber bei Vokalwechsel:) fechten – du fichtst (nicht: fichtest) – ihr fechtet.

Der Ausfall des *s* nach *sch* in Formen wie *du wäscht, du nascht, du wischt, du rutscht* ist standardsprachlich nicht zulässig. Richtig: *du wäschst, du naschst, du wischst, du rutschst.*

3. ich sammele/sammle; ich ändere/ändre: In der 1. Person Singular Präsens Indikativ und Konjunktiv I wird bei den mit *-eln* gebildeten Verben das *e* dieser Silbe heute im allgemeinen ausgeworfen *(ich sammle, wechsle);* die mit *-ern* gebildeten Verben behalten es dagegen gewöhnlich bei *(ich wandere, schlenkere).* Ein Apostroph wird hier nicht gesetzt (↑Apostroph [3.4]).

4. wir, sie schreien/schrein, schrieen/schrien: Das *e* der Endung *-en* in der 1. und 3. Person Plural Indikativ des Präsens und Präteritums Aktiv sowie des Konjunktivs I und II kann nach Vokal oder *h* wegfallen; dies geschieht vor allem in der Literatur aus vers- und satzrhythmischen Gründen und in der (gesprochenen) Umgangssprache:

wir (sie) schrein/schrien (statt: schreien/schrieen); wir (sie) fliehn/flohn/flöhn (statt: fliehen/flohen/flöhen); wir (sie) knien (statt: knieen).

In diesen Fällen wird kein Apostroph gesetzt; ↑Apostroph (3.4).

5. du starbst/starbest; ihr starbt/starbet: Das *e* in der 2. Person Singular/Plural Präteritum Aktiv der unregelmäßigen Verben fällt heute gewöhnlich weg: *du trankst, ihr trankt;* veraltet: *Drin liegst du, wie du starbest* (Uhland). Geht der Verbstamm jedoch auf *-d* oder *-t* aus, dann muß das *e* in der 2. Person Plural Präteritum aus lautlichen Gründen stehen: *ihr fandet, ihr botet;* in der 2. Person Singular Präteritum bleibt es nur in gewählter Sprache erhalten: *du fand[e]st, du bot[e]st.* Bei unregelmäßigen Verben, deren Stamm auf Zischlaut endet, bleibt das *e* in der 2. Person Singular Präteritum zumeist erhalten: *du lasest, saßest, rissest, wuschest;* in der 2. Person Plural Präteritum kann es wegfallen: *ihr las[e]t, saß[e]t, risset (rißt), wusch[e]t.* Ein Apostroph wird in all diesen Fällen nicht gesetzt; ↑Apostroph (3.4).

6. ich, er lebte/lebt': Der Wegfall des *e* in der 1. und 3. Person Singular Präteritum Aktiv der regelmäßigen Verben und entsprechender unregelmäßiger Verben findet sich vornehmlich in dichterischer Sprache:

... einen vergänglichen Tag lebt' ich (Hölderlin). Was sollt' ich denn sonst auch wohl tun? (Th. Mann). Da möcht' ich doch wetten (Th. Mann). Das Wasser rauscht', das Wasser schwoll (Goethe).

Heute ist jedoch das *e* allgemein zu setzen *(ich suchte, er suchte).* Wo es ausfällt, muß der Apostroph stehen; ↑Apostroph (2.1).

7. Verweise: Zu *ich tu[e]* ↑tun (1); zum Indikativ von *werden* ↑werden (1); zur Frage Indikativ oder Konjunktiv ↑Konjunktiv.

indirekte Rede

1 Was ist indirekte Rede?

In der indirekten oder abhängigen Rede wird im Unterschied zur ↑direkten Rede eine Äußerung (Aussage, Aufforderung, Frage; Gedanke, Überlegung u. ä.) nicht so angeführt, wie sie tatsächlich gemacht wurde, sondern sie wird mittelbar durch einen Berichter wiedergegeben, es wird von ihr nur berichtet. Dabei drückt der Berichter durch die Wahl des Konjunktivs I oder seiner Ersatzformen aus, daß er die Äußerung lediglich objektiv und neutral wiedergibt, eine Gewähr für ihre Richtigkeit aber nicht übernimmt:

(direkte Rede; Frank sagt:) „*Vera, ich bin krank*".
(indirekte Rede; Vera berichtet:) Frank sagte zu mir, *er sei krank.*

Die indirekte Rede ist in der Regel von einem Verb des Sagens und Denkens (Verbum dicendi et sentiendi) oder einem entsprechenden Substantiv abhängig und wird als indirekter Aussagesatz mit *daß* oder ohne Einleitewort, als indirekter Fragesatz mit *ob* oder einem Fragewort und als indirekter Aufforderungssatz mit *sollen/mögen* oder *haben/sein* + Infinitiv gebildet:

Frank sagte, daß er krank sei/er sei krank. Hans fragt Maria, ob sie mit auf die Reise komme. Hanna fragt Peter, von wem er den Wagen geliehen bekommen habe. Mein Freund schrieb mir, ich soll[t]e/möchte nicht vergessen ... Plötzlich rief jemand, daß wir zurückzutreten hätten.

Zu beachten ist, daß in der indirekten Rede die Pronomen auf den Standpunkt des Berichters bezogen werden:

(direkte Rede; Vera sagt:) „Frank, *ich* will *dich* mit *meinen* Eltern besuchen."

(indirekte Rede; Frank berichtet:) Vera sagte zu *mir,* daß *sie mich* mit *ihren* Eltern besuchen wolle.

2 Regeln zum Gebrauch des Konjunktivs

2.1 Grundregel

Die indirekte Rede sollte im Konjunktiv I stehen, wenn dessen Formen eindeutig sind. Sie sollte im Konjunktiv II stehen, wenn durch eine nicht eindeutige Konjunktiv-I-Form unklar bleibt, daß indirekte Rede vorliegt.
Eindeutig sind von den gebräuchlichen Formen des Konjunktivs I nur die 3. Person Singular aller Verben *(er liebe* gegenüber *er liebt),* die Formen von *sein* sowie die Singularformen von *dürfen, können, mögen, müssen, sollen, wollen* und *wissen:*

Inge sagt, sie *komme* morgen und *bringe* das Buch mit. Trotz seines Alters *habe* er noch etwas von einem Jungen an sich und *freue* sich immer, wenn er der Polizei entwischen *könne.* Sie haben geäußert, daß Peter krank *sei.*

Aber:

(Stephan berichtet:) Peter sagte, seine Eltern *seien* gestern im Kaufhaus gewesen. Sie *hätten* (= Konjunktiv II) dort ein Fahrrad für ihn gekauft.

Wenn hier statt *hätten* die Form *haben* stünde, die Konjunktiv I und Präsens Indikativ sein kann, würde nicht klar, ob der betreffende Satz noch zur indirekten Rede, d.h. zur Aussage Peters, gehört oder ob er eine erklärende Bemerkung des Berichters Stephan ist. Auch in dem folgenden Beispiel wird nur durch die Konjunktiv-II-Formen *wüßten* und *würfen* an Stelle der uneindeutigen Konjunktiv-I- und Präsens-Indikativ-Formen *wissen* und *werfen* sofort deutlich, daß indirekte Rede vorliegt:

Bernard Shaw hat einmal gesagt, die Menschen *wüßten* einfach nicht, was dies Wort Kommunismus bedeute; sie *würfen* es ihrem Gegner an den Kopf, wie streitsüchtige Vorstädtler einander tote Katzen übern Zaun *würfen.*

Die genannte Grundregel gilt innerhalb der indirekten Rede für alle Arten und Grade von Nebensätzen:

Ich sagte, er *könne* einen guten Eindruck hinterlassen, indem er sich in seinen Forderungen *bescheide.* Man sagte, Behrens, der sie vergöttert *habe, sei* durch den Schlag so schwer getroffen, daß er in Wunderlichkeit verfallen *sei* und sich durch Selbstgespräche auffällig gemacht *habe.* Dann meinte Thekla, sie *arbeite* nun schon jahrelang an diesem Buch, ohne daß sie damit fertig werde.

2.2 Ergänzungen zur Grundregel

2.2.1 Der Indikativ findet sich relativ häufig in abhängigen Sätzen mit Einleitewort, weil durch das Einleitewort die grammatische Abhängigkeit genügend deutlich gemacht wird:

Sie sagte, *daß* sie an einem Buch *schreibt*. Er hat gefragt, *ob* er den Kranken besuchen *darf* und was er ihm mitbringen *kann*.

Man sollte auch hier immer dann den Konjunktiv I setzen, wenn beim Indikativ unklar bleibt, daß indirekte Rede vorliegt.

2.2.2 Eigene erklärende Bemerkungen des Berichters innerhalb der indirekten Rede stehen im Indikativ. Dadurch bleiben sie als nicht berichtete Einschübe erkennbar:

(Stephan berichtet:) Peter sagte, seine Eltern *seien* gestern im Kaufhaus gewesen. Sie *hätten* dort ein Fahrrad für ihn gekauft. Das *hat* er sich nämlich schon lange gewünscht.

Hier wird durch die Form *hat* (= Präsens Indikativ) deutlich, daß der letzte Satz eine Bemerkung des Berichters Stephan ist. Stünde der Konjunktiv I *(habe)*, würde damit zum Ausdruck gebracht, daß auch dieser Satz zur Aussage Peters gehört.

2.2.3 Der Konjunktiv II kann gebraucht werden, wenn der Berichter das Wiedergegebene für zweifelhaft hält, wenn er skeptisch ist:

Karl erklärte [zwar], er *hätte* alles getan, was in seiner Macht gestanden *hätte* [, aber ich glaube es nicht]. Einige sagen, sie *wäre* 120 Jahre alt [, aber ich glaube es nicht].

2.2.4 Vor allem in der Alltags- und Umgangssprache und in einigen Landschaften werden Formen des Konjunktivs II auch dann gebraucht, wenn die eindeutigen Konjunktiv-I-Formen zur Kennzeichnung der indirekten Rede zwar genügten, aber als allzu gewählt, als geziert angesehen werden:

Sie sagte, daß sie die Chefin *wäre* (statt: *sei*) und darüber zu befinden *hätte* (statt: *habe*), wer hier eingestellt *würde* (statt: *werde*).

Zum Konjunktiv II in einem Fall wie *gebe/gäbe* (↑3.3.)

2.2.5 Formen des Konjunktivs II, die in der direkten Rede – etwa in einem irrealen Konditionalsatz – stehen, bleiben auch in der indirekten Rede erhalten:

(direkte Rede; Anne sagt:) „Ich *hätte* das Fußballspiel noch gesehen, wenn ich eher gekommen *wäre*." (Indirekte Rede; Stephan berichtet:) Anne sagte, sie *hätte* das Fußballspiel noch gesehen, wenn sie eher gekommen *wäre*.

2.2.6 Zu *würde* + Infinitiv an Stelle des Konjunktivs in der indirekten Rede ↑3.1 und Konjunktiv (2.3).

3 Die wichtigsten Konjunktivformen

Rund 90% aller Personalformen der indirekten Rede stehen in der 3. Person Singular oder Plural; von den restlichen 10% steht der größte Teil in der 1. Person Singular. Im Folgenden werden diese Personalformen für die besonders häufig gebrauchten Verben *sein, haben, werden* und *können, müssen, sollen, wollen* angeführt und erläutert:

3.1 sein, haben, werden

	Konjunktiv I	Konjunktiv II
ich	sei/habe*/werde*	wäre/hätte/würde
du	sei[e]st/habest/werdest	wär[e]st/hättest/würdest
er/sie/es	sei/habe/werde	wäre/hätte/würde
wir	seien/haben*/werden*	wären/hätten/würden
ihr	seiet/habet/werdet*	wär[e]t/hättet/würdet
sie	seien/haben*/werden	wären/hätten/würden

Für die uneindeutigen Konjunktiv-I-Formen (*) werden die entsprechenden Formen des Konjunktivs II gebraucht (↑2.1):

Ich teilte ihr mit, ich *hätte* (für: *habe*) keine Zeit, weil ich zu beschäftigt sei, und *würde* (für: *werde*) deshalb morgen nicht mitfahren. Sie behaupteten, sie *würden* (für: *werden*) damit nicht fertig.

Die Formen des Konjunktivs II werden auch dann gebraucht, wenn der Berichter ausdrücken will, daß er das Berichtete für zweifelhaft hält (↑2.2.3):

Sie hat [zwar] gesagt, sie *hätte* keine Zeit, weil sie zu beschäftigt *wäre,* und sie *würde* deshalb morgen nicht mitfahren [, aber ich glaube es nicht.]

oder wenn der Konjunktiv II schon in der direkten Rede steht (↑2.2.5):

(direkte Rede; Anne sagt:) „Wenn ich Zeit *hätte* und nicht so beschäftigt *wäre, würde* ich morgen mitfahren." (Indirekte Rede; Stephan berichtet:) Anne sagte, wenn sie Zeit *hätte* und nicht so beschäftigt *wäre, würde* sie morgen mitfahren.

Mit den Formen von *werden* + Infinitiv wird betont ausgedrückt, daß etwas noch nicht begonnen hat. Ausreichend ist der einfache Konjunktiv:

Er sagte, er *werde/sie würden* (für uneindeutiges *werden*) morgen kommen. (Ausreichend:) Er sagte, er *komme/*sie *kämen* (für uneindeutiges *kommen*) morgen.

Wenn etwas nur als indirekte Rede zu kennzeichnen ist, sollte man *würde* + Infinitiv im Rahmen der Regeln nur bei Zukunftsbezug gebrauchen, weil sonst das Mißverständnis naheliegt, es handele sich um etwas Irreales, Futurisches u. ä. (↑Konjunktiv 2.3):

(Zukunftsbezug:) Er sagt, seine Gäste *würden* bald *abreisen.* (Gleichzeitigkeit:) Als sie das Geschenk erhielten, sagten sie, sie *freuten* sich (nicht: sie *würden sich freuen*). Aber bei ungebräuchlichen Formen: Sie sagten, sie *würden* ihn schon lange *kennen* (ungebräuchlich: *sie kennten*).

3.2 können, müssen, sollen, wollen

	Konjunktiv I	Konjunktiv II
ich	könne/müsse/solle/wolle	könnte/müßte/sollte*/wollte*
du	könnest/müssest/sollest/wollest	könntest/müßtest/solltest*/wolltest*
er/sie/es	könne/müsse/solle/wolle	könnte/müßte/sollte*/wollte*
wir	können*/müssen*/sollen*/wollen*	könnten/müßten/sollten*/wollten*
ihr	könnet/müsset/sollet/wollet	könntet/müßtet/solltet*/wolltet*
sie	können*/müssen*/sollen*/wollen*	könnten/müßten/sollten*/wollten*

Zum Gebrauch der eindeutigen und uneindeutigen (*) Konjunktiv-I- und Konjunktiv-II-Formen ↑2. Zu *sollte* usw./ *wollte* usw. ↑3.3.

3.3 Andere Verben

regelmäßige Konjugation

	Konjunktiv I	Konjunktiv II
ich	liebe*	liebte*
du	liebest	liebtest*
er/sie/es	liebe	liebte*
wir	lieben*	liebten*
ihr	liebet	liebtet*
sie	lieben*	liebten*

Unregelmäßige Konjugation

	Konjunktiv I	Konjunktiv II
ich	trage*/gehe*/wisse	trüge/ginge/wüßte
du	tragest/gehest/wissest	trüg[e]st/gingest/wüßtest
er/sie/es	trage/gehe/wisse	trüge/ginge/wüßte
wir	tragen*/gehen*/wissen*	trügen/gingen*/wüßten
ihr	traget/gehet/wisset	trüg[e]t/ginget/wüßtet
sie	tragen*/gehen*/wissen*	trügen/gingen*/wüßten

Zum Gebrauch der eindeutigen und uneindeutigen (*) Konjunktiv-I- und Konjunktiv-II-Formen vergleiche man allgemein ↑2.

Bei unregelmäßigen Verben, die im Konjunktiv I ein *e (gebe)* und im Konjunktiv II ein *ä (gäbe)* haben, wird wegen dieser Lautähnlichkeit oft der deutlicher erkennbare Konjunktiv II gewählt. Zur Kennzeichnung der indirekten Rede sollte jedoch auch hier der Konjunktiv I gebraucht werden, sofern er eindeutig ist:

Sie sagten, sie *lese* (nicht: *läse*) gerade ein Buch. Er hat gesagt, er *nehme* (nicht: *nähme*) das Menü. Sie hat beteuert, daß sie nicht *nachgebe* (nicht: *nachgäbe*). Aber: Sie sagten, sie *nähmen* (für uneindeutiges *nehmen*) an dem Fest teil.

Obwohl Konjunktiv-II-Formen wie *gingen, bauten, sollte* und *wollte* mit den Formen des Präteritums Indikativ übereinstimmen, geht meist aus dem Zusammenhang hervor, ob im konkreten Fall eine Konjunktiv- oder Indikativform vorliegt:

Wir *sollten* (= Präteritum Indikativ) das Auto zurückbringen, weil wir die Leihfrist überschritten hatten. Sie sagt, wir *sollten* (= Konjunktiv II) das Auto zurückbringen ...

indirekter Fragesatz: Ein indirekter (abhängiger) ↑Fragesatz ist eine Frage in Gestalt eines Nebensatzes: *Erzähle mir, was/wen du gesehen hast. Sie überlegte, wohin sie gehen sollte. Ich frage mich, ob er kommt. Sie erkundigte sich, ob noch Karten zu haben seien.* Die indirekten Fragesätze werden zur indirekten Rede gerechnet. ↑indirekte Rede (1). Zur Verwechslung von *daß* und *ob* *(Ich weiß nicht, daß/ob er kommt)* ↑daß (4).

indiskutabel: Bei *indiskutabel* fällt, wenn es dekliniert wird, das *e* der Endungssilbe aus: *ein völlig indiskutabler Vorschlag.* ↑Adjektiv (1.2.13).

individuell: Das Adjektiv *individuell* „die einzelne Person betreffend" wird im allgemeinen nicht gesteigert. Doch sind Vergleichsformen möglich, wenn die stärkere oder schwächere Beziehung auf den einzelnen ausgedrückt werden soll: *Ich wünsche mir eine etwas individuellere Behandlung.* ↑Vergleichsformen (3.1).

ineinander: Getrennt vom folgenden Verb schreibt man, wenn *ineinander* eine Wechselbezüglichkeit, eine Gegenseitigkeit (bei Personen) ausdrückt: *Sie werden ineinander aufgehen* (= in sich gegenseitig aufgehen). *Die Fäden haben sich ineinander verschlungen* (= sich gegenseitig verschlungen). Zusammen schreibt man, wenn *ineinander* eine Richtung ausdrückt: *Die Teile sollen die Schüler ineinanderfügen. Die Räder werden ineinandergreifen.* ↑Zusammen- oder Getrenntschreibung (1.4).

infinite Verbform: Im Unterschied zum ↑Finitum eine Form des Verbs, die keine Aussage über Person, Numerus, Modus und Tempus macht. Dazu zählen ↑Infinitiv *(erwachen),* ↑erstes Partizip *(erwachend)* und ↑zweites Partizip *(erwacht).*

Infinitiv

Der Infinitiv, die Grund- oder Nennform des Verbs, gehört zu den ↑infiniten Verbformen und weist die Endung *-n (sammeln, ändern)* oder *-en (lesen, laufen, stehen)* auf. Dabei kann das *e* der Endung *-en* aus vers- und satzrhythmischen Gründen und auch in der (gesprochenen) Umgangssprache nach *h* oder Vokal wegfallen (es steht kein ↑Apostroph [3.4]):

freun, blühn. ... als hörte sie ... die Hahnen *schrein* (Musil). Muß früh *hinuntergehn,* ... Die Lust kann nicht *bestehn* (Uhland).

Man unterscheidet den reinen Infinitiv *(loben)* vom Infinitiv mit *zu (zu loben).* Diesen beiden nichterweiterten Infinitiven steht der erweiterte Infinitiv gegenüber (↑satzwertiger Infinitiv), bei dem noch weitere Satzteile hinzutreten *(um zu/ohne zu/statt zu loben; [um] diesen erfolgreichen Künstler zu loben).*

1 Infinitiv mit oder ohne *zu*

Während bei manchen Verben der reine Infinitiv *(Sie kann schwimmen),* bei anderen der Infinitiv mit *zu* steht *(Er verspricht zu kommen),* treten in bestimmten Fällen Schwankungen auf:

1.1 etwas liegen haben/zu liegen haben

In landschaftlicher Umgangssprache wird bei Verben, die mit *haben* verbunden sind, häufig ein *zu* gesetzt: *Er hat zwei Fässer in seinem Keller zu liegen.* Dies ist standardsprachlich nicht korrekt. ↑zu (1).

1.2 jmdn. etwas tun heißen/zu tun heißen

Nach *heißen, helfen* und *lehren* kann der reine Infinitiv oder der Infinitiv mit *zu* dann stehen, wenn ein ↑satzwertiger Infinitiv angeschlossen wird *(Helfen Sie mir bitte[,] das Auto in die Garage [zu] schieben).* Vgl. neben ↑heißen usw. auch ↑zu (5.1). Das Komma steht nur beim Infinitiv mit *zu.* ↑Komma (5.1).

1.3 Ein Tier [zu] quälen ist böse

Der Gebrauch von *zu* schwankt, wenn ein ↑satzwertiger Infinitiv in der Rolle eines Subjekts steht. So heißt es sowohl *Ein Tier quälen ist böse* als auch *Ein*

Tier zu quälen ist böse. Entsprechend: *Für dich [zu] kochen müßte ein Vergnügen sein.* Dasselbe gilt, wenn ein satzwertiger Infinitiv in der Rolle eines ↑Gleichsetzungsnominativs steht: *Ein guter Christ sein heißt[,] allen Menschen ein Helfer [zu] sein.* In allen Sätzen dieser Art ist also die Setzung von *zu* freigestellt. Das Komma steht nur beim Infinitiv mit *zu.* ↑Komma (5.1).

1.4 Das brauchst du nicht tun/zu tun

Zum Gebrauch des *zu* bei *brauchen* + Infinitiv ↑brauchen (2).

1.5 Der Schmerz ist kaum zu ertragen

Zum passivischen Gebrauch des Infinitivs mit *zu* ↑Passiv (3.4), ↑Gerundiv[um].

2 Infinitiv mit *zu* oder *um zu*

Bei manchen Verben bestehen Zweifel, ob ein Infinitiv mit *zu* oder mit *um zu* angeschlossen werden soll: *Diese Worte genügten, um ihn zum Schweigen zu bringen. Diese Worte genügten, ihn zum Schweigen zu bringen.* Zu diesem Zweifelsfall ↑um zu/zu.

3 Zwei Infinitive mit *zu*

Das Nebeneinander von zwei Infinitiven mit *zu,* die voneinander abhängen, sollte aus Gründen des Wohlklangs und der Deutlichkeit vermieden werden:

(Nicht:) Sie hatte die Gewohnheit, ihm zu verstehen zu geben, daß sie ihn für einen Trottel hielt. (Sondern:) Sie hatte die Gewohnheit, ihm deutlich zu zeigen, daß ...
(Nicht:) Er glaubt zu gehorchen zu haben. (Sondern:) Er glaubt, daß er zu gehorchen hat/gehorchen zu müssen.
(Nicht:) Sie ist nicht der Ansicht, pünktlich zu kommen zu brauchen. (Sondern:) Sie ist nicht der Ansicht, pünktlich kommen zu müssen.

4 Infinitiv oder 2. Partizip (Ersatzinfinitiv)

Bestimmte Verben stehen, wenn ihnen ein Infinitiv vorangeht, nicht im 2. Partizip, sondern selbst im Infinitiv (sog. Ersatzinfinitiv): *Ich habe kommen müssen* (nicht: *gemußt*). Dieser Gebrauch ist fest bei den ↑Modalverben und bei *brauchen* (↑brauchen [3]). Die Verben *heißen, lassen, sehen* stehen überwiegend im Infinitiv, *fühlen, helfen, hören* sowohl im Infinitiv als auch im 2. Partizip und *lehren, lernen, machen* im allgemeinen nur im 2. Partizip (vgl. die angeführten Verben). Im Infinitiv des Perfekts tritt das 2. Partizip nur dann auf, wenn *haben* am Satzende steht:

Ich erinnere mich, ihn laufen *gesehen* zu *haben.* Ich erinnere mich, sie früher das Bild sehen *gelassen* zu *haben.*

Anders im Futur II, wo *haben* gewöhnlich voransteht *(Sie wird ihn haben laufen sehen. Er wird ihn haben kommen lassen).*

5 Ersatz eines Infinitivs durch einen Hauptsatz mit *und*

Am häufigsten ist dieser Ersatz in Wendungen wie *so gut sein, die Güte haben* u.ä.:

Sei so gut, mir das Buch zu geben. – Sei so gut und gib mir das Buch. Haben Sie doch die Güte, ihr das mitzuteilen. – Haben Sie doch die Güte und teilen Sie ihr das mit. Sie war so klug, in diesem Punkt einzulenken. – Sie war so klug und lenkte in diesem Punkt ein. Er ist imstande, dich sofort anzuzeigen. – Er ist imstande und zeigt dich sofort an.

In all diesen gleichermaßen korrekten Parallelkonstruktionen verleiht der selbständige Hauptsatz der Aussage mehr Eigengewicht und Nachdruck.

6 Infinitiv im Aufforderungssatz

Wird der Infinitiv im Aufforderungssatz gebraucht, dann fällt bei reflexiven Verben das Reflexivpronomen aus:

Bitte beeilen! (Nicht: Bitte sich beeilen!) Nicht ärgern, nur wundern!

7 Groß- oder Kleinschreibung

Der Infinitiv kann in einem Satz Subjekt oder Objekt sein, ohne daß er deswegen zum Substantiv werden muß. Für die Groß- oder Kleinschreibung ist in solchen Fällen entscheidend, ob die von dem Infinitiv abhängenden Wörter den Kasus beibehalten, den sie bei verbaler Konstruktion des Satzes hätten *(Er quält ein Tier – Ein Tier quälen ist böse),* oder ob sie im Genitiv oder mit *von* angeschlossen werden *([Das] Quälen eines Tieres/von Tieren ist böse).* Im ersten Falle ist der Infinitiv klein zu schreiben, denn ein Substantiv kann kein Objekt bei sich haben (also nicht: *ein Tier Quälen,* sondern: *ein Tier quälen.* Nicht: *Rohre Verlegen,* sondern: *Rohre verlegen*). Im zweiten Fall muß dagegen groß geschrieben werden, denn eine Verbform kann kein Attribut im Genitiv oder mit *von* bei sich haben (also nicht: *quälen eines Tieres,* sondern: *Quälen eines Tieres.* Nicht: *verlegen von Rohren,* sondern: *Verlegen von Rohren*). Weiteres ↑Groß- oder Kleinschreibung (1.2.3), ↑substantivierter Infinitiv (1).

8 Verweise

Zum Komma beim Infinitiv ↑Komma (5); zu *am/beim/im Weggehen sein* ↑am/beim/im + Infinitiv + sein; zu *das Sichausweinen, das In-die-Knie-Gehen, das Außerachtlassen* ↑substantivierter Infinitiv (1).

infolge: Die Präposition *infolge* regiert den Genitiv: *infolge schlechten Wetters; infolge Versagens der Bremsen.* Wo der Genitiv, z. B. im Plural, nicht deutlich wird, wählt man besser die Konstruktion mit *von: infolge von Materialfehlern.* Vgl. auch ↑auf Grund/ durch / infolge / von / vor / wegen / zufolge.

Informand/Informant: Die beiden Wörter dürfen nicht verwechselt werden. *Der Informand* (Plural: *die Informanden*) ist jemand, der informiert werden soll. So nennt man z. B. junge Ingenieure, die einen Betrieb durch Mitarbeit in verschiedenen Abteilungen kennenlernen sollen. *Der Informant* (Plural: *die Informanten*) ist jemand, der Informationen gibt (z. B. an die Presse). ↑-and/-ant.

informativ/informatorisch: Die beiden Wörter werden bisweilen verwechselt. Das Adjektiv *informativ* bedeutet „Einblicke, Aufklärung bietend, belehrend, aufschlußreich": *Das Buch ist auch für den Laien sehr informativ.* Das Adjektiv *informatorisch* bedeutet dagegen „der vorläufigen Unterrichtung dienend, einen allgemeinen Überblick verschaffend": *Sie gab einen ersten, rein informatorischen Bericht.*

-ingen: Zu den Ableitungen auf *-er* von Ortsnamen auf *-ingen* ↑Einwohnerbezeichnungen (1).

Ingenieur: *des Ingenieurs Meyer/ Ingenieur Meyers:* ↑Titel und Berufsbezeichnungen (1.2 und 1.3).

Ingenieurin: ↑Titel und Berufsbezeichnungen (3).

Inhaltsverzeichnis: Zur Zeichensetzung und zur Groß- oder Kleinschreibung ↑[1]Punkt (2), ↑Klammern (1.3).

inklusive: Die in der Geschäftssprache übliche fremde Präposition *inklusive* wird nach dem Vorbild des deutschen *einschließlich* mit dem Genitiv verbunden, wenn der Kasus durch ein Begleitwort des abhängigen Substantivs deutlich wird: *inklusive aller Versandkosten, inklusive der genannten Beträge.* Ein alleinstehendes, stark dekliniertes Substantiv nach *inklusive* bleibt dagegen ungebeugt: *inklusive Porto, inklusive Behälter.* Im Plural wird bei alleinstehenden, stark deklinierten Substantiven der Dativ gesetzt: *inklusive Abfällen, inklusive Gläsern* (statt: *inklusive Abfälle, inklusive Gläser*).

inmitten: Die Präposition *inmitten* regiert den Genitiv: *inmitten mächtiger Säulen, inmitten des Waldes.* Wo der Genitiv, z. B. im Plural, nicht deutlich wird, wählt man besser die Konstruktion mit *von: inmitten von Wäldern und Seen.*

Inn: Der Genitiv dieses Flußnamens kann mit oder ohne *s* gebildet werden: *des Inns* oder *des Inn.* ↑geographische Namen (1.2).

in'n: Umgangssprachlich und mundartlich für *in den.* ↑Präposition (1.2.1), ↑Apostroph (1.2).

innehaben: Das Verb *innehaben* wird (im Gegensatz zu ↑innesein, innewerden) auch im Nebensatz zusammengeschrieben: *Sie soll diese Stellung noch innehaben. Er hat diese Stellung innegehabt. Wenn sie diese Stellung noch innehat.* ↑Zusammen- oder Getrenntschreibung (1.5).

innen: Das Adverb *innen* wird auch in Verbindung mit einer Präposition klein geschrieben: *von innen nach außen; Farbe für außen und innen* (= zum Außen- und Innenanstrich). ↑Groß- oder Kleinschreibung (1.2.1).

Inneres: Wenn *Inneres* einem stark deklinierten Adjektiv folgt, dann wird es heute gewöhnlich ebenfalls stark gebeugt: *mein ganzes Inneres* (nicht: *Innere*). Nur im Dativ Singular kommt neben der starken auch noch die schwache Beugung vor: *eine Kutsche mit weißem Innerem/* (seltener schwach:) *Inneren.* ↑substantiviertes Adjektiv (2.1.5).

innerhalb: 1. innerhalb der Mauern Berlins: Die Präposition *innerhalb* wird heute mit dem Genitiv verbunden: *innerhalb der Mauer, innerhalb des Hauses, innerhalb dreier Monate, innerhalb Berlins.* Die früher übliche Verbindung mit dem Dativ gilt nicht mehr als korrekt, also nicht: *innerhalb den Mauern, innerhalb drei Monaten* und auch nicht: *innerhalb Berlin.* Bei Orts- und Ländernamen kann man jedoch ein *von* einschalten: *innerhalb von Berlin, von Bayern.* In diesem Falle ist *innerhalb* Adverb. Der Dativ nach *innerhalb* ist nur dann zulässig, wenn der Genitiv formal nicht zu erkennen ist, z. B.: *innerhalb fünf Monaten* (*fünf* wird im Genitiv nicht gebeugt!) oder wenn einem stark gebeugten Substantiv im Singular, das von *innerhalb* abhängt, ein ebensolches vorausgeht, z. B.: *innerhalb Karls schönem Hause.* **2. innerhalb/zwischen:** Die beiden Präpositionen dürfen nicht verwechselt werden, denn *innerhalb* bezieht sich auf ein größeres Ganzes, *zwischen* auf zwei oder mehrere Ganze. Es heißt also nicht: *die Beziehungen innerhalb der Völker Europas,* sondern: *... zwischen den Völkern Europas.* Richtig ist aber: *die sozialen*

Abstufungen innerhalb (nicht: *zwischen*) *der Bevölkerung.*

innesein/innewerden: Zusammen schreibt man im Infinitiv und im 2. Partizip: *Er wird des Verlustes bald innesein/innewerden. Sie ist dieses Erlebnisses innegewesen/innegeworden.* Getrennt schreibt man aber die Personalform in Nebensätzen: *Wenn er des Verlustes inne ist ... Als sie sich ihres Verhaltens inne wurde ...* ↑Zusammen- oder Getrenntschreibung (1.5).

ins: Diese Verschmelzung aus *in* und *das* wird ohne Apostroph geschrieben. ↑Apostroph (1.2), ↑Präposition (1.2.1).

insbesondere: **1.** Das Adverb lautet nur *insbesondere.* Nicht korrekt ist die Form *insbesonders* (↑Kontamination aus *besonders* und *insbesondere*). **2.** Das Komma wird wie bei ↑besonders gesetzt.

Inselnamen: Zu *auf/in Jamaika* ↑auf/in/zu.

Inserate: ↑Anzeigen.

insgeheim: Der attributive Gebrauch des Adverbs *insgeheim* ist nicht zulässig. Also nicht: *der insgeheime Beschluß.* ↑Adverb (1).

insofern, insoweit: **1. zugehörige Konjunktion:** Es muß heißen: *insofern – als; insoweit – als,* nicht: *insofern – daß; insoweit – daß: Er hat insofern unklug gehandelt, als er zu voreilig war.* Auch der Ersatz von *als* durch *weil* nach *insofern* gilt nicht als standardsprachlich. Das *als* kann aber ganz wegfallen: *Er hat unklug gehandelt, insofern er zu voreilig war.* **2. Komma:** Zwischen *insofern, insoweit* und *als* steht ein Komma oder nicht, je nachdem, ob *insofern/insoweit* besonders betont oder mit *als* als konjunktionale Einheit empfunden werden: *Er hatte einen richtigen Instinkt bewiesen, insofern, als er schon vor zwei Tagen darauf hinwies.* Fällt *als* weg, dann leitet *insofern* oder *insoweit* als einzelne Konjunktion den Nebensatz ein: *Ich hatte keinen Grund zum Mißtrauen, insofern Karl nur selten Geld in die Hand bekam. Insoweit es nur Reisebeschreibung sein will, ist das Buch ganz gut.*

Inspektor: Zu *des Inspektors Schulze/Inspektor Schulzes* ↑Titel und Berufsbezeichnungen (1.2 und 1.3). Zur Kommasetzung bei der Verbindung von *Inspektor* mit einem Namen ↑Komma (3.3.2).

instand: **1. Rechtschreibung:** Die Verbindung *instand* + Verb wird immer getrennt geschrieben: *eine Maschine instand setzen. Er hat den Auftrag, den Garten instand zu halten. Sie hat das Gerät wieder instand gebracht.* In Verbindung mit einem Partizip vor einem Substantiv ist neben der Getrenntschreibung (gleichmäßige Betonung) auch Zusammenschreibung (*instand-* trägt Starkton) möglich: *der instand zu setzende/instandzusetzende Motor, das instand gebrachte/instandgebrachte Gerät.* ↑Zusammen- oder Getrenntschreibung (2.2.3). **2. instand setzen/in den Stand setzen:** Da *instand setzen* gewöhnlich im Sinne von „reparieren" gebraucht wird, ist der Bezug auf Menschen ungewöhnlich und veraltet allmählich: *Die Erbschaft hat ihn instand gesetzt, ein Haus zu bauen.* Hier sagt man besser: *... hat ihn in den Stand gesetzt, ein Haus zu bauen.*

Instrumenten-: Als Bestimmungswort von Zusammensetzungen erhält *Instrument* das Fugenzeichen *-en-: Instrumentenbau, Instrumentenkunde.* ↑Fugenzeichen.

integrieren: Bei *integrieren in* steht wie bei *einfügen* im allgemeinen der Akkusativ, weil man hier die Vorstellung der Richtung hat (Frage: wohin?): *jemanden in eine Gruppe, in ein Land integrieren.* Nur im Zustandspassiv, wo die Lagevorstellung in den Vordergrund tritt (Frage: wo?), kommt gelegentlich auch der Dativ vor: *Die Stahlwerke-AG ist in diesen/*(auch:) *in diesem Firmenring voll integriert.* Es heißt aber nur (Vorgangspassiv, Frage: wohin?): *Die Stahlwerke-AG ist in diesen Firmenring integriert worden.*

Intendant: **1.** Die Formen lauten

des Intendanten, dem, den Intendanten (nicht: *dem, den Intendant*). Auch in Verbindung mit *Herrn* und dem Namen ist es besser, den Titel zu beugen: *Herrn Intendanten Meyer.* ↑Unterlassung der Deklination (2.1.2), ↑Brief (1). **2.** Zu *des Intendanten Meyer/Intendant Meyers* ↑Titel und Berufsbezeichnungen (1.2 und 1.3).

Interesse: Es heißt *Interesse für* oder *Interesse an* (nicht: *Interesse nach* oder *Interesse auf*): *... der vielleicht einmal so wie er ein tiefes Interesse an der Medizin mit einem nicht weniger großen Interesse für ihre Geschichte verbinden würde* (Thorwald). Aber nicht: *Bei Interesse auf diese Artikel fordern Sie bitte Prospekt an.*

interessieren: Beim Gebrauch dieses Verbs muß die richtige Anwendung der Präpositionen beachtet werden. Man unterscheidet: **1. sich interessieren für:** *Ich interessiere mich für dieses Buch. Das Fernsehen interessiert sich bereits für die junge Schauspielerin.* **2. jemanden interessieren für/an:** *Sie versuchte mich für ihre Freundin, für das neue Buch zu interessieren. Ich konnte ihn nur schwer an diesem/für dieses Projekt* (nicht: *an dieses Projekt*) *interessieren.* **3. interessiert sein an:** *Ich bin an diesem Geschäft nicht interessiert. Er ist an mir interessiert.* Man gebraucht also die Präposition *an* + Dativ nicht in Verbindung mit reflexivem *sich interessieren* (nicht: *Er interessiert sich an diesem Buch,* sondern: *Er ist an diesem Buch interessiert*). Auch wird *an* hier immer mit dem Dativ verbunden. Anderseits gebraucht man die Präposition *für* nicht bei *interessiert sein* (nicht: *Er ist für dieses Buch interessiert*). Vgl. aber ↑Interesse.

Interjektion: Interjektionen (Ausrufe-, Ausdrucks-, Empfindungswörter) sind Lautgebilde, mit denen Empfindungen und Aufforderungen ausgedrückt oder Laute nachgeahmt werden, z. B. *ach!, ah!, o[h]!, ei!, hu!, pfui!; miau!, muh!, ticktack!* Außerhalb des Satzverbandes stehend, können sie auch Einwortsätze bilden: *Ach!* (Neben:) *Ach, das ist schade!* Die Schreibung der Interjektionen ist gelegentlich schwankend, oft entziehen sie sich überhaupt einer schriftlichen Fixierung. Großschreibung gilt nur für (meist an Artikel oder Pronomen erkennbare) Substantivierungen wie *dein Weh und Ach, das Bimbam der Werbesprache, dieses politische Trara.* ↑Ausrufezeichen (1), ↑Komma (3.2.2).

Interpunktion (Zeichensetzung): ↑Anführungszeichen, ↑Auslassungspunkte, ↑Ausrufezeichen, ↑Bindestrich, ↑Doppelpunkt, ↑Fragezeichen, ↑Gedankenstrich, ↑Klammern, ↑Komma, ↑[1]Punkt, ↑Semikolon.

Interrogativpronomen: Unter den Interrogativpronomen (Fragewörtern) versteht man die Wörter *wer, was [für ein], welcher, welche, welches,* die einen Fragesatz einleiten: *Wer war das? Wen willst du einladen? Was ist das? Welches Buch möchtest du haben? Was für eine Blume hast du da?* Das Interrogativpronomen *was* hat keine Dativform. Dafür tritt in der älteren Literatursprache und auch heute noch in der Umgangssprache öfter der Akkusativ *was* in Verbindung mit einer Präposition ein: *Zu was soll das gut sein? Mit was ist sie beschäftigt? An was fehlt es dir?* In der Standardsprache müssen diese Verbindungen durch die ↑Pronominaladverbien *wozu, womit, woran* usw. ersetzt werden: *Wozu soll das gut sein? Woran fehlt es dir?*

Interrogativsatz: ↑Fragesatz.

intervenieren: Bei *intervenieren in* „vermittelnd, protestierend eingreifen; sich einmischen" steht der Dativ (Frage: wo?): *in einem Streit intervenieren, im Kreml, im benachbarten Staat intervenieren.*

intransitiv: Als *intransitiv* (nichtzielend) bezeichnet man diejenigen Verben, die kein Akkusativobjekt nach sich haben können (z. B. *kommen, helfen, blühen*) oder die in einem bestimmten Zusammenhang ohne ihr sonst mögliches Akkusativobjekt stehen: *Er* *kocht gern* (gegenüber: *Er kocht Gemüse*). Vgl. im Unterschied dazu ↑transitiv.

Invalide: Das Wort *der Invalide* ist zwar seiner Herkunft nach ein substantiviertes Adjektiv, es wird aber wie ein echtes Substantiv gebeugt: *der/ein Invalide,* Genitiv Singular: *des Invaliden,* Plural: *die Invaliden, zwei [alte] Invaliden.* ↑substantiviertes Adjektiv (2.2.2). Das Adjektiv *invalide (ein invalider Soldat)* wird im allgemeinen nicht substantiviert, also nicht: *ein Invalider* usw.

Inversion: Von *Inversion* (ungerader Wortstellung oder Gegenstellung) spricht man dann, wenn nicht das Subjekt, sondern ein anderes Glied den Satz eröffnet und deshalb Subjekt und Verb (Finitum) den Platz wechseln: *Gestern war seine Frau im Theater* gegenüber: *Seine Frau war gestern im Theater.* Über den Gebrauch der Inversion nach *und* ↑und (1).

investieren: Nach *investieren in* kann sowohl der Akkusativ als auch der Dativ stehen, je nachdem, ob *investieren* im Sinne von „etwas (meist Geld) in eine Sache hineinstecken" (Akkusativ) oder im Sinne von „etwas in einer Sache anlegen" (Dativ) gebraucht wird: *Sie hat ihr ganzes Geld in dieses Geschäft investiert. Einen Teil seines Kapitals hat er in einem großen Unternehmen investiert.*

-ion/-ierung: ↑Verbalsubstantiv (1.5).

I-Punkt: ↑Bindestrich (2.4), ↑Einzelbuchstaben, ↑Groß- oder Kleinschreibung (1.2.5).

Irak, Iran: Die Ländernamen *Irak* und *Iran* werden heute gewöhnlich mit dem Artikel gebraucht: *der Irak, der Iran.* Es ist daher auch üblich, *im Irak, im Iran* (seltener: *in Irak, in Iran*) zu sagen. ↑geographische Namen (2.1), ↑Artikel.

irden: Bei *irden* bleibt, wenn es dekliniert wird, das *e* der Endungssilbe gewöhnlich erhalten: *irdene Gefäße.* ↑Adjektiv (1.2.13).

irgend: Zusammen schreibt man: *irgendein[er], irgendwer, irgendwelcher, irgendwas, irgendeinmal, irgendwann, irgendwie, irgendwo, irgendwoher, irgendwohin, irgendworan.* Getrennt schreibt man *irgend jemand* und *irgend etwas,* weil *jemand* und *etwas* größere Selbständigkeit bewahren.

irgendwelcher: Folgt dem Indefinitpronomen *irgendwelcher* ein [substantiviertes] Adjektiv oder Partizip, dann kann dies stark oder schwach gebeugt werden: *irgendwelches dummes/dumme Zeug; mit irgendwelchem altem/alten Plunder; von irgendwelcher tierischer/tierischen Herkunft; die Meinung irgendwelcher kluger/klugen Leute, irgendwelcher Angestellter/Angestellten.*

irr/irre: Dieses Adjektiv kann mit oder ohne *e* gebraucht werden. Beide Formen gelten als korrekt. ↑Adjektiv (1.2.14).

irritieren: Das Verb *irritieren* bedeutete ursprünglich „erregen, reizen, aufbringen, erzürnen". Daneben kam durch volksetymologischen Anschluß an das deutsche Verb *irren* in der Umgangssprache die Bedeutung „verwirren, unsicher machen, stören" auf, die von Sprachpflegern – auch heute noch – oft als inkorrekt getadelt wird. Diese zweite Bedeutung hat sich jedoch allgemein durchgesetzt, so daß sie nicht mehr als falsch zu bezeichnen ist, z. B.: „*... der Hund muß weg, hörste? Der irritiert* (= stört) *mich!*" (Grass). *... wenn einmal eine Frau ihre Hand (ohne Handschuh) auf seine Hand legte, ... war er irritiert* (= verwirrt) *wie ein Knabe* (Frisch).

-isch: Die Adjektive auf *-isch* bilden den Superlativ durch Anhängen der Endung *-ste* (nicht: *-este*): *das närrischste, kindischste.* Nicht korrekt sind Formen ohne *s (närrischte).* ↑Vergleichsformen (2.3).

-[i]sch/-[e]sch/-er[isch]: Zu *hallesch/hallisch, Mannheimer/mannheimerisch* ↑Ortsnamen (3); zu *Heinesch/Heinisch* ↑Personennamen (4).

-isch/-ig/-lich: ↑ig/-lisch/-lich.

Isetta: ↑Autotypenbezeichnungen (3).

-isieren/-ieren: ↑-ieren (3).

-ismus: Substantive auf *-ismus* bleiben im Singular ungebeugt, im Plural haben sie, falls der Plural gebräuchlich ist, durchgehend die Endung *-ismen: der Realismus, des Realismus; der Fanatismus, des Fanatismus; der Organismus, des Organismus, die Organismen.* Die Pluralendung *-ismusse,* die in der Umgangssprache gelegentlich auftritt, ist inkorrekt (also nicht: *die Organismusse*).

Israeli/Israelit · israelisch/israelitisch: Das Wort *der Israeli,* Genitiv: *des Israeli[s],* Plural: *die Israeli[s]* ist die Bezeichnung für einen männlichen Angehörigen des (modernen) Staates Israel; die entsprechende weibliche Form lautet: *die Israeli,* Genitiv: *der Israeli,* Plural: *die Israeli[s].* Das Adjektiv *israelisch* bedeutet „zum Staat Israel gehörend". Demgegenüber bedeutet *Israelit* „Angehöriger des Volkes Israel (im Alten Testament)", das dazugehörende Adjektiv *israelitisch* „die Israeliten und ihre Religion und Geschichte betreffend, jüdisch". Es heißt also: *das israelische Parlament,* aber: *israelitische Bräuche.*

-ist: Zur Deklination der Substantive auf *-ist* (*Polizist, Publizist* usw.) ↑Unterlassung der Deklination (2.1.2).

ist/sei/wäre: ↑sei/wäre.

ist/sind: Zu *2 Pfund ist/sind zu viel* und *Drei und drei ist/sind sechs* u.ä. ↑Kongruenz (1.2.1 und 1.2.4).

italienisch: Klein schreibt man das Adjektiv: *die italienische Oper, eine italienische Nacht, der italienische Salat.* Groß schreibt man das Adjektiv in Namen: *die Italienische Republik* (amtl. Bezeichnung). Zur Schreibung von *sich italienisch unterhalten, [kein] Italienisch sprechen; etwas auf italienisch sagen, in italienisch/Italienisch drucken* usw. ↑deutsch.

Italienisch[e], das: ↑Sprachbezeichnungen.

Itzehoer: Die Einwohner von Itzehoe heißen *Itzehoer* (nicht: *Itzehoeer*). ↑Einwohnerbezeichnungen (3).

iur./jur.: ↑jur./iur.

i.V./I.V.: 1. Groß- oder Kleinschreibung: Die Abkürzung für *in Vertretung, in Vollmacht* wird mit kleinem *i* geschrieben, wenn sie der Bezeichnung einer Behörde, Firma u. dgl. folgt:

Der Oberbürgermeister
i. V. Meyer

Sie wird mit großem *I* geschrieben, wenn sie nach einem abgeschlossenen Text oder allein vor einer Unterschrift steht:

Herr Direktor Müller wird Sie nach seiner Rückkehr sofort anrufen.
I. V. Meyer

(↑Brief [5]). **2. Zeichensetzung:** Nach *i.V./I.V.* stehen Abkürzungspunkte, auch wenn diese Abkürzung häufig nicht mehr im vollen Wortlaut gesprochen wird (↑Abkürzungen [1.1]).

J

j: Zu dem mundartlich wie *j* ausgesprochenen *g* (*Göre* ['jø:re]) ↑Aussprache (3). Zur Schreibung und Deklination ↑Bindestrich (2.4) *(J-Aussprache);* ↑Einzelbuchstaben *(des J, zwei J);* ↑Groß- oder Kleinschreibung (1.2.5) *(das j in Boje).*

ja: 1. Klein schreibt man die Partikel z.B. in *[zu allem] ja [und amen] sagen, eure Rede sei ja, ja, nein, nein;*

groß z. B. in *ein eindeutiges Ja, mit [einem] Ja antworten, stimmen, die Folgen ihres Ja[s].* **2.** Das bekräftigende *ja* kann aus dem Satz herausgehoben und durch Komma abgetrennt werden oder nicht: *Ja[,] freilich ist sie das! Ja, das wird gehen. Es geht[,] ja!* Darüber hinaus kann *ja* auch als ausdruckssteigerndes Adverb einen beigeordneten Satz oder Satzteil anschließen, der durch Komma abgetrennt wird: *Ich schätze sie, ja ich verehre sie. Es blies ein schneidend, ja abscheulich kalter Wind.*

Jacht/Yacht: Beide Schreibungen sind korrekt. Das seit dem 16. Jh. bezeugte deutsche Wort *Jacht* ist eine Kürzung aus älterem *Jagtschiff, Jag[e]schiff* „schnelles Verfolgungsschiff". Die im Segelsport übliche Schreibung *Yacht* kam durch englischen Einfluß auf. (Engl. *yacht* ist eine Entlehnung aus älter niederländ. *jaght[e]*, das mit dt. *Jacht* identisch ist.)

Jahr: Zu *glückliches neues Jahr* ↑neu.

Jahr-/Jahres-: **1.** Zusammensetzungen mit *Jahr* als Bestimmungswort werden teils ohne Fugenzeichen, teils mit *-es-* gebraucht. Fest ohne Fugenzeichen: *Jahrbuch, Jahrgang, Jahrmarkt, Jahrweiser* (= Kalender) u. a. Fest mit Fugenzeichen: *Jahresabonnement, Jahresbericht, Jahreseinkommen, Jahresfrist, Jahrestag, Jahresumsatz, Jahreswende, Jahreszahl, Jahreszeit* u. a. ↑Fugen-s (3). **2.** Zu *Jugendliche bis zu 18 Jahren/bis 18 Jahre* ↑bis (4); zu *dieses/diesen Jahres* ↑dieser, diese, dieses (1); zu *es ist/sind 2 Jahre her* ↑es ist/sind zwei Jahre [her]; zu *ab 14 Jahren/Jahre* ↑ab (1).

Jahreszahl: **1.** Jahreszahlen werden als Zahlwörter (Numerale [1]) klein geschrieben: *Wir schreiben [das Jahr] neunzehnhundertfünfundachtzig. Es geschah [um das Jahr] zwölfhundert. Die sechziger Jahre werden mir unvergeßlich bleiben.* **2.** Die Jahreszahlen von 1100 bis 1999 werden nach Hundertern zusammengefaßt. Man sagt also für *1965 neunzehnhundertfünfundsechzig* (nicht: *[ein]tausendneunhundertfünfundsechzig*). Die Jahreszahlen ab 2000 werden dagegen nach Tausendern zusammengefaßt. Man sagt also für *2003 zweitausend[und]drei.* **3.** Bei Datumsangaben (↑Datum, ↑Brief [2]) steht nach der Jahreszahl kein Punkt (nur: *18. 2. 65*). Die im angelsächsischen Bereich verbreitete Schreibung der verkürzten Jahreszahl mit Apostroph ist im Deutschen nicht üblich: *Ende 84 stieg die Arbeitslosenzahl noch einmal an.* **4.** Zu der Fügung *in 1985* statt *1985/im Jahr 1985* ↑in (3), ↑Amerikanismen/Anglizismen (3).

-jährig/-jährlich: Zusammensetzungen mit *-jährig* geben eine Zeitdauer oder das Alter an: *ein zweijähriger Aufenthalt, ein zweijähriges Kind.* Zusammensetzungen mit *-jährlich* geben eine Zeitspanne an, nach deren Ablauf sich etwas wiederholt: *alljährliche Verleihung des Preises, halbjährliche Bezahlung.* In diesem Sinne bedeutet der Ausdruck *halbjährige Kündigung,* daß die Kündigungsfrist ein halbes Jahr dauert, dagegen besagt halbjährliche Kündigung, daß sich die Möglichkeit der Kündigung jedes halbe Jahr wiederholt. ↑-ig/-isch/-lich (1). Zu der Fügung *das 25jährige Jubiläum* ↑Jubiläum.

Jalta-Abkommen: ↑Bindestrich (6.1).

Januar: ↑Monatsnamen.

Jauche[n]-: Die Zusammensetzungen mit *Jauche* als Bestimmungswort haben teils das Fugenzeichen *-en-*, teils *-e-* (Endung des Nominativs Singular): *Jauchengrube/Jauchegrube, Jauchenfaß/Jauchefaß, Jauchenwagen/Jauchewagen.*

Jawort: Diese Zusammensetzung wird ohne Bindestrich geschrieben: *jemandem das Jawort geben.* ↑Bindestrich (2).

je: **1. Rektion:** Wird *je* als Präposition in der Funktion von *für, pro* gebraucht, dann regiert es gewöhnlich den Akkusativ: *je beschäftigten Arbeiter* (= pro beschäftigten Arbeiter), *je be-*

rufstätige Frau (= für jede berufstätige Frau), *je verkaufte Kilowattstunde* (= pro verkaufte Kilowattstunde). **2. je – desto, je – um so, je – je:** Die Korrelate zu der Konjunktion *je* sind *desto* und *um so* sowie das in dieser Stellung seltene und veraltende *je: Je intensiver er an dem Roman arbeitete, desto geringer wurde der Einfluß Gustav Bugenhagens* (Jens). *Je weiter südlich und je weiter die durchzuführende Schwenkung, um so weiter war der Weg* ... (Plievier). Selten: *Er kann ja nicht dafür, daß die CDU ihn je mehr fürchtet, je unglaublicher seine Geniestreiche werden* (Augstein). Allerdings ist *je – je* noch geläufig in kurzen Verbindungen wie *je länger, je lieber; je länger, je mehr.* **3. je ein Exemplar wurde/wurden an sie geschickt:** In Verbindung mit dem Zahlwort *ein* bezieht sich *je* zwar auf mehrere Exemplare, meint aber jedes Exemplar einzeln. Das Prädikat darf deshalb hier nur im Singular stehen: *Je ein Exemplar dieser Bücher wurde an sie geschickt.* Nicht korrekt: ... *wurden an sie geschickt.*

je – desto/je – je/je – um so: Zwischen den mit *je* und *desto, je, um so* verbundenen Sätzen oder Satzteilen steht immer ein Komma: *Er wird desto bescheidener, je älter er wird. Je länger ich sie kenne, um so lieber habe ich sie. Wir sind je länger, je mehr von seiner Ehrlichkeit überzeugt.* ↑je (2).

je nachdem: Bei der Konjunktion *je nachdem* schreibt man *nachdem* in einem Wort: *Je nachdem, wie es mir gefällt.* Anders ist es bei dem Satz *Je nach dem Inhalt der Aussage* ... Hier ist *nach* Präposition, der ein Artikel oder Pronomen folgt. Man schreibt deshalb getrennt. Zur Kommasetzung vgl. die untenstehende Tabelle.

Kommasetzung bei *je nachdem*

1. In der Wortverbindung *je nachdem, ob/wie* kann *je nachdem* zum Hauptsatz gehören oder als Auslassungssatz für sich stehen. In beiden Fällen steht vor *ob* oder *wie* ein Komma:	**1. Empfindet man die Wortverbindung als Einheit, dann leitet *je nachdem ob/wie* einen untergeordneten Verhältnissatz ein. Das Komma steht vor der ganzen Fügung:**
Wir entscheiden uns *je nachdem, ob* er kommt oder nicht.	Wir entscheiden uns, *je nachdem ob* er kommt oder nicht.
Je nachdem, ob er kommt oder nicht, entscheiden wir uns dann.	*Je nachdem ob* er kommt oder nicht, entscheiden wir uns dann.
Wir gehen aus oder bleiben da, *je nachdem,* wie du willst. (Für: ... das geschieht *je nachdem, wie* ...)	Wir gehen aus oder bleiben da, *je nachdem* wie du willst.
	2. Auch das alleinstehende *je nachdem* kann einen untergeordneten Verhältnissatz einleiten:
	Du kannst Bier oder Wein trinken, *je nachdem* du willst.

je – um so: Zum Komma vgl. ↑je – desto/je – je/je – um so.

jeder: 1. Deklination des folgenden Adjektivs: Nach *jeder, jede, jedes* wird das folgende Adjektiv schwach dekliniert: *jeder weitere Versuch, jedes einzelne Buch, die Rinde jedes alten Baumes, ein jeder Deutsche, ein jedes Seiende.* **2.**

jedes/jeden Tieres · am 10. jedes/jeden Monats: Steht das Pronomen *jeder (jedes)* bei einem stark gebeugten männlichen oder sächlichen Substantiv, dann hat es im Genitiv Singular statt der starken Endung *-es* häufig auch die schwache Endung *-en.* Beide Formen sind korrekt: *jedes Einflusses bar/jeden Einflusses bar, jedes Tieres/jeden Tieres; am 10. jedes/jeden Monats.* Geht aber der stark gebeugte unbestimmte Artikel voraus, dann wird das Pronomen nur schwach gebeugt: *am 10. eines jeden Monats.* Umgekehrt wird das Pronomen im Genitiv immer stark gebeugt, wenn ihm ein Adjektiv folgt: *die Rinde jedes alten Baumes.* **3. jeder, der/wer:** Der auf *jeder, jede, jedes* folgende Relativsatz wird nicht mit *wer/was,* sondern mit *der/das* eingeleitet: *Jeder, der* (nicht: *wer*) *hierhin kommt* ... **4. Jeder Kunde und jeder Mitarbeiter macht/machen sich klar, daß ...:** Sind zwei oder mehrere singularische Subjekte, denen *jeder, jede, jedes* vorangeht, durch *und* verbunden, dann steht das gemeinsame Verb (Finitum) gewöhnlich im Singular, weil *jeder* als stark vereinzelnd empfunden wird: *Jeder Junge und jedes Mädchen bekommt einen Luftballon.* Der Plural des Verbs ist jedoch ebenfalls möglich, weil die beiden Substantive als mehrteiliges Subjekt erscheinen: *Jeder Ehemann und jede Ehefrau durften selbst entscheiden, ob* ... (Mannheimer Morgen). ↑Kongruenz (1.3.8). **5.** Zu der Wendung *an einem Tag wie jedem anderen/jeder andere* ↑Apposition (3.5).

jeder achte, jeder dritte usw.: Hier ist nur die Kleinschreibung richtig, weil es sich um den achten, den dritten usw. der Zählung, der Reihe nach handelt. ↑achte/Achte.

jedoch: 1. Inversion: Nach *jedoch* kann Inversion eintreten: *Jedoch eilte er davon.* Aber ebenso ohne Inversion: *Jedoch er eilte davon.* ↑doch/jedoch. **2. Komma:** Vor *jedoch* steht ein Komma, wenn es Satzteile oder Sätze verbindet: *Er strengte sich mächtig an, jedoch vergebens. Er rief sie zwar, jedoch sie hörte ihn nicht.* Ein mit *jedoch* eingeleiteter Satz kann aber auch durch ein Semikolon oder einen Punkt abgetrennt werden: *Ich wollte ihr helfen; jedoch sie ließ es nicht zu.* Oder: ... *helfen. Jedoch sie ließ es nicht zu.* **3. jedoch/doch:** ↑doch/jedoch.

jedweder: Das Pronomen *jedweder* steht nachdrücklich für *jeder,* kommt aber nur noch in gehobener Sprache vor. **1. Deklination von *jedweder:*** Vor dem Genitiv Singular eines stark gebeugten männlichen oder sächlichen Substantivs wird *jedweder* schwach dekliniert: *jedweden Tisches, jedweden Buches.* Folgt aber ein Adjektiv, dann wird *jedweder* auch stark dekliniert: *jedwedes/jedweden wackeren Mannes.* **2. Deklination des Adjektivs nach *jedweder:*** Das auf *jedweder, jedwede, jedwedes* folgende Adjektiv oder substantivierte Adjektiv wird schwach dekliniert: *jedwedes neue Verfahren, jedweder Angestellte.*

jeglicher: Das Pronomen *jeglicher* wird selten und nur in gehobener Sprache für *jeder* gebraucht. **1. Deklination von *jeglicher:*** Vor dem Genitiv Singular eines stark gebeugten männlichen oder sächlichen Substantivs wird *jeglicher (jegliches)* schwach dekliniert, auch wenn ihm ein Adjektiv folgt: *... Inhaber jeglichen politischen Willens* (Sieburg). **2. Deklination des Adjektivs nach *jeglich:*** Das auf *jeglicher, jegliche, jegliches* folgende Adjektiv oder substantivierte Adjektiv wird schwach dekliniert: *jegliches neidische Gefühl, jeglicher Angestellte.*

jeher: Es heißt *von jeher* oder *seit je* (nicht: *seit jeher*). ↑Kontamination.

jemand: 1. Der Genitiv von *jemand* lautet *jemandes* oder *jemands.* Dativ und Akkusativ können undekliniert, aber auch dekliniert sein *(jemand[em], jemand[en]): Es fiel ihm schwer, jemand/jemandem zu widersprechen. Ich ... tue, als winke ich jemand auf der Straße zu* (Remarque). – Der schwache Dativ *jemanden* ist nicht standardsprachlich: *Nichts, was jemandem* (nicht: *jemanden) etwas bedeuten könnte.* Im Akkusativ wird die endlose Form oft vorgezogen: *Haben Sie jemand* (seltener: *jemanden) getroffen?* **2.** Vor *anders* und vor einem flektierten Adjektiv ist die endungslose Form *jemand* heute üblicher als die deklinierte: *Sie sprach von jemand anders* (↑ander-), *mit jemand Fremdem.* **3.** In den Fügungen *jemand anders* und *jemand* + substantiviertes neutrales Adjektiv können *anders* und das Adjektiv unverändert in allen Kasus stehen: *von/an jemand anders, von/an jemand Fremdes.* Das kommt daher, daß diese Formen ursprünglich Genitive des Neutrums waren. Beim substantivierten Adjektiv ist jedoch die Beugung üblicher: *mit jemand Fremdem, an jemand Fremden.* Nicht standardsprachlich ist der Gebrauch des Maskulinums im Nominativ: *Das ist jemand Fremder.*

Jemen: Der Ländername *Jemen* kann mit oder ohne Artikel gebraucht werden: *Jemen* oder *der Jemen.* Entsprechend sagt man *in Jemen* oder *im Jemen.* ↑geographische Namen (2.1).

Jenaer/Jenenser: Die Einwohner von Jena heißen *Jenaer* oder auch *Jenenser. Jenaer* wird immer groß geschrieben, auch wenn das Wort wie ein flexionsloses Adjektiv vor einem Substantiv steht: *das Jenaer Glas, der Jenaer Marktplatz.* ↑Einwohnerbezeichnungen (2, 3 und 7).

jener: 1. Deklination: Das Pronomen *jener* wird immer stark gebeugt: *Ich erinnere mich jenes* (nicht: *jenen) Tages. Die Form jenes* (nicht: *jenen) Tisches.* **2. Deklination des folgenden Adjektivs:** Das auf *jener* folgende Adjektiv wird immer schwach gebeugt: *mit jenem alten* (nicht *altem) Hut, von jenem schönen* (nicht: *schönem) Buch, wegen jenes hübschen* (nicht: *hübsches) Kleides.* **3. jener/der[jenige]:** Es ist falsch, *jener* an Stelle von *derjenige* oder hinweisendem *der* zu gebrauchen. Also nicht: *Jener, der das getan hat ...* Sondern: *Derjenige, der das getan hat ...* Oder: *Der, der das getan hat ....* Nicht: *Das sind meine Absichten und jene meiner Kollegen.* Sondern: *Das sind meine Absichten und die meiner Kollegen.* **4. jener/er:** Falsch ist auch der Gebrauch von *jener* an Stelle eines einfachen Personalpronomens. Also nicht: *Er wird sehr gelobt, obgleich jener es nicht verdient.* Sondern: *Er wird sehr gelobt, obgleich er es nicht verdient.* Nicht: *Er verdankt jenem sein Leben.* Sondern: *Er verdankt ihm sein Leben.* **5. jener/dieser:** Das Pronomen *jener* weist auf ein vom Sprechenden räumlich oder zeitlich entferntes Wesen oder Ding hin, *dieser* dagegen auf ein ihm näheres (↑dieser, diese, dieses [5]): *Jenes Haus [dort] ist rot. Dieses Haus [hier] ist weiß.* Häufig wird *jener* jedoch auch einfach hinweisend gebraucht, ohne daß Bezug auf etwas Entfernteres genommen werden soll: *Ich kenne ihre Familie seit langem und schätze die Denkungsart jener Menschen sehr.*

jenseits: Als Präposition wird *jenseits* mit dem Genitiv verbunden: *jenseits des Gebirges; die Autobahn jenseits Frankfurts.* Es ist hierbei nicht korrekt, einen Ortsnamen ungebeugt zu lassen. Man kann aber ein *von* einschalten: *jenseits von Frankfurt.* In diesem Falle ist *jenseits* Adverb.

Jesus [Christus]: Die Beugungsformen lauten im Genitiv *Jesu [Christi],* im Dativ *Jesu [Christo],* im Akkusativ *Jesum [Christum]* und im ↑Vokativ *Jesu [Christe].* Der Name bleibt allerdings, außer im Genitiv, oft schon ungebeugt: *mit/für Jesus [Christus].* Keine Beugung tritt ein, wenn *Herr* vorausgeht: *das Leiden des/unseres Herrn Jesus* (nicht mehr: *Herrn Jesu*); *der Glaube an den/unseren Herrn Jesus* (nicht mehr: *Herrn Jesum*). ↑Herr (2).

jetzt – jetzt: Wenn *jetzt* mit weiteren *jetzt* in Wechselbeziehung steht, dann muß vor diese ein Komma gesetzt werden: *Jetzt wird er blaß, jetzt rot, jetzt beginnt er zu weinen.*

Jg./Jgg. · **Jh.:** ↑Abkürzungen (3.1).

Job[-sharing]: ↑Amerikanismen/Anglizismen (1.1) und ↑Fremdwort (4).

Joghurt: Es heißt *der* oder (österr. nur:) *das Joghurt,* ugs. auch *die Joghurt.*

Joule: Die Maßeinheit *das Joule* (Genitiv: *des Joule[s],* Plural: *die Joule;* Zeichen: *J*), wird nach DIN und anderen Organisationen [dʒu:l] ausgesprochen; sonst kommt auch [dʒaul] vor.

Jubiläum: Im Grunde ist es falsch, von einem z. B. *vierzigjährigen Jubiläum* zu sprechen, weil damit eigentlich ausgedrückt wird, das Jubiläum sei vierzig Jahre alt. Diese Fügung hat sich jedoch so sehr eingebürgert, daß sie nicht mehr als falsch empfunden wird. Besser ist es aber, statt dessen zu sagen: *das Jubiläum der vierzigjährigen Zugehörigkeit, des fünfundzwanzigjährigen Bestehens* u. ä. Die Verbindung von *Jubiläum* mit einer Ordnungszahl ist nur möglich, wenn ein bestimmtes Jubiläum in einer Reihenfolge gemeint ist, z. B. *Wir feiern in unserem Betrieb schon das 25. zehnjährige Jubiläum einer Kollegin.*

Juchten: Das Substantiv *Juchten* hat männliches oder sächliches Geschlecht. Es heißt *der Juchten* oder *das Juchten.*

jucken: Bei unpersönlichem Gebrauch in der Bedeutung „einen Juckreiz verursachen" steht das Objekt im Akkusativ: *Es juckt mich [am Arm].* Wird als Subjekt ein Körperteil genannt, dann kann das Objekt im Dativ oder im Akkusativ stehen: *die Hand juckt mir/mich.* Beide Formen sind korrekt. Das gleiche gilt bei übertragenem Gebrauch, wenn ein Körperteil genannt wird: *Es juckt mir/mich in den Beinen* (= ich möchte tanzen). *Es juckt mir/mich in den Fingern, dir eine Ohrfeige zu geben. Sie/Ihr juckt das Fell* (= sie wird übermütig). Wird aber nur die Person genannt, dann muß sie im Akkusativ stehen: *Ihn juckt nur das Geld. Was juckt mich das?*

Jugendliche bis zu 18 Jahren/bis 18 Jahre: ↑bis (4).

Juli: Die Form *Julei* kann verdeutlichend beim Sprechen gebraucht werden, um einer Hörverwechslung zwischen *Juli* und *Juni* vorzubeugen. In geschriebenem Text ist sie sinnlos. ↑Monatsnamen.

jung: 1. Rechtschreibung: Klein schreibt man das Adjektiv: *das junge Mädchen. Er ist jung.* Klein schreibt man auch, wenn *jung* in unveränderlichen Verbindungen wie *jung und alt* (= jedermann) und *von jung auf* steht. Groß schreibt man *jung* in Namen: *Jung Siegfried, Lucas Cranach der Jüngere (d. J.).* Groß schreibt man das substantivierte Adjektiv: *Streit zwischen Jung[en] und Alt[en]* (= jüngerer und älterer Generation). ↑Groß- oder Kleinschreibung (1.2.1).

Junge: In den Bedeutungen „Knabe, junger Mann" hat *Junge* männliches Geschlecht: *der Junge.* Der Genitiv lautet: *des Jungen* (nicht: *des Jungens*). Der Plural lautet: *die Jungen,* umgangssprachlich auch: *die Jungens* und *die Jungs.* In der Bedeutung „neugeborenes oder junges Tier" hat *Junge* sächliches Geschlecht: *das Junge.* Der Plural lautet nur: *die Jungen.* ↑substantiviertes Adjektiv (2.2.2).

jünger: 1. ein jüngerer Herr: Als Komparativ (1. Vergleichsstufe) von *jung* braucht sich *jünger* nicht immer auf dieses Adjektiv zu beziehen, sondern kann auch im Sinne von „noch nicht alt" gebraucht werden: *Ein jüngerer Herr hat nach dir gefragt. Damals waren wir noch jünger.* ↑Vergleichsformen (1). **2. jüngere/jüngre Menschen:** Bei den deklinierten Formen von *jünger* wird das *e* der zweiten Silbe gewöhnlich nicht ausgestoßen: *jüngere Menschen, ein jüngeres Pferd.* ↑Adjektiv (1.2.13).

Juni: Die Form *Juno* kann verdeutlichend beim Sprechen gebraucht werden, um einer Hörverwechslung zwischen *Juni* und *Juli* vorzubeugen. In geschriebenem Text ist sie sinnlos. ↑Monatsnamen.

junior/Junior: In Verbindung mit einem Ruf- oder Familiennamen wird *junior* (Abkürzung: *jr.* oder *jun.*) immer klein geschrieben: *Haben Sie Herrn Becker junior gesehen?* Vor *junior* darf kein Komma stehen (↑Komma [3.3.2]). Groß schreibt man das substantivierte Adjektiv *der Junior* (= Juniorchef einer Firma; Sohn; ugs.). Der Genitiv von *Junior* lautet *des Juniors,* der Nominativ Plural lautet *die Junioren.* In der Bedeutung „Jungsportler" wird das Wort meist im Plural gebraucht.

jur./iur.: Die Abkürzung *jur.* steht nicht nur für *juristisch (juridisch),* sondern auch, wie die Abkürzung *Dr. jur.* (nicht: *iur.*) für *Doctor juris* (= Doktor der Rechtswissenschaft) zeigt, für den Genitiv des lateinischen Wortes für „Recht". Die *j*-Schreibung *(juris* statt *iuris)* kam bereits im nachklassischen Latein auf und ist dann durch die mittellateinische Rechtssprache üblich geworden.

Juwel: Im Sinne von „Edelstein" heißt es *der Juwel* oder *das Juwel.* Der Plural wird schwach gebeugt: *die Juwelen.* Im übertragenen Sinne von „Wertvolles, Kostbarkeit" hat *Juwel* nur sächliches Geschlecht: *das Juwel (Als Hausmann bist du ein wahres Juwel!).* Der Plural wird hier stark gebeugt: *die Juwele.*

K

k: Zur Schreibung und Deklination ↑Bindestrich (2.4) *(K-Laut);* ↑Einzelbuchstaben *(des K, zwei K);* ↑Groß- oder Kleinschreibung (1.2.5) *(das k in Bake).*

k/c/z: ↑c/k/z.

Kabrio/Kabriolett: Die Kurzform *das Kabrio* (Genitiv: *des Kabrios,* Plural: *die Kabrios*) wird auf dem langen *a* betont, die Vollform *das Kabriolett* (Genitiv: *des Kabrioletts,* Plural: *die Kabrioletts*) bei deutscher Aussprache auf dem kurz gesprochenen *e,* bei französischer Aussprache – besonders bei der Schreibung *Cabriolet* – auf dem lang gesprochenen *e* (mit stummem *-t*).

Kaffee: Das Genitiv-s des stark gebeugten Substantivs *Kaffee* darf nicht, wie es gelegentlich geschieht, weggelassen werden: *das Aroma dieses Kaffees* (nicht: *dieses Kaffee*).

Kaffee/Café: ↑Café/Kaffee.

Kaffee-Ersatz: ↑Bindestrich (2.3).

Kaffeehausnamen: ↑Gebäudenamen.

Kaiser: Zum Genitiv *des Kaisers Karl des Großen/Kaiser Karls des Großen* ↑Titel und Berufsbezeichnungen (1.2 und 1.3).

Kaiserslauterer: Die Einwohner von Kaiserslautern heißen *Kaiserslauterer* (nicht: *Kaiserslauterner*). *Kaiserslauterer* wird immer groß geschrieben, auch wenn das Wort wie ein flexionsloses Adjektiv vor einem Substantiv steht: *die Kaiserslauterer Universität.* ↑Einwohnerbezeichnungen (1 und 7).

Kajak: Das Substantiv *Kajak* hat männliches, seltener auch sächliches Geschlecht: *der Kajak,* auch: *das Kajak.* Der Plural lautet *die Kajaks,* seltener auch *die Kajake.*

Kakerlak: Das Substantiv *der Kakerlak* kann im Singular stark oder schwach dekliniert werden. Genitiv Singular: *des Kakerlaks* oder *des Kakerlaken.* Der Plural ist schwach: *die Kakerlaken.*

Kaktus: Der Genitiv von *Kaktus*

lautet *des Kaktus,* der Plural lautet standardsprachlich *die Kakteen.* In der Umgangssprache kommt auch die Pluralform *die Kaktusse* vor, wenn Einzelstücke der Pflanze gemeint sind. In Österreich sagt man *des Kaktus* oder *des Kaktusses,* Plural: *die Kakteen* oder *die Kaktusse.*

Kalb-/Kalbs-: Die meisten Zusammensetzungen mit *Kalb* als Bestimmungswort haben ein Fugen-s: *Kalbsbraten, Kalbsbrust, Kalbshachse, Kalbskeule, Kalbsleber, Kalbsmilch, Kalbsschlegel, Kalbsschnitzel.* Bei *Kalb[s]fell* und *Kalb[s]leder* kann das *s* stehen oder fehlen. Allein *Kalbfleisch* wird nur ohne *s* verwendet. ↑Fugen-s (3).

Kalenderblock: Der Plural von *Kalenderblock* lautet *die Kalenderblocks.* ↑Block.

Kalkül: Fachsprachlich im Sinne von „Methode, mit deren Hilfe bestimmte mathematische Probleme systematisch behandelt und automatisch gelöst werden können" heißt es *der Kalkül* (Genitiv: *des Kalküls,* Plural: *die Kalküle*). Gemeinsprachlich im Sinne von „etwas im voraus abschätzende Berechnung, Überlegung" wird neben *der* überwiegend *das Kalkül* (Plural: *die Kalküle*) gesagt *(etwas ins Kalkül ziehen).* In Österreich gilt nur *das Kalkül.*

kalt: Getrennt schreibt man *kalt* vom folgenden Verb, wenn beide Wörter in ihrer ursprünglichen Bedeutung gebraucht werden (beide Wörter tragen Starkton): *Das Wetter war kalt geblieben. Er hat den Wein kalt gestellt.* Zusammen schreibt man, wenn ein neuer Begriff entsteht (nur das erste Glied trägt Starkton); so in folgenden ugs. Ausdrücken: *Sie ist bei dieser Nachricht kaltgeblieben* (= unbeeindruckt). *Sie haben ihn kaltgestellt* (= einflußlos gemacht). *Das wird sie kaltlassen* (= nicht beeindrucken). *Er hat ihn kaltgemacht* (= umgebracht). Dasselbe gilt für fachsprachliche Wörter wie *kaltschweißen, kaltwalzen* und das Adjektiv *kaltgeschlagen* (von Ölen:) „ohne Wärmeeinwirkung durch Schlagen gewonnen": *Kaltgeschlagenes Öl ist besonders wertvoll.* ↑Zusammen- oder Getrenntschreibung (1.2).

kalter Krieg: ↑Amerikanismen/Anglizismen (1.2).

Kamerad: Der Genitiv lautet *des Kameraden,* der Dativ und Akkusativ lauten *dem, den Kameraden* (nicht: *dem, den Kamerad*). ↑Unterlassung der Deklination (2.1.2).

Kamin: Das Substantiv hat männliches Geschlecht: *der Kamin.* In der Schweiz ist das Neutrum *das Kamin* üblich.

Kammersängerin: Die Anrede einer Dame mit diesem Titel lautet *Frau Kammersängerin* (nicht: *Frau Kammersänger*). ↑Titel und Berufsbezeichnungen (3).

kämpfen: Im Sinne von „seine Kräfte für etwas einsetzen, um etwas zu verwirklichen oder zu erhalten" kann *kämpfen* mit den Präpositionen *für* und *um* gebraucht werden. Die Präposition *für* steht dann, wenn das Erreichen einer Sache ausgedrückt werden soll: *Frauen, die für die Gleichberechtigung auch auf diesem Gebiet kämpfen. Man kann eine Sache wollen und für sie kämpfen* (Gaiser). Die Präposition *um* steht oft dann, wenn das Bewahren und Erhalten einer Sache ausgedrückt werden soll: *Wir werden Bürger des Reiches sein, um dessen Sicherheit jetzt von unseren Braven gekämpft wird* (Langgässer). *Es war die gleiche Zeit, zu der Cornils im Wasser um sein Leben kämpfte* (Gaiser). Doch sagt man auch *um mehr Selbständigkeit, um Anerkennung kämpfen,* wo ein Ziel (der „Kampfpreis") gemeint ist.

Kanalisation / Kanalisierung: ↑Verbalsubstantiv (1.5).

Kanne: Das Gemessene nach *Kanne: eine Kanne Kaffee* (nicht: *Kaffees*); *eine Kanne duftender Kaffee* (geh.: *duftenden Kaffees*); *mit drei Kannen heißem Tee* (geh.: *heißen Tees*). ↑Apposition (2.2), ↑Maß-, Mengen- und Münzbezeichnungen (1 und 2).

Kanzleisprache: ↑ Papierdeutsch.

Kanzler: ↑ Brief (7).

Kapital: Das Wort hat zwei Pluralformen: *die Kapitale* und (österr. nur so:) *die Kapitalien.*

Kaplan: Der Plural von *Kaplan* lautet *die Kapläne* (nicht: *die Kaplane*).

kaputt: Das umgangssprachliche Wort wird im allgemeinen nur aussagend (prädikativ) gebraucht: *Meine Schuhe sind kaputt. Ich bin ganz kaputt* (= erschöpft). Der Gebrauch als attributives Adjektiv gilt nicht als korrekt *(der kaputte Fernseher; die kaputt[en]en Schuhe).*

Kardinal: ↑ Brief (7).

Kardinalzahl: Eine Kardinal- oder Grundzahl antwortet auf die Frage „wie viele?". Sie gibt nicht wie die ↑ Ordinalzahl eine bestimmte Reihenfolge, sondern eine bestimmte Anzahl an (*eins, zwei, drei* usw.). Sie wird attributiv *(Die Stunde hat sechzig Minuten. Er mußte drei Tage warten)* oder alleinstehend *(Es sind dreißig. Es waren ihrer fünf)* gebraucht. ↑ Numerale.

karg: Das Adjektiv *karg* kann seine Vergleichsformen mit oder ohne Umlaut bilden: *karger/kärger, kargste/kärgste.* Die Formen ohne Umlaut *(karger, kargste)* sind heute üblicher. ↑ Vergleichsformen (2.1).

Karre/Karren: Die männliche Form *der Karren* wird in Süddeutschland, die weibliche Form *die Karre* in Norddeutschland für ein einfaches, kleines, ein- bis vierrädriges Fahrzeug und abwertend für ein altes, schlechtes Fahrzeug (bes. Auto) gebraucht. In Norddeutschland wird *der Karren* gewöhnlich als gehobener Ausdruck empfunden und daher nicht im abwertenden Sinne verwendet.

Kartenblock: Der Plural von *Kartenblock* lautet *die Kartenblocks.* ↑ Block.

Kartoffel: Da *Kartoffel* ein weibliches Wort ist, hat sich im Plural heute allgemein die schwache Form *die Kartoffeln* durchgesetzt; die starke Form *die Kartoffel* gehört der Umgangssprache oder der Mundart an. In der Standardsprache ist sie nicht korrekt.

Karton: **1.** Der allgemein übliche Plural von *Karton* lautet *die Kartons* (mit französischer Aussprache). Der Plural auf *-e* (*die Kartone;* mit deutscher Aussprache) ist selten. Als Maßbezeichnung bleibt *Karton* häufig ungebeugt: *5 Kartons Seife* oder *5 Karton Seife.* ↑ Maß-, Mengen- und Münzbezeichnungen (1). **2.** Das Gemessene nach *Karton: ein Karton Wein* (nicht: *Weins*); *ein Karton feine Seife* (geh.: *feiner Seife*); *der Preis eines Kartons Seife; mit 5 Kartons elsässischem Wein* (geh.: *elsässischen Wein[e]s*). ↑ Apposition (2.2).

Karussell: Das Substantiv *Karussell* bildet den Plural auf *-s* oder auf *-e; die Karussells* ist etwas gebräuchlicher als *die Karusselle.*

Kasernenblock: Der Plural von *Kasernenblock* lautet *die Kasernenblocks* (nicht: *die Kasernenblöcke*). ↑ Block.

kaskoversichert: Das von *Kaskoversicherung* abgeleitete adjektivische Partizip *kaskoversichert* wird in einem Wort geschrieben: *Sind Sie kaskoversichert? Der Wagen ist kaskoversichert.* Entsprechend schreibt man *vollkaskoversichert* (zu: *Vollkaskoversicherung*).

Kasperle: Der Name der lustigen Figur kann männlich oder sächlich gebraucht werden, beide Formen sind korrekt: *das Kasperle* oder *der Kasperle.* Der Plural lautet *die Kasperle.*

Kasseler/Kasselaner: Die Einwohner von Kassel heißen *Kasseler* oder auch *Kasselaner.* Wenn *Kasseler* wie ein flexionsloses Adjektiv vor einem Substantiv steht, wird das Wort immer groß geschrieben: *Kasseler Leberwurst; die Kasseler Parks.* ↑ Einwohnerbezeichnungen (2 und 7).

Kassenblock: Der Plural von *Kassenblock* lautet *die Kassenblocks.* ↑ Block.

Kassier/Kassierer: *Kassier* ist die in Süddeutschland und vor allem in Österreich und der Schweiz bevorzugte

Form für *Kassierer* „Rechnungsführer, Kassenwart".

Kassettenrecorder: Nur diese Schreibung des Wortes ist korrekt. Allgemeines zur Fremdwortschreibung ↑Fremdwort (4).

kassieren: Im Sinne von „Geld einziehen, einnehmen" steht *kassieren* nicht mit dem Akkusativ der Person, sondern nur mit dem Akkusativ der Sache (die kassiert wird): *Er hat die Beiträge kassiert.* Sätze wie *Zuerst kassierte sie die ältere Kundin* oder *Unsere Mitglieder werden morgen kassiert* sind umgangssprachlich.

Kasten: **1. die Kästen/die Kasten:** Im Plural hat sich heute die umgelautete Form *die Kästen* allgemein durchgesetzt. Die ältere Pluralform ohne Umlaut *die Kasten* wird nur noch selten gebraucht. **2.** Das Gemessene nach *Kasten: ein Kasten Bier* (nicht: *Biers*); *ein Kasten bayrisches Bier* (geh.: *bayrischen Bier[e]s*); *der Preis eines Kastens Bier; mit zwanzig Kästen bayrischem Bier* (geh.: *bayrischen Bier[e]s*). ↑Apposition (2.2).

Kasus: Der *Kasus* (Plural: *die Kasus* mit langem *u*) oder Fall ist die Beugungsform, in der ein deklinierbares Wort gemäß seiner syntaktischen Rolle im Satz auftritt. In der deutschen Sprache unterscheidet man heute vier Kasus: Nominativ *(der Garten),* Genitiv *(des Gartens),* Dativ *(dem Garten),* Akkusativ *(den Garten).* Den Nominativ nennt man auch den Casus rectus (lat. „gerader Fall") im Gegensatz zu den Casus obliqui (lat. *casus obliquus* „schräger, schiefer Fall") Genitiv, Dativ und Akkusativ. ↑Rektion.

Katachrese: ↑Bildbruch.

Katalog: Der Genitiv von *Katalog* lautet *des Katalog[e]s,* der Plural lautet *die Kataloge.* Die im älteren Deutsch gleichfalls vorkommende schwache Pluralform *die Katalogen* ist veraltet. ↑Fremdwort (3.1).

Katapult: Es kann sowohl *der Katapult* als auch *das Katapult heißen.* Beide Formen sind korrekt.

Käter: ↑Keder.

Katheder: **1. Genus:** Das Substantiv *Katheder* wird männlich oder sächlich gebraucht, jedoch ist *das Katheder* gebräuchlicher als *der Katheder.* **2. Katheder/Katheter:** Die beiden Wörter dürfen nicht miteinander verwechselt werden. *Katheder* bedeutet „[Lehrer]pult, Podium", der *Katheter* dagegen ist ein medizinisches Gerät, ein Röhrchen, das in Körperorgane (z. B. in die Blase) eingeführt wird, um diese zu entleeren, zu füllen oder zu untersuchen.

kaufen: Da *kaufen* ein regelmäßiges Verb ist, kann in der 2. und 3. Person Singular des Indikativ Präsens kein Umlaut eintreten. Es muß also heißen: *du kaufst, er kauft.* Die Formen mit Umlaut *du käufst, er käuft* sind landschaftlich.

Kauffrau/Kaufmann: So lauten im Handelsregister die Bezeichnungen für weibliche bzw. männliche selbständige Handeltreibende (vgl. auch ↑Titel und Berufsbezeichnungen [3]). Zum Plural *Kaufleute* (nicht: *-männer*) ↑Mann (2).

Kaufunger: Die Einwohner von Kaufungen (in der DDR) heißen *Kaufunger.* ↑Einwohnerbezeichnungen auf -er (1).

kaum: Bezieht sich die durch das Adverb *kaum* ausgedrückte Einschränkung auf einen ganzen Satz, dann sollte es möglichst an dessen Anfang stehen. Je weiter man es ans Ende setzt, desto unklarer wird der Sinn der Aussage. Also nicht: *Er wird eine richtige Vorstellung von der Schwierigkeit dieser Aufgabe kaum gehabt haben.* Sondern besser: *Er wird kaum eine richtige Vorstellung von ...* Nicht: *Der Ausflug ist voraussichtlich ermüdend und langweilig und wird als willkommene Abwechslung kaum zu begrüßen sein.* Sondern: *... und wird kaum als willkommene Abwechslung zu begrüßen sein.*

kaum daß/kaum, daß: Zur Kommasetzung in dieser Wortverbindung vgl. die Tabelle auf S. 376.

Kommasetzung bei *kaum [,] daß*	
Die Konjunktionalfügung *kaum daß* leitet einen untergeordneten Nebensatz ein, der durch Komma abgetrennt wird:	**Beide Teile der Verbindung sind eigenständig. Das Komma steht vor *daß; kaum* kann auch als Auslassungssatz abgetrennt werden:**
Kaum daß er hier war, begann schon der Tumult.	Ich glaube *kaum, daß* sie rechtzeitig eintrifft.
Ich habe alle Namen vergessen, *kaum daß* ich mich noch an die Landschaft erinnere.	Ich habe alle Namen vergessen, *kaum, daß* ich mich noch an die Landschaft erinnere. (Für: ..., es gelingt mir *kaum, daß* ...)

kaum noch/kaum mehr: ↑nur noch/nur mehr.

Kausalsatz: Der Kausal- oder Begründungssatz ist ein mit *da* oder *weil* eingeleiteter Nebensatz, der den Grund für das im Hauptsatz genannte Geschehen oder Sein angibt: *Da alle Geschworenen einer Meinung sind, wird das Urteil bald zu erwarten sein. Wir können nicht kommen, weil er krank ist. Weil du böse warst, darum/deshalb/deswegen darfst du nicht mitgehen.* ↑da/weil, ↑daß (4).

Kausativ: Unter einem Kausativ oder Veranlassungsverb versteht man ein Verb, das die Veranlassung eines Geschehens ausdrückt: *tränken* (= trinken machen), *fällen* (= fallen machen), *senken* (= sinken machen).

Keder: Der im Handel übliche Fachausdruck für „Randverstärkung aus Leder, Gummi oder Kunststoff" taucht in den Schreibweisen *Keder, Köder* oder auch *Käter* auf. Die am häufigsten gebrauchte und als korrekt anzusehende Schreibweise ist *Keder.*

kegelschieben: Die Formen dieses Verbs lauten *ich schiebe, schob Kegel; ich habe Kegel geschoben; um Kegel zu schieben.* ↑Zusammen- oder Getrenntschreibung (2.1).

kehren: *sich nicht an etwas kehren* darf nur mit dem Akkusativ stehen: *Ich kehre mich nicht an das Gerede der Leute* (falsch: *an dem Gerede*).

Kehricht: Das Substantiv wird vorwiegend mit männlichem Geschlecht *(der Kehricht),* seltener mit sächlichem Geschlecht *(das Kehricht)* gebraucht.

kein: 1. Deklination des folgenden Adjektivs und substantivierten Adjektivs: Nach unflektiertem *kein,* d.h. im Nominativ Singular Maskulinum und Neutrum und im Akkusativ Singular Neutrum, wird das folgende [substantivierte] Adjektiv oder Partizip stark gebeugt: *Das ist kein guter Ausweg. Kein Abgeordneter meldete sich. Das ist kein unterhaltsames Spiel. Sie hat kein schönes Kleid an.* Nach flektiertem *kein,* also in allen übrigen Fällen, steht heute die schwache Form des [substantivierten] Adjektivs: *keines bösen Gedankens fähig, mit keiner guten Absicht, mit keinem Bekannten.* Die früher im Nominativ und Akkusativ Plural gelegentlich vorkommenden starken Formen sind heute veraltet. Es heißt also: *Es waren keine guten* (nicht mehr: *gute) Aussichten. Er hat keine schönen* (nicht mehr: *schöne) Bilder gemalt. Es gab keine kommunalen Beamten* (nicht mehr: *kommunale Beamte*). **2. keiner, der ...:** Das Relativpronomen, das sich auf *keiner* bezieht, ist *der,* nicht *welcher.* Es muß also heißen: *Da war keiner, der/keine, die ihm half.* Nicht: *Da war keiner, welcher ihm half.* **3. keiner + als:** Die Vergleichspartikel nach *keiner* ist *als,* nicht *wie: Es kommt kein Haus* *in Betracht als* (nicht: *wie*) *dieses.* **4. in keinster Weise:** Diese Wendung wird gelegentlich umgangssprachlich scherzhaft gebraucht. Da *kein* nicht gesteigert werden darf, kann es nur heißen *in keiner Weise: Er hat mir in keiner Weise geholfen.* **5. kein/nicht/nicht ein:** Das Indefinitpronomen *kein* verneint ein Substantiv mit unbestimmtem Artikel oder ohne Artikel: *Ich habe einen/keinen Verdacht. Ich habe Geld/kein Geld.* Ein mit *kein* verneintes Substantiv kann nachdrücklicher auch mit *nicht ein* verneint werden, wenn ihm ein anderes positiv gegenübergestellt wird: *Ich habe kein/nicht ein Auto, sondern einen Sportwagen gekauft.* Ähnlich im Plural: *Sie hat Brüder/sie hat keine Brüder/Sie hat nicht Brüder, nur Schwestern.* Im Zusammenhang mit Eigennamen ist nur *nicht* möglich: *Das ist nicht Isabelle* (nicht: *Das ist keine Isabelle*). In dem Sonderfall *ich habe nicht ein* (statt: *kein*) *Buch gekauft* wirkt die Verneinung besonders nachdrücklich (im Sinne von „nicht ein einziges"); das betonte *ein* steht hier nicht als unbestimmter Artikel, sondern als Zahlwort. **6. Kein Junge und kein Mädchen will/wollen ...:** ↑Kongruenz (1.3.8).

Keks: 1. Genus: Das Substantiv *Keks* kann männlich oder sächlich gebraucht werden: *der Keks* oder *das Keks.* Der Genitiv lautet *des Keks* oder *des Kekses.* In Österreich ist *Keks* immer sächlich, der Genitiv lautet dort nur *des Keks.* **2. Plural:** Da *Keks* aus der englischen Pluralform *cakes* „die Kuchen" eingedeutscht worden ist, lautet der Plural des Wortes *die Keks* oder mit weiterer Eindeutschung *die Kekse.*

kennen: Bei dem Verb *kennen* ändert sich der Stammvokal trotz regelmäßiger Beugung: *kennen – kannte – gekannt.* Der Konjunktiv II heißt jedoch *ich kennte* (nicht: *ich kännte*) usw.: *Wenn du sie kenntest, würdest du anders von ihr reden.*

kennenlernen: 1. Rechtschreibung: Das Verb *kennenlernen* wird im Infinitiv, in den Partizipien und im Nebensatz mit Einleitewort immer zusammengeschrieben: *kennenlernen, kennengelernt, wenn du sie kennenlernst.* ↑Zusammen- oder Getrenntschreibung (1.1). **2. Perfekt:** Es heißt richtig: *Ich habe ihn dort kennengelernt* (nicht: *Ich habe ihn kennenlernen*). ↑Infinitiv (4).

kenntlich / erkenntlich: ↑erkenntlich/kenntlich.

Kenntnis: Es muß heißen *Kenntnisse in* (nicht: *Kenntnisse über* oder *für*): *Seine Kenntnisse in der Buchführung sind nicht ausreichend. Sie hat gute Kenntnisse in diesem Fach. Kenntnisse in* (nicht: *über* oder *für*) *Betriebsstatistik werden vorausgesetzt.*

Kennzahl/Kennziffer: ↑Zahl/Ziffer.

kentern: Das Perfekt von *kentern* wird mit *sein* gebildet: *Das Boot ist* (nicht: *hat*) *im Sturm gekentert.*

Kerl: Der Plural von *Kerl* lautet standardsprachlich *die Kerle.* Die Pluralform *die Kerls* ist umgangssprachlich und wird öfter in verächtlichem Sinn gebraucht.

Kessel: Der Plural lautet *die Kessel* (nicht: *die Kesseln*). ↑-el (2).

Kfz-Papiere: ↑Bindestrich (2.5).

Kiefer: Das Wort *Kiefer* gehört zu der Gruppe gleichlautender nichtverwandter Substantive mit verschiedenem Geschlecht und verschiedener Bedeutung (↑Homonym): Das Femininum *die Kiefer* (Plural: *die Kiefern*) bezeichnet einen Nadelbaum, das Maskulinum *der Kiefer* (Plural: *die Kiefer*) bezeichnet einen Schädelknochen (*Ober-* und *Unterkiefer*). Zu dem ersten Wort gehören Zusammensetzungen wie *Kiefernschonung, Kiefernwald, Kiefernzapfen,* zum zweiten gehören z. B. *Kieferbruch, Kieferhöhle, Kieferklinik.*

kiesen/küren: Das Verb *kiesen* (mit den unregelmäßigen Formen *kor, gekoren,* vgl. auch *auserkoren*) ist veraltet. Es ist seit dem 17. Jh. in den Präsensformen allmählich durch *küren* verdrängt worden, das eine Ableitung von dem Substantiv *Kür* ist. Seitdem wird *küren* unregelmäßig und regelmäßig konjugiert: *küren, kor, gekoren* und *kürte, gekürt*. Die regelmäßige Beugung ist üblicher.

Kilogramm (Zweifelsfälle wie bei ↑Pfund): **1.** Zu *1 kg Bohnen wird/werden gekocht* ↑Kongruenz (1.1.1); zu *2 kg Brot reicht/reichen aus* ↑Kongruenz (1.2.2). **2.** Zu *5 kg neue Kartoffeln/neuer Kartoffeln* ↑Apposition (2.2).

Kilometer: Im Unterschied zu *der* und *das Meter* heißt es in der Regel nur *der Kilometer.* Zu *ein Stau von zehn Kilometern* (aber: *von zehn Kilometer Länge*), *nach drei Kilometern* (aber: *in drei Kilometer Entfernung*) ↑Meter (4).

Kind-/Kinder-/Kind[e]s-: In entsprechenden Zusammensetzungen kommen alle drei Formen des Bestimmungswortes vor. Mit *Kind- (kind-): Kindbett, -frau; kindgemäß;* schwankend: *Kindstaufe* (bes. südd., österr., schweiz.)/ *Kindtaufe.* Mit *Kinder- (kinder-): Kinderdorf, -funk, -krippe, -lied, -psychologie; kinderleicht, -lieb;* schwankend: *kinderkopf-/kindskopfgroß, Kinderliebe* „Liebe zu Kindern"/ *Kindesliebe* „Liebe eines Kindes zu seinen Eltern". Mit *Kindes-/Kinds-: Kindesmißhandlung, -mutter, -vater; Kindsbewegung, -lage, -pech;* schwankend: *Kind[e]smörder[in].* ↑Fugen-s, ↑Fugenzeichen.

Kinder bis zu 12 Jahren/bis 12 Jahre: ↑bis (4).

kindlich/kindisch: Das Adjektiv *kindlich* bedeutet „in der Art eines Kindes", aber auch „naiv": *ein kindliches Gesicht, eine kindliche Handschrift. Sie sieht noch etwas kindlich aus. Sie freute sich kindlich über das Lob.* Das Adjektiv *kindisch* wird dagegen nur abwertend im Sinne von „albern" gebraucht: *ein kindisches Benehmen. Er ist im Alter kindisch geworden. Sei nicht so kindisch!* ↑-ig/-isch/-lich (2).

Kinonamen: ↑Gebäudenamen.

-kirchen: Über Ableitungen auf *-er* von Ortsnamen auf *-kirchen* ↑Einwohnerbezeichnungen (1).

Kiste: Das Gemessene nach *Kiste: eine Kiste Wein* (nicht: *Weins*); *eine Kiste badischer Wein* (geh.: *badischen Wein[e]s*); *mit zwei Kisten badischem Wein* (geh.: *badischen Wein[e]s*); *mit einer Kiste guter Zigarren/gute Zigarren.* ↑Apposition (2.2).

Klafter: Es heißt *der* und *das,* seltener (veraltet) *die Klafter.* Entsprechend anderen Maßbezeichnungen wird bei *Klafter* hinter Zahlen, die größer als 1 sind, der ungebeugte Singular gebraucht: *drei Klafter Holz;* aber im Dativ: *mit drei Klafter/Klaftern Holz.* ↑Maß-, Mengen- und Münzbezeichnungen (1).

Klage: *Klage* wird mit der Präposition *über* verbunden: *Die Klagen über Herrn Meier verstummen nicht.* Nur im juristischen Bereich ist *Klage gegen* üblich: *Die Klage gegen Frau Schmidt wurde abgewiesen.* Zu der Fügung *bitter Klage führen/bittere Klage führen* ↑Adjektiv (1.2.12).

klagen: In Verbindung mit der Präposition *gegen* bedeutet *klagen* „einen Prozeß anstrengen": *Er klagt gegen seine Nachbarn.* In Verbindung mit *über* bedeutet es „sich beschweren, seinen Unmut äußern": *Er klagt über Kopfschmerzen. Sie klagt über sein schlechtes Benehmen.* Nicht korrekt ist die Fügung *die geklagten Beschwerden.* ↑zweites Partizip (2.2).

Klammern

Allgemein gebräuchlich sind zwei Arten von Klammern: runde Klammern und eckige Klammern. Sie haben zumeist verschiedene Funktionen; diese können sich aber in bestimmten Fällen überschneiden.

1 Runde Klammern

1.1 Erklärende Zusätze

Erklärende Zusätze zu einzelnen Wörtern oder zu den Sätzen eines Textes werden im allgemeinen in runde Klammern gesetzt:

Frankenthal (Pfalz); Grille (Insekt) – Grille (Laune); Fragen der Orthographie (Rechtschreibung) und Interpunktion (Zeichensetzung). Die Gemälde des Isenheimer Hochaltars (vollendet 1511 oder 1515) sind ...

In Wörterbüchern und anderen Nachschlagewerken werden für die Einschließung von erklärenden Zusätzen u. ä. gelegentlich auch eckige Klammern oder Winkelklammern („spitze" oder „gebrochene" Klammern: ⟨⟩) verwendet. (Zur grammatischen Behandlung des Eingeklammerten ↑Apposition [1.2].)

1.2 Schaltsätze

In runden Klammern stehen auch Schaltsätze, besonders wenn sie ohne Nachdruck gesprochen werden:

Er verachtete (es sei zu seiner Ehre gesagt) jede Ausrede. Wie die Firma mitteilte, soll mit den Bauarbeiten (die Baugenehmigung wurde schon vor einiger Zeit erteilt) nach Beendigung der Frostperiode (man schätzt Mitte Februar) begonnen werden.

In diesen Fällen können jedoch an Stelle der Klammern auch Kommas oder ↑Gedankenstriche (2.5) gesetzt werden.

1.3 Inhaltsverzeichnisse, Gliederungen

Werden die Abschnitte in Inhaltsverzeichnissen, Aufsatzgliederungen u. dgl. mit Zahlen und Buchstaben gekennzeichnet, dann empfiehlt es sich, Klammern nur nach den Kleinbuchstaben zu setzen, sonst aber Punkte zu verwenden:

I.
  A.
    1.
      a)
      b)

Werden solche Abschnittskennzeichen als Hinweise im fortlaufenden Text angeführt, dann erhalten sie weder Punkt noch Klammer:

Wie schon in Kapitel I mitgeteilt, ist die unter 3, a genannte Ansicht überholt.

1.4 Runde Klammern in Verbindung mit anderen Satzzeichen

1.4.1 Klammern und Komma: Für die Verbindung von Klammern und Komma gelten die gleichen Regeln wie für die Verbindung einschließender Gedankenstriche mit einem Komma (↑Gedankenstrich [3.1]).

1.4.2 Klammern und Punkt: Gehört ein in Klammern stehender Text zu einem ganzen Satz, dann wird der Schlußpunkt hinter die schließende Klammer gesetzt, wenn der eingeklammerte Text am Satzende steht:

Wie in einer kurzen Mitteilung bekanntgegeben wurde, ist mit der Produktion der neuen Modelle bereits begonnen worden (im einzelnen werden wir noch darüber berichten).

Der Schlußpunkt steht aber vor der schließenden Klammer, wenn ein ganzer Satz eingeklammert ist, der nicht an den vorangehenden Satz angeschlossen ist:

Dies ist das wichtigste Ergebnis meiner Ausführungen. (Die Belege für meine Beweisführung finden sich auf Seite 25.)

1.4.3 Klammern und Doppelpunkt: Steht ein eingeklammerter Text am Ende eines einleitenden oder hinweisenden Satzes, dann steht der Doppelpunkt nach der schließenden Klammer:

Im allgemeinen gelten folgende Bestimmungen (Sonderfälle sind hier nicht erfaßt): Die Anmeldung muß schriftlich erfolgen; die Anmeldefrist beträgt zwei Wochen; ...

1.4.4 Klammern und Ausrufezeichen bzw. Fragezeichen: Das Ausrufe- oder das Fragezeichen steht vor der schließenden Klammer, wenn es zum eingeklammerten Text gehört:

Der Antrag ist vollständig ausgefüllt an die Bank zurückzusenden (bitte deutlich schreiben!). Es herrschte damals eine furchtbare Aufregung (erinnerst du dich noch?).

Gehört ein Ausrufe- oder Fragezeichen zu einem Satz und nicht zu einem am Satzende in Klammern stehenden Text, dann steht es vor dem eingeklammerten Text. Nach der schließenden Klammer steht dann noch ein Punkt:

Wie herrlich leuchtet mir die Natur! Wie glänzt die Sonne, wie lacht die Flur! (Goethe). Hunde, wollt ihr ewig leben? (Filmtitel).

2 Eckige Klammern

2.1 Eckige gegenüber runden Klammern

Eckige Klammern stehen bei Erläuterungen, die zu einem bereits in runden Klammern stehenden Text gehören:

Mit dem Wort *Bankrott* (vom italienischen *banca rotta* [zusammengebrochene Bank]) bezeichnet man die Zahlungsunfähigkeit. Kassiber (heimliches Schreiben [meist in Geheimschrift] von Gefangenen und an Gefangene).

2.2 Zusätze des Schreibers in Anführungen o. ä.:

Eckige Klammern stehen dann, wenn in Anführungen Zusätze des Schreibers oder bei Abschriften von Texten eigene Ergänzungen nicht lesbarer oder zerstörter Stellen kenntlich gemacht werden sollen.

Sie schrieb: „Als ich die Alpen zum ersten Mal von oben sah [sie war auf dem Flug von Frankfurt nach Rom], war ich von der Großartigkeit der Gebirgslandschaft stark beeindruckt."

2.3 Weglaßbare Teile

Eckige Klammern stehen, wenn kenntlich gemacht werden soll, daß ein Buchstabe, Wort- oder Satzteil weggelassen werden kann:

Entwick[e]lung; behend[e]; acht[und]einhalb; sieb[en]tens. Ich kann kaum gehen, geschweige [denn] laufen. Als Novum bezeichnet man eine neu hinzukommende Tatsache, die die bisherige Kenntnis oder Lage [eines Streitfalles] ändert.

klar: Klein schreibt man *klar* in festen Verbindungen mit Verben: *im klaren sein; ins klare kommen.* Groß schreibt man aber *einen Klaren* (= Schnaps) *trinken.* ↑Groß- oder Kleinschreibung (1.2.1). Getrennt vom folgenden Verb schreibt man *klar,* wenn beide Wörter im ursprünglichen Sinne gebraucht werden (beide Wörter tragen Starkton): *Es wird klar* (= sonnig) *werden. Morgen wird es klar sein. Die Flüssigkeit ist klar geworden. Ich kann auch ohne Fernglas klar sehen.* Zusammen schreibt man, wenn durch die Verbindung ein neuer Begriff entsteht (nur das erste Glied trägt Starkton): *Das wird schon klargehen* (= reibungslos ablaufen; ugs.). *Ich habe ihm den Vorgang klargelegt, klargemacht* (= erklärt). *Sie hat den Tatbestand klargestellt* (= Irrtümer beseitigt). *Ihm ist endlich sein falsches Verhalten klargeworden* (= er hat es eingesehen). *Ich habe bei den Verhandlungen nicht recht klargesehen.* ↑Zusammen- oder Getrenntschreibung (1.2).

klasse/Klasse: Zum umgangssprachlichen Ausdruck von Bewunderung und Anerkennung kann in manchen Fällen sowohl das unveränderliche Adjektiv *klasse* als auch das Substantiv *Klasse* verwendet werden: *Das finde ich klasse/Klasse! Das ist (wird) klasse/Klasse!* Bei attributivem oder adverbialem Gebrauch ist aber nur das Adjektiv möglich: *einen klasse Film besuchen; sie hat klasse gespielt.* Und nur das Substantiv kann stehen, wenn ein Attribut hinzutritt: *das ist große Klasse; die Sängerin war einsame Klasse!* – Das gilt auch für *spitze/Spitze: Die Sendung war Spitze/spitze. Das hat er spitze hingekriegt.*

Klassenlehrer/Klaßlehrer: Die Bezeichnung *Klaßlehrer* ist eine süddeutsche landschaftliche Nebenform zu standardsprachlichem *Klassenlehrer.* Entsprechendes gilt für *Klaßzimmer, Klaßsprecher* u. dgl.

-klässer/-kläßler/-klaßler: Die Ableitungen *-klässer* (bes. mitteld.) und *-kläßler* (südd.; schweiz.), *-klaßler* (österr.) dienen als Grundwort in Zusammensetzungen wie *Erstklässer/-kläßler/-klaßler.*

Klausel: Zur Schreibung von *5%-Klausel* ↑Bindestrich (3.3).

klebenbleiben: Das Verb *klebenbleiben* wird sowohl in ursprünglicher als auch in übertragener Bedeutung zusammengeschrieben: *Die Fliege wird klebenbleiben. Wenn du dich nicht anstrengst, wirst du klebenbleiben* (= nicht versetzt werden; ugs.). ↑Zusammen- oder Getrenntschreibung (1.1).

kleiden: 1. Der Hut kleidet dich/dir gut: Auch in der Bedeutung „etwas steht jemandem, paßt zu jemandem" wird *kleiden* standardsprachlich nur mit dem Akkusativ verbunden: *Das Kostüm kleidet sie gut.* Der Dativ, der besonders in Norddeutschland vorkommt, ist umgangssprachlich: *Der Hut kleidet dir gar nicht.* **2. in etwas kleiden:** Auch die Verbindung *in etwas kleiden* wird mit dem Akkusativ und nicht mit dem Dativ verbunden: *Sie waren in herrliche pelzverbrämte Gewänder* (und nicht: *in herrlichen pelzverbrämten Gewändern*) *gekleidet.* ↑Rektion.

klein: 1. Klein schreibt man das Adjektiv *klein* auch in unveränderlichen Verbindungen: *etwas im kleinen verkaufen, groß oder klein, von klein auf, ein klein wenig, ein kleines* (= wenig) *abhandeln.* Klein schreibt man auch dann, wenn *klein* ein Artikel vorangeht, beide Wörter aber für ein einfaches Adverb oder Adjektiv stehen: *über ein kleines* (= bald), *um ein kleines* (= wenig); *am kleinsten; bis ins kleinste* (= sehr eingehend). Groß schreibt man das substantivierte Adjektiv: *Kleine und Große, die Kleinen und die Großen, im Kleinen genau sein, im Kleinen wie im Großen treu sein, vom Kleinen auf das Große schließen; etwas, nichts, viel, wenig Kleines.* Groß schreibt man *klein* auch in Namen: *Pippin der Kleine, Klein Erna, die Kleine Donau, der Kleine Belt, das Kleine Walsertal.* Aber nur klein, weil hier kein Name vorliegt: *die klei-*

ne Anfrage (im Parlament), *eine kleine Anzeige, der kleine Grenzverkehr, das kleine Schwarze* (= festliches schwarzes Kleid). ↑Groß- oder Kleinschreibung (1.2.1), ↑geographische Namen (3.1). **2.** Getrennt schreibt man *klein* vom folgenden Verb, wenn beide Wörter ihre Selbständigkeit als Satzglied bewahren (beide tragen Starkton): *klein sein/werden, klein beigeben* (= nachgeben), *klein schreiben, die Kosten klein halten, sich klein machen* (um in etwas hineinzukommen), *kurz und klein schlagen.* Zusammen schreibt man, wenn *klein* seine Selbständigkeit als Satzglied verliert, d. h., wenn es Verbzusatz ist (nur das erste Glied trägt Starkton): *kleinkriegen, kleinschneiden, kleinbekommen, kleinmachen* (= zerkleinern, aufbrauchen, [Geldschein] wechseln, [jmdn.] erniedrigen), *kleinschreiben/kleingeschrieben werden* (= für unwichtig erachten). ↑Zusammen- oder Getrenntschreibung (1.2). **3.** Zu Fügungen wie *ein kleines Häuschen* ↑Diminutiv.

kleinere Hälfte: ↑Hälfte (1).

kleines Kindergeschrei: Die Fügung *kleines Kindergeschrei* ist falsch gebildet. Es kann nur heißen *Geschrei kleiner Kinder* oder *Kleinkindergeschrei.* ↑Kompositum (6).

Kleinmut: *Kleinmut* hat heute im Unterschied zu dem weiblichen Substantiv *die Großmut* männliches Geschlecht: *der Kleinmut.* ↑-mut.

Kleinod: Bei *Kleinod* (Silbentrennung: *Klein-od*) unterscheidet man die Pluralformen *die Kleinodien* (schwach) in der Bedeutung „Schmuckstücke" und *die Kleinode* (stark) im übertragenen Sinne von „Kostbarkeiten".

Klein- oder Großschreibung: ↑Groß- oder Kleinschreibung.

klettern: Das Perfekt von *klettern* wird mit *haben* umschrieben, wenn der Sprecher den Vorgang als bloßes Verhalten in der Dauer sieht: *Ich habe noch nie geklettert. Hättest du nicht den ganzen Tag geklettert, dann wärst du jetzt noch nicht so müde.* Sieht der Sprecher dagegen eine Veränderung in der Bewegung, einen Ortswechsel, dann wird das Perfekt mit *sein* umschrieben: *Wir sind bis zum Gipfel geklettert. Ich bin über den Balken geklettert.* Bei den Verben der Bewegung umschreibt man das Perfekt heute aber immer häufiger mit *sein* statt mit *haben,* weil die Vorstellung von der Veränderung in der Bewegung die Dauer der Bewegung überwiegt. Es kann also auch heißen: *Wärst du nicht den ganzen Tag geklettert ...* ↑haben (1).

Klever: Die Einwohner von Kleve heißen *Klever.* ↑Einwohnerbezeichnungen (3).

Klima: Der Plural von *Klima* lautet im allgemeinen *die Klimas.* Daneben gibt es fachsprachlich in Anlehnung an die ursprüngliche griechische Pluralform *die Klimate.*

klimmen: Das heute wenig gebräuchliche *klimmen* ist eigentlich ein unregelmäßiges Verb. Neben den unregelmäßigen Formen *klomm, geklommen* werden gelegentlich auch die regelmäßigen Formen *klimmte, geklimmt* gebraucht. ↑glimmen.

klingeln: Das Verb *klingeln* kann sowohl ein Dativobjekt als auch ein Präpositionalobjekt mit *nach* als Ergänzung bei sich haben. Die in gehobener Sprache gebräuchliche Verbindung mit dem reinen Dativ stellt mehr die Person in den Vordergrund: *Sie klingelte dem Mädchen. Ich ... genierte mich, ihretwegen nach dem Zimmerkellner zu klingeln* (Bergengruen).

klopfen: 1. Er klopfte mir/mich auf die Schulter: Wird *klopfen* auf einen Körperteil bezogen, dann kann die betroffene Person im Dativ oder im Akkusativ stehen. Der Dativ ist üblicher: *Ich klopfte meinem Freund auf die Schulter. Sie klopfte ihm auf die Finger.* Im Gegensatz zum Dativ (Dativ der Beteiligung) drückt der Akkusativ stärker aus, daß die Person unmittelbar betroffen ist. Der Hauptton liegt aber immer auf der Angabe des Körperteils: *Die Mutter klopfte* (= schlug) *das Kind auf* *die Finger.* – Ähnlich wie *klopfen* werden auch andere Verben der körperlichen Berührung behandelt, vgl. z. B. ↑beißen, ↑schlagen, ↑treten. **2. klopfen an:** Bei der Verbindung *klopfen an* steht gewöhnlich der Akkusativ, weil die Vorstellung der Richtung überwiegt (Frage: wohin?): *an die Wand, an das Barometer klopfen. Der Specht klopfte mehrere Male an den Stamm der Kiefer.* Es ist aber auch der Dativ möglich, wenn die Stelle angegeben werden soll, wo jemand klopfte: *Du mußt am Fenster klopfen. Ein Specht klopfte am Stamm der Kiefer.* Wenn mit dem Geschehen eine Absicht verbunden ist, gebraucht man immer den Akkusativ: *Der Vorsitzende klopfte an sein Glas, um eine Rede zu halten.* Entsprechend steht auch der Akkusativ in der Wendung *an die Tür klopfen* im Sinne von „Einlaß begehren": *Wer klopft an die Tür?* Aber (bei unpersönlichem Gebrauch): *Es klopft an der Tür.*

Klosett: Der Plural heißt *die Klosetts* oder *die Klosette.*

Klotz: Der Plural heißt in der Standardsprache *die Klötze.* Die Pluralform *die Klötzer* gehört der Umgangs- und Kindersprache an (vgl. ugs. *Bauklötzer staunen*).

Klub/Club: ↑Club/Klub.

Kluft: In der Bedeutung „Spalte" hat *Kluft* den Plural *die Klüfte.* Im Sinne von „[alte] Kleidung, Uniform" heißt der Plural *die Kluften.*

klug: 1. Klein schreibt man das Adjektiv *klug* auch dann, wenn ein Artikel vorangeht, beide Wörter aber im Sinne von „sehr klug, am klügsten" stehen: *Es ist das klügste* (= am klügsten) *zu schweigen.* Groß schreibt man das substantivierte Adjektiv: *Der Klügere gibt nach. Wer ist die Klügste?* ↑Groß- oder Kleinschreibung (1.2.1). **2.** Getrennt vom folgenden Verb schreibt man *klug,* wenn es in seiner ursprünglichen Bedeutung gebraucht wird (beide Wörter tragen Starkton): *klug sein, werden; sie hat klug* (= verständig) *geredet/gehandelt.* Zusammen schreibt man, wenn durch die Verbindung ein neuer Begriff entsteht (nur das erste Glied trägt Starkton): *Er soll nicht so klugreden* (= alles besser wissen wollen). ↑Zusammen- oder Getrenntschreibung (1.2).

Klunker: Es heißt sowohl *die Klunker* (Genitiv: *der Klunker,* Plural: *die Klunkern*) als auch *der Klunker (des Klunkers, die Klunker).*

Knabe: Das Substantiv *Knabe* wird schwach gebeugt. Der Genitiv lautet *des Knaben* (nicht: *des Knabens*).

Knäuel: Das Substantiv *Knäuel* wird männlich oder sächlich gebraucht. Sowohl *der Knäuel* als auch *das Knäuel* sind korrekt.

kneifen: Wird *kneifen (kniff, gekniffen)* auf einen Körperteil bezogen, dann kann die betroffene Person im Dativ oder im Akkusativ stehen. Der Dativ ist üblicher: *Er kniff dem Kind in den Arm.* Im Gegensatz zum Dativ (Dativ der Beteiligung) drückt der Akkusativ stärker aus, daß die Person unmittelbar betroffen ist. Jedoch liegt auch in diesen Sätzen der Hauptton immer auf der Angabe des Körperteils: *Er hat das Kind in den Arm gekniffen.* Vgl. auch ↑beißen, ↑schneiden, ↑treten.

kneipen: Das landschaftlich für *kneifen* gebräuchliche Verb *kneipen* hat die Formen *kneipte, gekneipt* (regelmäßig) oder *knipp, geknippen* (unregelmäßig). Das von ugs. *Kneipe* „Gastwirtschaft" abgeleitete ugs. Verb *kneipen* „eine Kneipe besuchen, zechen" wird nur regelmäßig gebeugt: *kneipte, gekneipt.*

kneippen: Das Verb *kneippen* „eine Kneippkur machen" ist von dem Familiennamen des Pfarrers Sebastian Kneipp (1821–1897) abgeleitet und wird daher mit zwei *p* geschrieben.

Knick: Die nordd. Bezeichnung für „Hecke" hat den Plural *die Knicks.* Im Sinne von „Biegung, Knickung" heißt der Plural *die Knicke.*

Knicks: *Knicks* wird nicht mit *x,* sondern mit *ck* geschrieben. Genitiv: *des Knickses,* Plural: *die Knickse.*

Knie: Der Plural von *Knie* wird mit einem *e* geschrieben: *die Knie* (nicht: *die Kniee*); *auf die Knie fallen, auf den Knien liegen.* Die Aussprache der Pluralform kann zweisilbig [kni:ə] oder einsilbig [kni:] sein.

knien: 1. Schreibung: Das Verb *knien* wird im Infinitiv und ersten Partizip und in allen Präsensformen nur mit einem *e* geschrieben: *knien, ich knie, wir/sie knien; kniende Mönche; knie nieder!* Die Aussprache dieser Formen kann zweisilbig ['kni:ən, 'kni:ə] oder auch einsilbig [kni:n, kni:] sein; das erste Partizip wird aber nur zweisilbig ['kni:ənt, 'kni:əndə] gesprochen. **2. knien/sich knien:** Das Verb kann mit und ohne Reflexivpronomen gebraucht werden. Während *knien* im Sinne von „sich in kniender Stellung befinden" verwendet wird, also einen Zustand bezeichnet, drückt *sich knien* den Bewegungsvorgang aus und bedeutet „eine kniende Stellung einnehmen". Um diesen Unterschied deutlicher auszudrükken, ersetzt man *sich knien* meist durch *sich hinknien.*

kniffelig, knifflig: Das Adjektiv *kniff[e]lig* „verwickelt, schwierig" wird mit *-ig* (nicht: *-lich*) geschrieben. Es ist keine Ableitung von *Kniff,* sondern eine Bildung zu dem heute nur noch mundartlichen Verb *kniffeln, knüffeln* „schwierige Arbeit verrichten".

Knolle/Knollen: Neben dem weiblichen Substantiv *die Knolle* wird landschaftlich auch das männliche Substantiv *der Knollen* gebraucht.

Know-how: ↑Fremdwort (4).

knuffen: Zu *Er knuffte mir/mich in die Seite* ↑boxen.

Knust: Von nordd. landsch. *Knust* „Brotkrüstchen, Kanten" lautet der Plural *die Knuste* oder *die Knüste.* Beide Formen gelten als korrekt.

k.o./K.o.: Die Abkürzung für engl. *knockout* „kampfunfähig" wird klein geschrieben in Wendungen wie *k.o. gehen/sein, jemanden k.o. schlagen.* Groß schreibt man die Substantivierung *der K.o.: Er siegte durch technischen K.o.* Entsprechend schreibt man *K.-o.-Schlag.* ↑Bindestrich (2.5).

Köder: Zu *Köder* in der Bedeutung „Randverstärkung" ↑Keder.

Kodex: Der Genitiv Singular lautet *des Kodex* oder (gebeugt) *des Kodexes.* Der Plural lautet entweder *die Kodexe* oder *die Kodizes.* Die beiden Pluralformen werden heute gewöhnlich in der Bedeutung differenziert: *Die Kodizes* wird im Sinne von „Handschriften", *die Kodexe* im Sinne von „Gesetze, Prinzipien" gebraucht.

Kognak/Cognac: *Cognac* ist das Warenzeichen für französischen Weinbrand, der nur aus Weinsorten des Gebietes um die französische Stadt Cognac hergestellt wird, *Kognak* dagegen die volkstümliche Bezeichnung für Weinbrand (Schnaps) allgemein.

Kohl-/Kohle-/Kohlen-: Bei den Zusammensetzungen mit *Kohle* als Bestimmungswort kommen drei Formen nebeneinander vor. Neben den Bildungen ohne Fugenzeichen wie *kohlschwarz, Kohlmeise, Kohlrabe, kohlrabenschwarz* finden sich Formen mit *-e-* (Endung des Nominativs Singular) und mit *-en-.* Die Nominativendung *-e-* zeigen die Zusammensetzungen *kohlehaltig, Kohlepapier, Kohleverflüssigungsverfahren, Kohlezeichnung.* Sowohl *-e-* als auch *-en-* sind gebräuchlich in den Bildungen *kohle[n]führend, Kohle[n]faden[lampe], Kohle[n]forschung, Kohle[n]hydrat, Kohle[n]stift, Kohle[n]import.* Bei *Kohlenbecken, Kohlenbergwerk, Kohlenblende, Kohlenbunker, Kohlendunst, Kohlenfeuer, Kohlengas, Kohlengrus, Kohlenhändler, Kohlenmeiler, Kohlensäure, kohlensauer, Kohlenstaub, Kohlenstoff, Kohlentrimmer, Kohlenwasserstoff, Kohlenzeit* ist das *-en-* fest. Die Bildungen mit *-e-* beziehen sich im allgemeinen auf *Kohle* als Stoffbezeichnung (vgl. *kohlehaltig*), die mit *-en-* auf die aus Stücken bestehende Ware *(Kohlenhändler).* Diese Unterscheidung ist aber nicht konsequent durchgeführt worden. Die früher übliche Form der Zusammensetzung mit dem Wortstamm *Kohl-* wurde wohl wegen des Gleichklangs mit dem Pflanzennamen *Kohl* aufgegeben. ↑Fugenzeichen.

Kohlendioxid: ↑Oxyd/Oxid.

kohle[n]führend/Kohle führend: Zusammen schreibt man, wenn die Verbindung adjektivisch gebraucht wird: *eine kohle[n]führende Schicht. Die Schicht ist kohle[n]führend.* Getrennt schreibt man, wenn *Kohle* durch eine nähere Bestimmung als Substantiv zu erkennen ist: *nur minderwertige Kohle führend.* ↑Zusammen- oder Getrenntschreibung (3.1.1).

Kokette: Das (seltene) substantivierte Adjektiv *Kokette* hat sich so sehr von seiner ursprünglichen Wortart gelöst, daß es wie ein Substantiv dekliniert wird. Der Singular ist endungslos, im Plural enden alle Kasus auf *-n: der Blick der Kokette. Sie hatte etwas von einer Kokette an sich. An seinem Tisch saßen zwei Koketten.* ↑substantiviertes Adjektiv (2.2.2).

Kolleg: Der Genitiv von *das Kolleg* lautet *des Kollegs,* der Plural entweder *die Kollegs* oder – mit einer Form, die eigentlich zu *das Kollegium* gehört – *die Kollegien.*

Kollege/Kollegin: 1. Steht *Kollege* unmittelbar vor einem Familiennamen, so wird es heute meist nicht mehr dekliniert: *Wir bedauern Kollege Meiers* (auch: *Kollegen Meiers*) *Ausscheiden aus der Firma. Haben Sie Kollege* (auch: *Kollegen*) *Meier gesehen?* **2.** Entsprechend der Anrede *Sehr geehrter Herr Kollege, sehr geehrte Herren Kollegen* heißt es *Sehr geehrte Frau Kollegin, sehr geehrte Frauen Kolleginnen.* ↑Titel und Berufsbezeichnungen (3).

Kollektiv: Bei diesem Fremdwort ist bereits der deutsche Plural *die Kollektive* häufiger als der Plural auf *-s (die Kollektivs).*

Kollektivum: Unter einem Kollektivum, einem Sammelnamen oder einer Sammelbezeichnung, versteht man ein Substantiv im Singular, mit dem eine Mehrzahl gleichartiger Lebewesen oder Dinge bezeichnet wird *(Wald, Herde).*

Koller: Das sächliche Substantiv *das Koller* bedeutet „Kragen", es ist heute veraltet. Das männliche Substantiv *der Koller* bezeichnet eine bestimmte Pferdekrankheit und umgangssprachlich einen Wutausbruch. Die Wörter sind etymologisch nicht miteinander verwandt (↑Homonym).

Kollo: Der Plural lautet *die Kollos* oder *die Kolli* (nicht: *die Kollis*). ↑Fremdwort (3.4).

Kolon: Veraltet für ↑Doppelpunkt.

Komet: Der Genitiv lautet *des Kometen* (nicht: *des Komets*), der Dativ und Akkusativ lauten *dem, den Kometen* (nicht: *dem, den Komet*). ↑Unterlassung der Deklination (2.1.2).

komfortabel: Bei *komfortabel* fällt, wenn es dekliniert oder gesteigert wird, das *e* der Endungssilbe aus: *eine komfortable Wohnung. Der Wagen ist viel komfortabler geworden.* ↑Adjektiv (1.2.13).

Komma

Das Komma hat im Deutschen in erster Linie die Aufgabe, den Satz grammatisch zu gliedern. Es soll Haupt- und Nebensatz trennen, es soll Einschübe und Zusätze kenntlich machen, es soll Aufzählungen von Wörtern und Wortgruppen unterteilen und dergleichen mehr. Diesem grammatischen Prinzip entspricht die Gliederung des Kapitels:

Erst in zweiter Linie dient das Komma dem ursprünglichen Zweck aller Satzzeichen: die beim Sprechen entstehenden Pausen zu bezeichnen (rhetorisches Prinzip).
Allerdings lassen sich rhetorisches und grammatisches Prinzip bei der Kommasetzung nicht immer in Übereinstimmung bringen. Der grammatische Aufbau fordert zuweilen ein Komma, wo der Redende keine Pause macht, und umgekehrt. Auch das grammatische Prinzip allein vermag nicht alle Fälle eindeutig zu bestimmen; das zeigt sich besonders bei den Partizipial- und Infinitivgruppen. Aus diesen Gründen muß der Schreibende gerade beim Komma eine gewisse Freiheit haben. Es gibt aber bestimmte Regeln, die eingehalten werden müssen, damit ein Satz grammatisch klar bleibt und Mißverständnisse nach Möglichkeit vermieden werden.
Zum Plural des Wortes *Komma* ↑Kommas/Kommata.
Zum Komma bei Konjunktionen ↑Konjunktion (4); zum Komma in Verbindung mit anderen Satzzeichen ↑Anführungszeichen (3), ↑Gedankenstrich (3.1), ↑Klammern (1.4.1); zum Komma bei Zahlen ↑Zahlen und Ziffern (2).

1 Sätze ohne Komma

Der Satz ist eine gegliederte Sinneinheit. Er soll als einheitliches Gebilde gelesen und gesprochen werden. Seine Teile, die Satzglieder, stehen in enger Verbindung miteinander. Diese Verbindung darf nicht durch Kommas gestört werden, es sei denn, daß einzelne Satzglieder aus mehreren Wörtern gleicher Art und Funktion bestehen (Aufzählung, ↑3.1) oder mit nachgestellten genaueren Bestimmungen u. dgl. (↑3.3) versehen sind.
Auch wenn einzelne Satzglieder durch Beifügungen größeren Umfang erhalten, ist dies kein Grund, den Satz durch Kommas zu unterteilen. Überflüssige Kommas erscheinen z. B. sehr häufig in Sätzen, die mit einer längeren Umstandsangabe beginnen. Das unterstrichene Komma im folgenden Satz ist falsch:

Beim Transport einer zwei Meter langen Drahtglasscheibe innerhalb eines Gebäudes in der X-Straße, ließ ein 39 Jahre alter Glaser die Scheibe fallen.

Ebenso ist das Komma in folgenden Sätzen falsch, weil hier zwei Umstandsangaben (Art- bzw. Raum- und Zeitangabe) getrennt werden:

Auch im Winter machte ich bei geöffnetem Fenster, jeden Morgen meine Freiübungen. Der Kraftwagen des Angeklagten befand sich im Augenblick des Zusammenstoßes, auf der Gegenfahrbahn.

Auch die Glieder eines einfachen Vergleichs werden oft durch ein falsches Komma getrennt, wenn sie nicht unmittelbar nebeneinander stehen:

Im Fernsehen sind oft bessere Inszenierungen möglich, als im Theater.

Falsch ist es auch, Beifügungen von ihren Bezugswörtern zu trennen, wie es durch die Kommasetzung in folgenden Beispielen geschieht:

Wir hoffen, daß Sie aufgrund der von uns geschilderten Sachlage unseren Standpunkt, hinsichtlich des Preises, anerkennen werden. Für die, von Ihnen gegebenen, Erklärungen danke ich bestens. (Zum letzten Beispiel ↑3.3.1, Ende.)

Einen Sinnabschnitt versuchte der Schreiber des folgenden Satzes mit dem Komma zu kennzeichnen, das er vor den wichtigsten Teil der Aussage setzte. Auch dieses Komma ist falsch, weil es Zusammengehöriges trennt:

Mit Recht nennt man dieses schöne, alte Städtchen, das Rothenburg Österreichs.

2 Das Komma zwischen Sätzen

2.1 Die Satzverbindung

Das Komma trennt aneinandergereihte Hauptsätze, auch wenn sie durch *und, oder* oder andere Konjunktionen verbunden sind.

Er bastelt im Keller, sie bereitet eine Arbeitsbesprechung vor, und das Kind sieht fern. Du bist jetzt entweder lieb, oder du gehst nach Hause. Schreibe den Brief sofort, und bringe ihn zur Post!

2.2 Das Satzgefüge

Das Komma trennt Haupt- und Nebensätze voneinander. Dabei ist es gleichgültig, ob die Sätze vollständig sind oder nicht:

Ich höre, daß du nicht nur nichts erspart hast, sondern daß du auch noch dein Erbteil vergeudest. Sie war zu klug, um in die Falle zu gehen, die man ihr gestellt hatte. Vielleicht [geschieht es], daß er noch eintrifft. [Wenn die] Ehre verloren [ist], [so ist] alles verloren.

Vgl. aber die unter ↑bitte (1), ↑wenn (1) und ↑wie (3) behandelten Ausnahmen.

2.3 Komma bei *und* und *oder*

Das Komma steht nicht, wenn zwei durch *und* oder *oder* verbundene Hauptsätze kurz sind und eng zusammengehören:

Sie grübelte und sie grübelte. Er lief oder er fuhr.

Es steht auch kein Komma, wenn die durch *und* oder *oder* verbundenen Hauptsätze einen Satzteil gemeinsam haben:

Sie stiegen ins Auto und fuhren nach Hause. Ich gehe ins Theater oder besuche ein Konzert.

Wenn zwei Sätze ein vorangestelltes Objekt oder eine vorangestellte Umstandsangabe gemeinsam haben, darf das Komma nur fehlen, wenn beide Sätze die umgekehrte Wortstellung (Inversion) aufweisen:

Sofort nach dem Aufstehen ging die Mutter in den Garten und richtete der Vater das Frühstück.

Meist aber wird hier der zweite Satz in normaler Wortstellung formuliert. Dann muß das Komma stehen:

Sofort nach dem Aufstehen ging die Mutter in den Garten, und der Vater richtete das Frühstück. Von den 20 Schülern fielen 14 durch, und nur 6 bestanden das Examen.

Das gilt auch, wenn zwei Hauptsätze einen vorangestellten gemeinsamen Nebensatz haben:

Als der Mann in den Hof trat, bellte der Hund und schnatterten die Gänse. (Aber:) ... bellte der Hund, und die Gänse schnatterten.

Kein Komma steht, wenn *und* oder *oder* Nebensätze gleichen Grades verbindet:

Ich weiß, daß du sie liebst und daß du auch dieses Opfer bringst. Sie sagte, sie wisse es und der Vorgang sei ihr völlig klar.

3 Das Komma zwischen Satzteilen

Alles, was den ungehemmten Fluß eines Satzes unterbricht, wird durch das Komma abgetrennt. Dies betrifft vor allem Aufzählungen, herausgehobene Satzteile sowie Einschübe und Zusätze alle Art.

3.1 Aufzählungen von Satzteilen

Das Komma steht zwischen aufgezählten Wörtern gleicher Wortart oder zwischen gleichartigen Wortgruppen, wenn sie nicht durch Konjunktionen wie *und* und *oder* verbunden sind:

Feuer, Wasser, Luft und Erde. Alles rennet, rettet, flüchtet. Die lieben, kleinen Kinder. Er versuchte sein Glück als Handelsvertreter, als Verkaufsfahrer eines Getränkevertriebs, mit einem Zigarrenladen und schließlich mit einer Leihbücherei.

Es steht auch kein Komma vor *und* oder *oder,* wenn in einer Aufzählung ein Nebensatz oder ein erweiterter Infinitiv folgt:

Sie kaufte sich einen Koffer, einen Mantel, ein Kleid und was sie sonst noch für die Reise brauchte. Übe Nächstenliebe ohne Aufdringlichkeit und ohne den anderen zu verletzen.

Wird der übergeordnete Satz nach dem Nebensatz oder dem erweiterten Infinitiv weitergeführt, dann ist das Komma freigestellt:

Ich sah ein Licht, das mich und die mit mir reisten[,] umleuchtete. Sie hat nur einige zuverlässige Leute oder wen sie dafür hält[,] benachrichtigt.

Das Komma steht nicht, wenn von zwei oder mehr aufgezählten Adjektiven das letzte mit dem zugehörigen Substantiv einen Gesamtbegriff bildet:

ein Glas *dunkles bayrisches Bier* (= das *bayrische Bier* ist dunkel, nicht: das Bier ist dunkel und bayrisch). *Sehr geehrte gnädige Frau.* Sie führte *aufsehenerregende wissenschaftliche* Versuche durch.

Um Aufzählungen handelt es sich auch bei Orts- und ↑Wohnungsangaben, die mit einer Präposition (*in, aus* u.a.) an einen Namen angeschlossen sind, und beim ↑Datum:

Frau Dr. Ines Meier, die in Mannheim, Richard-Wagner-Straße 6, I. Stock, links wohnt, hat diesen Antrag gestellt. Mittwoch, den 25. Juni, 20 Uhr findet die Sitzung statt.

Hinter *links* bzw. *20 Uhr* als letztem Aufzählungsglied darf kein Komma stehen. Folgt aber die Orts- und Wohnungsangabe ohne Präposition unmittelbar auf den Namen, muß sie als Zusatz (↑3.3) in Kommas eingeschlossen werden:

Frau Dr. Ines Meier, Mannheim, Richard-Wagner-Straße 6, I. Stock, links, hat diesen Antrag gestellt. Herr Franz Müller, Göttingen, wurde als neuer Vertreter eingestellt.

Zu Komma oder Punkt in zeilenweise abgesetzten Aufzählungen, Listen u.ä. ↑[1]Punkt (2).

3.2 Herausgehobene Satzteile

3.2.1 Karl, kommst du heute?: Die Anrede an eine oder mehrere Personen wird vom übrigen Satz durch Komma getrennt:

Junge, paß doch auf! Karl, kommst du heute zu uns? Was halten Sie davon, Frau Schmidt? Du, hör mal zu!

Aber ohne Komma, wenn die Anrede in den Satz einbezogen ist:

Du Schafskopf glaubst aber auch alles! Was habt Ihr Lieben nicht alles für mich getan!

3.2.2 Ach, das ist schade!: Die Interjektion wird durch Komma abgetrennt, wenn sie betont ist. Das gilt auch für die bekräftigende Bejahung oder Verneinung:

Ach, das ist schade! Oh, wie schön ist das! Pfui, schäme dich! Ja, das ist wahr.

Aber ohne Komma, wenn sich die Interjektion eng an den folgenden Text anschließt:

O wunderbares, tiefes Schweigen! Ach geh doch! Ja wenn sie nur käme! Seine ach so große Vergeßlichkeit ...

3.2.3 Der Tag, er ist nicht mehr fern: Herausgehobene Satzglieder, die durch ein Pronomen oder Adverb wieder aufgenommen werden, werden durch Komma abgetrennt:

Der Tag, er ist nicht mehr fern. Deinen Vater, den habe ich gut gekannt. Am Anfang, da glaubte ich noch ...

3.3 Einschübe und Zusätze

In besonders starkem Maße unterbrechen Einschübe und Zusätze zu einzelnen Satzgliedern den Fluß des Satzes. Deshalb werden gerade sie durch das Komma vom übrigen Satz abgetrennt:

Johannes Gutenberg, der Erfinder der Buchdruckerkunst, wurde in Mainz geboren. Das Schiff kam wöchentlich, und zwar sonntags, an. Viele Familienmitglieder, namentlich die älteren, waren anwesend. Da bricht der Abend, der frühe, herein. Dort tanzten Elfen, zart und schön.

Gelegentlich ist es dem Schreibenden freigestellt, ob er einen Satzteil als Einschub werten will oder nicht.

3.3.1 Wahlfreiheit bei der Kommasetzung: Eine genauere Bestimmung muß nur dann in Kommas eingeschlossen oder durch ein Komma abgetrennt werden, wenn sie hinter ihrem Bezugswort oder am Schluß des Satzes steht. Ist sie aber in den Satz eingeschoben, dann kann sie auch als einfaches Satzglied (Umstandsangabe) behandelt werden und wird dann nicht in Kommas eingeschlossen. Der Schreibende muß selbst entscheiden, welche Stellung und Einordnung der genaueren Bestimmung dem Zweck seines Textes am besten entspricht. Die folgende Tabelle soll dazu einige Hinweise geben.

1. Die genauere Bestimmung ist ein Einschub oder Zusatz, der durch Komma abgetrennt wird:	**1. Die genauere Bestimmung wird als Satzglied (meist als Umstandsangabe) behandelt und nicht abgetrennt:**
Das Schiff fährt wöchentlich einmal, und zwar sonntags, nach Helgoland.	
Sie hat vielen Menschen tatkräftig geholfen, vor allem im Kriege und in der Nachkriegszeit.	
Sie hat, vor allem im Kriege und in der Nachkriegszeit, vielen Menschen tatkräftig geholfen.	Sie hat vor allem im Kriege und in der Nachkriegszeit vielen Menschen tatkräftig geholfen.
Sie hat beachtliche Erfolge errungen, z. B. als Aida.	
Sie hat, z. B. als Aida, beachtliche Erfolge errungen.	Sie hat z. B. als Aida beachtliche Erfolge errungen.
Alle Familienmitglieder waren anwesend, einschließlich der Großmutter.	

Alle Familienmitglieder, einschließlich der Großmutter, waren anwesend.	Alle Familienmitglieder einschließlich der Großmutter waren anwesend.
Der Preis beträgt 20,80 DM, zuzüglich 14% Mehrwertsteuer.	Der Preis beträgt 20,80 DM zuzüglich 14% Mehrwertsteuer.
2. Die genauere Bestimmung ist als Einschränkung oder Bedingung in den Satz eingeschoben oder ihm nachgestellt und wird durch Komma abgetrennt:	**2. Die Einschränkung oder Bedingung wird als Satzglied (meist als Umstandsangabe) behandelt und nicht durch Komma abgetrennt:**
Sie können mich, außer in der Mittagszeit, immer erreichen.	Sie können mich außer in der Mittagszeit immer erreichen.
Sie können, allerdings nur noch morgen, Karten im Vorverkauf bekommen.	Sie können allerdings nur noch morgen Karten im Vorverkauf bekommen.
Ich habe alle Arbeiten erledigt, bis auf die Korrekturen.	Ich habe alle Arbeiten erledigt bis auf die Korrekturen.
Alle, bis auf Jörg, wollen mitfahren.	Alle bis auf Jörg wollen mitfahren.
3. Die genauere Bestimmung ist eine nachgestellte Apposition und wird durch Komma abgetrennt:	
Er liebt die Musik, besonders die Werke der Barockzeit.	
Es gibt vier Jahreszeiten, nämlich Frühling, Sommer, Herbst und Winter.	
Einer von ihnen, [und zwar] ihr engster Mitarbeiter, hat sie getäuscht.	

Kein schließendes Komma steht, wenn ein beigefügtes Adjektiv oder Partizip näher bestimmt wird. Man will so den Zusammenhang der Fügung erhalten:

Ausländische, insbesondere holländische und belgische Firmen traten als Bewerber auf. Das alte Buch enthält viele farbige, und zwar mit der Hand kolorierte Holzschnitte.

Aus dem gleichen Grunde gelten auch umfängliche Attribute, die zwischen dem Artikel (Pronomen, Zahlwort) und seinem Substantiv stehen, niemals als Einschübe:

der dich prüfende Lehrer; diese den Betrieb stark belastenden Ausgaben; mehrere nur mit der Lupe sichtbare Fehler.

Das schließende Komma steht auch dann nicht, wenn ein Teil des Prädikats näher bestimmt und die zugehörige Personalform nur einmal gesetzt wird:

Er wurde erst wieder ruhiger, als er sein Herz ausgeschüttet, d. h. alles erzählt hatte.

3.3.2 Berufs- und Standesbezeichnungen, Beinamen: Bei der sehr häufigen Verbindung einer Berufs- oder Standesbezeichnung mit einem Personennamen *(der Zahnarzt Müller, die Abgeordnete Meyer)* ist nicht immer eindeutig zu erkennen, welches Wort die Apposition und welches das Bezugswort der Apposition ist. Bezugswort ist im allgemeinen dasjenige Wort, auf das es im jeweiligen Zusammenhang besonders ankommt. In vielen Fällen kann man Bezugswort und Apposition durch die Kommasetzung festlegen. Das gilt auch, wenn zusätzlich die Höflichkeitsbezeichnungen *Herr, Frau, Fräulein* vor den Namen treten. Die folgende Tabelle soll dazu einige Hinweise geben.

Die Berufs- oder Standesbezeichnung steht als Bezugswort voran, der Name wird als nachgestellte Apposition in Kommas eingeschlossen:	**Der Name ist betontes Bezugswort, die Berufsbezeichnung steht als Apposition ohne Komma voran:**
Unsere Kundin, [Frau] Anna Müller, *hat angerufen.*	Unsere Kundin *[Frau] Anna Müller hat angerufen.*
Der Angeklagte, Max Müller, *erschien nicht zur Verhandlung.*	Der Angeklagte *Max Müller erschien nicht zur Verhandlung.*
Wenden Sie sich bitte an unsere Kollegin, Frau Studienrätin Dr. Beck.	*Wenden Sie sich bitte an* unsere Kollegin *Frau Studienrätin Dr. Beck.*

Beinamen stehen gewöhnlich ohne Komma. Entsprechendes gilt für römische Zahlen bei Herrschernamen und für Zusätze wie *junior, senior:*

Katharina die Große. Herzog Heinrich der Löwe. Karl VII. Hans Holbein der Jüngere. Fritz Meier *junior.*

Besteht aber ein solcher Beiname aus einem Substantiv mit Attribut, dann muß er in Kommas eingeschlossen werden:

Friedrich Wilhelm, der Große Kurfürst, schlug die Schweden bei Fehrbellin. Joe Louis, der „braune Bomber", war 14 Jahre lang Weltmeister im Schwergewicht.

Hat eine Person zwei Beinamen, dann wird der zweite Beiname in Kommas eingeschlossen:

Der französische König Ludwig IX., der Heilige, starb auf einem Kreuzzug.

Zu Fügungen wie *Frau Martha Schneider[,] geb. Kühn[,] wurde ...* ↑geboren (2).

4 Das Komma bei Partizipialgruppen

4.1 Lachend kam er auf mich zu

Partizipien ohne nähere Bestimmung und Partizipien mit einer kurzen näheren Bestimmung stehen ohne Komma: *Lachend kam er herein. Verschmitzt lächelnd schaute sie zu.* Sobald aber die nähere Bestimmung größeren Umfang hat, muß ein Komma gesetzt werden. Das ist meist schon der Fall, wenn die Bestimmung aus mehr als einem Wort besteht (↑satzwertiges Partizip). Doch gibt es Übergänge, bei denen man keine feste Vorschrift machen kann. Die folgende Tabelle soll zeigen, welche Lösungen möglich sind (vgl. dazu auch die Stichwörter ↑betreffend und ↑entsprechend).

Die Partizipialgruppe hat durch ihren Umfang Eigengewicht, oder sie ist dem Satz nachgestellt; sie wird durch Komma abgetrennt:	**Das Partizip hat keine oder nur eine kurze nähere Bestimmung. Es fügt sich als einfaches Satzglied in den Satz ein oder kann doch als solches aufgefaßt werden. Es steht kein Komma:**
	Lachend kam er auf mich zu.
	Er kam lachend auf mich zu.
	Herzlich lachend kam er auf mich zu.
Er kam auf mich zu, herzlich lachend.	Er kam herzlich lachend auf mich zu.
Aus vollem Halse lachend, kam er auf mich zu.	
Er kam, aus vollem Halse lachend, auf mich zu.	
Er kam auf mich zu, aus vollem Halse lachend.	
Ihr Einverständnis voraussetzend, habe ich den Betrag überwiesen.	
	Das Gerät ist gereinigt und eingefettet aufzubewahren.
Das Gerät ist, gut gereinigt und eingefettet, [in einem Schrank] aufzubewahren.	Das Gerät ist gut gereinigt und eingefettet [in einem Schrank] aufzubewahren.

4.2 Zurückgewiesen, versuchte er es noch einmal

Ein einfaches Partizip oder ein Partizip mit kurzer näherer Bestimmung kann auch dadurch besonderes Gewicht erhalten, daß es an Stelle eines vollständigen Nebensatzes steht. Es wird dann mit einem Komma abgetrennt:

Zurückgewiesen, versuchte er es am folgenden Tage noch einmal. (= Obwohl er zurückgewiesen worden war, ...) Einmal angebrochen, hält sich die Konserve nur wenige Tage. (= Wenn sie einmal angebrochen wurde, ...)

Einige formelhaft gewordene Partizipialgruppen, die eigentlich einen Nebensatz vertreten, sind aber im Hauptsatz aufgegangen. Bei manchen von ihnen ist es auch möglich, ein Komma zu setzen. Vgl. untenstehende Tabelle.

Die Partizipialgruppe kann durch Komma abgetrennt werden, wenn man sie als Vertretung eines vollständigen Nebensatzes auffaßt:	**Die Partizipialgruppe ist formelhaft im Hauptsatz aufgegangen:**
	Strenggenommen ist die Spitzmaus gar keine Maus.
	Es war *im Grunde genommen* nur ein Scherz.
	So gesehen hat er gar nicht einmal falsch gehandelt.
Das sind, *grob gerechnet,* 20% der Einnahmen.	Das sind *grob gerechnet* 20% der Einnahmen.
Wie gesagt, habe ich keine Zeit dafür.	*Wie gesagt* habe ich keine Zeit dafür.

4.3 Den Kopf im Nacken, lachte sie hell auf

Es gibt Wortgruppen, die den Partizipialgruppen gleichzustellen sind, weil man sich die Partizipien *habend, seiend* o. ä. hinzudenken kann. Sie werden vom Hauptsatz durch Komma abgetrennt:

Den Kopf im Nacken (eigentlich: ... habend), lachte sie hell auf. Vom Alter blind (eigentlich: ... seiend, geworden), bettelte er sich durch das Land. Stets gerne zu Ihren Diensten (eigentlich: ... stehend), zeichnen wir hochachtungsvoll ...

5 Das Komma bei Infinitivgruppen

5.1 Der erweiterte Infinitiv mit *zu*

Der erweiterte Infinitiv mit *zu* (die Infinitivgruppe, ↑satzwertiger Infinitiv) wird in den meisten Fällen durch ein Komma abgetrennt oder in Kommas eingeschlossen:

Er hatte keine Gelegenheit, sich zu waschen. Dir zu folgen, bin ich jetzt nicht bereit. Sie ging in die Stadt, um einzukaufen. Anstatt zu handeln, redest du nur. Ich ging, ohne zu zögern, auf den Einbrecher zu. Nichts Besseres, als zu reisen, konnte sie tun.

Das Komma steht aber nicht in folgenden Fällen:

5.1.1 Diesen Vorgang wollen wir zu erklären versuchen / Wir wollen diesen Vorgang zu erklären versuchen: Es steht kein Komma, wenn der erweiterte Infinitiv (hier: *diesen Vorgang zu erklären*) mit dem Hauptsatz (hier: *Wir wollen versuchen*) verschränkt ist oder wenn er in die Satzklammer (hier: *wollen ... versuchen*) einbezogen wird.

Der erweiterte Infinitiv mit *zu* steht vor oder nach dem Haupt- oder Nebensatz und wird durch Komma abgetrennt:	**Der erweiterte Infinitiv mit *zu* ist mit einem Haupt- oder Nebensatz verschränkt oder in dessen verbale Klammer einbezogen. Es steht kein Komma:**
Ich wagte nicht, *die Reise abzubrechen.* *Die Reise abzubrechen,* wagte ich nicht.	Ich wagte *die Reise* nicht *abzubrechen.*
Wir hatten beschlossen, *den Betrag zu überweisen.* *Den Betrag zu überweisen,* hatten wir [schon] beschlossen.	Wir hatten *den Betrag zu überweisen* beschlossen.

5.1.2 Den Betrag bitten wir auf unser Konto zu überweisen: Es steht kein Komma, wenn ein Glied des erweiterten Infinitivs (hier: *den Betrag*) in Spitzenstellung tritt. Der kurze Hauptsatz wird dann von der Infinitivgruppe eingeschlossen. Man schreibt also nicht: *Das Leergut bitten wir Sie, innerhalb 14 Tagen zurückzusenden.* Sondern ohne Komma und besser auch ohne *Sie: Das Leergut bitten wir innerhalb 14 Tagen zurückzusenden.* Vgl. die folgende Tabelle.

Der erweiterte Infinitiv mit *zu* steht vor oder nach dem Hauptsatz und wird durch Komma abgetrennt:	**Ein Glied des erweiterten Infinitivs mit *zu* tritt in Spitzenstellung. Es steht kein Komma:**
Wir bitten Sie, *den Betrag auf unser Girokonto zu überweisen.*	*Den Betrag* bitten wir auf unser Girokonto zu überweisen.
Den Betrag auf unser Girokonto zu überweisen, bitten wir Sie deshalb, weil ...	*Zu überweisen* bitten wir den Betrag auf unser Girokonto.
	Auf unser Girokonto bitten wir den Betrag zu überweisen, weil ...

5.1.3 Sich selbst zu besiegen ist der schönste Sieg/Sich selbst zu besiegen, das ist der schönste Sieg: Es steht kein Komma, wenn der vorangestellte erweiterte Infinitiv das Subjekt vertritt:

Sich selbst zu besiegen ist der schönste Sieg. Zu arbeiten und in Ruhe zu leben bleibt mein Wunsch.

Wird aber auf den voranstehenden Infintiv mit einem hinweisenden Wort wie *es, das, dies* zurückgewiesen, dann muß ein Komma stehen:

Sich selbst zu besiegen, *das* ist der schönste Sieg. Zu arbeiten und in Ruhe zu leben, *auch das* war mein Wunsch.

5.1.4 Wir bitten [,] diesen Auftrag zu erledigen: Es steht kein Komma, wenn der erweiterte Infinitiv Hilfsverben oder in der Rolle eines Hilfsverbs stehenden anderen Verben folgt:

Die Tropfen sind auf Zucker einzunehmen. Sie hat nichts zu verlieren. Du brauchst mir nicht zu antworten. Er pflegt uns jeden Sonntag zu besuchen. Sie drohte bei dem Anfall zu ersticken.

Vgl. dazu im einzelnen die Stichwörter ↑brauchen, ↑pflegen, ↑scheinen, ↑drohen, ↑versprechen.

Bei einer ganzen Reihe von Verben, die einen Infinitiv mit *zu* anschließen können, ist jedoch nicht eindeutig zu entscheiden, ob sie in dieser Verbindung als Hilfsverb (modifizierend) oder als Vollverb aufzufassen sind. Dazu gehören unter anderen:

anfangen, aufhören, beginnen, bitten, denken, fürchten, gedenken, glauben, helfen, hoffen, verdienen, verlangen, versuchen, wagen, wünschen.

Der Schreibende hat bei diesen Verben beide Möglichkeiten. Will er ihre Personalform als volle Satzaussage behandeln, dann setzt er ein Komma:

Er glaubt, mich mit diesen Einwänden zu überzeugen. Wir bitten, diesen Auftrag schnell zu erledigen.

Will der Schreibende aber mit dem jeweils gebrauchten Verb nur das durch den Infinitiv bezeichnete Geschehen modifizieren, d. h., empfindet er die Personalform und den Infinitiv als eng zusammengehörig, dann läßt er das Komma weg:

Er glaubt mich mit diesen Einwänden zu überzeugen. Wir bitten diesen Auftrag schnell zu erledigen.

Im Zweifelsfall empfiehlt es sich, das Komma zu setzen. Vor allem aber ist folgendes wichtig: Tritt zu einem dieser Verben eine Umstandsangabe (auch eine Verneinung) oder ein Objekt, dann bekommt es dadurch so viel Gewicht, daß es nur als Vollverb behandelt werden kann und vom Infinitiv durch ein Komma getrennt werden muß:

Der Arzt glaubte *fest,* den Kranken durch eine Operation retten zu können. Sie bat *mich,* morgen wiederzukommen.

Auch wenn das fragliche Verb seinerseits mit einem Modalverb wie *wollen, sollen, können, dürfen, müssen* verbunden ist, kann es nur Vollverb sein:

Wir *wollen* versuchen, diesen Vorgang zu erklären. (Aber:) Wir versuchen [,] diesen Vorgang zu erklären.

Ebenso muß ein Komma stehen, wenn der erweiterte Infinitiv als Zwischensatz vor einem *und* steht:

Wir hoffen, Ihnen hiermit gedient zu haben, und grüßen Sie ... Wir bitten, die Waren morgen abzuholen, und werden unsere Marktleiterin verständigen.

Zu Weiterem vgl. die oben angeführten Verben, ferner ↑suchen, ↑vermögen, ↑verstehen, ↑wissen.

5.2 Der nichterweiterte Infinitiv mit *zu*

Der nichterweiterte Infinitiv mit *zu* wird in den meisten Fällen nicht durch Komma abgetrennt:

Ich befahl ihm zu gehen. Es ist verboten zu rauchen. Die Abgeordnete beginnt zu sprechen. Die Schwierigkeit unterzukommen war sehr groß.

Ein Komma kann jedoch gesetzt werden, wenn der nichterweiterte Infinitiv durch einen Nebensatz näher bestimmt wird:

Ich hatte keinen Grund [,] zu glauben, daß ich übervorteilt wurde.

In den folgenden Fällen muß auch beim nichterweiterten Infinitiv ein Komma stehen:

5.2.1 Zu tanzen, das ist ihre größte Freude: Ein Komma steht, wenn ein hinweisendes Wort wie *es, das, daran, darauf* auf den vorangestellten Infinitiv hindeutet:

Zu lesen, das ist ihre größte Freude. Zu rudern, dazu war er nicht imstande.

Folgt der nichterweiterte Infinitiv solchen Wörtern, dann ist das Komma freigestellt:

Ich denke nicht daran einzuwilligen. Oder: Ich denke nicht daran, einzuwilligen.

5.2.2 Er war bereit, zu raten und zu helfen: Ein Komma steht, wenn mehrere nichterweiterte Infinitive dem Hauptsatz folgen oder in ihn eingeschoben sind:

Er war immer bereit, zu raten und zu helfen. Ohne den Willen, zu lernen und zu arbeiten, wirst du es zu nichts bringen.

Wenn ein nichterweiterter und ein erweiterter Infinitiv dem Hauptsatz folgen oder in ihn eingeschoben sind, dann gelten die Richtlinien für den erweiterten Infinitiv (↑5.1):

Es ist sein Wunsch, zu arbeiten und in Ruhe zu leben. Seine Bemühungen, zu vermitteln und eine Lösung zu finden, waren erfolglos.

5.2.3 Ihre Absicht war, zu gewinnen: Ein Komma steht, wenn in einem Gleichsetzungssatz der nichterweiterte Infinitiv mit *zu* dem Finitum (*ist, war* u. a.) folgt:

Ihre Absicht war, zu gewinnen. Mein Traum ist, zu fliegen.

5.2.4 Ich komme, zu helfen: Ein Komma steht, wenn der nichterweiterte Infinitiv mit *zu* im Sinne eines erweiterten Infinitivs mit *um zu* verwendet wird:

Ich komme, [um] zu helfen.

5.2.5 Ich erinnere mich, widersprochen zu haben: Ein Komma steht immer vor den mehrteiligen Formen des Infinitivs mit *zu,* weil sie durch ihre Mehrteiligkeit Eigengewicht haben:

Ich bin der festen Überzeugung, verraten worden zu sein. Er war begierig, gelobt zu werden. Ich erinnere mich, widersprochen zu haben.

5.2.6 Wir rieten ihm, zu folgen/Wir rieten, ihm zu folgen: Ein Komma steht auch dann vor einem nichterweiterten Infinitiv, wenn Mißverständnisse entstehen können:

Wir rieten ihm, zu folgen. (Aber:) Wir rieten, ihm zu folgen. Er fürchtet sich, zu verlieren. (Aber:) Er fürchtet, sich zu verlieren.

Kommandant: Die Formen lauten: Genitiv: *des Kommandanten* (nicht: *des Kommandants*), Dativ und Akkusativ: *dem, den Kommandanten* (nicht: *dem, den Kommandant*). ↑Unterlassung der Deklination (2.1.2). Zu der Fügung *des Kommandanten Meyer/ Kommandant Meyers* ↑Titel und Berufsbezeichnungen (1.2 und 1.3).

Kommas/Kommata: Der Plural zu *das Komma* lautet *die Kommas* oder *die Kommata.* Die zweite Form ist weniger gebräuchlich. Falsch ist die Mischform *Kommatas.* ↑Fremdwort (3.4).

Kommazahl: ↑Zahlen und Ziffern (2).

kommen: 1. kömmst, kömmt: Die umgelauteten Formen *du kömmst* und *er kömmt* sind veraltet; es heißt heute nur *du kommst* und *er kommt.* ↑Verb (1). **2. zu stehen kommen:** Bei Sätzen wie *Das kommt dir/dich teuer zu stehen* ist sowohl der Dativ wie der Akkusativ korrekt. Der Akkusativ ist aber üblicher. ↑stehen (4). **3. auf die Füße zu stehen kommen · auf den Rücken zu liegen kommen:** Lageverben, denen sonst ein Präpositionalgefüge im Dativ folgt *(Ich liege auf dem Rücken),* haben ein Präpositionalgefüge im Akkusativ nach sich, wenn sie im Zusammenhang mit *kommen* gebraucht werden. Hier überwiegt deutlich die Vorstellung der Richtung: *Er kam auf den Rücken zu liegen, auf die Füße zu stehen* (nicht: *auf dem Rücken, auf den Füßen*). *Das Auto überschlug sich und kam wieder auf die Räder zu stehen. Sie kam neben mich* (nicht: *neben mir*) *zu sitzen.* **4. zum Ausdruck kommen · zur Entfaltung kommen:** Das Verb *kommen* steht oft verblaßt in Nominalfügungen: *zum Abschluß kommen* (= beendet werden); *zum Ausdruck kommen* (= gesagt werden); *zur Entfaltung kommen* (= sich entfalten); *zur Zahlung kommen* (= gezahlt werden). Zur stilistischen Bewertung dieser Fügungen ↑Nominalstil, ↑Passiv (3.7).

Kommunion-: Die Zusammensetzungen mit fremden Bestimmungswörtern auf *-ion* werden im allgemeinen mit dem Fugen-s gebildet. Eine Ausnahme bilden die Komposita mit *Kommunion* als Bestimmungswort. So heißt es: *Kommunionbank, Kommunionsonntag, Kommunionkind.* ↑Fugen-s (1.3).

Komparation (Steigerung): ↑Vergleichsformen.

Komparativ (erste Steigerungsstufe, Höherstufe, Mehrstufe): ↑Vergleichsformen. Zu *Sie ist älter als/wie ich* ↑als/wie (1). Zu *Sie war das/die hübschere der Mädchen* ↑Kongruenz (3.2).

Komparativsatz: Der Komparativ- oder Vergleichssatz enthält einen Vergleich: *Eine halbe Sekunde später folgte dieser Lichterscheinung der dumpfe Knall einer ... Explosion, wie ein Trauerspiel mit einer Katastrophe endet* (Raabe). *Margot ist größer, als ihre Mutter im gleichen Alter war.* Zum Komma bei Vergleichssätzen ↑als (5) und ↑wie (3).

Kompositum

Die Zusammensetzung (Komposition) ist neben der ↑Ableitung und der Bildung eines Wortes mit einem ↑Präfix das wichtigste sprachliche Mittel zur Neubildung von Wörtern. Als Kompositum oder Zusammensetzung bezeichnet man ein Wort, das aus zwei oder mehreren Wörtern zusammengesetzt ist:

wildes Schwein – Wildschein, Hundehütte, hilfreich, Einbaum, Selbstsucht, Schweigepflicht, Nachsommer, anführen, dahin, Windschutzscheibe.

In den meisten Komposita nennt das zweite Glied (Grundwort) einen weiteren Begriff (z. B. *-schwein*), der durch das erste Glied (Bestimmungswort; z. B. *Wild-*) eingeengt und näher bestimmt wird. Neben diesen bestimmenden oder Determinativkomposita gibt es auch die sog. Kopulativkomposita, bei denen die Bestandteile gleichgeordnet sind:

Schürzenkleid – Schürze und Kleid; Hosenrock, Hemdbluse, Strichpunkt, Ofenkamin, Radiouhr, Dichterkomponist.

Im Kompositum wird ein Inhalt in einem Wort verdichtet, der sonst nur durch syntaktische Fügungen unterschiedlichster Art wiedergegeben werden könnte:

liebeskrank – krank aus Liebe; Rechtsstandpunkt – Standpunkt in bezug auf das Recht; Lachfalten – Falten, die durch Lachen entstehen; tropfnaß – so naß, daß es tropft; danksagen – den Dank aussprechen; punktschweißen – an einzelnen Punkten verschweißen.

Zum Bindestrich bei Zusammensetzungen ↑Bindestrich (2); zur Verwendung von Fugenzeichen ↑Fugen-s, ↑Fugenzeichen.

1. Treibstoffstandschauzeichen: Eine Zusammensetzung besteht zumindest aus zwei Bestandteilen: *Treib-stoff, Schau-zeichen.* Zu Bildungen dieser Art neigen vor allem die Amtssprache und die Sprache der Technik, die es vorziehen, möglichst umfassende substantivische Bezeichnungen anzuwenden, wo auch längere syntaktische Fügungen möglich wären. Dabei entstehen bisweilen überlange Zusammensetzungen, die nur schwer zu überblicken und kaum zu verstehen sind. Man sollte unübersichtliche Bildungen dieser Art vermeiden und durch eine entsprechende Wortgruppe ersetzen:

Nicht: Geräteunterhaltungsnachweis. Besser: Nachweis für die Geräteunterhaltung oder Nachweis für die Unterhaltung der Geräte. Nicht: Treibstoffzufuhrregulierung. Besser: Regulierung der Treibstoffzufuhr. Nicht: Treibstoffstandschauzeichen. Besser: Schauzeichen für den Treibstoffstand. Nicht: Teilzahlungsfinanzierungsinstitut. Besser: Finanzierungsinstitut für Teilzahlungen.

Zur Setzung des Bindestrichs in langen Zusammensetzungen ↑Bindestrich (2.1).

2. Apfelwein / Äpfelwein · Schiffsverkehr: Wenn sich das erste Glied einer Zusammensetzung sachlich auf eine Mehrzahl von Wesen oder Dingen bezieht, dann entsteht die Frage, ob es deshalb in die Pluralform zu setzen sei. Soll man den Wein aus Äpfeln *Äpfelwein* oder *Apfelwein* nennen? Es gibt keine ausnahmslos gültige Regel, nach der in solchen Fällen entschieden werden könnte. Entscheidend für die Anwendung der Singular- oder Pluralform ist jeweils der Sprachgebrauch im Einzelfall und kein sachlich-logischer Grund.

So heißt es *Apfelwein, Schafstall, Baumschule* und *Flohzirkus,* obwohl es um Äpfel, Schafe, Bäume und Flöhe geht.
Neben solchen Zusammensetzungen, deren Bestandteile unmittelbar, d.h. ohne ↑Fugenzeichen, miteinander verbunden sind, stehen Komposita mit einem Fugenzeichen. Auch deren erster Bestandteil kann in der Singularform stehen, obwohl sachlich eine Mehrzahl gemeint ist. So heißt es *Bischofskonferenz,* obwohl an der Konferenz mehrere Bischöfe teilnehmen. So heißt es *Schiffsverkehr,* obwohl der Verkehr von Schiffen gemeint ist. So heißt es *Freundeskreis,* obwohl der Kreis mehrere Personen umfaßt. Die Ausbreitung der Komposita mit Fugenzeichen, die z. T. als Pluralendungen aufgefaßt werden, wie etwa bei *Lämmerwölkchen, Rosenblatt, Gänsefeder,* hat jedoch die Bildungen mit der Pluralform des ersten Bestandteils gefördert:

Motorenlärm, Gästebuch, Bücherstube, Bücherregal, Städtetag, Häusermeer, Ärztekongreß.

Häufig finden sich Doppelformen, d. h., Zusammensetzungen mit demselben Bestimmungswort sowohl in der Singular- als auch in der Pluralform stehen nebeneinander, ohne daß damit sachlich Einzahl oder Mehrzahl unterschieden werden soll. So heißt es im Süddeutschen *Rindsbraten,* im Norddeutschen *Rinderbraten* (↑Rind-/Rinder-/Rinds-), und neben *Schweinebraten, Schweinefett, Schweinefleisch* stehen *Schweinsbraten, Schweinskopf, Schweinsborste* (↑Schweine-/Schweins-).

3. Reise Adenauers/Adenauerreise: Es besteht heute die Tendenz, an Stelle eines Substantivs mit einem Genitiv- oder Präpositionalattribut eine Zusammensetzung zu verwenden. Dies geschieht vor allem in Fügungen mit Namen. So schreibt man *Adenauerbesuch* statt *Besuch Adenauers,* so schreibt man *Moskaureise des Kanzlers* statt *Reise des Kanzlers nach Moskau* usw. Diese knappe, verkürzte Ausdrucksweise findet sich vor allem in den Schlagzeilen und Überschriften der Presse, die auf möglichst kleinem Raum ein Höchstmaß an Information geben will. Auch spielt der Einfluß des Englischen, das die Wörter einfach nebeneinanderstellt, eine Rolle.
Es gibt natürlich Zusammensetzungen mit einem Namen als erstem Bestandteil, die im allgemeinen Gebrauch korrekt sind: *Dieselmotor, Röntgenstrahlen, Thomasmehl, Kneippkur* u. ä. Das Kompositum *Dieselmotor* nennt eine besondere Art oder Gattung von Motoren, die so von anderen unterschieden wird. Das Wort *Kneippkur* nennt eine bestimmte Kurart. In diesen oder ähnlichen Fällen individualisiert also der Name nicht, sondern er klassifiziert, ähnlich wie in dem Kompositum *Waldmaus* durch den ersten Bestandteil *Wald* der im zweiten Bestandteil bezeichnete Begriff *Maus* auf eine bestimmte Art von Mäusen eingeschränkt wird. Dies gilt auch für Zusammensetzungen wie *Mozartabend, Beethovenkonzert, Rembrandtausstellung, Schumannlied* usw., in denen der Name gleichfalls klassifiziert. Daneben tritt ein Name als erster Bestandteil in Zusammensetzungen auf, die ihrerseits als Ganzes Namen sind: *Marshallplan, Youngplan, Köchelverzeichnis* u. a.
Von ganz anderer Art jedoch sind die oben genannten Bildungen: *Johnsonrede* (vom 23. 5. 1965), *Brandtbesuch* (in Amerika), *Adenauerreise* (nach Frankreich) u. a. Es handelt sich hier um Verbindungen, die zur Benennung eines einmaligen, zum Zeitpunkt der Benennung aktuellen, jedoch schnell vergangenen Ereignisses, Geschehens u. ä. geprägt werden. Das Störende an ihnen

ist, daß sie formal den Eindruck erwecken, feste Komposita zu sein, tatsächlich aber nur Augenblickskomposita sind.
Wenn diese Bildungen auch im Bereich der Zeitungssprache aus ökonomischen Gründen eine gewisse Berechtigung haben, so sollte man sie doch vermeiden, wenn sie nur aus dem Zusammenhang und nicht aus sich selbst heraus verstanden werden können. *Die Romrede Adenauers* z. B. kann, auf sich gestellt, bedeuten „Rede Adenauers in Rom" oder „Rede Adenauers über Rom". In der geschriebenen Allgemeinsprache jedenfalls sind solche Gelegenheitsbildungen mit Namen fehl am Platz. Zu ihrer Schreibung mit oder ohne Bindestrich vgl. ↑Bindestrich (5).

4. Niedrigstpreis/niedrigster Preis: Heute wird häufig an Stelle einer Fügung aus attributivem Adjektiv und Substantiv, z. B. *der niedrigste Preis,* ein Kompositum gebraucht: *der Niedrigstpreis.* Diese Zusammensetzungen sagen zwar vielfach nichts anderes aus als die entsprechenden Fügungen aus Adjektiv und Substantiv, sie unterscheiden sich aber gewöhnlich im Stilwert von ihnen und gehören bestimmten Bereichen (Werbung, Wirtschaft usw.) an; vgl. auch:

die beste Lösung – Bestlösung; die tiefste Temperatur – Tiefsttemperatur; letzte Fragen – Letztfragen; der höchste Preis – Höchstpreis.

5. das Hohelied/ein Hoheslied: Bestimmte feste Fügungen aus Adjektiv und Substantiv stehen den Zusammensetzungen nahe: *das Schwarze Meer, das Rote Kreuz, der italienische Salat, der schwarze Tee, der Stille Ozean, das Schwarze Brett* usw. Diese festen Fügungen bilden als sog. Mehrwortbezeichnungen ähnlich wie ein Kompositum eine begriffliche Einheit, d. h., die Bedeutung des Gesamtgefüges ergibt sich nicht ohne weiteres aus der Aneinanderreihung der Inhalte der Einzelwörter. Im Unterschied zum Kompositum werden jedoch beide Glieder dekliniert und im allgemeinen nicht zusammengeschrieben: *im Schwarzen Meer, des Roten Kreuzes, den italienischen Salat, des schwarzen Tees, im Stillen Ozean, des Schwarzen Brettes.* In wenigen Fällen findet sich zwar die Zusammenschreibung: *der Hohepriester, das Hohelied, die Langeweile,* doch wird in *der Hohepriester* und *das Hohelied* der erste Bestandteil immer, bei *Langeweile* noch gelegentlich gebeugt. ↑Hohepriester, ↑Hohelied, ↑Lang[e]weile.

6. kleines Kindergeschrei/Geschrei kleiner Kinder: Steht ein Adjektiv als Attribut (Beifügung) vor einer Zusammensetzung, dann bezieht sich das Adjektiv formal auf das Grundwort des Kompositums, inhaltlich aber auf das ganze Kompositum: *die große Eisfabrik* (= die [Eis]fabrik ist groß), *der reiche Fabrikbesitzer* (= der [Fabrik]besitzer ist reich), *der saubere Fischladen* (= der [Fisch]laden ist sauber). Das Grundwort bestimmt die Deklination des beigefügten Adjektivs. Es ist nicht korrekt, wenn man eine Zusammensetzung mit einer Beifügung verbindet, die inhaltlich nur zum ersten Bestandteil des Kompositums gehört; denn die Zusammensetzung ist ein Ganzes, bei dem man nicht einen Teil besonders behandeln kann. Man sollte also nicht schreiben *kleines Kindergeschrei,* weil nicht das [Kinder]geschrei klein ist, sondern die Kinder klein sind, die das Geschrei verursachen. Richtig: *das Geschrei kleiner Kinder.*

Die Komik, die in solchen Fügungen liegt, hat zu absichtlichen Erfindungen geführt, die meist leicht durchschaut werden: *der vierstöckige Hausbesitzer, der geräucherte Fischladen, der wilde Schweinskopf, der siebenköpfige Familienvater.* Es gibt aber auch Fälle, die durch Unkenntnis oder Flüchtigkeit entstanden sind: Das *nukleare Brennstoffproblem* ist kein *nukleares Problem,* sondern *das Problem, genug nuklearen Brennstoff zu finden.* Man kann auch nicht einem Kranken *baldige Genesungswünsche* übermitteln, sondern nur *gute Wünsche für baldige Genesung.*
Bestimmte Fügungen dieser Art haben sich jedoch durchgesetzt und sind sprachüblich geworden. Es handelt sich hier um Fälle, in denen das Adjektiv inhaltlich zwar eigentlich zum ersten Bestandteil der Zusammensetzung gehört, dabei jedoch auch zum zusammengesetzten Wort paßt, das nur noch als geschlossene Einheit empfunden wird. Diese Fügungen sind als korrekt anzusehen: *die deutsche Sprachwissenschaft, das Bürgerliche Gesetzbuch, das evangelische Pfarrhaus, das geheime Wahlrecht.* Zu Wörtern wie *Kleinkinderspielzeug,* die aus Fügungen dieser Art entstanden sind, vgl. Punkt 7.

7. der Dummejungenstreich / ein Dummerjungenstreich: Die im vorigen Abschnitt (6) behandelten attributiven Fügungen von der Art *kleines Kindergeschrei* werden z. T. zusammengeschrieben oder durch Bindestriche miteinander gekoppelt: *Kleinkinderspielzeug, Sauregurkenzeit, Rote-Kreuz-Schwester.* In dieser Form gelten diese Verbindungen als korrekt, weil die Beziehung des Adjektivs, z. B. *klein,* zu dem eigentlichen Bezugswort, z. B. *Kinder,* in einem Wort wie *Kleinkinderspielzeug* eindeutig ist.
Es gibt drei Gruppen solcher Wortverbindungen. Die erste Gruppe umfaßt feste Zusammensetzungen, in denen das Adjektiv in jedem Fall (Kasus) ungebeugt bleibt, wo also der Stamm des Adjektivs in die Zusammensetzung eingegangen ist: *das Kleinkinderspielzeug, dem Altfrauengesicht, den Altweibersommer, der Liebfrauenmilch.* Zur zweiten Gruppe zählen alle die Fälle, in denen das Adjektiv in der erstarrten flektierten Form auf *-e* erscheint: *ein Armeleuteschloß, eines Armeleuteschlosses.* In der dritten Gruppe finden sich einmal durchgehend flektierte Formen des Adjektivs, und zwar in Übereinstimmung mit dem Grundwort: *der Armensünderglocke, ein Dummerjungenstreich, in der Saurengurkenzeit, der Roten-Kreuz-Schwester, des Rotenturmpasses, der Losenblattausgabe.* Diese Formen sind jedoch mehr alltagssprachlich. Daneben gibt es von diesen Wörtern auch die Formen mit erstarrtem *-e (der Loseblattausgabe, des Roteturmpasses)* und z. T. auch die feste Form mit dem Stamm des Adjektivs: *Armsünderglocke, Rotkreuzschwester.* Näheres hierzu enthalten die Artikel ↑Arm[e]sünderglocke, ↑Dummejungenstreich, ↑Loseblattausgabe, ↑Rote-Kreuz-Schwester, ↑Sauregurkenzeit.

8. Meldepflicht der Berufskrankheiten: Ist von einer Zusammensetzung ein Genitivattribut abhängig, dann bezieht sich dies inhaltlich auf den zweiten Bestandteil: *der Rentenanspruch der Angestellten* (= die Angestellten haben einen Anspruch auf Rente). Es ist aber falsch, zu einer Zusammensetzung ein Genitivattribut zu stellen, das inhaltlich nur zum ersten Bestandteil der Zusammensetzung gehört. Man darf also n i c h t schreiben: *Meldepflicht der Be-*

rufskrankheiten, weil nicht die Berufskrankheiten die Pflicht zur Meldung haben; sie sollen ja gemeldet werden. Es muß richtig heißen: *die Pflicht zur Meldung von Berufskrankheiten.* Ähnlich ist es bei den folgenden Beispielen. Nicht: *Geschäftsinhaberinnen modischer Artikel,* sondern: *Inhaberinnen von Geschäften für modische Artikel.* Nicht: *erwartungsvoll des Ausgangs,* sondern: *in [gespannter] Erwartung des Ausgangs.* Nicht: *Vertretungsrecht des Kindes,* sondern: *Recht auf Vertretung des Kindes.* Dies gilt auch für ein Präpositionalgefüge. Nicht: *Es bestehen Aufstiegsmöglichkeiten zum Werbe- und Verkaufsleiter.* Sondern: *Es bestehen Möglichkeiten, zum Werbe- und Verkaufsleiter aufzusteigen.* Nicht: *die Abfahrtszeit nach Kassel.* Sondern: *die Zeit der Abfahrt nach Kassel* (↑ Abfahrt[s]zeit). Aus demselben Grunde darf man auch nicht sagen: *Hühneraufzucht und ihr Verkauf,* denn das Pronomen würde sich dann nur auf den ersten Bestandteil des Kompositums beziehen (↑ Pronomen [2]).
Bestimmte Fügungen mit einem Genitivattribut haben sich jedoch durchgesetzt und sind sprachüblich geworden: *der Geschichtsschreiber Karls des Großen, die Lebensbeschreibungen großer Persönlichkeiten, der Finanzverwalter dieser Gesellschaft.* Diese Fälle gelten als korrekt, weil sich das Attribut hier auf das Kompositum als Ganzes beziehen läßt.

9. körperfreundliche Seife: Zusammensetzungen mit Adjektiven wie *freundlich, freudig, tüchtig* u.a. als Grundwort werden in der Regel auf Personen oder Lebewesen bezogen, weil diese Adjektive eine menschliche Eigenschaft oder Fähigkeit, ein menschliches Verhalten bezeichnen: *der schaffensfreudige Schriftsteller, die gastfreundlichen Nachbarn, der geschäftstüchtige Unternehmer* usw.
In der Werbesprache besteht heute jedoch die Neigung, Zusammensetzungen mit diesen Wörtern als zweitem Bestandteil auch auf Sachen, auf Dingliches anzuwenden: *rieselfreudiges Salz, hautfreundliche Unterkleidung, gebrauchstüchtige Anzüge, umweltfreundliches Auto* usw. Die genannten Grundwörter (*freundlich, tüchtig* usw.) sind in der heutigen Sprache als Adjektive voll lebendig und haben als solche eine bestimmte Eigenbedeutung, im Unterschied zu ↑ *-fähig,* das bereits die Rolle eines Suffixes einnimmt. Diese Eigenbedeutung wirkt bei Anwendung der genannten Zusammensetzungen auf Lebloses personifizierend und macht sie recht werbewirksam. Außerhalb der Werbesprache sollte man solche Wörter aber nicht gebrauchen.

10. Verweise: Zu *fachliche Bildung/Fachbildung* ↑ Adjektiv (4.1). Zu *motivgleich, pflanzenwuchsfördernd, schaumgebremst, sonnengereift, eisgekühlt, gasvergiftet* ↑ Adjektiv (2.1). Zu *Ich-Laut/Ichsucht* ↑ Bindestrich (2.6). Zu *Werksanlage/Werkanlage* ↑ Fugen-s, ↑ Fugenzeichen.

Kompromiß: Das Wort *Kompromiß* wird gewöhnlich mit männlichem Geschlecht *(der Kompromiß)* gebraucht. Mit sächlichem Geschlecht *(das Kompromiß)* tritt es nur selten auf.

Konditionalsatz

Der Konditionalsatz (Bedingungssatz) ist ein Nebensatz, der die Bedingung (Voraussetzung) nennt, unter der das im Hauptsatz genannte Geschehen oder Sein eintritt, sich vollzieht:

Wenn das wahr ist, [dann/so] ist Schlimmes zu befürchten.
Falls die Haustür geschlossen ist, gehe ich über den Hof.

Im allgemeinen wird der Konditionalsatz durch eine Konjunktion eingeleitet (*wenn, wofern, sofern, falls;* vgl. auch ↑daß [4]). Daneben finden sich aber auch Konditionalsätze ohne Konjunktion, bei denen das finite Verb am Anfang steht:

Kannst du es schon nicht allen recht machen, dann mache es wenigstens so, daß ... Für: Wenn du es schon nicht allen recht machen kannst, dann ... Versagen die Bremsen, dann ist alles verloren. Für: Wenn die Bremsen versagen, dann ist alles verloren.

Die Sätze ohne Konjunktion wirken im allgemeinen nachdrücklicher, feierlicher, pathetischer als die mit Konjunktionen eingeleiteten Sätze: *Machte ich früher Lärm, so wurde die Pforte besetzt* (Immermann).
In allen genannten Sätzen, ob mit oder ohne Konjunktion, unterscheidet sich der Hauptsatz vom Nebensatz durch das im Hauptsatz auftretende ↑Korrelat *dann* oder *so,* das allerdings oft weggelassen wird. In selteneren Fällen, besonders bei älteren Schriftstellern, unterscheiden sich Haupt- und Nebensatz durch die Wortstellung: *Warf er das Schwert von sich, er war verloren* (Schiller). Für: *Wenn er das Schwert von sich warf, war er verloren.* Entsprechend: *Standen ihm damals nicht die Tröstungen der Religion zur Seite, er mußte verzweifeln* (Heine).
Gelegentlich aber unterscheiden sich Hauptsatz und Gliedsatz weder durch eine unterschiedliche Wortstellung noch durch ein Korrelat voneinander. In diesen Fällen empfiehlt es sich, den Hauptsatz durch ein entsprechendes Korrelat oder aber den Nebensatz durch eine entsprechende Konjunktion einzuleiten, damit der Sinnzusammenhang deutlich wird:

Weniger deutlich: Will eine Gemeinde Grundstücke veräußern, hat sie den Beschluß der Rechtsaufsichtsbehörde vorzulegen. Deutlicher: *Wenn* eine Gemeinde Grundstücke veräußern will, hat sie ... Oder: Will eine Gemeinde Grundstücke veräußern, *so/dann* hat sie ...
Weniger deutlich: Ist die Erfüllung des Stiftungszwecks unmöglich geworden, sind die Vorschriften anzuwenden. Deutlicher: *Wenn* die Erfüllung des Stiftungszwecks unmöglich geworden ist, sind ... Oder: Ist die Erfüllung des Stiftungszwecks unmöglich geworden, *so/dann* sind ...

Im Folgenden geht es um den Gebrauch von ↑Konjunktiv II und Indikativ im Konditionalgefüge, wofür Einstellung und Absicht des Sprechers von Bedeutung sind:

1. Wenn sie kommt, bin ich froh: Durch den Indikativ im Konditionalgefüge drückt der Sprecher aus, daß er das, was er aussagt, also Bedingung und Folge, als wirklich gesetzt, als real gegeben ansieht (↑Indikativ):

Wenn sie krank ist, dann sind wir alle noch kränker. Hatte er Glück, kam er mit einem blauen Auge davon. Wenn sie kommt, bin ich froh. Wenn sie zu Hause waren, hörten sie viel Musik.

2. Wenn sie käme, wäre ich froh: Durch den Konjunktiv II im Konditionalgefüge drückt der Sprecher aus, daß er das, was er aussagt, also Bedingung und Folge, als nicht wirklich, als irreal ansieht; er stellt es sich nur vor. Man spricht in diesem Zusammenhang von irrealen Konditionalgefügen:

Wenn er Zeit hätte, käme er. Wäre sie sofort gestartet, dann hätte sie möglicherweise gewonnen. Wenn er morgen früh losführe, wäre er am Abend in Wien. Er würde Bäkker, wenn er dürfte. Wenn sie morgen kommen würde, wäre es noch früh genug.

3. Wenn sie kommt, wäre ich froh: Gelegentlich – vor allem in der gesprochenen Sprache – findet man, daß nur ein Teilsatz eines Konditionalgefüges im Konjunktiv II steht, der andere hingegen im Indikativ:

Wenn du wirklich etwas in dieser Angelegenheit unternehmen *willst,* dann *müßtest* du es anders planen. Eine Wende *könnte* dann eintreten, wenn die Unternehmer stärker *investieren. Sollte* das Hochwasser kommen, dann *werden* die Durchfahrten gesperrt.

In diesen Gefügen wird das, was im konjunktivischen Teilsatz ausgesagt wird, als gedacht, als möglich dargestellt, während das im indikativischen Teilsatz Ausgesagte als wirklich gesetzt, als real gegeben gekennzeichnet wird.

4. Wenn sie kommen würde, würde ich froh sein: Der Konjunktiv II wird in bestimmten Fällen durch *würde* + Infinitiv ersetzt (↑ Konjunktiv [2.3]):

1. Es wird *würde* + Infinitiv gebraucht, wenn ein Mißverständnis entstehen kann, weil der Konjunktiv II eines Verbs mit einer anderen Form übereinstimmt. So sind z. B. alle Formen des Konjunktivs II der regelmäßigen Verben mit den Formen des Indikativs Präteritum identisch und somit nicht eindeutig (*ich liebte, du liebtest* usw.). Auch viele Formen des Konjunktivs II bei bestimmten unregelmäßigen Verben stimmen lautlich fast mit den Formen des Indikativs Präsens und des Konjunktivs I überein (*sähe – sehe, läse – lese, träte – trete* u. a.), oder sie sind völlig mit denen des Präteritums identisch *(wir/sie riefen, wir/sie gingen).* Deshalb ist in dem Gefüge *Wenn sie Peter riefen, eilte er sofort herbei* nicht klar, ob eine irreale Aussage vorliegen soll. Zur Kennzeichnung der Irrealität ist hier die *würde*-Umschreibung zulässig: *Wenn sie Peter rufen würden, eilte er sofort herbei.* (Oder:) *Wenn sie Peter riefen, würde er sofort herbeieilen.*

Dabei genügt es im allgemeinen, wenn die Form eines Teilsatzes eindeutig Konjunktiv II ist: Die andere, an sich nicht eindeutige Form wird dadurch ebenfalls als Konjunktiv II ausgewiesen.

2. Es wird *würde* + Infinitiv gebraucht, wenn die Formen des Konjunktivs II als altertümlich angesehen werden. Dies gilt besonders für bestimmte Verben mit *ö (flöhe), ä (schwände)* und *ü (hülfe)* als Stammvokal:

Ich *flöge/würde fliegen,* wenn ich so wenig Zeit hätte. Ich *hülfe/würde helfen,* wenn ich Gelegenheit dazu hätte.

3. Es wird *würde* + Infinitiv an Stelle eines Konjunktivs II mit Zukunftsbezug gebraucht:

Wenn ich morgen *ginge/gehen würde,* wäre das noch früh genug.

Die Form *würde* + Infinitiv wird häufiger im übergeordneten Hauptsatz gebraucht *(ich würde fliegen, wenn ich so wenig Zeit hätte),* seltener im *wenn*-Satz, sofern der übergeordnete Satz keine *würde*-Umschreibung hat *(Wenn ich flüchten würde, könnte ich die Freiheit gewinnen).*

Beide Verwendungsweisen sind keineswegs als falsch zu bezeichnen, doch sollte man die einfachen Konjunktivformen überall dort verwenden, wo es möglich ist.
Demgegenüber wirkt die *würde*-Umschreibung in beiden Teilsätzen meistens unbeholfen und weitschweifig und ist auch lautlich unschön. Man sollte sie nach Möglichkeit durch andere Konstruktionen ersetzen:

Wir sind glücklich und zufrieden und würden ganz glücklich sein, wenn Sie sich mit uns freuen würden (Fallada). Wenn ich fliehen würde, würde ich meine Freiheit erlangen. (Besser:) Wenn ich davonliefe, würde ich meine Freiheit erlangen. (Oder:) Wenn ich fliehen könnte, würde ich meine Freiheit erlangen. (Oder:) Durch eine Flucht würde ich meine Freiheit erlangen.

Von diesen Fällen der *würde*-Umschreibung des Konjunktivs II sind jedoch folgende Konstruktionen zu unterscheiden: *würde* als Form des Konjunktivs II beim Vollverb *werden (Aber was hätte das alles für einen Sinn ..., wenn wir nicht Vertraute würden); würde* + 2. Partizip als Passiv im Konjunktiv II *(Wenn ich geschlagen würde, wüßte ich nicht, was ich täte).*

5. Ohne dich wäre ich nicht so weit · Wenn sie doch hier wäre!: Der Konjunktiv II zur Kennzeichnung des nur Gedachten, der Irrealität, findet sich nicht nur in ausgebauten Konditionalgefügen mit Haupt- und Nebensatz, er kommt auch in unabhängigen Sätzen vor.

1. Der Konjunktiv II wird in irrealen Sätzen gebraucht, deren Bedingung zwar nicht ausdrücklich in einem Nebensatz genannt ist, aber aus dem Textzusammenhang in irgendeiner Form hervorgeht. In Sätzen dieser Art ist der Konjunktiv II sogar häufiger als in ausgebauten Konditionalgefügen:

Ohne deine Hilfe (= wenn du ihnen nicht geholfen hättest) hätten sie das nicht geschafft. Das täte ich nicht [, wenn ich an ihrer Stelle wäre]. Sonst (= wenn wir uns nicht so angestrengt hätten) wäre er nicht so weit gekommen. So (= wenn man es so machte) wäre es vielleicht besser. Ich würde/möchte Sie gern sprechen [, wenn es ginge]. Ich hätte Sie gern einmal gesprochen. Er ist der letzte, den ich um Rat fragen würde [, wenn ich in Verlegenheit kommen sollte]. Ich wüßte, was zu tun wäre. Er ist zu dumm, als daß er das verstünde. Sie übernahm die Arbeit, obwohl sie gerne Urlaub gemacht hätte [, wenn es nach ihr gegangen wäre].

2. Der Konjunktiv II wird auch in irrealen Sätzen gebraucht, in denen die Folge nicht genannt ist. Häufig handelt es sich um irreale Wunschsätze:

Hätte ich doch dieses Buch! Wenn sie doch gekommen wäre!
Wäre sie nur gekommen! Wenn sie doch nur heute käme!

In der Regel steht in diesen Sätzen *doch* oder *nur,* was die innere Anteilnahme des Sprechers deutlich macht. Die Sätze der vorstehenden beiden Gruppen können auf ein irreales Konditionalgefüge zurückgeführt werden.
Zu irrealen Vergleichssätzen wie *Ihm war, als habe/hätte er die Prüfung nicht bestanden* ↑ als [ob]/als wenn/wie wenn.

6. Das wäre möglich!: Der Konjunktiv II wird gelegentlich als Ausdruck der Höflichkeit oder Unverbindlichkeit gebraucht, wo der Indikativ zu direkt, zu hart oder gar schroff wirken würde:

Ich wünschte, daß Sie nachgäben. Ich würde Ihnen empfehlen, dieses Buch zu kaufen. Ich wüßte wohl, was zu tun wäre. Das wäre möglich! Wir würden uns sehr freuen/Es würde uns sehr freuen, wenn Sie das Geld bis zum 15. d. M. überwiesen (auch: überweisen).

Zu bereits formelhaft gewordenen Sätzen wie

Ich würde sagen/meinen, daß ... Ich würde/möchte Sie gern einmal sprechen. Ich hätte Sie gern einmal gesprochen.

vergleiche man auch 5.1.

7. Da wären wir endlich: Der Konjunktiv II wird auch bei Feststellung eines (mühsam) erreichten Ergebnisses gebraucht, das dadurch – im Unterschied zum ebenfalls möglichen Indikativ – gewissermaßen untertreibend in seiner Wichtigkeit heruntergespielt wird:

Da sind/wären wir endlich. Das ist/wäre getan. Das haben/hätten wir endlich überstanden.

Konfessions-: Zusammensetzungen mit *Konfession* als Bestimmungswort stehen immer mit Fugen-s: *Konfessionsschule, Konfessionsstatistik, konfessionslos.* Formen ohne Fugen-s (z. B. *Konfessionschule*) sind nicht korrekt. ↑Fugen-s (1.3).

Konfrontation/Konfrontierung: ↑Verbalsubstantiv (1.5).

konfrontieren: Das Verb *konfrontieren* wird gewöhnlich mit der Präposition *mit* verbunden: *Ich ... konfrontiere den Kriminalinspektor mit dem Falsifikat Nummer Zwei* (Kästner). Nach dem Vorbild von *gegenüberstellen* kommt aber auch der reine Dativ vor: *Man konfrontierte den Verbrecher seinem Opfer. Durch die veränderte Sachlage sah sie sich neuen Schwierigkeiten konfrontiert.* Beide Fügungsweisen sind korrekt.

Kongo: Der Name des Staates (offiziell: *Volksrepublik Kongo*) wird gewöhnlich ohne Artikel gebraucht. Doch kommt auch der männliche Artikel vor: *der Kongo; im Kongo;* Genitiv: *des Kongos* oder auch *des Kongo.*

Kongreßstadt: Zu der Ersatzschreibung *Kongressstadt* (mit *ss* statt *ß*) ↑Konsonant (1), ↑S-Laute (1.2.1).

Kongruenz

Unter grammatischer Kongruenz (Übereinstimmung) versteht man die grammatisch-formale Abstimmung von Satzgliedern oder zusammengehörenden Teilen von Satzgliedern. Sie ist ein Mittel, mit dem syntaktische Beziehungen gekennzeichnet werden. Schwankungen bei dieser formalen Abstimmung ergeben sich – auch in der Standardsprache – häufig dann, wenn nicht nach grammatischen Gesichtspunkten, sondern nach dem Sinn entschieden wird (sog. Synesis [nach griech. *katà sýnesin* „dem Sinne nach"] oder lat. *constructio ad sensum* [„Konstruktion nach dem Sinn"]). Die Kongruenz zeigt sich im Numerus, in der Person, im Genus und im Kasus.

Daran orientiert sich auch die Gliederung dieses Kapitels:

1 Kongruenz im Numerus

1.1 Subjekt im Singular (Ein Kilogramm Linsen reicht/reichen aus · Eine Menge Äpfel lag/lagen unter dem Baum · Es wird/werden acht Stunden benötigt usw.)

1.2 Subjekt im Plural (2 Pfund ist/sind zuviel · 20 % des Materials wurden/wurde beschlagnahmt · „Die Räuber" haben/hat mir gefallen usw.)

1.3 Mehrere Subjektteile (Links und rechts finden/findet doch nicht zusammen · Die Mitschüler und jedermann gab/gaben zu · Die technische und künstlerische Begabung des Kindes ist/sind hervorragend usw.)
1.4 Gleichsetzungssatz und verwandte Konstruktionen („Häuser" ist/sind der Plural von „Haus" · Eine Reihe Studenten war/waren bereits Mitglied · Der Schrank und der Tisch bleiben mein Eigentum usw.)
1.5 Pronomen (ein Gewand, wie es üblich ist/wie sie üblich sind · Karl und Anna waren vergnügt, weil sie... · Das Buch oder die Schrift, die ...)
2 Kongruenz in der Person
2.1 Subjektteile mit kopulativen Konjunktionen (... haben mein Vater und ich uns sehr gefreut usw.)
2.2 Subjektteile mit disjunktiven Konjunktionen (Er oder ich habe das getan usw.)
2.3 Relativsatz (Du, die du das erlebt hast .../Du, die das erlebt hat...)
3 Kongruenz im Genus
3.1 Sie ist Besitzer/Besitzerin, Minister/Ministerin · Sie ist Herr/Herrin der Lage
3.2 Dieses Mädchen ist kein Dieb/keine Diebin · Das Fräulein, das/die ...
3.3 Lieber/Liebes Hansel!
3.4 Die Autoindustrie, der beste Abnehmer/beste Abnehmerin ...
3.5 Unser Kunde, die Firma Meyer, die/der ...
3.6 der/die Deutsche Milchhof GmbH
4 Kongruenz im Kasus
4.1 Er behandelt ihn wie ein Schurke/wie einen Schurken
4.2 Er klagt sich als der/den Mörder an
4.3 Sie läßt Gott ein guter/einen guten Mann sein
4.4 bei einer Frau wie Sie/wie Ihnen

1 Kongruenz im Numerus

Das Subjekt und das Verb (Finitum) eines Satzes stimmen im Numerus im allgemeinen überein. Singular: *Die Rose blüht.* Plural: *Die Rosen blühen.* Schwierigkeiten entstehen dann, wenn mehrere Subjektteile etwa mit verschiedenem Numerus vorkommen, wenn das Subjekt formal im Singular steht, inhaltlich jedoch damit eine pluralische Vorstellung verbunden ist usw. Zu unterscheiden sind dabei Fälle mit einem Subjekt im Singular (↑1.1) oder im Plural (↑1.2) und Fälle mit mehreren Subjektteilen (↑1.3).

1.1 Subjekt im Singular

1.1.1 Ein Kilogramm Linsen reicht/reichen aus: Folgt einer singularischen Angabe wie etwa *1 Pfund/Gramm/Kilo[gramm]* die Stoffbezeichnung im Singular, dann steht das Verb (Finitum) ebenfalls im Singular:

Ein Pfund Speck *wurde* gekocht. Ein Kilogramm Fleisch *wurde* abgewogen. Ein Gramm Pfeffer *reicht* für dieses Gericht aus.

Auch bei einer Stoffbezeichnung im Plural steht das Verb (Finitum) in der Regel im Singular; doch findet sich in diesen Fällen gelegentlich auch der Plural, und zwar besonders dann, wenn die Stoffbezeichnung als Apposition im gleichen Fall wie das Bezugswort steht:

Ein Pfund Bohnen *wurde/wurden* gekocht. Ein Kilogramm Linsen *reicht/reichen* nicht aus. Ein Kilogramm dieser Linsen *kostet*/(selten:)*kosten* 2,50 DM.

Hier entscheidet der Sprecher mehr nach dem Sinn. Der Plural des Stoffnamens ruft die Vorstellung einer Mehrheit hervor, etwa so, als stünde dort: *Bohnen in der Menge von einem Kilogramm wurden gekocht.*

1.1.2 Eine Menge faule Äpfel lag/lagen unter dem Baum: Wenn einem singularischen Mengenbegriff wie

Anzahl, Bande, Dutzend, Gruppe, Hälfte, Handvoll, Haufen, Heer, Herde, Kreis, Masse, Mehrzahl, Menge, Million, Paar, Reigen, Reihe, Schar, Schock, Teil, Trupp, Unmasse, Volk, Zahl

das Gezählte im Plural folgt *(Äpfel),* dann steht das Verb (Finitum) überwiegend im Singular:

Eine Menge faule Äpfel/fauler Äpfel/von faulen Äpfeln *lag* unter dem Baum. Eine Handvoll Fehler in einem Text von zwei Seiten *ist* nicht akzeptabel. Am See *schwirrte* eine Unmasse von Mücken.

Daneben kommt aber auch der Plural des Verbs (Finitums) vor, besonders dann, wenn das Gezählte als Apposition im gleichen Kasus wie die Mengenangabe steht oder bei unbestimmter Mengenangabe. Der Sprecher entscheidet hier mehr nach dem Sinn:

Eine Menge faule Äpfel *lagen* unter dem Baum. ... wo eine Menge sonderbare Sachen *herumliegen* (Th. Mann). ... *schreiten* eine Anzahl Pilger ... (Nigg). Die Hälfte meiner Gedanken *waren* immer bei ihr (Grass). Eine Reihe von edlen und nüchternen Geistern *haben* den Rauchtabak verabscheut (Th. Mann).

Bei Mengenangaben, mit denen eine genaue Zahl genannt wird, wie *Dutzend, Paar, Schock,* steht häufig der Singular:

Ein Dutzend Eier (= 12 Stück) *kostet* 3,70 Mark. (Aber bei unbestimmter Menge:) Ein Dutzend Angestellte *hatten* die Arbeit übernommen.

Zu *Mehr als die Hälfte der Eltern hat/haben* ↑1.1.6.
Ähnlich wie die Mengenangaben kann auch das Substantiv *Art* in folgendem Satz behandelt werden:

Welche *Art* Übungen *wurde* absolviert?/Welche Art *Übungen wurden* absolviert?

1.1.3 Es wird/werden acht Stunden dazu benötigt: Wenn *es* am Anfang des Satzes steht, muß man unterscheiden, ob es Subjekt des Satzes ist oder nicht. Als Subjekt bleibt es auch dann erhalten, wenn ein anderes Satzglied an den Anfang gestellt wird. Das Verb (Finitum) steht dann entsprechend im Singular:

Es nagt wie tausend Skorpione an ihm (H. Kurz)/Wie tausend Skorpione nagt *es* an ihm.

Wenn das *es* bei dieser Umstellung wegfällt, dann ist es nicht Subjekt und übt keinen Einfluß auf den Numerus des Verbs (Finitums) aus:

Es werden acht Stunden dazu benötigt/Acht Stunden werden dazu benötigt. *Es* wurde nicht viel Zeit für die Reparatur gebraucht. *Es* ist Brot zu kaufen, und *es* sind Schuhe zu kaufen.

Vgl. auch ↑Es ist/sind zwei Jahre [her].

1.1.4 Niemand, weder sie noch er, hatte/hatten es gehört: Folgt einem Subjekt im Singular eine Apposition im Plural oder aus aneinandergereihten Teilen, dann kann das Verb (Finitum) in Übereinstimmung mit dem Subjekt im Singular stehen oder in Übereinstimmung mit der Apposition im Plural:

Die dritte Stufe, die Stilratschläge, *ist* besonders gut (Lebende Sprachen). Die moderne Literatur, Erzählung wie Drama, *sind* durch eine seltsame Abwendung von der Figur des Helden gekennzeichnet (Lüthi). Niemand, weder die Mutter noch die Hausangestellte, *hatten* das Röcheln der Sterbenden gehört (Jens).

1.1.5 Frau Müller mit ihrer Tochter kam/kamen auch: Folgt einem singularischen Subjekt ein substantivisches Attribut, das mit einer Präposition, einem Partizip o. ä. angeschlossen ist, dann steht das Verb (Finitum) im Singular; das präpositionale Attribut übt keinen Einfluß auf den Numerus aus:

Viele Grüße *sendet* (nicht: *senden*) Dir Karl nebst Familie. Frau Kater mit ihrer ... Tochter Susi *brachten* (richtig: *brachte*) beim Matzerath ihr Beileid an (Grass). Pflege der Pflanzenwelt, gepaart mit Schädlingsbekämpfung, *machen* (richtig: *macht*) ... (Quick).

1.1.6 Mehr als 800 000 Bewohner hat/haben gewählt: Bei der Verbindung von *anderes, mehr, nichts, weniger* + *als* und einem pluralischen Attribut kann das Verb (Finitum) im Singular oder im Plural stehen. Maßgebend ist, ob *mehr* usw. oder das Attribut betont ist:

Anderes als leere Kartons *fand/fanden* sich nicht in dem Verschlag. Mehr als Lumpen *war/waren* da nicht zu finden. In der Mappe *war/waren* nichts als ein paar leere Bogen.

Im allgemeinen wird jedoch das Verb (Finitum) in den Plural gesetzt:

... an dem Ort, wo 1928 nicht weniger als hundert Tageszeitungen ... gemacht *wurden* (Der Spiegel). Mehr als 50 Angestellte *arbeiten* im Kassenraum (Der Spiegel). ... wo ... aus noch anderen [Löchern] nichts als Leichenbeine *herausstarrten* (Plievier).

Der Singular scheint vor allem dann möglich zu sein, wenn mit dem attributiven Substantiv Sachen genannt werden wie in den ersten Beispielen; üblich scheint er zu sein, wenn *nichts* usw. von dem mit *als* angeschlossenen Substantiv getrennt ist:

... hinter denen nichts *steckt* als gute Absichten (Die Zeit). Es *war* nichts in ihr als ein paar Bogen und Umschläge (Fallada).

Wenn das Attribut im Singular steht, wird im allgemeinen das Verb (Finitum) in den Singular gesetzt:

... in dem nichts als ein Tisch *stand* (Bloch). ... mehr als ein Jüngling *beschritt* die Priesterlaufbahn (Nigg).

Wenn das Attribut eine singularische Mengenangabe wie *Hälfte, Dutzend* ist, der im allgemeinen das Gezählte im Plural folgt, sind Singular und Plural des Verbs (Finitum) in gleicher Weise möglich und üblich:

Mehr als die Hälfte aller Frauen *hat* Haarprobleme (Petra). Mehr als die Hälfte aller betroffenen Eltern ... *haben* schon jetzt bis zu 10 000 DM ... aufwenden müssen (Der Spiegel). Mehr als ein Dutzend weiterer Eheschließungen ... *wurde* der Polizei allein in Hamburg bekannt (Der Spiegel). (Aber nur:) Mehr als die Hälfte der Bevölkerung (Gezähltes im Singular!) *ist* unter 30 Jahre alt.

1.1.7 Wenig war/waren dort versammelt: Ist *wenig* oder *genug* Subjekt, dann steht das Verb (Finitum) im Plural, wenn ein pluralisches Wort wie etwa *Menschen/Leute* ergänzt werden kann oder wenn ein pluralisches Genitivattribut hinzugefügt ist:

Wenig/Genug [Menschen] waren dort versammelt.
Der Worte sind genug gewechselt.

Kann kein Plural ergänzt werden, dann steht auch das Verb (Finitum) im Singular:

Genug ist nicht genug. Wenig gehört zum Glück.

1.1.8 Je ein Exemplar dieser Bücher wurde/wurden verschickt: Hier ist nur der Singular korrekt. ↑je (3).

1.2 Subjekt im Plural

Von der unter 1 genannten Regel, daß dem Plural des Subjekts der Plural im Prädikat entspricht, gibt es zahlreiche Abweichungen.

1.2.1 2 Pfund ist/sind zu viel: Bildet eine pluralische Angabe mit *Mark, Pfennig, Pfund* usw. das Subjekt des Satzes, dann besteht heute besonders in der Alltags- und Umgangssprache die Neigung, das Verb (Finitum) in die Singularform zu setzen, weil Zahl und Gezähltes als Einheit aufgefaßt werden. Standardsprachlich zieht man jedoch den Plural vor:

Zwei Mark *ist* (statt: *sind*) doch ziemlich viel für ein solches Heftchen. Achtzig Pfennig *reicht* (statt: *reichen*) aber nicht aus dafür. Hundert Pfund *ist* (statt: *sind*) zu wenig für seine Größe. Daher *werden* für greifbare Ware 155 DM verlangt (FAZ). Als Preis *wurden* DM 58,- vereinbart.

Folgt der pluralischen Angabe ein singularisches Substantiv wie *Gewicht,* dann tritt gelegentlich die Konstruktion nach dem Sinn mit dem Verb (Finitum) im Singular ein *(20 Pfund Gewicht wurde gewogen).*
Zu *Es herrschte/herrschten 30 Grad [Wärme]* ↑Grad.

1.2.2 2 kg Fleisch reichen/reicht nicht aus: Folgt einer pluralischen Angabe mit *Kilo[gramm], Gramm, Pfund, Meter, Liter* usw. die Stoffbezeichnung im Singular, dann steht im allgemeinen das Verb (Finitum) im Plural:

2 kg Fleisch *reichen*/(selten:) *reicht* aus. 100 g Speck *werden* in feine Würfel geschnitten. 2 Pfund Kalbsleber *werden* gekocht. 3 m Seide *reichen* für dieses Kleid aus. 2 l Milch *sind* zu wenig für uns.

Folgt der pluralischen Angabe die Stoffbezeichnung im Plural, dann ist nur der Plural des Verbs (Finitums) zulässig:

300 g Bohnen *reichen* aus. 4 kg Wurzeln *werden* gekocht.

1.2.3 Zwei Drittel der Mannschaft wurden/wurde gerettet · 20 % des Materials wurden/wurde beschlagnahmt: Bei pluralischen Prozent-, Bruch- und Dezimalzahlen und einem Substantiv im Genitiv als Subjekt wird das Verb (Finitum) standardsprachlich in den Plural gesetzt:

1,5 ml des Serums *wurden* (nicht: *wurde*) vernichtet. 20 Prozent des Materials *wurden* (nicht: *wurde*) beschlagnahmt. Sechs Siebentel des Buches *werden* von einem Wörterverzeichnis eingenommen (Jellinek). 0,20 DM in Briefmarken *sind* beigefügt. 40 Prozent der demokratischen Wähler *plädierten* ... für ... Kennedy (Der Spiegel).

Folgt aber der Mengenangabe das Substantiv im Nominativ Singular, dann ist auch bei pluralischer Bruch-, Prozent- und Dezimalzahl der Singular des Verbs (Finitums) standardsprachlich korrekt:

70% Kohle *stammt* (neben: *stammen*) aus dem Ruhrgebiet. 1,5 ml Serum *wurde* (neben: *wurden*) vernichtet. Zwei Fünftel Kernenergie *deckt* (neben: *decken*) den Bedarf. Nicht nur Fachleute wissen, daß in der Welt etwa 20 Prozent mehr Erdöl gefördert als laufend verbraucht *wird* (Die Zeit).

Zum Plural nach 0,1 *(0,1 Sekunden)* ↑null (2).

1.2.4 Drei und drei ist/sind sechs: Bei Rechenaufgaben mit alleinstehenden pluralischen Zahlen steht das Verb (Finitum) im Singular:

Drei und drei *ist/macht/gibt* sechs. Fünf weniger drei *ist* zwei. Zwei mal zwei *ist* vier. Zehn geteilt durch fünf *ist* zwei.

1.2.5 „Die Räuber" haben/hat mir gefallen: Ist der pluralische Titel eines Buches, einer Zeitung, eines Theaterstückes usw. Subjekt, dann steht im allgemeinen das Verb (Finitum) ebenfalls im Plural, wenn der bestimmte Artikel o. ä. mit zum Titel gehört:

„Die Räuber" haben immer eine starke Wirkung auf die Jugend ausgeübt. *Die Berliner Nachrichten berichteten* über dies Ereignis. (Aber ohne Artikel:) *„Gespenster" erregte* tiefes Interesse bei den Zuschauern.

Bei vorangestelltem Gattungsbegriff steht der Singular:

Das Drama „Die Räuber" *hat* zu allen Zeiten eine starke Wirkung auf die Jugend ausgeübt.

Titel fremder Zeitungen *(Times)* usw., die von der Form her Plural sind, werden in der Regel mit dem Singular des Verbs (Finitums) verbunden:

... die *New York Times ermittelte* sechs Millionen klampfespielende Amerikaner (Der Spiegel). Die *Iswestija* (im Russischen Plural!) *bestätigt* in einem Leitartikel, daß ...

Vgl. auch 1.3.6 und 1.4.2.

1.2.6 Die Leute hier, die Landbevölkerung, sind/ist ...: Folgt einem Subjekt im Plural eine Apposition im Singular, dann kann das Verb (Finitum) in Übereinstimmung mit dem Subjekt im Plural oder in Übereinstimmung mit der Apposition im Singular stehen:

... und sie (= die Neger), der schwarze Mittelstand, *sind* noch immer in der Überzahl (Der Spiegel). Die Leute hier, vor allem die Landbevölkerung, *ist* nie nationalsozialistisch gewesen (Der Spiegel).

1.2.7 Die Flottmann-Werke GmbH sucht/suchen Arbeiter: Folgt einem pluralischen Firmennamen eine Abkürzung wie *AG, GmbH* als Apposition, dann richtet sich das Verb (Finitum) im Numerus nach dem Firmennamen und steht im Plural:

Die Flottmann-Werke GmbH *suchen* Arbeiter. Die Vereinigten Elektrizitäts-Werke AG *haben* ihren Jahresbericht vorgelegt.

Sind *Aktiengesellschaft* oder *Gesellschaft mbH* u. ä. jedoch nicht Apposition, sondern Grundwort des Firmennamens, dann steht das Verb (Finitum) im Singular (↑Abkürzungen [6.1]):

Die Süddeutsche Zucker-Aktiengesellschaft hat beschlossen, daß ...

1.2.8 Die Hunde wedelten mit dem Schwanz/mit den Schwänzen: Auch wenn es unlogisch erscheinen mag, steht die Bezeichnung für eine Sache, die sich auf eine Mehrzahl vor allem von Personen bezieht, gewöhnlich im (sog. einteilenden oder distributiven) Singular:

Alle hoben *die Hand.* Viele haben damals *ihr Leben* verloren. Dieser Kummer brach ihnen *das Herz.* Die Hunde wedelten mit *dem Schwanz.* Sie bekamen *einen roten Kopf.* Sie schüttelten sich *die Hand.* Mehrere Illustrierte brachten das Bild auf *der Titelseite.*

In manchen Fällen ist der Sinn des Satzes zu berücksichtigen: In dem Satz *Die Antragsteller werden gebeten, das ausgefüllte Formular rechtzeitig einzureichen* geht es um ein Formular, in *Die Antragsteller werden gebeten, die ausgefüllten Formulare rechtzeitig einzureichen* dagegen um mehrere. Zu *einen roten Kopf/rote Köpfe bekommen* ↑Kopf.

1.3 Mehrere Subjektteile

1.3.1 Links und rechts finden/findet doch nicht zusammen: Wenn das Subjekt aus nebengeordneten Teilen besteht, die mit *und* verbunden sind oder ohne verbindende Teile stehen, dann wird im allgemeinen das Verb (Finitum) in den Plural gesetzt. Dies gilt insbesondere dann, wenn beide Subjektteile oder ein Subjektteil im Plural steht:

... mein Hals, meine Brust, mein Kopf *waren* entzündet (Weiss). Eine unfehlbare Sicherheit des Geschmacks, eine lächelnde, gleitende Überlegenheit *machen* uns vibrieren (Tucholsky). Links und rechts *finden* doch nicht zusammen (Der Spiegel). Sie und er *hätten* ... hervorragende Freunde ... Roms werden können (Wilder). Bund, Länder und Gemeinden *dürfen* ihre Anlagen ... selbständig gestalten (Der Spiegel).

Dies gilt sowohl für Fälle, in denen das Subjekt dem Verb (Finitum) vorausgeht, als auch für Fälle, in denen es ihm folgt. Nur bei singularischen Subjektteilen ist auch der Bezug auf einen Subjektteil und damit der Singular des Verbs (Finitums) möglich, wenn auch seltener als der Plural:

(Üblich:) Zwanzig Minuten danach *kamen* er und der andere. Bei keinem anderen Teilproblem ... *wirkten* sich Mangel an Sachkunde und technische Naivität der Bonner Plänemacher so katastrophal aus (Der Spiegel).

(Seltener:) ... *wetteiferte* Bürgerschaft und ein Teil irregeleiteter Sozialisten (Tucholsky). Zwischen die drei Deutschen *hatte* sich nur der Schwede Kjell Sjöberg und der Russe Iwannikow geschoben (Olympische Spiele 1964). Der Haß, die Gewalttätigkeit *nützte* nichts mehr (Weiss). Die Korruption und die Verkennung der Lage *fraß* nach unten weiter (Tucholsky). ... da sich in ihrem Haushalt noch ihr 14jähriger Sohn und ihre 10jährige Tochter *befindet*.

Eine Bevorzugung des Singulars bei vorangestelltem Verb (Finitum) scheint vorzuliegen:

- bei Subjektteilen ohne Konjunktion:

  ... denn ohne sie *wäre* die Frau, das Kind vielleicht verhungert (Der Spiegel).

- wenn die Subjektteile durch Teile des Verbs (Finitums) voneinander getrennt sind. Dies gilt auch, wenn die Subjektteile durch andere kopulative Konjunktionen als durch *und* verbunden sind:

  Hermine Kleefeld *gehörte* dazu sowie Herr Albin ...; ferner der ... Jüngling ... (Th.Mann). Dort *kann* sowohl die Menge der Loden eines Baumstumpfes gemeint sein als auch die Gesamtheit aller Loden im Ausschlagswald (Kehr).

- wenn die Subjekte dem Verb (Finitum) in Form einer tabellarischen Übersicht folgen:

  Als Härtematerial *wird* empfohlen:

  Tapio
Holzzement
Duran

  Vorausgesetzt, daß uns ein entsprechender Antrag der Versicherungsnehmerin eingereicht wird, *beträgt*

die prämienfreie Versicherungssumme	9 398,40 DM
der Rückkaufswert	4 119,80 DM
das Dividendenguthaben	7 210,35 DM

1.3.2 Die Mitschüler und jedermann gab/gaben zu: Es ist korrekt, das Verb (Finitum) auf einen singularischen Subjektteil *(jedermann)* zu beziehen und in den Singular zu setzen, wenn dieser einen anderen Subjektteil *(Mitschüler)* inhaltlich mit umfaßt:

Er und alle Welt *redete* (nicht: *redeten*) darüber schon seit Wochen. Die Mitschüler und jedermann *gab* (nicht: *gaben*) zu ... (Hesse).

Gelegentlich wird durch ein dem verbindenden *und* angefügtes *damit, somit, mithin* u. ä. angedeutet, daß der zweite Subjektteil inhaltlich mit dem ersten eng gekoppelt ist. In diesen Fällen sind Singular und Plural des Verbs (Finitums) möglich:

Die Arbeit in der EWG und damit/somit auch die Vertretung der Interessen der deutschen Wirtschaft *stellen* (neben: *stellt*) hohe Ansprüche an die deutsche Delegation. Da sich zudem durch höhere Umdrehungszahl ... die Luft-Anströmungsgeschwindigkeit an den Rotor-Paddeln und mithin der Auftrieb noch beträchtlich steigern *läßt* (auch: *lassen*), dürften ... (Der Spiegel).

Der Singular im folgenden Beleg ist durch die Hervorhebung des zweiten Subjektteils zu erklären:

Das Blut an H.s Schuhen und vor allem die Freundschaft zwischen H. und D. *schien* dem Kriminalkommissar zu genügen (Quick).

1.3.3 Zeit und Geld fehlt/fehlen: Bei formelhaften Subjekten, die oft aus Teilen ohne Artikel u. ä. bestehen, steht das Verb (Finitum) im Singular, wenn das Subjekt als Einheit aufgefaßt wird. Der Plural ist zu setzen, wenn die Vorstellung einer Mehrheit ausgedrückt werden soll:

Grund und Boden *darf* nicht zum Objekt wilder Spekulationen werden. Groß und klein (= jedermann) *aß* davon. Zeit und Geld *fehlt* uns. Krankheit und Müdigkeit *macht* auch Bauern fein (Kafka). Barsänger und Sportsmann [gleichzeitig, das] *verträgt* sich nicht.

... die verdrehten Vorstellungen, die Freund und Feind sich von diesem Lande *machen* (Koeppen). Unaufhaltsam *wachsen* ... Mißmut und Unbehagen (Der Spiegel).

1.3.4 Die technische und künstlerische Begabung des Kindes ist/sind hervorragend: In Sätzen mit gleichlautenden Subjektteilen, die durch ein Adjektiv näher bestimmt sind, kann eines der Subjektteile erspart werden (↑ Ellipse [6]); das Verb (Finitum) steht dabei im Plural:

Das alte [Buch] und das neue Buch *liegen* auf dem Tisch.

In manchen Fällen, vor allem bei Abstrakta als Subjektteilen, besteht die Möglichkeit, die durch die Ersparung eng zusammengerückten Subjektteile als Einheit aufzufassen und das Verb (Finitum) in den Singular zu setzen. Der Plural ist in diesen Fällen ebenfalls möglich und korrekt, wenn die Vorstellung von der Mehrheit bestimmend ist:

Die technische [Begabung] und künstlerische Begabung des Kindes *ist* (neben: *sind*) hervorragend. Das ist ein Beruf, für den berufliche [Qualifikation] und persönliche Qualifikation erforderlich *ist* (neben: *sind*). Das Alte [Testament] und Neue Testament *erscheint* (neben: *erscheinen*) hier in einer neuen, zeitgemäßen Übersetzung. Die erste und zweite Mannschaft *spielte* (neben: *spielten*) unentschieden.

Dies gilt auch dann,

- wenn die Subjektteile Zusammensetzungen mit gleichem Grundwort sind und dies bei dem ersten Subjektteil ausgespart ist:

Die Lohnsteuer- und Einkommensteuerveranlagung *wurde* (neben: *wurden*) korrigiert. Die Stahl- und Bauwirtschaft ... *gelten* ... nicht länger als Wachstums-Industrien (Der Spiegel).

- wenn die Zusammengehörigkeit verschiedener Subjektteile durch ein gemeinsames Attribut betont wird:

  Alle Zerstörungswut und Herrschsucht in uns *durfte* sich entfalten (Weiss). ... *war* die Spannung und Erregung ... abzulesen (Olympische Spiele 1964). ... oft *geriet* ihr Aussehen und Name schon in Vergessenheit (Kafka). ... daß Ihnen viel Glück, Freude und Gesundheit beschieden *sei* (neben: *seien*).

Von diesen Konstruktionen mit mehreren Subjektteilen sind zusammengefaßte Sätze zu unterscheiden, in denen gleichlautende Verben oder Verbteile ausgelassen sind (↑Ellipse [9]):

Bei dem Unfall *wurde* der Fahrer getötet und *[wurde]* der Beifahrer verletzt. Links *lag* ein Stoß Papier, rechts *[lag]* ein Taschenmesser, dahinter *[lag]* ein Mäppchen. Von den Kosten des Rechtsstreits *trägt* der Kläger ⅓, der Beklagte *[trägt]* ⅔. Im übrigen *wird* die Klage ab-, die Berufung *[wird]* zurückgewiesen.

1.3.5 Schmidt und Co., Buchdruckerei, drucken/druckt: Folgt den Subjektteilen eine Apposition im Singular, dann steht das Verb (Finitum) im Plural, wenn es auf die Subjektteile bezogen ist. Es steht im Singular, wenn es auf die zusammenfassende Apposition bezogen wird. Beide Konstruktionen sind korrekt:

Schmidt u. Co., Buchdruckerei, *drucken* (neben: *druckt*) für Behörden und Private schnell und billig. Turm und Brücke – das Hoechster Firmenzeichen – *ist* (neben: *sind*) in allen Erdteilen zu Hause.

1.3.6 Hermann und Dorothea wird/werden gelesen: Ist das Subjekt der Titel eines Theaterstückes u. ä., dessen Teile durch *und* verbunden sind, dann wird das Verb (Finitum) in den Singular gesetzt, weil das Subjekt als Einheit aufgefaßt wird:

„Hermann und Dorothea" *wird* (nicht: *werden*) heute nur noch selten in den Schulen gelesen. „Romeo und Julia *wurde* (nicht: *wurden*) in drei Theatern gleichzeitig aufgeführt. „Schneewittchen und die sieben Zwerge" *wird* (nicht: *werden*) auch heute noch oft gelesen.

Vgl. auch 1.2.5 und 1.4.2.

1.3.7 Schimpfen und Lachen drang/drangen: Sind die aneinandergereihten Subjektteile Infinitive, dann wird das Verb (Finitum) im allgemeinen in den Singular gesetzt:

Zu Hause sitzen und nichts tun können und auf die Bomben ... warten *ist* grauenvoll (Feuchtwanger). Schimpfen, Lachen und Schwatzen *drang* durch mehrere Türen ... (Th. Mann). Die Vereinigten Staaten zu verlassen und mit Bhakaroff nach Europa zu gehen, *brachte* immer den gleichen Aufruhr mit sich (V. Baum).

Wenn beide Infinitive einen Artikel haben oder wenn statt eines Infinitivs ein Verbalsubstantiv steht, scheint der Plural häufiger zu sein:

Das Wandern und das Schwimmen *hatten* seinen Körper gestärkt. Schlafen und Doping *waren* verboten (Die Zeit).

1.3.8 Jeder Kunde und jeder Mitarbeiter macht/machen sich klar: Wenn den singularischen Subjektteilen *kein, jeder* oder *mancher* vorangestellt ist, dann steht das Verb (Finitum) gewöhnlich im Singular, weil diese Wörter als stark vereinzelnd angesehen werden; der Plural ist jedoch auch möglich:

Jeder Kunde und jeder Mitarbeiter *macht* sich klar, daß ... Jeder Ehemann und jede Ehefrau *dürften* selbst entscheiden, ob ... (Mannheimer Morgen). Keine Ärzteorganisation, kein Offizierskorps *hat* Kollegen und Kameraden öffentlich zur Verantwortung *gezogen* (Tucholsky). Kein Bild, kein Buch, keine persönliche Erinnerung *waren* in der Kajüte zu finden (Lenz). Manche Dozentin und mancher Bibliothekar *steht* (auch: *stehen*) dem skeptisch gegenüber.

Wenn die genannten oder ähnliche Pronomen selbst als Subjektteile gebraucht werden, dann steht das Verb (Finitum) in der Regel im Singular:

Jeder und jede *fühlte* sich untadelig tugendhaft (Wilder). Nichts und niemand *kann* den Sperrgürtel ... durchqueren (Der Spiegel).

1.3.9 Nicht nur der Vater, sondern auch die Mutter war/waren da: Wenn singularische Subjektteile mit *nicht nur – [sondern] auch* verbunden sind, dann wird das Verb (Finitum) im allgemeinen in den Singular gesetzt, weil mit dieser Verbindung der einzelne Subjektteil besonders betont wird:

Nicht nur der jüdische Tischler Emanuel Blatt, auch ein Widerstandskämpfer ... *hat* sich in das Kloster *geflüchtet* (Bild und Funk). Bisher *hat* nicht nur der US-Präsident, sondern auch Rotchina gewissenhaft jeden Schritt *vermieden*, der ... (Der Spiegel).

Das gleiche gilt für die Verbindung *nicht – sondern:*

... daß nicht die Tochter, sondern der Sohn auf die Anklagebank *gehört.*

1.3.10 Weder Müller noch er wußte/wußten davon: Werden die Subjektteile mit *weder – noch* oder mit *[so]wie* verbunden, dann sind Singular und Plural des Verbs (Finitums) möglich. Der Plural ist häufiger, wenn das Subjekt dem Finitum vorausgeht, der Singular dagegen, wenn es ihm folgt:

Weder Pippig noch ein anderer *wußte* davon (Apitz). Weder er noch ein Mitarbeiter ... *hatten unterschrieben* (Der Spiegel). ... wobei seine würdige Erscheinung sowie die wache Präzision seiner Aussage allgemeine Anerkennung *erntete* (Habe). Die tatsächliche sowjetische Kräfteverteilung sowie die Präsenz der Atomwaffen in Ost und West *führen* uns zu einem Lagebild ... (Der Spiegel).

... *hat* sich weder die westliche Arbeitsgruppe noch die Außenministerkonferenz ... mit der Frage ... befaßt (Der Spiegel). In seinem ... Gesicht *waren* weder Scheu noch Neugier (Strittmatter). Für jeden Etat *ist* ein Kundenberater ... sowie eine „kreative Gruppe" von Textern und Graphikern zuständig (Der Spiegel).

Wenn ein Subjektteil im Plural steht, dann wird das Verb (Finitum) in der Regel ebenfalls in den Plural gesetzt.

1.3.11 Sowohl Vater als auch Mutter hat/haben es gewußt: Wenn die Subjektteile mit *sowohl – als/wie [auch]* verbunden sind, dann wird das Verb (Finitum) häufig auf beide Subjektteile bezogen und in den Plural gesetzt; der Singular ist jedoch auch möglich:

... muß ich darauf hinweisen, daß es sowohl Gewissenhaftigkeit wie Integrität des Forschers *gebieten* ... (Jens). Sowohl die Konzeption seines Werkes als auch der Film selbst *bestanden* zu diesem Zeitpunkt nur in Fragmenten (Bild und Funk). ... daß offenbar sowohl die Kommunistische Partei als auch die ... Gewerkschaft ... *überrollt wurde* (Die Zeit).

1.3.12 Der Vater oder die Mutter hat/haben es gewußt: Wenn singularische Subjektteile mit einer der ausschließenden Konjunktionen *oder, entweder – oder, beziehungsweise* verbunden sind, dann wird das Verb (Finitum) im allgemeinen in den Singular gesetzt, weil durch *oder* usw. einer der Subjektteile ausgeschlossen wird:

Ich weiß nicht, ob Karl oder Fritz es getan *hat.* Entweder mein Vater oder meine Mutter *hat* das gesagt. Die Firma Meier beziehungsweise die Firma Müller *wird* Stellung nehmen.

Vor allem bei Voranstellung des Subjekts steht das Verb (Finitum) relativ häufig im Plural, doch sollte man standardsprachlich besser den Singular setzen:

Untätigkeit oder eine schwache Aktion *können* (statt: *kann*) einen schweren Rückschlag ... zur Folge haben (Der Spiegel). ... daß entweder Darlan oder Roosevelt ein unehrliches Spiel *treiben* (statt: *treibt*).

Wenn einer der Subjektteile im Plural steht, dann hat das Verb (Finitum) den Numerus, den der bei ihm stehende Subjektteil hat:

Der Vater oder alle *müssen*/Alle oder der Vater *muß* die Verantwortung dafür übernehmen. Dann *würden* ... zwei Prozent ... oder knapp eine halbe Million arbeitslos sein (Der Spiegel). Ein [Teil] oder zwei Teile *können* fehlen.

1.4 Gleichsetzungssatz und verwandte Konstruktionen

Im allgemeinen entspricht der Numerus des Gleichsetzungsglieds dem des Subjekts (vgl. aber 1.4.5 ff.). Stehen beide im Singular, dann steht auch das Verb (Finitum) im Singular; stehen beide oder nur eines von ihnen im Plural, dann steht auch das Verb (Finitum) im Plural:

Die Lärche *ist* ein Nadelbaum. Beide Frauen *sind* Angestellte. Besonders Rechtschreibfehler *waren* ihm ein Greuel. ... der Zorn und die Ungeduld *sind* schlechte Begleiter für einen Slalomfahrer (Olympische Spiele 1964).

Im einzelnen sind jedoch folgende Fälle zu beachten:

1.4.1 „Häuser" ist/sind der Plural von „Haus": Wird ein pluralisches Substantiv nur nach seiner Lautgestalt bewertet, dann steht das Verb (Finitum) im Singular:

„Häuser" *ist/heißt* (nicht: *sind/heißen*) der Plural von „Haus".

1.4.2 „Die Verdammten" ist/sind ein Roman: Der Singular des Verbs (Finitums) tritt auch dann ein, wenn bei einem pluralischen oder mehrteiligen Subjekt (Gleichsetzungsnominativ) die Vorstellung von der Einheit oder Ganzheit bestimmend ist. Dies gilt besonders dann, wenn sie durch ein singularisches Gleichsetzungsglied gestützt wird (↑1.2.5, ↑1.3.6):

„Die Räuber" *heißt* ein Drama von Schiller. „Die Verdammten" *ist* ein Roman, der viel Aufsehen erregt hat. „Hermann und Dorothea" *ist* unsere nächste Lektüre.

Dasselbe gilt auch für angeführte Wendungen, Zitate u. ä.:

„Träume sind Schäume" *ist* ein altes Sprichtwort.

1.4.3 Tausend Kilogramm ist/sind ein großes Gewicht: Ist eines der Gleichsetzungsglieder eine pluralische Maß- oder Mengenangabe, dann sind Singular und Plural des Verbs (Finitums) möglich, je nachdem, ob die Einheit von Zahl und Gezähltem oder die Vielheit betont werden soll:

Tausend Kilogramm *ist* (neben: *sind*) ein großes Gewicht. Tausend Mark *ist* (neben: *sind*) viel Geld. Eine Mark *ist* (neben: *sind*) hundert Pfennig[e].

1.4.4 Eine Reihe Studenten war/waren bereits Mitglied: Folgt einer Angabe wie *Reihe, Menge, Gruppe* ein Substantiv im Plural, dann stehen Verb (Finitum) und Gleichsetzungsglied in Übereinstimmung mit dem Subjekt (*Reihe* usw.) gewöhnlich im Singular. Daneben aber findet sich auch der Plural; der Sprecher entscheidet dann mehr nach dem Sinn:

... eine Reihe von Studenten *waren* (neben: *war*) bereits *Parteimitglieder* (neben: *Parteimitglied*) (Leonhard). ... eine ganze Gruppe von Lautungen *sind* (neben: *ist*) Träger eines Inhalts (Porzig).

1.4.5 Der Schrank und der Tisch bleiben mein Eigentum: Ein pluralisches oder mehrgliedriges Subjekt kann mit einem singularischen Kollektivum gleichgesetzt werden, aber nicht umgekehrt:

Die Römer waren *das tapferste Volk* des Altertums. Dieser Schrank und dieser Tisch bleiben *mein Eigentum.* (Bei Endstellung des Subjekts:) *Das gebildetste Volk* des Altertums waren die Griechen. (Aber nicht:) Meine Familie sind Frühaufsteher.

1.4.6 Meine beiden Töchter sind Lehrerinnen/Lehrerin · Alle drei sind Arzt/Ärzte geworden: Wenn das Gleichsetzungsglied eine Berufsbezeichnung nennt, kann es trotz eines pluralischen Subjekts gelegentlich im Singular stehen. Dadurch wird der Blick von den Einzelpersonen stärker auf den Berufsstand gerichtet:

Meine beiden Töchter sind *Lehrerinnen* (seltener: *Lehrerin*). Alle drei wollten *Arzt* (seltener: *Ärzte*) werden. Die beiden Frauen, die dort stehen, sind *Rechtsanwältinnen* (nicht: *Rechtsanwältin*). Beide Männer sind Angestellte (nicht: *Angestellter*).

1.4.7 Wir waren alle Zeuge/Zeugen dieser Tat: Das Gleichsetzungsglied muß trotz eines pluralischen Subjekts in einigen festen Verbindungen oder Wendungen im Singular stehen, z. B. bei *Gast sein* oder *Herr der Lage sein:*

Nur Wachsfiguren waren *Zeuge* (Romantitel). ... unter Umständen können wir alle *Modell* sein (Hauptmann). Wir waren nicht mehr *Herr* der Lage.

1.4.8 Ich nenne ihn meinen Freund: Die bisher unter 1.4 dargestellten Regeln gelten auch für Sätze, die dem Gleichsetzungssatz ähnlich sind oder inhaltlich zu ihm gehören:

Ich nenne ihn meinen Freund. Diesen Schrank und diesen Tisch nenne ich mein Eigentum. Wir wählen sie zur Vorsitzenden. Diesen Schrank und diesen Tisch mache ich zu meinem Eigentum. Sie machte ihn zum Zeugen ihrer Tat. Sie alle waren als Zeuge aufgerufen.

1.5 Pronomen

1.5.1 ein Gewand, wie es üblich ist/wie sie üblich sind: Ein Pronomen mit singularischem Bezugswort kann dann im Plural stehen, wenn eine Verallgemeinerung ausgedrückt werden soll oder wenn das Bezugswort kollektive (zusammenfassende) Bedeutung hat. Der Singular ist natürlich auch möglich:

Der Fremde trug ein Gewand, wie *sie* (neben: *es*) bei Zirkusleuten üblich *sind* (neben: *ist*). ... einen blanken, niedrigen Hut, wie ich *solche* (neben: *einen solchen*) an unseren Droschkenkutschern zu sehen gewohnt war (R. Huch). *Die Polizei* war ... da, *die wollten* (neben: *die wollte*) den Laden schon schließen (Fichte). Seine Hand zerdrückte den Stengel *einer Minze, die* hier in Mengen *wucherten* (neben: *wucherte*).

1.5.2 Alexander und Tanja waren vergnügt, weil sie ...: Durch kopulative (anreihende) Konjunktionen (z. B. *und, sowohl – als auch*) verbundene singularische Substantive werden durch ein pluralisches Pronomen wieder aufgenommen:

Alexander und Tanja waren vergnügt, weil *sie* nicht in die Schule zu gehen brauchten. Ein Heller und ein Batzen, *die* waren beide mein.

Der Singular des Pronomens ist nur dann möglich und korrekt, wenn die Wortgruppe Substantive gleichen Geschlechts enthält und als Einheit aufgefaßt werden kann:

Er zeigte sich loyal gegenüber seinem Präsidenten und von einer menschlichen Wärme und Herzlichkeit, *die* überraschend *wirkte* (Der Spiegel).

1.5.3 Das Buch oder die Schrift, die ...: Wenn zwei singularische Bezugswörter durch eine disjunktive (ausschließende) Konjunktion wie *oder, entweder – oder* verbunden sind, dann richtet sich das Pronomen nach dem zunächst stehenden Substantiv. Es steht im Singular und hat das entsprechende Genus:

Das Buch oder die Schrift, *die* mein Interesse *erregte,* habe ich leider nicht erhalten. Entweder ein einzelnes Wort oder die ganze Wendung, *die* ihr zu Ohren *kam,* hatte sie verletzt.

Früher wurde häufig das dem ersten Substantiv der Wortgruppe entsprechende Pronomen in Klammern mit genannt: *Das Buch oder die Schrift, die (das)...* Dies ist heute nicht mehr üblich.

2 Kongruenz in der Person

Subjekt und Verb (Finitum) eines Satzes stimmen in der grammatischen Person überein, ebenso das Reflexiv- und das Possessivpronomen, sofern sie sich auf das Subjekt beziehen bzw. es vertreten:

1. Pers. Sing.: *Ich habe mich* über *meine* Geschenke gefreut.
2. Pers. Sing.: *Du hast dich* über *deine* Geschenke gefreut.
3. Pers. Sing.: *Er/Sie/Es hat sich* über *seine/ihre/seine* Geschenke gefreut.
1. Pers. Plur.: *Wir haben uns* über *unsere* Geschenke gefreut.
2. Pers. Plur.: *Ihr habt euch* über *eure* Geschenke gefreut.
3. Pers. Plur.: *Sie haben sich* über *ihre* Geschenke gefreut.

Schwierigkeiten ergeben sich, wenn das Subjekt aus Teilen besteht, in denen – grammatisch gesehen – verschiedene Personen genannt werden.

2.1 Subjektteile mit kopulativen Konjunktionen

Das Subjekt kann aus mehreren, mit kopulativen (anreihenden) Konjunktionen (z. B. *und, weder – noch, sowohl – als auch, wie*) verbundenen Teilen bestehen, die – grammatisch gesehen – in der Person nicht übereinstimmen (z. B. *er* und *ich*). Hier gilt folgende Grundregel:

Wenn mit einem der Subjektteile eine 1. Person genannt wird *(ich* oder *wir),* dann ist das Gesamtsubjekt austauschbar mit *wir;* Verb (Finitum) und Pronomen werden entsprechend in die 1. Person Plural gesetzt:

1. Person	+	3. Person/2. Person	1. Person Plural
ich/wir	+	er/sie (Plural)	(= wir) haben uns über unsere
ich/wir	+	du/ihr	Geschenke gefreut.

Bei der Verbindung von Subjektteilen in der 2. *(du/ihr)* und 3. Person *(er/sie)* ist das Gesamtsubjekt austauschbar mit *ihr;* Verb (Finitum) und Pronomen werden entsprechend in die 2. Person Plural gesetzt:

2. Person	+	3. Person	2. Person Plural
du/ihr	+	er/sie (Plural)	(= ihr) habt euch über eure Geschenke gefreut.

Beispiele:

Mein Mann und ich trennten *uns* im Frühjahr 1947 (Der Spiegel). ... Clodia Pulcher, an die Du und ich zu *unserer* Zeit Gedichte geschrieben haben (Wilder). ... als versichert zu sein, daß Du und Porcia sie in *Eure* Liebe einschließt (nicht: einschließen) (Wilder). ... über ihren Brief haben mein Vater und ich *uns* (nicht: sich) sehr gefreut. Darin haben Du und ich immer *unsere* größten Fehler gemacht (Wilder).

Häufig wird zur Verdeutlichung der Person das pluralische Pronomen *wir* oder *ihr* eingefügt:

Meine Frau und ich, *wir* haben *uns* auseinandergelebt (Jaeger). Du und Lucretius allein, *ihr* habt Rom zu einem neuen Griechenland gemacht (Wilder).

Besonderheit beim Reflexivpronomen: Wenn das Reflexivpronomen dem Subjekt vorausgeht und im ersten Subjektteil eine 3. Person genannt wird, wird *sich* gebraucht:

Fernab vom Verkehr sonnten *sich* meine Frau und ich. (Aber bei Nachstellung des Pronomens:) ... begaben meine Frau und ich *uns* im Flugzeug nach Gagra (Der Spiegel).

2.2 Subjektteile mit disjunktiven Konjunktionen

Besteht das Subjekt aus mehreren, mit disjunktiven (ausschließenden) Konjunktionen (z. B. *oder, entweder – oder*) verbundenen Teilen, die – grammatisch gesehen – in der Person nicht übereinstimmen, dann richtet sich das Verb (Finitum) nach der Person des zunächst stehenden Subjektteils:

Er oder ich *habe* das getan. Glaub ja nicht, daß du oder die Richter die Aufgabe *hätten,* eine Untat zu sühnen (Tucholsky).

Häufig wirken diese Konstruktionen unschön. Man kann sie oft durch Einfügung eines unbestimmten Pronomens umgehen:

Einer von uns beiden – wir oder die Reeder – *wird* kaputtgehen, wenn der Streik länger als zwölf Monate dauert (Der Spiegel). Er oder ich – *einer war* geliefert (Tucholsky). In jedem Falle *muß* doch *einer* Haare lassen, entweder die FDP oder wir (Der Spiegel).

Wenn ein Subjektteil verneint ist, dann ist im allgemeinen die Person des nicht verneinten Teils maßgebend *(Nicht ich, sondern du hast das gesagt).*

2.3 Relativsatz

Wird ein Relativpronomen auf ein Bezugswort in der 1. *(ich/wir)* oder 2. Person *(du/ihr)* bezogen, dann wird das entsprechende Personalpronomen im Nominativ im Relativsatz zumeist wiederholt, wenn der Relativsatz als Zwischensatz unmittelbar dem Bezugswort angeschlossen ist. Das Verb (Finitum) und das Reflexiv- oder Possessivpronomen richten sich in der Person nach dem Personalpronomen:

... ich, *der ich* in jenem Jahr Consul war, ... (Wilder). ... dann wirkt er auf uns, *die wir* keinen Durst haben, eine ganze Kleinigkeit albern (Tucholsky). Wir, *die wir* uns so gefreut haben, ...

Die Auslassung des Personalpronomens ist in diesen Fällen zwar möglich, aber selten. Das Verb (Finitum) und das Reflexiv- oder Possessivpronomen stehen dann in der 3. Person:

Du, die *du* das erlebt *hast*... (Aber:) Du, die das erlebt *hat.* Ich, der *ich* das geschworen *habe* ... (Aber:) Ich, der das geschworen *hat* ...

Wenn der Relativsatz als Nachsatz nur mittelbar dem Bezugswort angeschlossen ist, d. h., wenn der übergeordnete Satz vollständig dem Relativsatz vorangeht, dann kann das Personalpronomen wiederaufgenommen werden oder nicht:

Was kann ich tun, der selber hilflos ist? (Schiller). Was kann ich tun, der ich selber hilflos bin?

Ist der übergeordnete Satz ein Gleichsetzungssatz, dann wird das Personalpronomen nicht wiederaufgenommen:

Wir sind diejenigen, die das getan haben. (Nicht:) ..., die wir das getan haben.

3 Kongruenz im Genus

3.1 Sie ist Besitzer/Besitzerin, Minister/Ministerin · Sie ist Herr/Herrin der Lage

Bei Bezeichnungen für eine Person oder ein als Person gedachtes Wesen ist die Übereinstimmung im Genus die Regel. Ausnahmen kommen jedoch vor:

Sie war die *Herrin, er* nicht der *Herr. Petra* ist *Besitzerin, Karl Besitzer* eines Hauses. *Sie* gilt als beste *Kundin* dieses Ladens, *er* als bester *Kunde.* Karl nennt *Peter* seinen *Freund, Petra* seine *Freundin.* (Abweichend:) *Marika Kilius* ... gehörte in Innsbruck zu den sichersten *Anwärtern* auf olympisches Gold (Olympische Spiele 1964).

Auch bei ↑Titeln und Berufsbezeichnungen (3) setzen sich immer stärker die weiblichen Entsprechungen durch:

Sie ist eine tüchtige *Lehrerin, Schaffnerin, Ärztin.* (Bei der Apposition:) Dr. Liselotte Kranz, die *Ärztin* unserer Stadt; Dr. Gertrud W., *Staatssekretärin* (neben: *Staatssekretär*) im Familienministerium; Gabriele W., *Professorin* (neben: *Professor*) für Geschichte; ich halte sie für *eine Rechtsanwältin* (neben: *einen Rechtsanwalt*). *Amtsgerichtsrätin, Choreographin, Stanzerin, Locherin, Ministerin, Reporterin* usw. (Aber:) Frau Schmitt ist *Doktor* der Philosophie.

Ist ein Gleichsetzungsglied oder ein anderes inhaltlich hierher gehörendes Glied mit dem Prädikat eine feste Verbindung eingegangen, dann tritt im allgemeinen keine Kongruenz im Genus ein. In einigen Fällen schwankt der Gebrauch:

Sie ist *Herr* (nicht üblich: *Herrin*) der Lage. Frau Meier ist *ein Freund* (nicht üblich: *eine Freundin*) der Ordnung. (Bei der Apposition:) Frau Meier, stets *ein Freund* (nicht üblich: *eine Freundin*) der Ordnung. (Schwankend:) Frau Schmidt war *Zeuge* (neben: *Zeugin*) dieses Unfalls. Sie ist *die Erbin* (neben: *der Erbe*) eines großen Vermögens. Diese Frau war *meine Nachbarin* (neben: *mein Nachbar*).

3.2 Dieses Mädchen ist kein Dieb/keine Diebin · Das Fräulein, das/die ...

Bei sächlichen Personenbezeichnungen (*das Kind, Weib* usw.) wird im allgemeinen als Gleichsetzungsglied oder als Apposition ein männliches Substantiv gewählt. Handelt es sich um eine weibliche Person, ist auch ein weibliches Substantiv möglich:

Das Kind ist *ein Dieb.* Dieses Mädchen ist *kein Dieb/keine Diebin.* Das Fräulein, *ein* erstaunlich *milder Richter/eine ... milde Richterin, ...*

Bezieht sich dagegen ein Personal-, Demonstrativ-, Relativ- oder Possessivpronomen auf eine sächliche Personenbezeichnung, dann wird heute zumeist nach grammatischem Genus entschieden:

Was macht Ihr *Söhnchen?* Ist *es* noch krank? *Das Fräulein* an *seinem* Arbeitsplatz ... Was hat *das Mädchen* eigentlich von *seinem* Leben? (Älter:) Bitte grüßen Sie *das* gnädige *Fräulein, die* so gut ist ... (Fontane). Als mich *das Mädchen* erblickte, trat *sie* den Pferden näher (Goethe).

Nur wenn das Pronomen weiter von seinem Bezugswort entfernt steht, wird auch nach dem natürlichen Geschlecht entschieden:

Ein ... *Mädchen* ... strich dicht an Hans Castorp vorbei, indem *es* ihn fast mit dem Arme berührte. Und dabei pfiff *sie* ... (Th. Mann). ... stürzten sich auf *das Mädchen* Helga, *das* in der Ecke stand, und drohten *ihr* mit Erschießen (Quick).

Tritt zu *Fräulein* ein Name, dann zeigt das nachfolgende Pronomen, abweichend von dem Gebrauch bei *Fräulein* ohne Namen, weibliches Geschlecht. (↑ Fräulein [2]):

Fräulein Becker wird sich durch *ihren* Personalausweis ausweisen. *Sie* ist berechtigt, ... Fräulein Lieschen Wendriner „übt" etwas, was *sie* nie lernen wird (Tucholsky). *Fräulein Krause, die/welche* ...

Ein als Gleichsetzungsglied fungierendes Adjektiv im Komparativ oder Superlativ, dem eine sächliche Bezeichnung für eine weibliche Person folgt, richtet sich im Genus im allgemeinen nach diesem sächlichen Substantiv:

Gisela war *das* (seltener: *die*) *hübschere/das* (seltener: *die*) *hübscheste* dieser Mädchen. (Entsprechend:) Ich halte sie für *das* (seltener: *die*) *hübscheste* der Mädchen.

Grammatische Kongruenz tritt immer dann ein, wenn ein weibliches Substantiv einen Mann bezeichnet:

Eine Mannsperson, deren Kleidung sich nicht deutlich erkennen ließ, ...

3.3 Lieber/Liebes Hansel!

Bei sächlichen Verkleinerungsformen männlicher und weiblicher Vornamen auf *-el* richtet sich das Adjektiv oder das Pronomen nach dem natürlichen Geschlecht des Namensträgers; es ist also entweder männlich oder weiblich, je nachdem, ob das sächliche Substantiv ein männliches oder ein weibliches Wesen bezeichnet:

Lieber, guter (nicht: Liebes, gutes) Hansel! (Entsprechend:) die fleißige Liesel. Liebe Bärbel! Meine liebe Bärbel! (Mundartlich:) das Bärbel.

3.4 Die Autoindustrie, der beste Abnehmer/die beste Abnehmerin ...

Haben Sachbezeichnungen *(Motor)* und kollektive Personenbezeichnungen *(Abnehmer)* männliches Geschlecht, dann wird die Kongruenz im Gleichsetzungsglied oder in der Apposition durchgeführt: *Der Motor ist ein treuer Helfer der Menschheit.* Haben sie jedoch weibliches Geschlecht, dann schwankt der Gebrauch. Sind weibliche Wörter vorhanden, dann können diese gewählt werden. Eine feste Regel gibt es dafür nicht. Beide Möglichkeiten sind korrekt:

Die Autoindustrie ist *der beste Abnehmer/die beste Abnehmerin* für Kunststoffe. Die Not ist *ein echter Lehrmeister/eine echte Lehrmeisterin.* Die Berufsgenossenschaft als *Träger/Trägerin* der gesetzlichen Unfallversicherung. ... die Kirche war *eine der Hauptunterdrückerinnen* (auch: *einer der Hauptunterdrücker*) der Schwulen (Praunheim).

Haben die Bezeichnungen sächliches Geschlecht, dann wird das männliche Substantiv gewählt: *Dieses Gesetz ist der Freund der Schwachen. Deutschland – größter Autoexporteur der Welt.* Wenn keine entsprechenden Wörter vorhanden sind, dann ist keine Kongruenz möglich: *Ein gutes Buch ist ein großer Schatz. Die Liebe ist ein Antrieb zu großen Taten.*

3.5 Unser Kunde, die Firma Meier, die/der ...

Schwierigkeiten entstehen dann, wenn einem Substantiv eine Apposition folgt, die ein anderes Genus als das Bezugssubstantiv hat. Grundsätzlich kann sich in diesen Fällen das Relativpronomen nach dem Bezugssubstantiv oder nach der Apposition richten. Für die Wahl einer dieser Möglichkeiten ist häufig entscheidend, welchem der beiden Substantive das Hauptgewicht zukommt oder mit welchem der beiden Substantive sich der Inhalt des Relativsatzes am ehesten verbindet: *Unser Kunde, die Firma Meier, die uns diesen Auftrag vermittelt hat, ...* In diesem Fall ist es besser, das Geschlecht der Apposition weiterzuführen, weil das Hauptgewicht des Satzes auf der Bezeichnung der Firma liegt. Der Bezug auf *Kunde (Unser Kunde, die Firma Meier, der uns diesen Auftrag vermittelte ...)* ist in diesem Fall grammatisch auch korrekt, aber weniger üblich.
Ähnlich ist auch folgender Satz zu beurteilen: *Es gab eine Art Brei, die ich nicht kannte.* Der Relativsatz bezieht sich inhaltlich stärker auf *Art* als auf *Brei;* dies bewirkt den Anschluß mit *die.* In dem Satz: *Es gab eine Art Brei, der mir sehr gut schmeckte* bezieht sich der Relativsatz inhaltlich stärker auf *Brei.* Dies bewirkt den Anschluß mit *der.*

3.6 der/die Deutsche Milchhof GmbH

Bei Firmennamen mit Abkürzungen wie *GmbH, AG* als Apposition ist für Pronomen, Adjektive usw. das Genus des Firmennamens ausschlaggebend, wenn die Abkürzung als Beifügung gilt:

die Bilanz *des* Deutschen Milchhofs GmbH. An *das* Euro-Kreditinstitut AG.

Bilden jedoch *Aktiengesellschaft* oder *Gesellschaft mbH* u. ä. keine Apposition, sondern das Grundwort des Firmennamens, dann ist ihr Genus bestimmend *(Die Bilanz der Deutschen Milchhof-Gesellschaft mbH).* ↑ Abkürzungen (6.1).

4 Kongruenz im Kasus

4.1 Er behandelt ihn wie ein Schurke/wie einen Schurken

Wenn Substantive ohne Präposition im Satz auf das Subjekt oder ein Objekt bezogen sind, dann müssen sie mit diesem im Kasus übereinstimmen:

(Bezug auf das Subjekt:) Sie ist meine Freundin. Er lebt ... als poetisches Symbol (K. Mann). ... und Sie tippeln hinterdrein wie ein häßlicher kleiner Hiwi (Kolb). Er kehrt als Verlierer zurück.
(Bezug auf ein Objekt:) Lehrer Gerber behandelte ihn in der Schule wie einen Kranken (Strittmatter). Er begann, dieses Büchlein zu schätzen wie einen Freund (Strittmatter). ... er ... heißt ihn einen Schurken (Sieburg). Carl Stemmler ... der sich selbst einen internationalen Kaufmann nennt (Der Spiegel).

In manchen Sätzen ist mehr als ein Bezug möglich:

Der Kerl behandelt ihn wie *ein Schurke* (= Bezug auf *Kerl*)/wie *einen Schurken* (= Bezug auf *ihn*). Er ließ den Freund bedienen wie *ein Fürst* (= Bezug auf *ihn*)/wie *einen Fürsten* (= Bezug auf *den Freund*).

4.2 Er klagt sich als der/den Mörder an

Bestimmte Verben können bei gleichbleibender Bedeutung mit *sich* oder etwa einem Substantiv als Objekt verbunden werden (↑reflexive Verben):

Er klagt sich an. – Er klagte seinen Nachbarn an.

Wenn bei diesen Verben im reflexiven Gebrauch ein mit *als* oder *wie* angeschlossenes Substantiv steht *(sich als Mörder anklagen),* dann kann dies im Nominativ *(Er klagt sich als der Mörder des Kindes an)* oder im Akkusativ stehen *(Er klagt sich als den Mörder des Kindes an).* Der Nominativ überwiegt heute, während der Akkusativ allmählich veraltet:

Ich betrachte mich als *euer Freund.* (Selten:) ... frage ich mich, warum ich mich nicht wirklich als *ihren Freund* empfinde (Frisch). Der Film läßt keinen Zweifel daran, daß sich Lawrence ... als *chaotischer Verlierer* empfand (Deutsche Zeitung). (Entsprechend:) Er läßt sich bedienen *wie ein Fürst* (und nicht: *wie einen Fürsten*). Er hörte sich reden wie *ein alter Mann.* Er sah sich die Straße entlanggehen wie *ein Greis.* Wir empfehlen uns als *Ihr* (seltener: *Ihren*) Partner.

Die entsprechenden reflexiven Verben werden einzeln behandelt (↑anklagen, sich; ↑ansehen, sich; ↑aufführen, sich; ↑aufspielen, sich; ↑fühlen, sich usw.).

4.3 Sie läßt Gott ein guter/einen guten Mann sein

Findet sich in einer a.-c.-i.-Konstruktion (↑Akkusativ mit Infinitiv) eine Gleichsetzung, wie sie etwa in dem Satz *Wir lassen sie Ärztin werden* in *Ärztin* vorliegt, dann treten Schwierigkeiten bei der Kasuswahl auf. In der Literatur, vor allem in der älteren, und in festen Redewendungen kommt der Akkusativ vor, doch tritt er mehr und mehr zugunsten des Nominativs zurück:

(Akkusativ:) Sie läßt den lieben Gott *einen guten Mann* sein. Laß ihn niemals *einen Hirten* werden (Bergengruen). Sie hieß ihn *einen anständigen Mann* sein. Er lehrte ihn *einen Freund* des Volkes sein. (Nominativ:) Sie läßt den lieben Gott *ein guter Mann* sein. Sie hieß ihn *ein anständiger Mann* sein. Er lehrte ihn *ein Freund* des Volkes sein.

4.4 bei einer Frau wie Sie/wie Ihnen

↑Apposition (3.5).

König: 1. Zur Aussprache von *König* ↑Aussprache (4). Zu den Fügungen *des Königs Ludwig des Heiligen/König Ludwigs des Heiligen* ↑Titel und Berufsbezeichnungen (1.2 und 1.3). **2.** Zusammensetzungen mit *König* als Bestimmungswort werden im allgemeinen mit ↑Fugen-s geschrieben: *königsblau, -treu; Königsberg, -paar, -schloß, -see, -sohn, -tochter, -thron, -weg.* Ohne Fugen-s: *Königstein* (Berg- und Städtename), *Königstuhl* (Berg bei Heidelberg).

Konjugation

Unter Konjugation oder Beugung (lat. *coniugatio* „Verbindung, Verknüpfung [des Verbstamms mit den Endungen]") versteht man die Formveränderung, die Formabwandlung des Verbs im Zusammenhang des Satzes:

Ich *ziehe* den Wagen. Du *zogst* den Wagen. Wir *haben* den Wagen *gezogen.*

1 Die Leistung der Konjugation

In dem Satz *Du zogst den Wagen* drückt die Verbform *zogst* Verschiedenes aus. Einmal ist damit ausgesagt, daß das genannte Geschehen abgeschlossen ist, in der Vergangenheit liegt und nicht etwa in der Gegenwart verläuft, wie es die Form *ziehst* ausdrückt; weiter sagt *zogst* aus, daß das Subjekt *(du)* tätig ist (↑ [2]Aktiv; im Unterschied zum ↑ Passiv: *Der Wagen wird gezogen*); zum dritten kennzeichnet die Verbform das genannte Geschehen als wirklich, als tatsächlich, als real (↑ Indikativ) und nicht etwa als nur vorgestellt, als irreal wie die Form *zögest* (↑ Konjunktiv). Schließlich gibt *zogst* an, wer die Tätigkeit ausgeführt hat, nämlich eine einzelne angesprochene Person (2. Person ↑ Singular) und nicht etwa mehrere Personen wie bei *zogen* (1./3. Person ↑ Plural). Hier noch einmal die Leistung der Konjugation auf einen Blick:

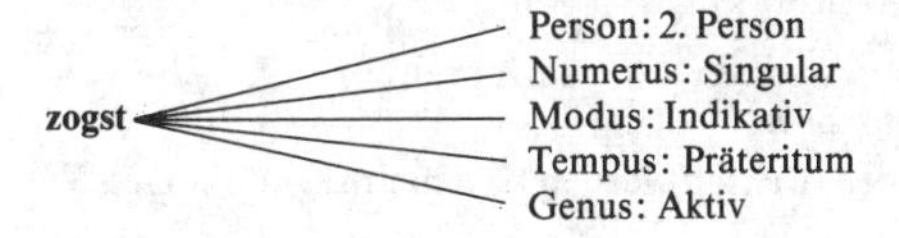

2 Die Konjugationsarten

Die Konjugation geschieht zunächst durch das Anfügen von Endungen an den Verbstamm: *ich ziehe – du ziehst* usw. Weiterhin gibt es Umschreibungen mit den Hilfsverben *haben, sein, werden,* (↑ haben [1]), so daß man einteilige und mehrteilige (umschriebene) Konjugationsformen zu unterscheiden hat: *ich ziehe – ich habe gezogen, ich werde ziehen* usw. Zum dritten wird der Verbstamm selbst verändert: *ich ziehe – du zogst* usw. Nach der Bildungsweise des Präteritums und des 2. Partizips wird zwischen regelmäßiger („schwacher") und unregelmäßiger („starker") Konjugation unterschieden.

2.1 Die regelmäßige Konjugation

Die regelmäßigen („schwachen") Verben bilden bei gleichbleibendem Stammvokal das Präteritum mit *t* und haben im 2. Partizip die Endung *-(e)t:*

zeigen: zeige – zeigte – gezeigt; *enden:* ende – endete – geendet.

2.2 Die unregelmäßige Konjugation

2.2.1 Verben mit Ablaut: Die Verben mit ↑ Ablaut („starke Verben") stellen die Hauptgruppe der unregelmäßigen Verben. Neben dem Ablaut ist ihr zweites wichtiges Merkmal die Endung *-en* im 2. Partizip:

singen: singe – sang – gesungen; *reiten:* reite – ritt – geritten; *bergen:* berge – barg – geborgen; *blasen:* blase – blies – geblasen.

Bei einigen ablautenden Verben verändert sich im Präteritum und im 2. Partizip auch der stammschließende Konsonant, z. B.

schneiden – schnitt – geschnitten; gehen – ging – gegangen; stehen – stand – gestanden; ziehen – zog – gezogen; sitzen – saß – gesessen.

Bei *hauen* und *tun* hat nur das Präteritum einen stammschließenden Konsonanten:

hauen – hieb – gehauen; tun – tat – getan

2.2.2 Verben mit Vokal- (und Konsonanten-)Wechsel:
Die Verben

brennen, kennen, nennen, rennen, senden, wenden

erhalten im Präteritum und im 2. Partizip den Stammvokal *a,* sonst werden sie regelmäßig konjugiert:

brennen – brannte – gebrannt; senden – sandte/sendete – gesandt/gesendet.

Die Verben *denken, bringen, dünken* haben neben dem Vokalwechsel noch eine Änderung des stammschließenden Konsonanten:

denken – dachte – gedacht; dächte;
bringen – brachte – gebracht; brächte;
dünken – deuchte/dünkte – gedeucht/gedünkt.

2.2.3 Modal- und Hilfsverben: Auch die ↑Modalverben

dürfen, können, mögen, müssen, sollen, wollen

und die ↑Hilfsverben *sein, haben, werden* werden zu den unregelmäßigen Verben gezählt.

2.2.4 Verben mit Mischformen; Schwankungsfälle: Hierher gehören Verben, die ihre Formen teilweise nach dem Muster der regelmäßigen und teilweise nach dem der unregelmäßigen Konjugation bilden *(mahlen – mahlte – gemahlen).* Andere konjugieren sowohl regelmäßig als auch unregelmäßig (↑gären; glimmen) oder weisen neben einer neueren regelmäßigen Form eine veraltete (veraltende) unregelmäßige auf (*bellen – bellte – gebellt*/[veraltet:] *boll – gebollen;* ↑backen). Zu Fällen, bei denen sich mit den verschiedenen Konjugationsformen verschiedene Bedeutungen verbinden ↑bewegen, ↑erschrecken.

3 Bildung der Konjugationsformen

Zur Bildung einzelner Konjugationsformen ↑Indikativ (1–6), ↑Konjunktiv (1), ↑Imperativ (1 und 2), ↑e/i-Wechsel. Zur Bildung der Formen bei fest und unfest zusammengesetzten Verben *(du übersetzt/du setzt über)* ↑Verb (2).

Konjugationsendung: Endung, die bei der ↑Konjugation (Beugung) eines Verbs dem Verbstamm angefügt wird: *ich zieh-e, du zieh-st* usw.

konjugieren: Im Unterschied zu ↑deklinieren heißt konjugieren (beugen) ein Verb in seiner Form abwandeln. ↑Konjugation.

Konjunktion

Die Konjunktion, auch Bindewort genannt, gehört zu den Partikeln (↑Partikel), d. h. zu den Wörtern, die weder dekliniert noch konjugiert werden. Der Konjunktion fällt die Aufgabe zu, Wörter, Wortgruppen oder Sätze miteinander zu verbinden. Sie ist – anders als das ↑Adverb – kein Satzglied und kann auch nicht als Attribut (Beifügung) zu einem Satzglied treten. Auch hat sie – im Gegensatz zur ↑Präposition – keinen Einfluß auf die Deklination des folgenden Substantivs.

Nach der Form unterscheidet man eingliedrige oder einfache *(und, auch)* und mehrgliedrige oder gepaarte Konjunktionen:

sowohl – als auch, entweder – oder, nicht nur – sondern auch, zwar – aber, teils – teils, weder – noch usw.

An den mehrgliedrigen Konjunktionen sind auch Adverbien beteiligt (z. B. *zwar, teils;* vgl. Punkt 1).

Nach dem Verhältnis, das durch die Konjunktionen zwischen den verbundenen Wörtern oder Sätzen hergestellt wird, unterscheidet man kopulative (anreihende) Konjunktionen (*und, sowie* u. a.), disjunktive (ausschließende) Konjunktionen (*oder* u. a.), adversative (entgegensetzende) Konjunktionen (*aber, während* u. a.), temporale (zeitliche) Konjunktionen (*solange, nachdem* u. a.), modale (die Art und Weise bestimmende) Konjunktionen (*indem, ohne daß* u. a.), kausale (begründende) Konjunktionen (*da, weil* u. a.).

Nach der Funktion kann man vier verschiedene Gruppen von Konjunktionen unterscheiden:

- nebenordnende (koordinierende) Konjunktionen:

  Peter *und* Frauke gehen ins Kino, *und* Inge soll zu Hause bleiben. (Ferner:) [so]wie, aber, sondern, denn, sowohl – als/wie [auch] usw.

- Satzteilkonjunktionen:

  Marion gilt *als* zuverlässig. Peter ist so groß *wie* Frank, aber größer *als* Klaus. Je mehr wir uns anstrengen, *desto/um so* schneller sind wir fertig.

- Infinitivkonjunktionen:

  Ihm wurde befohlen, sofort *zu* kommen. Sie arbeitet zu schnell, *um* genau *zu* sein. *[An]statt* zu arbeiten, geht er auf den Fußballplatz.

- unterordnende (subordinierende) Konjunktionen:

  Wenn das wahr ist, müssen wir uns beeilen. Er trat zurück, *indem* er erblaßte. Sie wird daran arbeiten, *[in]soweit/sofern* sie dafür Zeit hat. (Ferner:) während, ehe, weil, obwohl, daß, ob usw.

1. Nebenordnende Konjunktion oder Adverb? Da die Konjunktion kein Satzglied ist, verändert sich die Wortstellung nicht, wenn sie an den Anfang des Satzes tritt:

Klaus liest ein Buch. Frank malt ein Bild.
Klaus liest ein Buch, und Frank malt ein Bild.
Peter studiert Medizin. Er will Arzt werden.
Peter studiert Medizin, denn er will Arzt werden.

Die Verbindung nebengeordneter Sätze kann aber auch durch bestimmte Adverbien geschehen, die an die Spitze des zweiten Satzes treten. In diesem Fall ändert sich dessen Wortstellung, indem Subjekt und Finitum die Plätze tauschen (↑Inversion):

Peter will Arzt werden. Er studiert *deshalb* Medizin.
Peter will Arzt werden. *Deshalb* studiert er Medizin.

Neben *deshalb* sind hier zu nennen:

außerdem, besonders, dagegen, daher, dann, darum, dennoch, deshalb, folglich, insofern, sonst, trotzdem.

Als Adverbien mit der Eigenschaft von Konjunktionen werden sie auch Konjunktionaladverbien genannt.

Als nebenordnende Konjunktionen lassen sich demnach nur solche Partikeln bezeichnen, die keine Inversion hervorrufen. Das trifft ohne Einschränkung für folgende Wörter zu: *und, oder, aber, allein, sondern, denn:*

Er grübelte und er grübelte. Die Milch läuft über, oder die Suppe brennt an. Franz hat gute Anlagen, aber er ist faul/er ist aber faul. Ich hoffte auf ihn, allein ich wurde bitter enttäuscht. Er hat nicht gearbeitet, sondern er ist schwimmen gegangen. Er hat nicht gearbeitet, denn er hatte keine Lust.

Zur gelegentlichen Inversion nach *und* ↑und (1). Zur Stellung von *aber* ↑aber (2).

Eine besondere Gruppe bilden Wörter wie *doch, jedoch* (↑doch/jedoch) und *entweder* (in *entweder – oder*). Wenn sie am Anfang des Satzes stehen, kann die Wortstellung verändert werden (= adverbialer Gebrauch) oder nicht (= konjunktionaler Gebrauch):

Er fährt gern Auto, [je]doch fliegt er nur ungern mit dem Flugzeug. Oder: ... [je]doch er fliegt nur ungern ... Entweder bist du jetzt lieb, oder du gehst nach Hause. Oder: Entweder du bist jetzt lieb ...

Diese Partikeln können also als Konjunktionen oder als Adverbien eingesetzt werden.

2. Die unterordnenden Konjunktionen: Die unterordnenden Konjunktionen stehen immer am Anfang des Nebensatzes, den sie mit dem Hauptsatz verbinden. Das Verb (Finitum) steht in der Regel am Ende des Nebensatzes:

Karl ging nach Hause, weil er Besuch erwartete. Daß du pünktlich zur Schule gehst, will ich doch hoffen.

3. Die Häufung von Konjunktionen: Wenn ein Zwischensatz in einen Nebensatz mit Konjunktion eingeschaltet wird, dann sollte er nach dem Satzglied stehen, das der Konjunktion des Nebensatzes folgt:

..., weil wir, *wie Herr Meier mitgeteilt hat,* erst morgen an der Reihe sind.

Gelegentlich wird der Zwischensatz unmittelbar nach der Konjunktion des Nebensatzes eingeschaltet. Dies führt jedoch meist zu einer unschönen Häufung von Konjunktionen, die das Verständnis erschwert und deshalb vermieden werden sollte. Man schreibe also n i c h t :

..., weil, *wie Herr Meier uns mitgeteilt hat,* wir erst morgen an der Reihe sind. Man sieht aber auch, daß, *wenn – wie wir noch besprechen werden – die Menschheit einmal die Vernunft verlieren sollte,* die Atombombe die Welt zerstören wird.

4. Das Komma bei den Konjunktionen: Die Konjunktionen und die satzeinleitenden Adverbien (vgl. Punkt 1) sind typische Kommawörter. Wo sie auftreten, muß der betreffende Satz oder Satzteil in der Regel durch ein Komma abgetrennt oder in Kommas eingeschlossen werden. Nähere Angaben hierzu enthalten die Artikel der einzelnen Konjunktionen und Konjunktionaladverbien, z. B. ↑als (5), ↑und (7), ↑aber (1), ↑besonders, ↑daß (6), ↑nicht nur – sondern auch, ↑teils – teils usw.

Trifft eine Konjunktion mit einem anderen einleitenden Wort (Adverb, Partizip u. a.) zusammen, dann kann die Kommasetzung fest geregelt oder frei sein (↑angenommen, daß; ↑zumal da; ↑je nachdem, ob/je nachdem ob usw.). Haben beide Teile der Verbindung ihre Eigenständigkeit bewahrt, dann steht ein Komma zwischen ihnen, d. h. vor der eigentlichen Konjunktion. Das erste der beiden Wörter gehört dann dem übergeordneten Satz an, die Konjunktion leitet den untergeordneten Satz ein. Der übergeordnete Satz ist in vielen Fällen ein Auslassungssatz:

Angenommen, daß morgen gutes Wetter ist, wohin wollen wir fahren? (= Wenn wir annehmen, daß ...) Ich mag ihn gern, *ausgenommen, wenn* er schlechter Laune ist.

Wird die Wortverbindung als Einheit empfunden, dann entsteht eine konjunktionale Fügung, die nicht [mehr] durch ein Komma geteilt wird. Das Komma steht nun vor der Fügung, die damit als Ganzes den untergeordneten Satz einleitet:

Der Plan ist viel zu umständlich, *als daß* wir ihn ausführen könnten. Er freut sich über jede Nachricht, *auch wenn* es nur eine Postkarte ist.

Einige beiordnende Konjunktionen, z. B. *aber, denn, doch, oder, und,* können in Verbindung mit einer unterordnenden Konjunktion erscheinen. Sie leiten damit aber nicht einen untergeordneten Nebensatz ein, sondern sie schließen ein ganzes Satzgefüge an, das mit einem Nebensatz oder mit einem erweiterten Infinitiv beginnt und gewöhnlich einen nachgestellten Hauptsatz enthält:

Er ist noch klein, *aber weil* er gut schwimmen kann, haben wir ihn mitgenommen. Es waren schlechte Zeiten, *und um zu* überleben, verhielten sich manche so gegen ihre Mitmenschen, wie sie es unter normalen Verhältnissen kaum getan hätten.

Bei einigen Wortverbindungen schwankt der Gebrauch, weil sie sich im Übergang zur festen Fügung befinden. Wird das voranstehende Adverb betont und hervorgehoben, dann sind beide Teile eigenständig und werden deshalb durch das Komma getrennt. Wird jedoch die Fügung als Einheit verstanden, dann steht das Komma nur vor der ganzen Fügung:

Er muß jetzt verkaufen, *gleichviel, ob* die Kurse noch weiter steigen oder nicht. – Er muß jetzt verkaufen, *gleichviel ob* die Kurse noch weiter steigen oder nicht.

Hierher gehören besonders Fügungen mit *gleichviel, im Fall[e], je nachdem, kaum, um so eher.* Diese Adverbien werden oft als Rest eines nachgetragenen Satzes in Kommas eingeschlossen.

5. Kongruenz (Übereinstimmung): Zu den Zweifelsfällen in der Kongruenz zwischen Subjekt und Prädikat, wenn das Subjekt aus mehreren durch Konjunktionen verbundenen Substantiven besteht, ↑Kongruenz.

Vater und Mutter gehen (nicht: geht) spazieren: ↑Kongruenz (1.3.1). Vater oder Mutter geht (nicht: gehen) spazieren: ↑Kongruenz (1.3.12). Er und ich [,wir] haben uns gefreut. Nicht: Er und ich haben sich gefreut: ↑Kongruenz (2.1). Er oder ich habe (nicht: hat) es getan: ↑Kongruenz (2.2).

6. Verwechslung einzelner Konjunktionen [mit Adverbien]: Zur Verwechslung von „daß“ und „ob“ ↑daß (3); zur Verwechslung von „wann“ und „wenn“ ↑wann/wenn. Vgl. auch die einzelnen behandelten Wörter.

Konjunktionaladverb: ↑Konjunktion (1).

Konjunktionalsatz: Konjunktionalsatz (Bindewortsatz) ist ein durch eine unterordnende ↑Konjunktion eingeleiteter Nebensatz: *Daß du mir schreiben willst, freut mich besonders. Erst als es im Konzertsaal völlig still geworden war, erhob der Dirigent den Taktstock. Sie verabschiedete sich, indem sie mir freundlich zulächelte. Sie wagen sich nicht herein, weil sie sich fürchten.* Man sollte es aus stilistischen Gründen vermeiden, mehrere Nebensätze, die durch dieselbe Konjunktion eingeleitet werden, zu einer Kette zusammenzufügen. In diesen Fällen ist es besser, andere Konstruktionen zu wählen: Nicht: *Wir glauben schon, daß er gesagt hat, daß er käme,* sondern stilistisch besser: *Wir glauben schon, daß er gesagt hat, er käme.*

Konjunktiv

Der Konjunktiv, die Möglichkeitsform, stellt als Form und Aussageweise (Modus) des Verbs ein Geschehen oder Sein nicht wie der ↑Indikativ als wirklich dar, sondern als nichtwirklich (erwünscht, vorgestellt, von einem anderen nur behauptet o. ä.). Während z. B. in dem indikativischen Satz *Ich bin krank* ausgedrückt wird, daß der Sprecher die Aussage als wirklich und tatsächlich, als gegeben betrachtet, wird durch den Konjunktiv *Sie sagte, er sei krank* deutlich, daß hier etwas, was ein anderer gesagt hat, nur mittelbar und ohne Gewähr für die Richtigkeit wiedergegeben wird. Und gegenüber dem Indikativ *Wenn Petra Zeit hat, kommt sie zu uns* wird durch den Konjunktiv *Wenn Petra Zeit hätte, käme sie zu uns* ausgedrückt, daß das Ausgesagte als nicht gegeben, als nur vorgestellt, als irreal angesehen wird.

1 Die Formen des Konjunktivs

Die zum Präsensstamm des Verbs gebildeten einfachen Formen des Konjunktivs nennen wir Konjunktiv I (Präsens), die zum Stamm des Präteritums gebildeten Konjunktiv II (Präteritum):

	Konjunktiv I	Konjunktiv II
ich	lieb-e/trag-e	lieb-te/trüg-e
du	lieb-est/trag-est	lieb-t-est/trüg-[e]st
er, sie, es	lieb-e/trag-e	lieb-t-e/trüg-e
wir	lieb-en/trag-en	lieb-t-en/trüg-en
ihr	lieb-et/trag-et	lieb-t-et/trüg-[e]t
sie	lieb-en/trag-en	lieb-t-en/trüg-en

Die zusammengesetzten Formen ergeben sich aus den entsprechenden Formen von *haben, sein* und *werden* mit den infiniten Verbformen:
Erstens die Umschreibung mit dem Konjunktiv I von *haben* oder *sein* + 2. Partizip (Konjunktiv Perfekt):

ich habe getragen, du habest getragen usw.;
ich sei gefahren, du seist gefahren usw.

Zweitens die Umschreibung mit dem Konjunktiv II von *haben* oder *sein* + 2. Partizip (Konjunktiv Plusquamperfekt):

ich hätte geliebt, du hättest geliebt usw.;
ich wäre gefahren, du wärest gefahren usw.

Drittens die Umschreibung mit dem Konjunktiv I von *werden* + Infinitiv (Konjunktiv Futur I):

ich werde lieben/fahren, du werdest lieben/fahren usw.

Viertens die Umschreibung mit dem Konjunktiv II von *werden* + Infinitiv:

ich würde lieben/fahren, du würdest lieben/fahren usw.

Damit sind die wichtigsten Formen genannt. Die anderen zusammengesetzten Formen des Aktivs werden im Deutschen selten gebraucht, die des Passivs sind entsprechend aus den Formen des Aktivs abzuleiten. Im Folgenden werden einige Besonderheiten und Abweichungen behandelt.

1.1 ich grüße/grüß' dich · ich grüßte/grüßt' dich:

Die Weglassung des *e* in der 1. und 3. Person Singular des Konjunktivs I und II ist im wesentlichen dichterischer Gebrauch oder – beim Konjunktiv I – auf Grußformeln beschränkt:

... es klingt, als *ström'* ein Regen (Wildenbruch).
Gesteh' ich's nur! (Goethe). *Behüt'* dich Gott!
Gott *grüß'* dich! *Grüß* Gott!

Gern *liebt'* er sie noch immer, doch niemals kann er diese Tat verzeihn. Ich *schnitt'* es gern in alle Rinden ein (W. Müller). Wenn ich ein Vöglein *wär'* und auch zwei Flügel *hätt', flög'* ich zu dir.

Im allgemeinen ist es jedoch üblich, das *e* zu setzen:

Jeder *trage* sein Los mit Geduld;
liebte, schnitte, wäre, hätte, flöge.

Zum Apostroph ↑ Apostroph (2.1).

1.2 du tränkest/tränkst · ihr tränket/tränkt:

Im allgemeinen haben die Formen der 2. Person Singular und Plural des Konjunktivs II ein *-e-* zwischen Stamm und Personalendung: *du liebtest; ihr riefet.* Dieses *-e-* kann bei unregelmäßigen Verben wegfallen, wenn der Konjunktiv II durch *ä, ö* oder *ü* vom Indikativ Präteritum deutlich abgehoben ist:

du riefst – du riefest (nicht: riefst); du trugest – du trüg[e]st; ihr trugt – ihr trüg[e]t; du trankst – du tränk[e]st; ihr trankt – ihr tränk[e]t.

Ein Apostroph darf hier nicht gesetzt werden (↑ Apostroph [3.4]).
Verben, deren Stamm auf Zischlaut, *-d* oder *-t* ausgeht, bilden nur die Form mit *-e-: du läsest, ihr bändet, du bötest* usw.

1.3 ich schwömme/schwämme:

Die Formen des Konjunktivs II der unregelmäßigen Verben mit *a, o* oder *u* haben im Unterschied zu den Formen des Indikativs Präteritum einen ↑ Umlaut:

ich sang – ich sänge, ich flog – ich flöge, ich fuhr – ich führe.

Bei einigen Verben zeigt sich zusätzlich ein Unterschied, der sog. ↑ Ablaut *(ich warb – ich würbe).* Er ist darin begründet, daß im älteren Deutsch der Stammvokal des Indikativs Singular ein anderer war als der des Indikativs Plural. So hieß es *ich warf,* aber *wir wurfen, ich warb,* aber *wir wurben.* Der Stammvokal des Plurals hat sich jedoch im Indikativ dem des Singulars angeglichen *(ich warb, wir warben),* während im gesamten Konjunktiv II der umgelautete Vokal der alten pluralischen Indikativformen erhalten blieb. So heißt es heute:

ich verdarb, aber: ich verdürbe; ich starb, aber: ich stürbe; ich warf, aber: ich würfe; ich warb, aber: ich würbe.

Diese Formen wurden dadurch gestützt, daß sich die Formen mit *-ä- (wärbe)* von denen des Präsens *(werbe)* lautlich nicht unterscheiden.
Bei einigen Verben sind im Konjunktiv heute zwei Formen möglich, etwa *wir hülfen* (zu veraltet *hulfen*) und (seltener) *wir hälfen* (zu der neueren Form *halfen*). Zwei Formen haben auch die Verben *befehlen, gelten, gewinnen* und *spinnen,* bei denen die Formen mit *-ö-* und mit *-ä-* gebraucht werden, die Verben *beginnen, rinnen, stehlen* und *sinnen,* bei denen die Form mit *-ä-* üblicher, die Form mit *-ö-* seltener *(beginnen, rinnen, stehlen)* oder veraltet *(sinnen)* ist, die Verben *schwören* (üblich: *ich schwüre,* selten: *ich schwöre*), *heben (höbe,* veraltet: *hübe), dreschen (drösche,* veraltet: *dräsche)* und *stehen (stünde,* auch: *stände)* und die Verben *schwimmen* und *empfehlen,* von denen die Form mit *-ä-* etwas seltener ist als die mit *-ö-.* Allgemein kann man sagen, daß viele dieser möglichen Formen nur selten gebraucht werden, weil sie als gehoben, geziert und oft auch generell als altertümlich angesehen werden. Die Verben dieser Gruppe sind im Alphabet einzeln aufgeführt und behandelt worden.

1.4 Verweise

Zu *schrei[e]n, schrie[e]n* bzw. *samm[e]le, änd[e]re* ↑Indikativ (3) bzw. (4); zu *brauchte/bräuchte* ↑brauchen (5).

2 Der Gebrauch des Konjunktivs

Konjunktiv I und II stellen nicht verschiedene Zeitformen (Tempusformen) dar, die etwa wie Präsens und Präteritum zueinander in Opposition stehen, sondern sie unterscheiden sich vornehmlich in der Aussageweise (Modus), also im Hinblick auf den größeren oder geringeren Geltungsgrad des mit ihnen ausgedrückten Geschehens oder Seins.
Der Konjunktiv I wird vornehmlich zur Kennzeichnung der indirekten Rede gebraucht, der Konjunktiv II vor allem als Ausdruck des nur Vorgestellten, der Irrealität (auf Überschneidungen im Gebrauch wird weiter unten eingegangen). Dabei beträgt das Verhältnis von Konjunktiv II zu Konjunktiv I nach neueren Auszählungen etwa 3 : 2, d. h., der Konjunktiv II ist häufiger als der Konjunktiv I. Besonders in der gesprochenen Sprache wird der Konjunktiv II (und der Indikativ) gegenüber dem Konjunktiv I bevorzugt, den man oft für allzu vornehm oder auch für zu undeutlich hält. Dem entspricht das Fehlen des Konjunktivs I in den Mundarten (mit Ausnahme des Alemannischen und des benachbarten Teiles des Bayrisch-Österreichischen).
Aus den angesprochenen Gebrauchsüberlagerungen und der bevorzugten Verwendung von Konjunktiv-II-Formen in der Alltags- und Umgangssprache und in den Mundarten ergeben sich nicht selten Anwendungsschwierigkeiten für den einzelnen Sprecher. Dem möchten die folgenden Ausführungen begegnen.

2.1 Konjunktiv I

Der Konjunktiv I kann gebraucht werden

- als Ausdruck eines Wunsches, einer Aufforderung o. ä., die indirekt und mittelbar geäußert werden (↑Wunsch- und Begehrenssatz):

  Man *nehme* dreimal täglich eine Tablette. In der Zeichnung *sei* die Strecke a 3 cm. Das *sei* ferne von mir. Sie *lebe* hoch.

- als Kennzeichnung der ↑indirekten Rede:

  Petra sagte, sie *komme* morgen und *bringe* das Buch mit. Er fragte, ob Klaus und Petra krank *seien*. Sie behaupteten, Thilo *habe* Zeit und *werde* morgen kommen.

- als Kennzeichnung von irrealen Vergleichssätzen (weniger häufig als der Konjunktiv II; ↑als [ob]/als wenn/wie wenn):

  Er benahm sich, als ob er behext *sei* (häufiger: *wäre*). Er tat, als *sei* (häufiger: *wäre*) er krank.

Am weitaus häufigsten wird der Konjunktiv I in der indirekten Rede gebraucht. Der Anteil der Wunschsätze und der irrealen Vergleichssätze ist gering.

2.2 Konjunktiv II

Der Konjunktiv II kann gebraucht werden:

1. als Ausdruck des nur Vorgestellten, der Irrealität (wenn etwas nicht gegeben, sondern nur gedacht, nur vorgestellt ist), und zwar

- im ↑Konditionalsatz und in damit verwandten Sätzen:

  Wenn sie *käme,* wäre ich froh. Ohne dich *wären* sie nicht so weit. Wenn er doch hier *wäre!* Ich *hätte* Sie gern einmal gesprochen. Da *wären* wir endlich! Er sagte: „Wenn ich Zeit *hätte, käme* ich!" Er sagte, wenn er Zeit *hätte, käme* er (↑indirekte Rede).

- in irrealen Vergleichssätzen (↑2.1 und ↑als [ob]/als wenn/wie wenn):

  Er benahm sich, als ob er behext *wäre.* Er tat, als *wäre* er krank.

2. als Ersatz für Formen, die nicht eindeutig Konjunktiv I und deshalb mißverständlich sind (↑indirekte Rede [2]):

   Petra sagte, ihre Eltern *seien* gestern im Kaufhaus gewesen. Sie *hätten* (für: *haben*) dort ein Fahrrad für sie gekauft. Sie sagten, sie *kämen* (für: *kommen*) morgen.

3. als Ausdruck des Zweifels, der Skepsis gegenüber einer berichteten Aussage (↑indirekte Rede [2.2.3]):

   Karl erklärte [zwar], er *hätte* alles getan, was in seiner Macht gestanden *hätte* [, aber ich glaube es nicht].

Am häufigsten wird der Konjunktiv II zur Kennzeichnung des nur Vorgestellten, der Irrealität gebraucht. Die Kennzeichnung der indirekten Rede ist demgegenüber relativ selten.

2.3 Konjunktiv I – Konjunktiv II – *würde*-Form

Die Frage, ob man in bestimmten Sätzen statt einfacher Konjunktivformen wie *sie komme* oder *sie käme* das Gefüge aus *würde* + Infinitiv gebraucht, bereitet mitunter Schwierigkeiten. Zunächst einmal kann *würde* + Infinitiv zur ausdrücklichen Kennzeichnung des Futurischen, des Noch-nicht-Begonnenen gebraucht werden:

Wenn ich morgen *gehen würde* (weniger betont: *ginge*), dann wäre es noch früh genug (↑Konditionalsatz [4]). Sie sagten, sie *würden* (für: *werden*) morgen kommen (weniger betont: sie *kämen* [für: *kommen*] morgen; ↑indirekte Rede [3.1]).

Darüber hinaus sollte der Konjunktiv II nur dann durch *würde* + Infinitiv ersetzt werden, wenn er mit der Form des Präteritums übereinstimmt und ein Mißverständnis entstehen kann. So sind etwa alle Formen des Konjunktivs II der regelmäßigen Verben (*ich liebte, er liebte* usw.) sowie die mit *wir* und *sie* verbundenen Konjunktiv-II-Formen der unregelmäßigen Verben mit *i* oder *ie* (*wir riefen, sie gingen*) identisch mit den Formen des Präteritums.
Deshalb ist in folgenden Sätzen die *würde*-Umschreibung sinnvoll, um die Irrealität der Aussage deutlich zu machen:

Sonst *wohnten* wir dort nicht/(deutlicher:) *würden* wir dort nicht *wohnen*. Sonst *hielten* wir uns dort nicht auf/(deutlicher:) *würden* wir uns dort nicht *aufhalten*. Wenn sie mich *riefen*/(deutlicher:) *rufen würden, eilte* ich sofort *herbei*. (Oder:) Wenn sie mich *riefen, würde* ich sofort *herbeieilen*.

Daneben kann die *würde*-Umschreibung auch an Stelle altertümlich wirkender Konjunktiv-II-Formen gebraucht werden:

Ich *würde helfen* (für: *hülfe*), wenn ich Gelegenheit dazu hätte. Wenn dies doch jetzt noch *gelten würde* (für: *gälte/gölte*)! Wenn sie das Buch *kennen würden* (für: *kennten*), könnten sie es beurteilen. Er tat so, als ob er mir *helfen würde* (für: *hülfe*).

Zu weiteren Einzelheiten ↑Konditionalsatz (4), ↑indirekte Rede (3.1–3.3).

Konkretum: Unter einem Konkretum versteht man ein Substantiv, das etwas Gegenständliches bezeichnet (z. B. *Mensch, Stein, Tisch*), und zwar im Unterschied zum ↑Abstraktum. Der Plural lautet *die Konkreta.*

Konkurrent: Der Genitiv lautet *des Konkurrenten,* der Dativ und Akkusativ lauten *dem, den Konkurrenten* (nicht: *dem, den Konkurrent*). ↑Unterlassung der Deklination (2.1.2).

konkurrenzieren: Das Verb *konkurrenzieren* ist nur in Österreich und in der Schweiz gebräuchlich und entspricht der Bedeutung von *konkurrieren* „jemandem Konkurrenz machen".

können: 1. dafür können: Es heißt richtig: *er kann nichts dafür,* nicht *er kann nichts dazu/davor.* ↑dafür/davor. **2. Die Erlaubnis, etwas tun zu können/etwas zu tun:** Eine Formulierung wie *die Erlaubnis/Möglichkeit, etwas tun zu können* ist pleonastisch, denn die Bedeutung von *können* ist bereits in *Erlaubnis* bzw. *Möglichkeit* enthalten. Es muß daher korrekt heißen: *die Erlaubnis/Möglichkeit, etwas zu tun.* Auch *es kann möglich sein* ist ein ↑Pleonasmus (↑möglich [2]). **3. Das Partizip bei können:** Steht *können* als Vollverb, dann heißt das 2. Partizip *gekonnt: Er hat seine Aufgaben nicht gekonnt.* Wird *können* jedoch als Modalverb verwendet, dann steht an Stelle des 2. Partizips der Infinitiv, wenn ein reiner Infinitiv vorangeht: *Ich habe es nicht verhindern können* (und nicht: ... verhindern gekonnt). ↑Infinitiv (4).

können/dürfen: 1. Herr X könnte/dürfte der Täter gewesen sein: Der Konjunktiv II von *dürfen (er, sie, es dürfte)* wird gern verwendet, wenn eine Vermutung ausgesprochen werden soll. *Er dürfte bald kommen* heißt soviel wie „Er kommt wahrscheinlich bald". Sagt man *Er könnte bald kommen,* dann stellt man nur objektiv fest, daß das Kommen in Kürze möglich wäre. *X könnte der Täter sein* heißt: Den Umständen nach ist es möglich, daß X der Täter ist. Man mußt damit rechnen, aber es ist noch nicht entschieden; denn es bestehen auch andere Möglichkeiten. – *X dürfte der Täter sein* heißt dagegen: Die Umstände sprechen dafür, daß X der Täter ist. Man hat sich für diese Ansicht entschieden. Man ist der Meinung, daß die Umstände den Schluß nicht nur möglich machen, sondern sozusagen zulassen, erlauben. **2.**

können/dürfen in Redewendungen: *Kann/Darf ich die Butter haben? Kann/Darf ich das einmal ansehen?* Solche Redewendungen sollen einen Wunsch verbindlicher erscheinen lassen. Dabei macht die Wendung mit *können* das Handeln sozusagen von irgendwelchen Umständen abhängig, während die Wendung mit *dürfen* gewissermaßen an die Erlaubnis oder Zustimmung des Angesprochenen appelliert. **3.** ↑dürfen/können/müssen.

Konsekutivsatz: Der Konsekutivsatz oder Folgesatz ist ein Nebensatz, der die Folge (die Wirkung) des im Hauptsatz genannten Sachverhaltes nennt. Er wird mit den Konjunktionen *daß, so daß, als daß,* verneint *ohne daß* eingeleitet; vor *daß* steht im Hauptsatz immer ein *so* als Korrelat (↑so daß): *Er verletzte sich so, daß seine Hand blutete. Er verletzte sich, so daß seine Hand blutete. Du bist noch zu jung, als daß ich dir alles erzählen könnte. Er arbeitet schon jahrelang an diesem Buch, ohne daß er fertig wird*/(auch:) *würde.*

Konsonant (Mitlaut): **1. Schiffahrt · Auspuffflamme:** Treffen bei Wortbildungen drei gleiche Konsonanten zusammen, dann setzt man nur zwei, wenn ein Vokal (Selbstlaut) folgt: *Schiffahrt, Brennessel, Balletttheater* (th gilt als ein Buchstabe), *Datenblattyp, wetturnen, Rolläden, stillegen.* Bei ↑Silbentrennung tritt der dritte Konsonant wieder ein: *Schiff-fahrt, Roll-läden* usw. (Ausnahmen ↑2, a). Folgt auf die drei gleichen Konsonanten noch ein anderer, vierter Konsonant, dann darf keiner von ihnen wegfallen: *Auspuffflamme, Pappplakat, Balletttruppe, Betttruhe, stickstofffrei.* Silbentrennung *Auspuff-flamme, Papp-plakat, Ballett-truppe* usw. – Treffen – auch bei folgendem Vokal – durch die behelfsmäßige Auflösung von *ß* in *ss* drei *s* aufeinander, dann werden immer alle drei *s* geschrieben, z. B.: *Masssachen, Kongressstadt.* Dies gilt auch, wenn ein Name auf *ss* endet, z. B.: *die Heussschen Schriften.* ↑S-Laute. **2. dennoch · Rückkehr · Bettuch/Bet-Tuch:** Von der unter Punkt 1 behandelten Regel gibt es drei Ausnahmen: **a)** In *dennoch, Dritteil und Mittag* setzt man den Konsonanten immer nur zweimal, auch bei Silbentrennung: *den-noch, Drit-teil, Mit-tag.* **b)** Nach *ck* darf *k* und nach *tz* darf *z* nicht ausfallen: *Postscheckkonto, Rückkehr, Schutzzoll.* **c)** Wo ein Mißverständnis möglich ist, kann ein Bindestrich gesetzt werden. Man schreibt also *Bettuch* (= Laken für das Bett, Trennung: *Bett-tuch*), dagegen, wenn es nötig ist, *Bet-Tuch* (= Gebetsmantel der Juden).

Konstante: Das substantivierte Adjektiv kann wie ein schwaches Substantiv gebeugt werden: *die Konstante, der Konstante, zwei Konstanten.* In der mathematischen Fachsprache zieht man jedoch die adjektivische Beugung vor: Genitiv Singular *der Konstanten,* Plural *die Konstanten,* aber: *zwei Konstante.* ↑Variable.

Konstrukteurin: Die weibliche Form zu *der Konstrukteur* lautet *die Konstrukteurin.* ↑Titel und Berufsbezeichnungen (3).

Konsul: Zur Anschrift ↑Brief (7).

Konsum: In der Bedeutung „Verbrauch" betont man die zweite Silbe, man spricht also *Konsum,* während das umgangssprachliche Kurzwort für die Verkaufsstelle eines Konsumvereins oder für den Konsumverein meist auf der ersten Silbe betont und mit kurzem *o,* also *Konsum,* gesprochen wird. Im Österreichischen gilt jedoch auch für diese Bedeutung nur die Aussprache *Konsum.*

Kontamination: Eine Kontamination (Wortkreuzung) ist eine Verschmelzung von (zwei) Wörtern oder Wendungen, die formal und inhaltlich verwandt sind und die gleichzeitig in der Vorstellung des Sprechers erscheinen und von ihm in ein Wort bzw. in eine Wendung zusammengezogen werden, z. B. *Gebäulichkeiten* aus *Gebäude* und *Baulichkeiten.* ↑alters, ↑antelefonieren, ↑befindlich, ↑Bildbruch, ↑davonfliehen, ↑drängen/dringen, ↑einplanieren, ↑Erachten, ↑gehören, ↑insbesonders, ↑zumindest/mindestens/zum mindesten.

Konterfei: Der Plural von *das Konterfei* lautet sowohl *die Konterfeis* als auch *die Konterfeie.*

kontern: Das vor allem im Kampfsport gebräuchliche Verb *kontern* „den Angreifer mit gezielten Gegenstößen überraschen" wird mit dem Akkusativ verbunden: *einen Angriff kontern. Er ließ den Gegner kommen und konterte ihn geschickt mit einem linken Haken.* Auch absoluter Gebrauch kommt vor, besonders im übertragenen Sinn von „schlagfertig antworten": *Sie konterte sofort und sagte ...*

Konto: Zu dem Wort *das Konto* gibt es drei Pluralformen: *die Konten* (schwach), *die Kontos* (stark), *die Konti* (italienischer Plural).

kontrollieren: ↑Amerikanismen/Anglizismen (1.2).

Konus: Der Plural von *der Konus* lautet *die Konusse,* in der Technik auch *die Konen.*

konvertieren: Da *konvertieren* auch transitiv gebraucht wird (*eine Währung konvertieren* „frei umtauschen"), wird es in der Bedeutung „die Konfession wechseln" gewöhnlich mit *haben* verbunden: *Sie hat vor drei Jahren konvertiert.* Im Anschluß an die Verben der Bewegung kommt aber auch die Verbindung mit *sein* vor: *Sie ist vor 3 Jahren konvertiert.*

Konzentration / Konzentrierung: ↑Verbalsubstantiv.

Konzessivsatz: Ein Konzessiv- oder Einräumungssatz ist ein Nebensatz, der eine Einräumung, einen Gegengrund zu dem im Hauptsatz genannten Geschehen oder Sachverhalt angibt, ohne ihn zu entkräften. Konjunktionen: *obgleich, wenngleich, obschon, wenn auch, wennschon, obwohl, obzwar* und (ugs.) *trotzdem: Wenn das Buch auch sehr gut ist, ist es doch für mich wenig hilfreich. Obwohl ich mich beeilt habe, bin ich zu spät gekommen.*

Konzil: Das Substantiv *das Konzil* hat zwei Plurale, den schwachen *die Konzilien* und den starken *die Konzile.*

Koordination / Koordinierung: ↑Verbalsubstantiv.

koordinierend: ↑Konjunktion.

Kopf: *Sie bekamen einen roten Kopf/rote Köpfe:* Je nach dem Zusammenhang ist sowohl der Singular wie der Plural möglich. Der Singular drückt die Vorstellung „sich genieren; ein schlechtes Gewissen bekommen" aus: *Die beiden Jungen bekamen einen roten Kopf und schwiegen.* Der Plural bezieht sich mehr auf den realen Vorgang: *Die Kinder bekamen vor Aufregung rote Köpfe.* ↑Kongruenz (1.2.8). Zu *Ich fasse mir/mich an den Kopf* ↑fassen.

kopfstehen: Das Verb *kopfstehen* wird als unfeste Zusammensetzung gebraucht: *ich stehe/stand kopf; ich habe kopfgestanden; um kopfzustehen.* Die Zusammensetzung wird fast ausschließlich übertragen gebraucht: *Alles stand kopf, er stand vor Staunen kopf.* Im eigentlichen Sinn zieht man die Fügung *auf dem Kopf stehen* vor: *Während der 6-Uhr-Nachrichten stehe ich immer 5 Minuten auf dem Kopf.* ↑Zusammen- oder Getrenntschreibung (2.1).

Kopplung: ↑Bindestrich.

Kopula (Satzband): Unter *Kopula* wird weithin die konjugierte Form der Hilfsverben (z. B. *sein, werden, bleiben;* ↑Hilfsverb) verstanden, die das Subjekt mit dem ↑Prädikativ[um] verbindet, z. B. *Klaus ist mein Freund. Peter ist tüchtig. Sein Sohn wird Arzt.*

kopulativ: ↑Konjunktion.

Korb: Das Gemessene nach *Korb: ein Korb Holz* (nicht: *Holzes*); *ein Korb trockenes Holz* (geh.: *trockenen Holzes*); *mit drei Körben trockenem Holz* (geh.: *trockenen Holzes*); *mit einem Korb reifer Äpfel/reife Äpfel.* ↑Apposition (2.2).

Kork/Korken: Zwischen *der Kork* und *der Korken* wird heute in der Standardsprache weitgehend unterschieden: Das Wort *der Kork* (Genitiv: *des*

Kork[e]s, Plural [fachsprachl.]: *die Korke*) bezeichnet das Material (die Rinde der Korkeiche), *der Korken* (Genitiv: *des Korkens,* Plural: *die Korken*) meint den daraus gewonnenen Flaschenverschluß (daneben steht veraltend und auch noch landschaftlich in gleicher Bedeutung die Form *der Kork*).

Körperbehinderte: ↑substantiviertes Adjektiv (2.1).

Körperschaft[s]steuer: ↑Fugen-s (3.1).

Körperteil: Es heißt *der Körperteil,* nicht *das Körperteil.* ↑Teil (1).

Korporal: Neben dem Plural *die Korporale* gibt es auch die umgelautete Form *die Korporäle.*

Korps/Chor: ↑Chor/Korps.

Korpus: ↑Corpus/Korpus.

Korrelat: Ein Korrelat ist ein Wort, das mit einem anderen in Wechselbeziehung steht. Korrelative Paare sind: *vieles, was; alles, was; etwas, was; derselbe, welcher* u.a. Es kommt nicht selten vor, daß falsche Korrelate gewählt werden, z.B. *alles, das.* Auch Korrelat und Konjunktion müssen einander entsprechen. Als Korrelate der Konjunktion *weil* können im Hauptsatz z.B. *darum, deswegen, deshalb* stehen: *Weil du artig warst, darum darfst du dir Schokolade kaufen.* Nicht korrekt: *... ich täte es am Ende nur darum, damit ich keinen neuen Burschen suchen muß* (Frisch). Als Korrelate können auch *so, ebenso, insofern* stehen: *Sie ist insofern unentbehrlich, als sie über Sprachkenntnisse verfügt. Kalypso, die Halbgöttin, insofern die selbstbewußte Frau, als sie sich den Mann ihrer Lust wählt* (Bodamer). Nicht korrekt ist der Gebrauch von *weil* statt *als* in Verbindung mit *insofern.* Also nicht: *Er ist insofern nützlich, weil er viel weiß.*

Koryphäe: Das Wort *Koryphäe* bedeutet „hervorragende Persönlichkeit auf einem bestimmten Gebiet". Es wird heute nur noch mit weiblichem Geschlecht gebraucht: *die Koryphäe* (Genitiv *der Koryphäe,* Plural *die Koryphäen*). Das Maskulinum ist veraltet.

K.-o.-Schlag: ↑Bindestrich (3.1).

kosten: Das Verb *kosten* wurde im 12./13. Jh. aus altfranzösisch *coster* (= frz. *coûter,* aus lat. *constare*) entlehnt. Die Schwankungen zwischen dem Akkusativ und Dativ der Person *(Das kostet sie/ihr die Unabhängigkeit)* sind nicht neu, sondern lassen sich bis in die mittelhochdeutsche Zeit zurückverfolgen, sind also gleich bei der Übernahme des Wortes ins Deutsche aufgetreten. Im 18. Jahrhundert war der Gebrauch des Dativs der Person weit verbreitet. In der Folgezeit traten die Grammatiker und Sprachpfleger für den doppelten Akkusativ ein, der inzwischen wieder die Oberhand gewonnen hat. Die beiden Verwendungsweisen von *kosten* werden im heutigen Sprachgebrauch weitgehend von den Bedeutungen bestimmt: **1. *kosten* mit doppeltem Akkusativ:** Der doppelte Akkusativ steht, wenn *kosten* im Sinne von „etwas verlangt von jmdm. einen bestimmten Preis" gebraucht wird: *Das kostet mich nichts, viel, mindestens 100 DM. ... das würde mich einen schönen Batzen Geld kosten* (A. Zweig). Auch im Sinne von „etwas verlangt von jmdm. etwas [als Preis]" steht der doppelte Akkusativ: *Das kostet mich nur ein Lächeln, keine fünf Minuten, nur einen Anruf. Es kostete ihn große körperliche Mühe* (Apitz). *Es kostete ihn schon fast Überwindung* (Kirst). **2. *kosten* mit dem doppelten Akkusativ oder mit dem Dativ der Person und dem Akkusativ der Sache:** Wenn *kosten* im Sinne von „etwas bringt jmdn. um etwas" verwendet wird, dann sind heute beide Konstruktionen möglich: **a)** *Das kostete die Mannschaft den Sieg. ... denn mehr als den Kopf kosten konnte es ihn nicht* (Thieß). *... es kostete ihn wohl den Hals* (Langgässer). **b)** *Aber dem Zilpzalp kostet es das Leben* (Hausmann). *Jährlich kosten diese Rennen in E. fast 200 Pferden das Leben* (Quick). *Und dieses Zögern kostet seinem Sohn das Kaiserreich und ihm selbst die Freiheit* (St. Zweig). In der Fügung *sich eine Sache etwas ko-*

sten lassen kommt neben dem Akkusativ auch der Dativ des Reflexivpronomens vor: *Ich lasse mich* (auch: *mir*) *das Geschenk etwas kosten.*

Kosten: Die Wendung *auf Kosten* wird mit dem Genitiv verbunden: *... dabei geht immer etwas an Empfindung auf Kosten des Könnens verloren* (Remarque). *... sich auf Kosten anderer zu vergrößern* (Thieß). *... selbst auf Kosten der eigenen Kinder* (Bergengruen). Falsch ist – von Namen abgesehen – der Anschluß mit *von: Auf Kosten von den Arbeitern bereicherten sie sich.* Aber bei Namen: *Sie amüsierten sich auf Kosten von Peter.* Es ist auch falsch zu sagen: *Er strich den Gartenzaun auf Kosten der Verminderung seiner Freizeit.* Richtig müßte es heißen: *Er strich die Tür auf Kosten seiner Freizeit;* denn der erste Satz enthält einen ↑Pleonasmus. Zu *Kosten/Unkosten* ↑Unkosten.

kostet/kosten: ↑Kongruenz (1.1).

Kotelett: Die Bezeichnung des Rippenstücks *das Kotelett* lautet im Plural *die Koteletts,* selten *die Kotelette.* Davon zu trennen ist der Plural *die Koteletten* als Bezeichnung des Backenbarts.

Kr.: ↑Kreis.

kraft: Die Präposition *kraft* wird mit dem Genitiv verbunden: *kraft meines Wortes; kraft [seines] Amtes konnte er helfen.* Entstanden ist diese Präposition als Kürzung einer präpositionalen Verbindung, z. B. *durch Kraft, in Kraft.* ↑Verblassen des Substantivs.

Kragen: Die standardsprachliche Pluralform heißt *die Kragen.* Der umgelautete Plural *die Krägen* ist südd., schweiz. und österr. Eigenart.

Kran: Gemeinsprachlich ist der Plural *die Kräne.* Die Pluralform *die Krane* kommt in der Fachsprache vor.

krank: Getrennt schreibt man *krank* vom folgenden Verb, wenn beide in ursprünglicher Bedeutung gebraucht werden (beide Wörter tragen Starkton): *krank sein, werden; krank liegen; krank machen; sich krank fühlen, stellen; jmdn. krank schreiben; sich krank melden.* Zusammen schreibt man, wenn durch die Verbindung ein neuer Begriff entsteht (nur das erste Glied trägt Starkton): *Er hat gestern krankgefeiert, krankgemacht* (= ist der Arbeit ferngeblieben; ugs.). *Er hat das Reh krankgeschossen* (= durch einen Schuß verletzt; Jägersprache). Getrennt schreibt man trotz übertragener Bedeutung *sich krank lachen.* ↑Zusammen- oder Getrenntschreibung (1.2).

Kranke, der und die: **1. besagtem Kranken/Krankem · ihr als Kranken/Kranker:** Im allgemeinen wird *Kranke* wie ein attributives ↑Adjektiv dekliniert: *Kranker nicht mehr zu retten! Auf dem Revier liegt ein Kranker. Liebe Kranke! Zwei Kranke sind eingeliefert worden. Die Kranken mußten isoliert werden.* Im Genitiv Plural ist heute nach einem stark deklinierten Adjektiv oder Zahlwort die starke Beugung üblich: *Die Verlegung zweier Kranker* (veraltend: *Kranken*) ... Ausnahmen und Schwankungen treten beim Dativ Singular auf: **a)** Nach einem stark deklinierten Adjektiv wird heute schwach gebeugt: *Besagtem Kranken* (veraltet: *Krankem*) *konnte nicht mehr geholfen werden.* **b)** In der Apposition (im Beisatz) kommt neben der starken Deklination häufig die schwache vor: *Mir als Kranken ...* neben: *Mir als Krankem steht bessere Verpflegung zu. Ihr als Kranken ...* neben: *Ihr als Kranker kommt Nachurlaub zu.* ↑substantiviertes Adjektiv (2.1). **2. einige Kranke · alle Kranken · solche Kranke[n]:** Zur Deklination von *Kranke* nach *alle, beide, einige* usw. ↑all- usw.

Krankengymnastin / Krankengymnastikerin: Von den beiden Bildungen wird *Krankengymnastin* bevorzugt, es ist auch die Berufsbezeichnung.

Kräppel: Neben der standardisierten Schreibung *Kräppel* (landsch. für *Berliner [Pfannkuchen], Krapfen*) findet sich, vor allem in älteren Texten, auch die Schreibung mit *e: die Kreppel schmeckten fürtrefflich* (Goethe).

kraus: Der Superlativ lautet *krauseste.* ↑Vergleichsformen (2.3).

Kredit: Das männliche Substantiv *der Kredit* wird auf der zweiten Silbe betont (Genitiv: *des Kredit[e]s,* Plural: *die Kredite*); es bedeutet „Glaubwürdigkeit; Zahlungsfähigkeit; Darlehen". Das sächliche Substantiv *das Kredit* wird dagegen auf der ersten Silbe betont (Genitiv: *des Kredits,* Plural: *die Kredits*) und bedeutet „[Gut]haben".

Kreis: Die Abkürzung für *Kreis* (= Bezirk) ist *Kr.* oder *Krs.*

kreischen: Die unregelmäßigen Formen *krisch, gekrischen* sind veraltet und leben nur noch in der Mundart. Standardsprachlich sind heute nur die regelmäßigen Formen *kreischte, gekreischt.*

Krem: ↑Creme/Krem.

Kreppel: ↑Kräppel.

kreuz/Kreuz: Klein schreibt man in der unveränderlichen Verbindung: *Er fuhr kreuz und quer durch Europa.* Groß schreibt man das Substantiv: *Er fuhr in die Kreuz und in die Quere. Kreuz* in Titeln: *das Blaue, Rote, Weiße, Eiserne Kreuz.* ↑Groß- oder Kleinschreibung (1.1).

Krieg-/Kriegs-: Die Bildungen mit *Krieg* als erstem Bestandteil haben bis auf *kriegführend, Kriegführung* alle Fugen-s, z. B. *Kriegsdienstverweigerer, Kriegserklärung, Kriegsversehrter.* ↑Fugen-s (3.3 und 3.4).

Kriegsversehrte, Kriegsbeschädigte: ↑substantiviertes Adjektiv (2.1).

kriegen: Zu *Sie kriegten ihren Wunsch erfüllt* (ugs. für *Ihr Wunsch wurde ihnen erfüllt*) ↑Passiv (3.1).

Kristall: Das männliche Substantiv *der Kristall* (Plural: *die Kristalle*) bedeutet „mineralischer Körper, der fest und regelmäßig geformt und von ebenen Flächen begrenzt ist". Das sächliche Substantiv *das Kristall* (Plural höchstens fachspr.) bedeutet „geschliffenes Glas" *(eine Vase aus Kristall)* und bezeichnet kollektiv auch die Gegenstände aus solchem Glas: *die Vitrine, in der ich mein Kristall aufbewahre.*

Krokus: Der Genitiv lautet *des Krokus.* Von den beiden Pluralformen *die Krokusse* und *die Krokus* tritt die ungebeugte Form mehr und mehr zurück.

Krone: ↑Maß-, Mengen- und Münzbezeichnungen (1).

Krs.: ↑Kreis.

krumm: 1. Vergleichsformen: Die Vergleichsformen von *krumm* lauten standardsprachlich *krummer, krummste.* Daneben kommen landschaftlich auch die umgelauteten Formen *krümmer, krümmste* vor. ↑Vergleichsformen (2.1). **2. Rechtschreibung:** Getrennt vom folgenden Verb schreibt man *krumm,* wenn es in seiner ursprünglichen Bedeutung gebraucht wird (beide Wörter tragen Starkton): *etwas krumm biegen.* Zusammen schreibt man, wenn durch die Verbindung ein neuer Begriff entsteht (nur das erste Glied trägt Starkton): *Ich habe ihm diesen Vorwurf sehr krummgenommen* (= übelgenommen; ugs). *Ich könnte mich krummlachen. Das könnte krummgehen* (= fehlschlagen; ugs.). *Ich muß mich krummlegen* (= einschränken; ugs.). ↑Zusammen- oder Getrenntschreibung (1.2).

Küken: Korrekt ist nur die Schreibung *Küken,* die der Aussprache des Wortes mit langem *ü* in der Standardlautung folgt. Die (österr.) Schreibung *Kücken* beruht auf einer landschaftlich-umgangssprachlichen Kürzung.

Kumpel: Der Plural heißt *die Kumpel.* Die Form auf *-s (die Kumpels)* ist umgangssprachlich.

Kunde: Das männliche Substantiv *der Kunde* bedeutet „Käufer", der Genitiv lautet *des Kunden,* der Plural *die Kunden.* Das weibliche Substantiv *die Kunde* hat die Bedeutung „Nachricht", der Genitiv lautet *der Kunde,* der Plural (ungebräuchlich) *die Kunden.* In Österreich ist noch *die Kunde* in der Bedeutung „Kundschaft" (bei einem Kaufmann) gebräuchlich *(die Kunde bedienen).*

kündigen: Man hat zu unterscheiden zwischen *etwas kündigen* und *jemandem kündigen: Wir haben die Ver-*

träge gekündigt. Außerdem wollte man ihm die Kredite kündigen. Im Passiv: *Der Pachtacker ... war vor Wochen gekündigt worden* (Hauptmann). Bei Personen oder personenhaft Aufgefaßtem wird der Dativ gebraucht: *... denn wenn ihm auch der Lehrer ... rechtmäßig nicht kündigen konnte* (Kafka). *Diese Überzeugung aber verpflichtet mich noch lange nicht, meiner Vernunft zu kündigen* (Werfel). Im Passiv: *Mir ist gekündigt worden.* Nur in der Umgangssprache wird auch bei Personen öfter der Akkusativ gebraucht: *Man hat mich gekündigt. Ich bin gekündigt worden.* Umgangssprachlich ist demnach auch *der gekündigte Angestellte* (für: *der Angestellte, dem gekündigt worden ist/dem man gekündigt hat*). In bezug auf Sachen jedoch, die ja mit dem Akkusativ verbunden werden, kann das zweite Partizip standardsprachlich als Attribut gebraucht werden: *die gekündigten Verträge, die gekündigte Stellung.*

küren: Dieses Wort lebt heute nur noch in gehobener Sprache und bedeutet „wählen". Statt der unregelmäßigen Formen *kor, gekoren* sind heute die regelmäßigen *kürte, gekürt* üblicher. ↑kiesen/küren.

kurpfuschen: Das von *Kurpfuscher* abgeleitete Verb *kurpfuschen* bleibt in allen Formen ungetrennt: *ich kurpfusche, ich habe gekurpfuscht, um zu kurpfuschen.* ↑Zusammen- oder Getrenntschreibung (2.1).

Kurs/Kursus: *Kurs* hat neben den Bedeutungen „Rennstrecke für Autos und Motorräder; [Fahrt]richtung; Preis von Wertpapieren und Devisen an der Börse" auch – wie *Kursus* – die Bedeutung „Lehrgang": *Der Kurs/Kursus beginnt morgen.* Im Österreichischen gibt es nur *Kurs.*

Kurve: Der Buchstabe *v* kann in diesem Wort als *w* oder als *f* gesprochen werden: ['kʊrvə, 'kʊrfə]. Beide Aussprachen sind korrekt. ↑Aussprache (12).

kurz: 1. Groß- oder Kleinschreibung: Klein schreibt man das Adjektiv *kurz* auch in den unveränderlichen Verbindungen *über kurz oder lang, den kürzer[e]n ziehen.* Klein schreibt man auch, wenn dem Adjektiv ein Artikel vorangeht, beide Wörter aber für ein einfaches Adjektiv stehen: *etwas auf das/aufs kürzeste* (= sehr kurz) *erläutern; etwas des kürzeren darlegen; binnen, in, seit, vor kurzem.* Groß schreibt man das substantivierte Adjektiv: *Das Lange und Kurze von der Sache ist ... Er trank einen Kurzen.* Groß schreibt man das Adjektiv auch in Namen: *Pippin der Kurze.* ↑Groß- oder Kleinschreibung (1.2 und 1.2.1). **2. Zusammen- oder Getrenntschreibung:** Getrennt schreibt man *kurz* vom folgenden Verb, wenn das Adjektiv in seiner ursprünglichen Bedeutung gebraucht wird (beide Wörter tragen Starkton): *Er läßt sich die Haare kurz schneiden. Die Kleider werden wieder kurz getragen. Würden Sie sich bitte beim Telefonieren kurz fassen.* Getrennt schreibt man auch die Partizipialfügungen *kurz angebunden, kurz entschlossen, kurz gesagt.* Zusammen schreibt man, wenn ein neuer Begriff entsteht (nur das erste Glied trägt Starkton): *kurzschließen, kurztreten/kürzertreten.* ↑Zusammen- oder Getrenntschreibung (1.2).

kürzlich: Die attributive Verwendung des Adverbs *kürzlich* ist nicht korrekt. Also nicht: *die kürzlichen Vereinbarungen.* ↑Adverb (1).

kurz und bündig: Dieses Wortpaar kann nur als Artangabe verwendet werden: *Er wurde von ihr kurz und bündig als Ignorant bezeichnet.* Nicht korrekt: *eine kurz und bündige Antwort.* ↑Adverb (1).

Kurzwort: ↑Abkürzungen.

küssen: Das Verb *küssen* wird, wenn der Körperteil im Akkusativ steht, mit dem Dativ der Person verbunden: *Er küßte ihr die Hand.* Steht aber der Körperteil als Umstandsangabe des Ortes (Raumangabe), dann wird *küssen* mit dem Akkusativ der Person verbunden: *Er küßte sie* (nicht: *ihr*) *auf die Schulter.*

L

l: Zur Schreibung und Deklination ↑Bindestrich (2.4) *(L-Stahl);* ↑Einzelbuchstaben *(des L, zwei L);* ↑Groß- oder Kleinschreibung (1.2.5) *(das l in Walnuß).*

lachen/Lachen: Klein schreibt man den Infinitiv: *Er hat gut lachen.* Groß schreibt man den substantivierten Infinitiv, der gewöhnlich durch den Artikel, ein Attribut oder durch eine Präposition gekennzeichnet ist: *Sein dauerndes Lachen geht mir auf die Nerven.* ↑Groß- oder Kleinschreibung (1.2.3).

lacken/lackieren: Beide Bildungen sind gebräuchlich. Die Form *lakken* wird in der Fachsprache bevorzugt. ↑-ieren (2).

Lade/Laden: 1. Bedeutung: Die beiden Wörter dürfen nicht verwechselt werden: *Die Lade* bedeutet „Schubkasten in einem Möbelstück", *der Laden* wird im Sinne von „Geschäftsraum" und „Fensterverschluß" gebraucht. Es heißt also auch *der Fensterladen.* **2. Plural:** Zu *die Lade* lautet der Plural *die Laden.* Das Substantiv *der Laden* hat zwei Pluralformen: *die Läden,* seltener und dann in der 2. Bedeutung („Fensterverschluß") meist in Zusammensetzungen auch *die Laden, z. B. die Rolladen, die Fensterladen.*

[1]laden: Das Verb *laden* im Sinne von „aufladen" hat in der 2. u. 3. Person Singular Präsens Indikativ nur die umgelauteten Formen *du lädst, er lädt.* Das Präteritum lautet heute *lud* (nicht: *ladete*), das 2. Partizip *geladen* (nicht: *geladet*). ↑Verb (1).

[2]laden: Das Verb *laden* im Sinne von „zum Kommen auffordern" hat in der 2. u. 3. Person Singular Präsens Indikativ die gleichen Formen wie ↑[1]laden *(du lädst, er lädt),* daneben die nichtumgelauteten Formen *du ladest, er ladet.* Standardsprachlich sind die Formen mit Umlaut. Die nichtumgelauteten sind veraltet, aber noch landschaftlich. Das Präteritum lautet heute *lud* (nicht: *ladete*), das 2. Partizip *geladen* (nicht: *geladet*). ↑Verb (1).

Lady: Neben der Pluralform *die Ladys* ist auch die englische Pluralbildung *die Ladies* gebräuchlich. ↑-y.

Lager: Der Plural zu *Lager* lautet standardsprachlich *die Lager.* In der Kaufmannssprache wird in bezug auf Warenvorräte die Pluralform *die Läger* gebraucht.

Lakai: Der Substantiv wird schwach gebeugt. Der Genitiv lautet *des Lakaien,* der Dativ *dem Lakaien,* der Plural *die Lakaien.* ↑Unterlassung der Deklination (2.1.2).

Lama: Das männliche Substantiv *der Lama* ist eine Bezeichnung für einen buddhistischen Priester, *das Lama* ist der Name einer südamerikanischen Kamelart.

Lampe/Birne: ↑Glühbirne/Glühlampe.

Lampion: Das Substantiv wird gewöhnlich mit männlichem Geschlecht *(der Lampion)* gebraucht. Das Neutrum *das Lampion* ist selten.

Land: *aus aller Herren Länder/Ländern:* Heute wird im allgemeinen die ungebeugte Form *aus aller Herren Länder* gebraucht. Die Deklination kann unterbleiben, weil die regierende Präposition *aus* durch ein Genitivattribut von *Länder* getrennt ist. ↑Unterlassung der Deklination (2.3).

Land-/Landes-/Lands-: Bei den Zusammensetzungen mit *Land* als Bestimmungswort treten drei verschiedene Bildungen nebeneinander auf: ohne Fugenzeichen, mit *-es-* oder mit *-s-*. Dieser unterschiedlichen Bildungsweise entsprechen z.T. Bedeutungsgruppen innerhalb der Zusammensetzungen, die in den verschiedenen Verwendungsweisen von *Land* begründet sind. **1.** Komposita mit *-s-*, in denen *Land* die Bedeutung „Heimat" hat: Zu dieser abgegrenzten Gruppe gehören: *Landsmann, Landsmännin, landsmännisch, Landsmannschaft*. **2.** Komposita ohne Fugenzeichen, in denen *Land* die Bedeutung „Feld, Ackerboden; offenes, freies Land; dörfliche Gegend" (Gegensatz: Stadt) hat: Während *Landsmann* einen Heimatgenossen bezeichnet, hat *Landmann* die Bedeutung „Bauer". Hierher gehören: *Landadel, Landarbeiter, Landaufenthalt, Landbau, Landbevölkerung, Landbrot, Landeigentümer, Landflucht, Landhaus, Landheim, Landleben, landliebend, Landmesser, Landpartie, Landpfarrer, Landplage, Landpomeranze, Landregen, Landschulheim, Landsitz, Landstraße, Landstreicher, Landwirt[schaft]*. **3.** Komposita ohne Fugenzeichen, in denen *Land* die Bedeutung „Erdboden, fester Grund, Festland" (Gegensatz: Wasser) hat: *Landenge, landfein, Landmacht, Landratte, Landrücken, Landsee, Landstrich, Landzunge*. **4.** Komposita ohne Fugenzeichen oder mit *-es-*, in denen *Land* ein (geographisch, politisch) abgegrenztes Gebiet [im Sinne von Staat] meint: In dieser Gruppe sind die Formen mit *-es-* im allgemeinen neuere Bildungen. Ohne Fugenzeichen stehen: *Landammann, Landbote, landfremd, Landfriede[n], Landfriedensbruch, Landgericht[srat], Landgraf, Landjäger, Landkarte, Landkreis, landläufig, Landnahme, Landpfleger, Landrat, Landrecht, Landrichter, Landschreiber, Landsturm, Landtag, Landvogt, Landwehr*. Schwankend: *land[es]flüchtig, land[es]kundig*. Beide Formen sind gebräuchlich. Neben der Zusammensetzung *Landrecht* steht *Landesrecht*: *Landesrecht* bezeichnet das Recht der Länder im Gegensatz zum Reichs- oder Bundesrecht, *Landrecht* das Recht der landesherrlichen Gebiete im Mittelalter. – Mit festem *-es-* stehen: *Landesamt, Landesart, Landesaufnahme, Landesbank, Landesbischof, Landesfarben, Landesfürst, Landeshauptstadt, landesherrlich, Landeshoheit, Landeskind, Landeskirche, Landeskunde, landeskundlich, Landesmutter, Landesplanung, Landesregierung, Landessprache, Landestracht, Landestrauer, landesüblich, Landesvater, Landesverrat, Landesverweisung, landesverwiesen*. Zwei Zusammensetzungen mit Fugen-s gehören hierher: *Landsknecht* und schweizer. *Landsgemeinde*. ↑Fugen-s (3).

landen: Das Verb *landen* kann transitiv und intransitiv gebraucht werden. Transitives *landen* bedeutet „an Land, auf den Boden bringen, anbringen" und wird im Perfekt mit *haben* umschrieben: *Er hat das Schiff gelandet. Der Pilot hat die Maschine sicher gelandet*. Übertragen: *Er hat einen Schwinger gelandet*. Intransitives *landen* im Sinne von „auf den Erdboden aufsetzen, ankommen, anlegen" und „an eine Stelle geraten" wird im Perfekt mit *sein* umschrieben: *Er ist in Berlin gelandet. Die Maschine ist soeben gelandet. Die Truppen sind auf der Insel gelandet. Er ist mit seinem Wagen im Straßengraben gelandet*. Übertragen: *Wir sind gut zu Hause gelandet*. ↑haben (1).

Länder[n]: ↑Land.

Ländernamen: ↑geographische Namen.

Landsmännin: ↑-männin.

lang: 1. Rechtschreibung: a) Groß- oder Kleinschreibung: Klein schreibt man *lang* in unveränderlichen Verbindungen: *ein langes und breites* (= viel) *reden; über kurz oder lang* (= bald). Klein schreibt man das Adjektiv auch, wenn ihm ein Artikel vorangeht, beide aber für ein einfaches Adjektiv stehen: *sich des langen und breiten* (= umständlich)/*des länger[e]n und breiter[e]n über etwas äußern*. Groß schreibt man das substantivierte Adjektiv: *Das Lange und Kurze von der Sache ist ...* ↑Groß- oder Kleinschreibung (1.2.1). **b) Zusammen- oder Getrenntschreibung:** Zusammen schreibt man *lang* mit einem folgenden Partizip, wenn die Verbindung in adjektivischer Bedeutung gebraucht wird (nur das erste Glied trägt Starkton): *ein herzlicher, langanhaltender Beifall* (= was für ein Beifall?); *unser lieber, langersehnter Besuch* (= was für ein Besuch?). Überwiegend schreibt man jedoch getrennt, weil die Vorstellung der Tätigkeit vorherrscht (beide Wörter tragen Starkton): *der lang[e] ersehnte Friede* (= was geschah mit dem Frieden?); *der lang[e] anhaltende Beifall* (= was tat der Beifall?). ↑Zusammen- oder Getrenntschreibung (3.1.2). Zusammen schreibt man auch adjektivische Zusammensetzungen wie z.B. *meterlang, jahrelang, tagelang.* Getrennt schreibt man hier aber, wenn *lang* durch *Meter, Jahr, Tag* (mit vorangehendem Artikel, Zahlwort o.ä.) näher bestimmt wird: *ein zehn Meter langer Mast; sie wartete viele Jahre lang.* Beachte auch: *langher, langhin* (z.B. *ein langhin rollendes Echo*), aber: *lange her, lange hin* (z.B. *es ist schon lange her*). **2. lang/lange:** Die Adjektivform ist *lang: Der Schlauch ist lang. Die Tage waren sehr lang.* Die Form des Adverbs ist *lange: Die Sitzung dauerte lange. Ich habe lange gewartet.* In der Alltagssprache, bes. in Süd- und Südwestdeutschland, wird auch als Adverb die kürzere Form gebraucht: *Ich habe lang gewartet.* **3. längere/längre:** ↑Vergleichsformen (2.2).

Länge: Zu *etwas mißt in der/die Länge* ↑messen (2).

Langeweile/Langweile: Beide Formen sind gebräuchlich, allerdings wird *Langweile* selten verwendet. Die gebeugten Formen von *Langeweile* lauten entweder (mit erstarrtem *-e-*): *wegen Langeweile, aus Langeweile* usw. oder aber (mit durchgehend flektiertem erstem Bestandteil) *wegen der Langenweile, aus Langerweile.* Die Formen mit flektiertem ersten Bestandteil sind seltener. Sie gehören der gehobenen Sprache an. ↑Kompositum (5).

langjährig/vieljährig: Gegen das Wort *langjährig* haben Sprachkritiker und Sprachpfleger schon öfter Stellung genommen, weil sie diese Zusammenbildung vom Logischen her beurteilt haben. Es müßte nicht *langjährig,* so meinten sie, sondern *vieljährig* heißen, weil es ja keine langen oder kurzen Jahre gebe. Die Fügung *lange Jahre,* die aus *lange Zeit* und *viele Jahre* entstanden sein wird, kann heute ebensowenig wie die von ihr abgeleitete Zusammenbildung *langjährig* verurteilt werden. Der Sprachgebrauch hat sich hier über die Logik hinweggesetzt. ↑Stundengeschwindigkeit/Stundenkilometer.

Langmut: Die Bildung *Langmut* hat im Gegensatz zu *der Mut* weibliches Geschlecht: *die Langmut.* ↑-mut.

längs: Die Präposition *längs* regiert in der Regel den Genitiv: *längs der Mauer, längs der Gärten,* seltener den Dativ: *längs dem Doppelzaun* (Grass). Sowohl der Genitiv als auch der Dativ sind korrekt. Der Dativ wird vorgezogen, wenn einem einzahligen stark gebeugten Substantiv, das von der Präposition abhängt, ein einzahliges stark gebeugtes Substantiv im Genitiv vorausgeht oder folgt: *längs dem Simse des Palastes, längs Mannheims [schönem] Rheinufer.* ↑Präposition (2).

längstens: Zu *längstens nach zwei Jahren/nach längstens zwei Jahren* ↑Adverb (4).

Lapsus: Es heißt *der Lapsus,* Genitiv: *des Lapsus,* Plural: *die Lapsus* (Aussprache mit langem *u*).

lasch: ↑Vergleichsformen (2.3).

läse/lese: *lese* ist die Form des Konjunktivs I. Der Konjunktiv I steht vor allem in der indirekten Rede (↑indirekte Rede [2.1]): *Er sagte, er lese die Anschläge nicht. Sie fragte, welche Zeitung er lese.* Demgegenüber ist *läse* die Form des Konjunktivs II. Der Konjunktiv II steht vor allem im Konditionalsatz (Bedingungssatz) u.ä. (↑Konditionalsatz [2–7]): *Wenn er eine Zeitung läse, wäre das nicht passiert.* Der Konjunktiv II *läse* tritt auch in der indirekten Rede auf, wenn in der direkten Rede schon *läse* steht oder etwas als zweifelhaft hingestellt wird. ↑ Indirekte Rede (3.3).

lassen: 1. Beugung: Die Formen der 2. und 3. Person Singular Indikativ Präsens haben Umlaut: *du läßt, er läßt;* sie sind gleichlautend, denn aus der nicht mehr üblichen Form der 2. Person *du lässest* ist sowohl das *e* als auch das nach dem Zischlaut unaussprechbare *s* des *st* der Endung ausgeworfen worden. ↑ Indikativ (2). **2. Sie haben den Verunglückten liegen lassen/liegen gelassen:** Das Verb *lassen* in den Bedeutungen „nicht hindern, zulassen, veranlassen" steht überwiegend im Infinitiv, wenn ihm der reine Infinitiv vorangeht: *Ich habe ihn laufen lassen. Sie hat ihn kommen lassen. Wir haben den Verunglückten liegen lassen. Und da hat man ... sich nach Stalingrad schicken lassen* (Plievier). Heute tritt bei zusammengeschriebenen Verbindungen (wie z. B. *liegenlassen, fallenlassen, stehenlassen*) auch das zweite Partizip an die Stelle des Infinitivs: *Sie hat das Buch liegengelassen* (neben: *liegenlassen*). *... der Schah (hat) seine Frau fallengelassen* (FAZ). Dieser Gebrauch gilt als korrekt. Im abhängigen Satz steht der Infinitiv *lassen* immer am Ende: *... weil sie sich haben bestechen lassen* (nicht: *... weil sie sich bestechen lassen haben*). Tritt noch ein Modalverb hinzu, dann stehen drei Infinitive nebeneinander; das Modalverb steht immer am Ende: *Ich habe ihn laufen lassen müssen.* Das Partizip *gelassen* kann in diesem Fall nicht eingesetzt werden. Im Infinitiv des Perfekts, der sehr selten vorkommt, ist nur die Form *gelassen haben* möglich: *Ich erinnere mich, ihn das Bild früher einmal sehen gelassen zu haben. Sie will ihn das Innere der Kirche nicht betreten gelassen haben.* Im Passiv kann auch nur das zweite Partizip stehen: *Das Buch wurde von ihr liegengelassen.* ↑ Infinitiv (4). **3. Laß deinen Geburtstag ein schöner Tag/einen schönen Tag werden!:** Das Verb *lassen* gehört zu den Verben, die mit dem ↑ Akkusativ mit Infinitiv (a.c.i) konstruiert werden können: *Ich lasse ihn reden.* Findet sich eine solche Konstruktion mit einer Gleichsetzung, dann besteht oft Unsicherheit darüber, ob man die Gleichsetzung auch in den Akkusativ oder ob man sie in den Nominativ setzen soll. In der älteren Literatur und in festen Redewendungen ist der Akkusativ, also die Fallangleichung, üblich: *Sie läßt den lieben Gott einen guten Mann sein. Die Nacht ... umfaßt mich sanft und läßt mich ihren Freund und ihren Bruder sein* (Hesse). *Laß ihn niemals einen Hirten werden* (Bergengruen). Der Gebrauch des Akkusativs tritt heute jedoch mehr und mehr zugunsten des Nominativs zurück: *Laß Deinen Geburtstag ein schöner Tag werden! Laß mich dein treuer Herold sein* (M. Hartmann). *Laß mich immer dein Freund bleiben.* ↑ Kongruenz (4.3). **4. Lassen Sie mich mich erst anziehen/Lassen Sie mich erst anziehen:** In dem Satz *Laß mich mich erst anziehen* muß der Akkusativ *mich* zweimal stehen, denn das erste *mich* gehört zu lassen *(laß mich [das und das] tun),* und das zweite ist das Reflexivpronomen zu *anziehen (ich ziehe mich an).* Da aber ein Satz wie der obige stilistisch unschön ist, empfiehlt es sich, ihn umzuformen, z. B. anstatt: *Lassen Sie mich mich etwas freier ausdrücken ...* besser: *Gestatten Sie mir, daß ich mich etwas freier ausdrücke* oder: *Lassen Sie mich eine etwas freiere Ausdrucksweise wählen* o. ä. **5. jemanden/jemandem etwas fühlen, glauben, merken, sehen, spüren, wissen lassen:** In diesen Fügungen wird heute der Akkusativ (und nicht der Dativ!) gebraucht: *Sie ließ mich ihre Abneigung merken. Ich lasse dich das Geschenk sehen. Wir werden ihn unsere Verärgerung spüren lassen.* Früher wurde das Nebeneinander der beiden Akkusative gern vermieden, indem man statt des von *lassen* abhängigen Akkusativs den Dativ wählte: ... *wo man's so nach und nach den Leuten sehen läßt* (Goethe). Dieser Dativ wurde auch dann gebraucht, wenn das zum Infinitiv gehörende Objekt durch einen Nebensatz ausgedrückt war: ... *wenn Sie mir wissen lassen, wie weit sie damit gekommen sind* (Lessing). Nicht hierher gehört die Wendung *sich nichts/etwas [nicht] merken lassen.* Hier steht heute der Dativ, z. B.: *Du darfst dir nichts merken* (= anmerken) *lassen. Ich lasse mir den Schmerz nicht merken* (= anmerken). Man hat also zu unterscheiden zwischen *ich lasse mir nichts merken* (= anmerken) und *man läßt mich nichts merken* (= spüren, fühlen). **6. Sie ließ ihn/ihm etwas sagen:** Beide Konstruktionen – mit dem Akkusativ und mit dem Dativ – sind möglich, es handelt sich aber um verschiedene Aussagen: *Er ließ ihn allerlei Grobheiten sagen* heißt „Er ließ zu oder veranlaßte, daß er allerlei Grobheiten sagte". Der Satz mit dem Dativ *Er ließ ihm allerlei Grobheiten sagen* besagt, daß er ihm durch einen anderen allerlei Grobheiten sagen ließ, also den Auftrag dazu gab. Der Dativ der Person ist von *sagen* abhängig: *ich sage ihm etwas, ich lasse ihm etwas sagen,* der Akkusativ von *lassen: ich lasse ihn gehen, schwimmen, ich lasse ihn [etwas] sprechen, etwas sagen.* **7. Passiv:** Passivische Formen wie *Der Wagen wird waschen gelassen* oder *Der Drachen wird steigen gelassen* sind nicht korrekt. Zu *Das Rätsel ließ sich leicht lösen/konnte leicht gelöst werden* ↑Passiv (3.6). **8.** Zu *Ich lasse ihn das Gedicht aufsagen* ↑Akkusativ mit Infinitiv. Zu *Er ließ ihn bedienen wie einen Fürsten/wie ein Fürst* ↑Kongruenz (4.2).

Lasso: Das Substantiv wird überwiegend mit sächlichem Geschlecht *(das Lasso),* seltener mit männlichem Geschlecht *(der Lasso)* gebraucht.

Lästerin: ↑Substantiv (3).

laufen: 1. Perfekt: Das Verb *laufen* bildet im allgemeinen das Perfekt mit *sein: Ich bin gelaufen. Wir sind schnell gelaufen.* Bezieht sich *laufen* aber auf die sportliche Betätigung und wird im Sinne von „einen Lauf [im Wettkampf] absolvieren" gebraucht, dann kann das Perfekt auch mit *haben* umschrieben werden: *Sie ist/hat gelaufen. Die Staffel ist/hat phantastisch gelaufen. Sie ist/hat Ski gelaufen.* ↑haben (1). **2. laufen lassen/laufenlassen:** Getrennt schreibt man, wenn beide Verben in ursprünglichem Sinne gebraucht werden (beide Wörter tragen Starkton): *Er hat seinen Hund frei laufen lassen.* Zusammen schreibt man aber, wenn duch die Verbindung ein neuer Begriff entsteht (nur das erste Glied trägt Starkton): *Sie haben den Dieb wieder laufenlassen* (= ihm die Freiheit gegeben). ↑Zusammen- oder Getrenntschreibung (1.1). **3.** Zu *gegen eine Bahn/in eine Bahn laufen* ↑gegen/in. Zu *zu laufen/zulaufen* ↑zu (11). Vgl. auch ↑Verb (1).

laufend: 1. Gebrauch: Der adverbiale Gebrauch von *laufend* im Sinne von „dauernd, ständig" hat sich heute durchgesetzt: *Wir arbeiten laufend an der Verbesserung unserer Autos. Es riefen laufend neue Bewerber an. Die Verbündeten wurden laufend über den Stand der Verhandlungen unterrichtet.* Wer befürchtet, daß in Sätzen mit persönlichem Subjekt *laufend* scherzhaft als „im Laufen" aufgefaßt wird, der verwende das – stilistisch bessere – *ständig: Er verkaufte seine Artikel ständig.* **2. Rechtschreibung:** In festen Verbindungen mit einem Verb wird *laufend* klein geschrieben, obwohl ein Artikel vorausgeht: *auf dem laufenden sein/bleiben; etwas auf dem laufenden [er]halten.* ↑Groß oder Kleinschreibung (1.2.1).

launig/launisch: Diese Wörter sind nicht gleichbedeutend: *launig* bedeutet „witzig", *launisch* „launenhaft". ↑-ig/-isch/-lich (3).

[1]laut: Zu *lautere/lautre* ↑Vergleichsformen (2.3).

[2]laut: 1. Bedeutung und Gebrauch: Die Präposition *laut* (mittelhochdeutsch *nach lūt* „nach Laut des ..., nach dem Inhalt") kann nur bei einem

Substantiv stehen, das etwas Gesprochenes oder Geschriebenes bezeichnet: *laut Gesetz, laut Vorschrift, laut Radio Athen.* Nicht: *laut Muster, laut Abbildung.* **2. laut unseres Schreibens/laut unserem Schreiben:** Die Präposition *laut* regiert den Genitiv, häufig auch den Dativ: *laut des/eines amtlichen Nachweises,* auch: *laut dem/einem amtlichen Nachweis; laut ärztlichen Gutachtens,* auch: *laut ärztlichem Gutachten.* Folgt ein alleinstehendes, stark gebeugtes Substantiv im Singular, dann wird dieses nicht flektiert: *laut Vertrag, laut Bericht, laut Übereinkommen, laut Befehl.* Folgt ein alleinstehendes, stark gebeugtes Substantiv im Plural, dann wird der Dativ gewählt, weil der Genitiv durch seine Übereinstimmung mit dem Nominativ und Akkusativ den Kasus nicht deutlich erkennen läßt: *laut Briefen.* Der Dativ steht auch dann, wenn dem einzahligen, stark gebeugten Substantiv, das von der Präposition abhängt, ein einzahliges, stark gebeugtes Substantiv im Genitiv folgt oder vorausgeht: *laut des Berichtes des Ministers;* dafür besser: *laut dem Bericht des Ministers.* Entsprechend: *laut Meiers grundlegendem Werk.* ↑Präposition (2).

Laut: Der Laut ist die kleinste klangliche Einheit der gesprochenen Sprache; er wird mit einem oder mit mehreren Buchstaben wiedergegeben *(a, au, p, pf, sch).*

lauten: Nach dem Verb *lauten* wird mit der Präposition *auf* + Akkusativ angeschlossen: *Der Vertrag lautet auf den Namen der Ehefrau. Das Urteil lautet auf 5 Jahre.*

lauter: Bei *lauter* bleibt, wenn es dekliniert oder gesteigert wird, das *e* der Endungssilbe gewöhnlich erhalten: *die lautere Wahrheit.* ↑Adjektiv (1.2.13), ↑Vergleichsformen (2.2).

Lauterer: ↑Einwohnerbezeichnungen (1).

Lavablock: Der Plural lautet *die Lavablöcke.* ↑Block.

lax: ↑Vergleichsformen (2.3).

Lebehoch: Zusammen schreibt man das Substantiv *das Lebehoch* (Plur.: *die Lebehochs*): *Ein lautes Lebehoch rufen.* Getrennt schreibt man aber die syntaktische Fügung: *Sie lebe hoch!*

Lebemann: Der Plural lautet *die Lebemänner.* ↑Mann (2).

-leben: Zu den Ableitungen von Ortsnamen auf *-leben* ↑Einwohnerbezeichnungen (1).

Lebensbeschreibung großer Persönlichkeiten: ↑Kompositum (8).

Lebenslauf

Der Lebenslauf ist Teil der ↑Bewerbung und kann in tabellarischer oder berichtender Form abgefaßt werden (handschriftlich nur, wenn ausdrücklich verlangt). Persönliche Daten, schulische Ausbildung, beruflicher Werdegang und – soweit im Zusammenhang mit der angestrebten Position stehend – außerberufliche Weiterbildung und Tätigkeit[en], besondere Fähigkeiten und Kenntnisse sollten möglichst vollständig und in übersichtlicher Reihenfolge angeführt werden. Dabei kann man sich durchaus von Wendungen und immer gleichen Konstruktionen (*Am 15. 3. 1930 wurde ich, H. A., als Tochter des Maurermeisters A. A. und seiner Ehefrau P. geb. Sch...;* ↑ich [1], ↑geboren [3]) lösen. Man vergleiche folgende Muster:

Lebenslauf

Name:	Werner Schmidt
Geburtstag:	2. Februar 1950
Geburtsort:	Karlsruhe

Eltern:	August Schmidt, Kaufmann Lina Schmidt geb. Ortmann
Familienstand:	verheiratet, 1 Kind
Schulbildung:	1956–1963 Volksschule in Karlsruhe 1963–1969 Aufbaugymnasium in Ludwigsburg, Abitur
Studium:	1969–1975 Studium der Romanistik und Germanistik in Mainz
Berufsausbildung:	1977–1978 Ausbildung für das Lehramt an Gymnasien in Heidelberg 1978 2. Staatsexamen für Französisch und Deutsch
Sprachkenntnisse:	Französisch, Italienisch (mehrere Landesaufenthalte)

Heidelberg, 1. 6. 1982 Werner Schmidt

Lebenslauf

Persönliche Daten:

Susanne Ullmann
geboren am 20. Oktober 1954 in Hamm bei Worms
ledig

Ausbildung:

1960–1968	Grund- und Hauptschule in Hamm
1968–1970	Wirtschaftsschule in Worms, mittlere Reife
1971–1974	kaufmännische Lehre in der Firma Wanckiser in Ludwigshafen, Industriekaufmann
1974	Sekretärinnenschule, Diplomsekretärin

Tätigkeiten:

1975–1978	Stenokontoristin in der Maschinenfabrik Allgaier GmbH in Ludwigshafen
1978–1982	Sekretärin in der Elektrogroßhandlung Schneider AG in Mannheim

Mannheim, 10. 1. 1983 Susanne Ullmann

lebenslang / lebenslänglich: Das Adjektiv *lebenslänglich* wird heute im allgemeinen nur noch auf Freiheitsstrafen bezogen: *Er wurde zu lebenslänglich Zuchthaus verurteilt. Er erhielt „lebenslänglich".* Ungewöhnlich: *eine lebenslängliche Rente* (= auf Lebenszeit); ... *die lebenslängliche* (= lebenslange) *Bereitschaft für das Lebendige* (Frisch). Das Adjektiv *lebenslang* „das ganze Leben dauernd" ist wenig gebräuchlich: *ein lebenslanges Siechtum.*

Lebewohl: 1. Deklination: Der Genitiv lautet *des Lebewohl[e]s,* der Plural *die Lebewohle* oder *die Lebewohls.* **2. Rechtschreibung:** Zusammen schreibt man das Substantiv *das Lebewohl: Er hörte ihr leises Lebewohl. Ich wollte dir Lebewohl sagen.* Getrennt schreibt man aber die syntaktische Fügung: *Lebe wohl und vergiß mich nicht! Sie rief ihm „Lebe wohl!" nach.*

Lebtag: Es heißt heute *mein Lebtag* (nicht mehr [= Akkusativ] *meinen Lebtag*), *meine Lebtage* und *mein* (ungebeugt) *Lebtage,* landschaftlich auch noch *meiner Lebtage* (= Genitiv Plural): *Ich habe mich mein Lebtag nicht ... gefürchtet* (Grass). *Ich werde mich all meine Lebtage daran erinnern. Er hat seiner Lebtage geschuftet.*

Lebuser: Die Einwohner von Lebus heißen *die Lebuser.* ↑Einwohnerbezeichnungen (5).

Lech: Der Genitiv lautet *des Lechs.* ↑geographische Namen (1.2).

lediglich nur: ↑Pleonasmus.

leer: Getrennt vom folgenden Verb schreibt man *leer,* wenn beide Wörter als selbständige Satzglieder gebraucht werden (beide Wörter tragen Starkton): *Sie läßt den Motor leer laufen. Du sollst deinen Teller leer essen. Du läßt diese Wohnung seit Wochen leer stehen!* Zusammen schreibt man, wenn *leer* Verbzusatz ist und das durch das folgende Verb bezeichnete Geschehen nur modifiziert (nur *leer-* trägt Starkton): *Man läßt das Faß leerlaufen* (= auslaufen). Zusammen schreibt man *leer-* auch mit dem 1. Partizip *-stehend: eine leerstehende Wohnung.* ↑Zusammen- oder Getrenntschreibung (1.2 und 3.1.2). Zur Steigerung ↑Vergleichsformen (3.1).

Legat: Das männliche Substantiv *der Legat* „Gesandter" wird schwach gebeugt. Es heißt also: *des Legaten,* Plural: *die Legaten.* Das sächliche Substantiv *das Legat* „Vermächtnis" wird dagegen stark gebeugt. Es heißt also: *des Legat[e]s,* Plural: *die Legate.*

legen/verlegen: Man kann sagen: *eine Leitung legen* oder *verlegen.* Die Fachsprache bevorzugt *verlegen.*

legitimieren, sich: Nach *sich legitimieren als* steht das folgende Substantiv im Nominativ, d. h., es wird auf das Subjekt bezogen: *Ich legitimierte mich als der Eigentümer des Autos.* ↑Kongruenz (4.2).

Leguan: Der Name dieser Baumeidechse wird stark gebeugt. Genitiv: *des Leguans* (nicht: *des Leguan*), Plural: *die Leguane.*

Lehnbildungen: 1. Lehnwort: Ein Lehnwort ist ein aus einer fremden Sprache übernommenes Wort, das sich lautlich und formal der aufnehmenden Sprache so weit angeglichen hat, daß es im allgemeinen nicht mehr als fremdes Wort empfunden wird; vgl. *Kanzel* aus lat. *cancelli; Kirche* aus spätgriech. *kyrikón, Fenster* aus lat. *fenestra, Straße* aus spätlat. *strata, Abenteuer* aus altfrz. *aventure.* **2. Lehnschöpfung:** Hierbei handelt es sich um eine formal unabhängige Bildung, die dazu dient, ein fremdes Wort abzulösen oder zu ersetzen; vgl. *Kraftwagen* für *Automobil, Niet[en]hose* für *Bluejeans.* **3. Lehnbedeutung:** Sie stellt die Entlehnung der Bedeutung eines laut- oder bedeutungsähnlichen Wortes einer anderen Sprache dar; vgl. die Bedeutung „klar erkennen, erfassen" von *realisieren* nach engl. *to realize.* **4. Lehnübersetzung:** So nennt man die genaue, d. h. Glied für Glied wiedergebende Übersetzung eines fremden Wortes; vgl. *schneller Brüter* nach engl. *fast breeder, Halbwelt* nach frz. *demi-monde.* **5.**

Lehnübertragung: Im Unterschied zur Lehnübersetzung freiere Übertragung eines fremden Wortes; vgl. *Halbinsel* zu lat. *paeninsula* (= Fast-Insel) oder *Vaterland* zu lat. *patria*. **6. Lehnwendung:** Darunter versteht man eine Fügung, die eine fremde Wendung oder Redensart wiedergibt; vgl. *jmdm. die Schau stehlen* nach engl. *to steal the show from somebody*. Weiteres ↑Amerikanismen/Anglizismen (1.2).

Lehnsmann: Das Wort hat zwei Pluralformen: *die Lehnsmänner* und *die Lehnsleute*. ↑Mann (2).

lehren: 1. die Kinder/den Kindern das Zeichnen lehren: Im heutigen Sprachgebrauch steht nach *lehren* im allgemeinen der doppelte Akkusativ, d. h. ein Akkusativ der Person und ein Akkusativ der Sache: *Man lehrte sie die französische Sprache*. Der Dativ der Person (im Aktiv und im Passiv), seit dem 17. Jahrhundert nachweisbar, wurde im 18. Jahrhundert häufig gebraucht. Er nahm dann im 19. Jahrhundert unter dem Einfluß der Grammatiker wieder ab, tritt jedoch nach wie vor auf: *Lange hatte er scheinbar vergeblich sich bemüht, ... ihm die Sprache zu lehren* (Hesse). Im ↑Passiv (2) ist der Dativ fast fest geworden: *Ihm wurde das Schweigen gelehrt*. Wird die Sache, die gelehrt wird, nicht genannt, dann muß die Person jedoch immer im Akkusativ stehen: *Man lehrte auch die fremden Kinder*. **2. Man hat sie reiten gelehrt/lehren:** Nach einem reinen ↑Infinitiv (4) steht heute gewöhnlich das zweite Partizip, selten der Infinitiv: *Man hat sie reiten gelehrt/*(selten:) *reiten lehren*. **3. Sie lehrte ihn ein Freund/einen Freund des Volkes sein:** Heute wird im allgemeinen der Nominativ gewählt, d. h., es wird auf die Kasusangleichung in Gleichsetzungen nach *lehren* verzichtet: *Sie lehrte ihn ein Freund des Volkes sein*. Der Akkusativ *(Sie lehrte ihn einen Freund des Volkes sein)* ist veraltet. ↑Kongruenz (4.3). **4. Ich lehrte sie die Maschine bedienen/zu bedienen:** Nach *lehren* steht der Infinitiv ohne *zu*, wenn dieser nicht durch ein Objekt oder eine Umstandsangabe erweitert ist: *Ich lehrte ihn schreiben, lesen, schwimmen*. Ist der Infinitiv erweitert, dann schwankt der Gebrauch von *zu: Man lehrte ihn, ein Pferd zu satteln/ein Pferd satteln*. Je umfangreicher die Erweiterung des Infinitivs ist, desto fester wird der Gebrauch von *zu: Man lehrte mich, die Haustür immer gut zu schließen* (nicht: *gut schließen*). ↑zu (2). **5. lehren/lernen:** Das Verb *lernen* darf nicht an Stelle von *lehren* gebraucht werden. Es heißt also: *Er hat ihn sprechen gelehrt* (nicht: *gelernt*) oder *Sie hat ihm Cha-Cha-Cha gelehrt* (nicht: *gelernt*). In den Zusammensetzungen hat sich jedoch *-lernen* gegenüber *-lehren* durchgesetzt. So gibt es heute nur noch die Formen *anlernen, einlernen* sowohl in der Bedeutung „sich etwas geistig aneignen" wie in der Bedeutung „jmdn. in etwas unterweisen". Die Verben *anlehren, einlehren* sind veraltet.

Lehrer: Zu *des Lehrers Meyer/Lehrer Meyers* ↑Titel und Berufsbezeichnungen (1.2 und 1.3).

Lehrer/Lehrerin: Zu *Meine beiden Töchter sind Lehrerinnen* (seltener: *Lehrerin*) ↑Kongruenz (1.4.6), ↑Substantiv (3).

Lehrer-/Lehrers-: Zusammensetzungen mit *Lehrer* haben im allgemeinen kein Fugen-s: *Lehrerberuf, Lehrerkonferenz, Lehrerausbildung, Lehrerzimmer*. Das Fugen-s tritt jedoch ein, wenn das zugrunde liegende genitivische Attribut noch deutlich empfunden wird: *Lehrerswitwe* (= Witwe des Lehrers), *Lehrerskinder* (= Kinder des Lehrers). ↑Fugen-s (2.3).

Lehrherr: Der Genitiv lautet *des Lehrherrn* (veraltet: *des Lehrherren*).

Lehrstelle: ↑Ausbildungsplatz.

leicht: 1. Klein schreibt man *leicht* auch dann, wenn ihm ein Artikel vorausgeht, beide Wörter aber für ein einfaches Adjektiv stehen: *Es ist ihm ein leichtes* (= [sehr] leicht), *dies zu erreichen. Es wäre das leichteste* (= am leichtesten), *darauf zu verzichten.* Groß schreibt man aber das substantivierte Adjektiv: *Das Leichte in ihren Bewegungen ... Es ist nichts Leichtes/etwas Leichtes.* ↑Groß- oder Kleinschreibung (1.2.1). **2.** Zusammen schreibt man *leicht* mit einem folgenden Partizip oder Adjektiv, wenn die Verbindung in adjektivischer Bedeutung gebraucht wird (nur *leicht-* trägt Starkton): *ein leichtbewaffneter Reiter, ein leichtentzündlicher Brennstoff, eine leichtverdauliche Speise, eine leichtverständliche Sprache, ein leichtverwundeter Soldat.* Getrennt schreibt man, wenn die Vorstellung der Tätigkeit vorherrscht oder wenn beide Wörter in ihrer ursprünglichen Bedeutung gebraucht werden (beide Wörter tragen Starkton): *Es waren alles [nur] leicht verwundete Soldaten.* Dies gilt immer, wenn beide Wörter in der Aussage stehen: *Der Soldat ist leicht verwundet. Der Brennstoff ist leicht entzündlich.* Getrennt schreibt man *leicht* von einem folgenden Verb, wenn beide Wörter in selbständiger Bedeutung gebraucht werden oder *leicht* (in Verbindung mit Gradadverbien) eigenen Satzgliedwert hat: *Ich habe leicht geatmet. Er ist nur leicht gefallen. Sie wird es leicht verschmerzen. Sie hat es mir nicht leicht gemacht.* Zusammen schreibt man, wenn durch die Verbindung ein neuer Begriff entsteht: *Dies wird ihm nicht leichtfallen* (= wird Anstrengungen erfordern). *Ich darf dies nicht leichtnehmen* (= muß mehr Mühe darauf verwenden). *Sie hat es mir nicht leichtgemacht.* ↑Zusammen- oder Getrenntschreibung (1.2).

leichter: Zu *leichtere, leichtre* ↑Adjektiv (1.2.13).

leichttun, sich: Zu *Ich tue mir/mich leicht damit* ↑schwertun, sich.

leichtverdaulich / leichtverständlich: ↑leicht, ↑Vergleichsformen (2.5.1).

leid/Leid: Groß schreibt man das Substantiv *das Leid: jemandem ein Leid antun; sein Leid tapfer tragen; viel Leid erfahren.* Klein schreibt man, wenn es sich um das alte Adjektiv handelt, das heute nur noch in Verbindung mit bestimmten Verben gebraucht wird: *Ich bin, werde es leid. Es tut mir leid. Es ist mir leid.* ↑Groß- oder Kleinschreibung (1.1). Zusammen schreibt man das verblaßte Substantiv in Verbindung mit *zu: jemandem etwas zuleide tun.*

Leideform: ↑Passiv.

leidend: ↑erstes Partizip (3).

leider zu meinem Bedauern: ↑Pleonasmus.

leidig/leidlich: Das Adjektiv *leidig* ist von *Leid* abgeleitet und bedeutet „lästig, unangenehm": *Das ist eine leidige Angelegenheit. Wenn nur das leidige Geld nicht wäre.* Dagegen ist *leidlich* eine Bildung zu *leiden* und bedeutet „einigermaßen den Erwartungen entsprechend": *Er hat leidliche Kenntnisse in Englisch. Mir geht es so leidlich.*

leihen/borgen: ↑borgen/leihen.

-lein/-chen: ↑-chen/-lein.

Leipziger: Die Einwohnerbezeichnung *Leipziger* wird immer groß geschrieben, auch wenn das Wort wie ein flexionsloses Adjektiv vor einem Substantiv steht: *die Leipziger Messe.* ↑Einwohnerbezeichnungen (7).

leise: Klein schreibt man das Adjektiv auch dann, wenn ein Artikel vorangeht, beide Wörter aber für ein einfaches Adverb stehen: *Sie zweifelten nicht im leisesten* (= durchaus nicht). Von den beiden Formen *leis/leise* ist heute *leise* die übliche. ↑Adjektiv (1.2.14).

Leiste/Leisten: Das weibliche Substantiv *die Leiste* bedeutet „Übergangsstelle zwischen Rumpf und Oberschenkel" oder „Randeinfassung" (z. B. bei einem Bilderrahmen). Das männliche Substantiv *der Leisten* bezeichnet das vom Schuster benutzte Formstück und den Schuhspanner.

leitend: Zu *Herrn Leitenden/Leitender Schulrat* ↑Herr (4).

Leiter: Das weibliche Substantiv *die Leiter* bezeichnet eine Vorrichtung mit Sprossen zum Steigen; das männliche Substaniv *der Leiter* wird im Sinne von „Person in übergeordneter Stellung" gebraucht. Beide Wörter sind etymologisch nicht miteinander verwandt.

lenkbar/lenkfähig: ↑-bar/-fähig.

Leonardo da Vinci: Zur Beugung ↑Adelsnamen, ↑Personennamen (2.2.1).

Leopard: Der Genitiv lautet *des Leoparden* (nicht: *des Leopards*), Dativ und Akkusativ lauten *dem, den Leoparden* (nicht: *dem, den Leopard*). ↑Unterlassung der Deklination (2.1.2).

-ler/-er: ↑-schafter/-schaftler.

lernen: 1. Rechtschreibung: Außer *kennenlernen, liebenlernen, schätzenlernen* schreibt man getrennt: *Deutsch lernen, lesen lernen, schwimmen lernen, Klavier spielen lernen, Schlittschuh laufen lernen.* ↑Zusammen- oder Getrenntschreibung (1.1). Zu *lesen/Lesen lernen* ↑substantivierter Infinitiv (1). **2. Ich lernte die Maschine bedienen/zu bedienen:** Nach *lernen* steht der Infinitiv ohne *zu,* wenn dieser nicht durch ein Objekt oder eine Umstandsangabe erweitert ist: *Das Kind lernt sprechen. Seine Frau lernt Klavier spielen.* Ist der Infinitiv erweitert, dann schwankt der Gebrauch: *Ich lernte die Maschine bedienen* oder: *Ich lernte, die Maschine zu bedienen.* Entsprechend auch: *Ich habe die Maschine bedienen gelernt* oder: *Ich habe die Maschine zu bedienen gelernt.* Je umfangreicher die Erweiterung des Infinitivs ist, desto fester wird der Gebrauch mit *zu.* ↑zu (2). Zu *Ich habe reden gelernt* (nicht: *lernen*) ↑Infinitiv (4).

lernen/lehren: ↑lehren/lernen.

lesen: Die 2. und 3. Person Singular Indikativ Präsens und der Imperativ Singular lauten: *du liest, er liest, lies!* Zu *du liest/liesest* ↑Indikativ (2). Vgl. auch ↑läse/lese.

letzte: 1. Steigerung: Zu *letzte,* das nicht mehr als Superlativ empfunden wird, gibt es die Komparativform *letzterer.* ↑ersterer – letzterer. **2. Rechtschreibung:** Klein schreibt man *der letzte,* wenn der letzte der Reihe, der Zählung nach gemeint ist: *der erste – der letzte* (zurückweisend für: *jener – dieser*); *die beiden, die drei letzten. Sie war die letzte. Den letzten beißen die Hunde. Das ist das letzte, was ich wählen würde. Er kam als letzter an. Als letztes dreht sie das Licht aus. Sie gab ihr letztes dafür.* Klein schreibt man auch, wenn *letzte* ein Artikel vorangeht, beide Wörter aber für ein einfaches Adverb stehen: *Er ist bis ins letzte* (= äußerst) *genau. Am letzten* (= zuletzt) *dachte sie an sich selbst. Er verausgabte sich bis zum letzten* (= ganz und gar). Groß schreibt man *der Letzte,* wenn der letzte der Leistung, dem Rang nach oder ein bestimmter substantivischer Begriff gemeint ist: *Ihr Geld bekommt sie am Letzten* (= Monatstag). *Es geht ums Letzte* (= ums Äußerste). *Ich gab mein Letztes* (= das, was ich noch hatte). *Ich habe ein Letztes* (= etwas Abschließendes) *zu sagen. Sie ist die Letzte ihres Geschlechts. Er ist Letzter/der Letzte* (= dem Range nach) *in der Klasse. Die Ersten werden die Letzten sein. Ich bin der Letzte der Mohikaner* (auch: *der letzte Mohikaner*). Groß schreibt man auch in Namen: *der Letzte Wille, die [vier] Letzten Dinge* (nach kath. Lehre), *die Letzte Ölung, das Letzte Gericht.* ↑Groß- oder Kleinschreibung (1.2.4). **3. Wortstellung:** Das Adjektiv *letzte* kann sowohl vor als auch nach einem Zahlwort stehen: In *die drei letzten Läuferinnen* ist das Zahlwort betont, gemeint sind drei, nicht etwa zwei, vier oder fünf. In *die letzten drei Läuferinnen* ist *letzte* betont, gemeint sind die letzten, nicht die ersten Läuferinnen. **4.** ↑erstere[r] – letztere[r]; vgl. auch ↑Als letzter Gruß/Als letzten Gruß. Zu *zu guter Letzt* ↑zuletzt.

letzterer: Das auf *letztere* folgende Adjektiv wird in gleicher Weise (parallel) gebeugt: *letzteres modernes Hörspiel.* Vgl. auch ↑erstere[r] – letztere[r], ↑welch letzterer.

letztmalig/letztmals: *letztmalig* ist ein Adjektiv, das nur als Beifügung stehen sollte (z. B. *letztmalige Aufforderung*) und nicht mit dem Adverb *letztmals* verwechselt werden darf: *Das*

Stück wurde letztmals (nicht: *letztmalig*) *aufgeführt.*

leugnen: Zu *Er leugnete, daß [nicht] ...* ↑Negation (1).

-leute/-männer: ↑Mann (2).

Leutnant: Neben dem üblichen Plural *die Leutnants* wird vereinzelt die eingedeutschte Form *die Leutnante* gebraucht. Zu *die Degradierung des Leutnants Troger/Leutnant Trogers* ↑Titel und Berufsbezeichnungen (1.2 und 1.3).

Leverkusener: Die Einwohner von Leverkusen heißen *die Leverkusener.* ↑Einwohnerbezeichnungen (1 und 7).

Lexikon: Der Plural von *das Lexikon* lautet *die Lexika* (vereinzelt auch noch *die Lexiken*). Falsch ist die Pluralform *die Lexikons.*

lfd. J./lfd. M.: Die Beugung wird bei diesen Abkürzungen nicht kenntlich gemacht: *im Juli lfd. J.* (nicht: *lfd. J.s* = laufenden Jahres); *am 15. lfd. M.* (= laufenden Monats). ↑Abkürzungen (3.1).

Libanon: Der Ländername kann mit oder ohne Artikel gebraucht werden: *der Libanon* oder *Libanon.* Entsprechend kann man *im Libanon* oder *in Libanon* sagen. ↑geographische Namen (2.1).

Libyen: Die korrekte Aussprache in der Standardlautung ist ['li:byən].

-lich/-bar: Auf ein gemeinsames (transitives) Verb zurückgehende *-lich-* und *-bar-*Adjektive können sich inhaltlich mehr oder weniger nahestehen: Deutlich erkennbare Bedeutungsunterschiede weisen etwa auf *ausführlich (ausführliche Stellungnahme) – ausführbar (ausführbarer Plan), verantwortlich (verantwortliche Person) – verantwortbar (verantwortbare Entscheidung), löslich (löslicher Kaffee) – lösbar (lösbares Problem), unaussprechlich (unaussprechliches Elend) – unaussprechbar (unaussprechbarer Name).* Andere Bildungen dagegen, z. B. *unvermeidlich/unvermeidbar (unvermeidliche/unvermeidbare Auseinandersetzungen),* können als (nahezu) bedeutungsgleich angesehen werden; ähnlich: *erklärlich/erklärbar, unersetzlich/unersetzbar, unübertrefflich/unübertreffbar.* ↑unsagbar/unsäglich, ↑unüberwindbar/unüberwindlich; ↑-ig/-isch/-lich.

Licht: Im Plural unterscheidet man zwischen *die Lichte,* einem dichterischen (veralteten) Ausdruck für „Wachskerzen", und *die Lichter,* womit Lichtquellen jeder Art bezeichnet werden können (entsprechend *Himmelslichter, Irrlichter* usw.). In der Jägersprache wird der Plural *die Lichter* als Bezeichnung für die Augen des Haarwildes verwendet.

lieb: 1. Groß- oder Kleinschreibung: Klein schreibt man das Adjektiv *lieb* auch dann, wenn ein Artikel vorangeht, die Verbindung aber für *am liebsten* steht: *Es ist mir das liebste, wenn ...* Groß schreibt man das substantivierte Adjektiv: *etwas, viel, nichts Liebes tun, sich vom Liebsten trennen.* ↑Groß- oder Kleinschreibung (1.2.1). Groß schreibt man das Adjektiv auch in Namen: *Zu Unserer Lieben Frau[en]* (= Kirche); aber: *der liebe Gott.* ↑Namen. **2. Zusammen- oder Getrenntschreibung:** Getrennt schreibt man *lieb* von einem folgenden Verb, wenn beide Wörter in ihrer ursprünglichen Bedeutung gebraucht werden (beide Wörter tragen Starkton): *Du sollst lieb sein.* Zusammen schreibt man, wenn durch die Verbindung ein neuer Begriff entsteht (nur *lieb-* trägt Starkton): *Sie hat mit dem Kauf des Brillanten geliebäugelt. Ich will dich immer liebbehalten. Er wird sie liebgewinnen. Sie haben sich liebgehabt* (= geliebt). *Die Mutter hat ihr Kind geliebkost* (auch: *liebkost*). ↑liebgeworden, ↑Zusammen- oder Getrenntschreibung (1.2). **3. Liebe Kranke:** ↑substantiviertes Adjektiv (2.1.5).

Lieb-/Liebe-/Liebes-: Zusammensetzungen mit *Liebe* als Bestimmungswort sind teils mit, teils ohne Fugenzeichen gebräuchlich. Mit dem Fugenzeichen *-es-* stehen immer *Liebesabenteuer, Liebesbezeigung, Liebesbe-*

ziehung, Liebesbrief, Liebesdienst, Liebeserklärung, Liebesgabe, Liebeskummer, Liebesleben, Liebespaar, liebestoll, liebestrunken, Liebesverhältnis, Liebeszauber. Mit *-e-* (Endung des Nominativs Singular) sind fest *liebebedürftig, liebeleer, liebevoll.* Ohne Fugenzeichen stehen *Liebreiz, lieblos.* ↑Fugen-s (1.1).

Liebe: Nach *Liebe* wird mit der Präposition *zu* (nicht: *für*) angeschlossen: *Liebe zu Frau und Kindern, zum Leben, zur Heimat.* Zu *Liebe des Kindes/zum Kind* ↑Genitivattribut (1.5.1).

liebe[n] Freunde: ↑Anredenominativ.

liebenswürdig: Nach *liebenswürdig* wird mit der Präposition *zu* (nicht: *gegen*) angeschlossen: *Sie war äußerst liebenswürdig zu uns.*

lieb geworden/liebgeworden: Zusammen schreibt man, wenn die Verbindung adjektivisch gebraucht wird (nur *lieb-* trägt Starkton): *eine liebgewordene Gewohnheit.* Getrennt schreibt man, wenn die Vorstellung der Tätigkeit vorherrscht (beide Wörter tragen Starkton): *die mir recht lieb geworden Gewohnheit.* Dies gilt immer, wenn beide Wörter aussagend stehen: *Diese Gewohnheit ist mir lieb geworden.* ↑Zusammen- oder Getrenntschreibung (3.1.2).

liebkosen: Das Verb *liebkosen* kann sowohl auf der ersten als auch auf der zweiten Silbe betont werden. Auch die Bildung des zweiten Partizips schwankt: Betont man *liebkosen* auf der ersten Silbe, dann heißt das 2. Partizip *geliebkost,* betont man dagegen auf der zweiten Silbe, dann heißt es *liebkost: Das Kind hat seine Mutter geliebkost/liebkost.*

lieferbar/lieferfähig: ↑-bar/-fähig.

liefern: An Stelle eines Dativs der Person kann nach *liefern* auch ein Präpositionalobjekt mit der Präposition *an* stehen: *Wir liefern auch an Haushalte. Sie lieferten die Ware per Post an uns* (statt: *Sie lieferten uns die Ware per Post*).

liegen: 1. Ich bin/habe gelegen: Im deutschen Sprachgebiet südlich des Mains – mit Ausnahme Südhessens und Teilen der Pfalz – wird das Perfekt von *liegen* mit *sein* gebildet: *Um 10 Uhr bin ich bereits im Bett gelegen. Die Akten sind auf dem Boden gelegen.* Im übrigen deutschen Sprachgebiet ist die Perfektumschreibung mit *haben* üblich: Man sagt also: *Um 10 Uhr habe ich bereits im Bett gelegen. Die Akten haben auf dem Boden gelegen.* **2. Ich habe 20 Flaschen Wein im Keller liegen/zu liegen:** Der Gebrauch der Infinitivkonjunktion *zu* bei *liegen,* das mit dem Hilfsverb *haben* verbunden wird, ist mundartlich (Berlin) und gilt standardsprachlich als falsch. Es muß also heißen: *Ich habe 20 Flaschen Wein im Keller liegen.* ↑zu (1). **3.** Zu *auf den* (nicht: *dem*) *Rücken zu liegen kommen.* ↑kommen (3).

liegenbleiben: Das Verb wird immer zusammengeschrieben: *Du mußt im Bett liegenbleiben. Die Brille ist liegengeblieben* (= vergessen worden). ↑Zusammen- oder Getrenntschreibung (1.1).

liegen lassen/liegenlassen: Getrennt schreibt man, wenn beide Verben in eigentlicher Bedeutung gebraucht werden: *Du sollst das Buch an seinem Platz liegen lassen. Wir haben auf unserer Fahrt den Ort rechts liegen lassen.* Zusammen schreibt man, wenn durch die Verbindung ein neuer Begriff entsteht: *Er hat seinen Hut liegenlassen* (= vergessen). *Sie hat ihn links liegenlassen.* ↑Zusammen- oder Getrenntschreibung (1.1). Zu *liegen[ge]lassen* ↑lassen (2).

lila: 1. Rechtschreibung: a) Klein schreibt man das Adjektiv: *ein lila Kleid.* Groß schreibt man das substantivierte Adjektiv: *die Farbe Lila, ein schönes Lila, Kostüme in Lila.* **b)** Zusammen schreibt man das Adjektiv mit dem folgenden zweiten Partizip, wenn die Verbindung adjektivisch gebraucht wird (nur *lila-* trägt Starkton): *die lilagefärbten Kleider.* Getrennt schreibt man, wenn die Vorstellung der Tätigkeit vorherrscht (beide Wörter tragen Starkton): *die lila* (und nicht etwa grün) *gefärbten Kleider*. Dies gilt immer, wenn beide Wörter aussagend stehen: *Die Kleider sind lila gefärbt*. **2. Beugung und Steigerung:** *lila* gehört zu den Farbadjektiven, die nicht gebeugt und nicht gesteigert werden dürfen: *ein lila Kleid, die lila Hüte* (nicht: *ein lila[n]es Kleid*). ↑Farbbezeichnungen (2.2).

Limburger: Die Einwohnerbezeichnung *Limburger* wird immer groß geschrieben, auch wenn das Wort wie ein flexionsloses Adjektiv vor einem Substantiv steht: *Limburger Käse*. ↑Einwohnerbezeichnungen (7).

lin[i]ieren: Beide Formen, sowohl *linieren* (österr. nur so) als auch *liniieren*, sind korrekt.

link/Linke: Klein schreibt man das Adjektiv: *die linke Hand, auf der linken Seite*. Groß schreibt man das Substantiv *die Linke: Er hat sich die Linke* (= die linke Hand) *verstaucht. Er geht zur Linken, hält das Glas in seiner Linken. Sie gehört zur Linken* (= Linkspartei). Das substantivierte Adjektiv *die Linke* „linke Hand" wird, wenn es einem stark gebeugten Adjektiv folgt – außer im Dativ Singular – in gleicher Weise (parallel) gebeugt: *wegen verkrüppelter Linker. Krachende Linke des Weltmeisters ließen den Herausforderer taumeln*. Im Dativ wird dagegen überwiegend schwach gebeugt: *mit ausgestreckter Linken* (G. Hauptmann).

links: 1. Das Adverb *links* wird immer klein geschrieben: *von links her, nach links hin* (zusammen aber die veralteten Adverbien *linksher* und *linkshin*); *nach links drehend* (zusammen aber z. B. *linksdrehende Gewinde* und *linksdrehend* in der Physik); *links um!, linksum kehrt! Ich weiß nicht, was rechts und was links ist. An dieser Kreuzung gilt rechts vor links*. Zu *Links-rechts-Kombination* u. ä. ↑Mitte-links-Bündnis. **2.** Als Präposition regiert *links* den Genitiv: *links der Straße, links des Rheins*.

linksherum: Man unterscheide zwischen *Du mußt die Schraube linksherum drehen* und *Er wollte sich eben nach links herumdrehen*.

Linksunterzeichneter: ↑Unterzeichneter.

Lira: ↑Maß-, Mengen- und Münzbezeichnungen (1).

Lissabonner: ↑Einwohnerbezeichnungen (5).

Listen: ↑Aufzählung.

Liter: **1. Genus:** Die Maßbezeichnung ist sowohl mit männlichem Geschlecht *(der Liter)* als auch mit sächlichem Geschlecht *(das Liter)* gebräuchlich. In der Schweiz heißt es nur *der Liter*. **2. Das Gemessene nach *Liter:*** *ein Liter spanischer Rotwein* (geh.: *spanischen Rotweins*); *der Preis eines Liters Benzin/eines Liter Benzins; mit 5 Litern unverdünntem Alkohol* (geh.: *unverdünnten Alkohols*). ↑Apposition (2.2). **3. Fünf Liter Sirup kostet/kosten 7,80 DM:** Bei pluralischer Literangabe steht das Prädikat heute gewöhnlich im Plural: *Fünf Liter Sirup kosten 7,80 DM*. ↑Kongruenz (1.2.2). **4. mit fünf Liter/Litern:** Steht *Liter* mit Artikel, dann wird im Dativ Plural die gebeugte Form gebraucht: *Mit den fünf Litern [Benzin] kommen wir nicht weit*. Ohne Artikel wird im allgemeinen die gebeugte Form dann gebraucht, wenn das Gemessene nicht folgt: *Mit fünf Litern kommen wir nicht weit*. Folgt das Gemessene, wird die ungebeugte Form gebraucht: *Mit fünf Liter Benzin kommen wir nicht weit*. ↑Maß-, Mengen- und Münzbezeichnungen (1).

Literaturangaben

1. Angaben im laufenden Text: Bei der Aufzählung von Stellenangaben in Büchern, Aufsätzen, Schriftstücken u. dgl. werden die einzelnen Angaben durch Kommas getrennt, wenn die Aufzählung Teil eines Satzes ist:

Über die Zusammensetzung von Substantiven schreibt Hermann Paul in seiner Deutschen Grammatik, Bd. V, 3. Auflage, Halle 1957, §§ 6–28.
Der Redner berief sich auf einen Artikel im „Spiegel", 35. Jahrgang, 1981, Heft 8, S. 104.

Am Schluß der Aufzählung von Stellenangaben steht gewöhnlich kein Komma, wenn der Satz danach fortgesetzt wird. Das Komma kann jedoch gesetzt werden, wenn die Stellenangaben als nachgestellte genauere Bestimmung zum Namen des Autors aufgefaßt werden:

Diese Regel ist im Duden, Rechtschreibung, 18. Auflage, 1980, S. 37, R 92[,] enthalten.
J. Erben, Deutsche Grammatik, ein Leitfaden (Fischer Bücherei 904), S. 23 ff.[,] behandelt diese Frage ausführlich.

Bei Hinweisen auf Gesetze, Verordnungen usw. pflegt man heute kein Komma mehr zu setzen:

Maßgebend ist § 6 Abs. 2 Satz 2 der Personalverordnung. Den Erfordernissen des Artikels 103 Absatz 1 des Grundgesetzes (auch: des Art. 103 Abs. 1 GG) muß Rechnung getragen werden.

2. Angaben außerhalb des Textzusammenhangs: Stehen die Stellenangaben ohne Zusammenhang mit einem Satz des Textes, z. B. als *Fußnoten* oder in *Literaturverzeichnissen,* dann gibt es für die *Zeichensetzung keine allgemeinverbindlichen Vorschriften.* Man verwendet je nach Art des zitierten Titels den Punkt, das Komma oder den Doppelpunkt und kann auch runde Klammern einsetzen.

Die Angabe eines Buchtitels sollte immer den Ort und das Jahr des Erscheinens enthalten, bei Büchern, die noch lieferbar sind, möglichst auch den Verlag. Bei Zeitschriften genügt im allgemeinen die Angabe von Band, Jahrgang und Seite. Einige Beispiele sollen die für Literaturzitate üblichen Formen zeigen:

Werner Bergengruen: Die Rittmeisterin. Wenn man so will, ein Roman. München, Nymphenburger Verlagshandlung[,] 1964.
Hennig Brinkmann: Die deutsche Sprache. Gestalt und Leistung. Düsseldorf (L. Schwann) ^{2}1971.
H. Paul, Deutsches Wörterbuch. Bearbeitet von W. Betz. 7., durchgesehene Auflage. Tübingen (Niemeyer) 1976.
Bertolt Brecht, Geschichten (Gesammelte Prosa in 4 Bden., Bd. 1). Frankfurt am Main[,] 1980 (Edition Suhrkamp, Nr. 182).
D. Möhn: Fach- und Gemeinsprache. Zur Emanzipation und Isolation der Sprache. In: Wortgeographie und Gesellschaft, Festschrift für L. E. Schmitt, hrsg. von W. Mitzka, Berlin 1968, S. 315–348.
Otto Hahn, Uran: Schlüssel zum Nachweis des Kleinsten und zur Entfesselung des Größten. [In:] Universitas, Zeitschrift für Wissenschaft, Kunst und Literatur, 22 (1967), 337–350.
Gerhard Venzmer, Herzerkrankungen und Herzersatz. [In:] Kosmos 62, 1966, S. 319–322 (mit 1 Abb.).
K. Agthe, E. Schnaufer (Hrsg.): Unternehmensplanung. Baden-Baden u. Bad Homburg v. d. H. (Gehlen) 1963.

Stellt man zur besseren alphabetischen Ordnung die Vornamen der Autoren nach, dann steht ein Komma nach dem Familiennamen:

Agthe, K., und Schnaufer, E., (Hrsg.): Unternehmensplanung ...
Bergengruen, Werner: Die Rittmeisterin ...
Brecht, B., Geschichten ...

Lkw/LKW: Die Abkürzung für *Lastkraftwagen* wird heute – vor allem im Plural – bereits häufig gebeugt: *die beiden Lkws, der rechte Scheinwerfer des Lkws.* ↑Abkürzungen (3.2).

Lobby: Das aus dem Englischen entlehnte Substantiv hat weibliches Geschlecht: *die Lobby.* Neben der Pluralform *die Lobbys* kommt auch der englische Plural *die Lobbies* vor. ↑-y.

lobpreisen: Das Verb *lobpreisen,* das gewöhnlich nur im Infinitiv und im Imperativ gebraucht wird, kann regelmäßig und unregelmäßig gebeugt werden: *du lobpreist (lobpreisest), du lobpreisest/lobpriesest, gelobpreist/lobgepriesen.*

locker: 1. Rechtschreibung: Getrennt schreibt man das Adjektiv vom folgenden Verb, wenn beide Wörter in ihrer ursprünglichen Bedeutung gebraucht werden (beide Wörter tragen Starkton): *Auf diese Weise werden die Scharniere locker werden. Man soll die Leine locker lassen. Der Keil darf nicht locker sitzen.* Zusammen schreibt man, wenn ein neuer Begriff entsteht (nur *locker-* trägt Starkton): *Er hat das Geld lockergemacht* (= herausgegeben, zur Verfügung gestellt; ugs.). *Er hat nicht lockergelassen* (= nachgegeben; ugs.). ↑Zusammen- oder Getrenntschreibung (1.2). **2. Auswerfung des *e*:** Bei *locker* bleibt, wenn es dekliniert oder gesteigert wird, das *e* der Endungssilbe gewöhnlich erhalten: *lockerer Boden; den Zügel noch lockerer halten.* Nur in der deklinierten Form des Komparativs wird das erste der drei Endungs-e manchmal ausgeworfen: *ein noch lock[e]reres Gewebe.* ↑Adjektiv (1.2.13), ↑Vergleichsformen (2.2).

logisch: Da im Neuhochdeutschen die offenen Silben mit Länge gesprochen werden, wird auch *logisch* mit langem *o* gesprochen, obwohl dem altgriechischen Wort ein kurzes *o* (Omikron) zugrunde liegt.

lohnen: Das Verb *lohnen* im Sinne von „rechtfertigen" wird heute im allgemeinen mit dem Akkusativ verbunden: *Es lohnt die Mühe nicht.* Der Genitiv *(Es lohnt der Mühe nicht)* kommt noch in gehobener Sprache vor.

Lokalsatz: Der Lokal- oder Ortssatz ist ein Nebensatz in der Rolle einer Raumangabe: *Wo früher Wiesen waren, stehen jetzt Häuser. Die Kinder spielen, wo der Weg in den Wald führt.*

Londoner: Die Einwohnerbezeichnung *Londoner* wird immer groß geschrieben, auch wenn das Wort wie ein flexionsloses Adjektiv vor einem Substantiv steht: *Londoner Nebel, Londoner Bobbies.* ↑Einwohnerbezeichnungen (7).

los: 1. los sein/los haben: Neben *los sein* (umgangssprachlich für: „von jmdm., von etwas befreit sein") wird vereinzelt auch *los haben* gebraucht: *Ich bin/*(selten:) *habe endlich meinen Schnupfen los.* **2. Rechtschreibung:** Getrennt schreibt man *los* vom folgenden Verb nur bei *haben* und *sein: Auf dem Fest ist nichts los gewesen* (= ist es langweilig gewesen; ugs.). *Er wird das Brett gleich los haben.* (Aber übertragen:) *Sie soll in ihrem Beruf viel loshaben* (= verstehen; ugs.). Zusammen schreibt man in allen anderen Fällen (vgl. aber ↑loswerden), weil *los-* hier reihenbildend ist: *losbinden, losmachen, lossagen, losschlagen, losziehen* u. a. ↑Zusammen- oder Getrenntschreibung (1.2). **3. -los:** ↑Vergleichsformen (3.1).

lösbar/löslich: Das Adjektiv *löslich* hat die Bedeutung „so beschaffen, daß es sich in Flüssigkeit auflöst": *in Alkohol lösliche Stoffe.* In dieser Bedeutung wird gelegentlich auch *lösbar* gebraucht, das sonst im Sinne von „so beschaffen, daß es gelöst, durchgeführt werden kann" verwendet wird: *kaum lösbare* (nicht: *lösliche*) *Probleme.* ↑-lich/-bar.

löschen: Das transitive Verb wird regelmäßig konjugiert: *löschen, löschte, gelöscht.* Das intransitive unregelmäßige Verb kommt fast nur noch in Zusammensetzungen und Präfixbildungen wie *er-/verlöschen* vor; hier tritt ↑-e/i-

Wechsel ein, z. B. *es erlischt, erlosch, ist erloschen; er lischt aus, er verlischt.*

Loseblattausgabe: Zu *Loseblattausgabe* lauten die gebeugten Formen entweder (mit erstarrtem *-e*): *der Loseblattausgabe, die Loseblattausgaben* usw. oder aber (mit durchgehend flektiertem erstem Bestandteil) *der Losenblattausgabe, die Losenblattausgaben* usw. Diese Formen sind mehr alltagssprachlich. ↑Kompositum (7).

Lösungsmittel/Lösemittel: Die im physikalischen und chemischen Bereich übliche Bezeichnung für eine Flüssigkeit, in der ein Stoff aufgelöst wird, ist *Lösungsmittel.* Daneben kommt gelegentlich auch *Lösemittel* vor.

loswerden: Das Verb wird nur im Infinitiv und Partizip zusammengeschrieben: *Sie ist ihn glücklich losgeworden. Wie kann ich das nur wieder loswerden?* Aber: *Jetzt muß ich sehen, wie ich das wieder los werde.*

Lot: Als Maßbezeichnung bleibt *Lot* meist ungebeugt: *drei Lot Kaffee.* ↑Maß-, Mengen- und Münzbezeichnungen (1).

Lübecker: Die Einwohnerbezeichnung *Lübecker* wird immer groß geschrieben, auch wenn das Wort wie ein flexionsloses Adjektiv vor einem Substantiv steht: *Lübecker Marzipan, die Lübecker Stadtväter.* ↑Einwohnerbezeichnungen (7).

Ludwigshafener: Die Einwohnerbezeichnung *Ludwigshafener* wird immer groß geschrieben, auch wenn das Wort wie ein flexionsloses Adjektiv vor einem Substantiv steht: *die Ludwigshafener Industrie, Ludwigshafener Fußballvereine.* ↑Einwohnerbezeichnungen (7).

Luganer/Luganese: ↑Einwohnerbezeichnungen (3).

Lump/Lumpen: Das Substantiv *der Lump* (Genitiv: *des Lumpen*) bedeutet „Mensch von niedriger Gesinnung". Das Substantiv *der Lumpen* (Genitiv: *des Lumpens*) wird im Sinne von „Lappen, Kleiderfetzen" gebraucht. ↑Substantiv (2.2).

Lüner: Die Einwohner von Lünen heißen *die Lüner.* ↑Einwohnerbezeichnungen (1 und 7).

Lust: Im Sinne von „Freude, Vergnügen" wird nach *Lust* mit der Präposition *an* angeschlossen: *Lust an einer Sache haben, finden; die Lust an der Arbeit verlieren.* Wenn *Lust* in der Bedeutung „Wunsch, Verlangen" gebraucht wird, dann wird mit der Präposition *zu* angeschlossen: *keine Lust zum Aufstehen haben. Ich verspürte nicht die geringste Lust dazu.* Richtet sich das Verlangen auf etwas Eß- oder Trinkbares, dann steht die Präposition *auf: Hast du Lust auf Gänsebraten? Ich habe Lust auf heißen Tee.*

lutherisch: Das Adjektiv *lutherisch* wird im kirchlichen Sprachgebrauch heute im allgemeinen auf der ersten Silbe betont. Die auf der lateinischen Form *luthericus* beruhende Betonung *luthẹrisch* ist seltener, sie gilt als veraltet oder wird – auch ironisch – zur Kennzeichnung einer stark orthodoxen Auffassung verwendet.

M

m: Zur Schreibung und Deklination ↑Bindestrich (2.4) *(M-Betrag);* ↑Einzelbuchstaben *(des M, zwei M);* ↑Groß- oder Kleinschreibung (1.2.5) *(das m in Lama).*

-m/-n: Zur Deklination mehrerer attributiver Adjektive *(nach langem schwerem Leiden/nach langem schweren Leiden)* ↑Adjektiv (1.2.1).

-ma: Zum Plural der Fremdwörter

auf *-ma (Komma, Drama, Thema)* ↑Fremdwort (3.4).

machen: 1. Er hat mich lachen machen/gemacht: In dieser Fügung steht *machen* heute meist im zweiten Partizip: *Er hat mich lachen gemacht. Sie hat viel von sich reden gemacht.* Der Infinitiv von *machen* ist hier selten geworden: *Er hat mich lachen machen.* ↑Infinitiv (4). **2.** Zu *Du machst dir* (nicht: *dich) an einer Sache zu schaffen* ↑schaffen (3). Zu *jmdm./jmdn. bange machen* ↑bang[e] (2).

Macht: Zu *alles in unserer Macht Stehende* ↑stehen (6).

Machtblock: Als Pluralform wird gewöhnlich *die Machtblöcke,* seltener *die Machtblocks,* gebraucht. ↑Block.

Machtwort: Der Plural lautet *die Machtworte.* ↑Wort.

Mädchen: 1. Plural: Der Plural von *Mädchen* lautet standardsprachlich *die Mädchen.* Die Pluralbildung mit *-s (die Mädchens),* die wohl dem Bedürfnis nach besonderer Verdeutlichung entspringt, ist umgangssprachlich. **2. Genus:** Wird heute ein Pronomen auf *Mädchen* bezogen, dann steht gewöhnlich die sächliche Form des Pronomens, d.h., das grammatische Geschlecht ist ausschlaggebend: *Das Mädchen, das* (nicht: *die*) *ihm die Blumen überreichte, war völlig unbefangen. Was hätte das Mädchen von seinem* (nicht: *ihrem*) *Leben?* Nur wenn das Pronomen weiter entfernt steht, kommt dem natürlichen Geschlecht entsprechend auch die weibliche Form des Pronomens vor: *Silke war ein aufgeschlossenes Mädchen, das guten Kontakt zu seinen Kameradinnen fand. Besonders bemühte sie sich auch um ihre Schwester.*

Mädel: Der Plural von *Mädel* lautet standardsprachlich *die Mädel.* Die Pluralformen *die Mädels* und *die Mädeln* werden landschaftlich und in der Umgangssprache gebraucht.

Maestro: Neben dem Plural *die Maestros* ist auch die italienische Pluralform *die Maestri* gebräuchlich.

Magdeburger: Die Einwohnerbezeichnung *Magdeburger* wird immer groß geschrieben, auch wenn das Wort wie ein flexionsloses Adjektiv vor einem Substantiv steht: *der Magdeburger Dom, die Magdeburger Industrie.* ↑Einwohnerbezeichnungen (7).

Magen: Der Plural von *Magen* lautet *die Mägen* oder *die Magen.* Die Form mit Umlaut ist heute gebräuchlicher.

mager: Bei *mager* bleibt, wenn es dekliniert oder gesteigert wird, das *e* der Endungssilbe gewöhnlich erhalten: *mageres Fleisch, dieser Schinken ist noch magerer.* Nur in den deklinierten Formen des Komparativs wird das erste der drei Endungs-e manchmal ausgeworfen: *noch mag[e]rere Ärmchen.* ↑Adjektiv (1.2.13), ↑Vergleichsformen (2.2).

Magnet: *Magnet* kann sowohl stark als auch schwach gebeugt werden: *des Magnets, die Magnete* oder *des Magneten, die Magneten.* ↑Fremdwort (3.1). Neben [mɑ'gne:t] gilt die Aussprache [mɑŋ'ne:t] als umgangssprachlich.

Magnifizenz: Zur Anschrift ↑Brief (7).

Mahl: Der Plural von *Mahl und Gastmahl* lautet *die Mähler* bzw. *Gastmähler* oder *die Mahle* bzw. *Gastmahle.*

Mahl/Mal: Das Substantiv *das Mahl* bedeutet „festliche Mahlzeit, Essen" und darf nicht mit *das Mal* im Sinne von „Zeitpunkt" oder „Zeichen, Fleck o. ä." verwechselt werden. ↑¹Mal, ↑²Mal.

mahlen/malen: Das Verb *mahlen* bedeutet „zerkleinern, fein zerreiben" und hat das unregelmäßige zweite Partizip *gemahlen (wir haben das Korn gemahlen; gemahlener Kaffee).* Das Verb *malen* dagegen bedeutet „in Farben darstellen oder hervorbringen" und hat das regelmäßige zweite Partizip *gemalt (sie hat schon lange kein Bild mehr gemalt; eine in Öl gemalte Landschaft).*

Mähre/Mär[e]: Beide Wörter sind

heute wenig gebräuchlich; *die Mähre* bedeutet „altes, schlecht genährtes, abgearbeitetes Pferd", und *die Mär* (seltener: *die Märe*) ist ein veraltetes Wort mit der Bedeutung „Botschaft, Kunde, Erzählung", das heute noch gelegentlich scherzhaft verwendet wird, auch im Sinne von „Lügengeschichte, Gerücht".

Mai: ↑Monatsnamen.

Mai/Maie/Maien: Die allgemein übliche Bezeichnung für den fünften Monat des Jahres ist *der Mai.* Das Wort wird stark gebeugt, Genitiv: *des Mai[e]s,* Plural: *die Maie;* die schwache Beugung *(des Maien, im Maien)* ist veraltet, sie kommt nur noch vereinzelt in der Dichtung vor. Das Substantiv *die Maie* – ursprünglich Maskulinum und identisch mit der Monatsbezeichnung – hat die Bedeutung „junge Birke, Birkengrün, Laubschmuck" bzw. „Maibaum". Das Substantiv *der Maien* schließlich wird in der Schweiz im Sinne von „Blumenstrauß" und „Frühlingsbergweide" verwendet. (Im 17. und 18. Jahrhundert kam das Wort auch als Monatsbezeichnung vor.)

Mai-/Maien-: Die Zusammensetzungen mit dem Monatsnamen haben heute im allgemeinen *Mai-* als Bestimmungswort: *Maikäfer, Maifeier, Maibaum, Maibowle, Maiandacht* u. a. Nur einige in dichterischer Sprache gebrauchte Zusammensetzungen haben *Maien-* als Bestimmungswort: *Maiennacht, Maienkönigin.*

Main: Der Genitiv lautet *des Main[e]s.* ↑geographische Namen (1.2).

Mainzer: Die Einwohnerbezeichnung *Mainzer* wird immer groß geschrieben, auch wenn das Wort wie ein flexionsloses Adjektiv vor einem Substantiv steht: *Mainzer Fastnacht, die Mainzer Stadtväter.* ↑Einwohnerbezeichnungen (7).

Majestät: ↑Anrede (2).

Majestätsplural: ↑Plural (7).

Major: Zu *des Majors Tellheim/Major Tellheims* ↑Titel und Berufsbezeichnungen (1.2 und 1.3).

mal: ↑²Mal, ↑Apostroph (1.1).

¹Mal (= Zeichen, Fleck; Erkennungszeichen; Monument; Ablaufstelle beim Schlagballspiel): Das Wort, das hauptsächlich in Zusammensetzungen gebraucht wird, hat zwei Pluralformen: *die Male* und *die Mäler.* In der Bedeutung „kennzeichnender Fleck, Verfärbung in der Haut" wird – vom mundartlichen Gebrauch abgesehen – in der Regel die nichtumgelautete Form *die Male* gebraucht. Das gilt auch für Zusammensetzungen wie *die Brandmale, Muttermale, Wundmale* (selten: *die Brandmäler*). Auch in den Bedeutungen „Denk-, Merkzeichen; Monument; Markierung" ist, wenn das einfache Wort überhaupt gebraucht wird, die Pluralform *die Male* üblich. Bei den Zusammensetzungen dagegen kommen beide Pluralformen vor: *Denkmale, Ehrenmale, Grabmale* usw. und *Denkmäler, Ehrenmäler, Grabmäler.* Die Zusammensetzungen mit der Pluralform *-male* gehören dabei der gehobenen Sprache an.

²Mal (= Zeitpunkt): **1. Plural:** Der Plural lautet *die Male.* **2. Groß- oder Kleinschreibung:** Groß schreibt man, wenn es sich um das Substantiv *das Mal* handelt: *dieses Mal, das erste, das zweite Mal, das andere, das nächste, das letzte Mal, das eine Mal, ein einziges Mal, das vorige Mal, beim ersten Mal, von Mal zu Mal, ein Mal über das and[e]re [Mal]; ein um das and[e]re Mal; manches liebe Mal, einige, mehrere, viele Male, ein paar Dutzend Male, drei Millionen Male, zu verschiedenen, wiederholten Malen, zum soundsovielten, zum x-ten Mal* usw. Klein schreibt man, wenn es sich um die Angabe beim Multiplizieren handelt: *zwei mal drei ist sechs.* Klein schreibt man auch, wenn es sich um die umgangssprachliche Kürzung von *einmal* handelt: *Wenn das mal gut geht. Das ist nun mal so. Komm mal her! Sag das noch mal!* ↑Groß- oder Kleinschreibung (1.1). **3. Zusammen- oder Getrenntschreibung:** Getrennt schreibt man, wenn *Mal* an der Beugung als Substantiv zu erkennen ist oder klar als Substantiv empfunden wird; sonst schreibt man (klein und) zusammen: *das eine Mal/einmal, einige Male/einigemal, mehrere Male/mehremal, dieses Mal/diesmal, das letzte Mal/das letztemal, ein paar Male/ein paarmal, wie viele Male/wievielmal, viele tausend Male/vieltausendmal, drei Millionen Male/dreimillionenmal, einige Dutzend Male/dutzend[e]mal, unzählige Male/unzähligemal, beim ersten Mal[e]/beim erstenmal, zum x-ten Mal[e]/zum x-tenmal, zum letzten Mal[e]/zum letztenmal* usw. ↑Zusammen- oder Getrenntschreibung (2.3).

-mal so groß/-mal größer: Diese Fügungen, die beide einen Vergleich ausdrücken, dürfen nicht miteinander verwechselt werden, weil sie etwas Verschiedenes ausdrücken. In dem Satz *Der Rauminhalt der größeren Tonne ist anderthalbmal so groß wie der Rauminhalt der kleineren* ist ausgedrückt, daß die größere Tonne um die Hälfte mehr faßt als die kleinere, denn die Fügung *anderthalbmal so groß* sagt aus, daß eine bestimmte Größe (z. B. 100) mit $1\frac{1}{2}$ malzunehmen ist ($100 \times 1\frac{1}{2} = 150$; 150 Liter sind um die Hälfte mehr als 100 Liter). Lautet der Satz jedoch *Der Rauminhalt der größeren Tonne ist anderthalbmal größer als der Rauminhalt der kleineren,* dann ist ausgedrückt, daß die größere Tonne um das Anderthalbfache mehr faßt als die kleinere, denn die Fügung *anderthalbmal größer* weist darauf hin, daß zu einer bestimmten Größe (z. B. 100) eine weitere, die anderthalbmal so groß ist ($100 \times 1\frac{1}{2} = 150$), hinzuzufügen ist (also $100 + 150 = 250$; 250 Liter sind um das Anderthalbfache mehr als 100 Liter). Oder: Eine Stange, die zweimal so groß ist wie eine andere von 3 m Länge, ist $3 \times 2 = 6$ m lang. Aber eine Stange, die zweimal größer ist als eine andere von 3 m Länge, ist $2 \times 3 + 3 = 9$ m lang. Oder: Eine Strecke von 12 cm ist dreimal so groß wie eine von 4 cm, aber dreimal größer als eine von 3 cm.

malen/mahlen: ↑mahlen/malen.

malerisch: ↑Vergleichsformen (2.3).

Malus: Das Substantiv kann in allen Kasus unverändert gebraucht werden: *des, dem, den Malus,* Plural: *die Malus.* Daneben kommen auch eingedeutschte Formen vor, Genitiv Singular: *des Malusses,* Plural: *die Malusse.*

man: Dieses Indefinitpronomen der dritten Person (Nominativ Singular) kann nicht dekliniert werden. Der Dativ wird durch *einem,* der Akkusativ durch *einen* ersetzt: *Dort kann man kommen und gehen, wie es einem beliebt. Wenn man diese Musik einmal gehört hat, läßt sie einen nicht mehr los.* In der Umgangssprache wird *man* oft auch durch den Nominativ des Indefinitpronomens *einer* ersetzt: *Das soll einer* (standardsprachlich: *man*) *wissen.*

manch: 1. Deklination des folgenden Adjektivs und substantivierten Adjektivs: Nach unflektiertem *manch* wird das folgende [substantivierte] Adjektiv oder Partizip stets stark gebeugt: *manch schönes Geschenk, manch Kranker, der Duft manch schöner Blume, mit manch Abgeordnetem, manch bittere Erfahrungen.* Nach flektiertem *manch-* wird das folgende [substantivierte] Adjektiv oder Partizip im Singular schwach dekliniert: *mancher Beamte, manches schöne Kleid, die Ansicht manches bedeutenden Gelehrten, in manchem schwierigen Fall.* Im Plural wird sowohl stark als auch schwach gebeugt: *manche schöne/schönen Aussichten, die Ansicht mancher Gelehrter/Gelehrten, die Kleider mancher schöner/schönen Frauen, für manche ältere/älteren Leute.* ↑Adjektiv (1.2.5). **2. mancher, der ...:** Das Relativpronomen, das sich auf *mancher* bezieht, ist *der,* nicht *welcher: Es waren viele Menschen da, darunter manche, die* (nicht: *welche*) *ich noch nie gesehen hatte.* Bezieht sich jedoch das sächliche *manches* auf etwas Unbestimmtes (nicht auf eine Person oder auf einen Gegenstand), dann heißt das entsprechende Relativpronomen *was* (nicht: *das* oder *wel-*

ches); das gleiche gilt für *mancherlei: Da war noch manches, was* (nicht: *das*) *ungeklärt blieb. Es wurde mancherlei besprochen, was* (nicht: *das*) *hier nicht wiederholt zu werden braucht.* **3.** Zu *Manche Dozentin und mancher Bibliothekar steht/stehen ...* ↑Kongruenz (1.3.8).

manchenorts, mancherorten, mancherorts: Alle drei Formen können gebraucht werden, *mancherorten* ist heute allerdings wenig gebräuchlich.

mancherlei / manches, was: ↑manch (2).

Mandel: ↑Maß-, Mengen- und Münzbezeichnungen (1).

Mangel: In der Bedeutung „Fehlen von etwas" hat *Mangel* männliches Geschlecht: *Er soll keinen Mangel leiden.* In der Bedeutung „Gerät zum Glätten" hat *Mangel* weibliches Geschlecht: *Wäsche durch die Mangel drehen.* Die beiden Wörter sind nicht miteinander verwandt.

mangels: Die oft als steif empfundene Präposition *mangels* regiert im allgemeinen den Genitiv. Es heißt also: *mangels [eines] Beweises* (nicht: *mangels einem Beweis*), *mangels der notwendigen Geldmittel* (nicht: *mangels den notwendigen Geldmitteln*), *mangels eines eigenen Büros* (nicht: *mangels einem eigenen Büro*). Folgt ein alleinstehendes, stark gebeugtes Substantiv im Singular, dann wird dieses nicht flektiert: *mangels Geld.* Da sich bei alleinstehenden, stark deklinierten Substantiven der Genitiv Plural nicht vom Nominativ und Akkusativ unterscheidet, weicht man in diesem Fall im allgemeinen auf den Dativ Plural aus: *mangels Beweisen* (statt: *Beweise*); mit Attribut aber: *mangels eindeutiger Beweise,* weil der Genitiv erkennbar ist. – Wenn man die amtssprachliche Präposition *mangels* vermeiden will, kann man z. B. statt *mangels der notwendigen Geldmittel* oder *mangels eines eigenen Büros* sagen: *weil die notwendigen Geldmittel fehlen* oder *da ich kein eigenes Büro habe.*

Mann: 1. Plural: Das Substantiv *Mann* hat verschiedene Pluralformen. Der allgemein übliche Plural lautet heute *die Männer: Die beiden Männer von gestern sind wieder da. Alle Männer über vierzig müssen sich melden.* Der alte Plural *die Mannen* im Sinne von „Gefolgsleute, Vasallen, Lehnsleute" wird heute allenfalls noch scherzhaft oder ironisch, etwa in der Bedeutung „treue Gefolgsleute" oder „Vereinskameraden" gebraucht: *Endlich erschien der Vereinsvorstand mit seinen Mannen.* Die mit dem Singular gleichlautende (alte) Pluralform *Mann* schließlich steht in zusammenfassendem Sinn nach Zahlwörtern, wenn damit eine zu einer Einheit verbundene Anzahl oder Menge, eine Gesamtheit von Personen bezeichnet wird: *zehn Mann hoch. Alle Mann an Deck! Ich brauche noch zwei Mann. Es war ein Heer von 10000 Mann.* **2. -leute/-männer:** Bei Zusammensetzungen mit *Mann* als Grundwort wechseln im Plural *-männer* und *-leute.* Wenn von Berufen, Ständen oder von Menschengruppen die Rede ist, die man – ohne Geschlechtsbezug – im Hinblick auf die Gemeinsamkeit ihres Tuns oder ihrer Funktion betrachtet, dann lautet der Plural *-leute: Bergleute, Seeleute, Edelleute, Kaufleute.* Demgegenüber betont *-männer* (stärker) Individualität und Geschlecht der angesprochenen Personen: *Biedermänner, Ehrenmänner, Lebemänner, Hampelmänner, Strohmänner, Ehemänner* (der Plural *Eheleute* bezeichnet Ehemann und Ehefrau zusammen). Daneben gibt es eine Reihe von Zusammensetzungen mit *-mann,* die beide Pluralformen zulassen, je nachdem, ob die Gesamtheit *(-leute)* oder die Individualität und das Geschlecht *(-männer)* stärker betont werden soll: *Amtmänner* und *Amtleute, Dienstmänner* und *Dienstleute, Feuerwehrmänner* und *Feuerwehrleute, Geschäftsmänner* und *Geschäftsleute, Ersatzmänner* und *Ersatzleute, Fachmänner* und *Fachleute, Obmänner* und *Obleute.* **3. Mann[s] genug sein:** In dieser Fügung ist heute die

Schreibung mit dem Genitiv-s allgemein üblich: *Er ist Manns genug, sich dort durchzusetzen.*

Mann/Gatte/Gemahl: Spricht man von dem eigenen Ehemann, dann heißt es *mein Mann,* nicht *mein Gatte* oder gar *mein Gemahl.* Das Wort *Gatte* gehört der gehobenen Stilschicht an und wird nur auf den Ehemann einer anderen Frau, nicht auf den eigenen angewandt, aber auch nur dann, wenn man sich höflich-distanziert ausdrükken will: *Sie erschien ohne ihren Gatten. Grüßen Sie Ihren Gatten.* Das Wort *Gemahl* hat nahezu feierlichen Klang und ist im wesentlichen Schriftwort. Es bekundet förmliche Ehrerbietung und Hochschätzung und klingt – auch im höflichen Umgangston, häufig mit vorgestelltem *Herr* – meist gespreizt. Im Unterschied zu *Gatte* wird *[Herr] Gemahl* im allgemeinen nur auf den Ehemann einer Gesprächspartnerin, nicht auf den Ehemann einer abwesenden Dritten angewandt: *Ist Ihr Herr Gemahl wieder wohlauf? Grüßen Sie bitte Ihren Herrn Gemahl.*

Mannequin: Das Wort wird gewöhnlich mit sächlichem Geschlecht gebraucht: *das attraktive Mannequin.* Der Gebrauch des männlichen Substantivs *(der Mannequin)* ist selten.

-männer/-leute: ↑Mann (2).

Mannheimer: Die Einwohnerbezeichnung *Mannheimer* wird immer groß geschrieben, auch wenn das Wort wie ein flexionsloses Adjektiv vor einem Substantiv steht: *der Mannheimer Hafen, Mannheimer Industriebetriebe.* ↑Einwohnerbezeichnungen (7).

-männin: Die weiblichen Substantive zu männlichen Personenbezeichnungen auf *-mann* werden in einigen Fällen mit *-männin* gebildet: *Landsmännin, Amtmännin, Obmännin* usw. ↑Movierung.

männliches Substantiv: ↑Maskulinum.

Mannschaft: Zusammensetzungen mit *Mannschaft* als Bestimmungswort haben immer das Fugen-s: *Mannschaftskampf, Mannschaftsgeist, Mannschaftsraum, Mannschaftsführer, Mannschaftswertung, Mannschaftswettbewerb* usw. ↑Fugen-s (1.3).

Manometer: *Manometer* hat wie *Thermometer* und *Barometer* sächliches Geschlecht (im Gegensatz z. B. zu *der Gasometer*).

Märe/Mähre: ↑Mähre/Märe.

Marienwerderer: ↑Einwohnerbezeichnungen (1).

Mark: 1. Bedeutung und Genus: *Mark* als Bezeichnung für die deutsche Währungseinheit hat weibliches Geschlecht: *die Mark.* Auch *Mark* mit der Bedeutung „Grenzland, Grenzgebiet" hat weibliches Geschlecht: *die Mark.* Dagegen hat *Mark* im Sinne von „weiches Innengewebe, Knochenmark" sächliches Geschlecht: *das Mark.* Die drei gleichlautenden Wörter sind etymologisch nicht miteinander verwandt. **2. Plural:** Das Substantiv *das Mark* hat keinen Plural. Bei dem Substantiv *die Mark* „Grenzland" lautet der Plural *die Marken; die Mark* als Bezeichnung der Währungseinheit bleibt im Plural unverändert: *Das kostet 7 Mark.* Will man die einzelnen Münzen zählen, dann kann man allenfalls auf den Plural *Markstücke* ausweichen: *Auf dem Tisch lagen 7 einzelne Markstücke.* Die Pluralbildung *die Märker* ist scherzhaft und gehört der Umgangssprache an. ↑Maß-, Mengen- und Münzbezeichnungen. Zu *Zwei Mark sind* (nicht: *ist*) *ziemlich viel für ein solches Heftchen* ↑Kongruenz (1.2.1). Vgl. auch ↑DM.

Markenblock: Der Plural von *Markenblock* lautet *die Markenblocks.* ↑Block.

Marmelade-/Marmeladen-: Die Zusammensetzungen mit *Marmelade* als Bestimmungswort sind teils mit dem Fugenzeichen *-en-,* teils mit *-e-* (Endung des Nominativs Singular) gebräuchlich: *Marmelade[n]glas, Marmelade[n]eimer, Marmelade[n]industrie.* Die Bildungen mit dem Fugenzeichen *-en-* werden heute bevorzugt. ↑Fugenzeichen.

Marmorblock: Der Plural von *Marmorblock* lautet *die Marmorblöcke.* ↑Block.

Marsch: Das Substantiv *die Marsch* (Plural: *die Marschen*) ist die Bezeichnung für das flache Land am Meer mit fruchtbarem, fettem Boden; *der Marsch* (Plural: *die Märsche*) bedeutet „Fortbewegung [einer geschlossenen Abteilung] zu Fuß" und ist außerdem die Bezeichnung für ein Musikstück im Marschtakt. Die beiden Wörter sind etymologisch nicht miteinander verwandt.

Marschblock: Der Plural von *Marschblock* lautet *die Marschblocks* (nicht: *die Marschblöcke*). ↑Block.

marschieren: ↑zu (11).

Märtyrerin/Märtyrin: Beide Formen sind korrekt. ↑Substantiv (3).

März: ↑Monatsnamen.

Marzipan: Das Wort hat überwiegend sächliches Geschlecht: *das Marzipan.* In Österreich ist *der Marzipan* gebräuchlich.

Maschin-/Maschine-/Maschinen-: Die Zusammensetzungen mit *Maschine* als Bestimmungswort haben im allgemeinen das Fugenzeichen *-en-: Maschinenbau, Maschinenfabrik, Maschinengewehr, Maschinenhaus, Maschinenmeister, Maschinenmodell, Maschinennäherin, Maschinenöl, Maschinenpistole, Maschinenrevision, Maschinenschlosser, Maschinensatz, Maschinenschrift, Maschinentelegraph, Maschinenwärter.* Doppelformen sind *Maschinenschreiben* neben *Maschineschreiben,* entsprechend: *Maschine[n]schreiber[in].* In Österreich werden die Zusammensetzungen mit *Maschine* häufig ohne Fugenzeichen gebraucht, so z. B. *Maschinarbeiter, Maschinschreiben, Maschinschreibkurs* u. a. ↑Fugenzeichen.

maschineschreiben: Zu *maschineschreiben* (nicht: *maschinenschreiben*) und Formen wie *ich schreibe/schrieb Maschine, ich habe maschinegeschrieben, um maschinezuschreiben* ↑Zusammen- oder Getrenntschreibung.

Maskulinum: Unter einem Maskulinum versteht man ein Substantiv mit dem Artikel *der: der Mann, der Tisch, der Mut.* ↑Genus.

Maß: **1. Genus:** In den allgemein üblichen Bedeutungen „Meßgerät, Einheit zum Messen; richtige Größe, Menge; Angemessenes, Mäßigung" hat *Maß* sächliches Geschlecht: *das Maß.* Daneben wird in Bayern *die Maß* mit der Bedeutung „Literkrug; ein Liter Bier" gebraucht. **2. Maß an/von:** Nach *Maß* im Sinne von „rechte Menge, Ausmaß" kann mit der Präposition *an* oder *von* angeschlossen werden: *über ein angemessenes Maß an/von Bildung verfügen; jemandem ein sehr hohes Maß an/von Vertrauen entgegenbringen.*

Maß-, Mengen- und Münzbezeichnungen

1 Zur Deklination der Maß-, Mengen- und Münzbezeichnungen

Wenn männliche und sächliche Substantive als Maß-, Mengen- und Münzbezeichnungen hinter Zahlen stehen, die größer als 1 sind, dann wird meist eine ungebeugte Form, die dem Nominativ Singular entspricht, gebraucht:

10 Faß, 2 Dutzend, 3 Zoll, 20 Fuß, 50 Schritt, 7 Paar, 10 Schilling, 4 englische Pfund, 2 Block Schreibpapier, 3 Stück Torte, 5 Karton Seife, 3 Satz Schüsseln, 10 Grad Kälte, 30 Schuß Munition, Ich habe einige/ein paar Glas [Bier] getrunken. Das kostet zwanzig Pfennig. Sie wiegt 100 Pfund. Es meldeten sich sechs Mann.

Die Verwendung einer ungebeugten oder erstarrten Form des Substantivs ist wohl von solchen Fällen ausgegangen, wo eine echte Pluralform lautlich mit dem Singular zusammengefallen war, z. B. *Mann, Meter, Liter.* Andere Wörter wie *Mark, Mandel, Klafter, Fuß, Zoll, Stück* usw. folgten in Analogie. Treten weibliche Substantive auf *-e* als Maß- und Münzbezeichnungen auf, dann werden sie immer gebeugt:

zwei Flaschen Wein, drei Tassen Kaffee, drei Tonnen, 5 Ellen, 2 Kannen Wasser, zwanzig norwegische Kronen.

Auch fremde Maß- und Münzbezeichnungen werden häufig gebeugt:

4 Peseten (Singular: Peseta), 100 Lei (Singular: Leu), 500 Lire (Singular: Lira), hundert Centesimi (Singular: Centesimo).

Bei manchen fremden pluralischen Maß- und Münzbezeichnungen schwankt der Gebrauch:

5 Yard[s], 10 Inch[es], 20 Bushel[s], mit guten englischen Pfunden (häufig auch: Pfund).

Bei einer Gruppe von Substantiven auf *-er* und *-el,* die im Nominativ Plural und im Nominativ Singular gleich lauten, schwankt der Sprachgebrauch nach Präpositionen mit Dativ. Geht der Maß-, Mengen- und Münzbezeichnung der Artikel voran, dann wird die gebeugte Form verwendet:

Mit den 5 Litern Benzin kommen wir nicht weit. Von den 25 Zentnern muß noch das Gewicht der Kisten abgezogen werden.

Ohne vorangehenden Artikel wird im allgemeinen die gebeugte Form gebraucht, wenn das Gemessene nicht folgt:

Mit 5 Litern kommen wir nicht aus. Die Explosion war in einer Entfernung von 10 Kilometern zu hören. Er hat eine Länge von fünf bis sechs Metern und ein Gewicht von drei bis vier Zentnern. Mit 800 Rubeln ging sie auf die Reise. Ich habe die Arbeit zu zwei Dritteln geschafft. (Ohne Zahlwort:) Die Zuteilung erfolgt in Hektolitern. Man mißt heute nach Metern.

Folgt das Gemessene, dann wird überwiegend die ungebeugte Form gebraucht:

Die Seilschaft befand sich in hundert Meter Höhe. Ich baute einen Zaun von 2 Meter Höhe. Wir kommen mit vier Fünftel des Gewichtes aus. In 10 Kilometer Entfernung konnte man die Explosion hören.

Substantive, die noch nicht ganz feste Maßangaben sind, werden dagegen gebeugt: *mit fünf Eßlöffeln saurem Rahm.* Dasselbe gilt immer dann, wenn das betreffende Substantiv den vollen Begriff enthält, d. h. den konkreten, einzeln gezählten Gegenstand o. ä. bezeichnet:

Es fielen zwei Schüsse. Er zertrümmerte drei Gläser. Sie ging fünf Schritte nach links. Er kaufte zwei Kartons Seife.

Besonders dann, wenn ein attributives Adjektiv usw. bei der Maß-, Mengen- und Münzbezeichnung steht, wird das Substantiv gebeugt, weil durch das Attribut o. ä. der Begriff noch deutlich hervorgehoben wird: *Im Hof lagen zehn leere Fässer.* Eine Ausnahme ist *Mark,* wo sich Singular und Plural nicht unterscheiden: *Ein Betrag von 300 Deutschen Mark.*

Manchmal ist es dem Schreiber gleichgültig, ob Maßangabe (= Singular) oder voller Begriff steht:

Er trank noch zwei Gläser Grog (Löns). Niemals hatte er bemerkt, daß Brüne mehr als drei Glas Wein auf einen Sitz trank (Löns). ... und aß dann ...zwei Stücke von einer Torte (Th. Mann). Brabanter Spitze für fünf Schillinge die Elle (Schaeffer). ... mit Hilfe von ein paar Schilling (Flake).

2 Zur Deklination des Substantivs nach Maß-, Mengen- und Münzbezeichnungen

2.1 Genitiv Singular

Folgt ein starkes männliches oder sächliches Substantiv einer stark gebeugten Maß- oder Mengenangabe, ohne daß durch ein Begleitwort der Kasus deutlich wird, dann bleibt im Genitiv Singular entweder die Angabe oder das davon abhängende Substantiv (das Gezählte) ungebeugt. Auf diese Weise wird ein doppelter starker Genitiv umgangen. Es heißt also entweder

eines Glas *Wassers,* eines Tropfen *Öls,* der Preis eines Pfund *Fleisches,* um eines Stück *Brotes* willen (Plievier), das typische Gelb eines oft benutzten Stück *Papieres* (Borchert)

oder:

eines Glases Wasser, eines Tropfens Öl, der Preis eines Pfundes Fleisch, um eines Stückes Brot willen, eines oft benutzten Stückes Papier.

Ob die Maß- oder Mengenangabe oder ob das folgende Substantiv gebeugt wird, hängt auch davon ab, was der Sprecher/Schreiber ausdrücken will. Soll die Maß-, Mengen- oder Münzangabe hervorgehoben werden, dann beugt man diese:

Der Preis eines *Zentners* Weizen beträgt ..., der eines *Doppelzentners* Weizen ...

Soll das der Angabe folgende Substantiv in den Vordergrund gestellt werden, dann wird dieses gebeugt:

Der Preis eines Zentner *Weizens* beträgt ..., der eines Zentner *Roggens* ...

Hier kommt es auf den Preis des jeweils Gemessenen an, das in Opposition zu etwas anderem steht oder gedacht wird. Wo es auf eine derartige Unterscheidung nicht ankommt, stehen beide Möglichkeiten zur Verfügung.

Nicht korrekt ist die Beugung der Maß-, Mengen- und Münzangabe und des davon abhängenden Substantivs. Gleichfalls nicht korrekt ist die Unterlassung der Beugung bei beiden Gliedern. Also nicht:

der Preis eines Pfundes Fleisches/Pfund Fleisch; wegen eines Glases Wassers/Glas Wasser.

Geht dem Gezählten oder Gemessenen ein Adjektiv voran, dann werden in der Regel sowohl die Angabe als auch das Gezählte (Gemessene) in den Genitiv gesetzt:

der Preis eines Pfundes (selten: Pfund) gekochten Schinkens.

2.2 Nominativ, Dativ, Akkusativ:

In diesen Kasus – sowohl im Singular als auch im Plural – wird gewöhnlich das appositionelle Verhältnis gewählt; Maß-, Mengen- oder Münzbezeichnungen und das Gezählte oder Gemessene stimmen im Kasus überein:

von einigen Mark Taschengeld, nach 5 Glas heißem Rotwein, mit 30 Kisten lagerfähigen Äpfeln; ein Zentner kanadischer Weizen; mit einem Dutzend Heften. Er konnte ein halbes Dutzend Gläser starken Punsch trinken (Jahnn).

In gewählter Sprache wird, wenn ein Adjektivattribut vorangeht, das Gezählte oder Gemessene vereinzelt in den Genitiv (Genitivus partitivus) gesetzt:

ein Sack feinsten Mehles, ein Faß diesjährigen Weines, aus einem Dutzend schöner Bücher. Sie hatte ... mehrere Gläser schweren Getränks hintereinander getrunken (Musil).

Steht die Maß-, Mengen- oder Münzangabe im Dativ Singular und das Gemessene oder Gezählte im Plural, dann wird häufig der Genitiv gewählt oder auf den Nominativ ausgewichen: *der Erlös aus einem Zentner lagerfähige/lagerfähiger Äpfel* statt: *der Erlös aus einem Zentner lagerfähigen Äpfeln.* ↑ Apposition (2.2).
Substantivierte Adjektive und Partizipien stehen nach Mengenangaben nicht nur in gewählter Sprache, sondern heute im allgemeinen im Genitiv, und zwar unabhängig davon, ob sie durch ein Adjektiv näher bestimmt sind oder nicht: *eine Gruppe [randalierender] Halbstarker.* Das gilt nicht nur, wenn die Mengenangabe im Nominativ steht, sondern auch dann, wenn sie in einem anderen Kasus vorkommt: *in einer Gruppe [randalierender] Halbstarker.* ↑ Apposition (2.2).

3 Weglassung der Maßangabe

In der Umgangssprache steht oft nur das Gemessene mit der Zahl davor, während die Maßangabe selbst weggelassen wird:

drei Kaffee[s], zwei Kognak[s], drei Eis, vier Bier.

Wohl in Analogie hierzu haben sich die fachsprachlichen Zählungen *zwei bis drei Eigelb, zwei Eiweiß* u. a. gebildet, die bereits fest geworden sind. Umgangssprachlich wird heute auch oft nur die Zahl genannt, weil die Maßangabe aus der Sprechsituation hervorgeht:

... hier kann man nicht schneller als 60 fahren (Quick). Meine Tochter ist fünfzehn.

4 Währungszeichen vor oder hinter dem Betrag

Die Währungseinheit ist im allgemeinen nach dem Betrag zu schreiben, weil sie auch erst nach der Zahl gesprochen wird. Man schreibt also in fortlaufenden Texten, Geschäftsbriefen usw. *3,45 DM* usw. In Aufstellungen und im Zahlungsverkehr kann das Währungszeichen aus Gründen der besseren Übersicht auch vorangestellt werden *(DM 3,45).*

5 Kongruenz

Zu Fällen wie *1 Pfund Bohnen kostet/kosten* ... und *Verdächtig ist/sind ein junges Paar* ↑ Kongruenz (1.1 und 1.2).

Masse: Zu *Eine Masse dicke[r] Felsbrocken stürzte/stürzten herab* ↑Kongruenz (1.1.2).

Masseurin/Masseuse: Beide weiblichen Bildungen zu *Masseur* sind gebräuchlich. In Deutschland wird überwiegend die Form *Masseuse,* in Österreich fast ausschließlich *Masseurin* gebraucht. ↑Titel und Berufsbezeichnungen (3).

maßgebend/maßgeblich: Beide Adjektive bedeuten „das Handeln oder Urteilen bestimmend; entscheidend, wichtig" und lassen sich meistens gegeneinander austauschen. Ein gewisser Unterschied liegt allenfalls darin, daß *maßgebend* stärker den verbalen Charakter erkennen läßt (= das Maß gebend) und einen gewissen Bezug auf die Zukunft hat (= richtungweisend). Wer maßgebend an etwas beteiligt ist, bestimmt die weitere Entwicklung, wer maßgeblich beteiligt ist, ist in besonderer, beachtlicher Weise, in starkem Maße, entscheidend beteiligt. Oder: Maßgebliche Personen sind zuständige Personen, sind Personen, die für etwas wichtig sind. Demgegenüber sind maßgebende Personen solche, die entscheiden und die weitere Entwicklung bestimmen. Nur ganz selten ist ein Austausch überhaupt nicht möglich, z. B.: *... hängt in der Gegenwart der repräsentative Charakter des Parlaments maßgeblich davon ab, daß ...* (Fraenkel). *Die maßgeblichen Köpfe in beiden Hälften der Welt...* (hier schließt der bildliche Gebrauch von *Kopf* das konkrete *maßgebend* aus).

maß- und Disziplin halten: ↑Bindestrich (1.1).

maßhalten/Maß halten: Zusammen schreibt man, wenn es sich um das zusammengesetzte Verb handelt: *Ich kann nicht maßhalten. Wir sollen maßhalten. Sie hält/hielt maß/hat maßgehalten; um maßzuhalten.* Getrennt schreibt man, wenn *Maß* durch eine nähere Bestimmung (Attribut) als Substantiv zu erkennen ist: *Ich kann kein Maß halten. Wir sollten das rechte Maß halten.* ↑Zusammen- oder Getrenntschreibung (2.1).

-mäßig: 1. Bildungen mit *-mäßig* *(raummäßig, übersetzungsmäßig, liefermäßig):* Bildungen mit *mäßig* sind heute äußerst beliebt. Sie werden häufig aus Bequemlichkeit gewählt oder neu geprägt, weil man auf diese Weise das, was man meint, nicht präzis zu formulieren braucht, sondern darauf vertrauen kann, daß sich die jeweilige Bedeutung aus dem Zusammenhang der Rede oder aus dem Textzusammenhang ergibt. Das Suffix *-mäßig* wird im Sinne von „in der Art von, wie; entsprechend, gemäß; in bezug auf, hinsichtlich" verwendet. Der erst in jüngster Zeit aufgekommene Gebrauch von *-mäßig* für „in bezug auf; hinsichtlich" ist heute am weitesten verbreitet. Wenn durch Bildungen mit *-mäßig* nur gebräuchliche, knappe präpositionale Fügungen oder Zusammensetzungen ersetzt werden, sollte man *-mäßig* vermeiden: *Seine Darstellung hat jetzt an Ausdruck gewonnen* und nicht: *Seine Darstellung hat jetzt ausdrucksmäßig gewonnen. Er ist ihm an Intelligenz überlegen* und nicht: *Er ist ihm intelligenzmäßig überlegen. Der Acker entspricht im Umfang etwa Ihrem Park* und nicht: *Der Acker entspricht umfangmäßig etwa Ihrem Park. Es gibt dort Standesunterschiede* und nicht: *Es gibt dort standesmäßige Unterschiede. Sie ist für die Farbzusammenstellung zuständig* und nicht: *Sie ist für die farbenmäßige Zusammenstellung zuständig.* Auch in vielen anderen Fällen ist der Gebrauch einer präpositionalen Fügung, der Genitiv oder eine entsprechende Umschreibung vorzuziehen: *Sie waren mir durch ihr Wesen unangenehm.* Statt: *Sie waren mir wesensmäßig unangenehm. Probleme der Übersetzung treten besonders in lyrischer Dichtung auf.* Statt: *Übersetzungsmäßige Probleme treten besonders in lyrischer Dichtung auf. Die Geräte im Schuppen waren noch nie so gut aufgeräumt wie heute.* Statt: *Gerätemäßig war der Schuppen noch nie* *so gut aufgeräumt wie heute*. Gelegentlich sind die Bildungen mit *-mäßig* überhaupt überflüssig, weil schon eine entsprechende Angabe vorhanden ist. Also nicht: *Ich weiß nicht, ob das raummäßig alles in einem Zimmer untergebracht werden kann.* **2. -mäßig/-gemäß:** ↑-gemäß/-mäßig.

maßregeln: Das Verb *maßregeln* ist als Ableitung von *Maßregel* untrennbar. Es muß also heißen: *ich maßregele, ich habe gemaßregelt; um zu maßregeln.* ↑Zusammen- oder Getrenntschreibung (2.1).

Maßsachen/Masssachen: ↑Konsonant (1).

Maßstab: 1. Von zwei verschiedenen Maßstäben ist derjenige als der kleinere zu bezeichnen, der stärker verkleinert. Also ist z. B. 1:10 der kleinere, 1:5 der größere Maßstab. **2.** Zur Ersatzschreibung *Massstab* ↑Konsonant (1), ↑S-Laute (1.2.1).

-maßstäblich/-maßstäbig: ↑-ig/-isch/-lich.

Mast: 1. Geschlecht und Bedeutung: Das weibliche Substantiv *die Mast* wird im Sinne von „Mästung" verwendet, das männliche Substantiv *der Mast* bedeutet „Stange, Ständer; Segelbaum". **2. Plural:** Der Plural von *die Mast* lautet *die Masten*. Das männliche Substantiv *der Mast* hat zwei Pluralformen: *die Masten* und *die Maste*. Letztere Form ist selten.

Matador: Das Wort kann sowohl stark *(des Matadors, die Matadore)* als auch schwach *(des Matadoren, die Matadoren)* gebeugt werden.

Match: Es heißt gewöhnlich *das Match*, selten *der Match*. In der Schweiz ist *der Match* gebräuchlich.

Mathematikaufgaben: Zu *drei und drei ist/sind sechs* ↑Kongruenz (1.2.4).

Matz: Die familiäre Bezeichnung für „niedlicher, kleiner Junge" hat die Pluralformen *die Matze* und *die Mätze*.

Mauer-/Maurer-: Entsprechende Zusammensetzungen können mit dem Stamm des Verbs *mauern* oder mit dem Substantiv *die Mauer* gebildet sein. Zu *mauern* gehören etwa *Mauerarbeit* (= Arbeit des Mauerns), *Mauermeister* (= Meister des Mauerns; s. u.), *Mauerkelle* (= Kelle zum Mauern). Zu *die Mauer* gehören *Maueranschlag* (= Anschlag an der Mauer), *Mauerblümchen* (= Blümchen an der Mauer), *Mauerhöhe* (= Höhe der Mauer); entsprechend: *Mauerdicke, Mauerfuß* u. a. Daneben stehen Zusammensetzungen mit dem Substantiv *der Maurer: Maurerkelle* (= Kelle des Maurers), *Maurerzunft* (= Zunft der Maurer), *Maurermeister* (= Meister der Maurer; s. o.). ↑Zimmer-/Zimmerer-.

Mause-/Mäuse-: Bei den Bildungen mit *Maus* als Bestimmungswort kommen neben *Mausefalle* und *Mauseloch* gelegentlich auch *Mäusefalle* und *Mäuseloch* vor. Sonst heißt es *Mäusebussard, Mäusejagd, Mäusenest, Mäuseplage* usw.

maximal: Zu nicht korrektem *maximalste* ↑Vergleichsformen (3.1).

MdB/M. d. B.: Die Abkürzung für *Mitglied des Bundestages* wird dem Familiennamen entweder mit einem Komma oder in Klammern nachgestellt: *Karl Müller, MdB* oder *Karl Müller (MdB)*. Die Abkürzung kann auch mit Punkten geschrieben werden.

Meer-/Meeres-: Es gibt Zusammensetzungen mit *Meer* als Bestimmungswort ohne Fugenzeichen und mit der Genitivendung *-es*. Zu den Zusammensetzungen ohne Fugenzeichen gehören *Meerbusen, Meerenge, Meerfrau, Meergott, meergrün, Meerkatze, Meerschaum, Meerschweinchen, meerumschlungen, Meerwasser*. Zusammensetzungen mit Fugenzeichen sind *Meeresalge, Meeresboden, Meeresfreiheit, Meeresgrund, Meereskunde, Meeresspiegel, Meeresstille, Meeresstraße*.

Meerkatze/-rettich/-schweinchen: Während Meerkatze und Meerschweinchen den Namen von ihrer Herkunft jenseits des Meeres haben, verhält es sich beim Meerrettich anders: Die nhd. Form geht auf ahd.

mër[i]rātich, mhd. *merretich* zurück und bedeutet eigentlich „größerer Rettich".

Mehltau/Meltau: *Mehltau* bezeichnet eine durch bestimmte Pilze hervorgerufene Pflanzenkrankheit, *Meltau* bedeutet „Blattlaushonig, Honigtau".

mehr als [ein]: Wenn *mehr* mit einem Attribut mit *als* verbunden wird, kann das Verb im allgemeinen im Singular oder im Plural stehen: *Mehr als eine Million Einwohner hat/haben gewählt. Mehr als Lumpen fand/fanden sich nicht.* ↑Kongruenz (1.1.6).

mehr/noch: ↑nur noch/nur mehr.

mehrere: 1. die Wahl mehrerer Abgeordneter/mehrerer Abgeordneten: *mehrere* wird heute als Adjektiv (nicht als Pronomen) angesehen. Das folgende [substantivierte] Adjektiv wird daher stark (parallel) gebeugt (↑Adjektiv [1.2.5]): *mehrere dunkle Kleider, mehrere Anwesende, von mehreren Beamten.* Nur im Genitiv Plural erscheint neben der starken auch noch die schwache Beugung: *Das Talent mehrerer Mitwirkenden war beachtlich. Im Inneren mehrerer von der Decke herabhängenden Totenschädel* ... (Huch). Stark: *Die Einwände mehrerer Abgeordneter blieben unberücksichtigt. ... in Begleitung mehrerer bewaffneter Helfershelfer* (H. Mann). **2. Bedeutung:** *mehrere* gibt eine unbestimmte, relativ kleine (im Gegensatz zu *viel*) Anzahl oder Menge an: *Mehrere Tage waren sie schon unterwegs. Mehrere Personen verließen den Saal. Sie zeigte ihm mehrere Muster.* Man versteht unter *mehrere* mindestens drei, meistens aber mehr als drei. Um Unsicherheiten und Mißverständnisse auszuschließen, sollte *mehrere* nicht gebraucht werden, wenn man zwei oder drei einschließen will: *Man darf an eine Person in einem Monat nicht mehrere Päckchen schicken.* Unmißverständlich: *... nicht mehr als eins/zwei Päckchen schicken.*

Mehrheit: Auch wenn nach *Mehrheit* das Gezählte im Plural folgt, steht in der Regel das Verb im Singular, weil ja das Subjekt *(Mehrheit)* formal ebenfalls ein Singular ist: *Die Mehrheit der Abgeordneten stimmte zu.* Es kann aber auch nach dem Sinn konstruiert werden: *Die Mehrheit der Abgeordneten stimmten zu.* ↑Kongruenz (1.1.2).

mehrmalig/mehrmals: *mehrmalig* ist ein Adjektiv, das nur attributiv beim Substantiv stehen sollte *(trotz mehrmaliger Aufforderung)* und nicht mit dem Adverb *mehrmals* verwechselt werden darf: *Das Stück wurde mehrmals* (nicht: *mehrmalig*) gespielt.

mehrsprachig / mehrsprachlich: ↑-sprachig/-sprachlich.

mehrsten: Der Superlativ zu *viel, viele* heißt nicht *am mehrsten, die mehrsten,* sondern *am meisten, die meisten.*

Mehrstufe: ↑Komparativ.

Mehrwertsteuer: Abkürzungen: *MwSt./MWSt.*

Mehrzahl: Auch wenn nach *Mehrzahl* das Gezählte im Plural folgt, steht in der Regel das Verb im Singular, weil ja das Subjekt *(Mehrzahl)* formal ein Singular ist: *Die Mehrzahl der Abgeordneten stimmte zu.* Oft wird aber nach dem Sinn konstruiert und das Verb in den Plural gesetzt: *Die Mehrzahl der Abgeordneten stimmten zu.* ↑Kongruenz (1.1.2). Zu *Mehrzahl* als grammatischem Terminus ↑Plural.

mein: ↑Personalpronomen (2); zur Groß- oder Kleinschreibung ↑dein; zu *Das Buch ist mein/mir/mein[e]s* ↑mir.

meinem Vater sein Freund: ↑Genitivattribut (1.3.2).

meiner Tante ihr Auto: ↑Genitivattribut (1.3.2).

meines Erachtens: Zu inkorrektem *meines Erachtens nach* ↑Erachten.

meinetwegen / wegen meiner/wegen mir: In gutem Deutsch sagt man heute *meinetwegen; wegen mir* ist umgangssprachlich, *wegen meiner* veraltet (↑wegen).

meinige/Meinige: Zur Groß- oder Kleinschreibung ↑dein.

Meiß[e]ner: Die Einwohner von Meißen heißen *die Meiß[e]ner.* Die

Einwohnerbezeichnung wird immer groß geschrieben: *Meißener Porzellan.* ↑Einwohnerbezeichnungen (1 und 7).

meist: Auch in Verbindung mit einem Artikel wird *meist* klein geschrieben: *Die meisten glauben, daß ... Das meiste ist bekannt.* Zur Stellung ↑Adverb (4).

meistgelesen: ↑Vergleichsformen (2.5.1).

Meiststufe: ↑Superlativ.

Meldepflicht der Berufskrankheiten: ↑Kompositum (8).

melken: 1. Die regelmäßigen Konjugationsformen sind heute üblicher als die unregelmäßigen. Im Präsens und im Imperativ gebraucht man nur noch *du melkst, er melkt; melke!* (nicht: du *milkst,* er *milkt; milk!*). Im Präteritum wird überwiegend *melkte* statt *molk* gebraucht. Als 2. Partizip wird gewöhnlich noch *gemolken,* aber auch schon *gemelkt* verwendet. **2.** Das erste Partizip in dem umgangssprachlichen Ausdruck *melkende Kuh* für „gute Einnahmequelle" ist korrekt, weil es zu dem alten intransitiven *melken* im Sinne von „Milch geben" gehört.

Membran/Membrane: Im heutigen Sprachgebrauch wird *die Membran* bevorzugt.

Mendès-France' Politik: ↑Apostroph (4.1).

Menge: Wenn *Menge* im Sinne von „Anzahl, Menschenmenge" Subjekt ist, muß das Verb in den Singular gesetzt werden: *Die Menge stürmte* (nicht: *stürmten) das Rathaus.* Das umgangssprachliche *eine Menge* im Sinne von „viele" steht dagegen mit dem Plural: *Eine Menge haben sich bereits gemeldet.* Auch wenn nach *Menge* das Gezählte im Plural folgt, steht in der Regel das Verb im Singular, weil ja das Subjekt *(Menge)* formal ein Singular ist: *Eine Menge Äpfel war faul.* Oft wird aber auch nach dem Sinn konstruiert und das Verb in den Plural gesetzt: *Eine Menge Äpfel waren faul.*↑Kongruenz (1.1.2). Zu *eine Menge hübsche[r] Sachen* ↑Apposition (2.2).

Mengenbezeichnung: 1. ↑Maß-, Mengen- und Münzbezeichnungen. **2.** ↑Kongruenz (1.1.1 und 1.1.2).

Mensch: Das männliche Substantiv *der Mensch* ist die allgemeine Bezeichnung für ein menschliches Lebewesen, eine Einzelperson. Seine Formen lauten *des, dem, den Menschen,* Plural: *die Menschen.* Das sächliche Substantiv *das Mensch* (Plur.: *die Menschen*) wird als verächtlicher Ausdruck für eine Frau gebraucht. Seine Formen lauten *des Mensch[e]s,* Plural: *die Menscher.* ↑Unterlassung der Deklination (2.1.1).

Meredith' Dichtung: ↑Apostroph (4.1).

merken: Zu *einem/einen etwas merken lassen* ↑lassen (5).

Meß-/Messe-: Die Zusammensetzungen mit *Messe* in der Bedeutung „Handelsausstellung, Markt" als Bestimmungswort sind mit *-e-* (Endung des Nominativs Singular) gebräuchlich: *Messebesucher, Messegelände, Messehalle, Messeleitung.* Zusammensetzungen mit dem Verb *messen* zeigen dagegen den Verbstamm *Meß-: Meßband, Meßbrief, Meßgerät, Meßschnur, Meßtisch, Meßverfahren. Meßtechnik, Meßzylinder.* Eine besondere Gruppe bilden die alten Kirchenwörter mit *Messe* in der Bedeutung „Gottesdienst" als Bestimmungswort: *Meßbuch, Meßdiener, Meßopfer, Meßgewand,* die ohne *-e-* gebraucht werden, obwohl das Bestimmungswort nicht der Stamm des Verbs ist. ↑Fugenzeichen.

messen: 1. e/i-Wechsel: Im Indikativ Präsens heißt es: *ich messe, du mißt, er mißt.* Der Imperativ lautet *miß!* (nicht: *messe!*). Zu *du mißt/missest* ↑Indikativ (2). **2. etwas mißt in der/die Höhe:** Wird *messen* „eine bestimmte Größe haben" mit *in* verbunden, dann folgt das Substantiv im Dativ: *Das Zimmer mißt 2,50 m in der Höhe.*

Metallblock: Der Plural lautet *die Metallblöcke.* ↑Block.

Metapher: Unter einer Metapher versteht man den übertragenen Gebrauch eines Wortes oder eine bildliche Wendung: *der Frühling des Lebens, jemanden übers Ohr hauen.*

Meteor: Das Substantiv *Meteor* wird in der Gemeinsprache mit männlichem Geschlecht gebraucht: *der Meteor.* In der astronomischen Fachsprache ist sächliches Geschlecht üblich: *das Meteor.*

Meter: 1. Genus: Die Maßbezeichnung ist sowohl mit männlichem Geschlecht *(der Meter)* als auch mit sächlichem Geschlecht *(das Meter)* gebräuchlich: *Sie ist ein[en] Meter siebzig groß.* **2. Das Gemessene nach *Meter*:** *ein Meter englisches Tuch* (geh.: *englischen Tuches*); *der Preis eines Meters Tuch/eines Meter Tuchs; aus drei Metern bestem englischem Tuch* (geh.: *besten englischen Tuchs*). ↑Apposition (2.2). **3. Drei Meter Stoff reicht/reichen für diesen Anzug:** Bei einer pluralischen Meterangabe steht das Verb gewöhnlich im Plural: *Drei Meter Stoff reichen für diesen Anzug.* ↑Kongruenz (1.2.2). **4. eine Länge von zehn Meter/Metern · in 800 Meter/Metern Höhe:** Steht *Meter* mit vorangehendem Artikel, dann wird im Dativ Plural die gebeugte Form gebraucht: *Mit den drei Metern [Stoff] kommen wir nicht aus.* Ohne vorangehenden Artikel wird die gebeugte Form im allgemeinen nur gebraucht, wenn das Gemessene nicht folgt: *Mit drei Metern kommen wir nicht aus. Der Träger hat eine Länge von zehn Metern; in einer Entfernung, bei einem Höhenunterschied von 20 Metern.* Folgt das Gemessene, dann wird überwiegend die ungebeugte Form verwendet: *Mit drei Meter Stoff kommen wir nicht aus. Der Ort liegt in 800 Meter Höhe.* ↑Maß-, Mengen- und Münzbezeichnungen (1).

MG: ↑Abkürzungen.

mich/mir: Zu *mir/mich schmerzen die Füße, der Hund hat mir/mich ins Bein gebissen, mir/mich ekelt vor dem Anblick, sie wird mir/mich anrufen* usw. ↑einzelnen Verben.

Miene/Mine: *Miene* bedeutet „Gesichtsausdruck", *Mine* „Bleistift- oder Kugelschreibereinlage; Sprengkörper; Stollen; Bergwerk".

Miet-/Mieten-/Miets-: Viele der Zusammensetzungen mit *Miete* als Bestimmungswort stehen ohne Fugenzeichen, so *Mietauto, Mietbetrag, Mietgesetz, Mietpreispolitik, Mietrecht, Mietverlustversicherung, Mietvertrag, Mietwagen, Mietwohnung, Mietzins.* Bei den Zusammensetzungen *Mietshaus* und *Mietskaserne* ist das Fugen-s fest. Schwankenden Gebrauch des Fugen-s zeigen die Zusammensetzungen *Miet[s]mann, Miet[s]steigerung, Miet[s]streitigkeiten, Miet[s]verlust.* In diesen Fällen sind die Schreibungen mit und ohne Fugen-s üblich. Schwankungen treten ebenfalls bei der Zusammensetzung *Mietregelung* auf. Neben dieser Form ist auch *Mietenregelung* gebräuchlich. ↑Fugenzeichen.

Mietblock: Der Plural lautet *die Mietblocks.* ↑Block.

mieten/anmieten: ↑Verb (3).

Milch: Das Substantiv kommt in der Gemeinsprache nur im Singular vor. In der Fachsprache wird auch der Plural *die Milchen* gebraucht.

mild/milde: Beide Formen sind ohne Bedeutungsunterschied gebräuchlich. ↑Adjektiv (1.2.14).

Milde: *Milde* wird mit der Präposition *gegen* (nicht mit *für* oder *zu*) verbunden: *Die allzu große Milde des alten Lehrers gegen seine Schüler war allgemein bekannt.*

Militär: Das sächliche Substantiv *das Militär* bezeichnet die Streitkräfte, die Gesamtheit der Soldaten eines Landes. Das männliche Substantiv *der Militär* (Plural: *die Militärs*) wird im Sinne von „[hoher] Offizier" gebraucht.

Militärblock: Als Pluralform wird gewöhnlich *die Militärblöcke,* seltener *die Militärblocks* gebraucht. ↑Block.

Milliarde: ↑Million.

Million: 1. Schreibung: *Million* (Abk.: *Mill./Mio.*) ist ein Substantiv und muß groß geschrieben werden: *eindreiviertel Million, 0,1 Millionen, eine Million dreihundertfünfundzwanzigtau-*

sendvierhundertzwölf. **2. Eine Million Londoner war/waren auf den Beinen:** Auch wenn nach *Million* das Gezählte im Plural folgt, steht in der Regel das Verb im Singular, weil das Subjekt *Million* formal ein Singular ist: *Eine Million Londoner war auf den Beinen.* Oft wird aber nach dem Sinn konstruiert und das Verb in den Plural gesetzt: *Eine Million Londoner waren auf den Beinen.* ↑Kongruenz (1.1.2). **3. Anschluß des Gezählten nach *Million:*** Nach *Million* kann das Gezählte im Genitiv (Genitivus partitivus) oder als Apposition stehen: *eine Million neuerbauter Häuser/eine Million neuerbaute Häuser; Millionen hungernder Menschen/Millionen hungernde Menschen.* Der Genitiv kann auch mit *von* umschrieben werden: *Millionen von hungernden Menschen.*

Million[s]tel: Das Substantiv hat sächliches Geschlecht: *das Million[s]tel.* In der Schweiz ist auch *der Million[s]tel* gebräuchlich.

minder: Bei *minder* bleibt, wenn es dekliniert wird, das *e* der Endungssilbe gewöhnlich erhalten: *mindere Waren.* ↑Adjektiv (1.2.13).

Minderjährige: Zu allen Zweifelsfragen ↑Angeklagte, ↑substantiviertes Adjektiv (2.1).

mindeste: Auch in Verbindung mit einem Artikel wird *mindeste* klein geschrieben: *nicht das mindeste* (= gar nichts), *nicht im mindesten* (= überhaupt nicht), *zum mindesten* (= wenigstens).

mindestens: ↑zumindest/mindestens/zum mindesten.

Mineral: Das Wort hat zwei Pluralformen: *die Minerale* und *die Mineralien.*

Mineralwasser: Der Plural lautet *die Mineralwässer.*

Mini-: ↑Amerikanismen/Anglizismen (2).

minimal: Zu nicht korrektem *minimalste* ↑Vergleichsformen (3.1).

Minister: Zu *des Ministers Müller/Minister Müllers* ↑Titel und Berufsbezeichnungen (1.2 und 1.3). Zu *des Herrn Ministers* (n i c h t: Minister) ↑Herr (2, b).

Ministerin / Ministerpräsidentin: Neben den männlichen Berufsbezeichnungen *Minister* und *Ministerpräsident* können für weibliche Personen auch die weiblichen Bildungen auf *-in* gebraucht werden: *Der Minister/Die Ministerin für Wissenschaft und Forschung, [Frau] Anita Knirsch, führte aus ... Der Ministerpräsident /Die Ministerpräsidentin, [Frau] Indira Gandhi, erklärte...* Bei unmittelbarer Verbindung von Titel und Name zieht man heute die Form auf *-in* vor: *Ministerpräsidentin Indira Gandhi erklärte...* ↑Titel und Berufsbezeichnungen (3), ↑Movierung.

minus: 1. Rektion: In der Kaufmannssprache wird *minus* als Präposition im Sinne von „abzüglich" verwendet. Sie regiert im allgemeinen den Genitiv: *der Betrag minus der üblichen Abzüge.* Ein alleinstehendes, stark gebeugtes Substantiv im Singular bleibt im allgemeinen ungebeugt: *der Betrag minus Rabatt.* Der Dativ Plural steht bei alleinstehenden Substantiven, deren Genitiv mit Nominativ und Akkusativ übereinstimmt: *der Betrag minus Abzügen.* **2.** Zu *Fünf minus drei ist, gibt, macht* (n i c h t: *sind, geben, machen*) *zwei* ↑Kongruenz (1.2.4).

mir: 1. Der Gebrauch von *sein* mit dem Dativ des Personalpronomens *mir (Das Buch ist mir)* gilt standardsprachlich als n i c h t korrekt, und die Verwendung des Possessivpronomens *mein (Das Buch ist mein)* gehört der gehobenen Stilschicht an und veraltet allmählich. Landschaftlich ist diese Verwendungsweise allerdings noch üblich. Statt dessen: *Dies ist mein Buch/mein[e]s. Das Buch gehört mir.* **2.** Zu *mir als Abgeordnetem/Abgeordneten* ↑Apposition (3.1); zu *mir als anerkanntem/anerkannten Fachmann* ↑Apposition (4). Vgl. auch ↑mich/mir.

miserabel: Bei *miserabel* fällt, wenn es dekliniert oder gesteigert wird, das *e* der Endungssilbe aus: *ein mise-*

rables Wetter; das ist noch miserabler. ↑Adjektiv (1.2.13).

miß-: Bei Verben mit dem Präfix *miß-* treten Schwankungen hinsichtlich der Betonung und der Bildung des zweiten Partizips (mit oder ohne *ge-*) und des Infinitivs auf. Da *miß-* nicht mehr als selbständiges Wort gebraucht wird, steht es im allgemeinen vor Verben unbetont. In diesem Fall werden das zweite Partizip und der Infinitiv mit *zu* wie bei den anderen Präfixverben und festen Zusammensetzungen (z. B. *durchbrechen*) gebildet: *mißachten, mißachtet, zu mißachten; mißdeuten, mißdeutet, zu mißdeuten; mißleiten, mißleitet, zu mißleiten; mißbilligen, mißbilligt, zu mißbilligen.* Wenn *miß-* aber unter dem Einfluß von Formen mit betonter Partikel wie bei den unfesten Zusammensetzungen (z. B. *anführen*) oder nach dem Muster von *maßregeln* den Hauptton trägt, dann werden das zweite Partizip und der Infinitiv mit *zu* wie folgt gebildet: *mißgebildet, mißzubilden; mißgeleitet, mißzuleiten; mißverstanden, mißzuverstehen.*

missen/vermissen: Bei der Verwendung von *missen* und *vermissen* ist folgendes zu beachten: *missen* bedeutet „entbehren" und wird im allgemeinen in Verbindung mit einem Modalverb gebraucht: *Ich habe mich so daran gewöhnt, daß ich es nicht mehr missen möchte. Diese langweiligen Zusammenkünfte kann ich gerne missen.* Dagegen besagt *vermissen,* daß sich jemand des Verlustes oder des Fehlens einer Sache oder Person bewußt ist [und sich nach ihr sehnt]. Der Grad dieser bewußten Entbehrung wird oft durch Umstandsangaben gekennzeichnet: *Ich vermisse dich sehr. Sie vermißt die vertraute Umgebung. Die Einrichtung läßt jeden Geschmack vermissen.*

mißgestalt/mißgestaltet: Zu *eine mißgestalte Person, eine mißgestaltete Form* ↑-gestalt/-gestaltet.

Mißtrauen: Nach *Mißtrauen* wird mit der Präposition *gegen* (nicht *für*) angeschlossen: *Wir alle in der Abteilung waren zuerst auch ohne Mißtrauen gegen die neue Kollegin.*

mit: 1. Rektion: Die Präposition *mit* regiert den Dativ. Stark gebeugte Substantive müssen daher im Dativ Plural die Endung *-n* haben: *mit Deckeln* (nicht: *mit Deckel*), *mit Brettern* (nicht: *mit Bretter*) usw. **2. mit [ihr] und/oder ohne sie:** Da *mit* den Dativ, *ohne* aber den Akkusativ regiert, ist es eigentlich nicht möglich, das zugehörige Substantiv oder das Pronomen nach *mit* zu ersparen. Es müßte genommen heißen: *mit ihr und ohne sie, mit Kindern oder ohne Kinder.* Diese doppelte Setzung wirkt jedoch so schwerfällig, daß sich die elliptische Form weitgehend durchgesetzt hat und auch standardsprachlich als korrekt gilt: *mit und ohne sie, mit oder ohne meine Kinder.* Man muß aber den Kasus verwenden, den die dem Substantiv zunächst stehende Präposition verlangt (also nicht: *mit und ohne ihr, mit und ohne meinen Kindern*). ↑Ellipse (11). **3. mit + Superlativ:** Die Ausdrucksweise *mit der beste Schüler, mit das schönste Gebäude* ist umgangssprachlich gefärbt und läßt sich durch *einer* + Genitiv ersetzen: *einer der besten Schüler, eines der schönsten Gebäude.* **4. mit oder bis:** Die Ausdrucksweise *15. Mai mit 15. Juni* an Stelle von *15. Mai bis 15. Juni* ist landschaftlicher Gebrauch, standardsprachlich ist sie nicht korrekt. **5. Frau K. mit ihrer Tochter sprach/sprachen ihr Beileid aus:** Das Attribut *mit ihrer Tochter* übt keinen Einfluß auf den Numerus des Verbs aus: Da das Subjekt *Frau K.* ein Singular ist, muß es heißen: *Frau K. mit ihrer Tochter sprach ihr Beileid aus.* ↑Kongruenz (1.1.5). **6. Zusammen- oder Getrenntschreibung:** Getrennt schreibt man *mit* vom folgenden Verb, wenn es die vorübergehende Beteiligung ausdrückt (beide Wörter tragen Starkton): *Du kannst mit aufladen helfen. Alle anderen Arbeiten werden wir mit übernehmen. Das ist mit zu berücksichtigen. Die Kosten sind mit berechnet. Das kann ich nicht mit ansehen.* Zusammen schreibt man (nur *mit-* trägt Starkton), wenn *mit-* eine dauernde Vereinigung oder Teilnahme ausdrückt *(mitarbeiten, mitfahren, mitnehmen, mitreden, mitreisen, mitspielen, mittun, mitwirken, mitwollen)* oder wenn durch die Verbindung ein neuer Begriff entsteht (*mitbringen* [= schenken], *mitreißen, mitteilen* [= melden]). – In manchen Fällen sind beide Schreibungen möglich: *die nicht mitübersandten/nicht mit übersandten Unterlagen.*

mit/von/durch: Zur Verwechslung dieser Präpositionen bei der Bildung des Passivs ↑Passiv (1).

mit an Sicherheit grenzender/grenzende Wahrscheinlichkeit ...: ↑grenzend.

mit dem/damit: ↑Pronominaladverb.

mit einer Art ...: Zu *mit einer Art blauen/blauer Glasur* ↑Art und ↑Apposition (4).

mit was/womit: Standardsprachlich ist in der Regel das Pronominaladverb *womit: Womit hast du das poliert? Ich weiß nicht, womit ich ihn gekränkt habe.* Die Verbindung *mit + was (Mit was hast du das poliert? Ich weiß nicht, mit was ich ihn gekränkt habe)* kommt in der Umgangssprache recht häufig vor; sie ist stilistisch unschön. ↑Pronominaladverb (5).

Mitarbeit: Zu *für 10 Jahre treue/treuer Mitarbeit* ↑Apposition (2.2).

miteinander: Man schreibt *miteinander* in der Regel vom folgenden Verb getrennt: *Wir wollen miteinander spielen. Sie werden nicht miteinander auskommen. Können wir ein Stück miteinander gehen?* ↑Zusammen- oder Getrenntschreibung (1.4).

Miteigentümer: Hier wird gewöhnlich mit der Präposition *von* angeschlossen: *Miteigentümer von* (nicht: *an*) *dieser Fabrik.*

mithaben: Man schreibt das Verb zusammen: *Wenn sie ihr Gepäck mithat, können wir gleich abfahren.*

Mitlaut: ↑Konsonant.

Mitnahme: ↑-nahme.

mit oder ohne: ↑mit (2).

Mittag: Man trennt *Mit-tag.* ↑Konsonant (2).

mittag/mittags/Mittag: Groß schreibt man das (besonders an Artikel oder Präpositionen kenntliche) Substantiv: *es geht auf Mittag zu; gegen Mittag; vor Mittag ist sie nicht zu sprechen; über Mittag ist er nicht im Büro; eines Mittags saß ich in der Kantine.* Klein schreibt man die Adverbien *mittag* und *mittags* z. B. in *heute/morgen mittag; am Montag mittag; von morgens bis mittags, montags mittags.* Zu dem Bedeutungsunterschied von Fügungen mit *mittag* und *mittags* ↑Adverb (3).

Mitte: Die Großschreibung für dieses Substantiv gilt auch in Lageangaben wie *Sie wohnt im 3. Stock Mitte.* Zu *Mitte Januar* ↑Monatsnamen (1).

mittel: ↑Vergleichsformen (2.2).

Mittel: Zu *ein Mittel für/gegen den Husten* ↑für/gegen.

Mitte-links-Bündnis: Die Kleinschreibung für das Adverb *links* (entsprechend: *rechts*) gilt auch in durchgekoppelten Substantivzusammensetzungen wie *Mitte-links-Koalition, Links-rechts-Kombination, Rechts-links-Naht.*

mittels: 1. Form und Gebrauch: Neben der aus dem Genitiv von *das Mittel* entstandenen Präposition *mittels* ist auch die erweiterte Form *mittelst* gebräuchlich. Beide Formen sind papierdeutsch. Stilistisch besser sind *mit [Hilfe von], durch.* Nicht korrekt ist der Gebrauch von *mittels von (mittels von Worten).* **2. Rektion:** Die Präposition regiert im allgemeinen den Genitiv: *mittels elektrischer Energie, mittels eines Flaschenzuges, mittels Drahtes.* Ein stark zu beugendes Substantiv im Singular ohne Artikel und ohne Attribut steht allerding häufig ohne Genitivendung: *mittels Draht* (statt: *mittels Drahtes*). Bei einem alleinstehenden stark gebeugten Substantiv im Plural, bei dem sich der Genitiv in der Form nicht vom Nominativ und Akkusativ unterscheidet, tritt dieses Substantiv in den Dativ: *mittels Drähten.* Der Dativ steht auch dann, wenn ein weiteres starkes Substantiv im Genitiv Singular hinzutritt: *mittels Vaters neuem Rasierapparat.* ↑Präposition (2).

mittelste: *mittelste* ist der Superlativ zu einem heute nicht mehr gebräuchlichen Positiv *mittel* und zu dem Komparativ *mittlere.* Es sollte nicht in einem Zusammenhang gebraucht werden, in dem der Komparativ *mittlere* ausreicht. Wohl: *der mittelste der 5 Pfeiler,* aber nicht: *der mittelste* (statt: *mittlere*) *von drei Pfeilern.*

Mittelwort: ↑Partizip, ↑erstes Partizip, ↑zweites Partizip.

Mittelwortgruppe/-satz: ↑satzwertiges Partizip.

mitten: Im allgemeinen schreibt man *mitten* von einem folgenden Adverb oder von einer folgenden Präposition + Substantiv getrennt: *Der Stab brach mitten entzwei.* Entsprechend: *mitten darein/darin, mitten darunter/hindurch/hinein; mitten unter dem Baum, mitten durch die Menge, mitten in der Nacht.* Zusammen schreibt man, wenn es sich um enge Verbindungen von *mitten* mit umgangssprachlichen Verkürzungen (*drunter* für *darunter* usw.) handelt: *mittendrin, mittendrunter, mittendurch,* auch: *mitteninne, mittenmang.*

Mitternachtsstunde: ↑Fugen-s (3.5).

mittlere: Klein schreibt man das Adjektiv auch in Fügungen wie *mittlere Beamtenlaufbahn, mittlere Reife* usw. Groß schreibt man das Adjektiv dagegen in Namen: *der Mittlere Osten, Mittlere Geschichte.*

mittun: ↑mit (6).

mit und ohne: ↑mit (2).

Mittwoch: Zu *Mittwoch abend/Mittwochabend* ↑Dienstag (2). Zu *Mittwoch abend/Mittwoch abends/mittwochs abends* ↑Adverb (3). Zu *am Mittwoch, dem/den 14. 1.* ↑Datum. Zu *des Mittwoch[e]s/des Mittwoch* ↑Wochentage.

mitwollen: ↑mit (6).

möchte: ↑mögen, ↑ich darf/möchte/würde sagen.

Modalsatz: Der Modalsatz ist ein Nebensatz, der angibt, wie sich der im Hauptsatz genannte Sachverhalt, das dort genannte Geschehen oder Sein, vollzieht. Konjunktionen: *indem, dadurch/so – daß, wobei, ohne daß; ohne/[an]statt zu* + Infinitiv. **1. Arten des Modalsatzes: a)** Der Modalsatz nennt einen Umstand, der für die Dauer des Geschehens im Hauptsatz zutrifft: *Sie verabschiedete sich von mir, indem sie mir freundlich zulächelte.* **b)** Der Modalsatz nennt einen fehlenden oder einen stellvertretenden Umstand: *Er verleumdete mich, ohne daß er einen Grund dafür hatte. Er redete, [an]statt zu handeln.* Von den Modalsätzen, die durch *ohne daß* eingeleitet werden, sind jene zu unterscheiden, die zwar ebenfalls durch *ohne daß* eingeleitet werden, aber eine nicht eingetretene Folge nennen (↑Konsekutivsatz). **c)** Der Modalsatz nennt einen einschränkenden (restriktiven) Umstand: *Soviel ich mich erinnere, ist er in Hamburg geboren. Sie wird daran arbeiten, soweit sie dafür Zeit findet.* **d)** Zu den Modalsätzen rechnet man auch die Vergleichssätze, die den Sachverhalt, der im Hauptsatz genannt ist, mit einem anderen vergleichen: *Ilse ist so schön, wie ihre Mutter es im gleichen Alter war. Ilse ist schöner, als ihre Mutter es im gleichen Alter war.* Zum Unterschied des Anschlusses mit *als* und *wie* ↑als/wie. **e)** Dem Vergleichssatz nahe steht der Proportionalsatz, mit dessen Hilfe angegeben wird, daß sich der Grad oder die Intensität des Geschehens im Hauptsatz gleichmäßig mit dem im Nebensatz ändert: *Je älter ich werde, desto anspruchsloser werde ich.* **2. Modus:** Zum Modus bei der Koppelung eines Konditionalsatzes mit einem Vergleich *(Er legte sich ins Bett, wie wenn er schwach wäre)* ↑als [ob]/als wenn/wenn/wie wenn.

Modalverb: *dürfen, können, mögen, müssen, sollen, wollen* bilden die Gruppe der Modalverben. Verbunden mit dem Infinitiv anderer Verben, dienen sie vorwiegend dazu, ein anderes Geschehen oder Sein zu modifizieren, und zwar im Sinne einer Notwendigkeit und eines Zwangs, einer Fähigkeit und Möglichkeit, einer Erlaubnis und eines Wunsches, einer Vermutung und eines Zweifels o. ä.: *Er darf lesen* (↑dürfen). *Das Fest könnte begonnen werden* (↑können/dürfen). *Sie mag kommen* (↑mögen). *Vera sollte zu Hause bleiben* (↑sollen). *Der Mann will Deutsch studiert haben* (↑wollen). **1. Infinitiv/zweites Partizip:** Die Modalverben bilden, wenn ihnen ein reiner Infinitiv vorangeht, kein zweites Partizip, sondern stehen dann selbst im Infinitiv: *Er hat kommen müssen* (nicht: *gemußt*). ↑Infinitiv (4). Werden sie als Vollverben gebraucht, lautet ihr 2. Partizip *gekonnt, gemocht* usw.: *Sie hat die Vokabeln nicht gekonnt. Ich habe den Speck nicht gemocht.* **2. Häufung modaler Ausdrücke:** Gelegentlich findet sich in einem Satz neben dem Modalverb noch ein weiterer modaler Ausdruck, der wie dieses eine Notwendigkeit, eine Möglichkeit, eine Erlaubnis oder ähnliches bezeichnet: *Ich bitte um die Erlaubnis, das tun zu dürfen.* Diese unnötige Häufung sollte man vermeiden. Besser: *Darf ich das tun?* Oder: *Ich bitte um die Erlaubnis, das zu tun.* ↑dürfen, können usw., ↑Pleonasmus. **3. Stellung:** Gelegentlich bereitet die Stellung des Modalverbs in zusammengesetzten Zeiten Schwierigkeiten. Die Regel lautet, daß die Modalverben, wenn sie nicht selbst die Personalform des Prädikats bilden (↑Finitum), am Ende des Satzes stehen: *Er hätte* (Personalform) *wirklich kommen sollen/müssen/dürfen. Wer hat die Schrift entziffern können?* Dies gilt auch für abhängige Sätze (Nebensätze): *Er ist gekommen, obwohl er uns nicht mehr hat benachrichtigen können.* Landschaftlich und umgangssprachlich wird mitunter das Modalverb vorangestellt: *Er hätte uns sollen benachrichtigen.* Statt: *Er hätte uns benachrichtigen sollen. Wir sagten ihm, daß er uns einen Brief hätte können schreiben.* Statt: *Wir sagten ihm, daß er uns einen Brief hätte schreiben können.*

Mode-/Moden-: Die Zusammensetzungen mit *Mode* als Bestimmungswort werden überwiegend mit *-e-* (Endung des Nominativs Singular) gebildet, besonders dann, wenn *Mode* die Bedeutung „Zeit-, Tagesgeschmack" hat (z. B. *Modeausdruck, Modedichter, Modewort*), aber auch dann, wenn es sich auf das Neueste, Zeitgemäße in Kleidung, Haartracht usw. bezieht (z. B. *Modeschaffen, Modewaren, Modewelt*). Einige Wörter der letztgenannten Gruppe kommen auch mit der Form *Moden-* vor, die dem Plural von *Mode* entspricht und sich mehr auf die konkreten Einzelformen und Gestaltungen der Mode (*Hutmoden, Pelzmoden, Haarmoden* usw.) bezieht: *Mode[n]haus, Mode[n]schau, Mode[n]zeitung.* ↑Fugenzeichen.

Modewort: 1. Modewörter sind, wie ihr Name sagt, zumeist nur für eine begrenzte Zeitdauer besonders beliebte Wörter und Wendungen. Es handelt sich dabei um neugeprägte Wörter, um Wörter oder Wendungen, die aus einer fremden Sprache übernommen wurden (↑Amerikanismen/Anglizismen), oder um Wörter, die in der Sprache bereits vorhanden waren, auf einmal aber – oft in neuer Bedeutung – häufig gebraucht werden. Wörter und Wendungen dieser Art erfreuen sich plötzlich allgemeiner Beliebtheit. Sie gehören oft der Sprache bestimmter Berufs-, Gesellschafts- oder Altersgruppen an (Sprache der Politiker, des Journalismus, der Behörden, der Jugendlichen u. a.). Sie werden fast immer wahllos oder gedankenlos gebraucht. Die ursprüngliche Aussagekraft dieser Wörter ist dabei meist verblaßt, sie sind zu Schablonen geworden z. B. *echt* als Verstärkung *(echt toll, sich echt erholen).* Aus diesem Grunde ist der Gebrauch der Modewörter nicht zu empfehlen. **2.** Der Plural von *Modewort* lautet *die Modewörter* (nicht: *die Modeworte*).

Modus: Unter Modus (Plural: *die Modi*) als grammatischem Terminus versteht man die Aussageweise des Verbs, mit der die Stellungnahme des Sprechers zu dem, was er sagt, ausgedrückt wird: *Peter liest ein Buch.* ↑Indikativ. *Das bleibe dahingestellt.* ↑Konjunktiv. *Lies!* ↑Imperativ.

mögen: 1. zweites Partizip oder Infinitiv: Das zweite Partizip des Vollverbs *mögen* heißt *gemocht: Er hat den Speck nicht gemocht.* Wird *mögen* als Modalverb gebraucht, dann steht nach einem reinen Infinitiv nicht das zweite Partizip, sondern ebenfalls der Infinitiv: *Er hat den Speck nicht essen mögen* (nicht: *gemocht*). **2. Das Modalverb *mögen* in Wunsch- und Begehrenssätzen:** Der Konjunktiv I des Modalverbs *mögen (ich möge, du mögest)* wird zur Kennzeichnung eines Begehrens verwendet: *Möge sie glücklich werden!* Der Konjunktiv II von *mögen (ich möchte, du möchtest)* wird zur Kennzeichnung eines irrealen Wunsches verwendet: *Möchte er es doch endlich einsehen!* Die Formen des Konjunktivs II werden häufig auch indikativisch als höfliche Ausdrucksweise an Stelle von *wollen* gebraucht: *Ich möchte noch ein Bier. Sie möchte, daß er es erfährt.* ↑Wunschsatz; vgl. auch ↑ich darf/möchte/würde sagen.

möglich: 1. Vergleichsformen: Ein Komparativ von *möglich* ist im allgemeinen ungebräuchlich. An seiner Stelle steht die Grundstufe *möglich* mit dem vorangestellten Komparativ eines den Steigerungsgrad kennzeichnenden Adjektivs. Also: *Morgen wäre es besser/leichter möglich* (nicht: *Morgen wäre es möglicher*). Der Superlativ *möglichst* ist ein Adverb und sollte nicht als Attribut (Beifügung) eingesetzt werden: *Die Arbeiten sind möglichst zu beschleunigen* und nicht: *unter möglichster Beschleunigung* ... Vor steigerungsfähigen Adjektiven bringt *möglichst* den erwünschten, möglichst hohen Grad einer Eigenschaft *(so ... wie [nur] möglich)* zum Ausdruck: *Ich brauche einen möglichst großen Briefumschlag* (= so groß wie möglich). *Er soll möglichst schnell kommen* (= so schnell wie möglich). Daneben wird *möglichst* im Sinne von „nach Möglichkeit, wenn es möglich ist" gebraucht: *Ich wollte mich möglichst zurückhalten. Die Sendung soll möglichst noch heute zur Post. Verwenden Sie zum Abschmieren möglichst graphitarme Öle!* Können – vor steigerungsfähigen Adjektiven – Mißverständnisse entstehen, dann ist *nach Möglichkeit/wenn es möglich ist* statt *möglichst* zu verwenden: *Wir suchen für diese Arbeit nach Möglichkeit/wenn möglich junge Leute* gegenüber *Wir suchen für diese Arbeit möglichst junge Leute* (= Leute, die so jung wie möglich sind). Der Superlativ *möglichst* darf nicht mit dem Superlativ eines Adjektivs verbunden werden. Es heißt also *größtmöglich* (nicht: *größtmöglichst*), *bestmöglich* (nicht: *bestmöglichst*), *schnellstmöglich* (nicht: *schnellstmöglichst*) usw. ↑baldmöglichst, ↑Vergleichsformen (2.5.1). **2. Es kann möglich sein:** Die Aussage *Es kann möglich sein* ist pleonastisch. Es genügt zu sagen: *Es ist möglich* oder *Es kann sein.* ↑Pleonasmus. **3. Rechtschreibung:** Man schreibt *möglich* klein, wenn ein Artikel vorangeht, beide Wörter aber für ein Pronomen u. ä. stehen: *Sie wird das mögliche* (= alles) *tun. Er hat alles mögliche* (= allerlei) *getan. Ich habe mein möglichstes getan.* Groß schreibt man das substantivierte Adjektiv: *Er muß alles Mögliche* (= alle Möglichkeiten) *bedenken. Das liegt im Rahmen des Möglichen. Mögliches und Unmögliches zu unterscheiden wissen, diese besondere Fähigkeit wird von einem Politiker verlangt. Das Mögliche und Notwendige erreichen wollen.* ↑Groß- oder Kleinschreibung (1.2.1).

Möglichkeitsform: ↑Konjunktiv.

-möglichst: ↑baldmöglichst, ↑möglich (1).

Mohr: Außer dem Nominativ *der Mohr* enden alle anderen Formen auf *-en: des, dem, den Mohren;* Plural: *die*

Mohren. ↑Unterlassung der Deklination (2.1.1).

Moll: ↑Dur/Moll.

Moment: Im Sinne von „Augenblick, kurze Zeitspanne" hat *Moment* männliches Geschlecht: *der Moment.* Im Sinne von „Umstand, Merkmal, Gesichtspunkt" hat *Moment* sächliches Geschlecht: *das Moment.*

-monatig/-monatlich: Zusammensetzungen mit *-monatig* nennen eine nach Monaten bemessene Zeitdauer: *ein zweimonatiger Aufenthalt* (= der Aufenthalt dauert zwei Monate). Zusammensetzungen mit *-monatlich* nennen einen nach Monaten bemessenen Turnus, in dem sich etwas [regelmäßig] wiederholt: *eine zweimonatliche Rate* (= eine jeden zweiten Monat fällige Rate). Findet eine Sitzung *dreimonatlich* statt, so bedeutet das, daß die Teilnehmer an dieser Sitzung alle drei Monate zusammenkommen. ↑-ig/-isch/-lich (1).

Monatsnamen: 1. Deklination: Die Monatsnamen werden stark gebeugt. Besonderheiten: Das Dativ-e tritt nicht mehr auf: *im Januar* (nicht: *im Januare*). Auch der Genitiv ist im heutigen Sprachgebrauch häufig ohne Endung: *des Januar[s], des Juni[s]; des 6. Juni[s], des 12. Januar[s].* Die Monatsnamen auf *-er* bewahren häufiger die Genitivendung: *des Septembers, des Oktobers. März* bildet zuweilen den Genitiv auf *-es: des Märzes;* die schwache Genitivform *des Märzen* ist veraltet. *Mai* und *August* haben auch die Genitivendung *-[e]s* (die schwache Genitivform *des Maien* ist heute veraltet). Allgemein gilt: Die ungebeugte artikellose Form des Monatsnamens steht vor allem dann, wenn ein Substantiv vorangeht: *Anfang Januar, Mitte Juli, Ende Oktober.* Auch wenn die Monatsnamen als Apposition (Beisatz) bei *Monat* stehen, bleiben sie ungebeugt: *des Monats Januar.* **2. Plural:** Die auf *-er* endenden Monatsnamen *(September, Oktober, November, Dezember)* sind im Plural endungslos (*die September* usw.), die auf *-ar (Januar, Februar)* enden mit *-e (die Januare, die Februare).* Ebenso: *die Märze, Aprile, Maie, Auguste. Juni* und *Juli* enden im Plural auf *-s (die Junis, Julis).* **3. Deutsche Monatsnamen** (ohne Anspruch auf Vollständigkeit): Januar: Hartung, Eismond, Jänner (österr.); Februar: Hornung, Feber (österr.); März: Lenzing, Lenzmond; April: Ostermond; Mai: Wonnemond; Juni: Brachmond; Juli: Heumond, Heuet; August: Erntemond, Ernting; September: Herbstmond, Scheiding; Oktober: Weinmond, Gilbhart; November: Nebelmond, Neblung; Dezember: Heil[ig]-/Christ-/Winter/Julmond. An Stelle von *-mond* findet sich auch *-monat* (*Eismonat* usw.). **4.** Zu *Es ist/sind zwei Monate her* ↑Es ist/sind zwei Jahre [her].

Mönch: Zur Anschrift ↑Brief (7).

Mond-/Mondes-/Monden-: Die Zusammensetzungen mit *Mond* als Bestimmungswort stehen fast ausschließlich ohne Fugenzeichen: *Mondbahn, Mondblindheit, Mondfähre, Mondfinsternis, Mondgestein, mondhell, Mondkalb, Mondphase, Mondrakete, Mondsichel, Mondstein, Mondsucht* u. a. Auch *Mondschein* hat im allgemeinen kein Fugenzeichen. Die Bildungen *Mondenschein* und *Mondesglanz* finden sich in älteren (literarischen) Texten. ↑Fugenzeichen.

Montag: Zu *Montag abend/Montagabend* ↑Dienstag (2). Zu *Montag abend/Montag abends/montags abends* ↑Adverb (3). Zu *Am Montag, dem/den 14. 1.* ↑Datum. Zu *des Montag[e]s/des Montag* ↑Wochentage.

montieren: In Verbindung mit der Präposition *auf* oder *an* kann nach *montieren* sowohl der Dativ als auch der Akkusativ stehen. Der Dativ steht, wenn die Vorstellung des Ortes, wo etwas montiert wird, bestimmend ist (Frage: wo?). Der Akkusativ steht, wenn die Vorstellung der Richtung herrscht (Frage: wohin?): *die Antenne auf dem Dach/auf das Dach montieren;*

das Schild an der/an die Vorderseite montieren.

moorbaden: Das Verb ist nur im Infinitiv gebräuchlich: *Ich muß moorbaden.* ↑Zusammen- oder Getrenntschreibung (2.1).

Mops: Der Plural von *Mops* hat Umlaut und lautet *die Möpse.*

Morast: Das Wort hat zwei Pluralformen: *die Moraste* und mit Umlaut *die Moräste.*

Mord-/Mords-: Innerhalb der Zusammensetzungen mit *Mord* als Bestimmungswort lassen sich vom Inhalt und von der Bildung her zwei Gruppen unterscheiden. Die erste Gruppe steht immer mit Fugen-s; der erste Bestandteil dieser Zusammensetzungen dient der Verstärkung: *Mordshunger* (= sehr großer Hunger; ugs.), *Mordskerl* (= starker, pfiffiger, gewandter Bursche; ugs.), *Mordslärm* (= großer Lärm; ugs.), *Mordsspaß* (= großer Spaß; ugs.) u. a. Die zweite Gruppe hat kein Fugen-s, *Mord-* hat hier die Bedeutung „absichtliche Tötung": *Mordanschlag, Mordinstrument, Mordkommission, Mordtat* u.a. Mordsgeschichte wäre also eine ungeheuerliche, tolle Geschichte, Mordgeschichte jedoch die Geschichte, in der ein Mord vorkommt. ↑Fugen-s (3).

morgen: 1. Rechtschreibung: Groß schreibt man das besonders an Artikel und Präpositionen erkennbare Substantiv: *an einem Morgen, bis gegen Morgen, vom Morgen bis zum Abend, eines Morgens.* Klein schreibt man die Adverbien *morgen* und *morgens: heute morgen, morgen früh, mittag, in vierzehn Tagen; sie hat ihn auf morgen vertröstet; bis morgen, Schulaufgaben für morgen; die Mode von morgen; von morgens bis abends, montags morgens.* Zum Unterschied von *Dienstag morgen/Dienstag morgens/Dienstagmorgen* ↑Adverb (3). **2. morgen/am folgenden Tag:** Das Zeitadverb *morgen* wird bei der Erzählung oder Darstellung im Präteritum gelegentlich so gebraucht, daß ein falscher Zeitbezug entsteht: *Ich teilte die Leute ein, die morgen* (statt: *am folgenden Tag) Schnee räumen sollten.*

¹Morgen: Der Plural von Morgen heißt *die Morgen* (nicht: *die Morgende*).

²Morgen: Zu *zwei Morgen Land:* ↑Maß-, Mengen- und Münzbezeichnungen (1).

morgendlich: Die richtige Schreibweise ist *morgendlich* (nicht – wie früher einmal üblich – *morgentlich* oder *morgenlich*).

Mosel[l]aner: Beide Schreibungen sind korrekt (die Schreibung mit Doppel-l leitet sich von der lateinischen Form *Mosella* des Flußnamens Mosel her).

Motel: Das Substantiv *das Motel* (auch: *Motel*) „an Autobahnen o. ä. gelegenes Hotel mit Garagen [u. Tankstellen]" kommt aus dem Englischen (↑Amerikanismen/Anglizismen) und ist eine Zusammenfügung aus *motor* und *hotel.*

Motion: ↑Movierung.

Motor: Das Substantiv hat eine schwache und eine starke Pluralform. Der schwache Plural *die Motoren* gehört zu dem Singular *Motor* (Gen.: *des Motors*) mit der Betonung auf der ersten Silbe; der starke Plural *die Motore* gehört zu dem Singular *Motor* (Gen.: *des Motors*) mit der Betonung auf der zweiten Silbe. Beide Betonungen und beide Pluralformen sind korrekt.

Motorblock: Der Plural von *Motorblock* lautet *die Motorblöcke.*

Motto: Der Plural von *Motto* heißt *die Mottos.*

Movierung: Unter Movierung (Motion) versteht man die Ableitung einer weiblichen Personen-, Berufs- oder Tierbezeichnung aus einer vorliegenden männlichen (vorwiegend mit Hilfe des Suffixes *-in*): *Arzt – Ärztin, Pate – Patin.* Auch: *Kommandeur – Kommandeuse.* ↑Titel und Berufsbezeichnungen (3).

Möwe: Die richtige Schreibweise ist *Möwe* (nicht: *Möve*).

müde: Die syntaktische Verbindung

müde sein im Sinne von „überdrüssig sein" wird gewöhnlich mit dem Genitiv, selten mit dem Akkusativ konstruiert: .. *sie waren des langen fruchtlosen Streites ... müde* (Döblin). *Ich bin müde aller Masken* (K. Mann). Selten mit dem Akkusativ: *Ich bin diesen Streit müde.* Im Sinne von „ermüdet sein" steht sie mit der Präposition *von: Ich bin müde von der Arbeit, von dem langen Spaziergang.*

Muff/Muffe: Das männliche Substantiv *der Muff* bedeutet „Handwärmer", das weibliche Substantiv *die Muffe* hat die Bedeutung „Verbindungsstück zweier Rohre".

Mühe: Zu *sich redlich/redliche Mühe geben* ↑Adjektiv (1.2.12).

Mühlackerer: Die Einwohner von Mühlacker heißen *die Mühlackerer.* ↑Einwohnerbezeichnungen (1 und 7).

Mühlhäuser: Die Einwohner von Mühlhausen heißen *die Mühlhäuser.* ↑Einwohnerbezeichnungen (1, 4 und 7).

Münch[e]ner: Die Einwohner von München heißen *die Münch[e]ner.* Die Einwohnerbezeichnung *Münch[e]ner* wird immer groß geschrieben, auch wenn das Wort wie ein flexionsloses Adjektiv vor einem Substantiv steht: *das Münchener Oktoberfest.* ↑Einwohnerbezeichnungen (1 und 7).

Mund: Als Pluralform wird heute im allgemeinen *die Münder,* selten *die Munde* oder *die Münde* gebraucht.

Mündel: Es heißt *der Mündel* und *das Mündel* (in Österreich und in der Schweiz nur so), seltener auch – in Anwendung auf ein Mädchen – *die Mündel.* Die Rechtssprache kennt für Kinder beiderlei Geschlechts nur *der Mündel.* Der Plural zu dem männlichen und sächlichen Substantiv lautet *die Mündel,* zu dem weiblichen Substantiv *die Mündeln.*

münden: In seiner eigentlichen Bedeutung „in etwas fließen" hat *münden in* nur den Akkusativ nach sich: *Der Neckar mündet bei Mannheim in den Rhein. Dieser Bach mündet in den Bodensee.* Im Sinne von „enden, auslaufen" kann dagegen nach *münden in/auf* sowohl der Akkusativ als auch der Dativ stehen. Der Akkusativ steht, wenn die Vorstellung der Richtung herrscht (Frage: wohin?). Der Dativ steht, wenn die Vorstellung des Ortes, wo etwas mündet (Frage: wo?), bestimmend ist: *Die Straßen münden alle auf diesen/auf diesem Platz. Der Gang mündete in eine große Halle/in einer großen Halle.*

Mundvoll: Man schreibt: *einen, zwei, einige, ein paar Mundvoll [Fleisch] nehmen.* Aber: *den Mund voll Brot haben; den Mund voll nehmen* (= großsprecherisch sein; ugs.). ↑Zusammen- oder Getrenntschreibung (4.2).

Münster: Es heißt heute im allgemeinen *das Münster* (selten auch: *der Münster*). Der Plural lautet in beiden Fällen *die Münster.*

Munsteraner: Die Einwohner von Munster in der Lüneburger Heide heißen *die Munsteraner.* ↑Einwohnerbezeichnungen (2 und 7).

Münsteraner: Die Einwohner von Münster (Westfalen) heißen *die Münsteraner.* ↑Einwohnerbezeichnungen (2 und 7).

Münzbezeichnungen: ↑Maß-, Mengen- und Münzbezeichnungen.

Mus: Es heißt standardsprachlich *das Mus* (*der Mus* ist landschaftlich).

Musical: ↑Amerikanismen/Anglizismen (1.1). Zur Rechtschreibung ↑Fremdwort (4).

Musikus: Der Plural zu *Musikus* lautet *die Musizi* oder *die Musikusse.*

Muskel: *Muskel* hat standardsprachlich männliches, nicht weibliches Geschlecht: *der Muskel* (nicht: *die Muskel*). Der Plural lautet *die Muskeln* (nicht: *die Muskel*).

müssen: Nach einem reinen Infinitiv steht auch der Infinitiv des Modalverbs *müssen* und nicht das zweite Partizip: *Er hat kommen müssen* (nicht: *gemußt*). ↑Infinitiv (4).

müssen/dürfen/können: ↑dürfen/können/müssen.

-mut: Die Bildungen mit *-mut* haben männliches oder weibliches Geschlecht. Männlich: *der Übermut, der Hochmut, der Kleinmut, der Wankelmut, der Freimut, der Gleichmut.* Weiblich: *die Anmut, die Demut, die Großmut, die Langmut, die Sanftmut, die Schwermut, die Wehmut.*

Mut: Zu *guten/gutes Mutes* ↑ Adjektiv (1.2.2).

Mutter: Der Plural zu *Mutter* in der Bedeutung „Frau, die ein oder mehrere Kinder hat" lautet *die Mütter.* Dagegen hat *Mutter* in der Bedeutung „Schraubenteil" den umlautlosen Plural auf *-n die Muttern.*

Muttermal: Der Plural lautet *die Muttermale.* ↑ [1]Mal.

MwSt./MWSt.: ↑ Mehrwertsteuer.

N

n: Zur richtigen Aussprache von *n* vor *f (fünf)* und vor *k* oder *g* in Zusammensetzungen und Präfixbildungen *(einkaufen, Kongreß)* ↑ Aussprache (5). Zur Schreibung und Deklination ↑ Bindestrich (2.4) *(N-Schreibung);* ↑ Einzelbuchstaben *(des N, zwei N);* ↑ Groß- oder Kleinschreibung (1.2.5) *(das n in Einkauf).*

nach: Zu *nach langem, schwerem/schweren Leiden* ↑ Adjektiv (1.2.1). Zu *Reise nach den/in die USA* ↑ in/nach/zu/bei. Zu *nach frühestens zwanzig Minuten/frühestens nach zwanzig Minuten* ↑ Adverb (4).

nach dem/danach: ↑ Pronominaladverb.

nach was/wonach: Standardsprachlich ist in der Regel das Pronominaladverb *wonach: Wonach soll ich mich richten?* Die Verbindung *nach + was (Nach was soll ich mich richten?)* kommt in der Umgangssprache recht häufig vor; sie ist stilistisch unschön. ↑ Pronominaladverb (5).

nachäffen: ↑ nachahmen.

nachahmen: Heute wird *nachahmen* im allgemeinen mit dem Akkusativ gebraucht, und zwar sowohl in der Bedeutung „kopieren, nachäffen" als auch in der Bedeutung „nacheifern, nachstreben, sich jmdn. zum Vorbild nehmen": *... die den Meister bis aufs Spucken nachzuahmen versuchen* (Langgässer). *... die Handschrift meines Vaters nachzuahmen* (Th. Mann). Der Dativ wird heute als gewählt oder ungewöhnlich betrachtet: *Sie ... betrachtete mich; nicht eigentlich mit den Augen ..., sondern geradezu mit dem Mund, der dem offenbar bösen Ausdruck meines Gesichtes ironisch nachahmte* (Rilke). Ganz selten kommt heute auch der Dativ der Person in Verbindung mit einem Akkusativ der Sache vor. *Er ahmte ihr ihre Gesten nach.* Die verschiedentlich vertretene Meinung, daß *nachahmen* in der Bedeutung „kopieren, nachäffen" mit dem Akkusativ, in der Bedeutung „sich jmdn. zum Vorbild nehmen" mit dem Dativ verbunden werden müßte, wird vom heutigen Gebrauch her nicht bestätigt. Allerdings wird *nachahmen* in der zweiten Bedeutung heute nur noch selten gebraucht.

Nachbar: Im Singular schwankt das Wort zwischen starker und schwacher Deklination. Stark: *des Nachbars,* *dem/den Nachbar;* schwach: *des Nachbarn, dem/den Nachbarn.* Heute wird im allgemeinen die schwache Deklination bevorzugt.

nachdatieren: ↑vordatieren.

nachdem: 1. Tempus: Die temporale Konjunktion *nachdem* wird unterordnend gebraucht und dient dazu, die Vorzeitigkeit auszudrücken. Meistens steht dann der Hauptsatz im Präteritum und der Nebensatz mit *nachdem* im Plusquamperfekt: *Nachdem ich mich etwas erfrischt ... hatte, machte ich mich auf den Weg* (Jens). Die Vorzeitigkeit kann jedoch auch im Verhältnis Perfekt/Präsens ausgedrückt werden: *Nachdem wir die Peripherie von Moskau passiert haben, sind wir in der Stille* (Koeppen). Zuweilen kommt auch das gleiche Tempus im Haupt- und Nebensatz vor, wenn ein Vorgang als fortdauernd gedacht wird: *Nachdem der Schulmeister wieder etwas Athem zu schöpfen anfieng, war die allgemeine Frage ...* (Nicolai; nach H. Paul, Deutsche Grammatik). Wenn eine Fortdauer nicht vorliegt, gilt der Gebrauch des gleichen Tempus in Haupt- und Nebensatz als nicht korrekt: *Nachdem ich dich kennenlernte, hatte ich eine ganz andere Meinung von dir. Nachdem dieses Werk ein Jahrzehnt später ins Kirchenslawische übersetzt wurde, fand es in Rußland eine starke Verbreitung* (Nigg). **2. *nachdem* als kausale Konjunktion:** Die Konjunktion *nachdem* wurde früher temporal und kausal verwendet. Der kausale Gebrauch gilt heute nicht mehr als standardsprachlich. Er findet sich noch landschaftlich, vor allem im südlichen deutschen Sprachgebiet für *weil* und *da: Nachdem* (statt: *Da*) *sich die Arbeiten wegen unvorhergesehener Hindernisse verzögern werden, sind die Wohnungen erst am 1. Juni beziehbar. Nachdem* (statt: *Weil*) *sie erst später kommen kann, verschieben wir die Sitzung auf 16⁰⁰ Uhr.* **3. nachdem/seitdem:** Mit *seitdem* wird ein Zeitraum bezeichnet, der von einem in der Vergangenheit liegenden Punkt an bis in die Gegenwart fortdauert. Da *nachdem* diese Fortdauer bis in die Gegenwart nicht mitenthält, sollte man die Unterschiede beim Gebrauch beider Wörter beachten und nicht *seitdem* durch *nachdem* ersetzen: *Seitdem* (nicht: *Nachdem*) *er verlobt ist, kommt er nicht mehr zu uns.* **4. Komma:** Vor der Konjunktion *nachdem* steht ein Komma, wenn sie einen Nebensatz einleitet. Vgl. auch untenstehende Tabelle.

Kommasetzung bei *nachdem*

1. Die Konjunktion *nachdem* leitet einen untergeordneten Zeitsatz (Temporalsatz) ein, der durch Komma abgetrennt wird:	**1. Die Konjunktion *nachdem* ist Teil einer Fügung, die als Einheit empfunden und nicht durch ein Komma geteilt wird:**
Ich brach völlig zusammen, *nachdem* ich vom plötzlichen Tod unseres Freundes erfahren hatte.	*Aber nachdem* ich Einzelheiten erfahren hatte, rief ich die Sachbearbeiter zusammen.
2. Der Hauptsatz enthält die Angabe einer Zeitspanne, die zu dem im Nebensatz gemeinten Zeitpunkt beginnt:	**2. Der Nebensatz enthält die Angabe einer Zeitspanne, die den im Hauptsatz gemeinten Zeitpunkt bestimmt. Zeitangabe und Bindewort bilden eine Einheit:**
Ein ganzes Jahr, *nachdem* ich gekündigt hatte, arbeitete ich noch mit.	*Drei Wochen nachdem* der Sohn zurückgekehrt war, starb die Mutter. Die Mutter starb, *drei Wochen nachdem* der Sohn zurückgekehrt war.

Nachdruck: In der Bedeutung „Neudruck" lautet der Plural *die Nachdrucke.* In der Bedeutung „betonte Entschiedenheit" *(auf etwas mit Nachdruck hinweisen)* hat *Nachdruck* keinen Plural. ↑Druck.

nachdunkeln: Das Wort *nachdunkeln* kann mit *sein* oder mit *haben* verbunden werden, je nachdem, ob man mehr auf den erreichten Zustand, auf das Ergebnis *(sein)* oder auf den Vorgang *(haben)* sieht.

nacheinander: Man schreibt vom folgenden Verb getrennt, weil *nacheinander* eine Wechselbezüglichkeit ausdrückt oder als selbständiges Adverb (im Sinne von „in Abständen") gebraucht wird: *Sie wollen nacheinander schauen* (= gegenseitig nach sich schauen, aufeinander achten). *Die Wagen werden nacheinander* (= in Abständen) *starten. Sie sind nacheinander* (= in Abständen) *gekommen.* ↑Zusammen- oder Getrenntschreibung (1.4).

Nachfolge: Zu *die Nachfolge Karajans als künstlerischer Leiter* (nicht: *als künstlerischen Leiters*) *der Philharmoniker antreten* ↑Apposition (3.3).

nachfolgend: Die Groß- oder Kleinschreibung entspricht der von ↑folgend. Also z. B.: *Wir bitten nachfolgendes* (folgendes) *zu beachten. Einzelheiten werden im nachfolgenden* (im folgenden, weiter unten) *behandelt.* Aber: *Wir haben über das Nachfolgende bereits gesprochen.* ↑Groß- oder Kleinschreibung (1.2.4).

Nachfolger: Zu *Franz Meyer Nachfolger* ↑Apposition (2.1).

nachfragen: Zu nicht korrektem *die nachgefragte Ware* ↑zweites Partizip (2.2).

nach frühestens zwanzig Minuten/frühestens nach zwanzig Minuten: ↑Adverb (4).

nachgesucht: ↑nachsuchen.

nachgiebig: ↑ausgiebig (1).

nachhinein: In der besonders in Süddeutschland, Österreich und in der Schweiz gebräuchlichen Fügung *im nachhinein* für *nachträglich, hinterher* wird *nachhinein* klein geschrieben: *Er hat es mir erst im nachhinein gesagt.*

nachimitieren: ↑Verb (3).

Nachlaß: Das Wort hat zwei Pluralformen: *die Nachlässe* und *die Nachlasse.*

nach'm: Statt *nach dem* wird umgangssprachlich und mundartlich auch *nach'm* gebraucht. ↑Präposition (1.2.1), ↑Apostroph (1.2).

nachmachen: *nachmachen* wird mit dem Akkusativ konstruiert: *Ich mache sie nach. ... die staatlichen Banknoten nachzumachen* (Bamm). Der Dativ der Person kann nur neben dem Akkusativ der Sache stehen: *Die andern machten ihm diese Spielerei nach* (Ott).

nachmittag/nachmittags/Nachmittag: Groß schreibt man das besonders an Artikel und Präposition erkennbare Substantiv: *am Nachmittag, bis zum Nachmittag, eines Nachmittags.* Klein schreibt man die Adverbien *nachmittag* und *nachmittags: heute, morgen nachmittag, am Montag nachmittag, von morgen nachmittag an; von morgens bis nachmittags; montags nachmittags.* ↑Adverb (3).

Nachsatz: Ein Nachsatz ist ein Nebensatz, der dem übergeordneten Satz folgt: *Ich freue mich sehr, wenn du morgen kommst.* ↑Vordersatz, ↑Zwischensatz.

nachsenden: Die Formen des Präteritums und zweiten Partizips lauten: *sandte/sendete nach* und *nachgesandt/nachgesendet.* Die Formen mit *-a-* sind geläufiger.

Nachsilbe: ↑Suffix.

nächst: 1. Rechtschreibung: Klein schreibt man (auch bei vorangehendem Artikel), wenn *nächst* wie ein Pronomen gebraucht wird: *Der nächste, bitte!; das nächste* (= erste) *beste; das nächste/nächstbeste [zu tun] wäre ... Wer kommt als nächster [an die Reihe]? Das tun wir als nächstes.* Klein schreibt man *nächst* auch dann, wenn ein Artikel vorangeht, beide Wörter aber für ein einfaches Adverb oder für eine adverbiale Bestimmung stehen: *fürs näch-*

ste (= für die nächste Zeit); *mit nächstem* (= bald; veralt.). Groß schreibt man die Substantivierungen: *Das ist das Nächste und Beste, was sich mir bietet. Das Nächste ist oft unerreichbar fern. Ist jeder sich selbst der Nächste?* ↑Groß- oder Kleinschreibung (1.2.1). **2. Gebrauch:** *nächst* drückt gewöhnlich aus, daß etwas unmittelbar kommt oder folgt: *Auf der nächsten Station muß ich aussteigen. Das nächste Mal werde ich besser aufpassen. Nächste Woche (nächsten Monat, nächstes Jahr) muß ich verreisen.* Steht *nächst* mit einer Zeitangabe, die einen Wochentag, einen Monat oder eine Jahreszeit nennt, können Mißverständnisse auftreten, weil viele Sprecher *nächst* dann auf den betreffenden Wochentag der nächsten Woche oder auf den betreffenden Monat bzw. die betreffende Jahreszeit des nächsten Jahres beziehen. Mißverständlich ist, wenn jemand z. B. an einem Montag sagt: *„Nächsten Donnerstag/Am nächsten Donnerstag werde ich Sie besuchen."* Viele Sprecher verstehen darunter nicht den nächstfolgenden, sondern den übernächsten Donnerstag (im Gegensatz zu: *„Diesen Donnerstag/An diesem Donnerstag/Am Donnerstag/Donnerstag werde ich Sie besuchen."*) Eindeutig: *„Ich werde Sie in der nächsten Woche am Donnerstag/nächste Woche Donnerstag besuchen."* (Keine Mißverständnisse sind natürlich möglich, wenn jemand am Freitag oder Sonnabend sagt, daß er jemanden nächsten Donnerstag besuchen werde.) Entsprechend mißverständlich ist es, wenn jemand z. B. im Frühling oder Sommer sagt: *„Nächsten Herbst/Im nächsten Herbst fahre ich in die Alpen."* Eindeutig, wenn man den nächstfolgenden Herbst meint, ist: *„Im Herbst/In diesem Herbst/Diesen Herbst fahre ich in die Alpen."* Eindeutig, wenn man den übernächsten Herbst meint, ist: *„Im nächsten Jahr im Herbst/Im Herbst nächsten Jahres/Nächstes Jahr im Herbst fahre ich in die Alpen."*

nachstehend: Die Groß- oder Kleinschreibung entspricht der von ↑folgend. Also: *Ich möchte Ihnen nachstehendes* (= folgendes) *zur Kenntnis bringen. Einzelheiten werden im nachstehenden* (= im folgenden, weiter unten) *behandelt.* Aber: *Das Nachstehende muß nachgeprüft werden.* ↑Groß- oder Kleinschreibung (1.2.4).

nächstes Mal: ↑[2]Mal (2).

nächstliegend: ↑Vergleichsformen (2.5.1).

nachsuchen: Das Verb *nachsuchen* wird heute nur noch mit einem Präpositionalobjekt mit *um* konstruiert: *um Urlaub, um eine Pension nachsuchen.* Die früher übliche transitive Verwendung *(einen Urlaub, eine Pension nachsuchen,* daher auch: *der nachgesuchte Urlaub, die nachgesuchte Pension)* gilt nicht mehr als korrekt. ↑zweites Partizip (2.2).

nacht/nachts/Nacht: Groß schreibt man das besonders an Artikel und Präposition erkennbare Substantiv: *es wird Nacht, eines Nachts, bei Nacht, bis in die Nacht, über Nacht bleiben.* Klein schreibt man die Adverbien *nacht* und *nachts: heute/gestern nacht, Montag nacht, nachts um 3 Uhr, spät nachts, montag nachts.* Zum Unterschied von *Dienstag nacht/Dienstag nachts/Dienstagnacht* ↑Adverb (3).

nachtragen: Nach *nachtragen in* kann sowohl der Dativ (Frage: wo?) als auch der Akkusativ (Frage: wohin?) stehen: *Wir bitten Sie, dies in der Liste auf Seite 2 nachzutragen* oder: *Wir bitten Sie, dies in die Liste auf Seite 2 nachzutragen.* ↑Rektion.

nachtschlafende Zeit: ↑erstes Partizip (4).

Nachtstunde: ↑Fugen-s (3.5).

nachtwandeln: Bei *nachtwandeln* handelt es sich um ein fest zusammengesetztes Verb. Es muß also heißen: *ich nachtwandele; ich habe* (auch: *bin;* ↑haben [1]) *genachtwandelt; um zu nachtwandeln.* ↑Zusammen- oder Getrenntschreibung (2.1).

nachtwandlerische Sicherheit: ↑Adjektiv (4.2).

nachwiegen: ↑wägen/wiegen.

Nagelbett: Der Plural lautet *die Nagelbetten* oder *die Nagelbette.* ↑Bett.

¹nah[e]: 1. Vergleichsformen: Die Vergleichsformen von *nahe* heißen *näher, am nächsten.* **2. Rechtschreibung: a) Groß- oder Kleinschreibung:** Klein schreibt man das Adjektiv (Adverb): *ein naher Verwandter, die nahe Umgebung; von nah und fern, von nahem; er ist mir nahe bekannt.* Groß schreibt man aber das Adjektiv in Namen: *der Nahe Osten.* ↑Groß- oder Kleinschreibung (1.2.1), ↑Namen. **b) Zusammen- oder Getrenntschreibung:** Getrennt vom folgenden Verb schreibt man *nahe,* wenn es in eigentlicher räumlicher Bedeutung „in der, in die Nähe" gebraucht wird: *Du darfst nicht so nahe gehen* (= in die Nähe gehen). *Er muß ganz nahe sein* (= in der Nähe sein). *Sie darf nicht zu nahe kommen, so nahe treten.* Zusammen schreibt man in übertragener Bedeutung: *Das ist mir nahegegangen* (= hat mich seelisch ergriffen). *Ich schwieg, obwohl es mir naheging.* Entsprechend: *nahebringen* (= Verständnis erwecken), *nahekommen* (= fast gleichen), *sich nahekommen* (= vertraut werden), *nahelegen* (= empfehlen), *naheliegen* (*die Lösung hat nahegelegen* = war leicht faßbar), *nahestehen* (= befreundet, vertraut sein). ↑nahetreten, ↑Zusammen- oder Getrenntschreibung (1.2). **3. nah/nahe:** ↑Adjektiv (1.2.14).

²nahe: Die Präposition *nahe* wird mit dem Dativ verbunden: *Das Gehöft lag nahe dem Flusse. Dem Weinen nahe stürzte sie hinaus.*

naheliegend/nahe liegend: 1. Rechtschreibung: Zusammen schreibt man, wenn es sich um übertragenen Gebrauch in der Bedeutung „leichtverständlich, leicht zu finden" handelt: *ein naheliegender Gedanke, der Gedanke ist naheliegend. Es waren naheliegende Gründe, die sie zu ihrer Entschuldigung anführte* (nur *nahe-* trägt Starkton). Getrennt schreibt man, wenn *nahe* in der konkreten Bedeutung „in der Nähe" gebraucht wird: *ein nahe liegendes Haus. Im Herbst gingen sie im nahe liegenden Park spazieren* (beide Wörter tragen Starkton). ↑Zusammen- oder Getrenntschreibung (3.1.2). **2. Steigerung:** Die Vergleichsformen lauten *näherliegend, nächstliegend* (n i c h t: *nächstliegendst*). ↑Vergleichsformen (2.5.1).

näher: 1. Groß- oder Kleinschreibung: Klein schreibt man *näher* auch in Verbindung mit einem Artikel, wenn die Verbindung für ein einfaches Adverb steht: *Dies mußt du mir des näheren* (= genauer) *auseinandersetzen.* Groß schreibt man die Substantivierung: *Näheres folgt; das Nähere findet sich bei ...; ich kann mich des Näher[e]n nicht entsinnen; alles Nähere steht dort.* ↑Groß- oder Kleinschreibung (1.2.1). **2. Zusammen- oder Getrenntschreibung:** Getrennt schreibt man *näher* vom folgenden Verb, wenn es in eigentlicher räumlicher Bedeutung („in größere[r] Nähe") gebraucht wird (beide Wörter tragen Starkton): *Er soll langsam näher kommen. Mein Wagen hatte näher gestanden. Sie forderte ihn auf, einige Schritte näher zu treten. Ich muß den Meßapparat näher bringen.* Zusammen schreibt man, wenn durch die Verbindung ein neuer Begriff entsteht (nur *näher-* trägt Starkton): *Ich bin ihr nähergekommen* (= habe sie besser verstehen gelernt). *Er hat ihr nähergestanden* (= war ihr bekannter) *als ich. Sie soll ihm die Probleme näherbringen* (= leichter verständlich, vertrauter machen). ↑Zusammen- oder Getrenntschreibung (1.2).

nahestehend/nahe stehend: 1. Rechtschreibung: Zusammen schreibt man, wenn es sich um übertragenen Gebrauch in der Bedeutung „befreundet, vertraut" handelt: *ein mir nahestehender Mensch. In den letzten Jahren verlor ich einige mir besonders nahestehende Freunde* (nur *nahe-* trägt Starkton). Getrennt schreibt man, wenn *nahe* in der konkreten Bedeutung „in der Nähe" gebraucht wird: *die nahe stehen-*

den Personen (beide Wörter tragen Starkton). ↑Zusammen- oder Getrenntschreibung (3.1.2). **2. Steigerung:** Die Vergleichsformen lauten *näherstehend, nächststehend* (nicht: *nächststehendst*). ↑Vergleichsformen (2.5.1).

nahetreten: Zusammen schreibt man, wenn durch die Verbindung ein neuer Begriff entsteht: *Sie ist mir in letzter Zeit sehr nahegetreten* (= vertraut geworden). *Wie wollten sie in der kurzen Zeit, in der sie sich nur selten sehen konnten, einander auch nahegetreten sein?* Getrennt schreibt man aber: *Er ist mir zu nahe getreten* (= hat mich beleidigt), weil *nahe* hier eigenen Satzgliedwert hat. ↑Zusammen- oder Getrenntschreibung (1.2).

-nahme: Substantivische Zusammenbildungen auf *-nahme* kommen in der Gegenwartssprache nicht selten vor. Da, wo sie eine Handlung ausdrükken, stehen sie zu Recht: *Ihre Stellungnahme war sehr aufschlußreich.* Häufig schwellen sie jedoch eine Aussage nur unnötig auf und sind stilistisch unschön, z. B.: *Hier lagen die Grenzen der politischen Einflußnahme auf die Massen* (statt: *des politischen Einflusses/der politischen Beeinflussung*). Wendungen wie *unter Mitnahme, unter Zuhilfenahme* sind oft ganz überflüssig: *Unter Mitnahme ihrer Instrumente* (statt: *Mit ihren Instrumenten*) *verließen die Musiker die Bühne.*

nähme/nehme: Die Form *nehme* ist die Form des Konjunktivs I, der vor allem in der ↑indirekten Rede (2.1) steht: *Er sagte, er nehme dafür kein Geld. Die Chefin fragte, ob Herr M. bald Urlaub nehme. Nähme* ist die Form des Konjunktivs II, der vor allem im ↑Konditionalsatz (2–7) steht: *Ich wäre sehr froh, wenn er sich meine Worte zu Herzen nähme. Es wäre gut, wenn ich ein heißes Bad nähme.* – Der Konjunktiv II *nähme* tritt auch in der indirekten Rede auf, wenn in der direkten Rede schon *nähme* steht oder etwas als zweifelhaft hingestellt wird. ↑indirekte Rede (3.3).

Name/Namen: Üblich ist der Nominativ *der Name: Der Name gefällt uns* (Nossack). *... der Kommissär, der sich zufällig des Zusammenhangs entsann, in dem Ulrichs Name wenige Stunden früher zum erstenmal in diesem Hause aufgetaucht war* (Musil). Die Nominativform *der Namen* kommt heute selten vor: *In etwa dreißig Briefen an eine Geliebte, deren Namen nicht zu entziffern war* (Hauptmann). Zu beiden Nominativformen lautet der Genitiv *des Namens* und der Plural *die Namen.* ↑Substantiv (2.1).

Namen-/Namens-: Zusammensetzungen, bei denen das Bestimmungswort angibt, daß es sich um einen Namen handelt, haben im allgemeinen das ↑Fugen-s: *Namensänderung, Namenstag, Namensvetter, Namenszug* usw. im Gegensatz zu: *Namenbuch, Namenforschung, Namenkunde, Namenverzeichnis* usw., bei denen es um mehrere Namen geht. Ohne Fugen-s stehen aber auch *Namengebung* und *namenlos.*

Namen

1. Der Unterschied zwischen Name und Gattungsbezeichung: Im Gegensatz zur ↑Gattungsbezeichnung (Appellativ) bezeichnet der Name ein Einzelwesen oder -ding ohne Rücksicht auf vergleichbare andere Wesen oder Dinge. Die Bezeichnung *Stuhl* kommt einem Möbelstück deshalb zu, weil es mit anderen Stühlen in gewissen allbekannten Merkmalen übereinstimmt. Das Wort bezeichnet ebenso das Einzelstück wie die ganze Gattung. Aber das Mädchen *Helga* trägt seinen Namen nicht wegen einer Ähnlichkeit mit anderen gleich-

namigen Mädchen oder Frauen. Es gibt keine eindeutig als *Helgas* zu bestimmende Menschengattung, wie es eine Möbelgattung Stühle gibt.
Auch dann, wenn ein Name eine Gruppe von Menschen benennt, z. B. als Familienname, Einwohner- oder Volksname, werden damit nicht bestimmte Eigenschaften angesprochen, sondern ein Kollektiv, z. B. *die Franzosen, die Berliner,* wird als Einzelwesen von anderen Kollektiven abgehoben. Der einzelne Namensträger erscheint in diesem Falle allerdings als Mitglied einer Gruppe, er ist *ein Franzose, ein Bayer, ein Berliner.* Aber die Gruppe als solche ist einmalig, sie ist keine Gattung.
Auch bestimmte Typen geographischer Namen, wie *das Rote Meer, das Gelbe Meer, das Tote Meer* oder *der Atlantische Ozean, der Indische, der Pazifische Ozean,* wurden nicht in erster Linie deshalb geschaffen, weil man die Gattungen Meer und Ozean untergliedern wollte, sondern weil man ein bestimmtes Gewässer als einzelne Erscheinung zu benennen suchte.

2. Arten von Namen: Namen werden einmal von Menschen getragen (↑ Personennamen: Ruf- oder Vornamen, Familiennamen, Namen der Bewohner von Siedlungen und Ländern, Völker- und Stammesnamen), dann aber auch von Örtlichkeiten, die dem Menschen wichtig genug sind, um individuell bezeichnet zu werden (↑ geographische Namen oder ↑ Ortsnamen; Siedlungsnamen, Ländernamen, Flurnamen, Berg- und Flußnamen, Straßennamen, Gebäudenamen usw.). Zu den Örtlichkeitsnamen gehören auch die Namen der Gestirne und Sternbilder (*Mars, Venus, Orion, Großer* und *Kleiner Bär* usw.).
Weiterhin gibt es Namen für bestimmte Verkehrsmittel (↑ Schiffsnamen, ↑ Flugzeugnamen), Namen für Institutionen und Organisationen (z. B. Vereine, Ämter, Firmen, Anstalten; ↑ Firmennamen), Namen für künstlerische, literarische, publizistische Werke (Bilder, Skulpturen, Kompositionen, Bücher, Zeitungen u. a.; ↑ Buchtitel, ↑ Zeitungsnamen) und für bestimmte historische Ereignisse *(die Französische Revolution).* Namen aus den letztgenannten Gruppen werden z. T. auch als Titel bezeichnet. Etwas anderes ist der Titel als Bezeichnung einer Person nach ihrem Amt. ↑ Titel und Berufsbezeichnungen.

3. Form und Deklination der Namen: Ein Name kann aus einem Wort oder aus einer Wortgruppe bestehen. Einwortnamen sind immer Substantive *(Helga, Peter, Meyer, München, Rhein, Zugspitze, Hessen).* Mehrwortnamen sind gewöhnlich attributive Fügungen mit einem Substantiv als Kern. Als Attribute erscheinen Adjektive und Partizipien *(das Rote Meer, Karl der Große, der Fliegende Holländer),* Zahlwörter *(die Neunte Symphonie)* oder Substantive (als Apposition: *Inge Meier, Wilhelm der Eroberer;* als Präpositionalattribut: *Wolfram von Eschenbach, Rothenburg ob der Tauber, Johann ohne Land;* als Genitivattribut: *das Blaue Band des Ozeans*). Straßen- und Gebäudenamen können auch als Ganzes die Form eines Präpositionalfalles haben *(Zur Alten Post, Im Treppchen; Unter den Linden).* Zur Deklination der Namen vgl. die unter 2 genannten Einzelartikel.

4. Rechtschreibung: Abgesehen von den Familiennamen, für die jeweils individuelle Schreibungen standesamtlich festliegen, folgt die Schreibung der Namen in der Regel den allgemeinen Richtlinien der Rechtschreibung. Abweichungen kommen jedoch vor, insbesondere werden alte Schreibweisen in

Einzelfällen fortgeführt *(Carl, Clara* statt üblicherem *Karl, Klara; Cochem* neben *Koblenz, Frankenthal* neben *Freudental)*. Auch Firmen- und Vereinsnamen bewahren oft Schreibformen aus der Zeit ihrer Entstehung *(AEG – Allgemeine Elektricitäts-Gesellschaft; Yacht-Club)*.
Für die Groß- oder Kleinschreibung gilt, daß Adjektive, Partizipien und Zahlwörter als Teile von Namen groß zu schreiben sind (zu Fällen wie *platonische Liebe/Platonische Schriften* ↑Groß- oder Kleinschreibung [1.2.2]):

der Heilige Abend, das Schwarze Meer, Elisabeth die Zweite.

Präpositionen werden nur dann groß geschrieben, wenn sie am Anfang eines Straßen- oder Gebäudenamens stehen:

Am Erlenberg, In der Mittleren Holdergasse, Zur Linde, Zum Grünen Baum.

Die Präposition *von* bei deutschen Familiennamen wird klein geschrieben, wenn sie nicht mit dem Namen verschmolzen ist:

von Grolmann, von der Au (auch: *Vonderau*), von den Steinen.

5. Namenähnliche Wörter und Fügungen, die keine Namen sind: Keine Namen im eigentlichen Sinne sind die gewöhnlich so genannten Tier- und Pflanzennamen, die Krankheitsnamen, die Tages- und die ↑Monatsnamen. Sie bezeichnen keine Einzelwesen. Auch die in allen Fach- und Berufssprachen vorkommenden namenähnlichen Fügungen, mit denen feste Begriffe bezeichnet werden, dürfen nicht als Namen angesehen werden. Daß einige von ihnen herkömmlicherweise mit großen Anfangsbuchstaben geschrieben werden *(das Schwarze Brett, die Hohe Schule* [in der Reitkunst], *der Goldene Schnitt)*, ist keine genügende Grundlage für die Verallgemeinerung solcher Schreibweisen. In seiner letzten Konsequenz würde das Prinzip nur zur Verwirrung führen, weil sich die Grenzen des „festen Begriffs“ nicht in allen Fällen eindeutig abstecken lassen.
Wir schreiben daher die Adjektive in solchen Wortverbindungen klein. Als Beispiele seien genannt:

die Speisenbezeichnungen italienischer Salat, russische Eier, holländische Soße, westfälischer Schinken; die mathematischen Fachwörter arithmetisches und geometrisches Mittel, theoretische und angewandte Mathematik; aus der Sportsprache die alpine und die nordische Kombination, der englische Sattel; aus der Technik die autogene Schweißung, hydraulische Bremse.

Schwierigkeiten ergeben sich einmal da, wo bestimmte Bezeichnungen auch als Namen von Instituten (Schulen, Kommissionen usw.) vorkommen. Begriffe wie *höhere Schule, höhere Handelsschule, technische Universität, medizinische Akademie, chirurgische Klinik, deutsche Botschaft* sind keine Namen. Sie können aber als Namen bestimmter Institute auftreten und werden dann groß geschrieben:

Höhere Handelsschule II, Mannheim; Technische Hochschule Darmstadt; Technische Universität Berlin; Chirurgische Universitätsklinik Heidelberg; Institut für Angewandte Physik usw.

Man schreibt aber immer klein:

Ich besuchte die höhere Handelsschule in Mannheim (weil dies nicht der offizielle Name der Schule ist). Die technischen Universitäten verleihen den Grad eines Doktoringenieurs (Dr.-Ing.). In dieser Stadt gibt es keine deutsche Botschaft.

Eine weitere Schwierigkeit liegt in den Fällen vor, wo eine ausgebaute Terminologie feste Bezeichnungen für typisierte, systematische Einheiten geprägt

hat. So gibt es in der Botanik und Zoologie deutsche Bezeichnungen für Pflanzen und Tiere, die an Stelle der feststehenden und international gebräuchlichen lateinischen Termini verwendet werden können *(Milvus milvus – Roter Milan; Sambucus nigra – Schwarzer Holunder).* Für sie ist im Fachschrifttum die Großschreibung üblich geworden, durch die sie von den gemeinsprachlichen Bezeichnungen abgehoben werden: *Ich habe im Zoo einen Roten Milan gesehen* will demnach sagen: einen Vertreter der Art Milvus milvus (= Roter Milan). *Ich habe im Zoo einen roten Milan gesehen* bedeutet demgegenüber: einen Vertreter der Gattung Milvus (= Milan), der (zufällig) rot gefiedert war.
Darüber hinaus besteht die Tendenz, auch die Rassen und Schläge der Haustiere mit großgeschriebenen Typenbezeichnungen zu belegen, obgleich diese Zuchtrassen in der wissenschaftlichen biologischen Terminologie nicht berücksichtigt werden. Das mag im Rahmen einer Rassengliederung und bei der Festlegung von erblichen Merkmalen seine Berechtigung haben, es wird aber sinnlos, wenn das einzelne Tier oder mehrere einzelne Tiere bezeichnet werden sollen, wie das im allgemeinen Sprachgebrauch fast stets der Fall ist. Dann kann man nur von *einem deutschen Schäferhund,* von *zwei englischen Doggen,* von *einer Herde schwarzbunter Kühe* sprechen. Denn das Besondere einer Terminologie ist gerade, daß sie nicht das Einzelwesen, sondern die Gattung bezeichnet. Dasselbe gilt für *rote und schwarze Johannisbeeren* usw. In all diesen Fällen schreibt man das Adjektiv klein.

6. Kongruenz: Zu Fällen wie *„Die Räuber" hat/haben mir gefallen, die New York Times ermittelte/ermittelten ..., die Flottmann-Werke GmbH sucht/suchen* ... ↑Kongruenz (1.2.5, 1.2.7, 1.3.5f., 1.4.2, 3.6).

namentlich: Vor *namentlich* steht ein Komma, wenn es Zusätze einleitet: *Er singt gern Kunstlieder, namentlich die Lieder Schuberts. Wein, namentlich Rotwein, trinke ich gern.* Hat *namentlich* noch eine Konjunktion wie *wenn, weil, als* bei sich, dann steht zwischen diesen Wörtern im allgemeinen kein Komma, weil beide als Einheit empfunden werden: *Er kommt, namentlich wenn auch Elvira kommt.* In Ausnahmefällen kann jedoch auch hier ein Komma stehen, und zwar dann, wenn *namentlich* mit Nachdruck hervorgehoben wird: *Das geschieht namentlich, wenn man müde ist.*

nämlich: 1. Rechtschreibung: Klein schreibt man das Adjektiv: *Sie trägt wieder das nämliche Kleid.* Klein schreibt man auch, wenn ein Artikel vorangeht und *nämlich* wie ein Pronomen gebraucht wird: *Sie ist doch die nämliche* (= dieselbe). *Er sagt immer das nämliche* (= dasselbe). ↑Groß- oder Kleinschreibung (1.2.4). **2. Komma:** Vor *nämlich* steht ein Komma, wenn es Zusätze einleitet: *Daß er nur einen anderen schützen wollte, nämlich die Frau des Angeklagten, ist offenkundig. Ich fahre später, nämlich erst nach Abschluß der Verhandlungen.* Hat *nämlich* noch eine Konjunktion wie *daß, wenn* bei sich, dann steht im allgemeinen kein Komma zwischen diesen Wörtern, weil beide als Einheit empfunden werden: *Die Unfälle häufen sich in diesem Waldstück, nämlich wenn Nebel auftritt.* (Aber auch: *Die Unfälle häufen sich in diesem Waldstück, nämlich [dann], wenn Nebel auftritt.*)

Narr: Der Genitiv lautet *des Narren* (nicht: *des Narrs*), der Dativ und Akkusativ lauten *dem, den Narren* (nicht: *dem, den Narr*). ↑Unterlassung der Deklination (2.1.1).

Nasalvokal: ↑Aussprache (2).

nasführen: Das Verb *nasführen* ist ein fest zusammengesetztes Verb. Es muß also heißen: *ich nasführe/habe genasführt; um zu nasführen.* ↑Zusammen- oder Getrenntschreibung (2.1).

naß: Komparativ und Superlativ von *naß* können ohne und mit Umlaut gebildet werden: *nasser/nässer; nasseste/nässeste.* Standardsprachlich werden die nichtumgelauteten Formen bevorzugt. ↑Vergleichsformen (2.1).

nasse Farbe: Der Hinweis *Nasse Farbe* statt *Frisch gestrichen* ist eine Lehnübersetzung von engl. *wet paint.* ↑Amerikanismen/Anglizismen (1.2).

Natur: Zu *in Birke/Hell Natur; in Natur, hochglänzend* ↑in Blau und ↑in Birke Natur.

naturgemäß/natürlich: Das Adjektiv *naturgemäß* bedeutet „der Natur gemäß, angemessen" *(eine naturgemäße Lebensweise)* und „dem Wesen einer Sache entspringend; dementsprechend" *(Ich bin noch nie im Hochgebirge gewesen und habe naturgemäß keine klaren Vorstellungen von den Gefahren).* Das Wort ist überall da fehl am Platz, wo es für *natürlich* im Sinne von „selbstverständlich, keiner besonderen Erklärung oder Begründung bedürfend" steht. Es kann also nicht heißen *Dieser Preisanstieg muß sich naturgemäß auswirken,* wenn man ausdrücken will, daß sich die gestiegenen Preise selbstverständlich/natürlich auswirken müssen. Im Sinne von „der Natur gemäß, angemessen" sind dagegen *naturgemäß* und *natürlich* austauschbar: *eine naturgemäße/natürliche Lebensweise.*

natürliches Geschlecht: ↑Genus.

neben: Die Präposition *neben* kann sowohl mit dem Dativ als auch mit dem Akkusativ verbunden werden, je nachdem, ob das durch das Verb ausgedrückte Verhalten lagebestimmt (Dativ) oder richtungsbestimmt (Akkusativ) ist: *Sie sitzt neben mir* (wo?). *Er setzt sich neben mich* (wohin?). ↑Rektion.

neben dem, neben den/daneben: ↑Pronominaladverb.

neben was/woneben: ↑Pronominaladverb.

nebeneinander: Getrennt vom folgenden Verb schreibt man, wenn *nebeneinander* als selbständiges Adverb gebraucht wird (beide Wörter tragen Starkton). Das ist häufig vor intransitiven Verben der Fall: *Sie mußten nebeneinander knien, nicht stehen. Sie wollten nebeneinander sitzen.* Getrennt schreibt man immer dann, wenn ein zusammengesetztes Verb folgt: *Wir wollen nebeneinander herunterrutschen.* Zusammen schreibt man, wenn *nebeneinander* Verbzusatz ist (nur *nebeneinander* trägt Starkton). Das ist meist bei den transitiven Verben der Fall: *Wir wollen die Sachen nebeneinanderlegen. Wir wollen die Fahrräder nebeneinanderstellen. Ich will die Schüler nebeneinandersetzen.* Aber auch bei intransitiven Verben: *Sie wollten nebeneinandersitzen* usw. ↑Zusammen- oder Getrenntschreibung (1.4).

Nebenmann: Der Plural von *Nebenmann* lautet *die Nebenmänner.* ↑Mann (2).

Nebenordnung: Zur falschen Nebenordnung ↑Ellipse (7).

Nebensatz: In einem Satzgefüge der untergeordnete Teilsatz an der Stelle eines Satzglieds (= Gliedsatz: *Deine Zuverlässigkeit/Daß du zuverlässig bist, hat mich gefreut*) oder Attributs (= Attributsatz: *Alle fleißigen Kinder/Alle Kinder, die fleißig sind, erhalten ein Buch*).

nebenstehend: Groß- oder Kleinschreibung wie bei ↑folgend (↑nachstehend und ↑nachfolgend): *Er hat nebenstehendes rot angestrichen. Es wird im nebenstehenden darauf hingewiesen.* Aber: *Das Nebenstehende betrifft uns nicht.* ↑Groß- oder Kleinschreibung (1.2.4).

nebst: Zu *Viele Grüße sendet*

(nicht: *senden) Dir Karl nebst Familie* ↑Kongruenz (1.1.5).

nebulos/nebulös: Beide Formen unterscheiden sich nicht in der Bedeutung („unklar, verworren, geheimnisvoll"). Die Form ohne Umlaut ist jedoch etwas gebräuchlicher. ↑-os/-ös.

Neckar: Der Genitiv lautet *des Neckars: westlich des Neckars, oberhalb des Neckars.* ↑geographische Namen (1.2).

Negation

Unter Negation versteht man die Verneinung einer Aussage durch Negationswörter wie ↑nicht[s], ↑kein usw.:

Ich komme. – Ich komme *nicht.* Ich habe Geld. – Ich habe *kein* Geld.

1. Sie bewahrte ihn davor, einen falschen Schritt zu tun/keinen falschen Schritt zu tun · Er hinderte ihn daran, noch mehr zu trinken/nicht noch mehr zu trinken: Bestimmte Verben wie

abhalten, sich in acht nehmen, ausbleiben, bewahren, sich enthalten, sich hüten, verhindern, verhüten, vermeiden, versagen u. ä.

drücken aus, daß etwas unterlassen oder verhindert wird, also nicht eintritt. Als Verben des Unterlassens, Verhinderns und Ausbleibens enthalten sie bereits eine negative Aussage. Wenn von diesen Verben ein Nebensatz oder eine Infinitivgruppe abhängt, dann darf der Nebensatz oder die Infinitivgruppe nicht auch noch verneint werden. Es muß also heißen: *Sie hinderte ihn daran, noch mehr zu trinken* (nicht korrekt: *Sie hinderte ihn daran, nicht noch mehr zu trinken*). *Er hielt ihn davon ab, Lärm zu machen* (nicht korrekt: *Er hielt ihn davon ab, keinen Lärm zu machen*). *Er hütete sich davor, daß er zu schnell fuhr* (nicht korrekt: *Er hütete sich davor, daß er nicht zu schnell fuhr*). *Er bewahrte ihn davor, einen falschen Schritt zu tun* (nicht korrekt: *Er bewahrte ihn davor, keinen falschen Schritt zu tun*).

Verben wie *abraten, untersagen, verbieten, warnen, widerraten* u. a. drücken aus, daß etwas nicht eintreten soll oder darf. Sie enthalten als Verben des Abratens oder Verbietens gleichfalls eine negative Aussage. Auch bei diesen gilt die zusätzliche Verneinung als nicht korrekt. Es muß also heißen: *Ich riet ihm davon ab zu erscheinen* (nicht korrekt: *Ich riet ihm davon ab, nicht zu erscheinen*). *Er untersagte seinem Sohn, dieses Buch zu lesen* (nicht korrekt: *Er untersagte seinem Sohn, dieses Buch nicht zu lesen*). *Der Arzt hat ihm verboten, Alkohol zu trinken* (nicht korrekt: *Der Arzt hat ihm verboten, keinen Alkohol zu trinken*).

Auch die Verben des Leugnens und Bezweifelns wie *bestreiten, bezweifeln, leugnen, zweifeln* u. a. enthalten bereits eine negative Aussage. Die zusätzliche Verneinung ist daher nicht korrekt. Es muß also heißen: *Er bestritt heftig, daß er dies Wort gesagt habe* (nicht korrekt: *Er bestritt heftig, daß er dies Wort nicht gesagt habe*). *Er leugnete, dies getan zu haben* (nicht korrekt: *Er leugnete, dies nicht getan zu haben*).

2. Die Mutter geht nicht schlafen, bevor die Kinder zu Hause sind/bevor die Kinder nicht zu Hause sind · Ich werde nichts unternehmen, ehe ich die Erlaubnis habe/ehe ich nicht die Erlaubnis habe: Bestimmte temporale Konjunktionen, *nämlich, bevor, bis, ehe* enthalten bereits eine negative Aussage, denn sie drücken aus, daß das im Nebensatz genannte Geschehen oder Sein zu der Zeit des Geschehens im Hauptsatz noch nicht eingetreten ist: *Ich kam nach Hause, bevor Vater da war.* D. h.: Der Vater war noch nicht da, als ich nach Hause kam. Ist ein solcher Hauptsatz verneint, dann darf der mit *bevor, bis, ehe* eingeleitete Nebensatz normalerweise nicht auch noch verneint werden. Es muß also heißen: *Die Mutter geht nicht schlafen, bevor die Kinder zu Hause sind* (nicht korrekt: *Die Mutter geht nicht schlafen, bevor die Kinder nicht zu Hause sind*). *Ich werde nichts unternehmen, ehe ich die Erlaubnis habe* (nicht korrekt: *Ich werde nichts unternehmen, ehe ich nicht die Erlaubnis habe*). Geht der Nebensatz allerdings dem Hauptsatz voraus, ist aus Gründen der Verständlichkeit gegen die Nebensatzverneinung nichts einzuwenden. Das gilt besonders dann, wenn konditionale Nebenbedeutung vorliegt: *Bevor die Kinder nicht zu Hause sind, geht die Mutter nicht schlafen. Ehe ihr das Sprechen nicht einstellt, werde ich die Sonate nicht vorspielen.*

nehmen: 1. e/i-Wechsel: Die Formen im Singular Indikativ Präsens lauten: *ich nehme, du nimmst, er nimmt.* Der Imperativ lautet: *nimm!* (nicht: *nehme!*). **2. Konjunktiv:** ↑nähme/nehme.

Neigung: Nach *Neigung* wird mit der Präposition *zu* angeschlossen: *Sie hat Neigung zur* (nicht: *für die*) *Mathematik. Er faßte Neigung zu diesem* (nicht: *für dieses*) *Mädchen.*

Neiße/Neisse: Bei der Schreibung dieser beiden geographischen Namen darf keine Verwechslung unterlaufen. *Neiße* ist der Flußname *(Glatzer Neiße, Lausitzer Neiße), Neisse* ist der Name einer Stadt an der Glatzer Neiße.

-nen: Verben auf *-nen:* Verben wie *rechnen, zeichnen* lauteten mhd. *zeichenen, rechenen.* Sie hatten also die Verbstämme *rechen-, zeichen-,* die auch heute noch in substantivischen Zusammensetzungen als Bestimmungswörter auftreten: *Rechenstunde* (nicht: *Rechnenstunde*), *Rechenbuch, Rechenschieber; Zeichenblock* (nicht: *Zeichnenblock*), *Zeichenstunde, Zeichenlehrer.* Entsprechend: *Schnellöffenventil, öffenbar, rechenbar.*

nennen: 1. Beugung: Bei dem Verb *nennen* ändert sich der Stammvokal trotz regelmäßiger Beugung: *nennen – nannte – genannt.* Der Konjunktiv II lautet *ich nennte* (nicht: *nännte*) usw.: *Nennte er uns den Namen, könnten wir ihm das Geld zurückbringen.* **2. Sie nannte ihn einen dummen Jungen/ein dummer Junge:** Nach *nennen* steht der Gleichsetzungsakkusativ, d. h., Akkusativobjekt und Gleichsetzungsglied stehen im gleichen Kasus: *Sie nannte ihn einen dummen Jungen* (nicht: *ein dummer Junge*). ↑Kongruenz (1.4.8).

Nennform/-satz: ↑Infinitiv, ↑satzwertiger Infinitiv.

Nerv: Die Formen im Singular lauten *des Nervs, dem, den Nerv.* Im Plural *Nerven* wird *v* als [f] ausgesprochen (↑Aussprache [12]).

neu: 1. Groß- oder Kleinschreibung: Klein schreibt man das Adjektiv: *neue Mode, neueste Nachrichten, neue Sprachen studieren.* Auch in der Verbindung mit *Jahr* schreibt man *neu* klein, weil es sich nicht um einen ↑Namen handelt: *Wir wünschen Ihnen ein glückliches neues Jahr.* Klein schreibt man *neu* auch in Verbindung mit einem Artikel, wenn beide Wörter für ein einfaches Adverb oder für eine adverbiale Bestimmung stehen: *aufs neue* (= wieder, erneut), *auf ein neues* (= abermals, nochmals), *von neuem* (= nochmals). Klein schreibt man *neu* schließlich auch in unveränderlichen Verbindungen wie *neu für alt, aus alt wird neu, etwas auf* *neu herrichten/trimmen.* Groß schreibt man dagegen das substantivierte Adjektiv: *Altes und Neues, das Alte und das Neue. Ich habe nichts, etwas, allerlei Neues erfahren. Das ist ja das Neueste, was ich höre. In unserer Klasse haben wir zwei Neue.* Groß schreibt man *neu* auch in ↑Namen: *der Neue Bund, die Neue Welt* (= Amerika), *das Neue Testament, Neue Kerze* (= Lichtstärkeeinheit). ↑Groß- oder Kleinschreibung (1.2.1). **2. Zusammen- oder Getrenntschreibung:** Im allgemeinen schreibt man *neu* vom folgenden Verb getrennt (beide Wörter tragen Starkton): *Wir werden das Buch neu bearbeiten. Siedlungen werden neu entstehen. Die Wand soll neu gestrichen werden. Wir wollen das Werk neu einrichten* usw. Bei Bedeutungsschattierungen tritt vereinzelt Zusammenschreibung auf (der Ton liegt dann nur auf *neu-*): *Sie wird das Werk gleichsam neugestalten.* Mit einem folgenden zweiten Partizip schreibt man zusammen, wenn die Verbindung eigenschaftswörtlich gebraucht wird (nur *neu-* trägt Starkton): *das neuvermählte Paar, die neugeborenen Kinder, die neubearbeiteten Bände, der neugestaltete Innenraum, die neuernannte Vorsitzende, die neueröffnete Zweigstelle.* Getrennt schreibt man, wenn die Vorstellung der Tätigkeit vorherrscht (beide Wörter tragen Starkton): *die neu bearbeiteten Bände, die neu ernannte Vorsitzende* usw. Das gilt besonders, wenn beide Wörter in der Satzaussage stehen: *Diese Bände sind neu bearbeitet. Die Vorsitzende wurde neu ernannt* usw. In der Satzaussage können *neugeboren* und *neuvermählt* auch zusammengeschrieben werden: *Das Paar ist neu vermählt/neuvermählt.* ↑Zusammen- oder Getrenntschreibung (3.1.2). **3. neueste/neuste:** Heute wird meist die Form ohne *e* gebraucht, vor allem beim Sprechen. ↑Vergleichsformen (2.3).

Neubau: Der Plural von *Neubau* lautet *die Neubauten.* ↑Bau.

Neudruck: Der Plural von *Neudruck* lautet *die Neudrucke* (nicht: *Neudrücke*). ↑Druck.

neulich: Das Adverb *neulich* darf nicht wie ein Adjektiv attributiv beim Substantiv stehen. Man kann also nicht sagen: *in ihrer neulichen Regierungserklärung,* sondern allenfalls: *in ihrer neulich verlesenen Regierungserklärung.* ↑Adverb (1).

Neumünsteraner: Die Einwohner von Neumünster heißen *die Neumünsteraner.* ↑Einwohnerbezeichnungen (2).

neun: Klein schreibt man das Zahlwort: *die neun Musen. Wir waren neun Personen/zu neunen/zu neunt/unser neun. Das Mädchen ist neun [Jahre]. Es schlägt neun [Uhr]. Alle neun/neune werfen.* Groß schreibt man das Substantiv: *die Neun* (= Karte) *ausspielen; eine Neun* (= auf der Scheibe) *schießen; mit der Neun* (= Straßenbahn) *fahren; ach, du grüne Neune!* ↑[1]acht.

Neunkircher: Die Einwohner von Neunkirchen heißen *die Neunkircher.* Die Einwohnerbezeichnung wird immer groß geschrieben, auch wenn das Wort wie ein flexionsloses Adjektiv vor einem Substantiv steht: *Neunkircher Bürgerinitiative.* ↑Einwohnerbezeichnungen (1 und 7).

neunte: ↑achte.

neu renoviert: In dem Fremdwort *renovieren* (= wieder neu machen, erneuern) steckt bereits der Sinn von *neu.* Es ist also überflüssig, *neu* davor zu setzen. Also nicht: *Das Hotel ist neu renoviert.* Sondern: *Das Hotel ist renoviert.* ↑Tautologie.

neusprachlich oder neusprachig: ↑-sprachig/-sprachlich.

Neustadter: Die Einwohner von Neustadt an der Weinstraße heißen *die Neustadter.* Die Einwohnerbezeichnung wird immer groß geschreiben, auch wenn das Wort wie ein flexionsloses Adjektiv vor einem Substantiv steht: *das Neustadter Eisenbahnmuseum.* ↑Einwohnerbezeichnungen (4 und 7).

Neutrum: Unter einem Neutrum

versteht man ein sächliches Substantiv, z. B. *das Kind, das Haus, das Verlangen.*

Nevigeser: Die Einwohner von Neviges im Bergischen Land heißen *die Nevigeser.* ↑Einwohnerbezeichnungen (5).

-nf: Zu der beliebten Rätselfrage nach deutschen Wörtern auf *-nf* lassen sich *fünf, Genf, Hanf* und *Senf* anführen. Daneben gibt es noch den – allerdings weniger bekannten – Flußnamen *Sernf* im Schweizer Kanton Glarus.

n-fach: Zur Schreibung ↑Bindestrich (2.4).

nicht: 1. Stellung: Die Stellung von *nicht* bestimmt häufig die Satzbedeutung, Umstellungen können den Sinn völlig verändern: *Nicht alle Mitglieder sind verheiratet* bedeutet, daß nur ein Teil der Mitglieder verheiratet ist. *Alle Mitglieder sind nicht verheiratet* könnte dagegen bedeuten, daß alle Mitglieder ledig sind. – Schwierigkeiten treten auch dann auf, wenn das Verb mit anderen Satzgliedern eng verbunden ist. Die Negationspartikel *nicht* darf diese Verbindung nicht stören. Es muß z. B. heißen: *Ich war nicht ins Zimmer getreten* (nicht: *Ich war ins Zimmer nicht getreten*). Oder: *Er hatte sie nicht in sein Herz geschlossen* (nicht: *Er hatte sie in sein Herz nicht geschlossen*). Im folgenden Beispiel wird der unterschiedliche Bezug von *nicht* lediglich durch das Komma deutlich: *Ich glaube nicht, falsch zu handeln* (= Ich bin nicht der Ansicht, falsch zu handeln). – *Ich glaube, nicht falsch zu handeln* (= Ich bin der Ansicht, richtig zu handeln). **2. *nicht* als Partikel der Bekräftigung:** die Partikel *nicht* dient nicht nur der Verneinung, sondern auch der Bekräftigung und Bestätigung, und zwar besonders in Fragen und Ausrufen, die die gefühlsmäßige Beteiligung des Sprechers mit einbeziehen. Man vergleiche z. B.: *Waren Sie bei dem Diebstahl zugegen?* und: *Waren Sie [denn] nicht bei dem Diebstahl zugegen?* In der zweiten Frage ist *nicht* keine Verneinung, sondern eine um Bestätigung heischende Partikel. Den Unterschied zwischen beiden Formulierungen kann man auch an den jeweiligen Antworten erkennen: *Waren Sie bei dem Diebstahl zugegen? – Nein! Waren Sie nicht bei dem Diebstahl zugegen? Nein!/Ja!/Doch!* Dieses *nicht* kann häufig mit *doch* ausgetauscht werden: *Was saßen auf solchen öffentlichen Ruhebänken nicht/doch für verschiedenartige Menschen!* (Walser). **3. Überflüssiges *nicht* nach Verben mit negativer Aussage:** Im Nebensatz darf kein *nicht* stehen, wenn im Hauptsatz Verben wie *abraten, leugnen, warnen* u. a. stehen, die bereits eine negative Aussage enthalten. Also nicht: *Er warnte ihn, nicht aufs Eis zu gehen.* Sondern: *Er warnte ihn, aufs Eis zu gehen.* ↑Negation (1). **4. Überflüssiges *nicht* nach bestimmten Bindewörtern (Konjunktionen):** Nach verneintem Hauptsatz darf im Nebensatz nicht die Verneinungspartikel *nicht* stehen, wenn der Nebensatz durch Konjunktionen, die eine negative Aussage enthalten, eingeleitet wird. Also nicht: *Du gehst nicht weg, ehe du nicht deine Arbeit erledigt hast,* sondern: *Du gehst nicht weg, ehe du deine Arbeit erledigt hast.* ↑Negation (2). **5. Rechtschreibung: a)** Immer getrennt geschrieben werden *nicht wahr?* und *gar nicht.* **b)** Steht *nicht* vor einem Adjektiv (Partizip), dann treten Schwankungen in der Schreibung auf. Zusammenschreibung gilt nur dann, wenn die Verbindung eine dauernde Eigenschaft bezeichnet, d. h., wenn sie in klassenbildender Funktion zur Unterscheidung von anderen Klassen verwendet wird (nur bei attributivem Gebrauch möglich; *nicht-* trägt Starkton): *Die nichtberufstätigen Frauen befinden sich gegenüber den berufstätigen [Frauen] in der Minderheit.* Aber: *Frauen, die nicht berufstätig sind ...* (s. u.). Entsprechend: *die nichtrechtsfähigen Vereine* (gegenüber der Klasse der rechtsfähigen Vereine), *nichtrostende Stähle* (gegenüber der Klasse der rostenden Stähle), *nichtöffentliche Sitzun-*

gen (gegenüber der Klasse der öffentlichen Sitzungen), *nichtamtliche Meldungen* (gegenüber der Klasse der amtlichen Meldungen), *nichtzielende* (intransitive) *Verben* (gegenüber der Klasse der zielenden [transitiven] Verben). Dagegen gilt Getrenntschreibung, wenn lediglich eine einfache, einmalige Verneinung vorliegt und eine mehr gelegentliche Eigenschaft ausgedrückt werden soll. Beide Wörter sind dabei eigene Satzglieder und tragen gleichmäßige Betonung. Das trifft immer für ein verneintes Adjektiv (Partizip) als Artangabe zu: *Die Wand ist nicht verputzt;* für ein attributives nur, wenn es nicht klassenbildend ist (s. o.): *Die nicht verputzte Wand sieht häßlich aus. Auch die [noch] nicht rostenden Teile sollen ausgewechselt werden. Meine Frau ist nicht berufstätig. Dieser Verein ist nicht rechtsfähig.*

nicht[,] daß/weil/wenn u. a.: In Verbindung mit unterordnenden Konjunktionen bildet *nicht* Fügungen, die gewöhnlich als Einheit empfunden und nicht durch ein Komma geteilt werden: *Nicht daß ich wüßte. Nicht um dich zu ärgern, sage ich das.* Beide Wörter können aber auch eigenständig sein; dann steht das Komma vor der Konjunktion: *Nicht, daß ich keine Lust hätte, aber ich möchte noch warten* usw.

nicht eher, bis: Gegen die Verwendung von *nicht eher, bis* ... an Stelle von *nicht eher, als bis* ... ist nichts einzuwenden. Das dem *eher* entsprechende *als* wird schon im 18. Jahrhundert häufig weggelassen und heute kaum mehr gesetzt.

nicht nur – sondern auch: 1. Komma: Auch bei der gepaarten Konjunktion *nicht nur – sondern auch* steht vor *sondern* immer ein Komma: *Er spielte nicht nur Fußball, sondern auch Handball. Sie war nicht nur in der Schule Primus, sondern auch auf dem Sportplatz.* **2. Singular/Plural:** Werden Subjekte durch *nicht nur – sondern auch* verbunden, dann wird das Verb heute gewöhnlich in den Singular gesetzt: *Nicht nur das Haus, sondern auch die Scheune stand in Flammen. Nicht nur Peter, sondern auch Jochen war dabei.* ↑Kongruenz (1.3.9).

Nichtbeugung: ↑Unterlassung der Deklination.

nichts: 1. nichts ... als/nichts ...wie: Die Vergleichspartikel nach *nichts* heißt in der Standardsprache *als.* Das in der Umgangssprache häufig gebrauchte *wie* ist also nicht korrekt: *Mit ihm hat man nichts als* (nicht: *wie*) *Ärger.* ↑als/wie (1). **2. Singular oder Plural nach *nichts als:*** In Verbindung mit einem Attribut im Plural steht nach *nichts als* das Verb in der Regel im Plural: *Ein Raum, in dem nichts als alte Akten gestapelt waren.* ↑Kongruenz (1.1.6). **3. nichts so ... wie/nichts so ... als:** Da die Vergleichspartikel beim Positiv (Grundstufe) *wie* und nicht *als* ist, muß nach *nichts so* ebenfalls *wie* stehen: *Es ist nichts so schön wie* (nicht: *als*) *ein frischer Blütenzweig.* **4. *nichts weniger als:*** Diese Fügung dient gewöhnlich der verstärkenden Verneinung. *Er ist nichts weniger als höflich* bedeutet also soviel wie *Er ist alles andere, nur nicht höflich.* Da *nichts weniger als* aber auch im Sinne von „nichts Geringeres als" gebraucht werden kann, vermeide man mißverständliche Formulierungen wie die folgende: *Dieses Auto ist nichts weniger als ein Rennwagen* (= durchaus kein/wirklich ein Rennwagen?). **5. Groß- oder Kleinschreibung:** Klein schreibt man, wenn es sich um das Indefinitpronomen im Sinne von „nicht etwas, kein Ding" handelt: *für nichts, zu nichts, um nichts in der Welt; mir nichts, dir nichts; das tut nichts!; sich nichts daraus machen, sich durch nichts abhalten lassen; nichts Neues, nichts Genaues; aus nichts wird nichts, von nichts kommt nichts; sich in nichts auflösen, es zu nichts bringen, sich in nichts unterscheiden.* Groß schreibt man die Substantivierung *das Nichts: vor dem Nichts stehen, aus dem Nichts auftauchen, das absolute Nichts, die Welt aus dem Nichts schaffen, jemand ist* *ein Nichts, dieses Nichts von einem Menschen.* ↑Groß- oder Kleinschreibung (1.2.4). **6. Zusammen- oder Getrenntschreibung:** Zusammen schreibt man mit dem folgenden Partizip, wenn durch die Verbindung ein neuer Begriff entsteht, z. B.: *Er hat ein nichtssagendes* (= farbloses, ausdrucksloses) *Gesicht. Die Erklärung war nichtssagend* (= leer, unverbindlich). ↑Zusammen- oder Getrenntschreibung (3.1.2). **7. Schreibung des folgenden Wortes:** Pronomen werden nach *nichts* klein geschrieben: *nichts anderes, [nichts mehr und] nichts weniger als.* Adjektive und Partizipien werden groß geschrieben, sie stehen hier für ein Substantiv: *nichts Gutes, Genaues, Neues, Rechtes, klein Geschriebenes, Gegenteiliges.* ↑Groß- oder Kleinschreibung (1.2.4).

nichtzielend: ↑intransitiv.

Nickel: Als Metallbezeichnung hat *Nickel* sächliches Geschlecht: *das Nikkel.* Dagegen ist *der Nickel* eine veraltete Bezeichnung für „Groschen, Münze, Zehnpfennigstück".

niederhauen: ↑hauen.

niederknien: Das Perfekt von *niederknien* wird mit *sein* gebildet: *Sie ist vor dem Altar niedergekniet.* ↑haben (1).

niederlassen: 1. Dativ oder Akkusativ: Nach *sich niederlassen auf* kann sowohl der Dativ als auch der Akkusativ stehen. Der Dativ steht, wenn man den Ort angeben will, wo man sich niederläßt (Frage: wo?), der Akkusativ, wenn man die Richtung des Niederlassens bezeichnen will (Frage: wohin?): *Sie hat sich neben uns auf dem Sofa niedergelassen* (K. Mann). *Er ließ sich auf den Klavierschemel nieder* (Ott). **2. falscher Gebrauch des zweiten Partizips:** Das zweite Partizip des reflexiven Verbs *sich niederlassen* darf nicht attributiv verwendet werden. Also nicht: *die niedergelassenen Ärzte.* ↑zweites Partizip (2.3).

niedrigster Preis / Niedrigstpreis: ↑Kompositum (4).

niemand: 1. niemand ... als/niemand ... wie: Die Vergleichspartikel nach *niemand* ist in der Standardsprache *als.* Das in der Umgangssprache häufig gebrauchte *wie* ist also nicht korrekt: *Niemand kann es besser wissen als* (nicht: *wie*) *sie.* ↑als/wie (1). **2. niemand, der/niemand, welcher:** Das Relativpronomen, das sich auf *niemand* bezieht, ist *der* und nicht *welcher* oder *wer.* Es heißt also: *Ich habe alle Bewohner des Hauses gefragt, aber da war niemand, der mir Auskunft geben konnte.* **3. Deklination:** Der Genitiv von *niemand* lautet *niemandes* oder *niemands.* Dativ und Akkusativ können undekliniert, aber auch dekliniert sein: *niemand[em]* und *niemand[en].* Nicht korrekt ist die schwache Beugung im Dativ. Man kann also nur sagen: *Ich habe mit niemand* oder *mit niemandem* (nicht: *mit niemanden*) *gesprochen.* Im Akkusativ wird die endungslose Form oft vorgezogen: *Ich habe niemand* (seltener: *niemanden*) *gesehen.* **4. niemand anders:** Vor *anders* und vor einem flektierten substantivierten Adjektiv ist heute die endungslose Form *niemand* üblicher als die deklinierte Form: *Er wollte niemand anders um sich haben* oder: *Er wollte niemand anderen um sich haben.* Seltener gebeugt: *Er wollte niemanden anders um sich haben.* Entsprechend: *Sie schenkte niemand Fremdes ihr Vertrauen* oder: *Sie schenkte niemand Fremdem ihr Vertrauen.* Seltener gebeugt: *Sie schenkte niemandem Fremdes ihr Vertrauen.* **5. niemand außer mir/niemand außer ich:** ↑außer.

niesen: Das Verb *niesen* wird regelmäßig gebeugt; das zweite Partizip lautet deshalb *geniest* und nicht *genossen,* wie man es – allerdings meist scherzhaft – in der Umgangssprache hört.

Niet/Niete: *Niet* und *Niete* werden gleichbedeutend im Sinne von „Metallbolzen" gebraucht. Das männliche Substantiv *der Niet* (Genitiv: *des Niet[e]s,* Plural: *die Niete*) ist der fachsprachliche Ausdruck, das weibliche *die Niete* (Genitiv: *der Niete,* Plural: *die Nieten*) der allgemeinsprachliche.

Nietenhose: ↑Amerikanismen/Anglizismen (1.2).

Nikolaus: *Nikolaus* in der Bedeutung „Figur aus Schokolade, Marzipan u. ä." oder in der Bedeutung „den heiligen Nikolaus darstellende Person" hat im Gegensatz zum Namen *Nikolaus* einen Plural: *die Nikolause.* Die Pluralform mit Umlaut *(die Nikoläuse)* ist landschaftlich und wird öfter auch scherzhaft gebraucht.

-nis: Das Geschlecht der Substantive auf *-nis* ist weiblich (*die Finsternis, die Kenntnis, die Erlaubnis, die Besorgnis* usw.) oder sächlich (*das Bildnis, das Ergebnis, das Zeugnis, das Verzeichnis* usw.). Einige Substantive auf *-nis* werden sowohl mit weiblichem als auch sächlichem Geschlecht gebraucht und haben sich teilweise in der Bedeutung differenziert: *die Erkenntnis* „Einsicht"/*das Erkenntnis* „richterliches Urteil"; *die Ersparnis* „Ersparung, Einsparung, erspartes Geld"/*das Ersparnis* (österr.) „erspartes Geld"; *das*/(seltener:) *die Besäufnis; das*/(veraltet:) *die Versäumnis.*

nobel: Bei *nobel* fällt, wenn es dekliniert oder gesteigert wird, das *e* der Endungssilbe aus: *ein nobler Mensch. Diese Geste war noch nobler.* ↑Adjektiv (1.2.13), ↑Vergleichsformen (2.2).

Nobel[preis]: Der schwedische Familienname *Nobel* wird auf der zweiten Silbe betont: *Nobẹl* (daher auch: *Nobẹlpreis*). Der Name hat nichts mit dem Adjektiv *nobel* (frz. *noble*) zu tun, sondern mit dem Ortsnamen Nöbbelöv (Schonen).

noch/mehr: ↑nur noch/nur mehr.

nochmalig/nọchmals: *nochmalig* ist ein Adjektiv, das nur attributiv beim Substantiv stehen sollte *(nochmalige Verwarnung)* und nicht mit dem Adverb *nochmals* verwechselt werden darf: *Er wurde nochmals* (nicht: *nochmalig*) *verwarnt.*

Nomen: *Nomen* ist ein anderer Ausdruck für ↑Substantiv. Gelegentlich wird dieser Terminus auch als zusammenfassende Bezeichnung für Substantiv und Adjektiv verwendet. Neben *die Nomina* ist auch der Plural *die Nomen* gebräuchlich.

Nomen acti: Ein Nomen acti ist ein Substantiv, das den Abschluß oder das Ergebnis eines Geschehens o. ä. bezeichnet: *Bruch, Erzeugnis, Lähmung.*

Nomen actionis: Ein Nomen actionis ist ein Substantiv, das ein Geschehen, einen Vorgang, eine Handlung bezeichnet: *Übertritt, Wartung, Konzentration.*

Nomen agentis: Ein Nomen agentis ist ein Substantiv, das den Träger eines Geschehens bezeichnet: *Fahrer, Träger, Bäcker.*

Nominalform: Unter der Nominalform eines Verbs versteht man eine substantivierte infinite Verbform, z. B.: *das Erwachen* (substantivierter Infinitiv), *der Erwachende* (substantiviertes erstes Partizip), *der Erwachte* (substantiviertes zweites Partizip).

Nominalstil

Unter *Nominalstil* versteht man eine Ausdrucksweise, die durch Häufung von Substantiven gekennzeichnet ist. Diese Ausdrucksweise, die besonders häufig im Amtsdeutsch und im wissenschaftlichen Schrifttum vorkommt, kann stilistisch ausgesprochen unschön wirken. Der Satz *Zur Wiederholung der Aufführung dieses Stückes ist von unserer Seite keine Veranlassung gegeben* kann in gutem Deutsch einfacher und lebendiger etwa so lauten: *Wir sehen uns nicht veranlaßt, das Stück noch einmal aufzuführen.*

Stilistisch unschön ist auch der übermäßige Gebrauch schwerfälliger Bildun-

gen wie *Inanspruchnahme, Hintansetzung, Nichtbefolgung, Nichtbesteigbarkeit.* Der Satz *Wegen Außerachtlassung aller Sicherheitsmaßnahmen und Nichtbefolgung der Betriebsvorschriften wurden bei der Tieferlegung der Rohre drei Arbeiter verletzt* kann besser etwa so lauten: *Drei Arbeiter wurden bei der Tieferlegung der Rohre verletzt, weil die Sicherheitsmaßnahmen außer acht gelassen und die Betriebsvorschriften nicht befolgt wurden.*
Grundsätzlich läßt sich sagen, daß die verbale Ausdrucksweise im allgemeinen anschaulicher, lebendiger und auch leichter verständlich ist, während die nominale Ausdrucksweise gewöhnlich eine klarere begriffliche Gliederung mit sich bringt. Erst die übermäßige Häufung von Substantiven (gleicher Bildungsart) im Satz macht den Stil unlebendig und den Inhalt des Satzes abstrakt und schwer verständlich.
Zu den Erscheinungen des Nominalstils gehören auch die sog. Funktionsverbgefüge oder Streckformen wie *in Erfahrung bringen* für *erfahren, unter Beweis stellen* für *beweisen* (↑Beweis), *in Erwägung ziehen* für *erwägen.* Hier wird ein Verbalsubstantiv (z. B. *Abschluß* in *zum Abschluß bringen*) an Stelle des einfachen Verbs („abschließen“) Sinnträger der Aussage. Dafür steht im Prädikat nur noch ein sinnentleertes Verb (in diesem Falle *bringen*) mit grammatischer Funktion (Angabe der Person, Zahl, Zeit u. a.). Diese Verben (*bringen, kommen, gelangen, stellen, ziehen, nehmen* u. a.) werden deshalb „Funktionsverben“ genannt.
Bei nominalen Fügungen dieser Art ist zu beachten, daß sie in manchen Fällen mehr aussagen als die entsprechenden einfachen Verben, unsere Ausdrucksmöglichkeiten also bereichern. So entspricht etwa die Fügung *zum Abschluß bringen* gegenüber dem Verb *abschließen* dem Wunsch des Sprechers nach größerer zeitlicher Abstufung des Geschehens oder nach größerem Nachdruck in der Aussage. Im Gegensatz zu *erwägen* (= eine bestimmte Angelegenheit auf alle möglichen Konsequenzen hin prüfen) hebt *in Erwägung ziehen* stärker den Ablauf des Geschehens hervor, betont die sorgfältige oder bedächtige Art des Prüfens. Andere Funktionsverbgefüge bieten die Möglichkeit, passivische Sehweise auszudrücken, z. B. *zur Verteilung gelangen* „verteilt werden“. Handelt es sich dagegen lediglich um substantivische Aufschwellungen, so sollte man sie in gutem Deutsch – auch in der Amts- und Kaufmannssprache – vermeiden, also nicht: *in Wegfall kommen* für *wegfallen* oder *zur Aufstellung bringen* für *aufstellen* verwenden.

Nominativ (Werfall, erster Fall): **1. Endungen:** Der Nominativ Singular steht immer ohne Deklinationsendung *(der Tisch, das Land, der Mensch, der Hase, die Frau).* Der Nominativ Plural kann auf *-e (die Tische, die Bärte),* auf *-er (die Leiber, die Länder),* auf *-s (die Uhus),* auf *-[e]n (die Menschen, die Hasen)* ausgehen oder endungslos sein *(die Lehrer, die Radieschen).* **2. absoluter Nominativ:** Der absolute Nominativ steht für eine Aussage, die sonst nur mit einem vollständigen Satz wiedergegeben werden könnte. Dieser Nominativ steht außerhalb des eigentlichen Satzverbandes, z. B.: *Er will nun doch auswandern, ein schwerer Entschluß. Sie trug einen grasgrünen Mantel und einen roten Hut, ein Aufzug, der ihm mißfiel.* Mitunter steht ein absoluter Nominativ in Affektstellung vor abhängigen Sätzen, die eigentlich einen anderen Fall als den Nominativ erwarten ließen, z. B.: *Dieser Kerl, dem werde ich es noch zeigen!* (Statt: *Diesem Kerl, dem ...*) *Dieser kostbare Schmuck, wer kann sich den schon leisten!* Der Nominativ gilt in diesen Fällen als korrekt. **3. Nominativ oder Genitiv:** Zu *ein Strauß rote Rosen/roter Rosen, die Verhaftung des Mannes als eigentlicher Drahtzieher/als eigentlichen Drahtziehers* ↑Apposition (2.2. und 3.3).

Nonne: Zur Anschrift ↑Brief (7).

Nord/Norden: Allgemein gebräuchlich ist heute die Form *Norden* (Genitiv: *des Nordens;* ohne Plural): *Das Gewitter kommt von Norden. Die alten Romreisenden aus dem Norden kamen über diese Brücke* (Koeppen). Die Kurzform *Nord* steht heute fast nur noch in festen Wendungen wie *Nord und Süd* oder in fachsprachlichen Aussagen wie *Der Wind kommt aus Nord. Nord* im Sinne von „Nordwind" (Genitiv: *des Nord[e]s;* Plural selten: *die Norde*) ist seemannssprachlich oder literarisch: *Der eisige Nord heulte um das einsame Haus.* Schließlich dient *Nord* zur näheren Bestimmung eines Stadtteiles: *Mannheim (Nord), Stuttgart (Nord).* Entsprechendes gilt für *Osten, Süden, Westen.*

Nordhäuser: Die Einwohner von Nordhausen heißen *die Nordhäuser.* Die Einwohnerbezeichnung wird immer groß geschrieben, auch wenn das Wort wie ein flexionsloses Adjektiv vor einem Substantiv steht: *die Nordhäuser Schnapsbrennereien.* ↑Einwohnerbezeichnungen (4 und 7).

nördlich: 1. Anschluß: An *nördlich* kann heute ein Substantiv im Genitiv oder mit *von* angeschlossen werden. Die Verwendung von *nördlich* als Präposition mit dem Genitiv ist bereits dort häufiger oder gar fest geworden, wo dem Substantiv oder dem geographischen Namen ein Artikel oder ein Pronomen vorangeht: *nördlich dieser Stadt, nördlich jener Grenze, nördlich des Flusses, nördlich des Peloponneses, nördlich der Donau, nördlich der Ostsee, nördlich des Harzes.* Der Anschluß mit *von* nach *nördlich* wird dort noch bevorzugt, wo ein artikelloser (geographischer) Name steht: *nördlich von München* (selten: *nördlich Münchens*), *nördlich von Schleswig-Holstein* (selten: *nördlich Schleswig-Holsteins*). Die Nichtbeugung des Substantivs oder Namens nach diesem als Präposition gebrauchten *nördlich* ist nicht korrekt. Also nicht: *nördlich München, nördlich des Main,* sondern: *nördlich Münchens; nördlich des Mains.* ↑geographische Namen (1.1.1), ↑Ortsnamen (2). **2. nördlich/nordwärts:** Mit *nördlich* wird die Lage angegeben, *nordwärts* drückt dagegen die Richtung aus: *Das Haus liegt nördlich der Stadt* (Frage: wo?). *Sie zogen nordwärts* (Frage: wohin?).

normen/normieren: Beide Formen werden ohne Bedeutungsunterschied gebraucht.

not/Not: Groß schreibt man das Substantiv: *in Not geraten, sein. Es ist Not am Mann. Ich habe meine liebe Not. Er leidet Not.* Klein schreibt man, wenn das Wort in stehenden Verbindungen mit Verben in verblaßter Bedeutung gebraucht wird und nicht mehr als Substantiv empfunden wird: *Dies wird not sein. Eile tut not. Das ist vonnöten.* ↑Groß- oder Kleinschreibung (1.1), ↑Verblassen des Substantivs.

Notarin: ↑Titel und Berufsbezeichnungen (3).

Noten: ↑Zensuren.

notieren: Nach *notieren in* und *notieren auf* kann sowohl der Dativ als auch der Akkusativ stehen. Der Dativ steht, wenn man die Sache angeben will, wo etwas notiert wird (Frage: wo?), der Akkusativ, wenn die Richtungsvorstellung vorherrscht (Frage: wohin?): *Sie notierte sich die Telefonnummer in ihrem/ihr Notizbuch. Der Polizist notierte den Namen auf einem/einen Zettel.* Im Börsenwesen hat *notieren* nicht nur die Bedeutung „[den Kurs, Preis] festsetzen" *(die Börse notiert die Aktie mit 50 Mark),* sondern auch „einen bestimmten Kurswert, Preis haben“: *Der Dollar notierte zum Vortageskurs, unverändert. Das Papier notiert mit 60% unter pari.*

nötig/notwendig: Von diesen beiden sinnverwandten Adjektiven verbindet sich nur *nötig* mit *haben* zu der verbalen Fügung *etwas nötig haben* („brauchen, bedürfen, benötigen“): *Sie hat einen Erholungsurlaub dringend nötig* (nicht: *notwendig). Er hat es nötig* (nicht: *notwendig), mit seinem Können zu prahlen.* In Verbindung mit *sein* sind *nötig* und *notwendig* häufig austauschbar, allerdings ist *notwendig* nachdrücklicher: *Ist es nötig* (= muß es denn sein), *daß wir so früh aufbrechen? Ist es notwendig* (= ist es gar nicht anders möglich, unbedingt erforderlich), *daß wir so früh aufbrechen?* Oder: *Es ist nicht nötig, daß Sie mich begleiten* (= Sie brauchen mich nicht zu begleiten). *Es ist nicht notwendig* (= ist nicht unbedingt erforderlich, nicht unumgänglich), *daß Sie mich [auf dieser Reise] begleiten.* Aber nur: *Es wäre nicht nötig gewesen, daß ... Alles, was zum Leben nötig ist, haben wir.* Auch in Verbindung mit anderen Verben ist ein Austausch häufig möglich: *Man hielt es nicht für nötig/notwendig, die Sperrstunde einzuführen. Änderungen haben sich nicht als notwendig/nötig erwiesen.* Im Sinne von „zwangsläufig“ kann *nötig* nicht an Stelle von *notwendig* gebraucht werden: *Das ist die notwendige* (nicht: *nötige*) *Folge. Der Versuch mußte notwendig* (nicht: *nötig*) *mißlingen.*

Notizblock: Der Plural von *Notizblock* lautet *die Notizblocks.* ↑Block.

notlanden: Das Verb *notlanden* wird teils wie ein fest zusammengesetztes, teils wie ein unfest zusammengesetztes Verb gebraucht: *ich notlande, bin notgelandet* (nicht: *genotlandet*); *um notzulanden* (nicht: *um zu notlanden*). ↑Zusammen- oder Getrenntschreibung (2.1).

notschlachten: Das Verb *notschlachten* wird teils wie ein fest zusammengesetztes, teils wie ein unfest zusammengesetztes Verb gebraucht: *ich notschlachte, habe notgeschlachtet* (nicht: *genotschlachtet*). ↑Zusammen- oder Getrenntschreibung (2.1).

Nougat: Das Substantiv ist sowohl mit männlichem Geschlecht *(der Nougat)* als auch mit sächlichem Geschlecht *(das Nougat)* gebräuchlich (Genitiv: *des Nougats,* Plural [Sorten]: *die Nougats*).

November: ↑Monatsnamen.

-ns: Zu Namensformen wie *Iphigeniens* ↑Personennamen (2.1.1).

null: 1. Rechtschreibung: Klein schreibt man das Zahlwort: *null Grad; sie verloren drei zu null; das ist null und nichtig; er hat null Fehler; man darf nicht durch null teilen; acht minus acht ist [gleich] null; die Geschwindigkeit ist [gleich] null [m/sec]; es ist null Uhr; Werte von null bis zehn; null Komma neun* (= 0,9). Groß schreibt man das Substantiv, das für die Ziffer oder für „Nullpunkt“ und „Versager“ steht: *die Zahl Null; Nummer Null; das Thermometer steht auf Null; du bist eine reine Null; der Erfolg war gleich Null; schreibe die Ziffern Null bis Zehn an die Tafel; Peter hat eine schöne Null gemalt; es handelte sich um eine Zahl mit fünf Nullen; Temperaturen über, unter Null; die Stunde Null.* **2. Kongruenz:** Nach *0,1 (null Komma eins)* steht die Maßangabe im Plural: *0,1 Milliliter müssen hinzugefügt werden. Erst 0,1 Sekunden sind seit dem Start vergangen.* ↑Kongruenz (1.2.3). **3.** ***in Null Komma nichts:*** Diese umgangssprachliche Wendung wird weitgehend substantivisch aufgefaßt *(In Null Komma nichts war er da).* Daher ist *Null* hier groß zu schreiben, im Gegensatz zu der reinen (mit Wörtern wiedergegebenen) Zahlenangabe *null Komma neun* (für: *0,9*), in der das Zahlwort *null* natürlich klein zu schreiben ist. **4.** Zu *Null-Komma-sieben-Liter-Flasche* ↑Bindestrich (3.3).

Null ouvert: Es heißt beim Skat *der* oder *das Null ouvert* (frz. *ouvert* „offen“).

Numerale

Beim Numerale (Zahlwort) unterscheidet man grundsätzlich zwei Gruppen, ↑Kardinal- oder Grundzahlen und ↑Ordinal- oder Ordnungszahlen. Daneben gibt es die aus den Ordinalzahlen gebildeten ↑Bruchzahlen und die zu den Kardinalzahlen gebildeten ↑Verteilungs-, ↑Vervielfältigungs- und ↑Wiederholungszahlwörter.

1. Groß- oder Kleinschreibung: Zahlwörter werden auch bei vorangehendem Artikel klein geschrieben, wenn sie nicht als Substantiv (als Bezeichnung für einen bestimmten substantivischen Begriff) gebraucht werden:

die erste (= der Zählung, der Reihe nach), die letzten drei, zu fünfen, ein achtel [Liter].

Zahlwörter werden auch klein geschrieben, wenn ihnen ein Pronomen oder ein unbestimmtes Pronomen oder Zahlwort vorangeht:

ihr drei, diese fünf, jeder zweite, die ersten fünf, alle sieben, einige tausend [Flaschen].

Groß schreibt man Zahlwörter, wenn sie als Substantiv (als Bezeichnung für einen bestimmten substantivischen Begriff, ein Ding, eine Person) gebraucht werden:

eine Eins (= Zensur, Note), eine Sechs malen, eine Vier würfeln, eine Zwölf schießen, mit der Drei (= Straßenbahnlinie 3) fahren, die Fünfte [Sinfonie] spielen, in der Klasse die Erste sein (= der Leistung nach), einem Dritten (= Unbeteiligten) gegenüber, das Hundert (= Maßangabe für hundert Einheiten), die Ersten unter Gleichen.

Groß schreibt man auch das Zahlwort in Namen wie *die Zehn Gebote, Elisabeth die Zweite.* ↑Bruchzahlen, ↑[1]acht/Acht, ↑achte/Achte, ↑achtel/Achtel usw.

2. Deklination: Von den Kardinalzahlen wird *ein* vollständig dekliniert (↑[2]ein), die Zahlwörter von *zwei* bis *zwölf* dagegen nur teilweise (↑3; 4: ↑zwei). Die Ordinalzahlen werden wie attributive Adjektive dekliniert, und zur Deklination der Zahlsubstantive vergleiche man ↑hundert/Hundert (3).

3. zweie, dreie usw.: Bei den Zahlwörtern von *zwei* bis *zwölf* waren früher bei substantivischem Gebrauch die Formen auf *-e* durchaus gebräuchlich, heute beschränken sie sich auf volkstümliche Redewendungen wie *alle viere von sich strecken, alle neune werfen* (= beim Kegeln) und den mundartlichen Bereich. Standardsprachlich nur:

Von der Turmuhr schlug es *zwölf* (nicht: *zwölfe*). Nur *zwei* (nicht: *zweie*) kehrten zurück.

4. zu zweien/zu zweit · zu dreien/zu dritt usw.: Im Dativ, in dem bei substantivischem Gebrauch alle Zahlwörter von *zwei* bis *zwölf* gebeugt werden können, werden neben den regelmäßigen Formen auf *-en zu zweien, zu dreien* usw. (häufiger) auch die indeklinablen Formen auf *-t zu dritt, zu viert, zu fünft* usw. gebraucht. Die Bedeutungen beider Formen haben sich bereits vielfach, aber nicht durchgehend differenziert: Die Formen auf *-t* geben immer eine ganze Anzahl an *(Wir waren zu sechst. Sie saßen zu zehnt in einem engen Raum),* während die auf *-en* oft – besonders dann, wenn es sich um niedrige Zahlenangaben handelt – die Art der Gruppierung betonen:

Die Schüler gingen *zu zweien* (= je zwei und zwei) über die Straße. Sie faßten sich an den Händen und gingen immer *zu dreien* (= je drei und drei) die Treppe hinauf.

5. Der fünfzigjährige Geburtstag: Die Verbindung einer Kardinalzahl mit *-jährig* ist in einigen Fällen inkorrekt: Man kann zwar von einem *fünfzigjährigen Geburtstagskind,* nicht aber von einem *fünfzigjährigen* (statt: *fünfzigsten*) *Geburtstag oder einer achtzigjährigen Geburtstagsfeier* (statt: *Feier zum achtzigsten Geburtstag*) sprechen (vergleiche aber ↑Jubiläum).

6. Verweise: ↑[3]ein, ↑zwei, ↑drei; ↑siebente/siebte; siebenzehn/siebzehn; siebenzig/siebzig; ↑hundert/Hundert. Zu *hunderteinte* statt *hunderterste* ↑einte; ↑wievielte/wievielste.

numerieren/Nummer: Das Verb *numerieren,* das mit einem *m* geschrieben wird, geht auf lat. *numerare* zurück. Mit einem *m* schreibt man auch die Ableitung *Numerierung.* Das Substantiv *Nummer* ist dagegen aus ital. *numero* in die Kaufmannssprache entlehnt worden. Es ist in der Schreibung eingedeutscht und wird mit zwei *m* geschrieben.

numerisch/nummerisch: Beide Formen werden in der Bedeutung „zahlenmäßig, der Zahl nach" gebraucht. Das Adjektiv *nummerisch* (Betonung auf der ersten Silbe) ist die jüngere, eingedeutschte Form von *numerisch* (Betonung auf der zweiten Silbe), das im 18. Jahrhundert aus neulat. *numericus* entlehnt wurde: *die nummerische/numerische Überlegenheit der Nichtraucher.*

Numerus: **1.** Der Numerus (Zahl) gibt an, ob etwas einmal (= Singular: *der Stuhl*) oder mehrmals (= Plural: *die Stühle*) vorhanden ist. **2.** Zu *Numerus-clausus-Fach* ↑Bindestrich (3.1).

Nummer: ↑numerieren/Nummer.

nun [da]: Das gewöhnlich als Zeitadverb gebrauchte *nun (Bist du nun zufrieden?)* wird in gehobener Ausdrucksweise auch als kausale Konjunktion verwendet: *Nun das Buch abgeschlossen ist, soll mein ausdrücklicher Dank ... an seinem Schluß stehen* (Frisch). Vgl. hierzu auch ↑zumal [da].

Nuntius: Der Genitiv lautet *des Nuntius,* der Plural *die Nuntien.*

nur: Bezieht sich *nur* auf ein einzelnes Wort, dann steht es normalerweise unmittelbar vor diesem: *Er betrat einen nur mäßig beleuchteten Raum.* Das nachgestellte *nur* klingt – sofern es sich nicht um dichterische Rede handelt – gekünstelt: *Er betrat einen mäßig nur beleuchteten Raum.* Bezieht sich die durch *nur* ausgedrückte Einschränkung auf eine Wortgruppe, dann ist, um Unklarheiten zu vermeiden, darauf zu achten, daß dieses *nur* am Anfang der Gruppe und nicht erst an deren Ende steht. Also nicht: *Es ist ein Bild, das einen oberflächlichen Eindruck der eigentümlichen Schönheit dieser Landschaft nur vermittelt,* sondern: *Es ist ein Bild, das nur einen oberflächlichen Eindruck...* ↑Adverb (4). Vgl. auch ↑ausschließlich.

nur noch/nur mehr: An Stelle von *nur noch* wird in Süddeutschland und in Österreich häufig *nur mehr* gebraucht, z. B.: *Sie hatte nur mehr den einen Gedanken. Man konnte die Häuser in der Dämmerung nur mehr ahnen.* Entsprechendes gilt für *kaum noch/kaum mehr.*

Nürnberger: Die Einwohnerbezeichnung *Nürnberger* wird immer groß geschrieben, auch wenn das Wort wie ein flexionsloses Adjektiv vor einem Substantiv steht: *Nürnberger Lebkuchen, die Nürnberger Stadtväter.* ↑Einwohnerbezeichnungen (7).

Nut/Nute: Beide Formen sind gebräuchlich. In der Fachsprache wird *die Nut* verwendet.

nutz/nütze: Die beiden Wörter unterscheiden sich nicht in der Bedeutung. Sie werden heute nur noch in der

Verbindung mit *sein* gebraucht. Die Form *nutz* ist süddeutsch; standardsprachlich ist die Form *nütze: Auf diese Weise ist er doch wenigstens noch zu etwas nütze. Er ist aber auch zu nichts mehr nütze.*

Nutz/Nutzen: Von den beiden Wortformen ist nur noch *der Nutzen* (Genitiv: *des Nutzens*) gebräuchlich. Die alte Form *der Nutz* hat sich lediglich in Wendungen wie *zu Nutz und Frommen* und in Zusammensetzungen wie *Eigennutz, nutzlos* erhalten. ↑Substantiv (2.2).

nutzen/nützen: 1. Bedeutung und Gebrauch: In der Bedeutung der beiden Wortformen besteht kein Unterschied. Beide können intransitiv im Sinne von „Gewinn, Vorteil bringen, von Nutzen sein" oder transitiv mit der Bedeutung „etwas benutzen, aus etwas Nutzen ziehen" gebraucht werden. Intransitiv: *Was nutzt/nützt das alles. Dieses Werk soll der Allgemeinheit nutzen/nützen.* Transitiv: *Nutze/nütze diese günstige Gelegenheit. Sie hat die Gunst des Augenblicks genutzt/genützt.* Die Versuche verschiedener Sprachpfleger, eine der Formen *(nützen)* auf intransitiven, die andere *(nutzen)* auf transitiven Gebrauch festzulegen, hatten keinen Erfolg. Während man beim einfachen Verb heute überwiegend die umgelautete Form *nützen* gebraucht, werden bei Zusammensetzungen und Präfixverben (↑abnutzen, ↑ausnutzen, ↑benutzen) die nichtumgelauteten Formen vorgezogen. **2. Rektion (Dativ/Akkusativ):** Es heißt richtig: *Das nutzt/nützt mir nichts.* Der Akkusativ *(Das nutzt/nützt mich nichts)* kommt noch in der Mundart (bes. in Süddeutschland) vor.

nutznießen: Das Verb ist fast nur im Infinitiv und 1. Partizip *(nutznießend)* gebräuchlich; selten: *Wir nutznießten von dieser Situation, haben genutznießt ...*

O

o: Zur Schreibung und Deklination ↑Bindestrich (2.4) *(O-Schreibung);* ↑Einzelbuchstaben *(des O, zwei O);* ↑Groß- oder Kleinschreibung (1.2.5) *(das o in Lot).*

o/oh: Wenn die Interjektion allein steht und Nachdruck trägt, wird sie mit *h* geschrieben: *Oh, wie schön ist das! Oh! Das war eine Freude!* Sonst ohne *h: o nein!, o ja!; o weh!, o wie schön!, o daß ...*

[1]ob: Die unterordnende Konjunktion *ob* leitet einen indirekten Fragesatz ein, der durch Komma abgetrennt wird: *Ich weiß nicht, ob sie kommt. Ob sich das lohnt, konnte er nicht sagen. Auf meine Frage, ob er müde sei, antwortete er nicht. Ob ich jetzt gehe oder später, [das] ist egal.* Ist *ob* Teil einer Fügung, dann wird kein Komma gesetzt: *Denn ob sie kommen würde, wußte ich nicht.* Über Indikativ oder Konjunktiv im *ob*-Satz ↑indirekte Rede (2.2.1).

[2]ob (Präposition): **1.** Die Präposition *ob* mit der Bedeutung „wegen" kommt heute nur noch in gehobener Sprache vor oder wird ironisch gebraucht. Sie steht meist mit dem Genitiv, seltener mit dem Dativ: *ob des Glückes, ob gutem Fang erfreut sein. ... er begann ob des steilen Pfades zu keuchen* (Nigg). **2.** Die Präposition *ob* mit der Bedeutung „oberhalb, über" ist außerhalb des Schweizerischen veraltet bzw. auf Namen beschränkt: *ob dem Walde; Rothenburg ob der Tauber.*

ob/daß: ↑daß (3).

ob – ob: Das Komma steht zwischen Satzteilen und Sätzen, die durch die anreihende Konjunktion *ob – ob* verbunden werden: *Vor Gott sind wir alle gleich, ob arm, ob reich. Er ist immer fröhlich, ob er satt ist, ob er Hunger hat.* Aber: *Ob ich jetzt oder oder ob ich erst später gehe, ist gleichgültig.*

O-beine, O-beinig: ↑Bindestrich (2.4).

Obelisk: Das Substantiv hat bis auf den Nominativ Singular immer die Endung *-en: des, dem, den Obelisken,* Plural: *die Obelisken.* ↑Unterlassung der Deklination (2.1.2).

oben: Man schreibt: *nach oben, von oben, bis oben; nach oben hin, nach oben zu, von oben her; das oben Gesagte, Erwähnte* (aber: ↑obenerwähnt); *die oben gegebene Erklärung; alles Gute kommt von oben; man wußte kaum noch, was oben und was unten war.* Getrennt schreibt man immer vom folgenden Verb, weil *oben* in diesen Fällen selbständiges Adverb ist: *oben bleiben, liegen, stehen* usw. ↑Zusammen- oder Getrenntschreibung (1.3).

obenerwähnt: Zusammen schreibt man *oben* mit dem 2. Partizip *erwähnt* bei adjektivischem Gebrauch (nur *oben-* trägt Starkton): *der obenerwähnte Dichter.* Getrennt schreibt man, wenn die Vorstellung der Tätigkeit vorherrscht (beide Wörter tragen Starkton): *Der [weiter] oben erwähnte Dichter.* Dies gilt immer, wenn beide Wörter aussagend stehen: *Der Dichter wurde oben erwähnt.* Entsprechend schreibt man *obengenannt.* ↑Zusammen- oder Getrenntschreibung (3.1.2). Groß schreibt man die Substantivierung: *der, das Obenerwähnte,* aber: *der [weiter] oben Erwähnte, das [weiter] oben Erwähnte.*

obengenannt: ↑obenerwähnt.

obenstehend: Groß- oder Kleinschreibung wie bei ↑folgend (vgl. auch *nachstehend* und *nebenstehend*). Also: *Ich habe obenstehendes noch nicht gelesen. Wir haben das im obenstehenden* (= weiter oben) *erwähnt.* Aber: *Das Obenstehende habe ich geschrieben.* ↑Groß- oder Kleinschreibung (1.2.1).

oberhalb: Die Präposition *oberhalb* wird mit dem Genitiv verbunden: *oberhalb des Dorfes, oberhalb einer Ebene, oberhalb Heidelbergs.* Nach *oberhalb* als Adverb wird mit *von* angeschlossen: *oberhalb von Heidelberg.* ↑geographische Namen (1.1.1), ↑Ortsnamen (2).

Oberhausener: Die Einwohner von Oberhausen heißen *die Oberhausener.* Die Einwohnerbezeichnung wird immer groß geschrieben, auch wenn das Wort wie ein flexionsloses Adjektiv vor einem Substantiv steht: *die Oberhausener Stadtväter.* ↑Einwohnerbezeichnungen (1 und 7).

Oberin: Zur Anschrift ↑Brief (7).

oberst: Klein schreibt man das Adjektiv: *das oberste Stockwerk. Dort das Buch, das oberste, hätte ich gern.* Groß schreibt man die Substantivierung: *das Oberste zuunterst, das Unterste zuoberst kehren.* Groß schreibt man *oberst* auch in Namen: *der Oberste Gerichtshof, der Oberste Sowjet.* ↑Groß- oder Kleinschreibung (1.2.1), ↑Namen.

Oberst: 1. starke und schwache Deklination: *Oberst* kann sowohl stark als auch schwach gebeugt werden. Die schwache Deklination ist die ältere (Genitiv: *des Obersten,* Dativ und Akkusativ: *dem, den Obersten,* Plural: *die Obersten*); die starke (Genitiv: *des Obersts;* Dativ und Akkusativ: *dem, den Oberst;* Plural: *die Oberste*) ist jünger: *Erstens präsentierte er sich dem Oberst doch noch als tadelloser Soldat* (Kuby). *... der auf den Generalobersten wartete* (Der Spiegel). ↑substantiviertes Adjektiv (2.2.2). Zu *des Oberst Meier/des Obersten Meier* ↑Unterlassung der Deklination (2.1.1).

oberste/öberste: Standardsprachlich ist die Form *oberste.* Der Superlativ *öberste* wird nur mundartlich oder scherzhaft gebraucht.

Oberteil: *Oberteil* kann sächlich

oder männlich sein. Es heißt *das Oberteil* und *der Oberteil.* Das sächliche Geschlecht ist üblicher. ↑Teil.

obgleich: ↑obwohl.

obig: 1. Deklination: Das auf *obig* folgende [substantivierte] Adjektiv (Partizip) wird heute in der Regel in gleicher Weise (parallel) gebeugt: *obiger gründlicher Bericht, obige respektlose Bemerkungen, von obigem kleinem* (veraltet: *kleinen*) *Ort aus.* **2. Rechtschreibung:** Groß- oder Kleinschreibung wie bei ↑folgend (vgl. *obenstehend* und *nachstehend*). Also: *Wir haben obiges noch nicht gelesen. Das ist bereits im obigen* (= weiter oben) *dargelegt worden.* Aber: *der Obige* (Abkürzung: *d. O.*). *Das Obige ist uns bekannt.* ↑Groß- oder Kleinschreibung (1.2.1).

Objekt: (Sinnergänzung, [Satz]ergänzung): Man unterscheidet vier Arten von Objekten: ↑Genitivobjekt: *Ich erinnere mich dieser Angelegenheit* (Frage: wessen?). ↑Dativobjekt: *Der Sohn dankt dem Vater* (Frage: wem?). ↑Akkusativobjekt: *Der Gärtner füttert den Hund* (Frage: wen?). ↑Präpositionalobjekt: *Inge achtet auf ihre Schwester* (Frage: auf wen?). Der Fall wird beim Präpositionalobjekt nicht wie bei den anderen Objekten direkt vom Prädikat, sondern von der Präposition bestimmt.

Objektsatz: Ein Objekt- oder Ergänzungssatz ist ein Nebensatz an der Stelle eines Objekts: *Sie lernt eine notwendige Lektion/Sie lernt, daß sie auf eigenen Füßen stehen muß.*

Objektsprädikativ[um]: ↑prädikativ usw.

obliegen: 1. es liegt mir ob/es obliegt mir: Das Verb *obliegen* wird teils wie ein unfest zusammengesetztes Verb, teils wie ein fest zusammengefügtes Verb verwendet: *Die Beweislast lag vielmehr der Anklagebehörde ob* (Rothfels). *Es läge im Gegenteil uns ob, möglichst viele Züge dieser militärischen Entspannung auf deutschem Boden stattfinden zu lassen* (Augstein). *Sind ihre Gäste gegangen, so obliegen ihr zumeist noch allerlei gesellschaftliche Pflichten* (A. Kolb). *Während der nächsten Tage oblag er ruhig seinen Arbeiten in der Schule* (Musil, Törleß 130). Im zweiten Partizip und im Infinitiv mit *zu* lauten die Formen für die unfeste Bildung *obgelegen* und *obzuliegen,* für die feste Bildung *oblegen* und *zu obliegen.* ↑Verb (2.4). **2. Sie ist/hat der Musik obgelegen:** Im Perfekt kann *obliegen* sowohl mit *sein* als auch mit *haben* umschrieben werden: *Sie war/hatte der Musik obgelegen.* Die Umschreibung mit *haben* überwiegt heute. ↑haben (1).

oblique Kasus: ↑Kasus.

Obmann: Das Wort hat zwei Pluralformen: *die Obmänner* und *die Obleute.* Wenn Männer und Frauen gleichzeitig gemeint sind, wird man den Plural *die Obleute* bevorzugen.

Obmännin: Die weibliche Bildung zu *Obmann* ist *Obmännin.* (Neuerdings wird auch *Obfrau* gebraucht.) ↑Titel und Berufsbezeichnungen (3).

obschon: ↑obwohl.

obsiegen: Das Verb *obsiegen* wird teils wie ein unfest zusammengesetztes, teils wie ein fest zusammengesetztes Verb verwendet: *Die Kräfte des Guten siegten ob. Indes die Damen obsiegten.* Im zweiten Partizip und im Infinitiv mit *zu* lauten die Formen für die unfeste Bildung *obgesiegt* und *obzusiegen,* für die feste Bildung *obsiegt* und *zu obsiegen.* ↑Verb (2.4).

Obus: Der Genitiv lautet *des Obusses,* der Plural *die Obusse.*

obwalten: Das Verb *obwalten* wird teils wie ein unfest zusammengesetztes, teils wie ein fest zusammengesetztes Verb verwendet: *Dabei walteten Bedingungen ob, die von denen in anderen Ländern stark abwichen. Nicht selten obwalteten subjektive Gesichtspunkte und Spontaneität* (Sprachpflege). Im zweiten Partizip und im Infinitiv mit *zu* lauten die Formen für die unfeste Bildung *obgewaltet* und *obzuwalten,* für die feste Bildung *obwaltet* und *zu obwalten.* ↑Verb (2.4).

obwohl: Die Konjunktion *obwohl* leitet wie *obgleich, obschon* und *obzwar* einen konzessiven Nebensatz ein, der durch Komma abgetrennt wird: *Sie kam sofort, obwohl sie nicht viel Zeit hatte. Er wollte, obwohl er betrunken war, den Wagen fahren. Der Schüler, obwohl gesund, erschien nicht zum Unterricht.* Ist *obwohl* Teil einer Fügung, die als Einheit empfunden wird, dann wird kein Komma gesetzt: *Aber obwohl das Stück komisch war, blieb sie traurig.*

obzwar: ↑obwohl.

Ochs/Ochse: Neben der standardsprachlichen Nominativform *Ochse* kommt mundartlich und umgangssprachlich auch die Form *Ochs* vor. (In Österreich stehen beide Formen gleichberechtigt nebeneinander.) Der Genitiv lautet *des Ochsen,* der Dativ und Akkusativ lauten *dem, den Ochsen.* Die Unterlassung der Deklination *(dem, den Ochs)* ist nicht korrekt. ↑Unterlassung der Deklination (2.1.1).

ocker: ↑Farbbezeichnungen (2.2).

öd/öde: Beide Formen sind ohne Bedeutungsunterschied gebräuchlich. ↑Adjektiv (1.2.14).

oder: Zu *der Vater oder die Mutter hat/haben...* ↑Kongruenz (1.3.12); zu *das Wort oder die Wendung, die/das...* ↑Kongruenz (1.5.3); zu *sie oder ich habe/hat...* ↑Kongruenz (2.2). Zur Zeichensetzung vergleiche die untenstehende Tabelle und ↑Komma (2.1, 2.3 und 3.1).

Kommasetzung bei *oder*

In folgenden Fällen steht vor *oder* ein Komma:	In folgenden Fällen steht kein Komma vor *oder:*
1. Wenn *oder* beigeordnete Hauptsätze verbindet:	**1. Wenn die mit *oder* verbundenen Hauptsätze kurz sind und eng zusammengehören:**
Ihr müßt gewissenhaft lernen, *oder* ihr versagt in der Prüfung.	Ich lief *oder* ich fuhr.
Fasse dich kurz, *oder* hilf mir arbeiten!	Siegen *oder* sterben!
2. Wenn die mit *oder* verbundenen Hauptsätze trotz inhaltlicher Entsprechung im vollen Wortlaut erscheinen:	**2. Wenn die mit *oder* verbundenen Hauptsätze einen Satzteil gemeinsam haben:**
Ich gehe ins Theater, *oder* ich besuche ein Konzert.	*Ich* gehe ins Theater *oder* besuche ein Konzert.
3. Wenn ein untergeordneter Zwischensatz oder ein erweiterter Infinitiv vorausgeht:	**3. Wenn *oder* Nebensätze gleichen Grades verbindet:**
Ich gab den Auftrag, der Sache nachzugehen, *oder* rief auch selbst bei der Stadtverwaltung an.	Ich fürchte, der Brief ist verloren *oder* du hast ihn gar nicht abgeschickt.
4. Wenn *oder* beiordnend ein Satzgefüge anschließt, das mit einem Nebensatz oder einem erweiterten Infinitiv beginnt:	
Wir spielten Tischtennis, *oder* wenn die Sonne schien, gingen wir schwimmen.	

5. Wenn eine Apposition vorausgeht: Karl, ihr Bruder, *oder* sie selbst soll kommen (= zwei Personen).	**5. Wenn *oder* ein Aufzählungsglied anschließt:** Karl, ihr Bruder *oder* sie selbst soll kommen (= drei Personen). Heute *oder* morgen will ich zu dir kommen. Heute *oder,* wenn es geht, morgen will ich zu dir kommen. **6. Wenn *oder* einen Nebensatz oder einen erweiterten Infinitiv als Aufzählungsglied anschließt:** Ich benachrichtigte nur einige zuverlässige Freunde *oder* wen ich dafür hielt.

-oe: Zur Bildung von Ableitungen bei Ortsnamen auf *-oe (Laboer)* ↑Einwohnerbezeichungen (3).

offen: 1. Groß- oder Kleinschreibung: Klein schreibt man das Adjektiv: *offener Wein, offene Tuberkulose, Tag/Haus der offenen Tür, offene Handelsgesellschaften* usw. Groß schreibt man das Adjektiv in Namen: *Offene Handelsgesellschaft/OHG* (als Teil von Firmennamen). ↑Namen. **2. Zusammen- oder Getrenntschreibung:** In Verbindung mit Verben schreibt man in folgenden Fällen getrennt: *offen* (= geöffnet) *sein, offen* (= freimütig) *sein, offen* (= ehrlich) *gestehen, offen* (= frei, allen sichtbar) *halten, stehen; zu etwas offen* (= aufrichtig, frei) *stehen;* in folgenden Fällen zusammen: *Das Fenster muß offenbleiben. Die Entscheidung ist offengeblieben. Sie hat sich offengehalten* (= vorbehalten), *dorthin zu gehen. Er hat das Tor offengehalten. Er hat das Fenster offengelassen. Er will die Frage offenlassen. Das Fenster hat offengestanden. Dieser Entschluß hat auch uns offengestanden* (= freigestanden). *Das Konto hat offengestanden. ... weil dieser Betrag noch offenstand.* ↑Zusammen- oder Getrenntschreibung (1.2). **3. offen/auf:** ↑auf/offen.

Offenbacher: Die Einwohnerbezeichnung *Offenbacher* wird immer groß geschrieben, auch wenn das Wort wie ein flexionsloses Adjektiv vor einem Substantiv steht: *die Offenbacher Messe, Offenbacher Lederwaren.* ↑Einwohnerbezeichnungen (7).

öffenbar: ↑-nen.

offenbaren: 1. offenbart/geoffenbart: Heute wird das Verb *offenbaren* auf der dritten Silbe betont: *offenbaren.* Das zweite Partizip lautet dazu *offenbart: Er hat [mir] offenbart, daß ...* Von der früher auch üblichen Betonung auf der ersten Silbe *offenbaren* leitet sich die heute noch gelegentlich, vor allem im religiösen Bereich, verwendete Form des zweiten Partizips mit *ge-* her: *Gott hat [sich uns] geoffenbart.* **2. Er offenbarte sich als treuer Freund/als treuen Freund:** Bei *sich offenbaren als* steht das dem *als* folgende Substantiv gewöhnlich im Nominativ, d. h., es wird auf das Subjekt bezogen: *Er offenbarte sich als treuer Freund.* Der Akkusativ, d. h. der Bezug auf das Reflexivpronomen, ist seltener: *Er offenbarte sich als treuen Freund.* ↑Kongruenz (4.2).

Offerte: Standardsprachlich ist *die Offerte.* In Österreich ist *das Offert* gebräuchlich.

offiziell/offizinell: Die beiden Wörter dürfen nicht miteinander verwechselt werden: *offiziell* bedeutet „amtlich; beglaubigt, verbürgt; feierlich, förmlich" (vgl. dazu *offiziös* „halbamtlich"); *offizinell* (auch: *offizinal*) heißt dagegen „arzneilich; als Heilmittel durch Aufnahme in das amtliche Arzneibuch anerkannt". Wenn man von *offizinellen Pflanzen* spricht, dann meint man Heilpflanzen oder Heilkräuter.

Offizier-/Offiziers-: Die Zusammensetzungen mit *Offizier* als erstem Bestandteil werden heute in der Regel mit Fugen-s gebraucht: *Offizierskasino, Offizierslaufbahn, Offiziersmesse, Offiziersrang, Offiziersschule* usw.

öffnen: Zu Bildungen wie *Schnellöffenventil, öffenbar* ↑-nen; vgl. auch ↑eröffnen/öffnen.

Off-line-Betrieb: ↑On-line-Betrieb.

Off-shore-Bohrung: ↑Bindestrich (3.1).

oft: 1. Vergleichsformen: Der Komparativ lautet *öfter: Sie war öfter im Theater als ich.* Der Superlativ *am öftesten* wird im allgemeinen nur wenig gebraucht: ... *in dieser ... Stimmung befand sich Ulrich jetzt am öftesten* (Musil). Falsch sind die Bildungen *öftrer* und *öfterst.* Zu *öft[e]re* ↑Adjektiv (1.2.13). **2. Gebrauch:** Das Adverb *oft* darf nicht als attributives Adjektiv gebraucht werden. Man kann also z. B. nicht sagen: *Das ofte Auftreten dieser Schädlinge ist besorgniserregend.* ↑Adverb (1), ↑Vergleichsformen (5).

öfter/öfters: Von den beiden Adverbformen wird heute *öfter* bevorzugt. Die Form *öfters* kommt häufig in der Umgangssprache vor; in Österreich ist sie allgemein üblich. ↑Adverb (2).

oh: ↑o/oh.

OHG: ↑offen.

Ohm: Das Substantiv *der Ohm* ist ein veraltetes, aber noch mundartlich gebrauchtes Wort für „Oheim, Onkel". Das Substantiv *das Ohm* ist eine nach dem deutschen Physiker G. S. Ohm benannte Maßeinheit für den elektrischen Widerstand.

ohmsch/Ohmsch: Klein schreibt man *ohmscher Widerstand* (= nur nach Ohm benannt), groß *Ohmsches Gesetz* (= von Ohm selbst stammend). ↑Groß- oder Kleinschreibung (1.2.2).

ohne: 1. Rektion: Die Präposition *ohne* wird heute nur mit dem Akkusativ verbunden: *ohne mich; ohne jedes Schamgefühl; mit [meinem Freund] oder ohne meinen Freund* (↑mit [2]). Früher wurde *ohne* neben dem Akkusativ auch mit dem Dativ verbunden, vgl. z. B. *Ich bin ohne Gleichem* (Lessing). Ein Rest ist das noch heute übliche *ohnedem* für *ohnedies.* Auch mit dem Genitiv konnte *ohne* früher verbunden werden: ... *daß man sich ohne eines Winterpelzes nicht wohl behelfen mögen* (Schweinichen). Vor allem stand der Genitiv bei Nachstellung von *ohne.* Dann hatte *ohne* adverbialen Charakter (vgl. *zweifelsohne* aus mhd. *zwīvels āne*). **2. Groß- oder Kleinschreibung nach *ohne*:** *Ich kaufte den Teppich ohne Zögern.* Hier wird *Zögern* groß geschrieben, weil es sich um einen substantivierten Infinitiv handelt. *Ich kaufte den Teppich, ohne zu zögern.* Hier wird *zögern* klein geschrieben, weil es sich um eine Verbform (Infinitiv mit *zu*) handelt.

ohne daß: Zwischen *ohne daß* steht kein Komma, weil es als Einheit empfunden wird: *Sie hat mir geholfen, ohne daß sie es weiß.*

ohne zu: Vor *ohne zu* steht ein Komma, weil *ohne* + *zu* + Infinitiv als erweiterte Infinitivgruppe gilt: *Er ging, ohne sich umzusehen.*

ohneeinander: Man schreibt *ohneeinander* immer vom folgenden Verb getrennt: *Sie können nicht ohneeinander auskommen.* ↑Zusammen- oder Getrenntschreibung (1.4).

Oktober: ↑Monatsnamen.

oktroyieren: ↑aufoktroyieren, ↑Verb (3).

Oldenburger: Die Einwohnerbezeichnung *Oldenburger* wird immer groß geschrieben, auch wenn das Wort wie ein flexionsloses Adjektiv vor einem Substantiv steht: *die Oldenburger Stadtväter, das Oldenburger Straßennetz.* ↑Einwohnerbezeichnungen (7).

Oldesloer: ↑Einwohnerbezeichnungen (3 und 7).

oliv: Klein schreibt man das Adjektiv: *Die Handschuhe sind oliv.* Groß schreibt man die substantivierte Farbbezeichnung (in Verbindung mit dem Artikel oder einer Präposition): *Das Oliv gefällt mir nicht. Ein Kleid in Oliv.* Vgl. auch Farbbezeichnungen (2.2).

Olper: ↑Einwohnerbezeichnungen (3 und 7).

Olympiade: Im Altertum wurde mit *Olympiade* der Zeitraum von vier Jahren zwischen zwei Olympischen Spielen bezeichnet, heute wird *Olympiade* für die Olympischen Spiele selbst gebraucht. Dieser Gebrauch läßt sich vereinzelt auch schon für das Altertum nachweisen. Der französische Baron Pierre de Coubertin, der Begründer der Olympischen Spiele der Neuzeit (1896), hat diese Spiele wieder *Olympiaden* genannt.

Olympionike: Mit *Olympionike* wird heute nicht nur der Sieger bei den Olympischen Spielen, sondern auch der Teilnehmer an diesen Spielen, der Olympiakämpfer, bezeichnet.

olympisch: Groß schreibt man das Adjektiv nur in ↑Namen wie *die Olympischen Spiele, die Deutsche Olympische Gesellschaft, das Nationale/Internationale Olympische Komitee (NOK/IOK);* sonst schreibt man klein: *der olympische Dreikampf, Fünfkampf; das olympische Fußballspiel, das olympische Dorf, das olympische Feuer, die olympische Flagge, der olympische Eid, die olympischen Ringe, olympisches Gold.*

Oma/Omi: Zu *Omas/Omis Geburtstag* u.ä. ↑Verwandtschaftsbezeichnungen.

Omelett/Omelette: Neben *das Omelett* (Genitiv: *des Omelett[e]s,* Plural: *die Omeletts* oder *die Omelette*) ist – vor allem in Österreich und in der Schweiz – *die Omelette* (Plural: *die Omeletten*) gebräuchlich.

Omnibus: Der Genitiv des Substantivs *Omnibus* lautet *des Omnibusses,* der Plural lautet *die Omnibusse.* Die Unterlassung der Deklination *(des Omnibus, die Omnibus)* ist nicht korrekt.

Onkel: Die standardsprachliche Pluralform ist *die Onkel.* Die Form mit *-s (die Onkels)* ist umgangssprachlich, besonders norddeutsch. Zu *die Einladung ihres Herrn Onkels* ↑Herr (2, b); zum Artikelgebrauch ↑Verwandtschaftsbezeichnungen.

On-line-Betrieb: Zur Schreibung von *on line* „in direkter Verbindung mit der Datenverarbeitungsanlage arbeitend" ↑Bindestrich (3.1).

Opel Rekord usw.: ↑Autotypenbezeichnungen.

opponieren: Nach *opponieren* wird im heutigen Sprachgebrauch gewöhnlich mit der Präposition *gegen* angeschlossen: *gegen die Regierungschefin, einen Beschluß opponieren.* Daneben kommt aber auch noch gelegentlich der Dativ vor: *... noch während er ihr* (= der diktatorialen Einrichtung der Gesellschaft) *zu opponieren gedenkt* (Adorno); *so wagten sie, dem Frauenberger in diesem Punkt zäh zu opponieren* (Feuchtwanger).

Oppositionswort: ↑Antonym.

optimal: ↑Vergleichsformen (3.1).

Option: Nach *Option* wird mit der Präposition *auf* angeschlossen: *Ich besitze die Option auf das Grundstück.*

Opus: Das Substantiv *das Opus* „künstlerisches, wissenschaftliches Werk" hat den Genitiv *des Opus* und den Plural *die Opera* (Abk. *op.*).

orange: 1. Rechtschreibung: Klein schreibt man das Adjektiv: *Die Pflanzen haben winzige orange Blüten. Die Bluse ist orange.* Groß schreibt man die substantivierte Farbbezeichnung (mit Artikel oder einer Präposition): *Das Orange ist sehr grell. Sie kaufte Gartenmöbel in leuchtendem Orange.* **2. Beugung:** Es ist standardsprachlich nicht korrekt, das Farbadjektiv *orange* zu beugen. Will man es attributiv (als Beifügung) verwenden, so kann man sich durch Zusammensetzung mit *-farben* oder *-farbig* helfen: *ein orange/orangefarbenes/orangefarbiges* (nicht: *oran-*

genes) Kleid. ↑Farbbezeichnungen (2.2). **3. orange/orangen:** Neben *orange* ist auch die Form *orangen* gebräuchlich: *Der Himmel färbte sich orangen.*

Orchester: Das *ch* in *Orchester* wird wie [k] gesprochen, die Aussprache mit dem Ich-Laut ist besonders österreichisch.

Order: Das Wort hat zwei Pluralformen: *die Ordern* und *die Orders.* Als veralteter Ausdruck für „Weisung, Geheiß" ist *die Ordern* üblich, im Sinne von „Auftrag, Bestellung" wird *die Orders* bevorzugt.

Ordinalzahl: Ordinal- oder Ordnungszahlen sind z. B. *erste, zweite, dritte, vierte* (im Unterschied zu den ↑Kardinalzahlen *eins, zwei* usw.). In Ziffern schreibt man *1., 12., 75.* usw. (nicht: *12te, 75ste*).

ordnungsgemäß/ordnungsmäßig: ↑-gemäß/-mäßig.

Orgelbauer: Das Substantiv wird stark dekliniert, Genitiv: *des Orgelbauers,* Plural: *die Orgelbauer.* ↑Bauer.

original: In Verbindung mit einem Substantiv wird *original* in der Regel mit dem Substantiv zusammengeschrieben: *Originalaufnahme, Originalausgabe, Originaldruck, Originalfassung, Originalgemälde, Originalsprache, Originaltitel, Originalton;* mit einem Namen wird es mit Bindestrich gekoppelt: *ein Original-Dürer.* In Verbindung mit einem Adjektiv wird *original* heute meist attributiv (als Beifügung zum Adjektiv) gebraucht, und zwar endungslos: *original französischer Sekt, original Schweizer Uhren, original Brüsseler Spitze, ein original Wiener Hammerklavier, original afrikanische Lederarbeiten.* Es kann aber auch mit dem folgenden Adjektiv mit Bindestrich gekoppelt werden: *original-französischer Sekt.*

Ornat: Das Wort hat männliches, nicht sächliches Geschlecht: *der Ornat.* ↑-at.

Ort: Das Substantiv *Ort* bedeutet „Punkt, Stelle" und „Örtlichkeit, Ortschaft". Der Plural lautet *die Orte,* in der Seemannssprache und in der Mathematik *die Örter.* Das Substantiv *das Ort* bezeichnet in der Bergmannssprache das Ende der Strecke, den Arbeitsort. Der Plural lautet *die Örter.* In der Bedeutung „[Schuster]ahle, Pfriem" oder veraltet für „Spitze" kann *Ort* sowohl mit männlichem als auch mit weiblichem Geschlecht gebraucht werden. Der Plural lautet *die Orte.* In erdkundlichen Namen lebt *Ort* in der Bedeutung „Spitze" noch fort, z. B. *Darßer Ort* (= Nordspitze der Halbinsel Darß).

Orthographie: Rechtschreibung, Lehre von der richtigen Schreibung der Wörter.

Ortsangabe: 1. Das ↑Datum wird von der Ortsangabe durch ein Komma getrennt: *Berlin-Charlottenburg, den 2. Januar 1918. Die Feier findet in Berlin, Sonnabend, den 24. April 1965, 16 Uhr im Rathaus statt.* **2.** Orts(- und Wohnungs)angaben, die mit einer Präposition *(in, aus)* an einen Namen angeschlossen werden, stehen ohne schließendes Komma: *Frau Gerda Meier in Ulm, Burgstraße 25, 1. Stock hat den Antrag gestellt. Das Hessische Landesmuseum in Darmstadt, Friedensplatz 1 besitzt...* Folgen Orts(- und Wohnungs)angabe dem Namen unmittelbar (= Apposition), muß ein schließendes Komma gesetzt werden: *Frau Gerda Meier, Ulm, Burgstraße 25, 1. Stock, hat den Antrag... Herr Franz Müller-Stolzenberg, Calw, und Frau Ilse Schmidt, Basel, wurden ... Die Spedition „Intertrans", 43 Essen-Steele, Bottroper Straße 14, wird...*

Ortsnamen

1. Genus: Ortsnamen sind im allgemeinen sächlich, selbst wenn in Zusammensetzungen das Grundwort ein anderes Genus hat *(das ewige Rom, das* *schöne Salzburg).* Nur in altertümlich-dichterischem Gebrauch treten die Städtenamen auch als weibliche Substantive auf: *die hohe Rom* (Klopstock); *... weil Carthago alle ihre Kräfte zusammennehmen wird* (Wieland).

2. Deklination: Artikellose Ortsnamen dürfen im Genitiv nicht ohne *-s* stehen:

oberhalb Dinkelsbühls (nicht: Dinkelsbühl), unterhalb Gießens, nördlich Berlins.

Bei Ortsnamen auf einen Zischlaut *(-s, -ß, -z, -tz, -x)* kann der Genitiv durch einen ↑Apostroph (4.1) gekennzeichnet werden:

auf Korinthus' Landesenge, Florenz' Geschichte, Bordeaux' Hafen.

Möglich ist auch Umschreibung mit *von:*

die Geschichte von Florenz, die Theater von Paris, die Industrie von Pegnitz.

Ebenfalls möglich ist die Einfügung des Gattungsbegriffs vor dem Ortsnamen:

die Industrie der Stadt Pegnitz, die Theater der Metropole Paris.

Die Bildungsweise mit der Genitivendung *-ens* ist heute weitgehend veraltet *(Pegnitzens Industrie, Grazens Umgebung, Florenzens Krone).*

Stehen Ortsnamen mit Artikel und Adjektivattribut, so daß der Genitiv daran deutlich wird, kann das Genitiv-s weggelassen werden:

der Wiederaufbau des zerstörten Berlins/des zerstörten Berlin.

Bei einer Verbindung aus artikellosem Substantiv + Ortsname wird nur der Ortsname gebeugt: *die Geschichte Kloster Ettals; die Quellen Bad Orbs.* (Der Genitiv kann auch mit *von* umschrieben werden: *die Quellen von Bad Orb.*)
Bei Fügungen aus Substantiv + Ortsname mit vorangehendem Artikel (und attributivem Adjektiv) wird das bestimmende Substantiv dekliniert, während der Name ungebeugt bleibt:

die Einwohner des [kleinen] Städtchens Hirschhorn, die Größe des Badeortes Cuxhaven.

3. Ableitungen auf *-isch/-sch* und *-er/-erisch:* Eine feste Regel, wann man *-isch* und wann man *-sch* zur Ableitung eines Adjektivs von einem Ortsnamen verwendet, gibt es nicht. Früher ist wohl eher *-isch* als *-sch* verwendet worden. Im übrigen sind Silbenzahl, Auslaut und Endsilbe, also die flüssige Sprechbarkeit, nicht ohne Einfluß auf die Art der Ableitung:

hallische/hallesche Festwochen, friedenauische/friedenausche Spezialitäten.

Stehen diese Ortsadjektive als Artangabe, dann werden aus Gründen des Wohlklangs die Formen auf *-isch* denen auf *-sch* vorgezogen: *Das ist echt friedenauisch.*
Die Adjektivbildungen auf *-isch/-sch* sind allerdings immer mehr den Ableitungen auf *-er* (↑Einwohnerbezeichnungen) gewichen. Man sagt also heute meist *Pariser Mode, Berliner Mundart, Göttinger Bahnhof* und nicht mehr *parisische Mode, berlinische Mundart, göttingischer Bahnhof.* Gelegentlich kommen auch Mischformen aus *-er* + *-isch* vor: *mannheimerisch, wienerisch, berlinerisch* (vgl. den Artikel Berliner/berlinerisch/berlinisch).

4. Ortsnamen mit vorangestellter Apposition: Sie stehen vielfach ohne Artikel:

Schloß Wilhelmshöhe, Burg Stolzenfels, Kloster Banz, Kap Skagen.

5. Ortsnamen mit nachgestelltem Bestimmungswort: In Ortsnamen wie

Berlin-Baumschulenweg, Hamburg-Fuhlsbüttel, Mannheim-Neckarau

ist das Bestimmungswort nachgestellt, eine Konstruktionsweise, die die deutsche Sprache nur bei Namen kennt. Im allgemeinen wird das Bestimmungswort dem Grundwort vorangestellt (↑Kompositum).
Vgl. auch den Artikel geographische Namen.

Ortssatz: ↑Lokalsatz.

-os/-ös: Bei manchen Adjektiven kommen gleichberechtigte Doppelformen auf *-os* und *-ös* vor: *dubios/dubiös; nebulos/nebulös; viskos/viskös* u. a. Die Verschiedenheit beruht auf der unterschiedlichen Herkunft der Endungen: *-os* geht auf das lateinische *-osus* zurück (z. B. *viscosus*), *-ös* auf das französische *-eux/-euse* (z. B. *visqueux/visqueuse*).

Ost/Osten: ↑Nord/Norden.

Ostern: 1. Genus und Numerus: Heute wird *Ostern* im allgemeinen als ein Neutrum Singular aufgefaßt: *Hast du ein schönes Ostern gehabt?* Es wird jedoch vorwiegend ohne Artikel gebraucht: *Ostern ist längst vorbei. Ostern fällt in diesem Jahr auf den 21. April.* Im landschaftlichen Sprachgebrauch wird *Ostern* noch verschiedentlich, in Österreich und in der Schweiz zumeist, als Plural aufgefaßt und dann gewöhnlich mit bestimmtem Artikel oder mit einem Pronomen gebraucht: *Wir verreisen erst nach den Ostern. Diese Ostern werden wohl verregnen. Ich werde diese Ostern in Berlin verleben.* Als adverbiale Bestimmung steht *Ostern* auch ohne Artikel: *Nächste Ostern werde ich nicht zu Hause bleiben* (dafür üblicher: *nächstes Jahr Ostern* oder *nächstes Jahr zu/an Ostern ...*). In bestimmten formelhaften Wendungen ist der Plural allgemeinsprachlich und nicht landschaftlich begrenzt: *fröhliche Ostern! Weiße Ostern sind zu erwarten. Ostern* wird heute im allgemeinen nicht als Subjekt oder Objekt mit Artikel oder Pronomen gebraucht, dafür treten dann Zusammensetzungen ein: *Die Oster[feier]tage waren sehr anstrengend. Das Osterfest wird in diesem Jahr sicher schön werden. Die herrlichsten Ostertage habe ich dort verlebt.* (Nicht üblich: *Die Ostern waren sehr anstrengend.* Oder: *Das Ostern war sehr anstrengend.*) Als weibliches Substantiv ist heute *Ostern* kaum noch gebräuchlich: *Letzte Ostern war verregnet.* In Norddeutschland wird *Ostern,* besonders in adverbialen Verbindungen, gelegentlich auch noch als männliches Substantiv gebraucht: *letzten Ostern.* – All diese Schwankungen lassen sich sprachhistorisch erklären. *Ostern* ist ein erstarrter Dativ Plural, der sich im Mittelhochdeutschen aus einer pluralischen präpositionalen Fügung (*ze den öster[e]n* o. ä.) losgelöst hat und jetzt weitgehend als ein selbständiger Nominativ Singular behandelt wird. Die mittelhochdeutsche adverbiale Verbindung stand im Plural, weil sich das Osterfest über mehr als einen Tag erstreckte. **2. zu Ostern/an Ostern:** Neben *zu Ostern,* das bes. norddeutsch gebräuchlich ist, sagt man vor allem süddeutsch auch *an Ostern.*

Osteroder/Osteröder: Beide Einwohnerbezeichnungen sind gebräuchlich. ↑Einwohnerbezeichnungen (4 und 7).

östlich: 1. Anschluß: An *östlich* kann heute ein Substantiv im Genitiv oder mit *von* angeschlossen werden. Die Verwendung von *östlich* in der Rolle einer Präposition mit dem Genitiv ist bereits dort häufiger oder gar fest geworden, wo dem Substantiv oder dem geographischen Namen ein Artikel oder ein Pronomen vorangeht: *östlich dieser Linie, östlich des Flusses, östlich des Harzes.* Der Anschluß mit *von* nach *östlich* wird dort noch bevorzugt, wo ein artikelloser (geographischer) Name steht: *östlich von Berlin* (selten: *östlich Berlins*), *östlich von Nigeria* (selten: *östlich Nigerias*). – Die Nichtbeugung des Substantivs oder Namens nach *östlich* ist nicht korrekt. Es muß also heißen: *östlich Münchens* (nicht: *östlich München*). ↑geographische Namen (1.1.1). **2. östlich/ostwärts:** Mit *östlich* wird die Lage angegeben, *ostwärts* drückt dagegen die Richtung aus: *Das Haus liegt östlich der Stadt* (Frage: wo?). *Sie zogen ostwärts* (Frage: wohin?). Allerdings hat sich *ostwärts* seit langem in der militärischen Sprache auch für Lagebezeichnungen eingebürgert. Man will dadurch vermeiden, daß die Wörter *östlich* und *westlich* wegen ihres ähnlichen Klangs falsch gehört und verwechselt werden.

Otter: Das männliche Substantiv *der Otter* (Genitiv: *des Otters,* Plural: *die Otter*) bezeichnet eine Marderart, das weibliche Substantiv *die Otter* (Genitiv: *der Otter,* Plural: *die Ottern*) eine (giftige) Schlange. Beide Wörter sind etymologisch nicht miteinander verwandt.

Ottonen: ↑Personennamen (3.1).

-ow: Bei der Endung *-ow* in deutschen Personen- und Ortsnamen wird das *w* nicht gesprochen, z. B. in den Namen *Gutzkow, Flotow, Rudow, Pankow, Teltow.*

-ow[er]: Zur Silbentrennung der Ableitungen auf *-er* von Ortsnamen auf *-ow* ↑Einwohnerbezeichnungen (6).

Oxyd/Oxid: Der gemeinsprachlichen Schreibung mit *y* (*Oxyd, Oxydation, Oxydierung, oxydieren, oxydisch, [Kohlen]dioxyd* usw.) steht die fachsprachliche Schreibung mit *i* gegenüber (*Oxid, Oxidation, [Kohlen]dioxid* usw.). Mit der Endung *-id* wird nach den Richtsätzen für die Nomenklatur der anorganischen Chemie eine Klasse von Verbindungen charakterisiert *(-sulfid, -chlorid, -oxid).*

oxydieren: Im Perfekt wird *oxydieren* meist mit *haben,* seltener mit *sein* umschrieben: *Das Eisen hat/*(seltener:) *ist oxydiert.*

P

p: Zur Schreibung und Deklination ↑Bindestrich (2.4) *(P-Laut);* ↑Einzelbuchstaben *(des P, zwei P);* ↑Groß- oder Kleinschreibung (1.2.5) *(das p in Pop).*

paar/Paar: **1. Rechtschreibung:** Das kleingeschriebene *paar* hat in Verbindung mit dem Artikel oder einem Pronomen die Bedeutung „einige wenige“: *ein paar Blumen, mit ein paar Pfennigen in der Tasche.* Während der unbestimmte Artikel ungebeugt bleibt, wird der bestimmte Artikel oder ein Pronomen in Verbindung mit *paar* gebeugt: *in den paar Tagen, mit diesen paar Pfennigen, von deinen paar Äpfeln.* Das großgeschriebene *Paar* ist dagegen ein deklinierbares Substantiv und bezeichnet eine Zweiheit, zwei gleiche oder entsprechende, einander ergänzende oder zwei zusammengehörige Wesen oder Dinge. Der Artikel oder das Pronomen davor wird immer gebeugt: *der Preis eines Paars Schuhe; mit einem Paar Schuhe[n]; von diesen Schuhen habe ich noch zwei Paar* (nicht: *Paare*) *im Schrank; mit einem Paar wollenen Strümpfen.* **2. ein Paar neue Schuhe/neuer Schuhe:** Nach *Paar* kann die folgende Angabe im Genitiv oder als Apposition stehen. Heute wird gewöhnlich das appositionelle Verhältnis gewählt: *ein Paar neue Schuhe*/(selten:) *neuer Schuhe; mit zwei Paar seidenen Strümpfen*/(selten:) *seidener Strümpfe.* ↑Maß-, Mengen- und Münzbezeichnungen (2), ↑Apposition (2.2). **3. Ein Paar Schuhe kostet/kosten 80 Mark:** Weil das Subjekt *(Paar)* formal ein Singular ist, steht das Prädikat in der Regel im Singular: *Ein Paar Schuhe kostet 80 Mark.* Oft wird aber nach dem Sinn konstruiert und das Prädikat in den Plural gesetzt: *Ein Paar Schuhe kosten 80 Mark.* Beides ist korrekt. ↑Kongruenz (1.1.2). **4. ein Paar neue Schuhe/ein neues Paar Schuhe:** Wenn *Paar* mit einer Stoffbezeichnung eine Einheit bildet, dann kann das eigentlich zur Stoffbezeichnung gehörende Adjektiv auch vor der Einheit stehen, sofern es sich auf beide Wörter beziehen kann. Man kann also nicht nur *ein Paar neue Schuhe,* sondern auch *ein neues Paar Schuhe* sagen. ↑Adjektiv (3.2), ↑Kongruenz (1.1.2).

Pack: Das männliche Substantiv *der Pack* wird im Sinne von „Packen, Bündel" gebraucht. Der Plural lautet *die Packe* und *die Päcke.* Das sächliche Substantiv *das Pack* bedeutet „Gesindel". Es hat keinen Plural.

paddeln: Das Perfekt des Bewegungsverbs *paddeln* kann mit *haben* und mit *sein* umschrieben werden. Das Hilfsverb *haben* wird gebraucht, wenn der Vorgang, die Bewegung in der Dauer gesehen wird: *Wir haben gestern lange gepaddelt.* Das Hilfsverb *sein* steht dann, wenn die Ortsveränderung hervorgehoben werden soll: *Wir sind über den See gepaddelt.* Der Gebrauch mit *sein* nimmt, wie bei den anderen Bewegungsverben, immer mehr zu, weil die Veränderung in der Bewegung stärker als die Dauer in der Bewegung empfunden wird. Daher auch schon: *Wir sind ein bißchen gepaddelt.* ↑haben (1).

Pamphlet: Das *ph* in *Pamphlet* wird als [f] gesprochen, die Betonung liegt auf dem langen *e.*

Pantoffel: Standardsprachlich ist die schwache Pluralform *die Pantoffeln;* der starke Plural *die Pantoffel* ist mundartlich oder umgangssprachlich.

Pantomime: Es gibt sowohl *die Pantomime* als auch *der Pantomime.* Das weibliche Substantiv bedeutet „Darstellung einer Szene nur durch Gebärden", das männliche „Darsteller einer Pantomime".

Papagei: *Papagei* kann im Singular und im Plural stark und schwach gebeugt werden. Die starken Beugungsformen lauten: *des Papagei[e]s, die Papageie.* Die schwachen Beugungsformen lauten: *des Papageien, die Papageien.* Der schwache Plural ist üblicher. ↑Fremdwort (3.1).

Papierblock: Der Plural von *Papierblock* lautet *die Papierblocks.* ↑Block.

Papierdeutsch

Papierdeutsch (Amts-, Kanzleideutsch) ist eine von Sprachpflegern gebrauchte tadelnde Bezeichnung für einen unlebendigen, gespreizten, umständlichen (Schreib)stil, für den sich etwa folgende Merkmale anführen lassen:

1. Der übertriebene Gebrauch substantivischer Fügungen an Stelle von einfachen Verben: Viele dieser Fügungen (sog. Funktionsverbgefüge oder Streckformen) machen den Stil schwerfällig und langatmig. Zu ihnen gehören vor allem in der Behördensprache übliche Verbindungen wie *in Wegfall kommen* für *wegfallen, in Abzug bringen* für *abziehen* usw., durch die nichts Zusätzliches gegenüber dem einfachen Verb ausgesagt wird (↑Nominalstil).

2. Der übertriebene Gebrauch von schwerfälligen (Zusammen)bildungen: Bildungen dieser Art sind: *Außerachtlassung, Indienststellung, Inbetriebsetzung, Zurverfügungstellung, Inangriffnahme, Zuhilfenahme, Nichtbefolgung* u. a. ↑-nahme, ↑-ung, ↑Verbalsubstantiv (1.1). Man schreibe also z. B. nicht: *Wegen Außerachtlassung aller Sicherheitsmaßnahmen und Nichtbefolgung der Betriebsvorschriften wurden bei der Tieferlegung der Rohre drei Arbeiter verletzt.* Zu weiteren Informationen ↑Nominalstil, ↑Verbalsubstantiv, ↑-nahme, ↑-ung.

3. Der Gebrauch bestimmter Präpositionen: Einige besonders in der Behörden- und Geschäftssprache vorkommende Präpositionen wie *betreffs, mittels, zwecks* sind umständlich und stilistisch unschön. Sie können meist durch einfachere Präpositionen ersetzt werden (↑betreffs usw.).

4. Bevorzugung des Passivs: Papierdeutsch ist im allgemeinen auch durch die unpersönliche Ausdrucksweise des ↑Passivs gekennzeichnet: *Der Plan wird durchgeführt* statt: *Wir führen den Plan durch. Es wird darauf hingewiesen* statt: *Wir weisen darauf hin.*

Pappplakat: Man schreibt diese Zusammensetzung mit drei *p.* ↑Konsonant (1).

Papst: Zu *des Papstes Paul VI./Papst Pauls VI.* ↑Titel und Berufsbezeichnungen (1.2 und 1.3).

Parabel: Nach *Parabel* wird gewöhnlich mit der Präposition *von* angeschlossen: *Das ist eine Parabel vom einfachen Leben.*

Paragraph: 1. Beugung: Korrekt ist die schwache Beugung des Substantivs, d. h., es muß im Genitiv, Dativ und Akkusativ Singular die Endung *-en* haben: *Ich bin für die Abschaffung dieses Paragraphen. Nach dem Paragraphen ist er schuldig. Sie hat gegen den Paragraphen 117 verstoßen.* Wenn eine Zahl folgt, kann die Kasusendung weggelassen werden: *Das ist der Wortlaut des Paragraph 1 der Straßenverkehrsordnung. Sie hat gegen Paragraph 4 verstoßen. Unter Paragraph 117 ist zu lesen...* **2. Paragraph 3–7/die Paragraphen 3–7:** Bei Hinweisen auf Stellen in Gesetzestexten und bei Zitaten bleibt das Substantiv *Paragraph* ungebeugt, wenn es ohne Artikel unmittelbar vor den Zahlen steht: *Das geht aus Paragraph 3–7 hervor.* Aber mit Artikel: *Das geht aus den Paragraphen 3–7 hervor.* **3. Paragraphenzeichen:** Das Paragraphenzeichen *§* darf nur in Verbindung mit einer Zahl angewendet werden; werden mehrere Zahlen genannt, schreibt man *§§: [der] § 9, § 17ff., [die] §§ 10 bis 15* oder *[die] §§ 10–15.*

parallel: Nach *parallel* wird heute gewöhnlich mit *zu* angeschlossen: *Die Straße verläuft parallel zum Fluß.* Daneben kommt (im übertragenen Gebrauch) auch noch der Dativ vor: *Die Wünsche der Japaner liefen unseren Interessen parallel* (= deckten sich mit ihnen).

Parallele: Das substantivierte Adjektiv wird überwiegend wie ein echtes Substantiv gebeugt, im Singular endungslos, im Plural schwach auf *-n: die Parallelen.* Ohne Artikel (in Verbindung mit einer Kardinalzahl z. B.) kommt im Plural auch starke Beugung vor: *zwei Parallele.* ↑substantiviertes Adjektiv (2.2.1).

parallele Beugung: Unter paralleler Beugung versteht man die übereinstimmende Beugung gleichgeordneter ↑Adjektive: *die vielen schönen Blumen* (schwache Beugung), *viele schöne Blumen* (starke Beugung).

Parataxe: Unter Parataxe versteht man die Nebenordnung von Satzgliedern oder Sätzen im Gegensatz zur Unterordnung oder ↑Hypotaxe: *Die Kin-*

der spielen auf der Wiese, die Mütter sitzen auf den Bänken.

Pardon: Das Substantiv *der* oder *das Pardon (des Pardons)* kommt – abgesehen von der Höflichkeitsformel *Pardon!* – nur noch in Verbindung mit bestimmten Verben vor, z. B. *kein/keinen Pardon kennen, kein/keinen Pardon geben, gewähren, um Pardon bitten.*

Parenthese: So nennt man einen Redeteil, der (als Interjektion, als Anredenominativ, als absoluter Nominativ, als Schaltsatz) außerhalb des eigentlichen Satzverbandes steht.

Parfum/Parfüm: Das Wort hat zwei Schreibungen: Die auf die französische Schreibweise zurückgehende Form „Parfum" [par'fœ̃:] (mit dem Genitiv *des Parfums* und dem Plural *die Parfums*) und die eingedeutschte Form „Parfüm" (mit dem Genitiv *des Parfüms* und den Pluralformen *die Parfüme* und – weniger gebräuchlich – die Parfüms).

Park: Das Substantiv hat zwei Pluralformen: *die Parks* und (seltener) *die Parke.* ↑Fremdwort (3.4).

parterre/Parterre: Klein schreibt man das Adverb (im Sinne von „zu ebener Erde"): *Er wohnt parterre.* Groß schreibt man das Substantiv (in der Bedeutung „Erdgeschoß"): *Im Parterre ist es kalt.* ↑Groß- oder Kleinschreibung (1.2.1).

Partikel: **1. Plural:** Das Substantiv hat weibliches Geschlecht: *die Partikel;* sein Plural lautet *die Partikeln* (nicht: *die Partikel*). **2. *Partikel* als grammatischer Terminus:** *Partikel* ist die zusammenfassende Bezeichnung für die Gruppe von Wörtern, die im Unterschied zum Substantiv, Verb, Adjektiv usw. in der Regel nicht flektierbar (beugbar) sind. Zu den Partikeln rechnet man die Adverbien, z. B. *hier, da, dort, gestern, stets* usw. (↑Adverb), die Präpositionen, z. B. *aus, nach, in, an, auf* (↑Präposition), und die Konjunktionen, z. B. *und, auch, oder, entweder – oder* usw. (↑Konjunktion).

Partisan/Partisane: Die Form *der Partisan* „Widerstandskämpfer" (weibliche Form: *die Partisanin*) kann im Singular stark oder schwach gebeugt werden: *des Partisans* oder *des Partisanen.* Der Plural ist schwach und lautet *die Partisanen.* Davon ist *die Partisane* (Genitiv: *der Partisane,* Plural: *die Partisanen*) als Bezeichnung für eine lanzenähnliche Stoßwaffe zu unterscheiden.

partitiver Genitiv: ↑Genitivattribut (1.2).

Partizip: (Mittelwort): **1.** ↑erstes Partizip. **2.** ↑zweites Partizip. **3.** Zur Steigerung der Partizipien ↑Vergleichsformen (3.1).

Partizipialsatz: ↑satzwertiges Partizip.

Partizip Perfekt: ↑zweites Partizip.

Partizip Präsens: ↑erstes Partizip.

Party: Neben der Pluralform *die Partys* ist auch die englische Pluralbildung *die Parties* gebräuchlich. ↑-y.

Paspel: Das Substantiv hat weibliches, seltener auch männliches Geschlecht. Es heißt *die Paspel,* Genitiv *der Paspel,* Plural *die Paspeln.* Das männliche Wort *der Paspel* hat den Genitiv *des Paspels,* den Plural *die Paspel.*

passabel: Bei *passabel* fällt, wenn es dekliniert oder gesteigert wird, das *e* der Endungssilbe aus: *ein passabler Vorschlag.* ↑Adjektiv (1.2.13), ↑Vergleichsformen (2.2).

Passiv

Das Passiv, auch Leideform genannt, ist eine bestimmte Sehweise für die sprachliche Wiedergabe des Geschehens oder Seins. Im Unterschied zum ↑²Aktiv ist der eigentliche Träger des Geschehens, der Täter, zugunsten des

Geschehens verdrängt. Aktiv: *Der Junge schlägt den Hund.* Passiv: *Der Hund wird von dem Jungen geschlagen.* Häufig wird der Täter überhaupt nicht mehr genannt: *Der Hund wird geschlagen.* Man spricht von einem „täterabgewandten" Geschehen.
Man unterscheidet zwischen dem *werden*-Passiv (Vorgangs- oder Handlungspassiv) und dem *sein*-Passiv (↑Zustandspassiv). Das *werden*-Passiv wird mit *werden* und dem zweiten Partizip des betreffenden Verbs gebildet. Zum persönlichen Passiv bei intransitiven Verben ↑zweites Partizip (2.2).
Indem das Passiv die Möglichkeit bietet, eine Kette von Aktivsätzen abwechslungsreicher zu gestalten, dient es in stilistischer Hinsicht ganz allgemein der Ausdrucksvariation. Darüber hinaus wird es besonders in wissenschaftlichen Abhandlungen, Gesetzestexten, Anordnungen und Gebrauchsanweisungen verwendet, weil es Formulierungen gestattet, die den Handelnden unbezeichnet lassen.

1 Die Brücke wurde von Pionieren/durch Pioniere gesprengt · Er wurde von einer johlenden Menschenmenge/durch eine johlende Menschenmenge aufgehalten · Das Schiff wurde von einem Torpedo/durch einen Torpedo/mit einem Torpedo versenkt (Präposition bei der Passivkonstruktion)

Die Wahl der Präposition bei der Bildung des Passivs bereitet gelegentlich Schwierigkeiten, weil neben *von,* der eigentlichen Präposition im Passiv, in einigen Fällen auch *durch* möglich ist und in bestimmten Fällen sogar nur *durch* gebraucht werden kann.
Mit der Präposition *von* wird im allgemeinen im passivischen Satz der Urheber oder eigentliche Träger eines Geschehens, der Täter, angeschlossen, der im aktivischen Satz als Subjekt auftritt:

Aktiv: *Die Nachbarin* pflegte das kranke Kind. Passiv: Das kranke Kind wurde *von der Nachbarin* gepflegt. Aktiv: *Er* hat das Unglück vorausgesagt. Passiv: Das Unglück ist *von ihm* vorausgesagt worden.

Der Täter ist wie in diesem Beispiel häufig eine Person, er kann aber auch eine Sache oder etwas Abstraktes sein:

Aktiv: *Der Blitz* hat den Baum getroffen. Passiv: Der Baum ist *vom Blitz* getroffen worden. Aktiv: *Das Erdbeben* überraschte uns im Schlaf. Passiv: Wir wurden *von dem Erdbeben* im Schlaf überrascht.

Bei der Umsetzung eines aktivischen Satzes in einen passivischen ist es daher im allgemeinen falsch, mit der Präposition *durch* das Substantiv anzuschließen, das den Urheber oder eigentlichen Träger des Geschehens nennt. Man kann nicht sagen:

Das kranke Kind wurde *durch die Nachbarin* gepflegt. Der Baum ist *durch den Blitz* getroffen worden. Wir wurden *durch das Erdbeben* im Schlaf überrascht usw.

Die Präposition *durch* gibt – sowohl im aktivischen als auch im passivischen Satz – das Mittel an, wobei natürlich auch Personen als Mittel fungieren können (als vermittelnde, ausführende Person o.ä.):

Aktiv: *Er* (= Urheber des Geschehens, Täter) benachrichtigte mich *durch einen Boten* (= Mittel). Passiv: Ich wurde *von ihm* (= Urheber des Geschehens, Täter) *durch einen Boten* (= Mittel) benachrichtigt.

In dem Satz *Ich wurde durch einen Boten benachrichtigt* können Urheber des Geschehens und vermittelnde Person identisch sein. Neben *Die Brücke wurde von Pionieren gesprengt* kann man auch sagen: *Die Brücke wurde durch Pioniere gesprengt,* denn die Pioniere handelten ja sicherlich nicht eigenmächtig, sondern auf Befehl. Neben *Der Alarm war versehentlich vom Kassierer ausgelöst worden* kann man auch sagen: *Der Alarm war versehentlich durch den Kassierer ausgelöst worden.* Neben *Er wurde von einer johlenden Menge aufgehalten* (= die Menge hielt ihn fest, ließ ihn nicht vorankommen) kann man auch sagen: *Er wurde durch eine johlende Menge aufgehalten* (= die johlende Menge ließ ihn, ohne es zu beabsichtigen, nur langsam vorankommen). In manchen Aussagen verschiebt also der Austausch von *durch* und *von* die Sichtweise.
In bestimmten Fällen (gebunden an bestimmte Verben) ist nur die Präposition *durch* möglich:

Aktiv: *Der Torwart* bewahrte die Mannschaft vor einer Niederlage. Passiv: Die Mannschaft wurde *durch den Torwart* vor einer Niederlage bewahrt.

Die Präposition *mit* gibt das Mittel, das Werkzeug, das Instrument an, und zwar wie *durch* gleichermaßen im aktivischen und im passivischen Satz. Die Präposition *mit* ist mit *durch* in den Fällen austauschbar, in denen *durch* ein sachliches Mittel und keinen persönlichen Vermittler anschließt. Falsch ist es, durch *mit* den Täter anzuschließen:

Aktiv: *Das U-Boot* (= Täter) versenkte das Schiff *mit einem Torpedo* (= Mittel). Passiv: Das Schiff wurde *von dem U-Boot* (= Täter) *mit einem Torpedo* (= Mittel) versenkt. Mit Aussparung des Täters: Das Schiff wurde *mit einem Torpedo* (= Mittel) versenkt. In diesem Zusammenhang falsch: Das Schiff wurde *von einem Torpedo* versenkt (die Präposition *von* schließt den Täter an, hier aber ist das Mittel gemeint).

2 Mir wurde das Fürchten gelehrt/Ich wurde das Fürchten gelehrt · Den Schülern wurden die Vokabeln abgehört/Die Schüler wurden die Vokabeln abgehört (Passiv in Sätzen mit doppeltem Akkusativobjekt)

Einige Verben der deutschen Sprache stehen mit einem doppelten Akkusativobjekt: *Er lehrte mich die französische Sprache. Ich höre ihn das Gedicht ab. Ich frage ihn die Vokabeln ab.* Bei diesen Verben besteht die Tendenz, das Akkusativobjekt, das die Person nennt, durch ein Dativobjekt zu ersetzen: *Er lehrte mir die französische Sprache. Ich höre ihm das Gedicht ab. Ich frage ihm die Vokabeln ab.*
Im Passiv ist der Dativ schon ziemlich fest geworden:

Mir wurde die französische Sprache gelehrt. Statt: Ich wurde die französische Sprache gelehrt. Ihm wurde das Gedicht abgehört. Statt: Er wurde das Gedicht abgehört. Ihm wurden die Vokabeln abgefragt. Statt: Er wurde die Vokabeln abgefragt.

Beide Passivbildungen sind korrekt. Steht an Stelle des zweiten Akkusativobjektes ein Nebensatz oder Infinitiv, dann wird das persönliche Passiv gebildet:

Ich bin gelehrt worden, daß dies meine Aufgabe ist. Wir sind gelehrt worden, dankbar zu sein.

3 Andere Möglichkeiten, passivische Sehweise auszudrücken

Nicht selten werden andere Konstruktionen gewählt, um die passivische Sehweise auszudrücken. Diese sind zum Teil jedoch nicht standardsprachlich.

3.1 *bekommen, erhalten, kriegen* + 2. Partizip

Die Verben *bekommen, erhalten, kriegen* werden in Verbindung mit dem zweiten Partizip bestimmter Verben häufig an Stelle der eigentlichen Passivkonstruktion gebraucht. Der aktive Satz *Sein Vater schenkte ihm Bücher* lautet im Passiv *Ihm wurden [von seinem Vater] Bücher geschenkt.* An Stelle dieser Passivkonstruktion heißt es *Er bekam die Bücher [von seinem Vater] geschenkt.*
Die Person, die sonst im Dativ genannt wird *(ihm),* wird hier als Subjekt in den Nominativ gesetzt. Diese Konstruktion findet sich in der Regel nur bei solchen Verben, die mit einem Dativ- und einem Akkusativobjekt verbunden werden, wobei das Dativobjekt eine Person, das Akkusativobjekt eine Sache nennt. Diese Konstruktion kommt vor allem in der Alltagssprache vor:

Er hat sie geschenkt bekommen (Ott). Für: Sie ist ihm geschenkt worden. ... so würde Emilie ihr Geld vielleicht in einem Jahr zugesprochen bekommen (Remarque). Für: Das Geld würde ihr dann zugesprochen werden. Der Volvo 122 S ... erhielt nur von 53,8 % der befragten Besitzer eine ausgezeichnete Straßenlage bescheinigt (Der Spiegel). Für: Dem Volvo 122 S wurde nur von 53,8 % der befragten Besitzer eine ausgezeichnete Straßenlage bescheinigt.

Das Verb *kriegen* gilt im allgemeinen und auch hier als umgangssprachlich. Umgangssprachlich:

... dann kommen wir herauf und holen Sie, damit Sie Ihren Wunsch erfüllt kriegen (Kolb). Für standardsprachlich: ... damit Ihnen Ihr Wunsch erfüllt wird.

3.2 *gehören* + 2. Partizip

An Stelle des Passivs wird gelegentlich auch die Konstruktion mit *gehören* und dem zweiten Partizip gewählt: *Dem gehört das Handwerk gelegt.* Sie drückt eine unbedingte Notwendigkeit, ein Gebot aus und entspricht einem Passiv, das mit dem Verb *müssen* umschrieben ist: *Dem muß das Handwerk gelegt werden.*
Diese Konstruktion ist nicht standardsprachlich, sondern umgangssprachlich und findet sich vornehmlich im Süden des deutschen Sprachgebietes. Landschaftlich umgangssprachlich: *Wer über dreißig ist, gehört aufgehängt* (K. Mann). Für standardsprachlich: *... der muß aufgehängt werden.*

3.3 *bringen* + 2. Partizip

An Stelle des Passivs wird gelegentlich in der Umgangssprache auch die Konstruktion mit *bringen* und dem zweiten Partizip gewählt. Sie drückt aus, daß das Geschehen in Richtung auf eine Person hin verläuft. Sie entspricht dem Passiv eines Verbs, das durch ein Richtungsadverb (*heran, herein* u.a.) näher bestimmt ist. Umgangssprachlich: *Sie brachten ihn getragen.* Für standardsprachlich: *Er wurde [von ihnen] herangetragen.*

3.4 *sein, bleiben, stehen, geben, gehen* + Infinitiv mit zu

Die Verbindung dieser Verben mit einem Infinitiv mit *zu* hat häufig passivische Bedeutung (↑ auch Gerundiv[um]). Die Konstruktion entspricht im allgemeinen einem Passiv, das mit einem Modalverb umschrieben ist.
Häufig ist hier der Gebrauch von *sein:*

Der Schmerz ist kaum zu ertragen. Für: Der Schmerz kann kaum ertragen werden. Diese Arbeit ist zu leisten. Für: Diese Arbeit muß geleistet werden.

Seltener ist der Gebrauch von *bleiben, stehen* und *geben:*

Das Ergebnis bleibt abzuwarten. Für: Das Ergebnis muß abgewartet werden. Es gibt viel zu tun. Für: Vieles muß getan werden. ... am Dienstag standen nun aber gleich beide Publikumsmagneten zu erwarten (Süddeutsche Zeitung). Für: ... wurden erwartet. Das steht zu erwarten. Für: Das wird erwartet.

Umgangssprachlich ist der Gebrauch von *gehen.* Umgangssprachlich heißt es: *Das Bild geht nicht zu befestigen.* Für standardsprachlich: *Das Bild kann nicht befestigt werden.*

3.5 reflexive Verben in Verbindung mit einem Sachsubjekt

Auch reflexive Verben in Verbindung mit einem Sachsubjekt können passivische Sehweise ausdrücken. Bei diesen Konstruktionen kann im Unterschied zu den anderen Fällen der Täter aber nicht genannt werden:

Remarques Anti-Kriegsbuch „Im Westen nichts Neues" verkaufte sich in Rekordauflagen (Quick). Für: Remarques Anti-Kriegsbuch wurde in Rekordauflagen verkauft. Kürzlich lenkte sich die Aufmerksamkeit auf einen Briefwechsel zwischen ... (Wiesbadener Kurier). Für: Kürzlich wurde die Aufmerksamkeit auf einen Briefwechsel zwischen ... gelenkt. Der Schlüssel hat sich gefunden. Für: Der Schlüssel ist gefunden worden. Das Buch liest sich leicht. Für: Das Buch kann ohne Mühe gelesen werden.

3.6 *lassen* in Verbindung mit *sich* und einem Infinitiv

Auch die Konstruktion von *lassen* in Verbindung mit dem Reflexivpronomen und einem Infinitiv hat passivischen Sinn. Sie ist modal gefärbt und entspricht in der Regel einem Passiv, das mit dem Verb *können* umschrieben ist. Diese Konstruktion ist sehr häufig und nicht nur auf Sachsubjekte beschränkt:

Es ließ sich leicht lösen (Ott). Für: Es konnte leicht gelöst werden. ... und nachdem auch diese neuen Unternehmungen sich nicht realisieren lassen (Plievier). Für: ... und nachdem auch diese neuen Unternehmungen nicht realisiert werden können ... Da ließ es sich nicht vermeiden, daß sie ... sich begegneten (Hausmann). Für: Da konnte es nicht vermieden werden, daß sie sich begegneten.

3.7 Verben in Verbindung mit einem Substantiv, das als Ableitung von einem Verb ein Geschehen nennt

Häufig wird auch an Stelle des Passivs die Verbindung eines Verbs wie *kommen, gelangen, finden, erfahren* mit einem Nomen actionis gebraucht, d. h. mit einem von einem Verb abgeleiteten Substantiv, das ein Geschehen nennt (z. B. *Aufführung*). Diese Konstruktion findet sich zumeist im Amts-, Geschäfts- und Zeitungsdeutsch (↑ Nominalstil):

Es kam kaum noch Bargeld zur Zahlung (Grass). Für: Es wurde kaum noch mit Bargeld gezahlt. ... von den ... zur Verteilung gelangten Portionen ... hatte man auch nicht eine Erbse ... abnehmen können (Plievier). Für: Von den verteilten Portionen hatte man nicht eine Erbse abnehmen können. ... daß Dinge, von welchen sie nichts begriff, in ihrem Beisein nie zur Erörterung gelangten (Kolb). Für: ... in ihrem Beisein nie erörtert wurden. Der Schreck, daß alle vier Reifen auf einmal geplatzt seien, findet keine Bestätigung (Bamm). Für: Der Schreck, daß alle vier Reifen auf einmal geplatzt seien, wird nicht bestätigt. Das sittliche Leben des Menschen erfährt dadurch eine wesentliche Beeinträchtigung (Sieburg). Für: Das sittliche Leben des Menschen wird dadurch wesentlich beeinträchtigt. ... das alles erfuhr zum erstenmal eine Milderung, als ... (Thorwald). Für: Das alles wurde zum erstenmal gemildert...

4 Das Passiv bei reflexiven Verben

Von reflexiven Verben kann in der Regel kein Passiv gebildet werden, weil das Reflexivpronomen und das Subjekt dasselbe Wesen oder Ding nennen. Von dem Satz *Ich wasche mich* ist das Passiv *Ich werde von mir gewaschen* sinnlos.

Die Passivkonstruktion ist nur dann möglich, wenn das Subjekt nicht genannt wird oder eine energische Aufforderung ausgesprochen werden soll:

Da wurde ... in zitternder Angst sich verkrochen (C. Viebig). Jetzt wird sich hingelegt! Jetzt wird sich gewaschen!

Zum Gebrauch des zweiten Partizips reflexiver Verben (z. B. *der ausgeruhte Wanderer,* aber nicht: *das geschämte Kind*) ↑zweites Partizip (2.3).

Pastor: 1. Aussprache: Das Substantiv kann im Singular entweder auf der ersten oder auf der zweiten Silbe betont werden. Die Betonung ist landschaftlich verschieden: *Pạstor/Pastọr.* **2. Deklination:** Der Genitiv lautet *des Pastors,* der Plural *die Pastoren,* landsch. auch *die Pastore* oder *die Pastöre.*

Pate: In den Bedeutungen „Taufzeuge" und „Patenkind" hat *Pate* männliches Geschlecht; der Genitiv lautet *des Paten,* der Plural *die Paten.* In der Bedeutung „Taufzeugin, Patin" hat *Pate* weibliches Geschlecht; der Genitiv lautet *der Pate,* der Plural *die Paten.*

Pater: Zur Anschrift ↑Brief (7).

Paternoster: Es gibt sowohl *das Paternoster* wie *der Paternoster.* Das sächliche Wort entspricht dem deutschen *Vaterunser (ein Paternoster beten).* Das männliche Wort bezeichnet einen ständig umlaufenden Aufzug, ein Baggerwerk o. ä. *(den Paternoster benutzen).*

Patient: Das Substantiv wird schwach gebeugt, d. h., es muß im Genitiv, Dativ und Akkusativ Singular die Endung *-en* haben: *Der Arzt hat dem Patienten* (nicht: *Patient*) *Ruhe verordnet.* ↑Unterlassung der Deklination (2.1.2).

Patriarchat: Allgemein gebräuchlich ist *das Patriarchat.* Im kirchlichen Sprachgebrauch gilt für die Bedeutung „Würde oder Amtsbereich eines Patriarchen" auch *der Patriarchat* (↑-at).

Pauschale: Das Substantiv *Pauschale* ist sowohl mit weiblichem als auch sächlichem Geschlecht gebräuchlich. Es heißt meist *die Pauschale* (Genitiv: *der Pauschale,* Plural: *die Pauschalen*); seltener ist *das Pauschale* (Genitiv: *des Pauschales,* Plural: *die Pauschalien*).

Pedal: Das Substantiv *Pedal* hat sächliches Geschlecht. Es heißt *das Pedal,* Genitiv: *des Pedals,* Plural: *die Pedale.* In der Wendung *in die Pedale treten* handelt es sich also um den Plural.

Peloponnes: Der Name für die südgriechische Halbinsel wird meist als Maskulinum gebraucht: *der Pelopon-*

nes. Seltener ist das Femininum *(die Peloponnes),* das durch die Silbe *-nes* zu erklären ist, die auf das weibliche griechische Substantiv ἡ νῆσος (*nēsos* „Insel") zurückgeht. Der Genitiv kann *des Peloponnes* und *des Peloponneses* lauten.

penibel: Bei *penibel* fällt, wenn es dekliniert oder gesteigert wird, das *e* der Endungssilbe aus: *ein sehr penibler Mensch*. ↑Adjektiv (1.2.13).

Penny: Die Pluralform lautet *die Pennies* (↑-y).

pensee: ↑Farbbezeichnungen (2.2).

per: Nach *per* steht der Akkusativ: *per ersten Januar, per eingeschriebenen Brief, per Boten* (nicht: *per Bote*). Die aus dem Lateinischen stammende Präposition wird – von der ugs. Wendung *mit jmdm. per du sein* abgesehen – vor allem in der Behörden- und Kaufmannssprache gebraucht. Sie läßt sich, wenn man sie als stilistisch unschön empfindet, durch deutsche Präpositionen ersetzen, z. B.: *per/mit dem Schiff, per/durch Eilboten, per/ab sofort, per/für/zum 1. Januar.*

Perfekt: Das Perfekt (vollendete Gegenwart, Vorgegenwart, 2. Vergangenheit), eine Zeitform des Verbs, wird mit *haben* oder *sein* + 2. Partizip gebildet: *Ich habe die Blumen gebunden. Die Rose ist verblüht.* Diese Formen drükken aus, daß ein Geschehen vom Standpunkt des Sprechers aus gesehen zwar vergangen, aber doch auf seinen Standpunkt bezogen ist. Das Geschehen geht den Sprecher also noch unmittelbar an: *„Es hat geschneit!"* ruft ein Kind, das früh am Fenster den in der Nacht gefallenen Schnee erblickt. Zum Verhältnis Perfekt – Präteritum ↑Präteritum; zu den Zweifelsfällen bei der Perfektumschreibung mit *haben* oder *sein (Ich bin/habe gefahren)* ↑haben (1); zum Gebrauch des Infinitivs statt des 2. Partizips (*weil sie ihn hat kommen sehen* usw.) ↑Infinitiv (4).

Periode: Als Periode bezeichnet man einen mehrfach zusammengesetzten, kunstvoll gegliederten Satz, der aus Haupt- und Nebensätzen oder aus einer Reihe von Hauptsätzen bestehen kann.

Perlmutt, Perlmutter: Die Formen *das Perlmutt* und *die Perlmutter* können sowohl auf der zweiten als auch auf der ersten Silbe betont werden. Die Anfangsbetonung ist seltener.

Perpendikel: Es heißt sowohl *der Perpendikel* als auch *das Perpendikel.*

Personalform: ↑Finitum.

Personalpronomen: Das Personalpronomen (persönliches Fürwort) steht stellvertretend für eine Person oder Sache. Zu den persönlichen Pronomen gehören das eigentliche Personalpronomen, das ↑Reflexivpronomen und das ↑reziproke Pronomen: *Er* (= der Junge) *sah, wie sie* (= die alte Frau) *zu Boden stürzte. Hilfst du mir? Ich wäre am liebsten verreist. Er ließ es* (= das Buch) *unaufgeschlagen neben sich liegen. Sie sahen sich öfter im Theater. Sie standen einander bei.* **1. Unklare Bezüge:** Das Personalpronomen darf nicht gebraucht werden, wenn dadurch unklare oder falsche Bezüge entstehen, z. B.: *Die Lage der Partei ist bedrückend. Sie ist innerlich zerrissen.* (Wer? Die Lage oder die Partei?) *Mit ihrer Freundin betrat sie den Ballsaal. Die gute Erziehung Marias kam ihr nun zustatten.* (Wem? Ihr selbst oder ihrer Freundin Maria?) In diesen Fällen muß man anders formulieren. **2. Genitiv:** Der Genitiv Singular des Personalpronomens lautet: *meiner, deiner, seiner, (ihrer, seiner);* die Formen *mein, dein, sein* sind veraltet: *Ich erinnere mich seiner kaum noch.* Veraltet: *Erbarmt euch mein!* Der Genitiv Plural lautet: *unser, euer, ihrer* (nicht: *uns[e]rer, eu[e]rer;* das sind die Formen des ↑Possessivpronomens). Es muß also heißen: *Wir waren unser* (nicht: *uns[e]rer*) *fünf. Erbarme dich unser! Wir haben euer* (nicht: *eu[e]rer*) *gedacht. Es waren ihrer sechs.* Die Kurzform *ihr* ist veraltet: *ihr beider Gefühl* (Binding), *ihr beider Ungestüm* (W. Schäfer). **3. Stellung:** Im Gegensatz zu der Normalfolge (Subjekt) – Dativobjekt – Akkusativobjekt ist die Folge der Satzglieder – wenn beide Objekte Pronomen sind – (Subjekt) – Akkusativobjekt – Dativobjekt: *Der Vater schenkt seiner Tochter* (= Dativobjekt) *ein Buch* (= Akkusativobjekt). Aber: *Der Vater schenkt es* (= Akkusativobjekt) *ihr* (= Dativobjekt). Wenn nur ein Objekt ein Pronomen ist, tritt folgende Wortstellung ein: Dativobjekt ein Pronomen: (Subjekt) – Dativobjekt – Akkusativobjekt: *Der Vater schenkt ihr ein Buch.* Akkusativobjekt ein Pronomen: (Subjekt) – Akkusativobjekt – Dativobjekt: *Der Vater schenkt es seiner Tochter.* In der Gegenwartssprache besteht eine starke Neigung, Personalpronomen, die in der Rolle eines Objekts stehen, aus der ihnen zukommenden Stellung zu verdrängen. Ihre übliche Stellung ist bei Sätzen mit Zweitstellung des Finitums (der Personalform des Verbs) unmittelbar hinter diesem. Bei Nebensätzen stehen die Pronomen im allgemeinen unmittelbar hinter dem Einleitewort. Nur wenn das Subjekt des Nebensatzes ebenfalls ein Pronomen ist, geht dieses voraus. Bei Infinitivgruppen stehen die Pronomen an der Spitze. Die Veränderung dieser üblichen Stellungen beruht auf dem Bestreben des Sprechers, das Pronomen näher zu dem Verb zu stellen, von dem es regiert wird. Üblich: *Als er Rom zum erstenmal sah, war ihm die Stadt bereits aus Büchern bekannt.* Veränderte Stellung: ... *war die Stadt ihm bereits aus Büchern bekannt.* Üblich: *Da er verletzt war, mußte ihn der Arzt krank schreiben.* Veränderte Stellung: ... *mußte der Arzt ihn krank schreiben.* Üblich: *Wir widersprechen diesem Vorschlag auf das entschiedenste, weil uns die Ansichten von Frau Dr. Scholze mißfallen.* Veränderte Stellung: ..., *weil die Ansichten von Frau Dr. Scholze uns mißfallen.* **4.** Zu *solcher* an Stelle des Personalpronomens ↑solcher (3). **5.** Zur überflüssigen Wiederaufnahme oder falschen Ersetzung eines Relativpronomens durch ein Personalpronomen ↑Relativpronomen (5). Zur Deklination des Adjektivs oder des substantivierten Adjektivs bzw. des substantivierten Partizips nach Personalpronomen ↑Adjektiv (1.2.4). Zum Demonstrativpronomen an Stelle des Personalpronomens ↑Demonstrativpronomen (5).

Personennamen

1 Zum Gebrauch des Artikels

Personennamen ohne Beifügung werden im allgemeinen ohne Artikel gebraucht:

Hans ist ein braver Junge. Der Geburtsort Johann Wolfgang von Goethes ist Frankfurt am Main. (Entsprechend auch Gott und Christus für den Monotheisten:) Gott ist mein Zeuge. Christus trägt der Welt Sünde.

1. Der bestimmte Artikel steht aber, um den Kasus zu verdeutlichen (↑2.1.3):

die Dramen des Sophokles, eine Ausgabe des Horaz (die Dramen Sophokles', eine Ausgabe Horaz' wären undeutlich).

2. Der bestimmte Artikel steht weiterhin bei Personennamen, die mit einem Adjektiv verbunden sind:

der kleine Karl, die reiche Schulz, der alberne Schmidt; der liebe Gott. (Aber bei Adjektiven als festen Bestandteilen von Namen oder in der Anrede:) Jung Siegfried; Klein Erna. Liebe Petra! Lieber Franz!

Bei vorangestellter Apposition erhält diese den Artikel:

der Dichter Hölderlin; der Geschichtsschreiber Meinecke; die Schauspielerin Karoline Neuber.

Ist die vorangestellte Apposition jedoch ein Titel oder eine Verwandtschaftsbezeichnung, dann fehlt der Artikel:

Königin Elisabeth, Doktor Schmidt, Herr Wahl, Frau Eck, Fräulein Schneider, Vater Schulze, Mutter Spohr.

Umgangssprachlich (und verwaltungssprachlich) steht der Artikel auch bei Personennamen ohne Adjektiv oder bei vorangestellter Apposition:

Die Inge hat mich verlassen. Der Peter träumt schon wieder. Die Frau Schmidt, der Herr Müller, die Akte des Anton Meier.

3. Der bestimmte Artikel steht identifizierend bei Werken der Kunst, Literatur, bei Schauspielrollen usw., die mit Eigennamen bezeichnet werden:

Kennst du den Laokoon und die Emilia Galotti von Lessing? Hat Minetti nicht auch schon den Faust gespielt?

Bei Titeln von Kunstwerken kann der Artikel auch fehlen:

ein Zitat aus „Oberon"; ich höre heute abend „Rienzi"; die Ouvertüre zu „Lukrezia". (Vor allem bei mehrgliedrigen Namen:) die bekannte Stelle aus „Romeo und Julia".

Wenn der Titel mit näheren Bestimmungen verbunden ist und als Gattungsbezeichnung klassifizierend gebraucht wird, wenn etwas als ein Vertreter einer Gattung gekennzeichnet wird, dann wird der unbestimmte Artikel gesetzt:

Diese Aufführung ist ein neuer Wallenstein. Dort wird ein Faust aufgeführt, wie man ihn noch nie gesehen hat.

4. Wenn aus einem Personennamen eine Gattungsbezeichnung wird, dann steht bei Identifizierung der bestimmte, bei Klassifizierung der unbestimmte Artikel:

Napoleon ist der Cäsar der Neuzeit. Er war der Cicero unserer Zeit. Das ist der Rembrandt, den ich gekauft habe. Der Duden (= Wörterbuch der Rechtschreibung von K. Duden) ist neu bearbeitet worden. Sie ist eine zweite Lucrezia Borgia. Sie ist eine neue Sappho. Der Wagen ist ein Diesel. Dieses Werk ist ein echter Rembrandt. Er dichtet wie ein Goethe. Er ist ein richtiger Goethe. (Unbestimmter Artikel vergleichend in der Bedeutung ‚ein Mann wie':) von den poetischen Klängen eines Körner begleitet (= eines Mannes wie Körner).

5. Der Artikel steht auch beim Plural von Personennamen (↑3):

die Gretchen, die Heinriche; die [beiden] Grimm (Jacob und Wilhelm Grimm). ... wenn die Idi Amins dieser Erde über Atomwaffen verfügen (Alt).

Er steht besonders dann, wenn mit dem Plural Herrschergeschlechter oder bekannte Familien bezeichnet werden:

die Ottonen, die Scipionen; die Bismarcks.

Die Bezeichnung für die Mitglieder einer Familie steht meist ohne Artikel (↑3.2):

Meyers sind eine schreckliche Familie (doch auch: die Meyers im Sinne von diese Meyers).

6. Familiennamen von Frauen, die ohne einen das Geschlecht bezeichnenden Zusatz stehen, brauchen mindestens den bestimmten Artikel, um als weiblich erkannt zu werden; das gilt auch gelegentlich für fremdsprachige weibliche Vornamen:

Die Werke der Droste-Hülshoff. War das die Hujus? ... das Zimmer der Wurmbrand (Th. Mann). Auf die Galeone mit der Myga! (Raabe). (Aber:) die Gedichte von Ricarda Huch (da durch den Vornamen das weibliche Geschlecht bereits deutlich wird).

2 Singulardeklination

2.1 Namen ohne Bestimmungswort

2.1.1 Familien-, Personen- und Vornamen ohne Artikel oder Pronomen erhalten nur im Genitiv die Endung *-s* (altertümlich: *-ns*), sonst sind sie endungslos:

Goethes Gedichte, der Geburtsort Schillers, Cäsars Ermordung, die Niederlage Hannibals, Peters Heft, Sophias/Sophies/(veralt.:) Sophiens Kleid, Iphigenies/(veralt.:) Iphigeniens Klage.

Man ehrte Goethe wie einen Fürsten. Ich besuchte Karl. Die Bürger Karthagos dankten Hannibal für seinen Sieg. Ich widersprach Fritz.

Die Endung *-(e)n* ist veraltet:

Mit Gellerten stand er nicht im besten Vernehmen (Goethe). Börnes Zorn loderte am grimmigsten gegen Menzeln (Heine). Mit des alten Fritzen eigenhändigem Krückstock (Fontane). So ging es Stankon mit mir (Th. Mann).

Zu *Mutters Erfolg ärgert Vatern* ↑Verwandtschaftsbezeichnungen.

2.1.2 Familien-, Personen- und Vornamen mit vorangehendem Artikel oder Pronomen bleiben heute meist ungebeugt, weil der Kasus durch diese Begleitwörter deutlich wird:

die Partie des Lohengrin, das Leben des heiligen Gregor des Großen, der Eifer unseres Michael, die Werke eines Schiller, die Bilder des jungen Dürer, ein Gemälde des älteren Holbein.

Bei Voranstellung des Genitivs in gewählter Sprache ist dagegen die gebeugte Form noch üblich: *des armen Joachims Augen* (Th. Mann).

2.1.3 Namen auf *s, ß, x, z, tz* bilden den Genitiv:

- durch ↑Apostroph (4.1):

  Fritz' Hut, Demosthenes' Reden; (entsprechend:) A. France' Werke, J. Joyce' Einfluß.

- durch *von* + Name:

  der Hut von Fritz, die Operetten von Strauß.

- durch Voranstellung des Artikels oder des Pronomens mit oder ohne Gattungsbezeichnung (dies gilt jedoch nicht für Familien- und Vornamen, die ohne Artikel stehen):

  der Tod des Perikles, des [Arztes] Paracelsus Schriften.

- seltener durch die altertümliche Endung *-ens,* die aus schwacher und starker Genitivform gemischt ist:

  Fritzens Streiche, Marxens Werke, Horazens Satiren.

- bei antiken Personennamen durch Weglassen der Endung und mit normaler Beugung:

  Achill[es]/(Genitiv:) Achills, Priam[us]/(Genitiv:) Priams.

2.1.4 Zu Gattungsbezeichnungen gewordene männliche Personennamen müssen wie ein gewöhnliches Substantiv die Genitivendung *-s* erhalten:

des Zeppelins, des Dobermanns, des Nimrod[e]s.

Bei einigen Wörtern gebraucht man die unflektierte Form, wenn man noch den Namen, die Form mit Genitiv-s, wenn man bereits die Sachbezeichnung empfindet:

des Ampere[s], des Duden[s], des Diesel[s].

2.2 Namen mit Bestimmungswort

2.2.1 Hat eine Person mehrere Namen, dann wird nur der letzte (Vorname oder Familienname) dekliniert:

Anna Marias Erfolge, Klaus Peters Geburtstag, Gotthold Ephraim Lessings Werke, die Werke Rainer Maria Rilkes, in der Dichtung Ricarda Huchs.

Einen Sonderfall stellt der Typ gezählter Vorname + Vorname/Familienname dar, wo auch der gezählte Vorname gebeugt werden muß *(die Feldzüge Gustavs II. Adolfs).*

Wenn vor dem Familiennamen eine Präposition *(von zu, van, de, ten)* steht, dann wird heute gewöhnlich der Familienname gebeugt:

ein Gedicht Joseph von Eichendorffs, Adolph von Menzels Zeichnungen, Heinrich von Kleists Werke, die Bilder Anton van Dycks, der Sieg Hein ten Hoffs.

Ist der Familienname jedoch noch deutlich als Ortsname zu erkennen, dann wird der Vorname gebeugt:

die Lieder Walthers von der Vogelweide, der „Parzival" Wolframs von Eschenbach, die Geschichte Gottfriedens von Berlichingen (Goethe), die Erfindungen Leonardos da Vinci, die Predigten Abrahams a San[c]ta Clara, die Regierung Katharinas I. von Rußland.

Wo Zweifel bestehen, neigt man zur Beugung des Ortsnamens:

die Erfindungen Leonardo da Vincis usw.

Steht jedoch der Ortsname unmittelbar vor dem dazugehörenden Substantiv, dann wird immer häufiger der Ortsname gebeugt:

Wolfram von Eschenbachs „Parzival" (auch noch: Wolframs von Eschenbach Gedichte); Roswitha von Gandersheims Dichtung (auch noch: Roswithas von Gandersheim Dichtung).

Vergleiche auch ↑Adelsnamen.

2.2.2 Bei der Verbindung artikelloses Substantiv + Name wird nur der Name dekliniert, weil die ganze Fügung als Einheit aufgefaßt wird:

Tante Inges Kollegin, die Günstlinge Königin Christines von Schweden, der Sieg Kaiser Karls, Onkel Pauls Hut, Vetter Fritz' (Fritzens) Frau, die Mätresse König Ludwigs [des Vierzehnten], Professor Lehmanns Sprechstunde, Architekt Müllers Einwand; Wiederwahl Bundespräsident Lübkes (Die Zeit); er sprach mit Graf Holstein (Dativ); das Vertrauen in Präsidentin Holler (Akkusativ).

Ausnahmen sind ↑Herr und substantivierte Partizipien:

Herrn Müllers Einladung. Rufen Sie Herrn Müller! Abgeordneten Mayers Zwischenrufe.

Zu den Ausnahmen gehören ferner die auf *-e* endenden schwachen Substantive, bei denen die Nichtbeugung schon stark im Vordringen ist *(Kollegen* [auch: *Kollege*] *Schulzes Eintritt in die Gewerkschaft).* Steht eine Apposition nach dem Namen, dann steht sie im gleichen Kasus:

am Hofe Kaiser Karls des Großen, ein Dekret Papst Innozenz' III. (des Dritten).

2.2.3 Bei der Fügung Artikel (Pronomen) [+ Adjektiv] + Substantiv + Name wird das bestimmende Substantiv (der Titel, Rang usw.) dekliniert, während der Name ungebeugt bleibt:

die Reformen des [mächtigen] Kaisers Karl oder des [mächtigen] Kaisers Karl Reformen, des Königs Ludwig, des Vetters Fritz, unseres [lustigen] Onkels Paul, der Fleiß meines Sohnes Peter, jenes [berühmten] Geologen Schardt, des Architekten Müller Einwand. Des Herrn Meyer, des Herrn Müller. (Aber in Verbindung mit Verwandtschaftsbezeichnungen:) Zum Tode Ihres Herrn Vaters ... Über den Besuch Ihres Herrn Sohnes haben wir uns sehr gefreut.

Eine Apposition steht im gleichen Kasus wie das bestimmende Substantiv:

... im Dienst *des Königs* Philipp *des Zweiten.*

Der Titel *Doktor (Dr.)* bleibt immer ungebeugt, weil er als Bestandteil des Namens gilt. Auch *Fräulein* wird nicht gebeugt:

die Ausführungen unseres Doktor (nicht: Doktors) Meyer, der Platz Ihres Fräulein Meyer.

2.2.4 Bei zwei oder mehr artikellosen Substantiven vor einem Namen wird nur der Name gebeugt:

Regierungsrat Professor Pfeifers Rede, Oberärztin Dr. Hahns Visite, Privatdozent Dr. Schmidts Abhandlung.

Herr wird jedoch immer gebeugt (↑2.2.2):

Herrn Regierungsrat Professor Pfeifers Rede, Herrn Professor Dr. Lehmanns Sprechstunde, Herrn Architekt Müllers Einwand.

In Anschriften (die den Dativ oder Akkusativ erfordern) wird außer *Herr* auch der folgende Titel gebeugt, er kann aber auch ungebeugt bleiben:

Herrn Regierungspräsidenten Weltin (auch: Herrn Regierungspräsident Weltin).

Bei substantivierten Partizipien und Appositionen wird gebeugt:

Herrn Abgeordneten Meyer. Die Rede des Rektors, Herrn Professor Meyers ... Die Einführung des neuen Leiters, Herrn Regierungsrat Müllers ...

2.2.5 In der Verbindung Artikel (Pronomen) [+ Adjektiv] + zwei oder mehr Substantive + Name erhält meist nur das erste Substantiv (der Titel, Rang usw.) die Genitivendung, während das zweite und die folgenden als enger zum Namen gehörend meist ungebeugt bleiben:

die Rede der [Ersten] Vorsitzenden Studienrätin Dr. Sander, die Aussage des [verhafteten] Stadtrats Bankier Dr. Schulze.

Ist *Herr* das erste Substantiv, dann wird der folgende Titel in der Regel gebeugt. Bei substantivierten Partizipien muß immer gebeugt werden:

die Bemerkungen des Herrn Generaldirektors Meyer, die Ausführungen des Herrn Studienrats Schönberg, die Abhandlung des Herrn Privatdozenten Dr. Schmidt (auch: des Herrn Privatdozent Dr. Schmidt), die Rede des Herrn Ministers [Dr.] Müller (auch: des Herrn Minister [Dr.] Müller). (Aber nur:) die Rede des Herrn Abgeordneten Müller.

In Anschriften (die den Dativ oder Akkusativ erfordern):

An den Herrn Regierungspräsidenten Weltin; dem Herrn Regierungspräsidenten Weltin (aber auch: An den Herrn Regierungspräsident Weltin; dem Herrn Regierungspräsident Weltin). (Aber nur:) An den Herrn Abgeordneten E. Müller.

Doktor (Dr.) wird als Teil des Namens auch hier nicht gebeugt (↑2.2.3):

der Vortrag des Herrn Dr. (= Doktor) Meyer.

2.2.6 In der Verbindung Name + Apposition werden beide Bestandteile dekliniert:

das Leben Katharinas der Großen, ein Enkel Ludwigs des Deutschen, die Regierung Karls des Großen, Elisabeths I. (= der Ersten).

Es gilt als nicht korrekt, in diesen Fällen nicht den Namen, sondern nur die Apposition zu beugen:

die einzige Tochter Karl des Kühnen, das fuchsrote Haar Wilhelm des Eroberers (Bruckner), seit Widukinds und Karl des Großen Zeiten (W. Schäfer).

3 Pluraldeklination

Familien-, Personen- und Vornamen bilden nur dann einen Plural, wenn sie zu Gattungsbezeichnungen geworden sind. Sie bezeichnen dann entweder die reine Gattung (*Krösusse; Krösus* = ein reicher Mann) oder Personen, die mit dem ursprünglichen Träger des Namens verglichen werden (*Das sind schon beinahe Napoleons* = Männer wie Napoleon), oder sämtliche Mitglieder einer Familie, eines Geschlechtes bzw. verschiedene Träger des gleichen Namens *(die Meyers).*

3.1 Personen- und Vornamen

Männliche Personen- und Vornamen, die auf einen Konsonanten enden, haben die Endung *-e (die Heinriche, die Rudolfe, die Krösusse).* Verkleinerungsformen auf *-chen* und *-el* sowie Namen auf *-er* und *-en* stehen ohne Endung *(die Hänschen, die Hänsel, die Peter, die Jürgen).* Daneben gibt es – vor allem in der Umgangssprache – den Plural auf *-s (die Heinrichs, die Rudolfs).* Er steht auch meist bei Personen- und Vornamen, die auf Vokal enden *(die Albas, die Hugos).* Die Endung *-nen* erhalten männliche Personen- und Vornamen auf *-o,* wenn Herrschergeschlechter oder verschiedene berühmte Träger des gleichen Namens bezeichnet werden sollen *(die Ottonen, die Scipionen).*
Weibliche Personen- und Vornamen auf *-e* bilden den Plural mit *-n (die Mariannen, die Isolden, die Ottilien).* Enden sie auf einen Konsonanten (außer S-Lauten), dann bilden sie den Plural mit *-en* oder *-s (die Diethilden, die Adelheiden, die Diethilds, die Adelheids, die Ediths, die beiden Sigrids).* Endet der Name auf einen S-Laut, dann bleibt er im Plural unverändert *(die beiden Agnes).* Verkleinerungsformen auf *-chen* und *-el* stehen ohne Endung *(die deutschen Gretchen, die beiden Gretel), -s* ist hier umgangssprachlich. Nach den Endungen *-a, -o* und *-i/-y* steht der Plural auf *-s (die Annas, die Sapphos, die Emmis, die Liddys).* Wo für *-a* ein *-e* eintreten kann, steht auch die Endung *-n (die Annen, die Sophien).*

3.2 Familiennamen

Die Familiennamen bilden den Plural heute meist auf *-s* (*die Rothschilds, Buddenbrooks; das sind Holbeins* [= Bilder von Holbein]). Gelegentlich stehen sie auch ganz ohne Endung, so besonders die auf *-en, -er, -el* endenden Namen *(die beiden Schlegel. Die Münchhausen sterben nicht aus).* Geht der Familienname auf Zischlaut aus, dann steht die Endung *-ens (Schulzens).*

4 Ableitungen von Personennamen auf *-[i]sch*

Eine feste Regel, wann man *-isch* und wann man *-sch* zur Ableitung eines Adjektivs von einem Personennamen verwendet, gibt es nicht. Endet ein Personennamen auf *e,* dann kann das *e* weggelassen werden und mit *-isch* abgeleitet werden, oder das *e* kann erhalten bleiben und mit *-sch* abgeleitet werden. Die Adjektive mit *-isch* werden heute bevorzugt:

die Heineschen/Heinischen „Reisebilder“, Goethische/Goethesche Gedichte.

Bei attributivem Gebrauch des betreffenden Adjektivs ist heute die Ableitung auf *-sch* üblich, wenn das Wort sich unmittelbar auf die Person bezieht:

eine Mahlersche Sinfonie, die Böllschen Erzählungen, die Einsteinsche Relativitätstheorie, das Bartschsche Haus.

Daneben sind natürlich heute auch noch herkömmliche Ableitungen auf *-isch* gebräuchlich:

die Platonischen Schriften, die Kantische Philosophie, die Vossische Zeitung.

Bei subjekt- und prädikatbezogenem Gebrauch adjektivischer Ableitungen von Personennamen ist aus lautlichen Gründen nur die Ableitung auf *-isch* üblich:

Manche ihrer Kompositionen wirken ganz mozartisch. Das ist nicht schopenhauerisch, sondern kierkegaardisch gedacht.

Zu *goethisch/Goethisch* ↑Groß- oder Kleinschreibung (1.2.2).

5 Rechtschreibung

5.1 Zusammen- oder Getrenntschreibung oder Bindestrich

5.1.1 Familien- und Personennamen: Man setzt den Bindestrich, wenn in einer Zusammensetzung aus einem Familiennamen als Bestimmungswort und einem Grundwort der Name hervorgehoben werden soll: *Schiller-Museum, Opel-Vertretung, Hürlimann-Traktoren.* Bei geläufig gewordenen Bezeichnungen schreibt man dagegen zusammen: *Röntgenstrahlen, Dieselmotor.*

Der Bindestrich muß auch gesetzt werden, wenn dem Familiennamen als Bestimmungswort ein zusammengesetztes Grundwort folgt: *Beethoven-Festhalle,* wenn die Bestimmung zu dem Grundwort aus mehreren Namen besteht: *Max-Planck-Gesellschaft, St.-Marien-Kirche, Escher-Wyss-Turbinen,* wenn Vor- und Familienname umgestellt sind und der Artikel vorangeht: *der Huber-Franz,* wenn der Name als Grundwort steht: *Möbel-Schulze, Brillen-Frey,* wenn es sich um Doppelnamen handelt: *Müller-Frankenfeld* oder um Adjektive, die aus einem mehrteiligen Namen, aus einem Titel und Namen oder aus mehreren Namen bestehen: *die Dr.-Müllersche Apotheke, die Thurn-und-Taxissche Post.*

Zusammensetzungen von einteiligen Namen mit einem Adjektiv werden zusammengeschrieben, weil sie nur einen bestimmten Begriff bezeichnen: *goethefreundlich, lutherfeindlich.* In Zusammensetzungen mit mehrteiligen Namen koppelt man durch Bindestriche: *Fidel-Castro-freundlich, de-Gaulle-treu.*

5.1.2 Vornamen: Doppelnamen, die nur einen Hauptton tragen, werden im allgemeinen zusammengeschrieben: *Annemarie, Hannelore, Wolfdieter, Hansjürgen,* aber: *Heike Barbara, Thomas Martin, Johann Wolfgang.* Manchmal kommen alle drei Schreibweisen nebeneinander vor: *Karl Heinz, Karl-Heinz, Karlheinz.*

Den Bindestrich setzt man bei Zusammensetzungen aus einer Berufsbezeichnung und einem Vornamen: *Bäcker-Anna.* Alle anderen Zusammensetzungen aus einem Substantiv und einem Vornamen werden zusammengeschrieben: *Wurzelsepp, Suppenkaspar.*

5.2 Silbentrennung

Die Trennung von Personennamen ist möglichst zu vermeiden. In Notfällen trenne man nach den allgemeinen Richtlinien (↑Silbentrennung). Zur Trennung von *ck* in Familiennamen *(Weizsäk-ker,* aber: *Sen-ckenberg, bismarckisch)* ↑ck.

persönlich anwesend: ↑Pleonasmus.

persönliches Fürwort: ↑Personalpronomen.

Petkusser/Petkuser: ↑Einwohnerbezeichnungen (5).

pf-, Pf-: ↑Aussprache (9).

Pfarrer: Zu *des Pfarrers Schlosser/Pfarrer Schlossers* ↑Titel und Berufsbezeichnungen (1.2 und 1.3); zur Anschrift ↑Brief (7).

Pfau: Zu *der Pfau* heißt der Genitiv *des Pfau[e]s* (österr. auch: *des Pfauen*), der Plural lautet *die Pfauen* (österr. auch: *die Pfaue*).

Pfennig: 1. Unterlassung der Deklination: Entsprechend anderen Maß-, Mengen- und Münzbezeichnungen steht *Pfennig* (Abk.: *Pf.;* Zeichen: ₰ = nach dem Anfangsbuchstaben von lat. *denarius*) hinter Zahlen, die größer als 1 sind, häufig ungebeugt: *Das kostet zwanzig Pfennig.* Der Plural tritt aber dann ein, wenn die einzelnen Münzen gezählt werden: *Es sind dreißig Pfennige in der Büchse.* ↑Maß-, Mengen- und Münzbezeichnungen (1). **2. Kongruenz:** Bei einer pluralischen Pfennigangabe steht das Finitum (die Personalform des Verbs) im Plural. Es muß also heißen: *Achtzig Pfennig reichen* (nicht: *reicht*) *nicht für einen Liter Milch.* ↑Kongruenz (1.2.1).

Pfingsten: Der Gebrauch des Wortes *Pfingsten* entspricht dem des Wortes ↑Ostern.

pflegen: 1. Konjugation: Bei dem früher allgemein unregelmäßig gebeugten Verb *(Sie pflogen nach dem Essen der Ruhe. Die Bürger hatten Rats gepflogen)* sind heute standardsprachlich nur die regelmäßigen Formen gebräuchlich: *Man pflegte den Kranken, hat ihn gepflegt.* **2. Komma:** In Verbindung mit einem Infinitiv mit *zu* wird *pflegen* nur hilfszeitwörtlich gebraucht. Es darf also kein Komma stehen: *Sie pflegte vor dem Einschlafen noch in einem Kriminalroman zu lesen.* ↑Komma (5.1.4). **3.** Zu *Ich pflegte gewöhnlich* ... ↑Pleonasmus.

pflichtgemäß / pflichtmäßig: ↑-gemäß/-mäßig.

Pflichtteil: Man kann sowohl *der Pflichtteil* als auch *das Pflichtteil* sagen.

Pflugschar: Es heißt *die Pflugschar* (Gen.: *der Pflugschar,* Plur.: *die Pflugscharen*), landsch. auch *das Pflugschar (des Pflugschar[e]s, die Pflugschare).*

Pfoste/Pfosten: Das weibliche Substantiv *die Pfoste* ist eine veraltete Nebenform zu *der Pfosten.*

Pfropf/Pfropfen: Die Form *der Pfropf* bedeutet „zusammengeballte Masse, die den Durchfluß hindert“, *der Pfropfen* hat die Bedeutung „Korken, Stöpsel“. ↑Substantiv (2.2).

Pfund: 1. Beugung: In Verbindung mit Zahlwörtern bleibt *Pfund* (das Zeichen ℔ geht auf die Abkürzung *lb* für das römische Pfund *[libra]* zurück) im Plural ungebeugt: *Zwei Pfund Butter genügen. Er hat dreißig Pfund Übergewicht.* Aber: *Sie hat einige überflüssige Pfunde verloren.* ↑Maß-, Mengen- u. Münzbezeichnungen (1). **2. fünf Pfund neue Kartoffeln/neuer Kartoffeln:** Es heißt *ein Pfund schieres Fleisch* (geh.: *schieren Fleisches*); *der Preis eines Pfundes [gekochter] Schinken* oder *eines Pfund [gekochten] Schinkens; mit einem Pfund schierem Rindfleisch* (geh.: *schieren Rindfleisches*); *aus einem Pfund frischer Krabben* oder *frische Krabben.* ↑Apposition (2.2). **3. Zwei Pfund Kalbsleber werden/wird gebraten:** Bei einer pluralischen Pfundangabe steht das Finitum (die Personalform des Verbs) heute gewöhnlich im Plural. Es muß also heißen: *Zwei Pfund Kalbsleber werden gebraten. Fünf Pfund Mehl kosten 4,50 Mark. Hundert Pfund sind zu wenig.* ↑Kongruenz (1.2.2). Steht *Pfund* im Singular und die Stoffbezeichnung im Plural, dann steht in der Regel das Finitum (die Personalform des Verbs) im Singular, weil das Subjekt *(Pfund)* formal ein Singular ist: *Ein Pfund Erdbeeren kostet 3 Mark. Ein Pfund Bohnen wird gekocht.* Oft wird aber nach dem Sinn konstruiert und das Finitum (die Personalform des Verbs) in den Plural gesetzt: *Ein Pfund Erdbeeren kosten 3 Mark.* ↑Kongruenz (1.2.1). **4. Münzbezeichnung:** In Verbindung mit Zahlwörtern bleibt *Pfund* (Zeichen: £) im Plural gewöhnlich ungebeugt: *Das Bild hat 80 Pfund gekostet.* Gelegentlich wird auch dekliniert: *Sie zahlte mit guten englischen Pfunden* (auch: *Pfund*). Zur Stellung des Pfundzeichens vor oder hinter dem Betrag ↑Maß-, Mengen- und Münzbezeichnungen (4).

ph/f: ↑f/ph.

Phantasie/Fantasie: ↑Fantasie/Phantasie.

Phonem: Bezeichnung für einen bedeutungsunterscheidenden ↑Laut wie *i* und *e* in *fit/fett* oder *g* und *k* in *singen/sinken.*

Phonetik: Die Phonetik ist der Teil der Sprachwissenschaft, der die Tätigkeit der Sprechorgane und die durch sie hervorgebrachten Laute untersucht.

pH-Wert: Das chemisch-fachsprachliche Wort für eine Zahl, die angibt, wie stark eine Lösung basisch oder sauer ist, geht auf neulat. *potentia Hydrogenii* (= Konzentration des Wasserstoffs) zurück.

physisch/physiologisch: Das Adjektiv *physisch* bedeutet „in der Natur begründet; körperlich", das Adjektiv *physiologisch* dagegen „auf die Physiologie bezüglich, in das Gebiet der Physiologie fallend; die Lebensvorgänge im Organismus betreffend". Man kann daher z. B. nur von *physischen* (= körperlichen), aber nicht von *physiologischen Qualen* sprechen. So besagt *physische Veränderungen,* daß es sich um körperliche, den Körper betreffende Veränderungen handelt, dagegen *physiologische Veränderungen,* daß es sich um Veränderungen handelt, die die Lebensvorgänge im Organismus betreffen.

Piano: Der Plural von *Piano* „Pianoforte, Klavier" lautet *die Pianos.* Im Sinne von „Stelle eines Musikstücks, die leise gespielt oder gesungen wird" hat *Piano* zwei Pluralformen: *die Pianos* und *die Piani.*

Piazza: Zu (ital.) *die Piazza* „[Markt]platz" lautet der Plural *die Piazze.*

Pier: Gemeinsprachlich heißt es *der Pier,* Genitiv: *des Piers.* Seemännisch sagt man *die Pier,* Genitiv: *der Pier.* Der Plural lautet *die Piers* oder *die Piere.*

Pils[e]ner: ↑Einwohnerbezeichnungen (1 und 7).

Pirnaer: ↑Einwohnerbezeichnungen (3 und 7).

Pizza: Zu (ital.) *die Pizza* „[neapolitan.] Hefegebäck mit Tomaten, Käse u. a." gibt es zwei Pluralformen: *die Pizzas* und *die Pizzen.*

Pkw/PKW: Die Abkürzung für *Personenkraftwagen* wird heute – vor allem im Plural – bereits häufig gebeugt: *Die beiden Pkws wurden stark beschädigt. Die Fahrerin des Pkws wurde verhaftet.* ↑Abkürzungen (3.2), ↑Plural (3).

Place: Zu *der/die Place de la Concorde* ↑Fremdwort (2).

placieren: ↑plazieren.

Plaid: Es heißt sowohl *das Plaid* als auch *der Plaid.*

Planet: Das Substantiv wird schwach gebeugt, d. h., es hat im Genitiv, Dativ und Akkusativ Singular die Endung *-en: auf dem Planeten* (nicht: *Planet*) *Mars.* ↑Unterlassung der Deklination (2.1.2).

Plast/Plaste/Plastik: Die Bezeichnung für „Kunststoff" lautet (in der DDR) *der Plast* (Genitiv: *des Plast[e]s,* Plural: *die Plaste*) oder *das Plastik* (Genitiv: *des Plastiks,* Plural: *die Plastiks*). Der Singular *die Plaste* ist umgangssprachlich. Das weibliche Substantiv *die Plastik* bedeutet „Bildwerk; Ersatz von Gewebeteilen".

Platz greifen: *Platz greifen* kann nicht attributiv (als Beifügung) gebraucht werden, weil die Fügung intransitiv ist und mit *haben* konjugiert wird: *die Angst, die Platz gegriffen hat* (nicht: *die Platz gegriffene Angst*). ↑zweites Partizip (2.2).

Plaudrerin/Plauderin: Zu

Plaud[e]rer gibt es zwei weibliche Formen: *die Plaudrerin* und *die Plauderin* (aber nicht: *die Plaudererin*). ↑Substantiv (3).

plausibel: Bei *plausibel* fällt, wenn es dekliniert oder gesteigert wird, das *e* der Endungssilbe aus: *eine plausible Erklärung.* ↑Adjektiv (1.2.13), ↑Vergleichsformen (2.2).

plazieren (placieren): Nach *plazieren in, plazieren auf, plazieren unter* o.ä. kann sowohl der Akkusativ als auch der Dativ stehen. Der Akkusativ steht, wenn die Richtungsvorstellung vorherrscht (Frage: wohin?): *Deinen Korb kannst du erst mal unter die Bank plazieren. Die Tennisspielerin plazierte die Bälle genau in die Ecken. Don Alfonso plazierte mich in einen alten Plüschsessel* (Koeppen). Der Dativ steht, wenn der Ort, wo etwas plaziert wird, angegeben wird (Frage: wo?): *An allen Ausgängen des Stadions wurden Helfer plaziert. Bei der ungesicherten Wirtschaftslage hielten es viele für das beste, ihr überschüssiges Geld im Grundstückswesen zu plazieren.*

pleite/Pleite: Klein schreibt man das Adjektiv: *Er ist, wird pleite. Die Firma ist pleite gegangen.* Groß schreibt man das Substantiv: *Das war eine fürchterliche Pleite. Das gibt eine völlige Pleite. Die Firma macht Pleite.*

Plenum: Der Plural lautet *die Plenen,* selten auch bildungssprachlich *die Plena.*

Pleonasmus

Unter einem Pleonasmus versteht man den inhaltlich überflüssigen Zusatz zu einem Wort oder einer Wendung:

> *weißer* Schimmel, *alter* Greis, *kleiner* Zwerg; *Gesichts*mimik, *Einzel*individuum, *zusammen*addieren, *neu* renovieren, *nutzlos* vergeuden, *weiter* fortfahren, *nochmals* überprüfen.

Ein *weißer Schimmel* ist ein Pleonasmus, weil *Schimmel* (= weißes Pferd) das Merkmal „weiß“ bereits enthält. Entsprechendes gilt für *Gesichtsmimik, Einzelindividuum, zusammenaddieren, neu renovieren, nutzlos vergeuden* usw., im Vergleich zu denen *Mimik, Individuum, addieren, renovieren* und *vergeuden* nicht bedeutungsärmer sind. Solche Fügungen sollte man vermeiden.
Etwas anders verhält es sich mit Bildungen wie *Rückantwort* oder *zusammenmixen,* wo die Zusammensetzung gegenüber dem einfachen Wort eine andere Bedeutung hat (*Rückantwort* = „Antwort auf eine schriftliche oder telefonische Anfrage“) oder ein zusätzliches Merkmal hat (*zusammenmixen* = abwertend), weshalb von überflüssigem Zusatz eigentlich nicht mehr gesprochen werden kann.
Ähnliches läßt sich von

> *lautlose* Stille, *nochmals* wiederholen, *persönlich* anwesend, mit *meinen* eigenen Augen, vor *vollendete* Tatsachen stellen, Vorspiegelung *falscher* Tatsachen

sagen, wo die Zusätze strenggenommen inhaltlich überflüssig sein mögen; in stilistischer Hinsicht stellen sie jedoch – zumindest im entsprechenden Zusammenhang – eine besondere Betonung und Verstärkung des Ausdrucks dar.
Pleonasmen entstehen häufig dadurch, daß die modale Bedeutung (Möglichkeit, Notwendigkeit, Mutmaßung o.ä.) der Modalverben in einem zusätzlichen Redeteil noch einmal zum Ausdruck gebracht wird:

> Es kann sein, daß er kommt (nicht: Es kann *möglich* sein, daß er kommt). Ich sah mich genötigt abzureisen (nicht: Ich sah mich genötigt, abreisen zu *müssen*). Sie soll

in Paris gesehen worden sein (nicht: Sie soll *angeblich* in Paris gesehen worden sein). Er dürfte es erfahren haben (nicht: er dürfte es *vermutlich* erfahren haben).

Pleonasmen entstehen auch durch die Verbindung von Verben mit dem Präfix *ent-* „aus, heraus" und der Präposition *aus:*

Diese Angaben sind einem wissenschaftlichen Werk *entnommen* (nicht: Diese Angaben sind *aus* einem wissenschaftlichen Werk entnommen). Der Physiker *entstammt* einer Familie berühmter Naturwissenschaftler (nicht: Der Physiker entstammt *aus* einer Familie berühmter Naturwissenschaftler).

Als Pleonasmen gelten auch die überflüssigen Häufungen sinngleicher oder sinnverwandter Wörter (↑Tautologie):

bereits schon, leider zu meinem Bedauern, höchstens nur, ebenso auch, einander gegenseitig, lediglich nur.

Plural

Als Plural bezeichnet man die Wortformen, durch die das mehrmalige Vorhandensein eines Wesens oder Dinges ausgedrückt wird (↑Numerus). Pluralformen haben Substantive, Pronomen, Adjektive und Verben.

1. Schwanken zwischen Umlaut und Nichtumlaut im Plural (Bogen/Bögen · Generale/Generäle · Lager/Läger usw.): Eine Reihe von Substantiven hat neben einer umlautlosen eine umgelautete Pluralform. Manchmal gehören beide Formen der Standardsprache an, z. B. *Admirale/Admiräle, Nachlässe/Nachlasse, Zwiebäcke/Zwiebacke.* Häufiger ist nur eine Pluralform standardsprachlich, während die andere der Mundart oder der Umgangssprache angehört, selten ist oder allmählich veraltet:

die Böden (standardspr.) – die Boden (älter, selten), die Bogen (standardspr.) – die Bögen (südd.), die Erlasse (standardspr.) – die Erlässe (österr., schweiz.), die Kästen (standardspr.) – die Kasten (älter, seltener), die Kragen (standardspr.) – die Krägen (südd.), die Kräne (standardspr.) – die Krane (fachspr.), die Mägen (standardspr.) – die Magen (seltener), die Schlote (standardspr.) – die Schlöte (selten), die Schlucke (standardspr.) – die Schlücke (selten), die Wagen (standardspr.) – die Wägen (südd.).

Eine Reihe von gleichlautenden Substantiven mit verschiedener Bedeutung bildet den Plural in der einen Bedeutung ohne, in der anderen mit Umlaut:

das Bund – die Bunde, der Bund – die Bünde; der Druck – die Drucke, der Druck – die Drücke; der Spund – die Spunde, der Spund – die Spünde; das Wasser – die Wasser, das Wasser – die Wässer.

Bei einigen im Singular gleichlautenden Substantiven mit abweichender Bedeutung steht der umgelauteten starken Pluralform eine nichtumgelautete schwache auf -n oder starke auf -s gegenüber, z. B. *die Sau – die Säue/die Sauen, der Block – die Blöcke/die Blocks.*

2. Übliche Plurale auf -s (die Uhus · die Schupos · die Decks/Decke · die Lebewohls/Lebewohle): Auf -s gebildete Plurale von deutschen Wörtern werden vielfach getadelt. In folgenden Fällen ist gegen ihren Gebrauch jedoch nichts einzuwenden:

– bei Substantiven, die auf klingenden Vokal oder Diphthong ausgehen:

die Hurras, die Muttis, die Nackedeis, die Uhus, die Wauwaus.

– Bei Kurzformen und Kurzwörtern, die auf Vokal enden:
die Akkus, die Unis, die Schupos.
– bei Substantiven aus dem Niederdeutschen:
die Decks (selten: die Decke), die Haffs (selten: die Haffe), die Wracks (selten: die Wracke).
– bei einigen Wörtern, die aus verbalen Fügungen entstanden sind:
die Lebehochs, die Lebewohls (neben: Lebewohle), die Stelldicheins (neben: Stelldichein).

3. Mögliche Plurale auf -s:

– bei Abkürzungen (↑Abkürzungen [3.2]): Das Plural-s steht häufig bei Abkürzungen, die nicht auf -s enden. Es ist hier aber nicht unbedingt erforderlich:
die Pkws (neben: Pkw), die MGs (neben: MG).
– bei Konjunktionen und Interjektionen: Im allgemeinen ohne Plural-s bleiben substantivierte Konjunktionen und Interjektionen, die nicht auf einen Vokal (mit Dehnungs-h) enden:
die vielen Wenn und Aber; die Entweder-Oder. Aber: die Ahs und Ohs der Zuschauer; einige Pfuis und Buhs; mit vielen Achs (oder: Ach).

4. Umgangssprachliche Plurale auf -s (Jungen/Jungens · Mädel/Mädels · Bestecke/Bestecks):

– Umgangssprachlich sind einige Plurale auf -s von Substantiven, die in der Standardsprache im Plural unverändert sind:
die Bengels (standardsprachlich: die Bengel), die Fräuleins (standardsprachlich: die Fräulein), die Kumpels (standardsprachlich: die Kumpel), die Mädchens (standardsprachlich: die Mädchen), die Mädels (standardsprachlich: die Mädel), die Schlingels (standardsprachlich: die Schlingel).
– Umgangssprachlich sind Plurale auf -s von Substantiven, die in der Standardsprache eine anderslautende Pluralform haben:
die Jungens (ugs.) – die Jungen (standardspr.), die Kerls (ugs.) – die Kerle (standardspr.), die Bestecks (ugs.) – die Bestecke (standardspr.).
– Umgangssprachlich sind auch Plurale auf -s von Titeln und Berufsbezeichnungen als Familienbezeichnungen, die analog zu Eigennamen (↑Personennamen [3]) gebildet sind:
Apothekers, Bürgermeisters, Professors.
– Umgangssprachlich ist das Plural-s bei Einzelbuchstaben:
die verschiedenen Bs (standardsprachlich: ...B). Saal schreibt sich mit zwei as (standardsprachlich: ... mit zwei a).

5. Ungewöhnliche Plurale in Fachsprachen (Betone · Blute · Verbräuche):
Viele von den Substantiven, die in der Allgemeinsprache nur im Singular oder Plural auftreten, werden in den Fachsprachen sowohl im Singular als auch im Plural gebraucht. (Zu einem ↑Singularetantum wird also ein Plural, zu einem ↑Pluraletantum ein Singular gebildet.)
Die Technisierung und Differenzierung in allen Lebensbereichen fördert diesen Prozeß. Es entstehen Plurale, die sich aus dem Bestreben herleiten, bestimmte Sachverhalte kurz und ohne umständliche Umschreibungen auszudrücken, Plurale, die vor allem Kaufleuten und Technikern zur Unterscheidung von Arten und Sorten dienen:

Betone/Betons, Blute, Elektrizitäten, Gersten, Hirsen, Milchen, Verbräuche, Bedarfe, Zuwächse u. a.

Wie es Fachplurale gibt, so gibt es, allerdings nur in geringem Maße, daneben Fachsingulare, z. B. *der* oder *das Elter* (= ein Elternteil), *das Geschwister.*

6. Ungewöhnliche Plurale in der Dichtung: In der Dichtung werden gelegentlich Plurale als Stilmittel gebraucht, um besondere Gegebenheiten oder Empfindungen zu kennzeichnen:

Dürste, Sehnsüchte, Schilfe, Vorlieben, Zukünfte.

Solche Pluralbildungen gehören zu den Möglichkeiten individueller Sprachgestaltung; man sollte aber bei der Pluralisierung Zurückhaltung üben, denn sie kann sehr leicht in Manier ausarten.

7. Majestäts- und Autorenplural: Nimmt jemand auf sich selbst mit den Formen von *wir* Bezug, spricht man von einem Plural der Majestät (Pluralis majestatis) bzw. der Bescheidenheit (Pluralis modestiae, Autorenplural):

Wir, Wilhelm, von Gottes Gnaden deutscher Kaiser ... Wir (= ich und Sie, die Zuhörer) kommen damit zu einer Frage, die uns etwas ausführlicher beschäftigen soll.

Gelegentlich wird mit *wir* auch in vertraulicher, mitunter herablassender Weise jemand angesprochen, der in einem Abhängigkeitsverhältnis zum Sprechenden steht („Krankenschwester-Wir"):

Wir tun das nicht wieder, nicht wahr, Fritz? Jetzt nehmen wir schön das Fieberthermometer und messen die Temperatur.

8. Verweise: Besonderheiten der Pluralbildung finden sich auch unter ↑Abstraktum, ↑geographische Namen, ↑Maß-, Mengen- und Münzbezeichnungen, ↑Personen- und Vornamen, ↑Fremdwort, ↑Stoffbezeichnungen, ↑-ia, ↑-y.

Pluraletantum: Ein Pluraletantum (Plural: *die Pluraletantums/Pluraliatantum*) ist ein nur im Plural vorkommendes Substantiv: *Ferien, Leute, Treber, Unkosten* (↑Singularetantum).

plus: 1. Die kaufmannssprachliche Präposition *plus* „zuzüglich" steht im allgemeinen mit dem Genitiv: *der Betrag plus der üblichen Sondervergütungen.* Ein alleinstehendes, stark gebeugtes Substantiv im Singular bleibt im allgemeinen ungebeugt: *der Betrag plus Porto.* Der Dativ Plural steht bei alleinstehenden Substantiven, deren Genitiv mit dem Nominativ und Akkusativ übereinstimmt: *der Betrag plus Einkünften aus Grundbesitz.* **2.** Es muß heißen *Drei plus zwei ist* (nicht: *sind*) *fünf.* ↑Kongruenz (1.2.4).

Plusquamperfekt: Das Plusquamperfekt (vollendete Vergangenheit, 3. Vergangenheit oder Vorvergangenheit), eine Zeitform des Verbs, wird mit *hatte* oder *war* + 2. Partizip gebildet: *Ich hatte das Buch bereits durchgesehen, als sie kam. Bevor er in das Haus trat, war er bereits gesehen worden.* Diese Formen drücken aus, daß ein Geschehen, vom Standpunkt des Sprechers aus gesehen, vor einem anderen Geschehen, das in der Vergangenheit stattgefunden hat, abgelaufen ist oder sich vollendet hat.

Podest: Es heißt *das Podest* und (seltener) *der Podest.*

Polizist: Das Substantiv wird schwach gebeugt. Der Genitiv, Dativ, Akkusativ Singular hat also die Endung *-en: Er sprach mit dem Polizisten* (nicht: *Polizist*). ↑Unterlassung der Deklination (2.1.2).

Pommer: Der zu dem Gebietsnamen *Pommern* gehörende Name des Bewohners heißt nicht *der Pommeraner,* sondern *der Pommer.* Der Genitiv lautet *des Pommern* und nicht *des Pommers.*

Pontifikat: Es heißt sowohl *das Pontifikat* als auch mit männlichem Geschlecht *der Pontifikat* (↑-at).

Pony: Das Neutrum *das Pony* bedeutet „kleinwüchsiges Pferd", das Maskulinum *der Pony* bezeichnet eine Damenfrisur, bei der das Haar kurz geschnitten und in Fransen in die Stirn gekämmt ist. Der Plural zu beiden Wörtern lautet *die Ponys.* ↑-y.

Porto: Das Wort hat zwei Pluralformen: *die Portos* und (seltener) *die Porti.* ↑Fremdwort (3.4).

Porträt: Der Plural lautet bei französischer Aussprache des Singulars *die Porträts* (mit stummem *t*), bei deutscher Aussprache *die Porträte.* Die Schreibung *Portrait* ist veraltet.

Positiv: Unter Positiv versteht man die ungesteigerte Form des Adjektivs, die Grundstufe (↑Vergleichsformen).

Posse/Possen: Die Form *die Posse* bedeutet „Possenspiel, lustiges Theaterstück", *der Possen* dagegen „lustiger Streich, Unsinn, Spielerei".

Possessivpronomen

(besitzanzeigendes Fürwort)

Das Possessivpronomen *(mein, dein, sein, unser, euer, ihr),* und zwar jeweils für die sprechende Person *(mein, unser Haus),* für die angesprochene Person *(dein, euer Haus)* oder für die besprochene Person *(sein, ihr Haus),* gibt ein Besitzverhältnis oder ganz allgemein eine Zugehörigkeit, Zuordnung oder Verbundenheit an.

1. Ausfall des *e* bei *unser, euer* (unserem/unserm/unsrem Haus · eueren/euern/euren Brief): In bestimmten Formen von *unser* und *euer* kann ein unbetontes *e* ausfallen.

a) Das zum Stamm gehörende *e* fällt aus im Nominativ, Akkusativ Singular Femininum *(unsere/unsre Trübsal),* im Genitiv Singular aller drei Genera *(unseres/unsres Vaters, eueres/eures Hauses; unserer/unsrer Trübsal),* im Dativ Singular Femininum *(unserer/unsrer Trübsal)* und im Nominativ, Genitiv, Akkusativ Plural aller drei Genera *(unsere/unsre Väter, unsere/unsre Häuser, euere/eure Töchter).*

b) Das zum Stamm oder zur Endung gehörende *e* fällt aus im Dativ Singular Maskulinum, Neutrum *(unserem/unserm/unsrem Schrank; euerem/euerm/eurem Haus),* im Akkusativ Singular Maskulinum *(unseren/unsern/unsren Schrank)* und im Dativ Plural aller drei Genera *(unseren/unsern/unsren Schränken; eueren/euern/euren Häusern; unseren/unsern/unsren Trübsalen).*

2. Kongruenz des Possessivpronomens (Die Sache hat schon seine/ihre Richtigkeit · Sie war seinerzeit/ihrerzeit sehr beliebt): Das Possessivpronomen stimmt mit dem Substantiv, bei dem es steht, in Kasus, Numerus und Genus überein: *mein Haus, meines Hauses, meine Häuser, unser Freund, unsere Freunde, mit unseren Freunden.*

Das Possessivpronomen stimmt außerdem mit dem Bezugswort, das es vertritt, im Numerus überein: *Ich* (= 1. Pers. Sing.) *baue mein* (1. Pers. Sing.)

Haus. Wir (= 1. Pers. Plur.) *bauen unser* (1. Pers. Plur.) *Haus.* In der 3. Person Singular richtet es sich zudem im Genus nach dem Genus des Bezugswortes, das es vertritt: *Er* (männlich) *kennt seinen* (männlich) *Vater genau. Sie* (weiblich) *kennt ihren* (weiblich) *Vater genau. Das Kind* (sächlich) *kennt seinen* (sächlich) *Vater genau.*

Gegen diese Regel wird häufig verstoßen, d.h., es wird ein Genus gewählt, das nicht dem Genus des Bezugswortes entspricht:

Holland hat ... Indonesien nicht als ihren (falsch statt: seinen, bezogen auf *Holland* = sächlich) jüngsten Verbündeten betrachtet (Die Zeit). Der Streit zwischen Kollbach und der koreanischen Botschaft erlebte genau zu dem Zeitpunkt des Bonner Staatsbesuchs des koreanischen Staatspräsidenten ihren (falsch statt: seinen, bezogen auf *Streit* = männlich) Höhepunkt.

Die Genusübereinstimmung gilt auch bei noch nicht ganz formelhaften Redewendungen mit Possessivpronomen *(seine Reize haben, seine Richtigkeit haben):*

Das hat seine Richtigkeit. Aber: Die Sache hat ihre Richtigkeit. Das Baden im Meer hat seine Reize. Aber: Eine Reise in die Schweiz hat ihre (nicht: seine) Reize.

Das zusammengeschriebene *seinerzeit* (= damals, dann) ist jedoch völlig zur Formel erstarrt und daher unveränderlich:

Sie war seinerzeit (nicht: ihrerzeit) beim Publikum sehr beliebt.

3. Verweise: Zu *das Auto meiner Tante/meiner Tante ihr Auto* ↑Genitivattribut (1.3.2); zu *das Haus meiner Eltern/von meinen Eltern* ↑Genitivattribut (1.3.3); zu *seine Höhe/die Höhe desselben* ↑der-, die-, dasselbe; zur Deklination des Adjektivs (Partizips) nach unser/euer ↑Adjektiv (1.2.3).

Posten: Man kann nicht sagen: *Er erhielt den Posten als Oberkassierer,* wenn mit dem Posten die Tätigkeit des Oberkassierers gemeint ist. Es kann dann nur heißen: *Er erhielt den Posten des Oberkassierers.*

Poster: Es heißt *das* Poster oder *der Poster,* im Plural *die Poster* oder – bei englischer Aussprache – *die Posters.*

Potsdamer: Die Einwohnerbezeichnung *Potsdamer* schreibt man mit einem *m.* Das Wort wird immer groß geschrieben, auch wenn es wie ein flexionsloses Adjektiv vor einem Substantiv steht: *die Potsdamer Sehenswürdigkeiten.* ↑Einwohnerbezeichnungen (5 und 7).

ppa.: Zu *ppa.* bzw. *pp.* (= *per procura* „in Vollmacht") ↑Abkürzungen (1.1), ↑Brief (5).

Prädikat

(Satzaussage)

Das Prädikat ist der grammatische Kern einer Aussage. Es ist fest mit der Wortart Verb verbunden und besteht entweder nur aus dem ↑Finitum (= einteiliges Prädikat) oder aus Finitum und infiniten Formen bzw. Verbzusatz (= mehrteiliges Prädikat):

Werner *arbeitet* angestrengt. In Zukunft *kann* er das Tempo etwas *drosseln.* Er *führt* ein großes Projekt *durch.*

1. Stellung des Prädikats bei der direkten Rede: Geht bei der direkten Rede die

Einführung (Ankündigung) voran, dann folgt das Prädikat nach dem Subjekt, d.h. in „gerader“ Wortstellung:

Er sagte: „Das Wetter ist schön“.

Wird die Einführung aber nachgestellt, dann steht das Prädikat vor dem Subjekt, d.h. in „ungerader“ Wortstellung (Inversion):

„Das Wetter ist schön“, sagte er.

2. Das Ersparen einer finiten oder infiniten Verbform (Er hat Talent und sehr schön gespielt/Er hat Talent und hat sehr schön gespielt · Es ist und darf auch nicht geschehen/Es ist nicht geschehen, und es darf auch nicht geschehen): Bezieht sich ein Subjekt auf mehrere Prädikate, dann braucht, wenn das Prädikat mehrteilig ist, die finite Form nur einmal zu stehen: *Er hat gegessen und [hat] getrunken. Er hat gearbeitet und [hat] sich große Mühe gegeben.*

Die finite Form darf jedoch nicht erspart werden, wenn sie in einem Falle Vollverb und im anderen Falle Hilfsverb ist, z.B. bei *haben, sein, werden.* Falsch: *Er hat Talent und sehr schön gespielt.* Richtig muß es heißen: *Er hat Talent und hat sehr schön gespielt.* Falsch: *Sie sind gut angekommen und erfreut über das schöne Wetter.* Richtig muß es heißen: *Sie sind gut angekommen und sind erfreut über das schöne Wetter.*

Die finite Form darf auch nicht erspart werden, wenn sich in einem zusammengesetzten Satz die Subjekte im Numerus unterscheiden. Also nicht: *Die Kinder haben gespielt und die Mutter gearbeitet.* Sondern: *Die Kinder haben gespielt, und die Mutter hat gearbeitet.*

Bei Verben, deren Infinitiv und zweites Partizip gleich lauten, darf keine der beiden infiniten Formen erspart werden (↑Ellipse [9]). Es darf also nicht heißen: *Es ist und darf auch nicht geschehen.* Sondern: *Es ist nicht geschehen, und es darf auch nicht geschehen.*

3. Verweise: Zu *Ich kann nicht verreisen dieses Jahr/dieses Jahr nicht verreisen* ↑Ausklammerung; zur Übereinstimmung des Prädikats mit dem Subjekt ↑Kongruenz; zur Stellung vgl. auch ↑Zwischensatz.

Prädikativsatz: ↑Gleichsetzungssatz.

Prädikativ[um], Prädikatsnomen: Als Prädikativ[um] oder Prädikatsnomen bezeichnet man ein unflektiertes Adjektiv, ein Substantiv im Nominativ u.ä., das bestimmten Verben wie *sein, werden, bleiben, heißen* folgt: *Er ist Schuster. Die Blätter werden gelb. Sie bleibt skeptisch. Ich heiße Andrea.* Von diesem sog. Subjektsprädikativ[um] ist das Objektsprädikativ[um] zu unterscheiden, das sich auf ein Objekt bezieht: *Man muß dich glücklich preisen. Wer nannte mich einen Aufschneider?*

Präfix: Unter einem Präfix versteht man eine Vorsilbe, die als selbständiges Wort nicht vorkommt (*be-, er-, ent-, ver-, un-* usw.): *Ursache, belachen, erblühen, entfalten, verbrauchen, zerstören, gebieten, mißlingen, atonal, Disharmonie, demontieren, transportieren* (↑Ableitung, ↑Kompositum). Früher verstand man darunter auch Wörter wie *an* in *anbinden, fest* in *festbinden, los* in *loslassen* usw. (↑Verbzusatz).

Prager: Die Einwohnerbezeichnung *Prager* wird immer groß geschrieben, auch wenn das Wort wie ein flexionsloses Adjektiv vor einem Substantiv steht: *die Prager Zeitungen.* ↑Einwohnerbezeichnungen (7).

praktikabel: Bei *praktikabel* fällt,

wenn es dekliniert oder gesteigert wird, das *e* der Endungssilbe aus: *ein praktikabler Vorschlag.* ↑Adjektiv (1.2.13), ↑Vergleichsformen (2.2).

prämiensparen: Von *prämiensparen* wird im allgemeinen nur der Infinitiv gebraucht: *Wir wollen jetzt auch prämiensparen.* In der Sprache der Werbung kommen vereinzelt auch schon andere Formen vor: *Wer prämienspart, spart spielend! Hier erfahren sie, wie man prämienspart.* ↑Zusammen- oder Getrenntschreibung (2.1).

prämieren/prämiieren: Die Form *prämieren* ist die jüngere, vereinfachte Form von *prämiieren,* einer Ableitung von *Prämie.* Beide Formen sind korrekt. Das gilt auch für die Verbalsubstantive *Prämiierung* und *Prämierung.*

Präposition

(Verhältniswort)

Präpositionen sind ↑Partikeln wie *über [der Stadt], in [dem Schrank], nach [Mannheim], hinter [dem Haus].* Sie haben die Aufgabe, das von ihnen abhängende Wort an ein anderes anzuknüpfen und die Art des Verhältnisses zwischen dem in beiden Wörtern Genannten auszudrücken:

Ihre Freude *über* das Ereignis war groß. Er war stolz *auf* seinen Sohn. Wir gehen *nach* oben. Ich halte das *für* gut.

Die meisten Präpositionen regieren einen bestimmten Kasus (Fall), d. h., die von ihnen abhängenden Substantive stehen immer im gleichen Kasus:

(Genitiv:) *außerhalb* der Stadt, des Bereichs, der Landesgrenzen, Berlins.
(Dativ:) *bei* mir, dem Chef, den Eltern.

Einige Präpositionen können jedoch mit zwei Kasus verbunden werden (↑Rektion):

Ich legte das Buch *auf den Tisch* (= Akkusativ). Das Buch liegt *auf dem Tisch* (= Dativ).

Groß ist heute die Unsicherheit im Gebrauch der Präpositionen. Häufig, selbst in der Literatur, wird die falsche Präposition gewählt, z. B. *Abneigung vor* (statt richtig: *gegen*) *jmdn. haben, durch* (statt richtig: *vom*) *Blitz erschlagen werden, Hilfe an* (statt richtig: *für*) *die Entwicklungsländer, mit der Bitte zur* (statt richtig: *um*) *Stellungnahme* (↑die einzelnen Präpositionen an ihrer alphabetischen Stelle in diesem Band).

1 Präposition und Artikel

1.1 Präpositionalgefüge mit/ohne Artikel

Ein Artikel wird im allgemeinen nicht gesetzt

– bei häufig gebrauchten und oft formelhaften Verbindungen aus Präposition und nicht näher bestimmtem Substantiv:

bei Strafe verboten, bei Regen, bei Tage, bei Wasser und Brot; an Bord, an Hand; auf Erden, auf Deck, auf Borg leben; aus Liebe, aus Haß, aus Kindermund; bei Tische, bei Hofe; gegen Morgen; in Not geraten, in Zorn versetzen, in See stechen; mit Güte, mit Absicht, mit Mühe; nach Hause, nach Wunsch, nach Tisch; ohne Aufmerksamkeit; über Land, über Bord; unter Dach und Fach bringen; von Herzen, von Kopf bis Fuß; vor Augen bringen, vor Anker liegen, vor Freude, vor Sonnenaufgang; zu Lande, zu Abend essen, zu Zeiten (aber: zur Zeit = zur jetzigen Zeit), zu Tode hetzen; auf Jagd, auf Fahrt gehen.

Das gilt auch für Präpositionalgefüge, in denen das Substantiv durch eine Zahl bestimmt ist:

in Paragraph 4, auf Seite 44, in Halle 6, auf Bahnsteig 8, auf Gleis 5.

– bei Gefügen aus Präposition + Verbalsubstantiv + nähere Bestimmung:

auf *Anordnung* des Lehrers; bei *Ausübung* der richterlichen Tätigkeit; nach *Abschluß* der Verhandlungen; seit *Beendigung* des Krieges; auf *Befehl* des Unteroffiziers; unter *Angabe* des Preises; in *Anerkennung* seiner Verdienste;

– bei Gefügen aus Präposition + partizipiales Attribut + (nicht näher bestimmtes oder übertragen gebrauchtes) Substantiv (vgl. auch 1.2.5):

nach getaner Arbeit, bei eintretender Dunkelheit, hinter verschlossenen Türen (= unter Ausschluß der Öffentlichkeit; aber: Hinter *den* verschlossenen Türen randalierten die Gefangenen), zu gegebener Zeit (= im rechten Augenblick; aber; *zur* gegebenen Zeit = zu einem ganz bestimmten Zeitpunkt).

Näher bestimmte Sachbezeichnungen können im Singular ebenfalls ohne Artikel stehen, wenn Allgemeinheit des Ausdrucks erzielt werden soll:

ein Haus mit *flachem* Dach; auf *schneebedeckten* Höhen.

Allgemeinheit des Ausdrucks, die Paarigkeit von Präpositionalgefügen und Vermeidung von Wiederholungen können ebenfalls in folgenden Beispielen als Motiv für die Nichtsetzung des Artikels angeführt werden:

Ich bin für [den] Frieden und gegen [die] Nachrüstung. Vor [dem] Verlassen des Raumes sind die Fenster zu schließen. Man drohte mir auch mit [einer] Konventionalstrafe. Sie zogen mit [dem] Beiwagen oder mit [dem] Zelt und mit [dem] Wohnmobil gen Süden.

Die Ersparung des Artikels nur aus Platzgründen mag in den Überschriften von Zeitungsartikeln o.ä. eine gewisse Berechtigung haben, sonst ist sie nicht zu empfehlen:

Sperrsignal übersehen: Lok wirft Intercity aus Gleis. Flammenmeer auf Autobahn. Hotelschiffe: Abwasser nicht mehr in Rhein.

Vergleiche auch ↑in/im.

1.2 Verschmelzung von Präposition und Artikel

Die Verschmelzung bestimmter Präpositionen mit dem bestimmten Artikel *(an dem Tage/am Tage)* findet sich dann, wenn der Artikel nur schwach betont ist. Sie hat ihren Ursprung in der gesprochenen Sprache.

1.2.1 Standardsprachliche und nicht standardsprachliche Verschmelzungen: Die Umgangssprache und die Mundarten zeigen eine Fülle von Verschmelzungen, die nicht als standardsprachlich gelten, weil sie zu Konsonantenverbindungen führen, die im Deutschen nicht allgemein üblich sind und als unschön gelten. Viele von ihnen werden mit Apostroph geschrieben (standardsprachliche Formen in Klammern):

an'n (an den), an'r (an der), auf'm (auf dem), auf'n (auf den), aus'm (aus dem), durch'n (durch den), für'n (für den), gegen's (gegen das), in'n (in den), nach'm (nach dem).

„Walter", hab ich gesagt, „nimm dir was *um'n* Hals mit!" (Sebastian). ... und da hat sie *von'n* ollen Wiedow, dem Schulderekter, gesagt: Wann ick den Kierl *inn* Mars hat, ick scheet em *inne* Ostsee (Tucholsky).

Daneben gibt es Verschmelzungen, die im allgemeinen als umgangssprachlich gelten. Sie kommen jedoch auch in der Standardsprache vor, und zwar aus rhythmischen Gründen oder in festen Verbindungen:

außerm (für: außer dem), hinterm (für: hinter dem), hintern (für: hinter den), hinters (für: hinter das), überm (für: über dem), übern (für: über den), übers (für: über das), unterm (für: unter dem), untern (für: unter den), unters (für: unter das), vorm (für: vor dem), vors (für: vor das).

Im allgemeinen standardsprachlich sind die folgenden Verschmelzungen:

ans, aufs, durchs, fürs, ins, ums, am, beim, im, vom, zur.

1.2.2 Verschmelzung in festen Verbindungen und Redewendungen: Am häufigsten steht die Verschmelzung in festen Verbindungen und (übertragenen) Redewendungen; sie ist hier im allgemeinen nicht auflösbar:

Ihm griff dieses Lächeln *ans* Herz (= es rührte ihn). Fürs erste (= zunächst) wäre dies genug. Er war am Ende seiner Kraft (= völlig erschöpft); sich aufs hohe Roß setzen (= eingebildet sein); die Gelegenheit *beim* Schopf ergreifen.

Stehen Verschmelzungen, die an sich umgangssprachlich sind, in einer standardsprachlichen Redewendung, dann sind sie in diesen Fällen selbstverständlich auch standardsprachlich: *Er konnte es nicht übers Herz bringen.*

1.2.3 Verschmelzung oder selbständiger Artikel? (am/an dem Tage · aufs/auf das Bett · durchs/durch das Ziel): In zahlreichen Fällen steht neben der Verschmelzung die Präposition mit dem selbständigen Artikel, der dann nicht selten eine stark demonstrative Kraft hat. Dieses Nebeneinander wird bei Raum- und Zeitangaben besonders deutlich. Bei Raumangaben steht häufig die Verschmelzung:

Beim Podium stand ein hoher Kerzenleuchter. Wer die leeren Stahlrohrtribünen im Wintersportdorf Cortina gesehen hat ... (Olympische Spiele 1964). Sie ... legt sich aufs Bett (Remarque). Nachdem sie die Segel geborgen hatten, stieg Peter ins Beiboot (Hausmann).

Es kann aber auch der bestimmte Artikel selbständig stehen:

Bei dem Hauptausgang wartete eine Taxe. Er ... hieß ihn, die Koffer auf das Zimmer zu bringen (Sebastian). Der Angestellte Lauterbach ist am frühesten auf das Büro gekommen (Fallada). Sie stieg in das Auto.

Der bestimmte Artikel steht vor allem dann getrennt, wenn das Folgende durch einen Nebensatz oder durch den Rede- oder Textzusammenhang näher bestimmt wird. Er hat dann demonstrative Kraft:

Ich ging vor das Tor, das sie als Treffpunkt vereinbart hatten. In das (= dieses) Haus sollen wir gehen? Der Ring saß noch an dem (= demselben) Finger, an dem er gestern gesteckt hatte. Dort? In dem Haus ist niemand.

In bestimmten Fällen tritt dann die Verschmelzung ein, wenn ganz allgemein ein Bereich angegeben werden soll, etwa der Bereich der Zugehörigkeit der Herkunft, des Beschäftigtseins u. ä.:

Sie geht aufs Gymnasium (und nicht in die Hauptschule). Er zieht aufs Dorf (und nicht in die Stadt). Wir kaufen das Fleisch beim Fleischer, selten im Kaufhaus. Sie waren beim Film (Koeppen). Ich gehe ins Kino (und nicht ins Theater); vom Lande sein (nicht aus der Stadt). Kann es nicht jemand sein, der nicht vom Zirkus ist? (Remarque). Sie will zum Theater, zum Film gehen.

Der Artikel wird dann selbständig gebraucht, wenn nicht allgemein ein Bereich, sondern etwas einzelnes, näher Bestimmtes, Bekanntes angesprochen wird:

Sie geht auf das Schillergymnasium. Wir kaufen das Fleisch immer bei dem Fleischer, der sein Geschäft im vorigen Jahr eröffnet hat. Ich gehe in das Kino, das neben dem Bahnhof liegt. Er ist von dem Dorf, das an der Grenze liegt.

Auch bei Zeitangaben findet sich die Verschmelzung häufig. Fest ist sie bei Datumsangaben:

Es begab sich aber, daß Oskar am zwölften Juni dreiundvierzig nicht in Danzig-Langfuhr weilte (Grass). Bugenhagen wurde in der Nacht vom 4. auf den 5. September ... in die Klinik eingeliefert (Jens).

Bei anderen Zeitangaben ist gelegentlich der selbständige Artikel neben der Verschmelzung möglich. Während *am Tage, am Morgen, am Mittwoch* allgemein eine Tageszeit oder einen Zeitpunkt angeben, weist der selbständige Artikel mit demonstrativer Kraft auf einen ganz bestimmten Tag, Morgen oder Mittwoch hin, der durch einen Nebensatz oder den Rede- oder Textzusammenhang näher erläutert wird:

An dem (= diesem) Tage, an dem das geschah, war er nicht zu Hause. An dem (= diesem) Mittwoch war er verreist. Von dem (= diesem) Herbst an gab es keine Meinungsverschiedenheiten mehr.

1.2.4 Verschmelzung vor mehreren abhängigen Substantiven (vom Erfolg und den Plänen/vom Erfolg und von den Plänen): Von einer Verschmelzung können korrekterweise nur dann mehrere Substantive abhängen, wenn diese die gleiche gebeugte Artikelform haben:

Man sprach *vom* (= von dem) Leben und [*vom* (= von dem)] Erfolg des Ministers.

Inkorrekt ist es, mehrere Substantive von einer Verschmelzung abhängen zu lassen, wenn die gebeugten Artikelformen unterschiedlich sind. In diesen Fällen muß man die Präposition wiederholen.

Nicht korrekt: Man sprach vom Erfolg des Ministers und den weiteren Plänen. Richtig: Man sprach vom Erfolg des Ministers und von den weiteren Plänen. Nicht korrekt: Geradeaus kommen Sie zum Markt und der Stadthalle. Richtig: Geradeaus kommen Sie zum Markt und zur Stadthalle.

1.2.5 Verschmelzung vor einem attribuierten Substantiv (im schlechten Zustand – in schlechtem Zustand): Bei einem Substantiv, das ein Adjektiv als Attribut (Beifügung) bei sich hat, kann die Verschmelzung in Verbindung mit dem schwach gebeugten Adjektiv stehen: *im schlechten Zustand,* oder es steht die einfache Präposition in Verbindung mit dem stark gebeugten Adjektiv: *in schlechtem Zustand.* Diese doppelte Möglichkeit bereitet gelegentlich Schwierigkeiten. Die Verschmelzung, z. B. *im,* entspricht der Präposition mit dem bestimmten Artikel, in diesem Falle = *in dem: im schlechten Zustand* = in dem schlechten Zustand. Die Fügung *in schlechtem Zustand* entspricht hingegen einer Konstruktion mit dem unbestimmten Artikel: *in einem schlechten Zustand.*

Man sollte nur dann die Verschmelzung in Verbindung mit dem schwach gebeugten Adjektiv wählen, wenn wirklich der bestimmte Artikel zugrunde gelegt werden kann, d. h., wenn etwas Bestimmtes, etwas bereits im Rede- oder Textzusammenhang Genanntes oder etwas, was als bekannt vorausgesetzt ist, angesprochen wird. Dagegen sollte man die Präposition in Verbindung mit dem stark gebeugten Adjektiv wählen, wenn etwas Unbestimmtes, zumeist etwas Allgemeines, ausgedrückt werden soll.

So kennzeichnet der Satz *Das Haus befand sich in schlechtem Zustand* die Verfassung des Hauses in ganz allgemeiner Weise (= Das Haus befand sich in einem schlechten Zustand). Der Satz *Wir haben das Haus bereits im schlechten Zustand übernommen* kennzeichnet hingegen den Zustand als etwas Bestimmtes und Bekanntes (= Wir haben das Haus bereits in dem schlechten Zustand übernommen, in dem es heute noch ist). So heißt es *Weil ich mich vor vorzeitigem Zynismus ... bewahren möchte* (Remarque), weil die Haltung des Zynismus in ganz allgemeiner Weise gemeint ist; man könnte jedoch auch schreiben *Weil ich mich vorm vorzeitigen Zynismus dieser Generation bewahren möchte,* weil hier die Haltung des Zynismus durch das Genitivattribut *dieser Generation* näher bestimmt und festgelegt ist.

2 Präposition + Genitiv/Dativ *(innerhalb dreier Monate/innerhalb drei Monaten · wegen Umbaus geschlossen/wegen Umbau geschlossen)*

Eine Anzahl von Präpositionen, wie z. B. *innerhalb, längs, laut, mittels[t], statt, trotz, während, wegen,* stehen standardsprachlich im allgemeinen mit dem Genitiv: *innerhalb dreier Monate, mittels eines Drahtes, statt des Planes.* Unter nachstehenden Voraussetzungen wird jedoch auch in der Standardsprache der Dativ dem Genitiv vorgezogen.

2.1 stark gebeugtes Substantiv im Plural

Bei einem stark gebeugten Substantiv (z. B. *Monat*), das im Plural steht *(die Monate),* stimmt der Genitiv mit dem Nominativ und Akkusativ überein. Wird der Genitiv Plural als Kasus durch Begleitwörter, wie etwa den Artikel, deutlich, dann wird im allgemeinen der Genitiv gewählt: *innerhalb dreier Monate, mittels dünner Drähte, statt unserer Pläne.* Ist der Genitiv formal nicht zu erkennen, dann wird das Substantiv in den Dativ Plural gesetzt, um eine Verwechslung mit dem Nominativ oder Akkusativ zu vermeiden: *innerhalb fünf Monaten, laut Briefen, mittels[t] Drähten, statt Worten, trotz Beweisen, während zehn Jahren, wegen Geschäften.*

2.2 Präpositionalgefüge in Verbindung mit einem Genitivattribut

Schwankungen zwischen Genitiv und Dativ treten auch dann auf, wenn einem stark gebeugten Substantiv im Genitiv Singular *(während des Vortrags)* ein weiteres stark gebeugtes Substantiv im Singular als Genitivattribut folgt *(während des Vortrags meines Freundes).* Das Nebeneinander zweier starker Genitive wird durch das Ausweichen auf den Dativ vermieden. Dabei ist die Stellung des Attributs von Bedeutung:
Wenn das Genitivattribut zwischen der Präposition und dem von der Präposition abhängenden Substantiv steht, dann wird dieses in der Regel in den Dativ gesetzt:

> längs Mannheims [schönem] Rheinufer (für: längs Mannheims schönen Rheinufers); laut Meiers grundlegendem Werk (für: laut Meiers grundlegenden Werkes); trotz Hansens zeitweiligem Widerstreben (Kafka; für: trotz Hansens zeitweiligen Widerstrebens); während meines Freundes aufschlußreichem Vortrag (für: während meines Freundes aufschlußreichen Vortrags); wegen meines Onkels plötzlichem Tod[e] (für: wegen meines Onkels plötzlichen Todes).

Wenn dagegen das Genitivattribut seinem Bezugssubstantiv im Genitiv folgt, ist der Gebrauch des Dativs an Stelle des Genitivs ebenfalls häufig, aber weniger fest. Der Dativ tritt nach den Präpositionen *längs, laut, statt* und *trotz* auf, die auch sonst noch zuweilen in der Standard- oder Umgangssprache neben dem Genitiv den Dativ regieren:

längs dem Simse des Palastes (für: längs des Simses des Palastes); laut dem Bericht des Bürgermeisters (für: laut des Berichtes des Bürgermeisters); trotz dem Rauschen des Meeres (für: trotz des Rauschens des Meeres).

Bei *innerhalb, mittels[t], während* und *wegen* steht im allgemeinen der Genitiv:

innerhalb des Hauses des Bürgermeisters, mittels[t] des Rasierapparates des Vaters, während des Vortrags des Lehrers, wegen des Planes des Vorstehers.

3 Häufung von Präpositionen *(in unter der Erde liegenden Räumen · für im vergangenen Jahr geleistete Arbeit)*

Stehen zwei Präpositionen, von denen jede ein anderes Substantiv regiert, unmittelbar nebeneinander, dann sind die ineinandergeschachtelten Fügungen oft schwer verständlich. Man sollte nach Möglichkeit eine stilistisch bessere Konstruktion, etwa einen Relativsatz, wählen. Häufig kann auch schon der Artikel nach der ersten Präposition das Verständnis erleichtern:

mit vor Zorn funkelnden Augen, besser: mit Augen, die vor Zorn funkelten; für im vergangenen Jahr geleistete Arbeit, besser: für die im vergangenen Jahr geleistete Arbeit oder: für die Arbeit, die im vergangenen Jahr geleistet wurde; von unter der Erde befindlichen Anlagen, besser: von den unter der Erde befindlichen Anlagen oder: von Anlagen, die unter der Erde liegen; in mit allem Luxus ausgestatteten Wohnräumen, besser: in Wohnräumen, die mit allem Luxus ausgestattet waren.

Drei Präpositionen nebeneinander sind in jedem Falle zu vermeiden.

Nicht: infolge von durch das Finanzamt erlassenen Verordnungen, sondern: infolge der durch das Finanzamt erlassenen Verordnungen oder: infolge der Verordnungen, die das Finanzamt erlassen hat.

Nicht hierher gehört das Nebeneinander von einer Präposition und einem als Adverb oder als Konjunktion verwendeten Wort: *mit* (= Präposition) *gegen* (= Adverb im Sinne von „ungefähr“) *hundert Arbeitern, außer* (= Konjunktion) *am* (= Präposition) *Sonntag*. Diese Fügungsweise ist durchaus korrekt. Gelegentlich wird selbst ein Präpositionalgefüge von einer Präposition abhängig gemacht. Dies ist jedoch umgangssprachlich oder mundartlich:

Haste noch Beton für untern Sockel? (Grass). ... die Zeitung stammte noch von vor dem Krieg (Kolb). Standardsprachlich müßte es heißen: Die Zeitung stammte noch aus der Zeit vor dem Kriege.

4 Rektionsschwierigkeiten bei mehreren Präpositionen vor einem Substantiv *(mit und ohne Kinder/mit und ohne Kindern)*

Mehrere Präpositionen, die den gleichen Kasus, etwa den Dativ, regieren, können ohne weiteres vor einem Substantiv stehen: *Die Kinder spielten vor, neben und hinter dem Haus.*

Regieren die Präpositionen verschiedene Kasus, etwa den Dativ und den Akkusativ, dann genügt es, das Substantiv (Pronomen) nur einmal zu setzen, wenn dieses im Dativ und Akkusativ dieselbe Form hat: *mit und ohne Gott, mit und ohne Aufbegehren, in und um sich.*

Wird jedoch das Substantiv im Dativ und Akkusativ unterschiedlich gebeugt, dann kann das Substantiv wiederholt oder einmal durch ein entsprechendes Pronomen ersetzt werden: *mit Büchern oder ohne Bücher, mit Büchern oder ohne sie.* Da dies jedoch ziemlich schwerfällig ist, wird in der Standardsprache das Substantiv gewöhnlich in den Kasus gesetzt, den diejenige Präposition verlangt, die dem Substantiv zunächst steht: *mit und ohne Kinder, Übersetzungen aus der und in die englische Sprache.* Nicht korrekt ist es, den Kasus zu wählen, den die entfernter stehende Präposition verlangt: *mit und ohne Kindern* (richtig: *ohne und mit Kindern*). Nicht korrekt: *Literatur aus und über anderen Ländern* (richtig: *Literatur aus und über andere Länder*). ↑Ellipse (5).

Präpositionalattribut: Unter einem Präpositionalattribut versteht man ein ↑Attribut, d. h. eine Beifügung als nähere Bestimmung, die aus einer Präposition und zumeist einem Substantiv, Adjektiv oder Adverb besteht: *Seine Freude über den Sieg war groß. Dies ist der Weg nach Frankfurt. Ihre Rede auf deutsch wurde gut verstanden. Der Weg nach oben ist schwierig.* Das Präpositionalattribut tritt häufig in Konkurrenz zu einem ↑Genitivattribut (1.3.3): *die Hälfte von meinem Vermögen/meines Vermögens, das Haus von meinen Eltern/meiner Eltern.* Gelegentlich treten dann Schwierigkeiten auf, wenn zwei Substantive von demselben Wort abhängen, z. B. *die Niederlage von Drusus und [von] seinen Soldaten* oder *die Oberfläche von Aluminium und von seinen Legierungen.* In verkürzter Redeweise kann man hier die zweite Präposition auslassen (↑Ellipse [3]): *die Niederlage von Drusus und seinen Soldaten; die Oberfläche von Aluminium und seinen Legierungen.* In diesen Fällen wird der Kasus auch des zweiten Substantivs *(Soldaten, Legierungen)* durch die Präposition *von* bestimmt. Daneben wird jedoch mitunter auch das zweite Substantiv in den Genitiv gesetzt: *die Niederlage von Drusus und seiner Soldaten, die Oberfläche von Aluminium und seiner Legierungen.* Hier hängt das zweite Substantiv *(Soldaten, Legierungen)* nicht von der Präposition *von* ab, sondern direkt von *Niederlage* bzw. *Oberfläche* als dem Bezugswort dieser Fügungen. Beide Konstruktionen sind korrekt. – Zum falschen Bezug des Präpositionalattributs auf das Bestimmungswort einer Zusammensetzung (z. B. *die Abfahrtszeit nach Kassel*) ↑Kompositum (8).

Präpositionalgefüge: Unter einem Präpositionalgefüge versteht man eine Verbindung aus einer Präposition und einem anderen Wort, zumeist einem Substantiv, Adjektiv oder Adverb: *Auf der Brücke stand eine Dame. Er hält das für gut. Das reicht bis morgen. Er tat es aus Neid.* Zur Stellung eines Adverbs beim Präpositionalgefüge *(spätestens in einer Stunde/in spätestens einer Stunde)* ↑Adverb (4).

Präpositionalkasus: Unter dem Präpositionalkasus (Präpositionalfall) versteht man den ↑Kasus (Fall) eines Substantivs, der von einer Präposition bestimmt wird: *Die Bücher lagen auf dem Tisch. Angesichts dieser Tatsachen wurde er verurteilt. Sie lachte über den Witz.*

Präpositionalobjekt: Das Präpositionalobjekt ist ein Objekt mit einer bestimmten, vom Verb geforderten Präposition. So ist z. B. das Präpositionalobjekt *auf die Schwester* in *Sie achtet auf die Schwester* durch *achten* gefordert. Die Präposition kann hier im allgemeinen nicht ersetzt werden, das Objekt wird mit der Präposition erfragt: *Auf wen achtet sie?* Demgegenüber ist die Präposition in einer Umstandsbestimmung mit Präposition nicht so eng an das Verb gebunden und prinzipiell austauschbar: *Die Mannschaft wartet in, neben, an, vor der Kabine.* Präpositionale Umstandsbestimmungen werden auch nicht mit der Präposition erfragt: *Wo wartet die Mannschaft?*

Präsens: Das Präsens (Gegenwart), eine Zeitform des Verbs, drückt aus, daß ein Geschehen vom Standpunkt des Sprechers aus gesehen schon oder noch abläuft: *Die Rose blüht. Das Glas zerbricht.* Es steht aber auch in Aussagen, die Allgemeingültiges beinhalten: *Du glaubst zu schieben, und du wirst geschoben.* Bezogen auf Zukünftiges, konkurriert es mit dem ↑Futur I: *Morgen fahre ich nach Paris/Morgen werde ich nach Paris fahren.* Das sog. historische Präsens (Praesens historicum) schließlich steht an Stelle des Präteritums; es dient der besonderen Verlebendigung eines Geschehens: *Da liege ich doch gestern auf der Couch, kommt Inge leise ins Zimmer und gibt mir einen Kuß* (für: *Ich lag ..., als Inge hereinkam und ... gab*).

präsentieren, sich: Bei *sich präsentieren als* steht heute das folgende Substantiv gewöhnlich im Nominativ, d. h., es wird auf das Subjekt bezogen: *Eingebettet in den weitläufigen Park des Palais Schaumburg ... präsentiert sich der neue Kanzler-Bungalow als ein nur von wenigen Außenmauern gestützter Glaspavillon* (Die Welt). ... *da präsentiert sich der ehemalige Priesterlehrer als Kandidat* (St. Zweig). Der Akkusativ, d. h. die Beziehung auf das Reflexivpronomen, ist veraltet. ↑Kongruenz (4.2).

Präsident: Das Substantiv wird schwach gebeugt, Genitiv, Dativ und Akkusativ Singular haben also die Endung *-en: der Besuch des Präsidenten, im Gespräch mit dem Präsidenten Müller, durch Herrn Präsidenten Müller. Ich wende mich an Sie als Präsidenten.* Die ↑Unterlassung der Deklination (2.1.2) ist nur in zwei Fällen korrekt: In Anschriften in Verbindung mit ↑*Herr* + Name *(Herrn Präsidenten/Herrn Präsident Karl Müller)* und in Verbindung mit einer Präposition und einem Namen, wenn kein Artikel vorangeht: *Ich sprach mit Präsident Müller/wandte mich an Präsident Müller.* Zu *des Präsidenten Müller/Präsident Müllers* ↑Titel und Berufsbezeichnungen (1.2 und 1.3); zur Anschrift ↑Brief (7).

präsidieren: Das Verb *präsidieren* wird mit dem Dativ verbunden: ... *dem Ministerium präsidiert ein ebensolcher Fuchs wie er selbst* (St. Zweig). *Herr Lederer präsidierte in seinem Stadtteil dem Bezirksausschuß der Wahrhaft Deutschen* (Feuchtwanger). In der Schweiz wird *präsidieren* mit dem Akkusativ verbunden *(einen Ausschuß präsidieren).*

Präteritum: Das Präteritum ([erste] Vergangenheit, Imperfekt), eine Zeitform des Verbs, drückt aus, daß ein Geschehen vom Standpunkt des Sprechers völlig losgelöst, vergangen und abgeschlossen ist. Das Präteritum ist daher das eigentliche, neutrale Tempus der Abstand wahrenden Schilderung, der erzählenden, berichtenden Darstellung: *Jan Bronski und Kobyella lagen hinter den Sandsäcken ..., Jan gehörte das linke Fenster. Kobyella hatte rechts einen Platz. Sofort begriff ich, daß...* (Grass). Hiervon machen nur die Mundarten südlich der Linie Trier – Frankfurt – Plauen eine Ausnahme: Da hier Präteritum und Plusquamperfekt seit dem 16./17. Jh. geschwunden sind, ist der Sprecher in diesen Gebieten gezwungen, vergangenes Geschehen allein mit Hilfe des Perfekts darzustellen. Im übrigen ist darauf zu achten, Perfekt mit und Präteritum ohne Gegenwartsbezug nicht zu verwechseln. Man schreibe also nicht: *Den Umschlag zeichnete K. Gundermann,* wenn das Geschehen deutlich auf den Standpunkt des Sprechers bezogen und für ihn wichtig ist, sondern: *Den Umschlag hat K. Gundermann gezeichnet.* Auch kann man in einer Anzeige nicht schreiben *Ich eröffnete gestern mein neues Ge-*

schäft in der Schillerstraße, weil ja nicht ein völlig in der Vergangenheit liegendes und von der Gegenwart losgelöstes Geschehen mitgeteilt werden soll, sondern ein Ereignis, das weiterhin von Wichtigkeit ist; daher: *Ich habe gestern mein neues Geschäft in der Schillerstraße eröffnet.*

Preis: Eine mit der Wendung *um den Preis* verbundene Aussage wird manchmal logisch nicht richtig konstruiert. Falsch: *Er sagte ihm die Wahrheit um den Preis des Verlustes seiner Freundschaft.* Richtig: *Er sagte ihm die Wahrheit um den Preis seiner Freundschaft.*

Preisangaben: ↑Maß-, Mengen- und Münzbezeichnungen.

Preiselbeere/Preißelbeere: Der Name der Preiselbeere ist in frühneuhochdeutscher Zeit aus alttschechisch *bruslina* entlehnt und seitdem in vielen Schreibvarianten überliefert worden. In der Standardsprache hat sich schließlich die Schreibung mit einfachem *s* durchgesetzt. Die Schreibweise mit *ß* gilt deshalb heute nicht mehr als korrekt.

preisen, sich: Bei *sich preisen als* steht heute das folgende Substantiv gewöhnlich im Nominativ, d. h., es wird auf das Subjekt bezogen: *Er pries sich als ein guter Architekt.* Der Akkusativ, d. h. die Beziehung auf das Reflexivpronomen, ist seltener: *Er pries sich als einen guten Architekten.* ↑Kongruenz (4.2).

preisgünstig: ↑Adjektiv (2.1).

Preis-Leistungs-Verhältnis: ↑Bindestrich (3.1).

Preß-/Presse-: Zusammensetzungen mit *Preß-* sind mit dem Verbalstamm von *pressen* gebildet: *Preßform, Preßglas, Preßholz, Preßluft[hammer], Preßspan* u. a. Zusammensetzungen mit *Presse-* beziehen sich dagegen aufs Zeitungswesen: *Presseberichterstatter, Pressefreiheit, Pressekonferenz* u. a. Bildungen dieser Gruppe ohne *-e-* wie *Preßfreiheit* sind veraltet. ↑Fugenzeichen.

Primat: *Primat* in der Bedeutung „Vorrang; oberste Kirchengewalt des Papstes usw." kann – ohne Bedeutungsunterschied – mit männlichem oder sächlichem Genus gebraucht werden. Sowohl *der Primat* als auch *das Primat* sind korrekt (↑-at).

Prinz: Das Substantiv wird schwach gebeugt, Genitiv: *des Prinzen,* Dativ und Akkusativ: *dem, den Prinzen;* Plural: *die Prinzen.* ↑Unterlassung der Deklination (2.1.1). Als Bestandteil des Familiennamens steht *Prinz* hinter dem Vornamen: *Heinrich Prinz von Preußen.* Im Genitiv heißt es entweder *der Besitz Prinz Heinrichs* oder *der Besitz des Prinzen Heinrich.* Die Frau eines Prinzen wird *Prinzessin* genannt. Diese Bezeichnung wird im Familiennamen wie die männliche Form eingesetzt: *Amalie Prinzessin von Preußen.* – Über Anschrift und Anrede eines Prinzen *(Durchlaucht, Hoheit* oder *Königliche Hoheit)* muß man sich im Einzelfall erkundigen. ↑Brief (7).

Prinzip: *Prinzip* hat zwei Plurale, den schwachen *die Prinzipien* und den starken *die Prinzipe.* Üblich ist heute die schwach gebildete Form.

Prinzipal: In der heute veralteten Bedeutung „Lehrherr" ist *Prinzipal* männlich: *der Prinzipal.* Der Plural lautet *die Prinzipale.* Als Bezeichnung eines Orgelregisters ist das Wort sächlich: *das Prinzipal.* Dazu lautet der Plural ebenfalls *die Prinzipale.*

Prinzipat: *Prinzipat* kann – ohne Bedeutungsunterschied – mit männlichem oder sächlichem Genus gebraucht werden. Sowohl *das Prinzipat* als auch *der Prinzipat* sind korrekt (↑-at).

privat: In Wendungen wie *etwas an Privat verkaufen, von Privat an Privat* wird *privat* im Sinne von „Privatperson" groß geschrieben. Großschreibung gilt auch für Substantivierungen wie *alles/das Private respektieren, etwas/nichts Privates.* Klein schreibt man demgegenüber das Adjektiv z. B. in *Das ist meine private Meinung. Ich habe mich* *nur privat geäußert.* Vgl. auch ↑Vergleichsformen (3.1).

pro: Die fremde Präposition *pro* wird in Analogie zu *für* im allgemeinen mit dem Akkusativ verbunden. Dies wird deutlich, wenn ein Begleitwort (z. B. ein Adjektiv) vor dem Substantiv steht: *pro berufstätige Frau, pro männlichen Angestellten, pro antiquarischen Band.* Ohne Begleitwort stehende starke Substantive nach *pro* lassen keinen Fall erkennen: *pro Stück, pro Band.* Während die ohne Begleitwort stehenden substantivierten Adjektive oder Partizipien in gutem Deutsch immer gebeugt werden *(pro Kranken, pro Angestellten),* besteht bei den sonstigen schwach gebeugten Substantiven ohne Begleitwort die Tendenz, sie ohne Beugungsendung zu setzen: *pro Kollege, pro Genosse, pro Christ* (umgangssprachlich), *pro Doktorand* usw. Korrekt muß es heißen: *pro Kollegen, pro Genossen, pro Christen, pro Doktoranden* usw. In Verbindung mit Zeitangaben wird *pro* – hauptsächlich in der Kaufmannssprache und Umgangssprache – distributiv im Sinne von „je, jeweils" verwendet: *Ich muß mich pro Tag* (stilistisch besser: *jeden Tag) einmal rasieren. Die Besprechung der Abteilungsleiter findet zweimal pro Woche* (stilistisch besser: *zweimal in der Woche, jeweils zweimal die Woche, jede Woche zweimal) statt.*

probefahren, probelaufen, probeschreiben, probesingen, probeturnen: Von den Verben mit *probe-* als erstem Bestandteil werden im allgemeinen nur der Infintiv und das 2. Partizip gebraucht: *Wir wollen heute probefahren. Ich bin gestern mit diesem Wagen probegefahren. Wir lassen den Motor probelaufen. Ich habe gestern probegeschrieben. Sie hat gerade probegesungen. Wir müssen noch einmal probeturnen.* Vereinzelt werden auch schon andere Formen gebraucht: *Ich fahre noch einmal Probe. Der Motor läuft gerade Probe.* ↑Zusammen- oder Getrenntschreibung (2.1).

probeweise: ↑-weise.

Produkt: Der Plural lautet *die Produkte* (nicht: *die Produkten*).

Produzent: Das Substantiv wird schwach gebeugt, Genitiv, Dativ und Akkusativ Singular haben also die Endung *-en: die Klage des Produzenten, im Gespräch mit dem Produzenten.* ↑Unterlassung der Deklination (2.1.2).

Professor: Ein Professor wird mündlich und schriftlich als *Herr Professor* angeredet; den Namen fügt man im allgemeinen nur hinzu, wenn es zur Unterscheidung mehrerer Personen nötig ist. Der Titel *Professor* wird in der Briefanrede und in der Anschrift immer ausgeschrieben; also nicht: *Herrn Prof. Meier ...* ↑Brief (1 und 4). Zu *des Professors Müller/Professor Müllers* ↑Titel und Berufsbezeichnungen (1, 2 und 3). Obwohl die weibliche Form *Professorin* als Berufsbezeichnung nicht mehr ungewöhnlich ist, heißt es in der Anrede meist *Frau Professor.* ↑Titel und Berufsbezeichnungen (3).

Pro-Kopf-Verbrauch: ↑Bindestrich (3.1).

Prokurist: Die Formen lauten: Genitiv: *des Prokuristen,* Dativ und Akkusativ: *dem, den Prokuristen* (nicht: *dem, den Prokurist*). Auch in Verbindung mit *Herrn* und dem Namen ist es besser, den Titel zu beugen: *Herrn Prokuristen Müller.* ↑Unterlassung der Deklination (2.1.2). Zu *des Prokuristen Müller/Prokurist Müllers* ↑Titel und Berufsbezeichnungen (7). Zur Anschrift ↑Brief (3). Als Bezeichnung einer Dame, die in ihrer Firma Prokura hat, ist *Prokuristin* üblich. ↑Titel und Berufsbezeichnungen (3).

promovieren: Das Verb wird einerseits transitiv im Sinne von „jemandem die Doktorwürde verleihen" verwendet: *Er wurde [zum Doktor der Medizin] promoviert.* Andererseits wird es auch intransitiv gebraucht, und zwar in der Bedeutung „die Doktorwürde erlangen, den Doktorgrad erwerben": *Ich habe promoviert. Sie promovierte zum Dr. phil.*

Pronomen: Das Pronomen (Fürwort) vertritt oder begleitet das Substantiv (vgl. im einzelnen ↑Personal-, ↑Possessiv-, ↑Demonstrativ-, ↑Reflexiv-, ↑Relativ-, ↑Interrogativpronomen). Der Plural lautet *die Pronomen* oder *die Pronomina.* **1. Gebrauch:** Wird im Zusammenhang der Rede ein Pronomen gebraucht, dann setzt dies voraus, daß das Substantiv, das es vertritt, bereits genannt ist oder als bekannt vorausgesetzt werden kann. Das Pronomen soll also nicht an Stelle eines erst später eingeführten Substantivs stehen. Es muß demnach heißen: *Sonst war die Mutter immer fröhlich. Heute machte sie ein trauriges Gesicht.* Aber nicht: *Sonst war sie immer fröhlich. Heute machte die Mutter ein trauriges Gesicht.* Diese Regel gilt nicht für die unmittelbare Nachstellung, z. B.: *Da ging er, der verlorene Sohn der Familie.* **2. Hühneraufzucht und ihr Verkauf:** Das Pronomen darf nicht auf das Bestimmungswort einer Zusammensetzung bezogen werden. Also nicht: *Hühneraufzucht und ihr Verkauf,* sondern: *Aufzucht und Verkauf der Hühner.* Nicht: *die Speisenzubereitung und deren Genuß,* sondern: *Zubereitung und Genuß der Speisen* (↑Kompositum [8]). Zur Stellung des Pronomens *(Die Menge wich zurück, als der Zug sich näherte/als sich der Zug näherte. Am nächsten Tag konnte mir mein Freund helfen/konnte mein Freund mir helfen)* ↑Reflexivpronomen (1), ↑Personalpronomen. Vgl. auch ↑Groß- oder Kleinschreibung (1.2 und 1.2.4).

Pronominaladjektiv: Als Pronominaladjektive bezeichnet man eine Gruppe bestimmter Wörter, nach denen das folgende [substantivierte] Adjektiv wie nach einem Pronomen, also schwach, oder wie nach einem Adjektiv, also parallel, gebeugt werden kann. Schwache Beugung des Adjektivs wie nach einem Pronomen: *einiges milde Nachsehen* (Th. Mann). Parallele Beugung wie nach einem Adjektiv: *einiges slawisches Blut* (Th. Mann). Bei den einzelnen Pronominaladjektiven schwankt der Gebrauch: ↑all, ander-, beide, einige, etliche, etwelche, folgend-, irgendwelcher, manch, mehrere, sämtlich, solch, viel, welch, wenig.

Pronominaladverb
(Umstandsfürwort)

Das Pronominaladverb ist ein Adverb, das für eine Fügung aus Präposition und Pronomen steht:

Das Buch liegt *auf dem Tisch/Das Buch liegt darauf* (für: *auf ihm*). Ich schiebe die Schuhe *unter das Bett*/Ich schiebe die Schuhe *darunter* (für: *unter es*).

Im heutigen Sprachgebrauch kann sich ein Pronominaladverb sowohl auf einen Satz oder einen [satzwertigen] Infinitiv als auch auf ein einzelnes Substantiv beziehen:

- Bezug auf einen Satz oder einen [satzwertigen] Infinitiv:

  Er hat dieses Verbrechen begangen. Dafür wird er büßen. Ich bleibe dabei, daß alles falsch ist. Er wehrte sich dagegen, als Kollaborateur verdächtigt zu werden.

Ein Pronominaladverb darf nicht stehen, wenn ein relativischer ↑Attributsatz folgt:

Du darfst darüber (richtig: über das), was ich dir anvertraut habe, nicht sprechen.

- Bezug auf ein einzelnes Substantiv (als Satzglied oder Gliedteil):

  Er besorgte sich einen Wagen und fuhr damit in die Stadt. Ich besaß drei Häuser und habe eins davon verkauft. Sie rückte den Schrank zur Seite. Die Geheimtür dahinter war verschlossen.

1. Bildungsweise: Gebildet werden die Pronominaladverbien aus den Adverbien *da, hier* und *wo* und den Präpositionen *an, auf* usw. Beginnt eine dieser Präpositionen mit einem Vokal, wird *dar-* statt *da-* und *wor-* statt *wo-* gebraucht (Silbentrennung: *dar-an, wor-an* usw.); neben *danach* und *daneben* gibt es auch die (älteren) Formen *darnach* und *darneben:*

da[r]- hier- wo[r]-	+	-an -auf -aus -bei -durch -für -gegen -hinter usw.	→	daran, darauf, daraus, dabei, dadurch, dafür, dagegen, dahinter, darin, damit, da[r]nach, da[r]neben, darüber, darum, darunter, davon, davor, dazu, dazwischen; hieran, hierauf, hieraus, hierbei, hierdurch, hierfür, hiergegen, hierin, hiermit, hiernach, hierunter, hierüber, hiervon, hierzu; woran, worauf, woraus, wobei, wodurch, wofür, wogegen, wohinter, worin, womit, wonach, woneben, worüber, worum, worunter, wovon, wovor, wozu, wozwischen.

Die Kurzformen der mit *da-* gebildeten Pronominaladverbien (*dran, drauf, drein, drin, drum, drunter* usw.) gelten im allgemeinen als umgangssprachlich, ebenso die mit ihnen gebildeten Verben wie *draufgehen, dreinschlagen.* Statt der Pronominaladverbien mit *hier-* werden häufig die mit *da[r]-* gebraucht:

Ich habe *hierdurch/dadurch* viel gelernt. Ich werde *hierüber/darüber* nicht sprechen.

2. Trennung des Pronominaladverbs (Da kann ich nichts für/Dafür kann ich nichts): Die Verbindung der Glieder der Pronominaladverbien war früher nicht so fest wie heute. Zwischen die Glieder konnten andere Wörter treten. Heute gilt die Trennung der Pronominaladverbien nicht mehr als standardsprachlich; sie ist umgangssprachlich, besonders norddeutsch:

Da sei Gott vor/(statt:) Davor sei Gott! Da kann ich nichts für/(statt:) Dafür kann ich nichts. Da habe ich nichts von gehört/(statt:) Davon habe ich nichts gehört. Wo bist du gegen gestoßen/(statt:) Wogegen bist du gestoßen?

Zu korrektem *Wo kommst du her, wo gehst du hin?* neben: *Woher kommst du, wohin gehst du?* ↑wo (5), ↑Tmesis (1).

3. Pronominaladverb oder Präposition + Personal- oder Demonstrativpronomen? (damit/mit ihm bzw. mit dem): Das Pronominaladverb wird im allgemeinen gebraucht, wenn das Bezugswort eine Sache oder einen Begriff nennt. Wird dagegen mit dem Bezugswort eine Person bezeichnet, dann steht die Fügung Präposition + Pronomen:

Sachbezug: Ich fahre mit meinem *neuen Boot/Ich fahre damit* (nicht: *mit ihm*) nach Schweden. Hat er sich über *den Verlust* geärgert? Ja, er hat sich *darüber* (nicht: *über ihn*) geärgert. Denk an deinen *Auftrag!* Ja, ich werde *daran* (nicht: *an ihn*) denken. Personenbezug: Fährst du mit *deinem Bruder* nach Schweden? Ja, ich fahre *mit ihm* (nicht: *damit*) nach Schweden. Ich kann mich auf meinen *Freund* verlassen. Kannst du dich wirklich *auf ihn* (nicht: *darauf*) verlassen? Wir gingen zu den *Flüchtlingen* und sprachen *mit ihnen* (nicht: *damit*).

Nur *darunter* und *davon* machen eine Ausnahme; diese Pronominaladverbien können auch bei Personenbezug stehen:

Ich musterte die *Ankommenden* und entdeckte *unter ihnen/darunter* endlich die Erwartete. Sie hatten *vier Söhne,* aber nur einer *von ihnen/davon* konnte das elterliche Geschäft übernehmen.

Darüber hinaus ist bei Personenbezug der Gebrauch des Pronominaladverbs auch dann möglich, wenn der Sprecher mehr eine ganze Szene als eine Person im Auge hat:

Sie bahrten die Toten auf. Schweigend standen sie *darum* herum. Ich sehe mich um. Hinter mir steht Georg in seinem purpurnen Pyjama, *dahinter* die alte Frau Kroll ohne Zähne, in einem blauen Schlafrock mit Lockenwicklern im Haar, *dahinter* Heinrich (Remarque).

Die besonders in der älteren Literatursprache und der Umgangssprache des öfteren gebrauchte personenbezogene Fügung Präposition + Pronomen sollte bei einem Sach- oder Begriffsverweis vermieden werden:

Ist das der *Baum?* Ja, *unter ihm/unter dem* (statt: *darunter*) habe ich gestanden, als der Blitz einschlug. Hier ist mein Wagen. *Mit ihm/mit dem* (statt: *damit*) kannst du nach Hause fahren. Der Schuppen und was *in ihm* (statt: *darin*) war, ging in Flammen auf. Sie besaß drei Häuser und hat eins *von ihnen* (statt: *davon*) verkauft.

Nur in den Fällen, wo das Pronominaladverb keinen eindeutigen Bezug auf eines von mehreren Substantiven zuläßt, sollte man zur leichteren Verständlichkeit das Pronomen verwenden:

Das Vorhandensein der Magnetfelder können wir nicht wahrnehmen. Man kann sie nicht fühlen, sehen, hören, schmecken oder riechen. Es ist uns nur möglich, etwas *über sie* (nicht: *darüber*) zu erfahren, wenn wir beobachten, was *durch sie* (nicht: *dadurch*) bewirkt wird. (Hier könnten sich *darüber* und *dadurch* auch auf *Vorhandensein* beziehen.)

Zu der Fügung Präposition + *es* (*auf/über/durch/neben es* usw.) ↑es (1).

4. Pronominaladverb oder Präposition + Relativpronomen? (die Welt, in der/darin/worin wir leben): Der relativische Gebrauch der mit da[r]- gebildeten Pronominaladverbien ist heute veraltet:

Das ist die Welt, *in der* (nicht mehr: *darin*) wir leben.

Der relativische Gebrauch der mit *wo[r]-* gebildeten Pronominaladverbien geht in der Gegenwartssprache mehr und mehr zurück. Wenn das Bezugswort eine Person nennt, wird heute in der Regel nur noch die Verbindung Präposition + Relativpronomen gebraucht:

Die Leute, *von denen* (nicht: *wovon*) ich euch erzählte, sind eingezogen. Das ist eine Vorgesetzte, *auf die* (nicht: *worauf*) man zählen kann.

Auch wenn das Bezugswort eine Sache oder einen Begriff nennt, wird heute überwiegend das Relativpronomen in Verbindung mit einer Präposition gebraucht:

Das ist die Welt, *in der* (selten: *worin*) wir leben. Dies ist der Wagen, *mit dem* (selten: *womit*) sie flüchteten. Die große Sorgfalt, *mit der* (selten: *womit*) hier gearbeitet wird.

Ist jedoch kein bestimmtes Bezugswort vorhanden, dann zieht man das Pronominaladverb vor:

Das ist alles, *worum* (selten: *um was*) ich Sie bitte. Es gibt manches, *wozu* (selten: *zu dem*) ich mehr Lust hätte.

Fest im relativischen Gebrauch sind dagegen die Pronominaladverbien bei Relativsätzen in der Rolle eines Satzgliedes, weil hier ebenfalls kein bestimmtes Bezugswort vorhanden ist. Der Ersatz durch die Verbindung Präposition + *was* gilt hier im allgemeinen als umgangssprachlich (↑5):

Ich erkläre ihm, *womit* (ugs.: *mit was*) er zu rechnen habe. Ich weiß nicht, *worüber* (ugs.: *über was*) sie sich freut.

5. Pronominaladverb mit *wo-* oder Präposition + *was?* (wozu/zu was): Die Verbindung Präposition + *was* ist stark umgangssprachlich gefärbt. In der Standardsprache wird im allgemeinen das Pronominaladverb gebraucht:

Zu was (standardspr.: *Wozu*) machst du das? *In was* (standardspr.: *Worin*) besteht der Unterschied? *Mit was* (standardspr.: *Womit*) soll das Brett befestigt werden? *Nach was* (standardspr.: *Wonach*) hat er sich erkundigt?

Wird mit dem Bezugssubstantiv eine Person genannt, dann steht die Fügung Präposition + Pronomen:

Zu wem gehst du? An wen denkst du?

propagieren: Als Verb zu *Propaganda* wird im Sinne von „Propaganda für etwas machen, für etwas werben" *propagieren* (nicht: *propagandieren*) gebraucht: *eine Idee, ein vereinigtes Europa, den Sozialismus propagieren.*

Proportionalsatz: ↑Modalsatz.

Propst: Zu *des Propstes Müller/Propst Müllers* ↑Titel und Berufsbezeichnungen (1.2 und 1.3).

Prospekt: Es heißt standardsprachlich *der Prospekt.* Landschaftlich (bes. in Österreich) ist auch *das Prospekt* gebräuchlich.

Protokoll: Protokolle sind entweder im Präsens (so im allgemeinen) oder im Präteritum abgefaßt. Das Perfekt sollte nicht als Berichtstempus verwendet werden. Abgesehen vom wörtlichen Protokoll (vgl. Parlamentsprotokolle), das die Teilnehmeräußerungen in ↑direkter Rede festhält, beschränken sich alle anderen Protokollformen auf eine mehr oder weniger stark verkürzte neutrale Wiedergabe der Gesprächsbeiträge in ↑indirekter Rede und unter Verwendung von Formen des ↑Konjunktivs I und II. Dabei versucht das Verlaufsprotokoll die einzelnen Wortmeldungen und Argumente so ausführlich wie möglich wiederzugeben, während das Kurzprotokoll neben den Beschlüssen den Gesprächsverlauf nur in seinen wichtigsten Phasen erfaßt. Das Beschluß- oder Ergebnisprotokoll schließlich beschränkt sich auf das Festhalten von Tagesordnungspunkten und entsprechenden Beschlüssen. Allen Protokollformen gemeinsam ist der Rahmen: Der Protokollkopf nennt Tagesordnung, Sitzungsdatum, -ort, -teilnehmer und -dauer, der Protokollschluß weist rechts die Unterschrift des Protokollführers und links die des Vorsitzenden auf.

Prototyp: Der Plural lautet *die Prototypen.*

Protz: Das Substantiv kann stark oder schwach gebeugt werden. Starke Beugung: Genitiv: *des Protzes,* Plural: *die Protze;* schwache Beugung: Genitiv: *des Protzen,* Plural: *die Protzen.*

Provinzialismus: Unter einem Provinzialismus versteht man einen landschaftsgebundenen Ausdruck wie österr. und schweiz. *allfällig* „möglicherweise vorkommend, eventuell", *verzählen* für *erzählen* oder *jemanden schießen* statt *auf jemanden schießen.* Heute wird eher von landschaftlichen oder mundartlichen Wörtern oder Ausdrücken oder von Regionalismen gesprochen, weil dem Terminus Provinzialismus oft etwas Abschätziges anhaftet.

Prozent: Bei Prozentangaben mit Zahlen, die größer als 1 sind (*2 Prozent, 10 Prozent* usw.), steht das Verb korrekt im Plural: *10 Prozent haben zugestimmt.* Wenn das Subjekt des Satzes aus einer Prozentangabe und einem Substantiv im Genitiv besteht, dann richtet sich das Verb in seinem Numerus gewöhnlich nach der Prozentangabe (der Numerus des Substantivs im Genitiv spielt keine Rolle). Es heißt also standardsprachlich: *Ein Prozent der Mitglieder stimmte nicht ab. Neunzig Prozent der Bevölkerung leben in Armut.*

Folgt dagegen das Substantiv im Nominativ Singular, dann kann auch bei pluralischer Prozentangabe das Verb im Singular stehen: *Zehn Prozent Energie gehen/geht verloren.* ↑Kongruenz (1.2.3). Zu *5%-Klausel* ↑Bindestrich (3.3).

prüfen/überprüfen. Das Verb *überprüfen* „nochmals prüfen, nachprüfen, kontrollieren" kann in vielen Fällen durch *prüfen* ersetzt werden: *eine Rechnung überprüfen/prüfen, die Richtigkeit einer Angabe überprüfen/prüfen.* Bei einem persönlichen Objekt läßt sich jedoch *prüfen* in diesem Sinne oft nicht einsetzen, weil *jemanden prüfen* meist die Bedeutung „jemandes Wissen, Fähigkeiten feststellen" hat, so daß Verwechslungen möglich sind. Man sagt also: *Die Reisenden wurden an der Grenze überprüft* (nicht: *geprüft*).

psychisch/psychologisch: Das Adjektiv *psychisch* bedeutet „den seelischen Bereich oder Zustand des Menschen betreffend; seelisch", das Adjektiv *psychologisch* dagegen „die Psychologie, d.h. die Lehre von den Erscheinungen und Zuständen des bewußten und unbewußten Seelenlebens betreffend; seelenkundlich". Man kann daher z.B. nur von einer *psychischen Reaktion* oder von *psychischem Druck,* aber nicht von einer *psychologischen Reaktion* oder von *psychologischem Druck* sprechen.

Puder: Das Substantiv *Puder* hat männliches Geschlecht. Es heißt also standardsprachlich *der Puder* (nicht: *das Puder*).

Puff: Das Substantiv *der Puff* „Stoß" hat die Pluralformen *Püffe* und (seltener) *Puffe, der (Wäsche)puff* die Pluralformen *Puffe* und *Puffs* und das saloppe *der/das Puff* „Bordell" den Plural *die Puffs.*

puffen: Zu *jemandem/jemanden in die Seite puffen* ↑boxen.

Pulk: Der Plural lautet im allgemeinen *die Pulks: ... wie viele solcher Pulks hatte die in Agonie liegende Armee schon ausgestoßen* (Plievier, Stalingrad 157). *Es war fast unmöglich, ... die einzelnen Pulks zu verfolgen* (Gaiser). Der Plural *die Pulke* ist weniger gebräuchlich.

Pult: Das Wort *Pult* hat sächliches Geschlecht. Es heißt also *das Pult* (nicht: *der Pult*).

[1]Punkt

Der Punkt ist vor allem ein Schlußzeichen und steht in dieser Funktion am Ende von Sätzen (vgl. aber ↑Zahlen und Ziffern [2]).

1. Der Punkt steht bei fortlaufendem Text: Der Punkt kennzeichnet das Ende eines Satzes oder eines Satzgefüges. Er drückt eine längere Pause aus und deutet gewöhnlich eine Senkung der Stimme an. Das gilt insbesondere für den Aussagesatz, aber ebenso für Satzgefüge, die mit einem indirekten Fragesatz oder mit einem abhängigen Ausrufesatz, Aufforderungs- oder Wunschsatz enden:

Es wird Frühling. Wir freuen uns. Er fragte ihn, wann er kommen wolle. Sie rief laut, die Post sei da. Ich wünschte, alles wäre vorbei. Man befahl mir, sofort zu gehen.

Nach Auslassungssätzen und Satzstücken steht der Punkt wie nach vollständigen Sätzen:

Kommst du morgen? – Vielleicht.
Wir essen pünktlich um acht. Auf jeden Fall. Auch ohne dich.
Englisch: gut. Mathematik: mangelhaft.

Auch ein unabhängiger Aufforderungs- oder Wunschsatz, der ohne Nachdruck gesprochen wird, erhält (statt des Ausrufezeichens) einen Punkt:

Bitte geben Sie mir das Buch. Vgl. die Fußnote auf S. 413.

Das Fragezeichen nach dem direkten Fragesatz kann nicht durch den Punkt ersetzt werden, auch nicht bei sog. rhetorischen Fragen:

Wer wäre damit nicht zufrieden?

Ist ein angeführter Satz als Satzglied oder Gliedteil in einen anderen eingefügt, erhält er keinen Punkt:

Sie einigten sich, „Tue recht und scheue niemand" zu ihrem Wahlspruch zu machen.
Das Sprichwort *Aller Anfang ist schwer* hört man oft.

2. Der Punkt steht nicht nach freistehenden Zeilen: Der Punkt steht nicht nach Sätzen, Satzstücken und einzelnen Wörtern, die im Druck- oder Schriftbild in besonderen Zeilen deutlich herausgehoben werden und inhaltlich selbständig sind. Absätze in Erzählungen und anderen Texten, die nur eine Zeile umfassen, sowie Gedichtzeilen erhalten natürlich die nötigen Schlußzeichen, ebenso die auslaufende letzte Zeile eines Absatzes. Im einzelnen fehlt der Schlußpunkt bei

- Datumsangaben am Anfang oder Ende von Schriftstücken (↑ Brief [2], ↑ Datum);
- Anschriften, Schlußformeln und Unterschriften (↑ Brief [1 und 5]);
- Überschriften, Schlagzeilen, Buch- und Zeitungstiteln, Bildunterschriften:

Mein schönster Ferientag
Ich reinige mein Fahrrad
Die Schulsenatorin weiht die neue Stadtbücherei ein
Der Friede ist gesichert

Bildunterschriften, die aus mehreren Sätzen bestehen, erhalten jedoch die üblichen Schlußpunkte. Bei Überschriften o. ä. spielt es für die Nichtsetzung des Schlußpunkts keine Rolle, ob sie aus einzelnen Wörtern oder aus einem ganzen Satz bestehen. Ausrufezeichen und Fragezeichen müssen allerdings am Ende der Überschrift ebenso gesetzt werden wie etwaige Satzzeichen innerhalb der Überschrift:

Ist die EG tot?
Ein Wort, das besser ungesagt geblieben wäre!

- Tabellen, zeilenweise abgesetzten Aufzählungen, Gliederungen, Inhaltsverzeichnissen u. dgl.:

Unser Geschäft führt in großer Auswahl:
Papier- und Schreibwaren
Büroartikel
Mal- und Zeichengerät
Künstlerpostkarten
Zeitschriften

Man kann eine solche Aufzählung allerdings auch wie einen zusammenhängenden Satz behandeln. Dann steht nach jedem Aufzählungsglied ein Komma und nach dem letzten Wort ein Punkt. Auch der sog. Spiegelstrich und das ↑ Semikolon können verwendet werden. Allerdings empfiehlt sich diese

Schreibweise im allgemeinen nur, wenn die einzelnen Glieder umfänglicher sind oder aus Nebensätzen bestehen:

Ein Zuschuß zu den Kosten kann gewährt werden:
- wenn der Lehrgangsteilnehmer einen Verdienstausfall nachweist;
- wenn der Teilnehmer seine Mahlzeiten nicht zu Hause einnehmen kann;
- bei Teilnehmern, die noch in der Berufsausbildung stehen.

Selbst bei Gliederungsabschnitten in Form längerer Sätze sind Schlußpunkte nicht nötig, wie es das folgende Beispiel eines Planes für einen Schulaufsatz zeigt:

Das Fernsehen – seine Vorzüge und Gefahren

A. Einleitung: Fast jede Familie besitzt heutzutage einen Fernseher
B. Hauptteil: Folgende Gefahren und Vorzüge des Fernsehens sind zu beachten:
1. Die Gefahren
a) Das Fernsehen nimmt viel Zeit in Anspruch und hindert uns an anderen Beschäftigungen
b) Das vielseitige Programm verleitet zu wahllosem Sehen
c) Man verdirbt sich leicht die Augen durch zu vieles Fernsehen
2. Die Vorzüge
a) Das Fernsehprogramm ist sehr reichhaltig (Spielfilm und Theater, Lehrfilm, Sport, Nachrichten usw.)
b) Viele Sendungen regen zu eigenem Nachdenken an (Diskussionen, Kommentare)
c) Kranke und alte Leute können durch das Fernsehen am allgemeinen Leben teilnehmen
C. Schluß: Wenn man beim Fernsehen vernünftig auswählt, sind die Vorzüge größer als die Nachteile

Dasselbe gilt für die heute sehr häufig verwendete Abschnittsgliederung mit Hilfe arabischer Zahlen, wobei hinter der letzten Teilnummer kein Punkt steht:

1 Der Punkt
2 Das Komma
2.1 Das Komma zwischen Satzteilen
2.1.1 Das Komma bei Aufzählungen
2.1.2 Das Komma bei herausgehobenen Satzteilen
2.2 Das Komma bei Partizipial- und Infinitivgruppen

3. Der Punkt bei Auslassungen (↑ Auslassungspunkte): Endet ein Satz mit Auslassungspunkten, dann wird kein besonderer Satzschlußpunkt gesetzt:

Ehen werden im Himmel geschlossen ...

4. Der Punkt bei Abkürzungen (↑ Abkürzungen [1]): Steht eine Abkürzung am Satzende, dann wird neben den letzten Abkürzungspunkt kein besonderer Satzschlußpunkt gesetzt:

Der Vater meines Freundes ist Regierungsrat a. D.

Umgekehrt muß in diesem Falle hinter einer Abkürzung ohne Punkt der Satzschlußpunkt stehen:

Das Kraftfahrzeugkennzeichen von Mannheim ist MA.

5. Verweise: Zum Punkt in Verbindung mit und an Stelle von anderen Satzzeichen ↑ Anführungszeichen (3), ↑ Klammern (1.4.2), ↑ Gedankenstrich (3.3).

[2]Punkt: In der Schweiz und in Österreich wird in Wendungen wie *Es ist Punkt acht Uhr* das Substantiv *Punkt* als Adverb im Sinne von „genau" aufgefaßt und klein geschrieben (↑Schlag).

punkto: Die (veraltete) Präposition *punkto* wird im Gegensatz zu der lateinischen Fügung *in puncto* mit *k* geschrieben. Beide Ausdrücke werden im Sinn von „betreffs" gebraucht und mit dem Genitiv verbunden. Das wird deutlich, wenn ein Begleitwort (z. B. ein Adjektiv) vor dem Substantiv steht: *punkto gottloser Reden* (C. F. Meyer). Ohne Begleitwort stehende starke Substantive nach *punkto* stehen jedoch ungebeugt: *punkto Geld.*

Punsch: Der Plural zu *Punsch* lautet *die Punsche* (nicht: *die Punschs* oder *die Pünsche*).

Purismus: Unter Purismus versteht man ein übertriebenes Streben nach Sprachreinheit, einen übertriebenen Kampf gegen Fremdwörter.

purpurn/Purpur: Das Adjektiv *purpurn* wird immer klein geschrieben: *purpurne Gewänder. Die Sonne ging purpurn unter. Das Band ist purpurn.* Als substantivische Farbbezeichnung, auch in Verbindung mit einer Präposition, dient das Substantiv *der Purpur: Die vorherrschenden Farben waren Purpur und Weiß. Stoffe in Purpur und Grün. Goldenes Eichenlaub auf Purpur.* Vgl. auch ↑blau, ↑Farb[en]bezeichnungen.

Putbusser/Putbuser: Die Einwohner von Putbus heißen *die Putbusser* (auch: *die Putbuser*). Die Einwohnerbezeichnung wird immer groß geschrieben, auch wenn das Wort wie ein unflektiertes Adjektiv vor einem Substantiv steht: *der Putbusser/Putbuser Hafen.* ↑Einwohnerbezeichnungen (5 und 7).

pythagoreisch (Pythagoreer): **1.** Das Adjektiv zu *Pythagoras* lautet griechisch *pythagóreios.* Die Endung *-eios* wird im Deutschen mit *-eisch* wiedergegeben. Die Schreibung mit *e* ist daher die eigentlich korrekte, nicht die mit *ä (pythagoräisch, Pythagoräer),* die in Österreich verbreitet ist. **2.** Das Adjektiv in der Fügung *pythagoreischer Lehrsatz* wird klein geschrieben, weil Pythagoras den Lehrsatz nicht selbst aufgestellt hat. ↑Groß- oder Kleinschreibung (1.2.2).

q: Zur Schreibung und Deklination ↑Bindestrich (2.4) *(Q-Fieber);* ↑Einzelbuchstaben *(des Q, zwei Q);* ↑Groß- oder Kleinschreibung (1.2.5) *(das q in Vaquero).*

Quader: Das Substantiv hat männliches oder weibliches Geschlecht. Es heißt also *der Quader* (Genitiv: *des Quaders,* Plural: *die Quader*), seltener auch *die Quader* (Genitiv: *der Quader,* Plural: die Quadern). Im Österreichischen heißt es *der Quader* (Genitiv: *des Quaders*), und der Plural lautet *die Quadern.*

Quadratmeter: Es heißt *der* oder *das Quadratmeter, -dezimeter, -zentimeter,* aber nur *der Quadratkilometer* (↑Kilometer, ↑Meter, ↑Zentimeter).

Quarz: Im Deutschen wird der Mineralname mit einfachem *z* geschrieben (im Englischen dagegen mit *tz*). Man schreibt daher auch *Quarzuhr.*

Quast/Quaste: Das Substantiv *der Quast* (Plur.: *die Quaste*) ist norddeutsch und hat die Bedeutung „breiter Pinsel, [Borsten]büschel"; *die Quaste* (Plur.: *die Quasten*) bedeutet dagegen „Troddel".

Quell/Quelle: Neben dem weiblichen Substantiv *die Quelle* (Plural: *die Quellen*) wird in gehobener, vor allem dichterischer Sprache eine männliche Nebenform *der Quell* (Plural: *die Quelle*) gebraucht. Unter *Quelle* versteht man ein hervorsprudelndes Wasser, den Beginn eines Wasserlaufs, den Ausgangspunkt von etwas, die Herkunftsstelle, und zwar sowohl konkret als auch übertragen: *eine klare Quelle; heiße, schwefelhaltige Quellen; die Quelle aller Leiden; er ist eine stete Quelle der Heiterkeit; neue Quellen erschließen; geschichtliche Quellen benutzen.* Das männliche Substantiv *der Quell* wird entweder dichterisch für die Wasserquelle gebraucht *(ein sprudelnder, frischer Quell)* oder bezeichnet den Ursprung (bes. einer positiven Gemütsbewegung): *der Quell des Lebens; ein Quell der Erkenntnis. Das ist ein unversiegbarer Quell der Freude.*

quellen: Das intransitive Verb *quellen* (nicht: *quillen*) in der Bedeutung „in die Höhe, vorwärts drängen, sprudeln" wird unregelmäßig konjugiert. Präsens: *du quillst, er, sie, es quillt;* Imperativ (kaum gebräuchlich): *quill!;* Präteritum: *er, sie, es quoll* (Konjunktiv: *quölle*); 2. Partizip: *gequollen: Die Tränen quellen aus den Augen. Dort quillt doch das Wasser kochend aus der Erde* (Hausmann). *Die Tür ..., durch deren Ritzen Licht quoll* (Gaiser). *Die Linsen sind gequollen.* Das transitive Verb *quellen* in der Bedeutung „etwas im Wasser weich werden lassen" wird regelmäßig konjugiert. Präsens: *du quellst, er, sie es quellt die Bohnen; gequellt,* Imperativ: *quell[e] die Bohnen!;* Präteritum: *er, sie, es quellte;* 2. Partizip: *gequellt: Ich quellte Bohnen. Die Linsen werden gequellt, bis sie weich sind.*

quer: Getrennt vom folgenden Verb schreibt man *quer,* wenn es in ursprünglicher Bedeutung gebraucht wird (beide Wörter tragen Starkton): *etwas quer legen; die Bretter dürfen nicht quer liegen. Auf der glatten Fahrbahn hat sich das Auto quer gestellt.* Zusammen schreibt man, wenn durch die Verbindung ein neuer Begriff entsteht (nur *quer-* trägt Starkton): *Dieser Versuch ist quergegangen* (= mißglückt; ugs.). *Er hat quergeschossen* (= hintertrieben; ugs.). Zusammen schreibt man *quer* auch mit einem 2. Partizip, wenn die Verbindung wie ein Adjektiv gebraucht wird (nur *quer-* trägt Starkton): *ein quergestreifter Stoff.* Man schreibt aber getrennt, wenn die Vorstellung der Tätigkeit vorherrscht (beide Wörter tragen Starkton): *dieser schöne quer gestreifte Stoff.* Dies gilt immer, wenn beide Wörter aussagend stehen: *Dieser Stoff ist quer gestreift.* ↑Zusammen- oder Getrenntschreibung (1.3).

Quiz: Das Substantiv hat sächliches Geschlecht. Es heißt also *das Quiz* (Genitiv: *des Quiz,* Plural: *die Quiz*).

R

r: Zur Schreibung und Deklination ↑Bindestrich (2.4) *(Zäpfchen-R);* ↑Einzelbuchstaben *(des R, zwei R);* ↑Groß- oder Kleinschreibung (1.2.5) *(das r in Kar).* ↑Aussprache (11).

rächen: Das 2. Partizip heißt *gerächt.* Die Form *gerochen – rächen* war ursprünglich ein unregelmäßiges Verb – wird heute nur noch gelegentlich in scherzhafter Ausdrucksweise verwendet.

Radar: Es heißt *der* oder *das Radar* (Kurzwort aus engl. *radio detecting and ranging* = Funkermittlung und Entfernungsmessung). Das Wort kann auf der zweiten, aber auch (österr. nur) auf der ersten Silbe betont werden. Im Sinne von „Radargerät" ist ein Plural *die Radare* möglich: *Radare tasteten den Luftraum ab.*

radebrechen: Das fest zusammengesetzte Verb wird regelmäßig gebeugt: *du radebrechst* (nicht: *radebrichst*), *er radebrecht; er radebrechte* (nicht: *radebrach*); *er hat geradebrecht* (nicht: *geradebrochen*).

radfahren: Die Formen dieses Verbs lauten: *ich fahre, fuhr Rad; ich bin radgefahren; um radzufahren.* In den getrennten Formen wird *Rad* groß geschrieben. ↑Zusammen- oder Getrenntschreibung (2.1).

rad- und Auto fahren: Man schreibt mit Bindestrich: *rad- und Auto fahren.* Aber ohne Bindestrich: *Auto und radfahren.* ↑Bindestrich (1.1).

Radiergummi: Es heißt *der* (nicht: *das*) *Radiergummi* (↑Gummi).

Radio: Standardsprachlich wird fast nur *das Radio* gebraucht. In der Bedeutung „Rundfunkempfänger" ist alltagssprachlich und südd., österr. und schweiz. auch *der Radio* gebräuchlich.

radschlagen: Die Formen dieses Verbs lauten: *ich schlage, schlug Rad; ich habe radgeschlagen; um radzuschlagen.* In den getrennten Formen wird *Rad* groß geschrieben. ↑Zusammen- oder Getrenntschreibung (2.1).

Rallye: Im heutigen Sprachgebrauch wird im allgemeinen nur noch *die Rallye* gesagt; *das Rallye* ist veraltet bzw. schweizerisch. Der Plural heißt *die Rallyes* (nicht: *Rallies*). Neben der eingedeutschten Aussprache ['rali] ist auch die englische Aussprache ['rɛli] gebräuchlich.

Rammbär: Die Bezeichnung des Maschinenhammers zum Einrammen von Pfählen o. ä. wird gewöhnlich stark gebeugt: *des Rammbärs, dem/den Rammbär.* Der Plural lautet *die Rammbären,* fachsprachlich auch *die Rammbäre* (vgl. aber ↑Bär). ↑Unterlassung der Deklination (2.1).

ran: ↑Apostroph (1.1).

Rapallovertrag: ↑Bindestrich (6.1).

rasant: Das Adjektiv bedeutet eigentlich „sehr flach, gestreckt" (speziell von der Flugbahn eines Geschosses). Es ist aus franz. *rasant* „bestreichend, den Erdboden streifend" entlehnt, dem 1. Partizip von franz. *raser* „bestreichen; dem Erdboden gleichmachen; rasieren, scheren". In der Umgangssprache – wahrscheinlich durch volksetymologische Anlehnung an *rasend* – entwickelte sich der Wortgebrauch im Sinne von „sehr schnell" *(rasant fahren)* und weiter im Sinne von „schnittig, rassig; attraktiv" *(ein rasanter Sportwagen; eine rasante Person).*

rasch: Die Vergleichsformen von *rasch* lauten *rascher, rascheste.* Das *-e-* im Superlativ sollte besser nicht ausgelassen werden (also nicht: *am raschsten*). ↑Vergleichsformen (2.3).

Rasse-/Rassen-: Zusammensetzungen mit *Rasse-* bringen die Reinrassigkeit zum Ausdruck: *Rassehund, -pferd* (dazu auch das saloppe *Rasseweib*). Sonst sind Bildungen mit *Rassen-* üblich: *Rassenbiologie, Rassenforscher, Rassengemisch, Rassenhaß, Rassenkampf, Rassenmerkmal* u. a. Die Wörter *rasserein, Rassereinheit* und *rasseveredelnd* lassen sich jedoch in diese beiden Gruppen nicht einordnen (↑Fugenzeichen).

Raster: Das Substantiv *Raster* hat allgemeinsprachlich männliches Geschlecht: *der Raster.* In der Fachsprache der Fernsehtechnik ist das Wort auch mit sächlichem Geschlecht *(das Raster)* gebräuchlich.

Rat: Zu *Rat des Freundes/Rat zum Ausgleich* ↑Genitivattribut (1.5.1).

Rat-/Rats-: Entsprechende Zusammensetzungen stehen mit Fugen-s, wenn *Rat* die Bedeutung „Versammlung, leitende Körperschaft" hat: *Ratsbeschluß, Ratsdiener, Ratsgeschlecht, Ratsherr, Ratskeller, Ratssitzung, Ratsstube.* Ohne ↑Fugen-s steht *Rathaus[saal].*

raten: Die 2. und 3. Person Singular Indikativ Präsens haben Umlaut: *du rätst* (nicht: *ratest*), *er, sie, es rät* (nicht: *ratet*). ↑Verb (1).

Ratifikation / Ratifizierung: ↑Verbalsubstantiv (1.5).

rational/rationell: Das Adjektiv *rational* bedeutet „von der Vernunft ausgehend; vernunftgemäß": *rationale* (nicht: *rationelle*) *Überlegungen; etwas rational erfassen, begreifen.* Dagegen bedeutet *rationell* „wirtschaftlich, zweckmäßig": *rationelle Methoden, rationell arbeiten* (↑-al/-ell).

Rauchwaren: Im heutigen Sprachgebrauch wird *Rauchwaren* im Sinne von „Tabakwaren" gebraucht. Der erste Bestandteil dieser Zusammensetzung gehört zu *rauchen.* Damit nicht identisch ist *Rauchware[n],* das in der Sprache der Kürschner im Sinne von „Pelzware[n]" gebraucht wird (auch: *Rauchwarenmesse, Rauchwarenhandel*). Der erste Bestandteil dieser Zusammensetzung ist *rauch* (= haarig, behaart, zottig), eine nicht mehr gebräuchliche Nebenform von *rauh.*

rauf: ↑Apostroph (1.1).

rauh: Die Vergleichsformen von *rauh* lauten *rauher, am rauhsten* oder *am rauhesten.* ↑Vergleichsformen (2.3).

Raumfahrt-: Entsprechende Zusammensetzungen werden ohne Fugen-s gebildet: *Raumfahrtbehörde, Raumfahrtmedizin.*

raus: ↑Apostroph (1.1).

Razzia: Das Wort hat zwei Pluralformen: *die Razzien* und seltener *die Razzias.*

Reagens/Reagenz: Beide Schreibweisen sind heute üblich (in Zusammensetzungen hat sich die Schreibung mit *z* durchgesetzt: *Reagenzglas, Reagenzpapier* usw.). Die Schreibung *Reagenz* erklärt sich daraus, daß das *z* aus dem eingedeutschten Plural *Reagenzien* in den Singular übernommen wurde.

real/reell: Das Adjektiv *real* bedeutet „gegenständlich, stofflich; auf die Wirklichkeit bezogen" *(reale Werte; real denken).* Dagegen bedeutet *reell* „ehrlich, zuverlässig" *(ein reelles Geschäft)* und „wirklich echt" *(eine reelle Chance haben).* ↑-al/-ell.

realisieren: ↑Amerikanismen/Anglizismen (1.2).

Reaumur: ↑Grad.

Reb-/Reben-: Die Zusammensetzungen sind teils ohne Fugenzeichen *(Rebbau, Rebberg, Reblaus, Rebschnitt, Rebschule, Rebschwefel, Rebstock),* teils mit Fugenzeichen gebräuchlich (literarische Bildungen haben alle das Fugen-n): *Rebenanerkennung, Rebenblüte, Rebenhügel, Rebensaft, Rebenstecher, rebenumkränzt, rebenumsponnen, Rebenveredlung, Rebenzüchtung.* Bei *Reb[en]messer* schwankt der Gebrauch des ↑Fugenzeichens.

Rechenaufgabe: Zu *Drei und drei ist/sind sechs* ↑Kongruenz (1.2.4).

rechenbar: ↑-nen.

Rechenbuch: Es heißt *Rechenbuch* (nicht: *Rechnenbuch*). ↑-nen.

Rechnungsblock: Der Plural lautet *die Rechnungsblocks* (↑Block).

recht/Recht: Klein schreibt man das Adjektiv bzw. Adverb z. B. in *rechter Hand, ein rechter Winkel; jemandes rechte Hand sein; jetzt erst recht, das ist mir durchaus recht, es ist recht und billig.* Groß schreibt man dagegen die Substantivierung *der, die, das Rechte* z. B. in *Du bist mir der Rechte. Er ist an die Rechte gekommen. Sie ist die Rechte. Ich habe das Rechte getroffen. Du mußt nach dem Rechten sehen. Er kann/weiß nichts Rechtes* (↑Rechte). Groß schreibt man auch das Substantiv *das Recht* z. B. in *mit/ohne Recht, von Rechts wegen, nach Recht und Gewissen, zu Recht bestehen, erkennen* (vgl. aber ↑zurecht), *Recht finden, sprechen, suchen, ein Recht verleihen, geben, im Recht[e] sein, ein Recht haben.* In stehenden Verbindungen mit Verben, in denen das Substantiv in verblaßter (oder abweichender) Bedeutung steht, wird dagegen klein geschrieben: *Sie wird recht bekommen, recht behalten, recht erhalten; ich muß ihm recht geben;*

es geschieht ihm recht; er kann recht haben usw. (aber: *sein Recht bekommen, ein Recht auf etwas haben* usw., s. o.). ↑Groß- oder Kleinschreibung (1.1), ↑rechtens/Rechtens.

Rechte: Das substantivierte Adjektiv *die Rechte* „rechte Hand" wird, wenn es einem stark gebeugten Adjektiv folgt, außer im Dativ Singular in gleicher Weise (parallel) gebeugt: *Wegen verkrüppelter Rechter wurde er vom Militärdienst zurückgestellt. Blitzschnelle, harte Rechte sind die besondere Stärke dieses Boxers.* Im Dativ wird dagegen überwiegend schwach gebeugt: *Er drohte mit geballter Rechten* (seltener: *Rechter*). ↑substantiviertes Adjektiv (2.1.5).

rechtens/Rechtens: In der Fügung *es ist Rechtens* (= erstarrter Genitiv zu *das Rechte*), *daß...* gilt Großschreibung; sonst: *jemand ist rechtens verurteilt worden* usw. (↑recht/Recht).

rechts: 1. Das Adverb *rechts* wird immer klein geschrieben. Man schreibt: *von rechts her, nach rechts hin* (zusammen aber die veralteten Adverbien: *rechtsher* und *rechtshin*); *nach rechts drehend* (zusammen aber z. B. *rechtsdrehendes Gewinde* und *rechtsdrehend* in der Physik), *rechts um!, rechtsum, kehrt! Ich weiß nicht, was rechts und was links ist. An dieser Kreuzung gilt rechts vor links.* Zu *Links-rechts-Kombination* ↑Mitte-links-Bündnis. **2.** Als Präposition regiert *rechts* den Genitiv: *rechts der Straße, rechts des Rheins.*

Rechtsanwalt- / Rechtsanwalts-: Entsprechende Zusammensetzungen können mit oder (seltener) ohne ↑Fugen-s gebildet werden: *Rechtsanwalt[s]büro, -kanzlei, Rechtsanwalt[s]robe.* Zu *meine beiden Töchter sind Rechtsanwältinnen* (seltener: *Rechtsanwalt)* und *alle drei sind Rechtsanwalt/Rechtsanwälte* ↑Kongruenz (1.4.6); zur Anschrift ↑Brief (7).

Rechtschreib[e]buch: Man kann *Rechtschreibbuch* oder *Rechtschreibebuch* schreiben. Beide Formen sind korrekt (↑Fugenzeichen).

Rechtsunterzeichneter: ↑Unterzeichneter.

Redakteurin: Die weibliche Form zu *Redakteur* ist *Redakteurin.* ↑Titel und Berufsbezeichnungen (3).

reden/Reden: Klein schreibt man den Infinitiv: *Sie hat gut reden. Er macht von sich reden.* Groß schreibt man den substantivierten Infinitiv z. B. in *Sein dauerndes Reden geht mir auf die Nerven. Die Geheimpolizisten wollten ihn zum Reden bringen. Es lag ihm als Praktiker nicht, viel Redens von einer Sache zu machen.* ↑Groß- oder Kleinschreibung (1.2.3).

Referatenblatt: Als Bestimmungswort von Zusammensetzungen erhält *Referat* das Fugenzeichen *-en-: Referatenblatt.* ↑Fugenzeichen.

Referendar: Der Genitiv lautet *des Referendars,* der Dativ und Akkusativ lauten *dem, den Referendar* (nicht: *dem, den Referendaren*).

reflexive Verben: Bei einem reflexiven (rückbezüglichen) Verb wird mit Hilfe des ↑Reflexivpronomens das vom Subjekt ausgehende Geschehen auf das Subjekt zurückbezogen: *Ich ärgere mich. Er fürchtet sich. Sie beeilt sich.* Es gibt echte und unechte reflexive Verben. Echte reflexive Verben sind Verben, die mit dem Reflexivpronomen eine feste Verbindung eingegangen sind: *Ich schäme mich. Sie wundert sich. Ich bleibe mir gleich. Er eignet sich das Buch an.* Unechte reflexive Verben sind Verben, bei denen statt anderer Ergänzungen oder neben ihnen auch ein Reflexivpronomen stehen kann: *Ich wasche mich* (neben: *ihn*). *Ich hole mir* (neben: *ihr) die Zeitung. Er trägt sich und seinen Bruder in die Liste ein.* Häufig ändert sich durch die Verbindung mit dem Reflexivpronomen die Bedeutung und Verwendungsart eines Verbs: *Der Arzt verschreibt* (= verordnet) *ihm mehrere Medikamente. Ich verschreibe mich* (= schreibe aus Versehen falsch). *Ich verschluckte* (= schluckte hinunter) *einen Kirschkern. Ich verschluckte mich* (= bekam etwas in die Luftröhre). Zur

Rechtschreibung *(das Sichverlieben, das Sichausweinen)* ↑substantivierter Infinitiv (1); zum Passiv(ersatz) bei reflexiven Verben *(es verkauft sich gut; jetzt wird sich hingelegt)* ↑Passiv (3.5); zu *laß mich mich waschen* ↑lassen (4); zu *er klagt sich als der/den Mörder an* ↑Kongruenz (4.2).

Reflexivpronomen
(rückbezügliches Fürwort)

Das Reflexivpronomen dient dazu, das im Verb ausgedrückte Geschehen auf das Subjektiv zu beziehen. In einigen Fällen kann sich das Reflexivpronomen auf das Akkusativobjekt beziehen:

Ich wasche *mich*. *Er* hat *sich* nur geschadet. Sie überließen *die beiden* sich selbst. *Ich* spotte *meiner* doch nicht selbst! Der Vorfall brachte *sie außer sich*. Er warnte *ihn, sich* zu entfernen.

Die Formen des Reflexivpronomens stimmen in der 1. und 2. Person Singular und Plural mit den Formen des Personalpronomens überein. Nur die 3. Person hat als eigene Form *sich,* sowohl für den Dativ als auch für den Akkusativ des Singulars und des Plurals. Dieses *sich* wird immer klein geschrieben, auch wenn es sich auf die Höflichkeitsanrede *Sie* bezieht:

Setzen *Sie sich* bitte! *Sie* brauchen *sich* nicht zu wundern.

1. Als sich der Zug näherte/Als der Zug sich näherte (Stellung des Reflexivpronomens): Im heutigen Sprachgebrauch wird das Reflexivpronomen noch überwiegend möglichst weit nach vorn gezogen, d.h., es steht im Nebensatz hinter dem Einleitewort und im Hauptsatz hinter der Personalform des Verbs:

Die Menge wich zurück, als *sich* der Zug näherte. Die Gruppe *verabschiedete sich* am nächsten Tag aufs herzlichste. Selten *hat sich* ein Politiker so gehenlassen.

Häufig wird aber heute auch eine andere Wortstellung gewählt. In Nebensätzen wird das Reflexivpronomen in die Nähe des Verbs gerückt:

Die Menge wich zurück, als der Zug *sich näherte.*

Bei Voranstellung der Personalform (↑Inversion) wird das Reflexivpronomen hinter das Subjekt gesetzt, so daß die Wortstellung der in den Sätzen entspricht, in denen das Subjekt ein Pronomen ist:

Am nächsten Tag verabschiedete *die Gruppe/sie sich* aufs herzlichste. Selten hat *ein Politiker/er sich* so gehenlassen.

Diese Wortstellung ist allerdings weniger in der gesprochenen, sondern hauptsächlich in der geschriebenen Sprache üblich. Sie erklärt sich im wesentlichen aus dem Bestreben, den Satzrhythmus zu variieren und die Aussage übersichtlicher und verständlicher zu gestalten:

... weil der Mann von heute sich davon faszinieren läßt (Bodamer). Als Mahlke sich Knie nach Knie wieder erhob ... (Grass). ... auch wenn ich unseres Glückes mich freue (Frisch). Seitwärts gedreht ... schob der Arbeiter sich durch die Tür (Frank).

2. Er sah die Frau auf sich/auf ihn zustürzen · Schicken Sie bitte ein Foto von sich/von Ihnen (Reflexivpronomen oder Personalpronomen?): Gelegentlich treten Zweifel auf, ob das Reflexivpronomen oder das Personalpronomen zu setzen ist. Dies ist vor allem bei der Konstruktion ↑Akkusativ mit Infinitiv und bei nachgestelltem Attribut mit Präposition der Fall. Wird beim a.c.i. das

Pronomen auf das Akkusativobjekt bezogen, dann steht das Reflexivpronomen:

Ich sah den Zug sich nähern (= Ich sah den Zug. Er näherte sich. Ich sah, wie sich der Zug näherte). Sie hörte den Mann sich erschießen (= Sie hörte den Mann. Er erschoß sich. Sie hörte, wie der Mann sich erschoß).

Wird dagegen beim a.c.i. das Pronomen auf das Subjekt bezogen, dann schwankt der Gebrauch. Obwohl bei Beziehung auf das Subjekt das Personalpronomen stehen müßte, wird häufig das Reflexivpronomen gesetzt. Das ist gewöhnlich der Fall, wenn vor dem Pronomen eine Präposition steht:

Er sah die Frau auf sich (eigentlich: auf ihn) zustürzen (= Er sah die Frau. Sie stürzte auf ihn zu. Er sah, wie die Frau auf ihn zustürzte). Er hörte den Fremden die Treppe zu sich (eigentlich: zu ihm) heraufkommen (= Er hörte den Fremden. Er kam die Treppe zu ihm herauf. Er hörte, wie der Fremde die Treppe zu ihm heraufkam).

Steht das Pronomen im Dativ ohne Präposition, dann wird das Personalpronomen gebraucht:

Er sah das Mädchen *ihm* zulächeln (= Er sah das Mädchen. Es lächelte ihm zu. Er sah, wie das Mädchen ihm zulächelte). Sie hörte den Schaffner *ihr* etwas zurufen (= Sie hörte den Schaffner. Er rief ihr etwas zu. Sie hörte, wie der Schaffner ihr etwas zurief).

Im heutigen Deutsch gibt es keine Möglichkeit, in diesen Fällen unmißverständliche Bezüge herzustellen. In dem Satz *Er sah seine Frau ihm zuwinken* kann man *ihm* auf das Subjekt *er* oder auf eine dritte Person beziehen (= Er sah seine Frau einem anderen zuwinken). In dem Satz *Er ließ den Bauern für sich arbeiten* kann man *sich* auf das Subjekt *er* oder auf das Akkusativobjekt beziehen (= Er ließ den Bauern für sich selbst arbeiten).
Bei nachgestellten Attributen mit Präposition steht das Personalpronomen, wenn beim Reflexivpronomen die Beziehung unklar wäre:

Der Intendant traf die Schauspieler im Gespräch über *ihn* (= Der Intendant traf die Schauspieler, die über ihn sprachen).

Überwiegt aber die Vorstellung der Subjektbeziehung, dann zieht man das Reflexivpronomen vor:

Er scheint die Menschen um *sich* (statt: um *ihn*) her vergessen zu haben (= Er schien die Menschen, die um ihn her waren, vergessen zu haben). Schicken Sie bitte ein Foto von *sich* (weniger gut: von *Ihnen*). Und nur: Er schickte ein Foto von *sich* (nicht: von *ihm*).

3. sich/einander: Die wechselseitige Beziehung zwischen zwei oder mehreren Subjekten kann durch die Formen des Reflexivpronomens *(sich, uns, euch)* oder durch *einander* ausgedrückt werden. Im heutigen Sprachgebrauch sind im allgemeinen die Formen des Reflexivpronomens zu wählen, weil *einander* fast immer gehoben, bei einigen Verben sogar gespreizt wirkt:

Sie begegneten *sich* vor dem Gericht. Gehoben: Sie begegneten *einander* vor dem Gericht. Sie küßten *sich*. Gespreizt: Sie küßten *einander*. Wir treffen *uns* morgen. Gespreizt: Wir treffen *einander* morgen. Ihr habt *euch* lange nicht gesehen. Gespreizt: Ihr habt *einander* lange nicht gesehen.

Außerhalb des gehobenen Stils ist der Gebrauch von *einander* an Stelle der Formen des Reflexivpronomens nur gutzuheißen, wenn Mißverständnisse entstehen können oder wenn Präpositionen gebraucht werden. Mißverständnisse sind z. B. in folgenden Sätzen möglich:

Sie rauften *sich* die Haare aus (jeder seine eigenen oder gegenseitig?). Eindeutig: Sie rauften *einander* die Haare aus. Sie trösteten *sich* (jeder sich selbst oder gegenseitig?). Eindeutig: Sie trösteten *einander.*

Auch in diesen Fällen werden heute gewöhnlich die Formen des Reflexivpronomens mit verdeutlichendem *gegenseitig* vorgezogen: *Sie rauften sich gegenseitig die Haare aus. Sie trösteten sich gegenseitig.* Als ↑Pleonasmen gelten *sich einander* und *einander gegenseitig.* Nicht: *Es tanzten drei sich einander ablösende Laiengruppen.* Sondern: *Es tanzten drei sich ablösende Laiengruppen.* Nicht: *Wir müssen uns einander helfen.* Sondern: *Wir müssen uns* (oder: *einander) helfen.* Nicht: *Sie schadeten einander gegenseitig.* Sondern: *Sie schadeten sich gegenseitig* (oder: *einander*).
In Verbindung mit Präpositionen wird fast ausschließlich *einander* gebraucht, obwohl in diesen Fällen nur selten eine Wechselbezüglichkeit vorliegt: *Sie gingen hintereinander* (nicht: *hinter sich*). *Sie standen nebeneinander* (nicht: *neben sich*). *Sie lagen aufeinander* (nicht: *auf sich*). Aber nach *unter* im Sinne von „zwischen" steht *sich: Sie teilten die Beute unter sich.*
Die Verwendung von *einer dem* (oder: *den*) *andern* an Stelle von *einander* veraltet allmählich: *Wir kennen einer den andern nicht. Sie beglückwünschten einer den andern.*

regelmäßig: 1. regelmäßig/regelgemäß: Das Adjektiv *regelmäßig* bedeutet „gleichmäßig" *(regelmäßige Gesichtszüge)* oder „in bestimmten Abständen wiederkehrend, einer bestimmten Ordnung folgend": *Der Hund braucht sein regelmäßiges Futter. Er kommt regelmäßig um 12 Uhr hier vorbei.* Demgegenüber bedeutet das selten gebrauchte Adjektiv *regelgemäß* „der Vorschrift, Regel entsprechend": *Die parallele Beugung ist hier regelgemäß.* In diesem Sinne kann *regelmäßig* nicht eingesetzt werden (↑-gemäß/-mäßig). **2. regelmäßig/in der Regel:** Während *regelmäßig* im Sinne von „in bestimmten Abständen wiederkehrend, einer bestimmten Ordnung folgend" gebraucht wird, kann man *in der Regel* mit „[erfahrungsgemäß] so häufig, daß Ausnahmen ziemlich selten sind; fast regelmäßig" umschreiben.

regelmäßige Verben: ↑Konjugation (2.1).

Regierender Bürgermeister: ↑Titel und Berufsbezeichnungen (2), ↑Herr (4).

Regierung: Zu *Die Regierung des Königs/die Regierung des Landes* ↑Genitivattribut (1.5.1).

Regierungsrat: Zu *des Regierungsrats Müller/Regierungsrat Müllers* ↑Titel und Berufsbezeichnungen (1.2 und 1.3); zu *Reg.-Rat* ↑Bindestrich (2.8).

Regime: Die früher allein übliche Pluralform *die Regimes* ist heute im Vergleich zu *die Regime* selten: *... aber der Mensch ist sich unter wechselnden Regimen gleichgeblieben* (Augstein). *... der Gleichartigkeit der Gewaltregime* (Kantorowicz). *... im Gegensatz zu der Verschiedenheit der politischen und sozialen Regime* (Mannheimer Morgen).

Regisseurin: Die weibliche Form zu *Regisseur* ist *Regisseurin.* ↑Titel und Berufsbezeichnungen (3).

Rehabilitand: Als *Rehabilitanden* (Singular: *der Rehabilitand*) werden Personen bezeichnet, denen nach einem schweren Unfall o. dgl. durch geeignete Maßnahmen die Wiedereingliederung in das berufliche und gesellschaftliche Leben ermöglicht werden soll (↑-and/-ant).

Rehabilitation / Rehabilitierung: Für die Wiedereingliederung von Versehrten in das berufliche und gesellschaftliche Leben wird überwiegend das Wort *Rehabilitation* gebraucht. Der Ausdruck *Rehabilitierung* ist dafür weniger üblich, er bezeichnet mehr die Wiedereinsetzung eines Menschen in seine früheren [Ehren]rechte *(die Rehabilitierung eines Beamten).* ↑Verbalsubstantiv (1.5).

Reif/Reifen: Die Substantive *der Reif* und *der Reifen* haben sich heute in der Bedeutung differenziert: *der Reif* (Genitiv: *des Reif[e]s,* Plural: *die Reife*) wird gewöhnlich in gehobener Ausdrucksweise im Sinne von „Ring" (= Schmuckstück), landschaftlich auch als Bezeichnung für das ringförmige Kinderspielzeug gebraucht. Demgegenüber wird *der Reifen* (Genitiv: *des Reifens,* Plural: *die Reifen*) als Bezeichnung für größere ringförmige Gegenstände gebraucht, z. B. auch für das ringförmige Kinderspielzeug, für das Faßband und für die Gummibereifung von Fahrzeugen. ↑Substantiv (2.2).

Reihe: 1. eine Reihe Einheimischer/Einheimische · von einer Reihe erregter Abgeordneter/erregten Abgeordneten: Nach *Reihe* kann die Angabe, woraus die Reihe besteht, im Genitiv oder als Apposition stehen: *eine Reihe Einheimischer /* (selten:) *Einheimische; eine Reihe randalierender Schlachtenbummler /* (selten:) *randalierende Schlachtenbummler; eine Reihe anstehender Fragen/*(selten:) *anstehende Fragen. Sie wurde von einer Reihe erregter Abgeordneter/*(selten:) *erregten Abgeordneten unterbrochen.* ↑Apposition (2.2). **2. Eine Reihe Abgeordneter verließ/verließen den Saal:** Auch wenn nach *Reihe* die Angabe, woraus die Reihe besteht, im Plural folgt, steht in der Regel das Verb im Singular, weil ja das Subjekt *(Reihe)* formal ein Singular ist: *Eine Reihe Abgeordneter verließ den Saal.* Oft wird aber nach dem Sinn konstruiert und das Verb in den Plural gesetzt: *Eine Reihe Abgeordneter verließen den Saal.* Der Plural findet sich vor allem dann, wenn das appositionelle Verhältnis gewählt wird: *Eine Reihe erregte Abgeordnete* (statt des üblichen Genitivs: *erregter Abgeordneter) meldeten sich zum Wort.*

[1]rein: 1. Klein schreibt man das Adjektiv z. B. in *reiner Wein, reine Luft, reine und angewandte Mathematik; die Wohnung rein halten; die Kleider rein machen.* Aber: *Jetzt beginnt das große Rein[e]machen.* Klein schreibt man *rein* auch in unveränderlichen Verbindungen wie *etwas ins reine bringen; das wird schon ins reine kommen; er hat seinen Aufsatz ins reine geschrieben; sie ist mit ihm im reinen.* Aber: *Reines und Unreines; etwas Reines anziehen.* ↑Groß- oder Kleinschreibung (1.2.1). **2.** Zusammen schreibt man *rein* mit einem folgenden Stoffadjektiv, wenn die Verbindung eine dauernde Eigenschaft bezeichnet, d. h. klassenbildend gebraucht wird: *Das ist ein reinseidener, reinwollener Stoff. Der Stoff ist reinleinen, reinseiden, reinwollen.* Es gibt aber auch Stoffadjektive, die in Verbindung mit *rein* nicht zur klassenbildenden Bezeichnung werden. Für sie gilt folgendes: Zusammen schreibt man, wenn die Verbindung in eigenschaftswörtlicher Bedeutung gebraucht wird (nur *rein-* trägt Starkton): *Dies ist ein reingoldener Ring, ein reinsilberner Becher.* Getrennt schreibt man, wenn beide Adjektive ihren ursprünglichen Sinn bewahren, also noch eigenen Satzgliedwert besitzen (beide Wörter tragen Starkton): *Dies ist ein wirklich rein goldener Ring, ein rein silberner Becher.* Dies ist immer der Fall, wenn beide Adjektive aussagend stehen: *Der Ring ist rein golden. Der Becher ist rein silbern.* Getrennt schreibt man auch das kaufmannssprachliche *[aus] rein Leder* und in Verbindung mit Farbadjektiven (*das rein weiße Fell des Hermelins;* zu *reinblau* usw. ↑echt). ↑Zusammen- oder Getrenntschreibung (3.2). Steht *rein* vor einem Verb, dann schreibt man getrennt: *Wir wollen jetzt rein machen* (aber substantiviert: *das Rein[e]machen*). *Wir sollen die Verschläge rein halten.*

²rein: Zu *rein* für *herein* ↑ Apostroph (1.1).

reinen/reines Herzens: ↑ Adjektiv (1.2.2).

Reis: Das sächliche Substantiv *das Reis* (Genitiv: *des Reises,* Plural: *die Reiser*) bedeutet „junger Trieb, dünner Zweig"; das männliche Substantiv *der Reis* (Genitiv: *des Reises,* Plural [Sorten]: *die Reise*) bezeichnet die Nutzpflanze (und ihre Frucht). Die beiden Wörter sind etymologisch nicht miteinander verwandt.

reisen: Im heutigen Sprachgebrauch wird das Perfekt von *reisen* nur noch mit *sein* umschrieben, auch wenn der Vorgang oder die Dauer des Reisens ausgedrückt werden soll: *Ich bin* (nicht: *habe*) *früher viel gereist. Wir sind* (nicht: *haben*) *mehrere Tage gereist* (↑ haben [1]). Zu *nach Frankreich, in die Schweiz, in den Irak reisen* ↑ in/nach/zu/bei.

Reisende: 1. genanntem Reisenden/Reisendem · ihr als Reisenden/Reisender: Im allgemeinen wird *Reisende* wie ein attributives ↑ Adjektiv dekliniert: *ein Reisender, zwei Reisende, diese Reisenden.* Im Genitiv Plural ist heute nach einem stark deklinierten Adjektiv die starke (parallele) Beugung üblich: *die Betreuung älterer Reisender* (veraltend: *Reisenden*). Ausnahmen und Schwankungen treten beim Dativ Singular auf: **a)** Nach einem stark deklinierten Adjektiv wird heute schwach gebeugt: *Biete versiertem Reisenden* (veraltet: *Reisendem*) *gute Verdienstmöglichkeiten.* **b)** In der Apposition (im Beisatz) kommt neben der starken Deklination häufig die schwache vor: *ihm als Reisenden der Firma* neben: *ihm als Reisendem der Firma; ihr als Reisenden* neben: *ihr als Reisender.* ↑ substantiviertes Adjektiv (2.1.3). **2. einige Reisende · alle Reisenden · solche Reisende[n]:** Zur Deklination von *Reisende* nach *alle, beide, einige* usw. ↑ alle usw.

reißerisch: Der Superlativ von *reißerisch* lautet *reißerischste.* ↑ Vergleichsformen (2.3).

Reißschiene: Zu der Ersatzschreibung *Reissschiene* ↑ Konsonant (1), ↑ S-Laute (1.2).

reiten: Das Perfekt von *reiten* kann mit *sein* oder *haben* umschrieben werden, je nachdem, ob der Sprecher stärker die durch das Reiten entstehende Ortsveränderung *(Wir sind durch den Wald geritten. Sie ist im Dorf geritten)* oder den Vorgang des Reitens *(Ich habe in meiner Jugend gerne geritten. Sie hat ganz phantastisch geritten)* sieht. Der Gebrauch mit *sein* nimmt jedoch wie bei anderen Bewegungsverben immer mehr zu, weil die Veränderung in der Bewegung stärker empfunden wird als die Dauer in der Bewegung. Daher sagt man auch: *Ich bin in meiner Jugend gerne geritten. Sie ist ganz phantastisch geritten.* ↑ haben (1).

reizend: Zum prädikativen Gebrauch von *reizend (das Kind ist reizend)* ↑ erstes Partizip (3).

Rektion

Als Rektion bezeichnet man die Fähigkeit bestimmter Wortarten, den Kasus eines abhängigen Wortes zu bestimmen, oder – anders ausgedrückt – die Einwirkung bestimmter Wortarten auf die Deklinationsform eines abhängigen Wortes. Die Rektion tritt bei den Präpositionen, bei bestimmten Verben und bei bestimmten Adjektiven und Partizipien auf.

1. auf dem Sofa/auf das Sofa · diesseits Frankfurts/diesseits von Frankfurt (die Rektion der Präpositionen): Jede Präposition regiert einen oder mehrere Kasus:

Er steht *auf dem Stuhl.* Sie geht *durch die Stadt.* Ich verstecke das Buch *hinter dem Schrank.* Der Wagen blieb *wegen eines Motorschadens* liegen.

Dabei können Schwankungen auftreten. Zum Beispiel regieren einige Präpositionen den Dativ oder den Akkusativ, je nachdem, ob ein Geschehen lagebezogen (= Dativ) oder richtungsbezogen (= Akkusativ) ausgedrückt wird:

Ich liege *auf dem Sofa.* Ich lege mich *auf das Sofa.* Er montiert den Ring *an der Wand* an. Er montiert den Ring *an die Wand* an. Sie pflanzte die Blume *in den Topf* ein. Sie pflanzte die Blumen *im Garten* ein.

Bei einigen lageangebenden Präpositionen kann der Genitiv durch *von* + Dativ ersetzt werden; die Präposition wird dabei zum Adverb und verliert ihre Rektion:

die Autobahn *diesseits* Frankfurts/diesseits von Frankfurt, der Rhein *unterhalb* Kölns/unterhalb von Köln.

Weitere Einzelheiten entnehme man den Artikeln über die einzelnen Präpositionen bzw. Verben in Verbindung mit Präpositionen. Zum (umgangssprachlichen) Ersatz des Genitivs durch den Dativ bei bestimmten Präpositionen *(wegen des Regens/dem Regen)* ↑wegen usw.

2. Der Hund beißt mir/mich in das Bein (die Rektion der Verben): Bestimmte Verben können mit dem Akkusativ, andere mit dem Dativ oder mit dem Genitiv verbunden werden:

Sie *sucht dich.* Ich *helfe dir.* Er *entledigte sich seiner Kleider.*

Bei einigen Verben sind verschiedene Kasus möglich. So können z. B. die Verben, die eine körperliche Berührung kennzeichnen, mit dem Dativ oder Akkusativ der Person stehen. Der Dativ ist dabei üblicher:

Der Hund beißt dem Fremden ins Bein. Ich habe mir in den Finger geschnitten.

Im Gegensatz zum Dativ (der Beteiligung) drückt der Akkusativ stärker aus, daß die Person unmittelbar betroffen ist:

Der Hund hat ihn gebissen – Der Hund hat ihn ins Bein gebissen. Ich habe mich geschnitten – Ich habe mich in den Finger geschnitten.

Zwischen Dativ und Akkusativ besteht bei diesen Verben nur ein formaler, kein grundsätzlicher Unterschied. Der Hauptton liegt immer auf der Angabe des Körperteils.

Bei nichtpersönlichem (bildlichem oder übertragenem) Gebrauch wird überwiegend oder ausschließlich der Dativ verwendet:

Der Rauch biß *mir*/(selten:) *mich* in die Augen. Die goldene Uhr stach *dem* (nicht: *den*) *Dieb* in die Augen.

3. Sie ist mir behilflich · Ich bin diese Arbeit nicht gewohnt · das ihm vertrauende Kind (die Rektion der Adjektive und Partizipien): Bestimmte Adjektive haben, vor allem in Verbindung mit *sein,* den Dativ, Akkusativ oder Genitiv bei sich. Das gilt auch für isolierte (nicht [mehr] an ein Verb angeschlossene) Partizipien:

Sie ist *mir* behilflich. Ich bin *diese Arbeit* nicht gewohnt. Sie ist *seiner* überdrüssig. Dieser *ihm* angeborene Fehler ...

Partizipien, die zu einem Verb gehören, behalten die Rektion des Verbs bei:

Das *ihm* vertrauende Kind; die *mir* anvertrauten Gelder. Sie wartete, *den Bogen* gespannt, auf das Zeichen.

4. Sie harrt seiner/auf ihn · Er ist keines Verbrechens/zu keinem Verbrechen fähig (Ersatz des Genitivs durch einen Präpositionalfall): Verben und Adjektive, die den Genitiv regieren, werden heute häufig mit einem Präpositionalfall verbunden:

Sie harrt seiner – Sie harrt auf ihn. Er ist keines Verbrechens fähig – Er ist zu keinem Verbrechen fähig.

Der Genitiv bei Präpositionen wird oft – besonders umgangssprachlich – durch den Dativ ersetzt: *wegen des Regens*/(ugs.:) *wegen dem Regen* (↑wegen, ↑längs, ↑während u. a. Präpositionen).

Rektor: Zu *des Rektors Müller/Rektor Müllers* ↑Titel und Berufsbezeichnungen (1.2 und 1.3); zur Anschrift ↑Brief (7).

Relativadverb: Unter einem Relativadverb versteht man ein Adverb, das den Nebensatz, den es einleitet, mit dem übergeordneten Satz verbindet: *Dort, wo die Lichtung ist, wollen wir Rast machen. Taucher suchten an der Stelle, wo der Fluß am tiefsten ist. In den Tagen, da die beiden noch glücklich waren, hatte sie ihm den Ring geschenkt* (↑wo).

Relativpronomen

Das Relativpronomen (bezügliches Fürwort) ist ein Pronomen, das einen Nebensatz einleitet und ihn auf ein oder mehrere Substantive (Pronomen) des übergeordneten Satzes bezieht:

Er las *das Buch, das* ich ihm geschenkt hatte. Das ist *die Frau, deren* Handtasche ich gefunden habe. Hier ist *die Münze,* von *der* ich gesprochen habe. Man fand *die Tasche* und *den Schirm, die* er vergessen hatte.

1. der, die, das/welcher, welche, welches: Das Relativpronomen, das im heutigen Deutsch gewöhnlich gebraucht wird, ist *der, die, das,* Plural *die* (die Formen decken sich mit denen des ↑Demonstrativpronomens, abgesehen vom Genitiv Plural, der nur *deren* heißt [↑2]). Die kurzen Genitivformen *der* für *deren, des* für *dessen* und *wes* für *wessen* sind heute im allgemeinen nicht mehr gebräuchlich:

Wo bist du, Faust, *des* Stimme mir erklang? (Goethe). Wes das Herz voll ist, *des* gehet der Mund über (Luther). *Wes* Brot ich ess', des Lied ich sing' (Sprichwort). Er machte häufig Pausen, während *deren* (ugs.: *der*) er sich den Schweiß von der Stirn wischte.

Das Relativpronomen *welcher, welche, welches,* Plural *welche* wird in der gesprochenen Sprache kaum gebraucht. In der geschriebenen Sprache wird es noch öfter verwendet, hauptsächlich um bei einer Häufung von Relativsätzen zu variieren oder um das Zusammentreffen des Relativpronomens *der, die, das* mit dem Artikel zu vermeiden:

Das ist der Mann, *welcher* (statt: *der*) *der* Frau noch Geld schuldet. Ich hob das Blatt auf, *welches* (statt: *das*) *das* Kind verloren hatte. Die, *welche* (statt: *die*) *die* Freiheit liebten, beugten sich nicht.

Da aber *welcher, welche, welches* immer etwas schwerfällig wirken, werden auch in diesen Fällen häufig *der, die, das* vorgezogen. Die alten Genitivformen *welches, welcher, welches,* Plural *welcher* werden heute nicht mehr gebraucht; dafür treten *dessen* und *deren* ein:

Die Person, *deren* (nicht: *welcher*) wir heute gedenken, ... Der Mann, *dessen* (nicht: welches) sie sich annahm, ... Das Geld, *dessen* (nicht: *welches*) sie sich bemächtigten, ... Die Taten, *deren* (nicht: *welcher*) sie sich rühmen, ...

Die attributive Verwendung von *welcher* im Relativsatz findet sich nur vereinzelt in gehobener Sprache, und zwar bei Abstrakta, die den Inhalt oder einen Teilinhalt des übergeordneten Satzes wiederaufnehmen:

Man gestattete mir die Entfernung des Plakates, mit *welcher* Möglichkeit ich nicht gerechnet hatte. Er sagte „Guten Abend", *welchen* Gruß sie mit einem Nicken erwiderte.

Neben *der, die, das* und *welcher, welche, welches* werden als verallgemeinernde Relativpronomen *wer* und *was* gebraucht (↑4; 5). Die Formen decken sich mit denen des Interrogativpronomens:

Verloren ist, *wer* sich selbst aufgibt. *Wer* sich den Anordnungen widersetzt, wird streng bestraft. Es ist das Schlimmste, *was* ich je erlebt habe.

2. deren/derer: Die Formen des Relativpronomens *der, die, das* lauten im Genitiv *dessen, deren, dessen,* Plural *deren:*

Die Person, *deren* (nicht: *derer*) er sich annahm, ... Die Taten, *deren* (nicht: *derer*) sie sich rühmen, ... Die Beweise, aufgrund *deren* (nicht: *derer*) er verurteilt wurde, ...

Die Form *derer* ist die Form des ↑Demonstrativpronomens (2) im Genitiv Plural und darf nicht relativisch gebraucht werden.

3. deren/derem; dessen/dessem: Da *deren* und *dessen* Genitivformen sind, dürfen sie nicht gebeugt werden. Es ist falsch, zu diesen Genitivformen die Dative *derem* und *dessem* zu bilden. Die Beugung erklärt sich aus der Neigung, *deren* und *dessen* als selbständige Pronomen aufzufassen und wie *dieser, meiner* o. ä. zu verwenden (↑Demonstrativpronomen [6]):

Falsch: Es besteht aus langdienenden Berufssoldaten ..., in derem (richtig: deren) Drill gewiß keine Menschlichkeit herrscht (Die Zeit). Falsch: ... in bezug auf die Wirtschaft, in derem (richtig: deren) Rahmen ... (Börsenblatt).

4. das/was: Das Relativpronomen *das* wird gebraucht, wenn das Bezugswort ein sächliches Substantiv ist:

Das Boot, das (nicht: *was*) gekentert ist, ... *Das Gerücht, das* (nicht: *was*) sich schnell ausbreitete, ... *Das Werkzeug, das* (nicht: *was*) man an der Ausgabe bekommt, ...

Das gilt auch dann, wenn das Bezugswort ein substantiviertes Adjektiv (Partizip) ist, das etwas Bestimmtes oder etwas einzelnes bezeichnet:

Das Kleine, das (nicht: *was*) ich im Arm hielt, ... *Das Beschwingte, das* (nicht: *was*) in dieser Musik liegt, ... *Das Hoheitsvolle, das* (nicht: *was*) von ihrer Erscheinung ausging, ...

Dagegen wird das Relativpronomen *was* gebraucht, wenn das Bezugswort ein substantiviertes Adjektiv (Partizip) ist, das etwas Allgemeines, etwas Unbestimmtes oder etwas rein Begriffliches ausdrückt:

All *das Schöne, was* wir in diesen Tagen erlebten ... Es war *etwas Beruhigendes, was* von ihm ausging.

Im allgemeinen wird *was* auch dann gesetzt, wenn das Bezugswort ein substantivierter Superlativ ist. In diesen Fällen bezieht *was* den Relativsatz auf die Gesamtheit der verglichenen Dinge und nicht nur auf das, was aus dieser Gesamtheit durch den Superlativ herausgehoben wird:

Es ist *das Tollste, was* (nicht: *das*) ich je erlebt habe (= Es ist das Tollste von allem, was ich je erlebt habe). Das ist *das Beste, was* (nicht: *das*) er bisher komponiert hat (= Das ist das Beste von dem, was er bisher komponiert hat). Es war *das Schönste, was* (nicht: *das*) sie je gesehen hatte (= Es war das Schönste von allem, was sie je gesehen hatte).

Schließlich wird *was* fast ausnahmslos dann gebraucht, wenn das Bezugswort ein unbestimmtes Pronomen oder Zahlwort ist (↑etwas, was):

Das ist *dasselbe/das gleiche, was* ich auch schon gesagt habe. Es gibt *nichts, was* dich aus der Ruhe bringen könnte. In dem Laden entdeckte ich *vieles/vielerlei/allerlei/manches, was* mich interessierte. Er hatte *alles, was* er sich früher einmal gewünscht hatte.

Tritt aber eine Präposition hinzu, dann steht *das,* soweit man nicht, wie meist, ein ↑Pronominaladverb (4) gebraucht:

Es gibt vieles, *für das* (nicht: *für was*) *ich mich interessiere* (besser: *wofür* ich mich interessiere). Ich kenne nichts, *durch das* (nicht: *durch was*) man dich aus der Ruhe bringen könnte (besser: *wodurch* man dich aus der Ruhe bringen könnte).

Das Relativpronomen *was* muß immer gesetzt werden, wenn es sich nicht auf ein einzelnes Bezugswort im übergeordneten Satz, sondern auf dessen Inhalt insgesamt bezieht:

Die Autofahrerin zeigte ihm einen Vogel, was ihn maßlos ärgerte. Er schenkte ihr einen Ring, was sie sehr freute.

5. internationale Filmstars, die er auf die Bühne kommen ließ und die/sie dann einzeln vorstellte (überflüssige Wiederaufnahme oder falsche Ersetzung eines Relativpronomens durch ein Personalpronomen): Nicht korrekt ist die Wiederaufnahme eines Relativpronomens durch ein Personalpronomen. Da das Personalpronomen im Gegensatz zum Relativpronomen den Nebensatz nicht auf das Substantiv oder Pronomen des übergeordneten Satzes bezieht, entsteht der Eindruck, als ob der Relativsatz vor dem Personalpronomen zu Ende sei:

Nicht richtig: Es waren internationale Filmstars, *die* er auf die Bühne kommen ließ und *sie* dann einzeln vorstellte. Richtig: ..., die er auf die Bühne kommen ließ und dann einzeln vorstellte (oder, wenn man das Relativpronomen nicht ersparen will: ..., die er auf die Bühne kommen ließ und die er dann einzeln vorstellte). Nicht richtig: Es war ein ehemaliger Klassenkamerad, *dem* er die Hand drückte und ihm vor Freude auf die Schulter klopfte. Richtig: ..., dem er die Hand drückte und vor Freude auf die Schulter klopfte. Oder: ..., dem er die Hand drückte und dem er vor Freude auf die Schulter klopfte.

Falsch ist es auch, ein Relativpronomen, das nicht erspart werden darf, durch ein Personalpronomen zu ersetzen:

Es waren arme und kranke Menschen, *deren* er sich annahm und *ihnen* Hilfe brachte. Richtig: Es waren arme und kranke Menschen, *deren* er sich annahm und *denen* er Hilfe brachte.

6. Ersparung eines Relativpronomens: Gleichlautende Relativpronomen dürfen nur dann erspart werden, wenn sie im Kasus übereinstimmen (↑Ellipse [11]):

Sie suchten die Ostereier, *die* (= Akkusativ) ich bemalt und [*die* (= Akkusativ) ich] versteckt hatte. Aber: Ich suchte die Geschenke, *die* (= Akkusativ) ich versteckt hatte, *die* (= Nominativ) aber von meinen Kindern bereits entdeckt worden waren.

7. einer der schönsten Filme, die/der ...: Wird ein einzelner oder ein einzelnes aus einer Gesamtheit herausgehoben und schließt ein Relativsatz an das Wort an, das die Gesamtheit bezeichnet, dann steht das Relativpronomen nicht im Singular, sondern im Plural:

Es ist einer der schönsten *Filme, die* ich gesehen habe (nicht: ..., *den* ich gesehen habe).

Dieser Satz sagt aus: Von all den Filmen, die ich gesehen habe, ist dieser einer der schönsten. (Im Gegensatz dazu: Es ist der schönste *Film, den* ich gesehen habe.) Weitere Beispiele:

Er ist einer der ersten *Menschen, die* im Weltraum waren (nicht: ..., *der* im Weltraum war). Frankfurt ist eine der wenigen *Großstädte, in denen* es eine solche Einrichtung gibt (nicht: ..., *in der* es eine solche Einrichtung gibt).

8. der Mann, auf dessen erschöpftem/erschöpften Gesicht: Da *deren* und *dessen* attributive Genitive sind, haben sie keinen Einfluß auf die Deklination nachfolgender Wortgruppen. Ein nachfolgendes Adjektiv oder Partizip muß deshalb stark gebeugt werden (↑Adjektiv [1.2.6]):

Der Mann, auf dessen *erschöpftem* (nicht: *erschöpften*) Gesicht der Schweiß glänzte, ... Die Lampen, von deren *grellem* (nicht: *grellen*) Licht er geblendet wurde, gingen plötzlich aus.

9. Verweise: Über *wie* als Relativpronomen *(in dem Maße, wie...)* ↑wie (2).

Relativsatz

Unter einem Relativsatz versteht man einen Nebensatz, der durch ein Relativpronomen oder -adverb eingeleitet wird und in der Rolle eines Attributes oder eines selbständigen Satzgliedes steht. In der Rolle eines Attributes: *Das Junge, das aus dem Nest fiel, war sofort tot* (= Das aus dem Nest gefallene Junge war sofort tot). In der Rolle eines Satzgliedes (Subjekt): *Wer nicht hören will, muß fühlen* (= Der nicht hören Wollende muß fühlen).

1. Stellung des Relativsatzes: Jeder Relativsatz in der Rolle eines Attributes bezieht sich auf ein Substantiv oder auf ein Pronomen:

Du, der du dies sagst, lügst. Das Kind, das über die Straße lief, war ihr Bruder.

Das Relativpronomen, das den Relativsatz einleitet, sollte sich immer eindeutig auf das Bezugswort beziehen. Die Eindeutigkeit des Bezuges wird dann gestört, wenn zwischen dem Bezugswort und dem Relativpronomen ein anderes Substantiv oder andere Substantive stehen, die im Geschlecht und im Numerus mit dem Bezugswort übereinstimmen. Das Relativpronomen paßt dann seiner Form nach zu allen vorangehenden Substantiven:

Er legte *das Geschenk* auf *das Bett, das* er aus der Stadt mitgebracht hatte.

In diesem Beispiel wird nicht deutlich, ob das Geschenk oder das Bett aus der Stadt mitgebracht worden ist, weil sich der Relativsatz sowohl auf *das Geschenk* als auch auf *das Bett* beziehen kann. Diese Mehrdeutigkeit läßt sich vermeiden, wenn man den Relativsatz unmittelbar dem Bezugswort folgen läßt:

Er legte *das Geschenk, das* er aus der Stadt mitgebracht hatte, auf das Bett. Nicht: Wir bieten eine Wohnung für *eine größere Familie, die* frisch instand gesetzt ist. Sondern: Wir bieten *eine Wohnung, die* frisch instand gesetzt ist, für eine größere Familie.

Nicht: Er schrieb *einen Brief an seinen Vater, der* schon seit langem fällig war. Sondern: Er schrieb *einen Brief, der* schon seit langem fällig war, an seinen Vater.

Auch in Satzgefügen, in denen solche Mißverständnisse nicht möglich sind, wird der Relativsatz nicht selten dem Bezugswort unmittelbar angeschlossen. Dies ist vor allem dann der Fall, wenn der Nebensatz eine Aussage enthält, die für das weitere Verständnis des Hauptsatzes notwendig ist:

Ein Klavierspieler, der nicht ständig übt, wird es niemals zur Meisterschaft bringen.

Der Relativsatz *der nicht ständig übt* als Attribut zu *Klavierspieler* muß bekannt sein, damit die Aussage des Hauptsatzes überhaupt verständlich ist. Das wird deutlich, wenn man den Relativsatz erst an das Ende des Hauptsatzes anschließt:

Ein Klavierspieler wird es niemals zur Meisterschaft bringen, *der* nicht ständig übt.

Eine Trennung des Relativsatzes von seinem Bezugswort ist aber dann möglich und stilistisch sogar zu empfehlen, wenn der Relativsatz eng zusammengehörende Satzteile trennt, wie z. B. das Bezugswort und ein Attribut. Man vermeidet dann eine unschöne Verschachtelung:

Nicht: Bei mir stellte sich eine starke Abneigung, deren ich nicht Herr werden konnte, gegen Karls Freund ein. Sondern: Bei mir stellte sich eine starke Abneigung gegen Karls Freund ein, deren ich nicht Herr werden konnte.

2. weiterführende Relativsätze: Die eigentliche Aufgabe des Relativsatzes ist es, ein im übergeordneten Satz genanntes Wesen oder Ding näher zu bestimmen, d. h., er soll den im übergeordneten Satz ausgedrückten Gedanken ergänzen. Sachverhalte, die nicht in dieser Weise zusammenhängen, werden dagegen in der Regel durch getrennte Hauptsätze oder durch eine ↑ Satzverbindung ausgedrückt:

Ich traf sie auf dem Marktplatz. Sie kaufte gerade ein. Er fuhr nach Frankfurt; er kaufte dort einen Anzug.

In der Umgangssprache wird jedoch häufig auch ein weiterführender Gedanke mit einem Relativ angeschlossen und dadurch auf den vorangehenden Satz bezogen, so daß eine formale Unterordnung des zweiten Sachverhalts unter den ersten entsteht, während in Wirklichkeit beide Sachverhalte gleichwertig sind. Eine solche Weiterführung sollte man vermeiden:

Nicht: Machen Sie eine Probefahrt mit dem neuen Wagen, der Ihnen gefallen wird. Sondern: Machen Sie eine Probefahrt mit dem neuen Wagen. Er wird Ihnen gefallen.

Diese Art der Weiterführung führt besonders dann zu merkwürdigen Sätzen, wenn der Nebensatz ein später eintretendes Ereignis nennt, dabei jedoch in den übergeordneten Satz eingefügt ist:

Nicht: Er hörte einen Schuß, der ihn in die Schulter traf, und sah einen Schatten davonspringen. Sondern: Er hörte einen Schuß und sah einen Schatten davonspringen. Die Kugel traf ihn in die Schulter. Nicht: Er sah eine riesige Welle, von der er verschlungen wurde, auf sich zukommen. Sondern: Er sah eine riesige Welle auf sich zukommen. Er wurde von ihr verschlungen.

In besonderen Fällen ist der relativische Anschluß eines weiterführenden Satzes jedoch auch standardsprachlich möglich. Er ist dann zu billigen, wenn der Relativsatz durch Einschaltung eines *aber, indes, jedoch, dann, denn, auch, darauf* von dem übergeordneten Satz genügend distanziert ist. Diese Wörter betonen deutlich den Gegensatz oder die zeitliche (gedankliche) Folge:

N i c h t : Sie machte einen Versuch, der restlos scheiterte. S o n d e r n : Sie machte einen Versuch, der aber restlos scheiterte. (Oder mit zwei Hauptsätzen: Sie machte einen Versuch. Dieser scheiterte restlos.) N i c h t : Ich suchte meinen Freund, den ich fand. S o n d e r n : Ich suchte meinen Freund, den ich auch endlich fand. Entsprechend: Er setzte mir einen guten Wein vor, der mir jedoch übel bekam.

Korrekt ist auch der Anschluß eines neuen Sachverhaltes in einem Relativsatz, der mit *was* eingeleitet wird, wenn dieses *was* sich auf den Inhalt des ganzen Satzes bezieht:

Er eröffnete die Sitzung, was kräftig beklatscht wurde. Mutter mußte immer wieder Märchen erzählen, was sie auch gerne tat.

Auch der weiterführende Anschluß mit dem lokalen Relativadverb *wo* gilt hochsprachlich als korrekt:

Ich komme eben aus der Stadt, wo ich Zeuge eines Unfalls war.

Relief: Das Wort hat zwei Pluralformen: *die Reliefs* und *die Reliefe.*

Reling: Das Substantiv *die Reling* hat zwei Pluralformen: *die Relings* und seltener *die Relinge.*

remis/Remis: K l e i n schreibt man das Adjektiv: *Sie spielten remis. Das Spiel endete remis.* G r o ß schreibt man das Substantiv: *Die Mannschaft spielte auf Remis. Das ist bereits das dritte Remis.*

Ren: ↑Rentier.

renovieren: ↑neu renoviert, ↑Pleonasmus.

rentabel: Bei *rentabel* fällt, wenn es dekliniert oder gesteigert wird, das *e* der Endungssilbe aus: *ein rentables Unternehmen. Der Betrieb muß rentabler arbeiten.* ↑Adjektiv (1.2.13).

Rentier: Die Schreibung *Renntier* mit *nn* ist falsch. Sie beruht auf volksetymologischer Verknüpfung mit *rennen. Rentier* ist eine verdeutlichende Zusammensetzung zu *das Ren* (= Hirschart der Polargegend; Gen.: *des Rens,* Plur.: *die Rens* oder *die Rene*), das im 16. Jh. aus dem Nordischen entlehnt wurde (vgl. schwedisch *ren* „Rentier"). Es wird heute meist mit kurzem Vokal gesprochen, doch kommt auch die dem Schwedischen entsprechende Aussprache mit langem *e* vor.

Reptil: Das Substantiv hat zwei Pluralformen: *die Reptilien* und selten *die Reptile.* In der Zoologie wird die Pluralform *Reptilien* gebraucht.

respektabel: Bei *respektabel* fällt, wenn es dekliniert oder gesteigert wird, das *e* der Endungssilbe aus: *ein respektabler Erfolg. Deine Leistungen sind wesentlich respektabler geworden.* ↑Adjektiv (1.2.13).

Rest: Das Wort hat drei Pluralformen: *die Reste, die Rester, die Resten.* In der Standardsprache darf nur der Plural *die Reste* gebraucht werden. Die Pluralform *die Rester* ist in der Kaufmannssprache und in der Umgangssprache gebräuchlich. In der Schweiz wird der Plural *die Resten* gebraucht.

Restaurierung / Restauration: Beide Wörter bedeuten „Wiederherstellung von Kunstwerken o. ä." und „Wiederherstellung früherer politischer Verhältnisse" (zu geringfügigen Bedeutungsunterschieden ↑Verbalsubstantiv [1.5]). Darüber hinaus bedeutet *Restauration* (bes. österr.) „Restaurant".

retten: Es heißt *jemanden, etwas vor* (n i c h t : *von etwas*) *etwas retten: Ich konnte ihn gerade noch vor dem Absturz retten.* Die Verbindung mit *von* ist veraltet. ↑auf Grund/durch/infolge/von/vor/wegen/zufolge.

Revers: Das Wort für den Aufschlag an Kleidungsstücken hat sächliches oder männliches Geschlecht: *das Revers* oder (österr. nur so) *der Revers*

(Aussprache: [re'vɛ:r oder rə'vɛ:r]). Das veraltende Wort für die Rückseite einer Münze hat männliches Geschlecht: *der Revers* (Aussprache: [re'vɛrs oder re'vɛ:r, rə'vɛ:r]). Das Wort für eine schriftliche Erklärung, einen Verpflichtungsschein schließlich hat männliches Geschlecht: *der Revers* (Aussprache: [re'vɛrs]). Es muß also *einen Revers unterschreiben* heißen.

Rezeptblock: Der Plural lautet *die Rezeptblocks* (↑Block).

reziprok: Ein reziprokes oder wechselbezügliches Verhältnis kann durch die Formen des ↑Reflexivpronomens (3) oder durch das gehobene *einander* ausgedrückt werden: *Sie umarmen sich/einander. Sie begrüßen sich/einander. Sie begegneten sich/einander.*

Rhein: Der Genitiv des Flußnamens lautet *des Rheins* oder *des Rheines: Der Zug fährt rechts des Rhein[e]s. Die Ruine liegt oberhalb des Rhein[e]s.* ↑geographische Namen (1.2).

Rhinozeros: Neben der ungebeugten Genitivform *des Rhinozeros* wird heute auch die gebeugte Form *des Rhinozerosses* gebraucht. Der Plural lautet *die Rhinozerosse.*

Rhythmus: Der Genitiv zu *der Rhythmus* lautet *des Rhythmus,* der Plural *die Rhythmen.*

Richtblock: Der Plural lautet *die Richtblöcke* (↑Block).

richtig: 1. Klein schreibt man *richtig* auch dann, wenn ein Artikel vorangeht, beide Wörter aber für ein einfaches Adjektiv stehen: *Es ist das richtige* (= richtig), *jetzt zu gehen. Wir halten es für das richtigste, daß... Dieser Hut ist genau das richtige* (= richtig) *für mich!* Groß schreibt man die Substantivierung: *Tue das Richtige. Sie hat das Richtige getroffen. Du bist mir die Richtige! Da geriet er an die Richtige. Daran ist nichts, wenig Richtiges. Er hat im Lotto sechs Richtige.* ↑Groß- oder Kleinschreibung (1.2.1). **2.** Getrennt vom folgenden Verb schreibt man *richtig,* wenn es in der Bedeutung „auf richtige Weise" steht: *Du sollst richtig schreiben, lesen, antworten, singen. Das Besteck hat richtig gelegen.* Zusammen schreibt man, wenn durch die Verbindung ein neuer Begriff entsteht: *Er hat immer richtiggelegen* (= die richtige Meinung vertreten; ugs.). *Du mußt das richtigstellen* (= berichtigen). *Heute wird sie die Rechnung richtigmachen* (= begleichen; ugs.).

Richtung: Man gebraucht meist den Akkusativ, wenn man jemandem einen Weg zeigen will: *Sie müssen in diese Richtung gehen.* Befindet sich aber jemand bereits auf einem bestimmten Weg, dann steht gewöhnlich der Dativ: *Er ist in dieser Richtung gegangen. Sie ging in der gleichen Richtung wie wir* (↑in).

richtunggebend / richtungweisend: 1. Zusammen schreibt man, wenn es sich um eine eigenschaftswörtlich gebrauchte Zusammensetzung handelt: *ein richtungweisender, richtunggebender Gedanke. Dieser kühne Gedanke ist richtungweisend.* Getrennt schreibt man, wenn *Richtung* durch eine nähere Bestimmung (Attribut) als Substantiv zu erkennen ist: *in nördliche Richtung weisend* (↑Zusammen- oder Getrenntschreibung [3.1.1]). **2.** Die Zusammensetzungen *richtunggebend* und *richtungweisend* sind wie die meisten Komposita mit einem 1. Partizip als Grundwort ohne Fugen-s gebildet. ↑Fugen-s (3.4).

Rind-/Rinder-/Rinds-: Bei Zusammensetzungen mit *Rind* als Bestimmungswort zeigt eine Gruppe kein Fugenzeichen: *Rindfleisch, Rindstück* (für *Beefsteak*), *Rindsuppe* (österr. für *Fleischbrühe*), *Rindvieh.* Teils mit Fugen-s, teils ohne Fugen-s sind *Rind[s]leder, rind[s]ledern* gebräuchlich. Daneben gibt es Zusammensetzungen, die teils mit Fugen-s, teils mit *-er-* gebraucht werden. Dabei sind die *-er-*Bildungen mehr in Norddeutschland, die *-s-*Bildungen mehr in Süddeutschland gebräuchlich: *Rinderbraten/Rindsbraten, Rindertalg/Rindstalg,*

Rinderzunge/Rindszunge. ↑Fugenzeichen, ↑Kompositum (2).

ringsum/rings um: Man schreibt zusammen, wenn es sich um das Adverb handelt, das im Sinne von „überall, rundherum" gebraucht wird: *Ringsum läuft ein Geländer. Ringsum stehen blühende Sträucher.* Man schreibt getrennt, wenn beide Wörter selbständig gebraucht werden, *rings* als Adverb, *um* als Präposition: *Die Kinder standen rings um ihre Lehrerin. Rings um den See standen Bäume.* Zusammen- oder Getrenntschreibung (4.4).

rinnen: Der Konjunktiv II – sofern er überhaupt gebraucht wird – lautet *ränne* – oder (seltener) *rönne.* ↑Konjunktiv (1.3).

Rippe[n]speer: Das Substantiv hat männliches oder sächliches Geschlecht. Sowohl *der Rippe[n]speer* als auch *das Rippe[n]speer* sind korrekt.

Risiko: Das Wort hat zwei Pluralformen: *die Risikos* und *die Risiken.* Die eingedeutschte Form ist etwas häufiger.

Ritz/Ritze: Standardsprachlich wird heute im allgemeinen *die Ritze* (Genitiv: *der Ritze,* Plural: *die Ritzen*) gebraucht. Das weibliche Substantiv hat die Bedeutung „schmale Spalte". Das männliche Substantiv *der Ritz* (Genitiv: *des Ritzes,* Plural: *die Ritze*) wird landschaftlich für „Schramme, Kratzer", z. T. auch noch wie *die Ritze* im Sinne von „schmale Spalte" gebraucht.

robben: Das Perfekt von *robben* kann mit *haben* oder *sein* umschrieben werden: *Wir haben/sind gerobbt.* Wenn die Ortsveränderung angegeben wird, kann nur mit *sein* umschrieben werden: *Wir sind über die Wiese, in den Graben gerobbt.* ↑haben (1).

rodeln: Das Perfekt von *rodeln* kann mit *haben* oder *sein* umschrieben werden, je nachdem, ob der Sprecher stärker die durch das Rodeln entstehende Ortsveränderung oder den Vorgang des Rodelns sieht. Veränderung in der Bewegung, Ortsveränderung mit *sein: Wir sind ins Tal gerodelt. Ich bin durch die Waldschneise gerodelt.* Dauer in der Bewegung, Vorgang mit *haben: Ich habe noch nie in meinem Leben gerodelt. Wir haben den ganzen Tag gerodelt.* Der Gebrauch mit *sein* nimmt jedoch wie bei den anderen Bewegungsverben immer mehr zu, weil die Veränderung in der Bewegung stärker empfunden wird als die Dauer in der Bewegung. Daher sagt man auch: *Ich bin in meinem Leben noch nie gerodelt. Wir sind den ganzen Tag gerodelt.* ↑haben (1).

roh: 1. Klein schreibt man *roh* in unveränderlichen Verbindungen wie *aus dem rohen arbeiten; etwas ist im rohen fertig.* ↑Groß- oder Kleinschreibung (1.2.1). Getrennt schreibt man *roh* immer vom folgenden Partizip, weil der Satzgliedwert beider Wörter deutlich ist: *ein roh behauener, bearbeiteter Stein.* ↑Zusammen- oder Getrenntschreibung (3.1.2). **2.** Der Superlativ von *roh* lautet *roheste* oder *rohste.* ↑Vergleichsformen (2.3).

Rohr/Röhre: Die Anwendungsbereiche von *Rohr* und *Röhre* sind im heutigen Sprachgebrauch nicht streng geschieden, wenngleich auch viele Sprecher mit *Rohr* die Vorstellung verbinden, daß es sich dabei – im Gegensatz zu *Röhre* – um einen längeren zylindrischen Hohlkörper von größerem Durchmesser und mit stabiler Wandung handelt, der dazu dient, Gase, Flüssigkeit, Licht, Schall u. a. durchzulassen. Ursprünglich bezeichnete das Substantiv *das Rohr* (Plural: *die Rohre*) den Stengel hohlschäftiger Pflanzen, besonders das Schilfrohr, und wurde dann auch kollektiv im Sinne von „Schilf" verwendet: *Bambusrohr, Zukkerrohr, Schilfrohr, Rohrdommel* (= nach dem Nistplatz im Schilf) usw. Dann diente es auch zur Bezeichnung von Gegenständen aus hohlschäftigen Pflanzen: *Rohrstock, Blasrohr, Rohrgeflecht, Rohrstuhl* usw. Schließlich wurde das Wort auf rohrförmige, hohle Dinge aus Ton, Metall u. dgl. übertragen: *Wasserrohr, Leitungsrohr, Ofenrohr, Kanonenrohr, Saugrohr, Hörrohr, Sprachrohr, Sehrohr, Fernrohr; Rohrleger, Rohrpost* usw. Das Substantiv *die Röhre* (Plural: *die Röhren*) war ursprünglich mit *Rohr* gleichbedeutend, wurde dann aber nur noch übertragen für rohrförmige, hohle Dinge oder für Hohlräume in einem größeren festen Körper gebraucht: *Glasröhre, Tablettenröhre, Stahlröhre, Zementröhre, Brunnenröhre; Röhrenembargo* usw. Alle anatomischen Bezeichnungen haben als Grundwort *-röhre: Luftröhre, Speiseröhre, Harnröhre* usw. – In einigen Fällen bezeichnet *Röhre* auch Dinge, die heute nicht mehr rohrförmig hohl sind: *Bratröhre, Radioröhre, Fernsehröhre* usw.

Rohstofffrage: Diese Zusammensetzung schreibt man mit drei *f.* ↑Konsonant (1).

Rolladen: Das Wort hat zwei Pluralformen: *die Rolläden* und (seltener) *die Rolladen* (↑Lade/Laden). *Rolladen* wird mit zwei *l* geschrieben. Nur bei der Silbentrennung erscheint das dritte *l (Roll-laden).* ↑Konsonant (1).

Rolle: Das Gezählte nach *Rolle: eine Rolle Draht* (nicht: *Drahts*), *eine Rolle verzinkter Draht* (geh.: *verzinkten Drahtes*); *mit zehn Rollen verzinktem Draht* (geh.: *verzinkten Drahtes*). Im allgemeinen steht das Gezählte im Singular, doch kommt auch der Plural vor, wenn die gerollten Gegenstände Einzelstükke sind oder als solche angesehen werden: *mit zwei Rollen Folien* (= mehrere Folienstücke). *Wir brauchen noch sieben Rollen Tapete/Tapeten.* ↑Apposition (2.2).

Romeo und Julia: Es heißt: *Romeo und Julia wurde* (nicht: *wurden*) *in drei Theatern gleichzeitig aufgeführt.* ↑Kongruenz (1.3.6). *Romeo und Julia ist* (nicht: *sind*) *unsere nächste Lektüre.* ↑Kongruenz (1.4.2).

römisch: Klein schreibt man das Adjektiv z. B. in *das römische Heer, die römischen Kaiser, das römische Recht; das römisch-irische Bad, die römisch-katholische Kirche.* Groß schreibt man in ↑Namen wie *das Römische Reich, das Heilige Römische Reich Deutscher Nation, die Römischen Verträge* (= der EG), *die Römische Campagna.*

römische Zahlzeichen

Die römischen Zahlzeichen werden heute vor allem zur Angabe von Jahreszahlen in Inschriften und von Seitenzahlen in größeren Einleitungen benutzt, gelegentlich auch zur Kennzeichnung der Monate im Datum *(1. XII. 85).* Sie werden aus sieben Grundzeichen zusammengesetzt:

I	V	X	L	C	D	M
1	5	10	50	100	500	1 000

Kombinationen:

I	II	III	IV	V	VI	VII	VIII	IX	
1	2	3	4	5	6	7	8	9	
X	XX	XXX	XL	L	LX	LXX	LXXX	XC	
10	20	30	40	50	60	70	80	90	
C	CC	CCC	CD	D	DC	DCC	DCCC	CM	M
100	200	300	400	500	600	700	800	900	1 000

Kaum noch gebräuchlich sind Schreibungen wie *IↃↃ* für *5 000, CCIↃↃ* für 10 000 oder die Vertausendfachung einer Zahl durch einen übergesetzten Strich *($\bar{X}$ = 10 000, $\overline{XV}$ = 15 000).*

1. Zusammensetzung gleicher Zeichen: Stehen gleiche Zeichen nebeneinander, dann wird ihr Zahlenwert zusammengezählt:
II = 1 + 1 = 2, XX = 10 + 10 = 20, CCC = 100 + 100 + 100 = 300, MM = 1000 + 1000 = 2000.

Im einzelnen gilt folgendes:

- Die Zeichen *I, X, C* dürfen heute nicht mehr als dreimal nebeneinander gesetzt werden:
  III = 1 + 1 + 1 = 3, XXX = 10 + 10 + 10 = 30, CCC = 100 + 100 + 100 = 300.
- Die Zeichen *V, L, D* dürfen in einer Zahl nur einmal vorkommen:
  MCX = 1110, CIII = 103, MII = 1002.
- Das Zeichen *M* darf in einer Zahl beliebig oft vorkommen:
  MM = 2000, MMMM = 4000.

2. Zusammensetzung ungleicher Zeichen: Stehen ungleiche Zeichen nebeneinander, so wird nach folgenden Regeln verfahren:

- Steht ein Zeichen für eine kleinere Einheit rechts neben dem Zeichen einer größeren Einheit, dann wird zusammengezählt:
  VI = 5 + 1 = 6, XII = 10 + 1 + 1 = 12, XXXVII = 10 + 10 + 10 + 5 + 1 + 1 = 37, LIX = 50 + 9 = 59.
- Steht ein Zeichen für eine kleinere Einheit links neben dem Zeichen einer größeren Einheit, dann wird abgezogen:
  IV = 5 − 1 = 4, IX = 10 − 1 = 9, XXIX = 10 + 10 + 10 − 1 = 29.

Es darf immer nur ein Zeichen abgezogen werden (nicht *IIV* für *3,* sondern *III;* nicht *XXD* für *480,* sondern *CDLXXX* usw.). Weiter sollte auch nur von einer Zahl abgezogen werden, die aus einem Zeichen besteht (nicht *IXX* für *19,* sondern *XIX;* nicht *IXXX* für *29,* sondern *XXIX* usw.).

Von zwei möglichen Schreibungen wählt man heute im allgemeinen die kürzere:
IL (statt: XLIX) = 49, VD (statt: XDV) = 495, MCMIC/MIM (statt: MCMXCIX) = 1999, MDCCVL (statt: MDCCXLV) = 1745.

Rooming-in: Zur Schreibung dieser Bezeichnung für die gemeinsame Unterbringung von Mutter und Kind im Krankenhaus ↑Fremdwort (4).

rosa: 1. Rechtschreibung: Klein schreibt man das Adjektiv: *ein rosa Band; rosa Zeiten* (bei der Bundesbahn). Groß schreibt man das substantivierte Adjektiv: *die Farbe Rosa, Stoffe in Rosa, mit Rosa abgesetzt.* **2.** Zusammen schreibt man das Adjektiv mit dem folgenden zweiten Partizip, wenn die Verbindung adjektivisch gebraucht wird (nur *rosa-* trägt Starkton): *die rosagefärbten Kleider.* Getrennt schreibt man, wenn die Vorstellung der Tätigkeit vorherrscht (beide Wörter tragen Starkton): *die rosa* (und nicht etwa *blau*) *gefärbten Kleider.* Dies gilt immer, wenn beide Wörter aussagend stehen: *Die Kleider sind rosa gefärbt.* **2. Beugung und Steigerung:** Die Farbbezeichnung *rosa* gehört zu den Farbadjektiven, die nicht gebeugt und nicht gesteigert werden dürfen. Standardsprachlich korrekt heißt es also: *ein rosa Kleid, die rosa Hüte* (nicht: *ein rosaes Kleid* oder *die rosanen Hüte*). ↑Farbbezeichnungen (2.2).

Roß: Das Substantiv *das Roß* mit dem Plural *die Rosse* ist eine gehobene Bezeichnung für ein [edles] Pferd. Das

Wort kommt aber auch in landschaftlicher Umgangssprache besonders in Bayern und Österreich vor und hat dann den Plural *Rösser: die Rösser anspannen.* Dieser Plural gilt auch bei der ugs. Verwendung von *Roß* als Schimpfwort: *Was habt ihr da wieder angestellt, ihr Rösser!*

Rostocker: Die Einwohnerbezeichnung *Rostocker* wird immer groß geschrieben, auch wenn das Wort wie ein flexionsloses Adjektiv vor einem Substantiv steht: *die Rostocker Ostseewoche, ein Rostocker Fischkutter.* ↑Einwohnerbezeichnungen (7).

rot: 1. Groß- oder Kleinschreibung: Klein schreibt man das Adjektiv: *die rote Bete/Rübe, die rote Fahne, wie ein roter Faden, die rote Johannisbeere, rote Korallen, der rote Mann* (Indianer), *der rote Planet* (= Mars), *rote Riesen* (Sternart), *das rote Tuch* (beim Stierkampf), *in die roten Zahlen kommen. Ich sehe rot* (↑rotsehen). *Das Kleid/Seine Farbe ist rot* (wie ist seine Farbe?). Groß schreibt man das substantivierte Adjektiv: *Meine Lieblingsfarbe ist Rot* (was ist meine Lieblingsfarbe?); *die Farbe Rot, in Rot, mit Rot abgesetzt, bei Rot muß man warten, die Ampel steht auf Rot/zeigt Rot.* Groß schreibt man auch das Adjektiv in Namen: *der Rote Adlerorden, die Rote Armee, die Rote Erde/das Land der Roten Erde* (= Westfalen), *das Rote Kreuz.* ↑Namen. **2. Zusammen- oder Getrenntschreibung:** Die Zusammenschreibung mit einem anderen Farbadjektiv drückt aus, daß die Farben vermischt vorkommen, daß es sich um einen Farbton handelt: *rotbraunes Haar* (mit einer rötlichen Abschattung des Brauns = eine Farbe). Der Bindestrich drückt aus, daß beide Farben unvermischt nebeneinander vorkommen: *eine rot-braune Decke* (mit Rot und Braun selbständig nebeneinander = zwei Farben). ↑Farbbezeichnungen (3.1). **3. des Rots/die beiden Rot:** Das Substantiv *das Rot* erhält nur im Genitiv Singular ein *-s;* alle anderen Kasus sind standardsprachlich endungslos: *die Leuchtkraft des Rots. Die beiden Rot beißen sich.* Die Pluralform mit *-s (die beiden Rots)* ist umgangssprachlich. **4.** Zur Steigerung von *rot* ↑Farbbezeichnungen (1). Als Steigerungsformen werden heute überwiegend *röter* und *röteste* gebraucht, seltener die nichtumgelauteten Formen *roter* und *roteste.* Bei übertragenem Gebrauch des Wortes im Sinne von „sozialistisch, kommunistisch" ist *roter* häufiger: *Sein Bruder ist noch röter/roter als er.* ↑Vergleichsformen (2.1).

Rote-Kreuz-Schwester / Rotkreuzschwester: Zusammensetzungen mit der Fügung *[das] Rote Kreuz* behalten im allgemeinen das *-e-* des Adjektivs in erstarrter Form bei: *die Rote-Kreuz-Schwester, der Rote-Kreuz-Schwester,* Plural: *die Rote-Kreuz-Schwestern* (entsprechend: *Rote-Kreuz-Krankenhaus, Rote-Kreuz-Lotterie* u.a.). In der Alltagssprache wird jedoch das Adjektiv oft gebeugt, und zwar in Übereinstimmung mit dem Grundwort: *der Roten-Kreuz-Schwester,* Plural: *die Roten-Kreuz-Schwestern. Sie liegt im Roten-Kreuz-Krankenhaus. Ein Los aus der Roten-Kreuz-Lotterie.* – Daneben gibt es Formen, in denen das Adjektiv endungslos (in der Stammform) erscheint: *Rotkreuzschwester, Rotkreuzkrankenhaus.* Sie werden ohne Bindestrich geschrieben, und das Adjektiv bleibt auch in den gebeugten Formen unverändert: *des Rotkreuzkrankenhauses; zwei Rotkreuzschwestern.* Alle hier behandelten Formen der Zusammensetzung gelten als korrekt. ↑Kompositum (7).

rotsehen: Für dieses umgangssprachliche Verb mit der Bedeutung „wütend werden" gilt Zusammenschreibung: *Da habe ich rotgesehen! Du brauchst doch nicht immer gleich rotzusehen!* Aber: *Da sah sie rot.*

Rotterdamer: Die Einwohnerbezeichnung *Rotterdamer* schreibt man mit einem *m.* Das Wort wird immer groß geschrieben, auch wenn es wie ein flexionsloses Adjektiv vor einem Substantiv steht: *der Rotterdamer Hafen, eine Rotterdamer Reederei.* ↑Einwohnerbezeichnungen (5 und 7).

Rottweiler: Die Einwohner von Rottweil heißen *die Rottweiler.* ↑Einwohnerbezeichnungen (1).

Rowdy: Neben dem Plural *die Rowdys* ist auch die englische Schreibung *die Rowdies* zulässig. ↑-y.

rüber: ↑Apostroph (1.1).

rück-/zurück-: In der Zusammensetzung wird – außer bei Verben (und einigen dazugehörigen Verbalsubstantiven) – im allgemeinen statt *zurück* die verkürzte Form *rück-* verwendet: *Rückbleibsel, Rückblick, Rückfahrt, Rückfall, Rückfrage, rückfragen, Rückgang, Rückkauf, Rückkehr, Rückporto, Rückreise, Rückschau, Rückschlag, Rückschritt, Rücksiedler, Rückstau, Rückstoß, Rücktritt, Rückvergütung* (davon abgeleitet: *rückvergüten*), *Rückversicherer, Rückversicherung* (davon abgeleitet: *rückversichern*), *Rückwanderer, Rückweg, Rückwirkung, Rückzahlung, Rückzug.* (Es heißt also nicht: *Zurückbleibsel, Zurückblick* usw.). Nur vereinzelt stehen Bildungen mit *rück-* und (weniger angemessen) *zurück-* nebeneinander: *Rückerstattung/Zurückerstattung; Rückgabe/Zurückgabe; Rückübersetzung (rückübersetzen)/Zurückübersetzung (zurückübersetzen), Rückzieher/Zurückzieher.* Verschiedene Bedeutungen haben *Rückführung* (= das Zurückschaffen in die Heimat, Rücksiedelung, Eingliederung) und *Zurückführung,* das sich an *zurückführen* anschließt.

Rückantwort: Im Unterschied zu *Antwort* wird *Rückantwort* gewöhnlich im Sinne von „Antwort auf eine telefonische oder schriftliche Anfrage" gebraucht. Vgl. Pleonasmus.

rückbezügliches Fürwort: ↑Reflexivpronomen.

rückbezügliches Zeitwort: ↑reflexive Verben.

rückenschwimmen: Von *rückenschwimmen* wird im allgemeinen nur der Infinitiv gebraucht: *Er kann nicht rückenschwimmen.* ↑Zusammen- oder Getrenntschreibung (2.1).

Rückenteil: Das Substantiv *Rükkenteil* kann sächliches oder männliches Geschlecht haben. Man sagt aber häufiger *das Rückenteil,* besonders in der Schneiderei.

Rückerstattung: Das Substantiv *Rückerstattung* ist eine verdeutlichende Zusammensetzung. In *Erstattung* ist der Begriff „zurück" bereits enthalten. ↑Pleonasmus, ↑rück-/zurück-.

Rückgabe: ↑rück-/zurück-.

Rücksicht: Es muß heißen: *Rücksicht auf* (nicht: *in*) *jemanden oder etwas.* Nach *auf* steht hier nur der Akkusativ.

rücksichtsvoll: Es muß heißen: *Er ist ihr gegenüber immer rücksichtsvoll gewesen* oder *Er ist gegen sie immer rücksichtsvoll gewesen.* Nicht: *Er ist zu ihr immer rücksichtsvoll gewesen.*

rückübersetzen, Rückübersetzung: ↑rück-/zurück-.

rückvergüten, Rückvergütung: Das Substantiv *Rückvergütung* ist eine verdeutlichende Zusammensetzung. In *Vergütung* ist der Begriff „zurück" bereits enthalten. ↑Pleonasmus, ↑rück-/zurück-.

rückwärts: 1. Bedeutung und Gebrauch: Das Adverb *rückwärts* bedeutet „nach hinten" *(rückwärts fahren, rückwärts einparken)* oder „mit dem Rücken voran" *(rückwärts die Leiter hinuntersteigen).* Es darf aber nicht im Sinne von „zurück, auf dem Rückweg" gebraucht werden. Falsch sind z. B. die Sätze: *Hin werden wir über Frankfurt, rückwärts* (statt: *zurück*) *über Mainz fahren. Rückwärts komme ich noch zu dir* (statt: *Auf dem Rückweg* ...). – Landschaftlich, besonders in Österreich, steht *rückwärts* auch für „hinten". *Rückwärts einsteigen* bedeutet dann „hinten (in die Straßenbahn) einsteigen". *Eingang von rückwärts* bedeutet „Eingang von hinten". In der Standardsprache sollte man diese mißverständliche Ausdrucksweise vermeiden (↑-wärts). **2.** In Verbindung mit

Verben wird *rückwärts* getrennt geschrieben: *rückwärts gehen* (nur in der übertragenen Bedeutung „sich verschlechtern" schreibt man *rückwärtsgehen: Es ist mit dem Umsatz immer mehr rückwärtsgegangen*), *rückwärts blicken* usw. In Verbindung mit dem zweiten Partizip schreibt man zusammen, wenn der Ausdruck klassenbildend gebraucht wird: *mit schwarzem, rückwärtsgekämmtem Haar.* Man schreibt getrennt, wenn die Vorstellung der Tätigkeit vorherrscht: *mit schwarzem, rückwärts gekämmtem Haar.* Das gilt immer, wenn die Verbindung aussagend gebraucht wird: *Seine Haare sind rückwärts gekämmt.*

Rückzieher: ↑rück-/zurück-.

Ruderin: Die weibliche Form von *Ruderer* lautet *die Ruderin* (nicht: *die Rudererin*). ↑Substantiv (3).

rudern: Das Perfekt von *rudern* kann mit *haben* oder *sein* umschrieben werden, je nachdem, ob der Sprecher stärker die durch das Rudern entstehende Ortsveränderung oder den Vorgang des Ruderns sieht. Veränderung in der Bewegung, Ortsveränderung mit *sein: Wir sind über den See gerudert. Ich bin bis zur Boje gerudert.* Dauer in der Bewegung, Vorgang mit *haben: Ich habe in meinem Leben noch nie gerudert. Wir haben den ganzen Tag gerudert.* Jedoch nimmt der Gebrauch mit *sein* wie bei den anderen Bewegungsverben immer mehr zu, weil die Veränderung in der Bewegung stärker empfunden wird als die Dauer in der Bewegung. Daher sagt man auch: *Ich bin in meinem Leben noch nie gerudert. Wir sind den ganzen Tag gerudert.* ↑haben (1).

Rudolstädter: Die Einwohner von Rudolstadt heißen *Rudolstädter* (nicht: *Rudolstadter).* Die Einwohnerbezeichnung wird immer groß geschrieben, auch wenn das Wort wie ein flexionsloses Adjektiv vor einem Substantiv steht: *die Rudolstädter Burg.* ↑Einwohnerbezeichnungen (4 und 7).

Ruf: Zu *der Ruf dieses Mannes als Forscher, als eines Forschers, als bedeutender Forscher/als bedeutenden Forschers* ↑Apposition (3.2 und 3.3).

rufen: 1. Rektion: Standardsprachlich darf *rufen* nur mit dem Akkusativ verbunden werden. Es muß also heißen: *Er ruft mich* (nicht: *mir*). *Ich rufe den Arzt* (nicht: *dem Arzt*). *Der Gast rief den Ober* (nicht: *dem Ober*). *Wer hat mich* (nicht: *mir*) *gerufen?* Nur landschaftlich, besonders südwestdeutsch und schweizerisch, wird *rufen* auch mit dem Dativ verbunden. Es wird vor allem dann mit dem Dativ verbunden, wenn es nicht im Sinne von „herbeirufen", sondern im Sinne von „zurufen, durch Zuruf verständigen" gebraucht wird: *Meine Schwester hat mir gerufen. Der Jäger rief seinem Hund.* Dann kann auch ein abhängiger Nebensatz oder Infinitivsatz folgen: *Man rief mir* (= rief mir zu), *ich solle kommen. Sie rief mir, sofort zu kommen.* **2. Konjunktiv:** Der Konjunktiv II lautet *riefe* (nicht: *rüfe*).

Ruhm: Zu *der Ruhm Belisars als Feldherrn, als eines Feldherrn, als siegreicher Feldherr/als siegreichen Feldherrn* ↑Apposition (3.2 und 3.3).

rühmen, sich: Nach *sich rühmen als* steht heute das folgende Substantiv gewöhnlich im Nominativ, d. h., es wird auf das Subjekt bezogen: *Er rühmt sich als großer Schauspieler.* Der Akkusativ, d. h. der Bezug auf *sich,* veraltet allmählich: *Er rühmt sich als großen Schauspieler.* ↑Kongruenz (4.2).

rühren: Wird *an etwas rühren* in übertragenem Sinn von „etwas im Gespräch berühren, erwähnen" gebraucht, dann kann sowohl der Dativ als auch der Akkusativ stehen: *Wir wollen nicht mehr an diese Sache/an dieser Sache rühren.* Da aber im eigentlichen Gebrauch des Verbs nur der Akkusativ üblich ist *(Bitte nicht an die Gläser rühren!),* wird dieser Kasus meist auch beim übertragenen Sinn vorgezogen: *Es ist nicht schön von dir, Freund, daß du an diese schmerzlichen Dinge rührst...* (Th. Mann). *Auch von den „Abschiedsbriefen" aus dem Gefängnis ... rühren* *nicht wenige an die letzten Fragen menschlicher Existenz* (Rothfels).

Rum: Die Bezeichnung für den aus Rohrzucker hergestellten Branntwein *der Rum (des Rums, die Rums)* wird mit kurzem *u* gesprochen; *der Rum (des Rums, die Rume)* – mit langem *u* – ist süddeutsch, österreichisch und schweizerisch.

Rumba: Neben standardsprachlich *die Rumbas* (Genitiv: *der Rumba,* Plural: *die Rumbas*) ist – vor allem in Österreich – auch *der Rumba (des, die Rumbas)* gebräuchlich.

Rumpsteak: Die Aussprache von *das Rumpsteak (des, die Rumpsteaks)* ist ['rʊmp-ste:k].

rund: Die Vergleichsformen von *rund* lauten *runder, rundeste* (nicht: *ründer, ründeste*). ↑Vergleichsformen (2.1).

runter: ↑Apostroph (1.1).

russisch/Russisch: Klein schreibt man das Adjektiv z. B. in *das russische Alphabet, das russische Ballett, russische Eier, die russische/russisch-orthodoxe Kirche, der russische Windhund* (= Barsoi). Groß schreibt man das Adjektiv in ↑Namen wie *Russisch Brot, der Russisch-Japanische Krieg* (1904/05), *die Russische Sozialistische Föderative Sowjetrepublik* (RSFSR). Zu *sich russisch unterhalten; [kein] Russisch sprechen. Der Redner spricht russisch. Würden Sie das bitte auf russisch wiederholen? Der Prospekt erscheint in Russisch* ↑deutsch. Zu *das Russisch/Russische* ↑Sprachbezeichnungen (1).

S

s: Zur Schreibung und Deklination ↑Bindestrich (2.4) *(S-Laut, Schluß-s);* ↑Einzelbuchstaben *(des S, zwei S);* ↑Groß- oder Kleinschreibung (1.2.5) *(das s in rasen).* ↑Aussprache (6).

-s-: Zu *Bahnhof[s]straße* usw. ↑Fugen-s (3.2).

-s: **1.** Zur Adverbendung *-s* bei *öfters, durchwegs, weiters* und bei *abends, nachmittags, dienstags* ↑Adverb (2) bzw. (3). **2.** Zum *s*- Plural beim Substantiv ↑Plural (2–4); zum Genitiv-*s* oder *-es* ↑Genitiv-s.

Saal[e]-: Zusammensetzungen mit dem Flußnamen *Saale* wurden ursprünglich ohne das auslautende *-e* gebildet: *Saalburg, Saalfeld.* In neueren Zusammensetzungen bleibt das -e meist erhalten: *Saaletalsperre.* ↑Flußnamen (2).

Saarbrücker: **1.** Die Einwohner von Saarbrücken heißen *Saarbrücker* (nicht: *Saarbrückener*). Die Einwohnerbezeichnung wird immer groß geschrieben, auch wenn das Wort wie ein flexionsloses Adjektiv vor einem Substantiv steht: *die Saarbrücker Innenstadt, die Saarbrücker Universität.* ↑Einwohnerbezeichnungen (1 und 7).

Saccharin/Sacharin: Beide Schreibungen sind zulässig. In der chemischen und technischen Fachsprache wird die Schreibung mit -cch- gegenüber der eingedeutschten Schreibung bevorzugt. Die Aussprache ist für beide Formen gleich: [zaxa'ri:n].

sächliches Substantiv: ↑Neutrum.

Sachverständige: **1. besagtem Sachverständigen/Sachverständigem ihr als Sachverständigen/Sachverständiger:** Im allgemeinen wird *Sachverständige* wie ein attributives ↑Adjektiv dekliniert: *ein Sachverständiger, zwei Sachverständige, der/dieser Sachverständige.* Im Genitiv Plural ist heute nach einem stark deklinierten Adjektiv die starke (parallele) Beugung üblich:

Sie verlangte die Hinzuziehung vereidigter Sachverständiger (veraltend: *Sachverständigen*). Ausnahmen und Schwankungen treten beim Dativ Singular auf: **a)** Nach einem stark deklinierten Adjektiv wird heute schwach gebeugt: *Besagtem Sachverständigen* (veraltet: *Sachverständigem*) *wird Befangenheit vorgeworfen.* **b)** In der Apposition (im Beisatz) kommt neben der starken Deklination häufig die schwache vor: *Ihm als Sachverständigen ...* neben: *Ihm als Sachverständigem ... Ihr als Sachverständigen ...* neben: *Ihr als Sachverständiger ...* **2. einige Sachverständige · alle Sachverständigen · solche Sachverständige[n]:** Zur Deklination von *Sachverständige* nach *alle, beide, einige* usw. ↑alle usw.

Sack: 1. Als Maßbezeichnung bleibt *Sack* häufig ungebeugt: *3 Säcke Kaffee* oder *3 Sack Kaffee.* ↑Maß-, Mengen- und Münzbezeichnungen (1). **2.** Das Gemessene nach *Sack: ein Sack Weizen* (nicht: *Weizens); ein Sack kanadischer Weizen* (geh.: *kanadischen Weizens); der Preis eines Sackes Weizen* oder *eines Sack Weizens; mit 30 Säcken brasilianischem Kaffee* (geh.: *brasilianischen Kaffees*); *mit einem Sack neuer Kartoffeln.* ↑Apposition (2.2).

Säckel: *Säckel* im Sinne von „Geldbeutel, Kasse" hat männliches Geschlecht: *der Säckel.* Es ist keine Verkleinerungsbildung zu *Sack,* sondern ist aus lateinisch sacellus „Geldsäckel" entlehnt. Das Wort lebt heute fast nur noch in festen Redewendungen wie *tief in den Säckel greifen, sich den Säckel füllen.*

Safe: Das Fremdwort *Safe* hat männliches oder sächliches Geschlecht: Es heißt *der Safe* oder (seltener) *das Safe.*

sagen: 1. jmdm. etwas sagen/zu jmdm. etwas sagen: Das Verb *sagen* steht gewöhnlich mit dem Dativ der Person neben dem Akkusativ der Sache: *Er hat ihm seine Meinung gesagt. Sie hat ihm nicht gesagt, daß sie kommt. Ich werde ihm nichts davon sagen. Er hat ihr die volle Wahrheit gesagt.* Die im Dativ genannte Person kann aber auch mit *zu* angeschlossen werden. Dies ist vor allem dort der Fall, wo das Ausgesagte als direkte Rede in Anführungszeichen oder gleichsam in Anführungszeichen steht: *Ich sage du zu ihr. Nachdem sie „Vielen Dank!" zu der Dame gesagt hatte, ging sie. Sie sagte zu mir: „Ich muß jetzt gehen".* Landschaftlich kommt jedoch auch in diesen Fällen der reine Dativ der Person vor: *Er sagt ihr du. Nachdem sie der Dame „Vielen Dank!" gesagt hatte ...* Dieser Gebrauch gilt aber standardsprachlich nicht als korrekt. Zu *jemanden/jemandem etwas sagen lassen* ↑lassen (6); zu *Er sagte, er ist/sie/wäre krank* ↑indirekte Rede (2). Vgl. auch ↑ich darf/möchte/würde sagen.

Sahara: Neben der Betonung auf dem zweiten *a* ist auch die auf dem ersten möglich.

sähe/sehe: Die Form *sehe* ist die Form des Konjunktivs I von *sehen;* sie steht vor allem in der ↑indirekten Rede (2.1): *Er sagte, daß er keinen anderen Ausweg sehe. Ich fragte sie, was sie sehe.* Dagegen ist *sähe* die Form des Konjunktivs II der vor allem im ↑Konditionalsatz (2–7) steht: *Sähe ich ihn heute, dann könnte ich ihn warnen. Ich käme sofort, wenn ich eine Möglichkeit sähe, dir zu helfen.* Der Konjunktiv II *sähe* tritt auch in der indirekten Rede auf, wenn in der direkten Rede schon *sähe* oder *sehen würde* steht oder etwas als zweifelhaft hingestellt wird. ↑Indirekte Rede (3.3).

Sahne[n]-: Die Zusammensetzungen mit *Sahne* als Bestimmungswort stehen heute im allgemeinen ohne ↑Fugenzeichen: *Sahnebonbon, Sahneeis, Sahnekännchen, Sahnekäse, Sahnekuchen, Sahnepudding.* Die Bildungen mit dem Fugenzeichen *-n-* (z. B. *Sahnenkännchen, Sahnenkäse*) sind veraltet.

Saite/Seite: Die beiden Wörter werden besonders beim übertragenen Gebrauch von *Saite* miteinander verwechselt: *gleichgestimmte Saiten verwandter Seelen; andere Saiten aufziehen; eine Saite seines Wesens zum Erklingen bringen.* Bei diesen Beispielen läßt der jeweilige Zusammenhang (mit Wörtern wie *gleichgestimmt, aufziehen, erklingen*) erkennen, daß nicht *Seite,* sondern nur *Saite* gemeint sein kann. Dagegen heißt es aber: *Er zeigte sich von seiner besten Seite. Rauchen ist seine schwache Seite. Wir lernten ihn von einer ganz anderen Seite kennen. Dem ist nichts an die Seite zu stellen.*

Sakko: Es heißt *der Sakko,* seltener auch *das Sakko.* In Österreich, wo man zudem *Sakko* betont, ist nur *das Sakko* gebräuchlich.

Salbei: Der Pflanzenname Salbei kann männlich oder weiblich gebraucht werden. Sowohl *der Salbei* (Genitiv: *des Salbeis*) als *die Salbei* (Genitiv: *der Salbei*) ist korrekt.

Saldo: Das Wort *Saldo* (= „Unterschiedsbetrag zwischen der Soll- und der Habenseite eines Kontos") hat drei Pluralformen: *die Salden, die Saldos* und *die Saldi.* Das kaufmannssprachliche *Saldo* ist ein männliches Substantiv, es heißt also *der Saldo* (nicht: *das Saldo*).

Salto: Der aus dem Italienischen entlehnte Ausdruck für „Luftrolle" hat zwei Pluralformen: *die Saltos* oder *die Salti.*

Salmiak: Es heißt *der Salmiak* oder (seltener) *das Salmiak.*

Salzburger: Die Einwohnerbezeichnung *Salzburger* wird immer groß geschrieben, auch wenn das Wort wie ein flexionsloses Adjektiv vor einem Substantiv steht: *die Salzburger Festspiele, eine Salzburger Firma.* ↑Einwohnerbezeichnungen (7).

salzen: Bei dem Verb salzen und seinen Zusammensetzungen gibt es zwei Formen des 2. Partizips, die aber verschieden gebraucht werden. Vgl. dazu ↑gesalzen/gesalzt, ↑einsalzen, ↑entsalzen, ↑versalzen.

Salzgitter: Die Einwohner von Salzgitter heißen *Salzgitterer* oder *Salzgitteraner.* Ortsüblich ist die Form *die Salzgitterschen,* so daß also das substantivierte Adjektiv *salzgittersch* hier als Personenbezeichnung erscheint. ↑Einwohnerbezeichnungen (2).

Samba: Neben standardsprachlich *die Samba* (Genitiv: *der Samba,* Plural: *die Sambas*) kommt – vor allem in Österreich – auch *der Samba* (Genitiv: *des Sambas,* Plural: *die Sambas*) vor.

Same/Samen: Von den beiden Nominativformen ist die auf *-n* die übliche: *Der Samen liegt nun in der Erde.* Die Nominativform *der Same* ist gehoben und wird seltener gebraucht. Zu beiden Formen lautet der Genitiv *des Samens,* der Plural: *die Samen.* ↑Substantiv (2.1).

Sammelbezeichnung/-name: ↑Kollektivum.

Samstag: Zu *Samstag abend/Samstagabend* ↑Dienstag (2); zu *Samstag abend/Samstag abends/samstags abends* ↑Adverb (3); zu *am Samstag, dem/den 14. 1.* ↑Datum; zur Deklination ↑Wochentage.

Samstag/Sonnabend: *Samstag* und *Sonnabend* halten sich räumlich etwa die Waage: *Samstag* gehört in den Süden, *Sonnabend* in den Norden des deutschen Sprachgebiets. In der Bundesrepublik Deutschland setzt sich allerdings *Samstag* auch im Westen und Norden mehr und mehr durch, unterstützt vor allem durch den amtlichen Sprachgebrauch (Bahn, Post), wo *Samstag* statt *Sonnabend* der besseren Unterscheidbarkeit von *Sonntag* wegen eingeführt wurde (vgl. auch die Kalenderabkürzungen *Sa.* und *So.*). In der DDR wird fast ausschließlich *Sonnabend* gebraucht.

samt: Die Präposition steht mit dem Dativ: *eine Blume samt Wurzeln; das Haus wurde samt allem Inventar versteigert; ich komme samt meiner Familie.*

sämtlich: 1. sämtliche anwesenden/anwesende Bürger: Das auf *sämtlich* folgende [substantivierte] Adjektiv (Partizip) wird im Singular immer schwach gebeugt: *sämtliches Schöne,* *sämtlicher aufgehäufte Sand, der Verlust sämtlicher vorhandenen Energie, mit sämtlichem gesammelten Material, sämtliches vorhandene Eigentum beschlagnahmen.* Auch im Plural herrscht im allgemeinen die schwache Form vor: *sämtliche griechischen Bücher, sämtliche Beamten, sämtliche Gefangenen, für sämtliche anwesenden Bürger. ... [die] Mitglieder sämtlicher westdeutschen Parteien* (Der Spiegel). Im Nominativ und Akkusativ Plural tritt gelegegentlich auch die starke Deklination auf: *sämtliche französische Offiziere, sämtliche Gefangene/Beamte. ... daß Großbritannien nahezu sämtliche internationale Verträge kündigen müßte* (F. A. Z.). Im Genitiv Plural ist die starke Deklination häufiger: *angesichts sämtlicher deutscher Offiziere, die Kleidung sämtlicher Gefangener, die Ruhegehälter sämtlicher Beamter.* ↑Adjektiv (1.2.5). **2. sämtlich/sämtliche:** Die ungebeugte Form *sämtlich* wird als Umstandsangabe im Sinne von „allesamt, vollzählig" gebraucht: *Die Mitglieder waren sämtlich erschienen.* Man beachte den Unterschied im Gebrauch: *sämtliche erschienenen Mitglieder* (= alle, die erschienen waren), aber: *die sämtlich erschienenen Mitglieder* (= die vollzählig, ohne Ausnahme erschienenen Mitglieder).

sandstrahlen: Von *sandstrahlen* werden im allgemeinen nur der Infinitiv und das 2. Partizip gebraucht: *Wir lassen das Werkstück sandstrahlen. Die Front dieses Gebäudes ist gesandstrahlt worden.* In der technischen Fachsprache kommt das 2. Partizip auch in der Form *sandgestrahlt* vor. ↑Zusammen- oder Getrenntschreibung (2.1).

Sandwich: Es heißt *der Sandwich* oder *das Sandwich.* Der Genitiv lautet *des Sandwich* oder *des Sandwich[e]s,* der Plural: *die Sandwich[e]s* oder *die Sandwiche.*

sanft: Die Vergleichsformen von *sanft* lauten *sanfter, sanfteste* (nicht: *sanftste*). ↑Vergleichsformen (2.3).

Sanftmut: Das Substantiv *Sanftmut* hat weibliches Geschlecht. Es heißt also *die Sanftmut* (↑-mut).

Sankt: *Sankt* (Abk.: St.; aus lateinisch *sanctus* „heilig") tritt nur als Bestandteil von Namen auf und wird deshalb immer groß geschrieben: *Sankt/St. Petrus, Sankt/St. Anna, Sankt/St. Blasien, Sankt Goar, Sankt Goarshausen.* Die Einwohnerbezeichnungen zu solchen Ortsnamen werden ebenfalls ohne Bindestrich geschrieben: *die Sankt Blasier, die St. Goarer Stiftskirche.* Bindestriche müssen aber stehen, wenn ein Heiligenname oder ein Ortsname mit *Sankt* Bestandteil einer Aneinanderreihung wird: *Sankt-Blasien-Straße; die Sankt-Marien-Kirche* (abgekürzt: *St.-Marien-Kirche*), aber: *die Türme von Sankt (St.) Marien.* Zum Unterschied der Schreibungen *Sankt-Blasien-Straße* und *Sankt Blasier Straße* ↑Straßennamen (1.3 und 1.4).

Sankt Galler: Die Einwohner von Sankt Gallen heißen *Sankt Galler* (in Deutschland auch *Sankt Gallener*). Diese Ableitung wird wie der Ortsname selbst ohne Bindestrich und getrennt geschrieben (↑Sankt; ↑Einwohnerbezeichnungen [1]). Die Einwohnerbezeichnung wird immer groß geschrieben, auch wenn das Wort wie ein flexionsloses Adjektiv vor einem Substantiv steht: *die Sankt Galler Handschrift, eine Sankt Galler Familie.* ↑Einwohnerbezeichnungen (7).

Sant' Agata: ↑Apostroph (2.3).

Sappho: Die Konsonantenverbindung *-pph-* in dem Namen *Sappho* kann wie *pf* oder wie einfaches *f* gesprochen werden.

Satellit: Der Genitiv lautet *des Satelliten* (nicht: *des Satellits*), der Dativ und Akkusativ lauten *dem, den Satelliten* (nicht: *dem, den Satellit*). ↑Unterlassung der Deklination (2.1.2).

satirisch: Das Adjektiv *satirisch* „spöttisch-tadelnd, beißend" ist eine Ableitung von *Satire* und wird mit *i* geschrieben. Die Ableitung von *Satyr* „derb-lüsterner, bocksgestaltiger Waldgeist“ ist nicht *satyrisch*, sondern *satyrhaft*.

satt: 1. etwas satt haben/sein: In der übertragenen Bedeutung „überdrüssig“ kann *satt* sowohl mit *sein* als auch mit *haben* verbunden werden. In beiden Fällen steht heute das Sachobjekt im Akkusativ: *Ich bin/habe deine Launen satt.* (Das Genitivobjekt, das früher besonders bei *satt + sein* gebräuchlich war *(Ich bin deiner Launen satt)* ist veraltet. **2. Rechtschreibung:** Man schreibt vom folgenden Verb immer getrennt: *sich satt essen, etwas satt* (= überdrüssig; ugs.) *sein; sich an einer Sache satt sehen* (ugs.); *etwas satt bekommen, haben* (ugs.). ↑Zusammen- oder Getrenntschreibung (1.2 und 1.5). **3.** Die Vergleichsformen von *satt* lauten *satter, am sattesten.* Es tritt also kein Umlaut ein. ↑Vergleichsformen (2.1).

Satyr: Die Deklination von *Satyr* schwankt. Der Genitiv lautet *des Satyrs,* seltener auch *des Satyrn.* Im Plural stehen die Formen *die Satyre* und *die Satyrn* nebeneinander.

Satz: 1. Als Maß- oder Mengenbezeichnung bleibt *Satz* im Plural oft ungebeugt: *3 Satz Schüsseln;* aber auch: *3 Sätze Briefmarken.* ↑Maß-, Mengen- und Münzbezeichnungen (1). **2.** Das Gemessene oder Gezählte steht nach *Satz* immer im Plural: *ein Satz flacher Schüsseln* oder *flache Schüsseln; mit einem Satz eiserner Gewichte* oder *eiserne Gewichte.* ↑Apposition (2.2).

Satzarten: Man unterscheidet ↑Aussage-, ↑Ausrufe-, ↑Aufforderungs-, ↑Wunsch- und ↑Fragesätze.

Satzbruch: ↑Anakoluth.

Satzformen: Vom einfachen Satz mit einem zugrundeliegenden Verb *(Meine Familie ist verreist. Vor den Ferien haben wir noch eine Arbeit geschrieben)* sind folgende Formen des zusammengesetzten Satzes zu unterscheiden: In der Satzverbindung sind mehrere selbständige (Haupt)sätze einander nebengeordnet (↑Parataxe): *Ich kam, ich sah, ich siegte. Es ist Abend; die Herden kehren heim. Er saß mit erloschenen Augen da, und sein Rücken war gekrümmt* (↑Komma [2.1]). Im Satzgefüge ist mindestens ein Nebensatz einem Hauptsatz untergeordnet (↑Hypotaxe): *Sie ging nach Hause, weil es schon spät war und weil sie noch zu tun hatte* (= Nebensatzreihe). Die Teile eines zusammengesetzten Satzes können mit Hilfe von Konjunktionen (sog. syndetische Verbindung) oder konjunktionslos (asyndetisch) miteinander verbunden werden.

Satzfrage: Eine Form des Fragesatzes mit dem Finitum an erster Stelle. ↑Entscheidungsfrage.

Satzglied: Man unterscheidet zwischen Satzgliedern und Attributen. Als Satzglieder gelten das Subjekt, die Objekte und die Umstandsangaben, in einigen Grammatiken auch das Prädikat. Demgegenüber sind die Attribute nichtselbständige Teile, die einem Satzglied beigefügt sind (Gliedteile) und es näher bestimmen: Die *blasse* Wintersonne strich über die Häuser *der Großstadt.*

Satzklammer: ↑verbale Klammer.

satzwertiger Infinitiv

Der satzwertige Infinitiv – er wird auch Infinitiv- oder Nennformsatz, erweiterter Infinitiv oder Grundformgruppe genannt – ist eine Wortgruppe aus einem Infinitiv mit *zu* und einem oder mehreren davon abhängenden Gliedern. Im Unterschied zum reinen Infinitiv mit *zu,* der fast immer einfaches Satzglied ist, ist der satzwertige Infinitiv aus dem übergeordneten Satz herausgelöst, d. h., er stellt neben dem Verb dieses Satzes einen eigenen Verbalbereich dar. Darum wird auch der satzwertige Infinitiv in den meisten Fällen durch ein Komma abgetrennt oder in Kommas eingeschlossen (↑Komma [5]). In dem folgenden Beispiel, das die Herauslösung der Infinitivgruppe aus dem Satz veranschaulicht, ist der nichterweiterte Infinitiv *zu gehen* eine Satzergänzung (ein Objekt) im Akkusativ; der erweiterte Infinitiv (die Infinitivgruppe) hat zwar die gleiche Funktion, erfüllt sie aber mit größerer Selbständigkeit:

Ich nahm mir vor zu gehen.
Ich nahm mir vor, sofort zu gehen.
Ich nahm mir vor, sofort nach Hause zu gehen.
Ich nahm mir vor, sofort mit meinen Freunden nach Hause zu gehen.

Das Beispiel zeigt, daß gegenüber dem nichterweiterten Infinitiv *zu gehen* die nach und nach erweiterte Infinitivgruppe fast den Charakter eines Nebensatzes gewinnt. (Allerdings hat sie kein eigenes Subjekt und bleibt deshalb enger mit dem Hauptsatz verbunden als ein Nebensatz; vgl. auch ↑Infinitiv.)

1. Der Bezug des satzwertigen Infinitivs: Der satzwertige Infinitiv muß sich immer eindeutig auf ein Glied des zugehörigen Satzes beziehen, damit Mißverständnisse und unfreiwillige Komik vermieden werden:

- Bezug auf das Subjekt des zugehörigen Satzes:
  ... während Dr. Krokowski fortfuhr, seine These zu entwickeln (Th. Mann).
- Bezug auf das Akkusativobjekt des zugehörigen Satzes:
  ...daß er Leute geschickt habe, um die Zisternen von Venedig zu vergiften (Burckhardt).
- Bezug auf das Dativobjekt des zugehörigen Satzes:
  Gott gibt jedem Menschen hinlänglich Gnade, um selig zu werden (Andres).

Gelegentlich jedoch finden sich Sätze, in denen Mißverständisse entstehen: *Karl beabsichtigte, seinen Bruder bei sich übernachten zu lassen, um an den Festspielen teilzunehmen.* In diesem Satz ist nicht klar, ob Karl oder dessen Bruder an den Festspielen teilnehmen will. Entweder sollte man schreiben: *Karl beabsichtigte, um selbst an den Festspielen teilzunehmen, seinen Bruder bei sich übernachten zu lassen.* Oder: *Karl beabsichtigte, seinen Bruder bei sich übernachten zu lassen, damit dieser an den Festspielen teilnehmen könne.*
In den meisten Fällen bezieht sich der satzwertige Infinitiv auf das Subjekt des zugehörigen Satzes. Ein Bezug auf das Akkusativobjekt (s. o.) ist im allgemeinen nur nach den Verben *schicken* und *senden* möglich, wenn damit ein Auftrag ausgedrückt werden soll: *die Mutter schickt das Kind zum Bäcker, um Brot zu holen.* Ein Bezug auf das Dativobjekt (s. o.) ist noch seltener möglich. Für einen *wenn*-Satz kann der erweiterte Infinitiv nur beim Bezug auf das Subjekt eintreten:

Ich wäre froh, sie einmal wiederzusehen.
(Aber:) Ich wäre Ihnen dankbar, wenn Sie mir bald antworteten (nicht: ... Ihnen dankbar, mir bald zu antworten).

2. Weiterführender Infinitiv mit *um zu*: Zwei voneinander unabhängige Sachverhalte werden im allgemeinen durch zwei Hauptsätze ausgedrückt:

Karl ging in die Stadt. Er wurde dort von einem Auto überfahren.

Gelegentlich wird jedoch der weiterführende Gedanke durch einen Infinitiv mit *um zu* angeschlossen:

Karl ging in die Stadt, um dort von einem Auto überfahren zu werden.

Im allgemeinen sollte man diesen Anschluß vermeiden, weil der Infinitiv mit *um zu* gewöhnlich eine Absicht oder Folge ausdrückt, wodurch Mißverständnisse möglich sind, und weil die formale Unterordnung des Infinitivs der inhaltlichen Gleichordnung beider Gedanken widerspricht:

Nicht: Er ging am Morgen auf die Straße, um dort zu stolpern und sich ein Bein zu brechen. Sondern: Er ging am Morgen auf die Straße. Dort stolperte er und brach sich ein Bein.

Soweit die Sätze nicht als Finalsätze verstanden und mißdeutet werden können wie oben, ist dagegen nichts einzuwenden. Dies gilt vor allem für Sätze mit einem Sachsubjekt:

Der Rhein war bis zur Mitte des Monats stark gestiegen, um dann wieder rasch zu fallen. Statt: Der Rhein war bis zur Mitte des Monats stark gestiegen. Er fiel dann rasch wieder.

satzwertiges Partizip

Das satzwertige Partizip – auch Mittelwort- oder Partizipialsatz, Partizipial- oder Mittelwortgruppe genannt – ist ein Partizip, das mit einer näheren Bestimmung größeren Umfangs verbunden ist. Im Unterschied zum einfachen Partizip, das fast immer einfaches Satzglied oder Attribut ist, ist das satzwertige Partizip aus dem übergeordneten Satz herausgelöst, d. h., es stellt neben dem Verb dieses Satzes einen eigenen Verbalbereich dar. Es wird deshalb auch in den meisten Fällen durch ein Komma abgetrennt oder in Kommas eingeschlossen. Das folgende Beispiel soll die Herauslösung der Partizipialgruppe aus dem Satz veranschaulichen:

Lachend kam sie auf mich zu.
Herzlich lachend kam sie auf mich zu.
Aus vollem Halse lachend, kam sie auf mich zu.
Sie kam, aus vollem Halse lachend, auf mich zu.

Solche Partizipialgruppen können ebenso mit dem ↑ersten Partizip wie mit dem ↑zweiten Partizip gebildet werden.

1. Der Bezug des satzwertigen Partizips: Der Bezug des satzwertigen Partizips auf das entsprechende Glied im zugehörigen Satz muß eindeutig sein, um Mißverständnisse oder unfreiwillige Komik zu vermeiden:

– Bezug auf das Subjekt des zugehörigen Satzes:

In einem Winkel saß *Dr. Krokowski, begriffen in frischem und herzlichem Gespräch mit einem Halbkreise von Damen* (Th. Mann).

– Bezug auf das Objekt des zugehörigen Satzes:

Im Lager sahen wir *Flüchtlinge, ihrer ganzen Habe beraubt.*

Unklar ist der Bezug in dem Satz *Lange Jahre an der Spitze unseres Betriebes stehend, verehren wir in Herrn Meier einen guten Vorgesetzten.* Hier müßte sich das Partizip formal auf *wir* beziehen, gemeint ist aber *Herr Meier.* Ein solcher Satz ist daher falsch, man muß eine andere Konstruktion, etwa einen Relativsatz, wählen: *Wir verehren in Herrn Meier, der schon lange Zeit an der Spitze unseres Betriebes steht, einen guten Vorgesetzten.*

Gleichfalls nicht möglich: *Mit Wein angefüllt, überreiche ich dem Jubilar diesen goldenen Becher.* Sondern: *Ich überreiche dem Jubilar diesen goldenen, mit Wein gefüllten Becher.* Nicht: *Vom Markt kommend, begrüßte sie auf der Kreuzung ein Mann.* Sondern: *Ein Mann, der vom Markt kam, begrüßte sie auf der Kreuzung.* Oder: *Ein Mann begrüßte sie, der vom Markt kam, auf der Kreuzung.*

Hierher gehören strenggenommen auch besonders im geschäftlichen Briefwechsel angewandte Formeln wie *Beiliegend übersende ich Ihnen diesen Brief. Anliegend übersende ich Ihnen das Manuskript. Beigefügt erhalten Sie ein Exemplar des Buches.*

Die Möglichkeit eines Mißverständnisses ist hier jedoch gering, weil vom Inhaltlichen her nur der Bezug auf die Sache, d. h. auf den Brief, das Manuskript oder das Buch, sinnvoll ist (↑anliegend, ↑beiliegend, ↑beigefügt).

Nicht selten bezieht sich das satzwertige Partizip auf ein im zugehörigen Satz nur ungenügend vertretenes Bezugselement: *Die Straße überquerend, erhellte ein Lächeln sein* Gesicht. Die Person, die die Straße überquert, wird hier lediglich durch das Pronomen *sein* eingeführt. Richtig muß es heißen: *Als er die Straße überquerte, erhellte ein Lächeln sein Gesicht.*

Unzulässig ist es auch, das Bezugselement eines satzwertigen Partizips völlig unerwähnt zu lassen. Nicht: *Vor dem Bahnhof angekommen, explodierte eine Bombe.* Sondern: *Als sie vor dem Bahnhof angekommen waren, explodierte eine Bombe:* Nicht: *Nach langer Reise heimgekehrt, war in der Wohnung eingebrochen worden.* Sondern: *Als sie nach langer Reise heimkehrten, war in der Wohnung eingebrochen worden.*

Von diesem falschen Gebrauch sind durchaus korrekte formelhafte Partizipialkonstruktionen ohne eindeutiges Bezugselement im zugehörigen Satz zu unterscheiden:

> Die Sache so angesehen, scheint also Kants Annahme ... ganz wohl befugt (Schopenhauer). Zugegeben, daß für diese Teilnahme kein recht zureichender Grund vorhanden war ..., so machte Hans Castorp sich doch wenig Sorge um die geistige Rechtfertigung seiner Empfindungen (Th. Mann).

2. Die Stellung des satzwertigen Partizips: Die satzwertigen Partizipien stehen zumeist am Anfang oder am Ende des Satzes:

> Aber aus dem Gehölz hervortretend, stand er überrascht vor einer prächtigen Szenerie (Th. Mann). In der Boudoirecke sitzt die Gelähmte, eine weiße Pelzdecke voll und schwer über den Schoß gebreitet (St. Zweig).

Ist das satzwertige Partizip Attribut, dann setzt man es unmittelbar zum zugehörigen Substantiv, schon um Mißverständisse zu vermeiden: *Im Lager sahen wir Flüchtlinge, der ganzen Habe beraubt* (Attribut zu *Flüchtlinge*). *Wir, der ganzen Habe beraubt, sahen im Lager Flüchtlinge* (Attribut zu *wir*).

Es kommt vor, daß der zum Partizip gehörende Satz durch einen weiteren Satz davon getrennt ist, so daß das Bezugswort weit von dem Partizip entfernt steht: *Verschiedene Fragen überlegend, wurde es Abend, als er nach Hause ging.* Bei einer solchen Stellung wird der Bezug unklar. Korrekt lautet der Satz: *Es wurde Abend, als er, verschiedene Fragen überlegend, nach Hause ging.* Oder: *Es wurde Abend, als er nach Hause ging, verschiedene Fragen überlegend.*

3. Die Rektion des satzwertigen Partizips: Wenn von einem Partizip ein Substantiv abhängt, dann wird dieses in der Regel in den Kasus gesetzt, den das zugrundeliegende Verb fordert:

Dies *alles* (= Akkusativ) vorangesandt und fortgesetzter Prüfung (= Dativ) anempfohlen, legen wir die Bedeutungen des nhd. „fest" dar (Deutsches Wörterbuch). Allein diesen klaren Gedanken (= Akkusativ) in Sicherheit gebracht, gehe ich noch einen Schritt weiter (Th. Mann).

Bestimmte Partizipien sind zu Präpositionen geworden, die meist dieselbe Rektion zeigen wie das zugrundeliegende Verb. So entspricht der Genitiv bei *ungeachtet* dem Genitiv, den das Verb *achten* früher regierte (↑ungeachtet). *Entsprechend* und *betreffend* werden heute schon häufig wie eine Präposition gebraucht. Der Kasus entspricht dem von *entsprechen* und *betreffen* geforderten Kasus: *entsprechend seinem Wunsch* (Es entsprach seinem Wunsch); *betreffend den Bruch des Vertrages* (Es betraf den Bruch des Vertrages). ↑entsprechend, ↑betreffend.
Andere Partizipien treten gelegentlich in der Rolle einer Konjunktion auf und zeigen dann keine Rektion. So heißt es: *Ich muß dem ganzen Buch widersprechen, den Schluß ausgenommen* (Partizip mit Akkusativ). Aber: *Ich muß dem ganzen Buch widersprechen, ausgenommen dem Schluß* (Konjunktion ohne Rektion). ↑ausgenommen, ↑einbegriffen.

Sau: Das Substantiv *die Sau* hat zwei Pluralformen: *die Säue* ist der allgemein übliche Plural von *Sau* in der Bedeutung „Hausschwein" und als Schimpfwort; *die Sauen* ist die in der Weidmannssprache gebräuchliche Pluralform für *Sau* in der Bedeutung „Wildschwein". Doch nennt auch der Landwirt die weiblichen Zuchtschweine *Sauen.*

sauberhalten, saubermachen: Die beiden Verben werden zusammengeschrieben: *Ich habe das Zimmer saubergehalten. Wir müssen noch saubermachen. Wer hat die Schuhe saubergemacht?* ↑Zusammen- oder Getrenntschreibung (1.2).

sauer: Bei *sauer* fällt, wenn es dekliniert oder gesteigert wird, das *e* der Endungssilbe aus: *saurer Regen; der Wein ist noch saurer als voriges Jahr.* ↑Adjektiv (1.2.13).

Sauerstoffflasche: Die Zusammensetzung wird mit drei *f* geschrieben. ↑Konsonant (1).

saufen: Im Indikativ des Präsens heißt es: *ich saufe, du säufst, er, sie, es säuft* (nicht: *du saufst, er sauft*), es tritt also Umlaut ein (↑Verb [1]). Imperfekt und Perfekt lauten *ich soff, ich habe gesoffen* usw., der Konjunktiv II *ich söffe* usw.

saugen/säugen: Die beiden Verben werden verschieden gebeugt: *säugen* (= saugen lassen) folgt der regelmäßigen Konjugation *(hat gesäugt), saugen* der unregelmäßigen, jedoch tritt im Indikativ Präsens kein Umlaut ein (↑Verb [1]): *ich sauge, du saugst, er, sie, es saugt; ich sog, ich habe gesogen.* Allerdings sind neben *sog* und *gesogen* heute auch schon *saugte* und *gesaugt* üblich, vor allem in der Sprache der Technik: *Ich saugte Staub im Zimmer/habe Staub gesaugt.*

Sauna: Das Substantiv *die Sauna* hat die beiden Pluralformen *die Saunas* und *die Saunen.*

Sauregurkenzeit: Die Beugungsformen von *Sauregurkenzeit* lauten *der Sauregurkenzeit, die Sauregurkenzeiten.* Die Formen *der Saurengurkenzeit, die Saurengurkenzeiten* sind alltagssprachlich. ↑Kompositum (7).

Scene: Die Schreibung mit *c* gilt nur für den [si:n] auszusprechenden Jargonausdruck mit der Bedeutung „Milieu (meist junger Menschen), in dem bestimmte Vorlieben o. ä. ausgelebt, bestimmte Lebensformen o. ä. gepflegt werden": *die Scene* (Genitiv: *der Scene,* Plural [selten]: *die Scenes) der Drogenabhängigen, Punks* usw. Sonst ist nur die Schreibung mit *z* korrekt: *Die Szene* (['stse:nə]; Genitiv: *der Szene,* Plural: *die Szenen) spielt im Mittelalter. Mach mir bloß keine Szene!*

-sch: Adjektive, die mit der Endung *-sch (-scher, -sche- -sches)* von einem Personen- oder Ortsnamen abgeleitet sind, werden ohne Apostroph geschrieben: *die Bismarcksche Politik, die Heussschen Schriften, die Hannoversche Industrie.* ↑Apostroph (3.2).

Schacht: Der Plural von *Schacht* lautet *die Schächte.*

Schachtelsatz: Man spricht von einem Schachtelsatz, wenn in einen Nebensatz ein weiterer oder mehrere weitere Nebensätze eingefügt werden. Aus Gründen der Übersichtlichkeit sollte man derartige Sätze vermeiden: *Er hätte ihr, da die Kleiderstoffe am Donnerstag, obwohl dieser Tag als Termin festlag, noch nicht eingefärbt waren, wenigstens Nachricht geben müssen.* Besser: *Da die Kleiderstoffe am Donnerstag noch nicht eingefärbt waren, obwohl dieser Tag als Termin festlag, hätte er ihr wenigstens Nachricht geben müssen.*

schade: ↑Schaden (1).

Schaden: 1. Schade/Schaden: Der Nominativ Singular lautet heute *der Schaden* (Plur.: *die Schäden*). Die veraltete Form *der Schade* ist nur noch in Wendungen wie *es ist schade, für etwas zu schade sein* fest, in denen das Substantiv zum Adjektiv geworden ist. Außerdem kommt sie noch in der Redensart *Es soll dein Schade/Schaden nicht sein* vor. ↑Substantiv (2.1). **2. ernstlich/ernstlichen Schaden nehmen:** Die feste Verbindung *Schaden nehmen* kann nur als Ganzes näher bestimmt werden. Man kann also nur sagen: *Er hat ernstlich* (nicht: *ernstlichen*) *Schaden genommen.* ↑Adjektiv (1.2.12).

Schadenersatz/Schadensersatz: Im BGB steht diese Zusammensetzung mit Fugen-s: *Schadensersatz.* Im allgemeinen Sprachgebrauch ist jedoch die Form ohne Fugen-s üblich: *Schadenersatz.*

schaffen: 1. Im Gegensatz zu den übrigen unregelmäßigen Verben mit dem Stammvokal *a* haben die 2. und 3. Person Singular Präsens des starken Verbs *schaffen* keinen Umlaut (↑Verb [1]): *du schaffst, er, sie, es schafft.* **2.** In den Bedeutungen „vollbringen, erzielen; arbeiten; an einen Ort bringen" wird *schaffen* regelmäßig gebeugt *(schaffte, geschafft),* in der Bedeutung „schöpferisch, gestaltend hervorbringen; entstehen lassen" dagegen unregelmäßig *(schuf, geschaffen).* Es heißt also: *Er hat die Prüfung nicht geschafft. Sie haben eine Einigung, einen Vertragsabschluß nicht geschafft. Die Mannschaft schaffte den Ausgleich. Sie hat den ganzen Tag eifrig geschafft. Wir schafften die Kisten in den Keller.* Aber: *Die Künstlerin hat zumeist abstrakte Plastiken geschaffen. Gott schuf den Menschen. Der Staat hat neue Arbeitsplätze, soziale Einrichtungen geschaffen.* In einigen Verbindungen sind beide Formen möglich: *Sie schuf/schaffte die Voraussetzungen für den erfolgreichen Ablauf des Unternehmens. Die Ereignisse schafften/schufen neue Unruhe. Er hat Klarheit, Ordnung, Ausgleich, Erleichterung, Ersatz, Abhilfe geschafft/geschaffen. Wir haben uns mehr Raum geschaffen/geschafft.* **3.** Bei *sich zu schaffen machen* steht das Reflexivpronomen im Dativ: *Ich machte mir* (nicht: *mich*) *in dem Zimmer zu schaffen.*

-schafter/-schaftler: Bei Ableitungen von Verben wird immer *-schafter* gebraucht: *kundschaften – Kundschafter, wirtschaften – Wirtschafter* „Verwalter". Bei Ableitungen von Substantiven können *-schafter* und *-schaftler* auftreten. Die Form *schafter* ist üblich bei *Gesellschafter, Botschafter,* die Form *-schaftler* bei *Wissenschaftler, Wirtschaftler* „Wirtschaftskundler; leitende Persönlichkeit in Handel und Industrie". Bei anderen

Substantiven treten auch beide Formen auf: *Genossenschafter/Genossenschaftler.* Dabei ist zu bemerken, daß die Bildungen mit dem Suffix *-ler* keine Abwertung enthalten. Aus einer solchen Befürchtung ist wohl eine Bildung wie *Gewerkschafter* neben der üblichen Form *Gewerkschaftler* zu erklären. Auch bei den studentischen Korporationen wird die Form *-schafter* bevorzugt: *Burschenschafter, Turnerschafter, Landsmannschafter.*

Schal: Das Wort *Schal* hat zwei Pluralformen: *die Schale* und *die Schals.*

schallen: Die 2. und 3. Pers. Sing. Präs. haben keinen Umlaut, weil *schallen* ein regelmäßiges Verb ist. Sie lauten also: *du schallst, er, sie, es schallt.* Die unregelmäßige Präteritumform *scholl* ist erst im 17. Jh. neben älteres *schallte* getreten, das auch heute noch häufiger gebraucht wird: *Gelächter schallte/*(seltener:) *scholl aus dem Nebenraum. Die Glocken schallten/*(selten:) *schollen vom Turm.* Diese Form *scholl* und der gleichfalls seltene Konjunktiv II *schölle* stammen von dem untergegangenen unregelmäßigen Verb *schellen* „tönen". (Unser heutiges regelmäßiges Verb *schellen* ist demgegenüber eine Neubildung zu *Schelle* „Glöckchen"). ↑erschallen.

Schaltsatz: Unter einem Schaltsatz versteht man einen Satz, der als unabhängiger Einschub in einem anderen Satz steht. Man trennt ihn gewöhnlich durch Kommas ab: *Eines Tages, es war mitten im Winter, stand ein Reh in unserem Garten.* Soll der Nachdruck des Gesagten besonders erhöht werden, dann setzt man Gedankenstriche: *Wir traten aus dem Walde, und ein wunderbares Bild – die Sonne kam eben durch die Wolken – breitete sich vor uns aus.* Bei Schaltsätzen, die ohne Nachdruck gesprochen werden, können an die Stelle von Kommas oder Gedankenstrichen runde Klammern treten: *Er verachtete (es sei zu seiner Ehre gesagt) jede Ausrede.*

schämen, sich: Das Verb wird in gehobener Ausdrucksweise noch weithin mit dem Genitiv verbunden: *Und wenn sich einer seiner Vergangenheit schämt, ist es, als schäme er sich seiner Eltern* (Kirst). Sonst wird häufig der Anschluß mit *wegen* gewählt. *Sie schämten sich wegen ihres Versagens.* Daneben kommt auch der Anschluß mit *für* vor: *Ich schäme mich für meinen Freund. Er schämte sich für seine Löcher im Hemd* (Strittmatter).

Schänke: Diese Schreibung des Wortes ist falsch. ↑Schenke und ↑ä/e.

Schar: 1. Das Substantiv *die Schar* „größere Anzahl" hat den Genitiv *der Schar* und den Plural *die Scharen.* Im Sinne von „Pflugschar" kann *Schar* weibliches oder sächliches Geschlecht haben: *die Schar* (Genitiv: *der Schar,* Plural: *die Scharen*) oder (landwirtsch.) *das Schar* (Genitiv: *des Schar[e]s,* Plural: *die Schare*). **2. eine Schar Mitwirkender/Mitwirkende · mit einer Schar fröhlicher Kinder/fröhlichen Kindern:** Nach *Schar* kann die Angabe, woraus die Schar besteht, im Genitiv oder als Apposition stehen: *eine Schar Mitwirkender/*(selten:) *Mitwirkende; eine Schar junger Leute/*(selten:) *junge Leute. Sie kam mit einer Schar fröhlicher Kinder/*(selten:) *fröhlichen Kindern. Wir trafen auf eine Schar johlender Jugendlicher/*(selten:) *johlende Jugendliche.* ↑Apposition (2.2). **3. Eine Schar Kinder stand/standen um ihn herum:** Wenn nach *Schar* die Angabe, woraus die Schar besteht, im Plural folgt, steht in der Regel das Verb im Singular, weil das Subjekt *(Schar)* formal ein Singular ist: *Eine Schar Kinder stand um ihn herum.* Oft wird aber nach dem Sinn konstruiert und das Verb in den Plural gesetzt: *Eine Schar Kinder standen um ihn herum.* Der Plural findet sich vor allem dann, wenn das appositionelle Verhältnis gewählt wird: *Eine Schar neugierige Kinder* (statt des üblichen Genitivs: *neugieriger Kinder*) *standen um ihn herum.* ↑Kongruenz (1.1.2).

scharf: 1. Getrennt vom folgenden Verb schreibt man, wenn beide Wörter ihre Selbständigkeit bewahren, d. h. eigenen Satzgliedwert haben (beide Wörter tragen Starkton): *scharf schießen, scharf umreißen, scharf würzen; auf eine Sache scharf sein* (= versessen sein; ugs.); *ein Messer scharf machen.* Zusammen schreibt man aber, wenn ein neuer Begriff entsteht (nur *scharf-* trägt Starkton): *Man hat dich ja ordentlich scharfgemacht* (= aufgehetzt; ugs.). ↑Zusammen- oder Getrenntschreibung (1.2 und 1.5). **2.** Zum „scharfen S" (= *ß;* Eszett) ↑S-Laute.

schätzenlernen: Das Verb *schätzenlernen* wird zusammengeschrieben: *Jemanden schätzenlernen. Ich habe sie damals kennen- und schätzengelernt* (↑kennenlernen, ↑Zusammen- oder Getrenntschreibung [1.1]).

Schau: Zu *jemandem die Schau stehlen* ↑Amerikanismen/Anglizismen (1.2).

schaudern: Das Verb *schaudern* kann ebenso mit dem Dativ wie mit dem Akkusativ der Person verbunden werden: Es heißt sowohl *mir schaudert vor jemandem* oder *etwas* als auch *mich schaudert vor jemandem* oder *etwas.* Beide Formen des Anschlusses sind korrekt.

schauen/sehen: Das Verb *schauen* wird landschaftlich, besonders südd. und österr., an Stelle von *sehen* gebraucht, es drückt aber dann immer das bewußte Hinsehen auf etwas aus: *Ich schaute* (statt: *sah*) *auf die Uhr. Schau* (statt: *Sieh*) *einmal! Du mußt schauen* (statt: *sehen*), *daß du bald fertig wirst.* Im Sinn von „mit den Augen wahrnehmen" wird jedoch nur *sehen* verwendet: *Ich habe deine Schwester gesehen* (nicht: *geschaut*). Entsprechendes gilt für die Zusammensetzungen *anschauen, nachschauen, herüberschauen, zuschauen* usw., während *ausschauen* südd. und österr. allgemein für *aussehen* steht: *Du schaust heute schlecht aus.*

schauern: Das Verb *schauern* kann ebenso mit dem Dativ wie mit dem Akkusativ der Person verbunden werden. Man kann sowohl sagen *Es schauert mich, wenn ich daran denke* als auch *Es schauert mir, wenn ich daran denke.*

-sche: Zu *die Bismarcksche Politik* ↑-sch.

Scheck/Schecke: Das Substantiv *der Scheck* (Plural: *die Schecks,* seltener: *die Schecke*) ist ein Bankausdruck; *der/die Schecke* (Plural: *die Schecken*) bezeichnet ein scheckiges Tier. Neben *der/die Schecke* kommt auch *der Scheck* vor. ↑Substantiv (2.4), ↑Betrag, ↑checken (nicht: *schecken*).

scheiden: Im Sinne von „trennen" bildet *scheiden* das Perfekt mit *haben: Wer hat die Böcke von den Schafen geschieden?* Ebenso bei reflexivem Gebrauch: *In dieser Frage haben sich die Meinungen geschieden.* In der Bedeutung „fortgehen, Abschied nehmen" bildet *scheiden* das Perfekt mit *sein: Er ist 1985 aus dem Dienst geschieden. Wir sind als Freunde voneinander geschieden.*

scheinbar/anscheinend: ↑anscheinend/scheinbar.

scheinen: **1.** Das Verb *scheinen* wird standardsprachlich unregelmäßig konjugiert: *scheinen, schien, geschienen* (nicht, wie im älteren Neuhochdeutsch und noch landschaftlich: *scheinte, gescheint*). Es muß also heißen: *Die Sonne schien, hat geschienen.* **2.** Vor einem erweiterten Infinitiv steht *scheinen* immer als modifizierendes Hilfsverb; es wird also kein Komma gesetzt: *Du scheinst heute schlecht gelaunt zu sein. Das schien ihm nicht zu genügen.* ↑Komma (5.1.4). **3.** ↑erscheinen/scheinen.

Scheit: Der Plural lautet standardsprachlich *die Scheite.* Landschaftlich (vor allem in Österreich und in der Schweiz) ist auch die Pluralform *die Scheiter* gebräuchlich.

Schellen: Die deutsche Bezeichnung für die Spielkartenfarbe Karo lautet – meist ohne Artikel – *das Schellen: Spiel Schellen! Schellen sticht.*

Schema: Der Plural zu *das Schema*

lautet *die Schemas* oder *die Schemata* (falsch ist die Mischform *die Schematas*). ↑Fremdwort (3.4).

Schenke: Das Substantiv *Schenke* ist eine alte Bildung zu dem Verb *schenken* in dessen ursprünglicher Bedeutung „zu trinken geben". Es gehört also nicht zu *Schank* „Ausschank" und darf deshalb nicht, wie es oft geschieht, mit *ä* geschrieben werden (↑ä/e [1]).

Scherbe/Scherben: Das Substantiv *die Scherbe* bedeutet „Bruchstück eines Ton-, Glas-, Porzellangefäßes". In Süddeutschland und Österreich ist dafür *der Scherben* gebräuchlich (auch in dem speziellen Sinne von „Blumentopf"). In der Fachsprache der Keramik steht dieses Wort für die gebrannte, aber noch nicht glasierte Tonmasse.

scheren: Es gibt zwei, genaugenommen drei verschiedene Verben mit dem Infinitiv *scheren:* ein unregelmäßiges *scheren* „abschneiden, stutzen", ein regelmäßiges *sich scheren* „weggehen, sich entfernen" und ein regelmäßiges *sich (um jemanden, um etwas) scheren* „sich kümmern". Das zweite *scheren* ist mit dem ersten nicht verwandt, es hat aber wahrscheinlich das dritte *scheren* in seinen Formen beeinflußt. Dieses hat sich mit der ursprünglichen Bedeutung „quälen, ausbeuten" von dem ersten *scheren* abgespalten (vgl. *jemanden ungeschoren lassen* „nicht belästigen"). Man unterscheidet also folgende Formen und Anwendungen: 1. *Sie haben die Schafe geschoren. Er schor ihm den Bart. Man hat ihm den Schädel kahlgeschoren.* (Regelmäßige Formen wie *scherte, geschert* kommen hier ganz selten vor.) 2. *Er hat sich zum Teufel geschert.* Hierher gehört wohl auch die Zusammensetzung *ausscheren* „aus dem Kurs laufen, sich aus einer Reihe seitwärts bewegen": *Das Schiff ist ausgeschert. Der Lkw vor mir scherte plötzlich aus.* 3. *Sie scherte* (= kümmerte) *sich nicht um meine Einwände. Das hat sie nicht im geringsten geschert* (veraltend für „gestört").

Scheusal: Der Plural lautet standardsprachlich *die Scheusale.* Die Form mit Umlaut *die Scheusäler* ist umgangssprachlich.

Schi: ↑Ski.

schick, Schick/chic, Chic: Das deutsche Substantiv *der Schick* ist eine Bildung zu *sich schicken* und wurde früher im Sinne von „Lebensart, ordnungsgemäßes Verhalten" gebraucht. Erst in der zweiten Hälfte des 19. Jh.s hat *Schick* unter dem Einfluß von französisch *chic* die Bedeutung „modische Feinheit; Eleganz" angenommen. Im Bereich der Modesprache findet man deshalb oft die französische Schreibung *Chic* neben der deutschen *Schick (Der Mantel hat Schick/Chic)* bzw. *chic* neben *schick* „modisch elegant; geschmackvoll" *(Der Mantel ist schick/chic).* In den gebeugten Formen ist die Schreibung *chic* nicht möglich, denn *chicer, chices* müßte mit „z" [ˈʃɪtsər] gesprochen werden. Man kann nur schreiben *ein schicker Mantel.*

Schieblehre/Schublehre: Von den beiden Bezeichnungen für das Meßwerkzeug hat sich in der Fachsprache der Technik *die Schieblehre* durchgesetzt.

schief: Klein schreibt man das Adjektiv: *die schiefe Ebene, schiefe Winkel, ein schiefer Blick.* Groß schreibt man aber das Adjektiv in ↑Namen wie *der Schiefe Turm von Pisa.* Getrennt vom folgenden Verb schreibt man *schief,* wenn beide Wörter ihre selbständige Bedeutung bewahren und eigenen Satzgliedwert haben (beide Wörter tragen Starkton): *schief sein, werden, schief stehen, etwas schief halten; der Baum ist schief gewachsen; jemanden schief ansehen, schief beurteilen; er soll nicht so schief gehen; sie hat das Garn schief gewickelt; er hat sich krumm und schief gelacht* (= heftig gelacht; ugs.); *die Decke hat schief gelegen; du bist schief getreten.* Zusammen schreibt man, wenn durch die Verbindung ein neuer Begriff oder eine Bedeutungsschattierung entsteht und *schief* Verbzusatz ist (nur *schief-* trägt Starkton): *Das mußte ja schiefgehen* (= mißlingen; ugs.). *In diesem Falle habe ich schiefgelegen* (= einen falschen Standpunkt vertreten; ugs.). *Du bist schiefgewickelt* (= im Irrtum; ugs.) / *hast deine Absätze schiefgetreten* (= stark abgelaufen). ↑Zusammen- oder Getrenntschreibung (1.2).

schief / schräg: Bei der Verwendung dieser Adjektive ist folgendes zu beachten: *schräg* bedeutet „von einer [gedachten] senkrechten oder waagerechten Bezugslinie in gerader Richtung abweichend, ohne einen rechten Winkel zu bilden". Es wird im allgemeinen sachlich feststellend gebraucht, wenn man Lage oder Stellung irgendwelcher Dinge in bezug auf eine als Richtschnur dienende Umgebung näher bezeichnen will: *Der Schreibtisch stand schräg im Raum. Die Pfähle wurden schräg eingerammt. Ich fuhr auf den schrägen Parkplatz und stellte Motor und Lampen ab* (Nossack). Demgegenüber bringt *schief* meist negativ wertend zum Ausdruck, daß sich etwas nicht in der vorgesehenen geraden Lage oder Stellung befindet, in der es eigentlich sein sollte: *Hast du die Kirche mit dem schiefen Turm gesehen? Die Mauer ist ja ganz schief. Das Bild hängt schief.*

schießen: 1. Er hat mir/mich ins Bein geschossen · Ein Gedanke schoß ihm durch den Kopf: Wird *schießen* in der eigentlichen Bedeutung „einen Schuß abgeben" auf einen Körperteil bezogen, dann kann die betroffene Person im Dativ oder im Akkusativ stehen. Der Dativ ist üblicher: *Der Polizist schoß dem Fliehenden ins Bein.* Im Gegensatz zum Dativ (Dativ der Beteiligung) drückt der Akkusativ stärker aus, daß die Person unmittelbar betroffen ist. Jedoch liegt auch bei diesen Sätzen der Hauptton immer auf der Angabe des Körperteils: *Er hat den Fliehenden ins Bein geschossen.* Wird *schießen* dagegen in der Bedeutung „sich schnell fortbewegen" auf einen Körperteil bezogen, dann ist nur der Dativ der Person möglich: *Die Tränen schossen ihm aus den Augen. Ein Gedanke schoß ihr durch den Kopf.* (Vgl. auch ↑beißen, ↑schlagen, ↑treten). **2.** Im Sinne von „einen Schuß abgeben" wird *schießen* mit *haben* umschrieben: *Wer hat geschossen?* Dagegen wird *schießen* „sich schnell fortbewegen" mit *sein* umschrieben: *Der Gedanke ist ihr im richtigen Augenblick durch den Kopf geschossen. Er ist damit weit übers Ziel [hinaus]geschossen.*

Schiff- / Schiffs-: Die meisten der Zusammensetzungen mit *Schiff* als Bestimmungswort stehen mit dem Fugen-s: *Schiffsarzt, Schiffsbesatzung, Schiffsbrief, Schiffseigner, Schiffsflagge, Schiffshebewerk, Schiffsjunge, Schiffskatastrophe, Schiffskoch, Schiffsladung, Schiffsmakler, Schiffsmannschaft, Schiffsmaschine, Schiffsname, Schiffsplanke, Schiffsraum, Schiffsrippe, Schiffsrumpf, Schiffsschnabel, Schiffsschraube, Schiffstau, Schiffstaufe, Schiffsvolk, Schiffswerft, Schiffszimmermann, Schiffszoll, Schiffszwieback.* Ohne Fugen-s werden *Schiffbord, Schiffbruch, Schiffbrücke* und meist auch *Schiffschaukel* (neben *Schiffsschaukel*) gebraucht. Auch *Schiff[s]bau* kann mit und (fachspr.) ohne Fugen-s stehen. ↑Kompositum (2), ↑Fugen-s.

Schiffahrt: Die Zusammensetzung *Schiffahrt* wird mit zwei *f* geschrieben. Nur bei der Silbentrennung erscheint das dritte *f* wieder: *Schiff-fahrt.* ↑Konsonant (1).

Schifferstadter: ↑Einwohnerbezeichnungen (4 und 7).

Schiffsnamen: 1. Genus: Namen von Schiffen sind im allgemeinen Feminina, vor allem bei Schiffen, die nach Städten und Ländern benannt sind: *die Nautilus; die Bremen, die Deutschland, die Europa.* Das gilt heute (nach englischem Vorbild) meist auch dann, wenn ein männlicher Personenname zugrunde liegt: *die Graf Spee, die Bismarck.* Das gilt nicht, wenn der Name eine Beifügung enthält: *der „Flie-*

gende Holländer", der „General San Martin", der „Kaiser Wilhelm der Große". Bei Sachnamen schwankt das Genus zwischen dem des Namens und der femininen Form: *die Seetüchtigkeit des „Pfeils"/der „Pfeil".* Bei Tiernamen tritt meist das natürliche Geschlecht ein: *das „Krokodil", der „Kormoran", das „Windspiel";* aber auch: *die „Condor".* **2. Deklination:** Schiffsnamen müssen in gutem Deutsch auch dann gebeugt werden, wenn sie in Anführungszeichen stehen: *die Seetüchtigkeit des „Pfeils", eine Fahrt mit der „Blauen Ferne".* **3. Gebrauch des Artikels bei Abkürzungen:** Der Artikel wird in diesen Fällen möglichst vermieden: *SMS Gneisenau, Kreuzfahrt mit TSS Elektra, U8 ist gesunken, Transfer von TSS Athinai auf MS Mykonos.* Will man aber, z. B. im Genitiv, den Artikel setzen, dann gebraucht man die feminine Form: *die Ankuft der TSS Elektra, der Untergang der SMS Gneisenau.*

Schild: Das männliche Substantiv *der Schild* bedeutet „Schutzschild, Schutzwaffe", das sächliche Substantiv *das Schild* dagegen „Erkennungszeichen, Aushängeschild". Der Plural von *der Schild* lautet *die Schilde,* von *das Schild* dagegen *die Schilder.*

Schilling: Entsprechend anderen ↑Maß-, Mengen- und Münzbezeichnungen (1) steht *Schilling* hinter Zahlen, die größer als 1 sind, ungebeugt: *Das Heft kostet zwanzig Schilling.* Der Plural steht nur dann, wenn die einzelnen Münzen gezählt werden: *Ich habe gerade noch 14 Schillinge.*

schimpfen: Das Verb *schimpfen* kann mit den Präpositionen *mit, auf* oder *über* verbunden werden. Man gebraucht *schimpfen mit jemandem,* wenn sich der Schimpfende direkt an die betreffende Person wendet: *Man schimpfte mit ihr. Bronski warf ... sein Bierglas um. Meine Großmutter wollte deswegen mit ihm schimpfen* (Grass). In bezug auf eine Person, an die sich der Schimpfende nicht direkt wendet, gebraucht man *schimpfen auf* oder *über jemanden.* Dabei drückt *schimpfen über* aus, daß man sich über die betreffende (meist nicht anwesende) Person beklagt, während *schimpfen auf* die Erregung des Schimpfenden hervorhebt: *... über einen Vorgesetzten wird immer geschimpft* (Sebastian). *Sonst würden die anderen nicht so wild auf ihn schimpfen* (Feuchtwanger). In bezug auf eine Sache verwendet man meist *schimpfen über, schimpfen auf* nur dann, wenn sich das Schimpfen im Grunde gegen die Person richtet, die hinter der Sache steht: *... Stiller schimpfte über diese ganze Ausstellerei* (Frisch). *... [obwohl er] genauso maßlos auf den Sanatoriumsbetrieb schimpfte* (Nossack). Der transitive Gebrauch von *schimpfen* ist landschaftlich: *Ich habe das Kind nicht geschimpft.* Aber korrekt mit dem Gleichsetzungsakkusativ im Sinne von „heißen, nennen": *Man schimpfte mich einen Taugenichts.*

schinden: Das Präteritum des ursprünglich regelmäßig, seit dem Mittelhochdeutschen auch unregelmäßig flektierten Verbs *schinden* wird meist gemieden. Wird es aber gebraucht, dann ist die Form heute im allgemeinen regelmäßig: *Der Aufseher schindete* (selten: *schund) die Gefangenen.* Das 2. Partizip ist dagegen noch häufig und lautet nur *geschunden: Ich habe mich mein Leben lang geschunden.* Übertragen: *Er hat das Fahrgeld geschunden* (= nicht bezahlt; ugs.).

schlafen: In der 2. und 3. Person Singular Präsens Aktiv tritt wie bei den anderen Verben mit dem Stammvokal *a* Umlaut ein: *du schläfst, er, sie, es schläft.* ↑Verb (1).

schlaff: Die Vergleichsformen von *schlaff* lauten *schlaffer, am schlaffsten/schlaffesten.* ↑Vergleichsformen (2.1).

Schlag: Man schreibt auch in Wendungen wie *Schlag 8 Uhr* (= pünktlich um 8 Uhr) *kommen* groß. Nur in der Schweiz und in Österreich wird das Wort als Adverb behandelt und klein geschrieben (↑[2]Punkt).

schlagen: 1. Umlaut im Präsens: In der 2. und 3. Person Singular Präsens Aktiv tritt wie bei den anderen Verben mit dem Stammvokal *a* Umlaut ein: *du schlägst, er, sie, es schlägt.* **2. Er schlug mir/mich auf die Schulter · Die Zweige schlugen mir/mich ins Gesicht:** Wird *schlagen* auf einen Körperteil bezogen, dann kann die betroffene Person im Dativ oder im Akkusativ stehen. Der Dativ ist üblicher: *Mein Freund schlug mir auf die Schulter. Ich schlug mir an die Stirn.* Im Gegensatz zum Dativ (Dativ der Beteiligung) drückt der Akkusativ stärker aus, daß die Person unmittelbar betroffen ist. Jedoch liegt auch bei diesen Sätzen der Hauptton immer auf der Angabe des Körperteils: *Der Mann hat mich auf die Schulter geschlagen.* Seltener auch: *Ich schlug mich an die Stirn.* Bei einem nichtpersönlichen Subjekt wird fast ausschließlich der Dativ verwendet: *Die Zweige schlugen mir* (nicht: *mich*) *ins Gesicht.*

schlagend: Man schreibt das adjektivische Partizip als Beifügung klein: *ein schlagender Beweis; eine schlagende Verbindung* (studentische Korporation), *schlagende Wetter* (Bergmannsspr. für: explosives Gasgemisch).

Schlagwort: Das Substantiv *Schlagwort* hat zwei Pluralformen: *die Schlagwörter* und *die Schlagworte.* Nur der Plural *Schlagwörter* wird verwendet, wenn einzelne Wörter, z. B. Stichwörter in einem Lexikon oder einem Schlagwortkatalog, gemeint sind: *Die Schlagwörter sind halbfett gedruckt.* Im Sinne von „Ausspruch, Parole, Propagandamittel" wird meist die Pluralform *Schlagworte,* selten auch *Schlagwörter* verwendet: *... daß es oft nur Schlagworte waren, die uns trennten* (Koeppen). *..., daß sie von unvernünftigen, in sie hineingetragenen Schlagworten abstehn und die natürliche Weltordnung einsehn werde* (Musil). ↑Wort.

schlank: Die Vergleichsformen von *schlank* lauten *schlanker, am schlanksten.* ↑Vergleichsformen (2.1).

schlankwegs: Zur Adverbialendung -s ↑Adverb (2).

schlecht: 1. Klein schreibt man das Adjektiv: *eine schlechte Ware; schlecht und recht. Es wäre das schlechteste* (= sehr schlecht), *gleich wegzugehen. Dies ist die schlechteste der Arbeiten.* Groß schreibt man dagegen Substantivierungen wie *im Schlechten und im Guten, etwas Schlechtes, sich zum Schlechten wenden, der Schlechteste in der Klasse sein.* ↑Groß- oder Kleinschreibung (1.2.1). **2.** Getrennt vom folgenden Verb schreibt man das Adjektiv, wenn es in ursprünglichem Sinne gebraucht wird (beide Wörter tragen Starkton): *schlecht sein, werden, singen, reden. Er kann in diesen Schuhen nur schlecht gehen. Sie hat ihre Aufgaben schlecht gemacht.* Zusammen schreibt man, wenn durch die Verbindung ein neuer Begriff entsteht (nur *schlecht-* trägt Starkton): *Es ist ihm nach dem Unfall schlechtgegangen* (= schlecht ergangen). *Er hat diesen Mann überall schlechtgemacht* (= herabgesetzt). *Wir können sie nicht schlechterstellen* (= benachteiligen) *als ihn. Durch den Ortswechsel habe ich mich sozial leider schlechtergestellt.* Zusammen schreibt man *schlecht* auch mit einem 2. Partizip, wenn die Verbindung eigenschaftswörtlich gebraucht wird (nur *schlecht-* trägt Starkton): *die schlechtgelaunte Person, der schlechtberatene Kunde.* Getrennt schreibt man aber dann, wenn das Adjektiv näher bestimmt wird (beide Wörter tragen Starkton): *die wirklich schlecht gelaunte Person, der ausgesprochen schlecht beratene Kunde.* Immer getrennt schreibt man auch, wenn beide Wörter aussagend stehen: *Der Kunde war schlecht beraten.* ↑Zusammen- oder Getrenntschreibung (1.2 und 3.2).

schleifen: In der Bedeutung „schärfen" wird *schleifen* unregelmäßig gebeugt *(Ich schliff mein Messer/habe es geschliffen),* in der Bedeutung „über den Boden ziehen, sich am Boden [hin] bewegen" und in der Wendung *eine Festung schleifen* (= dem Erdboden gleichmachen) dagegen regelmäßig: *Sie schleiften ihn in den Gang. Er war über die Straße geschleift worden. Das Kleid schleifte auf dem Boden. Die Festung wurde geschleift.*

schleißen: Veraltetes intransitives *schleißen* „zerreißen, sich in Fetzen auflösen" (dafür heute üblicher: ↑verschleißen) ist ein unregelmäßiges Verb: *Das Kleid schliß ziemlich schnell. Der Stoff ist geschlissen.* Das heute seltene transitive *schleißen* im Sinne von „bei Vogelfedern die Fahne vom Kiel lösen" bzw. „Holz in feine Späne spalten", kann dagegen regelmäßig und unregelmäßig konjugiert werden: *Sie schlissen/schleißten Federn. Er hat Kienholz geschlissen/geschleißt.* ↑verschleißen.

Schlierseer: Die Einwohner von *Schliersee* heißen *Schlierseer.* Die Einwohnerbezeichnung wird nur mit zwei *e* geschrieben. ↑Einwohnerbezeichnungen (3).

schließen/beschließen: ↑beschließen/schließen.

schlimm: Klein schreibt man *schlimm* auch dann, wenn ein Artikel vorangeht, beide Wörter aber für „am schlimmsten, sehr schlimm" stehen: *Es ist das schlimmste* (= am schlimmsten), *daß ... Du hast mich aufs schlimmste enttäuscht.* Groß schreibt man Substantivierungen wie *Das war das Schlimmste, was passieren konnte. Das ist noch lange nicht das Schlimmste. Ich bin auf das Schlimmste gefaßt. Das wird sich hoffentlich nicht zum Schlimmsten wenden. Es ist nichts Schlimmes.* ↑Groß- oder Kleinschreibung (1.2.1).

Schlingel: Der Plural lautet korrekt *die Schlingel.* In der Umgangssprache wird wie bei anderen Wörtern, deren Singular mit dem Plural gleich lautet, gern ein *s* angehängt, um den Plural zu verdeutlichen. ↑Plural (4).

Schloßstraße: Zu der Ersatzschreibung *Schlossstrasse* (mit *ss* statt *ß*) ↑Konsonant (1), ↑S-Laute (1.2). Bei der Schreibung mit Großbuchstaben setzt man zweckmäßig einen Bindestrich: *SCHLOSS-STRASSE.*

Schlot: Üblich ist der Plural *die Schlote,* die Form mit Umlaut *(die Schlöte)* wird selten gebraucht.

Schlüchterner: ↑Einwohnerbezeichnungen (1).

Schluck: Üblich ist der Plural *die Schlucke,* die Form mit Umlaut *(die Schlücke)* wird selten gebraucht. Zu *ein Schluck Kaffee/Kaffees* ↑Apposition (2.2).

schluckweise: ↑-weise.

Schlüsselbund: Es heißt *der* (österr. nur so) und *das Schlüsselbund.* Der Plural lautet *die Schlüsselbunde.* ↑Bund (2).

schlußendlich: Besonders schweiz. Adverb mit der Bedeutung „schließlich, endlich, am Ende, zum Schluß".

schlußfolgern: Das Verb *schlußfolgern* ist eine feste Zusammensetzung: *ich schlußfolgere, ich habe geschlußfolgert; um zu schlußfolgern.* ↑Zusammen- oder Getrenntschreibung (2.1).

Schluß-s: Zum Schluß-s im Fraktursatz ↑S-Laute (2).

schmal: Komparativ und Superlativ von *schmal* können ohne oder mit Umlaut gebildet werden. Neben *schmaler* steht auch die Form *schmäler.* Im Superlativ wird allerdings die nichtumgelautete Form *schmalste* gegenüber der umgelauteten *schmälste* bevorzugt. ↑Vergleichsformen (2.1).

Schmalz: Die Bezeichnung für das tierische Fett hat sächliches Geschlecht. Es heißt also *das Schmalz* (fachspr. Plural: *die Schmalze*). Das männliche Substantiv *der Schmalz* ist ein umgangssprachlicher Ausdruck für „Gefühliges, Sentimentales": *Mein Gott, singt der mit einem Schmalz!*

schmalzen/schmälzen: Beide Wörter können gleichermaßen mit der Bedeutung „Speisen mit Schmalz zubereiten" gebraucht werden. Während aber *schmalzen* im 2. Partizip sowohl die Formen *geschmalzt* als auch *ge-*

schmalzen (in übertragener Bedeutung *[ein geschmalzener Preis]* nur so) hat, gibt es zu *schmälzen* (nicht: *schmelzen*) nur *geschmälzt.*

schmecken: Die Ausdrucksweise *etwas schmeckt schön* (statt: *etwas schmeckt gut*) ist landschaftlich umgangssprachlich. ↑gut/schön.

schmeicheln: 1. Rektion: Das Verb *schmeicheln* wird heute mit dem Dativ verbunden: *Es schmeichelt mir* (nicht: *mich*). *Er schmeichelt allen Leuten. Ich schmeichle mir, das gut gemacht zu haben. Der Hut schmeichelt deinem Gesicht* (= paßt sehr gut dazu). **2. ein geschmeicheltes Bild · sich geschmeichelt fühlen:** Die Verwendung des zweiten Partizips erinnert daran, daß *schmeicheln* früher mit dem Akkusativ verbunden, also transitiv gebraucht wurde: *Ich fühlte mich sehr geschmeichelt* (= geehrt). *Das Bild ist entschieden geschmeichelt* (= zu vorteilhaft), *ein sehr geschmeicheltes Bild.* ↑zweites Partizip (2.2).

schmelzen: 1. regelmäßige und unregelmäßige Konjugation: Intransitives *schmelzen* in der Bedeutung „flüssig, weich werden" wird unregelmäßig konjugiert: *du schmilzt (schmilzest), er, sie, es schmilzt, schmolz, ist geschmolzen: ... desto mehr schmilzt das Ehrgefühl am königlichen Hofe* (St. Zweig). *Doch vor dem schwelenden Trümmerhaufen begannen plötzlich alte Begriffe zu schmelzen* (Remarque). *Mein Stolz und mein Trotz schmolzen* (Hartung). Transitives *schmelzen* in der Bedeutung „flüssig machen" wurde früher regelmäßig gebeugt: *du schmelzt (schmelzest), er, sie, es schmelzt, schmelzte das Eisen, hat das Eisen geschmelzt.* Heute herrschen jedoch in der Standardsprache auch hier die unregelmäßigen Formen: *du schmilzt (schmilzest), er, sie, es schmilzt, schmolz das Eisen, hat das Eisen geschmolzen. An alles, was mich wegnimmt von dieser Angst, die die Knochen zu Gelatine schmilzt* (Remarque). *... wo die europäische Zivilisation wie eine Stichflamme die alten Bindungen schmilzt* (Bamm). **2. du schmilzest/schmilzt:** Die Form *du schmilzest* ist veraltet; üblich ist heute *du schmilzt.* ↑Indikativ (2). **3. schmelzendst:** Beim Superlativ des 1. Partizips fällt das *d* nicht aus: *der schmelzendste Gesang.* Vgl. auch ↑schmalzen/schmälzen.

Schmer: Das (nur landschaftliche) Substantiv *Schmer* „Bauchfett (bes. beim Schwein)" kann männlich oder sächlich sein. Sowohl *der Schmer* als auch *das Schmer* ist korrekt.

schmerzen: Nennt das Subjekt zu *schmerzen* einen Körperteil, dann kann das Verb sowohl mit dem Dativ als auch mit dem Akkusativ verbunden werden: *Mir/Mich schmerzte die Schulter. Die Füße schmerzen ihm vom langen Stehen* (Fallada). *... der Kopf dürfte ihn geschmerzt haben von den vielen Eindrücken* (Thieß). Bei einem anderen Subjekt kann *schmerzen* nur mit dem Akkusativ verbunden werden: *Aber der Gedanke schmerzt mich nicht* (Rinser). *... daß mich der Verlust geschmerzt habe* (E. Jünger). *... der den Verband von der Wunde abnimmt, die ihn immer heftiger schmerzt* (Langgässer).

schnauben: 1. Umlaut: Im Gegensatz zu anderen unregelmäßigen Verben mit *au* haben die 2. und 3. Person Singular Indikativ Präsens Aktiv von *schnauben* keinen Umlaut: *du schnaubst, er/sie/es schnaubt.* ↑Verb (1). **2. Konjugation:** Statt der alten unregelmäßigen Formen *schnob* und *geschnoben* sind heute die regelmäßigen *schnaubte* und *geschnaubt* herrschend: *... er schnaubte durch die Nase* (Ott). *Und der Wald hat geschnaubt wie eine Kuh* (Broch). Die unregelmäßigen Formen werden nur noch selten und dann in gehobener Sprache gebraucht, und zwar meist in Zusammenhang mit starken Gemütsbewegungen (aber nicht für „die Nase putzen"): *„Ein Mißverständnis? Wieso?" schnob er* (Jahnn).

Schneemann: Der Plural lautet *die Schneemänner.*

Schneid: Neben (ugs.) *der Schneid* „Mut, Tatkraft" (Genitiv: *des*

Schneid[e]s) steht südd., österr. *die Schneid* (Genitiv: *der Schneid*).

schneiden: Wird *schneiden* durch eine Präposition auf einen Körperteil bezogen, dann kann die betroffene Person im Dativ oder im Akkusativ stehen. Der Dativ ist üblicher: *Der Friseur hat dem Kunden versehentlich ins Ohr geschnitten. Ich habe mir in den Finger geschnitten.* Im Gegensatz zum Dativ (Dativ der Beteiligung) drückt der Akkusativ stärker aus, daß die Person unmittelbar betroffen ist. Jedoch liegt auch bei diesen Sätzen der Hauptton immer auf der Angabe des Körperteils: *Er hat ihn versehentlich ins Ohr geschnitten. Ich habe mich [in den Finger] geschnitten.* Bei einem nichtpersönlichen Subjekt wird überwiegend der Dativ verwendet: *Das Seil schnitt mir/* (selten:) *mich in die Hand. Die Kälte schnitt mir* (nicht: *mich*) *ins Gesicht.* Ähnlich wie „schneiden" werden auch andere Verben der körperlichen Berührung behandelt, vgl. z. B. ↑schlagen, ↑beißen, ↑treten.

schnellstmöglich: Da *schnellstmöglich* bereits eine höchste Vergleichsstufe (einen Superlativ) enthält, darf es nicht nochmals gesteigert werden: *Ich bitte um schnellstmögliche* (nicht: *schnellstmöglichste*) *Nachricht.* ↑möglich, ↑Vergleichsformen (2.5.1).

Schnipsel: Es heißt *der Schnipsel* oder *das Schnipsel.* Der umgangssprachliche Ausdruck wird meist im Plural gebraucht.

Schnur: Neben dem Plural *die Schnüre* kommt fachsprachlich, selten auch landschaftlich die Pluralform *die Schnuren* vor.

[1]Schock: Der Plural zu *der Schock* „Nervenerschütterung" lautet gewöhnlich *die Schocks,* selten *die Schocke.*

[2]Schock: 1. Plural: Als Bezeichnung der Mengeneinheit von 60 Stück bleibt *das Schock* im Plural ungebeugt: *5 Schock* (nicht: *Schocke*) *Eier.* ↑Maß-, Mengen- und Münzbezeichnungen (1). **2. Ein Schock Eier kostet/kosten 18 DM:** Bei *Schock* als Mengenangabe steht das Verb meist im Singular, weil man vor allem die Einheit sieht: *Ein Schock Eier kostet 18 DM.* Doch ist mit dem Blick auf das Gezählte auch der Plural möglich: *Ein Schock Eier kosten 18 DM.* ↑Kongruenz (1.1.2.). **3.** Zu *von 5 Schock holländischen Eiern/holländischer Eier* ↑Apposition (2.2).

Schokolade[n]-: Die Zusammensetzungen mit *Schokolade* als Bestimmungswort werden entweder mit *-e-* (= Endung des Nominativs Singular) oder mit *-en-* gebildet: *Schokoladefabrik* neben *Schokoladenfabrik* u. a. Die Bildungen mit *-en-* werden heute jedoch bevorzugt. ↑Fugenzeichen.

schon bereits: Die Verwendung von *schon bereits* ist ein ↑Pleonasmus, da beide Wörter das gleiche ausdrükken. Es kann also nur heißen: *Ich habe den Brief schon geschrieben* oder *Ich habe den Brief bereits geschrieben,* aber nicht: *Ich habe den Brief schon bereits geschrieben.*

schön: 1. Groß- oder Kleinschreibung: Klein schreibt man das Adjektiv z. B. in *die schöne Literatur, die schönen Künste, die schöne Helena. Gib der Tante die schöne* (= rechte) *Hand!* Klein schreibt man das Adjektiv auch dann, wenn ein Artikel vorangeht, beide Wörter aber für *sehr schön, schönstens* oder für *am schönsten* stehen: *auf das schönste, aufs schönste* (= schönstens, sehr schön), *es wäre das schönste* (= am schönsten), *wenn wir uns noch einmal sehen könnten.* Groß schreibt man das substantivierte Adjektiv: *Das ist das Schönste, was ich je gesehen habe; die Schönste unter ihnen; auf das Schönste bedacht sein. Das ist wirklich etwas, nichts Schönes. Das ist das Schöne an der Sache.* Groß schreibt man das Adjektiv auch in ↑Namen: *Schön Rotraud, Philipp der Schöne.* ↑Groß- oder Kleinschreibung (1.2.1). **2. Zusammen- oder Getrenntschreibung:** Getrennt schreibt man *schön* vom folgenden Verb, wenn beide Wörter in selbständiger Bedeutung gebraucht werden und eigenen Satzgliedwert haben (beide Wörter tragen Starkton): *schön sein, werden, singen, sich schön anziehen, es schön haben* usw. Zusammen schreibt man *schön* mit dem folgenden Verb, wenn durch die Verbindung ein neuer Begriff oder eine Bedeutungsschattierung entsteht (nur *schön-* trägt Starkton): *schönfärben* (= günstig darstellen), aber: *das Kleid [besonders] schön färben; schönmachen* (= verschönen), aber: *sie hat diese Arbeit schön gemacht; schönreden* (= schmeicheln), aber: *du wirst heute bestimmt besonders schön reden; schönschreiben* (= Schönschrift schreiben), aber: *er hat diesen Aufsatz schön* (= gut) *geschrieben; schöntun* (= sich zieren, schmeicheln), aber: *sie hat diese Arbeit schön getan.* ↑Zusammen- oder Getrenntschreibung (1.2). **3. schön/gut:** ↑gut/schön.

schöngestalt: ↑-gestalt/-gestaltet.

Schönheits-: Zusammensetzungen mit *Schönheit* als Bestimmungswort stehen immer mit ↑Fugen-s: *Schönheitskönigin, Schönheitswettbewerb, Schönheitsfehler, Schönheitsfleck, Schönheitsmittel, Schönheitspflege, Schönheitssinn, schönheitstrunken.*

Schorlemorle: Die Bezeichnung für das Getränk aus Wein und Mineralwasser heißt *die Schorlemorle* (Genitiv: *der Schorlemorle,* Plural: *die Schorlemorlen*), seltener *das Schorlemorle* (Genitiv: *des Schorlemorles,* Plural: *die Schorlemorles*).

schräg/schief: ↑schief (2).

Schrägstrich

Der Schrägstrich dient zur Angabe

- von Größen- oder Zahlenverhältnissen im Sinne von „je“ und (vorwiegend in nicht fachlichen Texten) als Bruchstrich:
  durchschnittlich 60 km/h, 100 Ew/km² (= 100 Einwohner je Quadratkilometer), ein Guthaben mit 3½% verzinsen.
- mehrerer gleichberechtigter Möglichkeiten:
  Ich/Wir überweise[n] von meinem/unserem Konto ...; für Männer und/oder Frauen; so bald wie/als möglich. An Herrn/Frau/Fräulein/Firma ...
- von Namen verschiedener Personen o. ä., wenn ein Bindestrich mißverständlich oder nicht üblich ist:
  Das Doppel Dickmann/Weill erreichte durch einen 3:1-Erfolg das Endspiel. Es siegte die Renngemeinschaft Ratzeburg/Kiel.
  Ein Buch von Schulze/Delitsch (= 2 Autoren); aber: der Beitrag von Frau Inge Schulze-Delitsch.
  Die Pressekonferenz der CDU/CSU mußte verschoben werden.
- von zwei aufeinanderfolgenden Jahreszahlen, Monatsnamen o. ä.:
  Die Koalitionsverhandlungen der Jahreswende 1986/87; im Wintersemester 1969/70; der Beitrag für März/April.
- von Akten- oder Diktatzeichen o. ä.:
  M/III/47, Dr. Dr/Ko, Rechn.-Nr. 195/75.

Schranze: Die verächtliche Bezeichnung für einen kriecherischen Höfling kann männlich oder weiblich gebraucht werden. Die Formen lauten: *der Schranze,* Genitiv: *des Schranzen,* Plural: *die Schranzen* oder *die Schranze,* Genitiv: *der Schranze,* Plural: *die Schranzen.*

schrauben: Das Verb *schrauben* gehört von jeher zu den regelmäßigen Verben. Die Formen lauten also: *schraubte, geschraubt.* Die unregelmäßigen Formen *schrob, geschroben,* die vorübergehend neben die regelmäßigen getreten waren, gelten heute nicht mehr als standardsprachlich. Nur im Adjektiv *verschroben* hat sich die unregelmäßige Form erhalten: *Er hat verschrobene* (= absonderliche, schrullige) *Ansichten.*

Schreck/Schrecken: Zwei Formen des Substantivs stehen nebeneinander: *der Schreck, des Schreck[e]s,* Plural (selten): *die Schrecke* und *der Schrecken, des Schreckens,* Plural: *die Schrecken.* Die beiden Wörter sind nicht völlig gleichbedeutend: *der Schreck* bedeutet „kurze, plötzliche seelische Erschütterung [mit körperlichen Auswirkungen], die durch etwas Unerwartetes, meist Unangenehmes oder Angsteinflößendes, hervorgerufen wird“: *... und wie ein ungeheurer Schreck durchzuckte ihn der Gedanke* (Ott). *Man hat von Leuten gehört, die am Schreck gestorben sind* (Andres). *... der Schreck ging mir aus den Gliedern* (Schnabel). Der Gebrauch des Substantivs *der Schrecken* in dieser Bedeutung ist – abgesehen von der Wendung *mit dem Schrecken davonkommen* – vor allem landschaftlich: *... diese Tatsache allein verdrängte meinen ersten Schrekken* (Roth, Beichte 31). *Eben hatte ich einen ganz tollen Schrecken* (Normann). Das Substantiv *der Schrecken* bedeutet „lähmende, Entsetzen und Furcht verbreitende Wirkung von etwas [und der daraus folgende länger andauernde Zustand seelischer Qual und Not]“: *Die europäischen Völker haben den Schrecken, den Deutschland verbreitet hat, noch in den Knochen* (Augstein). *Ihr Untergang erzeugt einen panischen Schrecken bei den Goten* (Thieß). *... selbst das Erlebnis ... hatte keine Schrekken mehr für sie* (Musil). *... Ruhe, mit der ich ... die Schrecken des Alters ertrage* (Kafka). ↑Substantiv (2.2).

schrecken: Das Verb *schrecken* kann regelmäßig und unregelmäßig konjugiert werden. Das intransitive (unregelmäßige) *schrecken* kommt heute nur noch in Präfixbildungen *(erschrecken)* und Zusammensetzungen *(auf-, hoch-, zurück-, zusammenschrekken)* vor. Die Formen lauten: Präsens: *du [er]schrickst, er, sie, es [er]schrickt;* Imperativ: *[er]schrick!;* Präteritum: *er, sie, es [er]schrak* (Konjunktiv: *[er]schräke*); 2. Partizip *erschrocken: Der Konvent schrickt auf bei der Nachricht* (St. Zweig). *Dann schraken sie erneut zusammen* (Ott). *Der Pfarrer schrak aus seinen Gedanken hoch* (Andersch). Neben den unregelmäßigen Formen treten jedoch nicht selten auch regelmäßige: *McDowell schreckte aus seinen Gedanken auf* (Thorwald). Das transitive Verb *schrecken* wird unregelmäßig konjugiert. Die Formen lauten: Präsens: *du schreckst ihn; er, sie, es schreckt ihn;* Imperativ: *schreck[e] ihn!;* Präteritum: *er, sie, es schreckte ihn;* 2. Partizip: *er, sie, es hat ihn geschreckt.* Diese Formen gelten auch für die dazugehörigen Präfixbildungen *(erschrecken,* selten: *verschrecken)* und Zusammensetzungen *(ab-, auf-, zurückschrecken): Ach nein, dich schreckt die Stille* (A. Zweig). *Der Pastor, aus mildem Traum geschreckt* (Lenz). *Aus seiner Gleichgültigkeit aufgeschreckt* (Musil). *Du hast mich erschreckt. Er verschreckte die Katze, die sich ihm gerade wieder genähert hatte* (Rechy). *Ich schreckte die Eier ab.* Auch *zurückschrecken* wird bei transitivem Gebrauch regelmäßig gebeugt. Beim intransitiven Gebrauch zeichnen sich jedoch gewisse Unterschiede zwischen konkretem und übertragenem Gebrauch ab. Das konkret gebrauchte intransitive *zurückschrecken* wird noch weitgehend unregelmäßig gebeugt: *Ich schrak [vor der Schlange] zurück.* Das dazugehörige 2. Partizip *zurückgeschrocken* wird jedoch nur selten verwendet; man zieht die regelmäßige Form *zurückgeschreckt* vor: *Ich bin plötzlich zurückgeschreckt.* Beim übertragenen intransitiven Gebrauch, verbunden mit der Präposition *vor* (*vor etwas zurückschrecken* „etwas nicht wagen"), dominieren die schwachen Formen: *... ein kämpfendes Christentum ..., das ... nicht vor dem schärfsten Bruch mit dem Leben zurückschreckt* (Nigg). *Einstweilen schreckte ich noch davor zurück, die säuberlich gebündelten Umschläge zu öffnen* (Jens). *... der selbst vor dem Verbrechen nicht zurückgeschreckt war* (Sieburg). ↑erschrecken.

Schreibblock: Der Plural lautet *die Schreibblocks* (↑Block).

schreiben: 1. schreiben auf: Soll die Stelle, auf der etwas geschrieben wird, hervorgehoben werden, dann steht der Dativ (Frage: wo?): *Ich schreibe auf den Knien* (= benutze die Knie als Unterlage). *Er schreibt auf blauem Papier* (= benutzt blaues Papier zum Schreiben). Soll die Richtung angegeben werden, dann steht der Akkusativ (Frage: wohin?): *Er hat auf blaues Papier geschrieben.* Die Möglichkeit, zwischen Dativ und Akkusativ zu wählen, besteht nur, solange man nicht angibt, was geschrieben wird. Enthält der Satz eine solche Angabe, dann kann das Substantiv im Präpositionalgefüge nur im Akkusativ stehen: *Ich schreibe meine Adresse auf den Zettel. Auf den Deckel des Manuskriptes hatte Anni Lechner säuberlich geschrieben: „Das Buch Bayern"* (Feuchtwanger). **2. jemandem / an jemanden schreiben:** Man kann sowohl sagen *jmdm. schreiben* als auch *an jmdn. schreiben: Ich habe ihr/an sie [einen Brief] geschrieben.* Die Konstruktion mit *an* betont mehr, daß man sich in einer bestimmten Angelegenheit an jemanden (z. B. an eine Behörde oder öffentliche Stelle) wendet. **3. sich mit jemandem schreiben:** In dieser familiären Wendung steht das Reflexiv im Akkusativ, nicht im Dativ: *Ich schreibe mich* (nicht: *mir*) *seit Jahren mit ihm* (= Wir stehen seit langem in brieflichem Verkehr).

schreien: Im 2. Partizip kann ein *e* ausgeworfen werden, so daß neben der regulären Form mit zwei *e geschrieen* auch gleichberechtigt *geschrien* gebraucht werden kann.

Schrift

Die wichtigsten Schriftarten im Deutschen sind:

– lateinische Schrift:

a b c d e f g h i j k l m n o p qu r s ß
(ß) t u v w x y z ä ö ü dt ch ck sch (. , ; : „ " -
! ?) A B C D E F G H I J K L M N O P Qu R
S T U V W X Y Z Ä Ö Ü Sch St 1 2 3 4 5 6 7 8 9 0

– Kurrentschrift:

– Fraktur:

a b c d e f g h i j k l m n o p q r ſ s t u v w x y z
A B C D E F G H I J K L M N O P Q R S T U V W X Y Z

Kurrentschrift und Fraktur sind die handschriftliche bzw. gedruckte Form der sogenannten deutschen Schrift. Die Kurrentschrift – hervorgegangen aus der ihr sehr ähnlichen Sütterlinschrift – wurde 1935 als „deutsche Schreibschrift" an den Schulen eingeführt, aber bereits 1941 durch die lateinische Schrift („deutsche Normalschrift") abgelöst. Deren gedruckte Form heißt Antiqua.

schriftlich: Klein schreibt man das Adjektiv: *eine schriftliche Mitteilung, ich möchte es schriftlich haben.* Groß schreibt man die Substantivierung: *Ich gab ihr etwas Schriftliches.* ↑Groß- oder Kleinschreibung (1.2.1).

Schritt: Als Maßbezeichnung bleibt *Schritt* häufig ungebeugt: *drei Schritt*/(seltener:) *Schritte breit.* Bei der Angabe größerer Entfernungen wird der Plural vorgezogen: *Der Baum war 50 Schritte*/(seltener:) *Schritt entfernt.* ↑Maß-, Mengen- und Münzbezeichnungen (1).

schroff: Die Vergleichsformen von *schroff* lauten *schroffer, am schroffsten.* ↑Vergleichsformen (2.1).

Schrot: Es heißt *der Schrot* oder *das Schrot.*

Schublehre/Schieblehre: ↑Schieblehre/Schublehre.

Schuld: Groß schreibt man das Substantiv z. B. in *Wer trägt alle Schuld? Das ist meine Schuld. Sie hat keine Schuld. Ich gebe ihm nur geringe Schuld.* Klein schreibt man, wenn das Substantiv (in verblaßter Bedeutung) in fester Verbindung mit einem Verb steht: *Sie ist nicht schuld. Er hat schuld [daran]. Ich möchte ihm nicht schuld geben. Er hat sich nichts zuschulden kommen lassen.* ↑Groß- oder Kleinschreibung (1.1).

Schurz/Schürze: Das übliche Wort ist heute *die Schürze* (*Küchen-, Cocktail-, Gummi-, Gärtnerschürze* u. a.). Als *Schurz* bezeichnet man besonders die vorgebundene Schutzkleidung bestimmter Handwerke, z. B. *den Lederschurz* des Schmiedes (auch *Schurzfell* genannt), und – mit anderer Bedeutung – ein kurzes, tuchartiges Kleidungsstück *(der Lendenschurz).*

Schuß: 1. Als Maßbezeichnung bleibt *Schuß* gewöhnlich ungebeugt: *drei Schuß Rum; mit 50 Schuß Pistolenmunition.* Zu *Ich habe 2 Schuß/2 Schüsse abgegeben* ↑Maß-, Mengen- und Münzbezeichnungen (1). **2.** Das Gemessene nach *Schuß: ein Schuß Rotwein* (nicht: *Rotweins); mit einem Schuß schottischem Whisky* (geh.: *schottischen Whiskys); unter Beigabe eines Schusses Rum/Schuß Rums* ↑Apposition (2.2).

schütter: Bei *schütter* bleibt, wenn es dekliniert oder gesteigert wird, das *e* der Endungssilbe gewöhnlich erhalten: *mit schütterem Haar; sein Haar war noch schütterer geworden.* ↑Adjektiv (1.2.13).

schützen: Das Verb *schützen* kann mit den Präpositionen *vor* und *gegen* verbunden werden: *schützen vor* bedeutet soviel wie „bewahren vor"; *schützen gegen* soviel wie „in Schutz nehmen". In Verbindung mit *vor* wird mehr auf die Wirkung, die vom Präpositionalobjekt ausgeht, hingedeutet: *So schützt man seine Glieder am besten vor dem Erfrieren, wenn man sie dicht am Leib hat* (Plievier). ... *vor dem Strom schützte ein flacher Damm* (Schneider). ... *und was ihn unerschütterlich vor Arnheim schützte, war eigentlich nur Diotima* (Musil). In Verbindung mit *gegen* wird das Geschehen, der Vorgang mehr als das Tun des Subjekts aufgefaßt: *Jetzt griff Justinian unter dem Vorwande, das Haus seines Reichsvasallen Theoderich gegen den*

Mörder schützen zu müssen, ein (Thieß). *... wie man sich am besten gegen sündige Anwandlungen schützen könne* (Sebastian). *Gegen wen sollte die große Mauer schützen?* (Kafka).

schutzimpfen: Das Verb *schutzimpfen* wird teils wie eine feste, teils wie eine unfeste Zusammensetzung gebraucht: *ich schutzimpfe, ich habe schutzgeimpft* (nicht: *geschutzimpft*); *um schutzzuimpfen* (nicht: *um zu schutzimpfen*). ↑Zusammen- oder Getrenntschreibung (2.1).

Schutzmann: Der Plural lautet *die Schutzmänner* und *die Schutzleute*. ↑Mann (2).

schwach: 1. Rechtschreibung: Klein schreibt man das Adjektiv: *das schwache Geschlecht, eine schwache Stunde, der schwächste der Schüler.* Groß schreibt man Substantivierungen wie *alles Schwache, das Schwache und Kränkliche, die Schwachen.* Zusammen schreibt man *schwach* mit dem folgenden 2. Partizip, wenn die Verbindung adjektivisch gebraucht wird (nur *schwach-* trägt Starkton): *die schwachbevölkerte Gegend; die schwachbewegte See.* Getrennt schreibt man, wenn die Vorstellung der Tätigkeit vorherrscht oder das Adjektiv näher bestimmt wird (beide Wörter tragen Starkton): *eine sehr schwach bevölkerte Gegend; die [nur] schwach bewegte See.* Dies gilt immer, wenn beide Wörter aussagend stehen: *Diese Gegend ist schwach bevölkert. Die See ist schwach bewegt.* ↑Zusammen- oder Getrenntschreibung. **2. schwächere/schwächre:** Bei den deklinierten Formen des Komparativs *schwächer* wird das zweite *e* gewöhnlich nicht ausgestoßen: *der schwächere Baum.* ↑Adjektiv (1.2.13).

schwache Deklination/Konjugation: Zur schwachen Deklination ↑Adjektiv (1.1.2); Substantiv (1.2). Zur schwachen Konjugation und den schwachen oder regelmäßigen Verben ↑Konjugation (2.1).

Schwade/Schwaden: Die Bezeichnung für eine Reihe abgemähten Grases oder Getreides kann sowohl weiblich als auch männlich gebraucht werden. Die Formen lauten *die Schwade,* Genitiv: *der Schwade,* Plural: *die Schwaden* oder *der Schwaden,* Genitiv: *des Schwadens,* Plural: *die Schwaden.*

Schwager: Die Formen lauten: Genitiv: *des Schwagers,* Plural: *die Schwäger.*

Schwan: Das Substantiv wird heute stark dekliniert: *der Schwan, des Schwan[e]s, dem Schwan[e], den Schwan, die Schwäne* usw. Früher hatten Genitiv, Dativ und Akkusativ im Singular und auch der Plural die schwache Endung *-en.* Daher stammt also die heute unübliche Form mit *-en* in dem Namen „Gasthaus zum Schwanen“. Entsprechend ist die schwache Deklinationsendung in „Gasthaus zum Hirschen“ zu erklären. In landschaftlicher Umgangssprache wird das „zum“ zuweilen weggelassen, daher liest man auch Aufschriften wie „Gasthaus Schwanen“, „Hotel Hirschen“.

Schwär/Schwäre/Schwären: In gehobener Ausdrucksweise wird gelegentlich noch *die Schwäre* für „Geschwür“ gebraucht: *... wäre es nicht möglich, daß es alte Schwären unseres Blutes sind* (Benn). *Mit einer viehischen Attitude der Unterwelt platzte das Fieber ... zu eiternden Schwären* (Jahnn). Die gleichbedeutenden Formen *der Schwär* und *der Schwären* sind heute veraltet.

schwären: Das Verb *schwären* (= „Schwären, Geschwüre bekommen, eitern“ wird heute regelmäßig gebeugt: *es schwärt, schwärte, hat geschwärt: ... an ihren dreckigen Hälsen ,,, schwärten Eiterpusteln* (Ott). *... die schwärende Wunde von New York* (Koeppen). Die unregelmäßigen Formen *(schwiert, schwor, hat geschworen)* sind veraltet.

Schwarm: 1. ein Schwarm junger Mädchen/junge Mädchen · von einem Schwarm wilder Tauben/wilden Tauben: Nach *Schwarm* kann die Angabe, woraus der Schwarm besteht, im Genitiv oder als Apposition stehen: *ein Schwarm Halbwüchsiger/* (selten:)

Halbwüchsige; ein Schwarm junger Heringe/ (seltener:) *junge Heringe. Er erzählte von einem Schwarm wilder Tauben/* selten:) *wilden Tauben. Der Wärter verwies einen Schwarm lärmender Jugendlicher/* (selten:) *lärmende Jugendliche aus dem Park.* ↑Apposition (2.2). **2. Ein Schwarm Kinder folgte/folgten dem Wagen:** Wenn nach *Schwarm* die Angabe, woraus der Schwarm besteht, im Plural folgt, steht in der Regel das Verb im Singular, weil das Subjekt *(Schwarm)* formal ja ein Singular ist: *Ein Schwarm Kinder folgte dem Wagen.* Oft wird aber nach dem Sinn konstruiert und das Verb in den Plural gesetzt: *Ein Schwarm Kinder folgten dem Wagen.* Der Plural findet sich vor allem dann, wenn das appositionelle Verhältnis gewählt wird: *Ein Schwarm lärmende Kinder* (statt des üblichen Genitivs: *lärmender Kinder) liefen über den Hof.*

schwarz: 1. Rechtschreibung: Klein schreibt man das Adjektiv: *schwarzer Tee, das schwarze Schaf in der Familie, die schwarzen Pocken, der schwarze Star, die schwarze Rasse, die schwarze Liste, ein schwarzer Tag, ein schwarzer Freitag* (s. aber unten), *schwarzer Markt, der schwarze Mann* (= Schreckgestalt, Schornsteinfeger), *die schwarze Gefahr, die schwarze Johannisbeere* usw. Kleinschreibung gilt auch für unveränderliche Verbindungen wie *da steht es schwarz auf weiß, aus schwarz weiß machen* (= Tatsachen verdrehen). Groß schreibt man aber das Adjektiv in ↑Namen und bestimmten namenähnlichen Begriffen wie *das Schwarze Meer, das Schwarze Brett* (= Anschlagbrett), *der Schwarze Erdteil* (= Afrika), *die Schwarze Kunst* (= Buchdruckerkunst), *Schwarzer Peter* (= Kartenspiel; *jemandem den Schwarzen Peter zuspielen*), *der Schwarze Freitag* (= in Amerika; 24. Oktober 1929) usw. Groß schreibt man auch das Substantiv (substantivierte Adjektiv: *die Farbe Schwarz, in Schwarz, mit Schwarz abgesetzt, in Schwarz* (= Trauerkleidung) *gehen, Rot und Schwarz* (= beim Glücksspiel), *Frankfurter Schwarz, ein Schwarzer* (= Neger), *die Verständigung zwischen Schwarz und Weiß, das kleine Schwarze* (= Nachmittagskleid), *ins Schwarze treffen. Meine Lieblingsfarbe ist* (was?) *Schwarz.* (Aber: *Das Kleid ist* [wie?] *schwarz.*) *Die Farbe der Trauer ist* (was?) *Schwarz.* ↑Groß- oder Kleinschreibung (1.2). Getrennt schreibt man *schwarz* vom folgenden Verb, wenn beide Wörter in ursprünglicher Bedeutung gebraucht werden (beide Wörter tragen Starkton): *schwarz sein, werden, färben, machen.* Zusammen schreibt man, wenn durch die Verbindung ein neuer Begriff entsteht (nur *schwarz-* trägt Starkton): *schwarzarbeiten* (unerlaubte Lohnarbeit verrichten), *schwarzfahren* (= ohne Berechtigung ein Kraftfahrzeug benutzen), *schwarzgehen* (= unerlaubt über die Grenze gehen), *schwarzhören* (= ohne amtliche Genehmigung Radio hören), *schwarzschlachten* (= heimlich schlachten), *schwarzsehen* (= pessimistisch beurteilen; ohne amtliche Genehmigung fernsehen). In Verbindung mit dem 2. Partizip schreibt man zusammen oder getrennt, je nachdem, ob die Verbindung adjektivisch gebraucht wird oder die Vorstellung der Tätigkeit vorherrscht: *schwarzgefärbtes Haar,* aber: *dein [auffallend] schwarz gefärbtes Haar; ein schwarzgestreifter/schwarz gestreifter Stoff,* aber nur getrennt: *ein schwarz und weiß gestreifter Stoff.* In der Aussage schreibt man immer getrennt: *Das Haar ist schwarz gefärbt. Der Stoff war schwarz gestreift:* ↑Zusammen- oder Getrenntschreibung (1.2 und 3.2). Zur Beugung, Steigerung und zur Zusammenschreibung oder zum Bindestrich bei Zusammensetzungen mit *schwarz* ↑Farbbezeichnungen. **2. Vergleichsformen:** Wie die meisten Farbadjektive kann auch *schwarz* gesteigert werden. Die Vergleichsformen werden mit Umlaut gebildet: *Dieses Tuch ist schwärzer als jenes. Sie hatte das schwärzeste Haar.* ↑Vergleichsformen (2.3).

schwarzrotgolden / Schwarz-Rot-Gold: Man schreibt zusammen: *eine schwarzrotgoldene Fahne.* Aber: *die deutschen Farben sind Schwarz-Rot-Gold; die Fahne Schwarz-Rot-Gold.* ↑ Farbbezeichnungen (3.1).

schwarzweißmalen. Die Formen dieses unfest zusammengesetzten Verbs („einseitig positiv oder negativ beurteilen") lauten: *Er hat schwarzweißgemalt. Sie malt immer schwarzweiß. Er pflegte schwarzweißzumalen.*

Schwarzweißmalerei: ↑ Farbbezeichnungen (3.1).

Schweine- / Schweins-: Die Zusammensetzungen mit *Schwein* als Bestimmungswort sind teils mit dem Fugenzeichen *-e-*, teils mit dem Fugenzeichen *-s-* gebildet. Zur ersten Gruppe gehören *Schweinebauch, Schweinebestand, Schweinebraten, Schweinefett, Schweinefleisch, Schweinehund, Schweinekoben, Schweinemast, Schweinemästerei, Schweinestall, Schweinetreiber, Schweinezucht.* Zur zweiten Gruppe (mit Fugen-s) zählen *Schweinsborste, Schweinskeule, Schweinsknochen, Schweinskopf, Schweinsleder, Schweinsohr, Schweinsrücken, Schweinsrüssel.* Doppelformen, wie *Schweinsbraten/Schweinebraten, Schweinsohr/Schweineohr* (= auch als Bezeichnung eines Gebäcks), sind teilweise darauf zurückzuführen, daß im Süddeutschen die Formen mit *-s- (Schweinsbraten),* im Norddeutschen die mit *-e- (Schweinebraten)* vorgezogen werden. ↑ Fugenzeichen.

Schweizer / schweizerisch: Die Einwohnerbezeichnung *Schweizer* wird immer groß geschrieben, auch wenn das Wort wie ein unflektiertes Adjektiv vor einem Substantiv steht: *die Schweizer Seen, eine Schweizer Uhrenfirma. Sie haben Konten bei deutschen und Schweizer Banken.* Klein schreibt man dagegen das Adjektiv *schweizerisch* (außer in Namen wie *die Schweizerische Eidgenossenschaft; Schweizerische Bundesbahnen*): *die schweizerische Literatur, Uhrenindustrie.*

schwellen: Das intransitive Verb *schwellen* „größer werden" wird unregelmäßig konjugiert. Präsens: *du schwillst, er, sie, es schwillt;* Imperativ: *schwill!;* Präteritum: *er, sie, es schwoll* (Konjunktiv: *schwölle*); 2. Partizip: *geschwollen: Bochow schwollen die Adern an den Schläfen* (Apitz) ... *während der Donner in der Tiefe verhallte, schwoll der Wind zum Sturm* (Schneider). Das transitive Veranlassungsverb *schwellen* „zum Schwellen bringen, weiten, größer machen" wird dagegen regelmäßig konjugiert. Präsens: *du schwellst es, er, sie, es schwellt es;* Imperativ: *schwell[e] es!;* Präteritum: *er, sie, es schwellte es;* 2. Partizip: *er, sie, es hat es geschwellt: Der Wind schwellte die Segel. Der Stolz hat seine Brust geschwellt.*

schwer: 1. Groß- oder Kleinschreibung: Klein schreibt man das Adjektiv: *ein schwerer Stein, schweres Wasser* (= Sauerstoff-Deuterium-Verbindung), *schwere Artillerie, ein schwerer Kreuzer, schwere Wetter* (Bergmannsspr.), *ein schwerer Junge* (= Gewaltverbrecher; ugs.). *Das schwerste* (= am schwersten, sehr schwer) *wäre es, dich jetzt zu verlieren.* Groß schreibt man Substantivierungen: *Du hast das Schwerste* (= den schwersten Teil) *bereits hinter dir. Er hat [viel] Schweres durchgemacht.* ↑ Groß- oder Kleinschreibung (1.2.1). **2. Zusammen- oder Getrenntschreibung:** Zusammen schreibt man *schwer* mit dem folgenden 2. Partizip oder mit dem folgenden Adjektiv, wenn die Verbindung adjektivisch gebraucht wird (nur *schwer-* trägt Starkton): *ein schwerbeladener Wagen; ein schwerbewaffneter, schwerverwundeter Soldat; ein schwererziehbares, schwerverletztes Kind; ein schwerkranker Mann; eine schwerverdauliche Speise; eine schwerverständliche Sprache.* Getrennt schreibt man, wenn die Vorstellung der Tätigkeit vorherrscht oder wenn *schwer* näher bestimmt wird (beide Wörter tragen Starkton): *ein schwer beladener Wagen; ein sehr schwer verwundeter Soldat; ein überaus schwer ver-*

letztes Kind; eine nur schwer verdauliche Speise. Dies gilt immer, wenn beide Wörter aussagend stehen: *der Wagen ist schwer beladen; der Soldat ist schwer verwundet; das Kind ist schwer verletzt; die Speise ist schwer verdaulich.* Vom folgenden Verb schreibt man *schwer* getrennt, wenn beide Wörter in selbständiger Bedeutung gebraucht werden oder *schwer* (in Verbindung mit Gradadverbien) eigenen Satzgliedwert hat (beide Wörter tragen Starkton): *Du hast den Koffer aber schwer gemacht! Ich bin sehr schwer gefallen. Er hörte ihn schwer atmen. Sie hat es zu schwer genommen.* Zusammen schreibt man, wenn durch die Verbindung ein neuer Begriff entsteht (nur *schwer-* trägt Starkton): *Das ist ihr nicht schwergefallen* (= hat sie nicht viel Mühe gekostet). *Es hat schwergehalten* (= war schwierig), *ihn davon zu überzeugen. Sie hat es schwergenommen* (= ernst genommen). *Du hast uns das Leben schwergemacht* (= erschwert). ↑Zusammen- oder Getrenntschreibung (1.2; 3.1.2; 3.2).

schwerbeschädigt: Wird *schwerbeschädigt* auf einen Menschen bezogen, dann wird es immer zusammengeschrieben, weil es hier einen Dauerzustand bezeichnet, d.h. klassenbildend gebraucht wird (beachte hierzu das Substantiv *der/die Schwerbeschädigte*): *eine schwerbeschädigte Person. Der Mann ist schwerbeschädigt.* Werden *schwer* und *beschädigt* auf Sachen bezogen, dann gilt folgendes: Zusammen schreibt man, wenn die Verbindung wie ein Adjektiv gebraucht wird (nur *schwer-* trägt Starkton): *ein schwerbeschädigter Wagen.* Getrennt schreibt man, wenn die Vorstellung der Tätigkeit vorherrscht (beide Wörter tragen Starkton): *mit einem schwer beschädigten Wagen ...* Dies gilt immer, wenn beide Wörter aussagend stehen: *Der Wagen ist schwer beschädigt.* ↑Zusammen- oder Getrenntschreibung (3.1.2).

schwerfallen: ↑schwer (2).

Schwer[kriegs]beschädigte: ↑substantiviertes Adjektiv (2.1).

Schwermut: Es heißt *die* (nicht: *der*) *Schwermut.* ↑-mut.

schwernehmen: ↑schwer (2).

schwertun, sich: Man schreibt *sich schwertun* „Schwierigkeiten mit etwas haben" in der Regel zusammen: *Wenn Sie beeilt sind, werden Sie sich schwertun* (Brecht). *Er, während die andern sich schwertaten, das verworrene ... Zeug ... zu kapieren, begriff* (Feuchtwanger). Tritt ein Gradadverb (z.B. *sehr, zu*), hinzu, dann muß getrennt geschrieben werden: *Er hat sich sehr schwer getan.* Bei *sich* handelt es sich meist um einen Akkusativ, selten um einen Dativ: *Ich habe mich/mir in der Schule nicht sonderlich schwergetan.*

schwerverständlich: Das Adjektiv *schwerverständlich* kann nicht als Ganzes gesteigert werden; nur der erste Bestandteil wird in die Vergleichsform gesetzt: *ein noch schwerer verständlicher Text; die am schwersten verständlichen Wörter.* ↑Vergleichsformen (2.5.1).

schwerwiegend: Das Adjektiv *schwerwiegend* kann als Ganzes oder nur mit seinem ersten Bestandteil gesteigert werden: *Es waren schwerer wiegende/schwerwiegendere Gründe.* ↑Vergleichsformen (2.5.3).

Schwester: Zu *Ihr/Ihre Fräulein Schwester* usw. ↑Fräulein (4). Zur Anschrift ↑Brief (7).

Schwester-/Schwestern-: Die Zusammensetzungen mit *Schwester-* drücken im allgemeinen aus, daß das Bezeichnete mit etwas anderem von gleicher Art und Herkunft ist: *Schwesteranstalt, Schwesterschiff, Schwesterfirma.* Anders ist es bei *Schwesterkind* „Kind der Schwester (= Neffe oder Nichte)" und *Schwesterliebe* „Liebe, die von der Schwester ausgeht". Die Zusammensetzungen mit der Pluralform *Schwestern-* beziehen sich auf eine Gesamtheit von Ordens-, Krankenschwestern u.ä.: *Schwesterntracht, Schwesternhäubchen, Schwesternwohnheim,* ebenso die Ableitung *Schwesternschaft.* Anders ist es bei *Schwesternliebe* „Liebe zwischen Schwestern".

Schwiebusser/Schwiebuser: Die Einwohner von *Schwiebus* werden *Schwiebusser* oder *Schwiebuser* geschrieben. Beide Schreibungen werden mit scharfem *s* gesprochen. ↑Einwohnerbezeichnungen (5 und 7).

Schwimmeister: Die Zusammensetzung *Schwimmeister* wird mit zwei *m* geschrieben. Nur bei der Silbentrennung erscheint das dritte *m* wieder: *Schwimm-meister.* ↑Konsonant (1).

schwimmen: 1. Konjunktiv: Im Konjunktiv II wird heute überwiegend die Form *schwömme,* seltener *schwämme* gebraucht (↑Konjunktiv [1.3]). **2. Perfekt mit *haben* oder *sein*:** Das Perfekt von *schwimmen* kann mit *haben* oder *sein* umschrieben werden. Wenn es um den Vorgang des Schwimmens geht, sind beide Umschreibungen möglich: *Sie hat/ist den ganzen Vormittag geschwommen. Er hat/ist früher viel geschwommen. Wir haben/sind um die Wette geschwommen.* Wenn es um die Ortsveränderung durch das Schwimmen geht, kann nur mit *sein* umschrieben werden: *Sie ist über den Fluß geschwommen. Wir sind gegen die Strömung geschwommen.* Beim transitiven Gebrauch von *schwimmen,* wie er in der Sportsprache üblich ist, sind beide Umschreibungen möglich: *Den fälligen Rekord hat/ist die Darmstädterin geschwommen. Im Gegensatz zu Samstag haben/sind die deutschen Schwimmer in fast allen Rennen bessere Zeiten geschwommen als im vergangenen Jahr.* ↑haben (1).

schwimmendes Fett: Die in Kochbüchern usw. anzutreffende Formulierung *etwas in schwimmendem Fett braten* o.ä. mit ungewöhnlicher Verwendung des ↑ersten Partizips bedeutet „etwas in so viel Fett braten, daß es schwimmt".

schwindeln: Es heißt *mir* (selten: *mich*) *schwindelt,* aber nur: *mir schwindelt der Kopf.*

schwören: 1. Die Vergangenheitsformen von *schwören* lauten *schwor* und *geschworen* (ebenso bei den dazugehörigen Präfixbildungen und Zusammensetzungen): *... wo sie Meineide schworen* (Wiechert). *Wer vorwärtskommen wollte, ... schwor reumütig seiner Vergangenheit ab* (Thieß). *... worin sie mich ... nochmals beschwor, nichts davon zu sagen* (Frisch). Die Form *schwur* ist veraltet: *Dann schwur der Bariton jemandem Tod und Verderben* (Thieß). Nicht korrekt sind die landschaftlich gelegentlich vorkommenden schwachen Formen *schwörte* und *geschwört* (↑geschworen). **2.** Der Konjunktiv von *schwören* wird nur selten gebraucht. Der Konjunktiv II lautet *schwüre* oder *schwöre.* Die letztgenannte Form wird jedoch wegen der Lautgleichheit mit dem Konjunktiv I weitgehend gemieden. Beim Konjunktiv II ist *schwüre* häufiger als *schwöre* (↑Konjunktiv [1.3]).

Schwulst: ↑Aufschwellung, ↑Nominalstil, ↑Papierdeutsch.

Science-fiction: Zur Rechtschreibung (auch: *Science-fiction-Literatur, Science-fiction-Roman*) ↑Fremdwort (4).

sechs: Klein schreibt man das Zahlwort: *sechs und sechs macht zwölf, es schlägt sechs, Punkt sechs, die letzten sechs, wir sind zu sechsen/sechst, wir essen um sechs [Uhr].* Groß schreibt man das Substantiv: *die Zahl Sechs, eine Sechs malen, würfeln. Er hat in Latein eine Sechs geschrieben, die Note „Sechs" bekommen.* ↑[1]acht, ↑Zensuren, ↑Groß- oder Kleinschreibung (1.2.4).

sechste: Klein schreibt man das Zahlwort (Silbentrennung: *sech-ste*): *Er ist der sechste* (= der Zählung, der Reihe nach); *der sechste Kontinent; sie hat den sechsten Sinn; nur jeder sechste erhielt eine Karte.* Groß schreibt man das substantivierte Zahlwort (= bestimmter substantivischer Begriff). *Sie ist der Sechste* (der Leistung nach) *in der Wertung. Heute ist der Sechste* (= Monatstag). Groß schreibt man das Zahlwort auch in Namen: *Friedrich der Sechste.* ↑Namen (3), ↑achte/Achte, ↑Groß- oder Kleinschreibung (1.2.4).

sechzehn, sechzig: Das Schluß-s von *sechs* ist (aus Gründen der Sprechbarkeit) in *sechzehn* und *sechzig* schon sehr früh ausgestoßen worden. Beide Schreibungen (mit und ohne *s*) liefen einige Zeit nebeneinander her. Heute sind nur die Formen ohne *s* korrekt. In den Mundarten und in der älteren Literatur ist das *s* zum Teil noch vorhanden.

See: Zwischen dem männlichen Substantiv *der See* und dem weiblichen *die See* bestehen Bedeutungsunterschiede: Das Muskulinum *der See* bedeutet „größeres, stehendes Binnengewässer": *Der See wurde von der Cure durchflossen* (Kuby). ... *wenn man träg an dem stillen See lag* (Feuchtwanger). Der Plural zu diesem Wort lautet *die Seen* (gesprochen [ˈze:ən]; die Form darf n i c h t mit drei *e* geschrieben werden). Das Femininum *die See* bedeutet erstens „Meer": *Sieben Jahre ist er alt und blickt grau über die See, als gehöre sie ihm* (Grass). ... *dann löste sich ein winziger Punkt von der Bordwand ... und begann, auf der leeren See umherzuirren* (Schnabel). In dieser Bedeutung hat das Wort keinen Plural, dafür tritt dann *die Meere* ein. Zweitens bedeutet *die See* „[Sturz]welle": *Nun kamen neue Seen, warfen es* (das Schiff) *halb auf die Seite ... Die See schnappte nach seinem Bein ... das Schiff sank, und die neuen Seen deckten es zu* (Schnabel).

seelsorgerisch/seelsorgerlich/seelsorglich: Die drei Wörter bedeuten etwa das gleiche, sind aber in der Sehweise unterschieden. Das Adjektiv *seelsorgerisch* ist von *Seelsorger* abgeleitet und hat den Sinn „wie ein Seelsorger, entsprechend der Aufgabe eines Seelsorgers". Es bezieht sich also auf das Verhalten des Geistlichen oder eines in ähnlicher Funktion tätigen Menschen. Das Adjektiv *seelsorglich* ist dagegen von *Seelsorge* abgeleitet und hat den Sinn „von der Seelsorge ausgehend, hinsichtlich der Seelsorge", bezieht sich also mehr auf den Vorgang selbst. Statt *seelsorgerisch* wird in der theologischen Fachsprache oft auch *seelsorgerlich* gebraucht (vielleicht aus der – unbegründeten – Befürchtung, die Endung *-isch* bringe eine Herabsetzung zum Ausdruck). ↑-ig/-isch/-lich.

Seemann. Der Plural lautet *die Seeleute.* ↑Mann (2).

segelfliegen: Von *segelfliegen* ist nur der Infinitiv gebräuchlich: *Ich lerne segelfliegen.* ↑Zusammen- oder Getrenntschreibung (2.1).

segeln: Das Perfekt von *segeln* kann mit *haben* oder *sein* umschrieben werden. Wenn es um den Vorgang des Segelns geht, sind beide Umschreibungen möglich: *Sie hat/ist den ganzen Tag gesegelt. Wir haben/sind um die Wette gesegelt. Ich habe/bin als junger Mensch viel gesegelt.* Wenn es um die Ortsveränderung durch das Segeln geht, kann nur mit *sein* umschrieben werden: *Wir sind um die Boje gesegelt. Ich bin über den See gesegelt.* Beim transitiven Gebrauch sind meist beide Umschreibungen möglich: *Wir haben/sind eine Regatta gesegelt. Ich habe/bin diesen Kurs noch nicht gesegelt.* ↑haben (1).

sehen: 1. Konjugation: Im Indikativ des Präsens heißt es: *ich sehe, du siehst, er sieht.* Der Imperativ lautet: *sieh!,* bei Verweisen und als Ausrufewort *sieh[e]!* ↑e/i-Wechsel, ↑Imperativ (1.2). Zum Konjunktiv ↑sähe/sehe. **2. sich sehen als:** Nach *sich sehen als* steht das folgende Substantiv heute gewöhnlich im Nominativ, d. h., es wird auf das Subjekt bezogen: *Er sieht sich schon als großer Künstler. Er sieht sich als der religiöse Erzieher.* Der Akkusativ, d. h. die Beziehung auf *sich,* veraltet allmählich: *Er sieht sich schon als großen Künstler.* ↑Kongruenz (4.2). **3. Ich habe ihn kommen sehen/gesehen** (Infinitiv statt 2. Partizip): Nach einem Infintiv ohne *zu* steht *sehen* überwiegend ebenfalls im Infinitiv: *Ich habe das Unglück kommen sehen.* Selten: *Er hat ihn kommen gesehen. Sie hat das Unglück kommen gesehen.* ↑Infinitiv (4). **4. Ich lasse dich/dir das Buch sehen:** In dieser Wendung gilt heute nur der Akkusativ als korrekt:

Ich lasse dich das Buch sehen. ↑lassen (5).

sehen/schauen: ↑schauen/sehen.

sehr: Als Vergleichsformen für das Adverb *sehr* werden *noch mehr* und *am meisten* gebraucht: *Ich habe mich sehr/noch mehr/am meisten über seinen Brief gefreut.* ↑Vergleichsformen (5).

Sehr geehrte[r]/verehrte[r]/ Werte[r] ...: Brief (4).

sei/wäre: *sei* ist die Form des Konjunktivs I, der vor allem in der ↑indirekten Rede (2.1) steht: *Sie haben geäußert, Petra sei angekommen. Sie fragten, was den los sei.* Dagegen ist *wäre* die Form des Konjunktivs II, der vor allem im ↑Konditionalsatz (2–7) steht: *Wäre er krank, dann hätte er sich gemeldet. Wenn sie Zeit hätte, wäre sie gekommen.* Der Konjunktiv II *wäre* tritt allerdings auch in der indirekten Rede auf, wenn in der direkten Rede schon *wäre* steht oder etwas als zweifelhaft hingestellt wird. ↑indirekte Rede (3.3).

sei es – sei es: Wird *sei es – sei es* durch *oder* verbunden, dann kann das zweite *sei es* erspart werden: *sei es heute, sei es morgen* oder *sei es heute oder sei es morgen* oder *sei es heute oder morgen.* ↑Konjunktion (3).

seid/seit: Die Verbform *seid* (2. Person Plural Indikativ Präsens und Imperativ Plural von *sein*) wird mit *d,* die Präposition und Konjunktion *seit* mit *t* geschrieben: *Ihr seid wohl neu hier? Seid pünktlich!* Aber: *Sie ist seit gestern krank. Seit er die Abteilung leitet, sind alle zufrieden.* Dabei hat die Verbform das Schluß-d statt der lautgesetzlichen Endung auf *-t (seit)* zur Unterscheidung von der gleichlautenden Präposition bzw. Konjunktion *seit* erhalten.

Seidel: Das Gemessene nach *Seidel: drei Seidel Bier* (nicht: *Biers*); *drei Seidel dunkles Bier* (geh.: *dunklen Bier[e]s*); *mit fünf Seideln bayrischem Bier* (geh.: *bayrischen Bier[e]s*). ↑Apposition (2.2).

seiden: Bei *seiden* bleibt, wenn es dekliniert wird, das *e* der Endungssilbe gewöhnlich erhalten: *seidene Schuhe.* ↑Adjektiv (1.2.13).

Seien Sie so gut .../Sind Sie so gut ...: Es heißt richtig *Seien Sie so gut* (↑Imperativ [3]).

[1]sein: Klein schreibt man das Possessivpronomen: *seine Eltern; alles, was sein ist, es ist sein[s].* Klein schreibt man *sein* auch bei vorangehendem Artikel, wenn ein vorher oder nachher genanntes Substantiv zu ergänzen ist: *Ich hatte mein Werkzeug vergessen und benutzte das seine/seinige.* Groß schreibt man dagegen Substantivierungen wie *er sorgte für die Seinen, sie ist die Seine, jedem das Seine, er muß das Seine/Seinige dazu tun.* Groß schreibt man auch in historischen Titeln: *Seine* (Abk.: *S[e].*) *Exzellenz, Seiner* (Abk.: *Sr.*) *Exzellenz; ein Brief für Seine Majestät den König.* ↑Anrede (2). Zu *meinem Vater sein Haus* o.ä. ↑Genitivattribut (1.3.2). Zu *das Fräulein hängt an ihrem/seinem Beruf* ↑ihr/sein.

[2]sein: 1. Zu *sein lassen* ↑lassen (3). **2.** Zu *Der Schmerz ist kaum zu ertragen* (für: *Der Schmerz kann kaum ertragen werden*) ↑Passiv (3.4).

sein/gehören: Zu *Das gehört/ist mir* ↑gehören (1).

sein/haben: Zu *jemand ist/hat geschwommen* ↑haben (1).

sein/ihr: ↑ihr/sein.

sein/werden: Es heißt richtig: *Die Mitglieder werden* (nicht: *sind*) *gebeten, pünktlich zu erscheinen.* ↑Zustandspassiv (3).

seine/Seine: ↑[1]sein.

seinerzeit: Das Adverb *seinerzeit* (abgekürzt: ↑s. Z.), aus der Fügung „zu seiner Zeit" entstanden, nimmt fast immer Bezug auf einen vergangenen Zeitpunkt oder Zeitabschnitt; es hat hier die Bedeutung „zu jener Zeit, damals": *Er war seinerzeit sehr berühmt.* Daneben wird *seinerzeit* gelegentlich aber auch mit Bezug auf einen in der Zukunft liegenden Zeitpunkt verwendet: *Wir werden seinerzeit darauf zurückkommen.* Besser, weil eindeutiger, ist es jedoch zu sagen: *Wir werden zu gegebe-*

ner Zeit darauf zurückkommen. Das Adverb *seinerzeit* bleibt immer unverändert: *Sie war seinerzeit* (nicht: *ihrerzeit*) *eine gefeierte Sängerin.* ↑Possessivpronomen (2).

seinetwegen/wegen ihm: ↑wegen (2).

seinige/Seinige: ↑[1]sein.

seit: 1. Rektion: Die Präposition *seit* regiert den Dativ: *seit meiner Rückkehr, seit Jahren, seit Bestehen der Firma, seit langem.* **2. Gebrauch:** Die Präposition *seit* gibt (ebenso wie die gleichlautende Konjunktion) den Zeitpunkt an, zu dem ein Zustand oder ein anhaltender Vorgang begonnen hat. Sie darf deshalb nur in Verbindung mit Verben stehen, die ein andauerndes Geschehen bezeichnen (sog. imperfektive Verben, z. B. *arbeiten, sein*), nicht aber in Verbindung mit Verben, die ein einmaliges, in sich abgeschlossenes Geschehen ausdrücken (sog. perfektive Verben, z. B. *beginnen, sterben*): *Er arbeitet seit dem 1. August bei uns. Sie ist seit drei Jahren Geschäftsführerin.* Aber: *Er begann seine Arbeit am* (nicht: *seit*) 1. August. *Er ist vor* (nicht: *seit*) *drei Jahren gestorben. Unser vor* (nicht: *seit*) *3 Tagen eröffnetes Schuhgeschäft.* **3. Komma:** Wenn *seit* als Konjunktion einen Nebensatz einleitet, wird dieser immer durch Komma vom Hauptsatz abgetrennt: *Ich fühle mich viel besser, seit ich die Kur gemacht habe.* **4.** Zu *seit/seid* ↑seid/seit; zu *seit alters [her]* ↑alters.

seitdem: Ein mit der Konjunktion *seitdem* eingeleiteter Nebensatz wird immer durch Komma vom Hauptsatz abgetrennt: *Seitdem sie ihn kannte, gefiel ihr kein anderer.* Zu *seitdem/nachdem* ↑nachdem (3).

seitdem, seither/bisher: ↑bisher (1).

Seite: 1. Rechtschreibung: Getrennt von der vorangehenden Präposition und groß schreibt man, wenn es sich um das Substantiv *Seite* handelt: *Er tritt, steht mir zur Seite. Wir hörten das von verschiedenen Seiten. Er ist auf der Seite der Schwächeren.* Getrennt von der vorangehenden Präposition und klein schreibt man, wenn das Substantiv verblaßt ist: *auf seiten der Schwächeren stehen, von seiten der Behörden.* Zusammen und klein schreibt man, wenn das verblaßte Substantiv mit der vorangehenden Präposition oder dem vorangehenden Pronomen zu einem Adverb geworden ist: *Sie hatte ihrerseits keine Bedenken. Es herrschte all[er]seits Zufriedenheit. Er darf nicht beiseite stehen.* ↑Zusammen- oder Getrenntschreibung (2.2), ↑Verblassen des Substantivs. **2. Seite 3–7/die Seiten 3–7:** Bei Hinweisen auf Stellen in Büchern und bei Zitaten bleibt das Wort *Seite* (Abk. *S.*) ungebeugt, wenn es ohne Artikel unmittelbar vor den Seitenzahlen steht: *H. Paul, Deutsche Grammatik V, Seite 5–12. Die Tabellen folgen auf Seite 3–7.* Aber mit Artikel: *... auf den Seiten 3–7.* Ebenso: *Ich zitiere S. 3–7/die Seiten 3–7.* ↑Zitat. **3. mit 120 Seiten buntbebilderter Angebote/buntbebilderten Angeboten:** Üblich ist hier das appositionelle Verhältnis: *30 Seiten mehrfarbige Satellitenaufnahmen; mit 120 Seiten buntbebilderten Angeboten.* Der Genitiv *(30 Seiten mehrfarbiger Aufnahmen, buntbebilderter Angebote)* ist zwar korrekt, aber kaum gebräuchlich. ↑Apposition (2.2).

Seite/Saite: ↑Saite/Seite.

seitenlang/Seiten lang: Zusammen schreibt man, wenn es sich um die adjektivische Zusammensetzung handelt: *ein seitenlanger Bericht; er las seitenlang vor.* Getrennt schreibt man, wenn *lang* durch *Seite* (mit vorangehendem Artikel, Zahlwort o. ä.) näher bestimmt wird: *ein vier Seiten langer Bericht; er las mehrere Seiten lang vor; der Aufsatz ist kaum eine Seite lang.* ↑Zusammen- oder Getrenntschreibung (4.2).

seitens: Die Präposition *seitens* regiert den Genitiv: *seitens des Betriebes, seitens seiner Familie.* Die vor allem in der Amtssprache (↑Papierdeutsch) gebräuchliche Präposition läßt sich in den meisten Fällen durch *von* ersetzen: *Von dem Betrieb, von seiner Familie wurden ihm Schwierigkeiten gemacht.* In Verbindung mit *Herr/Frau/Fräulein* + Name bleibt der Name in der Regel ungebeugt: *seitens Herrn/Frau/Fräulein Meyer wurden keine Bedenken erhoben.*

Seitenteil: Das Wort kann männlich oder sächlich gebraucht werden: *der* oder *das Seitenteil.* Das sächliche Geschlecht ist üblicher.

seither, seitherig: ↑bisher (1).

seitwärts: ↑-wärts.

selb: ↑derselbe (3).

selbander, selbdritt. Beide Wörter sind heute veraltet: *selbander* bedeutet „zu zweit", *selbdritt* „zu dritt".

selber/selbst: ↑selbst (1).

selbig: Das auf das weitgehend veraltete *selbig* folgende Adjektiv wird stark (parallel) gebeugt: *selbige alte Bücher, selbiger junger Mann.* Nur im Dativ Singular Maskulinum und Neutrum und im Genitiv Plural tritt noch gelegentlich schwache Beugung des folgenden Adjektivs auf: *mit selbigem jungem/jungen Mann, in selbigem altem/alten Haus; selbiger neuer/neuen Schuhe, wegen selbiger junger/jungen Frauen.*

selbst: 1. selbst/selber: Die Form *selbst* gehört im allgemeinen mehr der Standardsprache, die Form *selber* dagegen mehr der Alltagssprache an. Die Pronomen *selbst* und *selber* sind undeklinierbar und werden wie eine Apposition gebraucht. Sie treten zu einem Substantiv oder einem anderen Pronomen (Personal- oder Reflexivpronomen) und drücken aus, daß kein anderes Wesen oder Ding gemeint ist als das mit dem Bezugswort genannte. Sie schließen also ein anderes nachdrücklich aus, stehen immer nach ihrem Bezugswort (wenn auch nicht immer unmittelbar) und sind betont (vgl. aber ↑3): *Fritz selbst/selber hat es gesagt. Fritz hat es selbst/selber gesagt.* Das Bezugswort kann fehlen, wenn kein bestimmtes Wesen oder Ding gemeint ist: *Selber essen macht fett* (Sprw.). **2. von selbst:** In dieser Fügung ist *sich* ausgefallen (eigentlich heißt es also *von sich selbst*): *Das versteht sich von selbst. Der Dackel kommt schon von selbst.* **3. selbst „sogar":** Von dem hinweisenden Pronomen *selbst* (↑1) ist das Adverb *selbst* mit der Bedeutung „sogar" zu unterscheiden, bei dem das folgende (seltener vorangehende) Bezugswort den Hauptton trägt: *Selbst Bitten rührten ihn nicht. Selbst hier schien die Sonne. Das schlechte Wetter selbst vermochte sie nicht abzuhalten.* **4. Rechtschreibung:** Zusammen schreibt man *selbst* mit dem folgenden Partizip, wenn die Verbindung adjektivisch gebraucht wird (Frage: was für ein?). Das gilt auch in der Satzaussage: *eine selbstgemachte Marmelade, ein selbstgeschriebener Brief, ein selbstgestrickter Pullover. Der Pullover sieht aus wie selbstgestrickt. Die Marmelade ist selbstgemacht, schmeckt wie selbstgemacht.* Getrennt schreibt man aber, wenn das 2. Partizip zu einem Perfekt oder Plusquamperfekt gehört: *Er hat den Brief selbst geschrieben. Ich habe die Marmelade selbst gemacht. Sie hat den Pullover selbst gestrickt.* Immer zusammen schreibt man selbstverständlich die Adjektivzusammensetzungen: *selbsttätig, selbstbewußt, selbstgefällig, selbstlos, selbstherrlich, selbstkritisch, selbstsicher* u.a. ↑Zusammen- oder Getrenntschreibung (3.1.3 und 3.2).

selbst wenn: Das Komma vor *selbst wenn* steht wie vor dem einfachen *wenn,* weil beide Partikeln wie eine einfache Konjunktion eingesetzt sind: *Ich tue dies nicht, selbst wenn ich dafür bestraft werde.*

selbständig: Das Adjektiv *selbständig* ist mit dem Stamm des Pronomens *selbst,* also mit *selb-* gebildet. Die heute allein gültige Schreibweise des Wortes ist daher die mit einem *-st-* (Silbentrennung: *selb-ständig*).

Selbstlaut: ↑Vokal.

selig: Das Adjektiv *selig* wird mit einem *e* geschrieben. Es hat nichts mit *Seele* zu tun, sondern geht auf althochdeutsch *sälig* „wohlgeartet, gut, glücklich; gesegnet; heilsam" zurück.

Sellerie: Das Substantiv *Sellerie* hat männliches oder weibliches Geschlecht. Es heißt also *der Sellerie* oder *die Sellerie*. Die Betonung ist: *Sellerie.* Der Genitiv lautet: *des Selleries.* Der Plural lautet: *die Sellerie* und *die Selleries.* In Österreich wird der Name der Pflanze nur als Femininum gebraucht und auf der letzten Silbe betont *(die Sellerie,* Genitiv: *der Sellerie,* Plural: *die Sellerien).*

selten: *Das Wetter war selten schön.* Diese Aussage ist doppeldeutig, weil unflektiertes *selten* vor einem Adjektiv sowohl „nicht häufig" wie auch (umgangssprachlich) „besonders, ungewöhnlich" bedeuten kann. Der Satz könnte also aussagen: „Das Wetter war nur an wenigen Tagen schön." Oder: „Das Wetter war ungewöhnlich schön." Diese Doppeldeutigkeit kann durch andere Wortstellung vermieden werden. Für die erste Bedeutung „nicht häufig" kann der Satz lauten: *Selten war das Wetter schön.* Für die zweite Bedeutung „ungewöhnlich" könnte man sagen: *Das Wetter war so schön wie selten zuvor.* Etwas besser läßt sich diese Bedeutung in Form einer Beifügung (attributiv) ausdrücken: *Es herrschte ein selten schönes Wetter* (beide Wörter tragen Starkton).

Semikolon

Das Semikolon – auch Strichpunkt genannt – nimmt eine Mittelstellung zwischen Komma und Punkt ein. Es steht an Stelle eines Kommas, wenn dieses in seiner trennenden Funktion innerhalb eines Satzes zu schwach ist; es steht an Stelle eines Punktes, wenn dieser zu stark trennt. Da das Urteil darüber, ob einer dieser Fälle vorliegt, verschieden sein kann, lassen sich für die Anwendung des Semikolons nicht so strenge Richtlinien aufstellen wie für die anderen Satzzeichen.

1. Das Semikolon an Stelle eines Kommas: Ein Semikolon kann an Stelle eines Kommas stehen, wenn dieses zur Kennzeichnung der selbständigen Teile eines größeren Satzgefüges nicht ausreicht:

Soziologisch verkörpern sie [die Genossenschaften] eine Gruppe relativ gleichartiger Wirtschaftssubjekte, etwa kleiner oder mittelständischer Kaufleute, Handwerker und Landwirte; ökonomisch sind sie Hilfs- und Ergänzungswirtschaften der selbständig bleibenden Mitgliederwirtschaften, die ... (Meyers Handbuch über die Wirtschaft).

Ein Semikolon steht besonders dann an Stelle eines Kommas zwischen den nebengeordneten Sätzen einer Satzverbindung, wenn der Anschluß mit Konjunktionen wie *denn, doch, darum, daher, allein, aber, deswegen, deshalb* hergestellt wird:

Du kannst mitgehen; doch besser wäre es, du bliebest zu Hause. Die Angelegenheit ist erledigt; darum wollen wir nicht länger streiten.

2. Das Semikolon an Stelle eines Punktes: Das Semikolon kann dann an Stelle eines Punktes stehen, wenn Hauptsätze ihrem Inhalt nach eng zusammengehören. Dies gilt auch dann, wenn die Sätze verschiedene Subjekte haben:

Die Stellung der Werbeabteilung im Organisationsplan ist in den einzelnen Unternehmen verschieden; sie richtet sich nach den Anforderungen, die an die Werbung gestellt werden (Meyers Handbuch über die Wirtschaft).

3. Das Semikolon im mehrfach zusammengesetzten Satz: Das Semikolon steht im allgemeinen in einem mehrfach zusammengesetzten Satz (Periode) zur besseren Gliederung der größeren Abschnitte des Satzgebildes:

Im Verlaufe von zehn Jahren war er zweimal krank gewesen; das eine Mal infolge eines vom Tender einer Maschine während des Vorbeifahrens herabgefallenen Stückes Kohle, welches ihn getroffen und mit zerschmettertem Bein in den Bahngraben geschleudert hatte; das andere Mal einer Weinflasche wegen, die aus dem vorüberrasenden Schnellzuge mitten auf seine Brust geflogen war (Hauptmann).

4. Das Semikolon bei Aufzählungen: Das Semikolon steht im allgemeinen bei längeren Aufzählungen zur Gliederung und Kennzeichnung der einzelnen Gruppen des Aufgezählten:

In dieser fruchtbaren Gegend wachsen Roggen, Gerste, Weizen; Kirschen, Pflaumen, Äpfel; Tabak und Hopfen; ferner die verschiedensten Arten von Nutzhölzern.

Das gilt besonders für längere, zeilenweise abgesetzte Aufzählungsglieder (↑Punkt [2]):

Ein Zuschuß kann gewährt werden:
- wenn ein Verdienstausfall nachgewiesen wird;
- bei Teilnehmern in der Berufsausbildung.

Semmel: Das Substantiv *Semmel* hat weibliches Geschlecht. Es heißt also *die Semmel.* Der Plural lautet standardsprachlich korrekt *die Semmeln.* (nicht: *die Semmel*).

senden: Das Verb *senden* hat die Formen *sendete, gesendet* und *sandte, gesandt.* Im Bereich der Technik (Rundfunk, Funkspruch) werden nur die Formen mit *e* gebraucht: *... die Funker sendeten Peilzeichen* (Ott). *Seine Hörspiele sind alle gesendet worden* (Grass). In der Bedeutung „schicken" sind beide Formen gebräuchlich, die Formen mit *a* sind jedoch häufiger: *Ich sandte (sendete) ihr einen Brief, habe ihr einen Brief gesandt (gesendet).* Der Konjunktiv II von *senden* heißt *sendete* (nicht: *sändte*) Zu *...sendet/senden Ihnen Peter und Eva* ↑Brief (5).

senior/Senior: In Verbindung mit einem Ruf- oder Familiennamen wird *senior* (Abk.: *sr.* oder *sen.*) immer klein geschrieben: *Sie war mit Herrn Meier senior verheiratet.* Vor *senior* darf kein Komma stehen (↑Komma [3.3.2]). Groß schreibt man das substantivierte Adjektiv *der Senior* „älterer Teilhaber, Sportler; alter Mensch; Ältester". Der Genitiv von *Senior* lautet: *des Seniors,* der Plural lautet: *die Senioren.*

Senkrechte: Der Genitiv Singular von *Senkrechte* lautet *der Senkrechten.* Der Plural lautet *die Senkrechten.* Ohne vorangehenden Artikel kann *Senkrechte* im Plural sowohl stark als auch schwach gebeugt werden: *zwei Senkrechte* und *zwei Senkrechten.* ↑substantiviertes Adjektiv (2.2.1).

Sensations-: Zusammensetzungen mit „Sensation" als Bestimmungswort stehen immer mit Fugen-s: *Sensationsbedürfnis, sensationslüstern, Sensationshunger, Sensationsgier, Sensationsfilm.* ↑Fugen-s (1.3).

sensibel: Bei *sensibel* fällt, wenn es konjugiert oder gesteigert wird, das *e* der Endungssilbe aus: *ein sensibles Kind. Sie hat viel sensibler gespielt als er.* ↑Adjektiv (1.2.13).

September: ↑Monatsnamen.

Serie: Zu *Herstellung einer Serie Prägestempel/-stempeln* ↑Reihe.

Service: Es gibt zwei Wörter mit der Schreibung *Service:* Das erste ist aus dem Französischen entlehnt worden und bezeichnet einen Satz Tafelgeschirr: *ein altes Meißner Service.* Es hat sächliches Geschlecht und wird [zɛr'vi:s] (nicht: [zɛr'vi:]) gesprochen. Der Genitiv lautet *des Services* [zɛr'vi:səs]/oder *des Service* [zɛr'vi:s], der

Plural *die Service* [zɛr'vi:s, zɛr'vi:sə]. Das zweite Wort *Service* ist aus dem Englischen entlehnt worden, es bezeichnet den Kundendienst, besonders im technischen Bereich und im Hotelwesen, und hat männliches oder sächliches Geschlecht: *der/das Service* ['zø:rvɪs, 'zœrvɪs], Genitiv: *des Service,* Plural (selten): *die Services* ['zø:rvɪs, 'zœrvɪs, ... vɪsɪs].

Servicedienst: ↑Tautologie.

setzen, sich: In Verbindung mit den Präpositionen *in, an, auf* steht nach *sich setzen* der Akkusativ (nicht der Dativ): *Er setzt sich auf die* (nicht: *der*) *Bank. Sie setzt sich in das Auto.*

S-förmig: ↑Groß- oder Kleinschreibung (1.2.5).

sich: 1. Schreibung: Das Reflexivpronomen *sich* darf in Verbindung mit der Höflichkeitsanrede *Sie* auch im Brief niemals groß geschrieben werden: *Wir hoffen, Sie haben sich* (nicht: *Sich*) *gut erholt!* **2. sich/einander:** Im heutigen Sprachgebrauch wird die wechselseitige Beziehung meist durch *sich* ausgedrückt, weil *einander* fast immer gehoben oder sogar gespreizt wirkt. ↑Reflexivpronomen (3). **3. sich/uns:** Wenn im Subjekt eines Satzes die 1. Person zusammen mit der 2. oder 3. Person steht, darf das allen gemeinsame Reflexivpronomen nur *uns* lauten (nicht: *sich*): *Meine Frau und ich würden uns* (nicht: *sich*) *sehr freuen, wenn* ... ↑Kongruenz (2.1). **4. doppeltes *sich*:** Folgen in einem Satz zwei *sich* aufeinander, dann darf keines von ihnen ausfallen: *Er bemühte sich, sich zu verstekken. Das Gebirge erstreckt sich, sich von NW nach NO verbreiternd, bis nach Ungarn.* **5.** Zur Stellung von *sich* im Satz ↑Reflexivpronomen (1). Zur Schreibung *das Sichverlieben* ↑substantivierter Infinitiv (1). Zu *Er sah die Frau auf sich/ihn zustürzen* ↑Reflexivpronomen (2). Zu *Bitte sich beeilen!* ↑Infinitiv (6).

sicher: 1. Klein schreibt man auch bei vorangehendem Artikel, wenn *sicher* in der unveränderlichen Verbindung *im sichern sein* „geborgen sein" steht: *Er ist gewiß schon im sichern.* Klein schreibt man *sicher* auch bei vorangehendem Artikel, wenn beide Wörter durch *am sichersten* zu ersetzen sind: *Es ist das sicherste* (= am sichersten), *sofort zu verschwinden. Es ist das sicherste* (= am sichersten), *wenn...* Groß schreibt man aber die Substantivierung: *Es ist das Sicherste, was du tun kannst. Das Sicherste sind Gürtelreifen. Wir suchen etwas Sicheres. Er ist auf Nummer Sicher* (= im Gefängnis; ugs.). ↑Groß- oder Kleinschreibung (1.2.1). **2.** Getrennt schreibt man *sicher* vom folgenden Verb, wenn beide Wörter in ursprünglicher Bedeutung gebraucht werden (beide Wörter tragen Starkton): *sicher sein/werden; jmdn. sicher machen. Er kann kaum noch sicher* (= ohne Schwanken) *gehen.* Zusammen schreibt man, wenn durch die Verbindung ein neuer Begriff entsteht (nur *sicher-* trägt Starkton): *Die Polizei hat das Motorrad sichergestellt* (= in Verwahrung genommen). *Ich will auf alle Fälle sichergehen* (= nichts dem Zufall überlassen). ↑Zusammen- oder Getrenntschreibung (1.2). **3.** Bei *sicher* bleibt, wenn es konjugiert oder gesteigert wird, das *e* der Endungssilbe gewöhnlich erhalten: *eine sichere Autofahrerin. Er lief heute viel sicherer als sonst.* ↑Adjektiv (1.2.13).

sicher/sicherlich: Im heutigen Sprachgebrauch wird *sicher* häufig an Stelle von *sicherlich* „vermutlich, aller Wahrscheinlichkeit nach" verwendet: *Es ist sicher/sicherlich schon zu spät. Sicher/sicherlich hat er sich geirrt.* Da *sicher* aber auch „ohne Zweifel, mit Bestimmtheit" bedeuten kann, können in Sätzen wie *Sie hat es sicher* (= ohne Zweifel?/vermutlich?) *gewußt* Verständnisschwierigkeiten auftreten. Daher sollte da, wo es um eine Vermutung geht, der Eindeutigkeit wegen nur *sicherlich* stehen.

sicherwirkend: Zusammen schreibt man *sicher* und *wirkend* wenn die Verbindung eigenschaftswörtlich gebraucht wird: *ein sicherwirkendes*

Mittel. Man schreibt aber getrennt, wenn *sicher* näher bestimmt ist: *ein absolut sicher wirkendes Mittel.* ↑Zusammen- oder Getrenntschreibung (3.1.2).

Sie: 1. Groß schreibt man immer die Höflichkeitsanrede (= jede Anrede an eine Person, die man nicht duzt) *Sie* und das entsprechende Possessivpronomen *Ihr,* gleichviel ob die Anrede einer oder mehreren Personen gilt: *Bleiben Sie alle gesund! Kann ich Ihnen behilflich sein? Wie geht es Ihren beiden Kindern?* Groß schreibt man auch das substantivierte Pronomen: *das steife Sie.* ↑Groß- oder Kleinschreibung (1.2.4), ↑Anrede (2). **2. Bitte kommen Sie und helfen Sie mir:** Bei der Reihung von Aufforderungssätzen darf das *Sie* nicht erspart werden, also nicht: *Bitte kommen Sie und helfen mir,* sondern nur: ... *und helfen Sie mir.* ↑Ellipse (11).

sie (= Singular) oder du: *Sie oder du wirst* (nicht: *wird*) *daran teilnehmen.* ↑Kongruenz (2.2). Nicht: *Sie oder du werden daran teilnehmen.* ↑Kongruenz (1.3.12).

sie (= Plural) und du: *Sie und du [,ihr] habt euch gefreut.* Nicht: *Sie und du haben sich gefreut.* ↑Kongruenz (2.1).

sie (= Plural) und ich: *Sie und ich [, wir] haben uns sehr gefreut.* Nicht: *Sie und ich haben sich sehr gefreut.* ↑Kongruenz (2.1).

sie (= Plural) und ihr: *Sie und ihr [, ihr] habt euch gefreut.* Nicht: *Sie und ihr haben sich gefreut.* ↑Kongruenz (2.1).

sieben: Klein schreibt man das Zahlwort z. B. in *wir sind zu sieben/siebt, sieben auf einen Streich, sieben und drei macht* (nicht: *machen;* ↑Kongruenz [1.2.4]) *zehn, es ist sieben [Uhr], Punkt sieben; die sieben Bitten des Vaterunsers; die sieben Sakramente.* Groß schreibt man das Zahlwort dagegen in Namen: *die Sieben Weltwunder, die Sieben Schwaben* (Märchen), *die Sieben Raben* (Märchen), *die Sieben Weisen.* ↑Namen. Groß schreibt man auch das substantivierte Zahlwort: *die Zahl Sieben, eine Sieben schreiben, die finnische Sieben* (Wasserballmannschaft) *liegt in Führung.* ↑Groß- oder Kleinschreibung (1, 2, c).

siebenjährig: Klein schreibt man das Adjektiv: *mein siebenjähriger Sohn, der siebenjährige Aufenthalt.* Groß schreibt man dagegen das Adjektiv in Namen: *der Siebenjährige Krieg* (↑Namen). Groß schreibt man auch das substantivierte Adjektiv: *Unser Siebenjähriger sagte...*

siebenköpfiger Familienvater: Zum falschen Bezug eines Attributes bei einer Zusammensetzung ↑Kompositum (6).

siebente/siebte, siebenzehn/siebzehn, siebenzig/siebzig: 1. Die mit *sieben* zusammengesetzten Zahlwörter *siebenzehn* und *siebenzig* gelten heute als veraltet. Üblich sind die Kurzformen *siebzehn, siebzig.* Bei der Ordnungszahl dagegen wird die Form *siebente* etwa ebenso häufig wie die verkürzte Form *siebte* gebraucht: *der siebente/siebte Teil.* **2. siebente/Siebente:** Klein schreibt man das Ordnungszahlwort: *die sieb[en]te Bitte; im sieb[en]ten Himmel schweben, der sieb[en]te Sinn; wo sechs essen, wird auch der sieb[en]te satt.* Groß schreibt man das Zahlwort dagegen in ↑Namen: *der Siebente Himmel* (in der Lehre des Islams), *die Siebente* (7. Symphonie) *von Beethoven.* ↑achte/Achte.

sieden: Das intransitive und transitive Verb *sieden* kann regelmäßig und unregelmäßig gebeugt werden: *Die Eier sotten/siedeten. ... mit ebenso murmelnder Unablässigkeit sott ... das Wasser des elektrischen Topfes* (Broch). *Man siedete das Badewasser* (Strittmatter). Das zweite Partizip lautet *gesotten/gesiedet.*

siehe: Das bei Verweisen auf Textstellen u. dgl. verwendete Wort (Imperativ von ↑sehen) kann nur den Akkusativ nach sich haben: *siehe beiligenden* (nicht: *beiligender*) *Prospekt.* Ein Ausrufezeichen wird nach solchen Verweisen nicht gesetzt.

Silbe: Man unterscheidet Sprech- und Sprachsilben. Sprechsilben sind diejenigen kleinsten Wortbestandteile, die sich – unabhängig von der Bedeutung – beim langsamen Sprechen ergeben *(Al-ter, Mor-gen, er-ken-nen, Ta-ge).* Dagegen erhält man die Sprachsilben, aus denen ein Wort besteht, indem man es (auf dem Hintergrund wortgeschichtlicher Kenntnisse) in seine kleinsten bedeutungstragenden Bestandteile wie Stamm[silbe], Präfix, Suffix und Beugungsendung zerlegt *(dar-an, er-kenn-en, Tag-e).* (An *daran, erkennen* und *Tage* wird dabei deutlich, daß Sprech- und Sprachsilben keineswegs immer zusammenfallen.) ↑Silbentrennung.

Silbentrennung

Die Silbentrennung ist ein mechanischer Vorgang, der nur dazu dient, ein über den Zeilenschluß hinausgehendes Wort in lesbarer Form abzutrennen. Als Trennungszeichen dient heute in der Regel der einfache Bindestrich. Der früher in der deutschen Schreibschrift, besonders auch in der Schule, gebräuchliche doppelte Trennungsstrich (=) wird in der heutigen Normalschrift und im Antiquadruck nicht mehr angewandt.
Bei den Trennunsregeln muß zwischen einfachen und abgeleiteten Wörtern einerseits und zusammengesetzten Wörtern andererseits unterschieden werden. Zur Silbentrennung bei Namen ↑Personennamen (5.2), ↑geographische Namen (3.3), ↑Einwohnerbezeichnungen ([6]; *Téltow-er*).

1 Deutsche Wörter

1.1 Einfache und abgeleitete Wörter

Einfache und abgeleitete Wörter trennt man nach Sprechsilben (↑Silbe), die sich beim langsamen Sprechen von selbst ergeben:

Freun-de, Ken-ner, for-dern, wei-ter, Re-gel, kal-kig, Bes-se-rung, Füh-rung, Kräf-ti-gung, Ärz-tin.

Darüber hinaus gelten folgende Sonderregeln:

1.1.1 Die Trennung von Konsonanten:

– Ein einzelner Konsonant wird immer abgetrennt und auf die folgende Zeile gesetzt:

tre-ten, ge-hen, Ru-der, rei-zen, bo-xen.

Zu beachten ist: *ch* und *sch* bezeichnen einfache Laute und bleiben daher ungetrennt:

Be-cher, Hä-scher, Bö-schung.

Steht *ss* als Ersatz für *ß* (z. B. in einer Antiquaschrift, die das Schriftzeichen *ß* nicht hat), dann wird das Doppel-s wie ein einzelner Konsonant behandelt und nicht getrennt:

grü-ssen (für: grü-ßen), Bu-sse (für: Bu-ße), hei-ssen (für: hei-ßen).

Der Buchstabe *ß* selbst darf bei der Trennung nicht aufgelöst werden (↑S-Laute).

– Von mehreren Konsonanten kommt in einfachen und abgeleiteten Wörtern nur der letzte auf die folgende Zeile:

An-ker, war-ten, Rit-ter, Was-ser, Knos-pe, kämp-fen, Emp-fang, Karp-fen, Ach-sel, Kat-ze, Städ-ter, Drechs-ler, gest-rig, zwei-fenst-rig, neh-men.

Zu beachten ist aber folgendes: *ck* wird bei der Trennung in *k-k* aufgelöst:

Bäcker = Bäk-ker, Zucker = Zuk-ker.

Das gilt auch, wenn ein Name getrennt werden muß:

Hockenheim = Hok-kenheim, Weizsäcker = Weizsäk-ker (aber: bismar-ckisch, ↑ck).

Die Buchstabenfolge *st* wird nicht getrennt:

La-sten, We-sten, west-lich, verwahrlo-ste, sie sau-sten, wir ra-sten, sech-ste, Ham-ster, Bast-ler, er brem-ste, sie hop-sten (aber: Diens-tag, ↑1.2).

- Suffixe (Nachsilben), die mit einem Vokal beginnen, nehmen bei der Trennung den ihnen vorangehenden Konsonanten zu sich:

Schaffne-rin, Lehre-rin, Freun-din, Bäcke-rei, Besteue-rung, Lüf-tung, Bezie-hung.

Bei *-heit* lebt im Falle der Silbentrennung ein ursprünglich zum Stamm gehörendes, später abgestoßenes *h* nicht wieder auf: *Ro-heit, Rau-heit.*

1.1.2 Die Trennung von Vokalen:

- Ein einzelner Vokal wird nicht abgetrennt. Zweisilbige Wörter, von denen eine Silbe nur aus einem Vokal besteht, sind darum untrennbar:

Ufer, Eber, Uhu, Taue, Idee, Äste (nicht: U-fer, E-ber, U-hu, Tau-e, I-dee, Ä-ste).

- Zwei gleiche Vokale, die eine Klangeinheit darstellen, und die Diphthonge (*au, ei, eu* usw.) dürfen nur zusammen abgetrennt werden:

Waa-ge, Aa-le, Ei-er, Mau-er, Ei-fel, Eu-le.

Dies gilt auch für Wörter wie *Seen* und *knien,* deren (letztes) *e* nur andeutungsweise gesprochen wird (nicht: *Se-en, kni-en*).

- Zusammentreffende Vokale, die keine Klangeinheit darstellen, können getrennt werden:

Befrei-ung, Trau-ung, be-erben, bö-ig, einei-ig.

Folgt nach zwei solchen Vokalen + Konsonant ein dritter Vokal, dann kann der zweite Vokal zum ersten oder zum Konsonanten gezogen werden (↑2.1):

ein böi-ger/bö-iger Wind; aber beim Zusammentreffen von *i* und *i* nur: einei-ige Zwillinge, der Unpartei-ische.

Die sich ergebenden Sprachsilben werden gemäß Abschnitt 1 und Sprechsilben getrennt:

Emp-fangs-tag, be-ob-ach-ten, voll-en-den, Be-schäf-ti-gun-gen, Don-ners-tag.

1.2 Zusammengesetzte und präfigierte Wörter

Zusammengesetzte Wörter und Wörter mit einem ↑Präfix (Vorsilbe) werden nach ihren sprachlichen Bestandteilen, d.h. nach Sprachsilben (↑Silbe), getrennt:

Diens-tag, Sams-tag, Ob-acht, Empfangs-tag, war-um, dar-auf, dar-in; ge-schweift, be-ob-achten, er-obern, voll-enden.

Treffen bei Wortbildungen zwei gleiche Konsonanten mit einem dritten gleichen zusammen, dann schreibt man nur zwei Konsonanten, wenn ein Vokal folgt:

Schiffahrt, Brennessel, Balletttheater (th, griech. ϑ, gilt als ein Buchstabe).

Wird aber eine Silbentrennung nötig, dann tritt der dritte Konsonant wieder ein. Also:

Schiff-fahrt, Brenn-nessel, Ballett-theater.

Ausnahmen bilden: *dennoch, Dritteil, Mittag,* bei denen der dritte Konsonant bei der Silbentrennung nicht wieder auflebt. Man trennt also:

den-noch, Drit-teil, Mit-tag.

Zusammengesetzte Wörter, bei denen auf drei zusammentreffende gleiche Konsonanten ein vierter folgt, werfen den dritten gleichlautenden Konsonanten nicht ab. Wird hier eine Silbentrennung nötig, dann trennt man die Wörter nach ihren sprachlichen Bestandteilen:

Auspuffflamme = Auspuff-flamme, Pappplakat = Papp-plakat, Balletttruppe = Ballett-truppe (↑ Konsonant [1]).

Die einzelnen Wortbestandteile der Zusammensetzungen werden gemäß Abschnitt 1 nach Sprechsilben getrennt:

Emp-fangs-tag, Be-schäf-ti-gun-gen, Don-ners-tag.

Zu vermeiden sind Trennungen, die sinnentstellend wirken:

Spargel-der (= Spargelder), beste-hende (= bestehende), Hinge-bung (= Hingebung), bein-halten (= beinhalten).

2 Fremdwörter und fremdsprachige Wörter

2.1 Einfache und abgeleitete Fremdwörter

Einfache und abgeleitete Fremdwörter werden wie die entsprechenden deutschen Wörter nach Sprechsilben getrennt:

Bal-kon, Fis-kus, Ho-tel, Pla-net, Kon-ti-nent, Aku-stik, Fas-zi-kel, El-lip-se, Epi-lep-ti-ker.

Folgende Besonderheiten sind jedoch zu beachten:

- Die Buchstabenverbindungen *ch, ph, rh, sh, th* bezeichnen einfache Laute und bleiben ungetrennt:

  Ma-chete, Mac-chia, Pro-phet, Diar-rhö, fa-shionabel, ka-tholisch.

- Nach dem Vorbild der klassichen Sprachen bleiben in einfachen Fremdwörtern die Konsonantenverbindungen

  bl, pl, fl, gl, cl, kl, phl; br, pr, dr, tr, fr, vr, gr, cr, kr, phr, str, thr; gn, kn; chth

üblicherweise ungetrennt. Also:

Pu-blikum, Di-plom, Tri-fle, Re-glement, cy-clisch, Zy-klus, Ty-phlitis; Fe-bruar, Le-pra, Hy-drant, neu-tral, Chif-fre, Li-vree, ne-grid, Ne-crosis, Sa-krament, Ne-phritis, Indu-strie, Ar-thritis; Ma-gnet, py-knisch; Ere-chtheion.

- Vokalverbindungen, die eine Klangeinheit darstellen, dürfen nicht getrennt werden:

  Moi-ré [moa're:], Soi-ree [zoa're:], Beef-steak ['bi:fste:k].

- Zwei Vokale bleiben auch dann besser ungetrennt, wenn sie, ohne eine Klangeinheit zu bilden, eng zusammengehören. Dies betrifft vor allem die Buchstabenfolgen *ea, ia, ie, iu, ui, io, oi, ua, oa, eo, yo:*

  Ideal, par-tiell, Stu-dium, Na-tion usw.

Eine Trennung ist in diesen Fällen allerdings möglich:

Ide-al, parti-ell, Studi-um, Nati-on.

Um reguläre Trennungen handelt es sich bei *Idea-lịst, natio-nạl* usw.

- Zwei Vokale dürfen getrennt werden, wenn sich zwischen ihnen eine deutliche Fuge befindet:

  Muse-um, Individu-um, Oze-an, kre-ieren.

2.2 Zusammengesetzte Fremdwörter

Zusammengesetzte Fremdwörter werden wie zusammengesetzte deutsche Wörter nach ihren Bestandteilen, also nach Sprachsilben (↑Silbe), getrennt:

Atmo-sphäre, De-szendent, Mikro-phon, Inter-esse.

Die sich ergebenden Sprachsilben werden nach den Richtlinien in Abschnitt 2.1 getrennt:

At-mo-sphä-re, De-szen-dent, Mi-kro-phon, In-ter-es-se.

Bei einigen häufig gebrauchten zusammengesetzten Fremdwörtern trennt man im Zuge der Eindeutschung allerdings bereits nach Sprechsilben:

Epi-sode (statt: Epis-ode), Tran-sit (statt: Trans-it), ab-strakt (statt: abs-trakt)

2.3 Fremdsprachige Wörter

Treten in einem deutschen Text einzelne fremdsprachige Wörter oder Wortgruppen oder einzelne kurze Sätze in fremder Sprache auf, dann trennt man nach den deutschen Regeln ab:

a po-ste-rio-ri; per as-pe-ra ad astra; Co-ming man; De-fi-cit-spen-ding; Swin-ging Lon-don.

Die Trennungsregeln fremder Sprachen (z. B. *as-tra, com-ing, swing-ing*) sollten nur bei längeren Zitaten, d. h. bei fortlaufendem fremdsprachigem Text, angewandt werden.

silbern: Klein schreibt man das Adjektiv: *silbernes Haar, eine silberne Münze, silbernes Geschirr, der Becher ist silbern.* Klein schreibt man auch in der Fügung *silberne Hochzeit,* weil hier weder Name noch Titel vorliegt. Groß schreibt man das Adjektiv dagegen in ↑Namen: *der Silberne Sonntag, das Silberne Lorbeerblatt* (Auszeichnung für besondere Sportleistungen).

Silvester: Diese Bezeichnung für den 31. Dezember nach Papst Silvester I. (314–335 n. Chr.) wird mit *i* und nicht mit *y* geschrieben.

Simmerer: Die Einwohner von Simmern heißen *Simmerer* (nicht: *Simmerner*). ↑Einwohnerbezeichnungen (1 und 7).

simpel: Bei *simpel* fällt, wenn es konjugiert oder gesteigert wird, das *e* der Endungssilbe gewöhnlich aus: *eine simple Geschichte; simpler geht es nicht.* ↑Adjektiv (1.2.13).

Simplex: Simplex ist die grammatische Bezeichnung für das einfache, nicht zusammengesetzte Wort: *Haus, gehen, rot.*

Sims: Es heißt *der Sims* oder *das Sims.* Der Plural lautet *die Simse.*

sind/ist: Zu *2 Pfund ist/sind zu viel* und *drei und drei ist/sind sechs* u. ä. ↑Kongruenz (1.2.1; 1.2.4).

Sind/Seien Sie so gut: ↑Seien/Sind Sie so gut.

singen: Die Form *sungen* ist die alte, heute ungebräuchliche Form des Plurals Präteritum von *singen,* die sich nur noch in manchen Reimen erhalten hat: *Wie die Alten sungen, so zwitschern die Jungen.*

Singular. Singularformen (beim Substantiv, Pronomen, Adjektiv, Verb) drücken das einmalige Vorhandensein eines Wesens oder Dinges aus (↑Numerus). Zur Wahl von Singular oder Plural ↑Kongruenz (1); zu Fachsingularen wie *das Geschwister* ↑Plural (5).

Singularetantum: Ein *Singularetantum* (Plural: *die Singularetantums* oder *die Singulariatantum*) ist ein nur im Singular vorkommendes Substantiv: *Armut, Durst, Hunger, Ruhe, Schutz, Überfluß, Wehmut.* ↑Pluraletantum.

Sinn: Zu *frohen/frohes Sinnes* ↑Adjektiv (1.2.2).

sinnen: Der Konjunktiv II von *sinnen* heißt *sänne*. Die Form *sönne* ist veraltet. Zu *gesinnt/gesonnen* ↑gesinnt (2).

sinnotwendig, Sinnotwendigkeit: Diese Zusammensetzungen werden mit zwei *n* geschrieben. Nur bei der Silbentrennung erscheint das dritte *n* wieder: *sinn-notwendig.* ↑Konsonant (1).

Siphon: Es heißt *der Siphon* ['zi:fõ, österr.: zi'fo:n], Genitiv: *des Siphons,* Plural: *die Siphons.* Nicht korrekt ist die Schreibung mit *y.*

Sit-in: ↑Fremdwort (4).

sitzen: 1. Perfekt mit *haben* oder *sein*: Im deutschen Sprachgebiet südlich des Mains – mit Ausnahme von Südhessen und der Pfalz – wird das Perfekt von *sitzen* mit *sein* gebildet: *Wir sind zusammen auf der Bank gesessen. Der Hut ist ihm schief auf dem Kopf gesessen.* Im übrigen deutschen Sprachgebiet ist die Perfektumschreibung mit *haben* üblich: *Wir haben zusammen auf der Bank gesessen. Der Hut hat ihm schief auf dem Kopf gesessen.* **2. sitzen über:** Nach *sitzen über* kann nur der Dativ, nicht der Akkusativ stehen. Es heißt also: *Sie sitzt über ihrer* (nicht: *ihre*) *Arbeit.* **3. zu sitzen kommen:** Bei der Wendung *zu sitzen kommen* steht die Bezeichnung der Sitzgelegenheit im Akkusativ: *Er kam auf einen* (nicht: *einem*) *harten Stuhl zu sitzen.* ↑kommen (3). **4. Rechtschreibung:** Getrennt schreibt man *sitzen* von *bleiben* und *lassen,* wenn die Verben in ihrer ursprünglichen Bedeutung gebraucht werden (beide Verben tragen Starkton): *Du sollst auf diesem Stuhl sitzen bleiben. Man wird dich gern sitzen lassen.* Getrennt schreibt man auch in der umgangssprachlichen Wendung *einen sitzen haben* (= betrunken sein; ugs.). Zusammen schreibt man *sitzen* mit *bleiben* und *lassen,* wenn durch die Verbindung ein neuer Begriff entsteht (nur *sitzen-* trägt Starkton): *Wenn er nicht fleißiger ist, wird er sicher sitzenbleiben* (= nicht versetzt werden). *Was heißt hier sitzengeblieben* (= nicht geheiratet worden sein; ugs.)? *Er ist auf seiner Ware sitzengeblieben* (= hat sie nicht verkaufen können; ugs.). *Sie hat dich sitzenlassen* (= im Stich gelassen; ugs.). *Man hat ihn wieder sitzenlassen* (= nicht versetzt; ugs.). ↑Zusammen- oder Getrenntschreibung (1.1).

sitzende Lebensweise: ↑erstes Partizip (4).

Sk-: Zur Aussprache des anlautenden *Sk-* in *Skat, Skandal* usw. ↑Aussprache (13).

Skala/Skale: Das Substantiv *die Skala* (Gen.: *der Skala,* Plur.: *die Skalen/Skalas*) ist die allgemein übliche Bezeichnung für Maßeinteilungen an Meßgeräten, die Tonleiter oder für Farbabstufungen. Das Substantiv *die Skale* (Gen.: *der Skale,* Plur.: *die Skalen*) „Maßeinteilung" ist eine in der technischen Fachsprache gebrauchte Form.

Skelett/Skelet: *Skelet* ist eine im medizinischen Fachschrifttum noch gebrauchte Nebenform von *Skelett.*

Ski: Neben der eindeutschenden Schreibung *Schi* ist die norwegische Schreibung *Ski* [Si:] üblich. Die Formen lauten Genitiv: *des Skis (Schis),* Plural: *die Skier (Schier)*/(selten:) *die Ski (Schi).* Man schreibt von einem folgenden Verb getrennt: *Ski laufen, Ski fahren.* Zu *Ski und eislaufen* ↑Bindestrich (1.1), ↑Zusammen- oder Getrenntschreibung (2.1).

Skizzenblock: Der Plural lautet *die Skizzenblocks* (↑Block).

Skonto: Es heißt *der Skonto* oder *das Skonto.* Die Formen lauten: Genitiv: *des Skontos,* Plural: *die Skontos*/(selten auch:) *die Skonti.*

Skriptum: Das Fremdwort *Skriptum* gehört zu den Substantiven, die gemischt dekliniert werden: *des Skriptums* (starke Form), *die Skripten* (schwache Form). Daneben wird gelegentlich noch der lateinische Plural *die Skripta* gebraucht.

S-Laute

1 Die S-Laute im Antiquasatz (Lateinschrift)

1.1 Grundregeln

Die Wiedergabe des stimmhaften bzw. stimmlosen S-Lauts (↑Aussprache [6]) im Deutschen durch *s, ss* und *ß* (= scharfes S, Eszett; in der Frakturschrift bereits im 16. Jh. vorhanden, in der Latein- oder Antiquaschrift erst Ende des 19. Jh.s) ist sehr kompliziert. Hier die wichtigsten Richtlinien:

1. Stimmhaftes *s* wird immer *s* geschrieben:
sausen, Amsel, Hirse, Gänse, Mühsal, Gerinnsel.

2. Stimmloses *s* wird als alleiniger Konsonant nach langem Vokal und nach Diphthong *ß* geschrieben:
Maß, Gruß, Spaß, fließen, außer, reißen, Blöße, Schöße.

3. Stimmloses *s* wird in Verbindung mit anderen Konsonanten nach kurzem Vokal *s* geschrieben:
Hast, Haspel, Wurst, Grips.

4. Stimmloses *s* wird als alleiniger Konsonant nach kurzem Vokal verdoppelt zu *ss* (vgl. aber 5):
Masse, Missetat, Flüsse, hassen, Gleichnisse, Dissertation.

Das gilt auch im Auslaut vor einem Apostroph:
Ich lass' (= lasse) nicht locker. (Aber ohne Apostroph; ↑5:) Laß das bitte!

5. Doppel-s wird durch *ß* ersetzt:
- am Wortende und vor der Zusammensetzungsfuge:
Fässer/Faß, Hasses/Haß, blasse/blaß, fassen/faß! (vgl. aber 4); Flußbett, Faßbier, haßerfüllt.
Ausnahmen sind die Substantive auf *-nis* (Zeugnisse/Zeugnis [nicht: *Zeugniß*]).
- vor Endungen, die mit Konsonant beginnen:
fassen/faßt, wissen/wußte, vermissen/vermißt, vergessen/vergeßne, hassen/häßlich, besser/beßre, wässerig/wäßrig.

1.2 Der Ersatz von *ß* durch *ss* bzw. *SS*

1.2.1 *ss* für *ß*: Im allgemeinen ist es nicht korrekt, *ß* durch *ss* zu ersetzen. Nur wenn in einer Latein- oder Antiquaschrift kein ß-Zeichen vorhanden ist (z. B. auf einer Schreibmaschine), darf als Notbehelf *ss* gesetzt werden. Stoßen in diesem Fall drei s-Buchstaben aufeinander, darf keiner ausgelassen werden (↑Konsonant [1]):
Reissbrett (für: Reißbrett), grosse (für: große), Fluss (für: Fluß), Reissschiene (für: Reißschiene), Kongressstadt (für: Kongreßstadt), massstabgerecht (für: maßstabgerecht).

Bei der Silbentrennung darf dieses behelfsmäßige Doppel-s (ebensowenig wie *ß*) nicht in *s-s* aufgelöst werden:
Bu-ße/Bu-sse (nicht: Bus-se), Grü-ße/Grü-sse, muß-ten/muss-ten, grüß-ten/grüss-ten.

1.2.2 *ss* oder *ß* in Namen: Auch wenn ein deutscher Name mit *ß* latinisiert wird, tritt keine Ersatzschreibung mit *ss* ein; das ß-Zeichen bleibt erhalten *(Weißenburg – Codex Weißenburgensis).* Das gilt auch für die Wiedergabe deutscher Eigennamen mit *ß* in fremdsprachigen Texten *(Madame Aßmann est allée à Paris).*

1.2.3 ***SS* für *ß*:** Regelgemäß steht *SS* bei der Verwendung von Großbuchstaben. Treffen auf diese Weise mehrere *S* zusammen, kann man aus Gründen der Übersichtlichkeit einen Bindestrich setzen:

Straße/STRASSE, (sie) faßt/FASST, Faß/FASS; Schloßstraße/SCHLOSSSTRASSE/SCHLOSS-STRASSE.

Möglichen Mißverständnissen begegnet man mit dem Ersatz von *ß* durch *sz:*

Masse/MASSE; (aber:) Maße/MASZE.

Bei der Wiedergabe von Familiennamen in Großbuchstaben ist diese Schreibung mit *SZ* allerdings nicht eindeutig, da es Familiennamen gibt, die bereits bei üblicher Schreibung *sz* enthalten (z. B. *Keszler*). In solchen Fällen (etwa bei Paßschreibmaschinen) wird dann oft der Buchstabe *ß* verwendet, obwohl er kein Großbuchstabe ist (z. B. *AßMANN*).

1.2.4 ***ſs* für *ß* oder *ss*:** Im 19. Jahrhundert wurde es üblich, *ß* in lateinischer Handschrift nach kurzem Vokal im Auslaut *(muß, Haß, daß)* als *ſs* zu schreiben (muſs, Haſs, daſs). Das Zeichen *ſ* ist dabei nichts anderes als das verzogen geschriebene lange ſ der deutschen Schreibschrift (Kurrentschrift; ↑Schrift). Es ist also kein *h!* Obwohl dieser Gebrauch 1876 von der Berliner orthographischen Konferenz empfohlen wurde, hat sich *ſs* in der amtlichen Rechtschreibung nicht durchsetzen können. Ein besonderes Problem entstand dadurch, daß *ſs* – entgegen der ursprünglichen Absicht und ohne Rücksicht auf die Vokallänge – nicht nur im Auslaut, sondern auch im Inlaut verwendet wurde (*laſsen* für lassen, *lieſsen* für ließen). Daraus ergeben sich heute noch Schwierigkeiten, wenn bei Familiennamen die veraltete Schreibung mit *ſs* der heute gültigen Schreibung angepaßt werden soll. Es bleibt dabei unklar, ob sich hinter dem *ſs* ein ursprüngliches *ß* oder ein *ss* verbirgt. Der Familienname Kaſsel z. B. kann sowohl auf Kaßel als auch auf Kassel zurückgehen. Hier muß in jedem einzelnen Falle (etwa an Hand der Kirchenbücher) festgestellt werden, wie der Name vor dem Aufkommen der Schreibung mit *ſs* (also mindestens vor 1876) geschrieben wurde.

2 Die S-Laute im Fraktursatz

Für die S-Laute im Fraktursatz (↑Schrift) ist zu beachten, daß s nur im Auslaut einer Silbe steht:

dies, Muskel, bösartig, Häschen; Arabeske, Schleswig

Sonst steht das sogenannte lange ſ:

ſagen, Höhenſonne; Rätſel, wachſen, kleckſen; Baſis, Mikroſkop; Abſzeß

Das gilt auch für ſch, ſp, ſt und *-sk* in bestimmten Fremdwörtern:

ſchaden, Fiſch, Veſper; geſtern, Herbſt, er lieſt, brüsk, grotesk, Obelisk

Schließlich steht auch ſſ für Doppel-s:

Maſſe, Miſſetat, Flüſſe, Diſſertation, Aſſeſſor, Gleichniſſe, ich laſſ'

so: Zu *so schön wie/als* ↑wie.

so als [ob]/als [wenn]: Die Fügung wird gewöhnlich als Einheit empfunden. Vor *als* steht kein Komma: *Er sah schnell auf, so als ob er ein schlechtes Gewissen hätte/so als hätte er ein schlechtes Gewissen.* Das Komma kann gesetzt werden, wenn *so* als Auslassungssatz (für *es ist/war so*) angesehen und besonders betont werden soll: *Er sah schnell auf, so, als hätte er ein schlechtes Gewissen.* Steht *so* als Umstandsangabe in einem Hauptsatz, dann muß ein Komma vor *als* stehen: *Es klang so, als wenn ein Käuzchen riefe/als riefe ein Käuzchen.*

sobald/so bald: 1. Rechtschreibung: Zusammen schreibt man, wenn es sich um die Konjunktion handelt: *Alles schwieg, sobald wir kamen.* Getrennt schreibt man, wenn es sich um eine adverbiale Fügung handelt: *Ich komme so bald wie möglich. Der kommt so bald nicht wieder.* ↑Zusammen- oder Getrenntschreibung (4.3). **2. Komma:** Ein mit der Konjunktion *sobald* eingeleiteter Nebensatz wird immer durch Komma vom Hauptsatz abgetrennt: *Sobald sie nach Hause kommt, wollen wir essen.*

so bald wie/als: Nach *so bald* kann mit *wie* oder *als* angeschlossen werden. Beides ist korrekt. Der Anschluß mit *wie* ist aber häufiger: *Schreibe so bald wie*/(seltener:) *als möglich.* ↑sobald.

Socke/Socken: In der Standardsprache wird das weibliche Substantiv *die Socke* gebraucht, *der Socken* ist eine landschaftliche und umgangssprachliche Nebenform.

Soda: Es heißt *die Soda* (österr. nur so) und *das Soda.*

so daß: 1. Rechtschreibung: Die Konjunktion *so daß* wird immer getrennt geschrieben: *Sie war erkrankt, so daß sie den Vortrag absagen mußte.* **2. Komma:** Das Komma vor *so daß* steht wie vor dem einfachen *daß,* weil beide Partikeln wie eine einfache Konjunktion eingesetzt sind: *Sie hat mich verwirrt, so daß ich keine Antwort finde.* Ein Komma steht aber zwischen beiden Partikeln, wenn *so* als Korrelat im Hauptsatz steht: *Sie verwirrt mich so, daß ich nicht mehr ein noch aus weiß.*

Soest: Der Name der Stadt in Nordrhein-Westfalen wird mit *o,* nicht mit *ö* ausgesprochen; *e* zeigt nur die Länge des vorangehenden *o* an.

sofern: Zusammen schreibt man, wenn es sich um die Konjunktion handelt: *Es sei dir erlaubt, sofern du deine Pflicht getan hast.* Getrennt schreibt man, wenn es sich um eine adverbiale Fügung handelt: *Diese Sache liegt mir so fern, daß...* ↑Zusammen- oder Getrenntschreibung (4.3).

sogenannt: Bei *sogenannt* wird das folgende Adjektiv (Partizip) gewöhnlich parallel gebeugt: *ein sogenannter freischaffender Künstler.* Nur im Dativ Singular Maskulinum und Neutrum kommt gelegentlich noch schwache Beugung des folgenden Adjektivs (Partizips) vor: *mit sogenanntem freiwilligem*/(selten:) *freiwilligen Hilfskorps.*

so gesehen/so betrachtet: Zur Kommasetzung ↑zweites Partizip (2.5).

sogleich: 1. Rechtschreibung: Zusammen schreibt man das Adverb: *Du sollst sogleich kommen.* Getrennt schreibt man das Gradadverb *so* vom folgenden Adjektiv: *Sie sind sich alle so gleich, daß ich sie nicht unterscheiden kann.* ↑Zusammen- oder Getrenntschreibung (4.3). **2. *sogleich* als Attribut:** Das Adverb *sogleich* darf nicht wie ein Adjektiv attributiv (als Beifügung) gebraucht werden. Nicht korrekt also: *die sogleiche Erledigung.* ↑Adverb (1).

Sohn: Da *Sohn* eine Verwandtschaftsbezeichnung ist und kein Name, muß es nach *Herrn* (= Genitiv) gebeugt werden: *Die Verlobung Ihres Herrn Sohnes* (nicht: *Sohn*). Zu *Franz Meyer Sohn* ↑Apposition (2.1).

solang[e]/so lang[e]: 1. Rechtschreibung: Zusammen schreibt man, wenn es sich um die Konjunktion handelt: *Solang[e] ich krank war, bist du bei mir geblieben.* Getrennt schreibt man, wenn es sich um eine adverbiale Fügung handelt: *Es dauert heute dreimal so lang[e] wie neulich. Du hast uns so lang[e] warten lassen, daß wir den Zug versäumen.* Die Konjunktion *solange* kann keinen Hauptsatz einleiten. In folgendem Satz muß daher zuerst zusammen und dann getrennt geschrieben werden: *Solange ich krank war, so lange bist du bei mir geblieben.* ↑Zusammen- oder Getrenntschreibung (4.3). **2. Komma:** Ein mit der Konjunktion *solange* eingeleiteter Nebensatz wird durch Komma vom Hauptsatz abgetrennt: *Du kannst bleiben, solang[e] du magst.*

solch[e]: 1. a) solches herrliche Wetter · bei solchem herrlichen/herrlichem Wetter (Deklination des folgenden Adjektivs oder Partizips): Im Singular wird *solcher, solche, solches* gewöhnlich wie ein Pronomen behandelt, das folgende Adjektiv wird daher schwach gebeugt: *solcher weiche Stoff* (selten stark: *all solcher abergläubischer Spuk* [Luserke]), *solches herrliche Wetter, in solchem grauen Giebelhause* (Th. Mann), *aus solcher übelwollenden Stimmung heraus* (H. Mann). Im Genitiv, Dativ Femininum und im Dativ Maskulinum und Neutrum tritt gelegentlich parallele Beugung auf: *solcher erziehender Beeinflussung* (Hesse), *in solcher grammatischer Forschung* (Weisgerber), *in solchem natürlichem Wachstum* (Muttersprache). Im Plural überwiegt ebenfalls die schwache Beugung: *solche zahmen Versuche* (Barlach), *solcher geglückten Symbole* (Langgässer). Daneben tritt jedoch auch die starke Beugung auf: *solche prachtvolle Attacken* (Hesse), *solcher zunächst vereinzelter Beobachtungen* (Weisgerber). Nach der endungslosen Form steht regelmäßig die starke Flexion: *solch altes Zeug, solch guter Mensch; bei solch ausgezeichnetem Arzt* (Wassermann). **b) solche Angestellten/Angestellte:** (Deklination des folgenden substantivierten Adjektivs oder Partizips): Das substantivierte Adjektiv (Partizip) wird nach *solcher, solche, solches* gewöhnlich schwach gebeugt: *solches Schöne, mit solchem Schönen.* Nur im Nominativ und im Akkusativ Plural treten starke Formen auf: *solche Angestellte*/(neben:) *solche Angestellten; solche Verstorbene* (G. Hauptmann). Aber auch: *solche Alten* (Mechow). ↑Adjektiv (1.2.5). **2. zwei solche Fehler/solcher Fehler:** Nach einem bestimmten oder unbestimmten Zahlwort (*zwei, viele, wenige* u. ä.) wird *solcher, solche, solches* gewöhnlich wie ein Adjektiv behandelt: *mit zwei solchen Messern* (wie: *mit zwei derartigen Messern*); *viele solche Fehler.* Man kann es aber auch als Pronomen behandeln und in den partitiven Genitiv setzen: *noch zwei solcher Fehler* (wie: *noch zwei dieser Fehler).* Dieser Gebrauch ist selten. **3. *solch* an Stelle eines Personalpronomens:** Oft wird *solcher, solche, solches,* das „jemand, etwas dieser Art" bedeutet, irrtümlich an Stelle des Personalpronomens oder des unbestimmten Pronomens gebraucht: Es ist inkorrekt zu sagen: *Da Sie inzwischen im Besitze dieses Buches sind, möchte ich Sie bitten, es* (nicht: *solches*) *mir einmal auszuleihen. Ein Herr mit Zylinder und einer* (nicht: *ein solcher*) *mit Homburg.*

Soldatin: Weibliche Entsprechung zu *Soldat.* ↑Titel und Berufsbezeichnungen (3).

sollen: 1. Pleonasmus: In dem Satz *Die Aufforderung, sich in Marsch setzen zu sollen* ist das Modalverb *sollen* überflüssig, weil es sinngemäß bereits in *Aufforderung* enthalten ist. ↑Pleonasmus. **2. sollen/gesollt:** Wenn *sollen* einem Infintiv folgt, dann steht es selbst in der Form des Infinitivs und nicht des 2. Partizips. Es heißt also: *Er hat kommen sollen* (nicht: *gesollt*). ↑Infinitiv (4).

Solo: Das Wort hat zwei Pluralformen: *die Soli* und *die Solos.* ↑Fremdwort (3.4).

sondern: 1. Komma: Vor der entgegensetzenden Konjunktion *sondern* steht immer ein Komma. Es spielt dabei keine Rolle, ob *sondern* zwischen Sätzen oder nur zwischen einzelnen Satzteilen steht. Dies gilt auch für die gepaarte Konjunktion *nicht nur ..., sondern auch: Gib das Geld nicht ihm, sondern ihr. Das ist nicht gut, sondern schlecht. Sie erhalten die Marken nicht, wenn sie ankommen, sondern erst, wenn sie registriert sind. Sie wollen nicht nur heute, sondern auch morgen hier essen.* **2. Negation:** Die Konjunktion *sondern* muß immer ein ausdrücklich verneintes Vorderglied haben: *nicht du, sondern sie; nicht nur du, sondern auch er. Das ist kein Bett, sondern eine Couch.* Es genügt nicht, wenn die Verneinung nur dem Sinne nach vorhanden ist: *Ich denke weniger an meinen Kummer, als* (nicht: *sondern*) *vielmehr an deine kranke Mutter.*

Sonnabend: ↑Samstag/Sonnabend.

Sonntag: Zu *Sonntag abend/Sonntagabend* ↑Dienstag (2). Zu *Sonntag abend* und *Sonntag abends, sonntags abends* ↑Adverb (3). Zu *Am Sonntag, dem/den 14. 1.* ↑Datum. Zu *des Sonntag[e]s/Sonntag* ↑Wochentage.

sonstig: Nach *sonstig* wird das folgende Adjektiv (Partizip) gewöhnlich parallel gebeugt: *sonstiges überflüssiges Gepäck, sonstiger angenehmer Zeitvertreib.* Nur im Dativ Singular Maskulinum und Neutrum und im Genitiv Plural tritt gelegentlich schwache Beugung auf: *mit sonstigem unveröffentlichtem*/(auch:) *unveröffentlichten Material, bei Ausnutzung sonstiger arbeitsfreier*/(auch:) *arbeitsfreien Tage.*

Sonthofer: Die Einwohner von Sonthofen heißen *Sonthofer,* nicht *Sonthofener.* ↑Einwohnerbezeichnungen (1 und 7).

sooft/so oft: 1. Rechtschreibung: Zusammen schreibt man die Konjunktion: *Sooft du zu mir kommst, bist du mein Gast.* Getrennt schreibt man, wenn es sich um eine adverbiale Fügung handelt: *Ich sagte es dir so oft, daß...* ↑Zusammen- oder Getrenntschreibung (4.3). **2. Komma:** Ein mit der Konjunktion *sooft* eingeleiteter Nebensatz wird immer durch Komma vom Hauptsatz abgetrennt: *Ich freute mich, sooft ich sie sah.*

Sorge: 1. Sorge tragen: Das Substantiv *Sorge* wird von dem Verb *tragen* getrennt geschrieben, weil *Sorge* hier noch deutlich als Substantiv empfunden wird und beide Wörter eigenen Satzgliedwert haben: *Du mußt dafür Sorge tragen, daß der Auftrag ausgeführt wird.* ↑Zusammen- oder Getrenntschreibung (2.1). **2. Negation:** In der Fügung *[keine] Sorge haben* bezieht sich *Sorge* auf etwas Unerwünschtes, Negatives: *Ich habe Sorge* (= fürchte), *daß du dich erkältest. Ich habe keine Sorge* (= glaube nicht), *daß du dich erkältest.* Steht im *daß*-Satz ein positives Wort, dann muß es verneint werden. *Ich habe Sorge, daß er das Examen nicht besteht* (= er wird vielleicht durchfallen). *Ich habe keine Sorge, daß er das Examen nicht besteht* (= er wird es bestehen). Läßt man das *nicht* in diesem Satz weg, dann wird der Sinn verdreht. Also nicht: *Ich habe keine Sorge, daß er das Examen besteht.* Dagegen kann man sagen: *Ich habe Sorge, ob er das Examen besteht.* Dann hat *Sorge haben* eine ähnliche Bedeutung wie *zweifeln.* ↑bezweifeln/zweifeln.

Sorte: Zu *7 Sorten feinsten Käses/feinster Käse* ↑Apposition (2.2).

sosehr/so sehr: 1. Rechtschreibung: Zusammen schreibt man die Konjunktion: *Sosehr ich das auch billige...* Getrennt schreibt man, wenn es sich um eine adverbiale Fügung handelt: *Er lachte so sehr, daß ihm die Tränen kamen. Sie war nicht so sehr Vorgesetzte als vielmehr Kollegin.* ↑Zusammen- oder Getrenntschreibung (4.3). **2. Komma:** Ein mit der Konjunktion *sosehr* eingeleiteter Nebensatz wird immer durch Komma vom Hauptsatz abgetrennt: *Ich schaffte es nicht, sosehr ich mich bemühte.*

Souffleuse: Die weibliche Form zu *Souffleur* lautet *Souffleuse.* ↑Titel und Berufsbezeichnungen (3).

soviel/so viel: 1. Rechtschreibung: Zusammen schreibt man das vergleichende Adverb *soviel* und die Konjunktion: *Sein Wort bedeutet soviel wie ein Eid. Sie verdient doppelt soviel wie ich. Soviel ich weiß, ist es „normalerweise" umgekehrt.* Getrennt schreibt man das Gradadverb *so* von dem unbestimmten Zahlwort (↑Indefinitpronomen) *viel: Wer weiß schon so viel, daß er ganz ohne Nachschlagewerke auskommt. Nehmen Sie nur so viel Zement, wie unbedingt nötig. Er schimpfte, weil das Ventil so viel Dampf durchließ.* Immer getrennt ist zu schreiben, wenn *viel* gebeugt ist: *so viele Leute, so vieles Schöne. Sie hat doppelt so viele Patienten wie damals.* ↑Zusammen- oder Getrenntschreibung (4.3). **2.** Ein mit der Konjunktion *soviel* eingeleiteter Nebensatz wird immer durch Komma vom Hauptsatz abgetrennt: *Sie wollen bauen, soviel ich weiß.*

soviel wie/als: Nach *soviel* kann mit *wie* oder *als* angeschlossen werden. Beides ist korrekt. Der Anschluß mit *wie* ist aber häufiger: *Ich nehme soviel wie/*(seltener:) *als möglich mit.*

soweit/so weit: 1. Rechtschreibung: Zusammen schreibt man das Adverb und die Konjunktion: *Es geht ihm soweit gut. Es ist bald wieder soweit. Er soll warten, bis ich soweit bin. Ich möchte soweit wie/als möglich vorbereitet sein. Soweit ich es beurteilen kann, wird sie gehen.* Getrennt schreibt man das Gradadverb *so* von dem Adjektiv *weit* (beide Wörter tragen Starkton): *Spring so weit, wie du kannst. Spring, so weit du kannst. Sie ist so weit gereist, daß... Er förderte die Sache so weit, daß ... So weit – so gut.* Aber mit unbetontem *so: Nun ist es bald wieder soweit, daß wir heizen müssen.* ↑Zusammen- oder Getrenntschreibung (4.3). **2. Komma:** Ein mit der Konjunktion *soweit* eingeleiteter Nebensatz wird immer durch Komma vom Hauptsatz abgetrennt: *Er wird recht haben, soweit ich das beurteilen kann.*

sowenig/so wenig: Zusammen schreibt man das Adverb: *Ich bin sowenig dazu bereit wie du. Ich kann es sowenig wie du. Er soll sowenig wie möglich davon merken. Sowenig du auch gelernt hast, das wirst du doch wissen.* Getrennt schreibt man das Gradaverb *so* von dem Indefinitpronomen *wenig: Ich habe so wenig geübt, daß ich es nicht kann.* ↑Zusammen- oder Getrenntschreibung (4.3).

sowenig wie/als: Nach *sowenig* kann mit *wie* oder *als* angeschlossen werden. Beides ist korrekt. Der Anschluß mit *wie* ist aber häufiger: *Sprich sowenig wie/*(seltener:) *als möglich mit dem Kranken!*

sowie/so wie: 1. Rechtschreibung: Zusammen schreibt man die Konjunktion: *Sowie er kommt soll er nachsehen.* Getrennt schreibt man das Korrelat *so ... wie* (beim Vergleich): *Er kam so, wie ich ihn zuletzt gesehen hatte. So, wie ich sie kenne, kommt sie nicht.* **2. Komma:** Vor der Konjunktion *sowie* in der Bedeutung „sobald" steht ein Komma, wenn sie einen Nebensatz einleitet: *Dies tat sie auch, sowie sie wieder nach Hause kam.* Für *sowie* in der Bedeutung „und" *(wissenschaftliche und technische Werke sowie schöne Literatur)* gelten dieselben Kommaregeln wie bei ↑und (7). **3. Der Direktor sowie sein Stellvertreter war/waren anwesend:** In diesem Satz kann das Verb im Singular oder im Plural stehen. *Der Direktor sowie sein Stellvertreter war/waren anwesend.* ↑Kongruenz (1.3.1–1.3.8).

sowohl – als [auch]: 1. Sowohl – als [auch]/sowohl – wie [auch]: Einem *sowohl* entspricht gewöhnlich *als auch: Er beherrscht sowohl Englisch als auch Französisch. Sie bereiste sowohl Südamerika als auch Australien.* An Stelle von *sowohl–als auch* kann auch *sowohl–wie auch* gebraucht werden: *Er beherrscht sowohl Englisch wie auch Französisch. Sie bereiste sowohl Südamerika wie auch Australien.* Auch bloßes *als* und bloßes *wie,* können als Entsprechungen gebraucht werden: *Sowohl im Frieden als im Krieg tat er seine*

Pflicht. Sowohl der Vater wie die Mutter waren überrascht. Das mußten sowohl seine Freunde wie seine Feinde anerkennen: Falsch ist es jedoch, *sowohl* mit *sowie* oder *und* zu verbinden: *Sowohl der Bürgermeister sowie* (richtig: *als [auch]* oder *wie [auch]*) *der Stadtpräsident waren erschienen. Er hatte sowohl die Koffer gepackt und* (richtig: *als auch/wie auch*) *eine Taxe bestellt.* **2. Komma:** Bei der mehrgliedrigen Konjunktion *sowohl – als [auch]/wie [auch]* steht vor *als/wie* kein Komma: *Sowohl die Eltern als auch die Kinder waren krank. Beide, er sowohl als seine Mutter, bäten inständig um eine nochmalige ... wohltuende Gunst* (R. Walser). Das gilt auch, wenn *als/wie [auch]* sich wiederholt: *Diese Rede überzeugte sowohl ihre Freunde als auch ihre Gegner als auch alle anderen Anwesenden. Die Familie fühlte sich sowohl der Firma wie auch dem Verein wie auch den vielen Freunden gegenüber verpflichtet.* Jedoch steht vor *sowohl* ein Komma, wenn es z. B. eine Infinitivgruppe einleitet: *Er behauptet, sowohl ein guter Stürmer zu sein als auch das Tor hüten zu können.* Auch vor *als auch* kann ein Komma stehen, wenn eine Infinitivgruppe oder ein Nebensatz vorausgeht: *Er behauptet sowohl, ein guter Stürmer zu sein, als auch, das Tor hüten zu können. Er behauptet sowohl, daß er ein guter Stürmer sei, als auch, daß er das Tor hüten könne.* **3. Sowohl sein Freund als/wie [auch] seine Frau hatte/hatten ihn verlassen:** Verbindet *sowohl – als auch* zwei Subjektteile, dann steht das Verb gewöhnlich im Plural, jedoch ist auch der Singular zulässig: *Sowohl sein Freund als/wie [auch] seine Frau hatten/*(seltener:) *hatte ihn verlassen.* ↑Kongruenz (1.3.11).

sozial/soziologisch: Das Adjektiv *sozial* bedeutet „die Gesellschaft, die Gemeinschaft betreffend, gesellschaftlich, gemeinnützig: menschlich, fürsorglich": *die soziale Entwicklung, Ordnung; soziale Unterschiede, Einrichtungen; sozial denken, handeln;* dagegen bedeutet *soziologisch* „die Soziologie (= Gesellschaftslehre, Gesellschaftswissenschaft) betreffend": *eine soziologische Betrachtungsweise.*

sozusagen: Zusammen schreibt man das Adverb: *Das Problem hat sich sozusagen selbst gelöst.* Getrennt schreibt man aber, wenn *so* Korrelat zu der Konjunktion *daß* in einem folgenden Nebensatz ist: *Sie versucht es so zu sagen, daß es jedermann versteht.*

sp-: Die Buchstabenverbindung darf durchaus (anders als *st;* ↑Silbentrennung [1.1.1]) getrennt werden: *Hos-pi-tal, Es-pe, Es-pla-na-de.* Zur Aussprache ↑Aussprache (13).

Spachtel: Es heißt *der Spachtel* (Genitiv: *des Spachtels,* Plural: *die Spachtel*) oder (österr. nur so:) *die Spachtel* (Genitiv: *der Spachtel,* Plural: *die Spachteln*).

Spalt/Spalte: Das männliche Substantiv *der Spalt* und das weibliche Substantiv *die Spalte* bedeuten beide „schmale und längliche Öffnung, Riß": *In der Mauer ist ein tiefer Spalt/eine tiefe Spalte. Er stürzte in einen Spalt/in eine Spalte im Eise.* Die Anwendungsbereiche der beiden Wörter sind jedoch z. T. verschieden. In Verbindung mit *offenstehen* wird nur *Spalt* gebraucht: *Das Fenster/Die Tür steht einen Spalt offen.* Als Bezeichnung für „Druckspalte (auf einer Zeitungsseite), Kolumne" ist nur *die Spalte* gebräuchlich: *Der Artikel ist eine Spalte, zwei Spalten lang.*

spalten: Zu *spalten* (das gilt auch für *abspalten, aufspalten* und *zerspalten*) lautet das 2. Partizip entweder *gespalten* oder *gespaltet.* Beide Formen sind korrekt: *Die Gesellschaft ... hatte sich ... in zwei Parteien gespalten* (Lenz) *... nicht gezählt die Masse der Sekten, die sich wieder von den Monophysiten abgespaltet hatten* (Thieß). Die Form *gespalten* steht besonders bei adjektivischem Gebrauch: *... ein bemühter junger Mann ... mit ... leicht gespaltenem Kinn* (Maass). *... als wäre er in das Leben ... bis zu den Knien eingeklemmt wie in einen gespaltenen Holzblock* (Musil).

spanisch: Klein schreibt man das Adjektiv: *spanischer Pfeffer, spanische Reiter* (= militär. Hindernis), *spanisches Rohr; das kam mir spanisch vor.* Groß schreibt man das Adjektiv in Namen: *der Spanische Erbfolgekrieg.* Zur Schreibung von *sich spanisch unterhalten, [kein] Spanisch sprechen; etwas auf spanisch sagen, in spanisch/Spanisch drucken* usw. ↑deutsch.

Spanisch, das/Spanische, das: ↑Sprachbezeichnungen.

Spann/Spanne: Das männliche Substantiv *der Spann* bedeutet „obere Wölbung des Fußes, Rist". Das weibliche Substantiv *die Spanne,* das früher als Bezeichnung für das Maß der ausgespannten Hand gebraucht wurde, wird heute gewöhnlich nur noch im Sinne von „Abstand, Unterschied" verwendet: *eine kleine Spanne, die Spanne zwischen Einkaufs- und Verkaufspreis ist nicht groß.* Dazu gehören auch die Zusammensetzungen *Flügelspanne, Verdienstspanne, Zwischenhandelsspanne, Gewinnspanne.*

spannend: Zu *ein spannendes Buch, das Buch ist spannend* ↑erstes Partizip (3).

Spargel: Es heißt standardsprachlich *der Spargel,* Genitiv: *des Spargels,* Plural: *die Spargel.* (In der Schweiz ist auch *die Spargel,* Genitiv: *der Spargel,* Plural: *die Spargeln* gebräuchlich.) ↑-el (1).

Sparre/Sparren: Neben dem männlichen Substantiv *der Sparren* kommt vereinzelt auch noch die weibliche Nebenform *die Sparre* vor; sie veraltet aber, weil in der handwerklichen Fachsprache meist nur *der Sparren* gebraucht wird.

spät: Man schreibt das Adjektiv *spät* mit den Adverbien *abends, nachmittags* zusammen, weil sie als adverbiale Einheit empfunden werden: *spätabends, spätnachmittags.*

Spatel: Das Substantiv *Spatel* kann männliches oder weibliches Geschlecht haben. Es heißt also (österr. nur so:) *der Spatel* (Genitiv: *des Spatels,* Plural: *die Spatel*) oder *die Spatel* (Genitiv: *der Spatel,* Plural: *die Spateln*).

später: Bei den deklinierten Formen von *später* wird das *e* der zweiten Silbe gewöhnlich nicht ausgestoßen: *spätere Aufführungen; alles Spätere.* ↑Adjektiv (1.2.13).

spätestens: Zu *spätestens in einer Stunde/in spätestens einer Stunde* ↑Adverb (4).

Spatz: Der Vogelname *Spatz* kann im Singular schwach oder stark gebeugt werden. Es heißt also: *des Spatzen, dem, den Spatzen* oder *des Spatzes, dem, den Spatz.* Der Plural ist immer schwach: *die Spatzen.*

spazierengehen, -fahren: Diese Verben werden im Infinitiv und Partizip und im Nebensatz mit Einleitewort zusammengeschrieben: *wir wollen spazierengehen; wir sind spazierengegangen; ... wenn er spazierenfährt.* ↑Zusammen- oder Getrenntschreibung (1.1).

speien: **1.** Im 2. Partizip kann ein *e* ausgeworfen werden, so daß neben der regulären Form *gespieen* auch gleichberechtigt *gespien* gebraucht werden kann. **2.** Wird *speien* auf einen Körperteil bezogen, dann steht die betroffene Person gewöhnlich im Dativ. *Ich könnte ihm ins Gesicht speien.* Der Akkusativ ist hier ganz unüblich. (Vgl. aber ↑beißen.)

Speisekarte/Speisenkarte: Beide Formen des Wortes, *Speisekarte* und *Speisenkarte,* sind korrekt; die Form *Speisekarte* ist aber gebräuchlicher. Andere Zusammensetzungen stehen teils ohne ↑Fugenzeichen: *Speiseeis, Speisegaststätte, Speisekammer, Speiseröhre, Speisewagen, Speisezimmer,* teils mit Fugenzeichen: *Speisenaufzug, Speisenfolge.*

speisen: Das Verb *speisen* wird standardsprachlich nur regelmäßig gebeugt: *speiste, gespeist* (nicht – wie gelegentlich in scherzhafter Redeweise –: *gespiesen*).

Spektabilität: Zur Anschrift ↑Brief (7).

spendabel: Bei *spendabel* „freigebig“ fällt, wenn es dekliniert oder gesteigert wird, das *e* der Endung gewöhnlich aus: *eine spendable Person; du warst früher viel spendabler.* ↑Adjektiv (1.2.13).

Sperma: Das Substantiv hat zwei Pluralformen: *die Spermen* und *die Spermata.*

Sperrad: Die Zusammensetzung *Sperrad* wird mit zwei *r* geschrieben. Nur bei der Silbentrennung erscheint das dritte *r* wieder: *Sperr-rad.* ↑Konsonant (1).

Sphinx: Es heißt sowohl *die Sphinx* als auch *der Sphinx.* In der archäologischen Fachsprache wird jedoch meist das männliche Substantiv gebraucht. Der Plural lautet *die Sphinxe,* in der Fachsprache auch *die Sphingen.*

Spiegelstrich: ↑Punkt (2), ↑Semikolon (4).

spielend: Zu *mit spielender Leichtigkeit* ↑erstes Partizip (4).

Spind: Das Wort „Spind“ kann sächliches oder männliches Geschlecht haben. Es heißt sowohl „das Spind“ als auch „der Spind“.

spinnen: Im Konjunktiv II wird heute die Form *spönne,* aber auch die Form *spänne* gebraucht. ↑Konjunktiv (1.3).

spitze/Spitze: ↑klasse/Klasse.

spitzkriegen: Das umgangssprachliche Verb mit der Bedeutung „ergründen, erfahren“ wird zusammengeschrieben: *Hast du das auch spitzgekriegt? Ich kriege das schon noch spitz!* ↑Zusammen- oder Getrenntschreibung (1.2).

s-Plural: ↑Plural (2–4).

Sporn: Das Substantiv *der Sporn* (Genitiv: *des Sporn[e]s,* Plural: *die Sporen*) bedeutet „Reitstiefeldorn, -rädchen“. Für bestimmte Vogelkrallen, Insektenborsten und knöcherne Fersenauswüchse werden die Pluralformen *die Sporen* und (bes. fachspr.) *die Sporne* verwendet. Nur *Sporne* dient zur Bezeichnung bestimmter Blattausstülpungen, Bergvorsprünge, Rammvorrichtungen alter Kriegsschiffe und Metallbügel bzw. -kufen am Heck leichter Flugzeuge. Auch in Zusammensetzungen wie *Heiß-, Rittersporne* wird das Plural-e verwendet.

sport[s]-/Sport[s]-: Die Zusammensetzungen mit *Sport* als Bestimmungswort stehen im allgemeinen ohne ↑Fugen-s: *Sportabzeichen, Sportarzt, Sportfeld, Sportgeist, Sporthemd, Sportkamerad, Sportlehrer, Sportnachrichten, Sportverband, Sportverein.* Schwankenden Gebrauch zeigen *Sport[s]freund, Sport[s]kanone, sport[s]mäßig.* Nur mit Fugen-s (nach engl. *sportsman*): *Sportsmann* (Plural: *-leute*/[selten:] *-männer;* ↑Mann [2]).

spotten: Das Verb *spotten* wird heute meist mit der Präposition *über* verbunden: *Sie spotteten über ihn, über sein Mißgeschick.* Der Gebrauch des Objektsgenitivs kommt nur in gehobener Sprache vor und veraltet allmählich: *Sie spotteten seiner, seines Mißgeschicks.*

Sprach-/Sprech-: Bei den Zusammensetzungen dürfen die bedeutungsverschiedenen Bestimmungswörter nicht verwechselt werden: *Sprachunterricht* bedeutet „Unterricht in einer bestimmten Sprache“, *Sprechunterricht* dagegen „Sprecherziehung, Unterricht im Sprechen“. Mit *Sprachfehler* bezeichnet man gelegentlich einen grammatischen Fehler, im allgemeinen aber eine angeborene fehlerhafte Artikulation: *Er hat einen Sprachfehler.* Dagegen bedeutet *Sprechfehler* „Fehler, der beim Sprechen unterläuft“: *Beim Gedichtaufsagen machte der Schüler sehr viele Sprechfehler.*

Sprachbezeichnungen: 1. das Deutsch/das Deutsche: Bei substantivierten Adjektiven, die eine Sprache bezeichnen, besteht zwischen der endungslosen Form und der Form auf *-e* folgender Unterschied: Die Form auf *-e* (*das Deutsche, Chinesische, Französische* usw.) bezeichnet die betreffende Sprache ganz allgemein: *Das Deutsche gehört zu den indogermanischen Sprachen. Die Erzählungen wurden aus dem*

Japanischen ins Englische Ã¼bersetzt. Die Form ohne *-e* (*das Deutsch, Chinesisch, FranzÃ¶sisch* usw.) bezeichnet dagegen eine besondere Art der betreffenden Sprache, die etwa einer bestimmten Epoche, eines einzelnen oder einer bestimmten Gruppe: *Mein Englisch ist nicht besonders gut. Das Plattdeutsche* (= die plattdeutsche Sprache allgemein) *tritt immer mehr hinter einem nur noch durch den Tonfall gefÃ¤rbten Hochdeutsch* (= einer bestimmten Form des Hochdeutschen) *zurÃ¼ck. Ich kann noch kein Italienisch, hoffe es aber in Italien zu lernen. Er sprach Ã¼ber Entwicklungstendenzen im heutigen Deutsch.* **2. Deklination:** Die endungslosen Formen der Sprachbezeichnungen bilden den Genitiv auf *-s* oder bleiben ohne Beugungsendung: *des Russischs â des Russisch, des Deutschs â des Deutsch,* wobei im allgemeinen der Genitiv ohne Beugungsendung vorgezogen wird.

sprÃ¤che/spreche: Die Form des Konjunktivs I *spreche* steht vor allem in der â indirekten Rede (2.1): Es muÃ also heiÃen: *Er sagte, sie spreche kein Deutsch. Sie fragte mich, warum er so laut spreche.* Die Form des Konjunktivs II *sprÃ¤che* steht vor allem im â Konditionalsatz (2â7): *Wenn er deutlicher sprÃ¤che, kÃ¶nnte ich ihn verstehen. Ich wÃ¤re gern bereit, sprÃ¤che nicht soviel dagegen.* Der Konjunktiv II *sprÃ¤che* tritt allerdings auch in der â indirekten Rede (3.3) auf, wenn in der direkten Rede schon *sprÃ¤che* oder *sprechen wÃ¼rde* steht oder etwas als zweifelhaft hingestellt wird.

-sprachig/-sprachlich: Diese beiden Ableitungen von *Sprache,* die als GrundwÃ¶rter verschiedener zusammengesetzter Adjektive auftreten, haben unterschiedliche Bedeutung. Das fÃ¼r sich allein nicht vorkommende *-sprachig* weist auf Besitz oder Gebrauch von Sprachen hin, hat also den Sinn von âeine oder mehrere Sprachen sprechend, in einer oder mehreren Sprachen". Entsprechende Zusammensetzungen sind: *einsprachig, zweisprachig, mehrsprachig, gemischtsprachig, deutschsprachig, fremdsprachig.* Beispiele: *zweisprachiger Unterricht* (= Unterricht in zwei Unterrichtssprachen); *die mehrsprachige Schweiz; in deutschsprachiger* (= deutschsprechender) *Umgebung.* Dagegen drÃ¼ckt die Ableitung *-sprachlich* den Bezug auf die Sprache aus, bedeutet also âÃ¼ber die Sprache, die Sprache betreffend, auf die Sprache bezogen", z. B.: *altsprachlich, neusprachlich, fremdsprachlich, metasprachlich, umgangssprachlich, schriftsprachlich.* Beispiele: *altsprachlicher Unterricht* (= Unterricht Ã¼ber Latein und Griechisch); *ein umgangssprachliches* (= zur Umgangssprache gehÃ¶rendes) *Wort.* Dazu auch â fremdsprachig/fremdsprachlich, â -ig/-isch/-lich.

Sprachsilbe: â Silbe.

Spray: Es heiÃt *der Spray* oder *das Spray* [Êpre:/spre:; engl.: spreÉª]. Die Formen lauten: Genitiv: *des Sprays,* Plural: *die Sprays.*

sprechen: Im Indikativ des PrÃ¤sens heiÃt es: *ich spreche, du sprichst, er spricht.* Der Imperativ lautet: *sprich!* (nicht: *spreche!*). â e/i-Wechsel; â sprÃ¤che/spreche.

Sprechsilbe: â Silbe.

Sprichwort: Der Plural von *Sprichwort* lautet *die SprichwÃ¶rter* (vgl. auch â Wort).

sprieÃen/sprossen: Das im allgemeinen nur in gehobener Sprache gebrauchte Verb *sprieÃen* âhervorwachsen, emporwachsen, keimen" wird unregelmÃ¤Ãig gebeugt *(sprieÃen â sproÃ â gesprossen): Ãberall sprossen* (nicht: *sprieÃten*) *und leuchteten die Blumen.* Das von *der SproÃ* abgeleitete Verb *sprossen* âSprossen treiben" wird dagegen regelmÃ¤Ãig gebeugt *(sprossen â sproÃte â gesproÃt).* Im letzten Jahr sproÃten die BÃ¤ume frÃ¼her. *Es ist April geworden, mit sprossenden* (= Sprossen treibenden) *BÃ¼schen und wachsenden Blumen* (Fallada). Daneben wird es aber auch in der Bedeutung von *sprieÃen* gebraucht: *Auf den Feldern und*

Wiesen sproßte (= wuchs, kam hervor, sproß) *das erste Grün.*

springen: Das Perfekt des Bewegungsverbs *springen* wird im allgemeinen mit *sein* umschrieben, auch wenn keine Veränderung in der Bewegung, keine Ortsveränderung ausgedrückt wird: *Sie ist sehr elegant, ziemlich weit gesprungen. Das Kind ist über die Straße gesprungen. Er ist von der Mauer gesprungen. Ich bin schnell mal zum Bäkker gesprungen* (ugs.). Wird *springen* auf eine bestimmte Sportart (Weitsprung, Hochsprung) bezogen, dann kann das Perfekt auch mit *haben* gebildet werden: *Du bist jetzt an der Reihe, ich bin/habe bereits gesprungen. Er ist*/(seltener:) *hat die 5,20 m zweimal gesprungen.* ↑haben (1). Zu *zu springen/zuspringen* ↑zu (11).

Springinsfeld: Der Plural von *der Springinsfeld* lautet *die Springinsfelde.*

Sproß/Sprosse: Das männliche Substantiv *der Sproß* (Genitiv: *des Sprosses,* Plural: *die Sprosse*) bedeutet „Pflanzentrieb, Schößling" und „Nachkomme". Das weibliche Substantiv *die Sprosse* (Genitiv: *der Sprosse,* Plural: *die Sprossen*) hat die Bedeutungen „Leiter-, Fensterquerholz" und veraltet „Sommersprosse, kleiner Leberfleck". In der Jägersprache ist als Bezeichnung für die Geweihspitze sowohl *der Sproß* als auch *die Sprosse,* aber nur die Pluralform *die Sprossen* gebräuchlich.

sprossen: ↑sprießen/sprossen.

Spund: Der Plural von *Spund* in der Bedeutung „Faßverschluß" lautet *die Spünde* (nicht: *die Spunde*). In der übertragenen umgangssprachlichen Bedeutung „junger Kerl" lautet dagegen der Plural *die Spunde.*

spüren: Zu *Er ließ mich* (nicht: *mir*) *seine Verärgerung spüren.* ↑lassen (5).

ss/ß: ↑S-Laut (1), ↑Konsonant (1).

St.: ↑Sankt.

st-, St-: ↑Aussprache (13).

-st-: Zur Trennung von Wörtern mit der Konsonantenverbindung *-st-* (*We-sten, Bast-ler, sech-ste;* aber: *Diens-tag*) ↑Silbentrennung (1.1.1 und 1.2).

Staatenblock: Der Plural von *Staatenblock* kann *die Staatenblocks* oder *die Staatenblöcke* lauten (↑Block).

staatenlos: Entgegen der gelegentlich vertretenen Ansicht, daß diese Zusammensetzung sinngemäß *staatlos* lauten müsse, ist die Form mit *-en-* durchaus korrekt, denn *-en-* ist hier nicht Pluralendung, sondern ↑Fugenzeichen.

Staatenlose: Zu allen Zweifelsfragen ↑Angeklagte und ↑substantiviertes Adjektiv (2.1).

staatserhaltend: Das Wort *staatserhaltend* wird mit Fugen-s geschrieben, obwohl es aus einem Substantiv als Bestimmungswort und einem Partizip als Grundwort besteht. ↑Fugen-s (3.4).

Staatsmann: Der Plural von *Staatsmann* lautet *die Staatsmänner* (nicht: *die Staatsleute*). ↑Mann (2).

Staatssäckel: Es heißt *der Staatssäckel* (nicht: *das Staatssäckel*). ↑Säckel.

Stachel: Entgegen der Regel, daß männliche Substantive auf *-el* im Nominativ Plural endungslos sind (z. B. *die Deckel, die Würfel, die Gipfel*), lautet der Plural *die Stacheln* (nicht: *die Stachel*).

Stadt-/Städte-: In entsprechenden Zusammensetzungen steht pluralisches *Städte-,* wenn es tatsächlich um mehr als eine Stadt geht: *Städtebau, Städtebilder* (= bildliche Darstellung von Städten; Pluraletantum), *Städtebund, Städtepartnerschaft, Städtetag.* Sonst steht *Stadt-: Stadtarchiv, Stadtbahn, Stadtbaurat, stadtbekannt, Stadtbezirk, Stadtbild, Stadtflucht, Stadtgespräch, Stadtkern, Stadtklatsch, Stadtkreis, Stadtmauer, Stadtmitte, Stadtplan, Stadtplanung, Stadtrand, Stadtrat, Stadtrecht, Stadttheater, Stadttor, Stadtväter, Stadtverordneter, Stadtverwaltung, Stadtviertel.*

Städtenamen: ↑Ortsnamen.

Stadthäger: Die Einwohner von Stadthagen heißen *Stadthäger* (nicht: *Stadthagener*). ↑Einwohnerbezeichnungen (4 und 7).

Stadtrat: Zur Anschrift ↑Brief (7).

Stahl: Der Plural von *Stahl* lautet *die Stähle* oder (seltener) *die Stahle.*

Stahlblock: Der Plural von *Stahlblock* lautet *die Stahlblöcke* (↑Block).

stähle/stehle: Die Form *stehle* ist die Form des Konjunktivs I, die vor allem in der ↑indirekten Rede (2.1) steht: *Sie sagte, er stehle ihr nur die Zeit. Ich fragte, ob man ihm oft Bücher stehle.* Dagegen steht *stähle* (selten: *stöhle*), die Form des Konjunktivs II, vor allem im ↑Konditionalsatz (2–7): *Stähle er Geld, dann müßte man ihn entlassen.* Der Konjunktiv II *stähle* tritt allerdings auch in der ↑indirekten Rede (3.3) auf, wenn in der direkten Rede schon *stähle* oder *stehlen würde* steht oder etwas als zweifelhaft hingestellt wird.

Stammesnamen: ↑Völker- und Stammesnamen.

Stammform: Bei den Verben werden drei Stammformen unterschieden: 1. Stammform = 1. Person Singular Indikativ Präsens *(ich lebe; ich fliege);* 2. Stammform = 1. Person Singular Indikativ Präteritum *(ich lebte; ich flog);* 3. Stammform = zweites Partizip *(gelebt; geflogen).* Daraus lassen sich alle übrigen Konjugationsformen eines Verbs ableiten.

Stammsilbe: Die Stammsilbe (der Stamm) ist der bedeutungstragende Bestandteil eines Wortes nach Ablösung von Präfix, Suffix, Deklinations- oder Konjugationsendung, z. B. *-leb-* in *Erlebnisse, -schön-* in *verschönen, sing-* in *singst.* Bestimmte einsilbige Wörter bestehen nur aus der Stammsilbe, z. B. *Held, Wort, kalt, schön.*

Stand: Zu *in den Stand setzen/instand setzen:* ↑instand; vgl. auch ↑außerstande.

ständig/ständisch: Diese beiden Ableitungen von *Stand* dürfen nicht miteinander verwechselt werden: *ständig* hat die Bedeutung „ununterbrochen, fortdauernd, stets wiederkehrend": *Nie kauft er Zigaretten, raucht aber ständig* (Grass). *Ich habe Arbeit, ständige Arbeit an mir selbst* (Nigg). Dagegen bedeutet *ständisch* „nach [Berufs]ständen gegliedert, einen [Berufs]stand betreffend": *Das Land hatte früher eine ständische Verfassung, eine ständische Gliederung des Gemeinwesens.*

Stapfe/Stapfen: Die Formen *Stapfe* und *Stapfen* werden gleichbedeutend gebraucht. Das weibliche Substantiv *die Stapfe* (Genitiv: *der Stapfe,* Plural: *die Stapfen*) ist gebräuchlicher als *der Stapfen* (Genitiv: *des Stapfens,* Plural: *die Stapfen*). ↑Substantiv (2.4).

stark: Klein schreibt man das Adjektiv: *das starke Geschlecht, die starke Deklination; er ist am stärksten.* Groß schreibt man Substantivierungen: *ein Starker; die Starken geringachten; er ist der Stärkste. Das ist das Stärkste* (= Beeindruckendste; ugs.), *was ich bisher gesehen habe!* Getrennt schreibt man das Adjektiv *stark* vom folgenden Verb oder Partizip: *stark sein, werden, machen; stark gehopftes Bier, stark verdünnter Alkohol.*

starke Deklination/starke Konjugation: Zur starken Deklination ↑Adjektiv (1.1.1), ↑Substantiv (1.1). Zur starken Konjugation der Verben ↑Konjugation (2.2).

statt: 1. Rektion: Die Partikel *statt* kann sowohl Präposition (= an Stelle) als auch Konjunktion (= und nicht) sein. Als Präposition hat sie im allgemeinen den Genitiv (nicht: den Dativ) nach sich: *Sie trug statt eines Kopftuchs* (nicht: *statt einem Kopftuch*) *einen Hut.* Er wies die Schwester statt des Stationsarztes (nicht: *statt dem Stationsarzt*) zurecht. *Aber warum wollte ich plötzlich den anderen statt seiner?* (Jahnn). *„Welches Anliegen haben Sie?" fragte sie mich erneut statt eines Bescheides* (Jahnn). Der Dativ ist nur dann zulässig, wenn der Genitiv (Plural) nicht eindeutig ist (*statt Hüten, statt Eiern,* da die Formen *Hüte, Eier* auch Nominativ oder Akkusativ Plural sein könnten) oder wenn ein weiteres starkes Substantiv im Genitiv Singular dem starken Substantiv im Genitiv Singular, das von der Präposition abhängt, folgt oder vorausgeht *(statt dem Hut des Mannes* für *statt des Hutes des Mannes; statt Vaters klugem Plan* für *statt Vaters klugen Planes).* ↑Präposition (2). – Wird aber *statt* nicht als Präposition, sondern als Konjunktion gebraucht, dann regiert es keinen Kasus, d. h., der folgende Kasus hängt nicht von *statt* sondern vom Verb ab: *Er gab das Geld ihr statt ihm* (= Er gab das Geld ihr, statt es ihm zu geben). *Er zeichnete seinen Vorgesetzten statt ihn aus.* **2. Komma:** Das Komma vor *statt daß* steht wie vor dem einfachen *daß,* weil beide Wörter wie eine einfache Konjunktion eingesetzt sind: *Sie lobte ihn, statt daß sie ihn tadelte. Statt daß der Minister kam, erschien nur sein Staatssekretär.* Die Fügung *statt zu* + Infinitiv gilt als erweiterter Infinitiv und wird deshalb durch Komma abgetrennt: *Er spielte, statt zu arbeiten. Statt sich zu beeilen, bummelte sie. Er ging, statt nach Hause zu gehen, in eine Kneipe.*

statt/Statt: In Fügungen wie *an Kindes Statt, an Eides Statt, an Zahlungs Statt* handelt es sich nicht um die Präposition *statt,* die ja vor dem Substantiv (Pronomen) stehen müßte, sondern um das Substantiv *die Statt* (= Stelle, Platz). Das Wort ist daher groß zu schreiben: *Er kommt an meiner Statt.* Aber: *Er kommt statt* (= Präposition) *meiner.*

statt daß: Zum Komma ↑statt (2).

statt dessen: Die Verbindung wird getrennt geschrieben: *Beamtete Lehrer machen Überstunden. Sollte man statt dessen nicht wenigstens Teilzeitstellen für arbeitslose Referendare einrichten?*

stattfinden, statthaben: Die 2. Partizipien dieser beiden intransitiven, mit *haben* verbundenen Verben dürfen nicht attributiv verwendet werden. Also nicht: *die stattgefundene Versammlung, die stattgehabte Veranstaltung, unsere stattgefundene Vermählung.* ↑zweites Partizip (2.2).

Status: Es heißt *der Status* [ʃt.../st...], Genitiv: *des Status,* Plural: *die Status* (Aussprache mit langem u̱); enbenso: *Status quo* und *Status nascendi.*

Staub: Der nur in den Fachsprachen übliche Plural von *Staub* kann sowohl *die Stäube* als auch *die Staube* lauten. Die umgelautete Form ist gebräuchlicher.

Staub saugen/staubsaugen: Beide Schreibweisen sind möglich. Im ersten Fall handelt es sich um eine syntaktische Fügung, im zweiten Fall um eine Ableitung von *Staubsauger* (↑Zusammen- oder Getrenntschreibung [2.1]), also: *ich sauge/saugte Staub, ich habe Staub gesaugt* und *ich staubsauge/ich staubsaugte, ich habe staubgesaugt.*

staunend: Das 1. Partizip von *staunen* kann nicht im Sinne von „staunenerregend, erstaunlich" gebraucht werden. Es heißt also: *Diese Schuhe sind erstaunlich* (nicht: *staunend*) *billig.* ↑erstes Partizip (3).

staunenerregend/Staunen erregend: Im allgemeinen schreibt man zusammen: *eine staunenerregende Fertigkeit; die Fertigkeit ist staunenerregend.* Getrennt schreibt man, wenn *Staunen* durch eine nähere Bestimmung (ein Attribut) oder durch nachdrückliche Betonung als Substantiv deutlich zu erkennen ist: *ein allgemeines Staunen erregendes Ereignis.* ↑Zusammen- oder Getrenntschreibung (3.1.1).

stechen: 1. stechen/stich: Im Indikativ des Präsens heißt es: *ich steche, du stichst, er, sie, es sticht.* Der Imperativ lautet: *stich!* (nicht: *steche!*). ↑e/i-Wechsel. **2. Die Wespe hat ihm/ihn in den Arm gestochen · Die Uhr stach ihm in die Augen:** Wird *stechen* auf einen Körperteil bezogen, dann kann die betroffene Person im Dativ oder im Akkusativ stehen. Der Dativ ist üblicher: *Die Wespe stach dem Kind in den Arm.*

Ich habe mir in den Finger gestochen. Im Gegensatz zum Dativ (Dativ der Beteiligung) drückt der Akkusativ stärker aus, daß die Person unmittelbar betroffen ist. Jedoch liegt auch bei diesen Sätzen der Hauptton immer auf der Angabe des Körperteils: *Die Wespe hat ihn in den Arm gestochen. Ich habe mich in den Finger gestochen.* Bei einem nichtpersönlichen Subjekt (bildlicher oder übertragener Gebrauch) kann nur der Dativ stehen: *Die Uhr stach dem jungen Mann in die Augen.* – Ähnlich wie *stechen* werden auch andere Verben der körperlichen Berührung behandelt, vgl. z. B. ↑schlagen, ↑beißen, ↑schneiden.

stechen/stecken: Die beiden Wörter dürfen nicht miteinander verwechselt werden, wie es zuweilen in der Umgangssprache, besonders in Norddeutschland, geschieht. Für das intransitive *stecken* (= sich irgendwo, in etwas befinden, dort festsitzen, eingefügt sein) wird dabei fälschlicherweise *stechen* gebraucht, z. B.: *Der Schlüssel sticht* (statt richtig: *steckt*) *im Schloß. Der Nagel sticht* (statt richtig: *steckt*) *fest im Holz.* Oder auch im übertragenen Bereich: *Wo stichst* (statt richtig: *steckst*) *du denn schon wieder?*

stecken: 1. Beugung: Das transitive Verb *stecken* „etwas in etwas einfügen, hineinbringen, etwas festheften" wird stets regelmäßig gebeugt *(stecken – steckte – gesteckt): Er steckte die Rose an den Hut. Dann hat ihr Peter seinen Finger in den Hals gesteckt* (Hausmann). Das intransitive Verb *stecken* „sich irgendwo, in etwas befinden, dort festsitzen, befestigt sein" kann im Präteritum sowohl unregelmäßig *(stak – gesteckt* [nicht: *gestocken*]*)* als auch regelmäßig *(steckte – gesteckt)* gebeugt werden. Die regelmäßigen Formen sind in der Alltagssprache üblicher, die unregelmäßigen gehören mehr der geschriebenen Sprache an. Regelmäßig: *Die Mundharmonika steckte in der aufgenähten Tasche. Die Kabinentür war von Köpfen, von Armen, die in Verbandpackungen steckten ... blockiert* (Plievier). Unregelmäßig: *Der Arm unter dem übergehängten Mantel und die eine Brustseite staken in einem Verband.* (Plievier). *... der hier aus einem weißen sehr feinen Schlamm bestand, in dem Muscheln staken* (Gaiser). **2. die Hände in den Taschen stecken haben:** Zu dem intransitiven *stecken (die Hände staken/steckten in den Taschen)* gibt es die persönliche Konstruktion mit *haben* + Infinitiv: *Er hat die Hände [immer] in den Taschen stecken,* die einen Zustand bezeichnet, nicht aber den Vorgang des Hineinsteckens. Diese Ausdrucksweise ist korrekt. Vgl. aber ↑einstecken.

steckenbleiben: Das Verb *steckenbleiben* wird immer zusammengeschrieben, bei ursprünglicher wie bei übertragener Bedeutung: *Da ist mir eine Gräte im Hals steckengeblieben! Der Schlüssel kann steckenbleiben. Er ist bei seinem Vortrag steckengeblieben* (= ins Stocken geraten). ↑Zusammen- oder Getrenntschreibung (1.1).

steckenlassen/stecken lassen: Getrennt schreibt man, wenn beide Verben in selbständiger Bedeutung gebraucht werden und eigenen Satzgliedwert haben: *Er hat die Frauen Bohnen stẹcken lạssen:* Zusammen schreibt man, wenn durch die Verbindung ein neuer Begriff oder eine Bedeutungsschattierung entsteht: *Er hat den Schlüssel stẹckenlassen* (= nicht abgezogen); *jemanden in der Not stẹckenlassen* (= im Stich lassen). *Du kannst dein Geld stẹckenlassen* (= mußt nicht zahlen; ugs.). ↑Zusammen- oder Getrenntschreibung (1.1).

stehen: 1. Konjunktiv II: Der Konjunktiv II von *stehen* kann *ich stünde* oder *ich stände* lauten. Die ältere Form mit *ü* ist gebräuchlicher als die jüngere mit *ä*. **2. Perfekt mit *haben* oder mit *sein*:** Im deutschen Sprachgebiet südlich des Mains – mit Ausnahme von Südhessen und der Pfalz – wird das Perfekt von *stehen* mit *sein* gebildet: *Wir sind unter einem Baum gestanden.* Im übrigen deutschen Sprachgebiet ist die Perfektumschreibung mit *haben* üblich: *Wir haben unter einem Baum gestanden. Der Wagen hat in der Garage gestanden.* **3. etwas zu stehen haben:** Der Gebrauch der Infinitivkonjunktion *zu* bei *stehen* in diesen mit *haben* gebildeten Fügungen ist landschaftlich (Berlin) und gilt standardsprachlich als falsch: *Sie hat einen schönen alten Schrank in ihrem Zimmer stehen* (nicht: *zu stehen*). ↑zu (1). **4. auf jemanden, auf etwas stehen:** In dieser umgangssprachlichen Wendung mit der Bedeutung „für jemanden, für etwas eine besondere Vorliebe haben" regiert *auf* den Akkusativ, nicht den Dativ: *Er steht besonders auf blonde Frauen. Sie steht immer noch auf schnelle Tänze.* **5. Das kommt mich/mir teuer zu stehen:** Diese Fügung wird mit dem Akkusativ, seltener auch mit dem Dativ der Person verbunden: *Das Haus, das sie sich baute, kam sie/ihr teurer zu stehen, als sie angenommen hatte. Das wird dich/dir noch teuer zu stehen kommen.* **6. alles in unserer Macht Stehende:** In dieser Fügung ist das 1. Partizip von *stehen* substantiviert und daher groß zu schreiben. **7.** Zu *das steht zu erwarten* ↑Passiv (3.4); zu *auf die Füße zu stehen kommen* ↑kommen (3).

stehenbleiben/stehen bleiben: Getrennt schreibt man *stehen* von dem Verb *bleiben,* wenn beide Wörter in ihrer ursprünglichen Bedeutung gebraucht werden und eigenen Satzgliedwert haben: *Der Bote durfte sich nicht setzen, er mußte stehen bleiben.* Zusammen schreibt man, wenn durch die Verbindung ein neuer Begriff entsteht: *Du sollst stehenbleiben!* (= anhalten) *Die Uhr ist stehengeblieben* (= nicht mehr im Gange). *Der Druckfehler ist stehengeblieben* (= nicht verbessert worden). ↑Zusammen- oder Getrenntschreibung (1.1).

stehenlassen: Getrennt schreibt man *stehen* von dem Verb *lassen,* wenn beide Wörter in ihrer ursprünglichen Bedeutung gebraucht werden: *Man hat ihn die ganze Zeit stehen* (= nicht sitzen) *lassen.* Zusammen schreibt man, wenn durch die Verbindung ein neuer Begriff entsteht: *Man hat ihn einfach stehenlassen* (= sich nicht um ihn gekümmert). *Wer hat die Suppe stehenlassen?* (= nicht gegessen)? *Du hast deinen Schirm stehenlassen* (= vergessen)! ↑Zusammen- oder Getrenntschreibung (1.1).

stehlen: 1. stehlen/stiehl: Im Indikativ des Präsens heißt es: *ich stehle, du stiehlst, er, sie, es stiehlt.* Der Imperativ lautet: *stiehl!* (nicht: *stehle!*) ↑e/i-Wechsel. **2. Konjunktiv II:** Der Konjunktiv II von *stehlen* lautet heute *ich stähle.* Der ältere Konjunktiv *ich stöhle,* der von Luther bis zum 19. Jahrhundert daneben auch üblich war, ist heute nicht mehr gebräuchlich. ↑stähle/stehle.

steif: Getrennt schreibt man *steif* vom folgenden Verb, wenn beide Wörter in ursprünglicher Bedeutung gebraucht werden (beide Wörter tragen Starkton): *steif sein, werden machen, kochen* usw.; *du sollst das Bein steif halten.* Zusammen schreibt man, wenn durch die Verbindung ein neuer Begriff entsteht (nur *steif-* trägt Starkton): Er hat die Ohren steifgehalten (= sich nicht unterkriegen lassen; ugs.). *Sie hat den Nacken steifgehalten* (= sich behauptet; ugs.). ↑Zusammen- oder Getrenntschreibung (1.2).

Steigerung: ↑Vergleichsformen.

Stein: Der Plural von *Stein* lautet standardsprachlich *die Steine.* (In landschaftlicher Umgangssprache kommt auch die Pluralform *die Steiner* vor.)

Steinblock: Der Plural von *Steinblock* lautet *die Steinblöcke* (nicht: *die Steinblocks*). ↑Block.

Steinhäger: ↑Einwohnerbezeichnungen (1, 4 und 7).

Stelldichein: Das Substantiv *Stelldichein* bleibt entweder ungebeugt (Genitiv: *des Stelldichein,* Plural: *die Stelldichein*), oder es wird stark gebeugt (Genitiv: *des Stelldicheins,* Plural: *die Stelldicheins*).

stellen, sich: Zu *sich außerhalb der Gesellschaft stellen* ↑außerhalb.

Stellenangabe: ↑Zitat.

Stellung: 1. Zu *die Stellung Wilsons als Politiker/als eines Politikers* und *als großer Politiker/als großen Politikers* usw. ↑Apposition (3.2; 3.3). **2.** Vgl. auch ↑Wortstellung.

Stellungnahme: ↑-nahme.

stempeln: Im übertragenen Gebrauch wird *stempeln* mit der Präposition *zu,* nicht mit der Vergleichspartikel *als* verbunden: *Ich lasse mich nicht zum* (nicht: *als*) *Verbrecher stempeln.* Anders ist es bei *abstempeln: eine Bewegung als reaktionär abstempeln; jemanden als Geisteskranken abstempeln. Die Fraktion ist ... zu Ja-Sagern abgestempelt worden* (Dönhoff).

Steno[gramm]block: Der Plural lautet *die Steno[gramm]blocks* (↑Block).

Steppke: Es heißt *der Steppke,* Genitiv: *des Steppke[s],* Plural: *die Steppkes.*

sterben: **1. sterben/stirb:** Im Indikativ des Präsens heißt es: *ich sterbe, du stirbst, er, sie, es stirbt.* Der Imperativ lautet: *stirb!* (nicht: *sterbe!*). ↑e/i-Wechsel. **2. Konjunktiv:** Der Konjunktiv II von *sterben* lautet *ich stürbe.*

sterben/versterben: An Stelle des neutralen *sterben* wird im Perfekt und im Präteritum gelegentlich das gehobene, feierliche *versterben* verwendet. Dieses Verb kann aber nicht mit der Angabe der Todesursache gebraucht werden: *Sie starb* (nicht: *verstarb*) *an Blinddarmentzündung.* Aber: *Er verstarb im hohen Alter von 90 Jahren. ... (der) nach einem Leben enthaltsamster Zurückgezogenheit unauffällig verstorben ist* (Hildesheimer). Als Attribut und als substantiviertes Partizip sind nur die Formen *verstorben, der Verstorbene* üblich (nicht: *der Gestorbene*): *Selbst S. Freud, der den verstorbenen* (nicht: *gestorbenen*) *Weininger einen hochbegabten Jüngling genannt hatte* (Grass). *Ich erzählte von ... dem Gespräch, das ich vor einem Jahr ... mit dem Verstorbenen* (nicht: *Gestorbenen*) *geführt hatte* (Jens).

Stereofonie/-phonie: ↑f/ph.

Stern-/Sternen-: Die Zusammensetzungen mit *Stern* als Bestimmungswort stehen mit oder ohne das Fugenzeichen *-en-.* Ohne Fugenzeichen sind alle Wörter aus den Bereichen der Astronomie und der Astrologie gebildet, z. B. *Sternatlas, Sternbild, Sterndeuter, Sternforscher, Sterngruppe, Sternkunde, Sternort, Sternschnuppe, Sternsystem, Sternwarte, Sternzeit.* Ohne *-en-* stehen auch bildliche und übertragene Anwendungen wie *Sternblume, Sternfahrt, sternförmig, sternhagelvoll, Sternsingen, Sternstunde.* Mit Fugenzeichen erscheinen dagegen *Sternenbanner* und eher literarische Ausdrücke wie *Sternenlicht, sternenwärts, Sternenzelt,* auch *Sternenhimmel* (Astronomie: *Sternhimmel*). Neben *stern[en]hell* steht *sternklar* ohne *-en-.*

Stern[bild]namen: **1. Genus:** Sterne und Sternbilder haben ihr Genus von dem betreffenden Wesen oder Ding, nach dem sie benannt sind: *der Jupiter, der Saturn, der Drache; die Kassiopeia, die Waage, die Venus; das Chamäleon, das Dreieck.* Wo das Genus aus der Bedeutung nicht abzuleiten ist, steht meist das männliche: *der Algol, der Arktur, der Fomalhaut, der Beteigeuze.* Die auf *-a* endenden sind jedoch weiblich: *die Wega, die Kapella, die Gemma.* **2. Schreibung:** Zu Stern[bild]namen gehörende Adjektive werden groß geschrieben: *der Große Bär, der Kleine Bär, der Kleine Löwe, der Fliegende Fisch, der Sobieskische Schild.* ↑Namen (2).

Steuer: **1. das Steuer/die Steuer:** Das sächliche Substantiv *das Steuer* bezeichnet eine Lenkvorrichtung, das weibliche Substantiv *die Steuer* bedeutet „öffentliche Geldabgabe". **2. die Steuer/die Steuern (Geldabgaben):** Man gebraucht den Plural *die Steuern,* wenn die einzelnen Abgaben oder verschiedene Steuern gemeint sind: *Steuern zahlen, hinterziehen, erheben. Die Generale siegen; die Steuern erdrücken das Land* (Jahnn). *Nun sollten die rück-*

ständigen Steuern nicht mehr gestundet werden... (Schaper). Sonst steht die Sammelbezeichnung *die Steuer: ... es fiel mir ein, daß ich die Flasche Kognak von der Steuer abschreiben konnte* (Böll).

-steuer: Über Zusammensetzungen mit *-steuer* (z. B. *Einkommen[s]steuer*) ↑Fugen-s (3.1).

Steuermann: Das Wort hat zwei Pluralformen: *die Steuermänner* und *die Steuerleute.*

Stichwort: Das Substantiv *Stichwort* hat zwei Pluralformen: *die Stichwörter* und *die Stichworte.* Die verschiedenen Pluralformen unterscheiden sich jedoch in der Bedeutung. *Stichwort* im Sinne von „[an der Spitze eines Artikels stehendes] erläutertes Wort oder erläuterter Begriff in Nachschlagewerken" hat den Plural *die Stichwörter.* Demgegenüber wird der Plural *die Stichworte* gebraucht, wenn es sich um das Einsatzwort eines Schauspielers oder um kurze Aufzeichnungen aus einzelnen wichtigen Wörtern handelt: *Er baute an Dialogen, in denen Zeugen und Verteidiger ihm genau jene Stichworte brachten, die er notwendig hatte* (Baum). *Chruschtschows Darlegungen ... waren von einem Teilnehmer an dem Empfang in Stichworten aufgezeichnet worden* (F. A. Z.). ↑Wort.

stieben: 1. Formen: Üblich sind die unregelmäßigen Formen *stob, gestoben: Und Funken stoben gen Himmel* (Plievier). *Das Boot stob jetzt durchs Wasser* (Ott). Daneben gibt es heute auch schon die regelmäßigen Formen *stiebte, gestiebt.* **2. Perfektumschreibung:** Das Perfekt von *stieben* kann sowohl mit *sein* als auch mit *haben* gebildet werden. Sieht man das Geschehen in seiner Dauer dann wird mit *haben* umschrieben: *Die Funken haben nur so gestoben.* Man gebraucht dagegen *sein,* wenn die Veränderung in der Bewegung, die Ortsveränderung ausgedrückt werden soll: *Die Funken sind zum Himmel gestoben. Auf das Klingelzeichen sind die Schüler sofort nach Hause gestoben. Das Boot ist über den See gestoben. Der Schnee ist bis zum Kutschbock gestoben (gestiebt).* Jedoch nimmt der Gebrauch mit *sein* wie bei anderen Bewegungsverben immer mehr zu. Daher auch schon: *Die Funken sind nur so gestoben.* ↑haben (1).

Stiefel: Der Plural lautet in der Standardsprache *die Stiefel.* Die schwache Pluralform *die Stiefeln* ist landschaftlich oder umgangssprachlich und gilt nicht als korrekt.

Stiel / Stil: 1. Schreibung: Das Substantiv *der Stiel* mit *ie* bedeutet „Handhabe, Griff, Schaft, Stengel". Dagegen bezeichnet *der Stil* mit *i* die Einheit der Ausdrucksformen eines Kunstwerks, eines Menschen oder einer Zeit, die Darstellungsweise, Art, Bauart, Schreibart, Kunstrichtung. **2. Aussprache:** Das deutsche Wort *Stiel* wird in der Hochlautung mit [ʃt] gesprochen. Das Fremdwort *Stil* wird meist ebenfalls [ʃti:l] gesprochen, doch kommt auch die Aussprache [sti:l] vor. Das gleiche gilt für seine Ableitungen und Zusammensetzungen: *Baustil, Stilkunde, stilisieren, Stilistik.*

Stift: Das männliche Substantiv *der Stift* (Genitiv: *des Stift[e]s,* Plural: *die Stifte*) bedeutet „Bleistift, kurzes Stäbchen" und (ugs.) „Lehrjunge, Halbwüchsiger". Dagegen bezeichnet man mit dem sächlichen Substantiv *das Stift* (Genitiv: *des Stift[e]s,* Plural: *die Stifte/*[selten:] *die Stifter*) ein Kloster oder eine Stiftung in Gestalt eines Altersheims, einer Schule o. ä.

Stil / Stiel: ↑Stiel / Stil.

still: 1. Rechtschreibung: Klein schreibt man das Adjektiv: *ein stilles Glück, stille Reserven, ein stiller Teilhaber, eine stille Messe.* Klein schreibt man das Adjektiv auch bei vorangehendem Artikel, wenn es in unveränderlicher Verbindung steht: *Ich habe im stillen* (= unbemerkt) *schon vorgesorgt.* Groß schreibt man das substantivierte Adjektiv: *Er liebte das Stille ihres Wesens.* Groß schreibt man das Adjektiv in Namen: *der Stille Ozean, der Stille*

Freitag (= Karfreitag), *die Stille Woche* (= Karwoche), *die Stille Nacht* (= Heilige Nacht). ↑Groß- oder Kleinschreibung (1.2.1). Getrennt schreibt man *still* vom folgenden Verb, wenn beide Wörter in ursprünglicher Bedeutung gebraucht werden (beide Wörter tragen Starkton): *still sein, werden, sitzen, stehen, halten.* Zusammen schreibt man, wenn durch die Verbindung ein neuer Begriff entsteht (nur *still-* trägt Starkton): *In dem Haus ist es ganz stillgeblieben* (= hat sich nichts geregt). *Die Fabrik wurde stillgelegt* (= außer Betrieb gesetzt). *Er hat beim Zahnarzt stillgehalten* (= sich ruhig verhalten). *Diese Fabrik wird bald stilliegen* (= außer Betrieb sein). *Sie hat stillgeschwiegen* (= aus Gründen der Diskretion nicht mit einem Dritten über eine anvertraute Nachricht gesprochen). *Sein Herz hat plötzlich stillgestanden* (= aufgehört zu schlagen). ↑Zusammen- oder Getrenntschreibung (1.2). **2.** Zu *stiller, stillste* ↑Vergleichsformen (2.3 und 3.1).

Stilleben: Die Zusammensetzung *Stilleben* (mit kurzem *i*) wird mit zwei *l* geschrieben. Nur bei der Silbentrennung erscheint das dritte *l* wieder: *Still-leben.* ↑Konsonant (1).

Stirn/Stirne: Die heute übliche Form ist *Stirn.* Die Form *Stirne* mit *e* ist weitgehend veraltet.

Stock: Der 1. Stock ist üblicherweise das Geschoß über dem Erdgeschoß. In manchen Landschaften, besonders in Süddeutschland, beginnt dagegen die Zählung der Stockwerke im Erdgeschoß, so daß dort der erste Stock dem Erdgeschoß bzw. Parterre und der zweite dem ersten Stock entspricht. Dieselbe Uneindeutigkeit besteht bei *einstöckig, zweistöckig, fünfstöckig* usw. Unmißverständlich sind dagegen Bildungen mit *-geschossig* (*eingeschossig, dreigeschossig* usw.), weil *Geschoß* allgemein auch das Parterre und den Keller bezeichnet *(Erd-, Kellergeschoß).* Zu *ein fünf Stock hohes Haus* ↑Maß-, Mengen- und Münzbezeichnungen (1).

-stöckig: ↑Stock.

Stoffarbe: Die Zusammensetzung *Stoffarbe* wird mit zwei *f* geschrieben. Nur bei der Silbentrennung erscheint das dritte *f* wieder: *Stoff-farbe.* ↑Konsonant (1).

Stoffbezeichnungen: Stoffbezeichnungen stehen im Singular, wenn damit ganz allgemein der Stoff, die Masse, das Material bezeichnet wird: *Milch, Gold, Fleisch, Leder, Butter.* Werden sie zur Unterscheidung von Arten und Sorten im Plural gebraucht (einteilender Plural, Sortenplural), sind sie Gattungsbezeichnungen: *die verschiedenen Milche[n], edle Hölzer, rheinische Weine, feste Garne.* Diese vor allem aus dem Unterscheidungsbedürfnis der Kaufleute und Techniker gebildeten Pluralformen sind heute sehr zahlreich: *die Bleie, die Eisen, die Salze, die Stähle, die Zemente.* Wo solche Pluralformen nicht üblich sind, kann die gewünschte Unterscheidung nur mit Hilfe von Zusammensetzungen erreicht werden: *Fleischsorten, Butterarten.* Es kommen auch beide Möglichkeiten der Pluralbildung nebeneinander vor: *Wollarten/Wollen, Mehlsorten/Mehle, Tonsorten/Tone.* In vielen Fällen steht neben dem Sortenplural noch ein gleichlautender gewöhnlicher Plural, der dann die aus dem betreffenden Stoff gefertigten oder bestehenden Einzelstücke bezeichnet: *die Gläser, die Hölzer, die Papiere, die Körner.* Manchmal werden zur Unterscheidung verschiedene Pluralformen gebraucht: *die Wasser* (= gewöhnlicher Plural)/*die Wässer* (= Sortenplural); entsprechend: *die Tücher/die Tuche.* Die Namen der Edelsteine *(Diamant, Rubin, Topas, Smaragd* u. a.) sind Gattungsbezeichnungen und keine Stoffbezeichnungen. Ihre Plurale bezeichnen, wie die Singulare, Einzelstücke und keine Arten. ↑Plural (5).

Stolle/Stollen: Als Bezeichnung eines bestimmten Weihnachtsgebäcks ist sowohl *der Stollen* wie *die Stolle* gebräuchlich. Die männliche und die weibliche Form kommen allerdings in verschiedenen Landschaften vor. In den Bedeutungen „Zapfen am Hufeisen oder am Fußballschuh“ und „unterirdischer Gang“ wird dagegen nur *der Stollen* gebraucht.

stolz: Das Adjektiv *stolz* kann nur mit der Präposition *auf,* nicht mit *über* verbunden werden: *Ich war richtig stolz auf ihn* (Nossack). *... aber die kleinen Eigentümerinnen waren doch sehr stolz auf ihren Besitz* (Bergengruen). Die Vergleichsformen von *stolz* werden ohne Umlaut gebildet: *stolzer, am stolzesten.* ↑Vergleichsformen (2.1).

stop/Stop, stopp/Stopp: Die vom Englischen beeinflußte Schreibung mit einem *p* wird zum Beispiel im Telegrafenverkehr (*stop* = Punkt), als Aufschrift für das internationale Verkehrsschild *(STOP)* und beim Badminton- und [Tisch]tennissport im Sinne von „Stoppball“ verwendet. Sonst ist die Schreibung mit *pp* (zu *stoppen*) üblich: *„Stopp!“ rief der Posten. Stopp mal!; ein Stopp an der Box; der Stopp für den Butterimport; Stoppball, Stopplicht, Stopppreis, Stoppschild, Stoppsignal, Stoppstraße, Stoppuhr.*

stören, sich: *sich stören an* wird mit dem Dativ und nicht mit dem Akkusativ verbunden: *Sie störte sich an seinem* (nicht: *sein*) *Benehmen. Ich hoffe, ihr werdet euch nicht an seiner manchmal etwas derben Sprache stören.*

Story: Neben dem Plural *die Storys* kommt auch die englische Pluralform *die Stories* vor. ↑-y.

stoßen: 1. sich stoßen an: Das reflexive *sich stoßen an* wird mit dem Dativ und nicht mit dem Akkusativ verbunden: *Sie stießen sich an seinem Benehmen* (nicht: *an sein Benehmen*). *Er hat sich an einem Balken gestoßen.* **2. Sie stieß mir/mich in die Seite · Er hat sie vor den Kopf gestoßen:** Wird *stoßen* auf einen Körperteil bezogen, dann kann die betroffene Person im Dativ oder im Akkusativ stehen. Der Dativ ist hier weniger üblich. Er steht vor allem dann, wenn ein nicht beabsichtigter Stoß gemeint ist: *Er stieß mir gegen die Hüfte.* Der Akkusativ wird meist gewählt, um einen absichtlichen Stoß zu kennzeichnen: *Er stieß seinen Freund in die Seite. Sie stießen mich in den Rükken.* Vgl. den transitiven Gebrauch: *Er hat mich gestoßen.* Zwischen Dativ und Akkusativ besteht nur ein formaler, kein grundsätzlicher Unterschied. Der Hauptton liegt immer auf der Angabe des Körperteils. Bei unpersönlichem Gebrauch wird überwiegend der Dativ verwendet: *Die Deichsel stieß ihm gegen die Brust.* Fest ist dagegen der Akkusativ in der Wendung *jemanden vor den Kopf stoßen* (= jemanden kränken): *Er hat alle Kollegen vor den Kopf gestoßen.* Vgl. auch andere Verben der körperlichen Berührung, z. B. ↑schlagen, ↑treten. **3.** Zu *du stöß[e]st* ↑Indikativ (2), ↑Verb (1).

stramm: Das Adjektiv *stramm* wird mit den Verben *stehen* und *ziehen* zusammengeschrieben, weil durch die Verbindung ein neuer Begriff entsteht: *Er hat strammgestanden* (= militärische Haltung eingenommen). *Ich werde dir die Hosen strammziehen* (= eine Tracht Prügel geben). ↑Zusammen- oder Getrenntschreibung (1.2).

Strand: Der Plural lautet *die Strände.*

strapazierfähig: ↑-fähig.

-straße: Über Straßennamen mit *-straße* als Grundwort (z. B. *Bahnhofstraße*) ↑Fugen-s (3.2).

Straßenblock: Der Plural lautet *die Straßenblocks* (↑Block).

Straßennamen

1 Schreibung

Die Rechtschreibung der Straßennamen ist seit langem in bestimmten Regeln festgelegt. Für alle Typen von Straßennamen bestehen verbindliche Vorschriften. Die Schreibung auf den Straßenschildern weicht oft von den Regeln ab, sie ist aber nicht maßgebend.

1.1 Großschreibung

Das erste Wort eines Straßennamens wird groß geschrieben. Ebenso werden Adjektive und Zahlwörter als Teil eines Straßennamens groß geschrieben, Artikel und Präpositionen jedoch nur, wenn sie am Anfang stehen:

Breite Straße, Lange Gasse, In der Mittleren Holdergasse, Am Warmen Damm, An den Drei Pfählen, Weg beim Jäger.

1.2 Zusammenschreibung

1.2.1 Substantiv als Bestimmungswort: Zusammen schreibt man Straßennamen aus einem einfachen oder zusammengesetzten Substantiv (auch Namen) und einem für Straßennamen typischen Grundwort. Solche Grundwörter sind: *Straße, Gasse, Weg, Platz, Allee, Ring, Chaussee, Damm, Promenade, Ufer, Graben, Steg, Tor, Brücke, Markt* u. a.:

Schloßstraße, Brunnenweg, Bahnhofstraße, Rathausgasse, Bismarckring, Beethovenplatz, Augustaanlage, Becksweg.

(Mit ausländischen Städtenamen:) Béthunestraße, Toulonplatz, Haveringallee (↑ 1.3).

Auch Straßennamen mit einem Orts-, Völker- oder Familiennamen auf *-er* schreibt man zusammen:

Marienwerderstraße (zu: Marienwerder), Drusweilerweg (zu: Drusweiler), Römerstraße, Am Römertor (zu: Römer), Schlesierweg (zu: Schlesier), Wittelsbacherring (zu: Wittelsbacher), Herderplatz (zu: Herder), Baumgärtnerstraße (zu: Baumgärtner).

Familiennamen stehen in Straßennamen ungebeugt, wenn es sich um Ehrenbenennungen handelt: *Herderstraße, Stresemannplatz.* Soll aber ein [altes] Besitzverhältnis ausgedrückt werden, dann tritt oft das Genitiv-*s* auf: *Becksweg, Brandtstwiete, Oswaldsgarten.* In solchen Fällen kommt gelegentlich auch Getrenntschreibung vor: *Graffelsmanns Kamp, Löbers Hof.*

Zum Fugen-s in Straßennamen *(Bahnhofsplatz, -weg,* aber: *Bahnhofstraße)* ↑ Fugen-s (3.2).

1.2.2 Adjektiv als Bestimmungswort: Zusammen schreibt man Straßennamen aus einem ungebeugten Adjektiv und einem der genannten Grundwörter:

Altmarkt, Neumarkt, Hochstraße.

1.3 Getrenntschreibung

Getrennt schreibt man Straßennamen, die eine Präposition, einen Artikel oder ein gebeugtes Adjektiv enthalten. Dies gilt auch für die Ableitungen auf *-er* und *-isch* von Orts- und Ländernamen (vgl. aber 1.5):

Am Erlenberg, An den Drei Pfählen, Weg beim Forsthaus, In den Alten Wiesen, Kleine Budengasse, Große Bleiche, Langer Graben, Hoher Heckenweg, Münchener Straße, Saarbrücker Straße, Kalk-Mülheimer Straße (von Kalk nach Mülheim führend), Französische Straße, Schlesischer Ring, Sankt/St. Blasier Straße (↑ 1.4), Bad Nauheimer Weg, Béthuner Straße, Epernayer Straße (↑ 1.2.1).

1.4 Bindestrich

Den Bindestrich setzt man, wenn die Bestimmung zum Grundwort aus mehreren Wörtern besteht (vgl. aber 1.5):

Albrecht-Dürer-Allee, Käthe-Kollwitz-Platz, Ernst-Ludwig-Kirchner-Straße, John-F.-Kennedy-Platz, Von-Repkow-Platz, Van-Dyck-Straße, Annette-v.-Droste-Hülshoff-Allee, Professor-Sauerbruch-Straße, Doktor-Eisenbart-Straße, Dr.-Müller-Straße, Berliner-Tor-Platz, Bad-Kissingen-Straße, Sankt-/St.-Blasien-Straße (↑1.3).
Fröhliche-Türken-Straße, Blaue-Lilien-Gasse (nach den alten Hausnamen: „Zum fröhlichen Türken", „Zur blauen Lilie").

1.5 Historische Schreibungen

Auf altüberlieferte Straßennamen lassen sich die vorstehenden Regeln nicht ohne weiteres anwenden; manchmal liegen auch nicht mehr verstandene Flurnamen zugrunde:

Neuenweg (statt: Am Neuen Weg); Braune Hirschgasse (statt: Braune-Hirsch-Gasse); Lange Rötterstraße (statt: Lange-Rötter-Straße, nach der Flur „An den langen Röttern").

1.6 Zusammenfassung von Straßennamen

Bei der Zusammenfassung von Straßennamen schreibt man nach den vorstehenden Richtlinien wie folgt:

Ecke [der] Ansbacher und Motzstraße, Ecke [der] Motz- und Ansbacher Straße, Ecke [der] Schiersteiner und Wolfram-von-Eschenbach-Straße, Ecke [der] Wolfram-von-Eschenbach- und Schiersteiner Straße.

2 Deklination

Straßennamen müssen im Zusammenhang eines Satzes gebeugt werden:

Ich wohne schon seit 1980 in der Langen Gasse. (Nicht: ... in der Lange Gasse.)
Das Haus liegt an der Oberen Riedstraße. (Nicht: ... an der Obere Riedstraße.)

Strauß: 1. Der Vogelname *der Strauß* hat den Genitiv *des Straußes* und den Plural *die Strauße;* dagegen haben *der Strauß* „Blumenstrauß" und (veralt.) *der Strauß* „Kampf" die umgelautete Pluralform *die Sträuße.* 2. Das Gemessene nach *Strauß* „Blumenstrauß": *ein Strauß Flieder* (nicht: *Flieders*); *ein Strauß weißer Flieder* (geh.: *weißen Flieders*); *mit drei Sträußen weißem Flieder* (geh.: *weißen Flieders*); *mit einem Strauß roter Rosen/rote Rosen.* ↑Apposition (2.2).

streichen: Beim transitiven Gebrauch bildet *streichen* das Perfekt mit *haben,* beim intransitiven Gebrauch dagegen mit *sein: Er hat Butter auf das Brot gestrichen.* Aber: *Die Schnepfen sind über den Acker gestrichen. Er ist ums Haus gestrichen.*

streichfähig: ↑-fähig.

Streife/Streifen: Das weibliche Substantiv *die Streife* bedeutet „Erkundungsgang, [Polizei]patrouille" (dazu: *Streifendienst, Streifenwagen*). Das männliche Substantiv *der Streifen* wird im Sinne von „bandförmiges Stück Papier, Stoff o. ä., Fetzen" verwendet (dazu: *Streifenmuster, streifenweise).*

Streik: Neben dem üblichen Plural *die Streiks* wird selten auch die eingedeutschte Form *die Streike* gebraucht. Beide Pluralformen sind korrekt.

streitig/strittig: Das Adjektiv *streitig* wird außer in der Wendung *jemandem etwas streitig machen* und in der Verneinung *unstreitig* nur noch im juristischen Bereich im Sinne von „anhängig" gebraucht. Sonst ist heute *strittig* üblich: *Das bleibt eine strittige Sache. Dieser Punkt ist strittig.*

streng: Klein schreibt man die Steigerungsform von *streng* auch dann, wenn ein Artikel vorangeht, beide Wörter aber für „strengstens" stehen: *Das ist auf das/aufs strengste verboten.*

↑Groß- oder Kleinschreibung (1.2). Getrennt schreibt man *streng* vom folgenden Verb, wenn beide Wörter in ursprünglicher Bedeutung gebraucht werden (beide Wörter tragen Starkton): *streng sein, bestrafen, urteilen* usw. Zusammen schreibt man, wenn durch die Verbindung ein neuer Begriff entsteht (nur das erste Glied trägt Starkton). *Du hast deine Aufgabe strenggenommen* (= genau genommen). ↑Zusammen- oder Getrenntschreibung (1.2).

strenggenommen: *Er darf strenggenommen gar nicht aufstehen. Strenggenommen ist die Spitzmaus gar keine Maus.* In Sätzen dieser Art steht kein Komma. ↑Komma (4.2).

Streß: Es heißt *der Streß* [ʃt..., auch: st...], Genitiv: *des Stresses,* Plural (selten): *die Stresse.*

Strichpunkt: ↑Semikolon.

Strieme/Striemen: Die weibliche Form *die Strieme* ist eine Nebenform zu *der Striemen.* Der Plural zu beiden Formen lautet *die Striemen.*

Strom/Strömung: Unter *Strom* versteht man im allgemeinen einen großen Fluß (nur in Wörtern wie *Golfstrom* wird das Grundwort im Sinne von „Strömung" verwendet). Im wörtlichen Sinne kann man sowohl *gegen den Strom* als auch *gegen die Strömung schwimmen* sagen, bei übertragenem Gebrauch für „sich nicht anpassen" heißt es aber nur: *gegen den Strom schwimmen.*

Strophe: Bei Hinweisen auf Gedichte o. ä. bleibt das Wort *Strophe* ungebeugt, wenn es ohne Artikel unmittelbar vor den Strophennummern steht: *Nibelungenlied, Strophe 326–328.* Aber mit Artikel: *... in den Strophen 10–12 des Gedichtes.* Ebenso: *Ich zitiere Strophe 3–5,* aber: *die Strophen 3–5.*

Stuck/Stukkateur: Die unterschiedliche Schreibweise der beiden Wörter (zu *Stuck* gehört das Verb *stuckieren* „mit Stuck ausstatten", zu *Stukkateur* das Substantiv *Stukkatur* „Stuckarbeit") erklärt sich aus der Art ihrer Eindeutschung. *Stuck* ist im 16. Jh. aus italien. *stucco* entlehnt worden; die Form *Stucco* wurde noch im 19. Jh. gebraucht. Bei der Eindeutschung wurde inlautendes *-cc-* korrekt zu auslautendem *-ck: Stuck.* Die Bezeichnung des Handwerkers dagegen erscheint seit dem 16. Jh. als *Stuccator* (italien. *stuccatore*) und hat erst im 19. Jh. die französische Endung *-eur* bekommen (frz. *stucateur* hat nur *ein c!*). Die Form *Stukkator* (Ton auf der 2. Silbe) wird aber noch in der Kunstwissenschaft gebraucht. In diesem Wort ist *-cc-* zu *-kk-* eingedeutscht worden, weil man es als Fremdwort empfand und weil Fremdwörter aus romanischen Sprachen nicht mit *ck* geschrieben werden. Dasselbe gilt für die *Stukkatur* (älter: *Stuccatur*), während *stuckieren* eine junge Ableitung von *Stuck* ist.

Stück: 1. Plural: Der standardsprachliche Plural lautet *die Stücke.* Die Form *die Stücker* ist landschaftlich und umgangssprachlich; dasselbe gilt für *[ein] Stücker zehn* für „ungefähr zehn": *... das ist schon viel, wenn droben am Hang Panzer kleben Stücker sieben acht neun* (Kolb). **2. fünf Stück/fünf Stücke:** Als Mengenbezeichnung bleibt *Stück* meist ungebeugt: *5 Stück Seife,* seltener: *5 Stücke Seife.* ↑Maß-, Mengen- und Münzbezeichnungen (1). **3. Das Gezählte nach Stück:** *ein Stück Speck* (nicht: *Specks); ein Stück guter Kuchen* (geh.: *guten Kuchens*); *der Preis eines Stücks Kuchen* oder *eines Stück Kuchens; mit 20 Stück echtem Bernstein* (geh.: *echten Bernsteins*); *mit 25 Stück Kreissägen* (nicht: *Kreissäge*). ↑Apposition (2.2).

Studiendirektor, Studienrat: Zur Anschrift ↑Brief (7).

studiert: Die adjektivische Verwendung des 2. Partizips von *studieren (eine studierte Frau;* substantiviert: *Er ist ein Studierter)* ist umgangssprachlich. Das Partizip hat hier die Bedeutung „gelehrt, [wissenschaftlich] gebildet", ist also von seinem Verb in der Bedeutung isoliert. ↑zweites Partizip (2.2).

Stummel: Der Plural von *Stummel* „übriggebliebenes kurzes Stück" lautet in der Standardsprache *die Stummel.* Die schwache Pluralform *die Stummeln* gilt nicht als korrekt. Sie ist landschaftlich oder umgangssprachlich.

stumpf: Die Vergleichsformen von *stumpf* werden ohne Umlaut gebildet: *stumpfer, der stumpf[e]ste.* ↑Vergleichsformen (2.1).

Stunde Null: In der Fügung *die Stunde Null* (= Zeitpunkt, an dem etwas völlig neu beginnt) wird das Zahlwort groß geschrieben. ↑null (1).

Stundengeschwindigkeit, Stundenkilometer: Gegen die beiden Zusammensetzungen ist häufig der Vorwurf erhoben worden, daß sie unsinnige und unlogische Bildungen seien, die abgelehnt werden müßten. Die Sprache ist aber nicht immer „logisch". Als Verständigungsmittel ist sie allem Prägnanten, Treffenden und Knappen gegenüber geöffnet. Daher spielt auch die Sprachökonomie keine geringe Rolle in der Syntax und in der Wortbildung. Gerade in einer Zusammensetzung kann oft ein ganzer Satz oder eine längere syntaktische Konstruktion zusammengefaßt sein. Deshalb ist es ein Irrtum zu glauben, daß Zusammensetzungen alle auf die gleiche Weise gebildet seien oder daß sie alle auflösbar sein müßten (vgl. *Gottesliebe, Bücherstütze, Türschloß, Bilderrahmen, Kartoffelsuppe, Fußboden, Berlin-Krise, Wintergarten, Sekundenschnelle, Meterpreis, Ladenpreis, Botenfrau, Lichtjahr, Atombombe*). Auch *Stundengeschwindigkeit* und *Stundenkilometer* können nicht einfach in *Geschwindigkeit einer Stunde* und *Kilometer einer Stunde* aufgelöst werden. Ihre tatsächliche Bedeutung bleibt davon aber unberührt. *Stundengeschwindigkeit* bedeutet „Durchschnittsgeschwindigkeit in einer Stunde", *Stundenkilometer* bedeutet „Anzahl der Kilometer, die in einer Stunde bei gleichbleibender Geschwindigkeit zurückgelegt werden können" (Abk.: *km/h*). ↑Kompositum.

-stündig/-stündlich: Zeitangaben, die als Suffix sowohl *-ig* als auch *-lich* haben, unterscheiden sich in der Bedeutung; z. B. bezeichnet *-ig* die Dauer (*dreistündig* = drei Stunden lang) und *-lich* die Wiederholung (*dreistündlich* = alle drei Stunden). ↑-ig/-isch/-lich.

Sturm und Drang: Dieses Wortpaar wird gewöhnlich als Ganzes flektiert: *die Dichter des Sturm und Drangs.* ↑Wortpaar.

stürzen: Zum Unterschied von *auf jemanden zustürzen* und *auf jemanden/etwas zu stürzen* ↑zu (11).

stützen, sich: In Verbindung mit *auf* steht heute nach *sich stützen* der Akkusativ: *Er stützte sich mit gekreuzten Armen auf das Rad* (Hausmann). *Die Anklage gegen Herrn Macheath stützte sich auf seine Weigerung* (Brecht).

Subjekt: Das Subjekt des Satzes (der Satzgegenstand) nennt das Wesen oder Ding, über dessen zeitliche Verhaltensweise etwas ausgesagt wird. Das Subjekt steht im Nominativ und antwortet auf die Frage: wer oder was? Zwischen dem Subjekt und dem ↑Finitum des Satzes besteht grammatische ↑Kongruenz: *Das Kind geht/Die Kinder gehen schon zur Schule.* Als Subjekt kann auch ein Nebensatz oder ein erweiterter Infinitiv mit *zu* auftreten: *Wer wagt, gewinnt. Bachs Fugen zu spielen ist nicht leicht.* ↑Subjektsatz. Zur Stellung des Subjekts ↑Inversion. Zur Inversion nach „und" ↑und (1). Zur Ersparung des Subjekts in der 1. Person Singular oder Plural ↑ich (1).

Subjektsatz: Ein Subjektsatz ist ein Nebensatz an der Stelle eines Subjekts: *Daß ihr mit ins Theater gehen wollt, freut mich. Wer nicht hören will, muß fühlen.*

Subjektsprädikativ[um]: ↑prädikativ usw.

subordinierend: ↑Konjunktion.

subskribieren: Man kann sowohl sagen *ein Werk subskribieren* als auch *auf ein Werk subskribieren.*

Substantiv

Die mit großem Anfangsbuchstaben zu schreibenden Substantive – auch Nomen, Nenn-, Ding- oder Hauptwörter genannt – bezeichnen sowohl die stofflich vorhandenen, für den Menschen wahrnehmbaren Dinge und Lebewesen (↑ Konkretum) als auch nichtgegenständliche bloß gedachte Erscheinungen, Eigenschaften, Gefühle, Empfindungen, Handlungen, Zustände, Vorgänge und Beziehungen, Zeitangaben, Wissenschaften, Künste usw. (↑ Abstraktum). Zu Einzelheiten vgl. Duden 4, Grammatik, S. 196ff.

1 Die Deklinationsarten

Nach der Bildungsweise von Genitiv Singular und Nominativ Plural lassen sich drei Deklinationsarten unterscheiden, eine starke, eine schwache und eine gemischte Deklination (die Terminologie geht auf J. Grimm zurück). Feminina ohne Plural *(Geduld, Sanftmut, Vernunft)* können in der heutigen Sprache keiner Gruppe zugeordnet werden.

1.1 Starke Deklination

Diese Deklinationsart, der Maskulina, Feminina und Neutra angehören, verdankt ihren Namen der Tatsache, daß sie ohne konsonantische Stütze bei der Kasusbildung auskommt.
Der Genitiv Singular der Maskulina und Neutra endet auf *-[e]s (des Papiers, des Fisch[e]s),* der Nominativ Plural auf *-e, -er* oder *-s (die Schafe, Bretter, Uhus);* er kann auch endungslos sein *(die Lehrer)* oder Umlaut haben *(die Gärten).*
Die starken Feminina sind im Singular endungslos; der Nominativ Plural endet auf *-e, -s* oder hat Umlaut *(die Trübsale, Muttis, Kräfte).*

		Maskulinum	Femininum	Neutrum
Singular	Nom.	der Tag	die Kraft	das Bild
	Gen.	des Tag-[e]s	der Kraft	des Bild-[e]s
	Dat.	dem Tag[-e]	der Kraft	dem Bild[-e]
	Akk.	den Tag	die Kraft	das Bild
Plural	Nom.	die Tag-e	die Kräft-e	die Bild-er
	Gen.	der Tag-e	der Kräft-e	der Bild-er
	Dat.	den Tag-en	den Kräft-en	den Bild-ern
	Akk.	die Tag-e	die Kräft-e	die Bild-er

1.2 Schwache Deklination

Diese Deklinationsart, der Maskulina und Feminina angehören, wird schwach genannt, weil sie zur Kasusbildung der konsonantischen Stütze *-n* bedarf: Mit Ausnahme des Nominativs Singular der Maskulina und des endungslosen Singulars der Feminina enden alle Formen auf *-en* oder *-n* (*des Menschen, Hasen* usw.):

		Maskulinum	Femininum
Singular	Nom.	der Mensch	die Frau
	Gen.	des Mensch-en	der Frau
	Dat.	dem Mensch-en	der Frau
	Akk.	den Mensch-en	die Frau
Plural	Nom.	die Mensch-en	die Frau-en
	Gen.	der Mensch-en	der Frau-en
	Dat.	den Mensch-en	den Frau-en
	Akk.	die Mensch-en	die Frau-en

1.3 Gemischte Deklination

Diese Deklinationsart, der Maskulina und Neutra angehören, weist im Genitiv Singular das *-[e]s* der starken und im (Nominativ) Plural das *-[e]n* der schwachen Deklination auf:

		Maskulinum	Neutrum
Singular	Nom.	der Staat	das Auge
	Gen.	des Staat-[e]s	des Auge-s
	Dat.	dem Staat[-e]	dem Auge
	Akk.	den Staat	das Auge
Plural	Nom.	die Staat-en	die Auge-n
	Gen.	der Staat-en	der Auge-n
	Dat.	den Staat-en	den Auge-n
	Akk.	die Staat-en	die Auge-n

1.4 Besonderheiten

Zu Substantiven wie *Bauer, Lump* usw., die zwischen starker und schwacher Deklination schwanken, und Fällen anerkannter bzw. nicht anerkannter Unterlassung der Deklination ↑Unterlassung der Deklination (bes. 2.1). Zur Bildung des Genitivs Singular der starken Maskulina und Neutra mit *-s* oder *-es* ↑Genitiv-s. Zur Bildung des starken Dativs Singular mit oder ohne *-e* ↑Dativ-e. Über die Formen und Schwankungen der Pluralbildung ↑Plural, ↑Umlaut. Folgende Artikel enthalten besondere Ausführungen zur Deklination: ↑Abkürzungen (3), ↑Fremdwort (3), ↑geographische Namen (1), Ortsnamen (2), ↑Personennamen (2 und 3), ↑Völker- und Stammesnamen (3).

2 Doppelformen

Eine ganze Reihe von Substantiven weist mehr oder weniger stark voneinander abweichende Doppelformen auf, von denen in den meisten Fällen nur eine standardsprachlich ist, während die andere als mundartlich, regional, umgangssprachlich, weniger gebräuchlich veraltend o. ä. zu gelten hat.

2.1 der Name – der Namen

Substantive mit gleichem Genus, aber verschiedener Nominativ-Singular-Endung *(-e/-en)* wie *Name – Namen, Wille – Willen* sind von der schwachen zur starken Deklination übergegangen: Erst drang das *-n* der früheren schwachen Deklination von den übrigen Kasus in den Nominativ ein, weil es als zum Wort gehörend empfunden wurde, und dann erfolgte starke Deklination nach dem Muster stark deklinierender Wörter wie *der Wagen – des Wagens.* Daneben gibt es Wörter, wie z. B. *Friede,* die ursprünglich stark *(des Friedes),* dann aber schwach gebeugt wurden. Auch bei ihnen drang das *-n* der schwachen Deklination von den übrigen Kasus in den Nominativ ein, worauf dann stark gebeugt wurde *(des Friedens).* Hier gehören die älteren Bildungen ohne *-n* heute meist der gehobenen Sprache an; bei anderen ist die Form mit *-n* weniger gebräuchlich geblieben:

Funke – Funken (weniger gebräuchlich), Gedanke – Gedanken (selten), Gefallen – Gefalle (veraltet), Glaube – Glauben (weniger gebräuchlich), Haufen – Haufe (weniger gebräuchlich), Name – Namen (seltener), Samen – Same (gehoben), Schaden – Schade (veraltet), Wille – Willen (seltener).

Bei diesen Beispielen besteht kein Bedeutungsunterschied zwischen den Doppelformen (anders ist es z. B. bei ↑*Drache/Drachen*).

2.2 der Fleck – der Flecken · der Lump – der Lumpen

Auch Doppelformen dieser Art (endungslos oder auf *-en*) können gleichbedeutend oder in der Bedeutung differenziert sein. Gleichbedeutend sind z. B.:

Fleck – Flecken, Gelüst (auch: Gelüste) – Gelüsten, Nutz (veraltet) – Nutzen, Propf – Propfen, Zapf – Zapfen.

In der Bedeutung differenziert sind z. B.:

Lump „schlechter Mensch" – Lumpen „Lappen, Kleidungsstück", Nord, Ost, Süd, West (Wind) – Norden, Osten, Süden, Westen (geographische Bezeichnung), Reif „Ring, ringförmiges Schmuckstück" – Reifen „größerer Ring (als Spiel- und Sportgerät), Faßband, Teil des Fahrzeugrades", Schreck „kurze, plötzliche seelische Erschütterung" – Schrecken (landsch. für: Schreck) „Angst hervorrufende Wirkung von etwas"), Tropf „einfältiger Mensch" – Tropfen „kleine Flüssigkeitsmenge".

2.3 der Bursch – der Bursche · das Geschrei – das Geschreie

Bei diesen Doppelformen (endungslos oder auf *-e*) sind viele der *e*-losen Formen umgangssprachlich oder mundartlich. Manche sind in der Bedeutung differenziert:

Bursch (landsch., studentenspr.) – Bursche, Bub (oberd. für: Junge) – Bube (= Schurke; Spielkarte), Gesell (z. B. fahrender Gesell) – Geselle „Bursche, Kerl; Handwerksgeselle", Gemüt – Gemüte (veraltet).

Groß ist die Zahl der Doppelformen bei den mit *Ge-* gebildeten Substantiven:

Gebälk – Gebälke (veraltet), Geläut – Geläute, Geleise (österr.) – Gleis.

Oft bezeichnet die Form mit *-e* im Gegensatz zur neutralen *e*-losen Form ein fortgesetztes, für andere unangenehmes Tun, das getadelt wird:

das Geschreie – das Geschrei, das Geheule – das Geheul, das Gerausche – das Geräusch.

Umgekehrt ist es bei *Tür[e], Bett[e], Herz[e]* und *Hemd[e],* wo nur noch die *e*-losen Formen standardsprachlich sind.
Zu *das Deutsch/das Deutsche* ↑Sprachbezeichnungen (1).

2.4 die Backe – der Backen · das Etikett – die Etikette

Doppelformen, die sich nicht nur in der Endung, sondern auch im Genus unterscheiden, können wie die vorangegangenen Substantive bedeutungsgleich oder bedeutungsverschieden sein. Das Streben nach Bedeutungsdifferenzierung ist hier jedoch größer. Es handelt sich dabei hauptsächlich um Substantive, die in der Umgangssprache, in der Mundart, in Fachsprachen oder in feststehenden Redewendungen ihr früheres männliches oder sächliches Geschlecht mit abweichender Endung gegenüber der standardsprachlichen weiblichen Form behauptet haben.

Bei den folgenden Doppelformen besteht zwar kein Bedeutungsunterschied, aber die männlichen oder sächlichen Formen werden seltener oder nur landschaftlich gebraucht (vgl. auch die einzelnen Stichwörter an ihrer alphabetischen Stelle):

die Backe – der Backen (südd.), die Drohne – der Drohn (fachspr.), die Ecke – das Eck (südd., österr.; Sport), der Gurt – die Gurte (landsch., fachspr.), die Hacke „Ferse" – der Hacken, die Knolle – der Knollen (seltener), die Lüge – der Lug (fast nur noch in der Formel *Lug und Trug*), die Niete „Metallbolzen" – der Niet (fachspr.), die Quelle – der Quell (geh., jüngere Nebenform), die Ritze – der Ritz (ugs.), die Schürze – der Schurz (meist nur noch handwerksspr.), die Socke – der Socken (oberd., ugs.), die Spalte – der Spalt, der Sparren – die Sparre, die Stapfe – der Stapfen (seltener), der Striemen – die Strieme, die Tapfe – der Tapfen, die Zacke – der Zacken (seltener), die Zehe – der Zeh.

Nachstehende Substantive sind in der Bedeutung differenziert (vgl. im einzelnen ↑Akt/Akte usw.):

die Akte – der Akt, die Etikette – das Etikett, das Idyll – die Idylle, die Importe – der Import, die Karre – der Karren, die Maie – der Maien – der Mai, der Muff – die Muffe, die Posse – der Possen, die Quaste – der Quast, die Röhre – das Rohr, die Ruine – der Ruin, die Scherbe – der Scherben, die Spanne – der Spann, die Spitze – der Spitz, die Sprosse – der Sproß, die Streife – der Streifen, der Trupp – die Truppe, der Typ – die Type, die Zinke – der Zinken.

3 Abgeleitete weibliche Personenbezeichnungen

Bei weiblichen Personenbezeichnungen aus entsprechenden männlichen Ableitungen auf *-erer* oder *-rer* werden folgende Gruppen unterschieden (zu den Ausnahmen *Abenteu[r]erin, Erneu[e]rin* und *Märtyr[er]in* ↑Abenteurerin usw.).

1. Bei männlichen Personenbezeichnungen auf *-erer* wird an die Stelle des zweiten *-er* die weibliche Endung *-in* gesetzt:

Erob*erer* – Erob*erin* (nicht: Erobererin), Förd*erer* – Förd*erin,* Läst*erer* – Läst*erin,* Wuch*erer* – Wuch*erin.*

2. Bei männlichen Personenbezeichnungen auf *-rer* wird die weibliche Endung *-in* immer an die volle männliche Form angehängt:

Bewah*rer* – Bewah*rerin,* Betö*rer* – Betö*rerin,* Füh*rer* – Füh*rerin,* Leh*rer* – Leh*rerin,* Vereh*rer* – Vereh*rerin,* Verfüh*rer* – Verfüh*rerin,* Zerstö*rer* – Zerstö*rerin.*

Das gilt auch dann, wenn männliche Wörter auf *-erer* um ihr erstes *e* verkürzt werden.

Bewund*erer* – Bewund*erin,* aber: Bewund*rer* – Bewund*rerin;* Rud*erer* – Rud*erin,* aber: Rud*rer* – Rud*rerin.*

Zu weiblichen Berufsbezeichnungen *(Friseur – Friseuse/Friseurin)* ↑Titel und Berufsbezeichnungen (3).

substantivierter Infinitiv

1. Großschreibung: Substantivierte Infinitive werden groß geschrieben:

das Spielen, das Lesen, das Geigen, das Zustandekommen, plötzliches Versagen.

Auch Infinitive, die nach einer Präposition stehen, gelten als Substantive:

auf Biegen oder Brechen, mit Heulen und Zähneklappern, im (= in dem) Fahren, zum (= zu dem) Davonlaufen, am Kochen sein (ugs.).

Auch Infinitive, von denen eine Beifügung (ein Attribut) im Genitiv oder mit *von* abhängt, sind dadurch als Substantive gekennzeichnet und müssen groß geschrieben werden:

Anwärmen und Schmieden einer Spitze, Verlegen von Rohren, Instandsetzen von 5 m Scheuerleiste.

Man muß unterscheiden zwischen dem Infinitiv mit *zu* und dem substantivierten Infinitiv mit *zum* (= zu dem):

Sie hat viel *zu trinken* eingepackt. (Aber:) Sie ist vor lauter Arbeit kaum *zum Trinken* gekommen.

Stehen die Infinitive ohne Artikel oder nähere Bestimmung, dann ist oft nicht klar, ob es sich um einen einfachen Infinitiv (mit Kleinschreibung) oder um einen substantivierten Infinitiv (mit Großschreibung) handelt. In solchen Fällen sind Groß- und Kleinschreibung gerechtfertigt:

Ich übte mit den Kindern *rechnen/[das] Rechnen*. Gisela lernt *schwimmen/[das] Schwimmen*. ... weil *Geben/geben* seliger denn *Nehmen/nehmen* ist. (Aber nur groß:) Hausarbeiten wie *Putzen, Kochen* und *Waschen* (substantivierte Infinitive als illustrierende Beispiele zu einem substantivischen Bezugswort).

Substantivierte Infinitive mit (mehreren) vorangehenden Bestimmungen werden groß und zusammengeschrieben, wenn sie noch als übersichtlich empfunden werden:

das Sichverlieben, das allmähliche Sichzusammenballen der Gruppenaggression, beim (= bei dem) Billardspielen, das Außerachtlassen, das Inkrafttreten, am (= an dem) Zustandekommen, ein Rezept zum Reichwerden, zum Schlankwerden.

Unübersichtliche Zusammensetzungen mit substantiviertem Infinitiv werden jedoch durch ↑Bindestriche (3.2) verbunden (durchgekoppelt). Groß geschrieben werden dann immer das erste Wort der Gruppe und der am Schluß stehende substantivierte Infinitiv, außerdem natürlich auch alle in der Fügung vorkommenden Substantive:

das In-die-Knie-Gehen, das Von-der-Hand-in-den-Mund-Leben, zum Aus-der-Haut-Fahren, das Für-sich-haben-Wollen.

Man sollte jedoch unübersichtliche Zusammensetzungen mit substantiviertem Infinitiv besser durch eine Infinitivgruppe oder durch einen Nebensatz ersetzen:

Nicht: das Gefühl des Noch-nicht-über-die-Lippen-Bringens, sondern: das Gefühl, es noch nicht über die Lippen zu bringen.

2. Zum Gebrauch des substantivierten Infinitivs: Die Möglichkeit der deutschen Sprache, die verschiedenen nicht substantivischen Wortarten in die Wortart Substantiv überzuführen, hat neben Vorteilen auch Nachteile. Sie zeigen sich dann, wenn durch die Substantivierung der Stil unlebendig und unanschaulich wird. Daher sollte auch bei der Verwendung substantivierter

Infinitive darauf geachtet werden, daß sie den Stil nicht beeinträchtigen. Besser als

Das Sprengen der Felswand erforderte sehr viel Vorbereitungen. Das Ankommen des Zuges wollte sie noch abwarten. Das Aufsätzeschreiben ist nicht seine starke Seite. Das Mit-der-Faust-auf-den-Tisch-Schlagen ist ein Zeichen von Unerzogenheit.

ist vielleicht:

Es erforderte sehr viel Vorbereitungen, die Felswand zu sprengen. Sie wollte noch warten, bis der Zug angekommen war/Die Ankunft des Zuges wollte sie noch abwarten. Es ist nicht seine starke Seite, Aufsätze zu schreiben. Es ist ein Zeichen von Ungezogenheit, mit der Faust auf den Tisch zu schlagen.

substantiviertes Adjektiv

Unter einem substantivierten Adjektiv versteht man jedes im Satzzusammenhang substantivisch gebrauchte Adjektiv. Viele dieser Wörter sind zu festen Bestandteilen des Wortschatzes geworden:

der Große, die Schlanke, das Interessante; der Fremde, die Jugendliche, das Böse, das Deutsche.

Zu den substantivierten Adjektiven gehören in weiterem Sinne auch die ↑substantivierten Partizipien:

der Reisende, die Verwandte, das Entscheidende.

1 Rechtschreibung

Das substantivierte Adjektiv (Partizip) wird in der Regel groß geschrieben, auch wenn es sich nur um eine gelegentliche Substantivierung handelt:

das Schöne genießen; mit den Fröhlichen froh sein; die Hereintretenden begrüßen. Als nunmehr im 56. Lebensjahr Stehender möchte ich ...

In bestimmten Fällen jedoch wird das Adjektiv, obwohl ein Artikel vorangeht, nicht als Substantiv angesehen und dementsprechend klein geschrieben:

den kürzeren ziehen, auf dem laufenden bleiben, im reinen sein, im trüben fischen usw. ↑Groß- oder Kleinschreibung (1.2.1).

2 Deklination

Das substantivierte Adjektiv (Partizip) wird im allgemeinen wie ein attributives Adjektiv dekliniert (↑2.1). Schwierigkeiten in der Deklination nach einem Pronominaladjektiv, in der Apposition und bei der Loslösung von der Wortart Adjektiv werden im Folgenden behandelt.

2.1 Adjektivische Deklination

Die Grundregel lautet: Substantivierte Adjektive (Partizipien) werden im allgemeinen wie attributive ↑Adjektive dekliniert:

Stark: ein Glücklicher (wie: ein glücklicher Mensch), zwei Blonde (wie: zwei blonde Mädchen). Guten Morgen, Lieber! (wie: lieber Mann!). Die Wiederholung von Bekanntem ... (wie: von bekanntem Material). Schwach: der Glückliche (wie: der glückliche Mensch), dieser Blinde (wie: dieser blinde Mann), einem Liebenden (wie: einem liebenden Vater), der Angestellte (wie: der angestellte Mann), des Guten (wie: des guten Vaters).

Von dieser Regel gibt es mehrere Ausnahmen:

2.1.1 einige Glückliche · sämtliche Angestellten · solche Reisende[n] (substantiviertes Adjektiv oder Partizip nach Pronominaladjektiven): Substantivierte Adjektive (Partizipien) werden schwach dekliniert, wenn das vorangehende Pronominaladjektiv als Pronomen aufgefaßt wird: *alles Wichtige, alles Ausgewählte.* Wenn das Pronominaladjektiv aber als Adjektiv aufgefaßt wird, dann werden Pronominaladjektiv und substantiviertes Adjektiv (Partizip) parallel gebeugt: *unzähliges Gutes, weniges Auserwähltes, das wenige Brauchbare.* Vgl. die einzelnen Pronominaladjektive an der jeweiligen alphabetischen Stelle. ↑Adjektiv (1.2.5).

2.1.2 zweier Liebenden/Liebender (substantiviertes Adjektiv oder Partizip nach *zweier, dreier*): Nach Zahlwörtern, die im Genitiv mit Beugungsendungen versehen werden können, wird das substantivierte Adjektiv (Partizip) häufig schwach, seltener stark gebeugt. Beide Beugungen sind korrekt. Schwach: *zweier Liebenden* (P. Ernst), *zweier Obern.* Stark: *dreier Enthaltsamer* (Th. Mann). ↑zwei, ↑drei.

2.1.3 ihm als Ältesten/Ältestem · ihr als Vorsitzenden/Vorsitzender (substantiviertes Adjektiv oder Partizip als Apposition): Die Grundregel lautet: Wenn das artikellose substantivierte Adjektiv (Partizip) als ↑Apposition (3.1) steht, dann wird es stark gebeugt:

unser Mitglied, Verlagsangestellter Ludwig Schmitt; er als Ältester, als Geistlicher; ich als ... Vierzehnjähriger (K. Mann); wir als Älteste; ihr (Plural) als Erblindete.

Im Dativ Singular jedoch wird das substantivierte Adjektiv (Partizip) häufig so sehr auf den Artikel (das Pronomen) des Bezugswortes oder auf das Pronomen (als Bezugswort) bezogen, daß es schwach gebeugt wird:

mit unserem Mitglied, Verlagsangestellten (selten auch: Verlagsangestelltem) Ludwig Schmitt; ihm als Verliebten (Raabe); ihm als Dreißigjährigen (Werfel); seltener: mir als Ältestem; ihm als Verliebtem (Hesse).

Vor allem im Dativ Singular Femininum wird die starke Deklination im allgemeinen vermieden, weil dieser Kasus mit dem Nominativ Maskulinum übereinstimmt:

mit ihrer Freundin, Vorsitzenden (statt: Vorsitzender) des Vereins für alleinerziehende Mütter; (entsprechend:) bei Frau Arndt, Vorsitzenden des Vereins ...; ihr als Ältesten (statt: Ältester).

Auch die substantivierten Partizipien, die auf dem Wege sind, die substantivische Deklination anzunehmen (↑2.2), neigen sehr zur schwachen Deklination *(ihm als Beamten, dir als Gesandten).* ↑Apposition (3.1).

2.1.4 du Armer · dir Armen · wir Angestellten (das substantivierte Adjektiv oder Partizip nach Personalpronomen): Das einem Personalpronomen folgende substantivierte Adjektiv (Partizip) wird im allgemeinen stark gebeugt, weil dieses Pronomen selbst keine starke Endung aufweist: *du Lieber, ich Unglücklicher.* Zu den Schwankungen im Dativ Singular und Nominativ Plural ↑Adjektiv (1.2.4).

2.1.5 ein tüchtiger Beamter · dein angenehmes Äußere/Äußeres · besagtem Angehörigen/Angehörigem (substantiviertes Adjektiv oder Partizip nach stark gebeugtem attributivem Adjektiv): Wenn ein substantiviertes Adjektiv (Partizip) einem stark gebeugten attributiven Adjektiv folgt, dann tritt heute überwiegend parallele Beugung auf. Nur im Dativ Singular aller drei Genera überwiegt die schwache Beugung:

- Nominativ Singular Maskulinum (nur parallele Beugung):
  Er war ein integrer Beamter (Der Spiegel). Ein witziger ... schwedischer Gelehrter hat das ausgerechnet (Bamm); (nicht üblich:) Welch ein glücklicher Sterbliche! (Heine).
- Nominativ und Akkusativ Singular Neutrum (parallele Beugung üblich):
  ... einen Notersatz für fehlendes Sinnliches (Hesse).

Die schwache Beugung tritt nur bei bestimmten substantivierten Adjektiven auf, besonders bei *Äußere, Innere, Ganze.* Sie gilt hier als korrekt, doch ist die starke Beugung daneben schon sehr häufig:

ein anmutiges Äußere (Kluge). ... in mein eigenes Innere hinabzusteigen (Th. Mann). (Häufig auch parallel:) mein ganzes Inneres (Th. Mann). Man meint, es wäre dann leichter verständlich, daß sie ein einheitliches Ganzes bilden ... (Musil).

- Dativ Singular Neutrum (schwankende Beugung):
  Du ... hast deiner Magd noch von fernem Zukünftigem geredet (Th. Mann). (Aber auch:) ein volles Maß von eigenem Menschlichen (Morgenstern).
- Dativ Singular Maskulinum (fast ausschließlich schwache Beugung):
  Besagtem Angehörigen (veraltet: Angehörigem) der Firma wurde gekündigt. Ich bin ... zu ... Michaels notwendigem Vertrauten geworden (Benrath). ... das ihn zu jedermanns beliebtem Bekannten machte (H. E. Busse).
- Dativ Singular Femininum (überwiegend schwache Beugung):
  mit ausgestreckter Linken (G. Hauptmann); mit spielender Linken ... mit spielender Rechten (H. Hesse). Dänische Bahn muß deutscher Reisenden Schadenersatz zahlen (Wiesbadener Kurier). (Gelegentlich:) Erfolgreiche Herzoperation an junger Deutscher in den USA (Wiesbadener Kurier).
- Nominativ und Akkusativ Plural (parallele Beugung üblich):
  drei männliche Angestellte (Th. Mann); ausscheidende Bundestagsabgeordnete (Augstein). Wir haben alte und gelähmte Kranke (nicht üblich: Kranken).
- Genitiv Plural (parallele Beugung üblich):
  an den Betten naher Angehöriger (veraltend: Angehörigen); die Beschäftigung älterer Angestellter (veraltend: Angestellten).

2.2 Übergang zu substantivischer Deklination

Bestimmte substantivierte Adjektive (Partizipien) haben sich so weit von ihrer ursprünglichen Wortart gelöst, daß sie nicht mehr wie ein attributives Adjektiv (↑ 1), sondern teilweise oder ausschließlich wie ein Substantiv dekliniert werden.

2.2.1 Schwanken zwischen adjektivischer und substantivischer Deklination: Einige substantivierte Adjektive schwanken zwischen adjektivischer und substantivischer Beugung. Das substantivierte Adjektiv ↑ *Parallele* wird überwiegend wie ein echtes Substantiv gebeugt:

(im Singular endungslos:) die Parallele, der Parallele; (im Plural schwach auf *-n*:) die Parallelen. Ohne Artikel, z. B. mit einer Kardinalzahl, heißt es im Plural jedoch drei Parallele (entsprechend zu: drei parallele Linien, also wie ein Adjektiv) oder drei Parallelen (also wie ein Substantiv).

Entsprechendes gilt für ↑ *Horizontale,* ↑ *Vertikale.*
Das substantivierte Adjektiv ↑ *Elektrische* wird mit vorgesetztem Artikel wie ein Adjektiv gebeugt:

die Elektrische (entsprechend zu: die elektrische Bahn), der Elektrischen (entsprechend zu: der elektrischen Bahn), die Elektrischen (entsprechend zu: die elektrischen Bahnen). Ohne Artikel, z. B. mit einer Kardinalzahl, schwankt im Plural die Beugung. Es heißt vier Elektrische (entsprechend zu: vier elektrische Bahnen, also wie ein Adjektiv), oder vier Elektrischen (also wie ein Substantiv).

Ebenso werden die substantivierten Adjektive ↑*Gerade,* ↑*Senkrechte,* ↑*Waag[e]rechte* gebeugt:

die Gerade, der Geraden (entsprechend zu: der geraden Linie), die Geraden (entsprechend zu: die geraden Linien); aber: zwei Gerade (entsprechend zu: zwei gerade Linien) oder zwei Geraden.

Substantivierte Partizipien wie *Angestellte[r], Vorsitzende[r], Gelehrte[r], Bekannte[r],* werden standardsprachlich wie Adjektive gebeugt (↑Abgeordnete; ↑Beamte):

drei Angestellte (entsprechend zu: drei angestellte Männer), zwei Vorsitzende (entsprechend zu: zwei vorsitzende Richterinnen), lauter Gelehrte (entsprechend zu: lauter gelehrte Männer), Bekannte dieser Familie (entsprechend zu: bekannte Mitglieder dieser Familie).

Die schwache Beugung wie bei einem echten Substantiv *(drei Angestellten, lauter Gelehrten, Bekannten dieser Familie)* kommt zwar schon vor, gilt aber nicht als korrekt. Eine Ausnahme ist ↑*Illustrierte,* das im Plural auch substantivisch gebeugt wird: *Wir kauften Illustrierte/*(auch:) *Illustrierten.*

2.2.2 Substantivische Deklination: Nur noch wie ein Substantiv werden folgende substantivierte Adjektive gebeugt.

Stark gebeugt wird:

der Gläubiger, des Gläubigers, zwei (die) Gläubiger (↑Gläubige/Gläubiger).

Im Singular endungslos, im Plural schwach gebeugt sind:

die Brünette, der Brünette, zwei (die) Brünetten (↑Brünette); die Kokette, der Kokette, zwei (die) Koketten (↑Kokette).

Schwach gebeugt werden:

der Invalide, des Invaliden, zwei (die) Invaliden (↑Invalide); der Junge, des Jungen, zwei (die) Jungen (↑Junge).

Stark und schwach gebeugt wird:

der Oberst, des Obersten oder des Obersts, zwei (die) Obersten, seltener zwei (die) Oberste (↑Oberst).

substantiviertes Partizip

Unter einem substantivierten Partizip versteht man ein substantivisch gebrauchtes Partizip (Mittelwort):

der Liebende, die Gelehrte, das Geplante, die Zurückbleibenden.

1. Rechtschreibung: Das substantivierte Partizip wird ebenso wie das substantivierte Adjektiv in der Regel groß geschrieben: *die Liebende* usw. In bestimmten Fällen wird das Partizip, obwohl ein Artikel vorangeht, nicht als Substantiv angesehen: *Es ist das gegebene* usw. ↑Groß- oder Kleinschreibung (1.2.1).

2. Deklination: Die Deklination des substantivierten Partizips entspricht weitgehend der Deklination des substantivierten Adjektivs. Sie wird deshalb dort mitbehandelt. ↑substantiviertes Adjektiv (2).

3. die im Hause Angestellten/die Angestellten des Hauses: Ein substantiviertes Partizip kann nur dann mit einem attributiven Genitiv verbunden werden, wenn es eine eigene substantivische Bedeutung hat, sich also in der Verwendung vom entsprechenden Verb gelöst hat:

die Angestellten der Firma; die Abgeordnete der Oppositionspartei; der Vorsitzende des Vereins.

Hat aber das substantivierte Partizip noch eine engere Bindung zum zugrundeliegenden Verb, dann wird die Konstruktion des Verbs auch in der Substantivierung beibehalten:

die an/bei dem Unfall Beteiligten (nicht: die Beteiligten des Unfalls); die bei der Untersuchung Anwesenden (nicht: die Anwesenden der Untersuchung); (aber auch in verbalem Sinn:) die im Hause Angestellten.

suchen: In Verbindung mit einem erweiterten Infinitiv mit *zu* wird *suchen* im Sinne von „versuchen" wie ein Hilfsverb gebraucht, d.h., es steht kein Komma vor der Infinitivgruppe: *Sie suchten mir überall zu schaden. Er suchte die Erinnerung daran festzuhalten.* Nur wenn bei *suchen* selbst eine Umstandsangabe oder Ergänzung steht, muß ein Komma gesetzt werden: *Sie suchten vergeblich, mir zu schaden.* ↑Komma (5.1.4).

Süchtelner: Die Einwohner von Süchteln heißen *Süchtelner.* ↑Einwohnerbezeichnungen (1 und 7).

Süd/Süden: ↑Nord/Norden.

Sudan: Der Ländername *Sudan* wird heute gewöhnlich mit dem Artikel gebraucht: *der Sudan.* Es ist daher auch üblich, *im Sudan* (seltener: *in Sudan*) zu sagen. ↑geographische Namen (2.1).

südlich: 1. Anschluß: An *südlich* kann heute ein Substantiv im Genitiv oder mit *von* angeschlossen werden. Die Verwendung von *südlich* als Präposition mit dem Genitiv ist bereits dort häufiger oder gar fest geworden, wo dem Substantiv oder dem geographischen Namen ein Artikel oder ein Pronomen vorangeht: *südlich dieser Linie, südlich des Waldes, südlich der Alpen.* Der Anschluß mit *von* wird dort noch bevorzugt, wo ein artikelloser geographischer Name steht: *südlich von Heidelberg* (selten: *südlich Heidelbergs*), *südlich von Tunesien* (selten: *südlich Tunesiens*). Die Nichtbeugung des Substantivs oder Namens nach *südlich* ist nicht korrekt: *südlich Münchens* (nicht: *südlich München*). ↑geographische Namen (1.1.1). **2. südlich/südwärts:** Mit *südlich* wird die Lage angegeben, *südwärts* drückt dagegen die Richtung aus: *Das Haus liegt südlich der Stadt* (Frage: wo?). *Sie zogen südwärts* (Frage wohin?).

Suffix: Suffixe sind Nachsilben wie *-er, -in, -chen, -keit, -lich,* die zwar selbst keine Wörter sind, aber zur ↑Ableitung von Wörtern herangezogen werden: *Spiel – Spieler, Autor – Autorin, Hut – Hütchen, lieblich – Lieblichkeit, Feind – feindlich.*

Super-: ↑Amerikanismen/Anglizismen (2).

Superintendent: 1. Der Genitiv lautet *des Superintendenten,* der Dativ und Akkusativ lauten *dem, den Superintendenten* (nicht: *Superintendent*). Auch in Verbindung mit *Herrn* und dem Namen ist es besser, den Titel zu beugen: *Herrn Superintendenten Grimm.* ↑ Unterlassung der Deklination (2.1.2); ↑ Brief (7). **2.** Zu *des Superintendenten Meyer/Superintendent Meyers* ↑ Titel und Berufsbezeichnungen (1.2. und 1.3).

Superlativ: Als Superlativ bezeichnet man die zweite Steigerungsstufe des Adjektivs und des Adverbs, soweit Adverbien Vergleichsformen bilden können (↑ Vergleichsformen [5]): *Sie ist das beste Mädchen, das ich kenne. Am ehesten könnte ich noch auf Kuchen verzichten.* Da der Superlativ im Unterschied zum ↑ Elativ den höchsten Grad der in der Grundstufe ausgedrückten Eigenschaft bezeichnet, spricht man auch von der Höchststufe oder Meiststufe. ↑ Vergleichsformen (3.4). Zu *Sie war das/die hübscheste der Mädchen* ↑ Kongruenz (3.2).

süß: Der Superlativ von *süß* lautet *süßeste;* das erste *e* darf nicht ausfallen. ↑ Vergleichsformen (2.3).

Sütterlinschrift: ↑ Schrift.

Synkope: ↑ Elision.

Synonym: 1. Was ist ein Synonym?: Synonyme sind Wörter mit ähnlicher oder [fast] gleicher Bedeutung. Wirklich bedeutungsgleiche Wörter sind selten (z. B. *bereits/schon*). Meist handelt es sich um eine Konkurrenz von fremdsprachlichem und deutschem Wort, um das Nebeneinander von gemeinsprachlichem und fach- bzw. sondersprachlichem Ausdruck oder um verschieden motivierte Wörter *(Grazie/Anmut, Telefon/Fernsprecher* oder *Raumpflegerin/Putzfrau/Putzhilfe).* Ein Wort kann innerhalb eines bestimmten vorhandenen Textes mit einem anderen Wort (seinem Synonym) ausgetauscht werden, wenn beide Wörter den gleichen logisch-gegenständlichen Bezug haben (Herr X ist mein *Kollege,* mein *Mitarbeiter,* mein *Freund,* Herr X ist aber z. B. auch *Sportler, Sportsmann, Athlet* oder *Ehemann, Gatte, Gemahl, Lebenskamerad, bessere Hälfte, Alter* usw. – drei logische Bezugsgruppen für den gleichen Gegenstand, hier für die gleiche Person). Dabei ist zu beachten, daß der Austausch synonymer Wörter meist gewisse stilistische oder inhaltliche Veränderungen der Aussage zur Folge hat. In vielen Fällen kommt ein Text durch das Einsetzen eines Synonyms auch in eine andere Stilschicht. Vgl. z. B. die Synonymie *küssen, einen Kuß geben,* (salopp:) *einen aufdrücken,* (scherzh.:) *schnäbeln,* (familiär:) *schmusen,* (landsch.:) *busseln,* (ugs.:) *abschmatzen,* (salopp:) *abknutschen* usw. Weitere Synonymgruppen sind z. B. *Gesicht, Antlitz, Visage, Fresse; lächeln, schmunzeln, grinsen, grienen, feixen; fest, unerschütterlich, eisern, unnachgiebig, unbeugsam, unerbittlich; Frühling, Frühjahr, Lenz; Gegner, Kontrahent, Widersacher, Antagonist, Antipode, Nebenbuhler, Feind, Rivale, Konkurrent, Opponent.* Es gibt auch landschaftliche Synonyme, die nicht im gesamten Sprachraum, sondern höchstens in Überschneidungsbereichen nebeneinander auftreten, sonst aber getrennt voneinander in verschiedenen Gebieten gebräuchlich sind (z. B. *Sonnabend/Samstag* oder *Fleischer/Metzger/Schlächter/Fleischhauer* oder *Harke/Rechen*). Der Gegensatz zum Synonym ist das ↑ Antonym. **2. Deklination:** Das Wort *Synonym* wird stark gebeugt. Genitiv: *des Synonyms,* Plural: *die Synonyme.* Der schwache Plural *die Synonymen* ist veraltet, ebenso der lat.-griech. Plural *die Synonyma.* ↑ Fremdwort (3.1).

Syntax: Lehre vom Satzbau, Satzlehre.

s. Z.: Die heute zusammengeschriebene Wendung *seinerzeit* wird nach der früher üblichen getrennten Schreibung *seiner Zeit* weiterhin mit *s. Z.* abgekürzt (↑ seinerzeit).

Szene: Das Substantiv *Szene* wird mit *Sz* (Szene) geschrieben. In der ugs. Bedeutung „Milieu (meist junger Menschen)" kommt – vor allem bei englischer Aussprache [siːn] – auch die Schreibung mit *Sc* vor. ↑ Scene.

Szepter: Veraltend für: ↑ Zepter.

T

t: Zur Schreibung und Deklination ↑Bindestrich (2.4) *(T-förmig, T-Träger);* ↑Einzelbuchstaben *(des T, zwei T);* ↑Groß- oder Kleinschreibung (1.2.5) *(das t in heute).*

t/d: ↑-and/-ant, ↑ent-/end-, ↑Entgelt, ↑seid/seit, ↑tod-/tot-, Tod-/Tot-.

Tabak-/Tabaks-: Die Zusammensetzungen mit *Tabak* als Bestimmungswort sind teils mit, teils ohne Fugen-s gebräuchlich. Ohne Fugen-s stehen: *Tabakbau, Tabakbrühe, Tabakmonopol, Tabakpflanzer, Tabakpflanzung, Tabaksteuer.* Mit Fugen-s werden geschrieben: *Tabaksbeutel, Tabaksdose, Tabakskollegium, Tabakspfeife.* ↑Fugen-s (3).

Tabellen: ↑Aufzählung.

Tabernakel: Das Fremdwort *Tabernakel* (Plural: *die Tabernakel*) hat sächliches oder männliches Geschlecht. Sowohl *das Tabernakel* wie *der Tabernakel* sind üblich. Die männliche Form ist besonders in der katholischen Kirche gebräuchlich.

Tablett: Der Plural von *das Tablett* lautet gewöhnlich *die Tabletts,* seltener *die Tablette.*

tadel-/tadelns-/tadels-: Ohne ↑Fugenzeichen sind *tadelhaft, -süchtig, -los, Tadelsucht.* Ein Fugenzeichen haben *tadelnswert, -würdig, Tadelsantrag, -votum.* Schwankenden Fugen-s-Gebrauch zeigt *tadel[s]frei.*

tadeln: Das Verb *tadeln* wird mit *wegen, für,* selten mit *um ... willen* verbunden: *Man tadelt ihn für seine Faulheit/wegen seiner Faulheit/um seiner Faulheit willen.*

Tag: 1. Plural: Der Plural von *Tag* heißt *die Tage.* Die umgelautete Form *die Täge* ist nur landschaftlich. Sie gehört nicht der Standardsprache an. **2. Rechtschreibung:** Groß schreibt man das Substantiv: *am, bei Tage; heute in acht Tagen; von Tag zu Tag; Tag für Tag; des Tags, des Tags zuvor; eines Tag[e]s;* (bergmännisch:) *über Tag, unter Tag; unter Tags* (= den Tag über); *vor Tag[e], vor Tags; guten Tag sagen, bieten.* Klein schreibt man das Adverb: *tags, tags darauf, tags zuvor, tagsüber; tagaus, tagein; tagtäglich;* auch: *ander[e]ntags.* ↑*zutage.* **3.** Zu der Fügung *Tag der deutschen Einheit* ↑deutsch (1, a); zu *Es ist/sind X Tage her ...* ↑Es ist/sind zwei Jahre [her].

Tag-/Tage-/Tages-: In Zusammensetzungen erscheint das Bestimmungswort *Tag* als *Tag-, Tage-* oder *Tages-.* Dabei treten z. T. Doppelformen mit gleicher oder mit verschiedener Bedeutung auf. Im süddeutschen Sprachraum werden die Formen ohne *-e-* oder *-es-* bevorzugt. **1. Zusammensetzungen mit Tag-:** *Tagblindheit, Tagdienst, Tagfalter, Tagfahrt* (= Auffahrt aus dem Bergwerk), *Taggebäude* (bergmänn. für: Schachtgebäude), *Taglilie, Tagpfauenauge, Tagsatzung* (österr. für: behördlich bestimmter Termin; früher schweiz. für: Tagung der Ständevertreter), *Tagschicht, Tagtraum, Tagwache* (schweiz.), *Tagwacht* (schweiz.), *Tagzeit* (= Breviergebet). **2. Zusammensetzungen mit Tage-:** *Tagebuch, Tagegeld, tagelang, Tagelicht* (südd. für: kleines Fenster), *Tagelied, Tagereise.* **3. Zusammensetzungen mit Tage- oder Tag-:** *Tagebau/*(südd., österr.:) *Tagbau, Tageblatt/*(südd., österr.:) *Tagblatt, Tagelohn/*(südd., österr., schweiz.:) *Taglohn, Tagelöhner/*(südd., österr., schweiz.:) *Taglöhner, tag[e]weise, Tag[e]werk.* **4. Zusammensetzungen mit Tages-:** *Tagesablauf, Tagesanbruch, Tagesanzug, Tagesarbeit, Tagesbedarf, Tagesbefehl, Tageser-*

eignis, Tagesfahrt, Tagesform, Tagesgespräch, Tageskarte, Tageskurs, Tageslauf, Tagesleistung, Tageslicht, Tageslosung, Tagesmädchen, Tagesmeinung, Tagesordnung, Tagespresse, Tagessatz, Tagesstrecke, Tageszeit, Tageszeitung. **5. Zusammensetzungen mit Tages-, Tag- oder Tage-:** *tag[es]hell, Tagesraum*/(österr.:) *Tagraum, Tage[s]marsch.*

tagelang/Tage lang: Klein schreibt man, wenn es sich um die adjektivische Zusammensetzung handelt: *Das tagelange Warten hatte mich nervös gemacht. Er lief tagelang im Wald umher.* Groß und getrennt schreibt man, wenn *lang* durch *Tag* (mit vorangehendem Adjektiv, Zahlwort o. ä.) näher bestimmt wird: *Er lief zwei Tage lang, ganze Tage lang im Wald umher.*

tagen: ↑getagt.

Tagesangabe: Zu *Am Montag, dem/den 10. Juni ...* ↑Datum.

Tageszeiten: ↑Adverb (3), ↑Dienstag (2), ↑Komma (3.1).

-tägig/-täglich: Zusammensetzungen mit *-tägig* bedeuten „eine entsprechende Reihe von Tagen dauernd" *(ein vierzehntägiger Urlaub).* Zusammensetzungen mit *-täglich* bedeuten dagegen „sich nach einer entsprechenden Reihe von Tagen wiederholend" *(vierzehntäglich* [= alle 14 Tage] *stattfindende Vorlesungen).* ↑-ig/-isch/-lich (1).

täglich: Groß schreibt man das Adjektiv *(das tägliche Brot, tägliche Zinsen)* nur in ↑Namen und bestimmten namenähnlichen Begriffen wie *die Täglichen Gebete* (kath.).

Take-off: ↑Fremdwort (4).

Tal: Der Plural von *Tal* heißt *die Täler;* der dichterische Plural *die Tale* ist heute kaum noch üblich.

Taler: ↑Maß-, Mengen- und Münzbezeichnungen (1).

Tante: *Zu Tantes Kleid* u. ä. ↑Verwandtschaftsbezeichnungen.

tanzen: Das Perfekt von *tanzen* wird mit *haben* umschrieben, wenn es sich um den Vorgang des Tanzens, um die Dauer in der Bewegung handelt: *Sie hat viel getanzt. Er hat wunderbar getanzt. Als Unteroffizier im Frieden hatte er einmal mit einem Mädchen getanzt* (Gaiser). Das Perfekt wird mit *sein* umschrieben, wenn es sich um eine durch das Tanzen entstehende Ortsveränderung handelt: *Sie ist durch das Zimmer getanzt. Er war wie ein Wirbelwind über die Bühne getanzt.* ↑haben (1).

Tapete: Bei Mengenangaben kann *Tapete* im Singular oder im Plural stehen, je nachdem, ob man das Wort kollektiv als Stoffbezeichnung oder als Bezeichnung der einzelnen Stücke ansieht: *Wir brauchen noch 7 Rollen Tapete/Tapeten.* ↑Apposition (2.2).

Tapezier[er]: *Tapezierer* ist die allgemein gebräuchliche Form. Die Kurzform *Tapezier* ist süddeutsch.

Tapfe/Tapfen: Neben dem weiblichen Substantiv *die Tapfe* existiert auch das männliche Substantiv *der Tapfen.* Gewöhnlich wird nur der Plural *die Tapfen* gebraucht: *Es bereitete Stanislaus Vergnügen, in den Tapfen der alten Gelehrten zu wandeln* (Strittmatter).

tapfer: Bei *tapfer* bleibt, wenn es dekliniert oder gesteigert wird, das *e* der Endungssilbe gewöhnlich erhalten: *ein tapferes Kind; sie war tapferer als ihr Bruder.* Nur in den deklinierten Formen des Komparativs wird das erste der drei Endungs-e manchmal ausgeworfen: *ein noch tapf[e]reres Verhalten.* ↑Adjektiv (1.2.13), ↑Vergleichsformen (2.2).

Tasse: Es heißt richtig: *eine Tasse Kaffee* (nicht: *Kaffees*); *eine Tasse starker Kaffee* (geh.: *starken Kaffees*); *mit 3 Tassen starkem Kaffee* (geh.: *starken Kaffees*). ↑Apposition (2.2). Zu *eine Tasse heißer Kaffee/eine heiße Tasse Kaffee* ↑Adjektiv (3.2).

Tatform, Tätigkeitsform: ↑Aktiv.

Tätigkeitswort: ↑Verb.

tatverdächtig: Zu *der tatverdächtige/Tatverdächtige Meier* ↑Angeklagte (1).

Tau: In der Bedeutung „Seil" hat

Tau sächliches Geschlecht *(das Tau).* In der Bedeutung „Feuchtigkeitsniederschlag" ist es männlich *(der Tau).*

tauchen: Das Perfekt von *tauchen* kann mit *haben* oder *sein* umschrieben werden, je nachdem, ob der Sprecher stärker den Vorgang des Tauchens oder die durch das Tauchen entstehende Ortsveränderung sieht. Dauer in der Bewegung, Vorgang mit *haben: Klaus hat [den ganzen Vormittag] getaucht. Das U-Boot hatte getaucht.* Das Perfekt mit *haben* wird vor allem gebraucht, wenn vom Tauchen als Sport oder von Tauchmanövern (des U-Bootes) gesprochen wird. Veränderung in der Bewegung, Ortsveränderung mit *sein: Karen und Margot sind [bis auf den Grund] getaucht.* Wie bei den anderen Bewegungsverben nimmt der Gebrauch mit *sein* immer mehr zu, weil die Veränderung in der Bewegung stärker empfunden wird als die Dauer in der Bewegung: *Er ist einige Minuten getaucht. Das U-Boot ist getaucht.* ↑haben (1).

Taugenichts: Der Genitiv von *Taugenichts* lautet *des Taugenichts* oder seltener *des Taugenichtses.* Der Plural lautet *die Taugenichtse.*

täuschen: Nach *sich täuschen in* muß der Dativ stehen, nicht der Akkusativ: *Wir haben uns leider in Ihnen* (nicht: *in Sie) getäuscht.*

tausend/Tausend: ↑hundert/Hundert.

tausendjährig: Groß schreibt man das Adjektiv in Namen: *das Tausendjährige Reich* (bibl.); aber klein, weil kein Name: *das tausendjährige Reich* (ironisch für die Zeit der nationalsozialistischen Herrschaft).

tausendste: Klein schreibt man das Zahlwort: *der, die, das tausendste* (der Zählung, der Reihe nach). *Ich besuchte als die tausendste/als tausendste diese Ausstellung.* Groß schreibt man die Substantivierung (= bestimmter substantivischer Begriff): *Das weiß der Tausendste nicht* (= kaum ein Mensch). *Er kam vom Hundertsten ins Tausendste* (= blieb nicht bei der Sache, schweifte ab). ↑Groß- oder Kleinschreibung (1.2.4).

tausend[und]ein[s]: **1. Schreibung:** Das Zahlwort *(tausend[und]ein Weizenkorn)* wird nur in ↑Namen groß geschrieben: *ein Märchen aus Tausendundeiner Nacht.* **2. Kongruenz:** Nach der ungebeugten Form *tausend[und]ein* steht das Substantiv im Plural: *mit tausend[und]ein Fragen.* Verwendet man aber die gebeugte Form, dann folgt der Singular: *mit tausendundeiner Frage.* Das *und* darf in diesem Falle nicht weggelassen werden (eigentlich: *mit 1 000 Fragen und einer Frage*). ↑[3]ein (1).

Tautologie: Der Terminus *Tautologie* bedeutet soviel wie „Dasselbe-Sagen". Bei der Tautologie handelt es sich um eine bewußte Ausdrucksverstärkung mit Hilfe bedeutungsähnlicher (sinnverwandter) Wörter: *voll und ganz, einzig und allein, immer und ewig, Hilfe und Beistand. Wir werden das erwägen und bedenken. Sie haben das beschworen und beeidigt.* Man sollte diese Stilfigur nur zurückhaltend anwenden und vor allem pleonastische Doppelungen vermeiden, z. B. *bereits schon, leider zu meinem Bedauern, einander gegenseitig.* Zwischen Tautologie und ↑Pleonasmus läßt sich nicht immer eine scharfe Grenze ziehen. Häufig wird *Tautologie* gleichbedeutend mit dem Terminus Pleonasmus gebraucht.

Teach-in: ↑Fremdwort (4).

technisch: Klein schreibt man das Adjektiv: *das technische Zeitalter; ein technischer Ausdruck; technische Fächer; er ist technischer Zeichner; die technischen Hochschulen, Fachschulen.* Groß schreibt man aber *technisch* in Namen wie *die Technische Hochschule Darmstadt, die Technische Universität [in] Berlin, die Technische Nothilfe.* Zu *technischer/Technischer Zeichner* ↑Titel und Berufsbezeichnungen (2); zu *Herrn Technischen/Technischer Direktor* ↑Herr (4).

Teddy: Der Plural wird mit y geschrieben: *die Teddys.* ↑-y.

Teddybär: Das Substantiv wird

schwach gebeugt: *des, dem, den Teddybären,* Plural: *die Teddybären.* Zu gelegentlich vorkommenden starken Beugungsformen im Singular ↑Unterlassung der Deklination (2.1).

Tee: Es heißt *der Tee,* Genitiv: *des Tees,* Plural: *die Tees.*

Tee-Ei, Tee-Ernte: Zur Schreibung ↑Bindestrich (2.3).

Teen, Teenie (auch: Teeny), Teenager: Es heißt *der Teen,* Genitiv: *des Teens,* Plural: *die Teens, der Teenie,* Genitiv: *des Teenies,* Plural: *die Teenies* und *der Teenager,* Genitiv: *des Teenagers,* Plural: *die Teenager.* Damit werden Jugendliche beiderlei Geschlechts zwischen etwa 13 und 19 Jahren bezeichnet (wobei *Teenie* einen jüngeren Teen bzw. Teenager meint). ↑Amerikanismen/Anglizismen (1.1).

Tegernseer: Die Einwohner von Tegernsee heißen *Tegernseer.* Die Einwohnerbezeichnung wird nur mit zwei *e* geschrieben. ↑Einwohnerbezeichnungen (3 und 7).

Teil: 1. Genus: *Teil* wird heute vorwiegend als männliches Substantiv gebraucht: ... *einen großen Teil des Tages* (Kafka). *Der größte Teil rückte allerdings nach einigen Stunden Ruhe wieder ab* (Plievier). Wo die Bedeutung „Teil von einem Ganzen" zurücktritt, wird *Teil* aber als Neutrum gebraucht *(das Teil): Jedes einzelne Teil* (= Stück) *wurde genau geprüft. Du hast dein Teil getan, als du uns aufnahmst, das ist übergenug* (Brecht). *Der Fußboden bekam von allem sein Teil* ... (Lederer). Auch in Zusammensetzungen wie *Einzelteil, Oberteil, Seitenteil, Rückenteil* ist das sächliche Geschlecht üblicher als das männliche, besonders wenn sie als Bezeichnungen von Einzelstücken aufgefaßt werden. In einigen Wendungen ist sowohl *der* als auch *das Teil* gebräuchlich: *Sie trug ihr/ihren Teil dazu bei. Ich für mein Teil kann selbstverständlich nur Richtlinien ziehen* (Th. Mann). *Ich für meinen Teil kenne viel feinere, köstlichere, verflüchtigtere Arten der Genugtuung* (Th. Mann). In Verbindung mit dem Attribut *besser* ist *Teil* zumeist Neutrum: *Denen, die unterliegen, ist das bessere Teil beschieden* (Musil). *Wer ohne diesen schönen Schein leben kann, hat das bessere Teil erwählt* (Benrath). **2. Ein Teil Äpfel lag/lagen auf der Erde:** Wenn nach *Teil* die Angabe, wozu der Teil gehört, im Plural folgt, steht in der Regel das Verb im Singular, weil ja das Subjekt *Teil* formal ein Singular ist: *Ein Teil Bücher ist schon verkauft. Ein Teil Äpfel lag auf der Erde.* Oft wird aber nach dem Sinn konstruiert und das Verb in den Plural gesetzt: *Ein Teil Bücher sind schon verkauft. Ein Teil der Äpfel lagen auf dem Boden.* Im zweiten Beispiel (beim Genitiv) ist der Plural seltener. ↑Kongruenz (1.1.2). **3. Rechtschreibung:** Groß schreibt man das Substantiv: *zum Teil; er hat sein Teil; ein gut Teil; ich für mein Teil.* Klein schreibt man das Adverb und natürlich den Verbzusatz: *Es ging ihm teils gut und teils schlecht. Sie nahm an dem Kursus teil* (zu: *teilnehmen*). *Ich habe nicht teil an ihrem Glück.* (zu: *teilhaben*). Vgl. auch ↑zuteil.

teilnehmen: Nicht: *das an der Versammlung teilgenommene Mitglied* (↑zweites Partizip [2.2]).

teils – teils: 1. Kongruenz: Werden Subjekte durch *teils – teils* verbunden, dann wird das Prädikat heute gewöhnlich in den Singular gesetzt: *Teils sein Einfluß, teils seine Herkunft hatte ihm seine Stellung verschafft.* ↑Kongruenz (1.3.8). **2. Komma:** Vor dem zweiten *teils* steht immer ein Komma, weil es sich um eine Aufzählung von Satzteilen oder Sätzen handelt: *Sie verbrachte ihre Ferien teils in Frankreich, teils in Italien, teils in der Schweiz. Teils achtete man mich, teils ignorierte man mich.*

teilweise: ↑-weise.

T-Eisen: ↑Groß- oder Kleinschreibung (1.2.5).

Telefon/Telephon: ↑f/ph.

Teltower: Die Einwohner von Teltow heißen *Teltower.* Da das *w* nicht gesprochen wird, gilt hier nur die Silbentrennung *Tel-tow-er* als richtig. *Tel-*

tower wird immer groß geschrieben, auch wenn das Wort wie ein flexionsloses Adjektiv vor einem Substantiv steht: *die Teltower Rübchen, ein Teltower Betrieb.* ↑Einwohnerbezeichnungen (6 und 7).

Tempo: Der Plural von *Tempo* in der Bedeutung „Geschwindigkeit" ist ungebräuchlich. In der Bedeutung „musikalisches Zeitmaß" lautet der Plural *die Tempi* oder *die Tempos,* in der Fachsprache der Musik aber nur *die Tempi.*

Temporalsatz: Der Temporalsatz ist ein Nebensatz, der die Aussage des übergeordneten Satzes zeitlich festlegt: *Als es in dem großen Saal völlig still geworden war, erhob der Dirigent den Taktstock.* Temporale Konjunktionen sind: *während, indem, solange, wenn; nachdem, als, seit[dem], sobald; bis, bevor, ehe.*

Tempus: Unter Tempus „Zeit[form]" *(das Tempus,* Genitiv: *des Tempus,* Plural: *die Tempora)* versteht man eine Kategorie des Verbs (↑Konjugation), die ein Geschehen oder Sein als vergangen, gegenwärtig oder zukünftig bestimmt. Vgl. im einzelnen. ↑Präsens, ↑Präteritum, ↑Perfekt, ↑Plusquamperfekt, ↑Futur I/II.

Tenor: Das endbetonte Wort *Tenor* „hohe Männersingstimme" hat den Plural *die Tenöre,* (österr. auch ohne Umlaut *die Tenore*). Davon zu unterscheiden ist das anfangsbetonte Wort *der Tenor* mit den Bedeutungen „Haltung, Sinn, Inhalt" und „entscheidender Teil" *(der Tenor des Urteils lautet ...; der Tenor seiner Rede war ...).* Zu diesem Wort gibt es keinen Plural.

Test: Das Substantiv *Test* hat zwei Pluralformen: *die Tests* und *die Teste.* Die Pluralform mit *-s* ist heute üblicher.

teuer: Bei *teuer* fällt, wenn es dekliniert oder gesteigert wird, das *e* der Endungssilbe aus: *ein teures Zimmer; das Leben wird immer teurer.* ↑Adjektiv (1.2.13). Zu *Das kommt mir/mich teuer zu stehen* ↑stehen (5).

Textsorte: Als Textsorten bezeichnet man in der Sprachwissenschaft die in bestimmten Situationen wiederkehrenden Typen von Texten, die sich nach Aufbau, stilistischer Form, Wortwahl u.a. von anderen Texten unterscheiden (z.B. Gespräch, Brief, Satzung, Werbetext).

T-förmig: ↑Groß- oder Kleinschreibung (1.2.5).

Thaler: Die Einwohner von Thale heißen *Thaler.* ↑Einwohnerbezeichnungen (3 und 7).

Theater: Zur Trennung *Thea-ter* ↑Silbentrennung (2.1).

Thema: Der Genitiv von *Thema* lautet *des Themas.* Der Plural hat die Formen *die Themen* und die *Themata* (falsch: *die Thematas*). ↑Fremdwort (3.4).

Thermometer: Es heißt *das,* österr. und schweiz. auch *der Thermometer.*

Thermostat: Das Wort *der Thermostat* kann stark oder schwach gebeugt werden: *des, dem, den Thermostaten,* Plural: *die Thermostaten* oder: *des Thermostat[e]s, dem, den Thermostat,* Plural: *die Thermostate.*

Thorax: Der Genitiv von *Thorax* lautet *des Thorax* oder *des Thoraxes.* Der Plural lautet *die Thoraxe* oder fachsprachlich *die Thoraces.*

tief: **1.** Klein schreibt man das Adjektiv auch dann, wenn ein Artikel vorangeht, beide Wörter aber für „zutiefst" stehen: *Ich habe das auf das/aufs tiefste bedauert.* **2.** Zusammen schreibt man *tief* mit einem folgenden 2. Partizip, wenn die Verbindung adjektivisch gebraucht wird (nur das erste Glied trägt Starkton): *ein tiefbewegter alter Mann, die tiefempfundenen Verse, ein tieferschütterter Mensch, ein tiefgefühlter Dank.* Die Vergleichsformen werden wie folgt geschrieben: *tiefempfunden – tiefer empfunden – am tiefsten empfunden/tiefstempfunden* usw. Getrennt schreibt man, wenn die Vorstellung der Tätigkeit vorherrscht (beide Wörter tragen Starkton): *ein [wirklich]* *tief bewegter/tief erschütterter Mann, diese tief empfundenen Verse, der tief gefühlte Dank.* Dies gilt immer, wenn beide Wörter aussagend stehen: *Der Mann ist tief bewegt/tief erschüttert. Die Verse sind tief empfunden.* Verbindungen aus *tief-* + 1. Partizip wie *tiefblickend, tiefliegend, tiefschürfend* usw. schreibt man gewöhnlich zusammen: *eine [überaus] tiefschürfende Arbeit; diese Arbeit ist nicht gerade tiefschürfend.* Vergleichsformen: *tiefschürfend – tiefer schürfend – am tiefsten schürfend/tiefstschürfend* usw. ↑Zusammen- oder Getrenntschreibung (3.1.2), ↑Vergleichsformen (2.5.1).

Tief: Der Plural von *das Tief* lautet *die Tiefs.*

tiefblickend: Die Vergleichsformen lauten: *tiefer blickend, am tiefsten blickend* und *tiefstblickend.* ↑tief (2), ↑Vergleichsformen (2.5.1).

Tiefe: Zu *etwas mißt in der/in die Tiefe* ↑messen (2).

tiefernst: Das Adjektiv *tiefernst* wird immer zusammengeschrieben, weil *tief-* den Inhalt des Adjektivs *ernst* nur verstärkt: *Sie sagte dies mit tiefernstem Gesicht.* Dieses Adjektiv kann nicht gesteigert werden.

tiefgefühlt: Die Vergleichsformen lauten: *tiefer gefühlt, am tiefsten gefühlt* und *tiefstgefühlt.* ↑tief (2), ↑Vergleichsformen (2.5.1).

tiefgehend: Die Vergleichsformen lauten: *tiefer gehend, am tiefsten gehend* und *tiefstgehend.* ↑tief (2), ↑Vergleichsformen (2.5.1).

tiefgekühlt: Das Adjektiv tiefgekühlt wird in Verbindung mit Substantiven wie *Obst, Gemüse, Fisch* immer zusammengeschrieben, weil es eine bestimmte Klasse der genannten Dinge bezeichnet: *tiefgekühltes Obst, Gemüse. Das Obst ist tiefgekühlt.*

tiefliegend: Die Vergleichsformen lauten: *tiefer liegend/tieferliegend, am tiefsten liegend* und *tiefstliegend: Es handelt sich um Metalle mit tiefliegendem, mit tiefer liegendem/tieferliegendem, mit am tiefsten liegendem/tiefstliegendem Schmelzpunkt.* ↑tief (2), ↑Vergleichsformen (2.5.1).

tiefstapeln: Das Verb *tiefstapeln* ist unfest zusammengesetzt. Es muß also heißen: *ich staple tief, ich habe tiefgestapelt; um tiefzustapeln.* ↑Zusammen- oder Getrenntschreibung (1.2).

Tilde: Die Tilde ist ein ↑diakritisches Zeichen in Form einer kleinen liegenden Schlangenlinie. Im Spanischen bewirkt sie über *n (ñ)* die Aussprache [nj] (z. B *Señor*), im Portugiesischen und in der Internationalen Lautschrift zeigt sie einen durch die Nase gesprochenen Laut an: *São Paulo;* [bõ'bõ] (= *Bonbon*). In Lexika u. dgl. dient die Tilde auch als Wiederholungszeichen: *tief: ... ~empfunden.*

Tilgung: Zur Tilgung von Lauten ↑Elision.

Time-sharing: ↑Fremdwort (4).

Tingeltangel: Das Substantiv *Tingeltangel* kann sowohl männliches als auch (österr. nur) sächliches Geschlecht haben: *der Tingeltangel* oder *das Tingeltangel.* Die Formen lauten Genitiv: *des Tingeltangels,* Plural: *die Tingeltangel.*

Tinnef: Das Substantiv *Tinnef* hat männliches Geschlecht: *der Tinnef,* Genitiv: *des Tinnefs.*

Titel und Berufsbezeichnungen

1 Deklination

1.1 Titel ohne Namen

Ein Titel oder eine Berufsbezeichnung ohne Namen wird immer gebeugt:

Die Rede des Herrn Ministers war kläglich. Die Beisetzung des Herrn Direktors findet um 14.00 Uhr statt. Wer hat dem Präsidenten diesen Rat gegeben?

1.2 Titel + Name

Steht ein Titel oder eine Berufsbezeichnung ohne Artikel oder Pronomen vor einem Namen, dann wird nur der Name gebeugt (↑ Personennamen [2.2.2]):

Staatsanwältin Schneiders Sondervotum, die Ansprache Papst Pauls VI., der Weggang Rektor Meyers, die Günstlinge Königin Christines von Schweden, der Sieg Kaiser Karls des Großen, eine Einladung bei Präsident Dr. Schmidt, ein Brief an Generaloberst Freiherr von F., Oberärztin Dr. Hahns Visite.

1.3 Artikel/Pronomen + Titel + Name

Steht ein Titel oder eine Berufsbezeichnung mit Artikel oder Pronomen vor einem Namen, dann wird nur der Titel oder die Berufsbezeichnung gebeugt (bei mehreren Titeln o. ä. nur der erste; ↑ Personennamen [2.2.3; 2.2.5]):

das Haus des Direktors Meyer (selten; s. u.), die Rede unseres Bürgermeisters Schneider, die Erkrankung unseres Prokuristen Schmidt, der Vorschlag des Abgeordneten Müller, die Politik des Fürsten Metternich, die Krönung des Königs Ludwig des Frommen, des Architekten Müller Einwand;
die Rede der [Ersten] Vorsitzenden Studienrätin Dr. Sander, die Stellungnahme des Präsidenten Minister a. D. Hambacher, der Brief unserers Abgeordneten Landrat Schulze, die Einführung des neuen Vorsitzenden Professor Dr. Finger; meine Verlobung mit Erna Schulte, Tochter des verstorbenen Professors Dr. Karl Schulte.

Zur Deklination in Verbindung mit *Herr* und *Doktor/Dr.* ↑ Herr (2), ↑ Personennamen (2.2.2; 2.2.3), ↑ Doktor.

2 Rechtschreibung, Reihenfolge, Zeichensetzung

1. Man schreibt Adjektive, Partizipien, Pronomen und Zahlwörter als Teile eines Titels groß:

Erster Staatsanwalt, Regierender Bürgermeister, Erste/Zweite Vorsitzende, Seine Magnifizenz.

Berufsbezeichnungen, die ein Adjektiv enthalten, sind keine Titel. Das Adjektiv ist daher in solchen Fügungen klein zu schreiben:

Er will technischer Zeichner werden. Sie ist medizinisch-technische Assistentin. Sie hat sich als freie Architektin niedergelassen. Der kaufmännische Angestellte Karl Meier ist erkrankt. Dies ist Sache des kaufmännischen Direktors.

Allerdings können mehrgliedrige Berufsbezeichnungen dieser Art, wenn sie nicht im fortlaufenden Text, sondern – z. B. im Briefkopf oder auf der Visitenkarte – allein beim Namen stehen, auch als Titel behandelt und groß geschrieben werden (aber auch hier ist die Kleinschreibung durchaus korrekt; ↑ Namen):

Hans G. Mayer	Dr. med. Andrea Zenser	Lexikographisches Institut AG
Technischer Zeichner	Leitende Ärztin	Der Kaufmännische Direktor

2. Mehrere vor dem Namen stehende Titel und Berufsbezeichnungen werden ohne Komma aneinandergereiht:

Herr Bäckermeister Hans Albert Schulze; Geheimer Regierungsrat Professor Dr. phil. Dr. jur. h. c. Max Schmitz; Frau Dipl.-Hdl. Dipl.-Phys. Inge Meier; Dr.-Ing. Clemens Philipp Graf von Wartberg; Marie Sibylle Baronin von Strantz-Neumann; Ihre Majestät Königin Elisabeth II.

In Namenlisten, Literaturverzeichnissen u. dgl. nachgestellte Titel und Berufsbezeichnungen werden vom Namen und untereinander durch Komma getrennt (nur zwischen Wörtern, deren normale Reihenfolge erhalten bleibt, steht kein Komma; ↑ Alphabetisierung):

Schulze, Hans Albert, Bäckermeister
Zedel, Ines, Professor Dr.
Schmitz, Max, Geh. Regierungsrat Dr. phil. Dr. jur. h. c., Generalintendant
Wartberg, Clemens Philipp Graf von, Dr.-Ing.
Meier, Inge, Dr., Dipl.-Ing.

Zu Titeln und Berufsbezeichnungen in der Briefanschrift und Anrede ↑ Brief. Vgl. auch ↑ Adelsnamen.

3 Weibliche Titel und Berufsbezeichnungen

1. Für bestimmte Titel und Berufsbezeichnungen haben sich weibliche Entsprechungen noch nicht allgemein durchgesetzt. So heißt es in der Anrede noch meist *Frau Professor/Minister/Staatssekretär/Amtmann.* Wird aber von Frauen, die solche Bezeichnungen führen, in der 3. Person gesprochen, dann gebraucht man vielfach schon die weibliche Form:

Sie ist Professor/Professorin an der Musikhochschule, Staatssekretär/Staatssekretärin im Familienministerium. Die Bundesministerin für das Gesundheitswesen, Frau X, eröffnete die Ausstellung. Ministerpräsidentin N. N. sprach vor dem Kongreß. Sie ist Referentin für Jugendfragen, Redakteurin, Prokuristin, Direktorin. Berlinerin wurde erste Prorektorin in Speyer (Mannheimer Morgen).

Auch in der Anrede wird heute vielfach die weibliche Form des Titels gewünscht (↑ Kongruenz [3.1]):

Sehr geehrte Frau Staatssekretärin/Ministerialrätin/Staatsanwältin/Oberschulrätin!

Zuweilen wird zur Geschlechtskennzeichnung einem Titel oder einer Berufsbezeichnung auch das Attribut *weiblich* vorangestellt *(Sie war der erste weibliche Minister).*

Titel oder Berufsbezeichnung des Mannes auf die Ehefrau [in der Anrede] zu übertragen ist heute kaum mehr üblich. Man sagt also nicht *Frau Professor* oder *Frau Doktor,* wenn der Titel nicht der Frau selbst zugehört oder wenn sie selbst nicht den entsprechenden Beruf ausübt.

2. Zu den männlichen Berufsbezeichnungen auf *-eur* können entsprechende weibliche sowohl auf *-euse* als auch auf *-eurin* gebildet werden, so daß manchmal Doppelformen nebeneinander stehen *(Friseuse/Friseurin, Masseuse/Masseurin).* Da die Formen auf *-euse* häufig abwertend gebraucht werden, bildet man heute die Ableitungen meist mit *-eurin:*

Amateurin, Dekorateurin, Graveurin, Ingenieurin, Konstrukteurin, Redakteurin, Regisseurin.

Nur auf *-euse* sind üblich:

Souffleuse, Dompteuse, Diseuse.

Vgl. auch ↑ Movierung.

titulieren: Das mit diesem Verb unmittelbar oder durch *als/mit* verbundene Substantiv bleibt (wegen seines Zitatcharakters) ungebeugt: *Die Schüler mußten ihn [mit] Herr Doktor titulieren. Sie hat mich [als/mit] „Schurke" tituliert.*

Tmesis: Unter Tmesis versteht man die Trennung zusammengehöriger Wortteile [durch dazwischentretende andere Wörter]. Solche Trennung kann in folgenden Fällen eintreten: **1. dahin gehe ich/da gehe ich hin:** Bestimmte zusammengesetzte Adverbien wie *dahin, daher, wohin, woher* werden auch getrennt verwendet: *Dahin gehe ich nicht. – Da gehe ich nicht hin. Woher kommst du? – Wo kommst du her?* Nur umgangssprachlich, besonders in Norddeutschland, ist die Trennung bei *dafür, dagegen, dahinter, davon, davor, dazu: Dazu hast du kein Recht. – Da hast du kein Recht zu. Davon habe ich nichts gehört. – Da habe ich nichts von gehört.* **2. Obgleich ich arm bin/Ob ich gleich arm bin ...:** Bestimmte zusammengesetzte Konjunktionen wie *obgleich, obschon, obzwar* wurden in älterem Deutsch auch getrennt eingesetzt: *Und ob ich schon wanderte im finstern Tal* (Ps. 23, 4). *Ob ich mich gleich bey verschiedenen erkundiget habe* (C. Stolberg an Klopstock, 27. Jan. 1773). Diese Fügungsweise ist heute veraltet. **3. er erkennt an/er anerkennt:** Bei bestimmten Verben, die aus diesem Grunde als unfest zusammengesetzte Verben bezeichnet werden, ist der ↑Verbzusatz nur in den infiniten Formen (Infinitiv, 1. und 2. Partizip) und im Nebensatz mit Einleitewort fest mit dem Verb verbunden, z. B. *einnehmen, einnehmend, eingenommen; wenn er einnimmt, als er einnahm.* In den übrigen Formen wird der Verbzusatz abgetrennt und nachgestellt: *Sie nimmt/nahm den Platz ein. Nimm deinen Platz ein!* Getrennt vom Verb steht der Verbzusatz auch dann, wenn er in Ausdrucksstellung am Anfang des Satzes steht: *Fest steht, daß er unrecht hat. Hinzu kam, daß ich krank wurde.* ↑Zusammen- oder Getrenntschreibung (1.6). Der heutige Sprachgebrauch neigt bei einer Reihe von Verben allerdings dazu, die Tmesis zu unterlassen, d. h., die unfest zusammengesetzten Verben im Hauptsatz wie feste Zusammensetzungen zu behandeln, z. B. *er anberaumt, anempfiehlt, anerkennt, anvertraut.* Beim Infinitiv ist das nicht möglich: *Wir bitten Sie, diese Abmachung anzuerkennen* (nicht: *zu anerkennen*). ↑anberaumen, ↑anempfehlen/empfehlen, ↑anerkennen, ↑anvertrauen, ↑widerhallen, ↑widerspiegeln. ↑Verb (2.4).

Tochter: Man sagt: *Ihr Fräulein Tochter.* Die Form *Ihre Fräulein Tochter* ist veraltet und klingt gespreizt. Im Genitiv heißt es richtig: *Der Verlobte Ihres Fräulein Tochter* (nicht: *Ihres Fräuleins Tochter/Ihres Fräulein Tochters*). ↑Fräulein (3; 4).

tod-/tot-, Tod-/Tot-: 1. Zusammensetzungen mit *Tod-*: Mit *d* schreibt man Zusammensetzungen, die das Substantiv *Tod* als Bestimmungswort haben: *todbereit* (= zum Tode bereit), *todblaß, todbleich* (= blaß, bleich wie der Tod), *todbezwingend, todelend, todfeind, todgeweiht, todkrank, todwund; Todfeind, Todsünde, Todkranker.* In vielen Fällen dient das Wort nur als Verstärkung des Ausdrucks. Hier steht niemals *t: todbang, todernst, todmüde, todschick, todsicher, todstill, todtraurig, todunglücklich.* **2. Zusammensetzungen mit *tot-*:** Mit *t* schreibt man Zusammensetzungen, die das Adjektiv *tot* als Bestimmungswort haben: *sich totarbeiten, sich totfallen, totfahren, sich totlachen, sich totlaufen, totmachen, totsagen, totschießen, totschlagen, totschweigen, sich totstellen, totstürzen, tottreten; Totgeburt, Totgeglaubter, Totgesagter, Totpunkt, Totschlag.*

Todesanzeigen: ↑Anzeigen (6).

Toilette-/Toiletten-: Standardsprachlich zeigen die Zusammensetzungen mit dem Bestimmungswort *Toilette* im allgemeinen ein *-en-: Toilettenartikel, Toilettenseife* u. a. Die Bildungen mit *Toilette-* sind vor allem österreichisch: *Toiletteartikel* usw. ↑Fugenzeichen.

Tombola: Der Plural von *Tombola* lautet *die Tombolas,* selten auch *die Tombolen.*

Tonne: Das Gemessene nach *Tonne: eine Tonne Teer* (nicht: *Teers*); *mit einer Tonne gesalzener Heringe* oder *gesalzene Heringe.* Bei *Tonne* als Gewichtseinheit: *ein Schiff mit 10 000 Tonnen kanadischem Weizen* (geh.: *kanadischen Weizens*). ↑Apposition (2.2).

Tor: Das sächliche Substantiv *das Tor* „große Tür" wird stark gebeugt. Der Genitiv Singular lautet *des Tor[e]s,* der Plural *die Tore.* Das männliche Substantiv *der Tor* „törichter Mensch" wird schwach gebeugt. Der Genitiv Singular lautet *des Toren,* der Plural *die Toren.*

tot: 1. Klein schreibt man das Adjektiv: *totes Kapital, der tote Punkt; toter Mann* (bergmänn. für: abgebaute Teile der Grube). Groß schreibt man die Substantivierung: *etwas Starres und Totes; der, die Tote.* Groß schreibt man auch das Adjektiv in ↑Namen oder bestimmten namenähnlichen Fügungen: *das Tote Meer; die Tote Hand* (= öffentlich-rechtliche Körperschaft oder Stiftung, bes. Kirche, Klöster, im Hinblick auf ihr nicht veräußerbares oder vererbbares Vermögen). **2.** Zusammen schreibt man *tot* mit dem 2. Partizip *geboren,* wenn die Verbindung adjektivisch gebraucht wird: *ein totgeborenes Kind.* Getrennt schreibt man aber in der Satzaussage: *Das Kind ist/wurde tot geboren.* Getrennt schreibt man *tot* vom Verb *sein: Er wird doch nicht tot sein!* In allen anderen Fällen wird *tot* mit dem folgenden Verb zusammengeschrieben, weil es reihenbildend ist: *totfahren, totfallen, totküssen, sich totlachen, totschweigen, totstellen, totstürzen, tottreten.* ↑Zusammen- oder Getrenntschreibung (1.2).

tot-/tod-, Tot-/Tod-: ↑tod-/tot-, Tod-/Tot-.

total: Das Wort *total* gehört zu den Adjektiven, die schon einen höchsten Grad ausdrücken und daher nicht mehr gesteigert werden können (also nicht: *die totalste Vernichtung*). ↑Vergleichsformen (3.1).

Totale: Dieses Fachwort der Film- und Fototechnik wird wie ein echtes Substantiv dekliniert: *die Totale,* Genitiv: *der Totale,* Plural: *die Totalen.* ↑substantiviertes Adjektiv (2.2.2).

traben: Das Perfekt von *traben* kann mit *sein* oder *haben* umschrieben werden, je nachdem, ob der Sprecher stärker die durch das Traben entstehende Ortsveränderung oder den Vorgang des Trabens sieht. Veränderung in der Bewegung, Ortsveränderung mit *sein: Er ist über die Wiese getrabt. Das Pferd ist auf den Hof getrabt.* Dauer in der Bewegung, Vorgang mit *haben: Das Pferd hat gleichmäßig getrabt. Die Reiterin hat englisch, hat deutsch getrabt.* Jedoch nimmt der Gebrauch mit *sein* wie bei den anderen Bewegungsverben immer mehr zu, weil die Veränderung in der Bewegung stärker empfunden wird als die Dauer in der Bewegung. Daher sagt man auch: *Das Pferd ist vorzüglich getrabt.*

tragbar/tragfähig: Das Adjektiv *tragbar* darf nur in passivischem Sinn verwendet werden: *ein tragbares Fernsehgerät. Dieser Mitarbeiter ist für uns nicht tragbar.* In aktivischem Sinn wird *tragfähig* gebraucht: *eine tragfähige Decke. Das Eis ist noch nicht tragfähig.* ↑-bar/-fähig.

tragen: 1. Im Indikativ des Präsens heißt es: *ich trage, du trägst, er, sie, es trägt.* Der Stammvokal *a* wird also bei diesem Verb umgelautet (↑Verb [1]). **2. zum Tragen kommen:** In der Wendung *etwas kommt zum Tragen* (= etwas wirkt sich aus) wird *Tragen* groß geschrieben, weil es ein substantivierter Infinitiv ist.

Traktat: Das Substantiv *Traktat* kann männliches oder sächliches Geschlecht haben: *der/das Traktat.* Der Genitiv heißt *des Traktat[e]s,* der Plural *die Traktate.*

transitiv: Als transitiv (zielend) bezeichnet man diejenigen Verben, von denen ein persönliches Passiv gebildet werden kann, wobei das Subjekt des Passivsatzes dem Akkusativobjekt des Aktivsatzes entspricht: *Die Mutter liebt ihr Kind – Das Kind wird von seiner Mutter geliebt. Der Gärtner bindet die Blumen – Die Blumen werden vom Gärtner gebunden.* Die transitiven Verben heißen auch zielende Zeitwörter, weil ihr Geschehen auf ein Objekt gerichtet ist. Ggs. ↑intransitiv. Zum transitiven Gebrauch intransitiver Verben ↑Amerikanismen/Anglizismen (3).

transportabel: Bei *transportabel* fällt, wenn es dekliniert wird, das *e* der Endung aus: *ein transportables Gerät.* ↑Adjektiv (1.2.13).

träte/trete: Die Form des Konjunktivs I ist *trete,* sie steht vor allem in der ↑indirekten Rede (2.1): *Er sagte, sie trete gerade aus der Tür.* Demgegenüber ist *träte* die Form des Konjunktivs II, der vor allem im ↑Konditionalsatz (2–7) auftritt: *Wenn sie ans Fenster träte, könnte sie ihn sehen.* Der Konjunktiv II *träte* erscheint auch in der indirekten Rede, wenn in der direkten Rede schon *träte* oder *treten würde* steht oder etwas als zweifelhaft hingestellt wird (↑indirekte Rede [3.3]).

trauen: Es heißt *Ich traue mich nicht, das zu tun.* Die Verbindung von *sich trauen* mit dem Dativ *Ich traue mir nicht, das zu tun* ist selten. Landschaftlich sagt man auch: *Du traust dir das nicht* (wobei *das* an Stelle eines Infinitivs steht). Die Verbindung mit einem Genitivobjekt gilt als veraltet: *Ich traue mich dessen nicht.* Nur der Akkusativ ist korrekt in der Fügung *sich an eine Stelle trauen: Ich traute mich* (nicht: *mir) nicht ins Wasser.*

träumen: Das Verb *träumen* kann persönlich oder unpersönlich konstruiert werden: *Er stand am Rande der See ... und träumte ins Blaue* (Th. Mann). *Ihr träumte, sie könne fliegen.* Die unpersönliche Konstruktion gehört der gehobenen Sprache an (↑unpersönliche Verben).

Treber: *Treber* ist ein pluralisches Substantiv. Es heißt *die Treber,* nicht *die Trebern.*

treffen: Im Indikativ des Präsens heißt es: *ich treffe, du triffst, er, sie, es trifft.* Der Imperativ lautet: *triff!* (nicht: *treffe!*). ↑e/i-Wechsel.

treffen/begegnen: ↑begegnen/treffen.

treiben: Als transitives Verb wird *treiben* im Perfekt mit *haben* umschrieben: *Der Wind hat den Ballon südwärts getrieben.* Als intransitives Verb wird es im Perfekt mit *sein* umschrieben: *Der Ballon ist südwärts getrieben.*

Treibstoff: Zu Bildungen wie *Treibstoffstand, Treibstoffstandschauzeichen, Treibstoffzufuhrregulierung* ↑Kompositum (1).

Trema: Das Trema ist ein Trennungszeichen, das über den zweiten von zwei aufeinanderfolgenden Vokalen gesetzt wird, damit dieser getrennt ausgesprochen wird, z. B. frz. *naïf* „naiv". In der deutschen Rechtschreibung gibt es kein Trema, außer bei bestimmten Namen wie *de Haën, Praël.* Schreibungen wie *naïv, Aëroplan* sind also nicht korrekt. ↑diakritische Zeichen.

Trennung: ↑Silbentrennung.

Treppensatz: Man spricht von einem Treppensatz, wenn einem Hauptsatz mehrere Nebensätze folgen, die jeweils von dem vorausgehenden Satz abhängen. Der Treppensatz wirkt stilistisch unschön und sollte vermieden werden. Nicht: *Der Zug hatte sich schon in Bewegung gesetzt, als noch ein junger Mann aufsprang, der zu spät kam, weil er seine Aktentasche vergessen hatte, wie er den Mitreisenden erzählte.* Der Treppensatz läßt sich ohne weiteres durch mehrere Satzgefüge ersetzen: *Der Zug hatte sich schon in Bewegung gesetzt, als noch ein junger Mann aufsprang. Wie er den Mitreisenden erzählte, kam er zu spät, weil er seine Aktentasche vergessen hatte.*

treten: 1. treten/tritt!: Im Indikativ des Präsens heißt es: *ich trete, du trittst, er, sie, es tritt.* Der Imperativ lautet: *tritt!* (nicht: *trete!*). ↑e/i-Wechsel. **2. Konjunktiv:** ↑träte/trete. **3. Umschreibung mit *haben* oder *sein*:** Als transitives Verb wird *treten* mit *haben* umschrieben: *Er hat ihn getreten. Sie folgten den Spuren, die andere vor ihnen schon in den Schnee getreten hatten* (Plievier). Das intransitive Verb *treten*

wird mit *sein* umschrieben: ... *wo nun beide Sänger ... an die Rampe getreten sind* (Thieß). **4. Er trat mir/mich auf den Fuß · Der Schweiß trat ihr auf die Stirn:** Wird *treten* im Sinn von „mit dem Fuß treffen" auf einen Körperteil bezogen, dann kann die betroffene Person im Dativ oder im Akkusativ stehen. Der Dativ ist üblicher: *Er hat/ist mir auf den Fuß getreten.*
Im Gegensatz zum Dativ (Dativ der Beteiligung) drückt der Akkusativ stärker aus, daß die Person unmittelbar betroffen ist. Jedoch liegt auch bei diesen Sätzen der Hauptton immer auf der Angabe des Körperteils: *Er hat ihn in die Flanke getreten.* Wird *treten* im Sinn von „an eine Stelle gehen oder gelangen" gebraucht, dann kann die betroffene Person nur im Dativ stehen: *Die Tränen traten mir in die Augen. Der Schweiß ist ihr auf die Stirn getreten.* Ähnlich wie *treten* werden auch andere Verben der körperlichen Berührung behandelt (vgl. z. B. ↑schlagen, ↑stoßen, ↑beißen).

treu: Getrennt schreibt man *treu* von den Verben *sein* und *bleiben: Du kannst nicht treu sein/bleiben.* Zusammen schreibt man *treu* mit einem 2. Partizip, wenn die Verbindung adjektivisch gebraucht wird (nur das erste Glied trägt Starkton): *ein mir treuergebener, treugesinnter Freund.* Getrennt schreibt man, wenn die Vorstellung der Tätigkeit vorherrscht (beide Wörter tragen Starkton): *ein mir treu ergebener, [sehr] treu gesinnter Freund.* Getrennt schreibt man immer, wenn beide Wörter aussagend stehen: *Mein Freund ist mir treu ergeben, treu gesinnt.* ↑Zusammen- oder Getrenntschreibung (3.1). Zu der Wendung *für 10 Jahre treue/treuer Mitarbeit* ↑Apposition (2.2).

Tribun: Das Substantiv *Tribun* kann im Singular wie im Plural stark und schwach gebeugt werden. Die starken Beugungsformen lauten: *des Tribuns, dem, den Tribun,* Plural: *die Tribune.* Die schwachen Beugungsformen lauten: *des Tribunen, dem, den Tribunen,* Plural: *die Tribunen.* ↑Fremdwort (3.1).

triefen: Das ursprünglich unregelmäßige Verb *triefen* wird heute meist regelmäßig konjugiert: ... *ein Stück von dem Aal, der von Fett triefte* (Wiechert). *Corinna konnte sich wieder in den Korb, der wie ein Sieb triefte, hinablassen* (Hausmann). *Ihre Kleider haben vor Nässe getrieft.* In gewählter Sprache sind jedoch die unregelmäßigen Formen des Präteritums gebräuchlich: *Seine Kleidung troff vor Nässe* (Müthel). *Aus seiner Brust und seinem Hals troff das Blut* (Hesse). Das unregelmäßige 2. Partizip *(Ihre Kleider haben vor Nässe getroffen)* ist heute selten.

Trikot: Als Bezeichnung für eine bestimmte Gewebeart hat *Trikot* männliches, selten auch sächliches Geschlecht *(der/das Trikot).* Als Bezeichnung für ein bestimmtes Kleidungsstück hat *Trikot* nur sächliches Geschlecht *(das Trikot).*

Triumvir: Das Fremdwort *Triumvir* (= Mitglied eines Triumvirats) kann im Singular stark oder schwach dekliniert werden. Starke Genitivform: *des Triumvirs,* schwache: *des Triumvirn.* Der Plural ist schwach: *die Triumvirn.*

Triumvirat: Das Fremdwort *Triumvirat* (= Dreimännerherrschaft) hat heute sächliches Geschlecht *(das Triumvirat);* das dem lateinischen *triumviratus* nachgebildete männliche Geschlecht *(der Triumvirat)* ist nicht mehr gebräuchlich.

trocken: 1. Rechtschreibung: Groß schreibt man das substantivierte Adjektiv: *auf dem Trockenen* (= auf trockenem Boden) *stehen; im Trockenen* (= auf trockenem Boden) *sein.* Klein schreibt man *trocken* in folgenden festen Verbindungen, obwohl ein Artikel vorangeht: *auf dem trockenen sein* (ugs. für: nicht mehr weiterkommen; erledigt sein); *im trockenen* (= geborgen) *sein* (ugs.); *auf dem trockenen sitzen* (ugs. für: in Verlegenheit sein); *sein Schäfchen im trockenen haben/ins trokkene bringen* (ugs. für: wirtschaftlich gesichert sein, sich wirtschaftlich sichern). ↑Groß- oder Kleinschreibung (1.2.1). Getrennt schreibt man *trokken* vom folgenden Verb, wenn beide Wörter in ursprünglicher Bedeutung gebraucht werden (beide Wörter tragen Starkton): *Es wird trocken sein/werden. Die Kartoffeln sollen trocken liegen/trocken gelegt werden* (= an einem trockenen Ort gelagert werden). *Du sollst die Herdplatte trocken reiben* (= ohne Zusatz von Flüssigkeit reiben). *Wir wollen trocken sitzen* (= im Trockenen sitzen). *Das Vieh soll trocken* (= nicht feucht) *stehen.* Zusammen schreibt man, wenn durch die Verbindung ein neuer Begriff oder eine Bedeutungsschattierung entsteht (nur das erste Glied trägt Starkton): *Er hat das Kind trockengelegt* (= mit frischen Windeln versehen). *Der Sumpf wurde trockengelegt. Sie ließen uns bei dieser Einladung trockensitzen* (ugs. für: ohne Getränk sitzen). *Die Kuh hat mehrere Wochen trockengestanden* (= hat keine Milch gegeben). ↑Zusammen- oder Getrenntschreibung (1.2). **2. trockener/trockner:** Bei *trocken* bleibt, wenn es dekliniert oder gesteigert wird, das *e* der Endungssilbe gewöhnlich erhalten: *trockenes Wetter; dieses Handtuch ist trockener.* Nur in den deklinierten Formen des Komparativs wird das erste der drei Endungs-e manchmal ausgeworfen *(ein trock[e]neres Handtuch).* ↑Adjektiv (1.2.13); ↑Vergleichsformen (2.2).

trocknen: Das intransitive Verb *trocknen* (z. B. *etwas trocknet*) gehört zu den Verben, die eine allmähliche Veränderung bezeichnen. Diese Verben (wie ↑altern, ↑gären) können ihr Perfekt sowohl mit *sein* als auch mit *haben* bilden: *Die Wäsche ist/hat gut getrocknet.* Verschiedene Bedeutungen liegen dabei nicht vor, nur eine andere Sehweise. Die Umschreibung mit *sein* ist bei *trocknen* die häufigere (↑haben [1]).

Tropf/Tropfen: *Tropf* (Genitiv: *des Tropf[e]s,* Plural: *die Tröpfe*) ist eine abwertende Bezeichnung für „einfältiger und deshalb bedauernswerter Mensch“: *Er ist ein ganz armseliger Tropf!* Das Substantiv *Tropfen* (Genitiv: *des Tropfens,* Plural: *die Tropfen*) hat die Bedeutung „kleine Flüssigkeitsmenge (meist in kugeliger Form)“: *Sie träufelte fünf Tropfen der Medizin ins Glas. Es regnete in großen Tropfen.* ↑Substantiv (2.2).

Tropfen: Das Gemessene nach *Tropfen: ein Tropfen Honig* (nicht: *Honigs*); *5 Tropfen bittere Medizin* (geh.: *bitterer Medizin*); *mit dreißig Tropfen reinem Alkohol* (geh.: *reinen Alkohols*). ↑Apposition (2.2).

trotz: Die Präposition *trotz* steht heute gewöhnlich mit dem Genitiv: *Sie gingen trotz des Regens viel spazieren.* Der Dativ nach *trotz* ist selten, abgesehen von Süddeutschland, Österreich und der Schweiz, wo *trotz* grundsätzlich gern mit dem Dativ verbunden wird: *Sie gingen trotz dem Regen viel spazieren.* Daß der Dativ die ältere Rektion darstellt, zeigen noch die festen Fügungen *trotz allem* und *trotz alledem* und das Adverb ↑*trotzdem.* Häufiger kommt der Dativ noch vor, wenn der Artikel fehlt: *trotz nassem Asphalt* neben: *trotz nassen Asphalts.* Er erscheint dann vor allem, wenn *trotz* vor einem alleinstehenden starken Substantiv im Plural steht *(trotz Beweisen, trotz Büchern, trotz Atomkraftwerken)* oder wenn ein stark gebeugtes einzahliges Substantiv im Genitiv dem stark gebeugten einzahligen und von der Präposition *trotz* abhängenden Substantiv vorausgeht: *trotz des Bootes starkem Schwanken* (statt: *trotz des Bootes starken Schwankens*). Der Dativ ist weniger üblich, wenn das Substantiv dem von der Präposition abhängenden Substantiv folgt: *trotz dem Rauschen des Meeres;* häufiger: *trotz des Zuspruchs des Offizialverteidigers* (Jens). ↑Präposition (2).

trotzdem: Im heutigen Sprachgebrauch wird *trotzdem* sowohl als [satzeinleitendes] Adverb wie auch als unterordnende Konjunktion verwendet.

Der Gebrauch als Adverb ist der ältere und heute auch noch üblichere; das vorangestellte *trotzdem* leitet einen Hauptsatz ein: *Er beeilte sich sehr; trotzdem kam er zu spät. Beweisen kann er nichts. Trotzdem kann er mit mir spielen, wie er will* (Remarque). Die Verwendung von *trotzdem* als unterordnende Konjunktion ist bereits im 19. Jh. aufgekommen. Das Adverb hat dabei, wie manche anderen Partikeln, den Schritt vom regierenden in den abhängigen Satz getan. Die eigentliche Konjunktion *daß* ist weggefallen. Die folgenden Beispiele sollen die Entwicklung aufzeigen: Zunächst: ... *und trotz dem, daß ich gehen wollte, horchte ich doch wieder auf seine Worte hin* (Stifter). Dann: *Der Papa, trotzdem daß es nicht so scheint, glaubt auch gleich alles* (Raabe). *Trotzdem daß man nicht weiß, ob man sich mehr ärgern, lachen oder weinen soll* (Raabe). Schließlich: *Hatte der Ökonomierat recht, so hielt die Baronin, trotzdem er auch in Hof, Feld und Wald gesehen wurde, doch unmerklich die Zügel* (Hauptmann). *Und trotzdem diese Situation mir selber lästig war, trotzdem ich mich auf alle mögliche Weise anstrengte, ernst zu sein, kam das Lachen stoßweise immer wieder* (Rilke). – Obwohl also *trotzdem* auch in guter Literatur häufig als unterordnende Konjunktion verwendet wird, gilt dieser Gebrauch doch noch weithin als umgangssprachlich. Zu beachten ist, daß unterordnendes *trotzdem* nachdrücklicher als *obwohl/obgleich* ist: *Trotzdem er kein Geld hatte, lebte er wie ein Fürst – Obwohl/Obgleich er kein Geld hatte, lebte er wie ein Fürst.*

trüb[e]: Klein schreibt man das Adjektiv in der festen Verbindung *im trüben fischen,* obwohl ein Artikel vorausgeht. ↑Groß- oder Kleinschreibung (1.2.1).

Trüffel: Das Substantiv *Trüffel* hat weibliches Geschlecht: *die Trüffel.* Der Genitiv lautet *der Trüffel,* der Plural *die Trüffeln.* Umgangssprachlich wird *Trüffel* auch mit männlichem Geschlecht *(der Trüffel)* gebraucht. Dazu lautet dann der Genitiv *des Trüffels,* der Plural *die Trüffel.*

trügen: Das Verb *trügen* wird unregelmäßig gebeugt (Präteritum: *[der Schein] trog.* Perfekt: *er hat getrogen;* Konjunktiv II: *er tröge*). Die gelegentlich vorkommende regelmäßige Beugung *(er trügte/hat getrügt)* ist nicht korrekt.

Trümmer: Das Substantiv *Trümmer* (= Überreste, [Bruch]stücke) ist die Pluralform zu dem heute nur noch umgangssprachlich und mundartlich gebrauchten Singular *das Trumm* (= Ende, Stück, Fetzen): *Am Rande der Trümmer wuchs Gras; die Trümmer eines Flugzeugs; in Trümmer legen, schlagen, sinken.* Die Form *Trümmern* gilt nur im Dativ Plural: *Die ganze Stadt lag in Trümmern.*

Trupp: 1. ein Trupp Maskierter/Maskierte · mit einem Trupp junger Leute/jungen Leuten: Nach *Trupp* kann die Angabe, woraus der Trupp besteht, im Genitiv oder als Apposition stehen: *ein Trupp Maskierter/*(selten:) *Maskierte; ein Trupp singender Kinder/*(selten:) *singende Kinder. Sie kam mit einem Trupp junger Leute/*(selten:) *jungen Leuten an.* ↑Apposition (2.2). **2. Ein Trupp Soldaten zog/zogen durch die Stadt:** Wenn nach *Trupp* die Angabe, woraus der Trupp besteht, im Plural folgt, steht in der Regel das Verb (Finitum) im Singular, weil ja das Subjekt *(Trupp)* formal ein Singular ist: *Ein Trupp Soldaten zog durch die Stadt.* Oft wird aber nach dem Sinn konstruiert und das Verb (Finitum) in den Plural gesetzt: *Ein Trupp Soldaten zogen durch die Stadt.* Der Plural findet sich vor allem dann, wenn das appositionelle Verhältnis gewählt wird: *Ein Trupp singende Kinder* (statt des üblichen Genitivs: *singender Kinder*) *standen vor der Tür.*

Trupp/Truppe: Das männliche Substantiv *der Trupp* (Genitiv: *des Trupps,* Plural: *die Trupps*) hat die Bedeutung „Schar, Gruppe, Haufen“: *Ein Trupp Studenten oder anderer junger*

Leute ... war dort zu der großen Menge gestoßen (Musil). *Ein Trupp Offiziere erscheint und schließt das Tor auf* (Die Welt). Das weibliche Substantiv *die Truppe* (Genitiv: *der Truppe,* Plural: *die Truppen*) hat die Bedeutungen „Heeresabteilung, [größerer] militärischer Verband, Landheer [im Kampfeinsatz]“: *Die Überraschung, die ihrer fronterfahrenen Truppe gelang, war vollkommen* (Hartung). *Die meuternden Truppen warfen die Gewehre weg* (Schaper). Gelegentlich wird *Truppe* für „Gruppe von Künstlern, die zusammen auftreten“ gebraucht: *eine Truppe von Schauspielern, Artisten.*

Trust: Der Plural von *Trust* (= Zusammenschluß von wirtschaftlichen Unternehmungen zum Zwecke der Monopolisierung) lautet *die Truste* oder *die Trusts.* Das Wort kann sowohl deutsch ([trʊst], meist: [trast]) als auch englisch [trʌst] ausgesprochen werden.

tschüs: Dieser umgangssprachliche Abschiedsgruß (besonders unter Verwandten und guten Bekannten) ist als Nebenform zu niederd. *adjüs* über span. *adiós* auf lat. *ad deum* (= zu Gott, Gott befohlen) zurückzuführen. Das *ü* wird lang oder auch kurz gesprochen: [tʃy:s, tʃʏs].

T-Shirt: ↑Fremdwort (4).

Tübinger: Die Einwohner von Tübingen heißen *Tübinger.* Die Einwohnerbezeichnung *Tübinger* wird immer groß geschrieben, auch wenn das Wort wie ein flexionsloses Adjektiv vor einem Substantiv steht: *ein Tübinger Gelehrter; das Tübinger Stift* (↑Einwohnerbezeichnungen 1 und 7).

Tuch: Das Substantiv hat zwei Bedeutungen. *Tuch* mit dem Plural *die Tuche* bezeichnet eine [zur Weiterverarbeitung bestimmte] Stoffart, meist glattes, feines Wollgewebe: *Zur Herstellung dieser Anzüge werden nur erstklassige Tuche verwendet. ... kleideten ihre Beamten und ihre Landsknechte in warmes, dauerhaftes Tuch und nährten sie gut und reichlich* (Feuchtwanger). *Tuch* mit dem Plural *die Tücher* hat die Bedeutung „in bestimmter, meist rechteckiger oder quadratischer Form zu bestimmtem Zweck gefertigtes Stück Stoff“: *Auf der Leine hingen bunte Tücher. Sie kam mit einem leinenen Tuch* (Hesse). In dieser zweiten Bedeutung ist *Tuch* häufig Grundwort in Zusammensetzungen, z. B. *Halstuch, Kopftuch, Taschentuch, Handtuch, Tischtuch, Putztuch, Dreieckstuch.*

-tüchtig: Über *-tüchtig* als Grundwort in Zusammensetzungen ↑Kompositum (9).

Tumor: Die medizinische Bezeichnung einer Geschwulst wird auf der ersten Silbe betont *(Tụmor)* und hat den Plural *die Tumọren.* Daneben kommt (in der Umgangssprache) Endbetonung im Singular *(Tumọr)* mit starkem Plural *die Tumọre* vor. Vgl. auch ↑Motor.

tun: 1. Konjugation: Beim Infinitiv und bei bestimmten Personalformen des Indikativs Präsens von *tun* wurde früher in Analogie zu anderen Verben ein *e* eingeschoben: *tuen; ich tue, wir tuen, ihr tuet, sie tuen.* Bis auf die 1. Person *(ich tue)* sind diese Formen mit *-e* heute nicht mehr üblich. Es heißt also richtig: *tun; ich tue* oder *ich tu', wir tun, ihr tut, sie tun.* Auch der Imperativ wird heute meist ohne *-e* gebraucht: *tu!* **2. *tun* + Infinitiv:** Die Verbindung von *tun* mit einem reinen Infinitiv in Sätzen wie *Sie tut gerade schreiben* oder *Er tut das schon erledigen* ist eine umgangssprachliche überflüssige Erweiterung des Prädikats. Sie gilt in der Standardsprache nicht als korrekt. Nur bei vorangestelltem Infinitiv, also wenn das Verb besonders nachdrücklich hervorgehoben werden soll, ist die Erweiterung mit *tun* zulässig, weil dann das *tun* die syntaktische Funktion des Verbs übernehmen muß: *Singen tut sie gern. Gesehen habe ich sie schon, aber kennen tue ich sie nicht.* Zu *sich schwer-, leichttun* ↑schwertun, sich.

Tunichtgut: Der Genitiv von *Tunichtgut* kann sowohl *des Tunichtgut* als auch *des Tunichtgut[e]s* lauten. Der Plural heißt *die Tunichtgute.*

tunlichst: Das Adverb *tunlichst* „nach Möglichkeit" sollte nicht als Attribut (Beifügung) eingesetzt werden: *Öffentliches Aufsehen ist tunlichst zu vermeiden*. Nicht: *unter tunlichster Vermeidung...*

Tunnel: Das Wort *Tunnel* hat in der Standardsprache männliches Geschlecht und wird im allgemeinen auf der ersten Silbe betont: *der Tunnel* (Genitiv: *des Tunnels,* Plural: *die Tunnel,* auch: *die Tunnels*). Landschaftlich, vor allem süddeutsch, tritt auch die sächliche Nebenform *das Tunell* mit der Betonung auf der zweiten Silbe auf (Genitiv: *des Tunells,* Plural: *die Tunelle*).

Tüpfel: Das Substantiv *Tüpfel* kann männlich oder sächlich sein *(der, das Tüpfel).*

Tür/Türe: In der Standardsprache gilt heute nur die Form *Tür* als korrekt. Die Form mit *-e (Türe)* ist eine Nebenform, die vor allem im mitteldeutschen Sprachgebiet vorkommt. Sie ist auch in der Literatur gelegentlich noch zu finden, wohl deshalb, weil man die Form ohne *-e* fälschlich für umgangssprachlich hält: *... die einzige Türe war von innen verriegelt* (Frisch). *Er fand die Türe angelehnt und trat ... zaghaft ein* (Menzel). ↑Substantiv (2.3).

turnusgemäß / turnusmäßig: ↑-gemäß/-mäßig.

Tuwort: ↑Verb.

Twen: ↑Amerikanismen/Anglizismen (1.1).

Twinset: Das Fremdwort *Twinset* (= Pullover und Jacke aus gleichem Material) kann männliches oder sächliches Geschlecht haben *(der, das Twinset).*

Typ/Type: Das männliche Substantiv *der Typ* (Genitiv: *des Typs,* Plural: *die Typen*) hat die Bedeutungen „Urbild, Grundform, Vorbild; durch bestimmte gemeinsame Merkmale, die einer Gruppe von Individuen eigentümlich sind, ausgeprägtes Persönlichkeits- oder Erscheinungsbild; Gattung, Bauart, Modell". In der Umgangssprache hat *Typ* (auch mit schwacher Beugung: *des, dem, den Typen*) auch die Bedeutung „[junge] männliche Person". Das weibliche Substantiv *die Type* (Genitiv: *der Type,* Plural: *die Typen*) ist heute nur noch in den Bedeutungen „gegossener Druckbuchstabe, Letter" und umgangssprachlich in der Bedeutung „Mensch von ausgeprägt absonderlicher, schrulliger Eigenart; komische Figur" gebräuchlich. Die Verwendung von *Type* in der Bedeutung „Modell, Bauart", die früher üblich war (und österr. noch gilt), wird heute immer seltener. Es ist zu empfehlen, das Wort *Typ* (nicht: *Type*) zu gebrauchen, wenn es sich um ein Modell, um die Bauart eines bestimmten Erzeugnisses, Fabrikats uw. handelt. ↑Substantiv (2.4).

Typus: Das meist fachsprachlich verwendete Substantiv *der Typus* mit der Bedeutung „Urbild, Beispiel; Mensch bestimmter psychischer Ausprägung" hat den Genitiv *des Typus* und den Plural *die Typen.*

U

u: Zur Schreibung und Deklination ↑Bindestrich (2.4) *(U-förmig, U-Laut);* ↑Einzelbuchstaben *(des U, zwei U);* ↑Groß- oder Kleinschreibung (1.2.5) *(das u in Rute).*

u. a., usf., usw., wie, z. B.: Wenn Beispiele aufgezählt werden, dann genügt es, wenn man entweder am Anfang durch *z. B., wie* oder am Ende der Aufzählung durch *u. a., usf., usw.* andeutet, daß nur eine Auswahl gegeben wird. Überflüssig ist es, am Anfang und am Ende darauf hinzuweisen. Nicht: *Sie hat viele Länder besucht, z. B. Österreich, Holland u. a.* Sondern: *Sie hat viele Länder besucht, z. B. Österreich, Holland.* Oder: *Sie hat viele Länder besucht: Österreich, Holland u. a.*

übel: 1. Rechtschreibung: Klein schreibt man das Adjektiv auch bei vorangehendem Artikel, wenn beide Wörter für *am übelsten* stehen: *Es wäre das übelste* (= am übelsten), *wenn ...* ↑Groß- oder Kleinschreibung (1.2.1). Groß schreibt man das substantivierte Adjektiv: *Er hat nichts, viel Übles getan.* Zusammen schreibt man *übel* mit einem 2. Partizip, wenn die Verbindung eigenschaftswörtlich gebraucht wird (nur das erste Glied trägt Starkton): *die übelberatene Königin, der übelgelaunte Herr, der übelgesinnte Nachbar.* Getrennt schreibt man, wenn die Vorstellung der Tätigkeit vorherrscht (beide Wörter tragen Starkton): *ein übel beratener, [sehr] übel gelaunter, [ganz] übel gesinnter Mensch.* Getrennt schreibt man immer, wenn beide Wörter aussagend stehen: *Die Königin ist übel beraten. Der Chef ist übel gelaunt. Dieser Mann ist übel beleumdet/beleumundet.* ↑Zusammen- oder Getrenntschreibung (3.1.2). Getrennt schreibt man *übel* vom folgenden Verb, wenn beide Wörter in selbständiger Bedeutung gebraucht werden und eigenen Satzgliedwert haben: *übel sein, werden, riechen.* Zusammen schreibt man, wenn durch die Verbindung ein neuer Begriff oder eine Bedeutungsschattierung entsteht: *Du darfst mir das nicht übelnehmen* (= verargen). *Er hat mir übelgewollt* (= nicht wohlgewollt, schaden wollen). *Man hat ihm übelgetan* (= geschadet). ↑Zusammen- oder Getrenntschreibung (1.2). **2. Ausfall des e:** Bei *übel* fällt, wenn es dekliniert oder gesteigert wird, das *e* der Endung gewöhnlich aus: *ein übler Bursche; das riecht noch übler.*

über: 1. Präposition mit Dativ und Akkusativ: Die Präposition *über* kann sowohl mit dem Dativ als auch mit dem Akkusativ verbunden werden, je nachdem, ob das durch das Verb ausgedrückte Verhalten lagemäßig (Dativ) oder richtungsmäßig (Akkusativ) bestimmt ist: *Das Jackett hing über dem Stuhl. Er hängte das Jackett über den Stuhl.* Wo die Raumvorstellung jedoch völlig geschwunden ist, regiert *über* den Akkusativ: *Kinder über zehn Jahre, über alle Maßen, in Gemeinden über 10 000 Einwohner. Er war noch nicht Herr über die Schwierigkeiten. Sie rümpfte die Nase über seine Grobheit.* Ein Unterschied besteht z. B. in folgenden Sätzen: *Er schlief über seiner* (nicht: *über seine*) *Arbeit ein* (eigtl.: als er über seiner Arbeit saß) und: *Sie saß über ihre Arbeit* (nicht: *über ihrer Arbeit*) *gebeugt* (*beugen* mit Richtungsangabe). Zu dem ersten Satz gehört der übertragene Gebrauch von *über* in dem Satz: *Über meiner Arbeit habe ich ganz deinen Geburtstag vergessen* (eigtl.: während ich über meiner Arbeit saß). Hier darf also ebenfalls nicht der Akkusativ stehen. **2. *über* als Adverb:** Als Adverb kann *über* eingesetzt werden, um bestimmten Zahlen Unbestimmtheit zu verleihen. Daß *über* in diesen Fällen ein Adverb und keine Präposition ist, kann man daran erkennen, daß es keinen Einfluß auf die Deklinationsform des folgenden Substantivs ausübt: *Es waren über 100 Gäste.* Läßt man *über* fort, so bleibt die Konstruktion des Satzes erhalten: *Wir mußten über* (= mehr als) *zwei Stunden warten. Wir mußten zwei Stunden warten.* Das Weglassen von *über* ist dagegen nicht möglich, wenn *über* als Präposition gebraucht wird, z. B. in dem Satz: *Kinder über zwölf Jahre haben Zutritt.* Als Adverb übt *über* auch dann keine Rektion aus, wenn es in einem Präpositionalattribut oder in einer präpositionalen Umstandsangabe steht: *Gemeinden von über 10 000 Einwohnern.* (Der Dativ *Einwohnern* ist von der Präposition *von* abhängig.) *Wir wissen aus über einem Jahrhundert Erfahrung, wie man ...*

(nicht: *aus über ein ...;* der Dativ *einem* ist von der Präposition *aus* abhängig). **3. die über Siebzigjährigen:** Diese Fügung wird weder zusammengeschrieben noch mit Bindestrich versehen, also nicht: *die Übersiebzigjährigen* oder *die Über-Siebzigjährigen,* sondern: *die über Siebzigjährigen. Krankheiten der über Siebzigjährigen.* Hier wird *über* als Adverb, wie z. B. *fast, bereits,* gebraucht: *die fast Siebzigjährigen, die bereits Siebzigjährigen.*

über das/darüber/worüber: ↑Pronominaladverb (4).

über es, sie/darüber: ↑Pronominaladverb (3).

über was/worüber: Standardsprachlich ist in der Regel das Pronominaladverb *worüber: Worüber will sie sprechen?* Die Verbindung *über + was (Über was habt ihr gesprochen?)* kommt häufig in der gesprochenen Sprache vor; sie ist stark umgangssprachlich gefärbt. ↑Pronominaladverb (5).

überall: Das Adverb *überall* wird gewöhnlich auf der letzten Silbe betont: *So etwas findet man nicht überall.* Bei besonderem Nachdruck tritt aber auch Anfangsbetonung ein: *Ich habe dich überall gesucht. So etwas findet man nicht überall.*

Überdruck: In der Bedeutung „nochmaliges Druckverfahren" hat *Überdruck* den Plural *die Überdrucke,* im Sinne von „zu starker Druck" lautet der Plural *die Überdrücke* (↑Druck).

überdrüssig: Das Adjektiv *überdrüssig* wird im allgemeinen mit dem Genitiv verbunden: *... wie ich eines sommerlichen Morgens in der Prärie, meines Cowboyalltags etwas überdrüssig, weiter ritt als gewöhnlich* (Frisch). *Denn als Heinrich VIII. seiner Gemahlin ... überdrüssig wurde* (Quick). Um sich etwas weniger gewählt auszudrücken, gebraucht man gelegentlich auch den Akkusativ statt des Genitivs: *Ich bin des Lebens/* (seltener:) *das Leben überdrüssig. Ich bin seiner/* (seltener:) *ihn überdrüssig.* In diesem Falle gilt der Akkusativ heute als korrekt.

übereinander: Getrennt vom folgenden Verb schreibt man, wenn *übereinander* eine Wechselbezüglichkeit, eine Gegenseitigkeit (bei Personen) ausdrückt: *Sie müssen auch immer übereinander sprechen, reden.* Getrennt schreibt man auch, wenn *übereinander* als selbständiges Adverb gebraucht wird (immer vor zusammengesetzten Verben): *Die Turner haben bei der Pyramide übereinander gestanden* (oder: *übereinandergestanden,* s. u.). *Die Dosen waren übereinander aufgestellt, müssen übereinander angeordnet werden.* Zusammen schreibt man, wenn *übereinander* Verbzusatz ist: *Die Pfefferkuchen waren übereinandergeschichtet. Er wollte die Beine übereinanderschlagen. Sie haben alles übereinandergeworfen. Die Pakete dürfen nicht übereinanderliegen. Die Gläser haben übereinandergestanden.* ↑Zusammen- oder Getrenntschreibung (1.4).

Übereinstimmung: ↑Kongruenz.

überessen/überessen: Das Verb *überessen* kann den Ton auf der ersten Silbe *(überessen)* oder auf der dritten Silbe *(überessen)* tragen, wobei es sich jeweils um eine andere Bedeutung handelt. Die unfeste Zusammensetzung *sich* (Dativ) *etwas überessen* bedeutet „etwas so oft essen, daß man Widerwillen oder Abneigung dagegen verspürt": *Er aß sich dieses Gemüse bald über.* Das 2. Partizip dazu lautet *übergegessen: Gebratene Leber habe ich mir übergegessen.* Die feste Zusammensetzung *sich überessen* bedeutet „zuviel, mehr als einem zuträglich oder angenehm ist, essen": *Überiß dich nicht!* Das 2. Partizip dazu lautet *übergessen: Er hat sich übergessen.* Die früher auch gebräuchliche Partizipform *überessen* hat sich nicht durchgesetzt.

Überfahrt[s]-: Entsprechende Zusammensetzungen haben im allgemeinen ein ↑Fugen-s: *Überfahrtsbrücke, -dauer, -gebühr, -geld, -kosten, -preis, -schiff, -vertrag.*

überführen/überführen: In der Bedeutung „an einen anderen Ort bringen" kann das Verb *überführen* sowohl als unfeste wie als feste Zusammensetzung behandelt werden. Im ersten Falle lauten die Formen *überführen, führte über, hat übergeführt: Er ist in ein Krankenhaus übergeführt worden. Man führte ihn über; um ihn in ein Krankenhaus überzuführen.* Im zweiten Falle, der auch schon recht häufig ist, lauten die Formen *überführen, überführte, überführt: Er ist in ein Krankenhaus überführt worden; man überführte ihn in ein Krankenhaus; um ihn in ein Krankenhaus zu überführen.* In der Bedeutung „den Beweis der Schuld erbringen" ist *überführen* immer eine feste Zusammensetzung, wird also auf der dritten Silbe betont. Es heißt: *Er wurde des Mordes überführt; man überführte ihn; um ihn zu überführen.* ↑Verb (2.3); ↑zweites Partizip (1).

überlaufen/überlaufen: Die beiden Formen der Zusammensetzung haben deutlich getrennte Bedeutungen. Die unfeste Zusammensetzung *überlaufen* bedeutet entweder „zum Gegner übergehen" oder „über den Rand fließen; so voll werden, daß der Inhalt über den Rand fließt": *Viele Soldaten sind [zu den Rebellen] übergelaufen. Die Milch läuft über. Der Eimer beginnt überzulaufen.* Die feste Zusammensetzung *überlaufen* bedeutet entweder „als unangenehme Empfindung über jemanden kommen" oder „sehr oft aufsuchen, in Anspruch nehmen" oder „im Laufen überwinden": *Ein Schauer überlief ihn. Wir werden hier von Vertretern überlaufen. Es gelang ihm, die Abwehr zu überlaufen.* ↑Verb (2.3).

überlegen/überlegen: **1.** Die beiden Formen der Zusammensetzung haben deutlich getrennte Bedeutungen. Die unfeste Zusammensetzung *überlegen* bedeutet „über etwas legen" oder (reflexiv) „sich stark neigen": *Sie legte [sich] eine Decke über, weil es so kalt war. Der Vater hat den Jungen übergelegt* (umgangssprachlich: übers Knie gelegt und geschlagen). *Sie warnte ihn, sich zu weit überzulegen.* Die feste Zusammensetzung *überlegen* wird im Sinne von „bedenken, durchdenken" gebraucht: *Ich überlege [mir], was ich tun soll. Sie hat es sich anders überlegt. Wir waren dabei, eine bessere Lösung zu überlegen.* ↑Verb (2.3). – **2.** Das Adjektiv *überlegen* „erheblich übertreffend; überheblich" gehört nicht hierher, sondern hat sich aus dem 2. Partizip von mittelhochdeutsch *überligen* „darüberliegen" entwickelt: *Sie ist ihrem Freund an Intelligenz überlegen; ein überlegenes Lächeln.*

überm: Als Verschmelzung von *über* und *dem* wird *überm* ohne Apostroph geschrieben. ↑Apostroph (1.2); ↑Präposition (1.2.1).

übern: Diese umgangssprachliche Verschmelzung von *über* und *den* wird ohne Apostroph geschrieben. ↑Apostroph (1.2), ↑Präposition (1.2.1).

übernächtig/übernächtigt: Neben *übernächtig* ist seit dem Ende des 19. Jahrhunderts *übernächtigt* belegt. Im heutigen Sprachgebrauch wird überwiegend *übernächtigt* verwendet: *... ich sagte nicht, ... daß es Ihnen schlecht stehe, übernächtig auszusehen* (H. Mann). *... er ... bettete sein spitzes und übernächtigtes Gesicht parallel zur geweißten Betondecke* (Grass).

übernehmen: 1. übernehmen/übernehmen: Die beiden Formen der Zusammensetzung haben getrennte Bedeutungen. Die unfeste Zusammensetzung *übernehmen* bedeutet „über die Schulter hängen": *Er nahm das Gewehr über. Sie hat die Stola übergenommen.* Die feste Zusammensetzung *übernehmen* bedeutet vor allem „jemandem etwas abnehmen, etwas in Besitz, in eigene Verantwortung nehmen": *Ich habe den Wagen billig übernommen. Er übernahm es, den Brief zu schreiben. Ich bat sie, die Führung zu übernehmen.* Reflexives *sich übernehmen* bedeutet „sich zuviel zumuten": *Er hat sich bei/mit dieser Arbeit übernommen.* **2. in eigene/in eigener Bewirtschaftung übernehmen:** Da *übernehmen* eine gezielte Bewegung ausdrückt, ist nur der Akkusativ richtig (Frage: wohin?): *Ich übernahm den Hof in eigene* (nicht: *in eigener*) *Bewirtschaftung.*

übers: Als Verschmelzung von *über* und *das* wird *übers* ohne Apostroph geschrieben. ↑Apostroph (1.2), ↑Präposition (1.2.1).

überschlägig/überschläglich: Das früher übliche Adjektiv *überschläglich* wird heute häufig – wohl in Analogie zu *abschlägig, einschlägig* – durch *überschlägig* ersetzt: *Die überschlägigen Kosten belaufen sich auf 3 500 Mark. Könnten Sie die Kosten einmal überschlägig berechnen?*

Überschrift: Beim Zitieren von Überschriften (Gedicht-, Aufsatz-, Kapitelüberschriften usw.) werden Groß- und Kleinschreibung, Anführungszeichen, Deklination und Zeichensetzung genauso angewendet wie beim Zitieren von ↑Buchtiteln. Nach einer Überschrift steht kein Punkt. ↑[1]Punkt (2).

überschwenglich: Man schreibt *überschwenglich* mit *e,* obwohl es zu *Überschwang* gehört. ↑ä/e (1).

übersenden: Die Formen des Präteritums und zweiten Partizips lauten: *übersandte/übersendete* und *übersandt/übersendet.* Die Formen mit *a* sind häufiger (↑senden).

übersetzen/übersetzen: Die beiden Formen der Zusammensetzung haben getrennte Bedeutungen. Die unfeste Zusammensetzung *übersetzen* bedeutet „ans andere Ufer befördern; hinüberfahren“: *Der Fährmann setzte uns über. Die Truppen sind/haben übergesetzt.* Die feste Zusammensetzung *übersetzen* bedeutet „in eine andere Sprache übertragen“: *Er übersetzt aus dem Englischen. Sie versuchte den Text zu übersetzen.* ↑Verb (2.3).

übersiedeln: Bei *übersiedeln* kommt neben der Betonung auf der ersten Silbe *(übersiedeln)* auch die auf der dritten *(übersiedeln)* vor, so daß die verschiedenen Formen sowohl nach der Art der unfesten als auch der festen Zusammensetzung gebildet werden. Es heißt sowohl: *Wir sind übergesiedelt; wir siedelten über; um überzusiedeln* als auch: *Wir sind übersiedelt; wir übersiedelten; um zu übersiedeln.* ↑Verb (2.4).

Übertreibung: Adjektive, die etwas Negatives oder Unangenehmes ausdrücken, werden gerne, vor allem in der Umgangssprache, zur Verstärkung von Adjektiven mit positiver Bedeutung verwendet, oder sie dienen bei Verben mit positivem Inhalt als Artangabe. In gutem Deutsch sollte man diese paradoxe Ausdrucksweise vermeiden. Also nicht: *eine wahnsinnig spannende Geschichte, ein furchtbar netter Mensch. Er war irre lustig. Wir lieben uns schrecklich. Ich habe mich unheimlich gefreut.* ↑Vergleichsformen (4.2.1).

übertreten/übertreten: Die beiden Formen der Zusammensetzung haben getrennte Bedeutungen: Die unfeste Zusammensetzung *übertreten* bedeutet entweder „über eine Markierung treten“ (Sport), „das Ufer überfluten“ (von Gewässern) oder „sich einer anderen Gemeinschaft anschließen“: *Beim zweiten Sprung trat sie über. Der Fluß beginnt überzutreten. Er ist zum Katholizismus übergetreten.* Das Perfekt wird in allen drei Bedeutungen mit *sein* gebildet. Nur in der Sportsprache ist daneben auch *haben* gebräuchlich: *Der Wurf ist ungültig, weil er übergetreten ist/hat.* Die feste Zusammensetzung *übertreten* bedeutet „gegen etwas verstoßen“: *Er übertrat das Schweigegebot. Sie hat eine Vorschrift übertreten.*

überwiegend: Fügungen wie *die überwiegende Mehrheit* und *die überwiegende Mehrzahl* sind vom logischen Standpunkt aus Pleonasmen; denn eine Mehrheit überwiegt immer. Es soll hier mit *überwiegend* aber ausgedrückt werden, daß es sich um mehr als die einfache Mehrheit handelt: *... längst gehörte die überwiegende Mehrheit der Offiziere der Kommunistischen Partei an* (Mehnert). *... daß seine Angehörigen ihrer überwiegenden Mehrzahl nach gewöhnliche Hohlköpfe sind* (Th. Mann). ↑vorwiegend/überwiegend.

übrig: 1. Klein schreibt man *übrig*

auch dann, wenn ein Artikel vorangeht, beide Wörter aber an Stelle eines Adverbs oder eines Pronomens gebraucht werden: *im übrigen* (= sonst, ferner); *das, alles übrige* (= weitere); *die, alle übrigen* (= folgenden). Klein schreibt man *übrig* auch in der festen Verbindung *ein übriges tun* (= mehr tun, als nötig ist). ↑Groß- oder Kleinschreibung (1.2.1). **2.** Getrennt schreibt man *übrig* von den Verben *haben* und *sein: Es wird noch etwas übrig sein. Wir werden noch etwas übrig haben.* Zusammen schreibt man, wenn *übrig* Verbzusatz ist: *Ich habe wenig übrigbehalten. Er soll mir etwas übriglassen. Es ist viel übriggeblieben;* aber Getrenntschreibung, wenn der Verbzusatz in der betonten Anfangsstellung wieder Satzgliedwert gewinnt: *Übrig bleibt nur noch* ... ↑Zusammen- oder Getrenntschreibung (1.2).

Uelz[en]er: Die Einwohner von Uelzen heißen *Uelzer* oder auch *Uelzener.* Die Einwohnerbezeichnung *Uelz[en]er* wird immer groß geschrieben, auch wenn das Wort wie ein flexionsloses Adjektiv vor einem Substantiv steht: *die Uelzener Fachschulen.* ↑Einwohnerbezeichnungen (1 und 7).

uferlos: Groß schreibt man die Substantivierung: *das Uferlose, sie verliert sich ins Uferlose* (= ins Endlose). Klein schreibt man *uferlos* in der festen Verbindung *ins uferlose* (= allzu weit) *gehen: Seine Pläne gingen ins uferlose.* ↑Groß- oder Kleinschreibung (1.2.1).

U-förmig: ↑Groß- oder Kleinschreibung (1.2.5).

Uhrzeit: Zur Angabe der Uhrzeit dienen die unflektierten Kardinalzahlen *ein[s]* bis *zwölf* mit oder ohne *Uhr.* Die Formen auf *-e* sind veraltet oder volkstümlich und stehen immer ohne *Uhr: Es ist eins;* aber: *Es ist ein Uhr. Um fünf [Uhr] aufstehen* (volkstümlich: *um fünfe aufstehen;* veraltet: *Er geht vor zwölfe schlafen* [Platen]). Das Wort *Uhr* wird auch sonst meist weggelassen: *Es ist fünf Minuten vor drei Viertel acht. Es ist Viertel neun/ein Viertel auf neun* (landschaftlich für: *ein Viertel nach acht*). *Es ist zwanzig [Minuten] vor acht, nach acht. Sie kommt um halb acht.* Für die zweite Hälfte der Tageszeit gebraucht man adverbiale Angaben, wenn Verwechslungen mit der ersten möglich sind und umgekehrt: *Der Zug fährt um halb acht [Uhr] abends. Ich wartete bis zwei Uhr nachmittags. Um fünf Uhr morgens.* Die Zahlen *0* bis *24* (nach dem ersten Weltkrieg eingeführt) werden amtlich viel gebraucht, sind aber in der Alltagssprache kaum geläufig. Sie stehen meist mit *Uhr: Der Zug fährt* 17^{15}*/17.15 Uhr von Köln ab* (gesprochen: siebzehn Uhr fünfzehn [Minuten]). *Ich komme um 20 Uhr zu dir* (nicht: *um 20*). *Minute* und *Sekunde* werden auch nach Zahlen gebeugt: *fünf Minuten vor zwölf, zehn Sekunden vor halb fünf.* ↑Datum; ↑Zahlen und Ziffern (2).

um: Die Präposition *um* wird mit dem Akkusativ verbunden: *Sie wohnt um die Ecke. Sie saßen um den Tisch. Die Häuser rings um den* (nicht: *um dem*) *Hauptbahnhof. Er hat schwarze Ringe um die Augen* (nicht: *um den Augen*). ↑Rektion.

um/auf: ↑auf/um.

um [die]: Als Adverb wird *um [die]* gebraucht, wenn man bestimmten Zahlen Unbestimmtheit verleihen will. Es übt also keinen Einfluß auf die Rektion des folgenden Substantivs aus wie in der Rolle der Präposition: *Sie kam mit um [die] zwanzig Freunden* (der Dativ *Freunden* ist von *mit* abhängig).

um es/darum: ↑Pronominaladverb.

um so: ↑je (2).

um so mehr, als/um so mehr als: Vor *als* steht in dieser Fügung kein Komma, wenn die Umstandsangabe *um so mehr* mit der Konjunktion *als* als Einheit empfunden wird: *Du mußt heute früh ins Bett gehen, um so mehr als du morgen einen schweren Tag hast.* Ein Komma steht aber dann vor *als,* wenn die Umstandsangabe betont wird: *Du* *mußt heute früh ins Bett gehen, um so mehr, als du morgen einen schweren Tag hast. Er ist es* (= Dichter) *um so mehr, als er gerade nicht noch nach dem Ruhm des Schriftstellers lechzte* (Nigg).

um so weniger, als/um so weniger als: Komma vor *als* wie bei ↑*um so mehr[,] als.*

um was/worum: Standardsprachlich ist in der Regel das Pronominaladverb *worum: Worum hat er dich gebeten? Ich weiß, worum es geht.* Die Verbindung *um + was (Um was handelt es sich?)* kommt in der gesprochenen Sprache häufig vor; sie ist stark umgangssprachlich gefärbt. ↑Pronominaladverb (5).

um zu: Vor *um zu* steht immer ein Komma, weil der folgende Infinitiv als erweitert gilt: *Er kam, um zu helfen.*

um zu/zu: Der Gebrauch von *um zu* und *zu* vor einem Infinitiv bereitet gelegentlich Schwierigkeiten (vgl. auch die Artikel ↑satzwertiger Infinitiv, ↑Infinitiv, ↑zu, wo Sätze wie *Die Mutter schickt das Kind zum Bäcker, um Brötchen zu holen* und *Er ging in die Stadt, um dort überfahren zu werden* behandelt sind). **1. um zu:** Der Infinitiv mit *um zu* steht in zwei Arten von Gefügen. Einmal drückt er die Folge einer im Hauptsatz genannten Voraussetzung aus: *Sie ist viel zu aufmerksam, um dies zu übersehen. Ich mußte diesen Weg gehen, um die Aufgabe zu lösen. Er ist gebildet genug, um diese Sätze zu verstehen.* Zum andern drückt der Infinitiv mit *um zu* die Absicht einer im Hauptsatz genannten Person oder den Zweck des im Hauptsatz genannten Geschehens aus: *Ich ging in die Stadt, um für den Sonntag einzukaufen. Sie wählte diese Methode, um die Frage zu lösen.* In beiden Verwendungen wird, vor allem in der geschriebenen Sprache, nicht selten das *um* auch ausgelassen: *Er ist alt genug, [um] dies zu verstehen. Sie wählte eine neue Methode, [um] die Frage zu lösen.* Dabei ändert sich der Sinn des Satzes nicht; *um zu* und *zu* sind hier miteinander austauschbar, wenngleich *um zu* im allgemeinen vorgezogen wird. **2. zu:** Der Infinitiv steht immer dann mit *zu,* wenn er in der Rolle eines Attributes (einer näheren Bestimmung) steht: *Der Weg, diese Frage zu lösen, ist schwer.* Der Infinitiv *diese Frage zu lösen,* ist eine Beifügung zu *Weg* und antwortet auf die Frage: welcher Weg? Entsprechend: *Deine Fähigkeit, die Menschen zu begeistern, ist groß.* Auch hier läßt sich fragen: welche Fähigkeit? – In diesen Fällen können *zu* und *um zu* nicht miteinander ausgetauscht werden. Der Gebrauch von *um zu* ist hier also falsch. Kein Attribut ist der Infinitiv dagegen in den folgenden Sätzen: *Sie ging diesen Weg/mußte diesen Weg gehen, um die Frage zu lösen. Er setzte all seine Fähigkeiten ein, um die Menschen zu begeistern.* Hier steht das *um zu* korrekt (↑1). Die beiden Arten von Sätzen sind also streng zu unterscheiden. **3. Infinitiv mit *zu* als Objekt:** Der Infinitiv steht immer dann mit *zu,* wenn er in der Rolle eines Objektes steht. In dem Satz *Er ist bereit zur Hilfeleistung* ist *zur Hilfeleistung* ein ↑Präpositionalobjekt, das auch durch einen Infinitiv ausgedrückt werden kann: *Er ist bereit, ihm zu helfen.* In dem Satz *Sie erinnerte sich seiner* ist *seiner* Genitivobjekt, das auch durch einen Infinitiv ausgedrückt werden kann: *Sie erinnerte sich, ihn gesehen zu haben.* In dem Satz *Ich glaube dies fest* ist *dies* ein Akkusativobjekt, das auch durch einen Infinitiv ausgedrückt werden kann: *Ich glaube fest, ihn mit dieser List zu überwinden.* – In all diesen Fällen ist der Gebrauch von *um zu* falsch. Hier sind *um zu* und *zu* nicht miteinander austauschbar.

umeinander: Getrennt vom folgenden Verb schreibt man, wenn *umeinander* eine Wechselbezüglichkeit, eine Gegenseitigkeit (bei Personen) ausdrückt: *Sie sollen sich umeinander kümmern. Sie waren umeinander besorgt.* Zusammen schreibt man, wenn *umeinander* Verbzusatz ist: *Er hat die beiden Schnüre umeinandergedreht.* ↑Zusammen- oder Getrenntschreibung (1.4).

ụmgehen/umgẹhen: Die beiden Formen der Zusammensetzung haben verschiedene Bedeutungen. Die unfeste Zusammensetzung *ụmgehen* bedeutet entweder „in Umlauf sein" oder „als Erscheinung auftreten" *(Die Liste ist in der Firma umgegangen. In der Ruine ging ein Gespenst um),* oder sie bedeutet „in bestimmter Weise behandeln" *(Er geht sehr nachlässig mit dem guten Buch um. Du verstehst mit Kindern umzugehen).* Die feste Zusammensetzung *umgẹhen* bedeutet „um jemanden, um etwas herumgehen" oder „etwas nicht beachten": *Die Straße umgeht den Ort. Er hat diese Vorschrift umgangen. Wir versuchten die Schwierigkeiten zu umgehen.* ↑Verb (2.3).

umgekehrt als: Nach *umgekehrt* steht in der Standardsprache *als: Die Sache verhält sich gerade umgekehrt, als du denkst.* Die Verwendung von *wie* ist umgangssprachlich.

umher/herum: ↑herum/umher.

Umlauf: Es heißt: *Die neuen Fünfmarkstücke sind seit dem 1. Oktober in* oder *im Umlauf.* Aber nur: *Die neuen Münzen wurden in Umlauf gesetzt.* ↑in/im (1). Zu *Umlauf-/Umlaufs-* ↑Fugen-s (3.3).

Umlaut

Vom historischen Standpunkt aus bezeichnet man in der deutschen Sprache mit „Umlaut" die Veränderung (Aufhellung) eines Vokals unter dem Einfluß eines *i* oder *j* der Folgesilbe. Umlaute sind *ä, ö, ü:*

ahd. *turi,* mhd. *tür,* nhd. *Tür;* ahd. *scōni,* mhd. *schœne,* nhd. *schön;* ahd. *mahtig,* mhd. *mehtic,* nhd. *mächtig;* ahd. Singular *gast* „Gast, Fremder", Plural *gesti;* ahd. Singular *lamb* „Lamm", Plural *lembir* „Lämmer"; ahd. *lam* „lahm", *lemjan* „lähmen"; ahd. *faru* „ich fahre", *ferist* „du fährst" usw.

Dieser Umlaut hat durch Analogie vielfach weitergewirkt. In der deutschen Gegenwartssprache läßt sich der Umlaut in kein festes Regelsystem bringen.

1 Umlaut beim Verb

1.1 Umlaut im Konjugationssystem unregelmäßiger Verben

Bei den Verben mit dem Stammvokal *a, au, o* tritt in der 2. und 3. Person Singular Indikativ Präsens Umlaut ein:

fallen, du fällst, er fällt; laufen, du läufst, er läuft; stoßen, du stößt, er stößt.

Ausnahmen sind *schaffen, hauen, saugen, schnauben, kommen.*

Im Konjunktiv II haben die unregelmäßigen Verben mit umlautfähigem Stammvokal *(a, o, u)* ebenfalls Umlaut:

Indikativ Präteritum: ich sang, flog, fuhr; Konjunktiv II: ich sänge, flöge, führe.

Der Konjunktiv II der unregelmäßigen Verben mit nicht umlautfähigem Stammvokal *(i, ie)* hat den gleichen Vokal wie der Indikativ:

Indikativ Präteritum: ich ging, rief, griff; Konjunktiv II: ich ginge, riefe, griffe.

1.2 Umlaut bei abgeleiteten regelmäßigen Verben

Hier sind folgende Arten der Ableitung zu unterscheiden:

– Ableitungen von einfachen Substantiven: Der Umlaut tritt teilweise, aber ohne Regel auf, wobei Doppelbildungen in der Bedeutung unterschieden sind:

pflügen (von: Pflug), trösten (von: Trost), dämpfen – dampfen (von: Dampf), münden – munden (von: Mund).

- Ableitungen von Adjektiven: Die von Adjektiven abgeleiteten Verben, besonders die Gruppe der Faktitive (Verben des Bewirkens), haben meist Umlaut. Es gibt einige Doppelbildungen mit und ohne Umlaut, die sich in der Bedeutung unterscheiden:

  töten, bräunen; lähmen – lahmen.

- Ableitungen von Verben: Die zu manchen [intransitiven] unregelmäßigen Verben gebildeten transitiven Kausative (Verben des Veranlassens) enthalten gewöhnlich den umgelauteten Vokal der zweiten Stammform des Grundverbs (*ä* wird oft *e* geschrieben):

  tränken (zu: trank, von trinken), setzen (zu: saß, von sitzen), legen (zu: lag, von liegen), führen (zu: fuhr, von fahren); zur ersten Stammform wurden gebildet: fällen, hängen (das *hangen* verdrängt hat).

- Ableitungen mit dem Suffix *-eln:* Bei Verben mit dem Suffix *-eln,* das die kurzfristige Wiederholung, aber auch die Abschwächung oder Intensivierung eines Vorgangs oder einer Tätigkeit ausdrückt, ist trotz Umlautfähigkeit nicht immer Umlaut eingetreten.

  lächeln (zu: lachen), grübeln (zu: grub, von graben), frömmeln (zu: fromm); (aber:) brummeln, trappeln, wursteln.

2 Umlaut beim Adjektiv

2.1 Umlaut in den Vergleichsformen des Adjektivs

Im Komparativ und Superlativ kann bei den umlautfähigen Wörtern Umlaut eintreten:

alt – älter – älteste; groß – größer – größte; jung – jünger – jüngste.

Umlaut haben zwanzig Adjektive:

alt, arg, arm, hart, kalt, krank, lang, nah, scharf, schwach, schwarz, stark, warm; grob, groß, hoch; dumm, jung, klug, kurz.

Alle anderen einsilbigen Adjektive (*blank, froh, bunt* usw.) und alle mehrsilbigen (*mager, lose, dunkel* usw.) mit Ausnahme von *gesund* haben keinen Umlaut.

Manche Adjektive schwanken zwischen Umlaut und Nichtumlaut, besonders im Komparativ:

banger/bänger (bangste/bängste); blasser, auch: blässer (blasseste, auch: blässeste); frommer/frömmer (frommste/frömmste); gesünder, auch: gesunder (gesündeste, auch: gesundeste); glatter, auch: glätter (glatteste, auch: glätteste); karger, auch: kärger (kargste, auch: kärgste); krummer, auch: krümmer (krummste, auch: krümmste); nasser/nässer (nasseste/nässeste); röter, röteste (seltener, vor allem übertragen: roter, roteste); schmaler/schmäler (schmalste, auch: schmälste).

Die Standardsprache bevorzugt hier allerdings immer mehr die nichtumgelauteten Formen (abgesehen von *gesund,* bei dem die umgelauteten Formen vorherrschen). Im Zweifelsfalle wähle man daher die nichtumgelautete Form.
In den Vergleichsformen umlautende Adjektive verlieren in Zusammensetzungen gelegentlich den Umlaut:

Er ist vielleicht *altkluger,* aber nicht *klüger* als sie.

2.2 Umlaut bei abgeleiteten Adjektiven

Hier sind folgende Arten der Ableitung zu unterscheiden:

- Ableitungen auf *-en* und *-ern:* In Bildungen mit dem Suffix *-en* ist der alte Umlaut meist beseitigt:

golden (veraltet noch: gülden); mit Umlaut: hänfen (neben: hanfen).

Bildungen mit dem Suffix *-ern* haben den Umlaut dagegen behalten:

hölzern, gläsern, stählern, tönern, wächsern.

- Ableitungen und Zusammenbildungen mit *-ig:* Bei Ableitungen und Zusammenbildungen mit dem Suffix *-ig* tritt nicht immer Umlaut ein:

faltig; langarmig, flachdachig;
(aber:) vielfältig; blauäugig, dreitägig; kurzdärmig.

- Ableitungen auf *-isch:* Das Suffix *-isch* bewirkt gewöhnlich bei Wörtern, seltener auch bei Namen Umlaut:

närrisch, städtisch, bäurisch, dörfisch, französisch, römisch (zu: Rom);
(aber:) kantisch (zu: Kant), hallisch (zu: Halle).

- Ableitungen auf *-lich:* Der Umlaut in den Bildungen mit *-lich* ist meist jung und folgt keiner Regel:

wöchentlich, tödlich, ängstlich öffentlich, häuslich, bräunlich, kläglich, bezüglich.
(Aber:) staatlich, stattlich, baulich, sorglich, rundlich.

Gelegentlich treten Doppelformen auf:

osterlich/österlich, sachlich/sächlich.

3 Umlaut beim Substantiv

Hier ist nur auf den Umlaut bei der Bildung weiblicher Formen zu männlichen Personenbezeichnungen, Tiernamen u. ä. hinzuweisen (zum Umlaut im Plural ↑Plural [1]). Diese Bildungen haben teils Umlaut, teils keinen Umlaut:

Ärztin, Bäuerin, Göttin, Sächsin; Hündin, Störchin, Häsin.
(Aber:) Botin, Mohrin, Gattin, Polin, Sklavin, Genossin.

ums: Als Verschmelzung von *um* und *das* wird *ums* ohne Apostroph geschrieben. ↑Apostroph (1.2), ↑Präposition (1.2.1).

Umsatz: Das Wort *Umsatz* kann mit *von, an* oder *in* verbunden werden. Im kaufmännischen Bereich ist *an* das übliche: *Der Umsatz an* (seltener: *in, von*) *Prüf- und Meßgeräten ist gestiegen.*

umschlagen: Als intransitives Verb, das eine Zustands- oder Richtungsveränderung, einen neuen erreichten Stand kennzeichnet, bildet *umschlagen* das Perfekt heute mit *sein.* Die früher gelegentlich gebrauchte Umschreibung mit *haben* tritt heute nur noch selten auf: *Heute war der Wind ganz nach Westen hin umgeschlagen* (Th. Mann). *... dann wäre der Spaß umgeschlagen* (Apitz). *Die Stimmung war völlig umgeschlagen* (Mehnert). ↑haben (1).

umsonst/vergebens: Obwohl die Sprachpfleger gelegentlich die Verwendung von *umsonst* im Sinne von *vergebens* tadeln, ist gegen den schon im Mittelhochdeutschen gebräuchlichen Austausch beider Wörter nichts einzuwenden. Doch achte man auf die verschiedenen Bedeutungen von *umsonst:* 1. „unentgeltlich", 2. „vergebens", 3. „ohne Grund" (in der Negation: *nicht umsonst* „nicht ohne Grund"): *... er kann nicht widerstehen, wenn er etwas umsonst bekommt* (Remarque). *All ihr Bemühen ist umsonst*

(Jens). *Ich bin nicht umsonst Mitglied des Dichterklubs Werdenbrück; wir sind große Fragen gewöhnt* (Remarque).

Umstand: Groß schreibt man das Substantiv: *unter Umständen; keine Umstände machen; gewisser Umstände halber.* Klein und zusammen mit *halber* schreibt man die Adverbien *umständehalber, umstandshalber.* Richtig schreibt man also: *Neuwertiges Klavier umständehalber preiswert zu verkaufen.* Aber (wenn eine Beifügung dazukommt): *Neuwertiges Klavier besonderer Umstände halber preiswert zu verkaufen.* ↑Zusammen- oder Getrenntschreibung (2.3).

Umstandsangabe: ↑Umstandsbestimmung.

Umstandsbestimmung: Unter einer Umstandsbestimmung (adverbialen Bestimmung) ist sowohl eine Umstandsergänzung als auch eine freie Umstandsangabe zu verstehen. Um eine Umstandsergänzung handelt es sich dann, wenn die adverbiale Bestimmung eine notwendige Sinnergänzung in einem Satz ist. Es gibt Umstandsergänzungen des Raumes, der Zeit, der Art und Weise und des Grundes. Raumergänzung: *München liegt an der Isar.* Zeitergänzung: *Die Beratung dauerte zwei Stunden.* Artergänzung: *Wilhelm benimmt sich schlecht.* Begründungsergänzung: *Das Verbrechen geschah aus Eifersucht.* Demgegenüber sind Umstandsangaben einem Satz nur frei hinzugefügt. Wie bei der Umstandsergänzung unterscheidet man: Freie Raumangabe: *Man hörte dröhnendes Gelächter aus dem Nebenraum.* Freie Zeitangebe: *Ich besuchte meine Mutter für drei Tage.* Freie Artangabe: *Er lobte seinen Schüler über alle Maßen.* Freie Begründungsangabe: *Sie zog das Gespräch aus taktischen Gründen in die Länge.* Zum Wechsel von einer Artangabe zu einem attributivem Adjektiv *(bitter Klage führen/bittere Klage führen)* ↑Adjektiv (1.2.12).

Umstandsergänzung: ↑Umstandsbestimmung.

Umstandsfürwort: ↑Pronominaladverb.

Umstandssatz: ↑Adverbialsatz.

Umstandswort: ↑Adverb.

umstehend: Klein schreibt man *umstehend* auch dann, wenn ein Artikel vorangeht, beide Wörter aber für das einfache *umstehend* (= umseitig) gebraucht werden: *Im umstehenden finden sich die näheren Angaben.* Klein schreibt man auch das fürwörtlich gebrauchte Wort *umstehendes: Er sollte umstehendes* (= jenes auf der anderen Seite) *beachten.* Groß schreibt man aber die Substantivierung: *Das Umstehende* (= das auf der anderen Seite Gesagte) *war deutlich genug. Die Umstehenden waren über diesen Vorfall entsetzt.* ↑folgend; ↑Groß- oder Kleinschreibung (1.2.1).

umwenden: ↑wenden.

un-: Zweite Partizipien, die durch das Präfix *un-* zu Adjektiven geworden sind, und von Verben abgeleitete Adjektive mit dem Präfix *un-* können nicht verbal gebraucht werden. Also nicht: *das von mir ungelesene Buch, der von den Abgeordneten unabsetzbare Präsident.* Vgl. dazu auch ↑Adjektiv (3.1).

unabsetzbar: ↑un-; ↑Adjektiv (3.1).

unbekannt: Klein schreibt man das Adjektiv: *eine unbekannte Person; er ist mir unbekannt.* Klein schreibt man auch in der Fügung *sie ist [nach] unbekannt verzogen.* Groß schreibt man die Substantivierung: *ein Verfahren gegen Unbekannt* (= eine unbekannte Person); *du bist der große Unbekannte.* Groß schreibt man *unbekannt* auch in ↑Namen: *Das Grab des Unbekannten Soldaten.*

unbeschadet: Die Präposition *unbeschadet* wird mit dem Genitiv verbunden und kann vor- oder nachgestellt werden. Man verwendet *unbeschadet* sowohl in der Bedeutung „ohne Schaden, Nachteil für" als auch im Sinne von „trotz": *... deiner verwandtschaftlichen Gefühle unbeschadet... Er* *fragte sich, ob er unbeschadet seines Gewissens so handeln könne. ... daß ich so gut wie jeder andere ernsthaft Strebende auf die Ernte hoffen darf, unbeschadet aller Niederlagen ...* (Broch).

unbestimmtes Fürwort: ↑Indefinitpronomen.

Unbill/Unbilden: Die beiden Wörter, die sich als Singular und Plural entsprechen, haben verschiedene Bedeutung. Der Singular *die Unbill* ist eine alte Substantivierung des mittelhochdeutschen Adjektivs *unbil* „ungemäß". Dieses Wort wird noch in gehobener Ausdrucksweise im Sinne von „Unrecht, Kränkung" gebraucht: *Er rächte sich für die Unbill, die ihm widerfahren war.* Der Plural *Unbilden* (aus mittelhochdeutsch *unbilde* „Unrecht" zu *unbil* „ungemäß") wird heute ausschließlich im Sinne von „Unannehmlichkeiten" gebraucht und vor allem auf das Wetter bezogen: *Ich litt sehr unter den Unbilden des Novemberwetters.* In diesem Sinne kann man den Singular *Unbill* nicht verwenden.

unbrennbar: Obwohl die Adjektive auf *-bar* eigentlich passivischen Sinn haben, gibt es einige Ausnahmen: *Unbrennbare Filme* sind z. B. „Filme, die nicht brennen können". ↑-bar.

und: 1. Inversion: Die früher besonders in der Amts- und Kaufmannssprache gebräuchliche ↑Inversion nach *und* wird heute abgelehnt. Also nicht: *Die Abhaltung der Prüfung wird auf den 10. Juni festgesetzt, und sind die Gesuche um Zulassung bis zum 20. Mai einzureichen.* Sondern: *Die Abhaltung der Prüfung wird ... festgesetzt, [und] die Gesuche um Zulassung sind bis zum 20. Mai einzureichen.* Nicht: *Wir haben Ihre Bestellung notiert, und werden wir ihnen das Buch nach Erscheinen der zweiten Auflage zusenden.* Richtig: *Wir haben ... notiert, und wir werden Ihnen das Buch ... zusenden.* Stilistisch noch besser ist hier die Weglassung des zweiten *wir: Wir haben ... notiert und werden ... zusenden.* Inversion nach *und* ist nur dann möglich, wenn eine gemeinsame Umstandsangabe an der Spitze steht, die sich in gleicher Weise auf beide durch *und* verbundene Sätze bezieht; dabei müssen jedoch beide Aussagen parallel stehen, und die zweite darf inhaltlich nicht von der ersten abhängen: *Zu Ostern blühten dieses Jahr die Veilchen und duftete schon der Waldmeister.* Aber nicht: *Glücklicherweise war sie diesmal zu Hause geblieben und traf ich sie an.* (Richtig: *..., und ich traf sie an.* Besser: *..., so daß ich sie antraf*). Nicht: *Schon in der Frühe standen wir auf und war das Wetter schön.* (Richtig: *..., denn das Wetter war schön.*) Zur Kommasetzung in diesen Fällen ↑Komma (2.3). **2. Ersatz von *und* durch *sowie* und *wie*:** Es ist unnötig, *sowie* und *wie* im Sinne von *und* zu verwenden, wenn nur zwei Glieder zu verbinden sind. Also nicht: *Die Mädchen sowie die Jungen begannen zu singen.* Sondern: *Die Mädchen und die Jungen begannen zu singen.* Nicht: *Er hatte plötzlich starke Schmerzen im Rükken wie in den Beinen.* Sondern: *Er hatte plötzlich starke Schmerzen im Rükken und in den Beinen.* Gerechtfertigt sind *sowie* und *wie* jedoch, wenn man mit ihnen etwas nachtragen oder ergänzen will, wenn sie also für *und auch, übrigens auch* oder *und außerdem* gesetzt werden: *Die Eltern und auch/sowie die Kinder sind eingeladen.* Gegen die Konjunktionen *sowie* und *wie* ist auch dann nichts einzuwenden, wenn man dadurch mehrere aufeinanderfolgende *und* vermeidet: *Joseph mußte ins Dorf laufen, um für den morgigen Tag allerhand Lampen, Lampions, kleine Fahnen und Flaggen sowie Kerzen und Brennmaterial zu Feuerwerkszwecken einzukaufen* (R. Walser). **3. Hauptsatz mit *und* statt Nebensatz:** In älterer Sprache wurde ein Nebensatz zuweilen durch einen Hauptsatz mit *und* ersetzt: *Ich dächte, Herr, und ihr begnügt euch* (Goethe). Mit einem Nebensatz konstruiert, lautet der Satz: *Ich dächte, Herr, daß ihr euch begnügt.* Ein Hauptsatz hat in diesem Beispiel mehr Eigengewicht als ein abhängiger Satz. Konstruktionen dieser Art kommen heute sehr selten vor. **4. Vater und Mutter gingen/ging spazieren:** Werden zwei oder mehrere Einzelsubjekte (Subjektteile) durch *und* verbunden, dann muß das gemeinsame Verb (Finitum) im Plural stehen: *Vater und Mutter gingen* (nicht: *ging*) *spazieren. In dem Haus leben Mutter und Sohn.* ↑Kongruenz (1.3). **5. hundertzehn/hundertundzehn:** Zur Bildung zusammengesetzter Zahlwörter mit oder ohne *und* ↑hundert/Hundert (2,b). **6. Und-Zeichen:** Zum Und-Zeichen *&* ↑Et-Zeichen. **7. Zeichensetzung:** Zur Setzung des Kommas bei *und* vgl. die untenstehende Tabelle und ↑Komma (2.3 und 3.1).

Kommasetzung bei *und*	
In folgenden Fällen steht vor *und* ein Komma:	**In folgenden Fällen steht kein Komma vor *und*:**
1. Wenn *und* beigeordnete Hauptsätze verbindet:	**1. Wenn die mit *und* verbundenen Hauptsätze kurz sind und eng zusammengehören:**
Es dauert nur eine halbe Stunde, *und* wir können beginnen.	Er grübelte *und* er grübelte.
Schreibe den Brief sofort, *und* bringe ihn zur Post. Überlegen Sie genau, *und* schlagen Sie dann erst nach.	Nimm *und* lies! Tue recht *und* scheue niemand!
Noch eine Woche Bettruhe, *und* Sie werden wieder gesund sein.	
2. Wenn die mit *und* verbundenen Hauptsätze trotz inhaltlicher Entsprechung im vollen Wortlaut erscheinen:	**2. Wenn die mit *und* verbundenen Hauptsätze einen Satzteil gemeinsam haben:**
Max fliegt nach Mallorca, *und* Vera fliegt nach Teneriffa.	Max *fliegt* nach Mallorca *und* Vera nach Teneriffa.
Im Hof bellt ein Hund, *und* die Gänse schnattern.	*Im Hof* bellt ein Hund *und* schnattern die Gänse.
3. Wenn ein untergeordneter Zwischensatz oder ein erweiterter Infinitiv vorausgeht:	**3. Wenn *und* Nebensätze gleichen Grades verbindet:**
Wir mußten das Auto stehen lassen, weil die Achse gebrochen war, *und* zu Fuß bis ins nächste Dorf gehen.	Ich weiß, wie sehr du ihn liebst *und* daß du auch dieses Opfer bringen wirst.
Wir hoffen, Ihnen hiermit gedient zu haben, *und* grüßen Sie ...	Er sagte, er wisse es *und* der Vorgang sei ihm völlig klar.
	Weil sie seine Schwäche für den Alkohol kannte *und* damit er nicht wieder entgleisen sollte, holte sie ihn früh nach Hause.
4. Wenn *und* beiordnend ein Satzgefüge anschließt, das mit einem Nebensatz oder einem erweiterten Infinitiv beginnt:	

Du hast zuviel gearbeitet, *und* weil du keine Rücksicht auf dich genommen hast, mußt du jetzt eine Ruhepause einlegen.

Ich kam oft dorthin, *und* war er zu Hause, dann saßen wir bis in die Nacht beisammen.

5. Wenn ein Beisatz (eine Apposition) vorausgeht:

Karl, mein Bruder, *und* ich gingen spazieren (= 2 Personen).

Wenn *und* ein Aufzählungsglied anschließt:

Karl, mein Bruder *und* ich gingen spazieren (= 3 Personen).

Peter, Hans *und* Ursel gehen in die Schule.

6. Wenn *und* einen Nebensatz oder einen erweiterten Infinitiv als Aufzählungsglied anschließt:

Übe Nächstenliebe ohne Aufdringlichkeit *und* ohne den anderen zu verletzen.

Die Mutter kaufte ihr einen Koffer, einen Mantel, ein Kleid *und* was sie sonst noch für die Reise brauchte.

7. Wenn *und zwar* oder *und das* eine nachgestellte genauere Bestimmung anschließt:

Ich werde kommen, *und* zwar bald.

Sie gab nicht nach, *und* das mit Recht.

undenkbar/undenklich: Das Adjektiv *undenkbar* bedeutet, daß etwas von jemandem nicht gedacht, nicht vorgestellt werden kann: *Es war [für ihn] undenkbar, daß dies geschah.* Das Adjektiv *undenklich* wird nur noch in Verbindung mit *Zeit* gebraucht: *vor/seit undenklichen Zeiten* „vor/seit weit in der Vergangenheit liegenden Zeiten". ↑-bar/-lich.

unendlich: Klein schreibt man *unendlich* auch dann, wenn ein Artikel vorangeht, die Fügung aber für „unaufhörlich, immerfort" steht: *Sie spielten bis ins unendliche.* Groß schreibt man die Substantivierung: *Der Weg scheint bis ins Unendliche* (= bis in die Ewigkeit) *zu führen.* Klein schreibt man *unendlich* als mathematischen Begriff (Zeichen: ∞): *Die Werte von null bis unendlich; das Zeichen für „unendlich".* ↑Groß- oder Kleinschreibung (1.2.1).

unentgeltlich: Gelegentlich wird *unentgeltlich* fälschlicherweise *unentgeldlich* geschrieben. Das Adjektiv gehört aber nicht zu *Geld,* sondern zu *Entgelt.* ↑Entgelt.

unentrinnbar: ↑-bar.

unerachtet: Die veraltende Präposition *unerachtet* wird mit dem Genitiv verbunden: *Unerachtet der Bitten seiner Mutter ließ er sich mit diesem Menschen ein.*

unersetzbar/unersetzlich: Der Bedeutungsunterschied der beiden Adjektive ist nur gering: *ein unersetzbarer/unersetzlicher Verlust. Sie ist als Mitarbeiterin unersetzbar/unersetzlich.*

Doch sagt man meist *unersetzlich,* wenn man ausdrücken will, daß jemand oder etwas einzig in seiner Art ist: *Unersetzliche Werte gingen verloren.* ↑-bar/-lich.

Unfallbeteiligte: ↑Beteiligte.

unfaßbar: 1. Unfaßbar für uns alle ...: Die in Todesanzeigen häufig gebrauchte Formulierung *Unfaßbar für uns alle ist unser lieber Freund und Mitarbeiter ... von uns gegangen* enthält einen unklaren Bezug: Nicht der Freund ist *unfaßbar,* sondern die Tatsache, daß er *von uns gegangen* ist. Man vermeide deshalb diese Ausdrucksweise und schreibe besser: *Wir betrauern den unfaßbaren Verlust unseres lieben Freundes ...* **2. unfaßbar/unfaßlich:** Zwischen den beiden Adjektiven besteht kaum ein Bedeutungsunterschied, jedoch wird *unfaßlich* seltener gebraucht: *ein unfaßbares/* (selten) *unfaßliches Ereignis. Es war mir unfaßbar, daß ...* ↑-bar/-lich.

unfern: Die Präposition *unfern* wird mit dem Genitiv verbunden: *Unfern des Doms befinden sich die Ägidienkirche und das St.-Annen-Museum.* Die Verbindung mit dem Dativ ist veraltet und heute nur noch umgangssprachlich: *Unfern dem Bahnübergang kam es zu einem schweren Verkehrsunfall.* Auch der Anschluß mit *von* ist möglich. Dann ist aber *unfern* keine Präposition, sondern ein Adverb: *unfern von dem Hause. Sie hatte sich eine Weile lang unfern von Meingast in die Wiesen gestellt.* (Musil).

unförmig/unförmlich: Das Adverb *unförmig* bedeutet „plump, ohne Proportionen“: *ein unförmiger Körper.* Das Adjektiv *unförmlich* dagegen bedeutet „nicht an konventionelle oder angemessene Verhaltensweisen gebunden“: *eine unförmliche Ausdrucksweise.* ↑ig/-isch/-lich.

unfreundlich: Das von *unfreundlich* abhängende Substantiv (Pronomen) wird heute allgemein mit der Präposition *zu* angeschlossen. Der Anschluß mit *gegen* ist nicht mehr sehr gebräuchlich: *Warum warst du heute morgen so unfreundlich zu ihm* (seltener: *gegen ihn*)? *Er war sehr unfreundlich zu Ihnen* (seltener: *gegen Sie*).

-ung: 1. schwerfällige Substantivbildungen auf *-ung:* Zusammengebildete Substantive auf *-ung,* d. h. substantivische Ableitungen aus syntaktischen Fügungen mit Hilfe des Suffixes *-ung,* sind oft sehr schwerfällig und sollten am besten vermieden werden. Es handelt sich dabei vor allem um jüngere Bildungen, die [aus dem Bedürfnis nach Kürze des Ausdrucks] vorwiegend in der Geschäfts- und Amtssprache entstanden sind: *Zurverfügungstellung, Inverkehrsetzung, Verantwortlichmachung, Außerdienststellung, Außerachtlassung, Inbetriebsetzung* u. ä. Solche Zusammenbildungen lassen sich fast immer ohne Mühe durch die entsprechenden verbalen Wendungen ersetzen: *Die Inbetriebsetzung der Maschine erfolgt erst morgen.* Besser: *Die Maschine wird erst morgen in Betrieb gesetzt. Bei Außerachtlassung dieser Vorschriften erfolgt Strafe.* Besser: *Wer diese Vorschriften nicht beachtet, wird bestraft.* Dazu auch ↑Nominalstil, ↑Papierdeutsch. **2.** Zu den Verbalsubstantiven auf *-ung* und den entsprechenden suffixlosen Bildungen *(Einwand – Einwendung; Entschluß – Entschließung)* ↑Verbalsubstantiv; zum Fugenzeichen bei Zusammensetzungen mit Bestimmungswörtern auf *-ung* ↑Fugen-s (1.3).

ungarisch: Groß schreibt man *ungarisch* in ↑Namen: *die Ungarische Rhapsodie* (von Liszt), *das Ungarische Tiefland.*

ungeachtet: Die Präposition *ungeachtet* regiert den Genitiv (nicht den Dativ). Sie kann vor oder nach dem Substantiv stehen. Die Stellung vor dem Substantiv ist etwas gebräuchlicher: *ungeachtet seines handwerklichen Könnens ...* Nachgestellt: *... daß das System, aller gegenteiligen Erfahrungen ungeachtet, dergleichen aus Grundsatz für möglich halten mußte* (Bergengruen).

ungeachtet daß: Vor *daß* steht kein Komma, weil *ungeachtet daß* als Einheit empfunden wird: *Er rettete ihn, ungeachtet daß er selbst nicht schwimmen konnte.* Ein Komma steht aber vor *daß,* wenn das Demonstrativpronomen *dessen* hinzutritt: *Er rettete ihn, ungeachtet dessen, daß er selbst nicht schwimmen konnte.*

ungefähr: Das Adverb *ungefähr* kann heute auch als Adjektiv in attributiver Stellung gebraucht werden: *Er konnte sich nur eine ungefähre Vorstellung machen. Es gelang meinem regelmäßig betonten Atem, seinem Puls eine ungefähre Regelmäßigkeit zu empfehlen* (Grass). *... um eine ungefähre Marschordnung in die Menschen hineinzuprügeln* (Apitz). Zur Stellung des Adverbs *ungefähr* bei Präpositionalgefügen *(in ungefähr acht Tagen/ungefähr in acht Tagen)* ↑Adverb (4).

ungefrühstückt: Das Partizip *ungefrühstückt* wird seit langem im Sinne von „ohne gefrühstückt zu haben" (also mit aktivischer Bedeutung) gebraucht: *Ungefrühstückt mußten wir aufbrechen.* Das ist im Grunde nicht korrekt, es wird aber heute meist nur scherzhaft gesagt. ↑zweites Partizip (2.2).

ungeheuer: Bei *ungeheuer* fällt, wenn es dekliniert wird, das *e* der Endungssilbe aus: *eine ungeheure Verschwendung.* ↑Adjektiv (1.2.13).

ungelesen: ↑un-.

ungenutzt/ungenützt: Beide Formen des Wortes sind gebräuchlich, jedoch wird in der Standardsprache *ungenutzt* vorgezogen. Die Form mit Umlaut *(ungenützt)* ist landschaftlich. ↑nutzen/nützen (1).

ungerechnet: Als Präposition wird *ungerechnet* mit dem Genitiv verbunden *(ungerechnet der Nebenkosten).*

ungestalt/ungestaltet: ↑-gestalt/-gestaltet.

ungewiß: Klein schreibt man *ungewiß* in festen Verbindungen mit Verben, auch wenn ein Artikel vorangeht: *ins ungewisse leben; im ungewissen bleiben, lassen, sein.* Groß schreibt man die Substantivierung: *Er nahm das Gewisse fürs Ungewisse. Sie unternahmen eine Fahrt ins Ungewisse. Sie steigerten dies ins Ungewisse.* ↑Groß- oder Kleinschreibung (1.2.1).

ungezählt: Das auf *ungezählt* folgende Adjektiv oder substantivierte Adjektiv wird parallel gebeugt: *ungezählte schwere Verstöße, die Gehälter ungezählter kleiner Beamter, gegen ungezählte unsichtbare Feinde kämpfen.*

ungleich: Der Gebrauch von *ungleich* vor einem Komparativ wird von Sprachpflegern häufig getadelt mit der Begründung, daß durch den Komparativ bereits eine Ungleichheit ausgedrückt sei: *Diese Straße ist ungleich besser als jene. Die neue Lampe verbreitet ein ungleich angenehmeres Licht als die alte. ... da doch eine Einigung in der Abrüstungsfrage noch ungleich komplizierter erscheint* (Augstein). Gegen diese Verwendungsweise von *ungleich* ist jedoch heute nichts mehr einzuwenden, weil das Wort in diesem Fall im Sinne von „viel, weitaus, wesentlich, erheblich" gebraucht wird, also verstärkenden Sinn hat.

uni: Das für Textilien, Tapeten u.a. gebrauchte Adjektiv *uni* „einfarbig, nicht gemustert" (gesprochen ['ʏni/y'ni:]) kann nicht gebeugt werden: *ein uni Chiffonkleid.* Als Attribut (Beifügung) wird es meistens durch eine Zusammensetzung ersetzt: *ein unifarbener Stoff, unigefärbte Tapeten.* Die Groß- und Kleinschreibung wird wie bei Farbenbezeichnungen gehandhabt: *Das Kleid ist uni, uni blau, Stoffe in uni Blau,* aber: *Stoffe in Uni.* ↑blau (1); Farbbezeichnungen (2.2).

universal: Das Adjektiv *universal* „umfassend, weltweit" läßt eigentlich keine Steigerung, zu, es wird aber manchmal zur Verstärkung des Ausdrucks im Superlativ gebraucht. In gutem Deutsch sollte man dies nicht tun, also: *ein Mann von universaler* (nicht: *universalster) Bildung.* ↑Vergleichsformen (3.1).

unklar: Klein schreibt man *unklar* in festen Verbindungen mit Verben, auch wenn ein Artikel vorangeht: *im unklaren sein, bleiben; jmdn. im unklaren lassen.* ↑Groß- oder Kleinschreibung (1.2.1).

Unkosten: Bei dem Substantiv *Unkosten* hat das Präfix *Un-* nicht, wie gelegentlich fälschlicherweise angenommen wird, verneinenden Sinn (wie etwa bei den Wörtern *Undank, Unvermögen, Untreue, Ungehorsam*), das Präfix *Un-* wird hier vielmehr verstärkend gebraucht (ähnlich wie bei den Wörtern *Ungewitter, Unmenge, Unzahl* u. ä.). Früher bedeutete *Unkosten* soviel wie „schlimme, unangenehme Kosten". Heute ist der Bedeutungsunterschied zu *Kosten* nicht mehr sehr groß. Man gebraucht das Wort *Unkosten* jedoch vorwiegend dann, wenn es sich um [unvorhergesehene] Geldausgaben handelt, die neben den normalen Lebenshaltungskosten entstehen: *Durch seinen Unfall sind ihm erhebliche Unkosten entstanden. Sie hat sich diesen Monat in Unkosten gestürzt. Ein edler Spender ... hat bereits einen namhaften Betrag zur Verfügung gestellt, der einen erheblichen Teil der Unkosten decken wird* (Kirst). *... wer wollte ... sich für einen Menschen, einen mißliebigen Menschen, in geistige Unkosten stürzen* (Maass). In der Geschäftspraxis werden oft die Aufwendungen, die zu den Betriebskosten im engeren Sinn hinzukommen, als *Unkosten* bezeichnet: *Die Reparatur der Büromöbel hat größere Unkosten verursacht. Die Unkosten, die durch den Arbeitsausfall entstanden sind, übernehmen wir.* In der Fachsprache der Betriebswirtschaftslehre ist der Ausdruck *Unkosten* jedoch nicht zulässig, dort wird nur von *Kosten* (Gemeinkosten) gesprochen.

Unmasse: Wenn nach dem umgangssprachlichen *eine Unmasse* (= sehr viel) die Angabe, woraus die Unmasse besteht, im Plural folgt, steht in der Regel das Verb (Finitum) im Singular, weil ja das Subjekt *(Unmasse)* formal ein Singular ist: *Eine Unmasse Menschen war vor dem Rathaus versammelt.* Oft wird aber nach dem Sinn konstruiert und das Verb (Finitum) in den Plural gesetzt: *Eine Unmasse Menschen waren vor dem Rathaus versammelt.* ↑Kongruenz (1.1.2).

unpersönliche Verben: Unter den unpersönlichen Verben oder Impersonalia versteht man solche Verben, die üblicherweise kein persönliches Subjekt haben, sondern nur mit dem unpersönlichen *es* als Subjekt verbunden werden: *Es regnet. Es schneit,* gegenüber: *Ich springe, du springst, er, sie, es* (= das Kind) *springt.* Eine Reihe von Verben kann sowohl persönlich als auch unpersönlich gebraucht werden. Hierzu gehören Wachstumsverben *(Es blüht. Es grünt. – Die Blume blüht. Die Wiese grünt),* Geräuschverben *(Es klopft, knistert, pocht, poltert, raschelt* u. a. *– Der Specht klopft. Das Feuer knistert. Das Stroh raschelt)* und Verben körperlicher und seelischer Empfindung. Bei den Verben körperlicher und seelischer Empfindung tritt bei unpersönlichem Gebrauch die Person in den Akkusativ: *Es friert, hungert, dürstet mich.* Tritt der Akkusativ vor das Verb, dann fällt das unpersönliche Subjekt *es* weg und es heißt: *Mich friert, hungert, dürstet* u. a.

unrecht/Unrecht: Klein schreibt man *unrecht* in festen Verbindungen mit Verben. Das Substantiv ist hier völlig verblaßt: *Er wird unrecht bekommen. Er hat ihm unrecht getan. Er wird unrecht haben. Es ist unrecht.* ↑Verblassen des Substantivs. Groß schreibt man aber das Substantiv: *jmdm. ein Unrecht tun; zu Unrecht. Besser Unrecht leiden als Unrecht tun. Es geschieht ihr Unrecht. Er ist im Unrecht. Sie begeht kein Unrecht.* ↑recht/Recht; ↑Groß- oder Kleinschreibung (1.2.1).

unregelmäßige Verben: ↑Konjugation (2.2).

unrentabel: Bei *unrentabel* fällt, wenn es dekliniert oder gesteigert wird, das *e* der Endungssilbe aus: *ein unren-*

tables Unternehmen. Unrentabler kann man gar nicht wirtschaften. ↑Adjektiv(1.2.13).

unrettbar: Das Adjektiv *unrettbar* kann nicht gesteigert werden. ↑Vergleichsformen (3.1).

uns/sich: ↑Kongruenz (2.1).

unsagbar/unsäglich: Beide Adjektive werden in gleicher Weise mit der Bedeutung „unbeschreiblich, überaus groß" gebraucht: *unsagbares/unsägliches Leid. Sie war unsagbar/unsäglich glücklich.* ↑-bar/-lich.

unser: Groß schreibt man das Pronomen *unser* in ↑Namen: *Unsere Liebe Frau* (= Maria); *Unserer Lieben Frau[en] Kirche.* Groß schreibt man das substantivierte Pronomen: *Wir wollen das Unsere/das Unsrige tun. Dort kommen die Unser[e]n/Unsren/Unsrigen*(= unsere Leute). Klein schreibt man dagegen das Pronomen, wenn ein Artikel vorangeht, aber ein Substantiv zu ergänzen ist: *Wessen Bücher sind das? Es sind die unser[e]n/unsrigen.* ↑Groß- oder Kleinschreibung (1.2). Zum *e*-Ausfall ↑Possessivpronomen (1).

unser/uns[e]rer: Der Genitiv Plural des Personalpronomens der 1. Person *(ich, wir)* lautet *unser: Wir waren unser fünf. Erbarme dich unser.* Nicht korrekt ist die Form *unserer,* die zum Possessivpronomen gehört. ↑Personalpronomen (2).

unser von mir selbst abgeschickter/abgeschickte Brief: Bei *unser* gehört die zweite Silbe zum Wortstamm, sie ist keine Deklinationsendung wie bei *dieser.* Das nachfolgende Adjektiv wird deshalb stark gebeugt: *unser von mir selbst abgeschickter* (nicht: *abgeschickte*) *Brief.* (Aber: *dieser ... abgeschickte Brief.*)

unsere/unsre: Zum Ausfall eines unbetonten *e* im Possessivpronomen *unser* ↑Possessivpronomen (1).

unserer Tante ihr Haus: ↑Genitivattribut (1.3.2).

unser[e]twegen/wegen uns: ↑wegen (2).

unsinkbar: Wegen seines aktivischen Sinnes „nicht sinken könnend" entspricht das in der Fach- und Werbesprache gebräuchliche Adjektiv *unsinkbar* (z. B. *unsinkbares Kunststoffboot*) nicht dem Muster der *-bar*-Bildungen in der deutschen Gegenwartssprache. ↑-bar.

unsrige/Unsrige: ↑unser.

unsühnbar: Das Adjektiv *unsühnbar* kann nicht gesteigert werden. ↑Vergleichsformen (3.1).

unter: 1. *unter* als Präposition mit Dativ oder Akkusativ: Die Präposition *unter* kann mit dem Dativ oder mit dem Akkusativ stehen, je nachdem, ob das durch das Verb ausgedrückte Verhalten lagebezogen (Dativ) oder richtungsbezogen (Akkusativ) bestimmt ist. Dativ (wo?): *Der Hund liegt unter dem Tisch.* Akkusativ (wohin?): *Der Hund legt sich unter den Tisch.* Wo die Raumvorstellung jedoch völlig geschwunden ist, regiert *unter* den Dativ: *Kinder unter sechs Jahren, unter aller Würde, unter allen Umständen.* **2. *unter* als Adverb:** Das Wort *unter* kann auch als Adverb eingesetzt werden, um bestimmten Zahlen Unbestimmtheit zu verleihen. Daß *unter* in diesen Fällen ein Adverb und keine Präposition ist, kann man daran erkennen, daß es keinen Einfluß auf die Deklinationsform des folgenden Substantivs ausübt: *Unter drei Gläser Wein trinkt er nicht. Für Kinder, die unter zwölf Jahre alt sind, ist der Film nicht geeignet.* Läßt man *unter* fort, dann bleibt die Satzkonstruktion erhalten: *Die Wassertemperaturen waren dieses Jahr meist unter* (= weniger als) *20 °C. Die Wassertemperaturen waren dieses Jahr meist 20 °C.* Das Weglassen von *unter* ist dagegen nicht möglich, wenn es als Präposition gebraucht wird, z. B. in dem Satz: *Kinder unter zwölf Jahren haben keinen Zutritt.* Als Adverb übt *unter* auch dann keine Rektion aus, wenn es in einem Präpositionalattribut steht: *Es betrifft alle Städte von unter 10 000 Einwohnern.* Der Dativ *Einwohnern* ist in diesem Falle nicht von *unter,* sondern von der Präposition *von* abhängig.

unter Bezug auf: ↑Verblassen des Substantivs.

unter der Bedingung, daß: Das Komma steht wie bei einfachem *daß.* Die Verbindung *unter der Bedingung* gehört also zum Hauptsatz: *Ich übernehme den Auftrag unter der Bedingung, daß du mir hilfst.* ↑daß (6, d).

unter es/darunter: ↑Pronominaladverb (3).

unter „ferner liefen": ↑ferner.

unter was/worunter: Standardsprachlich ist in der Regel das Pronominaladverb *worunter: Worunter sie besonders litt, war der Lärm.* Die Verbindung *unter + was (Unter was soll ich das suchen?)* kommt besonders in der gesprochenen Sprache vor, sie ist stark umgangssprachlich gefärbt. ↑Pronominaladverb (5).

unterbringen: Das Verb *unterbringen* wird gewöhnlich mit dem Dativ (Frage: wo?) verbunden: *Kannst du den Anzug noch im Koffer unterbringen? Der Gast wurde in einem Hotel, bei Verwandten untergebracht.* ↑Unterbringung.

Unterbringung: Anders als bei dem Verb ↑*unterbringen* ist bei dem davon abgeleiteten Substantiv auch der Akkusativ möglich. Es kann heißen *die Unterbringung in einem Krankenhaus* oder *die Unterbringung in ein Krankenhaus,* je nachdem, ob die Lage- (Dativ, Frage: wo?) oder die Richtungsvorstellung (Akkusativ, Frage: wohin?) vorherrschend ist. Dazu ↑aufnehmen.

unterderhand: Klein und in einem Wort schreibt man das Adverb: *Er tat es unterderhand* (= im stillen, heimlich). *Sie hat es unterderhand verkauft.* Getrennt schreibt man aber in der Fügung: *etwas unter der Hand* (= in Arbeit) *haben.*

Unterdruck: Der Plural von *Unterdruck* (= zu geringer Druck) lautet *die Unterdrücke* (nicht: *die Unterdrucke*). ↑Druck.

untereinander: Getrennt vom folgenden Verb schreibt man, wenn *untereinander* eine Wechselbezüglichkeit, eine Gegenseitigkeit (bei Personen) ausdrückt: *Sie haben untereinander getauscht.* Zusammen schreibt man, wenn *untereinander* Verbzusatz ist: *Die Bücher haben untereinandergestanden. Sie haben alles untereinandergestellt.* ↑Zusammen- oder Getrenntschreibung (1.4).

Unterführung: Als Unterführung bezeichnet man beim Schreiben oder im Druck das Ersetzen gleicher untereinanderstehender Wörter (in listenartigen Aufführungen) durch das sog. Unterführungszeichen:

steuerfreie Beträge des Ehemannes
„ „ *der Ehefrau*

Das Unterführungszeichen wird auch dann unter jedes einzelne Wort gesetzt, wenn die Wörter nebeneinanderstehend ein Ganzes bilden, z. B.:

Frankfurt am Main
„ „ „

Zahlen werden nicht unterführt, z. B.:

12 Pfund Mehl
12 „ *Zucker*
12 „ *Butter*

Steht hinter einem Wort, das unterführt wird, ein Satzzeichen, so entfällt es bei der Unterführung, z. B.:

6 Pfund Zucker, lose
6 „ „ *abgepackt*

Wird bei einer Zusammensetzung mit Bindestrich der erste Bestandteil unterführt, so gilt die Unterführung auch für den Bindestrich, z. B.:

Mainz-Gonsenheim
„ *Bretzenheim*
„ *Weisenau*

Wird jedoch bei einer Zusammensetzung mit Bindestrich der zweite Bestandteil unterführt, so muß der Bindestrich wiederholt werden, z. B.:

E-Laut
Ä- „
10-Pfennig-Briefmarke
20- „ „
50- „ „

untergraben/untergraben: Die beiden Formen der Zusammensetzung haben getrennte Bedeutungen. Die unfeste Zusammensetzung *untergraben* bedeutet „durch Graben darunter bringen“: *Er hat den Dünger untergegraben, er gräbt ihn unter.* Die feste Zusammensetzung *untergraben* wird nur übertragen im Sinne von „langsam zerstören, schwächen“ gebraucht: *Sie untergraben die staatliche Ordnung. Diese Gerüchte haben dein Ansehen untergraben.* ↑Verb (2.3).

unterhalb: Als Präposition wird *unterhalb* mit dem Genitiv verbunden: *unterhalb des Hauses; der Neckar unterhalb Heidelbergs.* Es ist hierbei nicht korrekt, einen Ortsnamen ungebeugt zu lassen. Man kann aber ein *von* einschalten: *der Neckar unterhalb von Heidelberg.* In diesem Falle ist *unterhalb* nicht Präposition, sondern Adverb. ↑geographische Namen (1.1.1), ↑Ortsnamen (2).

Unterhalt/Unterhaltung: Das Substantiv *der Unterhalt* „Kosten für die Lebenshaltung“ wird nur auf Personen angewandt: *Er muß von diesen Einkünften den Unterhalt seiner Familie bestreiten. Sie will zu meinem Unterhalt beitragen.* Das Substantiv *die Unterhaltung* wird im Sinne von „Pflege, Erhaltung“ fast ausschließlich auf Sachen angewandt: *Die Unterhaltung der Gebäude und Anlagen übernimmt die Stadt. Das Auto ist in der Unterhaltung sehr teuer.* Entsprechend heißt es *Unterhaltungskosten* (nicht: *Unterhaltskosten*) *eines Gebäudes.*

Unterlassung der Deklination

Es ist zu unterscheiden zwischen standardsprachlich anerkannter und nicht anerkannter Unterlassung der Deklination. Die nicht gebeugte Form entspricht stets dem Nominativ. Neben diesem Kapitel vgl. man auch die Stichwörter ↑Abkürzungen; ↑Apposition; ↑Brief (1); ↑geographische Namen (1); ↑Maß-, Mengen- und Münzbezeichnungen (3); ↑Monatsnamen; ↑nördlich; ↑Personennamen; ↑Substantiv; ↑Titel und Berufsbezeichnungen (1); ↑Völker- und Stammesnamen (3); ↑Vornamen; ↑Wortpaar; ↑Wochentage; ↑wegen (1).

1 Anerkannte Unterlassung der Deklination

1.1 Bei Wortpaaren

Bei Wortpaaren im Singular, die mit *und* verbunden sind, gibt es zwei Arten der Nichtbeugung. Im ersten Fall wird nur das erste Glied nicht gebeugt, im zweiten Fall werden beide Glieder nicht gebeugt.

1.1.1 Nichtbeugung des ersten Gliedes: Das Wortpaar wird als formelhafte Einheit empfunden:

trotz Sturm und Regens; die Dichter des Sturm und Drangs; ein Stück Grund und Bodens (Weinheber); Verwendung seines Fleisch und Blutes (Ina Seidel).

Seltener und auffallender ist in poetischer Sprache die Nichtbeugung bei nicht formelhaft empfundenen Verbindungen. Hier wird die Pluralendung des ersten Gliedes aus rhythmischen Gründen erspart:

an Tier und Vögeln fehlt es nicht (Goethe). Seid vergessen tag und nächte! (George).

1.1.2 Nichtbeugung beider Glieder: Die Nichtbeugung beider Glieder tritt besonders im Dativ und Akkusativ Singular auf, wenn weder ein Artikel noch ein Adjektiv die Substantive konkreter bestimmen und wenn zudem bei schwacher Beugung Verwechslung mit dem Plural eintreten kann:

Ich sag' es Fürst und Edelmann (Münchhausen); das Verhältnis zwischen Patient und Arzt; die Grenze zwischen Affe und Mensch.

Bei der Beugung eines schwachen Substantivs wird nicht deutlich, ob der Dativ, Akkusativ Singular oder der Plural gemeint ist:

die Kluft zwischen Fürsten und Volk (Ist nur ein Fürst oder sind mehrere Fürsten gemeint?). Der Krieg trennt wohl noch viel grausamer Herz von Herzen (Raabe).

Die Beugung eines schwachen Substantivs bezeichnet also formal immer Plural und Singular zugleich:

die Beziehungen zwischen Produzenten und Konsumenten; der Unterschied zwischen Affen und Menschen.

Wenn keine Verwechslung möglich ist, empfindet man auch bei schwach gebeugten Substantiven die Nichtbeugung als auffallend:

Nun setze dich dahin zwischen Herr und Frau Dörr (Fontane). (Üblich: zwischen Herrn und Frau Dörr.)

1.2 Bei artikellosen schwach gebeugten Substantiven

Die unter 1.1.2 besprochene Unterlassung der Deklination tritt auch ein, wenn ein schwach gebeugtes Substantiv allein oder innerhalb einer Aufzählung ohne Artikel oder Attribut steht, wie das in sachbezogenen Texten oft vorkommt. Die Beugungsendung *-en* würde auch hier zur Verwechslung mit dem Plural führen:

Besetzung: ein Forstmeister mit Assistent. Am Wortende nach Konsonant (nicht: Konsonanten) spricht man ... Das Gesuch muß Name (nicht: Namen), Beruf und Anschrift des Antragstellers enthalten.

1.3 Bei Substantiven nach der Präposition *von*

Ein der Präposition *von* folgendes alleinstehendes, singularisches Substantiv in appositioneller Stellung steht in der Nominativform, wenn das vor der Präposition stehende Substantiv im Nominativ steht:

eine Seele von Mensch, ein armer Teufel von Philologe (Schücking). ... da wurde er so eine Art von Sachverständiger (Fallada).

Tritt dagegen vor das Substantiv nach der Präposition *von* ein unbestimmter Artikel oder ein attributives Adjektiv, dann steht das Substantiv im Dativ:

Steh stramm, du pflichtvergessener Lump von einem Feldwebel! (Remarque). ... und links hinten noch eine Art von zweistöckigem, hölzernem Schuppen (Remarque).

Steht das vor der Präposition *von* stehende Substantiv im Genitiv, Dativ oder Akkusativ, dann wird das folgende Substantiv überwiegend gebeugt:

Zuhörer, welche eine Art (Akk.) von Propheten in ihm vermutet hatten (Hesse); diesen Hohlkopf (Akk.) von Prinzen (Th. Mann); deinem dummen Teufel (Dat.) von Neffen (I. Kurz).

Im Plural steht standardsprachlich im allgemeinen der Dativ:

ein Kleeblatt von Schmarotzern (Remarque). Nun gibt es aber eine so verteufelte neuere Art von Hosenträgern (Bamm). ...eines von jener bestimmten Art von Träumen allerdings, die wir kennen (Schnabel).

Daneben kommen aber auch Beispiele ohne Endung vor:

die Teufel von Indianer; die Teufelskerls von Amerikaner (Hausmann).

Diese Nichtbeugung geht von Fällen aus, in denen zwischen Dativ Plural und Nominativ Plural kein Unterschied besteht:

diese armen Hühner von Studentinnen (V. Baum); wenn sich Männer in die Affen von Mädchen verlieben (R. Huch).

1.4 Bei nur angeführten Substantiven

Nur angeführte Substantive stehen stets im Nominativ und vielfach in Anführungszeichen:

die Beugung von „Dirigent"; „Baum" ist der Singular zu „Bäume"; was man so *Idealist* nennt. Der Wirt nannte mich Graf und dann Exzellenz (Immermann). Ich habe Drogist gelernt (Kreuder).

1.5 Bei Substantivierungen

Viele Substantivierungen (Ausnahme: substantivierte Infinitive) können ungebeugt stehen, weil sie keine ursprünglichen Substantive sind. Die Beugung wird jedoch schon oft angewendet:

meines geliebten Deutsch[s], des modernen Deutsch (Porzig), das Gesicht meines Gegenüber (Hesse), eines gewissen Jemand[s], diese Niemand (Kafka), des Schwarz[es], des Weiß[es]; (aber:) des Blaus, des Rots (↑ Farbbezeichnungen); die Maßlosigkeit ... seines anderen Ich (Th. Mann); der Schein des Ists (FAZ); diese „Irgendjemands" (Quick).

Standardsprachlich ohne Beugung stehen die als Substantive gebrauchten Buchstaben:

das A, des A, die A usw.; Verwandlung des A ... in O (Flake); anstatt des o (H. Mann)

und Substantivierungen wie:

viele Wenn und Aber, die Unbedingtheit dieses Entweder-Oder, die Philosophie des Als-ob.

2 Nicht anerkannte Unterlassung der Deklination

2.1 Bei schwach gebeugten Wörtern

Es besteht eine starke Neigung, bei schwach gebeugten männlichen Substantiven im Dativ und Akkusativ Singular die Deklinationsendung abzuwerfen und die Substantive dadurch zu starken zu machen:

den Gendarm (Fallada; statt: den Gendarmen), den Kurfürst (W. Schäfer; statt: den Kurfürsten), einen ausgezeichneten Geck (Hofmannsthal; statt: Gecken). Die Mütze gehört diesem Bub (statt: diesem Buben). Ich nenne ihn einen Held (statt: einen Helden).

Die starken Formen werden dann auch auf den Genitiv übertragen:

die Mütze des Bubs (statt: des Buben); das Auftreten dieses Gecks (statt: des Gekken); mit des Markgrafs (statt: des Markgrafen) Weib (G. Hauptmann).

Hier handelt es sich also nicht nur um Unterlassung der Beugung, sondern um einen Wechsel der Deklinationsklasse, der aber fast ausschließlich den Singular betrifft. Im Plural bleiben diese Substantive – mit wenigen fachsprachlichen Ausnahmen (↑ Rammbär) – schwach.

Zusammengesetzte Substantive werden leichter von diesem Deklinationswechsel erfaßt als eingliedrige:

des Buchfinks (statt: des Buchfinken), des Dompfaffs (statt: des Dompfaffen), des Schmutzfinks (statt: des Schmutzfinken), des Teddybärs (statt: des Teddybären).

Bei einigen Substantiven, die früher nur schwach gebeugt wurden, hat sich allerdings die starke Beugung im Singular neben der schwachen durchgesetzt:

der Ahn, Genitiv: des Ahns oder Ahnen; der Untertan, Genitiv: des Untertans, auch: des Untertanen; der Bauer, Genitiv: des Bauern, selten: des Bauers; der Spatz, Genitiv des Spatzen, auch: des Spatzes; der Oberst, Genitiv: des Obersten oder des Obersts, Plural: die Obersten/(seltener:) Oberste.

Es folgt eine Liste der Substantive, bei denen der Deklinationswechsel nicht anerkannt ist.

2.1.1 deutsche Wörter und Lehnwörter:

des Bärs, dem, den Bär statt: des Bären, dem, den Bären; dem, den Bub statt: dem, den Buben; dem, den Bursch statt: dem, den Burschen; des Finks, dem, den Fink statt: des Finken, dem, den Finken; des Gecks, dem, den Geck statt; des Gecken, dem, den Gecken; dem, den Held statt: dem, den Helden; dem, den Hirt statt: dem, den Hirten; dem, den Mensch statt: dem, den Menschen; des Mohrs, dem, den Mohr statt: des Mohren, dem, den Mohren; des Narrs, dem, den Narr statt: des Narren, dem, den Narren; dem, den Ochs statt: dem, den Ochsen; des Schenks, dem, den Schenk statt: des Schenken, dem, den Schenken; dem, den Steinmetz statt: dem, den Steinmetzen; des Vorfahrs, dem, den Vorfahr statt: des Vorfahren, dem, den Vorfahren.

Zur Beugung von Adelstiteln wie *Prinz, Graf, Kurfürst,* besonders in Verbindung mit Namen, ↑Titel und Berufsbezeichnungen.

2.1.2 Fremdwörter:

des Automats, dem, den Automat statt: des Automaten, dem, den Automaten; des Barbars, dem, den Barbar statt: des Barbaren, dem, den Barbaren; dem, den Brillant statt; dem, den Brillanten; dem, den Diplomat statt: dem, den Diplomaten; des Elefants, dem, den Elefant statt: des Elefanten, dem, den Elefanten; dem, den Exponent statt: dem, den Exponenten; dem, den Fotograf statt: dem, den Fotografen; dem, den Gendarm statt: dem, den Gendarmen; dem, den Gnom statt: dem, den Gnomen; dem, den Kamerad statt: dem, den Kameraden; des Komets, dem, den Komet statt: des Kometen, dem, den Kometen; dem, den Konkurrent statt: dem, den Konkurrenten; des Lakais, dem, den Lakai statt: des Lakaien, dem, den Lakaien; des Leopards, dem, den Leopard statt: des Leoparden, dem, den Leoparden; dem, den Militarist statt: dem, den Militaristen; dem, den Obelisk statt: dem, den Obelisken; des Patients, dem, den Patient statt: des Patienten, dem, den Patienten; des Planets, dem, den Planet statt: des Planeten, dem, den Planeten; dem, den Polizist statt: dem, den Polizisten; des Soldats, dem, den Soldat statt: des Soldaten, dem, den Soldaten; des Vagabunds, dem, den Vagabund statt: des Vagabunden, dem, den Vagabunden.

Bei einer Reihe von Fremdwörtern wird die Deklination häufig unterlassen, und zwar dann, wenn sie als Rangbezeichnung, Titel oder Berufsbezeichnung, und in diesen Fällen oft in Verbindung mit dem Namen, gebraucht werden:

dem, den Architekt statt: dem, den Architekten; dem, den Dirigent statt: dem, den Dirigenten; dem, den Dozent statt: dem, den Dozenten; dem, den Dramaturg statt: dem, den Dramaturgen; dem, den Drogist statt: dem, den Drogisten; dem, den Fabrikant statt: dem, den Fabrikanten; dem, den Intendant statt: dem, den Intendanten; dem, den Jurist statt: dem, den Juristen; dem, den Kommandant statt: dem, den Kommandanten; dem, den Komponist statt: dem, den Komponisten; dem, den Patriarch statt: dem, den Patriarchen; dem, den Photograph statt: dem, den Photographen; dem, den Präsident statt: dem, den Präsidenten; dem, den Superintendent statt: dem, den Superintendenten; dem, den Zar statt: dem, den Zaren.

In Verbindung mit dem Artikel und dem Namen:

dem Fabrikant Meier statt: dem Fabrikanten Meier; für den Präsident Müller statt: für den Präsidenten Müller.

Diese Unterlassung der Deklination ist nicht korrekt. Nur wenn kein Artikel vor dem Titel oder der Berufsbezeichnung steht, unterbleibt die Beugung heute mit Recht:

Einstimmig haben ... der Theater-, Kultur- und Personalausschuß einer Verlängerung der Verträge von Intendant Ernst Dietz und Operndirektor Horst Stein ... zugestimmt (Mannheimer Morgen). ... die Einschaltung von Bundestagspräsident Gerstenmaier gefordert (Mannheimer Morgen).

Dagegen heißt es, wenn *Herrn* vorausgeht:

des, dem Herrn Fabrikanten [Meier]; des, dem Herrn Prokuristen Schmidt,

und ohne Namen nur:

Der Plan ist vom Architekten geändert worden. Eine Anfrage beim Intendanten ergab, daß ...

Vgl. auch ↑Apposition (3.4); ↑Titel und Berufsbezeichnungen (1); ↑Herr (2); ↑Brief (1). Zur gegenläufigen Bewegung, also zum Übergang von der starken zur schwachen Deklination, ↑Autor; ↑Bibliothekar; ↑Detektiv.

2.2 Nicht anerkannte Unterlassung der Deklination bei stark gebeugten Wörtern

Bei mehreren deutschen Wörtern und Fremdwörtern wird das Genitiv-s fälschlich weggelassen, obwohl es standardsprachlich stehen muß:

2.2.1 deutsche Wörter:

des Abkommen statt: des Abkommens; des Öhmd statt: des Öhmds; des Stau statt: des Staus; des Vergnügen statt: des Vergnügens; des Tran statt: des Trans.

Verschiedene Wörter stehen oft dann ungebeugt, wenn sie als Name, Fachwort oder Gattungsnamen gebraucht werden:

des Barsch statt: des Barschs; des Biedermeier statt: des Biedermeiers; des Gründonnerstag statt: des Gründonnerstags; des Hanswurst statt: des Hanswursts; des Heiligen Abend statt: des Heiligen Abends; des Holunder statt: des Holunders; des Karfreitag statt: des Karfreitags; des Löwenzahn statt: des Löwenzahns; des Neckar statt: des Neckars; des Ostersonntag statt: des Ostersonntags; hergestellt im Auftrag des Zweiten Deutschen Fernsehen, statt: des Zweiten Deutschen Fernsehens; die Redaktion des „Spiegel“ statt: des „Spiegels“.

Alle diese ungebeugten Formen sind nicht korrekt.

2.2.2 Fremdwörter: Häufig wird bei Fremdwörtern, die als Name, Gattungsname oder Fachwort gebraucht werden, die Deklination unterlassen:

des Barock, des Dativ, des Dynamo, des Enzian, des Festival, des Film, des Jasmin, des Indiz, des Islam, des Kaffee, des Komitee, des Parterre, des Radar, des Smaragd, des Vitamin u.v.a.

Besonders die auf Zischlaut endenden Fremdwörter stehen oft ohne Genitivendung, obwohl diese standardsprachlich stehen muß:

eines kleinen Strauß (= Vogel); des Gulasch; des Proporz.

2.3 Nicht anerkannte Unterlassung der Deklination bei pluralischen Substantiven auf *-er*

Die Unterlassung der Deklination kommt auch bei pluralischen Substantiven auf *-er* vor, wenn sie von dem regierenden Wort (Präposition) durch einen Einschub (Genitivattribut) getrennt stehen:

wenn sie so in der Leute Mäuler wäre (Fallada); sie war so in der Leute Mäuler (Storm).

In der folgenden festen Wendung hat sich die ungebeugte Form bereits durchgesetzt:

aus aller Herren Länder/(veraltend:) Ländern.

unterlaufen: Das zusammengesetzte Verb *unterlaufen (Fehler, Versehen, Irrtümer können unterlaufen)* wird heute meist auf dem zweiten, dem verbalen Glied betont *(unterlaufen),* seltener auf dem ersten *(unterlaufen).* Das 2. Partizip lautet dementsprechend *unterlaufen,* seltener *untergelaufen: Nur leider, ein kleiner Denkfehler ist Joseph Fouché bei dieser muntern Mystifikation unterlaufen* (St. Zweig). ... *weil ihr ein fürchterliches Versehen unterlaufen ist* (Werfel). Aber noch: ... *daß an einem unbestimmbaren Punkte der Geschichte meines Geschlechtes geheime Unregelmäßigkeiten untergelaufen seien* (Th. Mann). ↑Verb (2.3).

unterm: Als Verschmelzung von *unter* und *dem* wird *unterm* ohne Apostroph geschrieben. ↑Apostroph (1.2); ↑Präposition (1.2.1).

untern: Als Verschmelzung von *unter* und *den* wird *untern* ohne Apostroph geschrieben. ↑Apostroph (1.2); ↑Präposition (1.2.1).

Unternehmen/Unternehmung: Die beiden Wörter entsprechen sich als Bezeichnung einer Tat, eines Vorhabens: *Das war ein gewagtes Unternehmen/eine gewagte Unternehmung.* Als Bezeichnung eines Wirtschaftsbetriebes (Firma) ist im allgemeinen nur *Unternehmen* gebräuchlich. ↑Verbalsubstantiv.

unterordnen: Das Verb *unterordnen* ist eine unfeste Zusammensetzung (↑Verb [2.2]): *Er ordnete seine Ansprüche den Wünschen seines Bruders unter.* ... *lammfromm ordnen sie sich dem neuen Präsidenten unter* (St. Zweig). ... *er ordnete sich beflissen und dennoch mit Anstand unter* (Roehler). Die Nichttrennung *(Er unterordnete seine Ansprüche den Wünschen seines Bruders. Sie unterordnen sich dem neuen Machthaber)* kommt im Unterschied zu ↑anerkennen u. a. nur gelegentlich vor.

Unterricht/Unterrichtung: Die beiden Substantive haben verschiedene Bedeutung. Das Wort *der Unterricht* wird im Sinne von „planmäßiges Lehren, Schulstunde" gebraucht: *Unterricht in Englisch.* Das Wort *die Unterrichtung* hat die Bedeutung „Mitteilung von Informationen", es wird verhältnismäßig selten gebraucht: *Das Rundschreiben dient zur Unterrichtung der Außenmitarbeiter über die Marktlage.* ↑Verbalsubstantiv.

unters: Als Verschmelzung von *unter* und *das* wird *unters* ohne Apostroph geschrieben. ↑Apostroph (1.2), ↑Präposition (1.2.1).

untersagen: Es heißt richtig: *Der Arzt untersagte ihm, Zigaretten und Zigarren zu rauchen.* Falsch ist es, den Infinitiv zu verneinen. Also nicht: *Er untersagte ihm, keine Zigaretten zu rauchen.* ↑Negation (1).

unterschieben: Das zusammengesetzte Verb *unterschieben* kann als unfeste Zusammensetzung mit der Betonung auf dem ersten Glied *(unterschieben; ich schiebe unter, ich schob unter, ich habe untergeschoben, schiebe unter!)* oder als feste Zusammensetzung mit der Betonung auf dem zweiten, dem verbalen Glied *(unterschieben; ich unterschiebe/ich unterschob, ich habe unterschoben, unterschiebe!)* auftreten. In der konkreten Bedeutung ist die Zusammensetzung stets unfest: *Er schiebt ihr ein Kissen unter. Man hat der Truthenne Gänseeier untergeschoben. Köln schob den Arm unter und führte Krämer den Becher an den Mund* (Apitz). In der übertragenen Bedeutung kann das Verb als unfeste oder als feste Zusammensetzung aufgefaßt werden, und zwar wird es um so eher als unfeste Zusammensetzung gebraucht, je mehr die konkrete Bedeutung in der Vorstellung mitschwingt: *Es handelt sich um ein untergeschobenes* (seltener: *unterschobenes*) *Testament. ... man hat sogar behauptet, Konstantin sei ein untergeschobenes Kind* (Benrath). *... schob man alles Unheil ... dem Zorn der Götter unter* (Thieß). Dagegen vorwiegend als feste Zusammensetzung: *Sie unterschob seiner Handlungsweise einen falschen Beweggrund. ... aber er unterschob dem einen neuen Sinn* (Musil). *Die Frau unterschiebt nämlich dem Mann ihre Art zu denken und zu schließen* (Andres). ↑Verb (2).

Unterschied: Von den beiden Fügungen *zum Unterschied von* und *im Unterschied zu* ist die erste die ältere. Die zweite ist wohl durch den Einfluß von Fügungen wie *im Gegensatz zu, im Vergleich zu* entstanden. Heute können beide Fügungen ohne Einschränkung gebraucht werden. Als nicht korrekt gelten dagegen vermischte Formen wie *im Unterschied von* oder *zum Unterschied zu*. Es heißt also richtig: *Zum Unterschied von/Im Unterschied zu ihrer Schwester bevorzugt sie dunkle Kleider.*

unterschreiben: In Verbindung mit *als* steht bei dem heute nicht mehr sehr gebräuchlichen reflexiven *sich unterschreiben* das dem *als* folgende Substantiv im Nominativ, d. h., es wird auf das Subjekt bezogen: *Er unterschrieb sich als Erster Vorsitzender.* Der Akkusativ, d. h. die Beziehung auf *sich*, ist veraltet. Man schreibe also nicht: *Er unterschrieb sich als Ersten Vorsitzenden.* ↑Kongruenz (4.2).

Unterschrift: 1. Zeichensetzung: Nach Unterschriften in ↑Briefen (5) oder anderen Schriftstücken steht kein Punkt:

Mit freundlichen Grüßen
Ihre Emma Meier

2. Groß- oder Kleinschreibung: Der Artikel vor Unterschriften in Anzeigen wird nur dann mit großem Anfangsbuchstaben geschrieben, wenn die Unterschrift nach einem abgeschlossenen Text steht. Handelt es sich jedoch um einen fortlaufenden Text, so muß der Artikel klein geschrieben werden:

Wir bitten um rege Beteiligung.
Der Vorstand

Um rege Beteiligung bittet
der Vorstand

↑Anzeigen (7), ↑i. A./I. A., ↑i. V./I. V. **3. Reihenfolge:** Der Ranghöhere unterzeichnet gewöhnlich links.

unterschwellig: Das Adjektiv *unterschwellig* ist aus der Fachsprache der Psychologie in die Allgemeinsprache übernommen worden, es wird auf Vorgänge und Zustände bezogen, die im Unbewußten, d. h. „unter der Schwelle des Bewußtseins", liegen: *unterschwellige Angstgefühle, unterschwellige Reize.* Falsch ist die Schreibung *unterschwelig,* mit der das Wort zuweilen, volksetymologisch an *schwelen* (= ohne Flamme brennen) angelehnt wird, so als ginge es um Dinge, die im Verborgenen „schwelen".

unterste: Klein schreibt man das Adjektiv: *das unterste der Regale.* Groß schreibt man die Substantivierung: *Das Unterste zuoberst, das Oberste zuunterst kehren.* ↑Groß- oder Kleinschreibung (1.2.1).

unterstehen: Es heißt: *Untersteh dich nicht, das zu tun!* Der Gebrauch mit dem Dativ *(Untersteh dir nicht, das zu tun!)* ist heute veraltet und gilt nicht mehr als korrekt.

Untertan: Das Substantiv *der Untertan* schwankt im Singular zwischen schwacher und starker Deklination. Die schwache Deklination *(des Untertanen)* ist älter als die starke *(des Untertans),* die heute etwas gebräuchlicher ist. Im Plural wird nur schwach gebeugt *(die Untertanen).* ↑Unterlassung der Deklination (2.1).

Unterteil: Das Substantiv *Unterteil* kann männliches oder sächliches Geschlecht haben. Sowohl *der* wie *das Unterteil* ist korrekt. Das sächliche Geschlecht ist jedoch üblicher.

unterteilen: Nach *unterteilen in* steht der Akkusativ (nicht der Dativ): *Das Bild wird in gleich große Quadrate unterteilt.*

Untertreibung: ↑Amerikanismen/Anglizismen (1.2).

unterwandern: Das Verb *unterwandern* ist eine feste Zusammensetzung: *Man versuchte die Partei zu unterwandern, man hat sie unterwandert.* ↑Verb (2.3).

unterwerfen: Das Verb *unterwerfen* ist eine feste Zusammensetzung: *Die Römer unterwarfen ganz Gallien. Alle Reisenden wurden strengen Kontrollen unterworfen.* ↑Verb (2.3).

unterzeichnen: In Verbindung mit *als* steht bei dem heute nicht mehr sehr gebräuchlichen reflexiven *sich unterzeichnen* das dem *als* folgende Substantiv im Nominativ, d. h., es wird auf das Subjekt bezogen: *Er unterzeichnete sich als Regierender Bürgermeister.* Der Akkusativ, d. h. die Beziehung auf *sich,* ist veraltet. Man schreibe also nicht: *Er unterzeichnete sich als Regierenden Bürgermeister.* ↑Kongruenz (4.2).

Unterzeichneter: Das scheinbar passivische Wort hat aktivischen Sinn, denn es gehört zu dem alten reflexiven *sich unterzeichnen* „unterschreiben" (vgl. *der Verliebte* zu *sich verlieben*). Somit ist *der Unterzeichnete* derjenige, der sich unterzeichnet hat. Da ein Brief weder während des Schreibens noch während des Lesens unterzeichnet wird, kann man das 1. Partizip *der Unterzeichnende* nicht verwenden. Wohl aber kann man, um alle Schwierigkeiten zu vermeiden, das Substantiv *der Unterzeichner* wählen. In Verbindung mit *rechts* und *links* sind sowohl *der rechts/links Unterzeichnete* (nicht: *Unterzeichner*) als auch der *Rechts-/Linksunterzeichnete* korrekt.

unterziehen: In der Fügung *sich einer Sache unterziehen* steht heute nur noch der Dativ. Der Genitiv ist veraltet. Es heißt also: *sich einem Verhör* (nicht: *eines Verhörs*) *unterziehen. Er hat sich dem* (nicht: *des[sen]*) *unterzogen, weil es nötig war. Ich unterzog mich ... dem Fasten freiwillig* (Kafka).

Untiefe: Das Substantiv *Untiefe* hat zwei Bedeutungen: Als Ableitung von *untief* „nicht tief" *(un-* ist Verneinungspräfix wie in *unhöflich, unecht, Unruhe)* hat es die Bedeutung „flache Stelle im Wasser. Als Zusammensetzung mit *Tiefe* (*Un-* ist Verstärkungspräfix wie in Unmenge, Unmasse, Unkosten) bezeichnet es eine sehr große Tiefe.

unüberwindbar/unüberwindlich: Diese beiden Adjektive gehören zu den Ableitungen auf *-bar* und *-lich,* die meist austauschbar sind: *unüberwindbare/unüberwindliche Schwierigkeiten, ein unüberwindbarer/unüberwindlicher Gegner, unüberwindbare/unüberwindliche Scheu.* Zwischen beiden Adjektiven besteht jedoch inhaltlich ein feiner Unterschied. Die Ableitung auf *-bar* drückt aus, daß etwas von jemandem nicht überwunden werden kann: *Er stieß auf unüberwindbare Schwierigkeiten. Sein Mißtrauen erschien ihr unüberwindbar.* Die Ableitung auf *-lich* besagt dagegen, daß es zum Wesen einer Person oder Sache selbst gehört, nicht überwunden werden zu können: *Sie hatte eine unüberwindliche Scheu vor der Öffentlichkeit.* ↑-bar/-lich.

unvergessen/unvergeßlich: Das Adjektiv *unvergeßlich* hat heute passivischen Sinn. Es ist also nicht als Gegensatz zu *vergeßlich* aufzufassen, sondern hat die Bedeutung „was nicht vergessen wird, nicht vergessen werden kann": *Er bleibt uns immer unvergeßlich; ein unvergeßlicher Mensch, unvergeßliche Stunden, ein unvergeßliches Erlebnis, unvergeßliche Eindrücke.* Demgegenüber hat *unvergessen* die Bedeutung „was nicht vergessen worden ist", drückt also von sich aus nicht wie *unvergeßlich* aus, daß etwas auch in Zukunft nicht vergessen werden kann. Man kann also wohl sagen: *Diese Einrichtung hat noch unser unvergessener Mitarbeiter XY geschaffen.* Oder (in einer Grabinschrift): *unser liebes, unvergessenes Kind.* Jedoch drückt *unvergeßlich* viel stärker die Beziehung auf die Zukunft aus. In Todesanzeigen sollte man *unvergeßlich* oder *unvergessen* nicht verwenden, weil bei einem eben Gestorbenen von Vergessen wohl nicht gesprochen werden kann. Austauschbar sind die beiden Wörter auch bei den Wendungen *unvergessen/unvergeßlich sein* bzw. *bleiben* in Sätzen wie: *Er wird allen stets unvergessen/unvergeßlich sein. Diese Schauspielerin blieb unvergessen/unvergeßlich [bei] allen, die sie kannten.*

unvergleichbar/unvergleichlich: Nach dem heutigen Sprachgebrauch unterscheiden sich diese beiden Adjektive in ihrer Bedeutung. Mit *unvergleichbar* wird ausgedrückt, daß etwas mit etwas anderem nicht verglichen werden kann; es ist das weniger gebräuchliche der beiden Wörter: *Ihre eigenartige Schönheit, unvergleichbar jeder anderen, machte großen Eindruck auf alle Anwesenden.* Mit *unvergleichlich* wird ausgedrückt, daß etwas seinem Wesen nach jeden Vergleich ausschließt, es hat die Bedeutungen „einzigartig, vollkommen, hervorragend, außerordentlich" und ist vielfältiger verwendbar: *eine unvergleichliche Tat, sein unvergleichlicher Mut. Sie ist unvergleichlich schön. ... die unvergleichliche Süßigkeit der Mädchengestalten in Shakespeares Lustspielen* (Geissler). *Der Kaviar war unvergleichlich* (Koeppen). ↑-bar/-lich.

unvergleichlich: Der Gebrauch von *unvergleichlich* vor einem Komparativ wird (wie bei ↑ungleich) von Sprachpflegern häufig getadelt, weil durch den Komparativ bereits ausgedrückt sei, daß eine Ungleichheit besteht: *Er fühlt sich heute unvergleichlich wohler als gestern.* Gegen diese Verwendung von *unvergleichlich* ist jedoch nichts einzuwenden, weil das Wort in diesem Falle die Bedeutung von „[sehr] viel, weitaus, wesentlich, erheblich" angenommen hat, also verstärkend gebraucht wird. Zu weiterem ↑unvergleichbar/unvergleichlich.

unverletzbar/unverletzlich: Die beiden Adjektive haben etwa die gleiche Bedeutung, jedoch drückt *unverletzlich* stärker als *unverletzbar* aus, daß etwas seinem Wesen nach nicht verletzt werden kann: *die unverletzliche Heiligkeit des Ortes.* ↑-bar/-lich.

unverlierbar: Das Adjektiv *unverlierbar* kann nicht gesteigert werden. ↑Vergleichsformen (3.1).

unvermeidbar/unvermeidlich: Die beiden Adjektive unterscheiden sich nicht in der Bedeutung, die Form auf *-lich* wird aber im allgemeinen häufiger gebraucht. Ein auf *unvermeidlich/unvermeidbar* folgender Nebensatz oder erweiterter Infinitiv darf nicht verneint werden, weil sonst doppelte Verneinung, d.h. Bejahung, eintritt. Man sagt also nicht: *Es war unvermeidbar/unvermeidlich, die Pflanzen nicht zu beschädigen,* sondern: *Es war unvermeidbar/unvermeidlich, die Pflanzen zu beschädigen.* Besser sind folgende Formulierungen: *Eine Beschädigung der Pflanzen war unvermeidbar/unvermeidlich* oder: *Es ließ sich nicht vermeiden, daß die Pflanzen beschädigt wurden.*

unverrichteterdinge/unverrichteter Dinge: Sowohl die Getrennt- als auch die Zusammenschreibung ist korrekt (dasselbe gilt für *unverrichtetersache* und *unverrichteter Sache*). ↑Verblassen des Substantivs.

unversinkbar: Das Adjektiv *unver-*

sinkbar ist falsch gebildet; ↑-bar. Vgl. auch ↑unsinkbar.

unverständig/unverständlich: Das Adjektiv *unverständig* bedeutet „[noch] keinen Verstand habend, dumm": *ein unverständiges Kind. Sei doch nicht so unverständig!* Das Adjektiv *unverständlich* bedeutet dagegen entweder „nicht deutlich zu hören" *(unverständliche Worte)* oder „nicht zu begreifen": *Es ist mir unverständlich, warum er nicht schreibt.* ↑-ig/-isch/-lich.

unverzichtbar: ↑-bar.

unvollendete Zukunft: ↑Futur I.

unweit: Die Präposition *unweit* regiert heute nur noch den Genitiv, der Dativ ist veraltet: *Unweit des Dorfausgangs holt mich Suck ein* (Broch). *Benhard hatte bereits gebadet und sich unweit des Ufers auf einer der steinernen Bänke niedergelassen* (Kuby). Bei Ortsnamen darf das Genitiv-s nicht wegfallen: *unweit Berlins.* Nach *unweit* kann auch mit *von* angeschlossen werden. Dann ist aber *unweit* nicht Präposition, sondern Adverb: *unweit von dem Flusse, unweit von Berlin.* geographische Namen (1.1.1).

unwidersprochen: Da die 2. Partizipien derjenigen Verben, die mit *haben* verbunden werden, nicht adjektivisch gebraucht werden können, das 2. Partizip *widersprochen* also nicht attributiv verwendet werden kann, haben die Sprachpfleger gelegentlich den adjektivischen Gebrauch der verneinten Form *unwidersprochen* als inkorrekt getadelt, z. B.: *eine bisher unwidersprochene Meldung. Seine Äußerungen kann ich nicht unwidersprochen lassen. Ihre Meinung blieb unwidersprochen.* Das Wort wird jedoch seit langem so gebraucht, es wird deshalb nicht mehr als falsch empfunden.

unzählig: **1.** Ein auf *unzählig* folgendes [substantiviertes] Adjektiv wird parallel gebeugt: *unzählige kleine Fehler; unzählige Angestellte; die Äste unzähliger kleiner Bäume und Sträucher.* **2.** Das Adjektiv *unzählig* kann nicht gesteigert werden. Die Fügung *zum unzähligsten Male* ist also falsch gebildet. Man kann nur sagen: *Ich habe ihn unzählige Male gewarnt.* ↑Vergleichsformen (3.1).

unzurechnungsfähig/zurechnungsunfähig: In der juristischen Fachsprache kommen beide Formen des Wortes vor, während die Gemeinsprache nur *unzurechnungsfähig* kennt. Da das Substantiv *Zurechnung* im Sinne von „Verantwortlichkeit" nicht mehr gebräuchlich ist, hat *zurechnungsunfähig* (= unfähig zur Zurechnung) keinen Rückhalt im Sprachgebrauch. Bei *unzurechnungsfähig* wird dagegen die geläufige Zusammensetzung *zurechnungsfähig* als Ganzes verneint.

unzweideutig/eindeutig: ↑eindeutig/unzweideutig.

Urbanisation/Urbanisierung: ↑Verbalsubstantiv (1.5).

Urlaub: Man sagt *in* oder *im Urlaub sein* (Frage: wo?), aber nur *in Urlaub fahren* (Frage: wohin?). Benutzt man *auf,* wie es besonders im militärischen Bereich üblich ist, dann kann man sowohl *gehen* und *fahren* wie *sein* damit verbinden: *Ich fahre morgen auf Urlaub. Er ist auf Urlaub.* ↑in//im.

-us: Die Fremdwörter auf *-us* behalten im allgemeinen in allen Fällen des Singulars diese Endung: *der Typus, des Typus, dem Typus, den Typus; der Rhythmus, des Rhythmus, dem Rhythmus, den Rhythmus.* Je gebräuchlicher ein Fremdwort auf *-us* ist, desto eher stellt sich neben die ungebeugten Formen des Plurals (seltener auch des Genitivs Singular) die starke Deklination: *die Krokus* oder *die Krokusse,* Genitiv Singular noch: *des Krokus; die Fidibus* oder die *Fidibusse,* Genitiv Singular: *des Fidibus* oder *des Fidibusses.* Nur noch mit Beugungsendungen erscheint z. B. *die Omnibusse, des Omnibusses.* Manche Fremdwörter auf *-us* haben, wenn sie weniger eingebürgert sind, nur den fremden Plural: *das Tempus – die Tempora.* Bei anderen stehen deutsche und fremde Pluralformen nebeneinander: *der Famulus – die Famuli* oder *die Famulusse.* Einige haben die schwache Pluralform auf *-en: die Typen, die Rhythmen.* Bei manchen stehen starke und schwache Pluralformen nebeneinander: *die Globusse* oder *die Globen, die Diskusse* oder *die Disken.* Dazu auch ↑-ismus, ↑Fremdwort (3).

USA: *USA* ist ein pluralischer Ländername, der mit dem bestimmten Artikel gebraucht wird. Es heißt also richtig: *Nachrichten aus den USA* (nicht: *aus USA* oder *aus der USA*). Ist das pluralische *USA* in einem Satz Subjekt, steht auch das Verb im Plural: *Wobei die USA bestrebt sind* (nicht: *ist*), *den Export zu steigern.* ↑geographische Namen (2.1).

usf., usw.: Zum Gebrauch dieser ↑Abkürzungen (für: *und so fort, und so weiter*) bei Aufzählungen ↑u.a., usf., usw., wie, z.B.

V

v: Zur Schreibung und Deklination ↑Bindestrich (2.4) *(V-förmig, V-Mann);* ↑Einzelbuchstaben *(des V, zwei V);* ↑Groß- oder Kleinschreibung (1.2.5) *(das v in Luv).* ↑Aussprache (12).

v.: Wenn *v.* als Abkürzung für *von* bei einem Familiennamen am Satzanfang steht, wird es klein geschrieben, um Verwechslungen mit abgekürzten Vornamen zu vermeiden: *v. Gruber erschien zuerst.* Das ausgeschriebene *von* wird dagegen am Satzanfang immer groß geschrieben: *Von Gruber erschien zuerst.*

van: Wird ein mit niederländisch *van* („von, aus"; kein Adelsprädikat!) gebildeter Name Bestandteil einer Aneinanderreihung, dann muß er durchgekoppelt werden. Wenn die Aneinanderreihung ein Substantiv ist, wird *van* als erstes Wort groß geschrieben: *Van-Gogh-Ausstellung* (zu: *Vincent van Gogh*); *Van-Allen-Gürtel* (zu *James Alfred van Allen*); *Van-Dyck-Straße* (zu: *Anthonis van Dyck*). Das gilt auch für den Satzanfang: *Van Gogh war Autodidakt.*

Vandale: ↑Wandale.

variabel: Bei *variabel* fällt, wenn es dekliniert oder gesteigert wird, das *e* der Endungssilbe aus: *variable Größen. Wir müssen den Plan variabler gestalten.* ↑Adjektiv (1.2.13).

Variable: Das mathematische Fachwort wird (anders als ↑Konstante) wie ein substantiviertes Ajdektiv dekliniert, Genitiv Singular: *der Variablen,* Plural: *die Variablen,* aber: *zwei Variable.*

Vater: In Verbindung mit *Herr* muß *Vater* im Genitiv gebeugt werden: *der Tod Ihres Herrn Vaters* (nicht: *Vater*). ↑Herr (1,b). Zum Artikelgebrauch ↑Verwandtschaftsbezeichnungen.

väterlich: Zu *väterliche Worte/Worte des Vaters* ↑Adjektiv (4.1).

Ventilgummi: Das Wort *Ventilgummi* kann sowohl als männliches wie auch als sächliches Substantiv gebraucht werden, häufiger ist jedoch *das Ventilgummi.*

verantwortlich: Nach *verantwortlich* wird mit *für* angeschlossen, nicht mit *an: Nicht der einzelne Mensch ist für diese prinzipielle Weichenstellung verantwortlich zu machen* (Nigg). *Ihr seid in keiner Weise für die Ereignisse verantwortlich ...* (Thieß).

verausgaben: Das Verb *verausgaben* hat verschiedene Bedeutungen und Anwendungsbereiche. Im Sinne von „(Geld) ausgeben" gilt es als papierdeutsch: *Die unnütz verausgabten* (besser: *ausgegebenen*) *fünfzehn Mark für das große Schmetterlingsbuch waren wieder herein* (Strittmatter).

Verb

Das Verb (Plur.: die Verben; auch Zeitwort, Tätigkeits- oder Tuwort genannt) ist konjugierbar (↑Konjugation) und innerhalb des Satzes fest mit dem ↑Prädikat als dem grammatischen Kern der Aussage verbunden. Nach der Aufgabe, einen Zustand oder Vorgang, eine Tätigkeit oder Handlung zu bezeichnen, unterscheidet man Zustandsverben *(sein, bleiben, wohnen),* Vorgangsverben *(fallen, wachsen, erfrieren, verbluten, einschlafen)* und Tätigkeitsverben *(kämpfen, pflügen).*
Nach ihrer Verwendung im Satz kann man zunächst einmal absolute und relative Verben unterscheiden. Verben ohne Ergänzung nennt man absolut:

Peter schläft. Nina arbeitet. Der Hahn kräht. Es regnet.

Verben mit einer oder mehreren Ergänzungen nennt man relativ:

Stephan lobt seinen Bruder. Susanne kümmert sich um ihr berufliches Fortkommen. Die Äpfel liegen im Kühlschrank. Vera schenkt ihrem Freund einen Schal.

Weiter schälen sich aus der Bedeutungsgruppe der Tätigkeitsverben jene Verben heraus, die im Satz ein Akkusativobjekt nach sich haben. Da das von diesen Verben bezeichnete Geschehen auf das Objekt gerichtet ist und sich an ihm vollzieht, nennt man Verben dieser Art ↑transitive (zielende) Verben. Transitive Verben bilden ein persönliches Passiv (↑Passiv). Alle Verben, die kein Akkusativobjekt nach sich haben können, heißen demgegenüber ↑intransitive Verben. Intransitiv sind sinngemäß auch Tätigkeitsverben, wenn sie ohne ihr sonst mögliches Akkusativobjekt stehen:

(transitiv:) Der Bauer pflügt den Acker. – Der Acker wird [vom Bauern] gepflügt.
(intransitiv:) Der Bauer pflügt.

1 Umlaut

Bei den unregelmäßigen Verben mit dem Stammvokal *a, au* oder *o* tritt in der 2. und 3. Person Singular Indikativ Präsens Aktiv der Umlaut ein:

fallen, du fällst, er fällt; laufen, du läufst, er läuft; stoßen, du stößt, er stößt.

Ausnahmen sind die Verben *schaffen, hauen, saugen, schnauben, kommen.* Regelmäßige Verben haben diesen Umlaut im Präsens nicht. Daher sind landschaftlich verbreitete Umlaute, wie z. B. *du verkäufst, er verkäuft* für: *du verkaufst, er verkauft,* in der Standardsprache nicht korrekt. Vgl. auch ↑laden, ↑fragen.

2 Feste und unfeste Verbzusammensetzungen

2.1 Feste Zusammensetzungen

Fest zusammengesetzte Verben mit einer Partikel im ersten Glied werden auf dem zweiten, dem verbalen Glied betont (zur Bildung des Partizips ↑zweites Partizip [1], zur Stellung des *zu* beim Infinitiv ↑zu [4]):

ich durchbreche, durchbrach, habe durchbrochen; durchbrich! Er versuchte die Absperrung zu durchbrechen.

Als erste Glieder erscheinen vor allem die Raumadverbien *über-, unter-, durch-, um-, hinter-;* mit *wider-* gibt es etwa zehn Bildungen, mit dem ursprünglich sinngleichen *wieder-* nur *wiederholen*. Als einziges Adjektiv hat sich *voll-* diesen Partikeln angeschlossen. Alle diese Vorderglieder können jedoch auch unfeste Zusammensetzungen bilden.

2.2 Unfeste Zusammensetzungen

Bei unfesten Zusammensetzungen ist das Verb mit seinem nichtverbalen Teil nur in den infiniten Formen, also im Infinitiv und im 1. und 2. Partizip und im Nebensatz mit Einleitewort fest verbunden:

anführen, anführend, angeführt; wenn ich anführe, anführte. Ich bat sie, uns anzuführen.

In den finiten Formen (Indikativ, Konjunktiv I und II, Imperativ) steht der nichtverbale Teil der Zusammensetzung stets getrennt hinter dem Verb, und zwar in der Regel am Ende des Satzes:

Er führt, führte die Truppe an. Er sagt, er führe die Truppe an. Führe die Truppe an!

Im Unterschied zu den festen Zusammensetzungen trägt der nichtverbale Teil immer den Hauptton. Zur Bildung des Partizips ↑zweites Partizip (1), zur Stellung des *zu* beim Infinitiv ↑zu (4).

2.3 Die Betonung bei den festen und unfesten Zusammensetzungen

Die Betonung unterscheidet feste und unfeste Zusammensetzungen mit Partikeln im ersten Glied nicht zufällig. Je nachdem liegt das größere Gewicht auf dem verbalen Geschehen und seiner Vollendung oder auf der Partikel. Es gibt Verben, die, je nachdem ob sie den Ton auf dem ersten Glied oder auf dem zweiten Glied tragen, verschiedene Bedeutung haben:

übersetzen: Der Fährmann setzt den Wanderer über. – *übersetzen:* Sie übersetzt ein Buch.
durchziehen: Er zieht den Faden durch. – *durchziehen:* Sie durchziehen das Land.
untergraben: Er gräbt den Dünger unter. – *untergraben:* Das untergräbt die Autorität.
überlegen: Er legte ihn über. – *überlegen:* Ich überlege es mir.

(Vgl. auch ↑überführen.) Der Bedeutungsunterschied ist bei manchen Verben so gering, daß die Betonung und damit die Zuweisung zu fester oder unfester Bildungsweise offen bleibt:

ein Brett durchbohren (betont den Umstand), ein Brett durchbohren (betont die Handlung; entsprechend:) durchdenken/durchdenken, durchlüften/durchlüften; durchschwimmen/durchschwimmen; durchdringen/durchdringen.

Bei der Betonung der Partikel wird der Erfolg hervorgehoben, bei Betonung des Verbs wird der verbale Inhalt in den Vordergrund gerückt. Manche mit einer Partikel zusammengesetzte Verben haben nur eine einzige Betonungsmöglichkeit:

Nur auf dem zweiten Glied:

unterwandern, unterwerfen, widerlegen, widersprechen, widerstreben, widerstreiten.

Nur auf der Partikel:

durchsprechen, durchsehen, umbuchen, umdrehen, unterkommen.

Gelegentlich bleibt die unfeste Zusammensetzung wie das einfache Verb intransitiv, während die feste Zusammensetzung transitiv ist:

gehen: Ein Gerücht geht um. – Sie umgeht das Hindernis.
laufen: Der Eimer läuft über. – Es überläuft mich heiß.

2.4 er erkennt an/er anerkennt

Bei manchen unfesten Zusammensetzungen besteht die Neigung, auch die sonst getrennten finiten Formen wie die der festen Zusammensetzungen zu behandeln:

> Ich anbete in ihr das Licht (Goethe). ... diesen vorenthielt sie (G. Keller). Welcher Ausdruck widerspiegelt am schärfsten und sparsamsten die konkrete Sachlage? (Riesel). Er verstand den Freund, und der fordernde Ton widerhallte ihm im Herzen (Apitz). Ivy mußte nun wirklich gehen, unsere Sirenen widerhallten ringsum (Frisch). ... das anerkannte Tuzzi voll und ganz (Musil).

Die Neigung, die unfesten Zusammensetzungen wie feste zu behandeln, ist vor allem im Süden des Deutschen Sprachraums, besonders in Österreich und in der Schweiz, festzustellen. Eigenartigerweise werden nur bestimmte – meist transitive und in übertragener Bedeutung gebrauchte – Verben davon erfaßt, zum Teil solche, die die Präfixe *er- (aberkennen)* und *ent- (vorenthalten)* enthalten, aber z. B. nicht die Verben *anbinden, abschreiben, zurücklaufen.* Im übrigen findet sich diese landschaftliche Eigenart mehr im geschriebenen als im gesprochenen Deutsch.

Zu den zusammengesetzten Verben, die sowohl unfest als auch fest gebraucht werden, gehören u. a. auch ↑*obliegen,* ↑*obsiegen,* ↑*obwalten* und ↑*übersiedeln.* Sie können bei gleicher Bedeutung verschieden betont werden *(ọbliegen/obliegen; ọbsiegen/obsiegen; ọbwalten/obwạlten; übersiedeln/übersiedeln)* und haben dementsprechend auch die Möglichkeit, die finiten Formen auf zweierlei Weise zu bilden *(es liegt mir ob/es obliegt mir):*

> Die Beweislast lag vielmehr der Anklagebehörde ob (Rothfels). Sind ihre Gäste gegangen, so obliegen ihr zumeist noch allerlei gesellschaftliche Pflichten (Kolb). Mannheim obsiegt im Städtevergleich des „Generalanzeiger" Wuppertal (Mannheimer Morgen). – Die Kräfte des Guten siegten schließlich ob.

Während zu *obliegen, obsiegen* und *obwalten* die infiniten Formen nur nach den unfesten gebildet werden (*obgelegen, obzuliegen* usw.), bestehen bei *übersiedeln* nebeneinander: *übergesiedelt/übersiedelt; überzusiedeln/zu übersiedeln.* Zur Bildung des 2. Partizips (übergesiedelt/übersiedelt) ↑zweites Partizip (1), ↑Verbzusatz (3).

3 Verdeutlichende Verbzusätze

Vorangesetzte Partikeln geben dem einfachen Verb eine bestimmte differenzierte Bedeutung, z. B.:

> laufen – auslaufen, ablaufen, zulaufen, weglaufen, auflaufen, nachlaufen, überlaufen, durchlaufen.

Nicht immer scheinen die Partikeln nötig; sie treten oft vor ein Verb, ohne daß sie den Verbinhalt wesentlich verändern. Ganz ohne Grund werden sie jedoch auch nicht hinzugesetzt. Meistens dienen sie zur Verdeutlichung. Das ist vor allem bei Fremdwörtern zu beobachten, deren Inhalt durch deutsche Partikeln verständlicher gemacht werden soll:

> abfrottieren, abpatrouillieren, abkonterfeien, anvisieren, aufoktroyieren, durchdiskutieren, einsuggerieren, herausdestillieren, herausmutieren, herumflanieren, vorbeidefilieren, vordeterminieren, zusammenmixen.

Während manche dieser Wörter im Deutschen gar nicht mehr anders als mit der Partikel gebraucht werden können, betrachtet man bei anderen die Partikel als überflüssig und bezeichnet diese Verben dann als Kontaminationen oder pleonastische Zusammensetzungen. Diese werden von den Sprachpflegern und -kritikern meist abgelehnt. Es ist allerdings darauf hinzuweisen, daß auch diese sogenannten Kontaminationen oder pleonastischen Zusammensetzungen meistens besondere inhaltliche oder stilistische Nuancen aufweisen. Sehr oft drücken sie die emotionale Beteiligung des Sprechers/Schreibers aus, haben also eine semantisch-expressive Funktion.

Überflüssig und abzulehnen sind jedoch zusammengesetzte Verben wie

zusammenaddieren, zurückreduzieren, herauseliminieren, nachimitieren, durchfiltrieren.

Auch deutsche Verben erhalten verschiedentlich Partikeln, die den Verbinhalt verstärken oder nuancieren sollen, z. B.:

abschildern, abvermieten, anliefern, anmahnen, anmieten, absieben, absieden, absichern, abstauen, abtauen, davonfliehen, herabmindern, zusammenbrauen.

Einige Belege zeigen den Gebrauch:

anempfehlen: ... als er mir den Humor anempfahl (Gaiser).

ablöschen: Das Licht war wieder abgelöscht worden (Musil). Nach den bisherigen Ermittlungen ist das Feuer, das erst am Montagmorgen abgelöscht werden konnte, durch ... entstanden (Mannheimer Morgen).

Manche mit Partikel versehenen Verben sind, abgesehen von der Bedeutungsabschattung, auch in grammatischer Hinsicht vielfältiger oder anders einzusetzen, z. B.:

mahnen/anmahnen: Ich habe ihn gemahnt, den Betrag zu bezahlen. Ich habe den Betrag angemahnt; der angemahnte (nicht: gemahnte) Betrag.

schreiben/anschreiben: Ich habe ihm/an ihn geschrieben. Ich habe den Vorstand angeschrieben.

fliegen/anfliegen: Ich fliege nach Berlin. Wir fliegen Berlin, den Flugplatz an. Berlin wird angeflogen.

Passivbildung *(das Buch wurde angemahnt, Berlin wird angeflogen),* Umklammerung *(ich mahne das Buch an)* und damit auch Endstellung im Satz werden auf diese Weise möglich. Diese größere Beweglichkeit und Verwendungsfähigkeit ist sicher kein unwesentlicher Grund für solche Wortbildungen. Gleiche Gründe gelten sicher auch für die Beurteilung des sogenannten ↑Nominalstils (*in Erinnerung bringen;* ↑Funktionsverben) und für die Präfixverben mit *be- (beliefern).*

Über die Zusammen- oder Getrenntschreibung von Verben *(sitzen bleiben/sitzenbleiben)* ↑Zusammen- oder Getrenntschreibung (1). Zur Großschreibung der substantivisch gebrauchten Infinitive *(Einsetzen von Stiften, im Fahren)* ↑substantivierter Infinitiv (1). Zum Bindestrich bei substantivisch gebrauchtem Infinitiv in unübersichtlichen Zusammensetzungen *(das In-den-April-Schicken)* ↑Bindestrich (3.2). Zur Auslassung des *e* in Verben auf *-eln* und *-ern* *(ich wechsele/wechsle)* ↑Indikativ (3). Darüber hinaus ↑Imperativ; ↑[2]Aktiv; ↑Passiv; ↑Zeitfolge; ↑haben (1); ↑sein/werden; ↑reflexive Verben; ↑Vollverb; ↑Hilfsverb; ↑Modalverb; ↑Verbzusatz; ↑Tmesis; ↑Aufschwellung; ↑Papierdeutsch.

verbale Klammer: In Sätzen wie *Ich habe gestern in dem Roman von Frisch gelesen. Hast du gestern in dem Roman von Frisch gelesen?* werden die Satzglieder durch eine verbale Klammer (Satzklammer) aus Finitum *(habe)* und nichtfinitem Prädikatsteil *(gelesen)* eingeschlossen (vgl. aber ↑Ausklammerung). Bei Sätzen mit dem Finitum an letzter Stelle *(... da sie gestern in dem Roman von Frisch gelesen hat)* besteht die Klammer aus Einleitwort *(da)* und Finitum *(hat).*

verballhornen: Das Verb *verballhornen* „ein Wort, eine Wendung o. ä. entstellen, verschlimmbessern" wird heute entsprechend der Aussprache mit zwei *l* geschrieben. Der Name des Buchdruckers, von dem das Verb abgeleitet wurde, J. Bal[l]horn, ist in der Schreibung sowohl mit einem als auch mit zwei *l* belegt.

Verbalsubstantiv

Unter einem Verbalsubstantiv versteht man ein Substantiv, das von einem Verb abgeleitet ist und zunächst das im Verb ausgedrückte Geschehen bezeichnet (Nomen actionis):

schlafen – Schlaf, werfen – Wurf, ablegen – Ablage, ernennen – Ernennung, schreiben – Schreiben.

Ein Verbalsubstantiv kann auch den Abschluß oder das Ergebnis eines Geschehens bezeichnen, sowohl abstrakt wie konkret (Nomen acti):

der beste [Speer]wurf, ein Wurf junger Hunde; Ihr Schreiben vom 5. März.

Oder es kann zur Raum- oder [kollektiven] Personenbezeichnung werden:

eine Wohnung (zu: wohnen) mieten, in der Räucherei (zu: räuchern) arbeiten, eine Abordnung (zu: abordnen) von Schülern, die Bedienung (zu: bedienen) rufen.

1 Verbalsubstantive auf *-ung*

Unter den Verbalsubstantiven nehmen die Substantive auf *-ung* eine besondere Stellung ein. Da man mit dem Suffix *-ung* zu zahlreichen Verben, vor allem zu Präfixverben und zusammengesetzten Verben, Geschehensbezeichnungen bilden kann, werden diese Bildungen so häufig gebraucht, daß die Stilisten von einem die deutsche Sprache verunstaltenden „*ung*-Stil" sprechen. In der Tat ist die Zahl der Verbalsubstantive auf *-ung* überaus groß. Diese Bildungen haben seit Jahrhunderten einen festen Platz in der deutschen Sprache und gehören heute allen oben genannten Bedeutungsgruppen (Wortständen) an, d. h., sie sind nicht nur Geschehensbezeichnungen, sondern bezeichnen auch den Abschluß oder das Ergebnis eines Geschehens oder sind zu Sach-, Raum- oder Personenbezeichnungen geworden:

Erforschung, Läuterung, Zermürbung, Beschaffung, Wertung; Lähmung, Ordnung, Behauptung, Verlobung; Radierung, Zeichnung, Pflanzung, Kleidung; Wohnung, Siedlung; Bedienung, Abordnung, Innung.

1.1 Stilistisch schlechte Anwendung

Gegenstand der Kritik der Stilisten sind nur die Geschehensbezeichnungen auf *-ung,* nicht die Sach-, Raum- oder Personenbezeichnungen. Grundsätzlich ist auch gegen die Geschehensbezeichnungen nichts einzuwenden. Man sollte es aber aus stilistischen Gründen vermeiden, Verbalsubstantive auf *-ung* in einem Satz zu häufen. Also nicht:

Die Beobachtung und Erforschung der wirtschaftlichen Entwicklung sind die Voraussetzung für die Schaffung eines Hilfeprogramms.

Stilistisch unschön ist im allgemeinen auch der Gebrauch eines Verbalsubstantivs auf *-ung* in Verbindung mit einem Funktionsverb an Stelle eines einfachen Verbs:

Die Verhaftung des Mannes erfolgte im Gerichtssaal. (Besser:) Der Mann wurde im Gerichtssaal verhaftet.
Das Vorhaben wird bald zur Durchführung gelangen. (Besser:) Das Vorhaben wird bald durchgeführt werden.
Die Waren können erst morgen zur Verteilung gelangen. (Besser:) Die Waren können erst morgen verteilt werden.

Ausgesprochen unschön und schwerfällig sind die Ableitungen auf *-ung* aus syntaktischen Fügungen:

Zurverfügungstellung, Inbetriebsetzung, Verantwortlichmachung, Nichtbeachtung usw. (Nicht:) Bei Nichtbefolgung der Anweisungen ... (Sondern:) Wenn die Anweisungen nicht befolgt werden ... (Nicht:) Unter Außerachtlassung aller Vorsichtsmaßregeln ... (Sondern:) Ohne die Vorsichtsmaßregeln zu beachten ...

↑Nominalstil, ↑Papierdeutsch.

1.2 Stilistisch vertretbare Anwendung

Sieht man von den in 1.1 genannten Fällen ab, so gibt es keinen zwingenden Grund, den Gebrauch der Verbalsubstantive auf *-ung* zu tadeln und diese Bildungen durch substantivierte Infinitive oder durch andere Verbalsubstantive zu ersetzen. Häufig wirkt gerade der substantivierte Infinitiv an Stelle eines Verbalsubstantivs ungewöhnlich oder – wie bei den reflexiven Verben – umständlich:

die mechanische Bearbeitung/das mechanische Bearbeiten des Holzes; die chemische Behandlung/das chemische Behandeln der Faser; bei der Bestrahlung/beim Bestrahlen des Patienten; die Verständigung/das Sichverständigen; die Erholung/das Sicherholen.

Außerdem haben die Verbalsubstantive auf *-ung* gegenüber den substantivierten Infinitiven den Vorteil, daß sie einen Plural bilden können:

drei Peilungen, viele Ortungen, mehrere Behandlungen.

1.3 Einsatz des substantivierten Infinitivs

Der substantivierte Infinitiv, der dem Verb nähersteht und gewöhnlich nur das Geschehen bezeichnet, ist jedoch dann vorzuziehen, wenn der Sprecher ein Geschehen (Vorgang, Tätigkeit, Handlung) ausdrücken möchte, das entsprechende Verbalsubstantiv auf *-ung* aber nicht nur das Geschehen, sondern auch den Abschluß oder das Ergebnis des Geschehens ausdrückt oder gleichzeitig Sachbezeichnung ist:

Bei der Isolierung des Drahtes darf der Strom nicht eingeschaltet sein. (Besser:) Beim Isolieren des Drahtes darf der Strom nicht eingeschaltet sein.
Die Abstellung der Fahrräder an der Vorderfront ist verboten. (Besser:) Das Abstellen der Fahrräder an der Vorderfront ist verboten.

1.4 Einsatz anderer Substantivformen

Außer durch den substantivierten Infinitiv können die Verbalsubstantive auf *-ung* gelegentlich auch durch andere Verbalsubstantive ersetzt werden. Das ist aber nur in einem sehr beschränkten Maße möglich, weil die Bildungen auf *-ung* häufig eine andere Bedeutung oder andere Anwendungsbereiche haben. So kann man heute nur sagen:

Das ist mein fester Entschluß (nicht: meine feste Entschließung). Die Versammlung brachte eine Entschließung (nicht: einen Entschluß) ein. Er warnte ihn vor der Ablegung (nicht: vor der Ablage) eines Gelübdes. Ich half ihr bei der Ablage (nicht: bei der Ablegung) der Akten. Der Bezug (nicht: Die Beziehung) der Zeitung durch die Post.

(Entsprechend:) Verstoßung (eines Menschen) – Verstoß (gegen ein Gesetz); Übergang (über einen Fluß) – Übergehung (eines Menschen bei der Beförderung); Übertritt (z. B. zu einer anderen Partei) – Übertretung (eines Gesetzes); Einzug (z. B. der Teilnehmer) – Einziehung (z. B. der Steuern); Eingabe (z. B. technischer Daten in eine Maschine) – Eingebung (plötzlich auftauchender Gedanke); Beilage (einer Zeitung, zu einem Fleischgericht) – Beilegung (eines Streites).

In einigen Fällen werden die Bildungen ohne [wesentlichen] Bedeutungsunterschied gebraucht:

Will hier jemand einen Einwand/eine Einwendung machen? Dieser Roman hat keinen Bezug/keine Beziehung zur Wirklichkeit.

Um den übermäßigen Gebrauch der Verbalsubstantive auf *-ung* einzuschränken, werden gelegentlich kürzere Formen verwendet. Auch diese Wörter können nur in sehr beschränktem Maße an Stelle der Verbalsubstantive auf *-ung* gebraucht werden, weil sie eine andere Bedeutung oder andere Anwendungsbereiche haben. So kann man nur sagen:

Nach Erhalt (nicht: Erhaltung) des Briefes ... Die Erhaltung (nicht: Der Erhalt) des Friedens ... Ich erhielt einen negativen Entscheid (= Mitteilung einer Entscheidung; nicht: eine negative Entscheidung) auf mein Gesuch. Die Stunde der Entscheidung (nicht: des Entscheides; aber: Volksentscheid).

Einige dieser Bildungen werden nur sondersprachlich (Kaufmannssprache) oder landschaftlich (bes. in Süddeutschland und in der Schweiz) gebraucht und gelten nicht als standardsprachlich:

Auslad (statt: Ausladung), Ausscheid (statt: Ausscheidung), Untersuch (statt: Untersuchung), Verlad (statt: Verladung).

1.5 -ierung/-ation

Bei den Verben auf *-ieren* stehen häufig Bildungen auf *-ierung* und *-ation* nebeneinander, teils gleichbedeutend, teils in der Bedeutung differenziert. Im allgemeinen bringen die Bildungen auf *-ierung* stärker das Geschehen zum Ausdruck als die Bildungen auf *-ation:*

Konzentrierung – Konzentration, Konfrontierung – Konfrontation, Koordinierung – Koordination, Isolierung – Isolation, Kanalisierung – Kanalisation, Restaurierung – Restauration, Assoziierung – Assoziation.

In manchen Fällen kann das Ergebnis, die Sache oder Personengruppe nur mit der Endung *-ation* bezeichnet werden, das Geschehen aber mit beiden Endungen:

Delegation – Delegierung, Proklamation – Proklamierung.

Vgl. auch den Artikel ↑Automation/Automatisierung.

2 Das Verbalsubstantiv im Satz

Wird ein transitives Verb in ein Verbalsubstantiv verwandelt, dann wird das Akkusativobjekt zur Beifügung im Genitiv (Genitivattribut):

Er erzieht seine Kinder – die Erziehung der Kinder. Sie schreibt einen Brief – das Schreiben des Briefes.

Steht aber die Ergänzung zu einem Verb nicht im Akkusativ (Akkusativobjekt), sondern im Dativ (Dativobjekt) oder in einem Präpositionalfall (Präpositionalobjekt), dann darf die Beifügung des Verbalsubstantivs ebenfalls nur mit einer Präposition angeschlossen werden. Der Genitiv ist in diesem Falle falsch (↑Genitivattribut [1.5]):

einer entzündlichen Erkrankung vorbeugen – Vorbeugung gegen entzündliche Erkrankungen (nicht: Vorbeugung entzündlicher Erkrankungen); nach etwas forschen – die Forschung nach der Wahrheit (nicht: die Forschung der Wahrheit).

Verband-/Verbands-: Entsprechende Zusammensetzungen kommen mit und ohne Fugen-s vor. Während im Sinne von „Vereinigung, Organisation" nur *Verbands-* verwendet wird *(Verbandskasse, Verbandsleitung)*, kann bei der Bedeutung „schützende Bedeckung einer Wunde" das Fugen-s stehen oder wegbleiben: *Verband[s]kasten, Verband[s]platz, Verband[s]päckchen.*

verbergen: 1. verbergen/verbirg!: Im Indikativ des Präsens heißt es: *ich verberge, du verbirgst, er, sie, es verbirgt.* Der Imperativ lautet: *verbirg!* (nicht: *verberge!*). ↑e/i-Wechsel. **2. verbärge/verberge:** Im Konjunktiv II wird heute ausschließlich die Form *verbärge* gebraucht. Die Formen *verbörge* und *verbürge* sind veraltet. ↑Konjunktiv (1.3). Der Konjunktiv II steht vor allem im ↑Konditionalsatz (2–7): *Wenn er mir etwas verbärge, wäre er nicht mein Freund.* Der Konjunktiv II *verbärge* tritt auch in der indirekten Rede auf, wenn in der direkten Rede schon *verbärge* oder *verbergen würde* steht oder etwas als zweifelhaft hingestellt wird (↑indirekte Rede [3.3]). Die Form des Konjunktivs I ist *verberge.* Der Konjunktiv I steht vor allem in der ↑indirekten Rede (2.1): *Er behauptet, sie verberge einen Ausbrecher.*

verbescheiden/bescheiden: ↑Aufschwellung.

verbieten: Wenn von *verbieten* ein Nebensatz oder eine Infinitivgruppe abhängt, dürfen diese nicht verneint werden. Man sagt korrekt: *Wir verboten den Kindern, auf der Straße zu spielen* (nicht aber: ... *nicht auf der Straße zu spielen*). Ebenso: *Man hat mir verboten, daß ich zu dir gehe* (nicht: ..., *daß ich nicht zu dir gehe*). ↑Negation (1).

verbieten/verbitten: Zwischen beiden Verben ist klar zu unterscheiden: Das Verb *verbieten (verbot, verboten)* wird dann gebraucht, wenn eine bestimmte Tätigkeit oder Verhaltensweise nicht erlaubt wird: *Jugendlichen unter 18 Jahren ist der Eintritt verboten. Ihr Gefühl verbot ihnen die billige Erleichterung, mit der sie sonst jede Erhebung in Geräusch umsetzten* (A. Zweig). Das Verb *verbitten (verbot, verbeten)* dagegen kann nur reflexiv gebraucht werden und drückt aus, daß jemand einen anderen nachdrücklich ersucht, eine bestimmte Tätigkeit oder Verhaltensweise zu unterlassen: *Ich verbitte mir diesen Ton. Ich verbitte mir deine fortwährenden Schnoddrigkeiten* (Seidel).

Verbindung: An das Substantiv *Verbindung* wird gewöhnlich mit der Präposition *mit* angeschlossen: *in Verbindung mit jemandem stehen, sich mit jemandem in Verbindung setzen. Die Eintrittskarte gilt nur in Verbindung mit dem Personalausweis. Aber die Greisin* *hielt überhaupt nur eine sehr lose Verbindung mit ihm aufrecht* (Brecht). Gelegentlich wird an *Verbindung* auch mit *zu* angeschlossen, vermutlich in Analogie zu dem Substantiv *Beziehung: in Verbindung zu/mit jemandem treten. Du sollst ihm rasch eine Verbindung zu sozialen Kreisen verschaffen* (Musil). Beide Formen des Anschlusses sind korrekt.

Verblassen des Substantivs: Manche Substantive sind im Laufe der Zeit inhaltlich so weit verblaßt, daß sie heute gar nicht mehr als Substantive empfunden werden. Sie sind einerseits in eine andere Wortart übergetreten, andererseits leben sie in verblaßter Bedeutung in festen Verbindungen oder Wendungen weiter, z. B. *teilhaben, danksagen* (neben: *Dank sagen*); *kraft (Gesetzes), anhand* (neben: *an Hand*); *weil, zumal, infolgedessen; hierzulande, inmitten; in bezug auf* (aber: *mit Bezug auf*), *ins reine kommen, außer acht lassen, instand setzen, vonstatten gehen, vonnöten sein.* Oft stehen die Substantive in einer Übergangszone, woraus sich Zweifelsfälle für die Schreibung ergeben (↑Groß- oder Kleinschreibung; ↑Zusammen- oder Getrenntschreibung).

verbleichen: ↑bleichen.

verbleuen: ↑einbleuen.

verborgen: Klein schreibt man *verborgen* auch bei vorangehendem Artikel, wenn es in der unveränderlichen Verbindung *im verborgenen* (= unbemerkt) steht: *Ein Veilchen, das im verborgenen blüht.* Groß schreibt man die Substantivierung: *Gott, der ins Verborgene sieht.* ↑Groß- oder Kleinschreibung (1.2.1).

Verbrauch: Das Substantiv *Verbrauch* wird in der Gemeinsprache nur im Singular gebraucht. In der Fachsprache wird jedoch gelegentlich auch die Pluralform *die Verbräuche* gebildet: *... das Mittel aus den zwei letzten in Rechnung gestellten Verbräuchen berechnet wird* (Stadtwerke Mannheim). *Um wie viel mehr das ist, beweisen uns die erhöhten Kurzstreckenverbräuche, zumal wenn es kälter wird* (Auto, Motor und Sport). ↑Plural (5).

verbreiten, sich: Nicht: *ein sich verbreitetes Gerücht* (↑Passiv (4); ↑zweites Partizip (2.3).

verbuchen/buchen: ↑buchen/verbuchen/abbuchen.

Verbundenheit: An das Substantiv *Verbundenheit* wird nur mit der Präposition *mit,* nicht mit *zu* angeschlossen: *Er betonte seine Verbundenheit mit den Menschen dieser Stadt.* ↑Verbindung.

Verbzusatz

1. Definition: Unter einem Verbzusatz versteht man den nichtverbalen Teil einer unfesten Zusammensetzung mit einem Verb als Grundwort. Als Verbzusätze erscheinen vor allem Partikeln (z. B. *an* in *anführen, bei* in *beitreiben, durch* in *durchführen*), dann auch Adjektive (z. B. *los* in *loslassen, fest* in *festbinden, fertig* in *fertigbringen*) oder Substantive (z. B. *Acht* in *achtgeben, Hohn* in *hohnlachen, Maschine* in *maschineschreiben*). Im Gegensatz zu den ↑Präfixen, die als selbständige Wörter nicht mehr vorkommen (z. B. *be-, ent-, ver-*), gehen die Verbzusätze mit dem Verb nur eine lose Verbindung ein, d. h., sie sind nur in den infiniten Formen (Infinitiv, 1. und 2. Partizip) und im Nebensatz mit Einleitewort mit dem Verb fest verbunden:

anführen, anzuführen, anführend, angeführt; wenn ich anführe, anführte.

In den finiten Formen (Indikativ und Konjunktiv des Präsens und des Präteritums, Imperativ) im Hauptsatz und im Nebensatz ohne Einleitewort steht der

Verbzusatz stets getrennt hinter dem Verb, und zwar in der Regel am Ende des Satzes:

Er *führt/führte* immer den Zug *an*. Er erzählte, er *führe* morgen den Zug *an*. *Führe* den Zug *an!*

Vgl. dazu auch ↑Verb (2); ↑Ausklammerung.

2. Verbzusatz oder Satzglied?: Verbzusätze sind aus einer Umstandsangabe oder aus einem Objekt hervorgegangen. Sie sind jedoch nicht mehr als Satzglieder anzusehen, sondern verändern nur den Ablauf des vom Verb bezeichneten Geschehens. Verbzusatz und Verb sind also auch bei räumlicher Trennung eine inhaltliche Einheit.
Zu der Frage, ob der nichtverbale Teil einer Verbindung mit einem Verb als Verbzusatz oder als selbständiges Satzglied aufzufassen ist *(gutschreiben/gut schreiben; dableiben/da bleiben; dahinfliegen/dahin fliegen; radfahren/Auto fahren)* ↑Zusammen- oder Getrenntschreibung (1.2–1.4).

3. ich erkenne an/ich anerkenne: Bei einer Reihe von meist transitiven und in übertragener Bedeutung gebrauchten Verben mit einer Partikel als Verbzusatz besteht die Neigung, den Verbzusatz in allen, also auch in den finiten Formen, als fest zu behandeln. Häufiger findet man diese Formen bei Zusammensetzungen mit Verben, die ihrerseits durch *-ent-* und *-er-* präfigiert sind:

Diese Absicht vorenthielt sie ihm. Sie anerkannten nur die Taufe des erwachsenen Menschen (Nigg).

Diese Bildungen sind vor allem süddeutsch und schweizerisch. Man wird sie dort zwar gelten lassen, sie sollten jedoch nicht nachgeahmt werden. ↑Verb (2.4), ↑Tmesis; ↑anberaumen, ↑anempfehlen/empfehlen, ↑anerkennen, ↑anvertrauen, ↑obliegen, ↑obsiegen, ↑obwalten, ↑übersiedeln, ↑widerhallen, ↑widerspiegeln.

4. Fest steht, daß ... (Wiederbelebung des Verbzusatzes als Satzglied in der Ausdrucksstellung): Da der Verbzusatz aus selbständigen Satzgliedern hervorgegangen ist, kann er gelegentlich wieder als Satzglied verwendet werden. Dies geschieht dann, wenn er in die Ausdrucksstellung am Anfang des Satzes gebracht wird. Verbzusatz und Verb werden in diesem Falle getrennt geschrieben. Diese Wortstellung ist besonders in dichterischer Sprache zu finden: *Und entgegen kommt ihm Philostratus* (Schiller). Sie kommt aber auch in der Alltagssprache vor: *Fest steht, daß er seine Meinung nie ändern wird. Durch kommen wir schon* (Fallada). ↑Zusammen- oder Getrenntschreibung (1.6). ↑Tmesis.

Verdächtige/Verdächtigte: Als *Verdächtigen* bezeichnet man eine Person, die im Verdacht steht, etwas Verbotenes getan zu haben oder zu planen. Ein *Verdächtigter* ist dagegen jemand, gegen den ein Verdacht ausgesprochen worden ist. Zu allen Zweifelsfragen bei der Beugung ↑Angeklagte, ↑substantiviertes Adjektiv (2.1).

verdaulich: Zusammen schreibt man *verdaulich* mit dem Adjektiv *leicht* oder *schwer,* wenn die Verbindung adjektivisch gebraucht wird (nur das erste Glied trägt Starkton): *eine leichtverdauliche, schwerverdauliche Speise.* Getrennt schreibt man, wenn beide Wörter ihren ursprünglichen Sinn bewahren, d.h. eigenen Satzgliedwert besitzen (beide Wörter tragen Starkton): *eine [bestimmt] leicht verdauliche, schwer verdauliche Speise.* Dies gilt immer, wenn beide Wörter aussagend stehen: *Die Speise ist leicht, schwer verdaulich.* ↑Zusammen- oder Getrenntschreibung (3.2).

verderben: 1. Konjugation: Das Verb *verderben* wird heute nur noch unregelmäßig gebeugt: *verderben, verdarb, verdorben.* In der 2. und 3. Person Singular des Indikativs Präsens sowie beim Imperativ Singular wechselt der Stammvokal von *e* zu *i: du verdirbst, er, sie, es verdirbt; verdirb!* (↑e/i-Wechsel). Der Konjunktiv II lautet *verdürbe.* Früher wurde das transitive Verb *verderben* regelmäßig gebeugt, wovon sich noch das 2. Partizip *verderbt* in der Bedeutung „sittlich verkommen" erhalten hat, das nur adjektivisch verwendet wird: *Sartorik hatte plötzlich Loheses Sekretärin vor Augen: jung, duftend, sinnlich und ein klein wenig verderbt* (Sebastian). In der Fachsprache der Philologie bedeutet *verderbt* soviel wie „durch Abschreibe- oder Überlieferungsfehler entstellt": *eine verderbte Textstelle.* **2. Perfekt mit *haben* oder *sein*:** Das Perfekt wird mit *haben* gebildet, wenn *verderben* als transitives Verb im Sinne von „vernichten; zunichte machen, zugrunde richten" gebraucht wird: *Darum hat er mir heute und morgen den schulfreien Tag durch Zimmerarrest verdorben* (Musil). *Die Dichter haben die Welt verdorben* (Wiechert). Das intransitive Verb *verderben* in der Bedeutung „zugrunde gehen, schlecht werden" wird mit *sein* verbunden: *Das Fleisch ist verdorben.*

verdienen: Wenn *verdienen* mit einem erweiterten Infinitiv mit *zu* verbunden ist, kann man das Komma setzen oder weglassen. Es kommt darauf an, ob man *verdienen* hier als Vollverb oder als Hilfsverb auffassen will: *Das verdient, an dieser Stelle erwähnt zu werden/Das verdient an dieser Stelle erwähnt zu werden.* Tritt zu *verdienen* ein Adverb o.ä., dann muß das Komma stehen, weil *verdienen* dann nur Vollverb sein kann: *Das verdient wirklich, in unsere Sammlung aufgenommen zu werden.* ↑Komma (5.1.4).

Verdienst: Das Wort *Verdienst* wird sowohl als männliches wie auch als sächliches Substantiv gebraucht, jedoch besteht dabei ein Bedeutungsunterschied. Es heißt *der Verdienst* in der Bedeutung „Einkommen" oder „materieller Erwerb": *... was Samenkorn die Woche über bei der Kompanie einnahm, war zusätzlicher Verdienst* (Kuby). Dagegen bedeutet *das Verdienst* „anerkennenswertes Verhalten, Tun oder außergewöhnliche Leistung": *Péan blieb jedoch das unbestreitbare Verdienst, sie erstmals wirklich planmäßig angewandt zu haben* (Thorwald). Zu Fügungen wie *seine Verdienste als Naturforscher* ↑Apposition (3.3).

verdient: ↑zweites Partizip (2.2).

verdingen: 1. Konjugation: Das heute veraltende Verb *[sich] verdingen* kann regelmäßig oder unregelmäßig konjugiert werden. Im Präteritum ist die regelmäßige Form *verdingte* üblicher: *Er verdingte sich als Packer.* Im 2. Partizip ist dagegen die unregelmäßige Form geläufiger: *Er hat sich als Packer verdungen*/(auch:) *verdingt* (↑dingen). **2. sich als Gehilfe/Gehilfen verdingen:** Bei *sich verdingen als* steht das dem *als* folgende Substantiv heute gewöhnlich im Nominativ, d.h., es wird auf das Subjekt bezogen. Der Akkusativ, d.h. die Beziehung auf *sich,* ist seltener: *Er verdingte sich als Gehilfe*/(seltener: *als Gehilfen*) *bei einem Händler.*

vereidigen/beeidigen/beeiden: ↑beeiden, beeidigen/vereidigen.

vereinzelt: Nach *vereinzelt* wird das folgende [substantivierte] Adjektiv oder Partizip im allgemeinen parallel gebeugt: *Der Aufruf vereinzelter Gelehrter fand keinen Widerhall. Die Untersuchung vereinzelter Beauftragter brachte kein positives Ergebnis.* Gelegentlich treten jedoch im Genitiv Plural noch als Rest der früheren schwachen Beugung des folgenden Wortes Abweichungen auf: *Die Zuverlässigkeit vereinzelter Beamten wurde angezweifelt. Mit Unterstützung vereinzelter Bekannten konnte er seine Rechnungen bezahlen und seine Schwierigkeiten überwinden.*

verfahren: Das Verb *verfahren* wird heute nur noch mit *sein* verbunden, wenn es intransitiv in der Bedeutung „nach einer bestimmten Methode vorgehen" oder „etwas in einer bestimmten Weise behandeln" gebraucht wird: *Bei diesem Versuch ist der Ingenieur anders verfahren.* Das Verb *verfahren* wird aber mit *haben* verbunden, wenn es transitiv in der Bedeutung „Geld für Fahrten mit der Bahn oder dem Autobus ausgegeben" gebraucht wird: *Er hat ein paar Mark verfahren.* Das reflexive *sich verfahren* in der Bedeutung „einen falschen Weg fahren" oder „sich verirren" wird nur mit *haben* verbunden: *Er kam mit erheblicher Verspätung an, weil er sich im Gebirge verfahren hatte.*

verfassunggebend: Die Zusammensetzung *verfassunggebend* wird ohne ↑Fugen-s (3.4) gebraucht.

verfügbar: ↑-bar.

verfügen/haben: Das Verb *verfügen* wird häufig da gebraucht, wo ein einfaches *haben* genügte. Eigentlich hat *verfügen* die Bedeutung „über etwas bestimmen" und setzt deshalb das *haben* oder *besitzen* voraus. Eine Person muß zuerst etwas haben, bevor sie darüber verfügen kann. Beispiele für dieses stilistisch unschöne *verfügen* statt *haben: Nur wenige religiöse Werke verfügen über diese Doppelausstrahlung* (Nigg). *Sie verfügen über die größeren Erfahrungen* (Kirst). *Er verfügte über große kommerzielle Fähigkeiten* (Brecht). Daneben wird *verfügen* aber noch in seiner alten vollen Bedeutung gebraucht im Sinne von „über etwas bestimmen": *Er ruinierte mit seinen Fronvögten ganze Provinzen, verfügte willkürlich über die Einnahmen des Staates* (Thieß). *Doch hatten wir geglaubt, über das Kapital frei verfügen zu dürfen* (Bergengruen).

Vergangenheit: ↑Präteritum, ↑Perfekt, ↑Plusquamperfekt.

vergäße/vergesse: Die Form *vergesse* ist der Konjunktiv I, der vor allem in der ↑indirekten Rede (2.1) steht: *Er sagte, sie vergesse zu schnell. Er fragte sie, warum sie das Buch immer mitzubringen vergesse.* Demgegenüber ist *vergäße* die Form des Konjunktivs II, der vor allem im ↑Konditionalsatz (2–7) steht: *Vergäße sie mich, dann wäre ich traurig. Es wäre schlimm, wenn er das vergäße.* Der Konjunktiv II *vergäße* tritt aber auch in der indirekten Rede auf, wenn in der direkten Rede schon *vergäße* oder *vergessen würde* steht oder etwas als zweifelhaft hingestellt wird (↑indirekte Rede [3.3]).

vergebens/umsonst: ↑umsonst/vergebens.

vergebens/vergeblich: Zwischen *vergebens* und *vergeblich* besteht ein grammatischer Unterschied: Das Wort *vergebens* ist ein Adverb und kann deshalb nicht gebeugt werden: ... *er versuchte vergebens, sich zu bewegen, er war festgeschnallt* (Böll). *Die Mühe war vergebens.* Demgegenüber ist *vergeblich* ein Adjektiv und kann gebeugt werden: *Er fuhr ein vergebliches Rennen, eine Verfolgungsjagd auf Distanz* (Die Welt). Es wird aber auch häufig ungebeugt – als Artangabe – gebraucht: *Aber sein Versuch war vergeblich gewesen* (Jens). *Vergeblich suchte er nach Zusammenhängen* (Jahnn).

vergehen: Nach *es vergeht/verging kein Tag* ... muß der Relativsatz verneint sein, weil es sich hier um den Sinn „es geschah an jedem Tag" handelt. Deshalb ist die doppelte Verneinung hier nicht nur korrekt, sondern notwendig: *Es verging kein Tag, an dem sie nicht zu mir kamen.* ↑Negation.

vergessen: 1. **Beugung:** Die Stammformen lauten: *vergessen, vergaß, vergessen;* der Konjunktiv II heißt: *vergäße.* In der 2. und 3. Person Singular des Indikativs Präsens und im Imperativ Sing. wechselt der Stammvokal von *e* zu *i: du vergißt, er, sie, es ver-*

gißt; vergiß! (↑e/i-Wechsel, ↑vergäße/vergesse). Zur Form der 2. Person Singular *(du vergißt/* [nicht:] *vergissest)* ↑Indikativ (2). **2. Rektion:** Das Verb *vergessen* regiert heute im allgemeinen den Akkusativ: *Claudia vergaß ihren Vorsatz und ging lebhaft auf das Thema ein* (A. Zweig). *Ich hatte ihn fast vergessen* (Schnabel). Der Anschluß mit dem Genitiv ist veraltet und kommt heute nur noch in gehobener Ausdrucksweise vor: *Agathe hatte ihm mittlerweile Platz angeboten und hatte ihn auch mit einer Zigarre versorgt, weil ihr Bruder seiner Pflicht vergaß* (Musil). *Übrigens hatte Zenaide ihrer vergessen, sie war vollauf beschäftigt* (Kolb). Landschaftlich – vor allem süddeutsch und österreichisch – und nicht standardsprachlich ist der Anschluß mit *auf* oder *an: ... und wenn ihre schwarze Dienerin ... das Hauswesen nicht so musterhaft in Ordnung gehalten hätte, sie hätten aufs Essen und Trinken vergessen* (Penzoldt). *Es war sein Bube, auf welchen er völlig vergessen, dem er aber ... befohlen hatte, ihn an diesem Platze hier zu erwarten* (Doderer). *Und doch ist man bei jedem solchen allgemeinen Urteil in Gefahr, an die Buntheit der Menschenwelt und ihres seelischen Lebens zu vergessen* (Freud). **3. vergessen über:** Es heißt richtig *etwas über einer Sache vergessen,* nach *über* muß hier also der Dativ stehen: *Sie hatten über dem Erzählen* (nicht: *über das Erzählen*) *die Arbeit vergessen.*

vergewissern, sich: 1. Rektion: An das Verb *sich vergewissern* „sich Gewißheit, Sicherheit verschaffen über, sich etwas sichern" wird das davon abhängende Substantiv (Pronomen) mit dem Genitiv angeschlossen: *... es war gut, ... sich seines Daseins zu vergewissern* (Böll). *... das ist wie ein Spiegel, in den er schaut, um sich seiner selbst zu vergewissern* (Broch). Der Anschluß des abhängigen Substantivs (Pronomens) mit der Präposition *über* ist selten: *Ich werde mich über diesen Mann vergewissern.* Der Anschluß mit *von* gilt nicht als korrekt: *Ich nehme mir die Zeit, mich von seinen Eigenschaften und Leistungen zu vergewissern* (richtig: *zu überzeugen*). **2. sich vergewissern, ob/daß:** Wenn *sich vergewissern* nur die Bestätigung eines Zustandes ausdrückt, den man bereits als wirklich annimmt, wird mit *daß* angeschlossen: *Ich vergewisserte mich, daß die Tür abgeschlossen war.* Besteht aber eine Ungewißheit oder muß mit etwas Unerwartetem gerechnet werden, dann schließt man mit *ob* an: *Ich vergewisserte mich, ob die Tür [auch] abgeschlossen war. Vergewissere dich, ob nicht doch jemand im Nebenzimmer ist!* ↑daß (3).

Vergißmeinnicht: Der Plural lautet *die Vergißmeinnicht* oder *die Vergißmeinnichte.*

Vergleich: Beim Vergleich werden Beziehungen und Verhältnisse bestimmter Art zwischen zwei oder mehr Wesen oder Dingen festgestellt. Dies geschieht mit Hilfe der ↑Vergleichsformen des Adjektivs. Man unterscheidet: **1. Vergleich, der die Gleichheit feststellt:** Er wird mit Hilfe des Positivs und der Vergleichspartikeln *so* und *wie* (nicht: *als;* ↑als/wie [2]) gebildet. Er stellt entweder die Gleichheit von Eigenschaften verschiedener Wesen oder Dinge fest *(Er ist so groß wie du)* oder die Gleichheit des Grades verschiedener Eigenschaften eines Wesens oder Dinges *(Sie ist so dumm wie lang).* Bei formelhaft gewordenen (stereotypen) Vergleichen kann *so* wegbleiben *(Ihre Hand war [so] kalt wie Eis).* **2. Vergleich, der die Ungleichheit feststellt: a)** Vergleich mit Hilfe des Komparativs oder der komparativischen Gradadverbien *mehr (eher)* und *weniger:* Dieser Vergleich wird mit der Vergleichspartikel *als* (umgangssprachlich oft *wie,* ↑als/wie [1]) gebildet. Er stellt entweder die Ungleichheit zweier (oder mehrerer) Wesen oder Dinge fest *(Er ist größer als du. Er ist größer als die beiden andern)* oder den ungleichen Grad zweier (oder mehrerer) Eigenschaften eines Wesens oder Dinges *(Er war mehr* *tot als lebendig. Sie ist eher faul und bequem als dumm).* ↑Vergleichsformen (3.2); ↑als als; ↑als/denn. **b)** Vergleich mit Hilfe des Superlativs: Bei diesem Vergleich wird der höchste Grad einer Eigenschaft bei einer getroffenen Auswahl von mehreren Wesen oder Dingen festgestellt *(Er ist der größte unter/von seinen Mitschülern. Sie ist die schönste der drei Schwestern).* Der Vergleich mit Hilfe des Superlativs ist nur dort sinnvoll, wo ein Wesen oder Ding mit mehreren andern (nicht nur mit einem!) verglichen werden soll; also nicht: *Er ist der größte von den beiden, von den zwei Schülern. Sie ist die schönste der zwei Schwestern.* ↑Vergleichsformen (3.4). Vgl. auch ↑doppelt so ... wie/doppelt so ... als, und ↑-mal so groß/-mal größer.

Vergleichsformen

1 Allgemeines

Die Möglichkeit, verschiedene Grade zu unterscheiden, gehört mit zur Grundleistung des Adjektivs. Zu diesem Zweck kann es Vergleichsformen bilden. (Die Bildung der Vergleichsformen wird auch Komparation genannt; zu dem Ausdruck Steigerung s. u.) Durch die Vergleichsformen werden Beziehungen und Verhältnisse bestimmter Art zwischen zwei oder mehr Wesen oder Dingen sprachlich gekennzeichnet. Man unterscheidet 3 Stufen:

Positiv (Grundstufe, gleicher Grad): alt, groß, schnell usw.;
Komparativ (Mehr- oder Höherstufe, ungleicher Grad): älter, größer, schneller usw.;
Superlativ (Meist- oder Höchststufe, höchster Grad): älteste, größte, schnellste usw.

Der Komparativ wird durch Anhängen von *-er,* der Superlativ durch Anhängen von *-st* oder *-est* an die Grundstufe gebildet, wobei bei den umlautfähigen Wörtern Umlaut eintreten kann (↑2.1).
Beim Komparativ wird die Ungleichheit zweier oder mehrerer Wesen oder Dinge festgestellt. Der Superlativ kennzeichnet den höchsten oder tiefsten Grad, der überhaupt oder innerhalb einer getroffenen Auswahl von mindestens drei Wesen oder Dingen zu erreichen ist. Ist der Superlativ nicht Attribut zu einem Substantiv *(der schönste Tag)* oder Gleichsetzungsglied (*dieser Tag war der schönste [Tag];* ↑Adjektiv [1.2.9]), dann wird dem Superlativ noch *am* vorangestellt:

Dieser Schüler ist am klügsten. Dieses Mädchen tanzt am besten. Dieses Buch ist am wenigsten schön.

Die Bezeichnung „Steigerung", die früher allgemein üblich war, wird heute gern durch „Bildung der Vergleichsformen" ersetzt, weil nicht immer eine Steigerung vorliegt. Nur wenn sich der Vergleich (z. B. *älter, älteste*) auf die Grundstufe des betreffenden Wortes *(alt)* bezieht, wäre die Bezeichnung „Steigerung" zutreffend; nicht aber, wenn sich die Vergleichsform (z. B. *älter*) auf die Grundstufe des Gegenworts (z. B. *jung,* mit der Reihenfolge *jung, älter, alt*) bezieht, was öfter der Fall ist. Man kann also sagen: *Es kam ein älterer Herr,* wenn man einen Herrn meint, der noch nicht alt, aber auch nicht mehr jung ist. In diesem Falle geht die Blickrichtung von *jung* aus. Erfolgt die Blickrichtung jedoch vom Gegenpol *alt,* dann ergibt sich die Folge *alt, jünger,*

jung. Dann kann man sagen: *Es ist ein jüngerer Herr hiergewesen,* wenn man einen Herrn meint, der nicht mehr jung, aber auch noch nicht alt ist.
Die Groß- oder Kleinschreibung der Vergleichsformen entspricht der der Adjektive. ↑Groß- oder Kleinschreibung (1.2).

2 Bildung und Deklination der Vergleichsformen

2.1 Umlaut

Bei bestimmten einsilbigen Adjektiven, die umlautfähige Stammvokale *(a, o, u)* haben, wird der Komparativ und der Superlativ mit Umlaut gebildet. Es handelt sich um folgende zwanzig Adjektive:

(Stammvokal *a:*) alt, älter, älteste; (entsprechend:) arg, arm, hart, kalt, krank, lang, nah, scharf, schwach, schwarz, stark, warm.
(Stammvokal *o:*) grob, gröber, gröbste; (entsprechend:) groß, hoch.
(Stammvokal *u:*) dumm, dümmer, dümmste; (entsprechend:) jung, klug, kurz.

Manche Adjektive haben Formen mit und ohne Umlaut:

bang, banger/bänger, bangste/bängste; (entsprechend:) blaß, fromm, glatt, karg, krumm, naß, rot, schmal.

In der Standardsprache werden bei diesen Adjektiven allerdings immer mehr die nichtumgelauteten Formen bevorzugt. Im Zweifelsfalle wähle man deshalb stets die nichtumgelautete Form.
Alle anderen einsilbigen und alle mehrsilbigen Adjektive haben keinen Umlaut. Eine Ausnahme bildet *gesund:* gesünder, gesündeste/(seltener:) gesunder, gesundeste.
In den Vergleichsformen umlautende Adjektive verlieren in Zusammensetzungen gelegentlich den Umlaut:

Er ist keineswegs *klüger,* allenfalls *altkluger* als sie.

2.2 Auswerfung des *e* beim Komparativ

Adjektive, die auf *-el* ausgehen, werfen im Komparativ das *e* dieser Silbe aus:

ein dunklerer (nicht: dunkelerer) Wald; eines edleren Menschen.

Adjektive auf *-er* und *-en* können das *e* dieser Silben behalten, werfen es aber oft aus, um drei unbetonte *e* zu vermeiden:

ein heit[e]reres Wetter; finst[e]rere Gesichter; ein trock[e]neres Handtuch, eine noch bitt[e]rere Not.

Da in der nichtdeklinierten Form nur zwei *e* stehen, wird hier meist die volle Form gebraucht:

Er ist noch heiterer als sie. Dieses Handtuch ist trockener.

Adjektive mit Diphthong vor der Silbe *-er* (teuer, sauer) werfen das *e* jedoch immer aus:

Das Brot ist teurer gworden. Diese Gurken sind saurer als jene. Die Anstrengungen sind noch ungeheurer, als ich annahm.

Das Endungs-*e* wird nur in besonderen Fällen, z. B. in der Dichtung, gelegentlich ausgeworfen (dem bessern Rat, den kürzern Weg). Man vermeide aber, das *e* der Komparativendung *-er* wegzulassen (nicht: beßre, größre, längre).

2.3 Auswerfung des *e* beim Superlativ

Ob *-st* oder *-est* gebraucht wird, bestimmen Auslaut und Silbenzahl des Adjektivs (Partizips): Die einsilbigen oder endbetonten mehrsilbigen Adjektive auf *-d, -s, -sch, -sk, -ß, -st, -t, -tz, -x, -z* erhalten *-est,* ebenso die Adjektive auf *-los* und *-haft:*

hold – holdeste, kraus – krauseste, rasch – rascheste, forsch – forscheste, lasch – lascheste, hübsch – hübscheste (aber mehrsilbig, nicht endbetont: weibischste, malerischste), brüsk – brüskeste, süß – süßeste, dreist – dreisteste, bunt – bunteste, sanft – sanfteste, spitz – spitzeste, lax – laxeste, schwarz – schwärzeste, berühmt – berühmteste, gespreizt – gespreizteste, verstört – verstörteste, behend – behendeste, lieblos – liebloseste, grauenhaft – grauenhafteste.

Die Adjektive auf *-d, -t* und *-sch* dieser Gruppe stehen gelegentlich auch ohne *e* (forschste); im allgemeinen ist dies jedoch nicht zu empfehlen:

holdeste/holdste, bunteste/buntste, rascheste/raschste.

Eine Ausnahme bildet die Superlativform von *groß:* größte (für: größeste). Adjektive, die auf Diphthong oder auf Vokal/Diphthong + *h* enden, stoßen das *e* überwiegend aus, behalten es aber auch bei besonderer Betonung des Superlativs:

frei[e]ste, froh[e]ste, neu[e]ste, rauh[e]ste.

Die meisten anderen Adjektive und Partizipien – vor allem auch mehrsilbige, nicht auf der letzten Silbe betonte – haben *-st:*

kleinste, längste, edelste, verworrenste, gefürchtetste, passendste, fleißigste, komischste, erhabenste, bitterste, gebildetste, gehobenste.

Bei Zusammensetzungen und Präfixbildungen bleibt die Form des Grundwortes erhalten:

humanste/inhumanste; sanfteste/unsanfteste.

Das gilt auch für Fälle, in denen das Grundwort allein im allgemeinen nicht gesteigert wird:

abgemagertste; abgeschabteste.

Bei Adjektiven, die auf *-sch* enden, wurde früher in ungezwungener Aussprache das *s* der Endung *-st* ausgeworfen (hübschte, närrischte); heute ist dies nicht mehr üblich.

2.4 Beugung des Superlativs

Die Superlative werden wie die Positive stark und schwach gebeugt, bilden aber im allgemeinen keine flexionslosen Formen (Ausnahme: *allerliebst*) und müssen, auch wenn sie aussagend verwendet werden, ebenfalls gebeugt werden:

Dieser Tag ist der kürzeste. Dieses Bild ist das schönste. (Aber:) Das Kind ist allerliebst.

2.5 Zusammengesetzte oder zusammengeschriebene Adjektive (Partizipien)

Als Grundregel gilt, daß bei zusammengesetzten oder zusammengeschriebenen Adjektiven (Partizipien) immer nur ein Bestandteil gesteigert werden darf.

2.5.1 naheliegend, näherliegend, nächstliegend (Vergleich des Bestimmungswortes): Man setzt den ersten Bestandteil in die Vergleichsform, wenn jedes von den beiden Gliedern noch seinen eigenen Sinn bewahrt hat:

ein schwerverständlicher Text – ein noch schwerer verständlicher Text – der am schwersten verständliche Text; der vielbietende Käufer – der meistbietende Käufer; eine hochgestellte Persönlichkeit – eine höchstgestellte Persönlichkeit; in feinverteilter Form – in feinstverteilter Form; das dichtbevölkerte Land – das am dichtesten bevölkerte Land; tiefblickend – tiefer blickend – am tiefsten blickend/tiefstblickend; tiefgefühlt, tiefstgefühlter/am tiefsten gefühlter Dank; tiefgehend – tiefer gehend – am tiefsten gehend/tiefstgehend; tiefliegend – tiefer liegend – am tiefsten liegend/tiefstliegend; naheliegend – näherliegend – nächstliegend.

2.5.2 zartfühlend, zartfühlender, zartfühlendste (Vergleich des Grundwortes): Man setzt das Grundwort und damit die ganze Fügung in die Vergleichsform, wenn die Zusammensetzung einen einheitlichen Begriff, zumal einen Begriff mit neuem, übertragenem Sinn, ergibt:

wohlschmeckender, wohltuender, vielversprechendste, dichtmaschiger; in altmodischster Kleidung, noch hochtrabender geht es nicht, die weittragendsten Entscheidungen, mit den vielsagendsten Gesichtern, wohlfeilste Waren, die hochfliegendsten Pläne, der Wohlgesinnteste von ihnen, zartfühlender als du.

2.5.3 schwerer wiegend/schwerwiegender (doppelte Möglichkeiten): Man setzt die Vergleichsform nach persönlichem Ermessen bei Partizipien, die verschieden (nach 2.5.1 oder 2.5.2) verstanden werden können:

schwerer wiegende/schwerwiegendere Gründe; weiter gehend (österr.: weitergehend)/weitgehender; weiter tragend/weittragender; weiter reichend/weitreichender; weiter blickend/weitblickender; weitestgehende/weitgehendste Einschränkungen; zarter besaitet/zartbesaiteter.

Man beachte den Unterschied zwischen der konkret-sinnlichen und der übertragenen Bedeutung:

höher fliegende/höherfliegende Flugzeuge, (aber:) hochfliegendere (= ehrgeizigere) Pläne.

2.5.4 das Nächstliegendste? (unzulässige Steigerung beider Bestandteile): Vergleichsformen bei beiden Bestandteilen sind unzulässig:

der nächstliegende (nicht: nächstliegendste) Gedanke, das meistgelesene (nicht: meistgelesenste) Buch, in größtmöglicher (nicht: größtmöglichster) Eile, weiterreichende (nicht: weiterreichendere) Pläne; schnellstmöglich (nicht: schnellstmöglichst), die höchstgelegene (nicht: höchstgelegenste) Wohnung, die bestbewährte (nicht: bestbewährteste) Waschmaschine; das meistgekaufte (nicht: meistgekaufteste) Buch.

2.6 Falsche doppelte Steigerung

Die Form *beste* ist der Superlativ von *gut,* daher kann man *beste* nicht noch einmal steigern (nicht: besteste). Eine doppelte und somit falsche Steigerung liegt auch vor in folgendem Satz:

Es zeigte sich, daß dieser Vorfall mehr lokalere (statt: *mehr lokale) Bedeutung hatte.*

3 Der Gebrauch der Vergleichsformen

3.1 Wann sind Vergleichsformen möglich und wann nicht?

Nicht von allen Adjektiven können Vergleichsformen gebildet werden. Nur diejenigen Adjektive sind dazu geeignet, die ein Wesen oder Ding nach der Art zu charakterisieren vermögen. Ausgenommen sind allerdings solche Adjektive, die zwar nach der Art charakterisieren, deren Bedeutung aber einen Gradunterschied nicht zuläßt. Sie drücken entweder bestimmte Verfahrens- oder Zustandsweisen aus:

einzig, endgültig, schriftlich, mündlich, viereckig, leblos, rund, sterblich,

oder sie bezeichnen bereits einen höchsten oder geringsten Grad:

erstklassig, entgegengesetzt, hauptsächlich, voll, vollendet, privat, individuell, extrem, maximal, minimal, total, universal.

Die zuletzt genannten Adjektive werden trotzdem gelegentlich gesteigert, weil sich der Sprecher/Schreiber der Bedeutung des Fremdwortes oft nicht bewußt ist oder weil er aus bestimmten Gründen den höchsten oder geringsten Grad noch verstärken will:

privateste Angelegenheit, extremste Richtung, minimalster Verschleiß, vollste Diskretion; zu meiner vollsten Zufriedenheit.

Die Ausdrucksweise ist dann stark gefühlsbetont. Diese Superlative sollten in der gepflegten Sprache gemieden werden.
Anders zu beurteilen sind jedoch die Vergleichsformen der Adjektive, die an sich einen höchsten oder geringsten Grad ausdrücken, aber in relativer Bedeutung verwendet werden können: Was l e e r ist, kann an sich nicht l e e r e r sein. Was s t i l l ist, kann nicht a m s t i l l s t e n sein. Gebraucht der Sprecher aber das Wort nicht in seiner absoluten, sondern in einer relativen Bedeutung, z. B. *Das Kino ist leer* (obwohl einige Sitzreihen besetzt sind), dann kann er auch vergleichen:

Das Kino ist heute leerer als gestern. In den stillsten Stunden der Nacht.

Ausgenommen von den Vergleichsformen sind ferner die zusammengesetzten Adjektive, deren Bestimmungwort bereits eine Verstärkung bezeichnet (z. B. *schneeweiß, blutjung, steinreich;* [↑4.2.2 und 4.2.3]), außerdem Adjektive, die ein mögliches Geschehen verneinen (z. B. *unrettbar, unverlierbar, ungelöst*), Zahladjektive (z. B. *letzt,* ↑einzig) und indeklinable Farbadjektive (*rosa, lila* u. a.; ↑Farbbezeichnungen [1]). Auch zusammengesetzte Farbadjektive, die einen bestimmten Farbton bezeichnen, werden gewöhnlich n i c h t gesteigert:

dunkelrot, hellblau, nilgrün, kaffeebraun.

Auch solche Adjektive, die nur attributiv *(das hiesige Theater)* oder nur als Artangabe *(wir sind quitt)* verwendet werden, können nicht gesteigert werden. Wohl aber kann man Adjektive steigern, die als Beifügung bei einer Täterbezeichnung (Nomen agentis) stehen und aus einer Artangabe hervorgegangen sind (↑Adjektiv [3.6]):

ein guter/ein besserer Redner (aus: er redet gut/besser); die stärksten Raucher (aus: sie rauchen sehr stark).

Wenn die oben genannten, von der Bildung der Vergleichsformen ausgenommenen Adjektive jedoch in übertragener Bedeutung verwendet werden oder eine Eigenschaft (und keine Zugehörigkeit) ausdrücken, können sie Vergleichsformen bilden. O h n e Vergleichsform:

Er lag leblos da; das väterliche Fahrradgeschäft, der hölzerne Schaft.

Übertragene, eine Eigenschaft ausdrückende Bedeutung m i t Vergleichsform:

Die Straße ist lebloser als gestern. Väterlicher als er konnte keiner sein. Er ist noch hölzerner als sein Bruder. Das ist schwärzester Undank! Erfolge sind nur mit eisernstem Fleiß zu erzielen.

Auch die Adjektive mit dem Präfix *un-* und die mit dem Suffix *-los* können, obgleich sie eigentlich eine nicht mehr zu steigernde Verneinung enthalten oder das Fehlen des im Stammwort Ausgedrückten bezeichnen, verschiedentlich Vergleichsformen bilden:

Er ist noch unordentlicher als du. Selbst die unempfindlichsten Menschen werden das nicht ohne Anteilnahme sehen. Die fruchtloseste Diskussion. Noch zwangloser kann es gar nicht zugehen. Lieblosere Briefe kann wohl keiner schreiben.

In dichterischer Ausdrucksweise werden gelegentlich auch die mit *un-* und *-los* gebildeten Adjektive gesteigert, z. B.: *Muttermord ist weit unsühnbarer als Gattenmord* (Benn). Diese Vergleichsform zeigt, daß es auch bei diesen Adjektiven verschiedene Grade geben kann. Die Vergleichsformen können die Wirkung noch erhöhen. Unmöglich sind jedoch Steigerungen von Adjektiven auf *-los,* die noch ganz konkrete Inhalte haben (also nicht: *kinderloser, bargeldloser, obdachloser, fleischloser*). Gelegentlich werden auch Vergleichsformen gewagt, wenn Adjektive, die an sich nur die Herkunft charakterisieren, als Artadjektive gebraucht werden:

Er ist der schwäbischste unter diesen Dichtern. Gleich sah sie französischer aus (Baum). Das ist die deutscheste Familie, die mir je begegnet ist.

Partizipien, die wie Adjektive verwendet werden *(das gebadete Kind, die tanzenden Paare),* können in den meisten Fällen nicht gesteigert werden. Eine Steigerung ist dann möglich, wenn das Partizip schon eine Eigenbedeutung gewonnen hat:

reißendere Flüsse; der blühendste Garten; ein leuchtenderes Rot.

Ohne weiteres lassen sich Partizipien steigern, die sich vom Verb gelöst haben:

das schreiendste Unrecht, das reizendste Mädchen, der gelehrteste Mann, das entzückendste Paar, das begabtere von beiden Kindern.

Bei den anderen Partizipien werden die Gradunterschiede meistens durch Umschreibungen ausgedrückt, wenn die Bedeutung des Verbs dies zuläßt:

der mich am meisten verdrießende Umstand; der noch mehr bietende Käufer; das meistgelesene Blatt.

3.2 *als* oder *wie* beim Komparativ?

Die Vergleichspartikel beim Komparativ ist heute in der Standardsprache *als: Peter ist größer als Klaus.* In der Alltagssprache wird nicht selten auch *wie* verwendet: ↑als als; ↑als/denn; ↑als/wie (1).

3.3 mehr tot als lebendig · bedeutend länger als breit

Im allgemeinen stellt der Komparativ die Ungleichheit zweier Wesen oder Dinge fest. Soll jedoch der ungleiche Grad zweier Eigenschaften eines Wesens oder Dinges gekennzeichnet werden, dann bedient man sich der komparativischen Gradadverbien *mehr (eher)* und *weniger* vor der Grundstufe der Adjektive:

Labre empfand das Betteln als eine Demutsübung, die er mehr stumm als redend betätigte (Nigg). Er ist eher faul als dumm. ... eine eher mütterliche als girlhafte Gestalt (Koeppen).

Doch ist auch die reine Komparativform möglich:

Das zweifenstrige Gemach war bedeutend länger als breit (Raabe).

3.4 Zum Gebrauch des Superlativs

Der Superlativ ist nur dort sinnvoll, wo ein Wesen oder Ding mit mehreren anderen verglichen wird. Beim Vergleich von nur zwei Wesen oder Dingen ist er überflüssig, weil das Mehr oder Weniger des einen bereits durch den Komparativ deutlich wird. Früher war man darin unbedenklicher:

Wir wollen sehen, welcher Genius der stärkste ist, dein schwarzer oder mein weißer (Goethe). Ein Vater hatte zwei Söhne, davon war der älteste klug und gescheit (Grimm).

Heute wird in solchen Fällen der Komparativ gewählt. Der Gebrauch des Superlativs anstatt des Komparativs kommt in der Umgangssprache immer noch vor, gilt standardsprachlich jedoch nicht als korrekt. Man sagt also:

der kleinere (nicht: der kleinste) der beiden Brüder.

3.5 Absoluter Superlativ oder Elativ

In dem Satz *Der Betrieb arbeitet mit modernsten Maschinen* ist *modernste* ein absoluter Superlativ (auch: Elativ genannt), der einen sehr hohen Grad ausdrückt: Die Maschinen, mit denen der Betrieb arbeitet, sind nicht die modernsten von allen Maschinen überhaupt, sondern nur (Elative) sehr modern. Um absolute Superlative (Elative) handelt es sich auch in folgenden Beispielen:

Liebste Freundin! Ihr ergebenster ...; unter heftigstem Widerstreben; mit äußerster Konsequenz; beste Weine.

Der Elativ steht besonders nach *ein, jeder* und nach Pronominaladjektiven:

Es ist ein tiefster Zug der Unternehmungswirtschaft ... (Lamprecht). Jede winzigste Andeutung erregte ihn. Viele erste Autoritäten.

Absolute Bedeutung haben auch flektierte und unflektierte Superlativformen des Adjektivs, die als Umstandsangabe stehen:

Er wurde aufs wärmste von ihm empfohlen. Er war aufs höchste erstaunt. Sie kümmerte sich nicht im geringsten um mich.

Dasselbe gilt für Ableitungen auf *-ig* und *-lich,* besonders in Ergebenheits- und Höflichkeitsfloskeln:

gütigst, gefälligst, baldigst, höflichst, herzlichst, tunlichst.

Beim Gebrauch all dieser Superlative ist Zurückhaltung geboten. Oft werden Superlative angewendet, um der Aussage besonderen Nachdruck zu verleihen, obgleich der höchste Grad den Gegebenheiten gar nicht angemessen ist. Solche Superlative werden mit Recht als ↑Übertreibung angesehen. So ist es verständlich, daß superlativischen Aussagen oft ein gewisses Mißtrauen entgegengebracht wird. Auch in einem Geschäfts- oder Privatbrief sagt *höflich, herzlich* meist dasselbe wie das formelhaft gesteigerte *höflichst, herzlichst.*

4 Unregelmäßige Vergleichsformen; Verwendung von Gradadverbien

4.1 Unregelmäßige Vergleichsformen

Bestimmte, in der Zahl sehr beschränkte Adjektive und Pronominaladjektive zeigen unregelmäßige Vergleichsformen, d. h., Komparativ und Superlativ werden von anderen Wortstämmen oder durch Veränderung eines Konsonanten gebildet. Es handelt sich um die Adjektive *gut, hoch, nahe* und um die Pronominaladjektive *viel* und *wenig:* Mit anderen Wortstämmen:

gut – besser – beste; viel – mehr – meiste; wenig – minder – mindeste (daneben: weniger – wenigste).

Mit Veränderung der Konsonanten:

hoch – höher – höchste; nahe – näher – nächste.

Die Formen

äußere, innere, obere, untere, vordere, hintere, mittlere, niedere,

die eigentlich Komparative darstellen, wurden schon in althochdeutscher Zeit als Positive aufgefaßt. Sie bilden die Superlative *äußerste, innerste* usw., aber keinen Komparativ.

4.2 Weitere sprachliche Mittel zum Ausdruck des sehr hohen Grades

Der sehr hohe Grad kann auch auf folgende Weise ausgedrückt werden:

4.2.1 Durch bestimmte Gradadjektive und -adverbien, wie z. B. *sehr, höchst, äußerst, überaus, ungemein* + Positiv:

... die kleinen, sehr menschlichen, sehr sympathischen ... Landsitze (Koeppen). Eine höchst ungesunde Luft; ... eine äußerst glückliche Ehe (Frisch). ... ein überaus schweres Dasein (Nigg).

Man hüte sich vor unpassenden, stillosen ↑Übertreibungen beim Gebrauch solcher Wörter, wie z. B.

riesig nett, schrecklich schön, ungeheuer lustig, märchenhaft modern, furchtbar lieb, verdammt schön, enorm teuer.

4.2.2 Durch Zusammensetzung von verstärkenden Bestimmungswörtern mit dem Positiv:

mordsschwer, goldrichtig, todschick, saublöd, blitzsauber, steinreich.

Diese Ausdrucksweise ist zum großen Teil stark umgangssprachlich und daher nur mit Vorbehalt zu verwenden.

4.2.3 Durch Zusammensetzung von vergleichenden Bestimmungswörtern mit dem Positiv:

steinhart, knochenhart, federleicht, zentnerschwer, bettelarm, schneeweiß, schnurgerade, turmhoch.

4.2.4 Durch zwei nebeneinanderstehende gleiche Positive:

eine lange, lange Reihe. Aber warm, warm mußte er es haben in seinem Stübchen (Th. Mann).

4.2.5 Durch entsprechende Wortwahl:

eine vollendete Haltung, eine perfekte Stenotypistin, die vollkommene Ehe, ein winziges Teilchen, ein gewaltiger Aufschwung.

4.3 zu dumm – mehr als dumm · möglichst lang – lang und länger – ziemlich lang

Weitere Gradabschattungen müssen durch Zusatz bestimmter Wörter ausgedrückt werden.

4.3.1 Der zu hohe Grad wird durch das Gradadverb *zu* oder *allzu* + Positiv ausgedrückt:

Er ist zu dumm; ... es darf den Wundern ... kein allzu großes Gewicht beigelegt werden (Nigg). Es war zu schön, um wahr zu sein.

oder durch den Komparativ eines Adjektivs, dessen Grundstufe oder Eigenschaftsträger als Vergleichsgegenstand genannt wird:

Der ist dümmer als dumm. Er ist päpstlicher als der Papst.

oder durch Zusammensetzung von *über, hyper, super* mit dem Positiv:

überreif, übereifrig, übervoll, überwach; hyperkorrekt, hypernervös, hypermodern; superklug, supernervös, supersanft.

4.3.2 Der gesteigerte Grad einer Eigenschaft wird auch durch *mehr als* + Positiv bezeichnet. Eine Erläuterung braucht nicht zu folgen:

... es hätte mehr als sonderbar zugehen müssen (Nigg). Das ist mehr als genug.

Die Eigenschaft kann auch durch ein Substantiv ausgedrückt werden:

Er ist mehr als ein Lump. (Er ist ein Verbrecher.)

4.3.3 Der möglichst hohe Grad wird ausgedrückt durch *so* + Positiv + *wie/als möglich,* durch *möglichst* + Positiv oder durch eine Zusammensetzung (↑baldmöglichst; ↑möglich [1]):

so groß wie möglich, möglichst groß, größtmöglich.

4.3.4 Der beständig zunehmende Grad einer Eigenschaft wird außer durch *immer* + Komparativ auch durch die Verbindung von Positiv + Komparativ oder noch häufiger durch Komparativ + Komparativ desselben Adjektivs ausgedrückt:

... die immer unumschränkteren Beherrscher (Die Zeit). Und ihr Hals wird lang und länger. Ihr Gesang wird bang und bänger (Busch).

Daneben ist auch zweimaliges durch *und* verbundenes *mehr* + Positiv üblich:

Die Sache wird mehr und mehr bedenklich.

4.3.5 Der eingeschränkte Grad wird durch Gradadjektive wie *mäßig* oder *ziemlich* + Positiv ausgedrückt:

Er ist mäßig groß, ziemlich reich. Der Riß ist ziemlich lang (= verhältnismäßig lang).

Auch die doppelte Verneinung kann den eingeschränkten Grad ausdrücken:

Das ist nicht ungewöhnlich. Das ist nicht unmöglich (= wohl möglich).

5 Die Vergleichsformen des Adverbs

Zu den meisten Adverbien lassen sich keine Vergleichsformen bilden. Zu den wenigen Ausnahmen gehört *oft,* das die Häufigkeit in ganz unbestimmter Weise ausdrückt. Die Vergleichsformen sind die gleichen wie beim Adjektiv:

oft – öfter – (selten:) am öftesten. Heute gehen Kirche und Gewerkschaft immer öfter Arm in Arm (Der Spiegel). Aber sein Name war es, der am öftesten erklang (Th. Mann).

Unregelmäßige Vergleichsformen haben die Adverbien *wohl, sehr, gern, bald.* Sie bilden sie von anderen Stämmen:

wohl – wohler/besser – am wohlsten/am besten (↑wohl); sehr – mehr – am meisten; gern[e] – lieber – am liebsten; bald – eher – am ehesten.

Bei *bald* und *gern[e]* treten die regelgemäßen Vergleichsformen mitunter in der älteren Literatur und in der heutigen Umgangssprache noch auf:

Das ist bald gesagt und bälder noch getan (Goethe); je bälder, je lieber; aufs baldeste

(Musäus). Man hat sich mit jedem Tage gerner (Stinde). Hab' Euch immer am gernsten gehabt (Schiller).

Auch von *ungern* werden gelegentlich Vergleichsformen vom gleichen Stamm gebildet:

am allerungernsten (Lessing); ... die Verwandte hatten, schieden am ungernsten (A. Schaeffer).

Im Komparativ können in bestimmten Fällen adverbiale Genitive die Normalform auf *-er* ersetzen:

Wir werden dich in Zukunft des öfteren (= öfter) besuchen. Wir wollen diese Frage heute nicht des näheren (= näher) erörtern.

Zu den Formen *öfters, weiters* ↑Adverb (2).

Manchmal tritt im Superlativ ein adverbialer Genitiv auf *-ens* auf. Dies ist vorzugsweise bei einsilbigen Positiven zu beobachten:

Wir danken Ihnen bestens für Ihren Hinweis. Er besucht uns nächstens. Ich komme spätestens um 20 Uhr. (Ebenso:) frühestens, wenigstens, höchstens.

Adverbien, die ihrer Bedeutung nach Vergleichsformen bilden könnten, dies aber nicht tun, müssen den Komparativ mit *mehr, weiter,* den Superlativ mit *am meisten, am weitesten* umschreiben:

Das Verantwortungsgefühl der Menschen geht mehr zurück, als man gemeinhin glaubt. Der Anorak liegt weiter unten im Koffer. Er marschiert am weitesten vorn.

Eine zusätzliche Möglichkeit, die Steigerung eines Adverbs auszudrücken, ist seine Verdoppelung *(Ich habe mich sehr, sehr gefreut).*

Vergleichssatz: ↑Modalsatz.

vergraben: In Verbindung mit der Präposition *in* kann nach *vergraben* sowohl der Dativ als auch der Akkusativ stehen. Der Akkusativ steht, wenn die Vorstellung der Richtung herrscht (Frage: wohin?): *Er hatte einen Ring ... vom Finger gezogen und in die geballte Faust vergraben* (Jahnn). *Ihre Fäuste, groß wie Boote, haben sie in die Taschen vergraben* (Bamm). Soll der Ort angegeben werden, wo etwas vergraben wird, dann wird der Dativ gewählt (Frage: wo?): *Sie vergrub den Schmuck hinten im Garten. Er fiel schwer auf die Bank zurück, vergrub seine Hände im dichten Haar* (Thieß). *Während Herr Kesselmeyer, die Hände in seinen senkrechten Hosentaschen vergraben, konfus, abwesend und nachdenklich stehen blieb* (Th. Mann).

Verhältniswort: ↑Präposition.

verhandeln: An das Verb *verhandeln* in der Bedeutung „eingehend besprechen" wird das Substantiv, das den Gegenstand des Verhandelns bezeichnet, standardsprachlich mit der Präposition *über* angeschlossen: *... und ließ es mich nicht verdrießen, mit dem Hauswirt ... über die in der Wohnung notwendig vorzunehmenden Ausbesserungen zu verhandeln* (Th. Mann). Gelegentlich wird auch die Präposition *um* gesetzt, wobei im Unterschied zu *über* das mit *um* Angeschlossene stärker als der Mittelpunkt oder das Ziel der Verhandlung hervorgehoben wird: *Soviel ich weiß, wird aber doch mit dieser Macht jetzt offiziell um ein neues Handelsabkommen verhandelt* (Dürrenmatt).

verhangen/verhängt: Das 2. Partizip des transitiven Verbs *verhängen* heißt standardsprachlich *verhängt* (nicht: *verhangen*): *Er hat die Fenster mit Decken verhängt. Der Belagerungszustand wurde verhängt.* Es gibt aber ein isoliertes 2. Partizip *verhangen,* das adjektivisch im Sinne von „mit etwas Hängendem verdeckt" gebraucht wird. Man kann z. B. sagen: *Die Fenster waren dicht verhangen* oder *dicht verhängt,* je nachdem, was man ausdrücken will.

Es kann aber z. B. nur heißen: *Der Himmel war mit Wolken verhangen* (nicht: *verhängt*). Denn die Wolken sind ja nicht davorgehängt worden wie Dekken. ↑hängen.

Verhau: Das Substantiv *Verhau* kann männliches oder sächliches Geschlecht haben. Sowohl *der Verhau* wie *das Verhau* sind korrekt.

verhauen: Das umgangssprachliche Präfixverb *verhauen* wird im Präteritum regelmäßig konjugiert: *Er verhaute seinen Mitschüler.* Das 2. Partizip wird dagegen nur in der unregelmäßigen Form gebraucht: *Wir haben sie tüchtig verhauen. Er hat seine Arbeit verhauen* (= zu viele Fehler darin gemacht). ↑hauen (1 und 2).

verhehlen: Das Verb wird heute nur noch regelmäßig gebeugt: *verhehlte, verhehlt: Sie hatte von Daphne durch Gustl Kummerfeld gehört und verhehlte nun ihre Freude über die Bekanntschaft hinter einer eisigen Zurückhaltung* (Kolb). Von der alten unregelmäßigen Beugung ist noch das zweite Partizip *verhohlen* erhalten, das als Adjektiv gebraucht wird: *Er sah ihn verächtlich und mit schlecht verhohlener Langweile aus den tiefen, funkelnden Augen an* (Langgässer).

verheiratet: Zur Kommasetzung in Namensangaben ↑geboren.

verhindern: Wenn von *verhindern* ein Nebensatz abhängt, darf dieser nicht verneint werden: Man sagt korrekt: *Sie verhinderte, daß er noch mehr trank* (nicht: ..., *daß er nicht noch mehr trank*). ↑Negation (1).

verhindern/hindern/behindern: ↑behindern/hindern/verhindern.

verhohlen: ↑verhehlen.

verhüten: Wenn von *verhüten* ein Nebensatz abhängt, darf dieser nicht verneint werden. Man sagt korrekt: *Er verhütete gerade noch, daß ein Unglück geschah* (nicht: *daß kein Unglück geschah*). ↑Negation (1).

verirrt: ↑zweites Partizip (2.2).

veritabel: Bei *veritabel* fällt, wenn es dekliniert wird, das *e* der Endungssilbe aus: *ein veritabler Katenschinken.* ↑Adjektiv (1.2.13).

verkappter Nebensatz: Unter einem verkappten Nebensatz versteht man einen Nebensatz ohne Einleitewort. Mit Einleitewort: *Er sagte, daß er krank gewesen sei.* Ohne Einleitewort: *Er sagte, er sei krank gewesen.*

Verkauf: Nach *Verkauf* wird normalerweise mit der Präposition *von* angeschlossen: *Der Verkauf von Südfrüchten; der Verkauf von Textilien ist erlaubt.* In der Kaufmannssprache wird gelegentlich auch die Präposition *in* verwendet: *Der Verkauf in Textilien hat sich gut entwickelt.* Zur Frage Genitivattribut oder Präpositionalgefüge *(Verkauf des Hauses, Verkauf durch den Besitzer)* ↑Genitivattribut (1.5).

verkaufen: Das Verb *verkaufen* wird regelmäßig gebeugt und ohne Umlaut gebraucht: *du verkaufst; er, sie, es verkauft, verkaufte, hat verkauft.* Nicht korrekt ist der landschaftliche Gebrauch der umgelauteten Formen *du verkäufst, er verkäuft.* ↑Verb (1).

Verkehr: Das Substantiv *Verkehr* wird in der Gemeinsprache nur im Singular gebraucht. Gelegentlich wird in der Fachsprache ein Plural gebildet: ... *nur auf besondere Anordnung in den Festverkehren* (Kursbuch). ↑Plural (5).

Verkleinerungsform: ↑Diminutiv.

verkrallen, sich: Nach *sich verkrallen in* steht das Substantiv gewöhnlich im Dativ: *Die Zehen des Falken verkrallten sich in seinem* (nicht: *in seinen*) *Ärmel. Das Eichhörnchen verkrallte sich in der* (nicht: *in die*) Rinde. Das Substantiv kann im Akkusativ angeschlossen werden, wenn *sich verkrallen in* in bezug auf Personen in der Bedeutung „sich in eine Sache verbeißen oder hineinsteigern" gebraucht wird: *Er hat sich ganz in diese Aufgabe verkrallt.*

verkünden/verkündigen: Beide Verben haben im Grunde die gleiche Bedeutung. Gewisse inhaltliche Nuancen lassen sich jedoch erkennen. Das

Verb *verkünden* wird im allgemeinen in der Bedeutung „etwas [amtlich] bekanntmachen" gebraucht: *ein Gesetz, eine Verordnung, ein Urteil verkünden. ... um ... das Nahen des guten Mathias durch einen Pfiff zu verkünden* (Langgässer). *... aber ich blieb stehen ... und blickte auf die Uhr, die seit einhundertfünfzig Jahren der Familie Beisem die Zeit verkündet* (Böll). Dagegen wird *verkündigen* im allgemeinen in gehobener Sprache, besonders im theologischen Bereich gebraucht, und zwar in der Bedeutung „etwas in feierlicher Form bekanntmachen": *Gerade deshalb verkündigen wir das Evangelium* (Schaper). *Wir haben nicht Elias Ruhm zu verkündigen* (Goes). *Das verkündigte Fräulein Spollenhauer wie ein unabänderliches Schicksal* (Grass). In vielen Fällen wird jedoch zwischen *verkünden* und *verkündigen* nicht unterschieden: *... und die Himmel, die die Ehre Gottes verkünden* (Goes). *Er sieht sie verkündigt und angepriesen auf den Plakaten der Litfaßsäulen* (Th. Mann).

verkürzter Nebensatz: Unter einem verkürzten Nebensatz verstand man in der älteren Grammatik einen ↑satzwertigen Infinitiv *(Du hattest versprochen, diesmal pünktlich zu sein)* oder ein ↑satzwertiges Partizip *(In München angekommen, wollten sie sogleich die Pinakothek besuchen).* Die Bezeichnung „verkürzter Nebensatz" ist irreführend, weil es sich nicht um eine Verkürzung ursprünglich vollständiger Sätze, sondern um selbständige Konstruktionen handelt.

Verlag: Der standardsprachliche Plural lautet *die Verlage*. Die umgelautete Pluralform *die Veräge* ist landschaftlich, besonders österreichisch, sie veraltet aber.

verlangen: Wenn *verlangen* mit einem erweiterten Infinitiv mit *zu* verbunden ist, kann man das Komma setzen oder weglassen. Es kommt darauf an, ob man *verlangen* als Vollverb oder als Hilfsverb auffassen will: *Sie verlangte, ihren Bruder zu sprechen/Sie verlangte ihren Bruder zu sprechen.* Tritt zu *verlangen* ein Adverb o.ä., dann muß das Komma stehen, weil *verlangen* dann nur Vollverb sein kann: *Sie verlangte danach, ihren Bruder zu sprechen.* ↑Komma (5.1.4).

Verlaufsform: Zu *am/beim/im Weggehen sein* ↑am/beim/im + Infinitiv + sein.

verlautbaren/verlauten: Das Verb *verlautbaren* kommt aus der Amtssprache und hat die Bedeutung „amtlich bekanntmachen". Hierbei braucht die Mitteilung nicht nur mündlich, sondern kann auch schriftlich gegeben werden: *... und ich erzählte, daß der Lax durch seine Freunde hatte verlautbaren lassen, daß er nicht mehr für den Gemeinderat kandidieren werde* (Broch). Dagegen bedeutet *verlauten* „mündlich [und auf Umwegen] bekanntwerden, ohne daß das Gesagte offiziell bestätigt wird": *Über Lori verlautete gar nichts* (Kolb). *Immer bestimmter verlautete, die Patrioten würden bald losschlagen* (Feuchtwanger). *Er hat sich stets für einen besseren Strategen gehalten, doch darüber nichts verlauten lassen* (Thieß).

verlegen/legen: ↑legen/verlegen.

verletzbar/verletzlich: Die beiden Adjektive *(verletzbar* ist gebräuchlicher als *verletzlich)* haben etwa die gleiche Bedeutung, jedoch drückt *verletzlich* stärker als *verletzbar* aus, daß jemand oder etwas seinem Wesen nach gegen Angriffe empfindlich ist: *ein [leicht] verletzbarer/ein verletzlicher Charakter* (↑-bar/-lich).

verliebt: ↑zweites Partizip (2.2).

Verliebte: Zu allen Zweifelsfragen ↑Angeklagte, ↑substantiviertes Adjektiv (2.1).

verlieren, sich: An *sich verlieren in* kann ein Substantiv sowohl mit dem Dativ als auch mit dem Akkusativ angeschlossen werden. Der Dativ steht, wenn die Lage ausgedrückt wird (Frage: wo?): *Im Südosten, wo sie sich im Dunst verlor* (Hausmann). *... aber was half das, da der Weg sich sogleich wieder* *im Nebel verlor?* (Geissler). *Gibt es denn einen seligeren Zustand, als sich in einem solchen Bilde zu verlieren?* (Th. Mann). Dagegen mit Akkusativ bei der Angabe der Richtung (Frage: wohin?): *... als die Paßhöhe des Brenners beklemmend nah zu ihnen heraufstieg, sich wieder in die Tiefe verlor* (Geissler). *Er fand, hinauslugend, die Straße leer, sie verlief sich auch und verlor sich ins Leere* (Maass). *Nur mitunter verloren sich seine Gedanken in ein Dämmern von wohliger Melancholie* (Musil).

Verlobte: Zur Anschrift in Briefen an Verlobte ↑Brief (1.1), zur Deklination ↑substantiviertes Adjektiv (2.1).

Verlobung: Zu Sätzen wie *Die Verlobung ihrer Tochter mit Herrn Meier beehren sich anzuzeigen ...* oder *Die Verlobung unserer Tochter mit Herrn Meier beehren wir uns anzuzeigen* (nicht: *Die Verlobung unserer Tochter mit Herrn Meier beehren sich anzuzeigen ...*) ↑Anzeigen (2).

verlohnen: Das Verb *verlohnen* wurde früher als Verstärkung von *lohnen* verwendet. Heute ist es nur noch in der selten gebrauchten unpersönlichen Wendung *es verlohnt sich [nicht]* erhalten.

verlorengehen/verloren sein: Das Partizip *verloren* schreibt man mit dem Verb *gehen* im Infinitiv und 2. Partizip immer zusammen: *Das Buch ist verlorengegangen.* Zusammen schreibt man auch, wenn die Personalform in Nebensätzen steht: *... damit er nicht verlorengeht.* Aber: *Das Vertrauen in ihn ging verloren.* Getrennt schreibt man aber *verloren* von dem Verb *sein: Es wird längst verloren sein.*

verlöschen: ↑löschen.

verlustig: Getrennt schreibt man *verlustig* von dem Verb *gehen: einer Sache verlustig gehen.*

Vermählung: ↑Verlobung.

vermissen/missen: ↑missen/vermissen.

vermittels[t]: Die Präposition *vermittels* oder *vermittelst* regiert den Genitiv: *vermittels[t] eines Rundschreibens.* Sie wird häufig, vor allem in der Amtssprache, an Stelle von *mit* oder *durch* gebraucht. In gutem Deutsch ist der Gebrauch von *vermittels[t]* zu vermeiden. Zu Weiterem ↑mittels, ↑Papierdeutsch.

vermögen: Wenn *vermögen* mit einem erweiterten Infinitiv mit *zu* verbunden ist, steht kein Komma danach: *Er vermochte kein Wort zu sagen. Sie vermag den Arm zu heben.* Tritt eine Umstandsangabe dazu, dann ist das Komma freigestellt, je nachdem, ob man die Umstandsangabe zum Prädikat des Hauptsatzes oder zum erweiterten Infinitiv ziehen will: *Er vermochte kaum* (= fast nicht), *ein Wort zu sagen. Er vermochte kaum ein Wort* (= fast kein Wort) *zu sagen.* ↑Komma (5.1.4).

Vermögen[s]steuer: Neben der amtlichen Form der Finanzbehörden *(Vermögensteuer)* ist auch die Form mit Fugen-s *(Vermögenssteuer)* üblich und korrekt. ↑Fugen-s (3.1).

Verneinung: ↑Negation.

Vernunft/Verstand: Zwischen den beiden Substantiven besteht ein inhaltlicher Unterschied. *Verstand* bezeichnet die Kraft des Menschen, das Wahrgenommene sinngemäß aufzufassen und es zu begreifen, sowie seine Fähigkeit, mit Begriffen umzugehen: *Der Verstand reicht nicht aus, dies zu begreifen. Er durchdringt alles mit messerscharfem Verstande* (Thieß). *Vernunft* bezeichnet die Fähigkeit, das, was man weiß, sinnvoll einzuordnen, die Rangordnung der gegebenen Werte zu erkennen: *Es ist nicht gut, wenn die Menschheit den Verstand überanstrengt und Dinge mit Hilfe der Vernunft zu ordnen sucht, die der Vernunft noch gar nicht zugänglich sind* (Hesse).

verpacken: Nach *verpacken in* kann sowohl der Dativ als auch der Akkusativ stehen. Der Akkusativ steht, wenn die Vorstellung der Richtung herrscht (Frage: wohin?): *Am nächsten Tag wurde alles, was die Männer besaßen, in Koffer verpackt* (Ott). *... daß er seine Ideale nicht nur in hübsche Bücher* *verpackte* (Sebastian). Soll der Ort angegeben werden, wo etwas verpackt wird, dann wird der Dativ gewählt (Frage: wo?): *Der Anzug ist in einer Plastikhülle verpackt. Die Schuhe wurden in einem besonderen Koffer verpackt.*

verplanen: Das Verb *verplanen* gehört der Amtssprache an und hat zwei Bedeutungen. Erstens bedeutet es „eine größere zur Verfügung stehende Geldsumme bei der Planung verschiedener Projekte einsetzen": *Die im neuen Haushaltsplan bewilligten Mittel für Hochbauten sind bereits verplant.* In dieser Bedeutung wird das Verb am meisten gebraucht. Daneben kann es aber auch die negative Bedeutung „etwas schlecht planen" haben: *Den Sieg hatten nicht nur sie verplant, auch der Stratege Schumacher hatte die Schlacht falsch berechnet* (Augstein).

verraten, sich: 1. Bei *sich verraten als* steht das nachfolgende Substantiv im Nominativ, d.h., es wird auf das Subjekt bezogen: *Mit seinem auffälligen Benehmen verriet sich der junge Mann als der Täter.* Der Akkusativ, d.h. die Beziehung auf *sich,* ist veraltet: *Er verriet sich als einen intriganten Menschen.* ↑Kongruenz (4.2). **2.** Das zweite Partizip des reflexiven Verbs *sich verraten* kann nicht attributiv (als Beifügung) verwendet werden. Also nicht: *der sich als der Täter verratene Mann.* ↑Passiv (4), ↑zweites Partizip (2.3).

Vers: Bei Hinweisen auf Gedichtzeilen oder Bibelstellen bleibt das Wort *Vers* ungebeugt, wenn es ohne Artikel unmittelbar vor den Verszahlen steht: *vierter Gesang, Vers 3–6; die Reime von Vers 3 und 4.* Aber mit Artikel: *in den Versen 3–6; die Verse 3 und 4 reimen sich.* Ebenso: *Ich zitiere Vers 3–6, die Verse 3–6.* ↑Zitat.

versagen, sich: Es muß heißen: *Er versagte [es] sich, die Aufgabe zu übernehmen.* Nicht: *Er versagte sich, die Aufgabe nicht zu übernehmen.* ↑Negation (1).

versalzen: Das Verb *versalzen* wird im Präteritum regelmäßig gebeugt: *versalzte.* Im Perfekt wird dagegen die unregelmäßige Form *versalzen* in der Grundbedeutung (= mit zuviel Salz) und im übertragenen Sinne (= jmdm. die Freude am Erreichten, den Genuß an etwas verderben) gebraucht. Die regelmäßige Form *versalzt* in der Bedeutung „mit zuviel Salz" wird nur noch selten gebraucht. Es heißt also: *Du hast das Gemüse versalzen* (selten: *versalzt*). Aber nur: *Er hat mir die ganze Freude versalzen. Das Vergnügen war ihm versalzen.* ↑salzen.

Versand: Zu der Fügung *nach erfolgtem Versand* ↑zweites Partizip (2.4).

Versanfang: In Verszeilen wird der Anfang heute im allgemeinen nur dann groß geschrieben, wenn ein neuer Satz beginnt oder wenn ein Wort steht, das groß geschrieben werden muß. Abweichungen können auftreten, wenn der Autor andere Schreibformen wünscht.

Versäumnis: Das Substantiv *Versäumnis* wird heute im allgemeinen nur noch sächlich gebraucht: *das Versäumnis.* Der Gebrauch als weibliches Substantiv *(die Versäumnis)* veraltet. ↑-nis.

Verschachtelung: ↑Schachtelsatz; ↑Ausklammerung.

verschieden: 1. verschiedene neue Bücher · verschiedener Angestellter/Angestellten: Wenn *verschieden* im Sinne von „mehrere, manche, manches" gebraucht wird, dann wird das folgende [substantivierte] Adjektiv im allgemeinen parallel gebeugt: *verschiedene neue Bücher, verschiedene umfängliche Sendungen, verschiedene zwischen den Parteien bestehende Streitpunkte, als Vorsitzender verschiedener einflußreicher Organisationen. Nach der Umorganisation kündigten verschiedene Angestellte.* Im Genitiv Plural tritt jedoch gelegentlich schwache Beugung eines substantivierten Adjektivs (Partizips) ein: *auf Grund der Empfehlung verschiedener Beamten, durch den Einspruch verschiedener Delegierten.* Inkorrekt ist die schwache Beugung des letzten Adjektivs im Genitiv Plural, wenn auf *verschieden* mehrere Adjektive folgen:

als Folge verschiedener übereilter privater (nicht: *privaten*) *Vorstöße.* Veraltet und heute nur noch selten ist die schwache Beugung nach *verschieden* im Nominativ Plural: *verschiedene zu grellen Züge* (Seume). **2. Steigerung:** In der Bedeutung „von anderer Art" kann *verschieden* nicht gesteigert werden: *Sie haben verschiedene* (= nicht die gleichen) *Interessen. Die Gläser sind nach Form und Farbe verschieden.* Nicht: *Sie sind verschiedener, als ich dachte.* Hat *verschieden* aber die Bedeutung „unterschiedlich, mannigfaltig", dann ist der Superlativ möglich: *Sie hatten die verschiedensten* (= mannigfaltigsten) *Interessen.* ↑Vergleichsformen (3.1). **3. Rechtschreibung:** Klein schreibt man das fürwörtlich gebrauchte *verschieden: Auch wenn verschiedene* (= einige) *dies sagen, ... Mir war verschiedenes* (= manches) *unklar.* Groß schreibt man die Substantivierung: *Diese Vorschriften lassen Verschiedenes* (= Dinge verschiedener Art) *zu* (aber fürwörtlich: *lassen verschiedenes* [= manches] *nicht zu*); *Ähnliches und Verschiedenes; etwas Verschiedenes.* ↑Groß- oder Kleinschreibung (1.2.1).

verschiedentlich: Das Wort *verschiedentlich* ist ein Adverb mit der Bedeutung „mehrmals, schon öfter": *Er ist verschiedentlich dort gesehen worden. Man hat ihn verschiedentlich gewarnt.* Das Wort *verschiedentlich* kann nicht adjektivisch gebraucht und deshalb nicht gebeugt werden. Falsch ist seine Verwendung an Stelle des Adjektivs *verschieden: Verschiedene* (nicht: *Verschiedentliche*) *günstige Möglichkeiten ergaben sich. Die Niederlassungen verschiedener* (nicht: *verschiedentlicher*) ausländischer Großfirmen belebten das Geschäft. ↑Adverb (1).

verschleißen: Das Verb *verschleißen* wird allgemein in den Bedeutungen „stark abnutzen, [vorzeitig] verbrauchen" und „sich stark abnutzen" gebraucht und wird dann unregelmäßig gebeugt: *Durch die lange Fahrt waren die Reifen verschlissen worden. Er verschliß seine Kräfte im Beruf. Die Wäsche ist ganz verschlissen.* In Österreich bedeutet *verschleißen* auch „[als Kleinhändler] verkaufen", es wird in dieser Bedeutung auch regelmäßig gebeugt: *Er verschleißte/verschliß Zeitungen. Er hat Zigaretten verschleißt/verschlissen.*

verschließen: Nach *verschließen in* kann sowohl der Dativ als auch der Akkusativ stehen. Der Akkusativ steht, wenn die Vorstellung der Richtung herrscht (Frage: wohin?): *Er verschloß Schmieds Mappe sorgfältig in seinem Schreibtisch, ohne sie noch einmal durchzublättern* (Dürrenmatt). Im heutigen Sprachgebrauch überwiegt der Anschluß mit dem Dativ: *Er verschloß die Münzen in die Kassette.* ↑Rektion.

verschonen: An das Verb *verschonen* wird gewöhnlich mit der Präposition *mit* angeschlossen: *Vielleicht wird er mich diesmal mit seinem Besuch verschonen* (Langgässer). *Er unterließ es, ... weil er die Ansicht vertrat, arme Leute solle man mit solchen schlechten Scherzen verschonen* (Thieß). *... verschonte man ihn mit Fragen* (Schaper). Im Passiv wird die Präposition *von* verwendet: *Die Stadt blieb von der Seuche verschont.* Dieses *von* schließt Substantive an, die in einem entsprechenden Aktivsatz Subjekt wären: *Das Unwetter verschonte das Dorf. Das Dorf wurde/blieb von dem Unwetter verschont.* Ebenso: *Das Fragment stand noch immer, wie es schon vom Erdbeben verschont worden war* (Schneider). Manchmal steht im Passiv auch *von* an Stelle von *mit: Höfel blieb darum von neugierigen Fragen verschont* (Apitz; für: *Man verschonte H. darum mit neugierigen Fragen*). Es ist aber nicht korrekt, *von* auch im aktiven Satz zu verwenden. Also nicht: *Sie wollen ihren Freund von allen Folgen verschonen.* Hier wird *verschonen* im Sinn von „bewahren, behüten" gebraucht, was aber ganz ungewöhnlich ist.

verschönen/verschönern: Zwischen den beiden Verben besteht ein Unterschied. Das Verb *verschönen* hat die Bedeutung „schön machen": *Die*

Musik verschönte sein Leben. ... daß sie ihrer Mutter zur Hand zu gehen, deren Gästen den Aufenthalt zu verschönen natürlicherweise berufen sei (Th. Mann). ... *die Bilder ... glichen gestellten, verlogen verschönten Photographien eines unwahrscheinlichen Alltags* (Koeppen). Das Verb *verschönern* ist dagegen abgeleitet von dem Komparativ *schöner* des Adjektivs *schön* und hat die Bedeutung „etwas, was bereits schön ist, noch schöner machen": ... *ein großes Tableau aus der griechischen Sagenkunde, welches den Speisesaal eines Mainzer Weinhändlers zu verschönern bestimmt war* (Th. Mann). *Da nun Sittsamkeit eine der Tugenden ist, die den Leib am meisten zieren und verschönern* (Bodamer).

verschrauben: Zu *verschraubt/verschroben* ↑schrauben.

verschrecken: ↑schrecken.

verschrie[e]n: ↑zweites Partizip (1).

verschroben: ↑schrauben.

verschwiegen: ↑zweites Partizip (2.2).

verschwinden: Nach *verschwinden in* kann sowohl der Dativ als auch der Akkusativ stehen. Der Akkusativ steht, wenn die Vorstellung der Richtung herrscht (Frage: wohin?): *Aber die Krähe wartet nicht, sondern verschwindet ins Unbekannte* (Lederer). *Und als er das Haus betreten hatte, war alles das ins Nichts verschwunden* (Musil). Soll der Ort angegeben werden, wo etwas oder jemand verschwindet, dann wird der Dativ gewählt (Frage: wo?): *Er verschwindet mit seinem Regenschirm in der Sakristei* (Remarque). *Die Prinzessin verschwand später im Wehrministerium* (Koeppen). ... *dann stieg er in die Plicht hinab und verschwand in der Kajüte* (Hausmann). Der Gebrauch des Dativs überwiegt. ↑Rektion.

versenden: Die Formen des Präteritums und des zweiten Partizips lauten: *versandte/versendete* und *versandt/versendet.* Die Formen mit *-a-* sind üblicher (↑senden).

versichern: Das Verb *versichern* wird in mehreren Bedeutungen gebraucht. Je nach den verschiedenen Bedeutungen regiert das Verb verschiedene Kasus: **1. jemandem etwas versichern:** Wird *versichern* in der Bedeutung „versprechen, fest zusagen, erklären, zusichern" verwendet, dann steht die Person, der etwas versichert wird, im Dativ: *Jedesmal wurde ihr versichert, es würde etwas getan, aber es wurde nichts getan* (Böll). *Aber Nanda versicherte ihm bei seiner Freundschaft, daß diese Befürchtung vollkommen hinfällig sei* (Th. Mann). Veraltet und heute selten ist in diesen Fällen der Gebrauch des Akkusativs: *Ich versichere Sie aus reicher Erfahrung: was sie sich einmal in den Kopf gesetzt hat, geschieht* (Maass). **2. jemanden einer Sache versichern:** Bei *versichern* in der Bedeutung „jmdm. Gewißheit über etwas geben" steht die Person (oder personifizierte Sache) im Akkusativ und die Sache selbst im Genitiv. Diese Konstruktion mit dem Genitiv klingt gewählt: *jemanden seines Schutzes, seiner Freundschaft versichern. Seien Sie unserer herzlichen Teilnahme versichert! ... obgleich doch der begeisterte Beifall des Publikums ihn seines Triumphes hätte müssen versichert haben* (Th. Mann). Nicht korrekt ist es, die Person in den Dativ und die Sache in den Akkusativ zu setzen; also nicht: *Ich versichere Ihnen mein Vertrauen.* **3. sich jemandes, einer Sache versichern:** Das reflexive *sich versichern* hat die Bedeutung „sich [einer Sache] vergewissern, sich Gewißheit oder Sicherheit verschaffen". In dieser Bedeutung steht die Person oder die Sache, über die man sich Gewißheit verschaffen will, im Genitiv: *Wieder galt es, ... sich der Haltung der Alliierten für den Fall des Aufstandes ... zu versichern* (Rothfels). ... *als wollte er sich seiner Sympathie und Beihilfe in diesem Handel versichern* (Thieß). *Schon lange spielte Hortense mit dem Gedanken, sich des forschen Hauptsturmführers zu versichern* (Apitz). **4. jemanden, sich, etwas [gegen**

etwas] versichern: In der Bedeutung „eine Versicherung abschließen" steht die Person oder Sache, die versichert werden soll, im Akkusativ, und der Grund oder Zweck des Vertrages wird mit der Präposition *gegen* angeschlossen: *Mein Vater versicherte seinen Wagen gegen Feuer und gegen Diebstahl. Ich habe mich gegen Unfälle versichert.* Der Schaden kann auch ungenannt bleiben: *Er hat sich, seine Bibliothek hoch versichert. Du mußt dich versichern.*

Versicherte: Zu *unser oben genannter Versicherte/Versicherter* ↑substantiviertes Adjektiv (2.2).

Versicherung[s]steuer: Neben der amtlichen Form der Finanzbehörden *(Versicherungsteuer)* ist auch die Form mit Fugen-s *(Versicherungssteuer)* üblich und korrekt. In der Gemeinsprache überwiegt sie, weil die Wörter auf *-ung* gewöhnlich das Fugen-s haben. ↑Fugen-s (3.1).

versinken: An das Verb *versinken* kann sowohl mit dem Dativ als auch mit dem Akkusativ angeschlossen werden. Beim Gebrauch des Dativs wird mehr der Ort hervorgehoben, wo etwas versinkt (Frage: wo?), während der Akkusativ stärker die Richtung hervorhebt (Frage: wohin?). Mit Dativ: *Und aller Überfluß an jungen Söhnen ... verschwand in den westlichen Städten des Reiches, versank in den Bergwerken unter der Erde* (Wiechert). *Eine dünne ... melodische Klage, die langsam anstieg, um aufs neue in einem Meer von Entzükken und Wohllaut zu versinken* (Langgässer). Der Akkusativ erscheint vor allem bei übertragener Bedeutung: *Er zeichnet mit der Hand einen unbestimmten Halbkreis über die in einen ewigen Halbschlaf versunkene Stadt* (Schaper). *Je mehr und mehr versank er in eine stille Wehmut* (Th. Mann). *Mönche wandeln vorüber, in fromme Gespräche versunken* (Koeppen). Aber auch konkret: *Die Sonne versank schon in den braunen Abenddunst* (Frisch).

versprechen: In Verbindung mit einem erweiterten Infinitiv mit *zu* kann *versprechen* als Vollverb oder als Hilfsverb gebraucht werden. Als Vollverb bedeutet es „ein Versprechen geben": *Der Arzt versprach, sofort zu kommen. Sie hat versprochen, pünktlich zu sein.* Hier muß ein Komma vor dem erweiterten Infinitiv stehen. Bei hilfszeitwörtlichem Gebrauch bedeutet *versprechen* „den Anschein haben": *Das Unternehmen verspricht zu gedeihen. Sein Sohn verspricht etwas zu werden.* Hier steht kein Komma, weil *versprechen* die Aussage des Infinitivs nur modifiziert. Zu Weiterem vgl. untenstehende Tabelle und ↑Komma (5.1.4).

Kommasetzung bei *versprechen*

Das beim Infinitiv mit *zu* stehende Verb ist vollwertige Satzaussage. Der Infinitiv wird mit Komma abgetrennt:	**Das beim Infinitiv mit *zu* stehende Verb modifiziert nur die Aussage des Infinitivs. Es steht kein Komma:**
Er versprach, mir den Korb zu bringen.	Er *verspricht* ein tüchtiger Kaufmann zu werden.
Mein Freund versprach, heimzufahren und zu arbeiten.	Das Bäumchen *versprach* zu wachsen und zu gedeihen.

verständig/verständlich: Die beiden Adjektive haben verschiedene Bedeutungen: Das erste bedeutet „mit Verstand begabt, einsichtig": *Er ist ein verständiger Mensch. Das Kind ist schon sehr verständig.* Das Wort *verständlich* bedeutet dagegen entweder „gut hörbar" *(mit leiser, aber verständlicher Stimme)* oder „leicht zu begreifen, leicht einzusehen": *ein leicht verständli-*

ches Buch; sein Wunsch ist durchaus verständlich. ↑-ig/-isch/-lich.

Verständnis: An das Substantiv *Verständnis* kann nur mit *von seiten* angeschlossen werden: *Mit Verständnis von seiten des ständig wechselnden Zugpersonals sollte nicht gerechnet werden* (Hildesheimer). Inkorrekt ist der Anschluß mit *durch.*

verstärkt: Es muß richtig heißen: *in verstärktem* (nicht: *verstärkterem*) *Maße.* Das adjektivisch verwendete zweite Partizip *verstärkt* kann nicht gesteigert werden, denn das Verb *verstärken* drückt bereits eine Steigerung des Verbs *stärken* aus. ↑Vergleichsformen (3.1).

verstauen: In Verbindung mit Präpositionen kann nach *verstauen* sowohl der Dativ als auch der Akkusativ stehen. Der Akkusativ steht, wenn die Vorstellung der Richtung herrscht (Frage: wohin?): *Du mußt diese Bücher noch in den Schrank verstauen. Für die Reise müssen wir viel Gepäck in den Wagen verstauen.* Soll der Ort genannt werden, wo etwas verstaut wird, dann wird der Dativ gewählt (Frage: wo?): *Ich verstaue meine Packen in einer Tüte* ... (Remarque). ... *und versuchte das Päckchen des Professors in seiner Tasche zu verstauen* (Ott). Der Gebrauch des Dativs überwiegt.

verstecken: In Verbindung mit Präpositionen kann nach *verstecken* sowohl der Dativ als auch der Akkusativ stehen. Der Dativ steht dann, wenn der Ort, wo etwas versteckt wird, hervorgehoben werden soll (Frage: wo?), während der Akkusativ gewählt wird, wenn die Richtung betont werden soll (Frage: wohin?). In der Regel wird heute der Dativ gebraucht: *Ein Taschenkrebs ... versteckte sich in einer Höhle* (Hausmann). ... *ehe er sich entschließt, ... die Uniform unter einem Holzstapel an der Rückwand des Schuppens zu verstecken* (Jens). *Er trat schnell einen Schritt zurück, versteckte die Hände auf dem Rükken* (Sebastian). Mit Akkusativ: *Und zahlten aufs neue die blanken Kälbertaler, daß der Mond sich hinters Haus versteckte, um nicht laut aufzulachen* (Winckler). Bildlich: *Er hatte das mit einem Lächeln geantwortet, hatte aber dabei gefühlt, daß es etwas feige sei, sich hinter die Worte eines anderen zu verstecken* (Musil).

verstehen: **1. Konjunktiv:** Der Konjunktiv II von *verstehen* kann *verstünde* oder *verstände* lauten. Die ältere Form mit *ü* ist auch heute noch die gebräuchlichere. ↑stehen (1). **2. Kommasetzung:** In Verbindung mit einem [erweiterten] Infinitiv mit *zu* wird *verstehen* im Sinne von „können" wie ein Hilfsverb gebraucht, d. h., es steht kein Komma vor der Infinitivgruppe: *Er versteht sich nach vorn zu spielen. Sie verstand uns das Lernen schmackhaft zu machen.* Nur wenn bei *verstehen* selbst eine Umstandsangabe oder Ergänzung steht, muß ein Komma gesetzt werden: *Sie verstand es [ausgezeichnet], uns das Lernen schmackhaft zu machen.* ↑Komma (5.1.4).

versterben/sterben: ↑sterben/versterben.

verstört: Der Superlativ lautet *verstörteste.* ↑Vergleichsformen (2.3).

versuchen: Wenn *versuchen* mit einem erweiterten Infinitiv mit *zu* verbunden ist, kann man das Komma setzen oder weglassen. Es kommt darauf an, ob man *versuchen* als Vollverb oder als Hilfsverb auffassen will: *Er versuchte, mir zu helfen. Er versuchte mir zu helfen.* Tritt zu *versuchen* ein Adverb o. ä., dann muß das Komma stehen, weil *versuchen* dann nur Vollverb sein kann: *Er versuchte mehrfach, mir zu helfen.* ↑Komma (5.1.4).

versuchsweise: ↑weise.

verteilen: Nach *verteilen auf* kann sowohl der Dativ als auch der Akkusativ stehen. Der Dativ steht dann, wenn der Ort hervorgehoben werden soll, wo etwas verteilt wird (Frage: wo?), während der Akkusativ gewählt wird, wenn stärker die Richtung betont werden soll (Frage: wohin?). In vielen Fällen ändert sich die Bedeutung nicht, wenn statt des Dativs der Akkusativ steht: ... *wie er ... einen dicken Haufen rotgefärbten Jams auf seiner* (möglich auch: *auf seine*) *Stulle verteilte* (Ott). Manchmal besteht aber doch ein Unterschied. Ein Satz mit Akkusativanschluß wie *Die Assistenten verteilten sich nach der Vorlesung auf ihre Stationen* (Sebastian) bedeutet, daß die Assistenten vom Hörsaal in die verschiedenen Abteilungen gingen (Richtungsangabe). Würde dagegen in dem gleichen Satz der Dativanschluß stehen *(Die Assistenten verteilten sich nach der Vorlesung auf ihren Stationen),* so würde das bedeuten, daß die Assistenten innerhalb der gleichen Station (Ortsangabe) geblieben sind und sich nur in die verschiedenen Zimmer verteilt haben. Ebenso bedeutet ein Satz wie *Der Wirt hatte die Wurst auf die einzelnen vollbesetzten Tische verteilt,* daß der Wirt die Wurst entsprechend der Anzahl der besetzten Tische in seinem Gasthaus aufgeteilt hat. Dagegen würde ein Anschluß mit Dativ im gleichen Satz *Der Wirt hatte die Wurst auf den einzelnen vollbesetzten Tischen verteilt* bedeuten, daß der Wirt jeweils auf jedem einzelnen Tisch die Wurst entsprechend der Anzahl der an diesem Tisch sitzenden Personen aufgeschnitten und verteilt hat. In anderen Zusammenhängen kann nur mit dem Akkusativ angeschlossen werden: *Sie kommen leise und verteilen sich auf die Bänke* (Remarque). ... *auf eine Art Helm, den man über den Kopf stülpen kann und der die Last gleichmäßig auf das Genick und auf beide Schultern verteilt* (Waggerl).

Verteilungszahlwort: Die Verteilungszahlwörter werden durch Voranstellen von *je* vor die Zahl gebildet. Sie drücken eine zahlenmäßig gleiche Verteilung aus: *je dreimal. Je zwei von den Gefangenen wurden hereingeführt. Wir bekamen je zwanzig Mark.* An Stelle von *je* + bestimmtem Artikel + Ordnungszahl *(je der dritte Mann)* steht heute im allgemeinen *jeder* + Ordnungszahl *(jeder dritte Mann).* ↑Numerale.

Vertikale: Das substantivierte Adjektiv *Vertikale* wird überwiegend wie ein echtes Substantiv gebeugt, d.h. im Singular endungslos (Genitiv und Dativ: *der Vertikale,* Akkusativ: *die Vertikale*), im Plural schwach auf *-n: die Vertikalen.* Ohne Artikel (in Verbindung mit einer Kardinalzahl z. B.) kommt im Plural auch starke Beugung vor: *zwei Vertikalen* oder (bes. fachsprachlich) *zwei Vertikale.* ↑substantiviertes Adjektiv (2.2.1).

Vertragschließender: Es heißt *Vertragschließender,* nicht *Vertragsschließender.* ↑Fugen-s (3.4).

vertrauen: jmdm. vertrauen / auf jmdn. vertrauen: Das Verb *vertrauen* kann sowohl ein Dativobjekt als auch ein Präpositionalobjekt mit *auf* nach sich haben. Dativobjekt: *Ich kann ihr in jeder Weise vertrauen* (Jens). *Hier stand er ..., sich plötzlich nicht mehr recht klar darüber, warum er dieser Verabredung mit einem Unbekannten ... so fest vertraut hatte* (Seidel). Präpositionalobjekt: *Er vertraute auf sein diplomatisches Geschick* (Apitz). *Die Bolschewiki entlasteten das deutsche Militärregime im Osten, auf die baldige Weltrevolution vertrauend* (Bloch).

Vertrauen: An das Substantiv *Vertrauen* wird mit den Präpositionen *auf, in* oder *zu,* seltener mit *gegen* angeschlossen. Wird *Vertrauen* in der verbalen Verbindung *Vertrauen setzen* gebraucht, dann wird meistens mit *auf,* daneben auch mit *in* angeschlossen, wobei jeweils die Sehweise ein wenig verschieden ist: Bei *auf* wird der Begriff *Vertrauen* auf eine bestimmte Grundlage gestellt, bei *in* wird der Begriff in einen Bereich hineinverlegt. In der verbalen Verbindung *Vertrauen haben* wird fast nur mit *zu* angeschlossen. Die Verbindung mit *gegen* ist nicht üblich. Belege: *Mein Vertrauen auf Ihre Begabung und Ihre Treue ist unerschüttert* (St. Zweig). ... *an dem er unbehelligt leben mochte in seinem treuherzigen Vertrauen auf die Verabredungen* (Johnson). *Rachel setzte blindes Vertrauen in* *dieses Schicksal* (Musil). *Stiller meldete, voll bangen Vertrauens in die Aussage des Arztes, einen recht befriedigenden Verlauf der Operation* (Frisch). *Man verlor um so mehr sein Vertrauen zur eigenen Kraft, je heftiger dieses Vertrauen betont wurde* (Thieß). *Ich habe das feste Vertrauen zu Ihnen* (Fallada). *Ihr Vertrauen gegen mich ist beschämend* (Fontane).

vertrauen[s]bildend: ↑Fugen-s (3.4).

vertretbar: Nicht: *dieser vom Anwalt nicht vertretbare Anspruch,* sondern: *dieser Anspruch, den der Anwalt nicht vertreten kann.* ↑Adjektiv (3.1).

Vertretungsrecht des Kindes: Die Fügung *Vertretungsrecht des Kindes* ist falsch. Richtig ist nur der Ausdruck *Recht auf Vertretung des Kindes.* ↑Kompositum (8).

Vervielfältigungszahlwort: Das Vervielfältigungszahlwort gibt an, wie oft, in welcher Anzahl etwas vorhanden ist. **1.** Die bestimmten Vervielfältigungszahlwörter werden mit der Kardinalzahl und *-fach* (selten, im allgemeinen nur in dichterischer Sprache bei hohen Zahlen auch noch *-fältig*) gebildet: *einfach, zweifach* (veraltend: *zwiefach*) *dreifach, hundertfach (hundertfältig)* usw. Zum Bedeutungsunterschied von *doppelt* und *zweifach* ↑doppelt/zweifach. **2.** Die unbestimmten Vervielfältigungszahlwörter werden ebenfalls mit *-fach,* daneben auch mit *-fältig* und *-faltig* gebildet. Als ersten Bestandteil haben sie ein unbestimmtes Für- oder Zahlwort u. ä.: *mehrfach, vielfach, vielfältig, mannigfach, mannigfaltig.* ↑Numerale.

verwandt/verwendet: ↑verwenden, ↑wenden.

Verwandte, der und die: 1. besagtem Verwandten/Verwandtem · ihr als Verwandten/Verwandter: Im allgemeinen wird *Verwandte* wie ein attributives ↑Adjektiv dekliniert: *ein Verwandter, zwei Verwandte, die Verwandten meiner Freundin* usw. *Er hatte dort Verwandte* (nicht: *Verwandten*). *Liebe Verwandte!* Im Genitiv Plural ist heute nach einem stark deklinierten Adjektiv die starke Beugung üblich: *die Namen entfernter Verwandter* (veraltend: *Verwandten*). Ausnahmen und Schwankungen treten beim Dativ Singular auf: **a)** Nach einem stark deklinierten Adjektiv wird heute schwach gebeugt: *Besagtem Verwandten* (veraltet: *Verwandtem) habe ich geschrieben.* **b)** In der Apposition (im Beisatz) kommt neben der starken Deklination häufig die schwache vor: *Dir als Verwandten* (neben: *Verwandtem) des Ministers. ... Ihr als Verwandten* (neben: *Verwandter) ...* ↑substantiviertes Adjektiv (2.1.3). **2. einige Verwandte · alle Verwandten · solche Verwandte[n]:** Zur Deklination von *Verwandte* nach *alle, beide, einige* usw. ↑all- usw.

Verwandtschaftsbezeichnungen: Landschaftlich, vor allem in der norddeutschen Umgangs- und Kindersprache, werden die Verwandtenbezeichnungen *Vater, Mutter, Tante, Onkel* u. a. häufig als Eigennamen aufgefaßt und deshalb ohne Artikel gebraucht: *Vater ist nicht zu Hause. Das werde ich Onkel erzählen.* Diese als Eigennamen gebrauchten Verwandtschaftsbezeichnungen werden dekliniert und bilden den Genitiv auf *-s: Tantes Kleid gefiel uns allen. Morgen ist Mutters Geburtstag. Bleib von Muttis Handtasche weg.* Stark umgangssprachlich gefärbt sind Dativ- und Akkusativformen auf *-n,* z. B.: *bei Muttern. Er hat Vatern Bescheid gesagt.* ↑Personennamen (2.1.1).

verweben: Das Verb *verweben* wird sowohl unregelmäßig *(verwob, verwoben)* als auch regelmäßig *(verwebte, verwebt)* gebeugt. Zwischen beiden Formen wird bei der Verwendung unterschieden. Die regelmäßige Form wird im allgemeinen dann gebraucht, wenn es sich um die handwerkliche Tätigkeit handelt: *Bei der großen Matte wurde Garn unterschiedlicher Qualität und Stärke verwebt.* Das unregelmäßige Verb *verweben* wird meistens in der poetischen Sprache im übertragenen Sinne und dabei häufig reflexiv gebraucht: *... und alles verwob sich zu einem Eindruck von Anmut und Pracht* (Jens). *Was ist die Bedeutung all der Farcen und Tragödien, in die wir uns verwoben finden?* (K. Mann).

verwehren: Wenn von *verwehren* ein Nebensatz oder ein erweiterter Infinitiv abhängt, dürfen diese nicht verneint werden. Man sagt korrekt: *Er verwehrte [es] ihm, in das Zimmer einzutreten* (nicht: *..., nicht in das Zimmer einzutreten*). ↑Negation (1). Gewöhnlich wird *verwehren* mit einem Substantiv im Akkusativ verbunden: *Er verwehrte ihm den Eintritt.*

verweigern: Wenn von *verweigern* ein Nebensatz oder ein erweiterter Infinitiv abhängt, dürfen diese nicht verneint werden. Man sagt korrekt: *Er verweigerte mir, an der Sitzung teilzunehmen* (nicht: *..., nicht an der Sitzung teilzunehmen*). ↑Negation (1). Gewöhnlich wird *verweigern* mit einem Substantiv im Akkusativ verbunden: *Er verweigerte mir die Teilnahme.*

verwenden: Die Formen des Präteritums und 2. Partizips lauten sowohl *verwendete, verwendet* als auch *verwandte, verwandt.* In der Bedeutung „benutzen, anwenden" sind beide Bildungsweisen gebräuchlich: *Er verwendete/verwandte Acrylfarben.* In den Bedeutungen „seinen Einfluß geltend machen" (reflexiv) und „weg-, abwenden" sind die Formen mit *-a-* üblicher: *Er hat sich beim Minister für seinen Freund verwandt/*(auch:) *verwendet. Sie verwandte/(selten:) verwendete keinen Blick von dem Bild.* ↑wenden.

verwenden/benutzen/gebrauchen: ↑benutzen/gebrauchen/verwenden.

verwickeln: Nach *verwickeln in* wird mit dem Dativ, seltener mit dem Akkusativ angeschlossen, wenn das Verb reflexiv im Sinne von „sich verfangen" gebraucht wird: *Ihr Mantel verwickelte sich in den Speichen/in die Speichen.* Bei übertragenem Gebrauch gilt dagegen nur der Akkusativ: *Er verwickelte sich in Widersprüche* (nicht: *in Widersprüchen*). *Er war seit einiger Zeit in ein Geschäft verwickelt* (Brecht). *Er ... verwickelte mich in ein ernstes Gespräch* (Kästner).

verwirrt/verworren: Zwischen den beiden adjektivisch gebrauchten Partizipien wird inhaltlich unterschieden: Das Wort *verwirrt* wird in bezug auf Personen in der Bedeutung „keines klaren Gedankens fähig" gebraucht: *... welcher, erregt durch die Größe des Augenblicks und verwirrt durch die Pracht meines Schlafzimmers, an die offene Tür pochte* (Th. Mann). Dagegen wird *verworren* nur in bezug auf eine Sache in der Bedeutung „durcheinander, unverständlich, undurchsichtig" gebraucht: *Die Weltlage ist so verworren* (Benrath). *... man hört das Geräusch der großen Stadt nur verworren herüberschallen* (Sieburg).

verwitwet: Zur Kommasetzung in Namensangaben ↑geboren (2).

verwundern: Die Verbindung *es ist [nicht] zu verwundern* kommt neben der Verbindung mit dem Adjektiv *es ist [nicht] verwunderlich* vor: *Es ist nicht zu verwundern, daß er seinen Standpunkt geändert hat.* Aber auch: *„Wir haben uns immer gut verstanden", sagte die Stimme, „das ist nicht verwunderlich ..."* (Jens).

verzeihen: Das Verb *verzeihen* wird unregelmäßig gebeugt: *Man verzieh mir, man hat mir verziehen.*

verzichten: Nach *verzichten auf* kann nur der Akkusativ stehen, nicht der Dativ: *Er verzichtete auf seinen Anteil* (nicht: *auf seinem Anteil*) *an dem Gewinn.*

verziehen/ziehen: Zu *nach Berlin verziehen/ziehen* ↑ziehen.

Verzug/Anzug: ↑Anzug/Verzug.

Vetter: Das Substantiv wird im Singular stark gebeugt (Genitiv: *des Vetters*); im Plural dagegen schwach: *die Vettern.*

V-förmig: ↑Groß- oder Kleinschreibung (1.2.5).

via: Die Präposition *via* (aus lat. *viā* „auf dem Wege [über]") darf nicht im Sinne von „in Richtung auf, nach" verwendet werden. Man sagt richtig *via München nach Wien fahren,* aber nicht korrekt: *Er ist via Prag gereist.*

Videorecorder: Nur diese Schreibung des Wortes ist korrekt. Allgemeines zur Fremdwortschreibung ↑Fremdwort (4).

viel: 1. Deklination des folgenden [substantivierten] Adjektivs (Partizips): Nach gebeugtem *viel* wird das folgende Adjektiv im Singular überwiegend parallel gebeugt: *Vieler schöner Putz wurde entfernt.* Im Nominativ und Akkusativ Neutrum Singular und im Dativ Maskulinum und Neutrum Singular wird jedoch meistens schwach gebeugt: *vieles überflüssige Verhandeln, mit vielem unnötigen Fleiß, Zögern* (aber weiblich: *mit vieler natürlicher* [nicht: *natürlichen*] *Anmut*). Im Plural wird das folgende Adjektiv gewöhnlich stark gebeugt: *viele hohe Häuser; viele kleine Kümmernisse* (L. Rinser); *vieler heimlicher Witze* (Alverdes). Nur gelegentlich tritt im Genitiv Plural noch schwache Beugung auf: *Das Ergebnis vieler genauen* (häufiger: *genauer*) *Anfragen; nach dem Überprüfen vieler freundlichen* (häufiger: *freundlicher*) *Zuschriften.* Die schwache Beugung im Nominativ Plural ist veraltet: *viele verdeckten Tränen* (Jean Paul). Steht nach *viel* ein substantiviertes Adjektiv, dann wird im Singular durchweg die schwache Beugung gebraucht: *vieles Unbekannte, das Verschweigen vieles Gegensätzlichen, trotz vielem Angenehmen.* Im Plural dagegen kommen oft starke Formen vor: *viele Angehörige* (selten: *Angehörigen*), *viele Kranke, für viele Beteiligte* (selten: *Beteiligten*), *an viele Reisende gewandt.* Daneben auch schwache Formen: *viele Kranken, für viele Beamten.* ↑Adjektiv (1.2.5). Nach der endungslosen Form *viel* steht regelmäßig die starke Beugung: *Viel gutes Reden nutzte nichts. Viel schöner Schmuck wurde getragen. Mit viel gutem Rat begann er die schwere Aufgabe.* **2. viel/viele Worte · mit viel/vielen Fehlern:** Das Indefinitpronomen *viel* bleibt vor Substantiven ohne beigefügtes Adjektiv im Singular meist, im Plural recht häufig ungebeugt. (Im Genitiv Plural muß immer die gebeugte Form stehen.) Man sagt also: *Mit viel Geld kommt man weit. Er trug eine gedämpfte Krawatte mit viel Schwarz. Ohne viel Worte zu verlieren, ging sie ihnen zur Hand* (Sebastian). *Ein Aufsatz mit viel/mit vielen Fehlern.* Aber nur: *der Lohn vieler Mühen.* **3. Steigerung von *viel*:** Die Vergleichsformen von *viel* heißen *mehr – meist.* ↑Vergleichsformen (4.1). **4. Kongruenz:** Zu Sätzen wie *Viel [Menschen] waren* (nicht: *war*) *dort versammelt* ↑Kongruenz (1.1.7). **5. Rechtschreibung:** Das Indefinitpronomen *viel* wird immer klein geschrieben: *in vielem, mit vielem, um vieles; wer vieles bringt ...; ich habe viel[es] erlebt; um vieles gebe ich das nicht hin; viele sagen, daß ...* ↑Groß- oder Kleinschreibung (1.2.4). Zusammen schreibt man *viel* mit einem zweiten Partizip, wenn die Verbindung adjektivisch gebraucht wird (nur das erste Glied trägt Starkton): *ein vielbesprochener Fall; ein vielerörtertes Ereignis; ein vielgebrauchtes Fahrrad; ein vielgenannter, vielgereister, vielgeschmähter Mann; ein vielumworbenes Mädchen.* Getrennt schreibt man, wenn die Vorstellung der Tätigkeit vorherrscht (beide Wörter tragen Starkton): *ein [sehr] viel besprochener Fall; ein viel genannter Mann* usw. Dies gilt immer, wenn beide Wörter aussagend stehen: *Das Ereignis wurde viel erörtert, viel besprochen. Der Mann wurde seinerzeit viel genannt, viel geschmäht. Das Mädchen ist viel umworben.* ↑Zusammen- oder Getrenntschreibung (3.1.2). ↑zuviel.

viel/vieles: Der Satz *Ich weiß viel* besagt, daß ich gründliches und umfassendes Wissen habe, während der Satz *Ich weiß vieles* ausdrückt, daß ich von vielerlei Dingen Kenntnis habe, von ihnen gehört, über sie etwas erfahren habe.

vielbietend: Der Superlativ von *vielbietend* heißt *meistbietend.* Der Komparativ *mehrbietend* ist ungebräuchlich. ↑Vergleichsformen (2.5.1).

vielenorts/vielerorten/vielerorts: Alle drei Formen sind möglich, jedoch ist *vielerorten* heute veraltet.

vielerlei, was: Das Relativpronomen, das sich auf *vielerlei* bezieht, ist *was: Ich habe vielerlei erfahren, was* (nicht: *das* oder *welches*) *mich überraschte.* ↑Relativpronomen (4).

vieles, was: Das Relativpronomen, das sich auf *vieles* bezieht, ist *was: Es gab noch vieles, was* (nicht: *das* oder *welches*) *besprochen werden sollte. Vieles wurde besprochen, was* (nicht: *das* oder *welches*) *nicht nötig gewesen wäre.* ↑Relativpronomen (4).

Vielfältigkeit: ↑Aufschwellung.

vieljährig/langjährig: ↑langjährig/vieljährig.

vielleicht: *vielleicht in einer Stunde/in vielleicht einer Stunde:* Das Adverb *vielleicht* bezieht sich gewöhnlich auf das ganze Präpositionalgefüge und steht dann vor der Präposition: *Ich bin vielleicht in einer Stunde fertig.* Es kann sich aber auch auf die Maß- oder Mengenangabe beziehen und steht dann hinter der Präposition: *Er kommt in vielleicht einer Stunde zurück; ein Mann von vielleicht fünfzig Jahren.* ↑Adverb (4).

vielmehr: 1. Komma: Vor *vielmehr* steht ein Komma, wenn es einen beigeordneten Satz oder Satzteil anschließt: *Ich kann dir nicht zustimmen, vielmehr bin ich der Meinung, daß ... Sein Vater, vielmehr sein Stiefvater, hat die Firma gegründet.* Es steht jedoch kein Komma, wenn *vielmehr* als Adverb im fortlaufenden Satz steht: *Er will vielmehr eine Politik der friedlichen Koexistenz betreiben.* **2. Rechtschreibung:** Zusammen schreibt man das Adverb *vielmehr: Er ist nicht dumm, vielmehr weiß er sich oft zu helfen.* Getrennt schreibt man, wenn das Gradadverb *viel* vor dem Komparativ *mehr* steht: *Er weiß viel mehr als du.*

vielsagend: Der Superlativ von *vielsagend* lautet *vielsagendst: mit den vielsagendsten Blicken.* ↑Vergleichsformen (2.5.2).

vielversprechend: Der Superlativ von *vielversprechend* lautet *vielversprechendst: eine der vielversprechendsten Begabungen.* ↑Vergleichsformen (2.5.2).

vier: 1. Rechtschreibung: Klein schreibt man das Zahlwort: *die vier Fakultäten; wir sind zu vieren/zu viert; der Junge ist, wird bald vier [Jahre]; die letzten vier; vier und drei macht sieben; es ist um vier [Uhr], Punkt vier, es schlägt eben vier; auf allen vieren; alle viere von sich strecken.* Klein schreibt man auch in namenähnlichen Begriffen: *die vier Elemente, die vier Evangelisten, sich auf seine vier Buchstaben setzen, die vier Mächte* (= die Alliierten im 2. Weltkrieg). Groß schreibt man das Substantiv: *die Zahl Vier; er hat in Latein eine Vier, die Note „Vier" bekommen.* ↑Groß- oder Kleinschreibung (1.2.4); ↑[1]acht/Acht. **2. Kongruenz:** Es heißt: *Vier weniger eins ist* (nicht: *sind*) *drei.* ↑Kongruenz (1.2.4).

vierstöckiger Hausbesitzer: Die Fügung *vierstöckiger Hausbesitzer* ist falsch gebildet. Es kann nur heißen *Besitzer eines vierstöckigen Hauses.* ↑Kompositum (6).

vierte: Klein schreibt man das Zahlwort: *Sie ist die vierte von links; die vierte Dimension, der vierte Stand.* Groß schreibt man das substantivierte Zahlwort: *Er wurde Vierter im Gewichtheben* (der Leistung nach). *Am Vierten [des Monats] kommt er zurück.* Groß schreibt man das Zahlwort auch in Namen: *Karl der Vierte; die Vierte Republik* (in Frankreich). ↑Namen (3), ↑achte/Achte; ↑Groß- oder Kleinschreibung (1.2.4).

viertel/Viertel: ↑achtel/Achtel, ↑dreiviertel, ↑Uhrzeit. Zu Sätzen wie *Ein Viertel aller Bundesbürger stimmte/stimmten dagegen* ↑Kongruenz (1.2.3).

vierteljährig/vierteljährlich:

Das Adjektiv *vierteljährig* drückt eine Zeitdauer aus: *eine vierteljährige* (= drei Monate dauernde) *Reise.* Das Adjektiv *vierteljährlich* drückt eine regelmäßige Wiederholung aus: *seine vierteljährlichen* (= alle drei Monate stattfindenden) *Besuche.* ↑-ig/-isch/-lich.

vierter Fall: ↑Akkusativ.

vierzehntägig/vierzehntäglich: Das Adjektiv *vierzehntägig* drückt eine Zeitdauer aus: *ein vierzehntägiger* (= 14 Tage dauernder) *Urlaub.* Das Adjektiv *vierzehntäglich* drückt dagegen eine regelmäßige Wiederholung aus: *unsere vierzehntäglichen* (= alle 14 Tage stattfindenden) *Zusammenkünfte.* Statt *vierzehntäglich* sagt man auch *zweiwöchentlich.* ↑-ig/-isch/-lich.

Vikar: Zur Anschrift ↑Brief (7).

Violoncello: Der Plural lautet *die Violoncellos* und *die Violoncelli* (↑Cello).

Virus: Das Substantiv *Virus* hat in der Fachsprache sächliches Geschlecht: *das Virus.* Gemeinsprachlich ist *der Virus* üblich. Der Genitiv lautet *des Virus,* der Plural *die Viren.*

viskos/viskös: Beide Formen des Adjektivs, das „zähflüssig, leimartig" bedeutet, sind korrekt. Die Form auf *-ös* wird aber seltener gebraucht. ↑-os/-ös.

Visum: Von dem Substantiv *Visum* gibt es zwei Pluralformen: *die Visa* oder *die Visen.*

Visumantrag: Die Zusammensetzung aus *Visum* und *Antrag* lautet *Visumantrag* (nicht: *Visumsantrag* oder *Visaantrag*). Der Plural lautet *die Visumanträge.*

V-Mann: ↑Bindestrich (2.4).

Vogelbauer: Das Wort *Vogelbauer* wird meist mit sächlichem Geschlecht gebraucht *(das Vogelbauer).* Das männliche Geschlecht *(der Vogelbauer)* kommt seltener vor. ↑Bauer.

Vokal: Die deutschen Vokale (Selbstlaute) werden mit den Buchstaben *a, e, i, o, u, ä, ö, ü, y* bezeichnet. Sie werden kurz oder lang, geschlossen oder offen gesprochen. Zum Bindestrich beim Zusammentreffen von drei gleichen Vokalen ↑Bindestrich (2.3). Vgl. auch ↑Diphthong.

Vokativ: ↑Anredenominativ.

Völker- und Stammesnamen

1. Gebrauch des Artikels: Völker- und Stammesnamen werden im allgemeinen wie Gattungsbezeichnungen (Appellative) behandelt und haben wie diese den bestimmten oder unbestimmten Artikel bei sich:

der Deutsche, ein Franzose, die Engländer, die Schwaben, ein Westfale.

Im Plural fällt der Artikel weg, wenn die Namensträger nicht näher bestimmt sind:

In den USA wohnen große Gruppen von Polen, Japanern und Chinesen.

Durch *und* zusammengefaßte pluralische Völker- und Stammesnamen o.ä. haben gewöhnlich keinen Artikel:

Griechen und Römer, Engländer und Amerikaner, Bremer und Hamburger.

2. Numerus: Völker- und Stammesnamen werden im Singular und im Plural gebraucht. Der Singular bezeichnet einen einzelnen Menschen als Angehörigen eines Volkes oder Stammes:

Er ist Amerikaner. Sie ist mit einem Griechen verheiratet. Dort geht der Japaner, von dem ich dir erzählt habe.

Der Plural kann das ganze Volk bezeichnen, oder er kann eine Gruppe einzelner Angehöriger eines Volkes bezeichnen:

Volk: Die Amerikaner sprechen Englisch. Gruppe: In unserem Hotel wohnten viele Amerikaner.

3. Deklination: Die meisten Völker- und Stammesnamen werden schwach gebeugt:

des Deutschen, die Deutschen; des Franzosen, die Franzosen; des Sachsen, die Sachsen.

Die meisten auf *-er* ausgehenden Völker- und Stammesnamen sowie die von Ortsnamen gebildeten Einwohnernamen auf *-er* werden jedoch stark gebeugt:

des Engländers, die Engländer; des Italieners, die Italiener; des Spaniers, die Spanier; des Mecklenburgers, die Mecklenburger; des Berliners, die Berliner.

Ebenso bestimmte, den Völkernamen ähnliche Gattungsnamen:

des Negers, die Neger; des Berbers, die Berber.

Völker- und Stammesnamen, bei denen das *-er* zum Stamm gehört, werden dagegen schwach gebeugt:

des Bayern, die Bayern; des Pommern, die Pommern; des Kaffern, die Kaffern.

Zur gemischten Deklination gehört *Zimber* bzw. *Kimber: des Zimbers, die Zimbern; des Kimbers, die Kimbern.*

Völker- und Stammesnamen, die auf Vokal enden, können den Genitiv Singular und den Plural auf *-s* bilden, sie können aber auch in diesen Fällen endungslos stehen:

des Eskimo[s], die Eskimo[s]; des Papua[s], die Papua[s]; des Ovambo[s], die Ovambo[s]; des Zulu[s], die Zulu[s]; des Maori[s], die Maori[s]; des Israeli[s], die Israeli[s].

Vgl. auch ↑Einwohnerbezeichnungen.

4. Zusammenschreibung oder Bindestrich: Werden Völkernamen von einem geographischen Namen abgeleitet, der mit Bindestrich geschrieben wird, dann bleibt der Bindestrich erhalten:

die Schleswig-Holsteiner, die Baden-Württemberger.

Zusammensetzungen aus Völkernamen und ihnen entsprechende Adjektive können mit Bindestrich geschrieben oder zusammengeschrieben werden. Den Bindestrich setzt man, wenn jedes der beiden Adjektive oder jeder Bestandteil der Zusammensetzung aus Völkernamen seine eigene Bedeutung bewahrt hat, beide zusammen aber eine Gesamtvorstellung ausdrücken (beide Wörter tragen Starkton):

Anglo-Amerikaner (Sammelname für Engländer und Amerikaner); der deutsch-amerikanische Schiffsverkehr (zwischen Deutschland und Amerika).

Zusammen schreibt man dagegen, wenn das zweite Adjektiv durch das erste oder wenn der zweite Teil der Zusammensetzung durch den ersten Teil näher bestimmt wird. Nur ein (meist das erste) Glied trägt den Starkton:

Angloamerikaner (aus England stammender Amerikaner); das deutschamerikanische Schrifttum (das Schrifttum der Deutschamerikaner), die schweizerdeutsche Mundart.

Geläufige Zusammensetzungen der erstgenannten Art, deren erster Bestandteil auf *-o-* ausgeht, schreibt man zusammen:

die Tschechoslowaken; serbokroatisch, baltoslawisch; der frankokanadische Anteil der Bevölkerung.

Vgl. auch ↑Bindestrich (6.4).

5. Vergleichsformen: Zu Formen wie *deutscheste* ↑Vergleichsformen (3.1).

Volksentscheid: Es heißt *Volksentscheid* und nicht *Volksentscheidung*. ↑Verbalsubstantiv (1.4).

Volksetymologie: Unter einer Volksetymologie (Fehl-, Pseudoetymologie) versteht man die naive, sprachgeschichtlich falsche Verdeutlichung eines nicht [mehr] verstandenen Wortes durch Anlehnung an ein klangähnliches Wort. So wurde aus ahd. *mūwerf* (= Haufenwerfer) nhd. *Maulwurf* (= Tier, das die Erde mit dem Maul wirft) und aus niederrhein. *rasen[d]montag* (= rasender, wilder, toller Montag) nhd. *Rosenmontag*.

voll: 1. *voll* mit oder ohne Präposition?: Nach ***voll*** wird ein von dem Adjektiv abhängendes Substantiv (Pronomen) entweder in den Genitiv gesetzt oder mit der Präposition *von* angeschlossen. Das Substantiv kann auch unmittelbar und unverändert an *voll* angeschlossen werden. Am häufigsten ist jedoch der Anschluß mit *von* (siehe aber unten!): *Sein Herz ist voll von Verachtung für diese armseligen Intriganten* (Sieburg). *Der kleine Gefechtsraum stand ganz gedrängt voll von Menschen* (Gaiser). Der Anschluß im Genitiv gilt heute als gehobene Ausdrucksweise: *Zidkowski, noch voll des Staunens über das unerklärliche Verschwinden des Kindes, stammelte* ... (Apitz). ... *und das lange Band des Stromes war der Schiffe voll* (Koeppen). Gelegentlich wird an *voll* auch ohne Präposition mit dem Dativ angeschlossen: *Der Markt von Soho ist nicht so schön wie der auf Roms Campo de'Fiori, aber er bemüht sich doch, bunt und laut und voll Gerüchen zu sein* (Koeppen). *Die Grundlehren des Marxismus-Leninismus steiften ihm den Rücken, versetzten ihn aber auch in eine ... Abwehrstellung gegen eine Welt voll Feinden* (Koeppen). Im Singular ist der Dativ nicht erkennbar, wenn kein beigefügtes Adjektiv ihn anzeigt: ... *aus dem ... Helldunkel wurden nun Farben, voll Glut, voll Bürgerstolz, Dramatik und männlicher Leidenschaft* (Koeppen; hier hat erst *Leidenschaft* eine Beifügung). *Da mach was drum, sonst wird alles voll Harz, sagte Hebenstreit* (Kuby). Auch im Plural kann das Substantiv unverändert angeschlossen werden: *ein Beutel voll Geldscheine* (a b e r: *voll neuer Geldscheine,* auch: *voll [neuen] Geldscheinen*). Gelegentlich wird auch noch die erstarrte gebeugte Form *voller* gebraucht, wobei das folgende Substantiv ungebeugt bleibt: *Er war voller Mißtrauen gegen das Projekt. Der Minister konnte voller Stolz von seinen großen Erfolgen berichten.* Tritt hier eine Beifügung hinzu, dann ist der Genitiv vorzuziehen: *voller tiefen Mißtrauens. Ein Baum voller reifer Äpfel.* – Grundsätzlich ist zu sagen, daß bei einem nachgestellten Attribut *voll* mit dem Genitiv oder Dativ verbunden wird, aber nicht mit *von: ein Faß voll guten Weines/voll gutem Wein.* Will man hier mit *von* anschließen, dann ist ein Komma zu setzen: *ein Faß, voll von gutem Wein* (= ein Faß, das von gutem Wein voll ist). **2. voll – voller – vollste:** ↑Vergleichsformen (2.1 und 3.1). **3. Rechtschreibung: a)** K l e i n schreibt man *voll* in festen Verbindungen mit Verben, auch wenn ein Artikel vorangeht: *aus dem vollen schöpfen; im vollen leben; in die vollen gehen; ins volle greifen.* Klein schreibt man auch die umgangssprachliche Zeitangabe *voll: Es ist drei Minuten nach voll. Um voll schließen wir.* **b)** G e t r e n n t schreibt man *voll* bei den Verben *sein* und *werden: Der Eimer wird voll sein, werden.* Getrennt vom folgenden Verb schreibt man *voll* auch in der Bedeutung „ganz“: *Er hat es voll* (= ganz) *begriffen. Er hat ihn voll angesehen. Ich muß das voll anerkennen.* Schließlich schreibt man auch bei übertragener Bedeutung das Adjektiv *voll* vom Verb getrennt, weil alle diese Getrenntschreibungen zu den nachstehenden Zusammenschreibungen in Opposition stehen: *Er hat ihn nicht für voll genommen* (= ernst genommen; ugs.). *Er hat den Mund recht voll genommen* (= geprahlt; ugs.). Z u s a m m e n schreibt man, wenn *voll* Verbzusatz ist;

voll- ist hier in starkem Maße reihenbildend: *vollaufen (Das Faß läuft voll, ist vollgelaufen).* Entsprechend: *vollfüllen, vollgießen, vollmachen, vollstopfen, vollschreiben, vollzeichnen* u. a. In nachstehenden Fällen ist *voll-* bereits zum unbetonten Präfix geworden: *vollführen (ich vollführe, habe vollführt).* Entsprechend: *vollbringen, vollenden, vollstrekken, vollziehen.* ↑Zusammen- oder Getrenntschreibung (1.2).

vollendet: Das Adjektiv *vollendet* (im Sinne von „vollkommen") sollte in gutem Deutsch nicht gesteigert werden: *eine Plastik von vollendeter* (nicht: *vollendetster*) *Schönheit.* ↑Vergleichsformen (3.1).

vollendete Gegenwart, Vergangenheit, Zukunft: ↑Perfekt, ↑Plusquamperfekt, ↑Futur II.

voller/voll: ↑voll (1).

vollkaskoversichert: Das adjektivische Partizip *vollkaskoversichert* wird in einem Wort geschrieben: *Der Wagen ist vollkaskoversichert* (↑kaskoversichert).

vollkommen: Bei dem Adjektiv *vollkommen* ist eine Steigerung eher möglich als bei ↑*vollendet: Sein Stil wird immer vollkommener* (= er vervollkommnet sich). Den Superlativ *vollkommenste* sollte man aber möglichst vermeiden. ↑Vergleichsformen (3.1).

vollste: ↑Vergleichsformen (3.1).

Vollverb: Unter einem Vollverb versteht man ein Verb, das in einem Satz das Prädikat allein bildet *(Er läuft über die Straße)* oder doch allein bilden könnte, wenn man eine zusammengesetzte Zeitform wie etwa in dem Satz *Er ist über die Straße gelaufen* durch eine nicht zusammengesetzte Zeitform ersetzt: *Er lief über die Straße.* Dies ist für das bei der Umschreibung der Zeitform *ist ... gelaufen* gebrauchte Verb *sein* nicht möglich; *sein* kann in diesem Satz in keiner Zeitstufe das Prädikat allein bilden. Es ist hier ↑Hilfsverb. In dem Satz *Er möge kommen* kann *kommen* allein das Prädikat bilden: *Er komme.* Es ist hier also ein Vollverb. Das Verb *mögen* kann hier nicht allein das Prädikat bilden. Es ist ↑Modalverb.

Vollwaise: Das Substantiv *die Vollwaise* wird heute an Stelle von *die Waise* für ein Kind gebraucht, das den Vater und die Mutter verloren hat. Das Substantiv *Waise* ist in seiner ursprünglichen Bedeutung „elternloses Kind" verblaßt und wurde häufig auch dann verwendet, wenn ein Kind nur den Vater oder die Mutter verloren hatte. Um Mißverständnisse auszuschließen, sind in der Amtssprache die Wörter *Halbwaise* und *Vollwaise* entstanden, die allgemein gebräuchlich geworden sind.

vom: Die Verschmelzung aus *von* und *dem* wird ohne Apostroph geschrieben. ↑Apostroph (1.2); ↑Präposition (1.2.1).

von: 1. Namenzusatz: Der Namenzusatz (Adelsprädikat) *von* wird am Satzanfang (*Von Gruber erschien zuerst;* vgl. aber ↑v.) und in substantivischen Aneinanderreihungen wie *Von-der-Recke-Straße* groß geschrieben. **2. Rektion:** Die Präposition *von* regiert den Dativ: *von meinem Vater; im Verlauf von drei Jahren.* Substantive, die von *von* abhängig sind, müssen daher im Plural auf *-n* ausgehen (ausgenommen bei *s*-Plural: *von den Autos, von den Steaks*). Auch bei Substantiven auf *-el* muß der Dativ Plural mit *-n* erscheinen: *Verkauf von Möbeln* (nicht: *von Möbel*); *Einsatz von Landesmitteln* (nicht: *von Landesmittel*). Ebenso heißt es richtig: *Verzinken von Drähten* (nicht: *von Drähte*). Vgl. aber ↑Unterlassung der Deklination (1.3), ↑Maß-, Mengen- und Münzbezeichnungen (1). **3. von Amts wegen:** Die Präposition *von – wegen* steht mit dem Genitiv: *von Amts, von Rechts wegen.* **4. Genitiv oder *von* + Dativ?:** Der Genitiv wird in vielen Fällen, und zwar nicht nur in der Umgangssprache, durch *von* + Dativ ersetzt: *die Hälfte meines Vermögens/von meinem Vermögen* (↑Genitivattribut [1.2]); *eine Schar fröhlicher Kinder/von fröhlichen Kindern* (↑Genitivattribut [1.2]); *das Haus meines Va-*

ters/von meinem Vater (↑Genitivattribut [1.3.3]); *eine Frau stolzen Betragens/von stolzem Betragen* (↑Genitivattribut [1.4]). **5. der Lärm von mit Eisen beladenen Lastkraftwagen:** Das Nebeneinanderstellen mehrerer Präpositionen soll man aus stilistischen Gründen nach Möglichkeit vermeiden, besonders dann, wenn es mehr als zwei sind, weil die verschiedenen ineinandergeschachtelten Bezüge das Verständnis erschweren. Außerdem klingen solche mit Präpositionen gehäuften Konstruktionen unschön: *der Lärm von mit Eisenstangen beladenen Lastkraftwagen; das Auftreten von durch den Frost verursachten Rissen.* Während die Fügungsweise mit zwei Präpositionen noch erträglich ist, ist das Nebeneinander von drei Präpositionen stilistisch schlecht: *Die Straße wird viel von mit über zehn Tonnen Baumaterial beladenen Lastkraftwagen befahren.* Man zieht in diesen Fällen besser eine Umschreibung vor: *Die Straße wird viel von Lastkraftwagen befahren, die mit Baumaterial von mehr als zehn Tonnen beladen sind.* In der recht häufig auftretenden Verbindung *von über* ist *über* allerdings meist Adverb: *Es war ein Weg von über zwei Stunden. Städte von über 10000 Einwohnern. Eine Schneedecke von über 10 Zentimeter[n].* Das Substantiv wird hier von der Präposition *von* regiert. ↑über (2); ↑Maß-, Mengen- und Münzbezeichnungen (1). **6. von – an/ab:** Der Gebrauch von *von – ab* an Stelle von *von – an* sollte in gutem Deutsch gemieden werden: *von da an* (nicht: *ab*), *von Montag an* (nicht: *ab*), *von frühester Jugend an* (nicht: *ab*). Die Verbindung *von – ab* beruht wahrscheinlich auf einer ↑Kontamination aus *von – an* und *ab.* Zu *ab Hamburg* oder *von Hamburg [an]* ↑ab (2). **7.** Zu *unter Angabe von Geburtsdatum, Name* (nicht: *Namen*), *Dienstgrad* ↑Unterlassung der Deklination (1.2). Zu *von* im Vergleich mit *auf Grund, durch* usw. ↑auf Grund/durch/infolge/von/vor/wegen/zufolge.

von/durch/mit: Zur Verwechslung dieser Präpositionen bei der Bildung des Passivs ↑Passiv (1).

von/vor: Manche Verben können mit *von* oder mit *vor* verbunden werden: *Das Zimmer strahlte von/vor Sauberkeit. Seine Kleider strotzen von/vor Schmutz.* Im allgemeinen zieht man es heute vor, hier die Präposition *vor* zu gebrauchen. Das gilt besonders für die Verben des Schützens und Schirmens: *Mademoiselle grollte mir, weil ich ... sie nicht vor den Widrigkeiten ... beschützt hatte* (Maass). *Wir müssen sie* (= die Menschen) *bewahren vor üblen Elementen* (Kirst). *Ich habe ihn nicht vergiftet, ich habe ihn nur vor dem Galgen gerettet* (Rinser). Bei *erretten* hat sich allerdings *von* bis heute erhalten: *... damit sie Diederich von seinen Feinden erretteten* (H. Mann). *Siebenmal vom Tode errettet* (Jahnn). Sonst ist *von* veraltet: *Wer rettete vom Tode mich, von Sklaverei?* (Goethe). Auch bei *sich drücken* steht heute gewöhnlich *vor: ... mit dem Zweck, sich vor der Feindfahrt zu drükken* (Ott; aber derselbe Autor: *... wie der es wohl angestellt hatte, sich vom Kommiß zu drücken*).

von dem, von der/davon, wovon: ↑Pronominaladverb (4).

von ihm, von ihr, von ihnen/davon: ↑Pronominaladverb (4).

von ... und ihren/ihrer · von ... und seinen/seiner: ↑Präpositionalattribut.

von was/wovon: Standardsprachlich ist in der Regel das Pronominaladverb *wovon: Wovon habt ihr gesprochen?* Die Verbindung *von + was (Von was habt ihr gesprochen?)* kommt in der gesprochenen Sprache häufig vor und ist stark umgangssprachlich gefärbt. ↑Pronominaladverb (4 und 5).

voneinander: Getrennt vom folgenden Verb schreibt man, wenn *voneinander* eine Wechselbezüglichkeit, eine Gegenseitigkeit (bei Personen) ausdrückt: *Wir werden nichts voneinander haben. Wir müssen voneinander scheiden. Wir haben nichts voneinander ge-*

wußt. Zusammen schreibt man, wenn *voneinander* Verbzusatz ist: *Wir wollen voneinandergehen* (= uns trennen). ↑Zusammen- oder Getrenntschreibung (1.4).

vonnöten: ↑Verblassen des Substantivs.

vonstatten: ↑Verblassen des Substantivs.

vor: ↑auf Grund/durch/infolge/von/vor/wegen/zufolge.

vor/von: ↑von/vor.

vor allem: Zu Sätzen wie *Dieser Brief und vor allem ihre Freundschaft schien/schienen ihm zu genügen* ↑Kongruenz (1.3.2).

vor allem, wenn (weil usw.)/ vor allem wenn (weil usw.): Ein Komma steht, wenn *vor allem* als Umstandsbestimmung besonders betont wird: *Ich freue mich vor allem, wenn du mich recht bald besuchst.* Das Komma kann aber fehlen, wenn *vor allem wenn* als Einheit empfunden wird: *Ich freue mich auf deinen Besuch, vor allem wenn du die Kinder mitbringst.*

vor dem, vor den, vor die, vor das/davor, wovor: ↑Pronominaladverb (4).

vor was/wovor: Standardsprachlich ist in der Regel das Pronominaladverb *wovor: Wovor fürchtest du dich?* Die Verbindung *vor + was (Vor was fürchtest du dich?)* kommt in der gesprochenen Sprache häufig vor und ist stark umgangssprachlich gefärbt. ↑Pronominaladverb (4 und 5).

vorangehend: Klein schreibt man *vorangehend* (auch in Verbindung mit dem Artikel), wenn es wie ein Pronomen gebraucht wird: *Wer vorangehendes liest, erkennt ... Aus vorangehendem ergibt sich ... Das vorangehende war schon geschrieben, als ...* In allen diesen Beispielen hat *vorangehendes* die Bedeutung „obiges". Ebenso: *im vorangehenden* (= weiter oben). Groß schreibt man, wenn das Partizip in rein substantivischer Bedeutung gebraucht wird: *Die Vorangehenden verfehlten den Weg.* In einigen Fällen ist sowohl Groß- wie Kleinschreibung möglich: *das vorangehende* (= obiges), aber: *das Vorangehende* (= das oben Gesagte). ↑Groß- oder Kleinschreibung (1.2.4); ↑folgend (2).

voraus: Das Adverb *voraus* wird immer klein geschrieben. Das gilt besonders für die Fügung *im voraus: Wir danken Ihnen im voraus* (nicht: *im Voraus) für Ihre Bemühungen.*

vorausdatieren: ↑vordatieren/vorausdatieren; nachdatieren/zurückdatieren.

vorausgesetzt: **1.** An *vorausgesetzt* kann ein Nebensatz nur mit *daß,* nicht mit *wenn* angeschlossen werden. Der Nebensatz nach *vorausgesetzt* gibt nämlich den Inhalt der Voraussetzung an (Inhaltssatz mit *daß*), nicht aber ihre Bedingung (Konditionalsatz mit *wenn*): *Vorausgesetzt, daß das Geld bald bewilligt wird ... Nach den Berechnungen können täglich drei Kilometer Straßendecke betoniert werden, vorausgesetzt, daß keine Störungen auftreten.* **2.** Nach diesem *vorausgesetzt* steht immer ein Komma: *Wir wollen baden gehen, vorausgesetzt, [daß] die Sonne scheint. Die Strecke läßt sich gut fahren, vorausgesetzt, der Wagen hat Winterreifen. Gute Reifen vorausgesetzt, ist die Strecke leicht zu bewältigen.*

voraussetzend: Zu *Ihr Einverständnis vorausetzend ...* ↑erstes Partizip (2).

vorbehaltlich: Die Präposition *vorbehaltlich* „unter dem Vorbehalt" steht mit dem Genitiv: *vorbehaltlich behördlicher Genehmigung.* In der Fügung *eine vorbehaltliche* (= mit Vorbehalt gegebene) *Genehmigung* ist *vorbehaltlich* Adjektiv.

vorbeidefilieren: ↑Verb (3).

vorbeischießen: Das Verb *vorbeischießen* (= das Ziel verfehlen) ist intransitiv: *Alle haben am Ziel vorbeigeschossen.* Der transitive Gebrauch des Verbs ist heute ganz ungewöhnlich: *Ich fürchte für die Schwäne, die wegen ihrer Größe und Vertrautheit kaum vorbeizuschießen sind* (Lehndorff).

Vorbeugung: An *Vorbeugung* kann das von diesem Wort abhängende Substantiv nur mit der Präposition *gegen* angeschlossen werden: *zur Vorbeugung gegen ein Unglück. Es mag ja sein, daß die sicherste Vorbeugung gegen den Krieg die immer schrankenlosere Rüstung mit immer fürchterlicheren Waffen ist* (Augstein). Nicht korrekt ist der Anschluß eines Genitivs *(zur Vorbeugung eines Unglücks).*

vordatieren/vorausdatieren; nachdatieren/zurückdatieren: Das Verb *vordatieren* hat heute zwei Bedeutungen. Im ursprünglichen Sinne bedeutet es „etwas mit einem früheren Datum versehen". Heute wird das Wort aber auch mit der entgegengesetzten Bedeutung „etwas mit einem späteren Datum versehen" gebraucht. Um Mißverständnisse zu vermeiden, sollte das bereits gebräuchliche Verb *vorausdatieren* (= im voraus datieren) anstelle des weniger deutlichen Verbs *vordatieren* verwendet werden, wenn die Bedeutung „mit einem späteren Datum versehen" gemeint ist. Anderseits sollte man das ebenfalls schon gebräuchliche Verb *zurückdatieren* anstelle von *vordatieren* verwenden, wenn die Bedeutung „mit einem früheren Datum versehen" gemeint ist. Das Verb *nachdatieren* sollte ebenfalls vermieden werden, da es mißverständlich ist: Es kann ebenso wie *vordatieren* sowohl die Bedeutung „mit einem früheren Datum versehen" als auch die Bedeutung „mit einem späteren Datum versehen" haben. (Als „früheres Datum" ist hier ein Datum gemeint, das vor dem Tag der Ausfertigung liegt, als „späteres Datum" eines, das nach dem Tag der Ausfertigung liegt.)

vorderhand: ↑Verblassen des Substantivs.

Vordermann: Der Plural zu *Vordermann* (= jmd., der unmittelbar vor einem anderen steht, sitzt usw.) lautet *die Vordermänner.*

Vordersatz: Ein Vordersatz ist Nebensatz, der dem übergeordneten Satz vorangeht: *Da ich krank war, konnte ich euch leider nicht besuchen.* ↑Nachsatz; ↑Zwischensatz.

vorderst: Klein schreibt man *vorderst* auch in Verbindung mit einem Artikel, wenn der vorderste der Reihe nach gemeint ist: *Er war der vorderste.* Groß schreibt man aber die Substantivierung (= bestimmter substantivischer Begriff): *Er will immer der Vorderste* (= dem Range nach) *sein.* ↑Groß- oder Kleinschreibung (1.2.4).

Vorderteil: Das Substantiv *Vorderteil* wird meistens sächlich gebraucht: *das Vorderteil.* Daneben kommt aber auch männliches Geschlecht vor: *der Vorderteil.*

vordringlich/dringlich: ↑dringlich/vordringlich.

Vordruck: Der Plural heißt *die Vordrucke* (↑Druck).

voreinander: Das Adverb *voreinander* schreibt man immer vom folgenden Verb getrennt: *Sie haben sich voreinander gefürchtet, geschämt. Sie müssen sich voreinander hüten. Wie sie voreinander stehen!* ↑Zusammen- oder Getrenntschreibung (1.4).

vorenthalten: Das Verb *vorenthalten* ist eine unfeste Zusammensetzung: *Die Regierung enthält die Information der Presse noch vor.* Daneben aber auch: *Die Regierung vorenthält ...* ↑Verb (2.4).

Vorfahrt[s]-: Entsprechende Zusammensetzungen stehen mit und ohne ↑Fugen-s: *Vorfahrt[s]recht, -regel, -schild, -straße.* ↑-fahrt[s]-.

Vorgegenwart: ↑Perfekt.

Vorhalte/Vorhaltungen: Im Sinne von „ernste Ermahnungen" kennt die Gemeinsprache nur das Wort *Vorhaltungen.* Daneben ist in der Schweiz *Vorhalte* üblich: *jemandem Vorhaltungen/Vorhalte machen.* Sonst kommt die Form *Vorhalt* nur in bestimmten Fachsprachen vor (Musik, Schießlehre). ↑Verbalsubstantiv (1.4).

vorher: Das Adverb *vorher* schreibt man vom folgenden Verb getrennt, wenn es im Sinne von „früher" gebraucht wird: *Wir wollen vorher* (= vor den andern) *gehen. Er hat den Zeitpunkt vorher bestimmt. Er hätte das vorher sagen sollen.* Zusammen schreibt man, wenn *vorher* im Sinne von „voraus“ verwendet wird: *Das war alles vorherbestimmt* (= vorausbestimmt). *Er ist vorhergegangen* (= vorausgegangen). *Er hat das vorhergesagt* (= vorausgesagt).

vorhergehend: Klein schreibt man *vorhergehend* (auch in Verbindung mit dem Artikel), wenn es wie ein Pronomen gebraucht wird: *Wer vorhergehendes beachtet ... Aus vorhergehendem ergibt sich ... Das vorhergehende war schon geschrieben, als ...* In allen diesen Beispielen hat *vorhergehendes* die Bedeutung „obiges“. Ebenso: *im vorhergehenden* (= weiter oben). Steht der Artikel voran, dann kann auch groß geschrieben werden: *das vorhergehende* (= obiges), aber: *das Vorhergehende* (= das oben Gesagte). ↑folgend (2); ↑Groß- oder Kleinschreibung (1.2.4).

vorherrschend: ↑vorwiegend/überwiegend.

vorhinein: In der im Österreichischen üblichen Fügung *im vorhinein* für „vorher, im voraus“ wird *vorhinein* immer klein geschrieben. ↑nachhinein.

vorig: Klein schreibt man das fürwörtlich gebrauchte *vorig,* auch wenn ein Artikel vorangeht: *voriges; der, die, das vorige.* Klein schreibt man *vorig* auch, wenn ein Artikel vorangeht, beide Wörter aber für „weiter vorher“ stehen: *im vorigen.* Groß schreibt man die Substantivierung: *die Vorigen* (= Personen des Theaterstückes), *das Vorige* (= die vorigen Aufführungen). ↑Groß- oder Kleinschreibung (1.2.4).

Vorkommen/Vorkommnis: Die beiden Wörter haben verschiedene Bedeutung: Der substantivierte Infinitiv *das Vorkommen* bezeichnet das Vorhandensein und die gebietsweise Verbreitung von Rohstoffen: *An der Nordseeküste sind ergiebige Erdgasvorkommen entdeckt worden.* Das Substantiv *Vorkommnis* bezeichnet ein Geschehen, ein Ereignis oder einen ärgerlichen Vorfall: *Der Lift wurde gerade repariert, ein häufiges Vorkommnis im Hotel de Bourgogne* (Baum).

Vorlage/Vorlegung: ↑Verbalsubstantiv (1.4).

vorliegend: Klein schreibt man das pronominal gebrauchte *vorliegend: vorliegendes.* Klein schreibt man *vorliegendes* auch, wenn ein Artikel vorangeht, beide aber für „hier“ stehen: *im vorliegenden.* Groß schreibt man die Substantivierung: *das Vorliegende.* ↑Groß- oder Kleinschreibung (1.2.4).

vorm: Die Verschmelzung von *vor* und *dem* wird ohne Apostroph geschrieben. ↑Apostroph (1.2); ↑Präposition (1.2.1).

vormittag/vormittags/Vormittag: Groß schreibt man das Substantiv: *am Vormittag; eines Vormittags.* Klein schreibt man die Adverbien *vormittag* und *vormittags: heute vormittag; am Montag vormittag; montags vormittags.* ↑Adverb (3).

Vormund: Das Substantiv *Vormund* hat zwei Pluralformen: *die Vormunde* und *die Vormünder.*

vorn: Die Verschmelzung von *vor* und *den* wird ohne Apostroph geschrieben. Dieses *vorn* wird gewöhnlich in der Umgangssprache verwendet. ↑Präposition (1.2.1); ↑Apostroph (1.2).

Vornamen

1 Rechtschreibung

1.1 Schreibung von Vornamen

Für die Schreibung der Vornamen gelten im allgemeinen die heutigen Rechtschreibregeln. Gewisse Abweichungen sind jedoch zulässig:

Kordula neben Cordula, Claus neben üblichem Klaus, Clara neben üblichem Klara, Carl neben üblichem Karl, Thilo neben Tilo, Reiner neben Rainer, Gertraut neben Gertraud, Gerhar[d]t neben Gerhard, Liselotte neben Lieselotte.

Deutschstämmige Vornamen werden im allgemeinen nicht mehr mit dem sprachgeschichtlich falschen ph, sondern mit f geschrieben:

Rudolf, Adolf.

Deutschstämmige Vornamen können angestammtes h bewahren, aber auch aufgeben:

Berthold - Bertold, Diether - Dieter, Günther - Günter, Walther - Walter, Wernher - Werner, Eckhart - Eckart.

So kommt auch *Bertha* neben *Berta* vor, obwohl das *h* hier sprachgeschichtlich nicht berechtigt ist.
Ihr h behalten nach dem Vorbild von berühmten Namensträgern *Lothar, Mathilde* und die aus dem Germanischen stammenden Namen *Theoderich, Theobald.* Fremde Vornamen werden in der fremden Schreibweise geschrieben: *Jean, John, Christa, Dorothea* und die aus dem Griechischen stammenden Namen *Theodora, Theodor, Theophil.*
Volkstümlich gewordene Vornamen gleichen sich nach und nach der deutschen Schreibweise an:

Josef, Zita, Käte, Felizitas.

1.2 Schreibung von Doppelnamen, Vornamen und Berufsbezeichnung u. ä.

Doppelnamen, die nur einen Hauptton tragen, werden im allgemeinen zusammengeschrieben:

Lieselotte, Ingelore, Annemarie, Hansjoachim, Karlheinz, Hansjürgen, Wolfdieter.

Mit Bindestrich schreibt man, wenn die Namen zwar als Einheit gesehen werden, aber eine gewisse Selbständigkeit behalten sollen:

Hans-Joachim, Karl-Heinz, Klaus-Rainer.

Getrennt schreibt man, wenn beide Namen ihre Selbständigkeit bewahren sollen. Das ist immer der Fall, wenn beide Namen mehrere Silben haben:

Hans Jürgen, Karl Heinz, Johann Wolfgang, Erika Sabine.

Der Bindestrich steht immer bei einer Zusammensetzung aus einer Berufsbezeichnung und einem Vornamen, weil die den Namen bestimmende Bezeichnung besonders hervorgehoben werden soll:

Bäcker-Anna, Schuster-Franz, Förster-Otto.

Den Bindestrich setzt man auch, wenn Vor- und Familienname umgestellt sind und der Artikel vorangeht. Der Familienname ist hier Bestimmungswort zum Vornamen:

der Huber-Franz, die Hofer-Marie.

Zusammen schreibt man alle anderen Zusammensetzungen aus einem Substantiv und einem Vornamen:

Wurzelsepp, Schützenliesel, Suppenkaspar.

1.3 Komma bei Vornamen?

Zwei oder mehrere Vornamen vor einem Familiennamen stehen immer ohne Komma:

Hans Dieter Kai Schulz (nicht: Hans, Dieter, Kai Schulz).

Fehler dieser Art sieht man besonders in Geburtsanzeigen; man schreibe also nicht:

Heiko, Thomas
Unser Stammhalter ist angekommen.

1.4 Schreibung der von Vornamen abgeleiteten Adjektive

Die von Vornamen abgeleiteten Adjektive werden wie die von Familien- und Personennamen abgeleiteten Adjektive geschrieben. Sie werden groß geschrieben, wenn sie die persönliche Leistung oder Zugehörigkeit ausdrücken:

das Wilhelminische Zeitalter (des Kaisers Wilhelm II.), das Viktorianische Zeitalter (der Königin Viktoria).

Sie werden klein geschrieben, wenn sie die Gattung bezeichnen oder wenn sie zum Ausdruck bringen, daß etwas nach einer Person benannt worden ist oder ihrem Geist entspricht:

die ottonische Kunst (die Kunst zur Zeit der Ottonen).

Vergleiche auch ↑Personennamen (5), ↑Groß- und Kleinschreibung (1.2.2).

2 Genus

Das Genus der Vornamen stimmt meist mit dem natürlichen Geschlecht überein:

der kleine Karl, der reiche Schulze, die fleißige Liese, die kluge Schmidt; Maria Theresia und ihre Zeit

Ausnahmen bilden die Neutra der Verkleinerungsformen auf *-chen, -lein* und *-le:*

das niedliche Karlchen, das altkluge Lottchen, das vierjährige Ingelein, das arme Hannele.

Bei der Verkleinerungsform auf *-(e)l* richtet sich jedoch das Genus im allgemeinen nach dem natürlichen Geschlecht:

die fleißige Gretel, die (aber auch: das) schöne Liesel, der (aber auch: das) dumme Hansel.

Im Brief können bei einer bestimmten Form des Briefschlusses Zweifel auftreten, ob es heißt: *Ihr dankbares Lenchen Schmidt* oder: *Ihre dankbare Lenchen Schmidt.* Meist zieht man hier formal-grammatische Übereinstimmung vor und schreibt: *Ihr dankbares Lenchen Schmidt.*

3 Verweise

Zum Artikel bei Vornamen ↑Personennamen (1); zur Deklination ↑Personennamen (2 und 3).

Vorort-/Vororts-: Die Zusammensetzungen mit *Vorort* sind mit und ohne Fugen-s gebräuchlich: *Vorortsverkehr/Vorortverkehr; Vorortszug/Vorortzug* usw. ↑Fugen-s (3).

vors: Die Verschmelzung von *vor* und *das* wird ohne Apostroph geschrieben. ↑Präposition (1.2.1); ↑Apostroph (1.2).

Vorsilbe: ↑Präfix, ↑Verbzusatz.

Vorsitzer/Vorsitzender: Das Wort *Vorsitzer,* die ältere Form, ist heute weitgehend durch *Vorsitzender* verdrängt. Dabei werden die beiden Substantive ohne Bedeutungsunterschied gebraucht. Im deutschen Aktienrecht gilt seit 1965 nur noch die Form *Vorsitzender (des Aufsichtsrats, des Vorstands).* Im Vereinswesen hat sich dagegen die Form *Vorsitzer* z. T. erhalten. Zur Anschrift ↑Brief (1 und 7).

Vorspiegelung falscher Tatsachen: Diese Wendung ist eigentlich unsinnig, denn das Substantiv *Vorspiegelung* hat schon die Bedeutung „Täuschung", schließt also die Bedeutung von *falsch* ein. Auch schließt das Wort *Tatsache* die Bedeutung von *wahr* ein und schließt damit das Attribut *falsch* aus, weil es keine falschen Tatsachen geben kann: Trotzdem ist die Wendung *Vorspiegelung falscher Tatsachen* sprachüblich geworden.

vorstehend: Klein schreibt man das pronominal gebrauchte *vorstehend: Wir bitten vorstehendes zu beachten.* Klein schreibt man *vorstehend* auch, wenn ein Artikel vorangeht, beide Wörter aber für „weiter oben" stehen: *im vorstehenden.* Groß schreibt man die Substantivierung: *das Vorstehende* (= das vorher Gesagte). ↑Groß- oder Kleinschreibung (1.2.4).

Vorvergangenheit: ↑Plusquamperfekt.

vorwärts: Groß schreibt man *vorwärts* in Namen: *Marschall Vorwärts* (Beiname Blüchers). Getrennt vom folgenden Verb schreibt man, wenn *vorwärts* in seiner ursprünglichen Bedeutung gebraucht wird: *Er hat den im Schlamm steckenden Wagen nur mühsam vorwärts gebracht. Er ist immer vorwärts gegangen.* Zusammen schreibt man, wenn durch die Verbindung ein neuer Begriff entsteht: *Er hat das Unternehmen vorwärtsgebracht* (= gefördert). *Nach der schlimmen Zeit ist es endlich wieder vorwärtsgegangen* (= besser geworden). *Er ist in letzter Zeit schnell vorwärtsgekommen* (= im Beruf u. a. vorangekommen). ↑Zusammen- oder Getrenntschreibung (1.4), ↑-wärts.

vorwiegend/überwiegend: Das Wort *vorwiegend* wird im allgemeinen nur adverbial (nicht adjektivisch) gebraucht: *Was die Schüler betraf, ... so waren sie vorwiegend bürgerlich-intellektueller Herkunft* (K. Mann). Von den Sprachpflegern ist der Gebrauch des Wortes *vorwiegend* getadelt worden, weil sie in ihm eine ↑Kontamination aus *vorherrschend* und *überwiegend* gesehen haben. Diese Herleitung ist nicht überzeugend. Das Wort ist vielmehr das erste Partizip von dem Verb *vorwiegen* „ein Vorgewicht haben, mehr wiegen".

VW: ↑Autotypenbezeichnungen.

w: Zur Schreibung und Deklination ↑Bindestrich (2.4) *(W-Schreibung);* ↑Einzelbuchstaben *(des W, zwei W);* ↑Groß- oder Kleinschreibung (1.2.5) *(das w in Squaw).*

-w: Zur Silbentrennung *Güstrow-er, Teltow-er* (nicht: *Güstro-wer, Teltower*) ↑Einwohnerbezeichnungen (6).

Waag[e]rechte: Das substantivierte Adjektiv schwankt zwischen schwacher und starker Beugung. Mit Artikel wird es nur schwach (wie ein Adjektiv) gebeugt: Genitiv: *der Waag[e]rechten,* Plural: *die Waag[e]rechten.* Ohne Artikel (in Verbindung mit einer Kardinalzahl z. B.) kommt im Plural auch starke Beugung vor: *zwei Waag[e]rechten* und *zwei Waag[e]rechte.* ↑substantiviertes Adjektiv (2.2.1).

wach: Getrennt schreibt man das Adjektiv vom folgenden Verb, wenn es in ursprünglicher Bedeutung gebraucht wird (beide Wörter tragen Starkton): *wach sein, werden, bleiben; sich wach halten.* Zusammen schreibt man, wenn durch die Verbindung ein neuer Begriff entsteht (nur das erste Glied trägt Starkton): *Wir wollen sein Interesse wachhalten* (= lebendig erhalten). *Das hat seinen Ehrgeiz wachgerufen* (= hervorgerufen). *Diese Nachricht hat ihn wachgerüttelt* (= aufgerüttelt). ↑Zusammen- oder Getrenntschreibung (1.2 und 1.5).

wachsen: Bei dem unregelmäßigen Verb *wachsen* „größer werden" tritt in der 2. und 3. Person Präsens Indikativ Aktiv Umlaut ein: *du wächst, er wächst.* Das Präteritum hat Ablaut: *wuchs.* Das zweite Partizip lautet *gewachsen.* ↑Verb (1). Bei dem regelmäßigen Verb *wachsen* „mit Wachs einreiben" dagegen tritt bei der 2. und 3. Person Präsens Indikativ Aktiv kein Umlaut ein: *du wachst, er wachst.* Das Präteritum lautet *wachste,* das zweite Partizip *gewachst.*

wagen: Wenn *wagen* mit einem erweiterten Infinitiv mit *zu* verbunden ist, kann man das Komma setzen oder weglassen. Es kommt darauf an, ob man *wagen* als Vollverb oder als Hilfsverb auffassen will: *Wagst du, diesen Brief zu schreiben?* oder: *Wagst du diesen Brief zu schreiben?* Tritt zu *wagen* ein Adverb o. ä., dann muß das Komma gesetzt werden, weil *wagen* dann nur Vollverb sein kann: *Sie wagte kaum, ihn anzusprechen.* ↑Komma (5.1.4).

Wagen: Der Plural lautet standardsprachlich *die Wagen.* Die umgelautete Pluralform *die Wägen* wird landschaftlich, vor allem in Süddeutschland, gebraucht. ↑Plural (1).

wägen: 1. Konjugation: Das Verb *wägen* wird gewöhnlich unregelmäßig gebeugt: *wog, gewogen: Lattens goldgelbe Augen ruhten prüfend auf seiner Tochter, er wog jedes Wort, das er sprach, in ihrer Miene* (Andres). Die regelmäßige Beugung *wägte, gewägt* ist selten: *Er wägte jedes ihrer Worte.* Der Konjunktiv II zu *wägen* lautet *wöge.* **2. wägen/wiegen:** Zwischen den ursprünglich sinngleichen unregelmäßigen Verben *wiegen* und *wägen* wird heute in der Gemeinsprache klar unterschieden: Das Verb *wiegen* wird gebraucht, wenn das Gewicht eines Gegenstandes festgestellt werden soll. Es kann transitiv und intransitiv verwendet werden: *Er mußte den ganzen Lastzug vor Antritt der Fahrt wiegen. Teichmann schien es, als wiege er jetzt mehrere Zentner* (Ott). Bildlich: *Diese Worte wiegen schwer.* Übertragen im Sinne von „das Gewicht in der Hand abschätzen; (nachdenklich) in der Hand bewegen": *Der Verleger wiegt das Buch kurz in der Hand und reicht es dann weiter. Gedankenverloren wog er die Waffe in der Hand.* Das Verb *wägen* wird dagegen im Sinne von „genau prüfend bedenken" gebraucht: *Erst wägen, dann wagen! Er wog/wägte jedes ihrer Worte.* In seiner alten konkreten Bedeutung „wiegen, das Gewicht von etwas bestimmen" wird *wägen* heute gelegentlich in den Fachsprachen verwendet; im Sinne von „das Gewicht in der Hand abschätzen; (nachdenklich) in der Hand bewegen" ist es dagegen veraltet.

Wahlmann: Der Plural lautet *die Wahlmänner* (nicht: *-leute*). ↑Mann (2).

wahr: 1. Klein schreibt man das Adjektiv: *eine wahre Geschichte, der wahre Standort* usw. Klein schreibt man auch in der Fügung *der wahre Jakob* (= der rechte Mann, das Richtige; ugs.). Groß schreibt man die Substantivierung: *Daran ist schon etwas Wahres. Ein kühles Bad ist jetzt das einzig Wahre.* **2.** Getrennt schreibt man das Adjektiv vom folgenden Verb, wenn *wahr* in ursprünglicher Bedeutung gebraucht wird (beide Wörter tragen Starkton): *wahr sein, werden, bleiben. Er hat die Erzählung für wahr gehalten.* Zusammen schreibt man, wenn durch die Verbindung ein neuer Begriff entsteht (nur das erste Glied trägt Starkton): *Er hat das nicht wahrhaben wollen* (= nicht gelten lassen wollen). *Sie hat aus den Karten wahrgesagt* (= prophezeit). ↑Zusammen- oder Getrenntschreibung (1.2 und 1.5).

[1]**während** (Konjunktion): Mit der unterordnenden temporalen Konjunktion *während* werden Nebensätze eingeleitet, die eine Gleichzeitigkeit mit dem im Hauptsatz beschriebenen Vorgang bezeichnen: „*Wer war das?" fragt Riesenfeld mich, während ich nach Kaffee suche* (Remarque). In vielen Fällen kann die Aussage im Nebensatz, der mit der temporalen Konjunktion *während* eingeleitet wird, aber auch als Gegensatz zum Inhalt des Hauptsatzes aufgefaßt werden. Dadurch erhält *während* den Charakter einer adversativen (entgegensetzenden) Konjunktion, wobei der temporale Bezug aber oft noch deutlich ist: *Da schwenkt ihr die Hüte, ballt die Fäuste und schreit, während die Nachwelt schon mit lichthungrigen Augen zu den hohen Fenstern hereinschaut, während der Atem der Zukunft leise die zerfetzten Fahnen bewegt, die über dem Sitz des Präsidenten Thuriot aufgehängt sind* (Sieburg). Nur noch entgegensetzend im Sinne von „wohingegen": *Ich möchte annehmen, daß die Rede der Tochter unmittelbar nach dem Angriff auf F ... geschrieben wurde, während die Rede des Sohnes erst ein halbes Jahr später ... entstanden sein dürfte* (Jens). Ob *während* temporal oder adversativ aufzufassen ist, kann oft nur aus Zusammenhängen erkannt werden. Beide Verwendungsweisen sind korrekt.

[2]**während** (Präposition): **1. Gebrauch:** Die Präposition *während* bezeichnet die Gleichzeitigkeit zweier Ereignisse oder den Zeitraum, in dem etwas geschieht oder nicht geschieht: *während der Vorstellung, während des Krieges. Es hat während des ganzen Urlaubs geregnet.* Eine Zeitdauer kann durch *während* nicht ausgedrückt werden: *Das Schneetreiben dauerte fünf Tage* (nicht: *während fünf Tagen*). *Drei Jahrhunderte* (nicht: *Während dreier Jahrhunderte*) *dauerte dieser Zustand.* **2. Rektion:** Die Präposition *während* wird im allgemeinen mit dem Genitiv verbunden: *Während des Experiments darf nicht geraucht werden. Während der nächsten fünf Jahre arbeitete er verbissen an dem Projekt. Der Flug dauerte zwei Stunden, während deren sie las. Die Zeitspanne, während deren das Ereignis stattgefunden haben muß ...* (↑Relativpronomen [2]). Ausnahmen: Bei einem stark gebeugten Substantiv im Plural wird *während* mit dem Dativ verbunden, wenn der Genitiv formal nicht zu erkennen ist (↑Präposition [2]): *während fünf Jahren.* Der Dativ steht auch, wenn ein stark gebeugtes Substantiv (Genitivattribut) zwischen *während* und das von dieser Präposition abhängende stark gebeugte Substantiv tritt: *Während meines Freundes aufschlußreichem Vortrag gingen bereits einige Zuhörer.* Sonst aber: *Während des aufschlußreichen Vortrages meines Freundes ...*

Währungsblock: Der Plural lautet *die Währungsblöcke,* seltener *die Währungsblocks.* ↑Block.

Währungseinheit: Zur Stellung der Währungseinheit bei Preisangaben (DM 17,-/17,- DM): ↑Maß-, Mengen- und Münzbezeichnungen (4).

Waidmann: ↑Weidmann.

Waise: Das Substantiv wird heute nur noch mit weiblichem Geschlecht gebraucht. Es heißt also *die Waise* nicht mehr *der Waise.*

Wald-/Waldes-: Entsprechende Zusammensetzungen haben im allgemeinen kein Fugenzeichen: *Waldameise, Waldbestand, Waldeinsamkeit, Walderdbeere, Waldfarn, Waldfrevel, Waldgeist, Waldgrenze, Waldhorn, Waldinneres, Waldlichtung, Waldschrat, Waldtaube, Waldwirtschaft.* Mit der Endung des Genitivs Singular: *Waldesdunkel, Waldeslust* und *Waldesrauschen.* Neben der Bildung *Waldrand* ist auch *Waldesrand* gebräuchlich. Die

Formen mit *-es-* werden im allgemeinen nur in gehobener Ausdrucksweise gebraucht (↑Fugenzeichen).

Walther von der Vogelweide: ↑Personennamen (2.2.1).

Wandale/Vandale: Die Bezeichnung für den Angehörigen eines germanischen Volksstammes und (übertragen) für einen zerstörungswütigen Menschen kann mit *w* oder mit *v* geschrieben werden; entsprechend: *Wandalismus/Vandalismus, wandalisch/vandalisch.* Die Aussprache ist bei beiden Schreibungen gleich.

wandern: Das Bewegungsverb *wandern* wird im Perfekt mit *sein* umschrieben: *Ich bin früher viel gewandert. Sie sind von Lech nach Zug gewandert.* Zu *ich wandere/wandre* ↑-e (9); ↑Indikativ (3).

Wanderung/Wandrung: Zum Ausfall des -e- ↑-e (9).

Wandrerin/Wanderin: Zu *Wand[e]rer* gibt es zwei weibliche Formen: *die Wandrerin* und *die Wanderin* (nicht: *die Wandererin*). ↑Substantiv (3).

wann/wenn: Die Partikeln *wann* und *wenn* dürfen nicht verwechselt werden: Das Adverb *wann* wird bei der Frage nach einem Zeitpunkt oder einer Bedingung gebraucht: *Wann trifft die Delegation ein? Wann ist ein Wagen vorschriftsmäßig geparkt?* Früher wurde *wann* häufig auch an Stelle von *wenn* verwendet: *In schönen Sommertagen, wann* (= an denen) *lau die Lüfte wehn* (Uhland). *Wann Menschenblut in neuen Adern kreist, erneuert sich der träge Menschengeist* (C. F. Meyer). Dieser Gebrauch von *wann* ist veraltet und gilt nicht mehr als korrekt. Demgegenüber ist *wenn* eine unterordnende Konjunktion: *Wenn die Ferien kommen, verreisen wir. Immer wenn er sich einsam fühlte, griff er zur Flasche. Wenn das stimmt, werde ich etwas unternehmen.*

war ... gewesen: Zu nicht korrekten Konstruktionen wie *Ich war beim Bäcker gewesen* (statt: *Ich bin beim B. gewesen*) ↑gewesen.

ward/wart: Die Form *ward* ist die ursprüngliche, heute seltene Form der 1. und 3. Person Singular Indikativ Präteritum von *werden: ich ward; er, sie, es ward;* dafür heute üblich: *ich wurde; er, sie, es wurde* (↑werden [1]). Davon zu unterscheiden ist *wart,* die 2. Person Plural Indikativ Präteritum von *sein: Wart ihr gestern auch im Kino?*

wäre/ist/sei: ↑sei/wäre.

warm: Getrennt schreibt man das Adjektiv vom folgenden Verb, wenn *warm* in seiner ursprünglichen Bedeutung gebraucht wird (beide Wörter tragen Starkton): *Die Mutter muß das Essen warm halten, stellen, machen.* Zusammen schreibt man, wenn durch die Verbindung ein neuer Begriff entsteht (nur das erste Glied trägt Starkton): *Wir müssen uns diesen Geschäftsfreund besonders warmhalten* (= uns seine Gunst erhalten). ↑Zusammen- oder Getrenntschreibung (1.2).

warnen: Wenn von *warnen* ein Nebensatz oder eine Infinitivgruppe abhängt, dürfen diese nicht verneint werden: Nicht korrekt: *Er warnte ihn, nicht zu schnell zu fahren.* Korrekt: *Er warnte ihn, zu schnell zu fahren.* ↑Negation (1).

-wärts: Die mit der Endung *-wärts* gebildeten Adverbien (*abwärts, aufwärts, auswärts, heimwärts, ostwärts, rückwärts, seitwärts, vorwärts* usw.) bezeichnen in der Regel die Richtung, nicht den Ort oder die Lage: *Vorwärts mit euch!* (Brecht). *Die Weiber waren bereits im Begriffe, heimwärts zu eilen* (Broch). Die richtungsangebende Funktion von *-wärts* ist jedoch bereits eingeschränkt, und gelegentlich werden die mit *-wärts* gebildeten Adverbien auch schon als Ortsangaben gebraucht, wobei jedoch die Richtungsangabe oft noch deutlich ist: *das weiter rückwärts im Schatten des Zentralhauses liegende Schwesternheim. ... die Hände rückwärts verschränkt* (Broch). Das Adverb *auswärts* wird nur noch als allgemeine Ortsbestimmung verwendet: *Diehn brachte viel Zeit auswärts, in* *der Kreisstadt und in der Gauhauptstadt zu* (Strittmatter). *Sie ist von auswärts gekommen.* ↑rückwärts.

warum/worum: Zwischen den beiden Wörtern wird heute unterschieden: Mit *warum* (Silbentrennung: *warum*) wird nach dem Grund gefragt, *worum (wor-um)* dagegen steht in der Frage nach dem Gegenstand: *Ich wollte wissen, warum* (nicht: *worum*) *er ihn geschlagen hatte.* Aber: *Worum* (nicht: *warum*) *handelt es sich?* Für *worum* steht umgangssprachlich auch oft *um was: Ich weiß nicht mehr, worum* (ugs.: *um was*) *es sich bei dem Gespräch drehte.* ↑Pronominaladverb (4 und 5).

was: 1. Der Apostroph steht nicht bei *was,* der umgangssprachlichen Verkürzung von *etwas: Du kannst gleich was erleben!* ↑Apostroph (1.1). **2.** Zu *an was/woran, mit was/womit, von was/wovon* usw. ↑Pronominaladverb (5). Zu *Was meinst/glaubst du, daß ...* und *Was du nicht willst, daß man dir tu', das füg auch keinem andern zu!* ↑das/daß. Zu *etwas, was/das* ↑etwas, was.

was – das: *Was ist es, das* (nicht: *daß*) *ich tun soll?:* In diesem Satz ist *das* Pronomen und nicht Konjunktion. Dies läßt sich feststellen, wenn man die Antwort auf die Frage formuliert: *Das, was du tun sollst ...* ↑das/daß, ↑Relativpronomen (4).

was für ein/welcher/was für welche: Mit *was für ein?* wird nach der Beschaffenheit, nach der Art oder dem Merkmal eines Wesens oder Dings gefragt: *Was für eine Schule besuchst du? Eine höhere. – Mit was für einem Auto fährt er die Ware auf den Markt? Mit einem kleinen Lieferwagen. – Was für einen Wein trinken Sie am liebsten? Einen milden Weißwein. – Was für ein Mann ist das? Ein großer, blonder.* Gelegentlich wird in der Umgangssprache *was für ein* fälschlich im aussondernden Sinne an Stelle von *welcher* gebraucht. Nicht: *Was für ein Kleid ziehst du an?* Sondern: *Welches Kleid* (= welches von den Kleidern) *ziehst du an?* Umgekehrt wird *welcher* gelegentlich fälschlich an Stelle von *was für einer* gebraucht. Nicht: *Welche Katze ist das?* Sondern: *Was für eine Katze ist das?* Bei *was für ein?* fällt, wenn ein Substantiv im Plural folgt, das *ein* weg: *Was für Autos parken denn dort? Was für Möglichkeiten ergeben sich hier?* Meist auch bei Stoffbezeichnungen: *Was für Papier willst du? Was für Wein trinkt er am liebsten?* – Die Trennung des *für* von *was* geht auf die ursprüngliche mittelhochdeutsche Wortfolge zurück und ist heute noch sehr volkstümlich: *Was bracht' es dem Kaiser für Gewinn?* (Schiller). *Was er für Vokabeln gebraucht!* (Th. Mann). – Steht *was für ein* vor einem Substantiv, wird nur *ein* dekliniert, und zwar wie der unbestimmte Artikel: *Was für eine Marke? Mit was für einem Auto?* Steht *was für ein* allein, dann wird *ein* wie das starke Zahlwort dekliniert: *Was für eines?* Diese alleinstehenden Formen von *ein* werden besonders in Norddeutschland häufig durch *welcher* ersetzt: *Wir haben ausgezeichneten Wein getrunken. Was für welchen?* (statt: *Was für einen?*). Im Plural lautet die Frage *was für* + Substantiv: *Es werden Bäume gepflanzt. Was für Bäume?* In Norddeutschland ist für *was für* + Substantiv im Plural *was für welche* gebräuchlich: *Im Park stehen viele schöne Bäume. Was für welche?* Ebenso: *Was sind denn das für welche* (statt: *Leute;* ↑welcher [6]).

waschen: Bei *waschen* tritt in der 2. und 3. Person Singular Indikativ Präsens Umlaut ein: *du wäschst, er wäscht.* Das Präteritum lautet *wusch,* der Konjunktiv II *wüsche.* ↑Verb (1).

Wasser: Im Sinne von „Wassermassen; Fluten; Gewässer" heißt die Pluralform *die Wasser: Du sollst die Pilgerzüge in Indien nach den heiligen Wassern des Ganges sehen* (Langgässer). *... gurgelnd verderben Mann und Roß in verschlingenden Wassern* (Th. Mann). Im übertragenen Sinn: *... mit allen Wassern gewaschen sein* (= durch viele Erfahrungen gewitzt sein, sich nicht überrumpeln lassen; ugs.). Die umgelautete Pluralform *die Wässer* wird dagegen verwendet, wenn es sich um präparierte, für den Menschen bestimmte Flüssigkeiten handelt: *wohlriechende, duftende Wässer; ... um das Rheuma mit linden Wässern zu behandeln* (Bamm). Vergleiche dazu auch die Zusammensetzungen *Abwässer, Mineralwässer, Sauerwässer* usw.

Wassernot/Wassersnot: Dem unterschiedlichen Gebrauch des Fugen-s bei diesen Zusammensetzungen entspricht ein Bedeutungsunterschied: *Wassernot* bezeichnet den Mangel an Wasser, *Wassersnot* eine Überschwemmung. ↑Fugen-s (3).

weben: Das Verb *weben* wird sowohl unregelmäßig *(wob, gewoben;* Konjunktiv II: *wöbe)* als auch regelmäßig *(webte, gewebt)* gebeugt. Zwischen beiden Formen wird bei der Verwendung unterschieden: Die unregelmäßigen Formen *wob, gewoben* werden meistens in der gehobenen Sprache verwendet, und zwar im übertragenen Gebrauch: *Die Sonne wob goldene Fäden. Um ihn wob sich ganz ohne äußeren Anlaß eine Art von Legendenbildungen* (Langgässer). *... sie erlebten eine Art Ekstase, gewoben aus Musik und Liebe* (Rinser). Die regelmäßige Beugung wird dagegen meist dann verwendet, wenn es sich um die Herstellung von Textilien handelt: *Dieser Teppich wurde maschinell gewebt. Die Frau webte die Matte selbst. Er trug eine handgewebte Krawatte.*

Wechselbalg: ↑Balg.

wechselbezügliches Fürwort: ↑reziprok.

weder – noch: 1. Komma: Vor *noch* steht kein Komma, wenn *weder – noch* Satzteile verbindet: *Weder er noch sie konnte schwimmen.* Ein Komma steht aber, wenn *weder – noch* Sätze verbindet: *Er hat ihm weder beruflich geholfen, noch hat er seine künstlerischen Anlagen gefördert.* Werden aber bei der Konjunktion *weder – noch* mit *noch* mehrere Satzglieder aneinandergereiht, dann werden diese Satzglieder durch ein Komma getrennt, weil es sich um eine Aufzählung handelt. Die Aufzählung beginnt jedoch erst nach dem ersten mit *noch* angereihten Satzglied. Das erste Komma steht deshalb zwischen dem ersten und zweiten mit *noch* angereihten Satzglied. Das gilt auch für die mit *weder* verbundenen Satzglieder: *Weder die Eltern, weder der Bruder noch der Lehrer, noch die Klassenkameraden wußten, wo Fritz war.* **2. Kongruenz:** Zu *Weder er selbst noch der andere wußte/wußten davon* ↑Kongruenz (1.3.10). **3. weder – weder/noch – noch:** Der Gebrauch von *weder – weder* oder *noch – noch* anstatt *weder – noch* war früher recht häufig: *Bin weder Fräulein, weder schön* (Goethe). *Noch Krankheit kannten sie, noch Furcht, noch Klage* (A. W. Schlegel). Heute gilt dieser Gebrauch nicht mehr als korrekt.

weg/fort: ↑fort/weg.

Weg-/Wege-/Weges-: Entsprechende Zusammensetzungen haben im allgemeinen kein Fugenzeichen: *Wegbereiter, Weggabelung, Wegrand, Wegscheid[e], Wegübergang, Wegunterführung, Wegweiser, Wegzehrung; wegkundig.* Mit Fugen-e: *Wegebau, Wegelagerer, Wegerecht.* Schwankend: *Weg[e]beschaffenheit* und *Weg[e]geld.* Zusammensetzungen mit der Endung des Genitivs Singular (Wegesrand usw.) werden nur in gehobener Sprache gebraucht. ↑Fugenzeichen.

wegen: 1. Rektion: Nach der Präposition *wegen* steht standardsprachlich der Genitiv: *wegen des schlechten Wetters, wegen Mangels an Beweisen. Aber des Kindes wegen, auf das ich wartete, begann alles sich für mich zu verändern* (Bachmann). *Karins wegen sind wir zu Hause geblieben.* Umgangssprachlich und landschaftlich wird *wegen* häufig mit dem Dativ verbunden: *Wegen dem Hund fuhr er nicht in Urlaub. Wegen mir brauchen sie nicht zu bleiben.* Dieser Gebrauch gilt nicht als korrekt. Dagegen wird *wegen* bei stark gebeugten Substantiven im Plural auch standardsprachlich mit dem Dativ verbunden, wenn der Genitiv formal nicht zu erkennen ist (↑Präposition [2]): *wegen Geschäften verreist sein* (aber sonst: *wegen dringender Geschäfte* ...). Der Jungbusch ist verrufen wegen mancherlei Vorfällen (Mannheimer Morgen). Der Dativ steht auch, wenn ein stark gebeugtes Substantiv (Genitivattribut) zwischen *wegen* und das von ihm abhängende Substantiv tritt: *Wegen unseres Freundes Kind mußte der Hund zu Hause bleiben.* (Sonst aber: *Wegen des Kindes unseres Freundes* ...) *Sie stritten sich wegen meines Bruders neuem Ball.* (Sonst aber: ... *wegen des neuen Balls meines Bruders.*) – Steht nach *wegen* ein stark zu beugendes Substantiv im Singular ohne Artikel und ohne Attribut, dann wird im allgemeinen die Genitivendung weggelassen: *Wegen Karin sind wir zu Hause geblieben. Wegen Umbau* (statt: *wegen Umbaus*) *gesperrt. Er mußte wegen Motorschaden* (statt: *wegen Motorschadens*) *aufgeben. Ohne unsere Verspätung wegen Schneesturm ... wären wir jetzt in Mexico-City gelandet* (Frisch). **2. wegen mir/meinetwegen:** Tritt die Präposition *wegen* zu einem Personalpronomen, dann werden die Zusammensetzungen *meinetwegen, deinetwegen, seinetwegen, unsretwegen* (auch: *unsertwegen*), *euretwegen* (auch: *euertwegen*), *ihretwegen* gebraucht. Die Fügungen *wegen mir, wegen uns* usw. gelten als umgangssprachlich, *wegen meiner* ist veraltet und kommt nur noch landschaftlich vor (Bayern, Schwaben, Westmitteldeutschland, Niederrhein). **3. wegen was/weswegen:** In der Umgangssprache wird *wegen was* gelegentlich an Stelle von *weswegen* gebraucht. Diese Verwendungsweise ist stilistisch unschön: *Weswegen* (nicht: *Wegen was*) *regst du dich so auf?* **4. Stellung:** Im allgemeinen steht die Präposition *wegen* vor dem abhängigen Substantiv. Nachstellung findet sich vor allem in der gehobenen Sprache, wobei das abhängige Substantiv immer im Genitiv steht (die unter 1 genannten Besonderheiten gelten hier nicht): ... *als sie Julika ihres schönen Haares wegen immer musterten* (Frisch). **5.** ↑auf Grund/durch/infolge/von/vor/wegen/zufolge.

weh: Die Verbindung *weh tun* steht mit dem Dativ: *Hast du dir weh getan? Ich habe mir an der Kante weh getan.*

Wehmut: Es heißt *die Wehmut* (↑-mut).

Wehr: Das weibliche Substantiv *die Wehr* (Plural: *die Wehren*) bedeutet „Rüstung, Befestigung, Verteidigung, Abwehr": *Menschen, die gewohnt sind, eine Wehr zu tragen* (Musil). Das sächliche Substantiv *das Wehr* (Plural: *die Wehre*) bezeichnet ein Stauwerk: *Das Wasser rauscht über das Wehr.*

weibisch: ↑Vergleichsformen (2.3).

weibliche Berufe: ↑Titel und Berufsbezeichnungen (3).

weibliches Substantiv: ↑Femininum.

weich: Getrennt schreibt man *weich* von dem folgenden Verb: *Ihr sollt die Eier weich kochen, das Fleisch weich klopfen.* Zusammen schreibt man *weich* mit einem 2. Partizip, wenn die Verbindung eigenschaftswörtlich gebraucht wird (nur das erste Glied trägt Starkton): *weichgedünstetes Gemüse, weichgeklopftes Fleisch, weichgekochte Eier.* Getrennt schreibt man, wenn die Vorstellung der Tätigkeit vorherrscht (beide Wörter tragen Starkton): *ein [wirklich] weich gekochtes Ei.* Dies gilt immer, wenn beide Wörter aussagend stehen: *Das Gemüse ist weich gedünstet. Das Fleisch ist weich geklopft. Das Ei ist weich gekocht.* ↑Zusammen- oder Getrenntschreibung (1.2).

Weidmann: 1. Schreibung: Das Substantiv wird ebenso wie die Zusammensetzungen (*Weidmannsheil, Weidwerk, Weidsack, Weidspruch* usw.) standardsprachlich mit *ei* geschrieben. In der Sondersprache der Jäger wird die Schreibung mit *ai* (*Waidmann* usw.) bevorzugt, obwohl diese Schreibung sprachgeschichtlich nicht begründet ist. Sie erklärt sich vermutlich daraus, daß die Schreibweise mit *ai* in einigen alten bayrischen und österreichischen Quellen vorkommt. **2. Plural:** Der Plural lautet *die Weidmänner* (nicht: *die Weidleute*). ↑Mann (2).

weihen: Das Verb *weihen* wird regelmäßig gebeugt *(weihte, geweiht)*. Das vereinzelt vorkommende unregelmäßige Partizip *gewiehen* ist landschaftlich (Moselgegend und Südwestdeutschland), es ist standardsprachlich nicht korrekt. ↑einweihen.

Weihnachten: 1. die Weihnacht/das Weihnachten/die Weihnachten: Das endungslose Substantiv *die Weihnacht* (Femininum Singular) wird gelegentlich neben der üblichen Form *Weihnachten* gebraucht: *Ich wünsche dir eine frohe Weihnacht/frohe Weihnachten.* Es ist vor allem in der religiösen Sprache zu finden, ebenso in der Wendung *zu Weihnacht.* Die Form *Weihnachten* wird aber standardsprachlich im allgemeinen als ein Neutrum Singular behandelt, aber vorwiegend ohne Artikel gebraucht: *Weihnachten ist längst vorbei. Weihnachten steht vor der Tür.* Im landschaftlichen Sprachgebrauch wird *Weihnachten* aber noch verschiedentlich, in Österreich und in der Schweiz zumeist, als Plural aufgefaßt und dann im allgemeinen mit bestimmtem Artikel oder mit einem Pronomen gebraucht: *nach den Weihnachten. Diese Weihnachten werden wohl verregnen. Ich werde diese Weihnachten in Berlin verleben.* Als adverbiale Bestimmung steht *Weihnachten* auch ohne Artikel: *Nächste Weihnachten werde ich nicht zu Hause bleiben* (dafür üblicher: *Nächstes Jahr Weihnachten* oder *zu Weihnachten* ...). In bestimmten formelhaften Wendungen, vor allem als Wunschformel zum Weihnachtsfest, ist der Plural gemeinsprachlich und nicht landschaftlich begrenzt: *Fröhliche Weihnachten! Weiße Weihnachten sind zu erwarten.* Standardsprachlich wird *Weihnachten* heute im allgemeinen nicht als Subjekt oder Objekt mit Artikel oder Pronomen gebraucht; dafür treten dann Zusammensetzungen ein: *Die Weihnachts[feier]tage waren sehr anstrengend. Das Weihnachtsfest wird in diesem Jahr sicher schön werden. Die herrlichsten Weihnachtstage habe ich dort verlebt.* Es ist also standardsprachlich nicht üblich zu sagen: *Die Weihnachten waren/Das Weihnachten war sehr anstrengend.* Alle diese Schwankungen im Gebrauch des Artikels, des Numerus und des Genus bei der Festbezeichnung *Weihnachten* lassen sich sprachhistorisch erklären. *Weihnachten* ist ein erstarrter Dativ Plural, der sich im Mittelhochdeutschen aus der pluralischen Fügung *ze wīhen nahten* (= in den heiligen Nächten) losgelöst hat und jetzt weitgehend als ein selbständiger Nominativ Singular behandelt wird. **2. zu/an Weihnachten:** Besonders norddeutsch und österreichisch heißt es als Zeitangabe *zu Weihnachten;* die Fügung *an Weihnachten* ist vor allem süddeutsch. Allgemein gilt aber *zu* in der Wendung *jemandem etwas zu Weihnachten* (= zum Weihnachtsfest) *schenken.*

weil: 1. Komma: Vor der Konjunktion *weil* steht ein Komma, wenn sie einen nachgestellten oder eingeschobenen Nebensatz einleitet: *Ich helfe ihm, weil er mich braucht.* Kein Komma steht, wenn *weil* Teil einer Fügung ist, die als Einheit empfunden wird: *Ich werde ihn nicht einladen, besonders weil er sich nicht entschuldigt hat. Ich hätte gerne daran teilgenommen, aber weil ich krank war, ging es nicht.* **2. Stellung des Verbs nach *weil*:** Die mit der Konjunktion *weil* eingeleiteten Sätze sind Nebensätze, das Verb (Finitum) muß also wie bei allen mit einer Konjunktion eingeleiteten Nebensätzen am Ende stehen: *Ich kann nicht mitkommen, weil ich keine Zeit habe.* Die in der gesprochenen Sprache vorkommende Voranstellung des Verbs *(..., weil ich habe keine Zeit)* gilt standardsprachlich als nicht korrekt. **3.** Zu *weil/da* ↑da/weil, zu *weil/daß* ↑daß (4).

Weimarer/Weimaraner: Die Einwohner von Weimar heißen *die Weimarer;* die erweiterte Form *die Weimaraner* ist veraltet. Beide Einwohnerbezeichnungen werden immer groß geschrieben: *das Weimarer Schloß; in seiner Weimaraner Zeit.* ↑Einwohnerbezeichnungen (2 und 7).

Weinbrand: Der Plural lautet im allgemeinen: *die Weinbrände.* Die nichtumgelautete Pluralform *die Weinbrande* ist selten.

-weise: 1. Gebrauch der Bildungen mit *-weise:* Die Adverbien, die aus einem Substantiv und *-weise* gebildet sind, werden oft wie Adjektive attributiv (als Beifügung) gebraucht. Als korrekt wird dieser Gebrauch jedoch nur dann angesehen, wenn sich diese Wörter auf Substantive beziehen, die ein Geschehen ausdrücken (Nomina actionis): *eine ruckweise Bewegung* (zu: sich ruckweise bewegen), *nach teilweiser Erneuerung* (zu: teilweise erneuern), *eine probeweise Einstellung* (zu: probeweise einstellen), *das schrittweise Vorgehen* (zu: schrittweise vorgehen). Nicht korrekt sind daher: *auszugsweise Urkunde, stückweiser Preis.* Die aus einem Adjektiv und *-weise* gebildeten Adverbien können auch vor Nomina actionis nicht attributiv (als Beifügung) verwendet werden; also nicht: *das gleicherweise Vorgehen, das klugerweise Verhalten.* Aber: *Klugerweise verhielt er sich abwartend.* **2. -weise/Weise:** *Weise* wird groß geschrieben in Verbindungen wie *in kluger Weise, in frecher Weise.* Die Präposition *in* weist nämlich darauf hin, daß *Weise* ein Substantiv ist *(in dieser/solcher Weise).* Bei *klugerweise, frecherweise* u. ä. ist das Wort *Weise* jedoch nicht selbständig, sondern nur zweiter Bestandteil eines Adverbs. Man hat also zwischen präpositionaler Verbindung und Adverb zu unterscheiden. In dem Satz *Er hat sich ihr in frecher Weise genähert* wird die Art, wie sich jemand genähert hat, gekennzeichnet, während in dem Satz *Er hat sich ihr frecherweise genähert* das Adverb *frecherweise* ausdrückt, wie der Sprecher/Schreiber das ganze Geschehen beurteilt (= es war eine Frechheit, daß er sich ihr überhaupt genähert hat).

weiß: 1. Groß- oder Kleinschreibung: Klein schreibt man das Adjektiv: *der weiße Brand* (eine Krankheit), *weißer Bruch* (Weinfehler), *der weiße Fluß* (eine Krankheit), *die weißen Jahrgänge, die weiße Kohle* (Wasserkraft), *der weiße Kreis* (ohne Wohnungszwangswirtschaft; früher), *eine weiße Maus* (auch ugs. für: Verkehrspolizist), *ein weißer Rabe* (eine Seltenheit), *der weiße Sport* (Tennis), *eine weiße Weste haben, weißer Zimt* usw. Klein schreibt man *weiß* auch in festen Verbindungen mit Verben: *etwas schwarz auf weiß haben, besitzen, nach Hause tragen; aus schwarz weiß, aus weiß schwarz machen.* Groß schreibt man dagegen die Substantivierung: *ein schönes Weiß, in Weiß, Weiß zieht* (im Schachspiel), *ein Weißer* (weißer Mensch), *eine Weiße* (Berliner Bier), *das Weiße in den Augen des Gegners* usw. Groß schreibt man *weiß* auch in ↑Namen: *das Weiße Meer, der Weiße Nil, der Weiße Berg* (bei Prag), *die Weiße Frau* (Unglück kündende Spukgestalt in Schlössern), *das Weiße Haus* (in Washington), *im Weißen Saal des königlichen Schlosses, der Weiße Sonntag* (Sonntag nach Ostern), *Weiße Wochen* (Weißwarensonderverkauf), *der Weiße Tod* (Erfrieren) usw. **2. Zusammen- oder Getrenntschreibung:** Getrennt schreibt man *weiß* von dem folgenden Verb, wenn das Adjektiv in ursprünglicher Bedeutung gebraucht wird (beide Wörter tragen Starkton): *etwas weiß machen, waschen; weiß werden.* Zusammen schreibt man, wenn durch die Verbindung ein neuer Begriff entsteht (nur das erste Glied trägt Starkton): *weißnähen* (= Wäsche nähen), *jmdn. weißwaschen* (= jmdn. von einem Verdacht befreien; ugs.). Zusammen schreibt man *weiß* mit einem folgenden zweiten Partizip, wenn die Verbindung adjektivisch gebraucht wird (nur das erste Glied trägt Starkton): *ein weißgekleide-*

tes Mädchen. Getrennt schreibt man dann, wenn das Adjektiv *weiß* näher bestimmt wird (beide Wörter tragen Starkton): *ein [auffallend] weiß gekleidetes Mädchen.* Getrennt schreibt man immer, wenn beide Wörter aussagend stehen: *Das Mädchen ist weiß gekleidet.* **3. des Weiß / des Weißes:** Das Substantiv *das Weiß* kann im Genitiv Singular die Endung *-es* erhalten oder endungslos bleiben: *Die Leuchtkraft dieses Weiß/dieses Weißes ist stärker.* Alle anderen Kasus sind endungslos: *zwei verschiedene Weiß* usw. **4. eine weißgelbe Tapete / eine weiß-gelbe Tapete:** Die Zusammenschreibung mit einem anderen Farbadjektiv drückt aus, daß die Farben vermischt vorkommen, daß es sich um einen Farbton handelt: *eine weißgelbe Tapete* (= mit einer weißen Abschattung des Gelb: eine Farbe). Der Bindestrich drückt aus, daß beide Farben unvermischt nebeneinanderstehen: *eine weiß-gelbe Tapete* (= mit Weiß und Gelb in Streifen, Bahnen o. dgl. selbständig nebeneinander: zwei Farben). ↑Farbbezeichnungen (3). **5. weiß – weißer – weißeste:** Das Adjektiv *weiß* kann wie andere Farbadjektive gesteigert werden; also z. B.: *Mit dem neuen Waschmittel wird Ihre Wäsche noch weißer.* ↑Farbbezeichnungen (1).

Weiße: Die volkstümliche Bezeichnung *die Weiße* „[ein Glas] Weißbier" wird wie ein attributives ↑Adjektiv gebraucht: *eine Berliner Weiße, zwei Weiße mit Schuß, die erfrischenden Weißen* usw.

Weißwasseraner: Die Einwohner von Weißwasser heißen *die Weißwasseraner.* ↑Einwohnerbezeichnungen (2).

weit: 1. Groß- oder Kleinschreibung: Klein schreibt man *weit* auch in unveränderlichen Verbindungen sowie mit vorangehendem Artikel, wenn Artikel und Adjektiv für ein einfaches Adjektiv oder Adverb stehen: *weit und breit, bei/von weitem, ohne weiteres* (österr. auch: *ohneweiters*); *bis auf weiteres; im weiteren; des weiter[e]n darlegen, berichten.* Groß schreibt man die Substantivierung: *das Weite suchen; sich ins Weite verlieren; das Weitere hierüber folgt alsbald; Weiteres* (= das Genauere, Ausführlichere) *findet sich bei ihm; als Weiteres* (= weitere Sendung) *erhalten Sie ...; des Weiteren enthoben sein; alles/einiges Weitere demnächst.* ↑Groß- oder Kleinschreibung (1.2.1). **2. Zusammen- oder Getrenntschreibung:** Zusammen schreibt man *weit* mit einem folgenden zweiten Partizip, wenn die Verbindung adjektivisch gebraucht wird (nur das erste Glied trägt Starkton): *ein weitgereister Mann; eine weitverbreitete Zeitung; eine weitverzweigte Familie.* Getrennt schreibt man, wenn die Vorstellung der Tätigkeit vorherrscht (beide Wörter tragen Starkton): *ein weit gereister Mann; eine sehr weit verbreitete Zeitung; eine weit verzweigte Familie.* Dies gilt immer, wenn beide Wörter aussagend stehen: *Dieser Mann ist weit gereist. Die Zeitung ist weit verbreitet. Die Familie ist weit verzweigt.* Getrennt schreibt man *weit* immer von einem folgenden Verb: *Er muß weit fahren, springen* usw. ↑Zusammen- oder Getrenntschreibung (3.1.2). **3. bei weitem das Beste / das bei weitem Beste:** Die Umstandsangabe *bei weitem* (ähnlich: *weitaus, mit Abstand*) sollte nach Möglichkeit nicht zum Attribut von *das Beste* gemacht, d. h. zwischen *das* und *Beste* gestellt werden. Also: *Das war bei weitem das Beste, was ich gesehen habe.* Nicht: *Das war das bei weitem Beste ...*

-weit: ↑Amerikanismen / Anglizismen (2).

weitaus: ↑weit (3).

weitblickend: Als Komparativformen sind sowohl *weiter blickend* als auch *weitblickender* gebräuchlich. ↑Vergleichsformen (2.5.3).

weiter: Getrennt schreibt man *weiter* vom folgenden Verb, wenn ein Umstand des Grades (= weiter als) ausgedrückt wird: *Er kann weiter gehen als ich.* Getrennt schreibt man auch, wenn ein Umstand der Zeit (= weiterhin) ausgedrückt wird: *Wir haben dir bisher* *geholfen, wir werden dir auch weiter* (= weiterhin) *helfen.* Zusammen schreibt man, wenn *weiter* in der Bedeutung von „vorwärts, voran" gebraucht wird: *Der Spediteur hat die Kiste nach Berlin weiterbefördert. Wir wollen dir weiterhelfen. Sie sind weitergefahren. Er will sich weiterbilden. Die Arbeiten werden schon bald weitergehen* (= fortgesetzt werden). *Wenn er weiterhin so fleißig ist, wird er schon weiterkommen. Du sollst diese Mitteilung auf keinen Fall weitersagen, weiterverbreiten, weitererzählen. Er hat das Zimmer weitervermietet. Ich weiß nicht, ob sie heute noch weiterwollen* (= weitergehen, weiterfahren wollen). Zusammen schreibt man auch, wenn die Fortdauer eines Geschehens oder eines Zustandes ausgedrückt wird: *Die üblen Zustände dürfen auf keinen Fall weiterbestehen. Nach dieser Mahnung wird er seine Raten weiterbezahlen. Es ist noch früh, wir können weiterspielen. Der Inspektor wird den Fall weiterbearbeiten.* ↑Zusammen- oder Getrenntschreibung (1.2). Über die Groß- oder Kleinschreibung von weiter ↑weit (1).

weiter/weiters: Von den beiden Adverbformen wird heute standardsprachlich *weiter* bevorzugt. In Österreich ist die Form *weiters* allgemein üblich. ↑Adverb (2).

weitere: Nach *weitere* wird das folgende [substantivierte] Adjektiv oder Partizip in gleicher Weise (parallel) gebeugt: *Weitere intensive Versuche sollen angestellt werden. Die Entlassungen weiterer hoher Regierungsbeamter stehen bevor.*

weiterführender Relativsatz: ↑Relativsatz (2).

weitgehend: 1. Vergleichsformen: Als Vergleichsformen sind sowohl *weiter gehend* (österr. *weitergehend*), *weitestgehend* als auch *weitgehender, weitgehendst* gebräuchlich. ↑Vergleichsformen (2.5.3). **2. Rechtschreibung:** Man schreibt zusammen: *Das scheint mir zu weitgehend.* Man schreibt aber getrennt, wenn die Vorstellung der Tätigkeit vorherrscht: *eine zu weit gehende Erklärung. Das scheint mir zu weit zu gehen.* ↑Zusammen- oder Getrenntschreibung (1.3), ↑weit (2).

weitgereist: Die ↑Vergleichsformen (2.5.1) lauten: *weiter gereist, am weitesten gereist.* ↑weit (1).

weitreichend: Als ↑Vergleichsformen (2.5.3) sind sowohl *weiter reichend, weitestreichend* als auch *weitreichender, weitreichendst* gebräuchlich. ↑weit (1).

weittragend: Als ↑Vergleichsformen (2.5.3) sind sowohl *weiter tragend, weitesttragend* als auch *weittragender, weittragendst* gebräuchlich. ↑weit (2).

weitverbreitet: Als ↑Vergleichsformen (2.5.3) sind sowohl *weiter verbreitet, weitestverbreitet (am weitesten verbreitet)* als auch *weitverbreiteter, weitverbreitetst* gebräuchlich. ↑weit (2).

weitverzweigt: Als ↑Vergleichsformen (2.5.3) sind sowohl *weiter verzweigt, weitestverzweigt (am weitesten verzweigt)* als auch *weitverzweigter, weitverzweigtest* gebräuchlich. ↑weit (2).

welcher: 1. welches/welchen: Beim Pronomen *welcher* schwankt die Deklination im Genitiv Maskulinum und Neutrum Singular. Vor starken Substantiven kann *welcher* stark oder schwach gebeugt werden: *Die politischen Verhältnisse welches/welchen Staates? Welches/Welchen Kindes Spielzeug ist dies?* Vor schwachen Substantiven wird *welcher* stark gebeugt, um den Genitiv deutlich zu machen: *Die Aussagen welches Zeugen? Die Unterschrift welches Fürsten?* **2. welch starker Mann/welcher starke Mann:** Die nach *welch-* stehenden [substantivierten] Adjektive werden schwach gebeugt: *welcher starke Mann, welches jungen Mannes* (auch: *welchen jungen Mannes*), *welchem großen Menschen, welcher Abgeordnete/Beamte, welche Beamten, die Stellungnahme welcher Beamten* ... Nach der endungslosen Form *welch* wird das folgende Adjektiv stark gebeugt: *Welch guter Mensch sie ist. Mit welch gutem Menschen wir zusammen-*

trafen. ↑Adjektiv (1.2.5). **3. welcher, welche, welches/der, die, das:** Das Relativpronomen *welcher, welche, welches* wirkt im allgemeinen schwerfällig und sollte in gutem Deutsch gemieden werden: *Der Mann, mit dem* (statt: *welchem) er sprach ...* ↑Relativpronomen. **4. Welches/Welche sind die schönsten [Bilder]?:** Mit der neutralen Form *welches* wird nach allen drei Genera gefragt, gleichgültig, ob im Singular oder im Plural: *Welches sind die beliebtesten Ferienziele? Welches ist der Hauptgrund? Welches sind die schönsten Rosen? Welches sind die schönsten Filme?* Vereinzelt (wenn das Substantiv nicht genannt wird) wird auch die Form *welche* gebraucht: *Welche sind die schönsten [Filme]?* **5. welcher/was für ein/was für welche:** ↑was für ein/welcher/was für welche. **6. Ich habe welche:** Als ↑Indefinitpronomen steht *welcher* stellvertretend für ein vorher genanntes Substantiv: *Ich habe keine Zigaretten mehr, hast du welche?* Der Bezug auf Personen aber *(Da sind welche über die Beete gelaufen)* ist hierbei nur umgangssprachlich; in der Standardsprache muß es heißen: *Da sind [einige] Leute über die Beete gelaufen.*

welcherart/welcher Art: Zusammen schreibt man, wenn *welcherart* unmittelbar vor dem Bezugswort im Sinne von „was für ein, was für welche" steht: *Wir wissen nicht, welcherart Interesse sie veranlaßt ...* Getrennt schreibt man das Substantiv: *Wir wissen nicht, welcher Art die erhobenen Beschuldigungen sind.*

welches/welchen: ↑welcher (1).

welch letzterer: Der Anschluß eines Relativsatzes an das letzte von mehreren Substantiven mit *welch letzterer* ist stilistisch unschön: *Aus dem Ausland werden Birnen und Pfirsiche eingeführt, welch letztere einen besonders guten Geschmack haben.* In gutem Deutsch wird man diesen Anschluß vermeiden, indem man entweder das letzte Substantiv von dem vorausgehenden distanziert oder mit einem neuen Satz beginnt: *Aus dem Ausland werden Birnen und außerdem Pfirsiche eingeführt, die einen besonders guten Geschmack haben.* Oder: *Aus dem Ausland werden Birnen und Pfirsiche eingeführt. Die Pfirsiche haben einen besonders guten Geschmack.* Falsch ist der Gebrauch von *welch letzter* in Sätzen ohne Aufzählung: *Der Lehrplan ist dem der Fachschule nachgebildet, welch letztere ihn schon vor längerer Zeit eingeführt hat.*

Wemfall: ↑Dativ; ↑Dativ-e.

wenden: Die Formen des Präteritums und zweiten Partizips lauten sowohl *wandte, gewandt* als auch *wendete, gewendet: Sie wandte/wendete kein Auge von dem Kind. Er hatte sich an die zuständige Stelle gewandt/gewendet: Ich habe mich gegen diese Vorwürfe gewandt/gewendet* usw. In einigen Fällen entscheidet die Bedeutung von *wenden* über den Gebrauch der Formen. Wenn die Änderung der Richtung in der Fortbewegung ausgedrückt wird, dann werden die Formen *wendete* und *gewendet* gebraucht: *Ich wendete meinen Wagen. Der Bauer wendete den Pflug. Der Omnibus hat in einer Seitenstraße gewendet. Das Schiff wendete* (Schnabel). Diese Formen stehen auch dann, wenn *wenden* die Bedeutung „umkehren, umdrehen [und die andere Seite zeigen]" hat: *Der Schneider hat das Kleid und den Anzug gewendet. Das Blatt hat sich gewendet. Jetzt hielt der eine an und wendete mit dem Fuß etwas um, jetzt der andere* (Hausmann). Bei den zusammengesetzten Verben *anwenden, [sich] abwenden, aufwenden, einwenden, [sich] umwenden, [sich] zuwenden* werden beide Formen unabhängig von der Bedeutung nebeneinander gebraucht; die Verwendung der Formen *-wandte* und *-gewandt* überwiegt aber: *Die gleiche Technik der Camouflage wurde von der „Deutschen Rundschau" erfolgreich in Artikeln angewandt, die für ein breiteres Publikum bestimmt waren* (Rothfels). *Der Polizeihauptwachtmeister Pulver ... wendete sich jäh ab und verließ den*

Raum (Kirst). *Darauf habe sich Rabbi Jehuda Löb schweigend abgewandt und sei aus der Stube gegangen* (Buber). *Im klaren aber ist sie sich über das hohe Maß von Selbstüberwindung, das jedesmal von der Dame aufgewendet wird* (Werfel). *Der Eifer, die Hingebung, die Sorge, die sie dafür aufwandte ...* (Thieß). *Überrascht wandte sich der Schneider um* (H. Mann). *Sokrates ... wandte sich schwerfällig um und begann zu laufen* (Brecht). Bei dem Präfixverb *entwenden* haben sich die Formen *entwendete, entwendet* durchgesetzt; die Formen *entwandte, entwandt* sind veraltet. Bei dem Präfixverb *verwenden* sind beide Formen gebräuchlich: *Von den drei Namen wurde nie einer verwendet* (Bachmann). *Leo verwandte viel Zeit auf die Pflege seiner Fingernägel* (Böll).

Wenfall: ↑Akkusativ.

wenig: 1. Deklination des folgenden [substantivierten] Adjektivs: Nach *wenig* wird das folgende [substantivierte] Adjektiv oder Partizip mit Ausnahme des Dativs Singular Maskulinum und Neutrum stets parallel (in gleicher Weise) gebeugt: *Mit weniger, konzentrierter Kraft konnte das Hindernis beseitigt werden. Aus der Anwesenheit nur weniger hoher Minister ging das geringe Interesse hervor. Nur wenige Beamte wurden zu der Sonderarbeit herangezogen. Wenige Verwandte besuchten uns im neuen Haus.* Im Dativ Singular Maskulinum und Neutrum tritt stets schwache Deklination auf: *Schon nach wenigem kurzen Beraten kam die Einigung zustande. Mit wenigem, unauffälligen Augenzwinkern verständigte er sich mit seiner Begleiterin.* Nach der endungslosen Form *wenig* steht regelmäßig die starke Flexion: *wenig gutes Essen, wenig schöner Schmuck, mit wenig gutem Benehmen, wenig treue Freunde.* Zwischen den endungslosen Formen und den Formen mit Endung besteht häufig ein Unterschied: In dem Satz *Er verkehrt mit wenig gebildeten Leuten* ist *wenig* ein Attribut (Beifügung) zu *gebildet*. Es wird also der Bildungsstand der Leute näher beschrieben. Heißt es *Er verkehrt mit wenigen gebildeten Leuten,* dann ist *wenig* ein Attribut zu *Leute*. Es wird in diesem Fall etwas über die Anzahl der Leute ausgesagt. ↑Adjektiv (1.2.10). **2. wenig/wenige Ausnahmen · mit wenig/wenigen Fahrstunden:** Das Indefinitpronomen *wenig* bleibt vor Substantiven ohne beigefügtes Adjektiv im Singular meist, im Plural recht häufig ungebeugt (im Genitiv Plural muß immer die gebeugte Form stehen): *Dazu gehört wenig Mut. Ich habe wenig Hoffnung. Es gibt wenig Augenblicke, in denen ich die Nerven verliere. Er begann mit wenig Aussichten auf Erfolg.* (Aber Genitiv Plural: *Es war das Werk weniger Augenblicke.*) **3. Rechtschreibung:** Das Indefinitpronomen *wenig* wird auch in Verbindung mit einem Artikel klein geschrieben: *ein wenig* (= etwas, ein bißchen); *ein weniges; mit ein wenig Geduld; ein klein wenig; einige wenige; das, dies, dieses wenige; weniges genügt; die wenigen; wenige glauben; mit wenig[em] auskommen; in dem wenigen, was erhalten ist; um so weniger* (österr. *umsoweniger [umso weniger]*); *du weißt, wie wenig ich habe; wie wenig gehört dazu!* ↑Groß- oder Kleinschreibung (1.2.4). Klein schreibt man auch den Superlativ: *es ist das wenigste; das wenigste, was du tun kannst, ist ...; am/zum wenigsten; er beschränkte sich auf das wenigste; die wenigsten.* ↑Groß- oder Kleinschreibung (1.2.1). Groß schreibt man die Substantivierung *das Wenig: viele Wenig machen ein Viel.* **4.** Zu *mit ein wenig Geduld* ↑ein wenig; zu *Wenig waren/war dort versammelt* ↑Kongruenz (1.1.7); zu *zu wenig/zuwenig* ↑zu wenig.

weniger: Im Sinne von „minus" wird *weniger* als Konjunktion verwendet: *Drei weniger zwei ist* (nicht: *sind;* ↑Kongruenz [1.2.4]) *eins. Sieben neue Schillinge sind dreizehn [Pfennige] weniger ein halber Pfennig.*

weniger als: Nach *weniger als* kann das Verb in den meisten Fällen sowohl im Singular als auch im Plural stehen: *In dem riesigen Werk wird weniger als 300 Autos/werden weniger als 300 Autos produziert. Weniger als die Hälfte erreichten/erreichte das Ufer.* ↑Kongruenz (1.1.6).

weniger – als [vielmehr]/sondern mehr: In einem Vergleichssatz mit *weniger* wird der Vergleich mit *als* angeschlossen: *Sein Interesse galt weniger der Tat als dem Täter.* Soll das verstärkende *mehr* verwendet werden, so muß an Stelle von *als* die Konjunktion *sondern* stehen: *Er legte weniger Wert auf Quantität, sondern mehr auf gute Qualität.* Der Inhalt des Satzes wird in diesem Fall nicht mehr allein als Vergleich, sondern auch als Gegensatz aufgefaßt. *Sein Interesse galt weniger der Tat, sondern mehr dem Täter. Weniger das Aussehen, sondern mehr das Benehmen ist entscheidend.* Es wird hier also jedesmal der Gegensatz hervorgehoben. Wird dagegen statt *mehr* das verstärkende *vielmehr* gebraucht, dann wird das zweite Glied immer mit *als* angeschlossen: *Sein Interesse galt weniger der Tat als vielmehr dem Täter. Es ging ihr weniger um das Geld als vielmehr um die Wertgegenstände.*

weniges, was: In Wechselbeziehung zu *weniges* steht *was* (nicht: *das*): *Auf der Ausstellung gab es nur weniges zu sehen, was bei den Besuchern größeres Interesse fand.* ↑Relativpronomen (4).

wenn: 1. Komma: Vor der Konjunktion *wenn* steht ein Komma, wenn sie einen nachgestellten oder eingeschobenen Nebensatz einleitet: *Ich komme, wenn du mich brauchst.* Kein Komma steht, wenn *wenn* Teil einer Fügung ist, die als Einheit empfunden wird: *Der Aufenthalt an dem Schaltpult ist gefährlich, besonders wenn der Strom eingeschaltet ist. Aber wenn du willst, komme ich gern zu deinen Eltern mit.* Keine Einheit bildet *wenn* mit *ausgenommen*: Ich werde an der Wanderung teilnehmen, ausgenommen, wenn es regnet. Unvollständige Nebensätze, die mit *wenn* eingeleitet werden, sind häufig formelhaft geworden und wirken wie eine einfache Umstandsangabe. Das Komma braucht daher nicht gesetzt zu werden: *Ich werde wenn nötig eingreifen* oder: *Ich werde, wenn nötig, eingreifen.* **2.** Zu *wenn/als* ↑als/wenn; zu *wenn/daß* ↑daß (4); *wenn/wann* ↑wann/wenn.

Wenn und Aber: Es heißt: *Seine Zustimmung machte er von vielen Wenn und Aber* (nicht: *Wenns und Abers*) *abhängig. Wegen seines ständigen Wenn und Aber* (nicht: *Wenns und Abers*) *verstimmte er die Mitglieder.*

wenn ... würde: Zu *Wenn ich fliehen würde, würde ich die Freiheit erlangen* neben *Wenn ich flöhe, gewönne ich die Freiheit* ↑Konjunktiv (2.2), ↑Konditionalsatz (2–4).

wer/jemand: Der Gebrauch von *wer* als Indefinitpronomen *(Da ist wer im Garten. Hast du wen gesehen?)* ist umgangssprachlich. In der Standardsprache ist dies nicht korrekt; es muß heißen: *Da ist jemand* (auch: *einer*) *im Garten. Hast du jemand[en] gesehen?*

wer anders: ↑ander- (2).

werben: Bei *werben* wechselt in der 2. und 3. Person Singular Indikativ Präsens und im Imperativ Singular der Stammvokal *e* zu *i: du wirbst, er/sie/es wirbt, wirb!* Der Konjunktiv II lautet *würbe.* ↑e/i-Wechsel, ↑Verb (1).

werde/würde: 1. Die Form *werde* usw. ist der Konjunktiv I, der vor allem in der ↑indirekten Rede (2.1) steht: *Er sagt, er werde Bäcker. Sie fragten, ob er morgen kommen werde. Er sagt, er werde immer beschimpft.* Demgegenüber ist *würde* usw. die Form des Konjunktivs II, der vor allem im ↑Konditionalsatz (2–7) steht: *Er würde Bäcker, wenn er dürfte. Wenn er morgen kommen würde, wäre es noch früh genug. Wenn ich geschlagen würde, wüßte ich nicht, was ich täte.* Der Konjunktiv II *würde* usw. tritt auch in der ↑indirekten Rede (3.3) auf, wenn keine eindeutigen Formen des Konjunktivs I vorliegen, wenn in der direkten Rede schon *würde* steht oder etwas als zweifelhaft hingestellt wird. **2.** Zu *würde* + Infinitiv für einfache Formen des Konjunktivs *(Wenn sie Peter rufen würden* [für: *riefen*], *eilte er sofort hierher)* ↑Konjunktiv (2.3).

werden: 1. Die Stammformen lauten: *werden, wurde* (älter: *ward*), *geworden/worden;* Imperativ: *werde!* (nicht: *wird!,* ↑Imperativ [1.2]). Die 2. und 3. Person Singular Präsens Indikativ wechselt von *e* zu *i: du wirst, er/sie/es wird.* Im Singular Präteritum ist heute die Form *wurde* üblich; die alte Form *ward* wird vereinzelt noch aus stilistischen Gründen gebraucht: *Der kleine, sorgfältig gezeichnete Wäscheschatz ... ward von Schalleen aufs beste betreut* (Th. Mann). Das zweite Partizip lautet *geworden* und *worden.* Ohne die Vorsilbe *ge-* steht das Partizip, wenn es als Form des Hilfsverbs gebraucht wird: *Eine neue Brücke ist gebaut worden. Der Vertrag ist unterschrieben worden.* Dagegen steht das zweite Partizip mit der Vorsilbe *ge-,* wenn es als Form des Vollverbs gebraucht wird: *Der junge Mann ist Techniker geworden. Durch die Reinigung ist der Anzug wie neu geworden.* **2.** Zu *Ein Pfund Bohnen wird/werden gekocht* ↑Kongruenz (1.1.1); zu *werden lassen* ↑lassen (3).

werden/sein: Zu Sätzen wie *Die Mitglieder werden* (nicht: *sind*) *gebeten, pünktlich zu erscheinen* ↑Zustandspassiv.

Werderer: ↑Einwohnerbezeichnungen (1).

Werfall: ↑Nominativ.

werfen: Der Konjunktiv II lautet *würfe.*

Werk-/Werks-: Zusammensetzungen mit *Werk-* im Sinne von „Betrieb, Fabrik“ sind mit oder ohne Fugen-s gebräuchlich: *Werkangehöriger* oder *Werksangehöriger, Werkanlage* oder Werksanlage, Werkausstellung oder *Werksausstellung, Werkbücherei* oder *Werksbücherei* u.a. Die Zusammensetzungen mit *Werk-* im Sinne von „Arbeit[sergebnis], Kunstwerk“ stehen ohne Fugen-s, wohl um sie von den Komposita mit *Werk* „Fabrik“ zu unterscheiden: *Werkanalyse, Werkvertrag, Werkmeister, werkgetreu.* Auch wenn bei *Werk* der Verbalstamm von *werken* vorliegt, darf kein Fugen-s stehen: *Werkbank* (= Bank zum Werken), *Werkzeug* (= Gerät zum Werken), *Werkunterricht* u.a.

Wernenser: ↑Einwohnerbezeichnungen (2).

Werner: ↑Einwohnerbezeichnungen (3).

Wernigeröder: ↑Einwohnerbezeichnungen (4).

wert: 1. Genitiv oder Akkusativ?: Nach *wert sein,* kann das abhängige Substantiv im Genitiv oder im Akkusativ stehen. Der Akkusativ steht, wenn ausgedrückt werden soll, daß sich etwas lohnt oder daß etwas einen bestimmten [Geld]wert hat: *Das Auto ist diesen hohen Preis wert. Die Veranstaltung ist mir diesen großen Aufwand nicht wert.* Umgangssprachlich sind die Wendungen: *Du bist keinen Schuß Pulver wert. Das ist keinen Heller wert.* Der Genitiv steht dann, wenn *wert* in der Bedeutung „würdig“ gebraucht wird: *Sie sprach selten zu uns, als seien wir ihr keiner Anrede wert* (Bergengruen). *Alles dies wäre nicht der Erwähnung wert ...* (Kolb). *Dennoch, wie er kämpft, das ist höchster Bewunderung wert* (Thieß). **2. Rechtschreibung:** Getrennt schreibt man, wenn *wert* in eigentlicher Bedeutung gebraucht wird: *Das wird sicher nichts wert sein. Wenn wir ihn für wert halten, soll der den Orden bekommen.* Zusammen schreibt man *wert* mit einem folgenden Verb, wenn durch die Verbindung ein neuer Begriff entsteht: *Du sollst das werthalten* (= hochschätzen). ↑Zusammen- oder Getrenntschreibung (1.2). **3. geehrt/verehrt/wert:** ↑Brief (4).

Werther: Während der ursprüngliche Titel von Goethes Briefroman aus dem Jahre 1774 *„Die Leiden des jungen Werthers“* lautete, wurde in späteren Ausgaben (z.B. der von 1824) auf das Genitiv-s verzichtet: *„Die Leiden des* *jungen Werther*". Das entspricht der heute gültigen Regel zur Beugung von Personennamen mit Artikel oder Pronomen (↑Personennamen [2.1.2]).

Wesen: Neben *[nicht] viel Wesens machen* ist auch *kein Wesen machen* gebräuchlich.

wesentlich: Klein schreibt man *wesentlich* in der festen Verbindung *im wesentlichen* (= in der Hauptsache): *Er hatte im wesentlichen alles gesagt.* Groß schreibt man die Substantivierung: *das Wesentliche; etwas, nichts Wesentliches.* ↑Groß- oder Kleinschreibung (1.2.1).

Wesfall: ↑Genitiv, ↑Genitiv-s.

West/Westen: ↑Nord/Norden.

westlich: 1. Anschluß: An *westlich* kann heute ein Substantiv im Genitiv oder mit *von* angeschlossen werden. Die Verwendung von *westlich* als Präposition mit dem Genitiv ist bereits dort häufiger oder gar fest geworden, wo dem Substantiv oder dem geographischen Namen ein Artikel oder ein Pronomen vorangeht: *westlich dieser Linie, westlich des Flusses, westlich des Harzes.* Der Anschluß mit *von* nach *westlich* wird dort noch bevorzugt, wo ein artikelloser geographischer Name steht: *westlich von Berlin* (selten: *westlich Berlins*), *westlich von Nigeria* (selten: *westlich Nigerias*). Die Nichtbeugung des Substantivs oder Namens nach *westlich* ist nicht korrekt. Es muß also heißen: *westlich Münchens* (nicht: *westlich München*). ↑geographische Namen (1.1.1). **2. westlich/westwärts:** Mit *westlich* wird die Lage angegeben, *westwärts* drückt dagegen die Richtung aus: *Das Haus liegt westlich der Stadt* (Frage: wo?). *Sie zogen westwärts* (Frage: wohin?).

weswegen: Zu *weswegen/wegen was* ↑wegen (3).

wetteifern: Als Ableitung von *Wetteifer* ist das Verb *wetteifern* untrennbar: *ich wetteifere, ich habe gewetteifert, um zu wetteifern.* ↑Zusammen- oder Getrenntschreibung (2.1).

Wetteraner: ↑Einwohnerbezeichnungen (2).

wetterleuchten: Als Ableitung von *Wetterleuchten* ist das Verb *wetterleuchten* untrennbar: *es wetterleuchtet, es hat gewetterleuchtet.* ↑Zusammen- oder Getrenntschreibung (2.1).

wettlaufen, wettrennen, wettstreiten, wetturnen: Von den Verben mit *wett-* als erstem Bestandteil ist nur der Infinitiv gebräuchlich: *Wir wollen wettlaufen. Morgen werden wir wettrennen. Laßt uns wettstreiten.* Für die anderen Formen wird die Fügung *um die Wette* eingesetzt: *Sie laufen um die Wette, sie sind um die Wette gelaufen.* ↑Zusammen- oder Getrenntschreibung (2.1).

wetturnen: Das Verb wird mit zwei *t* geschrieben: *wetturnen* (nicht: *wettturnen*). Bei Silbentrennung tritt das dritte *t* wieder ein: *wett-turnen.* ↑Konsonant (1).

Whiskey/Whisky: Mit *der Whiskey (des Whiskeys, die Whiskeys)* wird der amerikanische oder irische Whisky bezeichnet (aus Roggen oder Mais hergestellt), mit *der Whisky (des Whiskys, die Whiskys)* der schottische (aus Gerste oder Malz). Zum Plural ↑-y.

Wichs: Das Substantiv *Wichs* (= Festkleidung der Korpsstudenten) hat männliches Geschlecht: *der Wichs.* Der Gebrauch des Wortes als weibliches Substantiv ist süddeutsch.

Wicht: Der Plural lautet *die Wichte* (vgl. aber ↑Bösewicht).

wichtig: Zu *das wichtigste/Wichtigste* ↑beste.

wider/wieder: Die Wörter *wider* und *wieder* dürfen nicht miteinander verwechselt werden. Die Präposition *wider* (mit dem Akkusativ) bedeutet „gegen" und wird im allgemeinen nur in gehobener oder dichterischer Sprache verwendet: *... ja, sollen sie sich besaufen, die Selbstherrlichen in ihrer Sünde wider die Hoffnung* (Frisch). Demgegenüber ist *wieder* ein Adverb und bedeutet „nochmals, erneut; [zur früheren Tätigkeit, zum früheren Zustand] zurück": *Heute ist es wieder still um die Villa* (Koeppen).

widerhallen: Das Verb *widerhallen* kann im Präsens und Präteritum sowohl als ein fest wie auch als ein unfest zusammengesetztes Verb gebraucht werden. Gewöhnlich werden die unfesten Formen verwendet: *Frankreich hallte vom Siegesjubel der Volksfront wider* (Sieburg). *Laut hallten ihre Schritte auf dem Steinboden wider* (Sebastian). Daneben stehen die festen Formen: *... unsere Sirenen widerhallten ringsum* (Frisch). *Er verstand den Freund, und der fordernde Ton widerhallte ihm im Herzen* (Apitz). Das zweite Partizip lautet jedoch nur *widergehallt,* der Infinitiv mit *zu* nur *widerzuhallen.* ↑Tmesis (3); Verb (2.4).

widerlegen: ↑Verb (2.3).

widerspiegeln: Das Verb *widerspiegeln* wird gewöhnlich als unfeste Zusammensetzung gebraucht: *Sie spiegelten auf das deutlichste die Erscheinung wider* (Werfel). Gelegentlich, vor allem landschaftlich werden im Präteritum statt der getrennten Formen auch nichtgetrennte gebraucht: *Das gottsuchende Pilgertum widerspiegelt sich in der Literatur Rußlands* (Nigg). *Welcher Ausdruck widerspiegelt am schärfsten und sparsamsten die konkrete Sachlage?* (Riesel). Das zweite Partizip lautet nur *widergespiegelt,* der Infinitiv mit *zu* nur *widerzuspiegeln.* ↑Tmesis (3); ↑Verb (2.4).

widersprechen, sich: Das Reflexivpronomen nach *widersprechen* steht im Dativ und nicht im Akkusativ, entsprechend der Rektion des intransitiven Verbs *widersprechen: Natürlich widerspreche ich mir hin und wieder* (Der Spiegel). ↑Verb (2.3).

widerstreben, -streiten: ↑Verb (2.3).

wie: 1. wie/und [auch]: An Stelle von *und [auch]* wird vielfach *wie [auch]* gebraucht: *im Krieg wie im Frieden. Der Oberbürgermeister wie auch mehrere seiner engsten Mitarbeiter nahmen an dem Festakt teil.* ↑und (2). **2. *wie* als Relativpronomen:** In bestimmtem Zusammenhang wird *wie* als Relativpronomen gebraucht, zum Beispiel als Anschluß bei folgenden Wendungen: *in der Art, wie ...; nach der Form, wie ...; in dem Maße, wie ...; in dem Stil, wie ...; in der Weise, wie ...* Beispiele: *In dem Maße, wie* (statt: *in dem*) *der Markt sich entwikkelt, kann die Produktion ausgebaut werden. In dem Stil, wie er* (statt: *der*) *jetzt angewandt wird, kann es nicht weitergehen.* **3. Komma:** Vor der Vergleichspartikel *wie* steht kein Komma, wenn sie nur Satzteile verbindet: *Karl ist so stark wie Ludwig. Ich bin nicht so begeistert wie er.* Ein Komma steht aber dann, wenn *wie* Sätze verbindet: *Es kam alles so, wie ich es vorausgesagt hatte. Petra ist jetzt fast so schön, wie es ihre Mutter damals war. Das klingt, wie eine Harfe klingt. So, wie sie war, lief sie mit.* Bei mit *wie* angeschlossenen näheren Erläuterungen muß es dem Schreibenden gelegentlich überlassen bleiben, ob er die betreffende Fügung als eng zum Bezugswort gehörig oder als nachgetragen ansehen will, d. h., die Kommasetzung ist ihm freigestellt: *In anderen Ländern[,] wie z. B. Chile, Bolivien und Venezuela[,] ist von dieser Entwicklung noch nichts zu merken. Die Auslagen[,] wie Post- und Fernsprechgebühren, Eintrittsgelder u. dgl.[,] ersetzen wir ihm.* Unvollständige Nebensätze, die mit *wie* eingeleitet werden, sind häufig formelhaft geworden und wirken wie eine einfache Umstandsangabe. Ein Komma braucht nicht gesetzt zu werden: *Seine Darlegungen endeten wie folgt* (= folgendermaßen). *Er ging wie gewöhnlich* (= gewohntermaßen) *um 9.00 Uhr ins Bett. Ich habe wie gesagt keine Zeit* oder: *Ich habe, wie gesagt, keine Zeit* (= wie ich schon gesagt habe). **4.** Zu *wie/als wie* ↑als/wie (1). Zu *wie* in der Apposition ↑Apposition (3). Zu *Er behandelt ihn wie einen Idioten/wie ein Idiot* ↑Kongruenz (4).

wie/als: ↑als/wie.

wie/als/für: ↑als/für/wie.

wie/daß: ↑daß (5).

wie wenn/als ob/als wenn: ↑als [ob]/als wenn/wie wenn.

wieder: Zusammen mit einem folgenden Verb schreibt man *wieder,* wenn es die Bedeutung „zurück" hat *(jemandem geborgtes Geld wiedergeben; etwas Verlorenes wiederfinden)* oder wenn es die Bedeutung „erneut, nochmals" hat und durch die Verbindung mit dem Verb ein neuer Begriff entsteht (übertragener Gebrauch): *Man hat das zerstörte Denkmal wieder aufgerichtet,* aber: *Sie hat den Verzweifelten wiederaufgerichtet* (= getröstet). Getrennt vom folgenden Verb schreibt man *wieder,* wenn es die Bedeutung „erneut, nochmals" hat und das Verb seine eigentliche Bedeutung behält: *Sie hat den Korb wieder aufgenommen. Er hat die gleiche Geschichte wieder erzählt.* Eine zusätzliche Hilfe kann die Betonung sein: Wird nur *wieder* oder nur das Verb betont, ist Zusammenschreibung angezeigt, bei gleichmäßiger Betonung beider Teile aber Getrenntschreibung: *jemanden nach vielen Jahren wiedersehen – nach einer Operation wieder sehen können. Er hat Fehler wiedergutgemacht – Sie hat ihre Arbeit [wie immer] wieder gut gemacht.* Man vergleiche auch folgende inhaltlich bedingte Zusammen- und Getrenntschreibungen: *Die Sendung mußte wiederholt werden – Er hat sich seine Bücher wiedergeholt* (= zurückgeholt) – *Die Polizei mußte wieder* (= nochmals) *geholt werden. Er begann, den zerrütteten Staat wiederaufzubauen – Wir beschlossen, das Haus wieder aufzubauen. Seine Gesundheit ist wiederhergestellt – Ich habe dir den Aschenbecher wieder hergestellt. Es dauerte lange, bis er sein Geld wiederbekam* (= zurückbekam) – *Sie wußte, daß sie die Grippe jedes Jahr wieder bekam* (= erneut bekam). ↑Zusammen- oder Getrenntschreibung (1.3).

wieder/wider: ↑wider/wieder.

wiederholen: Zu *noch einmal/nochmals wiederholen* ↑Pleonasmus.

Wiederholung

Die rasch aufeinanderfolgende Wiederholung desselben Ausdrucks, wenn sie nicht aus rhythmischen Gründen oder als stilistisches Mittel zur Hervorhebung oder zu lebendiger Darstellung beabsichtigt ist, wirkt stilistisch unschön und sollte in gutem Deutsch vermieden werden:

(Statt:) Neben *einem* schon mit *einem einen* Vortrag ankündigenden Plakat beklebten Brett wurde noch eine Reklametafel aufgehängt. (Besser:) Neben einem Brett, auf das schon ein Plakat mit der Ankündigung eines Vortrags geklebt war, wurde noch eine Reklametafel aufgehängt.

Um Wortwiederholungen zu vermeiden, verwendet man neben Umschreibungen auch inhaltsgleiche oder bedeutungsähnliche Wörter (↑Synonym):

Eine Kaiserin ... hatte ... den Auftrag erteilt, ein *Grabmal* für sie zu entwerfen ... Tag für Tag ließ sie sich vor die Tore der Stadt zu der großen Wiese hinausfahren, auf der das *Denkmal* errichtet werden sollte ... die Kaiserin ruhte nicht eher, bis das *Monument* vollendet war (Jens). Ich zeige dir eine kleine *Wirtschaft,* wo du warten kannst ... er ... ging auf das kleine *Gasthaus* zu ... die kleine *Kneipe* ... um fünf nach neun kam die Streife durch das *Lokal* (Böll).

Außerdem ist die Wiederholung desselben Wortes innerhalb eines Satzes zu vermeiden, wenn es in verschiedener Bedeutung gebraucht wird.

(Statt:) Er verreiste einige Zeit, um Zeit zu gewinnen. (Besser:) Er verreiste einige Tage/eine Woche, um Zeit zu gewinnen.

Schon auf dem Wege merkten wir, daß er sich schon wieder nicht vorbereitet hatte. (Besser:) Bereits auf dem Wege merkten wir, daß er sich schon wieder nicht vorbereitet hatte.

Kein stilistischer Fehler ist die Wiederholung in fachsprachlichen Texten, soweit es sich um Fachausdrücke und Termini handelt. Hier kommt es vor allem auf genauen Ausdruck an, so daß in vielen Fällen die Wiederholung sogar vorgeschrieben ist:

Beim *Schwenk* dreht sich die Kamera um eine feste Achse. Man unterscheidet zwischen dem horizontalen *Schwenk,* bei dem die Kamera von links nach rechts beziehungsweise von rechts nach links bewegt wird, und dem vertikalen *Schwenk,* bei dem sie von unten nach oben oder umgekehrt bewegt wird, vergleichbar dem menschlichen Blick, der sich hebt und senkt (H. C. Blumenberg).

In der poetischen Sprache dagegen wird die Wiederholung bewußt als rhetorisches Mittel eingesetzt, um den Rhythmus, den Klang oder das Bild der Darstellung zu beeinflussen oder zu bestimmen:

Ich sah weiterhin den Moses auf den Sinai steigen, einen düstren Helden in düstrer Felsenwildnis (Hesse). Straßen am Himmel, gleißende Straßen, Straßen von Metall, von Kondens und Geräuschen, das Röhren der Bomberströme (Gaiser). Unter bunten Sonnenschirmen schreibt er seine Grüße aus Madrid, während alle möglichen Leute ihm alles mögliche zum Kauf anbieten (Koeppen). Erst wenn man hinter der Tür, erst wenn man in England ist, begreift man dies wieder (Koeppen). Am Ende eines Jahrhunderts ... tritt dieser Mensch, der ganz Charakter, ganz moralische Anspannung, ganz Klarheit ist, ... vor das französische Volk (Sieburg).

Wiederholungszahlwort: Das Wiederholungszahlwort gibt an, wie oft etwas wiederkehrt. Man unterscheidet bestimmte Wiederholungszahlwörter (z. B. *einmal, zehnmal, dutzendmal, hundertmal, tausendmal*) und unbestimmte Wiederholungszahlwörter (z. B. *allemal, einigemal, manchmal, mehreremal*).

wiegen: Von dem unregelmäßigen Verb *wiegen, wog, gewogen* „das Gewicht einer Sache bestimmen, ein bestimmtes Gewicht haben" ist das regelmäßige Verb *wiegen, wiegte, gewiegt* „etwas in schaukelnde Bewegung setzen; Fleisch, Petersilie o. ä. mit einem Wiegemesser zerkleinern" zu unterscheiden: *Jumbo ... wiegte schon die Trosse wie ein Lasso in der Hand* (Hausmann). *Er wiegte den Kopf hin und her* (Langgässer). Reflexiv: *Ein zweiter, ebenso großer Dampfer wiegte sich in dem Kielwasser* (Gaiser). *Sie wiegte sich leise in den Hüften* (Seidel). Im übertragenen Sinne: *Aber ich habe mich gerade wegen meines langen Fernseins von Sizilien niemals auch nur einen Augenblick in Sicherheit gewiegt* (Benrath).

wiegen/wägen: ↑wägen (2).

Wiener: Die Einwohnerbezeichnung *Wiener* wird immer groß geschrieben, auch wenn das Wort wie ein flexionsloses Adjektiv vor einem Substantiv steht: *Wiener Melodien, Wiener Würstchen.* ↑Einwohnerbezeichnungen (7).

wieviel/wie viele: 1. Rechtschreibung: Zusammen schreibt man gewöhnlich *wie* mit der ungebeugten Form *viel: Wieviel Personen? Wieviel kostet das? Wieviel schöner wäre es, wenn ...* Getrennt schreibt man bei besonderer Betonung: *Wenn du wüßtest, wie viel ich durchgemacht habe.* Immer getrennt schreibt man die gebeugten Formen von *viel-: Wie viele Teilnehmer? Wie vieles Suchen ist doch damit verbunden!* ↑Zusammen- oder Getrenntschreibung (4.4). **2. Gebrauch:** Eine Frage mit *wieviel* soll die Nennung einer [An]zahl bewirken. Die Form *wie viele* betont stärker das Wort *viel,* das in unausgesprochener Opposition zu *wenig* steht: *Wieviel Kinder kommen zu Deinem Geburtstag?* Mögliche Antworten: *zwei* oder *drei* oder *zehn. Wieviel*

Exemplare wünschen Sie? Mögliche Antwort: *zwei* oder *drei* oder *vier* oder *hundert* usw. Bei *wie viele* würde man *zwei* oder *drei* dagegen kaum erwarten, sondern im allgemeinen eine größere Anzahl. Allerdings wird in der Alltagssprache eine genaue Trennung beider Formen oft nicht vorgenommen.

wievielte/wievielste: Die in der Standardsprache übliche Form ist heute *der, die, das wievielte.*

wild: **1.** Klein schreibt man das Adjektiv: *wilder Wein, wilde Ehe, wilder Streik.* Groß schreibt man aber in ↑Namen: *der Wilde Westen; die Wilde Jagd* (= Geisterheer). Getrennt schreibt man *wild* vom folgenden Verb: *wild sein, wild wachsen.* **2.** Das Adjektiv *wild* wird im allgemeinen mit der Präposition *auf* verbunden: *wild aufs Skilaufen, auf einen Popstar sein.*

Wildbret: Das Substantiv *Wildbret* wird mit *b* geschrieben (nicht: *Wildpret*).

wilder Schweinskopf: Zum falschen Bezug eines Attributes bei einer Zusammensetzung ↑Kompositum (6).

Wildpret: Falsch für ↑Wildbret.

Wille/Willen: Von den beiden Nominativformen wird heute gewöhnlich *der Wille* gebraucht; die Form *der Willen* veraltet allmählich. ↑Substantiv (2.1).

willen/Willen: Klein schreibt man die Präposition *willen: um Gottes, um meines Kindes, um meiner selbst willen.* Groß schreibt man das Substantiv: *Das ist beim besten Willen nicht möglich. Er muß ihm zu Willen sein. Sie mußte wider Willen lachen.*

willfahren: **1. zweites Partizip:** Das zweite Partizip von *willfahren* kann sowohl mit als auch ohne *ge-* gebildet werden. Die unterschiedliche Bildung hängt von der verschiedenen Betonung der Infinitivform ab. Liegt die Betonung auf der ersten Silbe *(willfahren),* so lautet das zweite Partizip *gewillfahrt;* liegt die Betonung aber auf der zweiten Silbe *(willfahren),* so lautet das zweite Partizip *willfahrt.* **2. Rektion:** Das Verb *willfahren* regiert den Dativ: *Er blieb an diesem Tage zu Hause, um dem Wunsche der Eltern zu willfahren.*

willkommen: Das Adjektiv wird vom folgenden Verb getrennt geschrieben: *jemandem willkommen sein; jemanden herzlich willkommen heißen.* Das Substantiv *Willkommen* wird gewöhnlich mit sächlichem, selten mit männlichem Geschlecht gebraucht: *Er rief ihnen ein herzliches Willkommen* (selten: *einen herzlichen Willkommen*) *zu.*

winken: **1. Rektion:** Das Verb *winken* regiert den Dativ: *Das Kind winkte den Eltern mit beiden Armen. Er winkte dem Kellner* (aber: *Er winkte den Kellner zu sich*). **2. zweites Partizip:** Das zweite Partizip von *winken* heißt *gewinkt.* Die Form *gewunken* ist landschaftlich und gilt standardsprachlich als falsch.

wir: Zum sog. Majestäts- und Autorenplural ↑Plural (7).

wir Deutsche/wir Deutschen: Nach einem Personalpronomen wird das substantivierte Adjektiv im Nominativ Plural heute im allgemeinen schwach gebeugt: *wir Deutschen* (seltener stark: *wir Deutsche*). ↑Adjektiv (1.2.4).

Wir hoffen, Ihnen damit gedient zu haben, und verbleiben ...: Vor *und* muß in diesem Satz ein Komma stehen. ↑und (7).

wir oder du: *Wir oder du hast das getan.* Nicht: *Wir oder du haben das getan.* ↑Kongruenz (2.2).

wir und du: *Wir und du [,wir] haben uns sehr gefreut.* Nicht: *Wir und du haben sich sehr gefreut.* ↑Kongruenz (2.1).

wir und er: *Wir und er [,wir] haben uns sehr gefreut.* Nicht: *Wir und er haben sich gefreut.* ↑Kongruenz (2.1).

wir und ihr: *Wir und ihr [,wir] haben uns sehr gefreut.* Nicht: *Wir und ihr haben sich sehr gefreut* oder *Wir und ihr habt euch sehr gefreut.* ↑Kongruenz (2.1).

wir und sie (Plural): *Wir und sie*

[,wir] haben uns sehr gefreut. Nicht: *Wir und sie haben sich sehr gefreut.* ↑Kongruenz (2.1).

wird oder ist: *Jeder Teilnehmer wird* (nicht: *ist*) *gebeten, pünktlich zu erscheinen.* ↑Zustandspassiv.

wird/werden: Zu *Ein Pfund Bohnen wird/werden gekocht* ↑Kongruenz (1.1.1).

wirken als/wie: ↑als/für/wie.

Wirklichkeitsform: ↑Indikativ.

Wirtschafter/Wirtschaftler: ↑-schafter/-schaftler.

Wirtschaftsblock: Der Plural lautet *die Wirtschaftsblöcke* oder (selten) *die Wirtschaftsblocks* (↑Block).

wissen: 1. Komma: In Verbindung mit einem erweiterten Infinitiv mit *zu* wird *wissen* wie ein Hilfsverb gebraucht, d.h., es darf kein Komma vor der Infinitivgruppe stehen: *Sie weiß sich zu beherrschen. Er wußte ihm zu helfen.* Wenn aber zu *wissen* eine Umstandsangabe tritt, muß ein Komma stehen: *Er wußte wohl, das Leben zu genießen.* **2. meines Wissens:** Der Genitiv *meines Wissens* „soviel ich weiß" darf nicht mit der Präposition *nach* verbunden werden: *Der Fall verhält sich meines Wissens* (nicht: *meines Wissens nach*) *ganz anders.* **3. wissen von/wissen um:** Nach *wissen* kann sowohl mit der Präposition *von* als auch mit der Präposition *um* angeschlossen werden, jedoch wirkt der Anschluß mit *um* etwas gespreizt: *Ich weiß von den/um die Schwierigkeiten des Werkes.* **4. einem/einen etwas wissen lassen:** ↑lassen (5).

Wissenschaft[l]er: Zu *Wissenschaftler* (österr., schweiz.: *Wissenschafter*) ↑-schafter/-schaftler.

wo: 1. Komma: Unvollständige Nebensätze, die mit *wo* eingeleitet werden, sind häufig formelhaft geworden und wirken wie eine einfache Umstandsangabe. Das Komma braucht daher nicht gesetzt zu werden: *Er wird uns wo möglich helfen.* **2. *wo* als relativischer Anschluß:** Die Partikel *wo* kann an Stelle einer Präposition + Relativpronomen als relativischer Anschluß verwendet werden, wenn es sich um einen räumlichen Bezug handelt: *Die Krankenschwester führte den Schlosser ... in einen kleinen Raum, wo* (statt: *in dem*) *Kranke in ihren Betten lagen* (Sebastian). Sie kann aber auch als relativischer Anschluß gebraucht werden, wenn es sich nicht um einen räumlichen, sondern um einen zeitlichen Bezug handelt: *in dem Augenblick, wo ...* (statt: *in dem ...*) oder *zu dem Zeitpunkt, wo ...* (statt: *zu dem ...*). Nicht korrekt ist aber die Verwendung von *wo* als relativischer Anschluß im Zusammenhang mit Personen oder Sachsubstantiven: *Das Geld, das* (nicht: *wo*) *auf der Bank liegt, ist sicher. Der Mann, der* (nicht: *wo*) *vorhin vorbeiging, war unser Lieferant.* ↑da/wo. **3. wodurch/durch den usw. · womit/mit dem usw.:** An Stelle eines Relativpronomens in Verbindung mit einer Präposition kann ein aus *wo* und einer Präposition gebildetes ↑Pronominaladverb gebraucht werden, z.B. *wobei* (statt: *bei dem, der*) oder *wodurch* (statt: *durch den, die, das*). Diese Pronominaladverbien können relativisch gebraucht werden, wenn das Bezugswort eine Sache oder einen Begriff nennt: *... dabei handelt es sich um einen amerikanischen Paß, womit* (= mit dem) *ich um die halbe Welt gereist bin* (Frisch). *Diese erhellenden Worte widerlegen offensichtlich die Meinung, wonach* (= nach der) *die „Furcht die Grundlage der wahren Religion sei"* (Nigg). Nennt das Bezugswort dagegen eine Person, dann wird heute in der Regel das Relativpronomen in Verbindung mit einer Präposition gebraucht: *Das ist ein Kerl, auf den* (nicht: *worauf*) *man sich verlassen kann. Hier ist die Frau, mit der* (nicht: *womit*) *ich gesprochen habe.* Ungewöhnlich: *Jenny im schwarzen Schleier und ihre beiden Kinder, wovon* (statt: *von denen*) *das größere ein Bub ist* (Frisch). In der Gegenwartssprache geht der relativische Gebrauch der Pronominaladverbien immer mehr zurück.

Er ist im wesentlichen auf die gehobene Sprache beschränkt: *Dies ist der Dolch, mit dem* (seltener: *womit*) *er sich erstach. Wenn du die Stellung, auf die* (kaum noch: *worauf*) *du hoffst, erhältst, kannst du froh sein.* Fest im relativischen Gebrauch sind dagegen die Pronominaladverbien bei Relativsätzen in der Rolle eines Satzgliedes. Der Ersatz durch *was* in Verbindung mit einer Präposition gilt in diesen Fällen als umgangssprachlich: *Ich frage mich, womit* (ugs.: *mit was*) *er das verdient hat.* ↑Pronominaladverb (4). – Durch das Pronominaladverb kann der Relativsatz nicht nur auf ein einzelnes Wort, sondern auch auf den Gesamtinhalt des übergeordneten Satzes bezogen werden: *Der Pope bringt Wein und Brot, wobei das Kind ihn begleitet* (Frisch). **4. woran/an was · womit/mit was · wovon/von was usw.:** Die mit *wo* gebildeten Pronominaladverbien werden auch interrogativ gebraucht; der Gebrauch von *was* + Präposition gilt hier als umgangssprachlich: *Woran* (ugs.: *An was*) *hast du das erkannt? Womit* (ugs.: *Mit was*) *hat er dich überrascht? Worauf* (ugs.: *Auf was*) *willst du dich setzen?* ↑Pronominaladverb (5). **5. Woher kommst du/Wo kommst du her? · Wohin gehst du?/Wo gehst du hin?:** Statt der Richtungsadverbien *woher* und *wohin* in Verbindung mit einem Bewegungsverb wird heute häufig das Lageadverb *wo* in Verbindung mit einem [Bewegungs]verb, das mit *her* oder *hin* zusammengesetzt ist, gebraucht. Diese Ausdrucksweise ist oft umgangssprachlich gefärbt: *Ich weiß nicht, wo er hingefahren ist* statt (stilistisch besser): *Ich weiß nicht, wohin er gefahren ist. Wo kommst du her?* statt: *Woher kommst du? Wo gehst du hin?* statt: *Wohin gehst du?* **6. wobei/wo ... bei · wovon/wo ... von:** Die mit *wo* zusammengesetzten Pronominaladverbien *wobei, wofür* usw. dürfen standardsprachlich nicht in getrennter Stellung verwendet werden. Die Trennung kommt vor allem in der norddeutschen Umgangssprache vor. Es muß also heißen: *Das Geld wovon/von dem ich gelebt habe ...* (nicht: *Das Geld, wo ich von gelebt habe ...*). *Das ist etwas, wobei ich immer lachen muß* (nicht: *..., wo ich immer bei lachen muß*). ↑Pronominaladverb (2).

wobei/bei was/wo ... bei: ↑bei (2; 3); wo (4; 6).

Wochenende: Der Plural lautet *die Wochenenden.*

Wochentage: Die Namen der Wochentage werden stark gebeugt, Genitiv Singular auf *-s* (selten auf *-es*), Nominativ Plural auf *-e: des Mittwochs* (nicht: *des Mittwoch*), mit Ausnahme des Montags (nicht: *des Montag*); *viele Montage, diese langweiligen Mittwoche.* ↑Montag usw.

-wöchentlich/-wöchig: ↑-ig/-isch/-lich.

wodurch/durch was: ↑durch was/wodurch, ↑wo (3).

wofür/für was/wo ... für: ↑für was/wofür, ↑wo (4; 6).

wogegen/gegen was/wo ... gegen: ↑gegen (6), ↑wo (4; 6).

woher, wohin: ↑wo (5).

wohinter/hinter was: ↑hinter was/wohinter, ↑wo (5).

wohl: 1. Vergleichsformen: Die Vergleichsformen von *wohl* „gesund; behaglich“ lauten *wohler, am wohlsten: In deiner Gesellschaft fühle ich mich wohl/wohler/am wohlsten.* Die Komparativform *wöhler* ist nur eine scherzhafte Bildung. Dagegen hat *wohl* im Sinne von „gut“ die Vergleichsformen *besser, beste: jemandem wohl, besser, am besten gefallen.* ↑Vergleichsformen (5). **2. Rechtschreibung:** Getrennt schreibt man *wohl* vom folgenden Verb, wenn es in den Bedeutungen „gesund, innerlich ausgeglichen; gut; wahrscheinlich“ gebraucht wird (beide Wörter tragen Starkton): *sich wohl fühlen; laß es dir wohl sein! Es ist ihm wohl ergangen. Er wird es wohl tun, wohl wollen.* Zusammen schreibt man *wohl* mit dem folgenden Verb, wenn durch die Verbindung ein neuer Begriff entsteht (nur das erste Glied trägt Starkton): *Er hat vielen* *wohlgetan* (= Wohlwollen erwiesen). *Das hat mir wohlgetan* (= war mir angenehm). *Er hat mir stets wohlgewollt* (= Wohlwollen erwiesen). Zusammen schreibt man *wohl* in der Bedeutung „gut" mit einem folgenden zweiten Partizip (nur das erste Glied trägt Starkton): *Er ist mir wohlbekannt* (aber *wohl* in der Bedeutung von „wahrscheinlich": *Der Herr drüben ist dir wohl bekannt?*) *Der Plan ist wohlüberlegt. Der Mann ist wohlunterrichtet. Die Familie ist wohlversorgt. Das Kind ist wohlverwahrt.* ↑Zusammen- oder Getrenntschreibung (1.3).

wohlgelungen: Die Vergleichsformen lauten *besser gelungen, bestgelungen.* ↑Vergleichsformen (2.5.2).

wohlgesinnt: Die Vergleichsformen lauten *wohlgesinnter, wohlgesinnteste.* ↑Vergleichsformen (2.5.2).

wohlgestalt: ↑-gestalt/-gestaltet.

wohlschmeckend: Die Vergleichsformen lauten *wohlschmeckender, wohlschmeckendste.* ↑Vergleichsformen (2.5.2).

wohltuend: Die Vergleichsformen lauten *wohltuender, wohltuendste.* ↑Vergleichsformen (2.5.2).

Wohnblock: Der Plural lautet *die Wohnblocks.* ↑Block.

wohnen: Zum falschen Gebrauch des Infinitivs mit *zu (Ich habe meine Mutter bei mir zu wohnen)* ↑zu (1). Zu den Präpositionen, die mit *wohnen* verbunden werden (*am Markt, in der Schloßstraße wohnen* usw.) ↑an/auf/in.

Wohnung-/Wohnungs-: Entsprechende Zusammensetzungen haben in der Regel das Fugen-s: *Wohnungsamt, Wohnungsbau, Wohnungsgeld, Wohnungsmarkt, Wohnungsnot; wohnungslos.* Neben *wohnungssuchend* ist auch *wohnungsuchend* gebräuchlich.

Wohnungsangaben: Bei Aufzählungen von Wohnungsangaben stehen die verschiedenen Bezeichnungen je nach dem Grade ihrer Zusammengehörigkeit mit oder ohne Komma. Die einzelnen Bezeichnungen des Ortes gelten als nachgestellte genauere Bestimmung zum Namen und werden deshalb von Kommas eingeschlossen: *Anni Müller, Frankfurt, Zeil 102, Hof rechts, hat sich um die Stelle beworben.* Schließt man dagegen die Wohnungsangaben mit einer Präposition an den Namen an, dann bilden sie eine Aufzählung, nach deren letztem Glied kein Komma steht: *Frau Anni Müller in Frankfurt, Zeil 102, Hof rechts hat sich um die Stelle beworben.* ↑Komma 3.1.

Wolfhager: ↑Einwohnerbezeichnungen (4).

Wolfsburger: Die Einwohnerbezeichnung *Wolfsburger* wird immer groß geschrieben, auch wenn das Wort wie ein flexionsloses Adjektiv vor einem Substantiv steht: *die Wolfsburger Stadtväter, das Wolfsburger VW-Werk.* ↑Einwohnerbezeichnungen (7).

wollen: 1. In Verbindung mit Substantiven, die einen Wunsch, eine Absicht o. ä. ausdrücken, darf das Verb *wollen* nicht gebraucht werden, weil dadurch ein ↑Pleonasmus entstünde. *Er hatte den Wunsch, als freier Journalist durch Afrika zu reisen.* (nicht: *reisen zu wollen*). *Der Vorsitzende ließ seine Absicht merken, das Thema gegen alle Widerstände zu besprechen* (nicht: *besprechen zu wollen*). Andererseits darf *wollen* in bestimmten Fällen auch nicht weggelassen werden: *Wir erklärten, dableiben zu wollen* (nicht: *dazubleiben;* das Wort *erklären* schließt nicht die Vorstellung einer Absicht ein. Aber: *Wir hatten die Absicht dazubleiben*). **2.** Geht dem Modalverb *wollen* ein reiner Infinitiv voran, so steht *wollen* im Infinitiv, nicht im zweiten Partizip: *Er hat gestern kommen wollen* (nicht: *kommen gewollt*). ↑Infinitiv (4).

womit/mit was/wo ... mit: ↑mit was/womit; wo (4; 6).

womöglich/wo möglich: Das Wort *womöglich* ist ein Adverb und steht häufig an Stelle von *vielleicht: Der Mißerfolg mit dem Kloster war womöglich noch kläglicher und schimpflicher als derjenige der Priesterlaufbahn* (Nigg). *... und ich könnte, wie ich bin, in eine be-*

liebige Konditorei gehen, womöglich auf den großen Boulevards (Rilke). Getrennt geschriebenes *wo möglich* ist dagegen eine Satzverkürzung für *dort, wo es möglich ist: Wo möglich sollen im Betrieb die modernsten elektronischen Apparate verwendet werden. Alle Produktionszweige sollen, wo möglich, zum gleichen Zeitpunkt verlagert werden.* Zur Zeichensetzung bei *wo möglich* ↑wo (1).

wonach / nach was / wo ... nach: ↑nach was/wonach, ↑wo (4; 6).

woran / an was: Zum Gebrauch von *woran* (Silbentrennung: *wor-an*)/ *an was* ↑an was/woran, ↑wo (4).

worauf / auf was: Zum Gebrauch von *worauf* (Silbentrennung: *wor-auf*)/*auf was* ↑auf was/worauf, ↑wo (4).

woraus / aus was: Zum Gebrauch von *woraus* (Silbentrennung: *wor-aus*)/*aus was* ↑aus was/woraus, ↑wo (4).

Worbiser: ↑Einwohnerbezeichnungen (5).

worden / geworden: ↑werden.

worein / worin: ↑darein/darin, worein/worin.

worin / in was: Zum Gebrauch von *worin* (Silbentrennung: *wor-in*)/*in was* ↑in was/worin, ↑wo (4).

Wörishofer: ↑Einwohnerbezeichnungen (4).

Wort: Das Substantiv *Wort* hat zwei Pluralformen. Im Sinne von „Lautgebilde bestimmter Bedeutung, Einzelwort" hat es den Plural *die Wörter: Einzelwörter, Hauptwörter, Zeitwörter, Eigenschaftswörter, Fremdwörter. Du mußt dir die Wörter merken. Wieviel Wörter hat diese Zeile? Diese Wörter kenne ich nicht. Auch die Wörter „cliché" und „pastiche" wurden damals englisch ausgesprochen* (Hildesheimer). In den Bedeutungen „Äußerung, zusammenhängende Rede; Ausspruch; Beteuerung; Erklärung, Begriff" dagegen hat *Wort* den Plural *die Worte: ... setzte seine ganze Hoffnung auf den einfachen, redlichen Mann, der seine Worte abwog* (Feuchtwanger). *Der riesige Saal, aufgepeitscht von den Worten des Führers* (Feuchtwanger). *Seine Worte beseligten Clarisse* (Musil). *... verabschiedete er sich mit bewegten Worten.* Es gibt Fälle, wo beide Pluralformen möglich sind: *Von mir sollte es* (= das Kind) *die Namen hören: Tisch und Bett, Nase und Fuß. Auch Worte wie: Geist und Gott und Seele, meinem Dafürhalten nach unbrauchbare Worte, aber verheimlichen konnte man sie nicht, und später Wörter, so komplizierte wie: Resonanz, Diapositiv, Chiliasmus und Astronautik* (Bachmann). Hier könnte man *Wörter* statt *Worte* verwenden, wie sich umgekehrt im folgenden Satz *Wörter* durch *Worte* ersetzen ließe: *Was war „vorwärts"? Es war unsicher, was „vorwärts" war. Wenn die Maschine Stanislaus wieder in die Heimat fahren sollte, so würde auch das „vorwärts" heißen. Wie ungenau waren die menschlichen Wörter!* (Strittmatter). Zur Zahl der Wörter der deutschen Sprache ↑Wortschatz.

Wortart: Jedes Wort unseres Sprachschatzes gehört einer bestimmten Gruppe von Wörtern gleicher Art an, die man als Wortart bezeichnet. Die Einteilung der Wörter in Wortarten ist nicht einheitlich. In älteren Grammatiken unterscheidet man (in Anlehnung an die lateinische Grammatik) neun bis dreizehn Wortarten, je nachdem, ob der Artikel als eigene Gruppe oder zum Pronomen gezählt wird, ob die Konjunktionen nach ihrer Funktion unterteilt werden, ob die Fragewörter selbständig oder als eine Gruppe des Pronomens gesehen werden und ob die Numeralia als eigene Wortart behandelt oder beim Adjektiv eingestuft werden. In der modernen Sprachwissenschaft setzt man für das Deutsche gewöhnlich neun oder zehn Wortarten an. Die drei Hauptwortarten Verb, Substantiv und Adjektiv umfassen als Zeichen der außersprachlichen Wirklichkeit den größten Teil des Wortschatzes, sie werden konjugiert bzw. dekliniert. Artikel und Pronomen stehen vor oder an Stelle von Substantiven und werden dekliniert. Die nur zum Teil deklinierbaren Numeralia (Zahlwörter) drücken Anzahl, Reihenfolge oder Vervielfachung aus, sie werden meist zu den Adjektiven gerechnet. Unveränderlich sind die Adverbien, Präpositionen und Konjunktionen, sie geben besondere Umstände und syntaktische Beziehungen an. Die gleichfalls unveränderlichen Interjektionen schließlich werden meist als syntaktisch isolierte Gesprächswörter eingesetzt. Faßt man einige dieser Wortarten nach ihrer Funktion zu Gruppen zusammen, dann kommt man, wie es die Dudengrammatik darstellt, zu sechs Wortarten: 1. Verben. 2. Substantive. 3. Adjektive (einschließlich der Numeralia). 4. Begleiter und Stellvertreter der Substantive (Artikel, Pronomen). 5. Partikeln (Adverbien, Präpositionen, Konjunktionen). 6. Interjektionen.

Wortbetonung

1. Allgemeine Betonungsregeln: In einem mehrsilbigen Wort trägt eine Silbe den Hauptton, in längeren Wörtern kann eine weitere Silbe einen Nebenton tragen. In einfachen Wörtern ist gewöhnlich die erste Silbe betont:

Acker, Ekel, Erde.

Ebenso ist in abgeleiteten Wörtern gewöhnlich die erste Silbe betont:

langsam, lesbar, möglich, Mannschaft, Haushalt.

Bei Wörtern mit Präfixen wie *be-, er-, ent-, ge-, ver-, zer-* sind die Präfixe unbetont:

beachten, Begriff, entfernen, Verfall.

In zweiteiligen zusammengesetzten Wörtern ist im allgemeinen der erste Teil stärker betont als der zweite:

Scheinwerfer, Studienrat, Lampenschirm.

In dreiteiligen Zusammensetzungen ist der erste Teil am stärksten, der zweite am zweitstärksten, der dritte am drittstärksten betont, wenn die Zusammensetzung aus dem ersten Teil einerseits und dem zweiten plus dritten Teil andererseits besteht:

Dampfschiffahrt ['dampf,ʃɪffa:rt] (Schiffahrt mit Dampf = *Dampf* + *Schiffahrt*).

Dagegen ist der erste Teil am stärksten betont, der zweite am drittstärksten, der dritte am zweitstärksten, wenn die Zusammensetzung aus dem ersten plus zweiten Teil einerseits und dem dritten Teil andererseits besteht:

Dampfschiffahrt ['dampfʃɪf,fa:rt] (Fahrt mit einem Dampfschiff = *Dampfschiff* + *Fahrt*).

Die Partikeln

ab-, an-, aus-, bei-, ein-, nach-, wieder-

sind meistens betont:

Abweg, ausfahren, beistehen, Eingriff.

Die Partikeln

da-, dar-, durch-, her-, hier-, hin-, hinter-, in-, miß-, ob-, über-, um-, un-, voll-, vor-, wider-, zu-

kommen betont und unbetont vor. Teilweise ist mit der Betonung auch ein Bedeutungsunterschied verbunden:

übersetzen – übersetzen, umfahren – umfahren.

2. Abweichende Betonungen: Die Ableitungssilben *-ei* und *-ieren* sind betont:
Partei, parteiisch, Kartei, polieren, halbieren, marschieren.

Bei gefühlsmäßiger (emphatischer) Betonung können Zusammensetzungen auf beiden Teilen betont sein:
haarscharf, Erzhalunke, neunhundert.

In zweiteiligen und dreiteiligen Zusammensetzungen kommt teilweise auch Betonung auf dem zweiten Teil vor:
Hohepriester; Fünfmarkstück, Dreikäsehoch.

Aneinanderreihungen (mit und ohne *und*) sind auf allen Teilen oder auf dem letzten Teil betont:
rotweißrot/rotweißrot, Maul- und Klauenseuche/Maul- und Klauenseuche.

Abkürzungen, die buchstabiert werden, sind auf dem letzten Teil betont, häufig vorkommende auch auf dem ersten:
ADAC, BGB, LKW (auch LKW).

Für Fremdwörter und fremde Namen lassen sich keine allgemeinen Betonungsregeln aufstellen. Auch deutsche Namen haben oft abweichende Betonung:
Roswitha, Heilbronn, Berlin.

3. Verschiebung des Akzents bei Hervorhebung des Gegensatzes: Abweichungen von den allgemeinen Betonungsregeln entstehen bei der Gegensatzbetonung: Um den Gegensatz in einer Aussage zu verstärken, wird in verschiedenen Wendungen die Betonung vom Stamm auf das normalerweise unbetonte Präfix verlagert:
An- und Verkauf (sonst: Verkauf), be- und entladen (sonst: beladen und entladen). (Auch:) Aktivsaldo – Passivsaldo (sonst: Aktivsaldo).

Ebenso verlagert sich die Betonung auf die Präfixe bei Aufzählungen, wenn der gemeinsame Bestandteil der Präfixbildungen nur einmal gesetzt wird:
Wir tragen vor, was uns auf-, miß- oder gefällt.

Wenngleich diese Betonungen der Regel nach inkorrekt sind, werden sie im Sprachgebrauch aus den oben erwähnten Gründen vorgenommen. Korrekt ist dagegen die Betonung der ersten Silbe bei Fügungen aus zusammengesetzten Wörtern:
Zu- und Abgang, zu- und abfahren, auf- und absteigen, Vor- und Nachteil.

4. Betonung von Präpositionen: Im allgemeinen stehen die Präpositionen unbetont vor dem von ihnen abhängenden Substantiv:
Wegen des Regens kam er nicht. Über der Stadt lag eine Nebeldecke. Das Auto stand vor dem Haus.

Die Präpositionen können jedoch betont werden, wenn sie in ein oppositionelles Verhältnis gebracht werden:
Das Auto steht nicht vor, sondern hinter dem Haus. Auf der Tribüne war kein Platz mehr frei, aber vor der Tribüne waren noch einige Plätze unbesetzt.

Steht nach der Präposition ein nicht hervorzuhebendes Personalpronomen, so liegt die Betonung im allgemeinen auf der Präposition:
Mein Freund war heute bei mir. Er war außer sich vor Aufregung.

5. Schwankungsfälle: ↑Büro, ↑Konsum, ↑lutherisch, ↑Zeremonie, auch: ↑es (1) und ↑zweites Partizip (1).

Wortbildung: **1.** ↑Ableitung. **2.** ↑Adjektiv. **3.** ↑Adverb. **4.** ↑-al/-ell. **5.** ↑Aufschwellung. **6.** ↑-bar. **7.** ↑-bar/-lich. **8.** ↑Einwohnerbezeichnungen. **9.** ↑ent-/end-. **10.** ↑-fähig. **11.** ↑Fugen-s. **12.** ↑Fugenzeichen. **13.** ↑gemäß/-mäßig. **14.** ↑-ig/-isch/-lich. **15.** ↑-ist. **16.** ↑Kompositum (Zusammensetzung). **17.** ↑-nen. **18.** ↑Ortsnamen (3). **19.** ↑Personennamen (4). **20.** ↑Präfix. **21.** ↑-s. **22.** ↑Substantiv. **23.** ↑Suffix. **24.** ↑Verb. **25.** ↑Verbzusatz. **26.** ↑zweites Partizip.

Wortfamilie: Unter einer Wortfamilie versteht man eine Gruppe von Wörtern, die sich aus ein und derselben sprachlichen Wurzel entwickelt haben oder von ein und demselben Kennwort herzuleiten sind. Man vergleiche etwa die Wortfamilie *fahren: ab-, drein-, tot-, umfahren; be-, verfahren; Fahrausweis, -bahn, -schule; fahrbar, fahrig, willfährig; Fähre, Fahrer, Fahrt, Fuhre* usw.

Wortfeld: Unter einem Wortfeld versteht man eine Gruppe inhaltlich eng benachbarter, sinnverwandter Wörter; z. B. das Wortfeld der Gewässerbezeichnungen: *Tümpel, Teich, Weiher, See, Meer, Ozean; Rinnsal, Bach, Kanal, Fluß, Strom* usw.; oder das Wortfeld der Bewegungsverben: *gehen, laufen, springen, schreiten, marschieren, pesen, wetzen* usw.

Wortfrage: ↑Ergänzungsfrage.

wörtliche Rede: ↑direkte Rede.

Wortmischung: ↑Kontamination.

Wortpaar: Bei Wortpaaren im Singular, die mit *und* verbunden sind, besteht Unsicherheit darüber, wie sie dekliniert werden müssen. Das erste Glied bleibt ungebeugt, wenn das Wortpaar als formelhafte Einheit empfunden wird: *Der Wert meines Grund und Bodens ist beträchtlich gestiegen. Die Dichter des Sturm und Drangs. Verwendung seines Fleisch und Blutes* (Ina Seidel). Wenn aber weder ein Artikel noch ein Adjektiv die Substantive näher bestimmt, bleiben beide Glieder, vor allem in Wortpaaren mit schwachen Substantiven, ungebeugt. Dies geschieht besonders im Dativ und Akkusativ Singular, weil bei schwacher Beugung eine Verwechslung mit dem Plural möglich ist. *Die Kluft zwischen Fürst und Volk. Ganz von Geist und Wille geformt* (Hesse). *Das Verhältnis zwischen Patient und Arzt. Die Beziehungen zwischen Produzent und Konsument. Der Unterschied zwischen Affe und Mensch.* Ist keine Verwechslung möglich, wird die Nichtbeugung als ungewöhnlich empfunden: *Zwischen Herr* (korrekt: *Herrn*) *und Frau Meier.* In der poetischen Sprache wird manchmal die Pluralendung beim ersten Glied aus rhythmischen Gründen weggelassen: *An Tier und Vögeln fehlt es nicht* (Goethe). ↑Unterlassung der Deklination (1.1).

Wortschatz: Exakte Angaben über den Umfang des deutschen Wortschatzes sind nicht nur deshalb unmöglich, weil ständig Wörter neu gebildet und aus anderen Sprachen entlehnt werden. Eine genaue Feststellung wird auch dadurch erschwert, daß die Abgrenzung der festen Bestandteile unseres (Allgemein)wortschatzes von den Situations- oder Gelegenheitsbildungen (etwa *Autohimmel* in dem Satz *Der neue Sportwagen ist ein Stern am Autohimmel*) und den fach- und sondersprachlichen Wörtern schwerfällt. Im allgemeinen setzt man aber den Wortschatz der deutschen Sprache zwischen 300 000 und 500 000 Wörtern an. Die Verben machen davon schätzungsweise knapp ein Viertel, die Substantive etwa zwei Viertel und die Adjektive und Adverbien gut ein Viertel aus; die Zahl der Präpositionen und Konjunktionen beläuft sich auf etwa 200, die der Pronomen nicht einmal auf 100 Wörter. – Der aktive Wortschatz eines deutschen Durchschnittssprechers wird heute auf 12 000–16 000 Wörter (davon etwa 3 500 Fremdwörter) geschätzt. Zum Vergleich: Den Wortschatz der französischen Sprache gibt man mit ca. 100 000, den der englischen Sprache mit ca. 600 000–800 000 Wörtern an.

Wortstamm: ↑Stammsilbe.

Wortstellung: **1.** Zur Stellung des

Adjektivs *(ein kaltes Glas Bier/ein Glas kaltes Bier · buschige schwarze Augenbrauen/schwarze buschige Augenbrauen)* ↑Adjektiv (3.2 und 3.4). **2.** Zur Stellung des Adverbs *(in spätestens einer Stunde/spätestens in einer Stunde)* ↑Adverb (4). **3.** Zur Vorwegnahme des Prädikats oder eines Prädikatsteils *(Sie ist geboren fürs Theater/Sie ist fürs Theater geboren)* ↑Ausklammerung. **4.** Zur Stellung des Modalverbs *(... daß er hätte schreiben können/... daß er hätte können schreiben)* ↑Modalverb (3), ↑Infinitiv (4). **5.** Zur Stellung der a.-c.-i.-Verben *(... weil sie ihn haben kommen lassen/... weil sie ihn kommen lassen haben)* ↑lassen (3). **6.** Zur Wortfolge nach nebenordnenden und unterordnenden Konjunktionen ↑Konjunktion (1 und 2), ↑und (1), ↑aber (2). **7.** Zur Stellung des Personalpronomens *(... mußte der Arzt ihn krank schreiben/mußte ihn der Arzt krank schreiben)* ↑Personalpronomen. **8.** Zur Stellung des Reflexivpronomens *(als der Zug sich näherte/als sich der Zug näherte)* ↑Reflexivpronomen (1). **9.** Zum Umspringen der Nebensatz- in die Hauptsatzstellung *(Wenn ich nach Hause komme, und der Vater ist noch da/und [wenn] der Vater noch da ist ...)* ↑Anakoluth. **10.** Zur Stellung der Währungseinheit bei Preisangaben *(500,- DM/DM 500,-)* ↑Maß-, Mengen- und Münzbezeichnungen (4).

Worttrennung: ↑Silbentrennung.

Wortzusammensetzung: ↑Adjektiv (2.1). ↑Kompositum.

worüber/über was: Zum Gebrauch von *worüber* (Silbentrennung: *wor-über*)/*über was* ↑über was/worüber, ↑wo (4).

worum/um was: Zum Gebrauch von *worum* (Silbentrennung: *wor-um*)/*um was* ↑um was/worum, ↑wo (4).

worum/warum: ↑warum/worum.

worunter/unter was: Zum Gebrauch von *worunter* (Silbentrennung: *wor-unter*)/*unter was* ↑unter was/worunter, ↑wo (4).

wovon/von was/wo ... von: ↑von was/wovon, ↑wo (4; 6).

wozu/zu was/wo ... zu: ↑zu was/wozu, ↑wo (4; 6).

wozwischen/zwischen was: ↑zwischen was/wozwischen, ↑wo (4; 6).

Wrack: Das Wort hat zwei Pluralformen: *die Wracks* und (selten) *die Wracke.*

Wucherin: Es heißt nicht *Wuchererin,* sondern *Wucherin.* ↑Substantiv (3).

Wulst: Es heißt *der Wulst, des Wulstes, die Wülste*/(bes. fachspr.:) *Wulste* und auch *die Wulst, der Wulst, die Wülste.*

wunder/Wunder: Groß schreibt man das Substantiv: *Der Mensch kann keine Wunder tun. Er wird sein blaues Wunder erleben.* Klein schreibt man das verblaßte Substantiv in Verbindung mit *was* oder *wie: Es kam ihm wunder wie schön* (= sehr schön) *vor. Sie bildet sich wunder was ein* (= sehr viel ein). *Er glaubt, wunder was getan zu haben. Sie meint, wunder[s] wie geschickt zu sein.* ↑Verblassen des Substantivs.

Wundmal: Der Plural lautet *die Wundmale* (↑[1]Mal).

wünschen: 1. Wenn *wünschen* mit einem erweiterten Infinitiv mit *zu* verbunden ist, kann man das Komma setzen oder weglassen. Es kommt darauf an, ob man *wünschen* als Vollverb oder als Hilfsverb auffassen will: *Er wünscht an der Sitzung teilzunehmen* oder: *Er wünscht, an der Sitzung teilzunehmen.* Tritt aber zu *wünschen* ein Adverb o. ä., dann muß ein Komma stehen: *Wir wünschen aufrichtig, uns mit ihm zu versöhnen.* ↑Komma (5.1.4). **2.** Zu *...wünschen/wünscht Ihnen Fritz Müller mit Frau und Tochter* ↑Brief (5).

Wunschsatz: Der Wunschsatz bringt etwas [noch] nicht Verwirklichtes, vom Sprecher/Schreiber jedoch Gewünschtes zum Ausdruck. Im Unterschied zum ↑Aufforderungssatz ist er nicht direkt und im ↑Imperativ, sondern nur indirekt und im Konjunktiv I an einen oder mehrere Partner gerichtet. Entsprechend werden vorwiegend die einfachen Formen der 3. Person Singular *(er, sie, es, man)*, selten die der 1. und 3. Person Plural *(wir, sie)* gebraucht: Dieser 1. Konjunktiv findet sich relativ häufig in mathematischen Fachtexten *(In der Zeichnung sei die Strecke a 3 cm)*, in Anweisungen und Anleitungen auf Rezepten *(Man nehme fünf Eiweiß, fünf Eßlöffel Mehl)* und in festen Redewendungen und Formeln *(Der Herr segne dich und behüte dich! Er lebe hoch! Das sei ferne von mir! Gott sei Dank! Edel sei der Mensch, hilfreich und gut!)*. Dieser Konjunktiv I findet sich im allgemeinen nur in Hauptsätzen, während in abhängigen Wunschsätzen in der Regel der Indikativ steht: *Sie wünscht, daß du kommst*. Der Konjunktiv II in Wunschsätzen schließlich *(Hätte ich doch dieses Buch! Wenn er doch gekommen wäre!)* kennzeichnet etwas als nicht gegeben, nur vorgestellt, nur gedacht, irreal und ist wie der Konjunktiv II im ↑Konditionalsatz zu erklären.

würde: 1. Zum Gebrauch von *würde* + Infinitiv *(Sie sagten, sie würden morgen kommen)* ↑Konjunktiv (2.3). **2.** Zu *würde/werde* ↑werde/würde. **3.** Zu *Ich würde sagen ...* ↑ich darf/möchte/würde sagen ...

Wurm: Das Wort wird sowohl mit männlichem als auch mit sächlichem Geschlecht gebraucht. Es heißt *der Wurm*, wenn es sich um das Tier oder um einen Vergleich mit dem Tier handelt: *Der Wurm krümmte sich am Angelhaken. Ich schraubte die Messinghülle auf, sah den dunkelroten Stift sich wie einen starren Wurm herauswinden* (Böll). Das sächliche Substantiv *das Wurm* ist umgangssprachlich und bedeutet „kleines Kind“: *Soll sich das elende Wurm die Plauze ausschreien vor Hunger?* (Hauptmann). *So ein liebes Wurm! ... Es atmet wirklich* (Frisch).

wurmen: Das Verb wird heute mit dem Akkusativ (nicht mit dem Dativ) verbunden: *Es wurmt ihn sehr, daß man ihn bei der Beförderung übergangen hat. Mich wurmt diese Ungerechtigkeit über alle Maßen.*

Würzburger: Die Einwohnerbezeichnung *Würzburger* wird immer groß geschrieben, auch wenn das Wort wie ein flexionsloses Adjektiv vor einem Substantiv steht: *die Würzburger Studenten*. ↑Einwohnerbezeichnungen (7).

Wut: Das von *Wut* abhängende Substantiv (Pronomen) wird mit der Präposition *gegen* oder auch mit *auf* angeschlossen. Während *gegen* das feindliche Verhältnis stark betont, nennt *auf* nur die Grundlage und die Ursache der Wut: *Eine dumpfe Wut erfüllt ihn gegen alle und alles* (Kuby). *Er empfand eine rasende Wut auf den Schmerz* (Ott). *Eine ausgewachsene Wut auf den Büchermenschen erfüllte ihn* (Kuby). In der Wendung *eine Wut haben/bekommen* wird nur mit *auf* angeschlossen: *Ich habe eine fürchterliche Wut auf ihn.*

x: Zur Schreibung und Deklination *(die Aussprache des X, Frau X, Unternehmen X, jemandem ein X für ein U vormachen, die Größe x* [in der Mathematik], *eine Gleichung nach x auflösen, das Stück hat x Aufführungen erlebt, es ist x Tage her, X-Strahlen, X-beinig, x-Achse, x-te, x-beliebig)* ↑Bindestrich (2.4), ↑Einzelbuchstaben, ↑Groß- oder Kleinschreibung (1.2.5).

Y

y: Zur Schreibung und Deklination *(die Aussprache des Y, die mathematischen Unbekannten x und y, Herr Y, y-Achse, Y-förmig, das y in Zylinder)* ↑Bindestrich (2.4), ↑Einzelbuchstaben, ↑Groß- oder Kleinschreibung (1.2.5).

-y: Die aus dem Englischen übernommenen Substantive mit der Endung *-y* bilden im Deutschen den Plural in der Regel durch Anhängen von *-s: Babys, Citys, Dandys, Hobbys, Ponys, Rowdys, Storys, Teddys, Whiskys* u. a. Nur Wörter, die noch stärker als fremd empfunden werden, haben auch noch die englische Pluralbildung *-ies,* z. B. *Lobbys/Lobbies, Ladys/Ladies, Torys/Tories.*

Yacht: ↑Jacht/Yacht.

Yard: Zu *fünf Yard/Yards* ↑Maß-, Mengen- und Münzbezeichnungen (1).

Z

z: Zur Schreibung und Deklination ↑Bindestrich (2.4) *(Z-Aussprache);* ↑Einzelbuchstaben *(des Z, zwei Z);* ↑Groß- oder Kleinschreibung (1.2.5) *(das z in Graz).*

z, c oder k?: ↑c, k oder z?

Zacke/Zacken: Neben dem weiblichen Substantiv *die Zacke* gibt es landschaftlich, bes. südd. und österr., auch das männliche Substantiv *der Zacken.* In umgangssprachlichen Wendungen wie *einen Zacken haben/weghaben* (= betrunken sein) und *sich keinen Zacken aus der Krone brechen* (= sich [bei etwas] nichts vergeben) ist die männliche Form allgemein üblich. Der Plural beider Wörter heißt *die Zakken.*

zäh: Der Superlativ von *zäh* lautet *zäheste* oder *zähste.* ↑Vergleichsformen (2.3).

Zäheit/Zähigkeit: Die beiden Wörter haben verschiedene Bedeutung: *Zäheit* (Silbentrennung: *Zä-heit;* nicht: *Zäh-heit*) beschreibt einen Zustand (z. B. *die Zäheit des Fleisches*), während *Zähigkeit* eine Willenshaltung ausdrückt *(mit großer Zähigkeit ein Ziel verfolgen).* ↑Aufschwellung.

Zahl: 1. Eine große Zahl Studenten stand/standen vor dem Haupteingang: Wenn nach *Zahl* das Gezählte im Plural folgt, steht in der Regel das Verb im Singular, weil ja das Subjekt *(Zahl)* formal ein Singular ist: *Eine große Zahl Studenten stand vor dem Haupteingang. Eine beträchtliche Zahl kostbarer Gegenstände wurde gestohlen.* Oft wird aber nach dem Sinn konstruiert und das Verb in den Plural gesetzt: *Eine große Zahl Studenten standen vor dem Haupteingang. Eine beträchtliche Zahl kostbarer Gegenstände wurde gestohlen.* Der Plural findet sich vor allem dann häufig, wenn das Gezählte als Apposition im gleichen Kasus wie *Zahl* steht: *Es liegen eine ausreichende Zahl Bauaufträge vor.* ↑Kongruenz (1.1.2). **2. eine große Zahl hübscher/hübsche Sachen · eine verschwindende Zahl Industrieller/Industrielle:** Nach *Zahl* kann das Gezählte im Genitiv oder als Apposition stehen: *mit einer größeren Zahl Schafe. Er hat mit einer kleinen Zahl Ab-*

geordneter/Abgeordneten bereits gesprochen. Eine verschwindende Zahl [steinreicher] Industrieller/(seltener:) *[steinreiche] Industrielle stimmte dagegen. Sie hat eine große Zahl hübscher Sachen/hübsche Sachen.* ↑Apposition (2.2). **3. Zahl/Ziffer:** Im allgemeinen Sprachgebrauch werden *Zahl* und *Ziffer* häufig unterschiedslos gebraucht, obwohl die Wörter verschiedene Bedeutung haben. Die Ziffern sind die graphischen Zeichen zur schriftlichen Fixierung der Zahleninhalte, d.h. der durch die Zahlen *1, 2, ... 9* und *0* ausgedrückten Werte. Dabei werden die Ziffern *1, 2, ... 9* im Textzusammenhang gleichzeitig zu den Zahlen *1, 2, ... 9.* Höhere Zahlen werden schriftlich durch Aneinanderreihen mehrerer Ziffern wiedergegeben. Die Jahreszahl *1965* etwa ist eine Zahl aus den Ziffern *1, 9, 6* und *5.* Bei einer Adresse bedeutet die Hausnummer *386* eine Zahl aus den Ziffern *3, 6* und *8.* Es gibt jedoch Bildungen, wie z.B. *Sterblichkeitsziffer, Kennziffer, Zifferblatt, sich beziffern auf,* denen *Ziffer* in der Bedeutung „Zahl" zugrunde liegt. **4. Zahl/Anzahl:** ↑Anzahl (3). **5.** Zu *Zahl* im grammatischen Sinn ↑Numerus.

zahlbar: Im Gegensatz zu der üblichen Verwendung von ↑*-bar,* bei der das Suffix als Mittel passivischer Ableitung eine Möglichkeit ausdrückt *(dehnbar* = kann gedehnt werden, *lieferbar* = kann geliefert werden), wird *zahlbar* im Sinne von „ist zu zahlen" als indirekte Aufforderung gebraucht. Dieser Gebrauch gilt heute als korrekt. Nicht üblich ist dagegen die Form *bezahlbar.*

zahlen/bezahlen: ↑bezahlen/zahlen.

Zahlen und Ziffern

1. Schreibung in Ziffern oder Buchstaben?: Die alte Buchdruckerregel, nach der die Zahlen von 1 bis 12 in Buchstaben und die Zahlen von 13 an in Ziffern zu setzen sind, gilt heute nicht mehr. Auch die Zahlen von 1 bis 12 sind in Ziffern zu setzen, wenn in Statistiken, in technischen oder wissenschaftlichen Texten o.ä. die Zahl und das die Sache bezeichnende Substantiv die Aufmerksamkeit auf sich lenken sollen:

Kurbel mit 2 Wellen, Zahnrad mit 2 Spindeln.

Auch vor Zeichen und Abkürzungen von Maßen, Gewichten, Geldsorten usw. ist die Zahl in Ziffern zu setzen:

3 km; 7,4 kg; 6 DM.

Wählt man statt der Abkürzungen die entsprechenden Vollformen, dann kann die Zahl in Ziffern wie in Buchstaben gesetzt werden:

11/elf Kilometer, 2/zwei Mark.

Andererseits können die Zahlen von 13 an, sofern sie übersichtlich sind, auch ausgeschrieben werden, wie es z.B. in erzählenden Texten (Roman, Brief o.ä.) geschieht:

Sie war dreiundneunzig Jahre alt geworden. Zu Ihrem fünfzigsten Geburtstag gratuliere ich Ihnen herzlich. Achtzehn Studenten bei Unruhen verhaftet.

2. Schreibung in Ziffern: Ganze Zahlen, die aus mehr als drei Ziffern bestehen, werden von der Endziffer aus in dreistellige Gruppen zerlegt, die durch einen Zwischenraum oder Punkt (nicht durch ein Komma) voneinander abgesetzt werden:

3 560 783 DM, 10.000.

Bei Zahlen, die eine Nummer darstellen, teilt man jedoch meistens keine Gruppen ab:

Nr. 33590.

Abweichend hiervon werden Fernruf-, Fernschreib- und Postscheckkontonummern geschrieben: Fernrufnummern werden in Zweiergruppen gegliedert:

08, 1 68, 14 28, 1 42 83, 14 28 37.

Bei den Nummern der Postscheckkonten (Postgirokonten) werden in jedem Fall die beiden letzten Ziffern vor dem Bindestrich durch Zwischenraum abgetrennt:

3 49–603, 640 74–208, 1749 28–802.

Die Fernschreibnummern setzen sich aus Kennzahl und Rufnummer zusammen. Die Kennzahl wird ohne Null geschrieben und steht vor der Rufnummer. Die Rufnummer wird von der Endziffer aus in Dreiergruppen gegliedert:

8 582 404 (8 = Kennzahl von Düsseldorf), 4 62 527 (4 = Kennzahl von Mannheim).

Dezimalzahlen werden von den ganzen Zahlen durch ein Komma getrennt, jedoch hinter dem Komma nicht in Gruppen eingeteilt:

52,36 m; 8,65432 m.

Bei Rechnungen wird die Zahl der Pfennige nur durch ein Komma, nicht durch einen Punkt abgetrennt (*3,45 DM;* in der Schweiz dagegen steht zwischen Franken- und Rappenzahl immer ein Punkt: *Fr. 4.20*).

Bei der Zeitangabe wird die Zahl der Minuten von der Stundenzahl nur durch einen Punkt oder durch Hochstellung abgehoben:

6.30 Uhr oder *6^{30} Uhr.*

3. Zusammen- oder Getrenntschreibung oder Bindestrich: In Wörtern angegebene Zahlen, die unter einer Million liegen, werden zusammengeschrieben; Angaben über einer Million schreibt man dagegen getrennt:

neunzehnhundertfünfundsechzig, (aber:) *zwei Millionen dreitausendvierhundertneunzehn.*

Zusammen schreibt man Ableitungen und Zusammensetzungen, die eine Zahl enthalten, unabhängig davon, ob die Zahl in Buchstaben oder in Ziffern geschrieben ist:

achtfach/8fach, Achttonner/8tonner, ein neunundfünfziger/59er Wein, der achtundvierziger/48er Liberale, 4kanteisen, 14karätig, 131er, ver307fachen, 32eck.

Aneinanderreihungen von Wörtern mit Zahlen (in Ziffern) werden durch ↑Bindestriche (3.3) verbunden:

10-Pfennig-Briefmarke, ¾-Liter-Flasche, 2-kg-Dose, 70-PS-Motor, 5 000-m-Lauf, 3-Meter-Brett, 4 × 100-m-Staffel.

Dagegen schreibt man zusammen, wenn die Zahlen in Buchstaben geschrieben werden:

Dreikaiserbündnis, Zehnpfennigmarke.

4. Verweise: Zur Groß- oder Kleinschreibung von Zahlwörtern ↑Numerale (1). Zum Punkt bei Gliederungszahlen *(1.1.1, 1.2.1)* ↑[1]Punkt (2). Vgl. auch ↑Bruchzahlen, ↑Kardinalzahlen, ↑Ordinalzahlen, ↑römische Zahlzeichen, ↑Maß-, Mengen- und Münzbezeichnungen.

zahllos: Nach *zahllos* wird das folgende [substantivierte] Adjektiv in gleicher Weise (parallel) gebeugt: *zahllose Angestellte, in zahllosen kartographischen Darstellungen.* Nur im Genitiv Plural kommt noch vereinzelt schwache Beugung des folgenden [substantivierten] Adjektivs vor: *die Reaktion zahlloser Beteiligten* (statt: *Beteiligter*).

zahlreich: 1. Bedeutung: Das Adjektiv *zahlreich* hat einmal die Bedeutung „eine große Zahl ausmachend, aus vielen Einheiten bestehend": In diesem Sinn steht es bei Sammelnamen oder dergleichen *(eine zahlreiche Familie, Sippe, Herde; zahlreicher Besuch);* zum andern bedeutet es „viele" und steht dann in Verbindung mit pluralisch gebrauchten Substantiven *(zahlreiche Brände, mit zahlreichen Fehlern).* **2. Beugung des folgenden [substantivierten] Adjektivs:** Nach *zahlreich* wird das folgende [substantivierte] Adjektiv in gleicher Weise (parallel) gebeugt: *zahlreiche Beamte, mit zahlreicher, alter Kundschaft.* Nur im Genitiv Plural kommt vereinzelt noch schwache Beugung des folgenden [substantivierten] Adjektivs vor: *die Entlassung zahlreicher Beamten* (statt: *Beamter*).

Zahlwort: ↑Numerale; ↑Zahlen und Ziffern.

Zapf/Zapfen: Üblich ist *der Zapfen; der Zapf* ist eine seltene, in Süddeutschland vorkommende Nebenform. ↑Substantiv (2.2).

zart: Die ↑Vergleichsformen (2.1) haben keinen Umlaut: *zarter, zarteste.*

zartbesaitet: Die ↑Vergleichsformen (2.5.3) lauten: *zartbesaiteter/zarter besaitet* und *zartbesaitetste/zartest besaitet.*

zartfühlend: Die ↑Vergleichsformen (2.5.2) lauten: *zartfühlender, zartfühlendst.*

Zauberin/Zaubrerin: Beide weiblichen Formen zu *Zaub[e]rer* sind korrekt. ↑Substantiv (3).

z. B.: ↑u. a., usf., usw., z. B.

Zeh/Zehe: Sowohl das männliche Substantiv *der Zeh, des Zehs, die Zehen* als auch das weibliche Substantiv *die Zehe, der Zehe, die Zehen* sind heute gebräuchlich. In einigen Gebieten wird das Maskulinum, in anderen das Femininum bevorzugt. Gebietsweise ist auch *der Zehe[n]* verbreitet (z. B. in Bayern und in der Mannheimer Gegend).

zehn/Zehn: Klein schreibt man das Zahlwort: *wir sind zu zehnen/zu zehnt.* Groß schreibt man das Zahlwort in ↑Namen *(die Zehn Gebote)* und die Substantivierung: *die Zahl Zehn, eine Zehn schießen, eine Zehn schreiben. Die Zehn* (= Straßenbahnlinie 10) *fährt zum Hauptbahnhof.* ↑Groß- oder Kleinschreibung (1.2.4); ↑[1]acht/Acht.

Zehnpfennigbriefmarke/10-Pfennig-Briefmarke: ↑Bindestrich (3.3).

zehnte/Zehnte: Klein schreibt man das Zahlwort: *die zehnte Muse; ich komme als zehnter an die Reihe. Das weiß der zehnte nicht.* Groß schreibt man das Zahlwort in ↑Namen *(Papst Johannes der Zehnte)* und die Substantivierung (= bestimmter substantivischer Begriff): *Wir wollen uns am Zehnten* (= zehnter Monatstag) *treffen.* ↑achte/Achte.

zehntel/Zehntel: ↑Bruchzahlen; ↑achtel/Achtel.

zeichenbar: ↑-nen.

Zeichenblock: Der Plural zu *Zeichenblock* (nicht: *Zeichnenblock;* ↑-nen) lautet *die Zeichenblocks* und (seltener) *die Zeichenblöcke* (↑Block).

Zeichensetzung: ↑Interpunktion.

zeigen, sich: 1. Nach *sich zeigen als* steht heute das folgende Substantiv im Nominativ, d. h., es wird auf das Subjekt bezogen: ... *Schiller hingegen zeigt sich in seinen Bühnenanweisungen als genialer Regisseur* (Friedell). Der Akkusativ, d. h. die Beziehung auf das Reflexivpronomen, ist veraltet: *Er hat ... sich als einen braven Mann gezeigt* (Lessing). ↑Kongruenz (4.2). **2.** Das zweite Partizip des reflexiven Verbs *sich zeigen* kann nicht attributiv verwendet werden. Also nicht: *die sich als falsch gezeigte Maßnahme.* ↑zweites Partizip 2.3.

zeihen: Das Verb *zeihen* wird unregelmäßig gebeugt: *zeihen, zieh, geziehen: ... einmütig ziehen alle den geflohenen Agenten des Mordes* (Schaper). Die regelmäßigen Formen *(zeihte, gezeiht)* sind veraltet.

Zeit: Groß und von einer vorausgehenden Präposition getrennt schreibt man das Substantiv: *zu meiner, deiner, unserer Zeit, zu aller Zeit* (aber: *all[e]zeit* = immer), *zur Zeit, auf Zeit, es ist an der Zeit, von Zeit zu Zeit, Zeit haben, zu der Zeit, zu Zeiten Karls des Großen, zu jeder Zeit, alles zu seiner Zeit.* Klein schreibt man die Präposition *zeit: zeit seines Lebens* (aber zusammen und klein mit ausgefallenem Pronomen: *zeitlebens*). Zusammen und klein schreibt man, wenn das verblaßte Substantiv mit der vorangehenden Präposition oder dem vorangehenden Pronomen zu einem Adverb geworden ist: *beizeiten, vorzeiten, zuzeiten* (= bisweilen), *jederzeit, derzeit, seinerzeit.* ↑Zusammen- oder Getrenntschreibung (2.2); ↑Verblassen des Substantivs. Zur Zeit als grammatischer Einheit ↑Tempus.

Zeitangabe: ↑Datum, ↑Uhrzeit.

Zeitenfolge: Unter der Zeitenfolge (Consecutio temporum) versteht man das Verhältnis der Zeiten in einem Satz. Das System der Zeitenfolge gilt im eigentlichen nur für die Formen des Indikativs; im Bereich des Konjunktivs ist das System weitgehend gestört. ↑Konjunktiv (2).

zeitig/zeitlich: ↑-ig/-isch/-lich (1).

Zeitlang/eine Zeit lang: Getrennt schreibt man, wenn *lang* durch *Zeit* (mit vorangehendem Artikel, Adjektiv o. ä.) näher bestimmt wird: *einige Zeit lang, eine kurze Zeit lang.* Zusammen schreibt man, wenn es sich um das weibliche Substantiv in der Bedeutung „Weile“ handelt: *Eine Zeitlang konnte er sich konzentrieren.*

Zeitlauf: Als Pluralform wird überwiegend *die Zeitläufte,* seltener *die Zeitläufe* verwendet. Bei *-läufte* handelt es sich um den Plural der heute nicht mehr gebräuchlichen Substantivbildung *der Lauft* (= Lauf).

Zeitungsnamen: In gutem Deutsch ist die Beugung des Zeitungsnamens notwendig, auch dann, wenn er in Anführungszeichen steht: *das Titelbild der „Frankfurter Neuen Illustrierten“* (nicht: *der „Frankfurter Neue Illustrierte“*), ebenso nicht: *Mannheim obsiegt im Städtevergleich des „Generalanzeiger“* (richtig: *„Generalanzeigers“*) *Wuppertal* (Mannheimer Morgen). Gehört zum Namen ein Artikel, wird er in die Anführungszeichen einbezogen, wenn der Name im Nominativ steht. Der Artikel kann einbezogen oder ausgeschlossen werden, wenn der Akkusativ wie der Nominativ lautet. Der Artikel steht außerhalb der Anführungszeichen, wenn er sich durch Beugung vom Nominativ unterscheidet: *„Der Kurier“ berichtete darüber.* Aber: *Sie liest den „Kurier“. Nach Meldungen des „Kuriers“.* Muß der Zeitungsname unverändert wiedergegeben werden (z. B. bei ausländischen Zeitungsnamen, die im Deutschen nicht gebeugt werden können), ist der Name mit einem entsprechenden Substantiv zu umschreiben, zu dem der ungebeugte Name in ein appositionelles Verhältnis tritt: *Er liest die Wochenzeitschrift „Der Bürger“. Sie hat es in der französischen Tageszeitung „Le Monde“ gelesen.*

Zeitwort: ↑Verb.

Zensuren: Zensurenwörter werden klein geschrieben: *Deutsch: gut. Englisch: befriedigend. Turnen: ausreichend. Er hat die Prüfung mit „genügend“ bestanden. Sie hat die Note „ausreichend“ erhalten. Meine Tochter hat das Examen mit „drei“, mein Sohn mit „zwei“ bestanden.* Groß schreibt man aber die Substantivierungen der Zahlwörter: *die Note „Eins“; die Note „Eins Komma fünf“. Er hat eine Zwei geschrieben. Ich habe in Mathematik eine Vier.*

Zentimeter: 1. Genus: *Zentimeter* kann sowohl mit männlichem als auch mit sächlichem Geschlecht gebraucht werden. Im heutigen Sprachgebrauch wird allgemein *der Zentimeter* bevorzugt (in der Schweiz auch amtlich nur so). **2. Das Gemessene nach *Zentimeter:*** *ein Zentimeter dünner Golddraht* (geh.: *dünnen Golddrahts*); *der Preis eines Zentimeters Draht* oder *eines Zentimeter Drahts; mit fünfzig Zentimetern gut isoliertem Draht* (geh.: *gut isolierten Drahts*). ↑Apposition (2.2). **3. Fünf Zentimeter Golddraht reicht/reichen für diesen Zweck:** Bei einer pluralischen Zentimeterangabe steht das Verb (Finitum) gewöhnlich im Plural: *Fünf Zentimeter Golddraht reichen für diesen Zweck.* ↑Kongruenz (1.2.2). **4. eine Länge von zehn Zentimeter/Zentimetern:** Steht *Zentimeter* mit vorangehendem Artikel, dann wird im Dativ Plural die gebeugte Form gebraucht: *Mit den drei Zentimetern [Golddraht] kommen wir nicht aus.* Ohne vorangehenden Artikel wird, wenn das Gemessene nicht folgt, im allgemeinen die gebeugte Form gebraucht: *auf einer Länge von 70 Zentimetern.* Folgt das Gemessene, wird überwiegend die ungebeugte Form verwendet: *in dreißig Zentimeter Entfernung.* ↑Maß-, Mengen- und Münzbezeichnungen (1).

Zentner: 1. Das Gemessene nach *Zentner:* *ein Zentner kanadischer Weizen* (geh.: *kanadischen Weizens*); *der Preis eines Zentners kanadischer Weizen* oder *der Preis eines Zentner kanadischen Weizens; aus einem Zentner kanadischem Weizen* (geh.: *kanadischen Weizens*); *mit einem Zentner neuer Kartoffeln* oder *neue Kartoffeln.* ↑Apposition (2.2). **2. Zwanzig Zentner [Weizen] wird/werden benötigt · Ein Zentner Kartoffeln kostet/kosten 40 Mark:** Bei einer pluralischen Zentnerangabe steht das Verb (Finitum) heute gewöhnlich im Plural: *Zwanzig Zentner [Weizen] werden benötigt.* ↑Kongruenz (1.2.2). Steht *Zentner* im Singular, die Stoffbezeichnung dagegen im Plural, dann steht in der Regel das Verb im Singular, weil ja das Subjekt *(Zentner)* formal ein Singular ist: *Ein Zentner Kartoffeln kostet 40 Mark.* Oft wird aber nach dem Sinn konstruiert und das Verb in den Plural gesetzt: *Ein Zentner Kartoffeln kosten 40 Mark.* Beides ist korrekt. ↑Kongruenz (1.1.1).

Zepter: Das Substantiv *Zepter* kann sowohl mit sächlichem als auch mit männlichem Geschlecht gebraucht werden. Im heutigen Sprachgebrauch überwiegt das sächliche Geschlecht *(das Zepter).*

Zeremonie: Bei der Aussprache kann die Betonung sowohl auf der letzten Silbe (*Zeremonie* [tseremo'ni:], nach der französischen Aussprache) als auch auf der vorletzten Silbe (*Zeremonie* [tsere'mo:niə, nach lat. *ceremonia*]) liegen. Die Endsilbenbetonung wird gewöhnlich vorgezogen; in Österreich gilt jedoch nur [...'mo:niə]. Bei Zusammensetzungen wird dagegen allgemein die vorletzte Silbe betont, z. B. *Zeremonienmeister, Zeremoniengewänder* [tsere'mo:niən...].

zerhauen: ↑hauen.

zerspalten: Das zweite Partizip lautet *zerspalten* oder *zerspaltet.*

Zeuge: Zu *Wir waren Zeuge/Zeugen dieses Unfalls.* ↑Kongruenz (1.4.7); Zu *Sie war Zeuge/Zeugin dieses Unfalls* ↑Kongruenz (3.1).

z. H., z. Hd.: Zum Gebrauch dieser Abkürzungen ↑zu Händen, ↑Brief (1.2).

Ziegel: *Ziegel* ist ein männliches Substantiv. Es heißt also: *der Ziegel.* Der Plural lautet *die Ziegel* (nicht: *die Ziegeln*).

zielend: ↑transitiv.

Ziffern: ↑Zahlen und Ziffern. Zu *Ziffer/Zahl* ↑Zahl (3).

-zig/zig: Die Endung der Zehnerzahlen (von zwanzig bis neunzig) wird umgangssprachlich mit und auch schon ohne Bindestrich als selbständiges unbestimmtes Zahlwort gebraucht: *-zig/zig Mark, mit -zig/zig Sachen in die Kurve gehen.* Bei Zusammensetzungen steht kein Bindestrich: *zigfach, zigmal,* *zighundert, zigtausend; ein Zigfaches; Zigtausende von Paketen.*

Zigarillo: Es heißt *der* oder *das* (ugs. auch: *die*) *Zigarillo;* Plural: *die Zigarillos.*

Zimmer-/Zimmerer-: Dem Bestimmungswort *Zimmer-* liegt entweder das Substantiv *das Zimmer* zugrunde *(Zimmermädchen, Zimmerpflanze)* oder der Stamm des Verbs *zimmern: Zimmermann* (= Mann, der zimmert), *Zimmergesell, Zimmermeister.* Neben *Zimmerarbeit* ist auch *Zimmererarbeit,* eine Zusammensetzung mit *Zimmerer* (= Zimmermann) gebräuchlich.

Zimmerflucht: Der Plural lautet die *Zimmerfluchten* (↑Flucht).

Zink/Zinke/Zinken: Das sächliche Substantiv *das Zink* ist die Bezeichnung für ein Metall, das männliche Substantiv *der Zink (des Zinks, die Zinken)* bezeichnet ein altes Blasinstrument. Dagegen bedeutet *die Zinke (der Zinke, die Zinken)* „Zacke", und *der Zinken (des Zinkens, die Zinken)* wird in der Gaunersprache für ein geheimes [Schrift]zeichen und umgangssprachlich für eine [auffallend große] Nase verwendet.

Zitat: Zitate werden im Satzgefüge bezüglich der Kommasetzung genauso behandelt wie die ↑direkte Rede: *„Einen fröhlichen Geber hat Gott lieb", schreibt Paulus im zweiten Korintherbrief. „Der Mensch", lesen wir in diesem Buch, „ist ein Gemeinschaftswesen." „Eile mit Weile!" lautet ein bekanntes Sprichwort. „Das Lieben bringt groß' Freud'" ist der Anfang eines Volksliedes.* Zu den Anführungszeichen beim Zitieren ↑Anführungszeichen (2.2). Vgl. auch ↑Literaturangaben, ↑Fußnoten.

Zölibat: *Zölibat* wird überwiegend mit sächlichem, seltener mit männlichem Geschlecht gebraucht. In der Theologie ist allerdings nur *der Zölibat* gebräuchlich (↑-at).

Zoll: ↑Maß-, Mengen- und Münzbezeichnungen (1).

zollbreit/einen Zoll breit/einen Zollbreit: Zur Schreibung ↑fingerbreit/einen Fingerbreit/einen Finger breit.

Zorn: Das von *Zorn* abhängende Substantiv (Pronomen) wird mit der Präposition *gegen* oder *auf* angeschlossen (nicht mit *für* oder *zu*): *Sein Zorn gegen ihn/auf ihn war verraucht. ... aber plötzlich faßte er einen Zorn gegen ihn* (Bergengruen).

zornig: Nach dem Adjektiv *zornig* wird das davon abhängende Substantiv (Pronomen) mit den Präpositionen *auf* oder *über* angeschlossen. Die Präposition *auf* verwendet man allgemein dann, wenn es um eine Person als Ziel des Zornes geht: *Der Vater war auf seinen Sohn zornig.* Dagegen benutzt man nur *über,* wenn vom allgemeinen Grund des Zorns gesprochen wird: *Der Vater war über das Zeugnis seines Sohnes zornig.*

zu: 1. Die Infinitivkonjunktion *zu* bei den Verben *liegen, stehen, wohnen* usw. *(etwas im Keller zu liegen, zu stehen haben):* Der Gebrauch von *zu* bei den Verben *liegen, stehen, wohnen* usw., wenn sie mit *haben* das Prädikat bilden, ist landschaftlich und gilt standardsprachlich als falsch. Er kommt vor allem in Berlin und in Niedersachsen vor. Es muß also heißen: *Er hatte dreitausend Mark auf der Bank liegen* (nicht: *zu liegen*). *Sie hatte einen großen Behälter in der Küche stehen* (nicht: *zu stehen*). *Wir haben unsere Mutter bei uns wohnen* (nicht: *zu wohnen*). – Korrekt ist natürlich die Verwendung von *zu* zusammen mit *haben* dann, wenn eine Aufgabe oder Notwendigkeit ausgedrückt wird: *Er hatte viel zu tragen* (= mußte viel tragen). *Du hast zu schweigen* (= mußt schweigen).
2. *zu* nach *lehren, lernen, helfen, heißen:* Folgt diesen Verben ein Infinitiv allein, steht er ohne *zu: Ich lerne schwimmen. Er lehrte mich sprechen. Der Freund half ihm abladen. Der Direktor hieß ihn aufpassen.* Der Gebrauch schwankt, wenn zu dem folgenden Infinitiv eine Ergänzung oder eine Umstandsangabe tritt: *Helfen Sie mir bit-*

te[,] das Auto [zu] putzen. Treten mehrere Glieder hinzu, dann steht im allgemeinen der Infinitiv mit *zu: Er hieß ihn, das Zimmer auf der Stelle zu verlassen.* Steht der Infinitiv jedoch vor *lernen, heißen* usw., dann fehlt *zu: Kannst du mir den Wagen putzen helfen? Nun, da er so mühsam und kummervoll lieben lernte* (Rilke). ↑Infinitiv (1.2), ↑heißen usw. **3. *zu* nach *als:*** In einem mehrgliedrigen Satz kann der Infinitiv nach dem *als*-Anschluß sowohl ohne als auch mit *zu* stehen: *Er wollte lieber sterben[,] als die Heimat [zu] verlassen. Lieber der Diskussion ganz aus dem Wege gehen[,] als einen Streit herauf[zu]beschwören.* Im heutigen Sprachgebrauch wird die Konstruktion mit *zu* bevorzugt. Sie ist vermutlich in Analogie zum Gebrauch von *zu* bei satzwertigen Infinitiven aufgekommen. **4. Stellung von *zu* bei zusammengesetzten Verben** *(zu durchbrechen/durchzubrechen · zu übersetzende Bücher/überzusetzende Personen):* Bei einfachen oder fest zusammengesetzten Verben steht *zu* immer unmittelbar vor dem Infinitiv oder ersten Partizip: *Er hoffte zu kommen. Er beschloß, das Buch zu übersetzen. Sie bat mich, ihr den Koffer tragen zu helfen* (nicht: *... zu tragen helfen*). *Das sind nicht zu unterschätzende Schwierigkeiten.* Bei unfesten Zusammensetzungen schiebt sich *zu* zwischen den mit dem Verb zusammengeschriebenen Teil und den Infinitiv oder das erste Partizip: *Er hoffte, pünktlich anzukommen. Er wünschte, ihn kennenzulernen. Die Zahl der aufzunehmenden Flüchtlinge stieg noch immer an.* Falsch: *... um das Tagesprogramm zu durchsprechen* (statt: *durchzusprechen;* Kolb). Das *zu* wird hier also immer in die Zusammenschreibung einbezogen: *aufeinanderzulegen* (nicht: *aufeinander zu legen*), *zurückzusenden* (nicht: *zurück zu senden*), ebenso: *zuzusehen, zuzumuten.* Bei einigen Verben, die als feste oder unfeste Zusammensetzung in gleicher oder fast gleicher Bedeutung gebraucht werden (z. B. *durchdenken*), kann *zu* vor dem Infinitiv (1. Partizip) oder zwischen dem mit dem Verb zusammengeschriebenen Teil und dem Infinitiv (1. Partizip) stehen: *um die Sache noch einmal zu durchdenken* (und sie nicht etwa zu diskutieren) oder *um die Sache noch einmal durchzudenken* (in allen Einzelheiten). Haben Verben als feste und unfeste Zusammensetzung jedoch verschiedene Bedeutung, dann sind die obengenannten Regeln zu beachten. Feste Zusammensetzung: *zu übersetzende Bücher. Ein Stoßtrupp wurde ausgeschickt, um die feindlichen Linien zu durchbrechen. Die Organisation tat alles, um das Volk mit aufrührerischen Ideen zu durchsetzen.* Unfeste Zusammensetzung: *Wieviel überzusetzende Personen standen am Ufer? Er versuchte vergeblich, den Stock durchzubrechen. Er mußte sich anstrengen, um sich in der neuen Umgebung durchzusetzen.* ↑Verb (2.3), ↑Zusammen- oder Getrenntschreibung (1.3). **5. Schreibung von *zu* in Verbindung mit dem ersten Partizip:** Wird das erste Partizip mit *zu* (das sogenannte ↑Gerundiv[um]) substantivisch gebraucht, dann bleibt bei den einfachen und fest zusammengesetzten Verben das *zu* vom Partizip getrennt, und nur die Verbform wird groß geschrieben: *der zu Versichernde, der zu Unterrichtende, die zu Prüfende, die nicht zu Überwachenden.* Bei unfest zusammengesetzten Verben wird die substantivierte Gerundivform groß und zusammen geschrieben: *der Aufzunehmende.* **6. *zu* oder *um zu*?:** Oft bestehen Zweifel, wann *um zu* und wann das einfache *zu* zu verwenden ist, z. B.: *Er ist gebildet genug, um dieses zu verstehen. Er ist gebildet genug, dieses zu verstehen.* Zur richtigen Verwendungsweise ↑um zu/zu. **7. *zu* beim Infinitiv in Fällen wie *zu bedenken geben, sich zu erkennen geben:*** Steht der Infinitiv von *geben* bei einem andern Infinitiv, so müssen beide ein *zu* erhalten: *Zahlreiche prominente Personen besuchten die Ausstellung, ohne sich zu erkennen zu geben* (nicht: *ohne sich erkennen zu geben* oder *ohne sich zu erkennen geben*). *Die Vertreter trugen diese Forderungen vor mit der Bitte, den Verantwortlichen die Folgen zu bedenken zu geben. Ich hoffe, mich zu erkennen geben zu können.* **8. Es begann zu stürmen und [zu] schneien:** Die Infinitivkonjunktion *zu* darf hier nicht erspart werden. Es muß also richtig heißen: *Es begann zu stürmen und zu schneien.* **9. Bitte Tür offenlassen/offen zu lassen:** ↑bitte (2). **10. Passivvariante mit *zu*** *(Der Schmerz ist nicht zu ertragen):* ↑Passiv (3.4). **11. *zu* als Adverb oder Verbzusatz** *(auf etwas zugehen/auf etwas zu gehen):* Es ist zu unterscheiden zwischen *zu* als Adverb und *zu* als Verbzusatz bei den Verben der Bewegung (z. B. *gehen, laufen, marschieren, stürzen, rennen, kommen, springen*). Ist im Zusammenhang mit diesen Verben der angegebene Ort, Punkt o. ä. nur Richtungsangabe und nicht erstrebter Zielpunkt, dann ist *zu* Adverb und steht getrennt vom Verb. In diesen Fällen wird stets [auch] das Verb betont: *Der Schornstein könnte bei der Sprengung auf das Haus zu fallen. Er ist auf den Wald zu gelaufen, nicht langsam gegangen. Sie sind der Stadt zu* (= stadtwärts) *marschiert. Die Linien sollen auf den Mittelpunkt zu laufen.* Soll die Angabe des Ortes, der Person o. ä. nicht nur die Richtung, sondern das angestrebte oder erreichte Ziel angeben, dann ist zu Verbzusatz, ist also Bestandteil des Verbs. In diesem Fall trägt *zu* den Hauptton und nicht das Verb: *Ich bin auf ihn zugegangen und habe ihm die Hand geschüttelt. Sie kam auf mich zugelaufen. Das Flugzeug schien genau auf den Leuchtturm zuzufliegen. Das Schiff wird jetzt auf die Küste zusteuern.* Immer zusammen schreibt man, wenn die Bedeutung sich ändert: *Der Hund ist mir zugelaufen. Der Vogel ist ihm zugeflogen* (= ist bei ihm). **12. das zu[n]e Fenster · die zu[n]e Flasche:** Das Adverb *zu* wird in der Umgangssprache gelegentlich wie ein attributives Adjektiv gebraucht: *das zu[n]e Fenster, die zu[n]e Flasche.* Dieser Gebrauch ist nicht korrekt. ↑Adverb (1), ↑auf/offen.

zu/in/nach/bei: ↑in/nach/zu/bei.

zu/um zu: ↑um zu/zu.

zu/zum/zur: In einigen Verbindungen (Wendungen) ist die artikellose Form *zu* fest, in anderen werden die Verschmelzungen *zum* und *zur* gebraucht. Regeln lassen sich dafür nicht aufstellen. So heißt es z. B. *zu Bewußtsein kommen, zu Hilfe rufen, eilen,* aber: *zur Vernunft kommen, zum Vorschein kommen.* ↑Präposition (1.2).

zu + Zahlwort *(zu zweien/zu zweit):* Man kann sowohl *zu zweien, zu dreien, zu vieren* usw. als auch *zu zweit, zu dritt, zu viert* usw. sagen. Das *-en* von *zweien* usw. ist die Endung des Dativs Plural der Zahlwörter (von *zwei* bis *zwölf*), bei *zweit* usw. handelt es sich um indeklinable Starrformen der Ordinalzahlen. Allerdings werden beide Formen schon häufig in der Bedeutung unterschieden. Man sagt gewöhnlich *zu zweien,* wenn von einer Einteilung einer größeren Anzahl in Gruppen zu je zwei die Rede ist: *Zu zweien saßen wir in dem Saal. Ihr sollt euch zu zweien aufstellen.* Soll dagegen nur die Gesamtzahl genannt werden, gebraucht man gewöhnlich *zu zweit: Zu zweit, aber nicht zu fünft unternahmen wir eine Wanderung.*

zu dem/dazu: ↑Pronominaladverb (4).

zu guter Letzt: ↑zuletzt.

zu Händen: Die Fügung *zu Händen* (Abkürzung: *z. H., z. Hd.*) kann mit dem Genitiv verbunden werden *(zu Händen des Herrn Müller)* oder mit *von* + Dativ *(zu Händen von Herrn Müller).* Daneben ist auch die reine Dativverbindung üblich *(zu Händen Herrn Müller).*

zu Hause: ↑Haus.

zu was/wozu: Standardsprachlich ist in der Regel das Pronominaladverb *wozu: Wozu brauchst du das Geld?* Die Verbindung *zu* + *was (Zu was brauchst du das Geld?)* kommt in der gesprochenen Sprache häufig vor, sie ist stark umgangssprachlich gefärbt. ↑Pronominaladverb (5), ↑wo (4).

Zubehör: Sowohl *das Zubehör* wie auch (seltener) *der Zubehör* sind korrekt. Der Plural lautet *die Zubehöre,* schweizerisch auch *die Zubehörden.*

zueinander: Getrennt schreibt man *zueinander* vom folgenden Verb, wenn es eine Wechselbezüglichkeit, eine Gegenseitigkeit (bei Personen) ausdrückt: *Verlobte müssen zueinander passen. Sie werden zueinander sprechen.* Zusammen schreibt man, wenn *zueinander* eine Vereinigung ausdrückt und im Sinne von „zusammen" steht: *Sie werden schon zueinanderfinden. Sie haben sich zueinandergesellt.* ↑Zusammen- oder Getrenntschreibung (1.4).

zuerkennen: Das Verb *zuerkennen* gehört zu den Verben, bei denen der Verbzusatz in den finiten Formen im allgemeinen vom Verb getrennt und nachgestellt wird (↑Verb [2]): *Damals erkannte man dem Traum eine unsagbar tiefe Weisheit zu* (Nigg). Im Gegensatz zu den Verben mit dem Verbzusatz *an-* (*anerkennen, anvertrauen* usw.) besteht beim Verb *zuerkennen* nicht die Neigung, den Verbzusatz als fest zu betrachten.

Zufahrt[s]-: Die Zusammensetzungen mit *Zufahrt* als Bestimmungswort sind mit ↑Fugen-s gebräuchlich: *Zufahrtsgebühr, Zufahrtsrampe, Zufahrtsstraße, Zufahrtsweg* usw.

Zuflucht: Der Plural *die Zufluchten* wird im allgemeinen gemieden. Statt dessen wird *die Zufluchtsorte* gebraucht (↑Flucht).

zufolge: Die Präposition kann entweder vor oder nach dem Substantiv stehen. Wenn *zufolge* vor dem Substantiv steht, regiert es den Genitiv: *zufolge seines Wunsches.* Steht die Präposition dagegen nach dem Substantiv, dann regiert sie den Dativ: *seinem Wunsche zufolge.* Die Nachstellung wird im allgemeinen bevorzugt. Vgl. auch ↑auf Grund/durch/infolge/von/vor/wegen/zufolge.

zufrieden: 1. Präposition: Das von *zufrieden* abhängende Substantiv wird mit der Präposition *mit* (n i c h t: *über*) angeschlossen: *Sie ist mit dem Ergebnis zufrieden. Ich bin mit meiner Waschmaschine sehr zufrieden.* **2. Rechtschreibung:** Getrennt schreibt man *zufrieden* vom folgenden Verb, wenn beide Wörter in ursprünglicher Bedeutung gebraucht werden (beide Wörter tragen Starkton): *zufrieden sein, werden; jmdn. zufrieden machen.* Zusammen schreibt man, wenn durch die Verbindung ein neuer Begriff oder eine Bedeutungsschattierung entsteht (nur das erste Glied trägt Starkton): *Er will sich nicht zufriedengeben* (= sich nicht begnügen). *Du sollst ihn zufriedenlassen* (= in Ruhe lassen). *Ich habe ihn zufriedengestellt* (= befriedigt). ↑Zusammen- oder Getrenntschreibung (1.2).

zugängig/zugänglich: Neben *zugänglich* (im Sinne von „einen Zugang habend, erreichbar") ist – im wesentlichen fachsprachlich – auch *zugängig* gebräuchlich: *Die Heizkörper sind frei zugängig. Das Haus ist von drei Seiten zugängig.*

zugegen: Das Adjektiv *zugegen* kann nur prädikativ verwendet werden *(zugegen sein, bleiben),* nicht aber attributiv. F a l s c h: *die zugegenen Mitglieder.*

zugleich/gleichzeitig: ↑gleichzeitig/zugleich.

zugrunde: Getrennt schreibt man *zugrunde* immer vom folgenden Verb: *zugrunde gehen, legen, liegen, richten. Es scheint etwas anderes zugrunde zu liegen.* Mit dem folgenden Partizip schreibt man *zugrunde* zusammen, wenn die Verbindung eigenschaftswörtlich gebraucht wird: *die zugrundeliegenden Texte, die zugrundegerichteten Familien, bei der zugrundezulegenden Wohnfläche.* Vom folgenden Partizip getrennt schreibt man, wenn die Vorstellung der Tätigkeit vorherrscht: *die durch die Katastrophe zugrunde gerichteten Familien.* ↑Zusammen- oder Getrenntschreibung (1.4).

zugunsten/zuungunsten: 1. **Stellung und Rektion:** Die Präpositionen können entweder vor oder nach dem Substantiv stehen. Wenn sie vor dem Substantiv stehen, regieren sie den Genitiv oder haben (als Adverbien) die Präposition *vom* + Dativ bei sich: *zugunsten bedürftiger Kinder, zuungunsten der Angeklagten, zugunsten von Gerhards Tochter.* Stehen *zugunsten* oder *zuungunsten* nach dem Substantiv, dann regieren sie den Dativ. Die Nachstellung ist jedoch selten: *dem Freund zugunsten.* 2. **Rechtschreibung:** Zusammen und klein schreibt man, wenn es sich um die Präpositionen *zugunsten* und *zuungunsten* handelt: *zugunsten der Armen, zuungunsten des Angeklagten* (↑Verblassen des Substantivs). Getrennt und groß schreibt man das Substantiv: *zu meinen, zu meines Freundes Gunsten/Ungunsten.*

Zuhilfenahme: ↑-nahme.

Zukunft: ↑Futur I, ↑Futur II.

zulande: Zusammen und klein schreibt man, wenn das verblaßte Substantiv *Land* mit der Präposition *zu* zum Adverb (= daheim, in dieser Gegend) geworden ist: *bei uns zulande, hierzulande* (↑Verblassen des Substantivs). Groß schreibt man das Substantiv *(zu Wasser und zu Lande).*

zuletzt: Klein und zusammen schreibt man das Adverb: *Er hat zuletzt in Frankfurt gewohnt.* Groß schreibt man das nur noch in der Wendung *zu guter Letzt* bewahrte Substantiv *Letzt* (zu mhd. *letzte* „Abschiedsmahl, -gruß").

zum: Zur Verschmelzung aus *zu* und *dem* ↑Präposition (1.2.1), ↑Apostroph (1.2).

zum Beispiel: Die Fügung *zum Beispiel (z. B.)* kann wie ein Abverb in den Ablauf eines Satzes einbezogen sein oder auch an dessen Spitze stehen: *Er hat z. B. noch nie ein Fußballspiel gesehen. Zum Beispiel hat er noch nie ein Fußballspiel gesehen.* Bei nachgestellten genaueren Bestimmungen steht vor *zum Beispiel* immer ein Komma: *Ich habe den Sänger schon oft gehört, z. B. als Figaro. Die klassischen Abenteuerbücher, z. B. Lederstrumpf oder Robinson Crusoe, sind oft nachgeahmt worden. Er muß noch vieles lernen, z. B. hat er schlechte Manieren. Ich sehe sie oft, z. B. am Fenster oder wenn sie einkaufen geht.* In Verbindung mit einer Konjunktion wird auch nach *zum Beispiel* gewöhnlich ein Komma gesetzt: *Ich habe den Sänger schon gehört, z. B., als er den Figaro sang* (als einheitliche Fügung ohne Komma: ..., *z. B. als er den Figaro sang). Manches stört mich an ihm, z. B., daß er schlechte Manieren hat[,] und seine laute Stimme.*

zum ersten Mal/zum erstenmal: ↑²Mal.

zum voraus: Neben der adverbialen Fügung *im voraus* ist vereinzelt auch die Fügung *zum voraus* gebräuchlich: *Und andere gibt es, bei denen jede ähnliche Forderung zum voraus sinnlos wäre* (Musil). ... *der alle eintretenden Möglichkeiten zum voraus versichert* (Nigg).

zumal: Vor *zumal* steht ein Komma, wenn es einen Zusatz anschließt: *Unsere Mannschaft hat sehr schwach gespielt, zumal in der zweiten Halbzeit. Die Straße ist, zumal in der Zeit des Berufsverkehrs, sehr laut.* Wenn *zumal* in den Ablauf des Satzes einbezogen wird, steht kein Komma: *Die Straße ist zumal in der Zeit des Berufsverkehrs sehr laut.* Mit den Konjunktionen *da* und *wenn* bildet *zumal* eine Fügung, die als Einheit empfunden wird: *Sie kann ihn nicht ausstehen, zumal wenn er betrunken ist. Ich kann es ihm nicht abschlagen, zumal da er immer so gefällig ist.* Im heutigen Sprachgebrauch kann die Konjunktion *da* auch weggelassen werden und *zumal* als kausale Konjunktion verwendet werden: *Mehr verriet sie nicht, zumal es Stiller gar nicht wunderte, warum sie dieses Bedürfnis hatte* (Frisch). *Klaus Heinrich und Ditlind kamen nicht oft mit ihrer Mutter in Berührung, zumal sie nicht ... an der elterlichen Tafel teilnahmen* (Th. Mann).

zumindest/mindestens/zum mindesten: Im Sinne von „wenigstens“ kann man sowohl *zumindest* als auch *mindestens* gebrauchen; seltener verwendet wird *zum mindesten: Du hättest die Sache mindestens/zumindest vorher mit mir besprechen müssen.* Falsch ist dagegen *zumindestens,* das eine Vermischung von *zumindest* und *mindestens* ist (↑Kontamination).

zunächst: Die Präposition *zunächst* regiert den Dativ und kann sowohl vor als auch nach dem Substantiv stehen: *die zunächst dem Hause/dem Hause zunächst stehen.*

zur: Zur Verschmelzung aus *zu* und *der* ↑Präposition (1.2.1).

zurecht/zu Recht: Das Adverb *zurecht* tritt heute nur noch als Verbzusatz auf: *sich zurechtfinden, zurechtkommen, zurechtlegen, zurechtmachen, zurechtrücken, zurechtstellen, zurechtweisen, zurechtzimmern.* Aber (in eigentlicher Bedeutung): *zu Recht bestehen.* ↑recht/Recht, ↑Zusammen- oder Getrenntschreibung (1.4).

zur Gänze: Diese stilistisch unschöne Fügung läßt sich in den meisten Fällen durch einfaches *ganz* oder *gänzlich* ersetzen (↑Aufschwellung).

Zürich: Die Einwohner von Zürich heißen *Züricher* oder (in der Schweiz nur so:) *Zürcher.* Dieses Wort wird immer groß geschrieben, auch wenn es wie ein flexionsloses Adjektiv vor einem Substantiv steht: *die Zür[i]cher Bevölkerung.* ↑Einwohnerbezeichnungen (7). Klein schreibt man dagegen das Adjektiv *zür[i]cherisch: Es ist eine zür[i]cherische Eigenheit...*

zurück: Getrennt schreibt man *zurück* von dem Verb *sein: Er wird bald zurück sein.* In allen anderen Fällen schreibt man zusammen: *zurückbehalten, zurückbleiben, zurückhaben* (= zurückbekommen, wiederhaben), *zurücklassen, zurücktun, zurückwerfen* u.a.; auch mit den Modalverben *können, müssen* usw.: *... falls wir zurückmüssen* (= zurückgehen müssen; ugs.). *Er wird nicht mehr zurückkönnen* (= zurücktreten können; ugs.). ↑Zusammen- oder Getrenntschreibung (1.5).

zurück-/rück-: ↑rück/zurück-.

zurückdatieren: ↑vordatieren/vorausdatieren; nachdatieren/zurückdatieren.

zurückerstatten, Zurückerstattung: ↑rück-/zurück-.

Zurückführung: ↑rück-/zurück-.

Zurückgabe: ↑rück/zurück.

zurücklaufen: ↑Verb (2.2).

zurückrufen: Im Sinne von „wieder anrufen“ wird *zurückrufen* standardsprachlich nur absolut (ohne Ergänzung) gebraucht: *Sobald ich etwas erfahren haben, rufe ich zurück.* (Im Bürojargon ist auch *Ich rufe Sie zurück* gebräuchlich.)

zurückschrecken: ↑schrecken.

Zurückübersetzung: ↑rück-/zurück-.

zurückvergüten: ↑Pleonasmus.

Zurückzieher: ↑rück-/zurück-.

Zurverfügungstellung: Nicht: *Die Zurverfügungstellung der Halle erfolgt unter der Bedingung, daß sie um 22 Uhr geräumt wird.* Sondern: *Die Halle wird unter der Bedingung zur Verfügung gestellt, daß ...* ↑Papierdeutsch (2), Verbalsubstantiv (1.1).

zusammen: Getrennt schreibt man zusammen vom folgenden Verb, wenn es in der Bedeutung von „gemeinsam, gleichzeitig“ gebraucht wird (beide Wörter tragen Starkton): *Wir wollen heute die Blumen zusạmmen* (= gemeinsam, gleichzeitig) *bịnden. Das Spielzeug soll euch zusạmmen* (= gemeinsam) *gehọ̈ren. Ich kann nicht mit ihm zusạmmen* (= wenn er dabei ist) *ạrbeiten. Wenn möglich, wollen wir zusạmmen* (= gemeinsam) *kọmmen.* Zusammen schreibt man, wenn *zusammen* eine Vereinigung ausdrückt (nur das erste Glied trägt Starkton): *Die Wolken haben sich zusạmmengeballt. Er hat die Zähne zusạmmengebissen. Soll ich mir die Haare zusạmmenbinden? Die Mitglieder sind zur Vorstandssitzung zusạmmengekommen* (= haben sich versammelt). *Ich möchte mit ihm zusạmmenar-*

beiten (= gemeinsam an der Verwirklichung von etwas arbeiten) usw. ↑Zusammen oder Getrenntschreibung (1.4).

zusammenaddieren: ↑Pleonasmus, ↑Verb (3).

Zusammenbildung: Zusammenbildungen sind aus Wortgruppen hervorgegangene Ableitungen und Zusammensetzungen: *Gesetzgeber* aus *Gesetze geben, Viersitzer* aus *vier Sitze, übernachten* aus *über Nacht, Einfamilienhaus* aus *eine Familie + Haus, Fünfganggetriebe* aus *fünf Gänge + Getriebe.*

zusammenbrauen: ↑Verb (3).

zusammenfassen: Nach *zusammenfassen in* kann sowohl der Dativ als auch der Akkusativ stehen. Im heutigen Sprachgebrauch wird der Dativ bevorzugt: *In Stichworten faßte er seine ersten Eindrücke ... zusammen* (Plievier). *... welche diese Erscheinung in einem klassischen Satz zusammenfaßt* (Thieß). Mit dem Akkusativ: *... der neue Polizeimeister faßt den niederschmetternden Eindruck ... in die charakteristischen Worte zusammen* (St. Zweig). *... faßte seine Eindrücke ... zusammen in den anerkennenden Seufzer ...* (Seidel).

Zusammenfassung gleichwertiger Sätze: ↑Ellipse (9).

Zusammenhang: Man kann sowohl *in Zusammenhang stehen* als auch *im Zusammenhang stehen* sagen: *Der Überfall steht nicht in Zusammenhang hang/im Zusammenhang mit diesen Ereignissen.* ↑in/im.

zusammengesetzter Satz: ↑Satzformen.

zusammenmixen: ↑Pleonasmus, ↑Verb (3).

zusammenschrecken: ↑schrecken.

Zusammen- oder Getrenntschreibung

Einführung: Das Problem und seine Auswirkung

Bei der Zusammen- oder Getrenntschreibung handelt es sich um einen Bereich, der ständig in Bewegung ist. Häufig gebrauchte syntaktische Fügungen werden gern zusammengerückt, weil der Schreiber sichtbar machen will, daß er sie als gedankliche Einheit empfindet. Dabei wird oft übersehen, daß die gleichen Fügungen in anderem Satzzusammenhang viel loser bleiben oder sogar auseinanderstreben:

eine schwerverständliche/schwer verständliche Sprache; die Sprache ist sehr schwer verständlich.

Oder der Schreibende nimmt einem Substantiv oder Adjektiv die Selbständigkeit und macht es zum Teil eines Verbs oder Adverbs:

kleinschreiben statt richtig: *klein schreiben; inkraft treten* statt richtig: *in Kraft treten.*

Gewiß sind im Laufe unserer Sprachgeschichte zahlreiche heute feste Zusammensetzungen (↑Kompositum) dadurch entstanden, daß Einzelwörter zusammengerückt wurden. Das geschah besonders bei den Adverbien und Verben:

dahin, obenan, sofort, gegenüber, teilnehmen, festbinden, übereinkommen.

Im allgemeinen ging diese Zusammenrückung parallel mit der Entwicklung einer neuen Funktion oder eines neuen Begriffs. Das so entstandene Kompositum begann dann in den meisten Fällen ein eigenes Leben als Einzelwort:

so lange – solange, gut schreiben – gutschreiben.

Die auch heute verbreitete Neigung, geläufige Wortverbindungen zusammenzuschreiben, entspricht demnach einem Bildungsgesetz der deutschen Spra-

che. Doch gerade diese Einsicht darf beim Schreiben nicht zu blinder Nachahmung vorhandener Muster führen.
Es gibt keine allgemeingültige Regel für die Zusammen- oder Getrenntschreibung. Eine gewisse Orientierungshilfe kann die Betonung geben. Wenn zwei gedanklich verbundene Wörter noch ihren vollen Sinn und damit ihre Selbständigkeit bewahrt haben, sollte man sie nicht zusammenschreiben. In der Regel zeigt Starkton auf dem ersten Glied einer Fügung Zusammenschreibung an, Starkton auf beiden Gliedern Getrenntschreibung. Jedoch ist die Betonung nicht immer eindeutig. Sie hilft in Fällen wie

mitarbeiten – mit arbeiten (↑ 1.3), gutschreiben – gut schreiben (↑ 1.2.1), soweit – so weit (↑ 4.3).

Sie hilft aber nur wenig oder gar nicht bei

sitzenbleiben – sitzen bleiben (↑ 1.1), radfahren – Auto fahren (↑ 2.1), instand setzen – in Gang setzen (↑ 2.2.3).

In Zweifelsfällen, wenn also keiner der im folgenden gegebenen Hinweise Klarheit gibt, schreibe man getrennt. Das ist besser als gewaltsames Zusammenschreiben.

1 Erste Hauptregel

Zusammen schreibt man, wenn ein neuer Begriff entsteht
Der Grundsatz, daß man eine Verbindung dann zusammenschreibt, wenn ein neuer Begriff entsteht, gilt vor allem für Verbindungen mit einem Verb als zweitem Glied. Er wirkt sich aber auch bei anderen Zusammenschreibungen aus, z. B. bei den klassenbildenden Adjektiven und Partizipien (↑ 3.1 und 3.2). Die zusammengeschriebenen Verben werden wie unfeste Zusammensetzungen behandelt (↑ Verb [2.2 und 2.4]); entsprechend darf bei ihnen im Infinitiv mit *zu* das *zu* nicht getrennt geschrieben werden *(kennenlernen – kennenzulernen; sitzenbleiben – sitzenzubleiben).*

1.1 Verb + Verb *(sitzenbleiben – sitzen bleiben)*

Hierher gehören vor allem Fügungen mit *-bleiben* in den Bedeutungen „nicht weiterkommen“ und „vergessen werden“ und mit *-lassen* in Bedeutungen wie „aufgeben, im Stich lassen, vergessen, gewähren lassen“. So z. B. *sitzenbleiben* „nicht versetzt werden; nicht geheiratet werden“ gegenüber *sitzen bleiben* „nicht aufstehen“ oder *stehenlassen* „nicht anrühren; vergessen, übersehen“ gegenüber *stehen lassen* „keinen Platz anbieten“.
Bei einigen Verbindungen von zwei Verben ist die Zusammenschreibung üblich geworden, weil sie als Einheit empfunden werden, obwohl kein neuer Begriff entsteht, so bei *kennenlernen, spazierengehen, -fahren, -reiten.*

1.2 Adjektiv (Partizip) + Verb *(gutschreiben – gut schreiben)*

Bei diesen Verbindungen kommt es darauf an zu erkennen, ob der erste Bestandteil als Verbzusatz oder als selbständiges Satzglied (↑ Umstandsbestimmung) geprägt ist. Unauflösbare Bildungen wie *langweilen, frohlocken* sind selten.

Ein Adjektiv kann in folgenden Fällen als Verbzusatz gelten:

- wenn es als selbständiges Wort nicht mehr oder doch nicht mehr in der gleichen Verwendung vorkommt, z. B. *weismachen, irreführen;*
- wenn es nur noch den Ablauf des im Verb bezeichneten Geschehens modifiziert, z. B. *festbinden* „anbinden", *hochheben* „auf-, emporheben";
- wenn es nur noch verstärkende oder begrenzende (perfektive) Funktion hat, z. B. *fertigbringen* „zu Ende bringen", *vollfüllen* „gänzlich füllen".

Eine Umstands-, genauer Artangabe (Frage: wie?), ist das Adjektiv dagegen in Fügungen wie

fest glauben = Er glaubt fest an die Wiederaufnahme seines Prozesses.
hoch fliegen = Der Adler ist hoch [über dem See] geflogen. (Aber: Der Adler ist hochgeflogen [= emporgeflogen].)

Zwischen diesen beiden Möglichkeiten, die meist mit Hilfe der Betonung erkannt werden können, liegt eine Zone des Übergangs, in der sich das Adjektiv nicht eindeutig als Teil des Prädikats (= Verbzusatz) oder Satzglied (= Artangabe) bestimmen läßt. Vor allem gerät das objektbezogene Adjektiv als Artergänzung leicht in Abhängigkeit vom Prädikat und erhält damit den Charakter eines Verbzusatzes.
Ein Beispiel mag das erläutern: Zwischen den Sätzen *Die Mutter macht die Suppe warm* und *Der Jäger schießt den Hasen tot* besteht syntaktisch kein Unterschied. Es sind Handlungssätze mit einer Artergänzung, und das Ergebnis der Handlung läßt sich bei beiden in gleicher Weise fassen: *Die Suppe ist warm. Der Hase ist tot.* Dennoch wird im ersten Fall getrennt geschrieben *(warm machen),* im zweiten Fall aber zusammen *(totschießen).*
Vergleicht man diese Beispiele mit anderen aus der großen Zahl der Verbindungen Adjektiv + Verb, so schälen sich drei Möglichkeiten heraus, die jedoch nicht frei von Übergängen und Widersprüchen sind:

1.2.1 Es entsteht ein neuer sachlicher Begriff: Bei *totschießen* ist ein neuer Begriff nur im Ansatz vorhanden. Viel deutlicher tritt er in anderen Fällen hervor. Einmal bei übertragener Bedeutung:

kaltstellen „einflußlos machen", leichtfallen „keine Anstrengung erfordern", schönfärben „[zu] günstig darstellen", freihalten „nicht besetzen; für jemanden bezahlen".

Sodann, wenn ein sachliches Bedürfnis zur Bezeichnung bestimmter Tätigkeiten fachsprachlich begrenzte, sog. klassenbildende Verben hervorbringt:

gutschreiben (kaufm. für:) „anrechnen", glattstellen (kaufm. für:) „ausgleichen", feinschleifen, stillegen u. a.

Einige derartige Verben sind von zusammengesetzten Substantiven abgeleitet, werden aber wie unfeste Zusammensetzungen behandelt:

blindfliegen (von: Blindflug), kurzschließen (von: Kurzschluß), hochstapeln (von: Hochstapler).

Und schließlich kann eine Differenzierung der Bedeutung durch unterschiedliche Schreibung ausgedrückt werden:

gleichbleiben „unverändert bleiben" – gleich bleiben „sofort, ohne Umstände bleiben".

Wörter mit übertragener Bedeutung wie *leichtfallen, schwernehmen* werden getrennt geschrieben, wenn das erste Glied durch ein Gradadverb (*zu, allzu, überaus* u. a.) näher bestimmt ist:

Ihr ist alles überaus leicht gefallen. Er hat das allzu schwer genommen. Er ist ihr zu nahe getreten.

Auch bei Steigerung des Adjektivs wird meist getrennt geschrieben:

Das Englische ist mir leichter gefallen [als das Französische].

Doch gibt es einige Verben mit einem Komparativ in festen Zusammenschreibung, z. B. *näherliegen, (jemandem) näherstehen, -treten; kürzertreten.*

1.2.2 Es entsteht eine Reihe analog gebildeter Wörter: Wie das genannte Verb *totschießen* sind zahlreiche andere Wörter mit der gemeinsamen Bedeutung „töten" gebildet:

totschlagen, -stechen, -drücken, -machen, sich totstellen; (übertragen:) sich totlachen, etwas totschweigen u. a.

Ähnliche Reihen bilden die Adjektive *frei, sauber, offen* u. a. Ein neuer Begriff ist mit solchen Reihen nicht immer verbunden (↑ sauberhalten), andererseits überspielt die Reihenbildung als stärkeres Prinzip selbst manche Bedeutungsunterschiede:

das Fenster offenlassen – eine Frage offenlassen; das Konto hat offengestanden – die Tore haben offengestanden (aber als selbständiges Adjektiv: Offen gestanden [zu gestehen] habe ich keine Lust).

1.2.3 Bestimmte Adjektive bleiben vom Verb getrennt: Hierher gehören:

frisch (frisch halten, machen, tünchen usw.; ↑ frisch; ↑ 3.1.2); satt (satt sein, etwas satt haben, sich satt essen, sehen; ↑ satt); warm (warm machen [↑ 1.2], warm halten, stellen, sich warm laufen; aber ugs.: sich jemanden warmhalten „geneigt erhalten").

Man sieht: Bei den Verbindungen aus Adjektiv + Verb wirken Einflüsse verschiedenster Art. Die Verbindungen werden zusammengeschrieben, wenn es sich um Zusammensetzungen, um übertragene Bedeutungen oder sachlich bestimmte Begriffe handelt. In vielen Fällen erschweren Reihenbildungen die klare Unterscheidung zwischen dem Adjektiv als Verbzusatz und dem Adjektiv als Satzglied. Im Zweifelsfalle schreibe man getrennt.

1.3 Einfaches Adverb (Präposition) + Verb *(dableiben – da bleiben)*

Hier handelt es sich zumeist um Zusammensetzungen, in denen das Adverb nur den Ablauf des vom Verb bezeichneten Geschehens bestimmt. Es gibt dabei feste und unfeste Zusammensetzungen (↑ Verb [2]). In einigen Fällen kann aber ein Adverb auch selbständiges Satzglied (Umstandsangabe) sein. Dann stehen Zusammen- und Getrenntschreibung in der gleichen Verbindung nebeneinander. Die Betonung kann hier oft helfen:

Du sollst da bleiben (= dort bleiben), aber: Du sollst dableiben (= nicht weggehen). Wer mit arbeitet (= vorübergehend mitmacht), soll auch mit essen, aber: Wer mitarbeitet (= sich dauernd beteiligt), gehört zu uns. Wir müssen den Arzt wieder holen (= nochmals holen), aber: Wir wollen uns das Buch wiederholen (= zurückholen) und: Wir wollen die Vokabeln wiederholen (= repetieren).

Getrennt schreibt man auch, wenn zwei selbständige Adverbien zu einer Umstandsangabe verbunden werden *(auf und ab, aus und ein, hin und her gehen).* Aber bei der Zusammenfassung zweier zusammengesetzter Verben:

Es sind Waren im Wert von 10 000 DM aus- und eingegangen (= ausgegangen und eingegangen).

Vgl. auch 1.5 und 1.6.

1.4 Zusammengesetztes Adverb + Verb *(dahinfliegen – dahin fliegen)*

Ähnlich wie die Adjektive bewahren auch die zusammengesetzten Adverbien vielfach ihre Funktion als Satzglieder und verbinden sich nicht so eng mit dem Verb wie die einfachen Adverbien. Überall, wo das Adverb noch in seiner eigentlichen Bedeutung auftritt, schreibt man daher getrennt. Die Betonung kann in vielen Fällen Hilfe leisten. Man schreibt z. B.: *Sie will morgen dahin fliegen* (= dorthin) oder bei Betonung eines Gegensatzes: *Sie will dahin* (nicht dorthin) *fliegen.* Aber: *Wie doch die Tage dahinfliegen!* und mit Trennung des Adverbs: *Da will sie morgen hinfliegen.* Ähnlich verhalten sich die Adverbien *daher, wohin* und *woher* (↑da; ↑wo).

Besondere Schwierigkeiten bereiten die mit *-einander* gebildeten Adverbien *an-, auf-, bei-, gegen-, miteinander* usw. Sie werden von dem folgenden Verb immer getrennt geschrieben, wenn sie eine echte Gegenseitigkeit und Wechselbezüglichkeit ausdrücken oder wenn sie ihre Selbständigkeit bewahren:

Es ist schön, daß sie aneinander denken (= an sich gegenseitig, einer an den anderen denken). Die im Kriege gegeneinander kämpften (= einer gegen den anderen), sind heute oft gute Freunde. Die beiden Läufer sind nacheinander (= in Abständen) gestartet.

Man schreibt aber zusammen, wenn das Adverb nur den vom Verb bezeichneten Vorgang näher bestimmt, d. h., wenn es Verbzusatz ist:

Sie sind aneinandergeraten, gegeneinandergestoßen (= zusammengeraten, -gestoßen). Die Kinder haben durcheinandergeredet (= alle zugleich geredet). Die Skiläufer sind hintereinandergelaufen (= in einer Reihe).

Dies gilt besonders für transitive Verben, bei denen die Adverbien objektbezogen stehen:

Wir wollen die Teile nebeneinanderlegen, aufeinanderstellen, aneinanderfügen.

Dagegen lassen viele intransitive Verben beide Schreibungen zu, je nachdem, ob man das Adverb als selbständiges Satzglied ansehen will oder nicht: *Wir wollen nebeneinandersitzen/nebeneinander sitzen.*

Immer getrennt schreibt man aber, wenn das Adverb zu einem bereits zusammengesetzten Verb tritt:

Die Bilder wurden übereinander aufgehängt (aber: übereinandergehängt). Die Autos sind aufeinander aufgefahren (aber: aufeinandergefahren).

1.5 Verbindungen mit *sein* und *werden* *(dasein, bekanntwerden)*

Die Verbindungen mit den Hilfsverben *sein* und *werden* dürfen, wenn überhaupt, nur in den infiniten Formen zusammengeschrieben werden:

dasein: Sie ist dagewesen; (aber:) wenn sie da ist, da war, wenn wir da sind; bekanntwerden „veröffentlicht werden“: Der Brief ist bekanntgeworden; (aber:) wenn der Brief bekannt wird.

Nur getrennt schreibt man z. B.:

etwas los sein: Er ist die Sorgen los gewesen.
bekannt werden im Sinne von „kennenlernen“: Ich bin mit ihm bekannt geworden.

Die Verbindungen mit *haben* werden wie normale unfest zusammengesetzte Verben behandelt:

aufhaben: wenn er den Hut aufhat; innehaben: seit sie diesen Rang innehatte.

1.6 Ausdrucksstellung des Verbzusatzes *(Fest steht, daß ...)*

Wird bei einem unfest zusammengesetzten Verb der Verbzusatz in die Ausdrucksstellung am Anfang des Satzes gebracht, so erhält er dadurch Satzgliedwert und wird getrennt geschrieben (↑Tmesis [3]). Diese Wortstellung ist vor allem dichterisch, sie kommt aber auch in der Alltagssprache vor:

Auf steigt der Strahl (C. F. Meyer). Und entgegen kommt ihm Philostratus (F. Schiller). Fest steht, daß der Minister einen Fehler gemacht hat. Auf fällt, wie schnell er seine Meinung geändert hat. Hinzu kommt, daß die Investitionen sehr groß sind.

2 Zweite Hauptregel

Zusammen schreibt man, wenn das Substantiv verblaßt

Gerade bei den Verbindungen mit einem Substantiv zeigt sich die Unmöglichkeit, einheitliche Richtlinien aufzustellen. Je nachdem, wie stark das Substantiv verblaßt ist, stehen Getrennt- und Zusammenschreibung sowie Groß- und Kleinschreibung nebeneinander.

2.1 Substantiv + Verb *(radfahren/Auto fahren)*

In dieser Gruppe unterscheidet man feste Bildungen, unfeste Zusammensetzungen und syntaktische Fügungen. Die festen Bildungen sind zumeist von zusammengesetzten Substantiven abgeleitet. Ihre ersten Bestandteile können keine selbständigen Satzglieder mehr sein:

maßregeln (von: Maßregel), wetterleuchten (von: Wetterleuchten), wetteifern (von: Wetteifer), es wetterleuchtet; wir wetteiferten:
(Anders gebildet:) nasführen, willfahren: Ich habe ihn genasführt.

Als Verbzusatz kann ein Substantiv auftreten, wenn es selbständig nicht mehr oder doch nicht mehr in der gleichen Verwendung vorkommt (z. B. *achtgeben, stattfinden*) oder wenn es zum Bestandteil einer – meist fachsprachlichen – Bezeichnung bestimmter Tätigkeiten wird (sog. klassenbildende Zusammensetzung, z. B. *punktschweißen, maschineschreiben, probefahren*).

Gerade neben den letzgenannten Bildungen stehen aber syntaktische Fügungen, in denen das Substantiv noch selbständig ist. Es ist dann Akkusativobjekt (z. B. in *Schach spielen*) oder ursprüngliches Präpositionalobjekt (z. B. in *[auf] Posten stehen*). In vielen Fällen läßt sich der usprüngliche Charakter des substantivischen Satzgliedes nicht mehr erkennen *(Wache gehen, Klavier spielen, Auto fahren, Ski laufen).* Trotzdem werden diese Fügungen nicht in einem Wort geschrieben, weil die Vorstellung des mit dem Substantiv bezeichneten Dinges noch voll vorhanden ist.

Bei den entsprechenden Zusammensetzungen wirkt sich das z. T. dahin aus, daß das Substantiv in den getrennten Formen groß geschrieben wird:

maschineschreiben – ich schreibe Maschine, radfahren – ich fahre Rad

oder daß nur der einfache Infinitiv zusammengeschrieben wird:

kegelschieben – ich schiebe Kegel, habe Kegel geschoben, um Kegel zu schieben.

Bei *kopfstehen* wird dagegen klein geschrieben, weil dies Wort fast ausschließlich übertragen gebraucht wird:

Alle Welt stand kopf vor Staunen. (Aber:) Das Bild steht auf dem Kopf.

Bei anderen Verben ist nur der Infinitiv [und das Partizip] gebräuchlich, aber es werden gelegentlich auch Formen zusammengeschrieben, die die Wortfolge des Infinitivs haben:

dienstverpflichten, er ist dienstverpflichtet, (gelegentlich auch:) wenn man uns dienstverpflichtet; prämiensparen (nur im Infinitiv, gelegentlich auch:) wer prämienspart, spart spielend, (aber:) er spart für eine Prämie.

Wieder andere Verben mit festen infiniten Formen nach dem Muster *maßregeln* (s. o.) bilden keine finiten Formen:

sandstrahlen „mit einem Sandstrahl auffrischen": Das Gebäude wurde gesandstrahlt (auch: sandgestrahlt, nicht: ich sandstrahle, strahle Sand).

Andere haben feste und unfeste Formen nebeneinander *(notlanden, ich notlande,* aber: *ich bin notgelandet).*

Die Entwicklung ist bei diesen Fügungen und Wörtern also dauernd im Fluß. Wie locker sie gebaut sind, zeigt sich auch daran, daß selbst seit langem verblaßte Substantive wieder selbständig werden, wenn ein Attribut zu der Verbindung tritt:

maßhalten – das rechte Maß halten; achtgeben – auf etwas die größte Acht geben.

Es kommt auch vor, daß Getrennt- und Zusammenschreibung bei der gleichen Fügung nebeneinanderstehen *(Dank sagen – danksagen).*

2.2 Präposition + Substantiv *(in Frage, von seiten, beiseite)*

Bei den vielgebrauchten Fügungen dieser Art sind je nach der Auffassung des Substantivs drei verschiedene Schreibungen üblich geworden:

2.2.1 Man schreibt das Substantiv groß und getrennt, wenn sein voller Bedeutungsgehalt bewahrt ist oder doch empfunden werden kann:

in Frage kommen, stellen, stehen; in/außer Kraft treten, gesetzt werden, sein; nach Hause gehen, zu Hause sein, zu Ende gehen, zur Zeit (= jetzt); mit Bezug auf, unter Bezug auf [Ihr Schreiben].

2.2.2 Man schreibt das Substantiv zwar klein, aber noch getrennt, wenn es zwar verblaßt ist, aber die präpositionale Fügung noch als solche verstanden wird:

von seiten meines Vaters; in betreff des Bahnbaues; in bezug auf unseren Vertrag.

Diese Fügungen sind zum Teil auf dem Wege, Präpositionen zu werden.

2.2.3 Man schreibt die ganze Fügung klein und zusammen, wenn sie zu einem Adverb oder einer Präposition geworden ist. Die eigene Bedeutung der beiden Bestandteile ist hier völlig verblaßt:

beiseite (stehen), zugrunde (gehen), instand (setzen); infolge (seines Einspruchs), inmitten (der Kinder) u. a.

Der Genitiv, den diese Präpositionen regieren, ist aus dem Genitivattribut des Substantivs hervorgegangen *(in der Mitte seiner Kinder – inmitten seiner Kinder).*

Die auf diese Weise entstandenen Adverbien werden ihrerseits nie mit einem Verb zusammengeschrieben; natürlich auch nicht beim Infinitiv mit ↑zu (zum Partizip dagegen ↑3.1.3); man schreibt also:

instand halten, zugrunde liegen (nicht: instandhalten, zugrundeliegen). Er bemüht sich, den Wagen instand zu halten. Dieser Gedanke scheint dem Buch zugrunde zu liegen.

Die vorstehende Einteilung versucht, der lebenden Sprache gerecht zu werden. Doppelschreibungen entstehen vor allem da, wo zu dem Substantiv eine Ergänzung treten kann:

Sie kommt zuzeiten (= manchmal) hier vorbei. (Aber:) Zu meinen Zeiten war das anders. Er lebte zu Zeiten Karls des Großen.

In einigen Fällen ist sowohl Getrennt- als auch Zusammenschreibung zulässig:

an Stelle/anstelle, an Hand/anhand, auf Grund/aufgrund.

2.3 Substantive in anderen adverbial gebrauchten Verbindungen

Zahlreiche zusammengerückte Adverbien sind aus attributiven Fügungen entstanden, an denen Substantive beteiligt sind, z. B. *jederzeit, kurzerhand, diesmal, bergan, umständehalber* u. a. Manche von ihnen können wieder aufgelöst werden, wenn ein Artikel, eine Präposition oder eine sonstige Erweiterung hinzutritt. Das Substantiv erhält dann seinen ursrpünglichen Charakter zurück: *zu jeder Zeit, dies eine Mal, den Berg hinan, besonderer Umstände halber* u. a. Ähnliches gilt für unbestimmte Für- und Zahlwörter, z. B. *allerart Tiere – Tiere aller Art.*

3 Dritte Hauptregel

Zusammen schreibt man, wenn eine Verbindung eine charakteristische Eigenschaft bezeichnet

Verbindungen, deren zweites Wort ein Adjektiv oder Partizip ist, werden zusammengeschrieben, wenn sie zur besonderen Charakterisierung eines Wesens oder Dings dienen. Sie bleiben aber getrennt, wenn beide Teile ihren vollen Wert als Satzglieder bewahren.

3.1 Das zweite Wort der Verbindung ist ein Partizip

Man schreibt zusammen, wenn die Verbindung wie ein Eigenschaftswort charakterisierend gebraucht wird (nur das erste Glied trägt Starkton, weil es das zweite näher bestimmt). Man schreibt aber getrennt, wenn die Vorstellung eines Vorgangs oder einer Tätigkeit vorherrscht (beide Glieder tragen Starkton, weil sie eigenen Satzgliedwert haben).

Neben gelegentlichen Verbindungen vom Typ *laubtragend* oder *reichgeschmückt* gibt es feste Verbindungen wie *himmelschreiend* oder *grauenerregend.* Eine besondere Gruppe stellen die klassenbildenden Zusammensetzungen dar, die als Attribute zu bestimmten Substantiven treten und oft eine dauernde Eigenschaft bezeichnen. Sie bleiben meist auch bei aussagendem Gebrauch ungetrennt.

3.1.1 Substantiv + Partizip *(laubtragend, wohnung[s]suchend):* Eine gelegentliche Verbindung ist z. B. *laubtragend:*

Die laubtragenden Bäume (= was für Bäume?) erfreuen mich. Es gab an den Südhängen viele noch Laub tragende Bäume (= was taten die Bäume noch?)

Eingebürgerte feste Verbindungen sind vor allem dadurch entstanden, daß bei der Zusammenschreibung eine Präposition oder ein Artikel erspart wurde. Hier liegen echte Komposita vor:

mondbeschienen (= vom Mond beschienen), freudestrahlend (= vor Freude strahlend), sagenumwoben (= von Sagen umwoben), herzerquickend (= das Herz erquikkend). (Ohne Artikel:) grauenerregend, segenbringend.

Diese Wörter werden getrennt, sobald das Substantiv durch einen Artikel oder ein Attribut näher bestimmt wird:

ein heimliches Grauen erregender Anblick; diese das Herz erquickenden Worte.

Klassenbildende Zusammensetzungen erscheinen z. B. in folgenden Ausdrükken:

wohnung[s]suchende Familien, blutstillende Watte, fleischfressende Pflanzen, spanabhebende Maschinen.

Diese Wörter werden auch bei aussagendem Gebrauch zusammengeschrieben: *Diese Watte ist blutstillend.* Ebenso werden Substantivierungen in der Regel zusammengeschrieben (*die Kriegführenden* usw.).

3.1.2 Adjektiv + Partizip *(hellstrahlend, weichgekocht):* Gelegentliche Verbindungen mit dem ersten Partizip - sie werden nur selten aussagend gebraucht - sind z. B.:

der hellstrahlende/hell strahlende Stern, die treusorgende/treu sorgende Mutter.

Entsprechende Verbindungen mit dem zweiten Partizip werden bei aussagendem Gebrauch getrennt geschrieben:

das weichgekochte/weich gekochte Ei, (aber:) das Ei ist weich gekocht (= was geschah mit dem Ei?);
der schwerverletzte/schwer verletzte Mann; (aber:) er wurde schwer verletzt;
der gutgelaunte (auch: gut gelaunte) Kritiker; (aber:) der Kritiker war gut gelaunt.

Stets getrennt schreibt man, wenn eine nähere Bestimmung oder Ergänzung hinzutritt:

der auffallend hell strahlende Stern; das von mir weich gekochte Ei (eine Zusammensetzung *weichkochen* gibt es nicht).

Ungetrennt bleiben aber klassenbildende Wörter *(Das Angebot ist freibleibend),* Partizipien mit steigernden Zusätzen *(Der Mann war hochbetagt)* und Verbindungen mit übertragener Bedeutung wie *tiefschürfend, weitblickend, hochtrabend.*
Einige Adjektive werden - genau wie bei den Verben (↑1.2.3) - nicht zusammengeschrieben: *das frisch gewaschene Hemd, der roh behauene Block.*

3.1.3 Adverb + Partizip *(obenerwähnt, zunächststehend):* Die hierhergehörenden Verbindungen werden im allgemeinen zusammengeschrieben, wenn das Partizip mit der Umstandsbestimmung eine gedankliche Einheit bildet: *das obenerwähnte Buch* (= was für ein Buch?). Man schreibt aber getrennt, wenn die Vorstellung eines Vorgangs oder einer Tätigkeit vorherrscht:

das oben erwähnte Buch (= was geschah mit dem Buch?; ähnlich:) der instandgesetzte Motor, das zugrundeliegende Wort, die zunächststehenden Zuschauer.

Tritt eine Ergänzung hinzu, dann schreibt man besser getrennt, besonders wenn die Ergänzung deutlich zum Adverb oder Pronomen gehört:

die der Kurve zunächst stehenden Zuschauer, das von mir selbst gebaute Boot, (auch:) der vom Schlosser instand gesetzte Motor.

Aber stets zusammen: *die dem Unglück vorangegangenen Warnzeichen,* weil *vorangehen* ein zusammengesetztes Verb ist.
Sehr viele Adverbien behalten in Verbindung mit einem Partizip so stark den

Charakter der Umstandsangabe, daß eine Zusammenschreibung nicht möglich ist:

das eben gegessene Ei, der fast vergessene Dichter, der vorhin gekommene Brief.

Zu Partizipien in Verbindung mit *nicht (nichtversicherte/nicht versicherte Mitglieder)* ↑nicht (5, b).

3.2 Das zweite Wort der Verbindung ist ein Adjektiv

Hierher gehören Adjektive, die von Verben abgeleitet sind *(verdaulich, erziehbar),* und klassenbildende zusammengesetzte Stoff- und Farbadjektive. Man schreibt im allgemeinen zusammen, wenn die Verbindung als charakterisierendes Eigenschaftswort gebraucht wird (nur das erste Wort trägt Starkton). Man schreibt getrennt, wenn beide Wörter ihre volle Bedeutung bewahren, also noch eigenen Satzgliedwert besitzen (beide Wörter tragen Starkton):

eine leichtverdauliche Speise (aber wenn „leicht" selbständiges, betontes Attribut ist): eine leicht verdauliche Speise; eine schwerverständliche Sprache, (aber:) eine schwer verständliche Sprache; blendendweißer Schnee, (aber:) blendend weißer Schnee; kochendheißes Wasser, (aber:) kochend heißes Wasser.

Tritt eine nähere Bestimmung oder Ergänzung hinzu, dann schreibt man immer getrennt:

eine besonders leicht verdauliche Speise, eine sehr schwer verständliche Sprache.

Getrennt schreibt man auch bei aussagendem Gebrauch *(Die Speise ist leicht verdaulich).* Doch kann hier gelegentlich Zusammenschreibung auftreten, wenn eine dauernde Eigenschaft im Sinne der Klassenbildung bezeichnet werden soll:

Es dürfen nur leichtverdauliche Speisen gegeben werden; z. B. ist Kalbfleisch leichtverdaulich.

Etwas anders verhalten sich Stoff- und Farbadjektive mit qualitätsbezeichnenden adjektivischen Attributen. Sie werden meist zusammengeschrieben:

ein reinleinenes, reinseidenes Hemd – das Hemd ist reinleinen, reinseiden; ein echtblauer Farbstoff – der Farbstoff ist echtblau.

Bei einigen dieser Wörter ist auch Getrenntschreibung möglich, wenn das erste Glied der Verbindung betont hervorgehoben werden soll:

ein rein silbernes Besteck – das Besteck ist rein silbern; ein echt goldener Ring – der Ring ist echt golden.

Zu Adjektiven in Verbindung mit *nicht (nichtberufstätig/nicht berufstätig)* ↑nicht (5, b).

4 Attributive Fügung oder Zusammenrückung?

4.1 Zahlwort + Substantiv

Wörter wie *Achtelliter, Viertelstunde* sind aus attributiven Fügungen zusammengerückt worden und können deshalb auch wieder aufgelöst werden, ohne daß eine lautliche Veränderung eintritt: *drei achtel Liter, in drei viertel Stunden* (↑dreiviertel).

4.2 Substantiv + Adjektiv als Maß- oder Mengenbezeichnung

Adjektive wie *armdick, fingerbreit, handgroß, meterhoch, jahrelang* werden getrennt geschrieben, sobald zu dem als Maß genannten Substantiv noch ein Attribut tritt:

Die Schlange war einen Arm dick. Der Baum war drei Meter hoch. Ich wartete viele Jahre lang auf seine Rückkehr. Der Fleck ist kaum eine Hand groß.

In diesen Fügungen werden die Ajdektive durch die gezählten Maße näher bestimmt. Soweit Körperteilbezeichnungen als Maße im Spiel sind, können diese Fügungen substantiviert werden. Dann entsteht eine neue Maßbezeichnung, die wieder zusammengerückt wird und das Genus der voranstehenden Körperteilbezeichnung erhält:

Die Tür blieb einen Fingerbreit offen. Er schnitt eine Handbreit Stoff ab.

Ähnlich sind die Mengenbezeichnungen *eine Handvoll, ein Mundvoll* zu erklären.

4.3 Attribuierte Adjektive oder Adverbien als Konjunktionen

Besonders die mit *so-* zusammengesetzten Konjunktionen *(sowie, solang[e], sooft, sobald, soweit)* werden leicht mit den ähnlich klingenden Umstandsangaben verwechselt, die immer getrennt geschrieben werden. Man beachte den Unterschied in der Betonung:

Ich habe dich so lang[e] nicht gesehen! (Aber:) Solang[e] du da bleibst, bleibe ich auch. So, wie ich sie kenne, kommt sie nicht. (Aber:) Sowie er kommt, gib mir Nachricht.

Er ist so weit gereist, daß ... (Aber:) Soweit ich es beurteilen kann, ist er ...

Auch als Adverb wird ↑*soweit* zusammengeschrieben *(Es geht ihm soweit gut. Es ist bald wieder soweit);* ebenso das Intervogativadverb *wieweit:*

Wie weit ist es noch bis Frankfurt? (Aber:) Ich bin im Zweifel, wieweit ich mich auf ihn verlassen kann.

4.4 Getrenntschreibung zusammengerückter Adverbien und Zahlwörter

Wörter wie *ebenso, vielmehr, wieviel, zuviel* werden bei betonter Hervorhebung getrennt geschrieben:

Das ist nun eben so. Sie weiß viel mehr als du. Ich weiß nicht, wie viele Menschen hier schon vorbeigegangen sind. Ich habe zu viel gesehen.

Die Adverbien *ebenso* und *genauso* werden gewöhnlich mit Adverbien, ungebeugten Adjektiven und den ungebeugten Zahlwörtern *viel* und *wenig* zusammengeschrieben *(ebensooft, genausoviel, ebensogut).* Sind aber die Adjektive betont oder werden *viel* und *wenig* gebeugt, dann schreibt man getrennt:

Ich arbeite genauso schnell wie er. Sie haben ebenso gute Spieler.

5 Verweise:

Zur Schreibung der Infinitivkonjunktion *zu* ↑zu (11). Zur Zusammen- und Getrenntschreibung von Namen und ihren Ableitungen ↑geographische Namen (3.2) und ↑Straßennamen (1.2 und 1.3).

Zusammensetzung: ↑Kompositum.

zusammenziehen, sich: Nach *sich zusammenziehen über* steht heute der Dativ, nicht der Akkusativ: *Ein Gewitter zieht sich über mir zusammen. Kriegswolken zogen sich über dem Land zusammen.*

zusein: Das umgangssprachliche Verb *zusein* „geschlossen sein" schreibt man nur im Infinitiv und 2. Partizip zusammen *(Der Laden muß zusein/zugewesen sein),* in den finiten Formen dagegen getrennt: *Der Laden ist zu; ... daß der Laden zu ist/zu war.* ↑Zusammen- oder Getrenntschreibung (1.5).

zusenden: Die Formen des Präteritums und zweiten Partizips lauten *sandte/sendete zu* und *zugesandt/zugesendet.* Die Formen mit *a* sind häufiger.

zustande: Das Adverb *zustande* schreibt man vom folgenden Verb getrennt: *zustande bringen, kommen* (aber substantiviert: *das Zustandebringen, das Zustandekommen*). ↑Zusammen- oder Getrenntschreibung (1.4).

Zustandspassiv: 1. Bestimmung: Das Zustandspassiv wird durch das Hilfszeitwort *sein* und das zweite Partizip gebildet: *Das Fenster ist geöffnet.* Es bezeichnet nicht wie das Handlungs-, oder Vorgangspassiv (*werden*-Passiv, ↑Passiv) eine Handlung in ihrem Verlauf, sondern das Ergebnis einer Handlung, d. h., es gibt an, in welchen Zustand das Subjekt geraten ist, das vorher Objekt einer Handlung war. Aktiv: *Wir öffnen das Fenster.* Handlungspassiv: *Das Fenster wird geöffnet.* Zustandspassiv: *Das Fenster ist geöffnet.* **2. Scheinbares Zustandspassiv durch Auslassung von *worden*:** Die Form des Zustandspassiv wird häufig dadurch hervorgerufen, daß man bei der Beschreibung eines Geschehens im Vorgangspassiv von der Form *ist ... worden* das *worden* ausläßt. Dies gilt standardsprachlich nicht als korrekt: *Die Sperre ist heute wieder aufgehoben.* Richtig: *Die Sperre ist heute wieder aufgehoben worden.* Nicht: *Der Ausbrecher ist heute wieder gefaßt.* Richtig: *Der Ausbrecher ist heute wieder gefaßt worden.* **3. Zustands- statt Vorgangspassiv:** Besonders in Norddeutschland wird häufig das Zustandspassiv gebraucht, wenn gar kein Ergebnis, sondern die Handlung in ihrem Verlauf dargestellt werden soll. Dies gilt standardsprachlich nicht als korrekt: *Die Herren sind gebeten, pünktlich zu sein.* Richtig: *Die Herren werden gebeten, pünktlich zu sein.* Nicht: *Im übrigen gibt der Staatsanwalt selbst zu, daß in der Nähe des Postens zweimal scharf geschossen ist* (Hamburger Nachrichten; richtig: *... zweimal scharf geschossen wurde*). **4. Schwankungen in der Auffassung:** Gelegentlich entscheidet die Auffassung darüber, ob das Ausgesagte als Ergebnis oder als Vorgang zu verstehen ist. Soll das Ergebnis genannt werden, so heißt es richtig: *Sie ist in Berlin geboren.* Soll der Vorgang berichtet werden, so heißt es richtig: *Sie wurde in Berlin geboren, ist in Berlin geboren worden.* Ergebnis: *Damit soll nicht gesagt sein, daß ...* Handlung: *Damit soll nicht gesagt werden, daß ...*

zutage: Das aus dem verblaßten Substantiv *Tag* und der Präposition *zu* entstandene *zutage* schreibt man vom folgenden Verb getrennt: *etwas zutage bringen, fördern; zutage treten.* ↑Zusammen- oder Getrenntschreibung (2.2).

zuteil: Das aus dem verblaßten Substantiv *Teil* und der Präposition *zu* entstandene *zuteil* schreibt man von dem Verb *werden* getrennt: *Dir wird eine gute Behandlung zuteil werden.* ↑Zusammen- oder Getrenntschreibung (2.2).

zutiefst: Das Adverb *zutiefst* darf nicht wie ein attributives Adjektiv gebraucht werden. Also nicht: *Das ist meine zutiefste Überzeugung.* ↑Adverb (1).

zutraubar: ↑Adjektiv (3.1).

zuungunsten: ↑zugunsten/zuungunsten.

Zuversicht: Nach *Zuversicht* wird mit der Präposition *auf*, nicht mit *in* angeschlossen: *Voller Zuversicht auf neue Erfolge gingen wir in die Wettkämpfe.*

zuviel: Zusammen schreibt man das Indefinitpronomen: *Er weiß zuviel. Du hast viel zuviel gesagt. Besser zuviel als zuwenig. Es ist zuviel Milch im Kaffee. Was zuviel ist, ist zuviel. Das ist zuviel des Guten.* Getrennt schreibt man, wenn das Gradadverb *zu* besonders betont ist oder wenn *viel* gebeugt wird: *Er weiß viel, meiner Meinung nach zu viel über die Sache. Es waren zu viele Menschen auf dem Ball.* ↑Zusammen- oder Getrenntschreibung (4.4).

zuvor: Getrennt schreibt man *zuvor* vom folgenden Verb, wenn es in der Bedeutung „vorher" verwendet wird (beide Wörter tragen Starkton): *Du sollst zuvor* (= vorher) *essen. Du sollst das zuvor* (= vorher) *tun.* Zusammen schreibt man, wenn durch die Verbindung ein neuer Begriff entsteht (nur das erste Glied trägt Starkton): *Wir werden ihm zuvorkommen* (= schneller sein). *Ich werde es ihm zuvortun* (= besser tun). ↑Zusammen- oder Getrenntschreibung (1.4).

zuvorderst/zuvörderst: Zwischen der umgelauteten und der nichtumgelauteten Form besteht ein Bedeutungsunterschied: Die Form *zuvorderst* wird örtlich gebraucht und bedeutet „[ganz] vorn": *Zuvorderst (im Auto) saß mein Bruder.* Dagegen wird *zuvörderst* bei einem zeitlichen Ablauf verwendet und bedeutet „zuerst": *Wenn ich Geist sage, versteht er zuvörderst Angeregtheit, lebhaftes Denken, Aufnehmen und Wollen* (Musil).

Zuwachs: Fachsprachlich kommt der Plural *die Zuwächse* vor: *Zuwächse von jeweils nur 4 Prozent.* Das Substantiv steht mit der Präposition *an (Zuwachs an Vermögenswerten).*

zuwege: Das aus dem verblaßten Substantiv *Weg* und der Präposition *zu* entstandene *zuwege* schreibt man vom folgenden Verb getrennt: *etwas zuwege bringen; gut zuwege sein.* ↑Zusammen- oder Getrenntschreibung (2.2).

zuwenig: Zusammen schreibt man das Indefinitpronomen: *Er weiß zuwenig. Der Kaufmann hat mir zuwenig herausgegeben. Es ist zuwenig Milch im Kaffee.* Getrennt schreibt man, wenn das Gradadverb *zu* besonders betont ist oder wenn *wenig* gebeugt wird: *Das ist wenig, eigentlich zu wenig. Das sind zu wenige Jastimmen.*

zuwider: 1. Stellung und Rektion: Die Präposition *zuwider* wird dem Substantiv (Pronomen) nachgestellt und regiert den Dativ: *deinem Verbot zuwider. Er ist mir zuwider.* Die Verwendung von *zuwider* als attributives Adjektiv ist nicht korrekt: *Ein zuwiderer Kerl, dieser Klenk, ein verwöhnter Mensch* (Feuchtwanger). ↑Adverb (1). **2. Rechtschreibung:** Getrennt schreibt man *zuwider* vom folgenden Verb, wenn es im Sinne von „widerwärtig, sehr unsympathisch" gebraucht wird (beide Wörter tragen Starkton): *Das wird dir zuwider sein.* Zusammen schreibt man, wenn *zuwider* im Sinne von „entgegen" gebraucht wird und durch die Verbindung ein neuer Begriff entsteht (nur das erste Glied trägt Starkton): *Du darfst dem Gesetz nicht zuwiderhandeln* (= Verbotenes tun), *Dein Verhalten kann meinen Absichten zuwiderlaufen* (= entgegenstehen). ↑Zusammen- oder Getrenntschreibung (1.4).

zuzeiten: Zusammen und klein schreibt man das aus dem verblaßten Substantiv *Zeit* und der Präposition *zu* entstandene Adverb *zuzeiten* „bisweilen": *Sein Auge hatte zuzeiten etwas Starres.* Getrennt schreibt man aber das Substantiv: *Das geschah zu Zeiten Karls des Großen. Zu meinen Zeiten war das anders.* ↑Zusammen- oder Getrenntschreibung (2.2).

zuziehen: Das zweite Partizip des reflexiven Verbs *sich etwas zuziehen* kann nicht attributiv gebraucht werden. Man kann also nicht sagen: *Er starb an einem sich im Krieg zugezogenen Leiden.* Richtig: *Er starb an ei-*

nem Leiden, das er sich im Krieg zugezogen hatte. ↑zweites Partizip (2.3).

zuzüglich: Nach der Präposition *zuzüglich* steht der Genitiv: *Das bestellte Gerät kostet 200 Mark zuzüglich der Versandkosten.* Ein alleinstehendes, stark dekliniertes Substantiv bleibt im Singular gewöhnlich ungebeugt: *die Kosten zuzüglich Porto.* Im Plural wird *zuzüglich* mit dem Dativ verbunden, wenn der Genitiv nicht erkennbar ist: *zuzüglich Beträgen für Verpackung und Versand.* Zu *zuzüglich/einschließlich* ↑einschließlich (2).

zwangläufig/zwangsläufig: Die Gemeinsprache kennt nur die Form *zwangsläufig* mit der Bedeutung „notwendig". Demgegenüber wird *zwangläufig* (ebenso: *Zwanglauf, Zwangläufigkeit*) in der Getriebelehre verwendet. Getriebe und Mechanismen sind zwangläufig, wenn jeder Stellung des einen Gliedes gegen irgendein anderes Glied bestimmte Stellungen aller anderen Glieder zugeordnet sind.

zwangsumsiedeln: Von *zwangsumsiedeln* werden im allgemeinen nur der Infinitiv und das zweite Partizip gebraucht: *Sie wollen uns zwangsumsiedeln. Tausende wurden zwangsumgesiedelt.* ↑Zusammen- oder Getrenntschreibung (2.1).

zwangsweise: ↑-weise.

zwar: 1. zwar ... aber ...: Das Adverb *zwar* korrespondiert meistens mit *aber, doch* oder *jedoch: Zuerst ging ich zwar neugierig, aber nicht eigentlich interessiert durch die Räume* (Jens). Die durch *zwar* eingeleitete Einräumung und die meistens durch *aber* eingeleitete Aufhebung müssen dem Sinne nach aufeinander bezogen sein. Man kann also nicht sagen: *Sie ist zwar intelligent, aber groß.* Denn *intelligent* und *groß* sind keine Gegensätze. Die mit *aber* eingeleitete Aufhebung kann gelegentlich unausgesprochen bleiben, dann steht *zwar* bekräftigend im Sinne von „allerdings, freilich": *Ein solcher war nun zwar der Pfarrer meines Heimatdorfes nicht* (G. Keller). Innerhalb eines Gesprächs- oder Textzusammenhangs kann die mit *zwar* eingeleitete Ausnahme unausgesprochen bleiben, wenn der Bezug aus dem Ganzen deutlich wird: *Aber er ist doch ein Lump* (= Er hat zwar eine gute Tat vollbracht, aber er ist trotzdem ein Lump). **2. und zwar:** In der Verbindung *und zwar* wirkt *zwar* erläuternd und steht ohne korrespondierendes Glied: *Knopf trinkt nur Schnaps, und zwar Korn, nichts anderes* (Remarque). Vor dem erläuternden *und zwar* muß immer ein Komma stehen: *Er war verletzt, und zwar schwer. Ich werde kommen, und zwar am Dienstag.*

zwecks: Die Präposition *zwecks* ist ein Wort der Amtssprache und sollte außerhalb dieses Bereiches nicht verwendet werden. Sie steht im allgemeinen an Stelle von *zu* oder *für* und wird mit dem Genitiv verbunden: *zwecks eines Handels. Zwecks Feststellung seiner Personalien mußte er mit zur Wache gehen.* Dafür besser: *Zur Feststellung seiner Personalien ...*

Zwecksatz: ↑Finalsatz.

zwei: 1. Deklination: Das Zahlwort *zwei* muß im Genitiv gebeugt werden, wenn der Kasus nicht bereits durch den Artikel oder ein Demonstrativpronomen kenntlich gemacht ist: *Nach den Beobachtungen zweier Passanten fuhr sie zu schnell. Wegen zweier Einbrüche stand er vor Gericht.* Auch wenn ein nachfolgendes attributives Adjektiv den Genitiv deutlich werden läßt, wird das Zahlwort trotzdem gebeugt: *Mit den Aufsätzen zweier zuverlässiger Mitarbeiter gewann der Band an Niveau.* Dagegen heißt es: *Nach der Prüfung dieser zwei Fahrzeuge wurde die endgültige Entscheidung getroffen.* **2. Deklination des Adjektivs nach *zweier:*** Das Adjektiv nach dem Genitiv Plural *zweier* wird heute gewöhnlich nicht mehr schwach, sondern stark gebeugt, weil das Zahlwort eigenschaftswörtlich aufgefaßt wird: *der Bund zweier mächtiger Kaiser.* Die schwache Beugung des Adjektivs kommt nur noch vereinzelt vor: *der Bund zweier mächtigen Kaiser.*

Folgt dagegen auf *zweier* ein substantiviertes Adjektiv oder Partizip, dann wird dieses meist schwach, seltener stark gebeugt: *Das waren die Träume zweier Liebenden* (seltener: *Liebender*). ↑substantiviertes Adjektiv (2.1.2). **3. zwo/zwote:** Neben *zwei* wird heute, vor allem im Fernsprechverkehr, auch die alte weibliche Form *zwo* gebraucht, um zu vermeiden, daß statt *zwei* die Zahl *drei* gehört wird. Im 17. und 18. Jahrhundert ist zu *zwo* die Ordinalzahl *zwote* vor weiblichen Substantiven gebildet worden, die dann aber von der sächlichen Form *zweite* verdrängt worden ist. Obwohl die Möglichkeit, daß man sich bei den Ordinalzahlen *zweite* und *dritte* verhört, nicht besteht, wird *zwote* heute in der Umgangssprache wieder öfter gebraucht. In gutem Deutsch ist jedoch *zweite* zu verwenden. **4. Zwei mal zwei ist vier:** Es heißt: *Zwei mal zwei ist* (nicht: *sind*) *vier.* ↑Kongruenz (1.2.4). **5. Rechtschreibung:** Klein schreibt man das Zahlwort: *die ersten zwei. Wir sind zu zweien/zu zweit. Zwei und zwei macht vier. Es ist zwei [Uhr], Punkt zwei. Eben schlägt es zwei.* Groß schreibt man die Substantivierung: *die Zahl Zwei; eine Zwei würfeln. Sie hat die Prüfung mit „Zwei" bestanden; in Englisch eine Zwei geschrieben. Ich bin mit der Zwei* (= Straßenbahnlinie 2) *gefahren.* ↑Groß- oder Kleinschreibung (1.2.4), ↑[1]acht/Acht. **6.** Zu *zweie* ↑Numerale (3). Zu *zu zweien/zu zweit* ↑Numerale (4), ↑zu + Zahlwort. Zu *zwei/beide* ↑beide (2).

Zweibrücker: Die Einwohner von Zweibrücken heißen *Zweibrücker.* ↑Einwohnerbezeichnungen (1 und 7).

zweieinhalb: ↑[3]ein, ↑halb (2).

zweifach/doppelt: ↑doppelt/zweifach.

zweifeln/bezweifeln: ↑bezweifeln/zweifeln.

zweimal so groß/zweimal größer: ↑-mal so groß/-mal größer.

zweistöckig: ↑Stock.

zweite: Klein schreibt man das Zahlwort: *zum ersten, zum zweiten, zum dritten. Sie hat wie keine zweite gearbeitet.* Groß schreibt man das substantivierte Zahlwort (= bestimmter substantivischer Begriff): *Heute ist der Zweite* (= zweite Monatstag). *Ein Zweites ist noch zu erwähnen.* Groß schreibt man *zweite* auch als Teil von ↑Namen: *das Zweite Gesicht, Zweites Deutsches Fernsehen, die Zweite Republik* (auch Staatsform Österreichs nach 1945), *der Zweite* (neben: *zweite*) *Weltkrieg.* ↑achte/Achte.

zweite Steigerungsstufe: ↑Vergleichsformen.

zweite Vergangenheit: ↑Perfekt.

zweiter Fall: ↑Genitiv.

zweites Futur: ↑Futur II.

zweites Partizip

1 Bildungsweise

Die unregelmäßigen Verben bilden das zweite Partizip mit *-en,* die regelmäßigen mit *-t* oder *-et;* dazu tritt meistens das Präfix *ge-:*

binde, band, gebunden; lobe, lobte, gelobt; rede, redete, geredet.

Das *e* der Endung *-en* bei unregelmäßigen Verben fällt gelegentlich, besonders in der gesprochenen Sprache, weg, wenn es Versmaß oder Satzrhythmus erfordern, aber nur nach Vokal oder *h: gehaun, geschrien, gesehn.*

Einfache Verben und Verben mit einer Vorsilbe, die nicht auf der ersten Silbe betont sind, haben kein *ge-,* gleichfalls zusammengesetzte Verben, die nicht auf dem ersten Glied betont sind, weil bei diesen Verben sonst zwei oder mehr tonlose Silben vorangingen. Also: *studieren, studiert* (nicht: *gestudiert*);

hintertreiben, hintertrieben (nicht: *hintergetrieben*); *posaunen, posaunt* (nicht: *geposaunt*).

Bilden Verben, die nicht anfangsbetont sind, eine Zusammensetzung, die den Ton auf dem ersten Glied trägt, dann stehen auch diese Zusammensetzungen ohne *ge-:*

studieren – einstudieren, einstudiert; berufen – einberufen, einberufen; kristallisieren – herauskristallisieren, herauskristallisiert; posaunen – ausposaunen, ausposaunt.

Unfest zusammengesetzte Verben nehmen *ge-* zwischen ihre beiden Bestandteile:

abhören, abgehört; einsehen, eingesehen; herausgehen, herausgegangen; hinfallen, hingefallen.

Dazu gehören auch Verben, die ursprünglich aus einer syntaktischen Wortfolge bestanden haben. Sie bilden das zweite Partizip so, als stünden sie getrennt:

teilnehmen, teilgenommen; haushalten, hausgehalten; stattfinden, stattgefunden; kopfstehen, kopfgestanden.

Bei anfangsbetonten Verben, die von zusammengesetzten Substantiven abgeleitet sind, steht *ge-* voran:

wetteifern, gewetteifert.

Bei schwankender Betonung ursprünglich unfest zusammengesetzter Verben schwankt auch die Bildung des zweiten Partizips: (↑Verb [2.3]):

überführen, übergeführt, (aber auch:) überführen (= an einen anderen Ort bringen), überführt; übersiedeln, übergesiedelt, (aber auch:) übersiedeln, übersiedelt; liebkosen, geliebkost, (aber auch:) liebkosen, liebkost.

Zu *worden/geworden* ↑werden. Vgl. allgemein auch ↑Konjungation.

2 Gebrauch

Da nicht alle zweiten Partizipien als attributive Adjektive gebraucht werden können, präge man sich folgende Besonderheiten ein:

2.1 das ihn betroffene Unglück

Die zweiten Partizipien transitiver Verben können attributiv gebraucht werden:

der geprüfte Schüler, die erledigte Arbeit, das von drei Familien bewohnte Haus.

Gelegentlich wird jedoch ein zweites Partizip transitiver Verben syntaktisch falsch bezogen, nämlich auf das Subjekt einer vorausgegangenen Handlung und nicht auf das betreffende Objekt. Dieser Gebrauch ist nicht korrekt. Man sage also nicht *das ihn betroffene Unglück* oder *das mich befallene Fieber,* denn es sind ja nicht Unglück oder Fieber, die betroffen bzw. befallen sind, sondern die durch *ihn* und *mich* angeführten Personen.

2.2 die stattgefundene Versammlung · die überhandgenommene Kriminalität · das in den Wald gelaufene Kind

Die zweiten Partizipien derjenigen intransitiven Verben, die mit *haben* verbunden werden, können nicht als attributive Adjektive gebraucht werden:

Das Kind hat geschlafen/gespielt. (Nicht:) das geschlafene/gespielte Kind. Ebenso nicht: die stark zugenommene Kälte, der aufgehörte Regen, die stattgefundene Versammlung, die bisher gegoltene Bestimmung, der fünfzehn Jahre bestandene Verein, die Platz gegriffene Angst, die überhandgenommene Kriminalität, die geklagten Beschwerden.

Zu *eine studierte Frau* ↑ studiert.

Auch die zweiten Partizipien der intransitiven Verben, die mit *sein* verbunden werden und imperfektiv (= in zeitlicher Hinsicht unbegrenzt) sind, können nicht attributiv gebraucht werden:

Das Kind ist gelaufen/geschwommen. (Nicht:) das gelaufene/geschwommene Kind.

Der attributive Gebrauch einiger Partizipien erklärt sich daraus, daß die betreffenden Verben früher einmal auch transitiv gebraucht wurden, z. B. *jemanden abdanken* (= aus dem Dienst entlassen), daher *der abgedankte Offizier; jemanden lernen* (= in etwas unterweisen, ausbilden), daher *der gelernte Kaufmann; jemanden, etwas schmeicheln,* daher *ein geschmeicheltes Bild; sich geschmeichelt fühlen.*

Die zweiten Partizipien derjenigen intransitiven Verben jedoch, die mit *sein* verbunden werden und perfektiv (= in zeitlicher Hinsicht begrenzt) sind bzw. durch eine nähere Bestimmung perfektiv werden, können als attributive Adjektive gebraucht werden:

die verblühte Rose, das untergegangene Schiff; das in den Wald gelaufene Kind, der über den See geschwommene Junge.

Zu einer Gruppe von Partizipien, die durch den Wandel der Bedeutung oder durch das Absterben der Konjugationsformen isoliert sind und deshalb attributiv und meistens auch als Artangabe verwendet werden können, gehören:

der betrunkene Arbeiter, das verliebte Mädchen, der verirrte Spaziergänger, das erkältete Kind, der besorgte Vater, die erfahrene Ärztin, die geeigneten Mitarbeiter, die ausgeruhten Urlauber.

2.3 die sich ereigneten Unfälle · ein sich im Kriege zugezogenes Leiden

Zweite Partizipien von reflexiven Verben können nicht attributiv verwendet werden:

das [sich] geschämte Kind, die sich dargebotene Gelegenheit, die sich ereigneten Unfälle. Er starb an einem sich im Kriege zugezogenen Leiden.

2.4 die gemachten Ausführungen · die getroffene Auswahl

Zweite Partizipien von Verben, die mit bestimmten Substantiven mehr oder weniger feste Verbindungen eingehen (z. B. *Ausführungen machen*), werden gelegentlich überflüssig attributiv gebraucht:

die gemachten Ausführungen, die gewonnenen Eindrücke, die getroffene Auswahl, die erteilten Aufträge, nach erfolgtem Versand.

Korrekt ist dagegen dieser Gebrauch, wenn etwas Neues ausgesagt wird, z. B.:

die eben gemachten Ausführungen, die auf der zweiten Italienreise gewonnenen Eindrücke usw.

2.5 genaugenommen · so gesehen · wie gesagt

Von einer Reihe von Verben wird das zweite Partizip absolut gebraucht, d. h., die in dem zweiten Partizip angedeutete Handlung wird nicht von dem in einem übergeordneten Satz enthaltenen Subjekt ausgeführt, sondern von einem eigenen Subjekt, das sich in einer unpersönlichen Wendung verbirgt oder aus dem Zusammenhang hervorgeht, aber nicht genannt wird:

strenggenommen, genaugenommen (= wenn man es gewissenhaft, genau nimmt); im Grunde genommen (= wenn man es im eigentlichen Sinne nimmt); so gesehen (= wenn man es so sieht); wie gesagt (= wie ich schon sagte); abgesehen [da]von (= wenn man davon absieht), vorausgesetzt (= wenn man voraussetzt) usw.

Die Partizipialgruppe kann, wenn man sie als Vertreter eines vollständigen Nebensatzes auffaßt, durch Komma abgetrennt werden:

Grob gerechnet[,] sind das 20% der Einnahmen.

2.6 die gefeierteste/gefeiertste Sängerin · der berüchtigteste/berüchtigtste Verbrecher

Bei den auf *-t* endenden zweiten Partizipien der regelmäßigen Verben wird im allgemeinen der Superlativ durch Anhängen der Silbe *-este* gebildet; das *e* kann jedoch auch wegfallen: *gefeiert[e]ste, berüchtigt[e]ste.* Nicht wegfallen kann das *e* jedoch, wenn das Partizip auf *-st, -ßt, -scht, -zt, -tzt* ausgeht *(gehaßteste, gespreizteste).*

Bei den auf *-en* endenden zweiten Partizipien der unregelmäßigen Verben wird die Superlativendung *-ste* (nicht: *-dste*) angehängt: *angesehenste* (nicht: *angesehendste*). Vgl. auch ↑Vergleichsformen (3.1).

Zu *Sie hat ihn reiten gelehrt/reiten lehren* ↑Infinitiv (4).

zwicken: Wird *zwicken* auf einen Körperteil bezogen, dann kann die betroffene Person im Dativ oder im Akkusativ stehen. Der Dativ ist üblicher: *Er zwickte dem Kind in den Arm.* Im Gegensatz zum Dativ (Dativ der Beteiligung) drückt der Akkusativ stärker aus, daß die Person unmittelbar betroffen ist. Jedoch liegt auch bei diesen Sätzen der Hauptton immer auf der Angabe des Körperteils: *Er hat das Kind in den Arm gezwickt.* Ähnlich wie „zwicken" werden auch andere Verben der körperlichen Berührung behandelt. ↑beißen, ↑schneiden, ↑treten.

Zwieback: Das Wort hat zwei Pluralformen, *die Zwiebäcke* und *die Zwiebacke.*

Zwielaut: ↑Diphthong.

Zwillingsformel: ↑Wortpaar.

zwischen: 1. zwischen – und (nicht: zwischen – bis): Die Raum- oder Zeitangabe *zwischen – und* darf nicht mit der Streckenangabe *von – bis* vermengt werden. Richtig ist nur: *Zwischen Bregenz und Konstanz* (nicht: *bis Konstanz*) *liegt der Bodensee. Die deutsche Geschichte zwischen 1914 und 1945* (nicht: *zwischen 1914 bis 1945*) *hat die politischen Verhältnisse in Europa verändert.* **2. zwischen als Adverb:** Bei Alters- und Mengenangaben kann *zwischen* in Verbindung mit *und* eine unbestimmte Zahl innerhalb bestimmter Grenzen angeben: *Die Bewerber waren zwischen 25 und 30 Jahre alt. Er hat zwischen 90 und 100 Exemplare verkauft. ... daß der ganze Zustand zwischen zwei und drei Jahre dauerte* (F. Zorn). In diesen Fällen übt *zwischen* keine Rektion aus, die Akkusative *Jahre* und *Exemplare* in den angeführten Beispielen sind nicht von *zwischen* abhängig, sondern von *alt sein, verkaufen* und *dauern.* Somit ist *zwischen* hier, ähnlich wie ↑unter (2), ein Adverb. Dagegen ist es Präposition (mit dem Dativ) in einem Satz wie: *Das Buch ist besonders für Kinder zwischen 10 und 12 Jahren geeignet.* **3. Wiederholtes *zwischen*:** Die Wiederholung von *zwischen* nach dem mit *zwischen* korrespondierenden *und* verändert den Sinn und kann zu Mißverständnissen führen: *Die Gegensätze zwischen den Arbeitgebern und zwischen den Arbeitnehmern sollen abgebaut werden.* Diese Formulierung ist nur dann korrekt, wenn Gegensätze sowohl innerhalb des Arbeitgeber- als auch innerhalb des Arbeitnehmerlagers bestehen. Sonst muß es heißen: *Die Gegensätze zwischen den Arbeitgebern und Arbeitnehmern sollen abgebaut werden.* **4.** Zu *zwischen/innerhalb* ↑innerhalb/zwischen. Zu *zwischen dem/dazwischen* ↑Pronominaladverb (3).

zwischen was / wozwischen: Standardsprachlich ist in der Regel das Pronominaladverb *wozwischen: Wozwischen soll ich den Ordner stellen?* Die Verbindung *zwischen + was (Zwischen was soll ich den Ordner stellen?)* kommt in der gesprochenen Sprache häufig vor und ist stark umgangssprachlich gefärbt. ↑wo (4), ↑Pronominaladverb (5).

zwischen zwei Männern wie dir und mir/wie du und ich: ↑Apposition (3.5).

Zwischensatz: Ein Zwischensatz ist ein Nebensatz, der in den übergeordneten Satz eingeschaltet ist: *Hunde, die viel bellen, beißen nicht. ... weil wir, wie Herr Meier mitgeteilt hat, erst morgen an der Reihe sind.* ↑Nachsatz, ↑Vordersatz. **1. Stellung im übergeordneten Hauptsatz:** Abgesehen von den Zwischensätzen, die in der Rolle eines Attributs stehen und als solche häufig an das Bezugswort angeschlossen werden (↑Relativsatz [1]), sollte ein Zwischensatz im allgemeinen erst dann in einen Hauptsatz eingeschaltet werden, wenn dessen Verb genannt ist: *Wir bleiben heute, weil wir arbeiten wollen, zu Hause.* Gelegentlich wird der Zwischensatz unmittelbar nach dem Subjekt eingeschoben: *Mützell, wenn er den jungen Freibel in das Lokal eintreten sah, salutierte* (Fontane). *Der Kurfürst, indem er errötend ihre Hand ergriff, sagte ...* (Kleist). Diese Stellung sollte nur dann gewählt werden, wenn das Subjekt in besonderer Weise herausgehoben werden soll. **2. Stellung im übergeordneten Nebensatz:** Man sollte nicht schreiben: ... *weil, wie Herr Meier mitgeteilt hat, wir erst morgen an der Reihe sind,* sondern: ... *weil wir, wie Herr Meier mitgeteilt hat, erst morgen an der Reihe sind.* ↑Konjunktion (3).

zwo, zwote: ↑zwei (3).

zwölf: Klein schreibt man das Zahlwort: *wir sind zu zwölfen/zu zwölft, die zwölf Apostel, die zwölf Monate des Jahres, es ist fünf Minuten vor zwölf, nun hat es aber zwölf geschlagen.* Groß schreibt man das Zahlwort in ↑Namen: *die Zwölf Nächte* (= vom 25. Dezember bis zum 6. Januar). Groß schreibt man auch die Substantivierung: *die Zahl Zwölf. Sie hat auf das Blatt eine Zwölf geschrieben. Sie sind mit der Zwölf* (= Straßenbahn) *gefahren. Er hat eine Zwölf geschossen.* ↑Groß- oder Kleinschreibung (1.2.4), ↑acht.

zwölfte: ↑achte/Achte.

z. Z./z. Zt.: Für *zur Zeit* sind beide Abkürzungen gebräuchlich: *Sie ist z. Z./z. Zt. im Ausland.*